BOUQUINS

COLLECTION DIRIGÉE PAR

GUY SCHOELLER

BAUDELAIRE

ŒUVRES COMPLÈTES

PRÉFACE DE
CLAUDE ROY

NOTICES ET NOTES DE
MICHEL JAMET

ROBERT LAFFONT

Première édition 1980
Première réimpression 1984
Deuxième réimpression 1986
Troisième réimpression 1989
Quatrième réimpression 1990
Cinquième réimpression 1992
Sixième réimpression 1995
Septième réimpression 1996
Huitième réimpression 1999
Neuvième réimpression 2001

ISBN : 2-221-50201-9
Dépôt légal : septembre 2001- N° d'éditeur : L 50201 (E10)

PRÉFACE

Pendant la vie de Baudelaire, ses contemporains inclinent en général à le mettre au coin, en pénitence, comme un chenapan ou un peu à l'écart, comme un excentrique. Après sa mort, la postérité pense plutôt qu'il a vécu en enfer, parce que sa destinée donne le spectacle d'une terrible continuité de souffrances. Le compagnon un peu extravagant et mystificateur, paradoxal et secret, apparait à son entourage comme un gentil poète puni. Pour la postérité immédiate, l'étendue et la profondeur de son mal font surgir un *poète maudit*.

Poète puni, entre sa naissance, en 1821 et sa mort, en 1867, Baudelaire ne cesse pas de donner bien du souci aux personnes sérieuses, à sa pauvre maman, au brave général Aupick, son beau-père, au capitaine Saliz, commandant du *Paquebot des Mers du Sud*, chargé de lui rafraichir les idées en l'emmenant faire un tour vers l'Inde, à l'oncle Sainte-Beuve, surveillant général de la classe de rhétorique. Madame Aupick a vite diagnostiqué dans son fils, avec la sûreté de coup d'œil d'un amour maternel très bourgeois, « *cette maladie cruelle,* la nostalgie, *dont les effets sont si funestes.* » Le marin thérapeute chargé de la cure exotique, le bon commandant Saliz, va malheureusement échouer à guérir l'impatient patient : « *Nous avons tous pu voir à bord qu'il était trop tard pour espérer faire revenir M. Baudelaire soit de son goût exclusif pour la littérature telle qu'on l'entend aujourd'hui* (sic), *soit de sa détermination de ne se livrer à aucune autre occupation.* » Le pronostic sera vérifié. Mais l'oncle Sainte-Beuve, qui aime bien ce mauvais sujet (la preuve, c'est qu'il l'appelle, paternel : « *Mon cher enfant* ») ne pourra que déplorer (avec une indulgence pateline et suiffée) l'installation déraisonnable de ce jeune homme si doué sur « *une langue de terre réputée inhabitable* », dans « *un kiosque bizarre (...) mais coquet et mystérieux* » (Ah, la vieille canaille ! De tous les adjectifs qu'un académicien peut avoir à sa disposition, le mot *coquet* pour parler de Baudelaire est vraiment le choix d'un vieux coquin !). Sainte-Beuve trouve que c'est une drôle d'idée que d'aller occuper « *un Kamtschatka romantique* ». Au reste le « cher enfant » est le meilleur fils du monde. A défaut de lui donner sa voix à l'Académie, l'oncle Sainte-Beuve lui signera benoitement un certificat de bonne vie et mœurs : « *On se trouve en présence d'un candidat poli, respectueux, exemplaire, d'un gentil garçon, fin de langage et tout à fait classique dans les formes.* » Baudelaire sera donc ce poète puni, qui s'est mis volontairement au coin, qui s'est coiffé lui-même du

bonnet d'âne ou du chapeau de fou. Mais puni avec circonstances très atténuantes, et qui bénéficie de l'indulgence attristée des parents, du jury et des « gens bien ».

Quand il meurt, si jeune encore, à quarante-deux ans, après une sinistre agonie, poète n'ayant plus à sa disposition qu'un seul mot, un unique juron, (« *Crenom !* »), l'image du poète maudit l'emporte désormais. L'enfant adorait sa mère : elle se remarie avec un étranger, respectable militaire qui respecte tout, sauf ce que Charles estime le plus au monde : la poésie. L'adolescent épris de toutes les femmes a contracté dès la première qui lui ouvre les bras une malédiction historique, mortelle en Europe entre 1493 et 1921 : cette malédiction, la syphilis, frappera notamment Stendhal, Schubert, Maupassant, Nietzsche, et des dizaines de millions d'inconnus. Le jeune homme fortuné mais dépensier s'est vu mis en tutelle, placé sous la surveillance d'un conseil judiciaire : aux yeux des « gens de bien », mieux vaut, sous l'Empire du commerce et de l'or, « *où la richesse est montrée comme le seul but final de l'individu* », une vie gâchée qu'un patrimoine écorné. L'écrivain campé sur le terrain que la commune réserve aux nomades, dans un « *Kamtschatka* » marginal, aura toute sa vie l'impression d'être un *paresseux* (une « paresse » qui laisse finalement en trente ans dix volumes, dont peu de pages qui ne soient admirables). Comme Baudelaire a la délicatesse, étant malade dès l'âge de dix-huit ans, de ne pas se sentir extrêmement libre avec les femmes, qu'il adore de toute évidence, les esprits trop rapides lui reprocheront d'avoir toujours choisi des amours vénales ou des objets d'amour « déclassés ». Amant d'une pauvre figurante noire si vite « déchue », très maladroit avec les autres, depuis la Présidente (qui lui cède, et qu'il fuit, sans qu'elle comprenne pourquoi) jusqu'à Marie Maubrun, on réputera parfois Baudelaire même incapable d'amour : « *Baudelaire qui a toujours désiré aimer, n'a finalement jamais connu l'amour.* » (Jean-René Huguenin). Il consacre plus du tiers, la moitié peut-être, de sa courte vie, à un livre de poèmes : quand celui-ci est publié, il sera traîné devant les tribunaux, et condamné. Lui qui aura passé sa vie à *reconnaître,* souvent avant tout le monde, d'un coup d'œil infaillible, les grands poètes, les grands peintres et les grands musiciens de son temps, il est *reconnu* chichement, avec des réticences, des moues, des effarouchements bêtes — quand il n'est pas grossièrement injurié. Puis l'hémiplégie, l'aphasie, la mort. Les célèbres, les glorieux, les officiels ne se dérangeront guère pour aller enterrer ce raté. Le poète puni est vraiment devenu le *poète maudit.*

Le statut de poète puni puis la couronne cruelle du poète maudit concourent à souligner à l'excès ou à mal définir la singularité de Baudelaire. Il apparaît à première vue comme un original appliqué à tout prix à cultiver son originalité. Le goût de la provocation dont il arme son désir innocent d'être aimé, « *le plaisir aristocratique de déplaire* » qu'il manifeste avec talent, la discipline hautaine du dandysme qu'il utilise comme une cuirasse défensive, l'insolente irritation qu'il ressent devant les « *complimenteurs* » de l'espèce humaine et au contact des niais ou des faiseurs, encourageront les lecteurs hâtifs à soupçonner l'auteur des *Fleurs du mal* d'un calcul de « carrière ». Il aurait examiné le terrain qui s'ouvrait à lui à ses débuts, constaté que ses prédécesseurs avaient occupé avec éclat des domaines où il était désormais difficile d'être le premier et le meilleur. Il aurait alors décidé d'explorer des contrées moins séduisantes, mais qui lui laisseraient la ressource d'être le *seul*. Les poètes avant lui avaient célébré le Bien ; il allait donc illustrer le Mal. Ils

avaient chanté la louange de Dieu; il développerait les « Litanies de Satan ». Ils avaient exalté le pur amour. Il analyserait l'impur amour, la cruauté sadique confondue avec le désir charnel. Ils avaient donné à respirer les roses de la vie; il proposerait la puanteur des charognes. Ils avaient poursuivi la beauté du Beau; il s'appliquerait à atteindre la beauté de l'horrible, une « beauté du diable » véritablement sat..nique. Puisqu'on avait avant lui cultivé toutes les espèces de fleurs, il se cantonnerait à faire éclore, dans les serres étouffantes d'un jardinier inquiétant, la flore délaissée du Mal et de la Mort. Dans le « *kiosque bizarre* » où les personnes convenables l'avaient laissé se reléguer, Baudelaire demeurait libre ainsi d'ouvrir une petite boutique à la fois artificieuse et mal famée, le singulier commerce d'un marchand d'épices rares et d'un savant chimiste de sensations perverses.

Cet écrivain-là n'était d'ailleurs pas tout à fait improbable et nullement imaginaire : il allait exister plusieurs fois, sous la forme d'imitateurs qui imitèrent seulement une œuvre lue de travers. Ces Baudelaire de pacotille allaient s'appeler tour à tour Maurice Rollinat, Jean Lorrain, Robert de Montesquiou. « Baudelairiens » qui n'entretiennent que des rapports finalement assez lointains avec Charles Baudelaire.

Moins superficielle, mieux fondée sur la courbe d'un destin en effet *fatal*, l'image du poète maudit inclinera plus tard des lecteurs moins facilement abusés à confondre ce que les douleurs accumulées sur la tête de Baudelaire eurent de (relativement) exceptionnel avec la notion d'un artiste tellement a-normal qu'on ne pouvait également l'admirer et l'aimer que comme un être *à part*, comme le spécimen séduisant, martyrisé et quasi unique d'une anomalie de l'espèce : un de ces beaux monstres malheureux dont le commun des mortels peut reconnaître la grandeur sans pouvoir cependant parvenir à se reconnaître en eux. Baudelaire avait eu beau adjurer chaque destinataire de ses œuvres de se considérer, « *Hypocrite lecteur — mon semblable — mon frère* », comme son proche prochain, beaucoup de lecteurs demeureront tentés, devant l'intensité de la souffrance du poète et devant la hauteur de son art, d'invoquer à la fois une prudente crainte de la contagion du malheur et le lointain respect qu'inspire ce « *prince des nuées* », le poète. C'est maintenir Baudelaire à l'écart de l'humanité générale, dans la réclusion des géhennes ou la solitude des Sinaï.

Mais l'extraordinaire empire que cet habitant d'un *Kamtschatka* insolite en est venu à exercer sur la sensibilité et l'esprit d'une époque, et d'une succession déjà longue de générations, ne se fonde ni sur la seule singularité ou l'extrême nouveauté du registre où il déploya sa musique, ni sur l'exceptionnelle grandeur des malheurs dont il fut accablé. S'il suffisait, hélas, de descendre vivant aux abimes de la douleur pour qu'une voix porte à des distances inouïes, des milliards d'êtres auraient laissé des paroles immortelles au-delà de leur mort. Mais le sourd gémissement des malheureux qui se sont succédés sur la terre n'est que cette basse continue qui bourdonne imperceptiblement en arrière-fond de l'histoire : ceux qui lui ont prêté une oreille étonnée ont cru, parfois, que c'était le murmure d'Océan provenant de l'envers de ce monde, de la ténèbre des enfers. Quant aux *thèmes* que Baudelaire choisit de traiter, comme un prince hautain élit pour en faire ses trésors le rebut et la défaite des heureux, la nouveauté en est moins grande que n'ont pu le faire croire à ses contemporains la mauvaise mémoire, l'ignorance et les refus et refoulements de l'oubli. Car il n'est pas en art de tradition plus antique que celle de la

modernité, ni d'éclosion plus ancienne que celle des « fleurs du mal ». La beauté de l'horreur a une longue histoire. La séduction de la mort et du macabre a dû être ressentie dès l'origine par les premiers vivants. Depuis les âges les plus reculés, l'alliance si naturelle de l'amour avec la haine, l'étreinte de la jeune femme nue et du squelette sarcastique sont des lieux communs de la songerie des hommes.

Le premier soleil du premier jour de la terre a regardé en face de lui se lever, au même pas que l'astre radieux, le premier soleil noir de la mélancolie. Sans remonter très loin dans le temps, ni s'écarter beaucoup du domaine français, il semble que, du Tasse aux élisabéthains, de Valdès Leal aux essayistes anglais de 1773 qui entreprennent une « *Enquiry into those kinds of Distress which excite agreable sensations* » (J. et A.L. Aikin), tout ce qui put apparaître comme le sombre privilège et la scandaleuse innovation de Baudelaire est en réalité une assez constante préoccupation des poètes. Le baudelairisme avant Baudelaire ponctue avec régularité la poésie latine de la fin de l'Empire et des siècles « barbares », puis la poésie lyrique médiévale. La seconde moitié du XVIᵉ siècle, les années qui suivirent la mort de Henry IV et le « siècle de Louis XIII » nous offrent au grand complet toute la gamme des thèmes de Baudelaire. C'est le moment de se souvenir ici du dialogue de Mallarmé avec Degas. Le peintre, entreprenant d'écrire des sonnets, soupirait devant les difficultés de l'écriture : « *J'ai pourtant des idées...* » Et Mallarmé, doucement : « *Mais, Degas, ce n'est pas avec des idées qu'on écrit des poèmes : c'est avec des mots.* » L'identité des sujets est plus monotone qu'on ne le croit à travers l'histoire des hommes. Elle ne détermine jamais l'identité des voix ni la monotonie du ton. L'accent de Baudelaire n'appartient qu'à Baudelaire, même si les « idées » de Baudelaire ont été, avant lui, celles de dizaines de poètes : c'est avec *ses* mots qu'il écrit des poèmes cent fois écrits avant lui. Dans l'œuvre des poètes « grotesques » et « baroques » qu'explora avec tant de perspicacité Albert-Marie Schmidt, on rencontre à chaque pas Baudelaire avant Baudelaire. La mort des amants ? Jean Auvray la célèbre en 1628, dans un sonnet où l'amante murmure : « *...j'ai si grand plaisir / Que je ne sais si je suis morte ou vive.* » L'amour de l'ombre et de la nuit, cet amour dont Baudelaire dit : « *Car je cherche le vide, et le noir, et le nu ?* » Déjà en 1593 Gilles Durant de la Bergerie cherche à se perdre dans leurs ténèbres : « *Nuit, mère du repos, sorcière du souci / Qui sors du creux d'enfer dont ta race est extraite / Pour nous envelopper d'un grand voile obscurci...* » La confusion de la volupté et du poison, du désir et du venin, la « *vertigineuse douceur* » de « *t'infuser mon venin, ma sœur* » ou de le recevoir ? Charles Coipeau d'Assoucy en 1650 en avoue les troubles délices : « *Comme un spectre amoureux que l'espoir fait revivre / J'erre et je prends plaisir à suivre / De votre aimable corps le philtre envenimé.* » Est-il nécessaire d'avoir été jusqu'à l'île Maurice et jusqu'à l'île Bourbon, d'avoir désiré-rêvé une Malabaraise, d'avoir été épris de Jeanne Duval, pour ressentir l'attirance de la Vénus noire ? On doute fort qu'entre 1600 et 1660 Vion Dalibray, Urbain Chevreau, Tristan L'Hermite, Claude de Malleville aient tous fait le voyage des îles et qu'ils aient eu, comme Baudelaire, des liaisons avec des beautés noires. Mais l'éloge de « la Dame de Couleur » est un lieu commun de leur poésie : « *Astre dont la noirceur semble former la gloire / Tu montres bien que la Beauté / Charme en ébène aussi bien qu'en ivoire* » (Chevreau) ; « *Beau portrait de tourments, noire prison de flamme / Ciel brun, Soleil à l'ombre, obscur et*

clair séjour... » (anonyme, 1657). Les miroirs de la mémoire et de l'amour qui s'entre-mirent, réfléchissant « *leurs doubles lumières / Dans nos deux esprits, ces miroirs jumeaux* », l'obscur et bien oublié René Bouchet d'Ambillon en fait briller déjà les reflets en 1609 : « *Mémoire, tu retiens comme un miroir ardent / De notre ardent Amour la flamme non mortelle.* » Ainsi, de la « *muse vénale* » aux tristes séductions des prostituées aux « *yeux noirs comme la boue* », de « *la nymphe macabre* » à la sorcière séductrice « *éprise du plaisir jusqu'à l'atrocité* », ce que Baudelaire semble avoir exprimé de plus particulier se révèle aussi le plus général. Il traite, inimitablement, des thèmes cent fois traités avant qu'il n'apparaisse. Quant au « satanisme » de Baudelaire, lorsque l'auteur des *Litanies de Satan* apparait, il y a plus d'un siècle que l'image de Lucifer, Ange maudit mais Prince des ténèbres, est une tarte à la crème du roman noir, un poncif, déjà, de l'occultisme nocturne du « Siècle des lumières » et du romantisme. Ce que dit Baudelaire de plus singulier a déjà été dit cent fois. Cependant ce qu'il dit n'a été dit par personne.

Pourquoi la *musique* de Baudelaire, qui ne dit rien, somme toute, qu'on ne puisse déjà trouver énoncé, du moins en germe, dans d'autres poètes avant lui, pourquoi cette musique, comparable mais évidemment irréductible à des paroles de ses devanciers, est-elle cependant résolument *inouïe* ? On avait dit cela cent fois. On ne l'avait cependant jamais *entendu*.

Comme les sons qu'émet un être humain sont reconnaissables entre tous pour une oreille attentive, et distincts des sons de tous leurs semblables, de même — et pour des raisons analogues — ce qu'on nomme la *voix* d'un écrivain, d'un poète est reconnaissable entre toutes. Elle peut se définir et s'analyser par la richesse et l'inattendu de ses harmoniques : la spécificité d'une voix, constatent les musicologues, c'est dans la ressource des sons simultanés qui vibrent en elle qu'elle réside. Là où le physicien ne distingue dans l'émission d'un son que la hauteur, l'intensité et le timbre, le musicien, en écoutant la voix chantée, en considère aussi la puissance, l'éclat, le volume et dans ce qu'elle a de plus individuel, ce que les spécialistes du chant nomment l'*épaisseur*. Ce que Baudelaire a apporté de souverain et neuf, ce n'est pas cette expérience de l'esprit qui n'est pas toujours amenée à la conscience, mais qui, pour n'être exprimée que par quelques-uns, est, somme toute, la chose du monde la mieux partagée. Car une sombre attirance pour le parfum des « fleurs du mal » est commune à chacun de ces « pervers polymorphes », les enfants comme les définit Freud, qui finissent par devenir (en grandissant sans devenir pour cela plus vertueux) des hommes. Baudelaire n'est pas exceptionnel non plus par l'éclat de malheurs véritablement hors du commun : des générations d'esclaves qui se sont succédés depuis la nuit des temps jusqu'aux victimes des *goulags* modernes, le soleil a éclairé des milliards de malheureux qui sont peut-être, comme il y a des soldats inconnus, les poètes maudits inconnus. Ce qui est *inouï* en Baudelaire, c'est la superposition et la fusion méditée d'harmoniques jamais assemblés avant lui. Dans la durée — le développement chronologique dans son œuvre — et dans l'instant — le travail sur chaque poème, sur chaque texte — Baudelaire procède à la manière du musicien qui enrichit et *trouble*, pourrait-on dire, la ligne mélodique première, ou du peintre qui en utilisant l'huile, superpose, à partir d'une préparation des dessous par les enduits, des couches picturales successives : fonds mats, glacis translucides, couleurs plus ou moins « couvrantes », empâtements, etc. La

lecture attentive des versions successives et des corrections apportées par Baudelaire à ses textes, fait apparaître la profondeur « chronologique » de ses poèmes. Ainsi, dans les laboratoires des musées, la radiographie des chefs-d'œuvre nous fait découvrir les surfaces accumulées l'une après l'autre par l'artiste. Le « premier état » d'un poème de Baudelaire, « *peintre de la vie moderne* » c'est souvent une construction en vers qui n'a rien, précisément, de moderne. On a suggéré qu'il y avait chez Baudelaire un « côté Boileau » (il faudrait ajouter : l'alexandrin baudelairien c'est celui de l'*Art poétique* ou des *Embarras de Paris* éclairé par les reflets de flammes pourpres de l'univers de Delacroix). Mais la forme que Baudelaire accepte au départ, et presque sans bénéfice d'inventaire, ce n'est pas celle de la poésie classique au zénith du siècle de Louis XIV, mais celle d'un classicisme à la fois refroidi, et déjà frissonnant d'une inquiétude préromantique : son « premier jet », c'est le vers classique de la fin du XVIIIᵉ siècle. Dans ses notes biographiques Baudelaire écrit : « *Enfance : vieux mobilier Louis XVI, antiques, consulat, pastels, société dix-huitième siècle.* » C'est de cette société, de son climat et de son style qu'il part, sans résistance ni révolte. Le rythme premier de Baudelaire, la structure qu'il accepte tout naturellement, c'est dans les poètes contemporains de François Baudelaire, ce père libéral et « philosophique » qu'il n'aura pas connu, qu'on en trouve le modèle : de Parny à Chénier, et aux « poètes impériaux », de Népomucène Lemercier à Baour-Lormian. Baudelaire ne nommera Parny qu'en passant, dans un des textes journalistiques bâclés de sa jeunesse, *Les Mystères galans des théâtres de Paris*. Il serait hasardeux de parler ici d'influence, comme il est toujours naïf de croire que l'esprit a des « sources ». On ne lit pas : on se lit en autrui, on se découvre et se reconnaît dans les autres. Il en est des « sources » en littérature comme du Dieu de Pascal : « *Tu ne me chercherais pas si tu ne m'avais déjà trouvé.* » Si Baudelaire apercevait la filiation d'un poète Parny, ce n'était pas lui-même à l'époque qu'il considerait comme son « héritier » mais un autre poète : « *M. de Lamartine* (arriva) *après Parny, les mélancoliques d'Elvire après les globes d'Eléonore* » (Eléonore était l'héroïne des élégies de Parny). On constate seulement que Parny et Baudelaire, à plus d'un demi-siècle d'écart, se croiseront sur la planète comme dans leur recherche d'écrivain : Parny naît à l'île Bourbon, où Baudelaire arrêtera son périple quatre-vingt-dix ans plus tard. On respire déjà dans les poèmes de Parny « *le parfum des verts tamariniers* », l'odeur « *de l'huile de coco, du musc et du goudron* », et les « *infinis bercements du loisir embaumé* » qu'ont goûté, de Paul et Virginie à Saint-John Perse, et de Parny à Baudelaire, ceux qui n'oublieront jamais plus ce ciel de « *la langoureuse Asie et la brûlante Afrique* ». Mais la parenté d'esprit est plus intéressante encore que celle des thèmes. Parny préfigure dans son œuvre la quête de « modernité » littéraire de Baudelaire. On a parfois cru que les *Petits Poèmes en prose*, qui traitent souvent des mêmes sujets que les *Fleurs du mal*, leur étaient antérieurs, comme l'esquisse d'un scénario peut précéder sa mise en forme poétique. On a prouvé cependant que ce qu'on nomme le « poème en prose » est neuf fois sur dix la reprise, et non l'annonce, du poème versifié. C'est déjà la démarche de Parny. Il tente (et réussit souvent) à briser et à faire éclater la forme traditionnelle et un peu convenue des *Élégies* dans la très neuve prose rythmée des *Chansons madécasses*. Les langoureuses mulâtresses aux beaux noms chantants qui passent, musicales, dans les chansons de Parny, sont les grand-tantes naïves des sombres beautés dont

Baudelaire évoquera sous « *des cocotiers absents les fantômes épars* ». Du fond du XVIII^e siècle, elles viennent à notre rencontre, les pieds nus, vers l'horizon du XIX^e siècle, Nélahé, Zaphné, Nahandone. « *Que vos pas soient lents*, leur demande à mi-voix Parny, *qu'ils imitent les attitudes du plaisir et l'abandon de la volupté...* », « *Nahandone, ô belle Nahandone ! L'oiseau nocturne a commencé ses cris, la pleine lune brille sur ma tête, et la rosée naissante humecte mes cheveux. Voici l'heure ; qui peut t'arrêter, Nahandone, ô belle Nahandone !* » Personne en effet n'arrêtera plus celles qui viennent des îles, malgré l'oppression des Blancs, malgré cet asservissement qu'un très beau poème en prose de Parny évoque, et qui constitue un des premiers grands textes poétiques anticolonialistes écrits par un Occidental : « *Méfiez-vous des Blancs, habitants du rivage (...) Leurs prêtres voulurent nous donner un Dieu que nous ne connaissons pas. Ils parlèrent d'obéissance et d'esclavage...* » « L'art nègre » va faire irruption en Europe deux siècles plus tard. Mais l'entrée des *nègres* dans l'art s'inaugure avec Parny et s'accomplit avec Baudelaire — jusqu'au jour où les Noirs eux-mêmes reprendront leur bien, avec Aimé Césaire et les poètes de la « négritude ».

Le lent travail de Baudelaire le « paresseux » (c'est lui qui s'accusera sans cesse de dispersion et de « *vaporisation* ») est une œuvre incessante de reprises, de versions successives. Il part d'un dessin au trait. Il dessine d'abord la grêle, pure et froide musique de l'alexandrin à son déclin classique. Il lui superpose ensuite la buée des matinées de soleil mélodieux de Lamartine. Puis il travaille encore, il avance en enrichissant constamment le premier tracé. Il gonfle le poème de sensations contemporaines où l'expérience de la ville moderne se fond avec les images de peintres qu'il a reconnus et où il se reconnaît, Watteau, Goya, Delacroix. Les *fonds* transparaissent subtilement sous les couches successives. La mélodie se prolonge et s'enrichit d'harmoniques de plus en plus complexes. Le progrès s'accomplit par *extension* et accroissement. L'exemple le plus saisissant c'est peut-être celui des deux versions en vers et en prose, de *la Chevelure* (je m'avoue ici mal convaincu, pour une fois, par l'argumentation de Claude Pichois, qui pense que le poème en prose, *Un hémisphère dans une chevelure*, a été écrit *avant* le poème en vers : l'argument selon lequel il serait peu probable que Baudelaire ait gardé longtemps dans ses cartons *la Chevelure* me paraît de peu de poids). Dans le cas de *la Chevelure* et de son doublon en prose il n'y a pas un poème *meilleur* que l'autre : il y a deux versions différentes d'une même sensation-image. *La Chevelure* c'est la sensualité sublimée par le rythme et la rime. *Un hémisphère dans une chevelure* est le même poème plus sauvage, d'une violence moins *bercée*, où l'odorat et l'oreille laissent place à la « *sauvagerie* » des dents et de la morsure, où la musique de houle se mêle au « mauvais goût » d'une sorte de cannibalisme érotique très naturel : le poème en vers est une longue respiration amoureuse et nostalgique, où le poète « *hume à longs traits le vin du souvenir.* » Le poème en prose est une morsure voluptueuse où il ne respire plus simplement l'odeur de la « *mer d'ébène* », du « *noir océan* », mais les dévore, amant innocemment animal, agresseur et sauvage comme le sont à un moment ou l'autre, tous les amants : « *Laisse-moi mordre longtemps tes tresses lourdes et noires (...) Il me semble que je mange des souvenirs...* » Non : Baudelaire n'a rien de commun avec Boileau, sinon de cent et mille fois remettre sur le métier (de vivre) son ouvrage.

L'*épaisseur* de la voix de Baudelaire — au sens où les musicologues parlent de l'épaisseur d'un chanteur définie par « *l'importance des harmoniques inférieurs à la fréquence de coupure dans leur ensemble* » (Raoul Husson) — est mesurable dans chacune des pages de son œuvre. C'est l'ensemble de celle-ci qui permet de saisir l'ampleur d'un génie en apparence cantonné à un étroit domaine intime : la *profondeur* de chaque poème n'a d'égale que l'*étendue* qu'embrasse le point de vue à partir duquel veut s'organiser la pensée de Baudelaire. Le « génie » de Baudelaire, c'est à la fois celui d'un esprit intensif et extensif. Il descend comme personne en *profondeur*. Puis, d'un coup d'aile, il prend sur sa création une vue plongeante. Il fouille avec patience dans l'épaisseur de galeries de plus en plus lointaines. Puis il prend de l'altitude, et embrasse du regard l'ensemble.

Asselineau, qui n'était sans doute pas un grand esprit, a très bien compris Baudelaire, et mieux que la plupart des milliers de critiques, exégètes scoliastes, semi-sémiologues, textologues, lingualogues et pataphysicologues qui se sont abattus comme des fourmis grises sur ses écrits. Asselineau avait cette pénétration que donne l'amitié forte : une vive bienveillance donne presque toujours bonne vue. Baudelaire peut bien, un jour de male humeur, traiter Asselineau « d'imbécile », l'imbécile voit loin et de haut quand il écrit en 1867 : « *En* (Baudelaire) *l'artiste se doublait d'un philosophe, et le philosophe dominait.* »

Si la philosophie, c'est le maniement de concepts abstraits, un pur jeu d'*idées*, Baudelaire n'est pas philosophe. « *J'ai essayé plus d'une fois,* dit-il dans un essai critique sur l'Exposition de 1855, *de m'enfermer dans un système (...) Toujours un produit spontané, inattendu, de la vitalité universelle venait donner un démenti à ma science enfantine et vieillotte.* » La manifestation première de la « vitalité universelle » c'est pour Baudelaire le monde visible : la nature, et les arts du regard, qui sont tout à la fois la saisie de la nature par l'esprit et une « protestation » contre elle : *la première affaire d'un artiste est de substituer l'homme à la nature et de protester contre elle.* Mais c'est parce qu'il a l'intelligence philosophique que Baudelaire est le premier critique d'art de son temps. Et aussi parce que *l'univers visible,* (ce) *magasin d'images et de signes,* ce n'est pas pour lui un objet extérieur d'étude esthétique, mais la matière première de son art : *Illuminer les choses avec son esprit,* c'est, dans les rues de la ville et les salles des salons de peinture ce qui l'intéresse avant tout. Il ne se contente pas d'élaborer une théorie des correspondances, il la met en pratique : les couleurs et les sons, la peinture et sa poésie ne cessent de correspondre et de se répondre.

La peinture n'est pas pour Baudelaire un plaisir en marge de la vie, un art d'agrément. Il est des écrivains dont les œuvres n'évoquent que peu, ou pas d'images, dont la prose ou les vers suggéreront des équivalences musicales, des parfums, des sensations tactiles, plutôt que des couleurs et des lignes. Nous pouvons concevoir, par exemple, Flaubert ou Proust peintres, certainement pas Benjamin Constant. On peut imaginer les dessins au trait de Racine, pas sa peinture à l'huile. Mais Baudelaire, même si nous avions perdu ses dessins, même si nous ignorions son œuvre de critique d'art, même si ses poèmes directement inspirés de la peinture avaient disparu, nous pourrions deviner qu'il était, comme il l'écrit, « *un homme qui, à défaut de connaissances étendues, a l'amour de la peinture jusque dans les nerfs* », un esprit possédé

par « *un goût permanent depuis l'enfance de toutes les représentations plastiques* ».

Le premier poème publié par Baudelaire, *Don Juan aux Enfers*, est né du « télescopage visuel » d'une lithographie de S. Guérin sur ce thème, et du tableau de Delacroix, *Dante et Virgile*. Le second poème publié par le jeune écrivain n'est pas inspiré par des toiles ou des gravures. Il surgit des souvenirs de voyage à l'île Maurice, et se compose déjà comme un tableau, dont les premiers vers nous indiquent aussitôt les dominantes, le rapport du corps sombre («*Tes grands yeux de velours sont plus noirs que ta chair*») avec le fond bleuté («*Aux grands pays chauds et bleus...*»). Et l'intention du poète est claire, dès le troisième vers : «*A l'artiste pensif ton corps est doux et cher.*» Baudelaire ne dit pas : «*Au poète pensif...*» C'est en peintre qu'il contemple l'image apportée des mers du Sud, de l'île Bourbon, au sortir de l'enfance où il était déjà «*amoureux de cartes et estampes*». Toute sa vie, les tableaux qu'il aime seront pour lui des *Phares*. Il cherche en poésie des harmoniques de leur clarté. *Le Tasse chez les fous* de Delacroix lui inspire *Le Tasse en prison*, mesurant du regard.

L'escalier de vertige où s'abîme son âme.

Comment séparer dans *les Bijoux* les goûts voluptueux de Baudelaire du souvenir des nus de Delacroix, ces «*grandes femmes pâles noyées dans le satin*» parées de bracelets et de colliers ?

L'étude des « sources » de Baudelaire, qui sont plutôt des correspondances que des sources (la *source* amène quelque chose qui n'existait pas dans l'esprit du poète, la *correspondance* éveille ce qui était en lui), tourne rapidement au catalogue de musée : Delacroix, Goya, mais aussi des œuvres moins connues : *les Bohémiens en voyage* viennent d'une planche de Callot, *la Rançon* et *le Squelette laboureur* ont été inspirés par Holbein, une gravure de Goltzius est à la base de *l'Amour et le Crâne*, *Une gravure fantastique* se réfère à une planche de Mortimer, qui plagiait Dürer. *Paysage parisien* est une réminiscence des gravures de Méryon sur Paris. *Allégorie* est construit d'après *la Bacchante* du sculpteur Clésinger. Le vrai paradis artificiel de Baudelaire, c'est la peinture.

Critique-philosophe de l'art, dans ses *Salons* et ses essais, Baudelaire, dans la mesure de ses moyens, est aussi collectionneur, et vit entouré de tableaux. Sous les combles de l'hôtel Pimodan, dans l'île Saint-Louis, Asselineau décrit les murs du poète : « Je revois encore le portrait peint par Émile Deroy en 1843, et sur le mur opposé, au-dessus d'un divan toujours encombré de livres, la copie (réduite) des *Femmes d'Alger*, œuvre du même peintre, faite par Baudelaire, et qu'il montrait avec orgueil. » Une danseuse de cancan, Élise Sergent, surnommée la Reine Pomaré, errant à la recherche d'un appartement, entre un jour par hasard chez Baudelaire. « Pomaré, raconte Banville, admira longuement le papier à grands ramages rouges et noirs, la tête peinte par Delacroix représentant *la Douleur...* » Le même Banville avait vu chez le poète la série, encadrée, des lithos de Delacroix sur Hamlet. Et l'inséparable compagnon des flâneries de Baudelaire, entre 1842 et 1845, le poète Prarond, évoque les promenades de celui qui déclarait lui-même : «*Très jeune, mes yeux remplis d'images peintes ou gravées n'avaient pu se rassasier, et je crois que les mondes pourraient finir, impavidum ferient, avant que je devienne iconoclaste.*» Ce que son compagnon confirme : « Baudelaire se préoccupait autant de peinture que de poésie. Je l'ai suivi quelquefois au Louvre devant

lequel il passait rarement sans entrer. Il s'arrêtait alors, de préférence dans la salle des Espagnols. Il avait des toquades, était très attiré par un Théotocopuli, entrait pour deux ou trois tableaux et s'en allait. Je n'ai pas besoin de dire son admiration pour Delacroix. Parmi les dessinateurs, comme il était parfois de parti pris violent, il adorait Daumier et détestait Gavarni. »

Baudelaire n'est pas seulement amant de la peinture, il est aussi l'ami des peintres. Deroy lui a fait connaître Préault, le grand bavard théoricien et chimérique qu'est Chenavard, Courbet. Ses écrits sur l'art et son œuvre de poète le feront entrer en relation avec Delacroix, bien entendu, plus tard avec Constantin Guys, Manet. Courbet nous donnera de Baudelaire un admirable portrait dont la facture est aux antipodes de ce réalisme un peu trop minutieux et léché que Baudelaire reprochait un peu au peintre. Le poète possédera à la fin de sa vie six dessins de Guys, une gravure de Jongkind, trois eaux-fortes de Méryon, deux Manet et une copie de Goya.

Il est lui-même, en secret, un dessinateur remarquable — et modeste. Ses plumes, son croquis de la Fanfarlo, le portrait de Jeanne à la plume, celui de Berthe, les portraits de femmes qu'il dédie à Chenavard ou Asselineau, les caricatures qu'il griffonne avec esprit, les remarquables portraits de lui-même (« *Celui-là fait de chic,* écrit-il au dos de l'un d'eux, *mais bon pour la grimace.* » Poulet-Malassis dira de celui de 1860 : « C'est le plus ressemblant que je connaisse. »), tout cela n'est pas simplement l'œuvre d'un amateur aimable. Entre Hugo et Valéry, Baudelaire appartient à la belle race des poètes dessinateurs dont les divertissements graphiques sont de très grande qualité.

Baudelaire admirait Daumier. Celui-ci le lui rendait bien, s'il faut en croire *Le Figaro* du 24 juillet 1868 : « Daumier (conservait) un portrait de l'auteur par lui-même qu'il compare pour la netteté et l'esprit aux portraits français du XVIᵉ siècle de la collection du Louvre. » Et le peintre ajoutait, à en croire l'article du *Figaro*, que « si Baudelaire eut appliqué à la peinture les facultés qu'il a consacrées à la poésie, il eût été aussi grand peintre qu'il a été poète distingué et original ».

La philosophie de Baudelaire, ses « idées mères » nourrissent aussi bien l'esthétique de sa critique d'art que celle de sa poésie. Les idées mères de l'auteur des *Phares* ne sont pas ces idées dont la plupart de ses devanciers en critique ont cru que c'est avec elles qu'on faisait les tableaux. « *On nous juge toujours sur des idées de littérateurs,* protestait Delacroix, *et ce sont celles qu'on a la sottise de nous demander.* » Les confrères de Baudelaire croyaient en général qu'un tableau c'est une « idée » habillée de couleurs. Beaucoup de peintres le croyaient aussi. Cela allait des ambitions boursouflées de Chenavard, qui rêvait de traduire en tableaux gigantesques la philosophie romantico-humanitaire, aux « idées » d'Horace Vernet, qui traduisait en images les scènes de bataille du *Mémorial de Sainte-Hélène,* et aux « idées » des « peintres de genre » enchantés de leur ingéniosité à faire jouer des petits chats avec la pelote de laine de la grand-mère endormie, ou à mettre en scène des cardinaux hilares, en soutane pourpre déboutonnée, à la fin d'un souper cardinalice. C'est ce que Delacroix appelait avec mépris des « *idées de littérateurs* ». Mais on croit toujours, quand on ne va pas au fond des choses, que l'art des autres, est fait avec des « idées ». En réaction contre cette « idée reçue », on aboutira un jour à la fracassante et nécessaire proclamation de Maurice Denis : « Se rappeler qu'un tableau — avant d'être un cheval de bataille, une femme nue, ou une quelconque anecdote — est essentiellement

une surface plane recouverte de couleurs en un certain ordre assemblées. » Bien entendu, l'ordre dans lequel ces couleurs sont assemblées exprime, non pas la petite idée anecdotique d'une « histoire » que le tableau aurait pour mission de raconter, mais ce que Baudelaire nomme l'*idée mère*, la philosophie centrale et implicite d'une œuvre, la vision du monde d'un créateur, cet accord profond entre une sensibilité, une morale, une perspective et un choix essentiel qui définit un esprit. « *L'idée* » d'un poème de Baudelaire, ce n'est pas : « Je vais décrire cet objet pittoresque et original qu'est une charogne en train de pourrir. » Le thème ici n'est que « prétexte ». Le texte véritable, c'est l'idée souveraine et souterraine que Baudelaire se fait de la vie, de la mort, de la beauté, de la poésie.

Il y a, de même, une « idée mère » de l'univers de Goya, de Delacroix ou de Daumier. Ce qui passionne Baudelaire critique d'art, ce n'est pas de décrire la superficie du tableau, c'est de remonter à sa source cachée en évoquant « *les considérations et les rêveries morales* » que l'œuvre plastique a fait surgir en lui. « La surface plane recouverte de couleurs en un certain ordre assemblées » enfonce d'invisibles racines dans un espace du dedans, dans la vie intérieure d'un homme. C'est cette vie intérieure qui intéresse Baudelaire, autant que le métier, les ressources techniques, les trouvailles artisanales, les problèmes de facture auxquels le peintre aura recours pour exprimer ce qu'il sent, ce qu'il pense, ce qu'il est. La mauvaise critique d'art laisse échapper les deux termes essentiels de son propos : elle bavarde sur l'entre-deux du tableau, sur le sujet, l'anecdote, le prétexte. Elle « décrit » comme Théophile Gautier le faisait. La grande critique d'art tient étroitement serrés les deux bouts de la vérité picturale, elle remonte aux sources premières de l'œuvre, c'est-à-dire à ses idées mères, et analyse les moyens d'expression de celle-ci, c'est-à-dire le travail d'un artiste aux prises avec les couleurs, la surface plane de la toile, les difficultés de l'espace, de la lumière, du pinceau, de la matière et de la composition.

Le projet constant de Baudelaire, qui est un projet philosophique, celui d'organiser une vision cohérente des *correspondances* entre la nature et l'esprit, entre l'espace visuel et « l'espace du dedans », entre les images et les sons, entre la peinture et la poésie, devait naturellement tenter de s'accomplir dans une métaphysique. C'est ici sans doute que, comme toutes les hypothèses métaphysiques, la pensée de Baudelaire est la plus périlleuse. Car si un homme avait existé, qui aurait conçu une pensée métaphysique parfaitement vraie et totalement définitive, il n'y aurait évidemment plus de philosophe, ni d'écrivain, ni de penseur. Nul livre ne serait désormais nécessaire, parce que *le* Livre aurait été écrit, celui qui abolirait tous les livres, parce qu'aurait été prononcée la parole qui rendrait vaine toute autre parole. Si on peut parler en effet d'une philosophie de Baudelaire, c'est comme de la philosophie d'un homme qui n'a jamais songé à se définir comme un philosophe, mais qui tenta de rassembler autour d'une constellation centrale l'ensemble des vues qu'il embrassa sur l'esprit humain, la société des hommes et l'univers. Ce n'est pas signifier par là que la pensée de Baudelaire, au point vélique où elle se noue dans un constant effort de cohérence, soit une pensée totalement juste. Elle ne l'est pas davantage, et très probablement beaucoup moins que celle de Platon ou de Dante, de Montesquieu ou de Marx, de Kant ou de Proust. Ce n'est que dans l'esprit naïf des disciples et dans la candeur éblouie mais toujours niaise, et parfois redoutable des zélotes qu'un système de pensée peut apparaître

comme le point final décisif de la quête incessante des générations qui ont essayé d'atteindre ce leurre qui toujours se dérobe à la prise : une *Philosophia Perennis*. Il n'existe aucune philosophie dont les résultats et les conclusions soient parfaitement vérifiables et confirmées. Il en existe seulement qui sont plus que d'autres admirables par l'intensité et la force de leurs hypothèses organisatrices, par l'ampleur et la rigueur de ce qu'elles embrassent. Ce n'est pas réduire le jugement qu'on peut porter sur une pensée à un point de vue purement *esthétique* : un système ou une méthode ne sont pas beaux d'un simple point de vue architectural ou « décoratif », mais dans la mesure de leur efficacité pratique. Il n'y a pas *une* pensée qui convienne à tous les esprits, mais il en est qui peuvent mieux que d'autres aider à vivre certains hommes. Baudelaire a conçu une réflexion de moraliste et des hypothèses de métaphysique qui puissent lui permettre de *fonctionner* malgré ce qui s'est acharné, dans son corps et son destin, à le détruire. L'ensemble de ce qu'il a écrit s'éclaire de la lumière focale qui domine son paysage mental. Baudelaire, en ceci n'est pas, comme tant d'écrivains fragmentaires, un poète qui a écrit des poèmes, mais le poète auteur de ce vaste poème, en vers ou en prose, en forme de sonnets ou d'essais critiques, qui s'appelle Baudelaire.

Au sommet de la « pyramide intellectuelle » de l'auteur des *Fleurs du mal*, il a placé, pour parvenir à desserrer un peu et dominer parfois le réseau des liens douloureux dans lequel il se sentait prisonnier, une hypothèse mythique qu'il emprunta à la religion dominante de son époque et du continent où il était né, mais qu'on retrouve dans beaucoup de cosmogonies. La constatation simultanée des extrémités de souffrance infligée ou subie, et des merveilles de bonheur ressenti et d'amour partagé dont est capable un homme, a fait concevoir cette fable des origines qui fait de nous les habitants primitifs d'un paradis dont une faute mystérieuse nous aurait fait tomber, en conservant la double expérience du « *goût de l'infini* » et de la « *postulation vers le mal* ». Le mythe du péché originel constitue la clef de voûte de la synthèse philosophique tentée par le poète. Des grands mythes chrétiens, c'est celui que Baudelaire privilégie.

Lui, dont les raports avec sa mère montrent la tendresse profonde (et blessée), l'infinie ressource d'amour (et de malheur d'aimer) ne semble pas demander à la religion, et à la philosophie religieuse qu'il adopte, à cette hypothèse théologique qu'il retient, cette consolation que l'amour infini d'un Dieu peut apporter aux croyants qui étouffent dans un monde sans amour. Il ne cherche pas, dans le « sein de Dieu », à être bercé par la bonté sans limites d'un Dieu « sensible au cœur ». Il ne paraît pas accorder une importance extrême, dans cette religion chrétienne qu'il confesse, à la conception d'un Dieu-homme venu apporter le pardon et la rédemption. Dans la vision philosophico-religieuse du poète, on dirait que ce n'est pas l'image d'un Sauveur possible qui le séduit le plus, mais l'hypothèse d'une explication mythique de l'existence du Mal, et de son existence malheureuse : le péché originel, c'est une théorie qu'on ne peut « fonder en raison », mais qui satisfait la raison de Baudelaire. Supposer une culpabilité première et « héréditaire » n'est pas une consolation. Mais c'est un système d'explication cohérent. C'est le point central d'où Baudelaire peut, intellectuellement, dominer (ou croire avoir dominé) son propre destin, et celui de l'humanité. Les épreuves qu'il subit, l'amour de sa mère détourné par le remariage, cette prison pour enfants qu'était l'internat des lycées napoléoniens, (« *Le collège de Lyon, coups, batailles avec les professeurs et les camarades, lourdes mélancolies* », écrit-il), la vérole qui le

frappe *dès* les premiers plaisirs, et toute la litanie amère des déboires et malheurs, la fable originelle de la chute n'aide pas à les subir, mais peut donne. la sensation de les *comprendre* : ce qu'un homme peut supporter est infini. Ce qu'il ne peut supporter, c'est que ce qu'il supporte soit *sans raison*. Baudelaire appartient à cette race des hommes qui préfère *l'explication* par un crime dont ils sont innocents à l'absence d'explication. On objectera que c'est une faible raison que de donner une *raison* aussi obscure qu'allégorique à la difficulté d'être et au malheur subi : ce n'est sans doute qu'ajouter au mystère d'être le mystère d'une fable. Le légendaire religieux, qui enseigne à imaginer une obscure causalité par la transmission d'un péché premier de génération en génération, opère un déplacement et une délégation de l'énigme, non sa résolution. Le recours au catholicisme de Père Fouettard de Joseph de Maistre propose à l'indéchiffrable de l'Etre-pour-mourir une clef sans doute aussi grossière que robuste. Elle apparaît (du moins à celui qui s'exprime ici en réfléchissant sur Baudelaire) moins satisfaisante encore que les mythes bouddhistes ou platoniciens, que l'édifice mental de Spinoza ou de Leibniz, que le jeu d'allusions métaphysiques de Lichtenberg ou de Kafka, que les tentatives d'ouvre-boites universels de Rousseau ou de Marx. Entre le rôle d'accusé et le rôle d'accusateur, il n'y a pas de *choix* heureux. Mais faut-il choisir ? Le couronnement de la philosophie de Baudelaire, de cette quête du crime originel expliquant l'inexplicable punition, peut apparaitre comme une solution illusoire, une redoutable prestidigitation verbale : je vis comme puni, *donc* j'accepte d'assumer la responsabilité de mon châtiment. Ce que cette solution, qui ne résout rien, a certainement permis à Baudelaire, c'est finalement de résister à chaque pas à la tentation trop confortable qui assiège à chaque instant l'esprit : celle d'atténuer l'écartèlement des contraires auxquels nous sommes assujettis en niant et supprimant un des termes de notre contradiction vitale.

Un mathématicien français mystique et un romancier américain alcoolique ont défini presque de la même manière, à partir d'expériences de vie très différentes, ce qu'est l'*intelligence*. Leurs définitions rendent parfaitement compte de cette perpétuelle clarté d'intelligence qui illumine chaque page de Baudelaire. Francis Scott Fitzgerald écrivait dans *The Crack-Up* : « *La preuve d'une intelligence de premier ordre, c'est la capacité de pouvoir garder simultanément à l'esprit deux idées opposées, tout en maintenant la capacité de fonctionner.* » Blaise Pascal constate dans ses *Pensées* : « *Scaramouche ne pense qu'à une chose. Une seule pensée nous occupe; nous ne pouvons penser deux choses à la fois. Tous errent d'autant plus dangereusement qu'ils suivent chacun une vérité; leur faute n'est pas de suivre une fausseté, mais de ne pas suivre une autre vérité. On ne montre pas sa grandeur pour être à une extrémité, mais bien en touchant les deux à la fois et remplissant tout l'entre-deux.* »

Intelligence de premier ordre, et le moins Scaramouche des hommes, Baudelaire n'a jamais cessé de garder présentes à l'esprit ses contradictions — nos contradictions. Asselineau : « *Il entretenait son esprit par la contradiction dans une gymnastique perpétuelle.* » Toubin : « *Dans sa tête, rien n'était inconciliable.* » Revendiquant toujours « *le droit de se contredire* », il écrit à Sainte-Beuve : « *Vous savez que je peux devenir dévot par contradiction, de même que pour me rendre impie, il suffirait de me mettre en contact avec un curé souillon (souillon de corps et d'âme).* » A Flaubert, il

expose son « *impossibilité de rendre compte de certaines actions ou pensées soudaines de l'homme sans l'hypothèse de l'intervention d'une force méchante extérieure à lui* », c'est-à-dire le Diable. Ajoutant aussitôt : « *Remarquez bien que je ne renonce pas au plaisir de changer d'idée ou de me contredire.* » Baudelaire peut bien présenter la volonté pascalienne de « *toucher les deux extrémités à la fois* » comme un trait de son humeur ou un « plaisir » de son humour, il s'agit pour lui de bien autre chose : cet art de la contradiction constamment maintenue présente, c'est une règle de pensée, une dialectique primordiale.

« *Apprendre*, écrit Baudelaire dans le carnet de son ami Asselineau, *c'est se contredire. Il y a un degré de conséquence qui n'est à la portée que du mensonge.* » Et il fait allusion à une phrase de Custine qu'il admire : « *Défiez-vous de toute personne qui vous paraît parfaite : l'extrême conséquence est fausseté, et dans le monde il n'y a de naturel que les défauts, et de vrai que les contradictions.* »

Quand il se retourne en arrière et aussi loin qu'il se souvienne, il constate en lui la simultanéité de « *l'horreur de la vie et l'extase de la vie* ». Son projet poétique c'est « *d'opérer une création par la logique des contraires* ». C'est en effet la conjugaison dans sa pensée et dans son art de la méthode des enrichissements d'un son par ses harmoniques, de la succession patiente des « couches » superposées — et de la gymnastique héroïque des contradictions qui donne à un poème ou une page de Baudelaire, à deux lignes de lui, cette profondeur d'horizons étagés, ce tremblement de lumière et de brumes confondues, cette admirable résonance des contraires qui se font écho en se mettant en doute, qui se répondent en se niant, et se renforcent en s'entre-détruisant. Voluptueux qui n'oublie pas dans les plaisirs son angoisse janséniste, âme éprise de charité qui ne perd jamais conscience dans les élans du don des impulsions de la haine, maudit insolent qui dans la perdition sans cesse se sent enveloppé par les ailes de la grâce, enivré de la vie qui sans relâche écoute à son envers chuchoter la sourde attirance de la mort, doctrinaire de la prostitution universelle et adepte de l'expérience mystique intime, génie grave qui donne librement voix aux démons malicieux de la mystification, observateur incomparable de l'univers quotidien qui ne cesse de prêter l'oreille au message chiffré de ses rêves, chercheur de vérité qui utilise pour sa quête les simulacres de la comédie, aspirant à la sainteté avec les armes du mensonge et avec le masque de l'acteur, théoricien d'une théorie des correspondances qui suppose que rien n'est gratuit, et adepte sarcastique de l'acte gratuit, visage double du tragique qui pleure « *cet ardent sanglot qui roule d'âge en âge* » et du mystificateur ironique qui rit d'un rire noir et pourpre, Charles Baudelaire est cet homme qui a vécu jusqu'au bout la défaite de vivre et la victoire de réaliser le projet défini par Pascal : remplir tout l'entre-deux.

CLAUDE ROY

NOTE DE L'ÉDITEUR

La présente édition rassemble les œuvres complètes de Baudelaire, des poésies en vers et des poèmes en prose aux essais, chroniques et nouvelles ; des journaux intimes aux critiques littéraires, artistiques et musicale. Y figurent également tous les plans, ébauches, brouillons et notes diverses se rapportant aux différents projets qui ont jalonné la vie du poète.

De cet ensemble que nous avons voulu cohérent et exhaustif *(en deçà cependant des recherches de l'érudition pure)* nous avons écarté, bien entendu, le continent massif des traductions d'Edgar Poe. Elles feront l'objet dans notre collection Bouquins *d'une édition ultérieure consacrée aux œuvres complètes du conteur et poète américain. Par contre ont été reproduites ici les deux études magistrales consacrées par Baudelaire à ce « correspondant » de l'autre côté du miroir* [1].

Nous n'avons pas davantage recueilli les quelques traductions ou adaptations laborieuses de Longfellow : Hiawatha, *ni* Le Jeune Enchanteur, *nouvelle longtemps tenue pour une œuvre originale de Baudelaire mais que l'on sait, depuis 1950, avoir été plus ou moins fidèlement traduite d'un texte anglais paru dans un keepsake de 1836.*

Des quelques œuvres écrites en collaboration — et qui concernent essentiellement le jeune littérateur Baudelaire-Dufaÿs des années antérieures à 1848 — nous avons retenu toutes celles où la marque du poète est matériellement décelable (cf., par exemple, Idéolus, ébauche d'un drame en vers écrit avec Ernest Prarond). Ont été, par contre, écartées deux pièces mineures : Les Mystères galants des théâtres de Paris *(1844) et* Le Salon caricatural *de 1846 où la participation de Baudelaire est tellement diluée qu'elle relève de la pure conjecture dans ces cancans de coulisses ou ces blagues d'ateliers.*

Par contre sont reproduits ici intégralement les deux seuls numéros du Salut public *(février et mars 1848), brûlot socialiste que le poète lança avec ses amis Prarond et Champfleury mais dont on suppose avec juste raison qu'il fut le seul des trois à animer de sa belle fièvre d'utopiste et de dandy (« en blouse bleue et chaussures vernies », selon le témoignage d'E. Crépet).*

1. « Savez-vous pourquoi j'ai si patiemment traduit Poe ? Parce qu'il me ressemblait » (Lettre à Thore de juin 1864).

De même, pour tous les vers attribués ou « retrouvés », nous avons préféré — en l'absence de tout critère absolu, de toute source authentifiée — pécher par laxisme plutôt que par exclusion. Nous avons donc décidé de reproduire l'ensemble de ces poèmes controversés avec nos observations critiques quant à leur possible attribution à Prarond ou à Privat d'Anglemont.

Touchant l'annotation — après tant et tant d'études consacrées au poète ou à l'œuvre — nous avons délibérément renoncé à tout parti-pris d'interprétation pour nous efforcer d'éclairer Baudelaire par lui-même, soit à l'aide d'extraits tirés de sa correspondance, soit par le recours à des citations de ses propres écrits critiques. Enfin la langue ayant beaucoup évolué depuis le milieu du XIXe siècle, nous n'avons pas hésité à offrir au lecteur toutes les explications lexicologiques indispensables à la compréhension de termes ou d'expressions tombés en désuétude et risquant — de ce fait — de créer des contre-sens.

Dans le même souci d'éclaircissement ont été traduites les citations latines et remises en mémoire les allusions à la mythologie ou aux personnages de l'antiquité.

Si nous avons tenu à fournir toutes les indications utiles sur les écrivains étudiés par Baudelaire dans ses essais ou notations critiques, nous avons délibérément renoncé à répertorier les peintres, graveurs, dessinateurs, sculpteurs cités dans les différents Salons et dont bon nombre a déserté les mémoires sinon les musées — à l'exception de réhabilitations partielles dues aux perpétuels flux et reflux de la sensibilité esthétique. Un tel index onomastique n'aurait d'ailleurs de sens qu'accompagné de la reproduction d'une au moins des œuvres significatives de l'artiste loué ou simplement égratigné en quelques lignes, voire en quelques mots.

La vie de Baudelaire figurant en tête de notre annotation est due à Pascal Pia : elle s'est voulue strictement chronologique et bibliographique afin d'offrir tous les repères désirables que ne pouvait recréer, sans lourdeurs ni répétitions, un appareil critique réduit à l'essentiel.

Il nous est enfin apparu indispensable de donner un choix de lettres tiré d'une correspondance qui compte quelque mille quatre cents pièces dans la dernière et très remarquable édition que Claude Pichois a procurée (La Pléiade, 2 vol. 1973). C'est un être pathétique, déchiré qui se révèle ici à nous dans ses colères comme dans ses repentirs, et si nous avons retenu certains de ses témoignages les plus bouleversants (cf. la lettre à Mme Aupick du 6 mai 1861, par exemple), nous ne saurions trop recommander la lecture de l'ensemble à qui souhaite approcher l'homme Baudelaire dans l'obstination de sa volonté tout comme dans son constant souci de purification.

Au terme de ce propos, nous tenons à témoigner tout ce que notre édition doit aux travaux érudits de Jacques Crépet comme de Georges Blin, de Claude Pichois comme de Robert Kopp, et nous ne saurions énumérer ici tous les travaux critiques de Jean Pommier, W. T. Bandy, Jean Prévost, Marcel Ruff etc. auxquels nous avons fait appel.

LES FLEURS DU MAL

AU POÈTE IMPECCABLE

AU PARFAIT MAGICIEN ÈS LANGUE FRANÇAISE

A MON TRÈS-CHER ET TRÈS-VÉNÉRÉ

MAÎTRE ET AMI

THÉOPHILE GAUTIER

AVEC LES SENTIMENTS

DE LA PLUS PROFONDE HUMILITÉ

JE DÉDIE

CES FLEURS MALADIVES

C. B.

Bon à tirer

Ch. Baudelaire.

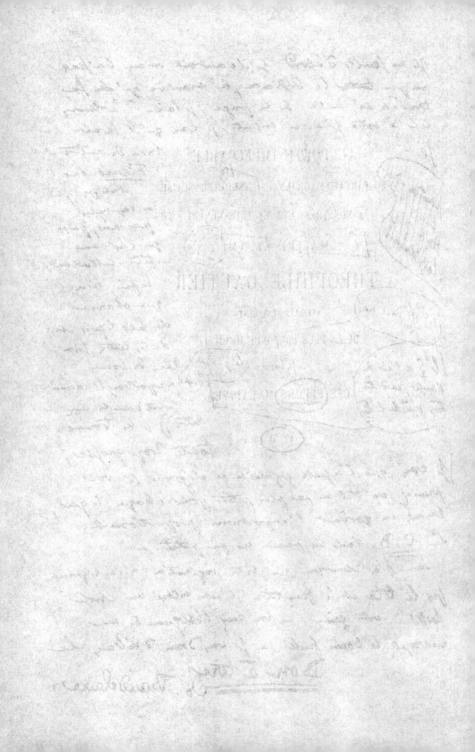

Les Fleurs du mal

(Édition de 1861)

AU LECTEUR

La sottise, l'erreur, le péché, la lésine,
Occupent nos esprits et travaillent nos corps,
Et nous alimentons nos aimables remords,
Comme les mendiants nourrissent leur vermine.

Nos péchés sont têtus, nos repentirs sont lâches ;
Nous nous faisons payer grassement nos aveux,
Et nous rentrons gaiement dans le chemin bourbeux,
Croyant par de vils pleurs laver toutes nos taches.

Sur l'oreiller du mal c'est Satan Trismégiste[1]
Qui berce longuement notre esprit enchanté,
Et le riche métal de notre volonté
Est tout vaporisé par ce savant chimiste.

C'est le Diable qui tient les fils qui nous remuent !
Aux objets répugnants nous trouvons des appas ;
Chaque jour vers l'Enfer nous descendons d'un pas,
Sans horreur, à travers des ténèbres qui puent.

Ainsi qu'un débauché pauvre qui baise et mange
Le sein martyrisé d'une antique catin,
Nous volons au passage un plaisir clandestin
Que nous pressons bien fort comme une vieille orange.

Serré, fourmillant, comme un million d'helminthes[2],
Dans nos cerveaux ribote un peuple de Démons,
Et, quand nous respirons, la Mort dans nos poumons
Descend, fleuve invisible, avec de sourdes plaintes.

Si le viol, le poison, le poignard, l'incendie,
N'ont pas encore brodé de leurs plaisants dessins
Le canevas banal de nos piteux destins,
C'est que notre âme, hélas ! n'est pas assez hardie.

Mais parmi les chacals, les panthères, les lices[3],
Les singes, les scorpions, les vautours, les serpents,
Les monstres glapissants, hurlants, grognants, rampants,
Dans la ménagerie infâme de nos vices,

Il en est un plus laid, plus méchant, plus immonde !
Quoiqu'il ne pousse ni grands gestes ni grands cris,
Il ferait volontiers de la terre un débris
Et dans un bâillement avalerait le monde ;

C'est l'Ennui ! — l'œil chargé d'un pleur involontaire,
Il rêve d'échafauds en fumant son houka[4].
Tu le connais, lecteur, ce monstre délicat,
— Hypocrite lecteur, — mon semblable, — mon frère !

SPLEEN ET IDÉAL

I

BÉNÉDICTION

Lorsque, par un décret des puissances suprèmes,
Le Poète apparait en ce monde ennuyé,
Sa mère épouvantée et pleine de blasphèmes
Crispe ses poings vers Dieu, qui la prend en pitié :

« Ah ! que n'ai-je mis bas tout un nœud de vipères,
Plutôt que de nourrir cette dérision !
Maudite soit la nuit aux plaisirs éphémères
Où mon ventre a conçu mon expiation !

« Puisque tu m'as choisie entre toutes les femmes
Pour être le dégoût de mon triste mari,
Et que je ne puis pas rejeter dans les flammes,
Comme un billet d'amour, ce monstre rabougri,

« Je ferai rejaillir ta haine qui m'accable
Sur l'instrument maudit de tes méchancetés,
Et je tordrai si bien cet arbre misérable,
Qu'il ne pourra pousser ses boutons empestés ! »

Elle ravale ainsi l'écume de sa haine,
Et, ne comprenant pas les desseins éternels,
Elle-même prépare au fond de la Géhenne
Les bûchers consacrés aux crimes maternels.

Pourtant, sous la tutelle invisible d'un Ange,
L'Enfant déshérité s'enivre de soleil,
Et dans tout ce qu'il voit et dans tout ce qu'il mange
Retrouve l'ambroisie et le nectar vermeil.

Il joue avec le vent, cause avec le nuage,
Et s'enivre en chantant du chemin de la croix ;
Et l'Esprit qui le suit dans son pèlerinage
Pleure de le voir gai comme un oiseau des bois.

Tous ceux qu'il veut aimer l'observent avec crainte,
Ou bien, s'enhardissant de sa tranquillité,
Cherchent à qui saura lui tirer une plainte,
Et font sur lui l'essai de leur férocité.

Dans le pain et le vin destinés à sa bouche
Ils mêlent de la cendre avec d'impurs crachats;
Avec hypocrisie ils jettent ce qu'il touche,
Et s'accusent d'avoir mis leurs pieds dans ses pas.

Sa femme va criant sur les places publiques:
« Puisqu'il me trouve assez belle pour m'adorer,
Je ferai le métier des idoles antiques,
Et comme elles je veux me faire redorer;

« Et je me soûlerai de nard, d'encens, de myrrhe,
De génuflexions, de viandes et de vins,
Pour savoir si je puis dans un cœur qui m'admire
Usurper en riant les hommages divins!

« Et, quand je m'ennuierai de ces farces impies,
Je poserai sur lui ma frêle et forte main;
Et mes ongles, pareils aux ongles des harpies,
Sauront jusqu'à son cœur se frayer un chemin.

« Comme un tout jeune oiseau qui tremble et qui palpite,
J'arracherai ce cœur tout rouge de son sein,
Et, pour rassasier ma bête favorite,
Je le lui jetterai par terre avec dédain! »

Vers le Ciel, où son œil voit un trône splendide,
Le Poète serein lève ses bras pieux,
Et les vastes éclairs de son esprit lucide
Lui dérobent l'aspect des peuples furieux:

— « Soyez béni, mon Dieu, qui donnez la souffrance
Comme un divin remède à nos impuretés
Et comme la meilleure et la plus pure essence
Qui prépare les forts aux saintes voluptés!

« Je sais que vous gardez une place au Poète
Dans les rangs bienheureux des saintes Légions,
Et que vous l'invitez à l'éternelle fête
Des Trônes, des Vertus, des Dominations.

« Je sais que la douleur est la noblesse unique
Où ne mordront jamais la terre et les enfers,
Et qu'il faut pour tresser ma couronne mystique
Imposer tous les temps et tous les univers.

« Mais les bijoux perdus de l'antique Palmyre,
Les métaux inconnus, les perles de la mer,
Par votre main montés, ne pourraient pas suffire
A ce beau diadème éblouissant et clair;

« Car il ne sera fait que de pure lumière,
Puisée au foyer saint des rayons primitifs,
Et dont les yeux mortels, dans leur splendeur entière,
Ne sont que des miroirs obscurcis et plaintifs ! »

II

L'ALBATROS[1]

Souvent, pour s'amuser, les hommes d'équipage
Prennent des albatros, vastes oiseaux des mers,
Qui suivent, indolents compagnons de voyage,
Le navire glissant sur les gouffres amers.

À peine les ont-ils déposés sur les planches,
Que ces rois de l'azur, maladroits et honteux,
Laissent piteusement leurs grandes ailes blanches
Comme des avirons traîner à côté d'eux.

Ce voyageur ailé, comme il est gauche et veule !
Lui, naguère si beau, qu'il est comique et laid !
L'un agace son bec avec un brûle-gueule,
L'autre mime, en boitant, l'infirme qui volait !

Le Poète est semblable au prince des nuées
Qui hante la tempête et se rit de l'archer ;
Exilé sur le sol au milieu des huées,
Ses ailes de géant l'empêchent de marcher.

III

ÉLÉVATION

Au-dessus des étangs, au-dessus des vallées,
Des montagnes, des bois, des nuages, des mers,
Par-delà le soleil, par-delà les éthers,
Par-delà les confins des sphères étoilées,

Mon esprit, tu te meus avec agilité,
Et, comme un bon nageur qui se pâme dans l'onde,
Tu sillonnes gaiement l'immensité profonde
Avec une indicible et mâle volupté.

Envole-toi bien loin de ces miasmes morbides;
Va te purifier dans l'air supérieur,
Et bois, comme une pure et divine liqueur,
Le feu clair qui remplit les espaces limpides.

Derrière les ennuis et les vastes chagrins
Qui chargent de leur poids l'existence brumeuse,
Heureux celui qui peut d'une aile vigoureuse
S'élancer vers les champs lumineux et sereins;

Celui dont les pensers, comme des alouettes,
Vers les cieux le matin prennent un libre essor,
— Qui plane sur la vie, et comprend sans effort
Le langage des fleurs et des choses muettes!

IV

CORRESPONDANCES[1]

La Nature est un temple où de vivants piliers
Laissent parfois sortir de confuses paroles;
L'homme y passe à travers des forêts de symboles
Qui l'observent avec des regards familiers.

Comme de longs échos qui de loin se confondent
Dans une ténébreuse et profonde unité,
Vaste comme la nuit et comme la clarté,
Les parfums, les couleurs et les sons se répondent.

Il est des parfums frais comme des chairs d'enfants,
Doux comme les hautbois, verts comme les prairies,
— Et d'autres, corrompus, riches et triomphants,

Ayant l'expansion des choses infinies,
Comme l'ambre, le musc, le benjoin et l'encens,
Qui chantent les transports de l'esprit et des sens.

V

J'aime le souvenir de ces époques nues,
Dont Phœbus se plaisait à dorer les statues.
Alors l'homme et la femme en leur agilité
Jouissaient sans mensonge et sans anxiété,
Et, le ciel amoureux leur caressant l'échine,
Exerçaient la santé de leur noble machine.
Cybèle alors, fertile en produits généreux,
Ne trouvait point ses fils un poids trop onéreux,
Mais, louve au cœur gonflé de tendresses communes,

Abreuvait l'univers à ses tétines brunes.
L'homme, élégant, robuste et fort, avait le droit
D'être fier des beautés qui le nommaient leur roi;
Fruits purs de tout outrage et vierges de gerçures,
Dont la chair lisse et ferme appelait les morsures !

Le Poète aujourd'hui, quand il veut concevoir
Ces natives grandeurs, aux lieux où se font voir
La nudité de l'homme et celle de la femme,
Sent un froid ténébreux envelopper son âme
Devant ce noir tableau plein d'épouvantement.
Ô monstruosités pleurant leur vêtement !
Ô ridicules troncs ! torses dignes des masques !
Ô pauvres corps tordus, maigres, ventrus ou flasques,
Que le dieu de l'Utile, implacable et serein,
Enfants, emmaillota dans ses langes d'airain !
Et vous, femmes, hélas ! pâles comme des cierges,
Que ronge et que nourrit la débauche, et vous, vierges,
Du vice maternel trainant l'hérédité
Et toutes les hideurs de la fécondité !

Nous avons, il est vrai, nations corrompues,
Aux peuples anciens des beautés inconnues :
Des visages rongés par les chancres du cœur,
Et comme qui dirait des beautés de langueur ;
Mais ces inventions de nos muses tardives
N'empêcheront jamais les races maladives
De rendre à la jeunesse un hommage profond,
— À la sainte jeunesse, à l'air simple, au doux front,
À l'œil limpide et clair ainsi qu'une eau courante,
Et qui va répandant sur tout, insouciante
Comme l'azur du ciel, les oiseaux et les fleurs,
Ses parfums, ses chansons et ses douces chaleurs !

VI

LES PHARES[1]

Rubens, fleuve d'oubli, jardin de la paresse,
Oreiller de chair fraiche où l'on ne peut aimer,
Mais où la vie afflue et s'agite sans cesse,
Comme l'air dans le ciel et la mer dans la mer ;

Léonard de Vinci, miroir profond et sombre,
Où des anges charmants, avec un doux souris
Tout chargé de mystère, apparaissent à l'ombre
Des glaciers et des pins qui ferment leur pays ;

Rembrandt, triste hôpital tout rempli de murmures,
Et d'un grand crucifix décoré seulement,

Où la prière en pleurs s'exhale des ordures,
Et d'un rayon d'hiver traversé brusquement;

Michel-Ange, lieu vague où l'on voit des Hercules
Se mêler à des Christs, et se lever tout droits
Des fantômes puissants qui dans les crépuscules
Déchirent leur suaire en étirant leurs doigts;

Colères de boxeur, impudences de faune,
Toi qui sus ramasser la beauté des goujats,
Grand cœur gonflé d'orgueil, homme débile et jaune,
Puget, mélancolique empereur des forçats;

Watteau, ce carnaval où bien des cœurs illustres,
Comme des papillons, errent en flamboyant,
Décors frais et légers éclairés par des lustres
Qui versent la folie à ce bal tournoyant;

Goya, cauchemar plein de choses inconnues,
De fœtus qu'on fait cuire au milieu des sabbats,
De vieilles au miroir et d'enfants toutes nues,
Pour tenter les démons ajustant bien leurs bas;

Delacroix, lac de sang hanté des mauvais anges,
Ombragé par un bois de sapins toujours vert,
Où, sous un ciel chagrin, des fanfares étranges
Passent, comme un soupir étouffé de Weber;

Ces malédictions, ces blasphèmes, ces plaintes,
Ces extases, ces cris, ces pleurs, ces *Te Deum,*
Sont un écho redit par mille labyrinthes;
C'est pour les cœurs mortels un divin opium!

C'est un cri répété par mille sentinelles,
Un ordre renvoyé par mille porte-voix;
C'est un phare allumé sur mille citadelles,
Un appel de chasseurs perdus dans les grands bois!

Car c'est vraiment, Seigneur, le meilleur témoignage
Que nous puissions donner de notre dignité
Que cet ardent sanglot qui roule d'âge en âge
Et vient mourir au bord de votre éternité!

VII

LA MUSE MALADE

Ma pauvre muse, hélas! qu'as-tu donc ce matin?
Tes yeux creux sont peuplés de visions nocturnes,
Et je vois tour à tour réfléchis sur ton teint
La folie et l'horreur, froides et taciturnes.

Le succube [1] verdâtre et le rose lutin
T'ont-ils versé la peur et l'amour de leurs urnes ?
Le cauchemar, d'un poing despotique et mutin,
T'a-t-il noyée au fond d'un fabuleux Minturnes [2] ?

Je voudrais qu'exhalant l'odeur de la santé
Ton sein de pensers forts fût toujours fréquenté,
Et que ton sang chrétien coulât à flots rythmiques,

Comme les sons nombreux des syllabes antiques,
Où règnent tour à tour le père des chansons,
Phœbus, et le grand Pan, le seigneur des moissons.

VIII

LA MUSE VÉNALE

Ô muse de mon cœur, amante des palais,
Auras-tu, quand Janvier lâchera ses Borées [1],
Durant les noirs ennuis des neigeuses soirées,
Un tison pour chauffer tes deux pieds violets ?

Ranimeras-tu donc tes épaules marbrées
Aux nocturnes rayons qui percent les volets ?
Sentant ta bourse à sec autant que ton palais,
Récolteras-tu l'or des voûtes azurées ?

Il te faut, pour gagner ton pain de chaque soir,
Comme un enfant de chœur, jouer de l'encensoir,
Chanter des *Te Deum* auxquels tu ne crois guère,

Ou, saltimbanque à jeun, étaler tes appas
Et ton rire trempé de pleurs qu'on ne voit pas,
Pour faire épanouir la rate du vulgaire.

IX

LE MAUVAIS MOINE

Les cloîtres anciens sur leurs grandes murailles
Étalaient en tableaux la sainte Vérité,
Dont l'effet, réchauffant les pieuses entrailles,
Tempérait la froideur de leur austérité.

En ces temps où du Christ florissaient les semailles,
Plus d'un illustre moine, aujourd'hui peu cité,
Prenant pour atelier le champ des funérailles,
Glorifiait la Mort avec simplicité.

— Mon âme est un tombeau que, mauvais cénobite[1],
Depuis l'éternité je parcours et j'habite ;
Rien n'embellit les murs de ce cloître odieux.

Ô moine fainéant ! quand saurai-je donc faire
Du spectacle vivant de ma triste misère
Le travail de mes mains et l'amour de mes yeux ?

X

L'ENNEMI

Ma jeunesse ne fut qu'un ténébreux orage,
Traversé çà et là par de brillants soleils ;
Le tonnerre et la pluie ont fait un tel ravage,
Qu'il reste en mon jardin bien peu de fruits vermeils.

Voilà que j'ai touché l'automne des idées,
Et qu'il faut employer la pelle et les râteaux
Pour rassembler à neuf les terres inondées,
Où l'eau creuse des trous grands comme des tombeaux.

Et qui sait si les fleurs nouvelles que je rêve
Trouveront dans ce sol lavé comme une grève
Le mystique aliment qui ferait leur vigueur ?

— Ô douleur ! ô douleur ! Le Temps mange la vie,
Et l'obscur Ennemi qui nous ronge le cœur
Du sang que nous perdons croît et se fortifie !

XI

LE GUIGNON[1]

Pour soulever un poids si lourd,
Sisyphe, il faudrait ton courage !
Bien qu'on ait du cœur à l'ouvrage,
L'Art est long et le Temps est court.

Loin des sépultures célèbres,
Vers un cimetière isolé,
Mon cœur, comme un tambour voilé,
Va battant des marches funèbres.

— Maint joyau dort enseveli
Dans les ténèbres et l'oubli,
Bien loin des pioches et des sondes ;

Mainte fleur épanche à regret
Son parfum doux comme un secret
Dans les solitudes profondes.

XII
LA VIE ANTÉRIEURE

J'ai longtemps habité sous de vastes portiques
Que les soleils marins teignaient de mille feux,
Et que leurs grands piliers, droits et majestueux,
Rendaient pareils, le soir, aux grottes basaltiques.

Les houles, en roulant les images des cieux,
Mêlaient d'une façon solennelle et mystique
Les tout-puissants accords de leur riche musique
Aux couleurs du couchant reflété par mes yeux.

C'est là que j'ai vécu dans les voluptés calmes,
Au milieu de l'azur, des vagues, des splendeurs
Et des esclaves nus, tout imprégnés d'odeurs,

Qui me rafraichissaient le front avec des palmes,
Et dont l'unique soin était d'approfondir
Le secret douloureux qui me faisait languir.

XIII
BOHÉMIENS EN VOYAGE

La tribu prophétique aux prunelles ardentes
Hier s'est mise en route, emportant ses petits
Sur son dos, ou livrant à leurs fiers appétits
Le trésor toujours prêt des mamelles pendantes.

Les hommes vont à pied sous leurs armes luisantes
Le long des chariots où les leurs sont blottis,
Promenant sur le ciel des yeux appesantis
Par le morne regret des chimères absentes.

Du fond de son réduit sablonneux, le grillon,
Les regardant passer, redouble sa chanson;
Cybèle, qui les aime, augmente ses verdures,

Fait couler le rocher et fleurir le désert
Devant ces voyageurs, pour lesquels est ouvert
L'empire familier des ténèbres futures.

XIV
L'HOMME ET LA MER

Homme libre, toujours tu chériras la mer !
La mer est ton miroir ; tu contemples ton âme
Dans le déroulement infini de sa lame,
Et ton esprit n'est pas un gouffre moins amer.

Tu te plais à plonger au sein de ton image ;
Tu l'embrasses des yeux et des bras, et ton cœur
Se distrait quelquefois de sa propre rumeur
Au bruit de cette plainte indomptable et sauvage.

Vous êtes tous les deux ténébreux et discrets :
Homme, nul n'a sondé le fond de tes abîmes ;
Ô mer, nul ne connaît tes richesses intimes,
Tant vous êtes jaloux de garder vos secrets !

Et cependant voilà des siècles innombrables
Que vous vous combattez sans pitié ni remord,
Tellement vous aimez le carnage et la mort,
Ô lutteurs éternels, ô frères implacables !

XV
DON JUAN AUX ENFERS[1]

Quand Don Juan descendit vers l'onde souterraine
Et lorsqu'il eut donné son obole à Charon,
Un sombre mendiant, l'œil fier comme Antisthène[2],
D'un bras vengeur et fort saisit chaque aviron.

Montrant leurs seins pendants et leurs robes ouvertes,
Des femmes se tordaient sous le noir firmament,
Et, comme un grand troupeau de victimes offertes,
Derrière lui traînaient un long mugissement.

Sganarelle en riant lui réclamait ses gages,
Tandis que Don Luis avec un doigt tremblant
Montrait à tous les morts errant sur les rivages
Le fils audacieux qui railla son front blanc.

Frissonnant sous son deuil, la chaste et maigre Elvire,
Près de l'époux perfide et qui fut son amant,
Semblait lui réclamer un suprême sourire
Où brillât la douceur de son premier serment.

Tout droit dans son armure, un grand homme de pierre
Se tenait à la barre et coupait le flot noir ;

Mais le calme héros, courbé sur sa rapière,
Regardait le sillage et ne daignait rien voir.

XVI

CHÂTIMENT DE L'ORGUEIL[1]

En ces temps merveilleux où la Théologie
Fleurit avec le plus de sève et d'énergie,
On raconte qu'un jour un docteur des plus grands,
— Après avoir forcé les cœurs indifférents;
Les avoir remués dans leurs profondeurs noires;
Après avoir franchi vers les célestes gloires
Des chemins singuliers à lui-même inconnus,
Où les purs Esprits seuls peut-être étaient venus, —
Comme un homme monté trop haut, pris de panique,
S'écria, transporté d'un orgueil satanique:
« Jésus, petit Jésus! je t'ai poussé bien haut!
Mais, si j'avais voulu t'attaquer au défaut
De l'armure, ta honte égalerait ta gloire,
Et tu ne serais plus qu'un fœtus dérisoire!»
Immédiatement sa raison s'en alla.
L'éclat de ce soleil d'un crêpe se voila;
Tout le chaos roula dans cette intelligence,
Temple autrefois vivant, plein d'ordre et d'opulence,
Sous les plafonds duquel tant de pompe avait lui.
Le silence et la nuit s'installèrent en lui,
Comme dans un caveau dont la clef est perdue.
Dès lors il fut semblable aux bêtes de la rue,
Et, quand il s'en allait sans rien voir, à travers
Les champs, sans distinguer les étés des hivers,
Sale, inutile et laid comme une chose usée,
Il faisait des enfants la joie et la risée.

XVII

LA BEAUTÉ

Je suis belle, ô mortels! comme un rêve de pierre,
Et mon sein, où chacun s'est meurtri tour à tour,
Est fait pour inspirer au poète un amour
Éternel et muet ainsi que la matière.

Je trône dans l'azur comme un sphinx incompris;
J'unis un cœur de neige à la blancheur des cygnes;
Je hais le mouvement qui déplace les lignes,
Et jamais je ne pleure et jamais je ne ris.

Les poètes, devant mes grandes attitudes,
Que j'ai l'air d'emprunter aux plus fiers monuments,
Consumeront leurs jours en d'austères études ;

Car j'ai, pour fasciner ces dociles amants,
De purs miroirs qui font toutes choses plus belles :
Mes yeux, mes larges yeux aux clartés éternelles !

XVIII

L'IDÉAL

Ce ne seront jamais ces beautés de vignettes,
Produits avariés, nés d'un siècle vaurien,
Ces pieds à brodequins, ces doigts à castagnettes,
Qui sauront satisfaire un cœur comme le mien.

Je laisse à Gavarni[1], poète des chloroses,
Son troupeau gazouillant de beautés d'hôpital,
Car je ne puis trouver, parmi ces pâles roses
Une fleur qui ressemble à mon rouge idéal.

Ce qu'il faut à ce cœur profond comme un abime,
C'est vous, Lady Macbeth, âme puissante au crime,
Rêve d'Eschyle éclos au climat des autans[2] ;

Ou bien toi, grande Nuit, fille de Michel-Ange,
Qui tors paisiblement dans une pose étrange
Tes appas façonnés aux bouches des Titans[3] !

XIX

LA GÉANTE[1]

Du temps que la Nature en sa verve puissante
Concevait chaque jour des enfants monstrueux,
J'eusse aimé vivre auprès d'une jeune géante,
Comme aux pieds d'une reine un chat voluptueux.

J'eusse aimé voir son corps fleurir avec son âme
Et grandir librement dans ses terribles jeux ;
Deviner si son cœur couve une sombre flamme
Aux humides brouillards qui nagent dans ses yeux ;

Parcourir à loisir ses magnifiques formes ;
Ramper sur le versant de ses genoux énormes,
Et parfois en été, quand les soleils malsains,

Lasse, la font s'étendre à travers la campagne,
Dormir nonchalamment à l'ombre de ses seins,
Comme un hameau paisible au pied d'une montagne.

XX

LE MASQUE

STATUE ALLÉGORIQUE DANS LE GOÛT
DE LA RENAISSANCE

À Ernest Christophe, statuaire.

Contemplons ce trésor de grâces florentines ;
Dans l'ondulation de ce corps musculeux
L'Élégance et la Force abondent, sœurs divines.
Cette femme, morceau vraiment miraculeux,
Divinement robuste, adorablement mince,
Est faite pour trôner sur des lits somptueux,
Et charmer les loisirs d'un pontife ou d'un prince.

— Aussi, vois ce souris fin et voluptueux
Où la Fatuité promène son extase ;
Ce long regard sournois, langoureux et moqueur ;
Ce visage mignard, tout encadré de gaze,
Dont chaque trait nous dit avec un air vainqueur :
« La Volupté m'appelle et l'Amour me couronne ! »
À cet être doué de tant de majesté
Vois quel charme excitant la gentillesse donne !
Approchons, et tournons autour de sa beauté.

Ô blasphème de l'art ! ô surprise fatale !
La femme au corps divin, promettant le bonheur,
Par le haut se termine en monstre bicéphale !

— Mais non ! ce n'est qu'un masque, un décor suborneur,
Ce visage éclairé d'une exquise grimace,
Et, regarde, voici, crispée atrocement,
La véritable tête, et la sincère face
Renversée à l'abri de la face qui ment.
Pauvre grande beauté ! le magnifique fleuve
De tes pleurs aboutit dans mon cœur soucieux ;
Ton mensonge m'enivre, et mon âme s'abreuve
Aux flots que la Douleur fait jaillir de tes yeux !

— Mais pourquoi pleure-t-elle ? Elle, beauté parfaite
Qui mettrait à ses pieds le genre humain vaincu,
Quel mal mystérieux ronge son flanc d'athlète ?

— Elle pleure, insensé, parce qu'elle a vécu !
Et parce qu'elle vit ! Mais ce qu'elle déplore

Surtout, ce qui la fait frémir jusqu'aux genoux,
C'est que demain, hélas ! il faudra vivre encore !
Demain, après-demain et toujours ! — comme nous !

XXI

HYMNE À LA BEAUTÉ

Viens-tu du ciel profond ou sors-tu de l'abime,
Ô Beauté ? ton regard, infernal et divin,
Verse confusément le bienfait et le crime,
Et l'on peut pour cela te comparer au vin.

Tu contiens dans ton œil le couchant et l'aurore ;
Tu répands des parfums comme un soir orageux ;
Tes baisers sont un philtre et ta bouche une amphore
Qui font le héros lâche et l'enfant courageux.

Sors-tu du gouffre noir ou descends-tu des astres ?
Le Destin charmé suit tes jupons comme un chien ;
Tu sèmes au hasard la joie et les désastres,
Et tu gouvernes tout et ne réponds de rien.

Tu marches sur des morts, Beauté, dont tu te moques ;
De tes bijoux l'Horreur n'est pas le moins charmant,
Et le Meurtre, parmi tes plus chères breloques,
Sur ton ventre orgueilleux danse amoureusement.

L'éphémère ébloui vole vers toi, chandelle,
Crépite, flambe et dit : Bénissons ce flambeau !
L'amoureux pantelant incliné sur sa belle
A l'air d'un moribond caressant son tombeau.

Que tu viennes du ciel ou de l'enfer, qu'importe,
Ô Beauté ! monstre énorme, effrayant, ingénu !
Si ton œil, ton souris, ton pied, m'ouvrent la porte
D'un Infini que j'aime et n'ai jamais connu ?

De Satan ou de Dieu, qu'importe ? Ange ou Sirène,
Qu'importe, si tu rends, — fée aux yeux de velours,
Rythme, parfum, lueur, ô mon unique reine ! —
L'univers moins hideux et les instants moins lourds ?

XXII

PARFUM EXOTIQUE [1]

Quand, les deux yeux fermés, en un soir chaud d'automne,
Je respire l'odeur de ton sein chaleureux,

Je vois se dérouler des rivages heureux
Qu'éblouissent les feux d'un soleil monotone ;

Une île paresseuse où la nature donne
Des arbres singuliers et des fruits savoureux ;
Des hommes dont le corps est mince et vigoureux,
Et des femmes dont l'œil par sa franchise étonne.

Guidé par ton odeur vers de charmants climats,
Je vois un port rempli de voiles et de mâts
Encor tout fatigués par la vague marine,

Pendant que le parfum des verts tamariniers,
Qui circule dans l'air et m'enfle la narine,
Se mêle dans mon âme au chant des mariniers.

XXIII

LA CHEVELURE [1]

Ô toison, moutonnant jusque sur l'encolure !
Ô boucles ! Ô parfum chargé de nonchaloir !
Extase ! Pour peupler ce soir l'alcôve obscure
Des souvenirs dormant dans cette chevelure,
Je la veux agiter dans l'air comme un mouchoir !

La langoureuse Asie et la brûlante Afrique,
Tout un monde lointain, absent, presque défunt,
Vit dans tes profondeurs, forêt aromatique !
Comme d'autres esprits voguent sur la musique,
Le mien, ô mon amour ! nage sur ton parfum.

J'irai là-bas où l'arbre et l'homme, pleins de sève,
Se pâment longuement sous l'ardeur des climats ;
Fortes tresses, soyez la houle qui m'enlève !
Tu contiens, mer d'ébène, un éblouissant rêve
De voiles, de rameurs, de flammes et de mâts :

Un port retentissant où mon âme peut boire
A grands flots le parfum, le son et la couleur ;
Où les vaisseaux, glissant dans l'or et dans la moire,
Ouvrent leurs vastes bras pour embrasser la gloire
D'un ciel pur où frémit l'éternelle chaleur.

Je plongerai ma tête amoureuse d'ivresse
Dans ce noir océan où l'autre est enfermé ;
Et mon esprit subtil que le roulis caresse
Saura vous retrouver, ô féconde paresse,
Infinis bercements du loisir embaumé !

Cheveux bleus, pavillon de ténèbres tendues,
Vous me rendez l'azur du ciel immense et rond;
Sur les bords duvetés de vos mèches tordues
Je m'enivre ardemment des senteurs confondues
De l'huile de coco, du musc et du goudron.

Longtemps ! toujours ! ma main dans ta crinière lourde
Sèmera le rubis, la perle et le saphir,
Afin qu'à mon désir tu ne sois jamais sourde !
N'es-tu pas l'oasis où je rêve, et la gourde
Où je hume à longs traits le vin du souvenir ?

XXIV

Je t'adore à l'égal de la voûte nocturne,
Ô vase de tristesse, ô grande taciturne,
Et t'aime d'autant plus, belle, que tu me fuis,
Et que tu me parais, ornement de mes nuits,
Plus ironiquement accumuler les lieues
Qui séparent mes bras des immensités bleues.

Je m'avance à l'attaque, et je grimpe aux assauts,
Comme après un cadavre un chœur de vermisseaux,
Et je chéris, ô bête implacable et cruelle !
Jusqu'à cette froideur par où tu m'es plus belle !

XXV

Tu mettrais l'univers entier dans ta ruelle,
Femme impure ! L'ennui rend ton âme cruelle.
Pour exercer tes dents à ce jeu singulier,
Il te faut chaque jour un cœur au râtelier.
Tes yeux, illuminés ainsi que des boutiques
Et des ifs flamboyants dans les fêtes publiques,
Usent insolemment d'un pouvoir emprunté,
Sans connaître jamais la loi de leur beauté.

Machine aveugle et sourde, en cruautés féconde !
Salutaire instrument, buveur du sang du monde,
Comment n'as-tu pas honte et comment n'as-tu pas
Devant tous les miroirs vu pâlir tes appas ?
La grandeur de ce mal où tu te crois savante
Ne t'a donc jamais fait reculer d'épouvante,
Quand la nature, grande en ses desseins cachés,
De toi se sert, ô femme, ô reine des péchés,
— De toi, vil animal, — pour pétrir un génie ?

Ô fangeuse grandeur ! sublime ignominie !

XXVI

SED NON SATIATA[1]

Bizarre déité, brune comme les nuits,
Au parfum mélangé de musc et de havane,
Œuvre de quelque obi[2], le Faust de la savane,
Sorcière au flanc d'ébène, enfant des noirs minuits,

Je préfère au constance[3], à l'opium, au nuits[4],
L'élixir de ta bouche où l'amour se pavane;
Quand vers toi mes désirs partent en caravane,
Tes yeux sont la citerne où boivent mes ennuis.

Par ces deux grands yeux noirs, soupiraux de ton âme,
Ô démon sans pitié! verse-moi moins de flamme;
Je ne suis pas le Styx[5] pour t'embrasser neuf fois,

Hélas! et je ne puis, Mégère libertine,
Pour briser ton courage et te mettre aux abois,
Dans l'enfer de ton lit devenir Proserpine[6]!

XXVII

Avec ses vêtements ondoyants et nacrés,
Même quand elle marche on croirait qu'elle danse,
Comme ces longs serpents que les jongleurs sacrés
Au bout de leurs bâtons agitent en cadence.

Comme le sable morne et l'azur des déserts,
Insensibles tous deux à l'humaine souffrance,
Comme les longs réseaux de la houle des mers,
Elle se développe avec indifférence.

Ses yeux polis sont faits de minéraux charmants,
Et dans cette nature étrange et symbolique
Où l'ange inviolé se mêle au sphinx antique,

Où tout n'est qu'or, acier, lumière et diamants,
Resplendit à jamais, comme un astre inutile,
La froide majesté de la femme stérile.

XXVIII
LE SERPENT QUI DANSE

Que j'aime voir, chère indolente,
 De ton corps si beau,
Comme une étoffe vacillante,
 Miroiter la peau !

Sur ta chevelure profonde
 Aux âcres parfums,
Mer odorante et vagabonde
 Aux flots bleus et bruns,

Comme un navire qui s'éveille
 Au vent du matin,
Mon âme rêveuse appareille
 Pour un ciel lointain.

Tes yeux, où rien ne se révèle
 De doux ni d'amer,
Sont deux bijoux froids où se mêle
 L'or avec le fer.

À te voir marcher en cadence,
 Belle d'abandon,
On dirait un serpent qui danse
 Au bout d'un bâton.

Sous le fardeau de ta paresse
 Ta tête d'enfant
Se balance avec la mollesse
 D'un jeune éléphant,

Et ton corps se penche et s'allonge
 Comme un fin vaisseau
Qui roule bord sur bord et plonge
 Ses vergues dans l'eau.

Comme un flot grossi par la fonte
 Des glaciers grondants,
Quand l'eau de ta bouche remonte
 Au bord de tes dents,

Je crois boire un vin de Bohème,
 Amer et vainqueur,
Un ciel liquide qui parsème
 D'étoiles mon cœur !

XXIX

UNE CHAROGNE

Rappelez-vous l'objet que nous vîmes, mon âme,
 Ce beau matin d'été si doux :
Au détour d'un sentier une charogne infâme
 Sur un lit semé de cailloux,

Les jambes en l'air, comme une femme lubrique,
 Brûlante et suant les poisons,
Ouvrait d'une façon nonchalante et cynique
 Son ventre plein d'exhalaisons.

Le soleil rayonnait sur cette pourriture,
 Comme afin de la cuire à point,
Et de rendre au centuple à la grande Nature
 Tout ce qu'ensemble elle avait joint ;

Et le ciel regardait la carcasse superbe
 Comme une fleur s'épanouir.
La puanteur était si forte, que sur l'herbe
 Vous crûtes vous évanouir.

Les mouches bourdonnaient sur ce ventre putride,
 D'où sortaient de noirs bataillons
De larves, qui coulaient comme un épais liquide
 Le long de ces vivants haillons.

Tout cela descendait, montait comme une vague,
 Ou s'élançait en pétillant ;
On eût dit que le corps, enflé d'un souffle vague,
 Vivait en se multipliant.

Et ce monde rendait une étrange musique,
 Comme l'eau courante et le vent,
Ou le grain qu'un vanneur d'un mouvement rythmique
 Agite et tourne dans son van.

Les formes s'effaçaient et n'étaient plus qu'un rêve,
 Une ébauche lente à venir,
Sur la toile oubliée, et que l'artiste achève
 Seulement par le souvenir.

Derrière les rochers une chienne inquiète
 Nous regardait d'un œil fâché,
Épiant le moment de reprendre au squelette
 Le morceau qu'elle avait lâché.

— Et pourtant vous serez semblable à cette ordure,
 À cette horrible infection,

Étoile de mes yeux, soleil de ma nature,
Vous, mon ange et ma passion !

Oui ! telle vous serez, ô la reine des grâces,
 Après les derniers sacrements,
Quand vous irez, sous l'herbe et les floraisons grasses,
 Moisir parmi les ossements.

Alors, ô ma beauté ! dites à la vermine
 Qui vous mangera de baisers,
Que j'ai gardé la forme et l'essence divine
 De mes amours décomposés !

XXX

DE PROFUNDIS CLAMAVI

J'implore ta pitié, Toi, l'unique que j'aime,
Du fond du gouffre obscur où mon cœur est tombé.
C'est un univers morne à l'horizon plombé,
Où nagent dans la nuit l'horreur et le blasphème ;

Un soleil sans chaleur plane au-dessus six mois,
Et les six autres mois la nuit couvre la terre ;
C'est un pays plus nu que la terre polaire ;
— Ni bêtes, ni ruisseaux, ni verdure, ni bois !

Or il n'est pas d'horreur au monde qui surpasse
La froide cruauté de ce soleil de glace
Et cette immense nuit semblable au vieux Chaos ;

Je jalouse le sort des plus vils animaux
Qui peuvent se plonger dans un sommeil stupide,
Tant l'écheveau du temps lentement se dévide !

XXXI

LE VAMPIRE

Toi qui, comme un coup de couteau,
Dans mon cœur plaintif es entrée ;
Toi qui, forte comme un troupeau
De démons, vins, folle et parée,

De mon esprit humilié
Faire ton lit et ton domaine ;
— Infâme à qui je suis lié
Comme le forçat à la chaîne,

Comme au jeu le joueur têtu,
Comme à la bouteille l'ivrogne,
Comme aux vermines la charogne,
— Maudite, maudite sois-tu !

J'ai prié le glaive rapide
De conquérir ma liberté,
Et j'ai dit au poison perfide
De secourir ma lâcheté.

Hélas ! le poison et le glaive
M'ont pris en dédain et m'ont dit :
« Tu n'es pas digne qu'on t'enlève
À ton esclavage maudit,

« Imbécile ! — de son empire
Si nos efforts te délivraient,
Tes baisers ressusciteraient
Le cadavre de ton vampire ! »

XXXII

Une nuit que j'étais près d'une affreuse Juive,
Comme au long d'un cadavre un cadavre étendu,
Je me pris à songer près de ce corps vendu
A la triste beauté dont mon désir se prive.

Je me représentai sa majesté native,
Son regard de vigueur et de grâces armé,
Ses cheveux qui lui font un casque parfumé,
Et dont le souvenir pour l'amour me ravive.

Car j'eusse avec ferveur baisé ton noble corps,
Et depuis tes pieds frais jusqu'à tes noires tresses
Déroulé le trésor des profondes caresses,

Si, quelque soir, d'un pleur obtenu sans effort
Tu pouvais seulement, ô reine des cruelles !
Obscurcir la splendeur de tes froides prunelles.

XXXIII

REMORDS POSTHUME [1]

Lorsque tu dormiras, ma belle ténébreuse,
Au fond d'un monument construit en marbre noir,
Et lorsque tu n'auras pour alcôve et manoir
Qu'un caveau pluvieux et qu'une fosse creuse ;

Quand la pierre, opprimant ta poitrine peureuse
Et tes flancs qu'assouplit un charmant nonchaloir,
Empêchera ton cœur de battre et de vouloir,
Et tes pieds de courir leur course aventureuse,

Le tombeau, confident de mon rêve infini
(Car le tombeau toujours comprendra le poète),
Durant ces grandes nuits d'où le somme est banni,

Te dira : « Que vous sert, courtisane imparfaite,
De n'avoir pas connu ce que pleurent les morts ? »
— Et le ver rongera ta peau comme un remords.

XXXIV

LE CHAT

Viens, mon beau chat, sur mon cœur amoureux ;
 Retiens les griffes de ta patte,
Et laisse-moi plonger dans tes beaux yeux,
 Mêlés de métal et d'agate.

Lorsque mes doigts caressent à loisir
 Ta tête et ton dos élastique,
Et que ma main s'enivre du plaisir
 De palper ton corps électrique,

Je vois ma femme en esprit. Son regard,
 Comme le tien, aimable bête,
Profond et froid, coupe et fend comme un dard,

 Et, des pieds jusques à la tête,
Un air subtil, un dangereux parfum
 Nagent autour de son corps brun.

XXXV

DUELLUM[1]

Deux guerriers ont couru l'un sur l'autre ; leurs armes
Ont éclaboussé l'air de lueurs et de sang.
Ces jeux, ces cliquetis du fer sont les vacarmes
D'une jeunesse en proie à l'amour vagissant.

Les glaives sont brisés ! comme notre jeunesse,
Ma chère ! Mais les dents, les ongles acérés,
Vengent bientôt l'épée et la dague traitresse.
Ô fureur des cœurs mûrs par l'amour ulcérés !

Dans le ravin hanté des chats-pards et des onces
Nos héros, s'étreignant méchamment, ont roulé,
Et leur peau fleurira l'aridité des ronces.

— Ce gouffre, c'est l'enfer, de nos amis peuplé !
Roulons-y sans remords, amazone inhumaine,
Afin d'éterniser l'ardeur de notre haine !

XXXVI

LE BALCON[1]

Mère des souvenirs, maîtresse des maîtresses,
Ô toi, tous mes plaisirs ! ô toi, tous mes devoirs !
Tu te rappelleras la beauté des caresses,
La douceur du foyer et le charme des soirs,
Mère des souvenirs, maîtresse des maîtresses !

Les soirs illuminés par l'ardeur du charbon,
Et les soirs au balcon, voilés de vapeurs roses.
Que ton sein m'était doux ! que ton cœur m'était bon !
Nous avons dit souvent d'impérissables choses
Les soirs illuminés par l'ardeur du charbon.

Que les soleils sont beaux dans les chaudes soirées !
Que l'espace est profond ! que le cœur est puissant !
En me penchant vers toi, reine des adorées,
Je croyais respirer le parfum de ton sang.
Que les soleils sont beaux dans les chaudes soirées !

La nuit s'épaississait ainsi qu'une cloison,
Et mes yeux dans le noir devinaient tes prunelles,
Et je buvais ton souffle, ô douceur ! ô poison !
Et tes pieds s'endormaient dans mes mains fraternelles.
La nuit s'épaississait ainsi qu'une cloison.

Je sais l'art d'évoquer les minutes heureuses,
Et revis mon passé blotti dans tes genoux.
Car à quoi bon chercher tes beautés langoureuses
Ailleurs qu'en ton cher corps et qu'en ton cœur si doux ?
Je sais l'art d'évoquer les minutes heureuses !

Ces serments, ces parfums, ces baisers infinis,
Renaîtront-ils d'un gouffre interdit à nos sondes,
Comme montent au ciel les soleils rajeunis
Après s'être lavés au fond des mers profondes ?
— Ô serments ! ô parfums ! ô baisers infinis !

XXXVII
LE POSSÉDÉ

Le soleil s'est couvert d'un crêpe. Comme lui,
Ô Lune de ma vie ! emmitoufle-toi d'ombre ;
Dors ou fume à ton gré ; sois muette, sois sombre,
Et plonge tout entière au gouffre de l'Ennui ;

Je t'aime ainsi ! Pourtant, si tu veux aujourd'hui,
Comme un astre éclipsé qui sort de la pénombre,
Te pavaner aux lieux que la Folie encombre,
C'est bien ! Charmant poignard, jaillis de ton étui !

Allume ta prunelle à la flamme des lustres !
Allume le désir dans les regards des rustres !
Tout de toi m'est plaisir, morbide ou pétulant ;

Sois ce que tu voudras, nuit noire, rouge aurore ;
Il n'est pas une fibre en tout mon corps tremblant
Qui ne crie : *Ô mon cher Belzébuth, je t'adore !*

XXXVIII
UN FANTÔME[1]

I
LES TÉNÈBRES

Dans les caveaux d'insondable tristesse
Où le Destin m'a déjà relégué ;
Où jamais n'entre un rayon rose et gai ;
Où, seul avec la Nuit, maussade hôtesse,

Je suis comme un peintre qu'un Dieu moqueur
Condamne à peindre, hélas ! sur les ténèbres ;
Où, cuisinier aux appétits funèbres,
Je fais bouillir et je mange mon cœur,

Par instants brille, et s'allonge, et s'étale
Un spectre fait de grâce et de splendeur.
A sa rêveuse allure orientale,

Quand il atteint sa totale grandeur,
Je reconnais ma belle visiteuse :
C'est Elle ! noire et pourtant lumineuse.

II
LE PARFUM

Lecteur, as-tu quelquefois respiré
Avec ivresse et lente gourmandise
Ce grain d'encens qui remplit une église,
Ou d'un sachet le musc invétéré ?

Charme profond, magique, dont nous grise
Dans le présent le passé restauré !
Ainsi l'amant sur un corps adoré
Du souvenir cueille la fleur exquise.

De ses cheveux élastiques et lourds,
Vivant sachet, encensoir de l'alcôve,
Une senteur montait, sauvage et fauve,

Et des habits, mousseline ou velours,
Tout imprégnés de sa jeunesse pure,
Se dégageait un parfum de fourrure.

III
LE CADRE

Comme un beau cadre ajoute à la peinture,
Bien qu'elle soit d'un pinceau très vanté,
Je ne sais quoi d'étrange et d'enchanté
En l'isolant de l'immense nature,

Ainsi bijoux, meubles, métaux, dorure,
S'adaptaient juste à sa rare beauté ;
Rien n'offusquait sa parfaite clarté,
Et tout semblait lui servir de bordure.

Même on eût dit parfois qu'elle croyait
Que tout voulait l'aimer ; elle noyait
Sa nudité voluptueusement

Dans les baisers du satin et du linge,
Et, lente ou brusque, à chaque mouvement
Montrait la grâce enfantine du singe.

IV
LE PORTRAIT

La Maladie et la Mort font des cendres
De tout le feu qui pour nous flamboya.
De ces grands yeux si fervents et si tendres,
De cette bouche où mon cœur se noya,

De ces baisers puissants comme un dictame,
De ces transports plus vifs que des rayons,
Que reste-t-il ? C'est affreux, ô mon âme !
Rien qu'un dessin fort pâle, aux trois crayons,

Qui, comme moi, meurt dans la solitude,
Et que le Temps, injurieux vieillard,
Chaque jour frotte avec son aile rude...

Noir assassin de la Vie et de l'Art,
Tu ne tueras jamais dans ma mémoire
Celle qui fut mon plaisir et ma gloire !

XXXIX[1]

Je te donne ces vers afin que si mon nom
Aborde heureusement aux époques lointaines,
Et fait rêver un soir les cervelles humaines,
Vaisseau favorisé par un grand aquilon,

Ta mémoire, pareille aux fables incertaines,
Fatigue le lecteur ainsi qu'un tympanon[2],
Et par un fraternel et mystique chainon
Reste comme pendue à mes rimes hautaines ;

Être maudit à qui, de l'abime profond
Jusqu'au plus haut du ciel, rien, hors moi, ne répond !
— Ô toi qui, comme une ombre à la trace éphémère,

Foules d'un pied léger et d'un regard serein
Les stupides mortels qui t'ont jugée amère,
Statue aux yeux de jais, grand ange au front d'airain !

XL

SEMPER EADEM[1]

« D'où vous vient, disiez-vous, cette tristesse étrange,
Montant comme la mer sur le roc noir et nu ? »
— Quand notre cœur a fait une fois sa vendange,
Vivre est un mal. C'est un secret de tous connu,

Une douleur très simple et non mystérieuse,
Et, comme votre joie, éclatante pour tous.
Cessez donc de chercher, ô belle curieuse !
Et, bien que votre voix soit douce, taisez-vous !

Taisez-vous, ignorante ! âme toujours ravie !
Bouche au rire enfantin ! Plus encor que la Vie,
La Mort nous tient souvent par des liens subtils.

Laissez, laissez mon cœur s'enivrer d'un *mensonge,*
Plonger dans vos beaux yeux comme dans un beau songe,
Et sommeiller longtemps à l'ombre de vos cils !

XLI

TOUT ENTIÈRE

Le Démon, dans ma chambre haute,
Ce matin est venu me voir,
Et, tâchant à me prendre en faute,
Me dit : « Je voudrais bien savoir,

« Parmi toutes les belles choses
Dont est fait son enchantement,
Parmi les objets noirs ou roses
Qui composent son corps charmant,

« Quel est le plus doux. » — Ô mon âme !
Tu répondis à l'Abhorré :
« Puisqu'en Elle tout est dictame,
Rien ne peut être préféré.

« Lorsque tout me ravit, j'ignore
Si quelque chose me séduit.
Elle éblouit comme l'Aurore
Et console comme la Nuit ;

« Et l'harmonie est trop exquise,
Qui gouverne tout son beau corps,
Pour que l'impuissante analyse
En note les nombreux accords.

« Ô métamorphose mystique
De tous mes sens fondus en un !
Son haleine fait la musique,
Comme sa voix fait le parfum ! »

XLII

Que diras-tu ce soir, pauvre âme solitaire,
Que diras-tu, mon cœur, cœur autrefois flétri,
A la très belle, à la très bonne, à la très chère,
Dont le regard divin t'a soudain refleuri ?

— Nous mettrons notre orgueil à chanter ses louanges :
Rien ne vaut la douceur de son autorité ;
Sa chair spirituelle a le parfum des Anges,
Et son œil nous revêt d'un habit de clarté.

Que ce soit dans la nuit et dans la solitude,
Que ce soit dans la rue et dans la multitude,
Son fantôme dans l'air danse comme un flambeau.

Parfois il parle et dit : « Je suis belle, et j'ordonne
Que pour l'amour de moi vous n'aimiez que le Beau ;
Je suis l'Ange gardien, la Muse et la Madone. »

XLIII

LE FLAMBEAU VIVANT

Ils marchent devant moi, ces Yeux pleins de lumières,
Qu'un Ange très savant a sans doute aimantés ;
Ils marchent, ces divins frères qui sont mes frères,
Secouant dans mes yeux leurs feux diamantés.

Me sauvant de tout piège et de tout péché grave,
Ils conduisent mes pas dans la route du Beau ;
Ils sont mes serviteurs et je suis leur esclave ;
Tout mon être obéit à ce vivant flambeau.

Charmants Yeux, vous brillez de la clarté mystique
Qu'ont les cierges brûlant en plein jour ; le soleil
Rougit, mais n'éteint pas leur flamme fantastique :

Ils célèbrent la Mort, vous chantez le Réveil ;
Vous marchez en chantant le réveil de mon âme,
Astres dont nul soleil ne peut flétrir la flamme !

XLIV

RÉVERSIBILITÉ [1]

Ange plein de gaieté, connaissez-vous l'angoisse,
La honte, les remords, les sanglots, les ennuis,
Et les vagues terreurs de ces affreuses nuits
Qui compriment le cœur comme un papier qu'on froisse ?
Ange plein de gaieté, connaissez-vous l'angoisse ?

Ange plein de bonté, connaissez-vous la haine,
Les poings crispés dans l'ombre et les larmes de fiel,
Quand la Vengeance bat son infernal rappel,
Et de nos facultés se fait le capitaine ?
Ange plein de bonté, connaissez-vous la haine ?

Ange plein de santé, connaissez-vous les Fièvres,
Qui, le long des grands murs de l'hospice blafard,
Comme des exilés, s'en vont d'un pied traînard,
Cherchant le soleil rare et remuant les lèvres ?
Ange plein de santé, connaissez-vous les Fièvres ?

Ange plein de beauté, connaissez-vous les rides,
Et la peur de vieillir, et ce hideux tourment
De lire la secrète horreur du dévouement
Dans des yeux où longtemps burent nos yeux avides ?
Ange plein de beauté, connaissez-vous les rides ?

Ange plein de bonheur, de joie et de lumières,
David mourant aurait demandé la santé
Aux émanations de ton corps enchanté;
Mais de toi je n'implore, ange, que tes prières,
Ange plein de bonheur, de joie et de lumières !

XLV

CONFESSION

Une fois, une seule, aimable et douce femme,
 À mon bras votre bras poli
S'appuya (sur le fond ténébreux de mon âme
 Ce souvenir n'est point pâli),

Il était tard; ainsi qu'une médaille neuve
 La pleine lune s'étalait,
Et la solennité de la nuit, comme un fleuve,
 Sur Paris dormant ruisselait.

Et le long des maisons, sous les portes cochères,
 Des chats passaient furtivement,
L'oreille au guet, ou bien, comme des ombres chères,
 Nous accompagnaient lentement.

Tout à coup, au milieu de l'intimité libre
 Éclose à la pâle clarté,
De vous, riche et sonore instrument où ne vibre
 Que la radieuse gaieté,

De vous, claire et joyeuse ainsi qu'une fanfare
 Dans le matin étincelant,
Une note plaintive, une note bizarre
 S'échappa, tout en chancelant

Comme une enfant chétive, horrible, sombre, immonde,
 Dont sa famille rougirait,
Et qu'elle aurait longtemps, pour la cacher au monde,
 Dans un caveau mise au secret.

Pauvre ange, elle chantait, votre note criarde :
« Que rien ici-bas n'est certain,
Et que toujours, avec quelque soin qu'il se farde,
Se trahit l'égoïsme humain ;

« Que c'est un dur métier que d'être belle femme,
Et que c'est le travail banal
De la danseuse folle et froide qui se pâme
Dans un sourire machinal ;

« Que bâtir sur les cœurs est une chose sotte ;
Que tout craque, amour et beauté,
Jusqu'à ce que l'Oubli les jette dans sa hotte
Pour les rendre à l'Éternité ! »

J'ai souvent évoqué cette lune enchantée,
Ce silence et cette langueur,
Et cette confidence horrible chuchotée
Au confessionnal du cœur.

XLVI

L'AUBE SPIRITUELLE [1]

Quand chez les débauchés l'aube blanche et vermeille
Entre en société de l'Idéal rongeur,
Par l'opération d'un mystère vengeur
Dans la brute assoupie un ange se réveille.

Des Cieux Spirituels l'inaccessible azur,
Pour l'homme terrassé qui rêve encore et souffre,
S'ouvre et s'enfonce avec l'attirance du gouffre.
Ainsi, chère Déesse, Être lucide et pur,

Sur les débris fumeux des stupides orgies
Ton souvenir plus clair, plus rose, plus charmant,
À mes yeux agrandis voltige incessamment.

Le soleil a noirci la flamme des bougies ;
Ainsi, toujours vainqueur, ton fantôme est pareil,
Âme resplendissante, à l'immortel soleil !

XLVII

HARMONIE DU SOIR

Voici venir les temps où vibrant sur sa tige
Chaque fleur s'évapore ainsi qu'un encensoir ;

Les sons et les parfums tournent dans l'air du soir;
Valse mélancolique et langoureux vertige!

Chaque fleur s'évapore ainsi qu'un encensoir;
Le violon frémit comme un cœur qu'on afflige;
Valse mélancolique et langoureux vertige!
Le ciel est triste et beau comme un grand reposoir.

Le violon frémit comme un cœur qu'on afflige,
Un cœur tendre, qui hait le néant vaste et noir!
Le ciel est triste et beau comme un grand reposoir;
Le soleil s'est noyé dans son sang qui se fige.

Un cœur tendre, qui hait le néant vaste et noir,
Du passé lumineux recueille tout vestige!
Le soleil s'est noyé dans son sang qui se fige...
Ton souvenir en moi luit comme un ostensoir!

XLVIII

LE FLACON [1]

Il est de forts parfums pour qui toute matière
Est poreuse. On dirait qu'ils pénètrent le verre.
En ouvrant un coffret venu de l'Orient
Dont la serrure grince et rechigne en criant,

Ou dans une maison déserte quelque armoire
Pleine de l'âcre odeur des temps, poudreuse et noire,
Parfois on trouve un vieux flacon qui se souvient,
D'où jaillit toute vive une âme qui revient.

Mille pensers dormaient, chrysalides funèbres,
Frémissant doucement dans les lourdes ténèbres,
Qui dégagent leur aile et prennent leur essor,
Teintés d'azur, glacés de rose, lamés d'or.

Voilà le souvenir enivrant qui voltige
Dans l'air troublé; les yeux se ferment; le Vertige
Saisit l'âme vaincue et la pousse à deux mains
Vers un gouffre obscurci de miasmes humains;

Il la terrasse au bord d'un gouffre séculaire,
Où, Lazare odorant déchirant son suaire,
Se meut dans son réveil le cadavre spectral
D'un vieil amour ranci, charmant et sépulcral.

Ainsi, quand je serai perdu dans la mémoire
Des hommes, dans le coin d'une sinistre armoire
Quand on m'aura jeté, vieux flacon désolé,
Décrépit, poudreux, sale, abject, visqueux, fêlé,

Je serai ton cercueil, aimable pestilence !
Le témoin de ta force et de ta virulence,
Cher poison préparé par les anges ! liqueur
Qui me ronge, ó la vie et la mort de mon cœur !

XLIX

LE POISON[1]

Le vin sait revêtir le plus sordide bouge
 D'un luxe miraculeux,
Et fait surgir plus d'un portique fabuleux
 Dans l'or de sa vapeur rouge,
Comme un soleil couchant dans un ciel nébuleux.

L'opium agrandit ce qui n'a pas de bornes,
 Allonge l'illimité,
Approfondit le temps, creuse la volupté,
 Et de plaisirs noirs et mornes
Remplit l'âme au-delà de sa capacité.

Tout cela ne vaut pas le poison qui découle
 De tes yeux, de tes yeux verts,
Lacs où mon âme tremble et se voit à l'envers...
 Mes songes viennent en foule
Pour se désaltérer à ces gouffres amers.

Tout cela ne vaut pas le terrible prodige
 De ta salive qui mord,
Qui plonge dans l'oubli mon âme sans remords,
 Et, charriant le vertige,
La roule défaillante aux rives de la mort !

L

CIEL BROUILLÉ

On dirait ton regard d'une vapeur couvert ;
Ton œil mystérieux (est-il bleu, gris ou vert ?)
Alternativement tendre, rêveur, cruel,
Réfléchit l'indolence et la pâleur du ciel.

Tu rappelles ces jours blancs, tièdes et voilés,
Qui font se fondre en pleurs les cœurs ensorcelés,
Quand, agités d'un mal inconnu qui les tord,
Les nerfs trop éveillés raillent l'esprit qui dort.

Tu ressembles parfois à ces beaux horizons
Qu'allument les soleils des brumeuses saisons.....

Comme tu resplendis, paysage mouillé
Qu'enflamment les rayons tombant d'un ciel brouillé !

Ô femme dangereuse, ô séduisants climats !
Adorerai-je aussi ta neige et vos frimas,
Et saurai-je tirer de l'implacable hiver
Des plaisirs plus aigus que la glace et le fer ?

LI

LE CHAT

I

Dans ma cervelle se promène,
Ainsi qu'en son appartement,
Un beau chat, fort, doux et charmant.
Quand il miaule, on l'entend à peine,

Tant son timbre est tendre et discret ;
Mais que sa voix s'apaise ou gronde,
Elle est toujours riche et profonde.
C'est là son charme et son secret.

Cette voix, qui perle et qui filtre
Dans mon fonds le plus ténébreux,
Me remplit comme un vers nombreux
Et me réjouit comme un philtre.

Elle endort les plus cruels maux
Et contient toutes les extases ;
Pour dire les plus longues phrases,
Elle n'a pas besoin de mots.

Non, il n'est pas d'archet qui morde
Sur mon cœur, parfait instrument,
Et fasse plus royalement
Chanter sa plus vibrante corde,

Que ta voix, chat mystérieux,
Chat séraphique, chat étrange,
En qui tout est, comme en un ange,
Aussi subtil qu'harmonieux !

II

De sa fourrure blonde et brune
Sort un parfum si doux, qu'un soir
J'en fus embaumé, pour l'avoir
Caressée une fois, rien qu'une.

C'est l'esprit familier du lieu ;
Il juge, il préside, il inspire
Toutes choses dans son empire ;
Peut-être est-il fée, est-il dieu ?

Quand mes yeux, vers ce chat que j'aime
Tirés comme par un aimant,
Se retournent docilement
Et que je regarde en moi-même,

Je vois avec étonnement
Le feu de ses prunelles pâles,
Clairs fanaux, vivantes opales,
Qui me contemplent fixement.

LII
LE BEAU NAVIRE

Je veux te raconter, ô molle enchanteresse !
Les diverses beautés qui parent ta jeunesse ;
 Je veux te peindre ta beauté,
Où l'enfance s'allie à la maturité.

Quand tu vas balayant l'air de ta jupe large,
Tu fais l'effet d'un beau vaisseau qui prend le large,
 Chargé de toile, et va roulant
Suivant un rythme doux, et paresseux, et lent.

Sur ton cou large et rond, sur tes épaules grasses,
Ta tête se pavane avec d'étranges grâces ;
 D'un air placide et triomphant
Tu passes ton chemin, majestueuse enfant.

Je veux te raconter, ô molle enchanteresse !
Les diverses beautés qui parent ta jeunesse ;
 Je veux te peindre ta beauté,
Où l'enfance s'allie à la maturité.

Ta gorge qui s'avance et qui pousse la moire,
Ta gorge triomphante est une belle armoire
 Dont les panneaux bombés et clairs
Comme les boucliers accrochent des éclairs ;

Boucliers provocants, armés de pointes roses !
Armoire à doux secrets, pleine de bonnes choses,
 De vins, de parfums, de liqueurs
Qui feraient délirer les cerveaux et les cœurs !

Quand tu vas balayant l'air de ta jupe large,
Tu fais l'effet d'un beau vaisseau qui prend le large,
 Chargé de toile, et va roulant
Suivant un rythme doux, et paresseux, et lent.

Tes nobles jambes, sous les volants qu'elles chassent,
Tourmentent les désirs obscurs et les agacent,
 Comme deux sorcières qui font
Tourner un philtre noir dans un vase profond.

Tes bras, qui se joueraient des précoces hercules,
Sont des boas luisants les solides émules,
 Faits pour serrer obstinément,
Comme pour l'imprimer dans ton cœur, ton amant.

Sur ton cou large et rond, sur tes épaules grasses,
Ta tête se pavane avec d'étranges grâces;
 D'un air placide et triomphant
Tu passes ton chemin, majestueuse enfant.

 LIII
 L'INVITATION AU VOYAGE

 Mon enfant, ma sœur,
 Songe à la douceur
 D'aller là-bas vivre ensemble!
 Aimer à loisir,
 Aimer et mourir
 Au pays qui te ressemble!
 Les soleils mouillés
 De ces ciels brouillés
 Pour mon esprit ont les charmes
 Si mystérieux
 De tes traîtres yeux,
 Brillant à travers leurs larmes.

 Là, tout n'est qu'ordre et beauté,
 Luxe, calme et volupté.

 Des meubles luisants,
 Polis par les ans,
 Décoreraient notre chambre;
 Les plus rares fleurs
 Mêlant leurs odeurs
 Aux vagues senteurs de l'ambre,
 Les riches plafonds,
 Les miroirs profonds,
 La splendeur orientale,
 Tout y parlerait

À l'âme en secret
Sa douce langue natale.

Là, tout n'est qu'ordre et beauté,
Luxe, calme et volupté.

Vois sur ces canaux
Dormir ces vaisseaux
Dont l'humeur est vagabonde;
C'est pour assouvir
Ton moindre désir
Qu'ils viennent du bout du monde.
— Les soleils couchants
Revêtent les champs,
Les canaux, la ville entière,
D'hyacinthe et d'or;
Le monde s'endort
Dans une chaude lumière.

Là, tout n'est qu'ordre et beauté,
Luxe, calme et volupté.

LIV

L'IRRÉPARABLE[1]

Pouvons-nous étouffer le vieux, le long Remords,
 Qui vit, s'agite et se tortille,
Et se nourrit de nous comme le ver des morts,
 Comme du chêne la chenille?
Pouvons-nous étouffer l'implacable Remords?

Dans quel philtre, dans quel vin, dans quelle tisane,
 Noierons-nous ce vieil ennemi,
Destructeur et gourmand comme la courtisane,
 Patient comme la fourmi?
Dans quel philtre? — dans quel vin? — dans quelle tisane?

Dis-le, belle sorcière, oh! dis, si tu le sais,
 À cet esprit comblé d'angoisse
Et pareil au mourant qu'écrasent les blessés,
 Que le sabot du cheval froisse,
Dis-le, belle sorcière, oh! dis, si tu le sais,

À cet agonisant que le loup déjà flaire
 Et que surveille le corbeau,
À ce soldat brisé! s'il faut qu'il désespère
 D'avoir sa croix et son tombeau;
Ce pauvre agonisant que déjà le loup flaire!

Peut-on illuminer un ciel bourbeux et noir ?
 Peut-on déchirer des ténèbres
Plus denses que la poix, sans matin et sans soir,
 Sans astres, sans éclairs funèbres ?
Peut-on illuminer un ciel bourbeux et noir ?

L'Éspérance qui brille aux carreaux de l'Auberge
 Est soufflée, est morte à jamais !
Sans lune et sans rayons, trouver où l'on héberge
 Les martyrs d'un chemin mauvais !
Le Diable a tout éteint aux carreaux de l'Auberge !

Adorable sorcière, aimes-tu les damnés ?
 Dis, connais-tu l'irrémissible ?
Connais-tu le Remords, aux traits empoisonnés,
 À qui notre cœur sert de cible ?
Adorable sorcière, aimes-tu les damnés ?

L'Irréparable ronge avec sa dent maudite
 Notre âme, piteux monument,
Et souvent il attaque, ainsi que le termite,
 Par la base le bâtiment.
L'Irréparable ronge avec sa dent maudite !

— J'ai vu parfois, au fond d'un théâtre banal
 Qu'enflammait l'orchestre sonore,
Une fée allumer dans un ciel infernal
 Une miraculeuse aurore ;
J'ai vu parfois au fond d'un théâtre banal

Un être, qui n'était que lumière, or et gaze,
 Terrasser l'énorme Satan ;
Mais mon cœur, que jamais ne visite l'extase,
 Est un théâtre où l'on attend
Toujours, toujours en vain, l'Être aux ailes de gaze !

 LV

 CAUSERIE

Vous êtes un beau ciel d'automne, clair et rose !
Mais la tristesse en moi monte comme la mer,
Et laisse, en refluant, sur ma lèvre morose
Le souvenir cuisant de son limon amer.

— Ta main se glisse en vain sur mon sein qui se pâme ;
Ce qu'elle cherche, amie, est un lieu saccagé
Par la griffe et la dent féroce de la femme.
Ne cherchez plus mon cœur ; les bêtes l'ont mangé.

Mon cœur est un palais flétri par la cohue ;
On s'y soûle, on s'y tue, on s'y prend aux cheveux !
— Un parfum nage autour de votre gorge nue !...

Ô Beauté, dur fléau des âmes, tu le veux !
Avec tes yeux de feu, brillants comme des fêtes,
Calcine ces lambeaux qu'ont épargnés les bêtes !

LVI
CHANT D'AUTOMNE

I

Bientôt nous plongerons dans les froides ténèbres ;
Adieu, vive clarté de nos étés trop courts !
J'entends déjà tomber avec des chocs funèbres
Le bois retentissant sur le pavé des cours.

Tout l'hiver va rentrer dans mon être : colère,
Haine, frissons, horreur, labeur dur et forcé,
Et, comme le soleil dans son enfer polaire,
Mon cœur ne sera plus qu'un bloc rouge et glacé.

J'écoute en frémissant chaque bûche qui tombe ;
L'échafaud qu'on bâtit n'a pas d'écho plus sourd.
Mon esprit est pareil à la tour qui succombe
Sous les coups du bélier infatigable et lourd.

Il me semble, bercé par ce choc monotone,
Qu'on cloue en grande hâte un cercueil quelque part.
Pour qui ? — C'était hier l'été ; voici l'automne !
Ce bruit mystérieux sonne comme un départ.

II

J'aime de vos longs yeux la lumière verdâtre,
Douce beauté, mais tout aujourd'hui m'est amer,
Et rien, ni votre amour, ni le boudoir, ni l'âtre,
Ne me vaut le soleil rayonnant sur la mer.

Et pourtant aimez-moi, tendre cœur ! soyez mère,
Même pour un ingrat, même pour un méchant ;
Amante ou sœur, soyez la douceur éphémère
D'un glorieux automne ou d'un soleil couchant.

Courte tâche ! La tombe attend ; elle est avide !
Ah ! laissez-moi, mon front posé sur vos genoux,
Goûter, en regrettant l'été blanc et torride,
De l'arrière-saison le rayon jaune et doux !

LVII

À UNE MADONE[1]

EX-VOTO DANS LE GOÛT ESPAGNOL

Je veux bâtir pour toi, Madone, ma maitresse,
Un autel souterrain au fond de ma détresse,
Et creuser dans le coin le plus noir de mon cœur,
Loin du désir mondain et du regard moqueur,
Une niche, d'azur et d'or tout émaillée,
Où tu te dresseras, Statue émerveillée.
Avec mes Vers polis, treillis d'un pur métal
Savamment constellé de rimes de cristal,
Je ferai pour ta tête une énorme Couronne;
Et dans ma Jalousie, ô mortelle Madone,
Je saurai te tailler un Manteau, de façon
Barbare, roide et lourd, et doublé de soupçon,
Qui, comme une guérite, enfermera tes charmes;
Non de Perles brodé, mais de toutes mes Larmes!
Ta Robe, ce sera mon Désir, frémissant,
Onduleux, mon Désir qui monte et qui descend,
Aux pointes se balance, aux vallons se repose,
Et revêt d'un baiser tout ton corps blanc et rose.
Je te ferai de mon Respect de beaux Souliers
De satin, par tes pieds divins humiliés,
Qui, les emprisonnant dans une molle étreinte,
Comme un moule fidèle en garderont l'empreinte.
Si je ne puis, malgré tout mon art diligent,
Pour Marchepied tailler une Lune d'argent,
Je mettrai le Serpent qui me mord les entrailles
Sous tes talons, afin que tu foules et railles,
Reine victorieuse et féconde en rachats,
Ce monstre tout gonflé de haine et de crachats.
Tu verras mes Pensers, rangés comme les Cierges
Devant l'autel fleuri de la Reine des Vierges,
Étoilant de reflets le plafond peint en bleu,
Te regarder toujours avec des yeux de feu;
Et comme tout en moi te chérit et t'admire,
Tout se fera Benjoin, Encens, Oliban, Myrrhe,
Et sans cesse vers toi, sommet blanc et neigeux,
En Vapeurs montera mon Esprit orageux.

Enfin pour compléter ton rôle de Marie,
Et pour mêler l'amour avec la barbarie,
Volupté noire! des sept Péchés capitaux,
Bourreau plein de remords, je ferai sept Couteaux
Bien affilés, et, comme un jongleur insensible,
Prenant le plus profond de ton amour pour cible,
Je les planterai tous dans ton Cœur pantelant,
Dans ton Cœur sanglotant, dans ton Cœur ruisselant!

LVIII
CHANSON D'APRÈS-MIDI

Quoique tes sourcils méchants
Te donnent un air étrange
Qui n'est pas celui d'un ange,
Sorcière aux yeux alléchants,

Je t'adore, ô ma frivole,
Ma terrible passion !
Avec la dévotion
Du prêtre pour son idole.

Le désert et la forêt
Embaument tes tresses rudes,
Ta tête a les attitudes
De l'énigme et du secret.

Sur ta chair le parfum rôde
Comme autour d'un encensoir ;
Tu charmes comme le soir,
Nymphe ténébreuse et chaude.

Ah ! les philtres les plus forts
Ne valent pas ta paresse,
Et tu connais la caresse
Qui fait revivre les morts !

Tes hanches sont amoureuses
De ton dos et de tes seins,
Et tu ravis les coussins
Par tes poses langoureuses.

Quelquefois, pour apaiser
Ta rage mystérieuse,
Tu prodigues, sérieuse,
La morsure et le baiser ;

Tu me déchires, ma brune,
Avec un rire moqueur,
Et puis tu mets sur mon cœur
Ton œil doux comme la lune.

Sous tes souliers de satin,
Sous tes charmants pieds de soie,
Moi, je mets ma grande joie,
Mon génie et mon destin,

Mon âme par toi guérie,
Par toi, lumière et couleur !

Explosion de chaleur
Dans ma noire Sibérie !

LIX

SISINA[1]

Imaginez Diane en galant équipage,
Parcourant les forêts ou battant les halliers,
Cheveux et gorge au vent, s'enivrant de tapage,
Superbe et défiant les meilleurs cavaliers !

Avez-vous vu Théroigne[2], amante du carnage,
Excitant à l'assaut un peuple sans souliers,
La joue et l'œil en feu, jouant son personnage,
Et montant, sabre au poing, les royaux escaliers ?

Telle la Sisina ! Mais la douce guerrière
A l'âme charitable autant que meurtrière ;
Son courage, affolé de poudre et de tambours,

Devant les suppliants sait mettre bas les armes,
Et son cœur, ravagé par la flamme, a toujours,
Pour qui s'en montre digne, un réservoir de larmes.

LX

FRANCISCAE MEAE LAUDES[1]

Novis te cantabo chordis,
O novelletum quod ludis
In solitudine cordis.

Esto sertis implicata,
O femina delicata
Per quam solvuntur peccata !

Sicut beneficum Lethe,
Hauriam oscula de te,
Quæ imbuta es magnete.

Quum vitiorum tempestas
Turbabat omnes semitas,
Apparuisti, Deitas,

Velut stella salutaris
In naufragiis amaris.....
Suspendam cor tuis aris !

Piscina plena virtutis,
Fons æternæ juventutis,
Labris vocem redde mutis !

Quod erat spurcum, cremasti ;
Quod rudius, exæquasti ;
Quod debile, confirmasti.

In fame mea taberna,
In nocte mea lucerna,
Recte me semper guberna.

Adde nunc vires viribus,
Dulce balneum suavibus
Unguentatum odoribus !

Meos circa lumbos mica,
O castitatis lorica,
Aqua tincta seraphica ;

Patera gemmis corusca,
Panis salsus, mollis esca,
Divinum vinum, Francisca !

LXI

À UNE DAME CRÉOLE

Au pays parfumé que le soleil caresse,
J'ai connu, sous un dais d'arbres tout empourprés
Et de palmiers d'où pleut sur les yeux la paresse,
Une dame créole aux charmes ignorés.

Son teint est pâle et chaud ; la brune enchanteresse
A dans le cou des airs noblement maniérés ;
Grande et svelte en marchant comme une chasseresse,
Son sourire est tranquille et ses yeux assurés.

Si vous alliez, Madame, au vrai pays de gloire,
Sur les bords de la Seine ou de la verte Loire,
Belle digne d'orner les antiques manoirs,

Vous feriez, à l'abri des ombreuses retraites,
Germer mille sonnets dans le cœur des poètes,
Que vos grands yeux rendraient plus soumis que vos noirs.

LXII

MŒSTA ET ERRABUNDA[1]

Dis-moi, ton cœur parfois s'envole-t-il, Agathe,
Loin du noir océan de l'immonde cité,
Vers un autre océan où la splendeur éclate,
Bleu, clair, profond, ainsi que la virginité ?
Dis-moi, ton cœur parfois s'envole-t-il, Agathe ?

La mer, la vaste mer, console nos labeurs !
Quel démon a doté la mer, rauque chanteuse
Qu'accompagne l'immense orgue des vents grondeurs,
De cette fonction sublime de berceuse ?
La mer, la vaste mer, console nos labeurs !

Emporte-moi, wagon ! enlève-moi, frégate !
Loin ! loin ! ici la boue est faite de nos pleurs !
— Est-il vrai que parfois le triste cœur d'Agathe
Dise : Loin des remords, des crimes, des douleurs,
Emporte-moi, wagon, enlève-moi, frégate ?

Comme vous êtes loin, paradis parfumé,
Où sous un clair azur tout n'est qu'amour et joie,
Où tout ce que l'on aime est digne d'être aimé,
Où dans la volupté pure le cœur se noie !
Comme vous êtes loin, paradis parfumé !

Mais le vert paradis des amours enfantines,
Les courses, les chansons, les baisers, les bouquets,
Les violons vibrant derrière les collines,
Avec les brocs de vin, le soir, dans les bosquets,
— Mais le vert paradis des amours enfantines,

L'innocent paradis, plein de plaisirs furtifs,
Est-il déjà plus loin que l'Inde et que la Chine ?
Peut-on le rappeler avec des cris plaintifs,
Et l'animer encor d'une voix argentine,
L'innocent paradis plein de plaisirs furtifs ?

LXIII

LE REVENANT

Comme les anges à l'œil fauve,
Je reviendrai dans ton alcôve
Et vers toi glisserai sans bruit
Avec les ombres de la nuit;

Et je te donnerai, ma brune,
Des baisers froids comme la lune
Et des caresses de serpent
Autour d'une fosse rampant.

Quand viendra le matin livide,
Tu trouveras ma place vide,
Où jusqu'au soir il fera froid.

Comme d'autres par la tendresse,
Sur ta vie et sur ta jeunesse,
Moi, je veux régner par l'effroi.

LXIV

SONNET D'AUTOMNE[1]

Ils me disent, tes yeux, clairs comme le cristal :
« Pour toi, bizarre amant, quel est donc mon mérite ? »
— Sois charmante et tais-toi ! Mon cœur, que tout irrite,
Excepté la candeur de l'antique animal,

Ne veut pas te montrer son secret infernal,
Berceuse dont la main aux longs sommeils m'invite,
Ni sa noire légende avec la flamme écrite.
Je hais la passion et l'esprit me fait mal !

Aimons-nous doucement. L'Amour dans sa guérite,
Ténébreux, embusqué, bande son arc fatal.
Je connais les engins de son vieil arsenal :

Crime, horreur et folie ! — Ô pâle marguerite !
Comme moi n'es-tu pas un soleil automnal,
Ô ma si blanche, ô ma si froide Marguerite ?

LXV

TRISTESSES DE LA LUNE

Ce soir, la lune rêve avec plus de paresse ;
Ainsi qu'une beauté, sur de nombreux coussins,
Qui d'une main distraite et légère caresse
Avant de s'endormir le contour de ses seins,

Sur le dos satiné des molles avalanches,
Mourante, elle se livre aux longues pâmoisons,
Et promène ses yeux sur les visions blanches
Qui montent dans l'azur comme des floraisons.

Quand parfois sur ce globe, en sa langueur oisive,
Elle laisse filer une larme furtive,
Un poète pieux, ennemi du sommeil,

Dans le creux de sa main prend cette larme pâle,
Aux reflets irisés comme un fragment d'opale,
Et la met dans son cœur loin des yeux du soleil.

LXVI

LES CHATS[1]

Les amoureux fervents et les savants austères
Aiment également, dans leur mûre saison,
Les chats puissants et doux, orgueil de la maison,
Qui comme eux sont frileux et comme eux sédentaires.

Amis de la science et de la volupté,
Ils cherchent le silence et l'horreur des ténèbres ;
L'Érèbe les eût pris pour ses coursiers funèbres,
S'ils pouvaient au servage incliner leur fierté.

Ils prennent en songeant les nobles attitudes
Des grands sphinx allongés au fond des solitudes,
Qui semblent s'endormir dans un rêve sans fin ;

Leurs reins féconds sont pleins d'étincelles magiques,
Et des parcelles d'or, ainsi qu'un sable fin,
Étoilent vaguement leurs prunelles mystiques.

LXVII

LES HIBOUX

Sous les ifs noirs qui les abritent,
Les hiboux se tiennent rangés,
Ainsi que des dieux étrangers,
Dardant leur œil rouge. Ils méditent.

Sans remuer ils se tiendront
Jusqu'à l'heure mélancolique
Où, poussant le soleil oblique,
Les ténèbres s'établiront.

Leur attitude au sage enseigne
Qu'il faut en ce monde qu'il craigne
Le tumulte et le mouvement ;

L'homme ivre d'une ombre qui passe
Porte toujours le châtiment
D'avoir voulu changer de place.

LXVIII

LA PIPE

Je suis la pipe d'un auteur;
On voit, à contempler ma mine
D'Abyssinienne ou de Cafrine,
Que mon maitre est un grand fumeur.

Quand il est comblé de douleur,
Je fume comme la chaumine
Où se prépare la cuisine
Pour le retour du laboureur.

J'enlace et je berce son âme
Dans le réseau mobile et bleu
Qui monte de ma bouche en feu,

Et je roule un puissant dictame
Qui charme son cœur et guérit
De ses fatigues son esprit.

LXIX

LA MUSIQUE [1]

La musique souvent me prend comme une mer!
 Vers ma pâle étoile,
Sous un plafond de brume ou dans un vaste éther,
 Je mets à la voile;

La poitrine en avant et les poumons gonflés
 Comme de la toile,
J'escalade le dos des flots amoncelés
 Que la nuit me voile;

Je sens vibrer en moi toutes les passions
 D'un vaisseau qui souffre;
Le bon vent, la tempête et ses convulsions

 Sur l'immense gouffre
Me bercent. D'autres fois, calme plat, grand miroir
 De mon désespoir!

LXX

SÉPULTURE

Si par une nuit lourde et sombre
Un bon chrétien, par charité,
Derrière quelque vieux décombre
Enterre votre corps vanté,

À l'heure où les chastes étoiles
Ferment leurs yeux appesantis,
L'araignée y fera ses toiles,
Et la vipère ses petits;

Vous entendrez toute l'année
Sur votre tête condamnée
Les cris lamentables des loups

Et des sorcières faméliques,
Les ébats des vieillards lubriques
Et les complots des noirs filous.

LXXI

UNE GRAVURE FANTASTIQUE [1]

Ce spectre singulier n'a pour toute toilette,
Grotesquement campé sur son front de squelette,
Qu'un diadème affreux sentant le carnaval.
Sans éperons, sans fouet, il essouffle un cheval,
Fantôme comme lui, rosse apocalyptique,
Qui bave des naseaux comme un épileptique.
Au travers de l'espace ils s'enfoncent tous deux,
Et foulent l'infini d'un sabot hasardeux.
Le cavalier promène un sabre qui flamboie
Sur les foules sans nom que sa monture broie,
Et parcourt, comme un prince inspectant sa maison,
Le cimetière immense et froid, sans horizon,
Où gisent, aux lueurs d'un soleil blanc et terne,
Les peuples de l'histoire ancienne et moderne.

LXXII

LE MORT JOYEUX

Dans une terre grasse et pleine d'escargots
Je veux creuser moi-même une fosse profonde,
Où je puisse à loisir étaler mes vieux os
Et dormir dans l'oubli comme un requin dans l'onde.

Je hais les testaments et je hais les tombeaux;
Plutôt que d'implorer une larme du monde,
Vivant, j'aimerais mieux inviter les corbeaux
À saigner tous les bouts de ma carcasse immonde.

Ô vers! noirs compagnons sans oreille et sans yeux,
Voyez venir à vous un mort libre et joyeux;
Philosophes viveurs, fils de la pourriture,

À travers ma ruine allez donc sans remords,
Et dites-moi s'il est encor quelque torture
Pour ce vieux corps sans âme et mort parmi les morts!

LXXIII
LE TONNEAU DE LA HAINE

La Haine est le tonneau des pâles Danaïdes;
La Vengeance éperdue aux bras rouges et forts
A beau précipiter dans ses ténèbres vides
De grands seaux pleins du sang et des larmes des morts,

Le Démon fait des trous secrets à ces abîmes,
Par où fuiraient mille ans de sueurs et d'efforts,
Quand même elle saurait ranimer ses victimes,
Et pour les pressurer ressusciter leurs corps.

La Haine est un ivrogne au fond d'une taverne,
Qui sent toujours la soif naître de la liqueur
Et se multiplier comme l'hydre de Lerne.

— Mais les buveurs heureux connaissent leur vainqueur,
Et la Haine est vouée à ce sort lamentable
De ne pouvoir jamais s'endormir sous la table.

LXXIV
LA CLOCHE FÊLÉE

Il est amer et doux, pendant les nuits d'hiver,
D'écouter, près du feu qui palpite et qui fume,
Les souvenirs lointains lentement s'élever
Au bruit des carillons qui chantent dans la brume.

Bienheureuse la cloche au gosier vigoureux
Qui, malgré sa vieillesse, alerte et bien portante,
Jette fidèlement son cri religieux,
Ainsi qu'un vieux soldat qui veille sous la tente!

Moi, mon âme est fêlée, et lorsqu'en ses ennuis
Elle veut de ses chants peupler l'air froid des nuits,
Il arrive souvent que sa voix affaiblie

Semble le râle épais d'un blessé qu'on oublie
Au bord d'un lac de sang, sous un grand tas de morts,
Et qui meurt, sans bouger, dans d'immenses efforts.

LXXV

SPLEEN

Pluviôse, irrité contre la ville entière,
De son urne à grands flots verse un froid ténébreux
Aux pâles habitants du voisin cimetière
Et la mortalité sur les faubourgs brumeux.

Mon chat sur le carreau cherchant une litière
Agite sans repos son corps maigre et galeux ;
L'âme d'un vieux poète erre dans la gouttière
Avec la triste voix d'un fantôme frileux.

Le bourdon se lamente, et la bûche enfumée
Accompagne en fausset la pendule enrhumée,
Cependant qu'en un jeu plein de sales parfums,

Héritage fatal d'une vieille hydropique,
Le beau valet de cœur et la dame de pique
Causent sinistrement de leurs amours défunts.

LXXVI

SPLEEN

J'ai plus de souvenirs que si j'avais mille ans.

Un gros meuble à tiroirs encombré de bilans,
De vers, de billets doux, de procès, de romances,
Avec de lourds cheveux roulés dans des quittances,
Cache moins de secrets que mon triste cerveau.
C'est une pyramide, un immense caveau,
Qui contient plus de morts que la fosse commune.
— Je suis un cimetière abhorré de la lune,
Où comme des remords se traînent de longs vers
Qui s'acharnent toujours sur mes morts les plus chers.
Je suis un vieux boudoir plein de roses fanées,
Où gît tout un fouillis de modes surannées,
Où les pastels plaintifs et les pâles Boucher,
Seuls, respirent l'odeur d'un flacon débouché.

Rien n'égale en longueur les boiteuses journées,
Quand sous les lourds flocons des neigeuses années
L'ennui, fruit de la morne incuriosité,
Prend les proportions de l'immortalité.
— Désormais tu n'es plus, ô matière vivante !
Qu'un granit entouré d'une vague épouvante,
Assoupi dans le fond d'un Sahara brumeux ;
Un vieux sphinx ignoré du monde insoucieux,
Oublié sur la carte, et dont l'humeur farouche
Ne chante qu'aux rayons du soleil qui se couche.

LXXVII

SPLEEN

Je suis comme le roi d'un pays pluvieux,
Riche, mais impuissant, jeune et pourtant très vieux,
Qui, de ses précepteurs méprisant les courbettes,
S'ennuie avec ses chiens comme avec d'autres bêtes.
Rien ne peut l'égayer, ni gibier, ni faucon,
Ni son peuple mourant en face du balcon.
Du bouffon favori la grotesque ballade
Ne distrait plus le front de ce cruel malade ;
Son lit fleurdelisé se transforme en tombeau,
Et les dames d'atour, pour qui tout prince est beau,
Ne savent plus trouver d'impudique toilette
Pour tirer un souris de ce jeune squelette.
Le savant qui lui fait de l'or n'a jamais pu
De son être extirper l'élément corrompu,
Et dans ces bains de sang qui des Romains nous viennent,
Et dont sur leurs vieux jours les puissants se souviennent,
Il n'a su réchauffer ce cadavre hébété
Où coule au lieu de sang l'eau verte du Léthé.

LXXVIII

SPLEEN

Quand le ciel bas et lourd pèse comme un couvercle
Sur l'esprit gémissant en proie aux longs ennuis,
Et que de l'horizon embrassant tout le cercle
Il nous verse un jour noir plus triste que les nuits ;

Quand la terre est changée en un cachot humide,
Où l'Espérance, comme une chauve-souris,
S'en va battant les murs de son aile timide
Et se cognant la tête à des plafonds pourris ;

Quand la pluie étalant ses immenses traînées
D'une vaste prison imite les barreaux,
Et qu'un peuple muet d'infâmes araignées
Vient tendre ses filets au fond de nos cerveaux,

Des cloches tout à coup sautent avec furie
Et lancent vers le ciel un affreux hurlement,
Ainsi que des esprits errants et sans patrie
Qui se mettent à geindre opiniâtrement.

— Et de longs corbillards, sans tambours ni musique,
Défilent lentement dans mon âme; l'Espoir,
Vaincu, pleure, et l'Angoisse atroce, despotique,
Sur mon crâne incliné plante son drapeau noir.

LXXIX

OBSESSION

Grands bois, vous m'effrayez comme des cathédrales;
Vous hurlez comme l'orgue; et dans nos cœurs maudits,
Chambres d'éternel deuil où vibrent de vieux râles,
Répondent les échos de vos *De profundis*.

Je te hais, Océan! tes bonds et tes tumultes,
Mon esprit les retrouve en lui; ce rire amer
De l'homme vaincu, plein de sanglots et d'insultes,
Je l'entends dans le rire énorme de la mer.

Comme tu me plairais, ô nuit! sans ces étoiles
Dont la lumière parle un langage connu!
Car je cherche le vide, et le noir, et le nu!

Mais les ténèbres sont elles-mêmes des toiles
Où vivent, jaillissant de mon œil par milliers,
Des êtres disparus aux regards familiers.

LXXX

LE GOÛT DU NÉANT

Morne esprit, autrefois amoureux de la lutte,
L'Espoir, dont l'éperon attisait ton ardeur,
Ne veut plus t'enfourcher! Couche-toi sans pudeur,
Vieux cheval dont le pied à chaque obstacle bute.

Résigne-toi, mon cœur; dors ton sommeil de brute.

Esprit vaincu, fourbu ! Pour toi, vieux maraudeur,
L'amour n'a plus de goût, non plus que la dispute ;
Adieu donc, chants du cuivre et soupirs de la flûte !
Plaisirs, ne tentez plus un cœur sombre et boudeur !

Le Printemps adorable a perdu son odeur !

Et le Temps m'engloutit minute par minute,
Comme la neige immense un corps pris de roideur ;
Je contemple d'en haut le globe en sa rondeur
Et je n'y cherche plus l'abri d'une cahute.

Avalanche, veux-tu m'emporter dans ta chute ?

LXXXI

ALCHIMIE DE LA DOULEUR

L'un t'éclaire avec son ardeur,
L'autre en toi met son deuil, Nature !
Ce qui dit à l'un : Sépulture !
Dit à l'autre : Vie et splendeur !

Hermès inconnu qui m'assistes
Et qui toujours m'intimidas,
Tu me rends l'égal de Midas,
Le plus triste des alchimistes ;

Par toi je change l'or en fer
Et le paradis en enfer ;
Dans le suaire des nuages

Je découvre un cadavre cher,
Et sur les célestes rivages
Je bâtis de grands sarcophages.

LXXXII

HORREUR SYMPATHIQUE

De ce ciel bizarre et livide,
Tourmenté comme ton destin,
Quels pensers dans ton âme vide
Descendent ? réponds, libertin.

— Insatiablement avide
De l'obscur et de l'incertain,
Je ne geindrai pas comme Ovide
Chassé du paradis latin.

Cieux déchirés comme des grèves,
En vous se mire mon orgueil;
Vos vastes nuages en deuil

Sont les corbillards de mes rêves,
Et vos lueurs sont le reflet
De l'Enfer où mon cœur se plait.

LXXXIII
L'HÉAUTONTIMOROUMÉNOS[1]

A J.G.F.

Je te frapperai sans colère
Et sans haine, comme un boucher,
Comme Moïse le rocher !
Et je ferai de ta paupière,

Pour abreuver mon Sahara,
Jaillir les eaux de la souffrance.
Mon désir gonflé d'espérance
Sur tes pleurs salés nagera

Comme un vaisseau qui prend le large,
Et dans mon cœur qu'ils soûleront
Tes chers sanglots retentiront
Comme un tambour qui bat la charge !

Ne suis-je pas un faux accord
Dans la divine symphonie,
Grâce à la vorace Ironie
Qui me secoue et qui me mord ?

Elle est dans ma voix, la criarde !
C'est tout mon sang, ce poison noir !
Je suis le sinistre miroir
Où la mégère se regarde.

Je suis la plaie et le couteau !
Je suis le soufflet et la joue !
Je suis les membres et la roue,
Et la victime et le bourreau !

Je suis de mon cœur le vampire,
— Un de ces grands abandonnés
Au rire éternel condamnés,
Et qui ne peuvent plus sourire !

LXXXIV
L'IRRÉMÉDIABLE [1]

I

Une Idée, une Forme, un Être
Parti de l'azur et tombé
Dans un Styx bourbeux et plombé
Où nul œil du Ciel ne pénètre ;

Un Ange, imprudent voyageur
Qu'a tenté l'amour du difforme,
Au fond d'un cauchemar énorme
Se débattant comme un nageur,

Et luttant, angoisses funèbres !
Contre un gigantesque remous
Qui va chantant comme les fous
Et pirouettant dans les ténèbres ;

Un malheureux ensorcelé
Dans ses tâtonnements futiles,
Pour fuir d'un lieu plein de reptiles,
Cherchant la lumière et la clé ;

Un damné descendant sans lampe,
Au bord d'un gouffre dont l'odeur
Trahit l'humide profondeur,
D'éternels escaliers sans rampe,

Où veillent des monstres visqueux
Dont les larges yeux de phosphore
Font une nuit plus noire encore
Et ne rendent visibles qu'eux ;

Un navire pris dans le pôle,
Comme en un piège de cristal,
Cherchant par quel détroit fatal
Il est tombé dans cette geôle ;

— Emblèmes nets, tableau parfait
D'une fortune irrémédiable,
Qui donne à penser que le Diable
Fait toujours bien tout ce qu'il fait !

II

Tête-à-tête sombre et limpide
Qu'un cœur devenu son miroir !
Puits de Vérité, clair et noir,
Où tremble une étoile livide,

Un phare ironique, infernal,
Flambeau des grâces sataniques,
Soulagement et gloire uniques,
— La conscience dans le Mal !

LXXXV

L'HORLOGE

Horloge ! dieu sinistre, effrayant, impassible,
Dont le doigt nous menace et nous dit : « Souviens-toi !
Les vibrantes Douleurs dans ton cœur plein d'effroi
Se planteront bientôt comme dans une cible ;

« Le Plaisir vaporeux fuira vers l'horizon
Ainsi qu'une sylphide au fond de la coulisse ;
Chaque instant te dévore un morceau du délice
A chaque homme accordé pour toute sa saison.

« Trois mille six cents fois par heure, la Seconde
Chuchote : Souviens-toi ! — Rapide, avec sa voix
D'insecte, Maintenant dit : Je suis Autrefois,
Et j'ai pompé ta vie avec ma trompe immonde !

« Remember ! Souviens-toi, prodigue ! Esto memor !
(Mon gosier de métal parle toutes les langues.)
Les minutes, mortel folâtre, sont des gangues
Qu'il ne faut pas lâcher sans en extraire l'or !

« Souviens-toi que le Temps est un joueur avide
Qui gagne sans tricher, à tout coup ! c'est la loi.
Le jour décroît ; la nuit augmente ; souviens-toi !
Le gouffre a toujours soif ; la clepsydre se vide.

« Tantôt sonnera l'heure où le divin Hasard,
Où l'auguste Vertu, ton épouse encor vierge,
Où le Repentir même (oh ! la dernière auberge !),
Où tout te dira : Meurs, vieux lâche ! il est trop tard ! »

TABLEAUX PARISIENS[1]

LXXXVI
PAYSAGE

Je veux, pour composer chastement mes églogues,
Coucher auprès du ciel, comme les astrologues,
Et, voisin des clochers, écouter en rêvant
Leurs hymnes solennels emportés par le vent.
Les deux mains au menton, du haut de ma mansarde,
Je verrai l'atelier qui chante et qui bavarde ;
Les tuyaux, les clochers, ces mâts de la cité,
Et les grands ciels qui font rêver d'éternité.

Il est doux, à travers les brumes, de voir naître
L'étoile dans l'azur, la lampe à la fenêtre,
Les fleuves de charbon monter au firmament
Et la lune verser son pâle enchantement.
Je verrai les printemps, les étés, les automnes ;
Et quand viendra l'hiver aux neiges monotones,
Je fermerai partout portières et volets
Pour bâtir dans la nuit mes féeriques palais.
Alors je rêverai des horizons bleuâtres,
Des jardins, des jets d'eau pleurant dans les albâtres,
Des baisers, des oiseaux chantant soir et matin,
Et tout ce que l'Idylle a de plus enfantin.
L'Émeute, tempêtant vainement à ma vitre,
Ne fera pas lever mon front de mon pupitre ;
Car je serai plongé dans cette volupté
D'évoquer le Printemps avec ma volonté,
De tirer un soleil de mon cœur, et de faire
De mes pensers brûlants une tiède atmosphère.

LXXXVII
LE SOLEIL

Le long du vieux faubourg, où pendent aux masures
Les persiennes, abri des secrètes luxures,

Quand le soleil cruel frappe à traits redoublés
Sur la ville et les champs, sur les toits et les blés,
Je vais m'exercer seul à ma fantasque escrime,
Flairant dans tous les coins les hasards de la rime,
Trébuchant sur les mots comme sur les pavés,
Heurtant parfois des vers depuis longtemps rêvés.

Ce père nourricier, ennemi des chloroses,
Eveille dans les champs les vers comme les roses;
Il fait s'évaporer les soucis vers le ciel,
Et remplit les cerveaux et les ruches de miel.
C'est lui qui rajeunit les porteurs de béquilles
Et les rend gais et doux comme des jeunes filles,
Et commande aux moissons de croitre et de mûrir
Dans le cœur immortel qui toujours veut fleurir !

Quand, ainsi qu'un poète, il descend dans les villes,
Il ennoblit le sort des choses les plus viles,
Et s'introduit en roi, sans bruit et sans valets,
Dans tous les hôpitaux et dans tous les palais.

LXXXVIII
À UNE MENDIANTE ROUSSE

Blanche fille aux cheveux roux,
Dont la robe par ses trous
Laisse voir la pauvreté
 Et la beauté,

Pour moi, poète chétif,
Ton jeune corps maladif,
Plein de taches de rousseur,
 A sa douceur.

Tu portes plus galamment
Qu'une reine de roman
Ses cothurnes de velours
 Tes sabots lourds.

Au lieu d'un haillon trop court,
Qu'un superbe habit de cour
Traîne à plis bruyants et longs
 Sur tes talons;

En place de bas troués,
Que pour les yeux des roués
Sur ta jambe un poignard d'or
 Reluise encor;

Que des nœuds mal attachés
Dévoilent pour nos péchés
Tes deux beaux seins, radieux
 Comme des yeux ;

Que pour te déshabiller
Tes bras se fassent prier
Et chassent à coups mutins
 Les doigts lutins,

Perles de la plus belle eau,
Sonnets de maitre Belleau
Par tes galants mis aux fers
 Sans cesse offerts,

Valetaille de rimeurs
Te dédiant leurs primeurs
Et contemplant ton soulier
 Sous l'escalier,

Maint page épris du hasard,
Maint seigneur et maint Ronsard
Épieraient pour le déduit
 Ton frais réduit !

Tu compterais dans tes lits
Plus de baisers que de lis
Et rangerais sous tes lois
 Plus d'un Valois !

— Cependant tu vas gueusant
Quelque vieux débris gisant
Au seuil de quelque Véfour
 De carrefour ;

Tu vas lorgnant en dessous
Des bijoux de vingt-neuf sous
Dont je ne puis, oh ! pardon !
 Te faire don.

Va donc, sans autre ornement,
Parfum, perles, diamant,
Que ta maigre nudité,
 Ô ma beauté !

LXXXIX
LE CYGNE[1]

À Victor Hugo.

I

Andromaque, je pense à vous ! Ce petit fleuve,
Pauvre et triste miroir où jadis resplendit
L'immense majesté de vos douleurs de veuve,
Ce Simoïs menteur qui par vos pleurs grandit,

A fécondé soudain ma mémoire fertile,
Comme je traversais le nouveau Carrousel.
Le vieux Paris n'est plus (la forme d'une ville
Change plus vite, hélas ! que le cœur d'un mortel) ;

Je ne vois qu'en esprit tout ce camp de baraques,
Ces tas de chapiteaux ébauchés et de fûts,
Les herbes, les gros blocs verdis par l'eau des flaques,
Et, brillant aux carreaux, le bric-à-brac confus.

Là s'étalait jadis une ménagerie ;
Là je vis, un matin, à l'heure où sous les cieux
Froids et clairs le Travail s'éveille, où la voirie
Pousse un sombre ouragan dans l'air silencieux,

Un cygne qui s'était évadé de sa cage,
Et, de ses pieds palmés frottant le pavé sec,
Sur le sol raboteux traînait son blanc plumage.
Près d'un ruisseau sans eau la bête ouvrant le bec

Baignait nerveusement ses ailes dans la poudre,
Et disait, le cœur plein de son beau lac natal :
« Eau, quand donc pleuvras-tu ? quand tonneras-tu, foudre ? »
Je vois ce malheureux, mythe étrange et fatal,

Vers le ciel quelquefois, comme l'homme d'Ovide[2],
Vers le ciel ironique et cruellement bleu,
Sur son cou convulsif tendant sa tête avide,
Comme s'il adressait des reproches à Dieu !

II

Paris change ! mais rien dans ma mélancolie
N'a bougé ! palais neufs, échafaudages, blocs,
Vieux faubourgs, tout pour moi devient allégorie,
Et mes chers souvenirs sont plus lourds que des rocs.

Aussi devant ce Louvre une image m'oppresse :
Je pense à mon grand cygne, avec ses gestes fous,

Comme les exilés, ridicule et sublime,
Et rongé d'un désir sans trêve ! et puis à vous,

Andromaque, des bras d'un grand époux tombée,
Vil bétail, sous la main du superbe Pyrrhus,
Auprès d'un tombeau vide en extase courbée ;
Veuve d'Hector, hélas ! et femme d'Hélénus !

Je pense à la négresse, amaigrie et phtisique,
Piétinant dans la boue, et cherchant, l'œil hagard,
Les cocotiers absents de la superbe Afrique
Derrière la muraille immense du brouillard ;

À quiconque a perdu ce qui ne se retrouve
Jamais, jamais ! à ceux qui s'abreuvent de pleurs
Et tètent la Douleur comme une bonne louve !
Aux maigres orphelins séchant comme des fleurs !

Ainsi dans la forêt où mon esprit s'exile
Un vieux Souvenir sonne à plein souffle du cor !
Je pense aux matelots oubliés dans une ile,
Aux captifs, aux vaincus !... à bien d'autres encor !

XC

LES SEPT VIEILLARDS[1]

A Victor Hugo.

Fourmillante cité, cité pleine de rêves,
Où le spectre en plein jour raccroche le passant !
Les mystères partout coulent comme des sèves
Dans les canaux étroits du colosse puissant.

Un matin, cependant que dans la triste rue
Les maisons, dont la brume allongeait la hauteur,
Simulaient les deux quais d'une rivière accrue,
Et que, décor semblable à l'âme de l'acteur,

Un brouillard sale et jaune inondait tout l'espace,
Je suivais, roidissant mes nerfs comme un héros
Et discutant avec mon âme déjà lasse,
Le faubourg secoué par les lourds tombereaux.

Tout à coup, un vieillard dont les guenilles jaunes
Imitaient la couleur de ce ciel pluvieux,
Et dont l'aspect aurait fait pleuvoir les aumônes,
Sans la méchanceté qui luisait dans ses yeux,

M'apparut. On eût dit sa prunelle trempée
Dans le fiel ; son regard aiguisait les frimas,

Et sa barbe à longs poils, roide comme une épée,
Se projetait, pareille à celle de Judas.

Il n'était pas voûté, mais cassé, son échine
Faisant avec sa jambe un parfait angle droit,
Si bien que son bâton, parachevant sa mine,
Lui donnait la tournure et le pas maladroit

D'un quadrupède infirme ou d'un juif à trois pattes.
Dans la neige et la boue il allait s'empêtrant,
Comme s'il écrasait des morts sous ses savates,
Hostile à l'univers plutôt qu'indifférent.

Son pareil le suivait : barbe, œil, dos, bâton, loques,
Nul trait ne distinguait, du même enfer venu,
Ce jumeau centenaire, et ces spectres baroques
Marchaient du même pas vers un but inconnu.

À quel complot infâme étais-je donc en butte,
Ou quel méchant hasard ainsi m'humiliait ?
Car je comptai sept fois, de minute en minute,
Ce sinistre vieillard qui se multipliait !

Que celui-là qui rit de mon inquiétude,
Et qui n'est pas saisi d'un frisson fraternel,
Songe bien que malgré tant de décrépitude
Ces sept monstres hideux avaient l'air éternel !

Aurais-je, sans mourir, contemplé le huitième,
Sosie inexorable, ironique et fatal,
Dégoûtant Phénix, fils et père de lui-même ?
— Mais je tournai le dos au cortège infernal.

Exaspéré comme un ivrogne qui voit double,
Je rentrai, je fermai ma porte, épouvanté,
Malade et morfondu, l'esprit fiévreux et trouble,
Blessé par le mystère et par l'absurdité !

Vainement ma raison voulait prendre la barre ;
La tempête en jouant déroutait ses efforts,
Et mon âme dansait, dansait, vieille gabarre[2]
Sans mâts, sur une mer monstrueuse et sans bords !

XCI
LES PETITES VIEILLES[1]

À Victor Hugo.

I

Dans les plis sinueux des vieilles capitales,
Où tout, même l'horreur, tourne aux enchantements,
Je guette, obéissant à mes humeurs fatales,
Des êtres singuliers, décrépits et charmants.

Ces monstres disloqués furent jadis des femmes,
Éponine ou Laïs[2] ! Monstres brisés, bossus
Ou tordus, aimons-les ! ce sont encor des âmes.
Sous des jupons troués et sous de froids tissus

Ils rampent, flagellés par les bises iniques,
Frémissant au fracas roulant des omnibus,
Et serrant sur leur flanc, ainsi que des reliques,
Un petit sac brodé de fleurs ou de rébus ;

Ils trottent, tout pareils à des marionnettes ;
Se traînent, comme font les animaux blessés,
Ou dansent, sans vouloir danser, pauvres sonnettes
Où se pend un Démon sans pitié ! Tout cassés

Qu'ils sont, ils ont des yeux perçants comme une vrille,
Luisants comme ces trous où l'eau dort dans la nuit ;
Ils ont les yeux divins de la petite fille
Qui s'étonne et qui rit à tout ce qui reluit.

— Avez-vous observé que maints cercueils de vieilles
Sont presque aussi petits que celui d'un enfant ?
La Mort savante met dans ces bières pareilles
Un symbole d'un goût bizarre et captivant,

Et lorsque j'entrevois un fantôme débile
Traversant de Paris le fourmillant tableau,
Il me semble toujours que cet être fragile
S'en va tout doucement vers un nouveau berceau ;

À moins que, méditant sur la géométrie,
Je ne cherche, à l'aspect de ces membres discords,
Combien de fois il faut que l'ouvrier varie
La forme de la boîte où l'on met tous ces corps.

— Ces yeux sont des puits faits d'un million de larmes,
Des creusets qu'un métal refroidi pailleta...
Ces yeux mystérieux ont d'invincibles charmes
Pour celui que l'austère Infortune allaita !

II

De Frascati[3] défunt Vestale enamourée ;
Prêtresse de Thalie, hélas ! dont le souffleur
Enterré sait le nom ; célèbre évaporée
Que Tivoli[4] jadis ombragea dans sa fleur,

Toutes m'enivrent ! mais parmi ces êtres frêles
Il en est qui, faisant de la douleur un miel,
Ont dit au Dévouement qui leur prêtait ses ailes :
Hippogriffe puissant, mène-moi jusqu'au ciel !

L'une, par sa patrie au malheur exercée,
L'autre, que son époux surchargea de douleurs,
L'autre, par son enfant Madone transpercée,
Toutes auraient pu faire un fleuve avec leurs pleurs !

III

Ah ! que j'en ai suivi de ces petites vieilles !
Une, entre autres, à l'heure où le soleil tombant
Ensanglante le ciel de blessures vermeilles,
Pensive, s'asseyait à l'écart sur un banc,

Pour entendre un de ces concerts, riches de cuivre,
Dont les soldats parfois inondent nos jardins,
Et qui, dans ces soirs d'or où l'on se sent revivre,
Versent quelque héroïsme au cœur des citadins.

Celle-là, droite encor, fière et sentant la règle,
Humait avidement ce chant vif et guerrier ;
Son œil parfois s'ouvrait comme l'œil d'un vieil aigle ;
Son front de marbre avait l'air fait pour le laurier !

IV

Telles vous cheminez, stoïques et sans plaintes,
A travers le chaos des vivantes cités,
Mères au cœur saignant, courtisanes ou saintes,
Dont autrefois les noms par tous étaient cités.

Vous qui fûtes la grâce ou qui fûtes la gloire,
Nul ne vous reconnaît ! un ivrogne incivil
Vous insulte en passant d'un amour dérisoire ;
Sur vos talons gambade un enfant lâche et vil.

Honteuses d'exister, ombres ratatinées,
Peureuses, le dos bas, vous côtoyez les murs ;
Et nul ne vous salue, étranges destinées !
Débris d'humanité pour l'éternité mûrs !

Mais moi, moi qui de loin tendrement vous surveille,
L'œil inquiet, fixé sur vos pas incertains,
Tout comme si j'étais votre père, ô merveille !
Je goûte à votre insu des plaisirs clandestins :

Je vois s'épanouir vos passions novices ;
Sombres ou lumineux, je vis vos jours perdus ;
Mon cœur multiplié jouit de tous vos vices !
Mon âme resplendit de toutes vos vertus !

Ruines ! ma famille ! ô cerveaux congénères !
Je vous fais chaque soir un solennel adieu !
Où serez-vous demain, Èves octogénaires,
Sur qui pèse la griffe effroyable de Dieu ?

XCII

LES AVEUGLES

Contemple-les, mon âme ; ils sont vraiment affreux !
Pareils aux mannequins ; vaguement ridicules ;
Terribles, singuliers comme les somnambules ;
Dardant on ne sait où leurs globes ténébreux.

Leurs yeux, d'où la divine étincelle est partie,
Comme s'ils regardaient au loin, restent levés
Au ciel ; on ne les voit jamais sur les pavés
Pencher rêveusement leur tête appesantie.

Ils traversent ainsi le noir illimité,
Ce frère du silence éternel. Ô cité !
Pendant qu'autour de nous tu chantes, ris et beugles,

Éprise du plaisir jusqu'à l'atrocité,
Vois ! je me traine aussi ! mais, plus qu'eux hébété,
Je dis : Que cherchent-ils au Ciel, tous ces aveugles ?

XCIII

À UNE PASSANTE

La rue assourdissante autour de moi hurlait.
Longue, mince, en grand deuil, douleur majestueuse,
Une femme passa, d'une main fastueuse
Soulevant, balançant le feston et l'ourlet ;

Agile et noble, avec sa jambe de statue.
Moi, je buvais, crispé comme un extravagant,
Dans son œil, ciel livide où germe l'ouragan,
La douceur qui fascine et le plaisir qui tue.

Un éclair... puis la nuit ! — Fugitive beauté
Dont le regard m'a fait soudainement renaître,
Ne te verrai-je plus que dans l'éternité ?

Ailleurs, bien loin d'ici ! trop tard ! *jamais* peut-être !
Çar j'ignore où tu fuis, tu ne sais où je vais,
Ô toi que j'eusse aimée, ô toi qui le savais !

XCIV

LE SQUELETTE LABOUREUR

I

Dans les planches d'anatomie
Qui traînent sur ces quais poudreux
Où maint livre cadavéreux
Dort comme une antique momie,

Dessins auxquels la gravité
Et le savoir d'un vieil artiste,
Bien que le sujet en soit triste,
Ont communiqué la Beauté,

On voit, ce qui rend plus complètes
Ces mystérieuses horreurs,
Bêchant comme des laboureurs,
Des Écorchés et des Squelettes.

II

De ce terrain que vous fouillez,
Manants résignés et funèbres,
De tout l'effort de vos vertèbres,
Ou de vos muscles dépouillés,

Dites, quelle moisson étrange,
Forçats arrachés au charnier,
Tirez-vous, et de quel fermier
Avez-vous à remplir la grange ?

Voulez-vous (d'un destin trop dur
Épouvantable et clair emblème !)
Montrer que dans la fosse même
Le sommeil promis n'est pas sûr ;

Qu'envers nous le Néant est traître ;
Que tout, même la Mort, nous ment,
Et que sempiternellement,
Hélas ! il nous faudra peut-être

Dans quelque pays inconnu
Écorcher la terre revêche
Et pousser une lourde bêche
Sous notre pied sanglant et nu ?

XCV

LE CRÉPUSCULE DU SOIR[1]

Voici le soir charmant, ami du criminel ;
Il vient comme un complice, à pas de loup ; le ciel
Se ferme lentement comme une grande alcôve,
Et l'homme impatient se change en bête fauve.

Ô soir, aimable soir, désiré par celui
Dont les bras, sans mentir, peuvent dire : Aujourd'hui
Nous avons travaillé ! — C'est le soir qui soulage
Les esprits que dévore une douleur sauvage,
Le savant obstiné dont le front s'alourdit,
Et l'ouvrier courbé qui regagne son lit.
Cependant des démons malsains dans l'atmosphère
S'éveillent lourdement, comme des gens d'affaire,
Et cognent en volant les volets et l'auvent.
A travers les lueurs que tourmente le vent
La Prostitution s'allume dans les rues ;
Comme une fourmilière elle ouvre ses issues ;
Partout elle se fraye un occulte chemin,
Ainsi que l'ennemi qui tente un coup de main ;
Elle remue au sein de la cité de fange
Comme un ver qui dérobe à l'Homme ce qu'il mange.
On entend çà et là les cuisines siffler,
Les théâtres glapir, les orchestres ronfler,
Les tables d'hôte, dont le jeu fait les délices,
S'emplissent de catins et d'escrocs, leurs complices,
Et les voleurs, qui n'ont ni trêve ni merci,
Vont bientôt commencer leur travail, eux aussi,
Et forcer doucement les portes et les caisses
Pour vivre quelques jours et vêtir leurs maîtresses.

Recueille-toi, mon âme, en ce grave moment,
Et ferme ton oreille à ce rugissement.
C'est l'heure où les douleurs des malades s'aigrissent !
La sombre Nuit les prend à la gorge ; ils finissent
Leur destinée et vont vers le gouffre commun ;
L'hôpital se remplit de leurs soupirs. — Plus d'un
Ne viendra plus chercher la soupe parfumée,
Au coin du feu, le soir, auprès d'une âme aimée.

Encore la plupart n'ont-ils jamais connu
La douceur du foyer et n'ont jamais vécu !

XCVI
LE JEU

Dans des fauteuils fanés des courtisanes vieilles,
Pâles, le sourcil peint, l'œil câlin et fatal,
Minaudant, et faisant de leurs maigres oreilles
Tomber un cliquetis de pierre et de métal ;

Autour des verts tapis des visages sans lèvre,
Des lèvres sans couleur, des mâchoires sans dent,
Et des doigts convulsés d'une infernale fièvre,
Fouillant la poche vide ou le sein palpitant ;

Sous de sales plafonds un rang de pâles lustres
Et d'énormes quinquets projetant leurs lueurs
Sur des fronts ténébreux de poètes illustres
Qui viennent gaspiller leurs sanglantes sueurs ;

Voilà le noir tableau qu'en un rêve nocturne
Je vis se dérouler sous mon œil clairvoyant.
Moi-même, dans un coin de l'antre taciturne,
Je me vis accoudé, froid, muet, enviant,

Enviant de ces gens la passion tenace,
De ces vieilles putains la funèbre gaieté,
Et tous gaillardement trafiquant à ma face,
L'un de son vieil honneur, l'autre de sa beauté !

Et mon cœur s'effraya d'envier maint pauvre homme
Courant avec ferveur à l'abîme béant,
Et qui, soûl de son sang, préférerait en somme
La douleur à la mort et l'enfer au néant !

XCVII
DANSE MACABRE [1]

4 Ernest Christophe.

Fière, autant qu'un vivant, de sa noble stature,
Avec son gros bouquet, son mouchoir et ses gants,
Elle a la nonchalance et la désinvolture
D'une coquette maigre aux airs extravagants.

Vit-on jamais au bal une taille plus mince ?
Sa robe exagérée, en sa royale ampleur,
S'écroule abondamment sur un pied sec que pince
Un soulier pomponné, joli comme une fleur.

La ruche qui se joue au bord des clavicules,
Comme un ruisseau lascif qui se frotte au rocher,
Défend pudiquement des lazzi ridicules
Les funèbres appas qu'elle tient à cacher.

Ses yeux profonds sont faits de vide et de ténèbres,
Et son crâne, de fleurs artistement coiffé,
Oscille mollement sur ses frêles vertèbres.
Ô charme d'un néant follement attifé !

Aucuns t'appelleront une caricature,
Qui ne comprennent pas, amants ivres de chair,
L'élégance sans nom de l'humaine armature.
Tu réponds, grand squelette, à mon goût le plus cher !

Viens-tu troubler, avec ta puissante grimace,
La fête de la Vie ? ou quelque vieux désir,
Éperonnant encor ta vivante carcasse,
Te pousse-t-il, crédule, au sabbat du Plaisir ?

Au chant des violons, aux flammes des bougies,
Espères-tu chasser ton cauchemar moqueur,
Et viens-tu demander au torrent des orgies
De rafraichir l'enfer allumé dans ton cœur ?

Inépuisable puits de sottise et de fautes !
De l'antique douleur éternel alambic !
À travers le treillis recourbé de tes côtes
Je vois, errant encor, l'insatiable aspic.

Pour dire vrai, je crains que ta coquetterie
Ne trouve pas un prix digne de ses efforts ;
Qui, de ces cœurs mortels, entend la raillerie ?
Les charmes de l'horreur n'enivrent que les forts !

Le gouffre de tes yeux, plein d'horribles pensées,
Exhale le vertige, et les danseurs prudents
Ne contempleront pas sans d'amères nausées
Le sourire éternel de tes trente-deux dents.

Pourtant, qui n'a serré dans ses bras un squelette,
Et qui ne s'est nourri des choses du tombeau ?
Qu'importe le parfum, l'habit ou la toilette ?
Qui fait le dégoûté montre qu'il se croit beau.

Bayadère sans nez, irrésistible gouge,
Dis donc à ces danseurs qui font les offusqués :
« Fiers mignons, malgré l'art des poudres et du rouge
Vous sentez tous la mort ! Ô squelettes musqués,

« Antinoüs flétris, dandys à face glabre,
Cadavres vernissés, lovelaces chenus,
Le branle universel de la danse macabre
Vous entraîne en des lieux qui ne sont pas connus !

« Des quais froids de la Seine aux bords brûlants du Gange,
Le troupeau mortel saute et se pâme, sans voir
Dans un trou du plafond la trompette de l'Ange
Sinistrement béante ainsi qu'un tromblon noir.

« En tout climat, sous tout soleil, la Mort t'admire
En tes contorsions, risible Humanité,
Et souvent, comme toi, se parfumant de myrrhe,
Mêle son ironie à ton insanité ! »

<div align="center">

XCVIII

L'AMOUR DU MENSONGE

</div>

Quand je te vois passer, ô ma chère indolente,
Au chant des instruments qui se brise au plafond
Suspendant ton allure harmonieuse et lente,
Et promenant l'ennui de ton regard profond ;

Quand je contemple, aux feux du gaz qui le colore,
Ton front pâle, embelli par un morbide attrait,
Où les torches du soir allument une aurore,
Et tes yeux attirants comme ceux d'un portrait,

Je me dis : Qu'elle est belle ! et bizarrement fraîche !
Le souvenir massif, royale et lourde tour,
La couronne, et son cœur, meurtri comme une pêche,
Est mûr, comme son corps, pour le savant amour.

Es-tu le fruit d'automne aux saveurs souveraines ?
Es-tu vase funèbre attendant quelques pleurs,
Parfum qui fait rêver aux oasis lointaines,
Oreiller caressant, ou corbeille de fleurs ?

Je sais qu'il est des yeux, des plus mélancoliques,
Qui ne recèlent point de secrets précieux ;
Beaux écrins sans joyaux, médaillons sans reliques,
Plus vides, plus profonds que vous-mêmes, ô Cieux !

Mais ne suffit-il pas que tu sois l'apparence
Pour réjouir un cœur qui fuit la vérité ?
Qu'importe ta bêtise ou ton indifférence ?
Masque ou décor, salut ! J'adore ta beauté.

XCIX[1]

Je n'ai pas oublié, voisine de la ville,
Notre blanche maison, petite mais tranquille ;
Sa Pomone de plâtre et sa vieille Vénus
Dans un bosquet chétif cachant leurs membres nus,
Et le soleil, le soir, ruisselant et superbe,
Qui, derrière la vitre où se brisait sa gerbe,
Semblait, grand œil ouvert dans le ciel curieux,
Contempler nos dîners longs et silencieux,
Répandant largement ses beaux reflets de cierge
Sur la nappe frugale et les rideaux de serge.

C

La servante au grand cœur dont vous étiez jalouse,
Et qui dort son sommeil sous une humble pelouse,
Nous devrions pourtant lui porter quelques fleurs.
Les morts, les pauvres morts, ont de grandes douleurs,
Et quand Octobre souffle, émondeur des vieux arbres,
Son vent mélancolique à l'entour de leurs marbres,
Certe, ils doivent trouver les vivants bien ingrats,
À dormir, comme ils font, chaudement dans leurs draps,
Tandis que, dévorés de noires songeries,
Sans compagnon de lit, sans bonnes causeries,
Vieux squelettes gelés travaillés par le ver,
Ils sentent s'égoutter les neiges de l'hiver
Et le siècle couler, sans qu'amis ni famille
Remplacent les lambeaux qui pendent à leur grille.

Lorsque la bûche siffle et chante, si le soir,
Calme, dans le fauteuil je la voyais s'asseoir,
Si, par une nuit bleue et froide de décembre,
Je la trouvais tapie en un coin de ma chambre,
Grave, et venant du fond de son lit éternel
Couver l'enfant grandi de son œil maternel,
Que pourrais-je répondre à cette âme pieuse,
Voyant tomber des pleurs de sa paupière creuse ?

CI

BRUMES ET PLUIES

Ô fins d'automne, hivers, printemps trempés de boue
Endormeuses saisons ! je vous aime et vous loue
D'envelopper ainsi mon cœur et mon cerveau
D'un linceul vaporeux et d'un vague tombeau.

Dans cette grande plaine où l'autan froid se joue,
Où par les longues nuits la girouette s'enroue,
Mon âme mieux qu'au temps du tiède renouveau
Ouvrira largement ses ailes de corbeau.

Rien n'est plus doux au cœur plein de choses funèbres,
Et sur qui dès longtemps descendent les frimas,
Ô blafardes saisons, reines de nos climats,

Que l'aspect permanent de vos pâles ténèbres,
— Si ce n'est, par un soir sans lune, deux à deux,
D'endormir la douleur sur un lit hasardeux.

CII

RÊVE PARISIEN

À Constantin Guys.

I

De ce terrible paysage,
Tel que jamais mortel n'en vit,
Ce matin encore l'image,
Vague et lointaine, me ravit.

Le sommeil est plein de miracles !
Par un caprice singulier,
J'avais banni de ces spectacles
Le végétal irrégulier,

Et, peintre fier de mon génie,
Je savourais dans mon tableau
L'enivrante monotonie
Du métal, du marbre et de l'eau.

Babel d'escaliers et d'arcades,
C'était un palais infini,
Plein de bassins et de cascades
Tombant dans l'or mat ou bruni;

Et des cataractes pesantes,
Comme des rideaux de cristal,
Se suspendaient, éblouissantes,
À des murailles de métal.

Non d'arbres, mais de colonnades
Les étangs dormants s'entouraient,
Où de gigantesque naïades,
Comme des femmes, se miraient.

Des nappes d'eau s'épanchaient, bleues,
Entre des quais roses et verts,
Pendant des millions de lieues,
Vers les confins de l'univers ;

C'étaient des pierres inouïes,
Et des flots magiques ; c'étaient
D'immenses glaces éblouies
Par tout ce qu'elles reflétaient !

Insouciants et taciturnes,
Des Ganges, dans le firmament,
Versaient le trésor de leurs urnes
Dans des gouffres de diamant.

Architecte de mes féeries,
Je faisais, à ma volonté,
Sous un tunnel de pierreries
Passer un océan dompté ;

Et tout, même la couleur noire,
Semblait fourbi, clair, irisé ;
Le liquide enchâssait sa gloire
Dans le rayon cristallisé.

Nul astre d'ailleurs, nuls vestiges
De soleil, même au bas du ciel,
Pour illuminer ces prodiges,
Qui brillaient d'un feu personnel !

Et sur ces mouvantes merveilles
Planait (terrible nouveauté !
Tout pour l'œil, rien pour les oreilles !)
Un silence d'éternité.

II

En rouvrant mes yeux pleins de flamme
J'ai vu l'horreur de mon taudis,
Et senti, rentrant dans mon âme,
La pointe des soucis maudits ;

La pendule aux accents funèbres
Sonnait brutalement midi,
Et le ciel versait des ténèbres
Sur le triste monde engourdi.

CIII

LE CRÉPUSCULE DU MATIN

La diane chantait dans les cours des casernes,
Et le vent du matin soufflait sur les lanternes.

C'était l'heure où l'essaim des rêves malfaisants
Tord sur leurs oreillers les bruns adolescents ;
Où, comme un œil sanglant qui palpite et qui bouge,
La lampe sur le jour fait une tache rouge ;
Où l'âme, sous le poids du corps revêche et lourd,
Imite les combats de la lampe et du jour.
Comme un visage en pleurs que les brises essuient,
L'air est plein du frisson des choses qui s'enfuient,
Et l'homme est las d'écrire et la femme d'aimer.

Les maisons çà et là commençaient à fumer.
Les femmes de plaisir, la paupière livide,
Bouche ouverte, dormaient de leur sommeil stupide ;
Les pauvresses, trainant leurs seins maigres et froids,
Soufflaient sur leurs tisons et soufflaient sur leurs doigts.
C'était l'heure où parmi le froid et la lésine
S'aggravent les douleurs des femmes en gésine ;
Comme un sanglot coupé par un sang écumeux
Le chant du coq au loin déchirait l'air brumeux ;
Une mer de brouillards baignait les édifices,
Et les agonisants dans le fond des hospices
Poussaient leur dernier râle en hoquets inégaux.
Les débauchés rentraient, brisés par leurs travaux.

L'aurore grelottante en robe rose et verte
S'avançait lentement sur la Seine déserte,
Et le sombre Paris, en se frottant les yeux,
Empoignait ses outils, vieillard laborieux.

LE VIN

CIV

L'ÂME DU VIN

Un soir, l'âme du vin chantait dans les bouteilles :
« Homme, vers toi je pousse, ô cher déshérité,
Sous ma prison de verre et mes cires vermeilles,
Un chant plein de lumière et de fraternité !

« Je sais combien il faut, sur la colline en flamme,
De peine, de sueur et de soleil cuisant
Pour engendrer ma vie et pour me donner l'âme ;
Mais je ne serai point ingrat ni malfaisant,

« Car j'éprouve une joie immense quand je tombe
Dans le gosier d'un homme usé par ses travaux,
Et sa chaude poitrine est une douce tombe
Où je me plais bien mieux que dans mes froids caveaux.

« Entends-tu retentir les refrains des dimanches
Et l'espoir qui gazouille en mon sein palpitant ?
Les coudes sur la table et retroussant tes manches,
Tu me glorifieras et tu seras content ;

« J'allumerai les yeux de ta femme ravie ;
À ton fils je rendrai sa force et ses couleurs
Et serai pour ce frêle athlète de la vie
L'huile qui raffermit les muscles des lutteurs.

« En toi je tomberai, végétale ambroisie,
Grain précieux jeté par l'éternel Semeur,
Pour que de notre amour naisse la poésie
Qui jaillira vers Dieu comme une rare fleur ! »

CV

LE VIN DES CHIFFONNIERS[1]

Souvent, à la clarté rouge d'un réverbère
Dont le vent bat la flamme et tourmente le verre,

Au cœur d'un vieux faubourg, labyrinthe fangeux
Où l'humanité grouille en ferments orageux,

On voit un chiffonnier qui vient, hochant la tête,
Butant, et se cognant aux murs comme un poète,
Et, sans prendre souci des mouchards, ses sujets,
Épanche tout son cœur en glorieux projets.

Il prête des serments, dicte des lois sublimes,
Terrasse les méchants, relève les victimes,
Et sous le firmament comme un dais suspendu
S'enivre des splendeurs de sa propre vertu.

Oui, ces gens harcelés de chagrins de ménage,
Moulus par le travail et tourmentés par l'âge,
Éreintés et pliant sous un tas de débris,
Vomissement confus de l'énorme Paris,

Reviennent, parfumés d'une odeur de futailles,
Suivis de compagnons, blanchis dans les batailles,
Dont la moustache pend comme les vieux drapeaux.
Les bannières, les fleurs et les arcs triomphaux

Se dressent devant eux, solennelle magie !
Et dans l'étourdissante et lumineuse orgie
Des clairons, du soleil, des cris et du tambour,
Ils apportent la gloire au peuple ivre d'amour !

C'est ainsi qu'à travers l'Humanité frivole
Le vin roule de l'or, éblouissant Pactole ;
Par le gosier de l'homme il chante ses exploits
Et règne par ses dons ainsi que les vrais rois.

Pour noyer la rancœur et bercer l'indolence
De tous ces vieux maudits qui meurent en silence,
Dieu, touché de remords, avait fait le sommeil ;
L'Homme ajouta le Vin, fils sacré du Soleil !

CVI

LE VIN DE L'ASSASSIN [1]

Ma femme est morte, je suis libre !
Je puis donc boire tout mon soûl.
Lorsque je rentrais sans un sou,
Ses cris me déchiraient la fibre.

Autant qu'un roi je suis heureux ;
L'air est pur, le ciel admirable...
Nous avions un été semblable
Lorsque j'en devins amoureux !

L'horrible soif qui me déchire
Aurait besoin pour s'assouvir
D'autant de vin qu'en peut tenir
Son tombeau ; — ce n'est pas peu dire :

Je l'ai jetée au fond d'un puits,
Et j'ai même poussé sur elle
Tous les pavés de la margelle.
— Je l'oublierai si je le puis !

Au nom des serments de tendresse,
Dont rien ne peut nous délier,
Et pour nous réconcilier
Comme au beau temps de notre ivresse,

J'implorai d'elle un rendez-vous,
Le soir, sur une route obscure.
Elle y vint ! — folle créature !
Nous sommes tous plus ou moins fous !

Elle était encore jolie,
Quoique bien fatiguée ! et moi,
Je l'aimais trop ! voilà pourquoi
Je lui dis : Sors de cette vie !

Nul ne peut me comprendre. Un seul
Parmi ces ivrognes stupides
Songea-t-il dans ses nuits morbides
A faire du vin un linceul ?

Cette crapule invulnérable
Comme les machines de fer
Jamais, ni l'été ni l'hiver,
N'a connu l'amour véritable,

Avec ses noirs enchantements,
Son cortège infernal d'alarmes,
Ses fioles de poison, ses larmes,
Ses bruits de chaine et d'ossements !

— Me voilà libre et solitaire !
Je serai ce soir ivre mort ;
Alors, sans peur et sans remords,
Je me coucherai sur la terre,

Et je dormirai comme un chien !
Le chariot aux lourdes roues
Chargé de pierres et de boues,
Le wagon enragé peut bien

Écraser ma tête coupable
Ou me couper par le milieu,
Je m'en moque comme de Dieu,
Du Diable ou de la Sainte Table !

CVII

LE VIN DU SOLITAIRE

Le regard singulier d'une femme galante
Qui se glisse vers nous comme le rayon blanc
Que la lune onduleuse envoie au lac tremblant,
Quand elle y veut baigner sa beauté nonchalante ;

Le dernier sac d'écus dans les doigts d'un joueur ;
Un baiser libertin de la maigre Adeline ;
Les sons d'une musique énervante et câline,
Semblable au cri lointain de l'humaine douleur,

Tout cela ne vaut pas, ô bouteille profonde,
Les baumes pénétrants que ta panse féconde
Garde au cœur altéré du poète pieux ;

Tu lui verses l'espoir, la jeunesse et la vie,
— Et l'orgueil, ce trésor de toute gueuserie,
Qui nous rend triomphants et semblables aux Dieux !

CVIII

LE VIN DES AMANTS

Aujourd'hui l'espace est splendide !
Sans mors, sans éperons, sans bride,
Partons à cheval sur le vin
Pour un ciel féerique et divin !

Comme deux anges que torture
Une implacable calenture[1],
Dans le bleu cristal du matin
Suivons le mirage lointain !

Mollement balancés sur l'aile
Du tourbillon intelligent,
Dans un délire parallèle,

Ma sœur, côte à côte nageant,
Nous fuirons sans repos ni trèves
Vers le paradis de mes rêves !

FLEURS DU MAL

CIX
LA DESTRUCTION

Sans cesse à mes côtés s'agite le Démon;
Il nage autour de moi comme un air impalpable;
Je l'avale et le sens qui brûle mon poumon
Et l'emplit d'un désir éternel et coupable.

Parfois il prend, sachant mon grand amour de l'Art,
La forme de la plus séduisante des femmes,
Et, sous de spécieux prétextes de cafard,
Accoutume ma lèvre à des philtres infâmes.

Il me conduit ainsi, loin du regard de Dieu,
Haletant et brisé de fatigue, au milieu
Des plaines de l'Ennui, profondes et désertes,

Et jette dans mes yeux pleins de confusion
Des vêtements souillés, des blessures ouvertes,
Et l'appareil sanglant de la Destruction !

CX
UNE MARTYRE
DESSIN D'UN MAÎTRE INCONNU

Au milieu des flacons, des étoffes lamées
 Et des meubles voluptueux,
Des marbres, des tableaux, des robes parfumées
 Qui trainent à plis somptueux,

Dans une chambre tiède où, comme en une serre,
 L'air est dangereux et fatal,
Où des bouquets mourants dans leurs cercueils de verre
 Exhalent leur soupir final,

Un cadavre sans tête épanche, comme un fleuve,
 Sur l'oreiller désaltéré
Un sang rouge et vivant, dont la toile s'abreuve
 Avec l'avidité d'un pré.

Semblable aux visions pâles qu'enfante l'ombre
 Et qui nous enchaînent les yeux,
La tête, avec l'amas de sa crinière sombre
 Et de ses bijoux précieux,

Sur la table de nuit, comme une renoncule,
 Repose ; et, vide de pensers,
Un regard vague et blanc comme le crépuscule
 S'échappe des yeux révulsés.

Sur le lit, le tronc nu sans scrupules étale
 Dans le plus complet abandon
La secrète splendeur et la beauté fatale
 Dont la nature lui fit don ;

Un bas rosâtre, orné de coins d'or, à la jambe,
 Comme un souvenir est resté ;
La jarretière, ainsi qu'un œil secret qui flambe,
 Darde un regard diamanté.

Le singulier aspect de cette solitude
 Et d'un grand portrait langoureux,
Aux yeux provocateurs comme son attitude,
 Révèle un amour ténébreux,

Une coupable joie et des fêtes étranges
 Pleines de baisers infernaux,
Dont se réjouissait l'essaim des mauvais anges
 Nageant dans les plis des rideaux ;

Et cependant, à voir la maigreur élégante
 De l'épaule au contour heurté,
La hanche un peu pointue et la taille fringante
 Ainsi qu'un reptile irrité,

Elle est bien jeune encor ! — Son âme exaspérée
 Et ses sens par l'ennui mordus
S'étaient-ils entr'ouverts à la meute altérée
 Des désirs errants et perdus ?

L'homme vindicatif que tu n'as pu, vivante,
 Malgré tant d'amour, assouvir,
Combla-t-il sur ta chair inerte et complaisante
 L'immensité de son désir ?

Réponds, cadavre impur ! et par tes tresses roides
 Te soulevant d'un bras fiévreux,
Dis-moi, tête effrayante, a-t-il sur tes dents froides
 Collé les suprèmes adieux ?

— Loin du monde railleur, loin de la foule impure,
 Loin des magistrats curieux,
Dors en paix, dors en paix, étrange créature,
 Dans ton tombeau mystérieux ;

Ton époux court le monde, et ta forme immortelle
 Veille près de lui quand il dort ;
Autant que toi sans doute il te sera fidèle,
 Et constant jusques à la mort.

CXI

FEMMES DAMNÉES[1]

Comme un bétail pensif sur le sable couchées,
Elles tournent leurs yeux vers l'horizon des mers,
Et leurs pieds se cherchant et leurs mains rapprochées
Ont de douces langueurs et des frissons amers.

Les unes, cœurs épris des longues confidences,
Dans le fond des bosquets où jasent les ruisseaux,
Vont épelant l'amour des craintives enfances
Et creusent le bois vert des jeunes arbrisseaux ;

D'autres, comme des sœurs, marchent lentes et graves
A travers les rochers pleins d'apparitions,
Où saint Antoine a vu surgir comme des laves
Les seins nus et pourprés de ses tentations ;

Il en est, aux lueurs des résines croulantes,
Qui dans le creux muet des vieux antres païens
T'appellent au secours de leurs fièvres hurlantes,
Ô Bacchus, endormeur des remords anciens !

Et d'autres, dont la gorge aime les scapulaires,
Qui, recélant un fouet sous leurs longs vêtements,
Mêlent, dans le bois sombre et les nuits solitaires,
L'écume du plaisir aux larmes des tourments.

Ô vierges, ô démons, ô monstres, ô martyres,
De la réalité grands esprits contempteurs,
Chercheuses d'infini, dévotes et satyres,
Tantôt pleines de cris, tantôt pleines de pleurs,

Vous que dans votre enfer mon âme a poursuivies,
Pauvres sœurs, je vous aime autant que je vous plains,
Pour vos mornes douleurs, vos soifs inassouvies,
Et les urnes d'amour dont vos grands cœurs sont pleins !

CXII

LES DEUX BONNES SŒURS

La Débauche et la Mort sont deux aimables filles,
Prodigues de baisers et riches de santé,
Dont le flanc toujours vierge et drapé de guenilles
Sous l'éternel labeur n'a jamais enfanté.

Au poëte sinistre, ennemi des familles,
Favori de l'enfer, courtisan mal renté,
Tombeaux et lupanars montrent sous leurs charmilles
Un lit que le remords n'a jamais fréquenté.

Et la bière et l'alcôve en blasphèmes fécondes
Nous offrent tour à tour, comme deux bonnes sœurs,
De terribles plaisirs et d'affreuses douceurs.

Quand veux-tu m'enterrer, Débauche aux bras immondes ?
Ô Mort, quand viendras-tu, sa rivale en attraits,
Sur ses myrtes infects enter tes noirs cyprès ?

CXIII

LA FONTAINE DE SANG

Il me semble parfois que mon sang coule à flots,
Ainsi qu'une fontaine aux rythmiques sanglots.
Je l'entends bien qui coule avec un long murmure,
Mais je me tâte en vain pour trouver la blessure.

À travers la cité, comme dans un champ clos,
Il s'en va, transformant les pavés en îlots,
Désaltérant la soif de chaque créature,
Et partout colorant en rouge la nature.

J'ai demandé souvent à des vins captieux
D'endormir pour un jour la terreur qui me mine ;
Le vin rend l'œil plus clair et l'oreille plus fine !

J'ai cherché dans l'amour un sommeil oublieux ;
Mais l'amour n'est pour moi qu'un matelas d'aiguilles
Fait pour donner à boire à ces cruelles filles !

CXIV

ALLÉGORIE

C'est une femme belle et de riche encolure,
Qui laisse dans son vin traîner sa chevelure.
Les griffes de l'amour, les poisons du tripot,
Tout glisse et tout s'émousse au granit de sa peau.
Elle rit à la Mort et nargue la Débauche,
Ces monstres dont la main, qui toujours gratte et fauche,
Dans ses jeux destructeurs a pourtant respecté
De ce corps ferme et droit la rude majesté.
Elle marche en déesse et repose en sultane ;
Elle a dans le plaisir la foi mahométane,
Et dans ses bras ouverts, que remplissent ses seins,
Elle appelle des yeux la race des humains.
Elle croit, elle sait, cette vierge inféconde
Et pourtant nécessaire à la marche du monde,
Que la beauté du corps est un sublime don
Qui de toute infamie arrache le pardon.
Elle ignore l'Enfer comme le Purgatoire,
Et quand l'heure viendra d'entrer dans la Nuit noire,
Elle regardera la face de la Mort,
Ainsi qu'un nouveau-né, — sans haine et sans remords.

CXV

LA BÉATRICE [1]

Dans des terrains cendreux, calcinés, sans verdure,
Comme je me plaignais un jour à la nature,
Et que de ma pensée, en vaguant au hasard,
J'aiguisais lentement sur mon cœur le poignard,
Je vis en plein midi descendre sur ma tête
Un nuage funèbre et gros d'une tempête,
Qui portait un troupeau de démons vicieux,
Semblables à des nains cruels et curieux.
A me considérer froidement ils se mirent,
Et, comme des passants sur un fou qu'ils admirent,
Je les entendis rire et chuchoter entre eux,
En échangeant maint signe et maint clignement d'yeux.

— « Contemplons à loisir cette caricature
Et cette ombre d'Hamlet imitant sa posture,
Le regard indécis et les cheveux au vent.
N'est-ce pas grand-pitié de voir ce bon vivant,
Ce gueux, cet histrion en vacances, ce drôle,
Parce qu'il sait jouer artistement son rôle,
Vouloir intéresser au chant de ses douleurs
Les aigles, les grillons, les ruisseaux et les fleurs.

Et même à nous, auteurs de ces vieilles rubriques[2],
Réciter en hurlant ses tirades publiques ? »

J'aurais pu (mon orgueil aussi haut que les monts
Domine la nuée et le cri des démons)
Détourner simplement ma tête souveraine,
Si je n'eusse pas vu parmi leur troupe obscène,
Crime qui n'a pas fait chanceler le soleil !
La reine de mon cœur au regard nonpareil,
Qui riait avec eux de ma sombre détresse
Et leur versait parfois quelque sale caresse.

CXVI

UN VOYAGE À CYTHÈRE [1]

Mon cœur, comme un oiseau, voltigeait tout joyeux
Et planait librement à l'entour des cordages ;
Le navire roulait sous un ciel sans nuages,
Comme un ange enivré d'un soleil radieux.

Quelle est cette île triste et noire ? — C'est Cythère,
Nous dit-on, un pays fameux dans les chansons,
Eldorado banal de tous les vieux garçons.
Regardez, après tout, c'est une pauvre terre.

— Île des doux secrets et des fêtes du cœur !
De l'antique Vénus le superbe fantôme
Au-dessus de tes mers plane comme un arôme,
Et charge les esprits d'amour et de langueur.

Belle île aux myrtes verts, pleine de fleurs écloses,
Vénérée à jamais par toute nation,
Où les soupirs des cœurs en adoration
Roulent comme l'encens sur un jardin de roses

Ou le roucoulement éternel d'un ramier !
— Cythère n'était plus qu'un terrain des plus maigres,
Un désert rocailleux troublé par des cris aigres.
J'entrevoyais pourtant un objet singulier !

Ce n'était pas un temple aux ombres bocagères,
Où la jeune prêtresse, amoureuse des fleurs,
Allait, le corps brûlé de secrètes chaleurs,
Entrebâillant sa robe aux brises passagères ;

Mais voilà qu'en rasant la côte d'assez près
Pour troubler les oiseaux avec nos voiles blanches,
Nous vîmes que c'était un gibet à trois branches,
Du ciel se détachant en noir, comme un cyprès.

De féroces oiseaux perchés sur leur pâture
Détruisaient avec rage un pendu déjà mûr,
Chacun plantant, comme un outil, son bec impur
Dans tous les coins saignants de cette pourriture :

Les yeux étaient deux trous, et du ventre effondré
Les intestins pesants lui coulaient sur les cuisses,
Et ses bourreaux, gorgés de hideuses délices,
L'avaient à coups de bec absolument châtré.

Sous les pieds, un troupeau de jaloux quadrupèdes,
Le museau relevé, tournoyait et rôdait ;
Une plus grande bête au milieu s'agitait
Comme un exécuteur entouré de ses aides.

Habitant de Cythère, enfant d'un ciel si beau,
Silencieusement tu souffrais ces insultes
En expiation de tes infâmes cultes
Et des péchés qui t'ont interdit le tombeau.

Ridicule pendu, tes douleurs sont les miennes !
Je sentis, à l'aspect de tes membres flottants,
Comme un vomissement, remonter vers mes dents
Le long fleuve de fiel des douleurs anciennes ;

Devant toi, pauvre diable au souvenir si cher,
J'ai senti tous les becs et toutes les mâchoires
Des corbeaux lancinants et des panthères noires
Qui jadis aimaient tant à triturer ma chair.

— Le ciel était charmant, la mer était unie ;
Pour moi tout était noir et sanglant désormais,
Hélas ! et j'avais, comme en un suaire épais,
Le cœur enseveli dans cette allégorie.

Dans ton île, ô Vénus ! je n'ai trouvé debout
Qu'un gibet symbolique où pendait mon image...
— Ah ! Seigneur ! donnez-moi la force et le courage
De contempler mon cœur et mon corps sans dégoût !

CXVII
L'AMOUR ET LE CRÂNE

VIEUX CUL DE LAMPE

L'Amour est assis sur le crâne
De l'Humanité,
Et sur ce trône le profane,
Au rire effronté,

Souffle gaiement des bulles rondes
Qui montent dans l'air,
Comme pour rejoindre les mondes
Au fond de l'éther.

Le globe lumineux et frêle
Prend un grand essor,
Crève et crache son âme grêle
Comme un songe d'or.

J'entends le crâne à chaque bulle
Prier et gémir :
— « Ce jeu féroce et ridicule,
Quand doit-il finir ?

« Car ce que ta bouche cruelle
Éparpille en l'air,
Monstre assassin, c'est ma cervelle,
Mon sang et ma chair ! »

RÉVOLTE

CXVIII

LE RENIEMENT DE SAINT PIERRE [1]

Qu'est-ce que Dieu fait donc de ce flot d'anathèmes
Qui monte tous les jours vers ses chers Séraphins ?
Comme un tyran gorgé de viande et de vins,
Il s'endort au doux bruit de nos affreux blasphèmes.

Les sanglots des martyrs et des suppliciés
Sont une symphonie enivrante sans doute,
Puisque, malgré le sang que leur volupté coûte,
Les cieux ne s'en sont point encor rassasiés !

— Ah ! Jésus, souviens-toi du Jardin des Olives !
Dans ta simplicité tu priais à genoux
Celui qui dans son ciel riait au bruit des clous
Que d'ignobles bourreaux plantaient dans tes chairs vives.

Lorsque tu vis cracher sur ta divinité
La crapule du corps de garde et des cuisines,
Et lorsque tu sentis s'enfoncer les épines
Dans ton crâne où vivait l'immense Humanité ;

Quand de ton corps brisé la pesanteur horrible
Allongeait tes deux bras distendus, que ton sang
Et ta sueur coulaient de ton front pâlissant,
Quand tu fus devant tous posé comme une cible,

Rêvais-tu de ces jours si brillants et si beaux
Où tu vins pour remplir l'éternelle promesse,
Où tu foulais, monté sur une douce ânesse,
Des chemins tout jonchés de fleurs et de rameaux,

Où, le cœur tout gonflé d'espoir et de vaillance,
Tu fouettais tous ces vils marchands à tour de bras,
Où tu fus maître enfin ? Le remords n'a-t-il pas
Pénétré dans ton flanc plus avant que la lance ?

— Certes, je sortirai, quant à moi, satisfait
D'un monde où l'action n'est pas la sœur du rêve ;
Puissé-je user du glaive et périr par le glaive !
Saint Pierre a renié Jésus... il a bien fait !

CXIX
ABEL ET CAÏN[1]

I

Race d'Abel, dors, bois et mange ;
Dieu te sourit complaisamment.

Race de Caïn, dans la fange
Rampe et meurs misérablement.

Race d'Abel, ton sacrifice
Flatte le nez du Séraphin !

Race de Caïn, ton supplice
Aura-t-il jamais une fin ?

Race d'Abel, vois tes semailles
Et ton bétail venir à bien ;

Race de Caïn, tes entrailles
Hurlent la faim comme un vieux chien.

Race d'Abel, chauffe ton ventre
À ton foyer patriarcal ;

Race de Caïn, dans ton antre
Tremble de froid, pauvre chacal !

Race d'Abel, aime et pullule !
Ton or fait aussi des petits.

Race Caïn, cœur qui brûle,
Prends garde à ces grands appétits.

Race d'Abel, tu crois et broutes
Comme les punaises des bois !

Race de Caïn, sur les routes
Traîne ta famille aux abois.

II

Ah ! race d'Abel, ta charogne
Engraissera le sol fumant !

Race de Caïn, ta besogne
N'est pas faite suffisamment.

Race d'Abel, voici ta honte :
Le fer est vaincu par l'épieu !

Race de Caïn, au ciel monte,
Et sur la terre jette Dieu !

CXX

LES LITANIES DE SATAN

Ô toi, le plus savant et le plus beau des Anges,
Dieu trahi par le sort et privé de louanges,

Ô Satan, prends pitié de ma longue misère !

Ô Prince de l'exil, à qui l'on a fait tort,
Et qui, vaincu, toujours te redresses plus fort,

Ô Satan, prends pitié de ma longue misère !

Toi qui sais tout, grand roi des choses souterraines,
Guérisseur familier des angoisses humaines,

Ô Satan, prends pitié de ma longue misère !

Toi qui, même aux lépreux, aux parias maudits,
Enseignes par l'amour le goût du Paradis,

Ô Satan, prends pitié de ma longue misère !

Ô toi qui de la Mort, ta vieille et forte amante,
Engendras l'Espérance, — une folle charmante !

Ô Satan, prends pitié de ma longue misère !

Toi qui fais au proscrit ce regard calme et haut
Qui damne tout un peuple autour d'un échafaud,

Ô Satan, prends pitié de ma longue misère !

Toi qui sais en quels coins des terres envieuses
Le Dieu jaloux cacha les pierres précieuses,

Ô Satan, prends pitié de ma longue misère !

Toi dont l'œil clair connaît les profonds arsenaux
Où dort enseveli le peuple des métaux,

Ô Satan, prends pitié de ma longue misère !

Toi dont la large main cache les précipices
Au somnambule errant au bord des édifices,

Ô Satan, prends pitié de ma longue misère !

Toi qui, magiquement, assouplis les vieux os
De l'ivrogne attardé foulé par les chevaux,

Ô Satan, prends pitié de ma longue misère !

Toi qui, pour consoler l'homme frêle qui souffre,
Nous appris à mêler le salpêtre et le soufre,

Ô Satan, prends pitié de ma longue misère !

Toi qui poses ta marque, ô complice subtil,
Sur le front du Crésus impitoyable et vil,

Ô Satan, prends pitié de ma longue misère !

Toi qui mets dans les yeux et dans le cœur des filles
Le culte de la plaie et l'amour des guenilles,

Ô Satan, prends pitié de ma longue misère !

Bâton des exilés, lampe des inventeurs,
Confesseur des pendus et des conspirateurs,

Ô Satan, prends pitié de ma longue misère !

Père adoptif de ceux qu'en sa noire colère
Du paradis terrestre a chassés Dieu le Père,

Ô Satan, prends pitié de ma longue misère !

PRIÈRE

Gloire et louange à toi, Satan, dans les hauteurs
Du Ciel, où tu régnas, et dans les profondeurs
De l'Enfer, où, vaincu, tu rêves en silence !
Fais que mon âme un jour, sous l'Arbre de Science,
Près de toi se repose, à l'heure où sur ton front
Comme un Temple nouveau ses rameaux s'épandront !

LA MORT[1]

CXXI
LA MORT DES AMANTS

Nous aurons des lits pleins d'odeurs légères,
Des divans profonds comme des tombeaux,
Et d'étranges fleurs sur des étagères,
Écloses pour nous sous des cieux plus beaux.

Usant à l'envi leurs chaleurs dernières,
Nos deux cœurs seront deux vastes flambeaux,
Qui réfléchiront leurs doubles lumières
Dans nos deux esprits, ces miroirs jumeaux.

Un soir fait de rose et de bleu mystique,
Nous échangerons un éclair unique,
Comme un long sanglot, tout chargé d'adieux ;

Et plus tard un Ange, entrouvrant les portes,
Viendra ranimer, fidèle et joyeux,
Les miroirs ternis et les flammes mortes.

CXXII
LA MORT DES PAUVRES

C'est la Mort qui console, hélas ! et qui fait vivre ;
C'est le but de la vie, et c'est le seul espoir
Qui, comme un élixir, nous monte et nous enivre,
Et nous donne le cœur de marcher jusqu'au soir ;

À travers la tempête, et la neige, et le givre,
C'est la clarté vibrante à notre horizon noir ;
C'est l'auberge fameuse inscrite sur le livre,
Où l'on pourra manger, et dormir, et s'asseoir ;

C'est un Ange qui tient dans ses doigts magnétiques
Le sommeil et le don des rêves extatiques,
Et qui refait le lit des gens pauvres et nus ;

C'est la gloire des dieux, c'est le grenier mystique,
C'est la bourse du pauvre et sa patrie antique,
C'est le portique ouvert sur les Cieux inconnus !

CXXIII

LA MORT DES ARTISTES[1]

Combien faut-il de fois secouer mes grelots
Et baiser ton front bas, morne caricature ?
Pour piquer dans le but, de mystique nature,
Combien, ô mon carquois, perdre de javelots ?

Nous userons notre âme en de subtils complots,
Et nous démolirons mainte lourde armature[2],
Avant de contempler la grande Créature
Dont l'infernal désir nous remplit de sanglots !

Il en est qui jamais n'ont connu leur Idole,
Et ces sculpteurs damnés et marqués d'un affront,
Qui vont se martelant la poitrine et le front,

N'ont qu'un espoir, étrange et sombre Capitole !
C'est que la Mort, planant comme un soleil nouveau,
Fera s'épanouir les fleurs de leur cerveau !

CXXIV

LA FIN DE LA JOURNÉE

Sous une lumière blafarde
Court, danse et se tord sans raison
La Vie, impudente et criarde.
Aussi, sitôt qu'à l'horizon

La nuit voluptueuse monte,
Apaisant tout, même la faim,
Effaçant tout, même la honte,
Le Poète se dit : « Enfin !

« Mon esprit, comme mes vertèbres,
Invoque ardemment le repos ;
Le cœur plein de songes funèbres,

« Je vais me coucher sur le dos
Et me rouler dans vos rideaux,
Ô rafraîchissantes ténèbres ! »

CXXV

LE RÊVE D'UN CURIEUX

A F.N. [1]

Connais-tu, comme moi, la douleur savoureuse,
Et de toi fais-tu dire : « Oh ! l'homme singulier ! »
— J'allais mourir. C'était dans mon âme amoureuse,
Désir mêlé d'horreur, un mal particulier ;

Angoisse et vif espoir, sans humeur factieuse.
Plus allait se vidant le fatal sablier,
Plus ma torture était âpre et délicieuse ;
Tout mon cœur s'arrachait au monde familier.

J'étais comme l'enfant avide du spectacle,
Haïssant le rideau comme on hait un obstacle...
Enfin la vérité froide se révéla :

J'étais mort sans surprise, et la terrible aurore
M'enveloppait. — Eh quoi ! n'est-ce donc que cela ?
La toile était levée et j'attendais encore.

CXXVI

LE VOYAGE [1]

A Maxime Du Camp

I

Pour l'enfant, amoureux de cartes et d'estampes.
L'univers est égal à son vaste appétit.
Ah ! que le monde est grand à la clarté des lampes !
Aux yeux du souvenir que le monde est petit !

Un matin nous partons, le cerveau plein de flamme.
Le cœur gros de rancune et de désirs amers,
Et nous allons, suivant le rythme de la lame,
Berçant notre infini sur le fini des mers :

Les uns, joyeux de fuir une patrie infâme ;
D'autres, l'horreur de leurs berceaux, et quelques-uns.
Astrologues noyés dans les yeux d'une femme,
La Circé tyrannique aux dangereux parfums.

Pour n'être pas changés en bêtes, ils s'enivrent
D'espace et de lumière et de cieux embrasés ;
La glace qui les mord, les soleils qui les cuivrent.
Effacent lentement la marque des baisers.

Mais les vrais voyageurs sont ceux-là seuls qui partent
Pour partir, cœurs légers, semblables aux ballons,
De leur fatalité jamais ils ne s'écartent,
Et, sans savoir pourquoi, disent toujours : Allons !

Ceux-là dont les désirs ont la forme des nues,
Et qui rêvent, ainsi qu'un conscrit le canon,
De vastes voluptés, changeantes, inconnues,
Et dont l'esprit humain n'a jamais su le nom !

II

Nous imitons, horreur ! la toupie et la boule
Dans leur valse et leurs bonds ; même dans nos sommeils
La Curiosité nous tourmente et nous roule,
Comme un Ange cruel qui fouette des soleils.

Singulière fortune où le but se déplace,
Et, n'étant nulle part, peut être n'importe où !
Où l'Homme, dont jamais l'espérance n'est lasse,
Pour trouver le repos court toujours comme un fou !

Notre âme est un trois-mâts cherchant son Icarie[2] :
Une voix retentit sur le pont : « Ouvre l'œil ! »
Une voix de la hune, ardente et folle, crie :
« Amour... gloire... bonheur ! » Enfer ! c'est un écueil !

Chaque ilot signalé par l'homme de vigie
Est un Eldorado promis par le Destin ;
L'Imagination qui dresse son orgie
Ne trouve qu'un récif aux clartés du matin.

Ô le pauvre amoureux des pays chimériques !
Faut-il le mettre aux fers, le jeter à la mer,
Ce matelot ivrogne, inventeur d'Amériques
Dont le mirage rend le gouffre plus amer ?

Tel le vieux vagabond, piétinant dans la boue,
Rêve, le nez en l'air, de brillants paradis ;
Son œil ensorcelé découvre une Capoue
Partout où la chandelle illumine un taudis.

III

Étonnants voyageurs ! quelles nobles histoires
Nous lisons dans vos yeux profonds comme les mers !
Montrez-nous les écrins de vos riches mémoires,
Ces bijoux merveilleux, faits d'astres et d'éthers.

Nous voulons voyager sans vapeur et sans voile !
Faites, pour égayer l'ennui de nos prisons,

Passer sur nos esprits, tendus comme une toile,
Vos souvenirs avec leurs cadres d'horizons.

Dites, qu'avez-vous vu ?

IV

« Nous avons vu des astres
Et des flots ; nous avons vu des sables aussi ;
Et, malgré bien des chocs et d'imprévus désastres,
Nous nous sommes souvent ennuyés, comme ici.

« La gloire du soleil sur la mer violette,
La gloire des cités dans le soleil couchant,
Allumaient dans nos cœurs une ardeur inquiète
De plonger dans un ciel au reflet alléchant.

« Les plus riches cités, les plus grands paysages,
Jamais ne contenaient l'attrait mystérieux
De ceux que le hasard fait avec les nuages.
Et toujours le désir nous rendait soucieux !

« — La jouissance ajoute au désir de la force.
Désir, vieil arbre à qui le plaisir sert d'engrais,
Cependant que grossit et durcit ton écorce,
Tes branches veulent voir le soleil de plus près !

« Grandiras-tu toujours, grand arbre plus vivace
Que le cyprès ? — Pourtant nous avons, avec soin,
Cueilli quelques croquis pour votre album vorace,
Frères qui trouvez beau tout ce qui vient de loin !

« Nous avons salué des idoles à trompe ;
Des trônes constellés de joyaux lumineux ;
Des palais ouvragés dont la féerique pompe
Serait pour vos banquiers un rêve ruineux ;

« Des costumes qui sont pour les yeux une ivresse ;
Des femmes dont les dents et les ongles sont teints,
Et des jongleurs savants que le serpent caresse. »

V

Et puis, et puis encore ?

VI

« Ô cerveaux enfantins !

« Pour ne pas oublier la chose capitale,
Nous avons vu partout, et sans l'avoir cherché,

Du haut jusques en bas de l'échelle fatale,
Le spectacle ennuyeux de l'immortel péché :

« La femme, esclave vile, orgueilleuse et stupide,
Sans rire s'adorant et s'aimant sans dégoût ;
L'homme, tyran goulu, paillard, dur et cupide,
Esclave de l'esclave et ruisseau dans l'égout ;

« Le bourreau qui jouit, le martyr qui sanglote ;
La fête qu'assaisonne et parfume le sang ;
Le poison du pouvoir énervant le despote,
Et le peuple amoureux du fouet abrutissant ;

« Plusieurs religions semblables à la nôtre,
Toutes escaladant le ciel ; la Sainteté,
Comme en un lit de plume un délicat se vautre,
Dans les clous et le crin cherchant la volupté ;

« L'Humanité bavarde, ivre de son génie,
Et, folle maintenant comme elle était jadis,
Criant à Dieu, dans sa furibonde agonie :
"Ô mon semblable, ô mon maître, je te maudis !"

« Et les moins sots, hardis amants de la Démence,
Fuyant le grand troupeau parqué par le Destin,
Et se réfugiant dans l'opium immense !
— Tel est du globe entier l'éternel bulletin. »

VII

Amer savoir, celui qu'on tire du voyage !
Le monde, monotone et petit, aujourd'hui,
Hier, demain, toujours, nous fait voir notre image :
Une oasis d'horreur dans un désert d'ennui !

Faut-il partir ? rester ? Si tu peux rester, reste ;
Pars, s'il le faut. L'un court, et l'autre se tapit
Pour tromper l'ennemi vigilant et funeste,
Le Temps ! Il est, hélas ! des coureurs sans répit,

Comme le Juif errant et comme les apôtres,
A qui rien ne suffit, ni wagon ni vaisseau,
Pour fuir ce rétiaire infâme ; il en est d'autres
Qui savent le tuer sans quitter leur berceau.

Lorsque enfin il mettra le pied sur notre échine,
Nous pourrons espérer et crier : En avant !
De même qu'autrefois nous partions pour la Chine,
Les yeux fixés au large et les cheveux au vent,

Nous nous embarquerons sur la mer des Ténèbres
Avec le cœur joyeux d'un jeune passager.
Entendez-vous ces voix, charmantes et funèbres,
Qui chantent : « Par ici ! vous qui voulez manger

« Le Lotus parfumé ! c'est ici qu'on vendange
Les fruits miraculeux dont votre cœur a faim ;
Venez vous enivrer de la douceur étrange
De cette après-midi qui n'a jamais de fin ? »

À l'accent familier nous devinons le spectre ;
Nos Pylades là-bas tendent leurs bras vers nous.
« Pour rafraîchir ton cœur nage vers ton Électre ! »
Dit celle dont jadis nous baisions les genoux.

<div align="center">VIII</div>

Ô Mort, vieux capitaine, il est temps ! levons l'ancre !
Ce pays nous ennuie, ô Mort ! Appareillons !
Si le ciel et la mer sont noirs comme de l'encre,
Nos cœurs que tu connais sont remplis de rayons !

Verse-nous ton poison pour qu'il nous réconforte !
Nous voulons, tant ce feu nous brûle le cerveau,
Plonger au fond du gouffre, Enfer ou Ciel, qu'importe ?
Au fond de l'Inconnu pour trouver du *nouveau* !

Les Épaves [1]

(1866)

Avertissement de l'éditeur

Ce recueil est composé de morceaux poétiques pour la plupart condamnés ou inédits, auxquels M. Charles Baudelaire n'a pas cru devoir faire place dans l'édition définitive des Fleurs du mal.
Cela explique son titre.
M. Charles Baudelaire a fait don, sans réserve, de ces poèmes à un ami qui juge à propos de les publier, parce qu'il se flatte de les goûter et qu'il est à un âge où l'on aime encore à faire partager ses sentiments à des amis auxquels on prête ses vertus.
L'auteur sera avisé de cette publication en même temps que les deux cent soixante lecteurs probables qui figurent à peu près — pour son éditeur bénévole — le public littéraire en France, depuis que les bêtes y ont décidément usurpé la parole sur les hommes.

I
LE COUCHER DU SOLEIL ROMANTIQUE

Que le Soleil est beau quand tout frais il se lève,
Comme une explosion nous lançant son bonjour !
— Bienheureux celui-là qui peut avec amour
Saluer son coucher plus glorieux qu'un rêve !

Je me souviens !... J'ai vu tout, fleur, source, sillon,
Se pâmer sous son œil comme un cœur qui palpite...
— Courons vers l'horizon, il est tard, courons vite,
Pour attraper au moins un oblique rayon !

Mais je poursuis en vain le Dieu qui se retire ;
L'irrésistible Nuit établit son empire,
Noire, humide, funeste et pleine de frissons ;

Une odeur de tombeau dans les ténèbres nage,
Et mon pied peureux froisse, au bord du marécage,
Des crapauds imprévus et de froids limaçons *.

* Le mot : *Genus irritabile vatum*, date de bien des siècles avant les querelles des Classiques, des Romantiques, des Réalistes, des Euphuistes, etc. Il est évident que par *l'irrésistible Nuit* M. Charles Baudelaire a voulu caractériser l'état actuel de la littérature, et que les *crapauds imprévus* et les *froids limaçons* sont les écrivains qui ne sont pas de son école.
Ce sonnet a été composé en 1862, pour servir d'épilogue à un livre de M. Charles Asselineau, qui n'a pas paru : *Mélanges tirés d'une petite bibliothèque romantique* ; lequel devait avoir pour prologue un sonnet de M. Théodore de Banville : *Le Lever du soleil romantique (Note de l'éditeur.)*

PIÈCES CONDAMNÉES
TIRÉES DES *FLEURS DU MAL*

II

LESBOS*

Mère des jeux latins et des voluptés grecques,
Lesbos, où les baisers, languissants ou joyeux,
Chauds comme les soleils, frais comme les pastèques,
Font l'ornement des nuits et des jours glorieux ;
Mère des jeux latins et des voluptés grecques,

Lesbos, où les baisers sont comme les cascades
Qui se jettent sans peur dans les gouffres sans fonds,
Et courent, sanglotant et gloussant par saccades,
Orageux et secrets, fourmillants et profonds ;
Lesbos, où les baisers sont comme les cascades !

Lesbos, où les Phrynés l'une l'autre s'attirent,
Où jamais un soupir ne resta sans écho,
À l'égal de Paphos les étoiles t'admirent,
Et Vénus à bon droit peut jalouser Sapho !
Lesbos, où les Phrynés l'une l'autre s'attirent,

Lesbos, terre des nuits chaudes et langoureuses,
Qui font qu'à leurs miroirs, stérile volupté !
Les filles aux yeux creux, de leurs corps amoureuses,
Caressent les fruits mûrs de leur nubilité ;
Lesbos, terre des nuits chaudes et langoureuses,

Laisse du vieux Platon se froncer l'œil autère ;
Tu tires ton pardon de l'excès des baisers,
Reine du doux empire, aimable et noble terre,
Et des raffinements toujours inépuisés.
Laisse du vieux Platon se froncer l'œil austère.

Tu tires ton pardon de l'éternel martyre,
Infligé sans relâche aux cœurs ambitieux,

* Cette pièce et les cinq suivantes ont été condamnées en 1857, par le tribunal correctionnel, et ne peuvent pas être reproduites dans le recueil des *Fleurs du mal. (Note de l'éditeur.)*

Qu'attire loin de nous le radieux sourire
Entrevu vaguement au bord des autres cieux !
Tu tires ton pardon de l'éternel martyre !

Qui des Dieux osera, Lesbos, être ton juge
Et condamner ton front pâli dans les travaux,
Si ses balances d'or n'ont pesé le déluge
De larmes qu'à la mer ont versé tes ruisseaux ?
Qui des Dieux osera, Lesbos, être ton juge ?

Que nous veulent les lois du juste et de l'injuste ?
Vierges au cœur sublime, honneur de l'archipel,
Votre religion comme une autre est auguste,
Et l'amour se rira de l'Enfer et du Ciel !
Que nous veulent les lois du juste et de l'injuste ?

Car Lesbos entre tous m'a choisi sur la terre
Pour chanter le secret de ses vierges en fleurs,
Et je fus dès l'enfance admis au noir mystère
Des rires effrénés mêlés aux sombres pleurs ;
Car Lesbos entre tous m'a choisi sur la terre.

Et depuis lors je veille au sommet de Leucate,
Comme une sentinelle à l'œil perçant et sûr,
Qui guette nuit et jour brick, tartane ou frégate,
Dont les formes au loin frissonnent dans l'azur ;
Et depuis lors je veille au sommet de Leucate

Pour savoir si la mer est indulgente et bonne,
Et parmi les sanglots dont le roc retentit
Un soir ramènera vers Lesbos, qui pardonne,
Le cadavre adoré de Sapho, qui partit
Pour savoir si la mer est indulgente et bonne !

De la mâle Sapho, l'amante et le poète,
Plus belle que Vénus par ses mornes pâleurs !
— L'œil d'azur est vaincu par l'œil noir que tachette
Le cercle ténébreux tracé par les douleurs
De la mâle Sapho, l'amante et le poète !

— Plus belle que Vénus se dressant sur le monde
Et versant les trésors de sa sérénité
Et le rayonnement de sa jeunesse blonde
Sur le vieil Océan de sa fille enchanté ;
Plus belle que Vénus se dressant sur le monde !

— De Sapho qui mourut le jour de son blasphème,
Quand, insultant le rite et le culte inventé,
Elle fit son beau corps la pâture suprême
D'un brutal dont l'orgueil punit l'impiété
De celle qui mourut le jour de son blasphème.

Et c'est depuis ce temps que Lesbos se lamente,
Et, malgré les honneurs que lui rend l'univers,
S'enivre chaque nuit du cri de la tourmente
Que poussent vers les cieux ses rivages déserts !
Et c'est depuis ce temps que Lesbos se lamente !

III

FEMMES DAMNÉES

DELPHINE ET HIPPOLYTE

À la pâle clarté des lampes languissantes,
Sur de profonds coussins tout imprégnés d'odeur,
Hippolyte rêvait aux caresses puissantes
Qui levaient le rideau de sa jeune candeur.

Elle cherchait, d'un œil troublé par la tempête,
De sa naïveté le ciel déjà lointain,
Ainsi qu'un voyageur qui retourne la tête
Vers les horizons bleus dépassés le matin.

De ses yeux amortis les paresseuses larmes,
L'air brisé, la stupeur, la morne volupté,
Ses bras vaincus, jetés comme de vaines armes,
Tout servait, tout parait sa fragile beauté.

Étendue à ses pieds, calme et pleine de joie,
Delphine la couvait avec des yeux ardents,
Comme un animal fort qui surveille une proie,
Après l'avoir d'abord marquée avec les dents.

Beauté forte à genoux devant la beauté frêle,
Superbe, elle humait voluptueusement
Le vin de son triomphe, et s'allongeait vers elle,
Comme pour recueillir un doux remerciment.

Elle cherchait dans l'œil de sa pâle victime
Le cantique muet que chante le plaisir,
Et cette gratitude infinie et sublime
Qui sort de la paupière ainsi qu'un long soupir.

— « Hippolyte, cher cœur, que dis-tu de ces choses ?
Comprends-tu maintenant qu'il ne faut pas offrir
L'holocauste sacré de tes premières roses
Aux souffles violents qui pourraient les flétrir ?

« Mes baisers sont légers comme ces éphémères
Qui caressent le soir les grands lacs transparents,
Et ceux de ton amant creuseront leurs ornières
Comme des chariots ou des socs déchirants;

« Ils passeront sur toi comme un lourd attelage
De chevaux et de bœufs aux sabots sans pitié...
Hippolyte, ô ma sœur ! tourne donc ton visage,
Toi, mon âme et mon cœur, mon tout et ma moitié,

« Tourne vers moi tes yeux pleins d'azur et d'étoiles !
Pour un de ces regards charmants, baume divin,
Des plaisirs plus obscurs je lèverai les voiles
Et je t'endormirai dans un rêve sans fin ! »

Mais Hippolyte alors, levant sa jeune tête :
— « Je ne suis point ingrate et ne me repens pas,
Ma Delphine, je souffre et je suis inquiète,
Comme après un nocturne et terrible repas.

« Je sens fondre sur moi de lourdes épouvantes
Et de noirs bataillons de fantômes épars,
Qui veulent me conduire en des routes mouvantes
Qu'un horizon sanglant ferme de toutes parts.

« Avons-nous donc commis une action étrange ?
Explique, si tu peux, mon trouble et mon effroi :
Je frissonne de peur quand tu me dis : "Mon ange !"
Et cependant je sens ma bouche aller vers toi.

« Ne me regarde pas ainsi, toi, ma pensée !
Toi que j'aime à jamais, ma sœur d'élection,
Quand même tu serais une embûche dressée
Et le commencement de ma perdition ! »

Delphine secouant sa crinière tragique,
Et comme trépignant sur le trépied de fer,
L'œil fatal, répondit d'une voix despotique :
— « Qui donc devant l'amour ose parler d'enfer ?

« Maudit soit à jamais le rêveur inutile
Qui voulut le premier, dans sa stupidité,
S'éprenant d'un problème insoluble et stérile,
Aux choses de l'amour mêler l'honnêteté !

« Celui qui veut unir dans un accord mystique
L'ombre avec la chaleur, la nuit avec le jour,
Ne chauffera jamais son corps paralytique
À ce rouge soleil que l'on nomme l'amour !

« Va, si tu veux, chercher un fiancé stupide ;
Cours offrir un cœur vierge à ses cruels baisers ;
Et, pleine de remords et d'horreur, et livide,
Tu me rapporteras tes seins stigmatisés... »

« On ne peut ici-bas contenter qu'un seul maître ! »
Mais l'enfant, épanchant une immense douleur,
Cria soudain : « — Je sens s'élargir dans mon être
Un abîme béant ; cet abîme est mon cœur !

« Brûlant comme un volcan, profond comme le vide !
Rien ne rassasiera ce monstre gémissant
Et ne rafraîchira la soif de l'Euménide
Qui, la torche à la main, le brûle jusqu'au sang.

« Que nos rideaux fermés nous séparent du monde,
Et que la lassitude amène le repos !
Je veux m'anéantir dans ta gorge profonde
Et trouver sur ton sein la fraîcheur des tombeaux ! »

— Descendez, descendez, lamentables victimes,
Descendez le chemin de l'enfer éternel !
Plongez au plus profond du gouffre, où tous les crimes,
Flagellés par un vent qui ne vient pas du ciel,

Bouillonnent pêle-mêle avec un bruit d'orage.
Ombres folles, courez au but de vos désirs ;
Jamais vous ne pourrez assouvir votre rage,
Et votre châtiment naîtra de vos plaisirs.

Jamais un rayon frais n'éclaira vos cavernes ;
Par les fentes des murs des miasmes fiévreux
Filtrent en s'enflammant ainsi que des lanternes
Et pénètrent vos corps de leurs parfums affreux.

L'âpre stérilité de votre jouissance
Altère votre soif et roidit votre peau,
Et le vent furibond de la concupiscence
Fait claquer votre chair ainsi qu'un vieux drapeau.

Loin des peuples vivants, errantes, condamnées,
A travers les déserts courez comme les loups ;
Faites votre destin, âmes désordonnées,
Et fuyez l'infini que vous portez en vous !

IV

LE LÉTHÉ

Viens sur mon cœur, âme cruelle et sourde,
Tigre adoré, monstre aux airs indolents ;
Je veux longtemps plonger mes doigts tremblants
Dans l'épaisseur de ta crinière lourde ;

Dans tes jupons remplis de ton parfum
Ensevelir ma tête endolorie,

Et respirer, comme une fleur flétrie,
Le doux relent de mon amour défunt.

Je veux dormir! dormir plutôt que vivre!
Dans un sommeil aussi doux que la mort,
J'étalerai mes baisers sans remords
Sur ton beau corps poli comme le cuivre.

Pour engloutir mes sanglots apaisés
Rien ne me vaut l'abime de ta couche;
L'oubli puissant habite sur ta bouche,
Et le Léthé coule dans tes baisers.

À mon destin, désormais mon délice,
J'obéirai comme un prédestiné;
Martyr docile, innocent condamné,
Dont la ferveur attise le supplice,

Je sucerai, pour noyer ma rancœur,
Le népenthès et la bonne ciguë
Aux bouts charmants de cette gorge aiguë,
Qui n'a jamais emprisonné de cœur.

V

À CELLE QUI EST TROP GAIE [1]

Ta tête, ton geste, ton air
Sont beaux comme un beau paysage;
Le rire joue en ton visage
Comme un vent frais dans un ciel clair.

Le passant chagrin que tu frôles
Est ébloui par la santé
Qui jaillit comme une clarté
De tes bras et de tes épaules.

Les retentissantes couleurs
Dont tu parsèmes tes toilettes
Jettent dans l'esprit des poètes
L'image d'un ballet de fleurs.

Ces robes folles sont l'emblème
De ton esprit bariolé;
Folle dont je suis affolé,
Je te hais autant que je t'aime!

Quelquefois dans un beau jardin
Où je traînais mon atonie,
J'ai senti, comme une ironie,
Le soleil déchirer mon sein;

Et le printemps et la verdure
Ont tant humilié mon cœur,
Que j'ai puni sur une fleur
L'insolence de la Nature.

Ainsi je voudrais, une nuit,
Quand l'heure des voluptés sonne,
Vers les trésors de ta personne,
Comme un lâche, ramper sans bruit,

Pour châtier ta chair joyeuse,
Pour meurtrir ton sein pardonné,
Et faire à ton flanc étonné
Une blessure large et creuse,

Et, vertigineuse douceur !
À travers ces lèvres nouvelles,
Plus éclatantes et plus belles,
T'infuser mon venin, ma sœur*!

VI

LES BIJOUX

La très chère était nue, et, connaissant mon cœur,
Elle n'avait gardé que ses bijoux sonores,
Dont le riche attirail lui donnait l'air vainqueur
Qu'ont dans leurs jours heureux les esclaves des Mores.

Quand il jette en dansant son bruit vif et moqueur,
Ce monde rayonnant de métal et de pierre
Me ravit en extase, et j'aime à la fureur
Les choses où le son se mêle à la lumière.

Elle était donc couchée et se laissait aimer,
Et du haut du divan elle souriait d'aise
À mon amour profond et doux comme la mer,
Qui vers elle montait comme vers sa falaise.

Les yeux fixés sur moi, comme un tigre dompté,
D'un air vague et rêveur elle essayait des poses,
Et la candeur unie à la lubricité
Donnait un charme neuf à ses métamorphoses :

Et son bras et sa jambe, et sa cuisse et ses reins,
Polis comme de l'huile, onduleux comme un cygne,

* Les juges ont cru découvrir un sens à la fois sanguinaire et obscène dans les deux dernières stances. La gravité du Recueil excluait de pareilles *plaisanteries*. Mais *venin* signifiant spleen ou mélancolie, était une idée trop simple pour des criminalistes.
Que leur interprétation syphilitique leur reste sur la conscience. *(Note de l'éditeur.)*

Passaient devant mes yeux clairvoyants et sereins ;
Et son ventre et ses seins, ces grappes de ma vigne,

S'avançaient, plus câlins que les Anges du mal,
Pour troubler le repos où mon âme était mise,
Et pour la déranger du rocher de cristal
Où, calme et solitaire, elle s'était assise.

Je croyais voir unis par un nouveau dessin
Les hanches de l'Antiope au buste d'un imberbe,
Tant sa taille faisait ressortir son bassin.
Sur ce teint fauve et brun le fard était superbe !

— Et la lampe s'étant résignée à mourir,
Comme le foyer seul illuminait la chambre,
Chaque fois qu'il poussait un flamboyant soupir,
Il inondait de sang cette peau couleur d'ambre !

VII

LES MÉTAMORPHOSES DU VAMPIRE

La femme cependant, de sa bouche de fraise,
En se tordant ainsi qu'un serpent sur la braise,
Et pétrissant ses seins sur le fer de son busc,
Laissait couler ces mots tout imprégnés de musc :
— « Moi, j'ai la lèvre humide, et je sais la science
De perdre au fond d'un lit l'antique conscience.
Je sèche tous les pleurs sur mes seins triomphants,
Et fais rire les vieux du rire des enfants.
Je remplace, pour qui me voit nue et sans voiles,
La lune, le soleil, le ciel et les étoiles !
Je suis, mon cher savant, si docte aux voluptés,
Lorsque j'étouffe un homme en mes bras redoutés,
Ou lorsque j'abandonne aux morsures mon buste,
Timide et libertine, et fragile et robuste,
Que sur ces matelas qui se pâment d'émoi,
Les anges impuissants se damneraient pour moi ! »

Quand elle eut de mes os sucé toute la moelle,
Et que languissamment je me tournai vers elle
Pour lui rendre un baiser d'amour, je ne vis plus
Qu'une outre aux flancs gluants, toute pleine de pus !
Je fermai les deux yeux, dans ma froide épouvante,
Et quand je les rouvris à la clarté vivante,
A mes côtés, au lieu du mannequin puissant
Qui semblait avoir fait provision de sang,
Tremblaient confusément des débris de squelette,
Qui d'eux-mêmes rendaient le cri d'une girouette
Ou d'une enseigne, au bout d'une tringle de fer,
Que balance le vent pendant les nuits d'hiver.

GALANTERIES

VIII

LE JET D'EAU

Tes beaux yeux sont las, pauvre amante !
Reste longtemps, sans les rouvrir,
Dans cette pose nonchalante
Où t'a surprise le plaisir.
Dans la cour le jet d'eau qui jase
Et ne se tait ni nuit ni jour,
Entretient doucement l'extase
Où ce soir m'a plongé l'amour.

> La gerbe épanouie
> En mille fleurs,
> Où Phœbé réjouie
> Met ses couleurs,
> Tombe comme une pluie
> De larges pleurs.

Ainsi ton âme qu'incendie
L'éclair brûlant des voluptés
S'élance, rapide et hardie,
Vers les vastes cieux enchantés.
Puis, elle s'épanche, mourante,
En un flot de triste langueur,
Qui par une invisible pente
Descend jusqu'au fond de mon cœur.

> La gerbe épanouie
> En mille fleurs,
> Où Phœbé réjouie
> Met ses couleurs,
> Tombe comme une pluie
> De larges pleurs.

Ô toi, que la nuit rend si belle,
Qu'il m'est doux, penché vers tes seins,
D'écouter la plainte éternelle
Qui sanglote dans les bassins !

Lune, eau sonore, nuit bénie,
Arbres qui frissonnez autour,
Votre pure mélancolie
Est le miroir de mon amour.

La gerbe épanouie
En mille fleurs,
Où Phœbé réjouie
Met ses couleurs,
Tombe comme une pluie
De larges pleurs.

IX

LES YEUX DE BERTHE

Vous pouvez mépriser les yeux les plus célèbres,
Beaux yeux de mon enfant, par où filtre et s'enfuit
Je ne sais quoi de bon, de doux comme la Nuit !
Beaux yeux, versez sur moi vos charmantes ténèbres !

Grands yeux de mon enfant, arcanes adorés,
Vous ressemblez beaucoup à ces grottes magiques
Où, derrière l'amas des ombres léthargiques,
Scintillent vaguement des trésors ignorés !

Mon enfant a des yeux obscurs, profonds et vastes,
Comme toi, Nuit immense, éclairés comme toi !
Leurs feux sont ces pensers d'Amour, mêlés de Foi,
Qui pétillent au fond, voluptueux ou chastes.

X

HYMNE [1]

À la très chère, à la très belle
Qui remplit mon cœur de clarté,
À l'ange, à l'idole immortelle,
Salut en l'immortalité !

Elle se répand dans ma vie
Comme un air imprégné de sel,
Et dans mon âme inassouvie
Verse le goût de l'éternel.

Sachet toujours frais qui parfume
L'atmosphère d'un cher réduit,
Encensoir oublié qui fume
En secret à travers la nuit,

Comment, amour incorruptible,
T'exprimer avec vérité ?
Grain de musc qui gis, invisible,
Au fond de mon éternité !

À la très bonne, à la très belle,
Qui fait ma joie et ma santé,
À l'ange, à l'idole immortelle,
Salut en l'immortalité !

XI

LES PROMESSES D'UN VISAGE

J'aime, ô pâle beauté, tes sourcils surbaissés,
 D'où semblent couler des ténèbres ;
Tes yeux, quoique très noirs, m'inspirent des pensers
 Qui ne sont pas du tout funèbres.

Tes yeux, qui sont d'accord avec tes noirs cheveux,
 Avec ta crinière élastique,
Tes yeux, languissamment, me disent : « Si tu veux,
 Amant de la muse plastique,

« Suivre l'espoir qu'en toi nous avons excité,
 Et tous les goûts que tu professes,
Tu pourras constater notre véracité
 Depuis le nombril jusqu'aux fesses ;

« Tu trouveras au bout de deux beaux seins bien lourds,
 Deux larges médailles de bronze,
Et sous un ventre uni, doux comme du velours,
 Bistré comme la peau d'un bonze,

« Une riche toison qui, vraiment, est la sœur
 De cette énorme chevelure,
Souple et frisée, et qui t'égale en épaisseur,
 Nuit sans étoiles, Nuit obscure ! »

XII

LE MONSTRE [1]

OU LE PARANYMPHE [2] D'UNE NYMPHE MACABRE

I

Tu n'es certes pas, ma très chère,
Ce que Veuillot nomme un tendron.
Le jeu, l'amour, la bonne chère,

Bouillonnent en toi, vieux chaudron !
Tu n'es plus fraiche, ma très chère,

Ma vieille infante ! Et cependant
Tes caravanes insensées
T'ont donné ce lustre abondant
Des choses qui sont très usées,
Mais qui séduisent cependant.

Je ne trouve pas monotone
La verdeur de tes quarante ans ;
Je préfère tes fruits, Automne,
Aux fleurs banales du Printemps !
Non ! tu n'es jamais monotone !

Ta carcasse a des agréments
Et des grâces particulières ;
Je trouve d'étranges piments
Dans le creux de tes deux salières ;
Ta carcasse a des agréments !

Nargue des amants ridicules
Du melon et du giraumont³ !
Je préfère tes clavicules
A celles du roi Salomon⁴*,
Et je plains ces gens ridicules !

Tes cheveux, comme un casque bleu,
Ombragent ton front de guerrière,
Qui ne pense et rougit que peu,
Et puis se sauvent par derrière
Comme les crins d'un casque bleu.

Tes yeux qui semblent de la boue,
Où scintille quelque fanal,
Ravivés au fard de ta joue,
Lancent un éclair infernal !
Tes yeux sont noirs comme la boue !

Par sa luxure et son dédain
Ta lèvre amère nous provoque ;
Cette lèvre, c'est un Eden
Qui nous attire et qui nous choque.
Quelle luxure ! et quel dédain !

Ta jambe musculeuse et sèche
Sait gravir au haut des volcans,
Et malgré la neige et la dèche

* Voilà un calembour *sale !* Nous ne *cabalerons* pas contre. *(Note de l'éditeur.)*

Danser les plus fougueux cancans*.
Ta jambe est musculeuse et sèche;

Ta peau brûlante et sans douceur,
Comme celle des vieux gendarmes,
Ne connait pas plus la sueur
Que ton œil ne connait les larmes.
(Et pourtant elle a sa douceur !)

II

Sotte, tu t'en vas droit au Diable !
Volontiers j'irais avec toi,
Si cette vitesse effroyable
Ne me causait pas quelque émoi.
Va-t'en donc, toute seule, au Diable !

Mon rein, mon poumon, mon jarret
Ne me laissent plus rendre hommage
À ce Seigneur, comme il faudrait.
« Hélas ! c'est vraiment bien dommage ! »
Disent mon rein et mon jarret.

Oh ! très sincèrement je souffre
De ne pas aller aux sabbats,
Pour voir, quand il pète du soufre,
Comment tu lui baises son cas⁶** !
Oh ! très sincèrement je souffre !

Je suis diablement affligé
De ne pas être ta torchère,
Et de te demander congé,
Flambeau d'enfer ! Juge, ma chère,
Combien je dois être affligé.

Puisque depuis longtemps je t'aime,
Étant très logique ! En effet,
Voulant du Mal chercher la crème
Et n'aimer qu'un monstre parfait,
Vraiment oui ! vieux monstre, je t'aime !

XIII

FRANCISCÆ MEÆ LAUDES[1]

ÉPIGRAPHES

XIV

VERS POUR LE PORTRAIT
DE M. HONORÉ DAUMIER[1]*

Celui dont nous t'offrons l'image,
Et dont l'art, subtil entre tous,
Nous enseigne à rire de nous,
Celui-là, lecteur, est un sage.

C'est un satirique, un moqueur;
Mais l'énergie avec laquelle
Il peint le Mal et sa séquelle,
Prouve la beauté de son cœur.

Son rire n'est pas la grimace
De Melmoth ou de Méphisto
Sous la torche de l'Alecto[2]
Qui les brûle, mais qui nous glace.

Leur rire, hélas! de la gaité
N'est que la douloureuse charge:
Le sien rayonne, franc et large,
Comme un signe de sa bonté!

XV

LOLA DE VALENCE **

Entre tant de beautés que partout on peut voir,
Je comprends bien, amis, que le désir balance;
Mais on voit scintiller en Lola de Valence
Le charme inattendu d'un bijou rose et noir.

* Ces stances ont été faites pour un portrait de M. Daumier, gravé d'après le remarquable
médaillon de M. Pascal, et reproduit dans le second volume de l'*Histoire de la caricature*, de
M. Champfleury, où cet écrivain a rendu justice au caricaturiste avec la raison passionnée qui lui
est habituelle. *(Note de l'éditeur.)*
** Ces vers ont été composés pour servir d'inscription à un merveilleux portrait de mademoiselle
Lola, ballerine espagnole, par M. Édouard Manet, qui, comme tous les tableaux du même

XVI

SUR *LE TASSE EN PRISON*
D'EUGÈNE DELACROIX[1]

Le poète au cachot, débraillé, maladif,
Roulant un manuscrit sous son pied convulsif,
Mesure d'un regard que la terreur enflamme
L'escalier de vertige où s'abîme son âme.

Les rires enivrants dont s'emplit la prison
Vers l'étrange et l'absurde invitent sa raison;
Le Doute l'environne, et la Peur ridicule,
Hideuse et multiforme, autour de lui circule.

Ce génie enfermé dans un taudis malsain,
Ces grimaces, ces cris, ces spectres dont l'essaim
Tourbillonne, ameuté derrière son oreille,

Ce rêveur que l'horreur de son logis réveille,
Voilà bien ton emblème, Âme aux songes obscurs,
Que le Réel étouffe entre ses quatre murs !

1842.

peintre, a fait esclandre. — La muse de M. Charles Baudelaire est si généralement suspecte,
qu'il s'est trouvé des critiques d'estaminet pour dénicher un sens obscène dans le *bijou rose et
noir*. Nous croyons, nous, que le poète a voulu simplement dire qu'une beauté, d'un caractère à
la fois ténébreux et folâtre, faisait rêver à l'association du *rose* et du *noir*. *(Note de l'éditeur.)*

PIÈCES DIVERSES

XVII

LA VOIX

Mon berceau s'adossait à la bibliothèque,
Babel sombre, où roman, science, fabliau,
Tout, la cendre latine et la poussière grecque,
Se mêlaient. J'étais haut comme un in-folio.
Deux voix me parlaient. L'une, insidieuse et ferme,
Disait : « La Terre est un gâteau plein de douceur ;
Je puis (et ton plaisir serait alors sans terme !)
Te faire un appétit d'une égale grosseur. »
Et l'autre : « Viens ! oh ! viens voyager dans les rêves,
Au-delà du possible, au-delà du connu ! »
Et celle-là chantait comme le vent des grèves,
Fantôme vagissant, on ne sait d'où venu,
Qui caresse l'oreille et cependant l'effraie.
Je te répondis : « Oui ! douce voix ! » C'est d'alors
Que date ce qu'on peut, hélas ! nommer ma plaie
Et ma fatalité. Derrière les décors
De l'existence immense, au plus noir de l'abîme,
Je vois distinctement des mondes singuliers,
Et, de ma clairvoyance extatique victime,
Je traine des serpents qui mordent mes souliers.
Et c'est depuis ce temps que, pareil aux prophètes,
J'aime si tendrement le désert et la mer ;
Que je ris dans les deuils et pleure dans les fêtes,
Et trouve un goût suave au vin le plus amer ;
Que je prends très souvent les faits pour des mensonges,
Et que, les yeux au ciel, je tombe dans les trous.
Mais la Voix me console et dit : « Garde tes songes ;
Les sages n'en ont pas d'aussi beaux que les fous ! »

XVIII

L'IMPRÉVU *[1]

Harpagon, qui veillait son père agonisant,
Se dit, rêveur, devant ces lèvres déjà blanches :

* Ici l'auteur des *Fleurs du mal* se tourne vers la Vie Éternelle. Ça devait finir comme ça.
 Observons que, comme tous les nouveaux convertis, il se montre très rigoureux et très fanatique. *(Note de l'éditeur.)*

« Nous avons au grenier un nombre suffisant,
 Ce me semble, de vieilles planches ? »

Célimène roucoule et dit : « Mon cœur est bon,
Et naturellement, Dieu m'a faite très belle. »
— Son cœur ! cœur racorni, fumé comme un jambon,
 Recuit à la flamme éternelle !

Un gazetier fumeux, qui se croit un flambeau,
Dit au pauvre, qu'il a noyé dans les ténèbres :
« Où donc l'aperçois-tu, ce créateur du Beau,
 Ce Redresseur que tu célèbres ? »

Mieux que tous, je connais certain voluptueux
Qui bâille nuit et jour, et se lamente et pleure,
Répétant, l'impuissant et le fat : « Oui, je veux
 Être vertueux, dans une heure ! »

L'horloge, à son tour, dit à voix basse : « Il est mûr,
Le damné ! J'avertis en vain la chair infecte.
L'homme est aveugle, sourd, fragile, comme un mur
 Qu'habite et que ronge un insecte ! »

Et puis, Quelqu'un paraît, que tous avaient nié,
Et qui leur dit, railleur et fier : « Dans mon ciboire,
Vous avez, que je crois, assez communié,
 A la joyeuse Messe noire ?

« Chacun de vous m'a fait un temple dans son cœur ;
Vous avez, en secret, baisé ma fesse immonde* !
Reconnaissez Satan à son rire vainqueur,
 Énorme et laid comme le monde !

« Avez-vous donc pu croire, hypocrites surpris,
Qu'on se moque du maître, et qu'avec lui l'on triche,
Et qu'il soit naturel de recevoir deux prix,
 D'aller au Ciel et d'être riche ?

« Il faut que le gibier paye le vieux chasseur
Qui se morfond longtemps à l'affût de la proie.
Je vais vous emporter à travers l'épaisseur,
 Compagnons de ma triste joie,

« À travers l'épaisseur de la terre et du roc,
À travers les amas confus de votre cendre,
Dans un palais aussi grand que moi, d'un seul bloc,
 Et qui n'est pas de pierre tendre ;

* Voir à propos de la *messe* et de la *fesse*, la *Sorcière*, de Michelet, la *Monographie du Diable*,
de Charles Louandre, le *Rituel de la Haute Magie*, d'Eliphas Lévi, et, en général, tous les
auteurs traitant de la sorcellerie, de la démonologie et du rit diabolique. *(Note de l'éditeur.)*

« Car il est fait avec l'universel Péché,
Et contient mon orgueil, ma douleur et ma gloire ! »
— Cependant, tout en haut de l'univers juché,
 Un Ange sonne la victoire

De ceux dont le cœur dit : « Que béni soit ton fouet,
Seigneur ! que la douleur, ô Père, soit bénie !
Mon âme dans tes mains n'est pas un vain jouet,
 Et ta prudence est infinie. »

Le son de la trompette est si délicieux,
Dans ces soirs solennels de célestes vendanges,
Qu'il s'infiltre comme une extase dans tous ceux
 Dont elle chante les louanges.

XIX

LA RANÇON

L'homme a, pour payer sa rançon,
Deux champs au tuf profond et riche,
Qu'il faut qu'il remue et défriche
Avec le fer de la raison ;

Pour obtenir la moindre rose,
Pour extorquer quelques épis,
Des pleurs salés de son front gris
Sans cesse il faut qu'il les arrose.

L'un est l'Art, et l'autre l'Amour.
— Pour rendre le juge propice,
Lorsque de la stricte justice
Paraîtra le terrible jour,

Il faudra lui montrer des granges
Pleines de moissons, et des fleurs
Dont les formes et les couleurs
Gagnent le suffrage des Anges.

XX

À UNE MALABARAISE

Tes pieds sont aussi fins que tes mains, et ta hanche
Est large à faire envie à la plus belle blanche ;
À l'artiste pensif ton corps est doux et cher ;
Tes grands yeux de velours sont plus noirs que ta chair.
Aux pays chauds et bleus où ton Dieu t'a fait naître,
Ta tâche est d'allumer la pipe de ton maître,

De pourvoir les flacons d'eaux fraiches et d'odeurs,
De chasser loin du lit les moustiques rôdeurs,
Et, dès que le matin fait chanter les platanes,
D'acheter au bazar ananas et bananes.
Tout le jour, où tu veux, tu mènes tes pieds nus,
Et fredonnes tout bas de vieux airs inconnus ;
Et quand descend le soir au manteau d'écarlate,
Tu poses doucement ton corps sur une natte,
Où tes rêves flottants sont pleins de colibris,
Et toujours, comme toi, gracieux et fleuris.
Pourquoi, l'heureuse enfant, veux-tu voir notre France,
Ce pays trop peuplé que fauche la souffrance,
Et, confiant ta vie aux bras forts des marins,
Faire de grands adieux à tes chers tamarins ?
Toi, vêtue à moitié de mousselines frêles,
Frissonnante là-bas sous la neige et les grêles,
Comme tu pleurerais tes loisirs doux et francs,
Si, le corset brutal emprisonnant tes flancs,
Il te fallait glaner ton souper dans nos fanges
Et vendre le parfum de tes charmes étranges,
L'œil pensif, et suivant, dans nos sales brouillards,
Des cocotiers absents les fantômes épars !

<div align="right">1840.</div>

BOUFFONNERIES

XXI
SUR LES DÉBUTS D'AMINA BOSCHETTI [1]
AU THÉÂTRE DE LA MONNAIE, À BRUXELLES

Amina bondit, — fuit, — puis voltige et sourit ;
Le Welche dit : « Tout ça, pour moi, c'est du pràcrit ;
Je ne connais, en fait de nymphes bocagères,
Que celles de *Montagne-aux-Herbes-Potagères.* »

Du bout de son pied fin et de son œil qui rit,
Amina verse à flots le délire et l'esprit ;
Le Welche dit : « Fuyez, délices mensongères !
Mon épouse n'a pas ces allures légères. »

Vous ignorez, sylphide au jarret triomphant,
Qui voulez enseigner la valse à l'éléphant,
Au hibou la gaieté, le rire à la cigogne,

Que sur la grâce en feu le Welche dit : « Haro ! »
Et que le doux Bacchus lui versant du bourgogne,
Le monstre répondrait : « J'aime mieux le faro ! »

1864

XXII
A M. EUGÈNE FROMENTIN
À PROPOS D'UN IMPORTUN
QUI SE DISAIT SON AMI

Il me dit qu'il était très riche,
Mais qu'il craignait le choléra ;
— Que de son or il était chiche,
Mais qu'il goûtait fort l'Opéra ;

— Qu'il raffolait de la nature,
Ayant connu monsieur Corot ;
— Qu'il n'avait pas encor voiture,
Mais que cela viendrait bientôt ;

— Qu'il aimait le marbre et la brique,
Les bois noirs et les bois dorés ;
— Qu'il possédait dans sa fabrique
Trois contremaitres décorés ;

— Qu'il avait, sans compter le reste,
Vingt mille actions sur le *Nord* ;
— Qu'il avait trouvé, pour un zeste,
Des encadrements d'Oppenord ;

— Qu'il donnerait (fût-ce à Luzarches !)
Dans le bric-à-brac jusqu'au cou,
Et qu'au Marché des Patriarches
Il avait fait plus d'un bon coup ;

— Qu'il n'aimait pas beaucoup sa femme,
Ni sa mère ; — mais qu'il croyait
À l'immortalité de l'âme,
Et qu'il avait lu Niboyet*[1] !

— Qu'il penchait pour l'amour physique,
Et qu'à Rome, séjour d'ennui,
Une femme, d'ailleurs phtisique,
Était morte d'amour pour lui.

Pendant trois heures et demie,
Ce bavard, venu de Tournai,
M'a dégoisé toute sa vie ;
J'en ai le cerveau consterné.

S'il fallait décrire ma peine,
Ce serait à n'en plus finir ;
Je me disais, domptant ma haine :
« Au moins, si je pouvais dormir ! »

Comme un qui n'est pas à son aise,
Et qui n'ose pas s'en aller,
Je frottais de mon cul ma chaise,
Rêvant de le faire empaler.

Ce monstre se nomme Bastogne ;
Il fuyait devant le fléau.
Moi, je fuirai jusqu'en Gascogne,
Ou j'irai me jeter à l'eau,

* Nous ne savons ce que vient faire ici M. Niboyet ; mais M. Baudelaire n'étant pas un esclave de la rime, nous devons supposer que l'*importun* s'est vanté d'avoir lu les œuvres de M. Niboyet, comme ayant tous les courages. *(Note de l'éditeur.)*

Si dans ce Paris, qu'il redoute,
Quand chacun sera retourné,
Je trouve encore sur ma route
Ce fléau, natif de Tournai.

<div style="text-align:right">Bruxelles, 1865.</div>

XXIII

UN CABARET FOLÂTRE

SUR LA ROUTE DE BRUXELLES A UCCLE

Vous qui raffolez des squelettes
Et des emblèmes détestés,
Pour épicer les voluptés,
(Fût-ce de simples omelettes !)

Vieux Pharaon, ô Monselet* !
Devant cette enseigne imprévue,
J'ai rêvé de vous : *A la vue
Du Cimetière, Estaminet !*

* La malice est cousue de fil blanc ; tout le monde sait que M. Monselet fait profession d'aimer à la rage le rose et le gai. — Un jour M. Monselet reprochait à M. Baudelaire d'avoir écrit ce vers abominable, à propos d'un pendu dont les oiseaux ont crevé le ventre :

Ses intestins pesants lui coulaient sur les cuisses.

« Mais, dit le poète impatienté, je ne pouvais pas faire autrement. Le sujet voulait cela. Qu'auriez-vous préféré à cette image ? — Une rose ! » répondit M. Monselet.

Cependant il ne faudrait pas croire que l'indispensable mélancolie ne perce pas de temps en temps sous ce vernis anacréontique. Nous avons vu récemment une petite composition de lui, où, se reprochant d'avoir rebuté une pauvresse, le poète se met à sa recherche, et ne se couche que tout triste de ne l'avoir pu retrouver. Cette pièce est d'un homme vraiment sensible, même à jeun.

Regrettons que M. Monselet ne cède pas plus souvent à son tempérament lyrique, qu'une gaieté, tant soit peu artificielle, a trop souvent contrarié. *(Note de l'éditeur.)*

Les Fleurs du mal

[Ajouts de la troisième édition (1868)]

ÉPIGRAPHE
POUR UN LIVRE CONDAMNÉ

Lecteur paisible et bucolique,
Sobre et naïf homme de bien,
Jette ce livre saturnien,
Orgiaque et mélancolique.

Si tu n'as fait ta rhétorique
Chez Satan, le rusé doyen,
Jette ! tu n'y comprendrais rien
Ou tu me croirais hystérique.

Mais si, sans se laisser charmer,
Ton œil sait plonger dans les gouffres,
Lis-moi, pour apprendre à m'aimer ;

Âme curieuse qui souffres
Et vas cherchant ton paradis,
Plains-moi !... Sinon, je te maudis !

MADRIGAL TRISTE

I

Que m'importe que tu sois sage ?
Sois belle ! et sois triste ! Les pleurs
Ajoutent un charme au visage,
Comme le fleuve au paysage ;
L'orage rajeunit les fleurs.

Je t'aime surtout quand la joie
S'enfuit de ton front terrassé ;
Quand ton cœur dans l'horreur se noie ;
Quand sur ton présent se déploie
Le nuage affreux du passé.

Je t'aime quand ton grand œil verse
Une eau chaude comme le sang ;
Quand, malgré ma main qui te berce,
Ton angoisse, trop lourde, perce
Comme un râle d'agonisant.

J'aspire, volupté divine !
Hymne profond, délicieux !
Tous les sanglots de ta poitrine,
Et crois que ton cœur s'illumine
Des perles que versent tes yeux !

II

Je sais que ton cœur, qui regorge
De vieux amours déracinés,
Flamboie encor comme une forge,
Et que tu couves sous ta gorge
Un peu de l'orgueil des damnés ;

Mais tant, ma chère, que tes rêves
N'auront pas reflété l'Enfer,
Et qu'en un cauchemar sans trêves,
Songeant de poisons et de glaives,
Éprise de poudre et de fer,

N'ouvrant à chacun qu'avec crainte,
Déchiffrant le malheur partout,
Te convulsant quand l'heure tinte,
Tu n'auras pas senti l'étreinte
De l'irrésistible Dégoût,

Tu ne pourras, esclave reine
Qui ne m'aimes qu'avec effroi,
Dans l'horreur de la nuit malsaine
Me dire, l'âme de cris pleine :
« Je suis ton égale, ô mon Roi ! »

LA PRIÈRE D'UN PAÏEN

Ah ! ne ralentis pas tes flammes ;
Réchauffe mon cœur engourdi,
Volupté, torture des âmes !
Diva ! supplicem exaudi[1] *!*

Déesse dans l'air répandue,
Flamme dans notre souterrain !
Exauce une âme morfondue,
Qui te consacre un chant d'airain.

Volupté, sois toujours ma reine !
Prends le masque d'une sirène
Faite de chair et de velours,

Ou verse-moi tes sommeils lourds
Dans le vin informe et mystique,
Volupté, fantôme élastique !

LE REBELLE

Un Ange furieux fond du ciel comme un aigle,
Du mécréant saisit à plein poing les cheveux,
Et dit, le secouant : « Tu connaitras la règle !
(Car je suis ton bon Ange, entends-tu ?) Je le veux !

« Sache qu'il faut aimer, sans faire la grimace,
Le pauvre, le méchant, le tortu, l'hébété,
Pour que tu puisses faire à Jésus, quand il passe,
Un tapis triomphal avec ta charité.

« Tel est l'Amour ! Avant que ton cœur ne se blase,
À la gloire de Dieu rallume ton extase ;
C'est la Volupté vraie aux durables appas ! »

Et l'Ange, châtiant autant, ma foi ! qu'il aime,
De ses poings de géant torture l'anathème ;
Mais le damné répond toujours : « Je ne veux pas ! »

L'AVERTISSEUR

Tout homme digne de ce nom
A dans le cœur un Serpent jaune,
Installé comme sur un trône,
Qui, s'il dit : « Je veux ! » répond : « Non ! »

Plonge tes yeux dans les yeux fixes
Des Satyresses ou des Nixes,[1]
La Dent dit : « Pense à ton devoir ! »

Fais des enfants, plante des arbres,
Polis des vers, sculpte des marbres,
La Dent dit : « Vivras-tu ce soir ? »

Quoi qu'il ébauche ou qu'il espère,
L'homme ne vit pas un moment
Sans subir l'avertissement
De l'insupportable Vipère.

RECUEILLEMENT

Sois sage, ô ma Douleur, et tiens-toi plus tranquille.
Tu réclamais le Soir; il descend; le voici :
Une atmosphère obscure enveloppe la ville,
Aux uns portant la paix, aux autres le souci.

Pendant que des mortels la multitude vile,
Sous le fouet du Plaisir, ce bourreau sans merci,
Va cueillir des remords dans la fête servile,
Ma Douleur, donne-moi la main; viens par ici,

Loin d'eux. Vois se pencher les défuntes Années,
Sur les balcons du ciel, en robes surannées;
Surgir du fond des eaux le Regret souriant ;

Le Soleil moribond s'endormir sous une arche,
Et, comme un long linceul traînant à l'Orient,
Entends, ma chère, entends la douce Nuit qui marche.

LE COUVERCLE

En quelque lieu qu'il aille, ou sur mer ou sur terre,
Sous un climat de flamme ou sous un soleil blanc,
Serviteur de Jésus, courtisan de Cythère,
Mendiant ténébreux ou Crésus rutilant,

Citadin, campagnard, vagabond, sédentaire,
Que son petit cerveau soit actif ou soit lent,
Partout l'homme subit la terreur du mystère,
Et ne regarde en haut qu'avec un œil tremblant.

En haut, le Ciel! ce mur de caveau qui l'étouffe,
Plafond illuminé pour un opéra bouffe
Où chaque histrion foule un sol ensanglanté;

Terreur du libertin, espoir du fol ermite;
Le Ciel! couvercle noir de la grande marmite
Où bout l'imperceptible et vaste Humanité.

LA LUNE OFFENSÉE [1]

Ô Lune qu'adoraient discrètement nos pères,
Du haut des pays bleus où, radieux sérail,
Les astres vont te suivre en pimpant attirail,
Ma vieille Cynthia, lampe de nos repaires,

Vois-tu les amoureux sur leurs grabats prospères,
De leur bouche en dormant montrer le frais émail ?
Le poète buter du front sur son travail ?
Ou sous les gazons secs s'accoupler les vipères ?

Sous ton domino jaune, et d'un pied clandestin,
Vas-tu, comme jadis, du soir jusqu'au matin,
Baiser d'Endymion les grâces surannées ?

« — Je vois ta mère, enfant de ce siècle appauvri,
Qui vers son miroir penche un lourd amas d'années,
Et plâtre artistement le sein qui t'a nourri ! »

LE GOUFFRE [1]

Pascal avait son gouffre, avec lui se mouvant.
— Hélas ! tout est abime, — action, désir, rêve,
Parole ! et sur mon poil qui tout droit se relève
Mainte fois de la Peur je sens passer le vent.

En haut, en bas, partout, la profondeur, la grève,
Le silence, l'espace affreux et captivant...
Sur le fond de mes nuits Dieu de son doigt savant
Dessine un cauchemar multiforme et sans trève.

J'ai peur du sommeil comme on a peur d'un grand trou,
Tout plein de vague horreur, menant on ne sait où ;
Je ne vois qu'infini par toutes les fenêtres,

Et mon esprit, toujours du vertige hanté,
Jalouse du néant l'insensibilité.
— Ah ! ne jamais sortir des Nombres et des Êtres !

LES PLAINTES D'UN ICARE

Les amants des prostituées
Sont heureux, dispos et repus ;
Quant à moi, mes bras sont rompus
Pour avoir étreint des nuées.

C'est grâce aux astres nonpareils,
Qui tout au fond du ciel flamboient,
Que mes yeux consumés ne voient
Que des souvenirs de soleils.

En vain j'ai voulu de l'espace
Trouver la fin et le milieu ;

Sous je ne sais quel œil de feu
Je sens mon aile qui se casse ;

Et brûlé par l'amour du beau,
Je n'aurai pas l'honneur sublime
De donner mon nom à l'abîme
Qui me servira de tombeau.

L'EXAMEN DE MINUIT

La pendule, sonnant minuit,
Ironiquement nous engage
À nous rappeler quel usage
Nous fîmes du jour qui s'enfuit :
— Aujourd'hui, date fatidique,
Vendredi, treize, nous avons,
Malgré tout ce que nous savons,
Mené le train d'un hérétique.

Nous avons blasphémé Jésus,
Des Dieux le plus incontestable !
Comme un parasite à la table
De quelque monstrueux Crésus,
Nous avons, pour plaire à la brute.
Digne vassale des Démons,
Insulté ce que nous aimons
Et flatté ce qui nous rebute ;

Contristé, servile bourreau,
Le faible qu'à tort on méprise ;
Salué l'énorme Bêtise,
La Bêtise au front de taureau ;
Baisé la stupide Matière
Avec grande dévotion,
Et de la putréfaction
Béni la blafarde lumière.

Enfin, nous avons, pour noyer
Le vertige dans le délire,
Nous, prêtre orgueilleux de la Lyre,
Dont la gloire est de déployer
L'ivresse des choses funèbres,
Bu sans soif et mangé sans faim !...
— Vite soufflons la lampe, afin
De nous cacher dans les ténèbres !

BIEN LOIN D'ICI

C'est ici la case sacrée
Où cette fille très parée,
Tranquille et toujours préparée,

D'une main éventant ses seins,
Et son coude dans les coussins,
Écoute pleurer les bassins :

C'est la chambre de Dorothée.
— La brise et l'eau chantent au loin
Leur chanson de sanglots heurtée
Pour bercer cette enfant gâtée.

Du haut en bas, avec grand soin,
Sa peau délicate est frottée
D'huile odorante et de benjoin.
— Des fleurs se pâment dans un coin.

À THÉODORE DE BANVILLE

Vous avez empoigné les crins de la Déesse
Avec un tel poignet, qu'on vous eût pris, à voir
Et cet air de maîtrise et ce beau nonchaloir,
Pour un jeune ruffian terrassant sa maîtresse.

L'œil clair et plein du feu de la précocité,
Vous avez prélassé votre orgueil d'architecte
Dans des constructions dont l'audace correcte
Fait voir quelle sera votre maturité.

— Poète, notre sang nous fuit par chaque pore —
Est-ce que par hasard la robe du Centaure
Qui changeait toute veine en funèbre ruisseau

Était teinte trois fois dans les baves subtiles
De ces vindicatifs et monstrueux reptiles
Que le petit Hercule étranglait au berceau ?

Fragments et dossier des « *Fleurs du mal* »

PROJETS DE PRÉFACES[1]

I

Préface des Fleurs

Ce n'est pas pour mes femmes, mes filles ou mes sœurs que ce livre a été écrit ; non plus que pour les femmes, les filles ou les sœurs de mon voisin. Je laisse cette fonction à ceux qui ont intérêt à confondre les bonnes actions avec le beau langage.

Je sais que l'amant passionné du beau style s'expose à la haine des multitudes. Mais aucun respect humain, aucune fausse pudeur, aucune coalition, aucun suffrage universel ne me contraindront à parler le patois incomparable de ce siècle, ni à confondre l'encre avec la vertu.

Des poètes illustres s'étaient partagé depuis longtemps les provinces les plus fleuries du domaine poétique. Il m'a paru plaisant, et d'autant plus agréable que la tâche était plus difficile, d'extraire la *beauté* du Mal. Ce livre, essentiellement inutile et absolument innocent, n'a pas été fait dans un autre but que de me divertir et d'exercer mon goût passionné de l'obstacle.

Quelques-uns m'ont dit que ces poésies pouvaient faire du mal. Je ne m'en suis pas réjoui. D'autres, de bonnes âmes, qu'elles pouvaient faire du bien : et cela ne m'a pas affligé. La crainte des uns et l'espérance des autres m'ont également étonné, et n'ont servi qu'à me prouver une fois de plus que ce siècle avait désappris toutes les notions classiques relatives à la littérature.

Malgré les secours que quelques cuistres célèbres ont apportés à la sottise naturelle de l'homme, je n'aurais jamais cru que notre patrie pût marcher avec une telle vélocité dans la voie du *progrès*. Ce monde a acquis une épaisseur de vulgarité qui donne au mépris de l'homme spirituel la violence d'une passion. Mais il est des carapaces heureuses que le poison lui-même n'entamerait pas.

J'avais primitivement l'intention de répondre à de nombreuses critiques et, en même temps, d'expliquer quelques questions très simples, totalement obscurcies par la lumière moderne : qu'est-ce que la Poésie ? quel est son but ? de la distinction du Bien d'avec le Beau ; de la Beauté dans le Mal ; que le rythme et la rime répondent dans l'homme aux immortels besoins de monotonie, de symétrie et de surprise ; de l'adaptation du style au sujet ; de la vanité et du danger de l'inspiration, etc., etc. ; mais j'ai eu l'imprudence de lire

ce matin quelques feuilles publiques ; soudain, une indolence, du poids de vingt atmosphères, s'est abattue sur moi, et je me suis arrêté devant l'épouvantable inutilité d'expliquer quoi que ce soit à qui que ce soit. Ceux qui savent me devinent, et pour ceux qui ne peuvent ou ne veulent pas comprendre, j'amoncellerais sans fruit les explications.

C. B.

II
Préface

La France traverse une phase de vulgarité. Paris, centre et rayonnement de bêtise universelle. Malgré Molière et Béranger, on n'aurait jamais cru que la France irait si grand train dans la voie du *Progrès*. — Questions d'art, *terræ incognitæ*. Le grand homme est bête.

Mon livre a pu faire du Bien. Je ne m'en afflige pas. Il a pu faire du Mal. Je ne m'en réjouis pas.

Le but de la Poésie. Ce livre n'est pas fait pour mes femmes, mes filles ou mes sœurs.

On m'a attribué tous les crimes que je racontais. Divertissement de la haine et du mépris. Les Élégiaques sont des canailles. *Et verbum Caro factum est* [1]. — Or le poète n'est d'aucun parti. Autrement, il serait un simple mortel.

Le Diable. Le péché originel. Homme bon. Si vous vouliez, vous seriez le favori du Tyran. Il est plus difficile d'aimer Dieu que de croire en lui. Au contraire, il est plus difficile pour les gens de ce siècle de croire au Diable que de l'aimer. Tout le monde le sert et personne n'y croit. Sublime subtilité du Diable.

Une âme de mon choix. Le Décor. Ainsi la nouveauté. L'Épigraphe. D'Aurevilly. La Renaissance. Gérard de Nerval. Nous sommes tous pendus ou pendables.

J'avais mis quelques ordures pour plaire à MM. les journalistes. Ils se sont montrés ingrats.

III
Notes

— Comment, par une série d'efforts déterminée, l'artiste peut s'élever à une originalité proportionnelle ;

comment la poésie touche à la musique par une prosodie dont les racines plongent plus avant dans l'âme humaine que ne l'indique aucune théorie classique ;

que la poésie française possède une prosodie mystérieuse et méconnue, comme les langues latine et anglaise ;

pourquoi tout poète qui ne sait pas au juste combien chaque mot comporte de rimes est incapable d'exprimer une idée quelconque ;

que la phrase poétique peut imiter (et par là elle touche à l'art musical et à la science mathématique) la ligne horizontale, la ligne droite ascendante, la ligne droite descendante ; qu'elle peut monter à pic vers le ciel, sans essoufflement, ou descendre perpendiculairement vers l'enfer avec la vélocité de toute pesanteur ; qu'elle peut suivre la spirale, décrire la parabole, ou le zigzag figurant une série d'angles superposés ;

que la poésie se rattache aux arts de la peinture, de la cuisine et du cosmétique par la possibilité d'exprimer toute sensation de suavité ou d'amertume, de béatitude ou d'horreur par l'accouplement de tel substantif avec tel adjectif, analogue ou contraire ;

comment, appuyé sur mes principes et disposant de la science que je me charge de lui enseigner en vingt leçons, tout homme devient capable de composer une tragédie qui ne sera pas plus sifflée qu'une autre, ou d'aligner un poème de la longueur nécessaire pour être aussi ennuyeux que tout poème épique connu.

Tâche difficile que de s'élever vers cette insensibilité divine ! Car moi-même, malgré les plus louables efforts, je n'ai su résister au désir de plaire à mes contemporains, comme l'attestent en quelques endroits, apposées comme un fard, certaines basses flatteries adressées à la démocratie, et même quelques ordures destinées à me faire pardonner la tristesse de mon sujet. Mais MM. les journalistes s'étant montrés ingrats envers les caresses de ce genre, j'en ai supprimé la trace, autant qu'il m'a été possible, dans cette nouvelle édition.

Que je me propose, pour vérifier de nouveau l'excellence de ma méthode, de l'appliquer prochainement à la célébration des jouissances de la dévotion et des ivresses de la gloire militaire, bien que je ne les aie jamais connues.

Note sur les plagiats. — Thomas Gray. Edgar Poe (2 passages). Longfellow (2 passages). Stace. Virgile (tout le morceau d'Andromaque). Eschyle. Victor Hugo.

IV

Projet de préface pour *Les Fleurs du mal*[1]
(à fondre peut-être avec d'anciennes notes)

S'il y a quelque gloire à n'être pas compris, ou à ne l'être que très peu, je peux dire, sans vanterie, que, par ce petit livre, je l'ai acquise et méritée d'un seul coup. Offert plusieurs fois de suite à divers éditeurs qui le repoussaient avec horreur, poursuivi et mutilé, en 1857, par suite d'un malentendu fort bizarre, lentement rajeuni, accru et fortifié pendant quelques années de silence, disparu de nouveau, grâce à mon insouciance, ce produit discordant de la *Muse des Derniers jours*, encore avivé par quelques nouvelles touches violentes, ose affronter aujourd'hui pour la troisième fois le soleil de la sottise.

Ce n'est pas ma faute ; c'est celle d'un éditeur insistant qui se croit assez fort pour braver le dégoût public. « Ce livre restera sur toute votre vie comme une tache », me prédisait, dès le commencement, un de mes amis qui est un grand poète. En effet, toutes mes mésaventures lui ont, jusqu'à présent, donné raison. Mais j'ai un de ces heureux caractères qui tirent une jouissance de la haine et qui se glorifient dans le mépris. Mon goût diaboliquement passionné de la

bêtise me fait trouver des plaisirs particuliers dans les travestissements de la calomnie. Chaste comme le papier, sobre comme l'eau, porté à la dévotion comme une communiante, inoffensif comme une victime, il ne me déplairait pas de passer pour un débauché, un ivrogne, un impie et un assassin.

Mon éditeur prétend qu'il y aurait quelque utilité, pour moi comme pour lui, à expliquer pourquoi et comment j'ai fait ce livre, quels ont été mon but et mes moyens, mon dessein et ma méthode. Un tel travail de critique aurait sans doute quelques chances d'amuser les esprits amoureux de la rhétorique profonde. Pour ceux-là, peut-être l'écrirai-je plus tard et le ferai-je tirer à une dizaine d'exemplaires. Mais, à un meilleur examen, ne paraît-il pas évident que ce serait là une besogne tout à fait superflue, pour les uns comme pour les autres, puisque les uns savent ou devinent, et que les autres ne comprendront jamais ? Pour insuffler au peuple l'intelligence d'un objet d'art, j'ai une trop grande peur du ridicule, et je craindrais, en cette matière, d'égaler ces utopistes qui veulent, par un décret, rendre tous les Français riches et vertueux d'un seul coup.

Et puis, ma meilleure raison, ma suprême, est que cela m'ennuie et me déplaît. Mène-t-on la foule dans les ateliers de l'habilleuse et du décorateur, dans la loge de la comédienne ? Montre-t-on au public affolé aujourd'hui, indifférent demain, le mécanisme des trucs ? Lui explique-t-on les retouches et les variantes improvisées aux répétitions, et jusqu'à quelle dose l'instinct et la sincérité sont mêlés aux rubriques et au charlatanisme indispensable dans l'amalgame de l'œuvre ? Lui révèle-t-on toutes les loques, les fards, les poulies, les chaines, les repentirs, les épreuves barbouillées, bref toutes les horreurs qui composent le sanctuaire de l'art ?

D'ailleurs telle n'est pas, aujourd'hui, mon humeur. Je n'ai désir ni de démontrer, ni d'étonner, ni d'amuser, ni de persuader. J'ai mes nerfs, mes vapeurs. J'aspire à un repos absolu et à une nuit continue. Chantre des voluptés folles du vin et de l'opium, je n'ai soif que d'une liqueur inconnue sur la terre, et que la pharmaceutique céleste elle-même ne pourrait pas m'offrir, — d'une liqueur qui ne contiendrait ni la vie/vitalité ni la mort, ni l'excitation, ni le néant. Ne rien savoir, ne rien enseigner, ne rien vouloir, ne rien sentir, dormir et encore dormir, tel est aujourd'hui mon unique vœu. Vœu infâme et dégoûtant, mais sincère.

Toutefois, comme un goût supérieur nous apprend à ne pas craindre de nous contredire un peu nous-mêmes, j'ai rassemblé, à la fin de ce livre abominable, les témoignages de sympathie de quelques-uns des hommes que je prise le plus, pour qu'un lecteur impartial en puisse inférer que je ne suis pas absolument digne d'excommunication et qu'ayant su me faire aimer de quelques-uns, mon cœur, quoi qu'en ait dit je ne sais plus quel torchon imprimé, n'a peut-être pas « l'épouvantable laideur de mon visage ».

Enfin, par une générosité peu commune, dont MM. les critiques...

Comme l'ignorance va croissant...

Je dénonce moi-même les imitations...

FRAGMENTS

BRIBES

ORGUEIL

Anges habillés d'or, de pourpre et d'hyacinthe.

Le génie et l'amour sont des Devoirs faciles.

*

J'ai pétri de la boue et j'en ai fait de l'or.

*

Il portait dans ses yeux la force de son cœur.
Dans Paris son désert vivant sans feu ni lieu,
Aussi fort qu'une bête, aussi libre qu'un Dieu.

LE GOINFRE

En ruminant, je ris des passants faméliques.

Je crèverais comme un obus
Si je n'absorbais comme un chancre.

Son regard n'était pas nonchalant, ni timide,
Mais exhalait plutôt quelque chose d'avide,
Et, comme sa narine, exprimait les émois
Des artistes devant les œuvres de leurs doigts.

Ta jeunesse sera plus féconde en orages
Que cette canicule aux yeux pleins de lueurs
Qui sur nos fronts pâlis tord ses bras en sueurs,
Et soufflant dans la nuit ses haleines fiévreuses,
Rend de leurs frêles Corps les filles amoureuses,
 Et les fait au miroir, stérile volupté,
 Contempler les fruits mûrs de leur virginité.

Mais je vois à cet œil tout chargé de Tempêtes
Que ton Cœur n'est pas fait pour les paisibles fêtes,

Et que cette beauté, sombre comme le fer,
Est de celles que forge et que polit l'Enfer
Pour accomplir un jour d'effroyables luxures
Et contrister le Cœur des humbles créatures

Affaissant sous son poids un énorme oreiller,
Un beau corps était là, doux à voir sommeiller.
Et son sommeil orné d'un sourire superbe
. .
L'ornière de son dos par le désir hanté.

L'air était imprégné d'une amoureuse rage ;
Les insectes volaient à la lampe et nul vent
Ne faisait tressaillir le rideau ni l'auvent.
C'était une nuit chaude, un vrai bain de jouvence.

*

Grand ange qui portez sur votre fier visage
La noirceur de l'Enfer d'où vous êtes monté ;
Dompteur féroce et doux qui m'avez mis en cage
Pour servir de spectacle à votre cruauté,

Cauchemar de mes Nuits, Sirène sans corsage,
Qui me tirez, toujours debout à mon côté,
Par ma robe de saint ou ma barbe de sage
Pour m'offrir le poison d'un amour effronté ;
. .

DAMNATION
Le banc inextricable et dur,
La passe au col étroit, le maëlstrom vorace,
Agitent moins de sable et de varech impur

Que nos cœurs où pourtant tant de ciel se reflète ;
Ils sont une jetée à l'air noble et massif,
Où le phare reluit, bienfaisante vedette,
Mais que mine en dessous le taret corrosif ;

On peut les comparer encore à cette auberge,
Espoir des affamés, où cognent sur le tard,
Blessés, brisés, jurant, priant qu'on les héberge,
L'écolier, le prélat, la gouge et le soudard.

Ils ne reviendront pas dans les chambres infectes ;
Guerre, science, amour, rien ne veut plus de nous.
L'âtre était froid, les lits et le vin pleins d'insectes ;
Ces visiteurs, il faut les servir à genoux !

SPLEEN

PROJETS POUR UN ÉPILOGUE

(Édition de 1861)

I

Épilogue [1]

Le cœur content, je suis monté sur la montagne
D'où l'on peut contempler la ville en son ampleur,
Hôpital, lupanar, purgatoire, enfer, bagne,

Où toute énormité fleurit comme une fleur.
Tu sais bien, ô Satan, patron de ma détresse,
Que je n'allais pas là pour répandre un vain pleur;

Mais, comme un vieux paillard d'une vieille maitresse,
Je voulais m'enivrer de l'énorme catin,
Dont le charme infernal me rajeunit sans cesse.

Que tu dormes encor dans les draps du matin,
Lourde, obscure, enrhumée, ou que tu te pavanes
Dans les voiles du soir passementés d'or fin,

Je t'aime, ô capitale infâme! Courtisanes
Et bandits, tels souvent vous offrez des plaisirs
Que ne comprennent pas les vulgaires profanes.

II

Tranquille comme un sage et doux comme un maudit,
 J'ai dit:
Je t'aime, ô ma très belle, ô ma charmante...
Que de fois...
Tes débauches sans soif et tes amours sans âme,
 Ton goût de l'infini,
Qui partout, dans le mal lui-même, se proclame...

Tes bombes, tes poignards, tes victoires, tes fêtes,
Tes faubourgs mélancoliques,
Tes hôtels garnis,
Tes jardins pleins de soupirs et d'intrigues.

Tes temples vomissant la prière en musique,
Tes désespoirs d'enfant, tes jeux de vieille folle,
 Tes découragements,

Et tes feux d'artifice, éruptions de joie,
Qui font rire le Ciel, muet et ténébreux,

Ton vice vénérable étalé dans la soie,
Et ta vertu risible, au regard malheureux,
Douce, s'extasiant au luxe qu'il déploie.

Tes principes sauvés et tes lois conspuées,
Tes monuments hautains où s'accrochent les brumes,
Tes dômes de métal qu'enflamme le soleil,
 Tes reines de Théâtre aux voix enchanteresses,
Tes tocsins, tes canons, orchestre assourdissant,
Tes magiques pavés dressés en forteresses,
Tes petits orateurs, aux enflures baroques
Prêchant l'amour, et puis tes égouts pleins de sang,
S'engouffrant dans l'Enfer comme des Orénoques,
Tes sages, tes bouffons neufs aux vieilles défroques,
Anges revêtus d'or, de pourpre et d'hyacinthe,
Ô vous ! soyez témoins que j'ai fait mon devoir
Comme un parfait chimiste et comme une âme sainte.
 Car j'ai de chaque chose extrait la quintessence,
Tu m'as donné ta boue et j'en ai fait de l'or.

LE PROCÈS DES *FLEURS DU MAL*[1]

NOTES POUR MON AVOCAT

Le Livre doit être jugé *dans son ensemble,* et alors il en ressort une terrible moralité.
Donc je n'ai pas à me louer de cette singulière indulgence qui n'incrimine que 13 morceaux sur 100. Cette indulgence m'est très funeste. C'est en pensant à ce *parfait ensemble* de mon livre, que je disais à M. le juge d'instruction : *mon unique tort a été de compter sur l'intelligence universelle, et ne pas faire une préface où j'aurais posé mes principes littéraires et dégagé la question si importante de la Morale.*
(Voir, à propos de la Morale dans les œuvres d'Art, les remarquables lettres de M. Honoré de Balzac à M. Hippolyte Castille, dans le journal *La Semaine.*)

Le volume est, relativement à l'abaissement général des prix en librairie, d'un prix élevé. C'est déjà une garantie importante. Je ne m'adresse donc pas à la foule.

Il y a prescription pour deux des morceaux incriminés : *Lesbos* et *Le Reniement de saint Pierre,* parus depuis longtemps et non poursuivis.
Mais je prétends, au cas même où on me contraindrait à me reconnaître quelques torts, qu'il y a une sorte de prescription générale. Je pourrais faire une bibliothèque de livres modernes non poursuivis, et *qui ne respirent pas, comme le mien,* L'HORREUR DU MAL. Depuis près de trente ans, la littérature est d'une liberté qu'on veut brusquement punir en moi. Est-ce juste ?

Il y a plusieurs morales. Il y a la morale positive et pratique à laquelle tout le monde doit obéir.
Mais il y a la morale des arts. Celle-ci est tout autre, et depuis le commencement du monde, les Arts l'ont bien prouvé.

Il y a aussi plusieurs sortes de *Liberté*. Il y a la Liberté pour le Génie, et il y a une liberté très restreinte pour les polissons.

M. Charles Baudelaire n'aurait-il pas le droit d'arguer des licences permises à Béranger *(Œuvres complètes autorisées)* ? Tel sujet reproché à Ch. Baudelaire a été traité par Béranger. Lequel préférez-vous ? le poète triste ou le poète gai et effronté, l'horreur dans le mal ou la folâtrerie, le remords ou l'impudence ?

(Il ne serait peut-être pas sain d'user outre mesure de cet argument.)

Je répète qu'un Livre doit être jugé dans son ensemble.

À un blasphème, j'opposerai des élancements vers le Ciel, à une obscénité, des fleurs platoniques.

Depuis le commencement de la poésie, tous les volumes de poésie sont ainsi faits. Mais il était impossible de faire autrement un livre destiné à représenter L'AGITATION DE L'ESPRIT DANS LE MAL.

M. le ministre de l'Intérieur, furieux d'avoir lu un éloge fastueux de mon livre dans *Le Moniteur,* a pris ses précautions pour que cette mésaventure ne se reproduisît pas.

M. d'Aurevilly *(un écrivain absolument catholique, autoritaire, et non suspect)* portait au *Pays,* auquel il est attaché, un article sur *Les Fleurs du Mal;* et il lui a été dit qu'une consigne récente défendait de parler de M. Charles Baudelaire dans *Le Pays.*

Or, il y a quelques jours, j'exprimais à M. le juge d'instruction la crainte que le bruit de la saisie ne glaçât la bonne volonté des personnes qui trouveraient quelque chose de louable dans mon livre. Et M. le Juge (Charles Camusat Busserolles) me répondit : *Monsieur, tout le monde a parfaitement LE DROIT de vous défendre dans TOUS les journaux, sans exception.*

MM. les directeurs de la *Revue française* n'ont pas osé publier l'article de M. Charles Asselineau, le plus sage et le plus modéré des écrivains. Ces messieurs se sont renseignés au *Ministère de l'intérieur* (!), et il leur a été répondu qu'il y aurait pour eux danger à publier cet article.

Ainsi, abus de pouvoir et entraves apportées à la défense !

Le nouveau règne napoléonien, après les illustrations de la guerre doit rechercher les illustrations des lettres et des arts.

Qu'est-ce que c'est que cette morale prude, bégueule, taquine, et qui ne tend à rien moins *[sic]* qu'à créer des conspirateurs même dans l'ordre si tranquille des rêveurs ?

Cette morale-là irait jusqu'à dire : DÉSORMAIS ON NE FERA QUE DES LIVRES CONSOLANTS ET SERVANT À DÉMONTRER QUE L'HOMME EST NÉ BON, ET QUE TOUS LES HOMMES SONT HEUREUX, — abominable hypocrisie !

ʹVoir le résumé de mon interrogatoire, et la liste des morceaux incriminés.)

POÉSIES DE JEUNESSE
ET RELIQUES

POÉSIES DE JEUNESSE
ET RELIQUES

Tout à l'heure je viens d'entendre
Dehors résonner doucement
Un air monotone et si tendre
Qu'il bruit en moi vaguement,

Une de ces vielles plaintives,
Muses des pauvres Auvergnats,
Qui jadis aux heures oisives
Nous charmaient si souvent, hélas !

Et, son espérance détruite,
Le pauvre s'en fut tristement ;
Et moi je pensai tout de suite
A mon ami que j'aime tant,

Qui me disait en promenade
Que pour lui c'était un plaisir
Qu'une semblable sérénade
Dans un long et morne loisir.

Nous aimions cette humble musique
Si douce à nos esprits lassés
Quand elle vient, mélancolique,
Répondre à de tristes pensers.

— Et j'ai laissé les vitres closes,
Ingrat, pour qui m'a fait ainsi
Rêver de si charmantes choses,
Et penser à mon cher Henri !

*

N'est-ce pas qu'il est doux, maintenant que nous sommes
Fatigués et flétris comme les autres hommes,
De chercher quelquefois à l'Orient lointain

Si nous voyons encor les rougeurs du matin,
Et, quand nous avançons dans la rude carrière,
D'écouter les échos qui chantent en arrière
Et les chuchotements de ces jeunes amours
Que le Seigneur a mis au début de nos jours ?...

<p style="text-align:center">*</p>

Il aimait à la voir, avec ses jupes blanches,
Courir tout au travers du feuillage et des branches.
Gauche et pleine de grâce, alors qu'elle cachait
Sa jambe, si la robe aux buissons s'accrochait...

INCOMPATIBILITÉ

Tout là-haut, tout là-haut, loin de la route sûre,
Des fermes, des vallons, par-delà les coteaux,
Par-delà les forêts, les tapis de verdure,
Loin des derniers gazons foulés par les troupeaux,

On rencontre un lac sombre encaissé dans l'abîme
Que forment quelques pics désolés et neigeux ;
L'eau, nuit et jour, y dort dans un repos sublime,
Et n'interrompt jamais son silence orageux.

Dans ce morne désert, à l'oreille incertaine
Arrivent par moments des bruits faibles et longs,
Et des échos plus morts que la cloche lointaine
D'une vache qui paît aux penchants des vallons.

Sur ces monts où le vent efface tout vestige,
Ces glaciers pailletés qu'allume le soleil,
Sur ces rochers altiers où guette le vertige,
Dans ce lac où le soir mire son teint vermeil,

Sous mes pieds, sur ma tête et partout, le silence,
Le silence qui fait qu'on voudrait se sauver,
Le silence éternel et la montagne immense,
Car l'air est immobile et tout semble rêver.

On dirait que le ciel, en cette solitude,
Se contemple dans l'onde, et que ces monts, là-bas,
Écoutent, recueillis, dans leur grave attitude,
Un mystère divin que l'homme n'entend pas.

Et lorsque par hasard une nuée errante
Assombrit dans son vol le lac silencieux,
On croirait voir la robe ou l'ombre transparente
D'un esprit qui voyage et passe dans les cieux.

*

Hélas ! qui n'a gémi sur autrui, sur soi-même ?
Et qui n'a dit à Dieu : « Pardonnez-moi, Seigneur,
Si personne ne m'aime et si nul n'a mon cœur ?
Ils m'ont tous corrompu ; personne ne vous aime ! »

Alors lassé du monde et de ses vains discours,
Il faut lever les yeux aux voûtes sans nuages,
Et ne plus s'adresser qu'aux muettes images,
De ceux qui n'aiment rien, consolantes amours.

Alors, alors il faut s'entourer de mystère,
Se fermer aux regards, et sans morgue et sans fiel,
Sans dire à vos voisins : « Je n'aime que le ciel »,
Dire à Dieu : « Consolez mon âme de la terre ! »

Tel, fermé par son prêtre, un pieux monument,
Quand sur nos sombres toits la nuit est descendue,
Quand la foule a laissé le pavé de la rue,
Se remplit de silence et de recueillement.

*

Vous avez, chère sœur dont le cœur est poète,
Passé par quelque bourg tout paré, tout vermeil,
Quand le ciel et la terre ont un bel air de fête,
Un dimanche éclairé par un joyeux soleil.

Quand le clocher s'agite, et qu'il chante à tue-tête,
Et tient dès le matin le village en éveil,
Quand tous, pour écouter l'office qui s'apprête,
S'en vont, jeunes et vieux en pimpant appareil,

Lors s'élevant au fond de votre âme mondaine,
Des sons d'orgue mouvants et de cloche lointaine
Vous ont-ils pas tiré malgré vous un soupir ?

Cette dévotion des champs, joyeuse et franche,
Ne vous a-t-elle pas — triste et doux souvenir —
Rappelé qu'autrefois vous aimiez le dimanche ?

*

Il est de chastes mots que nous profanons tous ;
Les amoureux d'encens font un abus étrange.
Je n'en connais pas un qui n'*adore* quelque *ange*
Dont ceux du Paradis sont, je crois, peu jaloux.

On ne doit accorder ce nom sublime et doux
Qu'à de beaux cœurs bien purs, vierges et sans mélange.

Regardez ! il lui pend à l'aile quelque fange
Quand votre *ange* en riant s'assied sur vos genoux.

J'eus, quand j'étais enfant, ma naïve folie
— Certaine fille aussi mauvaise que jolie —
Je l'appelais *mon ange*. Elle avait cinq galants.

Pauvres fous ! nous avons tant soif qu'on nous caresse
Que je voudrais encor tenir quelque drôlesse
À qui dire : *mon ange* — entre deux draps bien blancs.

*

Je n'ai pas pour maîtresse une lionne illustre[1] ;
La Gueuse de mon âme emprunte tout son lustre.
Invisible aux regards de l'univers moqueur,
Sa beauté ne fleurit que dans mon triste cœur —

Pour avoir des souliers elle a vendu son âme ;
Mais le bon Dieu rirait si près de cette infâme
Je tranchais du Tartufe, et singeais la hauteur,
Moi qui vends ma pensée, et qui veux être auteur.

Vice beaucoup plus grave, elle porte perruque.
Tous ses beaux cheveux noirs ont fui sa blanche nuque ;
Ce qui n'empêche pas les baisers amoureux
De pleuvoir sur son front plus pelé qu'un lépreux.

Elle louche, et l'effet de ce regard étrange,
Qu'ombragent des cils noirs plus longs que ceux d'un ange,
Est tel que tous les yeux pour qui l'on s'est damné
Ne valent pas pour moi son œil juif et cerné.

Elle n'a que vingt ans ; sa gorge — déjà basse
Pend de chaque côté comme une calebasse,
Et pourtant me traînant chaque nuit sur son corps,
Ainsi qu'un nouveau-né, je la tète et la mords —

Et bien qu'elle n'ait pas souvent même une obole
Pour se frotter la chair et pour s'oindre l'épaule —
Je la lèche en silence avec plus de ferveur,
Que Madeleine en feu les deux pieds du Sauveur —

La pauvre Créature au plaisir essoufflée
A de rauques hoquets la poitrine gonflée,
Et je devine au bruit de son souffle brutal
Qu'elle a souvent mordu le pain de l'Hôpital.

Ses grands yeux inquiets durant la nuit cruelle
Croient voir deux autres yeux au fond de la ruelle —
Car ayant trop ouvert son cœur à tous venants,
Elle a peur sans lumière et croit aux revenants. —

Ce qui fait que de suif elle use plus de livres
Qu'un vieux savant couché jour et nuit sur ses livres
Et redoute bien moins la faim et ses tourments
Que l'apparition de ses défunts amants.

Si vous la rencontrez, bizarrement parée,
Se faufilant au coin d'une rue égarée,
Et la tête et l'œil bas — comme un pigeon blessé —
Traînant dans les ruisseaux un talon déchaussé,

Messieurs, ne crachez pas de jurons ni d'ordure,
Au visage fardé de cette pauvre impure
Que déesse Famine a par un soir d'hiver
Contrainte à relever ses jupons en plein air.

Cette bohème-là, c'est mon tout, ma richesse,
Ma perle, mon bijou, ma reine, ma duchesse,
Celle qui m'a bercé sur son giron vainqueur,
Et qui dans ses deux mains a réchauffé mon cœur.

ÉPITAPHE

Ci-gît qui, pour avoir par trop aimé les gaupes,
Descendit jeune encore au royaume des taupes.

À SAINTE-BEUVE [1]

Tous imberbes alors, sur les vieux bancs de chêne,
Plus polis et luisants que des anneaux de chaîne,
Que jour à jour la peau des hommes a fourbis,
— Nous trainions tristement nos ennuis, accroupis
Et voûtés sous le ciel carré des solitudes,
Où l'enfant boit, dix ans, l'âpre lait des études.
— C'était dans ce vieux temps mémorable et marquant,
Où forcés d'élargir le classique carcan,
Les professeurs encor rebelles à vos rimes,
Succombaient sous l'effort de nos folles escrimes,
Et laissaient l'écolier, triomphant et mutin,
Faire à l'aise hurler Triboulet en latin.
— Qui de nous, en ces temps d'adolescences pâles,
N'a connu la torpeur des fatigues claustrales,
— L'œil perdu dans l'azur morne d'un ciel d'été,
Ou l'éblouissement de la neige, — guetté,
L'oreille avide et droite, — et bu, comme une meute,
L'écho lointain d'un livre, ou le cri d'une émeute ?

C'était surtout l'été, quand les plombs se fondaient,
Que ces grands murs noircis en tristesse abondaient,
Lorsque la canicule ou le fumeux automne
Irradiait les cieux de son feu monotone,
Et faisait sommeiller dans les sveltes donjons,
Les tiercelets criards, effroi des blancs pigeons ;
Saison de rêverie, où la Muse s'accroche
Pendant un jour entier au battant d'une cloche ;
Où la Mélancolie, à midi, quand tout dort,
Le menton dans la main, au fond du corridor, —
L'œil plus noir et plus bleu que la Religieuse
Dont chacun sait l'histoire obscène et douloureuse,
— Traine un pied alourdi de précoces ennuis,
Et son front moite encor des langueurs de ses nuits.

— Et puis venaient les soirs malsains, les nuits fiévreuses,
Qui rendent de leur corps les filles amoureuses,
Et les font aux miroirs — stérile volupté —
Contempler les fruits mûrs de leur nubilité —
Les soirs italiens, de molle insouciance,
— Qui des plaisirs menteurs révèlent la science,
— Quand la sombre Vénus, du haut des balcons noirs,
Verse des flots de musc de ses frais encensoirs.
. .
Ce fut dans ce conflit de molles circonstances,
Mûri par vos sonnets, préparé par vos stances,
Qu'un soir, ayant flairé le livre et son esprit,
J'emportai sur mon cœur l'histoire d'Amaury.
Tout abime mystique est à deux pas du Doute.
— Le breuvage infiltré, lentement, goutte à goutte,
En moi qui dès quinze ans vers le gouffre entraîné,
Déchiffrais couramment les soupirs de René,
Et que de l'inconnu la soif bizarre altère,
— A travaillé le fond de la plus mince artère.
J'en ai tout absorbé, les miasmes, les parfums,
Le doux chuchotement des souvenirs défunts,
Les longs enlacements des phrases symboliques,
— Chapelets murmurants de madrigaux mystiques;
— Livre voluptueux, si jamais il en fut.
Et depuis, soit au fond d'un asile touffu,
Soit que, sous les soleils des zones différentes,
L'éternel bercement des houles enivrantes,
Et l'aspect renaissant des horizons sans fin,
Ramenassent ce cœur vers le songe divin, —
Soit dans les lourds loisirs d'un jour caniculaire,
Ou dans l'oisiveté frileuse de frimaire —
Sous les flots du tabac qui masque le plafond,
— J'ai partout feuilleté le mystère profond
De ce livre si cher aux âmes engourdies
Que leur destin marqua des mêmes maladies,
Et devant le miroir j'ai perfectionné
L'art cruel qu'un Démon en naissant m'a donné,
— De la Douleur pour faire une volupté vraie, —
D'ensanglanter son mal et de gratter sa plaie.

Poète, est-ce une injure ou bien un compliment ?
Car je suis vis-à-vis de vous comme un amant
En face du fantôme, au geste plein d'amorces,
Dont la main et dont l'œil ont pour pomper les forces
Des charmes inconnus. — Tous les êtres aimés
Sont des vases de fiel qu'on boit les yeux fermés,
Et le cœur transpercé que la douleur allèche
Expire chaque jour en bénissant sa flèche.

*

Noble femme au bras fort, qui durant les longs jours
Sans penser bien ni mal dors ou rêves toujours
 Fièrement troussée à l'antique,
Toi que depuis dix ans qui pour moi se font lents
Ma bouche bien apprise aux baisers succulents
 Choya d'un amour monastique —

———————

Prêtresse de débauche et ma sœur de plaisir
Qui toujours dédaignas de porter et nourrir
 Un homme en tes cavités saintes,
Tant tu crains et tu fuis le stigmate alarmant
Que la vertu creusa de son soc infamant
 Au flanc des matrones enceintes.

SUR L'ALBUM

DE MME ÉMILE CHEVALET

. .
Au milieu de la foule, errantes, confondues,
Gardant le souvenir précieux d'autrefois,
Elles cherchent l'écho de leurs voix éperdues,
Tristes, comme le soir, deux colombes perdues
 Et qui s'appellent dans les bois.

*

Je vis, et ton bouquet est de l'architecture;
C'est donc lui la beauté, car c'est moi la nature.
Si toujours la nature embellit la beauté,
Je fais valoir tes fleurs... me voilà trop flatté !

*

 A Charles Asselineau.

D'un esprit biscornu le séduisant projet
— Qui de tant de héros va choisir Bruandet !!

MONSELET PAILLARD

VERS DESTINÉS A SON PORTRAIT

On me nomme *le petit chat;*
Modernes petites-maitresses,
J'unis à vos délicatesses
La force d'un jeune pacha.

La douceur de la voûte bleue
Est concentrée en mon regard ;
Si vous voulez me voir hagard,
Lectrices, mordez-moi la queue.

POÈMES EN COLLABORATION OU
ATTRIBUÉS ET VERS RETROUVÉS[1]

LE RACCOMMODEUR DE FONTAINES

À l'heure où le cœur se délabre,
Où l'estomac est mal rempli,
Le gaz meurt dans le candélabre ;
Paris d'ombre est enseveli.

Sur le pavé sec et poli
Passe un long cheval qui se cabre,
Portant sur son dos assoupi
Un spectre grimaçant et glabre.

Dans un vieux clairon tout cassé,
Sous son suaire de futaine,
Il pousse une note incertaine.

C'est le squelette encor glacé
Du raccommodeur de fontaine
Qui mourut de froid l'an passé.

*

Quant à moi, si j'avais un beau parc planté d'ifs,
Si, pour mettre à l'abri mon bonheur dans l'orage,
J'avais, comme ce riche, un parc au vaste ombrage,
Dédale s'égarant sous de sombres massifs ;

Si j'avais vos bosquets, ô rossignols craintifs,
Ô cygnes, vos bassins ; votre sentier sauvage,
Vers luisants qui, le soir, étoilez le feuillage ;
Vos prés au grand soleil, petits grillons plaintifs ;

Je sais qui je voudrais cacher sous mes feuillées,
Avec qui secouer dans les herbes mouillées
Les perles que la nuit y verse de ses doigts,

Avec qui respirer les odeurs des rivières,
Ou dormir à midi dans les chaudes clairières,
Et tu le sais aussi, belle aux yeux trop adroits.

LE PAUVRE DIABLE

Père	Chaque	Pâle
Las !	Vent	Fou,
Mère	Claque	Pas le
Pas.	Dent.	Sou !
Erre	Rude	Couve
Sur	Jeu...	Port
Terre...	Plus de	Trouve
Dur !...	Feu !	Mort !
Maigre	Rêve	Bière...
Flanc,	Pain	Trou...
Nègre	Crève	Pierre
Blanc,	Faim...	Où
Blême !	Cherche	Sale
Pas	Rôt,	Chien
Même	Perche	Pâle
Gras.	Haut,	Vient,
Songe	Trotte	Sur le
Vain...	Loin,	Bord,
Ronge	Botte	Hurle
Frein.	Point.	Fort
Couche	Traine	Clame
Froid,	Sa	Geint
Mouche	Gêne,	Brame...
Doigt ;	Va,	Fin !

ÉLÉGIE REFUSÉE AUX JEUX FLORAUX

Mes bottes, pauvres fleurs, sur leurs tiges fanées,
Dans un coin, tristement, gisaient, abandonnées,
 Veuves des soins du décrotteur.
Les jours étaient passés où mon âme ravie
Les voyait recouvrer leur éclat et leur vie,
 Sous le pinceau réparateur.

Et moi, je contemplais avec sollicitude
Le spectacle émouvant de leur décrépitude ;
Puis, un de ces soupirs qu'on ne peut étouffer
S'échappa malgré moi de ma gorge oppressée,
Et mon cœur, encor plein de leur grandeur passée,
 Se mit à les apostropher.

Ô bottes ! leur disais-je, ô bottes infidèles,
Vous êtes, vous aussi, comme les hirondelles,
 Des oiseaux légers, inconstants !
Vous aimez le ciel pur et les brises amies ;
Aussi, d'un vol léger, vous vous êtes enfuies
 Quand est venu le mauvais temps.

Ainsi, durant les jours pluvieux de novembre,
Me voilà donc contraint de rester dans ma chambre,
Appelant, mais en vain, les beaux jours d'autrefois ;
Car la dent des pavés en grosses cicatrices
A gravé sur vos fronts vos états de services ;
 Et vous n'entendez plus ma voix

Le ciel, dont la bonté s'étend sur la nature,
Refuse ses bienfaits à la littérature.
 Peut-être, hélas ! l'hiver entier,
Trainant cette existence absurde et malheureuse,
J'attendrai vainement d'une âme généreuse
 Un crédit chez quelque bottier.

Oh ! si pareil bienfait vient à tomber des nues,
Je jure de marcher au travers de nos rues
 Avec un légitime orgueil.
Et vous, dont je n'ai plus qu'une triste mémoire,
Ô mes bottes ! rentrez au fond de cette armoire
 Qui va vous servir de cercueil.

À MADAME DU BARRY

Vous étiez du bon temps des robes à paniers.
Des bichons, des manchons, des abbés, des rocailles,
Des gens spirituels, polis et cancaniers,
Des filles, des marquis, des soupers, des ripailles.

Moutons poudrés à blanc, poètes familiers,
Vieux sèvres et biscuits, charmantes antiquailles,
Amours dodus, pompons de rubans printaniers,
Meubles en bois de rose et caprices d'écailles ;

Le peuple a tout brisé, dans sa juste fureur,
Vous seule avez pleuré, vous seule avez eu peur,
Vous seule avez trahi votre fraîche noblesse.

Les autres souriaient sur les noirs tombereaux,
Et, tués sans colère, ils mouraient sans faiblesse,
Car vous seule étiez femme en ce temps de héros.

À IVONNE PEN-MOORE

Te souvient-il, enfant, des jours de ta jeunesse,
Et des grandes forêts où tu courais pieds nus,
Rêveuse et vagabonde, oubliant ta détresse
Et laissant le zéphir baiser tes bras charnus ?

Tes cheveux crespelés, ta peau de mulâtresse
Rendaient plus attrayants tes charmes ingénus :
Telle avant ses amours Diane chasseresse
Courait dans la bruyère et sur les monts chenus.

Il ne reste plus rien de ta beauté sauvage ;
Le flot ne mordra plus tes pieds sur le rivage,
Et l'herbe a recouvert l'empreinte de tes pas.

Paris t'a faite riche entre les plus hautaines.
Tes frères les chasseurs ne reconnaîtraient pas
Leur sœur qui, dans ses mains, buvait l'eau des fontaines.

AVRIL

À Mme Joséphine de Fer...

La muse est de retour ! La campagne s'allume.
Partez, ma fantaisie ; errez parmi les prés ;
Voici le soleil d'or et les cieux sidérés,
La nature s'éveille et le bois se parfume.

Le printemps, jeune oiseau, vêt sa première plume.
Avril vient en chantant dans les champs diaprés,
Ouvrir sous un baiser les bourgeons empourprés,
Et la terre en moiteur s'enveloppe de brume.

Le printemps engloutit la neige et les chagrins
Et dispense à chacun des jours purs et sereins.
Vous dont les rigueurs font que sur ma tête il neige,

N'êtes-vous pas d'avis, belle qui dès longtemps
De me faire mourir avez le privilège,
Qu'il serait sage et bon d'imiter le printemps ?

À UNE BELLE DÉVOTE

Que n'avons-nous pu voir ce siècle — même un jour —
Où les abbés galants, sans trouver de cruelles,
Lisaient leur bréviaire à l'oreiller des belles ;
Quand Bernis pour Madone adorait Pompadour !

Ils sont passés, ces temps, et passés sans retour,
Où, d'un pied libertin, ils couraient les ruelles,
Et bravaient de l'enfer les flammes éternelles
Dans les boudoirs rocaille enflammés par l'amour !

Oh ! que n'existons-nous, — vous, toute à Dieu, madame !
Moi, tout au sentiment que votre vertu blâme ;
À notre culte vrai l'un et l'autre attachés.

J'aurais pris la tonsure, — et, qu'en sait-on ? peut-être.
Tout en vous confessant, m'auriez-vous permis d'être
De moitié quelque soir dans vos divins péchés.

À UNE JEUNE SALTIMBANQUE

Nous t'aimions bien jadis, quand sur ta triste harpe
Tu raclais la romance, et qu'en un carrefour,
Pour attirer la foule à voir tes sauts de carpe,
Un enfant scrofuleux tapait sur un *tambour* ;

Quand tu couvais de l'œil, en tordant ton écharpe,
Quelque athlète en maillot, Alcide fait au tour,
Qu'admire le bourgeois, que la police écharpe,
Qui porte cent kilos et t'appelle *mamour*.

Ta guitare enrouée et ta jupe à paillettes
Étalaient à nos yeux le rêve des poètes,
La danseuse d'Hoffmann, Esmeralda, Mignon.

Mais déchue à présent, te voilà, ma pauvre ange,
Sultane du trottoir, ramassant dans la fange
L'argent qui doit soûler ton rude compagnon.

SUR L'ALBUM D'UNE DAME INCONNUE

Vos cheveux sont-ils blonds, vos prunelles humides ?
Avez-vous de beaux yeux à ravir l'univers ?
Sont-ils doux ou cruels ? sont-ils fiers ou timides ?
Méritez-vous enfin qu'on vous fasse des vers ?

Drapez-vous galamment vos châles en chlamydes ?
Portez-vous un blason de gueules ou de vairs ?
Savez-vous le secret des hautaines Armides ?
Ou bien soupirez-vous sous les ombrages verts ?

Si votre corps poli se tord comme un jeune arbre,
Et si le lourd damas, sur votre sein de marbre,
Comme un fleuve en courroux déborde en flots mouvants,

Si toutes vos beautés valent qu'on s'inquiète,
Ne laissez plus courir mon rêve à tous les vents,
Belle, venez poser devant votre poète.

SONNET CAVALIER

À Mme E. M..., Gentille Femme.

Pourquoi donc m'aimez-vous, ô ma belle maitresse ?
Vous avez pour moi seul des sourires joyeux,
Et bien après le jour, sur le divan soyeux
Vous savez d'un baiser caresser ma paresse.

Suis-je, pour vous aimer, ô blonde enchanteresse,
Un timide écolier qui rêve de vos yeux
Et rougit quand son front sent frémir vos cheveux
Dont la brise lascive éparpille une tresse ?...

Suis-je un beau raffiné, vainqueur de l'univers,
Mettant flamberge au vent pour un mot de travers,
Prenant pour vous aimer sa plus farouche pose ?...

Non ! mais je suis le seul dont le souffle hardi,
Ô froide Galatée, arrive, quand je l'ose,
A réchauffer un peu votre marbre engourdi.

*

« Combien dureront nos amours ? »
Dit la pucelle, au clair de lune.
L'amoureux répond : « Ô ma brune,
 Toujours ! toujours ! »

Quand tout sommeille aux alentours,
Elise, se tortillant d'aise,
Dit qu'elle veut que je la baise
 Toujours ! toujours !

Moi je dis : « Pour charmer mes jours
Et le souvenir de mes peines,
Bouteilles, que n'êtes-vous pleines
 Toujours ! toujours ! »

Mais le plus chaste des amours,
L'amoureux le plus intrépide,
Comme un flacon s'use et se vide
 Toujours ! toujours !

*

J'aime ses grands yeux bleus, sa chevelure ardente
Aux étranges senteurs,
Son beau corps blanc et rose, et sa santé puissante
Digne des vieux jouteurs.

J'aime son air superbe et sa robe indécente
Laissant voir les rondeurs
De sa gorge charnue à la forme abondante,
Qu'admirent les sculpteurs.

J'aime son mauvais goût, sa jupe bigarrée,
Son grand châle boiteux, sa parole égarée
Et son front rétréci.

Je l'aime ainsi ! Tant pis... Cette fille des rues
M'enivre et me fascine avec ses beautés crues.
Tant pis, je l'aime ainsi !

PETITS POÈMES EN PROSE[1]

Le Spleen de Paris

À ARSÈNE HOUSSAYE [1]

Mon cher ami, je vous envoie un petit ouvrage dont on ne pourrait pas dire, sans injustice, qu'il n'a ni queue ni tête, puisque tout, au contraire, y est à la fois tête et queue, alternativement et réciproquement. Considérez, je vous prie, quelles admirables commodités cette combinaison nous offre à tous, à vous, à moi et au lecteur. Nous pouvons couper où nous voulons, moi ma rêverie, vous le manuscrit, le lecteur sa lecture ; car je ne suspends pas la volonté rétive de celui-ci au fil interminable d'une intrigue superflue. Enlevez une vertèbre, et les deux morceaux de cette tortueuse fantaisie se rejoindront sans peine. Hachez-la en nombreux fragments, et vous verrez que chacun peut exister à part. Dans l'espérance que quelques-uns de ces tronçons seront assez vivants pour vous plaire et vous amuser, j'ose vous dédier le serpent tout entier.

J'ai une petite confession à vous faire. C'est en feuilletant, pour la vingtième fois au moins, le fameux *Gaspard de la Nuit*, d'Aloysius Bertrand [2] (un livre connu de vous, de moi et de quelques-uns de nos amis, n'a-t-il pas tous les droits à être appelé *fameux* ?) que l'idée m'est venue de tenter quelque chose d'analogue, et d'appliquer à la description de la vie moderne, ou plutôt d'*une* vie moderne et plus abstraite, le procédé qu'il avait appliqué à la peinture de la vie ancienne, si étrangement pittoresque.

Quel est celui de nous qui n'a pas, dans ses jours d'ambition, rêvé le miracle d'une prose poétique, musicale sans rythme et sans rime, assez souple et assez heurtée pour s'adapter aux mouvements lyriques de l'âme, aux ondulations de la rêverie, aux soubresauts de la conscience ?

C'est surtout de la fréquentation des villes énormes, c'est du croisement de leurs innombrables rapports que naît cet idéal obsédant. Vous-même, mon cher ami, n'avez-vous pas tenté de traduire en une *chanson* le cri strident du *Vitrier* [3], et d'exprimer dans une prose lyrique toutes les désolantes suggestions que ce cri envoie jusqu'aux mansardes, à travers les plus hautes brumes de la rue ?

Mais, pour dire le vrai, je crains que ma jalousie ne m'ait pas porté bonheur. Sitôt que j'eus commencé le travail, je m'aperçus que non seulement je restais bien loin de mon mystérieux et brillant modèle, mais encore que je faisais quelque chose (si cela peut s'appeler *quelque chose*) de singulièrement différent, accident dont tout autre que moi s'enorgueillirait sans doute, mais qui ne peut qu'humilier profondément un esprit qui regarde comme le plus grand honneur du poète d'accomplir *juste* ce qu'il a projeté de faire.

Votre bien affectionné,

C. B

I

L'ÉTRANGER

« Qui aimes-tu le mieux, homme énigmatique, dis ? ton père, ta mère, ta sœur ou ton frère ?
— Je n'ai ni père, ni mère, ni sœur, ni frère.
— Tes amis ?
— Vous vous servez là d'une parole dont le sens m'est resté jusqu'à ce jour inconnu.
— Ta patrie ?
— J'ignore sous quelle latitude elle est située.
— La beauté ?
— Je l'aimerais volontiers, déesse et immortelle.
— L'or ?
— Je le hais comme vous haïssez Dieu.
— Eh ! qu'aimes-tu donc, extraordinaire étranger ?
— J'aime les nuages... les nuages qui passent... là-bas... là-bas... les merveilleux nuages ! »

II

LE DÉSESPOIR DE LA VIEILLE

La petite vieille ratatinée se sentit toute réjouie en voyant ce joli enfant à qui chacun faisait fête, à qui tout le monde voulait plaire ; ce joli être, si fragile comme elle, la petite vieille, et, comme elle aussi, sans dents et sans cheveux.
Et elle s'approcha de lui, voulant lui faire des risettes et des mines agréables.
Mais l'enfant épouvanté se débattait sous les caresses de la bonne femme décrépite, et remplissait la maison de ses glapissements.
Alors la bonne vieille se retira dans sa solitude éternelle, et elle pleurait dans un coin, se disant : — « Ah ! pour nous, malheureuses vieilles femelles, l'âge est passé de plaire, même aux innocents ; et nous faisons horreur aux petits enfants que nous voulons aimer ! »

III

LE CONFITEOR DE L'ARTISTE

Que les fins de journées d'automne sont pénétrantes ! Ah ! pénétrantes jusqu'à la douleur ! car il est de certaines sensations délicieuses dont le vague n'exclut pas l'intensité ; et il n'est pas de pointe plus acérée que celle de l'Infini.
Grand délice que celui de noyer son regard dans l'immensité du ciel et de la mer ! Solitude, silence, incomparable chasteté de l'azur ! une petite voile frissonnante à l'horizon, et qui par sa petitesse et son isolement imite mon irrémédiable existence, mélodie monotone de la houle, toutes ces choses pensent par moi, ou je pense par elles (car dans la grandeur de la rêverie, le *moi*

se perd vite !) ; elles pensent, dis-je, mais musicalement et pittoresquement, sans arguties, sans syllogismes, sans déductions.

Toutefois, ces pensées, qu'elles sortent de moi ou s'élancent des choses, deviennent bientôt trop intenses. L'énergie dans la volupté crée un malaise et une souffrance positive. Mes nerfs trop tendus ne donnent plus que des vibrations criardes et douloureuses.

Et maintenant la profondeur du ciel me consterne ; sa limpidité m'exaspère. L'insensibilité de la mer, l'immuabilité du spectacle, me révoltent... Ah ! faut-il éternellement souffrir, ou fuir éternellement le beau ? Nature, enchanteresse sans pitié, rivale toujours victorieuse, laisse-moi ! Cesse de tenter mes désirs et mon orgueil ! L'étude du beau est un duel où l'artiste crie de frayeur avant d'être vaincu.

IV

UN PLAISANT

C'était l'explosion du nouvel an : chaos de boue et de neige, traversé de mille carrosses, étincelant de joujoux et de bonbons, grouillant de cupidités et de désespoirs, délire officiel d'une grande ville fait pour troubler le cerveau du solitaire le plus fort.

Au milieu de ce tohu-bohu et de ce vacarme, un âne trottait vivement, harcelé par un malotru armé d'un fouet.

Comme l'âne allait tourner l'angle d'un trottoir, un beau monsieur ganté, verni, cruellement cravaté et emprisonné dans des habits tout neufs, s'inclina cérémonieusement devant l'humble bête, et lui dit, en ôtant son chapeau : « Je vous la souhaite bonne et heureuse ! » puis se retourna vers je ne sais quels camarades avec un air de fatuité, comme pour les prier d'ajouter leur approbation à son contentement.

L'âne ne vit pas ce beau plaisant, et continua de courir avec zèle où l'appelait son devoir.

Pour moi, je fus pris subitement d'une incommensurable rage contre ce magnifique imbécile, qui me parut concentrer en lui tout l'esprit de la France.

V

LA CHAMBRE DOUBLE

Une chambre qui ressemble à une rêverie, une chambre véritablement *spirituelle*, où l'atmosphère stagnante est légèrement teintée de rose et de bleu.

L'âme y prend un bain de paresse, aromatisé par le regret et le désir. — C'est quelque chose de crépusculaire, de bleuâtre et de rosâtre ; un rêve de volupté pendant une éclipse.

Les meubles ont des formes allongées, prostrées, alanguies. Les meubles ont l'air de rêver ; on les dirait doués d'une vie somnambulique, comme le végétal et le minéral. Les étoffes parlent une langue muette, comme les fleurs, comme les ciels, comme les soleils couchants.

Sur les murs nulle abomination artistique. Relativement au rêve pur, à

l'impression non analysée, l'art défini, l'art positif est un blasphème. Ici, tout a la suffisante clarté et la délicieuse obscurité de l'harmonie.

Une senteur infinitésimale du choix le plus exquis, à laquelle se mêle une très légère humidité, nage dans cette atmosphère, où l'esprit sommeillant est bercé par des sensations de serre chaude.

La mousseline pleut abondamment devant les fenêtres et devant le lit; elle s'épanche en cascades neigeuses. Sur ce lit est couchée l'Idole, la souveraine des rêves. Mais comment est-elle ici ? Qui l'a amenée ? quel pouvoir magique l'a installée sur ce trône de rêverie et de volupté ? Qu'importe ? la voilà ! je la reconnais.

Voilà bien ces yeux dont la flamme traverse le crépuscule ; ces subtiles et terribles *mirettes*, que je reconnais à leur effrayante malice ! Elles attirent, elles subjuguent, elles dévorent le regard de l'imprudent qui les contemple. Je les ai souvent étudiées, ces étoiles noires qui commandent la curiosité et l'admiration.

À quel démon bienveillant dois-je d'être ainsi entouré de mystère, de silence, de paix et de parfums ? Ô béatitude ! ce que nous nommons généralement la vie, même dans son expansion la plus heureuse, n'a rien de commun avec cette vie suprême dont j'ai maintenant connaissance et que je savoure minute par minute, seconde par seconde !

Non ! il n'est plus de minutes, il n'est plus de secondes ! Le temps a disparu ; c'est l'Éternité qui règne, une éternité de délices !

Mais un coup terrible, lourd, a retenti à la porte, et, comme dans les rêves infernaux, il m'a semblé que je recevais un coup de pioche dans l'estomac.

Et puis un Spectre est entré. C'est un huissier qui vient me torturer au nom de la loi ; une infâme concubine qui vient crier misère et ajouter les trivialités de sa vie aux douleurs de la mienne ; ou bien le saute-ruisseau d'un directeur de journal qui réclame la suite du manuscrit.

La chambre paradisiaque, l'idole, la souveraine des rêves, la *Sylphide*, comme disait le grand René, toute cette magie a disparu au coup brutal frappé par le Spectre.

Horreur ! je me souviens ! je me souviens ! Oui ! ce taudis, ce séjour de l'éternel ennui, est bien le mien. Voici les meubles sots, poudreux, écornés ; la cheminée sans flamme et sans braise, souillée de crachats ; les tristes fenêtres où la pluie a tracé des sillons dans la poussière ; les manuscrits, raturés ou incomplets ; l'almanach où le crayon a marqué les dates sinistres !

Et ce parfum d'un autre monde, dont je m'enivrais avec une sensibilité perfectionnée, hélas ! il est remplacé par une fétide odeur de tabac mêlée à je ne sais quelle nauséabonde moisissure. On respire ici maintenant le ranci de la désolation.

Dans ce monde étroit, mais si plein de dégoût, un seul objet connu me sourit : la fiole de laudanum ; une vieille et terrible amie ; comme toutes les amies, hélas ! féconde en caresses et en traîtrises.

Oh ! oui ! le Temps a reparu ; le Temps règne en souverain maintenant ; et avec le hideux vieillard est revenu tout son démoniaque cortège de Souvenirs, de Regrets, de Spasmes, de Peurs, d'Angoisses, de Cauchemars, de Colères et de Névroses.

Je vous assure que les secondes maintenant sont fortement et solennellement accentuées, et chacune, en jaillissant de la pendule, dit : — « Je suis la Vie, l'insupportable, l'implacable Vie ! »

Il n'y a qu'une Seconde dans la vie humaine qui ait mission d'annoncer une bonne nouvelle, la *bonne nouvelle* qui cause à chacun une inexplicable peur. Oui ! le Temps règne ; il a repris sa brutale dictature. Et me pousse, comme si j'étais un bœuf, avec son double aiguillon. — « Et hue donc ! bourrique ! Sue donc, esclave ! Vis donc, damné ! »

VI

CHACUN SA CHIMÈRE

Sous un grand ciel gris, dans une grande plaine poudreuse, sans chemins, sans gazon, sans un chardon, sans une ortie, je rencontrai plusieurs hommes qui marchaient courbés.

Chacun d'eux portait sur son dos une énorme Chimère, aussi lourde qu'un sac de farine ou de charbon, ou le fourniment d'un fantassin romain.

Mais la monstrueuse bête n'était pas un poids inerte ; au contraire, elle enveloppait et opprimait l'homme de ses muscles élastiques et puissants ; elle s'agrafait avec ses deux vastes griffes à la poitrine de sa monture ; et sa tête fabuleuse surmontait le front de l'homme, comme un de ces casques horribles par lesquels les anciens guerriers espéraient ajouter à la terreur de l'ennemi.

Je questionnai l'un de ces hommes, et je lui demandai où ils allaient ainsi. Il me répondit qu'il n'en savait rien, ni lui, ni les autres ; mais qu'évidemment ils allaient quelque part, puisqu'ils étaient poussés par un invincible besoin de marcher.

Chose curieuse à noter : aucun de ces voyageurs n'avait l'air irrité contre la bête féroce suspendue à son cou et collée à son dos ; on eût dit qu'il la considérait comme faisant partie de lui-même. Tous ces visages fatigués et sérieux ne témoignaient d'aucun désespoir ; sous la coupole spleenétique du ciel, les pieds plongés dans la poussière d'un sol aussi désolé que ce ciel, ils cheminaient avec la physionomie résignée de ceux qui sont condamnés à espérer toujours.

Et le cortège passa à côté de moi et s'enfonça dans l'atmosphère de l'horizon, à l'endroit où la surface arrondie de la planète se dérobe à la curiosité du regard humain.

Et pendant quelques instants je m'obstinai à vouloir comprendre ce mystère ; mais bientôt l'irrésistible Indifférence s'abattit sur moi, et j'en fus plus lourdement accablé qu'ils ne l'étaient eux-mêmes par leurs écrasantes Chimères.

VII

LE FOU ET LA VÉNUS

Quelle admirable journée ! Le vaste parc se pâme sous l'œil brûlant du soleil, comme la jeunesse sous la domination de l'Amour.

L'extase universelle des choses ne s'exprime par aucun bruit ; les eaux elles-mêmes sont comme endormies. Bien différente des fêtes humaines, c'est ici une orgie silencieuse.

On dirait qu'une lumière toujours croissante fait de plus en plus étinceler les objets ; que les fleurs excitées brûlent du désir de rivaliser avec l'azur du ciel par l'énergie de leurs couleurs, et que la chaleur, rendant visibles les parfums, les fait monter vers l'astre comme des fumées.

Cependant, dans cette jouissance universelle, j'ai aperçu un être affligé.

Aux pieds d'une colossale Vénus, un de ces fous artificiels, un de ces bouffons volontaires chargés de faire rire les rois quand le Remords ou l'Ennui les obsède, affublé d'un costume éclatant et ridicule, coiffé de cornes et de sonnettes, tout ramassé contre le piédestal, lève des yeux pleins de larmes vers l'immortelle Déesse.

Et ses yeux disent : — « Je suis le dernier et le plus solitaire des humains, privé d'amour et d'amitié, et bien inférieur en cela au plus imparfait des animaux. Cependant je suis fait, moi aussi, pour comprendre et sentir l'immortelle Beauté ! Ah ! Déesse ! ayez pitié de ma tristesse et de mon délire ! »

Mais l'implacable Vénus regarde au loin je ne sais quoi avec ses yeux de marbre.

VIII

LE CHIEN ET LE FLACON

« — Mon beau chien, mon bon chien, mon cher toutou, approchez et venez respirer un excellent parfum acheté chez le meilleur parfumeur de la ville. »

Et le chien, en frétillant de la queue, ce qui est, je crois, chez ces pauvres êtres, le signe correspondant du rire et du sourire, s'approche et pose curieusement son nez humide sur le flacon débouché ; puis, reculant soudainement avec effroi, il aboie contre moi, en manière de reproche.

« — Ah ! misérable chien, si je vous avais offert un paquet d'excréments, vous l'auriez flairé avec délices et peut-être dévoré. Ainsi, vous-même, indigne compagnon de ma triste vie, vous ressemblez au public, à qui il ne faut jamais présenter des parfums délicats qui l'exaspèrent, mais des ordures soigneusement choisies. »

IX

LE MAUVAIS VITRIER[1]

Il y a des natures purement contemplatives et tout à fait impropres à l'action, qui cependant, sous une impulsion mystérieuse et inconnue, agissent quelquefois avec une rapidité dont elles se seraient crues elles-mêmes incapables.

Tel qui, craignant de trouver chez son concierge une nouvelle chagrinante, rôde lâchement une heure devant sa porte sans oser rentrer, tel qui garde quinze jours une lettre sans la décacheter, ou ne se résigne qu'au bout de six mois à opérer une démarche nécessaire depuis un an, se sentent quelquefois brusquement précipités vers l'action par une force irrésistible, comme la flèche d'un arc. Le moraliste et le médecin, qui prétendent tout savoir, ne peuvent pas

expliquer d'où vient si subitement une si folle énergie à ces âmes paresseuses et voluptueuses, et comment, incapables d'accomplir les choses les plus simples et les plus nécessaires, elles trouvent à une certaine minute un courage de luxe pour exécuter les actes les plus absurdes et souvent même les plus dangereux.

Un de mes amis, le plus inoffensif rêveur qui ait existé, a mis une fois le feu à une forêt pour voir, disait-il, si le feu prenait avec autant de facilité qu'on l'affirme généralement. Dix fois de suite, l'expérience manqua; mais, à la onzième, elle réussit beaucoup trop bien.

Un autre allumera un cigare à côté d'un tonneau de poudre, *pour voir, pour savoir, pour tenter la destinée,* pour se contraindre lui-même à faire preuve d'énergie, pour faire le joueur, pour connaitre les plaisirs de l'anxiété, pour rien, par caprice, par désœuvrement.

C'est une espèce d'énergie qui jaillit de l'ennui et de la rêverie; et ceux en qui elle se manifeste si inopinément sont, en général, comme je l'ai dit, les plus indolents et les plus rêveurs des êtres.

Un autre, timide à ce point qu'il baisse les yeux même devant les regards des hommes, à ce point qu'il lui faut rassembler toute sa pauvre volonté pour entrer dans un café ou passer devant le bureau d'un théâtre, où les contrôleurs lui paraissent investis de la majesté de Minos, d'Éaque et de Rhadamante, sautera brusquement au cou d'un vieillard qui passe à côté de lui et l'embrassera avec enthousiasme devant la foule étonnée.

Pourquoi ? Parce que... parce que cette physionomie lui était irrésistiblement sympathique ? Peut-être ; mais il est plus légitime de supposer que lui-même il ne sait pas pourquoi.

J'ai été plus d'une fois victime de ces crises et de ces élans, qui nous autorisent à croire que des Démons malicieux se glissent en nous et nous font accomplir, à notre insu, leurs plus absurdes volontés.

Un matin je m'étais levé maussade, triste, fatigué d'oisiveté, et poussé, me semblait-il, à faire quelque chose de grand, une action d'éclat; et j'ouvris la fenêtre, hélas !

(Observez, je vous prie, que l'esprit de mystification qui, chez quelques personnes, n'est pas le résultat d'un travail ou d'une combinaison, mais d'une inspiration fortuite, participe beaucoup, ne fût-ce que par l'ardeur du désir, de cette humeur, hystérique selon les médecins, satanique selon ceux qui pensent un peu mieux que les médecins, qui nous pousse sans résistance vers une foule d'actions dangereuses ou inconvenantes.)

La première personne que j'aperçus dans la rue, ce fut un vitrier dont le cri perçant, discordant, monta jusqu'à moi à travers la lourde et sale atmosphère parisienne. Il me serait d'ailleurs impossible de dire pourquoi je fus pris à l'égard de ce pauvre homme d'une haine aussi soudaine que despotique.

« — Hé ! hé ! » et je lui criai de monter. Cependant je réfléchissais, non sans quelque gaieté, que, la chambre étant au sixième étage et l'escalier fort étroit, l'homme devait éprouver quelque peine à opérer son ascension et accrocher en maint endroit les angles de sa fragile marchandise.

Enfin il parut : j'examinai curieusement toutes ses vitres, et je lui dis : « Comment ? vous n'avez pas de verres de couleur ? des verres roses, rouges, bleus, des vitres magiques, des vitres de paradis ? Impudent que vous êtes ! vous osez vous promener dans des quartiers pauvres, et vous n'avez pas même de vitres qui fassent voir la vie en beau ! » Et je le poussai vivement vers l'escalier, où il trébucha en grognant.

Je m'approchai du balcon et je me saisis d'un petit pot de fleurs, et quand l'homme reparut au débouché de la porte, je laissai tomber perpendiculairement mon engin de guerre sur le rebord postérieur de ses crochets ; et le choc le renversant, il acheva de briser sous son dos toute sa pauvre fortune ambulatoire qui rendit le bruit éclatant d'un palais de cristal crevé par la foudre.

Et, ivre de ma folie, je lui criai furieusement : « La vie en beau ! la vie en beau ! »

Ces plaisanteries nerveuses ne sont pas sans péril, et on peut souvent les payer cher. Mais qu'importe l'éternité de la damnation à qui a trouvé dans une seconde l'infini de la jouissance ?

X

A UNE HEURE DU MATIN

Enfin ! seul ! On n'entend plus que le roulement de quelques fiacres attardés et éreintés. Pendant quelques heures, nous posséderons le silence, sinon le repos. Enfin ! la tyrannie de la face humaine a disparu, et je ne souffrirai plus que par moi-même.

Enfin ! il m'est donc permis de me délasser dans un bain de ténèbres ! D'abord, un double tour à la serrure. Il me semble que ce tour de clef augmentera ma solitude et fortifiera les barricades qui me séparent actuellement du monde.

Horrible vie ! Horrible ville ! Récapitulons la journée : avoir vu plusieurs hommes de lettres, dont l'un m'a demandé si l'on pouvait aller en Russie par voie de terre (il prenait sans doute la Russie pour une ile) ; avoir disputé généreusement contre le directeur d'une revue, qui à chaque objection répondait : « — C'est ici le parti des honnêtes gens », ce qui implique que tous les autres journaux sont rédigés par des coquins ; avoir salué une vingtaine de personnes, dont quinze me sont inconnues ; avoir distribué des poignées de main dans la même proportion, et cela sans avoir pris la précaution d'acheter des gants ; être monté pour tuer le temps, pendant une averse, chez une sauteuse qui m'a prié de lui dessiner un costume de *Vénustre* ; avoir fait ma cour à un directeur de théâtre, qui m'a dit en me congédiant : « — Vous feriez peut-être bien de vous adresser à Z... ; c'est le plus lourd, le plus sot et le plus célèbre de tous mes auteurs, avec lui vous pourriez peut-être aboutir à quelque chose. Voyez-le, et puis nous verrons » ; m'être vanté (pourquoi ?) de plusieurs vilaines actions que je n'ai jamais commises, et avoir lâchement nié quelques autres méfaits que j'ai accomplis avec joie, délit de fanfaronnade, crime de respect humain ; avoir refusé à un ami un service facile, et donné une recommandation écrite à un parfait drôle ; ouf ! est-ce bien fini ?

Mécontent de tous et mécontent de moi, je voudrais bien me racheter et m'enorgueillir un peu dans le silence et la solitude de la nuit. Ames de ceux que j'ai aimés, âmes de ceux que j'ai chantés, fortifiez-moi, soutenez-moi, éloignez de moi le mensonge et les vapeurs corruptrices du monde, et vous, Seigneur mon Dieu ! accordez-moi la grâce de produire quelques beaux vers qui me prouvent à moi-même que je ne suis pas le dernier des hommes, que je ne suis pas inférieur à ceux que je méprise !

XI

LA FEMME SAUVAGE
ET LA PETITE-MAÎTRESSE [1]

« Vraiment, ma chère, vous me fatiguez sans mesure et sans pitié ; on dirait, à vous entendre soupirer, que vous souffrez plus que les glaneuses sexagénaires et que les vieilles mendiantes qui ramassent des croûtes de pain à la porte des cabarets.

« Si au moins vos soupirs exprimaient le remords, ils vous feraient quelque honneur ; mais ils ne traduisent que la satiété du bien-être et l'accablement du repos. Et puis, vous ne cessez de vous répandre en paroles inutiles : "Aimez-moi bien ! j'en ai tant besoin ! Consolez-moi par-ci, caressez-moi par-là !" Tenez, je veux essayer de vous guérir ; nous en trouverons peut-être le moyen, pour deux sols, au milieu d'une fête, et sans aller bien loin.

« Considérons bien, je vous prie, cette solide cage de fer derrière laquelle s'agite, hurlant comme un damné, secouant les barreaux comme un orang-outang exaspéré par l'exil, imitant, dans la perfection, tantôt les bonds circulaires du tigre, tantôt les dandinements stupides de l'ours blanc, ce monstre poilu dont la forme imite assez vaguement la vôtre.

« Ce monstre est un de ces animaux qu'on appelle généralement "mon ange !" c'est-à-dire une femme. L'autre monstre, celui qui crie à tue-tête, un bâton à la main, est un mari. Il a enchaîné sa femme légitime comme une bête, et il la montre dans les faubourgs, les jours de foire, avec permission des magistrats, cela va sans dire.

« Faites bien attention ! Voyez avec quelle voracité (non simulée peut-être !) elle déchire des lapins vivants et des volailles piaillantes que lui jette son cornac. "Allons, dit-il, il ne faut pas manger tout son bien en un jour", et, sur cette sage parole, il lui arrache cruellement la proie, dont les boyaux dévidés restent un instant accrochés aux dents de la bête féroce, de la femme, veux-je dire.

« Allons ! un bon coup de bâton pour la calmer ! car elle darde des yeux terribles de convoitise sur la nourriture enlevée. Grand Dieu ! le bâton n'est pas un bâton de comédie, avez-vous entendu résonner la chair, malgré le poil postiche ? Aussi les yeux lui sortent maintenant de la tête, elle hurle *plus naturellement*. Dans sa rage, elle étincelle tout entière, comme le fer qu'on bat.

« Telles sont les mœurs conjugales de ces deux descendants d'Ève et d'Adam, ces œuvres de vos mains, ô mon Dieu ! Cette femme est incontestablement malheureuse, quoique après tout, peut-être, les jouissances titillantes de la gloire ne lui soient pas inconnues. Il y a des malheurs plus irrémédiables, et sans compensation. Mais dans le monde où elle a été jetée, elle n'a jamais pu croire que la femme méritât une autre destinée.

« Maintenant, à nous deux, chère précieuse ! À voir les enfers dont le monde est peuplé, que voulez-vous que je pense de votre joli enfer, vous qui ne reposez que sur des étoffes aussi douces que votre peau, qui ne mangez que de la viande cuite, et pour qui un domestique habile prend soin de découper les morceaux !

« Et que peuvent signifier pour moi tous ces petits soupirs qui gonflent votre poitrine parfumée, robuste coquette ? Et toutes ces affectations apprises dans les livres, et cette infatigable mélancolie, faite pour inspirer au spectateur un

tout autre sentiment que la pitié ? En vérité, il me prend quelquefois envie de vous apprendre ce que c'est que le vrai malheur.

« A vous voir ainsi, ma belle délicate, les pieds dans la fange et les yeux tournés vaporeusement vers le ciel, comme pour lui demander un roi, on dirait vraisemblablement une jeune grenouille qui invoquerait l'idéal. Si vous méprisez le soliveau (ce que je suis maintenant, comme vous savez bien), gare la grue *qui vous croquera, vous gobera et vous tuera à son plaisir!*

« Tant poète que je sois, je ne suis pas aussi dupe que vous voudriez le croire, et si vous me fatiguez trop souvent de vos *précieuses* pleurnicheries, je vous traiterai en *femme sauvage,* ou je vous jetterai par la fenêtre, comme une bouteille vide. »

XII

LES FOULES

Il n'est pas donné à chacun de prendre un bain de multitude : jouir de la foule est un art ; et celui-là seul peut faire, aux dépens du genre humain, une ribote de vitalité, à qui une fée a insufflé dans son berceau le goût du travestissement et du masque, la haine du domicile et la passion du voyage.

Multitude, solitude : termes égaux et convertibles pour le poète actif et fécond. Qui ne sait pas peupler sa solitude, ne sait pas non plus être seul dans une foule affairée.

Le poète jouit de cet incomparable privilège, qu'il peut à sa guise être lui-même et autrui. Comme ces âmes errantes qui cherchent un corps, il entre, quand il veut, dans le personnage de chacun. Pour lui seul, tout est vacant ; et si de certaines places paraissent lui être fermées, c'est qu'à ses yeux elles ne valent pas la peine d'être visitées.

Le promeneur solitaire et pensif tire une singulière ivresse de cette universelle communion. Celui-là qui épouse facilement la foule connaît des jouissances fiévreuses, dont seront éternellement privés l'égoïste, fermé comme un coffre, et le paresseux, interné comme un mollusque. Il adopte comme siennes toutes les professions, toutes les joies et toutes les misères que la circonstance lui présente.

Ce que les hommes nomment amour est bien petit, bien restreint et bien faible, comparé à cette ineffable orgie, à cette sainte prostitution de l'âme qui se donne tout entière, poésie et charité, à l'imprévu qui se montre, à l'inconnu qui passe.

Il est bon d'apprendre quelquefois aux heureux de ce monde, ne fût-ce que pour humilier un instant leur sot orgueil, qu'il est des bonheurs supérieurs au leur, plus vastes et plus raffinés. Les fondateurs de colonies, les pasteurs de peuples, les prêtres missionnaires exilés au bout du monde, connaissent sans doute quelque chose de ces mystérieuses ivresses ; et, au sein de la vaste famille que leur génie s'est faite, ils doivent rire quelquefois de ceux qui les plaignent pour leur fortune si agitée et pour leur vie si chaste.

XIII

LES VEUVES[1]

Vauvenargues dit que dans les jardins publics il est des allées hantées principalement par l'ambition déçue, par les inventeurs malheureux, par les gloires avortées, par les cœurs brisés, par toutes ces âmes tumultueuses et fermées, en qui grondent encore les derniers soupirs d'un orage, et qui reculent loin du regard insolent des joyeux et des oisifs. Ces retraites ombreuses sont les rendez-vous des éclopés de la vie.

C'est surtout vers ces lieux que le poète et le philosophe aiment diriger leurs avides conjectures. Il y a là une pâture certaine. Car s'il est une place qu'ils dédaignent de visiter, comme je l'insinuais tout à l'heure, c'est surtout la joie des riches. Cette turbulence dans le vide n'a rien qui les attire. Au contraire, ils se sentent irrésistiblement entraînés vers tout ce qui est faible, ruiné, contristé, orphelin.

Un œil expérimenté ne s'y trompe jamais. Dans ces traits rigides ou abattus, dans ces yeux caves et ternes, ou brillants des derniers éclairs de la lutte, dans ces rides profondes et nombreuses, dans ces démarches si lentes ou si saccadées, il déchiffre tout de suite les innombrables légendes de l'amour trompé, du dévouement méconnu, des efforts non récompensés, de la faim et du froid humblement, silencieusement supportés.

Avez-vous quelquefois aperçu des veuves sur ces bancs solitaires, des veuves pauvres ? Qu'elles soient en deuil ou non, il est facile de les reconnaître. D'ailleurs il y a toujours dans le deuil du pauvre quelque chose qui manque, une absence d'harmonie qui le rend plus navrant. Il est contraint de lésiner sur sa douleur. Le riche porte la sienne au grand complet.

Quelle est la veuve la plus triste et la plus attristante, celle qui traîne à sa main un bambin avec qui elle ne peut pas partager sa rêverie, ou celle qui est tout à fait seule ? Je ne sais... Il m'est arrivé une fois de suivre pendant de longues heures une vieille affligée de cette espèce ; celle-là roide, droite, sous un petit châle usé, portait dans tout son être une fierté de stoïcienne.

Elle était évidemment condamnée, par une absolue solitude, à des habitudes de vieux célibataire, et le caractère masculin de ses mœurs ajoutait un piquant mystérieux à leur austérité. Je ne sais dans quel misérable café et de quelle façon elle déjeuna. Je la suivis au cabinet de lecture ; et je l'épiai longtemps pendant qu'elle cherchait dans les gazettes, avec des yeux actifs, jadis brûlés par les larmes, des nouvelles d'un intérêt puissant et personnel.

Enfin, dans l'après-midi, sous un ciel d'automne charmant, un de ces ciels d'où descendent en foule les regrets et les souvenirs, elle s'assit à l'écart dans un jardin, pour entendre, loin de la foule, un de ces concerts dont la musique des régiments gratifie le peuple parisien.

C'était sans doute là la petite débauche de cette vieille innocente (ou de cette vieille purifiée), la consolation bien gagnée d'une de ces lourdes journées sans ami, sans causerie, sans joie, sans confident, que Dieu laissait tomber sur elle, depuis bien des ans peut-être ! trois cent soixante-cinq fois par an.

Une autre encore :

Je ne puis jamais m'empêcher de jeter un regard, sinon universellement sympathique, au moins curieux, sur la foule de parias qui se pressent autour de

l'enceinte d'un concert public. L'orchestre jette à travers la nuit des chants de fête, de triomphe ou de volupté. Les robes traînent en miroitant ; les regards se croisent ; les oisifs, fatigués de n'avoir rien fait, se dandinent, feignant de déguster indolemment la musique. Ici rien que de riche, d'heureux ; rien qui ne respire et n'inspire l'insouciance et le plaisir de se laisser vivre ; rien, excepté l'aspect de cette tourbe qui s'appuie là-bas sur la barrière extérieure, attrapant gratis, au gré du vent, un lambeau de musique, et regardant l'étincelante fournaise intérieure.

C'est toujours chose intéressante que ce reflet de la joie du riche au fond de l'œil du pauvre. Mais ce jour-là, à travers ce peuple vêtu de blouses et d'indienne, j'aperçus un être dont la noblesse faisait un éclatant contraste avec toute la trivialité environnante.

C'était une femme grande, majestueuse, et si noble dans tout son air, que je n'ai pas souvenir d'avoir vu sa pareille dans les collections des aristocratiques beautés du passé. Un parfum de hautaine vertu émanait de toute sa personne. Son visage, triste et amaigri, était en parfaite accordance avec le grand deuil dont elle était revêtue. Elle aussi, comme la plèbe à laquelle elle s'était mêlée et qu'elle ne voyait pas, elle regardait le monde lumineux avec un œil profond, et elle écoutait en hochant doucement la tête.

Singulière vision ! « À coup sûr, me dis-je, cette pauvreté-là, si pauvreté il y a, ne doit pas admettre l'économie sordide ; un si noble visage m'en répond. Pourquoi donc reste-t-elle volontairement dans un milieu où elle fait une tache si éclatante ? »

Mais en passant curieusement auprès d'elle, je crus en deviner la raison. La grande veuve tenait par la main un enfant comme elle vêtu de noir ; si modique que fût le prix d'entrée, ce prix suffisait peut-être pour payer un des besoins du petit être, mieux encore, une superfluité, un jouet.

Et elle sera rentrée à pied, méditant et rêvant, seule, toujours seule ; car l'enfant est turbulent, égoïste, sans douceur et sans patience ; et il ne peut même pas, comme le pur animal, comme le chien et le chat, servir de confident aux douleurs solitaires.

XIV

LE VIEUX SALTIMBANQUE

Partout s'étalait, se répandait, s'ébaudissait le peuple en vacances. C'était une de ces solennités sur lesquelles, pendant un long temps, comptent les saltimbanques, les faiseurs de tours, les montreurs d'animaux et les boutiquiers ambulants, pour compenser les mauvais temps de l'année.

En ces jours-là il me semble que le peuple oublie tout, la douleur et le travail ; il devient pareil aux enfants. Pour les petits c'est un jour de congé, c'est l'horreur de l'école renvoyée à vingt-quatre heures. Pour les grands c'est un armistice conclu avec les puissances malfaisantes de la vie, un répit dans la contention et la lutte universelles.

L'homme du monde lui-même et l'homme occupé de travaux spirituels échappent difficilement à l'influence de ce jubilé populaire. Ils absorbent, sans le vouloir, leur part de cette atmosphère d'insouciance. Pour moi, je ne manque

jamais, en vrai Parisien, de passer la revue de toutes les baraques qui se pavanent à ces époques solennelles.

Elles se faisaient, en vérité, une concurrence formidable : elles piaillaient, beuglaient, hurlaient. C'était un mélange de cris, de détonations de cuivre et d'explosions de fusées. Les queues-rouges et les Jocrisses convulsaient les traits de leurs visages basanés, racornis par le vent, la pluie et le soleil ; ils lançaient, avec l'aplomb des comédiens sûrs de leurs effets, des bons mots et des plaisanteries d'un comique solide et lourd comme celui de Molière. Les Hercules, fiers de l'énormité de leurs membres, sans front et sans crâne, comme les orangs-outangs, se prélassaient majestueusement sous les maillots lavés la veille pour la circonstance. Les danseuses, belles comme des fées ou des princesses, sautaient et cabriolaient sous le feu des lanternes qui remplissaient leurs jupes d'étincelles.

Tout n'était que lumière, poussière, cris, joie, tumulte ; les uns dépensaient, les autres gagnaient, les uns et les autres également joyeux. Les enfants se suspendaient aux jupons de leurs mères pour obtenir quelque bâton de sucre, ou montaient sur les épaules de leurs pères pour mieux voir un escamoteur éblouissant comme un dieu. Et partout circulait, dominant tous les parfums, une odeur de friture qui était comme l'encens de cette fête.

Au bout, à l'extrême bout de la rangée de baraques, comme si, honteux, il s'était exilé lui-même de toutes ces splendeurs, je vis un pauvre saltimbanque, voûté, caduc, décrépit, une ruine d'homme, adossé contre un des poteaux de sa cahute ; une cahute plus misérable que celle du sauvage le plus abruti, et dont deux bouts de chandelles, coulants et fumants, éclairaient trop bien encore la détresse.

Partout la joie, le gain, la débauche ; partout la certitude du pain pour les lendemains ; partout l'explosion frénétique de la vitalité. Ici la misère absolue, la misère affublée, pour comble d'horreur, de haillons comiques, où la nécessité, bien plus que l'art, avait introduit le contraste. Il ne riait pas, le misérable ! Il ne pleurait pas, il ne dansait pas, il ne gesticulait pas, il ne criait pas ; il ne chantait aucune chanson, ni gaie ni lamentable, il n'implorait pas. Il était muet et immobile. Il avait renoncé, il avait abdiqué. Sa destinée était faite.

Mais quel regard profond, inoubliable, il promenait sur la foule et les lumières, dont le flot mouvant s'arrêtait à quelques pas de sa répulsive misère ! Je sentis ma gorge serrée par la main terrible de l'hystérie, et il me sembla que mes regards étaient offusqués par ces larmes rebelles qui ne veulent pas tomber.

Que faire ? À quoi bon demander à l'infortuné quelle curiosité, quelle merveille il avait à montrer dans ces ténèbres puantes, derrière son rideau déchiqueté ? En vérité, je n'osais ; et, dût la raison de ma timidité vous faire rire, j'avouerai que je craignais de l'humilier. Enfin, je venais de me résoudre à déposer en passant quelque argent sur une de ses planches, espérant qu'il devinerait mon intention, quand un grand reflux de peuple, causé par je ne sais quel trouble, m'entraîna loin de lui.

Et, m'en retournant, obsédé par cette vision, je cherchais à analyser ma soudaine douleur, et je me dis : Je viens de voir l'image du vieil homme de lettres qui a survécu à la génération dont il fut le brillant amuseur ; du vieux poète sans amis, sans famille, sans enfants, dégradé par sa misère et par l'ingratitude publique, et dans la baraque de qui le monde oublieux ne veut plus entrer !

XV
LE GATEAU

Je voyageais. Le paysage au milieu duquel j'étais placé était d'une grandeur et d'une noblesse irrésistibles. Il en passa sans doute en ce moment quelque chose dans mon âme. Mes pensées voltigeaient avec une légèreté égale à celle de l'atmosphère ; les passions vulgaires, telles que la haine et l'amour profane, m'apparaissaient maintenant aussi éloignées que les nuées qui défilaient au fond des abimes sous mes pieds ; mon âme me semblait aussi vaste et aussi pure que la coupole du ciel dont j'étais enveloppé ; le souvenir des choses terrestres n'arrivait à mon cœur qu'affaibli et diminué, comme le son de la clochette des bestiaux imperceptibles qui passaient loin, bien loin, sur le versant d'une autre montagne. Sur le petit lac immobile, noir de son immense profondeur, passait quelquefois l'ombre d'un nuage, comme le reflet du manteau d'un géant aérien volant à travers le ciel. Et je me souviens que cette sensation solennelle et rare, causée par un grand mouvement parfaitement silencieux, me remplissait d'une joie mêlée de peur. Bref, je me sentais, grâce à l'enthousiasmante beauté dont j'étais environné, en parfaite paix avec moi-même et avec l'univers ; je crois même que, dans ma parfaite béatitude et dans mon total oubli de tout le mal terrestre, j'en étais venu à ne plus trouver si ridicules les journaux qui prétendent que l'homme est né bon ; — quand la matière incurable renouvelant ses exigences, je songeai à réparer la fatigue et à soulager l'appétit causés par une si longue ascension. Je tirai de ma poche un gros morceau de pain, une tasse de cuir et un flacon d'un certain élixir que les pharmaciens vendaient dans ce temps-là aux touristes pour le mêler dans l'occasion avec de l'eau de neige.

Je découpais tranquillement mon pain, quand un bruit très léger me fit lever les yeux. Devant moi se tenait un petit être déguenillé, noir, ébouriffé, dont les yeux creux, farouches et comme suppliants, dévoraient le morceau de pain. Et je l'entendis soupirer, d'une voix basse et rauque, le mot : *gâteau !* Je ne pus m'empêcher de rire en entendant l'appellation dont il voulait bien honorer mon pain presque blanc, et j'en coupai pour lui une belle tranche que je lui offris. Lentement il se rapprocha, ne quittant pas des yeux l'objet de sa convoitise ; puis, happant le morceau avec sa main, se recula vivement, comme s'il eût craint que mon offre ne fût pas sincère ou que je m'en repentisse déjà.

Mais au même instant il fut culbuté par un autre petit sauvage, sorti je ne sais d'où, et si parfaitement semblable au premier qu'on aurait pu le prendre pour son frère jumeau. Ensemble ils roulèrent sur le sol, se disputant la précieuse proie, aucun n'en voulant sans doute sacrifier la moitié pour son frère. Le premier, exaspéré, empoigna le second par les cheveux ; celui-ci lui saisit l'oreille avec les dents, et en cracha un petit morceau sanglant avec un superbe juron patois. Le légitime propriétaire du gâteau essaya d'enfoncer ses petites griffes dans les yeux de l'usurpateur ; à son tour celui-ci appliqua toutes ses forces à étrangler son adversaire d'une main, pendant que de l'autre il tâchait de glisser dans sa poche le prix du combat. Mais, ravivé par le désespoir, le vaincu se redressa et fit rouler le vainqueur par terre d'un coup de tête dans l'estomac. A quoi bon décrire une lutte hideuse qui dura en vérité plus longtemps que leurs forces enfantines ne semblaient le promettre ? Le gâteau voyageait de main en main et changeait de poche à chaque instant ; mais,

hélas ! il changeait aussi de volume ; et lorsque enfin, exténués, haletants, sanglants, ils s'arrêtèrent par impossibilité de continuer, il n'y avait plus, à vrai dire, aucun sujet de bataille ; le morceau de pain avait disparu, et il était éparpillé en miettes semblables aux grains de sable auxquels il était mêlé.

Ce spectacle m'avait embrumé le paysage, et la joie où s'ébaudissait mon âme avant d'avoir vu ces petits hommes avait totalement disparu ; j'en restai triste assez longtemps, me répétant sans cesse : « Il y a donc un pays superbe où le pain s'appelle du *gâteau*, friandise si rare qu'elle suffit pour engendrer une guerre parfaitement fratricide ! »

XVI

L'HORLOGE

Les Chinois voient l'heure dans l'œil des chats.

Un jour un missionnaire, se promenant dans la banlieue de Nankin, s'aperçut qu'il avait oublié sa montre, et demanda à un petit garçon quelle heure il était.

Le gamin du céleste Empire hésita d'abord ; puis, se ravisant, il répondit : « Je vais vous le dire. » Peu d'instants après, il reparut, tenant dans ses bras un fort gros chat, et le regardant, comme on dit, dans le blanc des yeux, il affirma sans hésiter : « Il n'est pas encore tout à fait midi. » Ce qui était vrai.

Pour moi, si je me penche vers la belle Féline, la si bien nommée, qui est à la fois l'honneur de son sexe, l'orgueil de mon cœur et le parfum de mon esprit, que ce soit la nuit, que ce soit le jour, dans la pleine lumière ou dans l'ombre opaque, au fond de ses yeux adorables je vois toujours l'heure distinctement, toujours la même, une heure vaste, solennelle, grande comme l'espace, sans divisions de minutes ni de secondes, — une heure immobile qui n'est pas marquée sur les horloges, et cependant légère comme un soupir, rapide comme un coup d'œil.

Et si quelque importun venait me déranger pendant que mon regard repose sur ce délicieux cadran, si quelque Génie malhonnête et intolérant, quelque Démon du contretemps venait me dire : « Que regardes-tu là avec tant de soin ? Que cherches-tu dans les yeux de cet être ? Y vois-tu l'heure, mortel prodigue et fainéant ? » je répondrais sans hésiter : « Oui, je vois l'heure ; il est l'Éternité ! »

N'est-ce pas, madame, que voici un madrigal vraiment méritoire, et aussi emphatique que vous-même ? En vérité, j'ai eu tant de plaisir à broder cette prétentieuse galanterie, que je ne vous demanderai rien en échange.

XVII

UN HÉMISPHÈRE

DANS UNE CHEVELURE [1]

Laisse-moi respirer longtemps, longtemps, l'odeur de tes cheveux, y plonger tout mon visage, comme un homme altéré dans l'eau d'une source, et les agiter

avec ma main comme un mouchoir odorant, pour secouer des souvenirs dans l'air.

Si tu pouvais savoir tout ce que je vois ! tout ce que je sens ! tout ce que j'entends dans tes cheveux ! Mon âme voyage sur le parfum comme l'âme des autres hommes sur la musique.

Tes cheveux contiennent tout un rêve, plein de voilures et de mâtures ; ils contiennent de grandes mers dont les moussons me portent vers de charmants climats, où l'espace est plus bleu et plus profond, où l'atmosphère est parfumée par les fruits, par les feuilles et par la peau humaine.

Dans l'océan de ta chevelure, j'entrevois un port fourmillant de chants mélancoliques, d'hommes vigoureux de toutes nations et de navires de toutes formes découpant leurs architectures fines et compliquées sur un ciel immense où se prélasse l'éternelle chaleur.

Dans les caresses de ta chevelure, je retrouve les langueurs des longues heures passées sur un divan, dans la chambre d'un beau navire, bercées par le roulis imperceptible du port, entre les pots de fleurs et les gargoulettes rafraîchissantes.

Dans l'ardent foyer de ta chevelure, je respire l'odeur du tabac mêlé à l'opium et au sucre ; dans la nuit de ta chevelure, je vois resplendir l'infini de l'azur tropical ; sur les rivages duvetés de ta chevelure je m'enivre des odeurs combinées du goudron, du musc et de l'huile de coco.

Laisse-moi mordre longtemps tes tresses lourdes et noires. Quand je mordille tes cheveux élastiques et rebelles, il me semble que je mange des souvenirs.

XVIII

L'INVITATION AU VOYAGE[1]

Il est un pays superbe, un pays de Cocagne, dit-on, que je rêve de visiter avec une vieille amie. Pays singulier, noyé dans les brumes de notre Nord, et qu'on pourrait appeler l'Orient de l'Occident, la Chine de l'Europe, tant la chaude et capricieuse fantaisie s'y est donné carrière, tant elle l'a patiemment et opiniâtrement illustré de ses savantes et délicates végétations.

Un vrai pays de Cocagne, où tout est beau, riche, tranquille, honnête ; où le luxe a plaisir à se mirer dans l'ordre ; où la vie est grasse et douce à respirer ; d'où le désordre, la turbulence et l'imprévu sont exclus ; où le bonheur est marié au silence ; où la cuisine elle-même est poétique, grasse et excitante à la fois ; où tout vous ressemble, mon cher ange.

Tu connais cette maladie fiévreuse qui s'empare de nous dans les froides misères, cette nostalgie du pays qu'on ignore, cette angoisse de la curiosité ? Il est une contrée qui te ressemble, où tout est beau, riche, tranquille et honnête, où la fantaisie a bâti et décoré une Chine occidentale, où la vie est douce à respirer, où le bonheur est marié au silence. C'est là qu'il faut aller vivre, c'est là qu'il faut aller mourir !

Oui, c'est là qu'il faut aller respirer, rêver et allonger les heures par l'infini des sensations. Un musicien a écrit l'*Invitation à la valse* ; quel est celui qui composera l'*Invitation au voyage*, qu'on puisse offrir à la femme aimée, à la sœur d'élection ?

Oui, c'est dans cette atmosphère qu'il ferait bon vivre, — là-bas, où les heures plus lentes contiennent plus de pensées, où les horloges sonnent le bonheur avec une plus profonde et plus significative solennité.

Sur des panneaux luisants, ou sur des cuirs dorés et d'une richesse sombre, vivent discrètement des peintures béates, calmes et profondes, comme les âmes des artistes qui les créèrent. Les soleils couchants, qui colorent si richement la salle à manger ou le salon, sont tamisés par de belles étoffes ou par ces hautes fenêtres ouvragées que le plomb divise en nombreux compartiments. Les meubles sont vastes, curieux, bizarres, armés de serrures et de secrets comme des âmes raffinées. Les miroirs, les métaux, les étoffes, l'orfèvrerie et la faïence y jouent pour les yeux une symphonie muette et mystérieuse ; et de toutes choses, de tous les coins, des fissures des tiroirs et des plis des étoffes s'échappe un parfum singulier, un *revenez-y* de Sumatra, qui est comme l'âme de l'appartement.

Un vrai pays de Cocagne, te dis-je, où tout est riche, propre et luisant, comme une belle conscience, comme une magnifique batterie de cuisine, comme une splendide orfèvrerie, comme une bijouterie bariolée ! Les trésors du monde y affluent, comme dans la maison d'un homme laborieux et qui a bien mérité du monde entier. Pays singulier, supérieur aux autres, comme l'Art l'est à la Nature, où celle-ci est réformée par le rêve, où elle est corrigée, embellie, refondue.

Qu'ils cherchent, qu'ils cherchent encore, qu'ils reculent sans cesse les limites de leur bonheur, ces alchimistes de l'horticulture ! qu'ils proposent des prix de soixante et de cent mille florins pour qui résoudra leurs ambitieux problèmes ! Moi, j'ai trouvé ma *tulipe noire* et mon *dahlia bleu* ! !

Fleur incomparable, tulipe retrouvée, allégorique dahlia, c'est là, n'est-ce pas, dans ce beau pays si calme et si rêveur, qu'il faudrait aller vivre et fleurir ? Ne serais-tu pas encadrée dans ton analogie, et ne pourrais-tu pas te mirer, pour parler comme les mystiques, dans ta propre *correspondance ?*

Des rêves ! toujours des rêves ! et plus l'âme est ambitieuse et délicate, plus les rêves l'éloignent du possible. Chaque homme porte en lui sa dose d'opium naturel, incessamment sécrétée et renouvelée, et, de la naissance à la mort, combien comptons-nous d'heures remplies par la jouissance positive, par l'action réussie et décidée ? Vivrons-nous jamais, passerons-nous jamais dans ce tableau qu'a peint mon esprit, ce tableau qui te ressemble ?

Ces trésors, ces meubles, ce luxe, cet ordre, ces parfums, ces fleurs miraculeuses, c'est toi. C'est encore toi, ces grands fleuves et ces canaux tranquilles. Ces énormes navires qu'ils charrient, tout chargés de richesses, et d'où montent les chants monotones de la manœuvre, ce sont mes pensées qui dorment ou qui roulent sur ton sein. Tu les conduis doucement vers la mer qui est l'Infini, tout en réfléchissant les profondeurs du ciel dans la limpidité de ta belle âme ; — et quand, fatigués par la houle et gorgés des produits de l'Orient, ils rentrent au port natal, ce sont encore mes pensées enrichies qui reviennent de l'Infini vers toi.

XIX

LE JOUJOU DU PAUVRE

Je veux donner l'idée d'un divertissement innocent. Il y a si peu d'amusements qui ne soient pas coupables !

Quand vous sortirez le matin avec l'intention décidée de flâner sur les grandes routes, remplissez vos poches de petites inventions à un sol, — telles que le polichinelle plat mû par un seul fil, les forgerons qui battent l'enclume, le cavalier et son cheval dont la queue est un sifflet, — et le long des cabarets, au pied des arbres, faites-en hommage aux enfants inconnus et pauvres que vous rencontrerez. Vous verrez leurs yeux s'agrandir démesurément. D'abord ils n'oseront pas prendre; ils douteront de leur bonheur. Puis leurs mains agripperont vivement le cadeau, et ils s'enfuiront comme font les chats qui vont manger loin de vous le morceau que vous leur avez donné, ayant appris à se défier de l'homme.

Sur une route, derrière la grille d'un vaste jardin, au bout duquel apparaissait la blancheur d'un joli château frappé par le soleil, se tenait un enfant beau et frais, habillé de ces vêtements de campagne si pleins de coquetterie.

Le luxe, l'insouciance et le spectacle habituel de la richesse, rendent ces enfants-là si jolis, qu'on les croirait faits d'une autre pâte que les enfants de la médiocrité ou de la pauvreté.

À côté de lui, gisait sur l'herbe un joujou splendide, aussi frais que son maître, verni, doré, vêtu d'une robe pourpre, et couvert de plumets et de verroteries. Mais l'enfant ne s'occupait pas de son joujou préféré et voici ce qu'il regardait :

De l'autre côté de la grille, sur la route, entre les chardons et les orties, il y avait un autre enfant, sale, chétif, fuligineux, un de ces marmots-parias dont un œil impartial découvrirait la beauté, si, comme l'œil du connaisseur devine une peinture idéale sous un vernis de carrossier, il le nettoyait de la répugnante patine de la misère.

À travers ces barreaux symboliques séparant deux mondes, la grande route et le château, l'enfant pauvre montrait à l'enfant riche son propre joujou, que celui-ci examinait avidement comme un objet rare et inconnu. Or, ce joujou, que le petit souillon agaçait, agitait et secouait dans une boîte grillée, c'était un rat vivant ! Les parents, par économie sans doute, avaient tiré le joujou de la vie elle-même.

Et les deux enfants se riaient l'un à l'autre fraternellement, avec des dents d'une *égale* blancheur.

XX

LES DONS DES FÉES

C'était grande assemblée des Fées, pour procéder à la répartition des dons parmi tous les nouveau-nés, arrivés à la vie depuis vingt-quatre heures.

Toutes ces antiques et capricieuses Sœurs du Destin, toutes ces Mères bizarres de la joie et de la douleur, étaient fort diverses : les unes avaient l'air sombre et rechigné, les autres, un air folâtre et malin ; les unes, jeunes, qui

avaient toujours été jeunes ; les autres, vieilles, qui avaient toujours été vieilles. Tous les pères qui ont foi dans les Fées étaient venus, chacun apportant son nouveau-né dans ses bras.

Les Dons, les Facultés, les bons Hasards, les Circonstances invincibles, étaient accumulés à côté du tribunal, comme les prix sur l'estrade, dans une distribution de prix. Ce qu'il y avait ici de particulier, c'est que les Dons n'étaient pas la récompense d'un effort, mais tout au contraire une grâce accordée à celui qui n'avait pas encore vécu, une grâce pouvant déterminer sa destinée et devenir aussi bien la source de son malheur que de son bonheur.

Les pauvres Fées étaient très affairées ; car la foule des solliciteurs était grande, et le monde intermédiaire, placé entre l'homme et Dieu, est soumis comme nous à la terrible loi du Temps et de son infinie postérité, les Jours, les Heures, les Minutes, les Secondes.

En vérité, elles étaient aussi ahuries que des ministres un jour d'audience, ou des employés du Mont-de-Piété quand une fête nationale autorise les dégagements gratuits. Je crois même qu'elles regardaient de temps à autre l'aiguille de l'horloge avec autant d'impatience que des juges humains qui, siégeant depuis le matin, ne peuvent s'empêcher de rêver au dîner, à la famille et à leurs chères pantoufles. Si, dans la justice surnaturelle, il y a un peu de précipitation et de hasard, ne nous étonnons pas qu'il en soit de même quelquefois dans la justice humaine. Nous serions nous-mêmes, en ce cas, des juges injustes.

Aussi furent commises ce jour-là quelques bourdes qu'on pourrait considérer comme bizarres, si la prudence, plutôt que le caprice, était le caractère distinctif, éternel des Fées.

Ainsi la puissance d'attirer magnétiquement la fortune fut adjugée à l'héritier unique d'une famille très riche, qui, n'étant doué d'aucun sens de charité, non plus que d'aucune convoitise pour les biens les plus visibles de la vie, devait se trouver plus tard prodigieusement embarrassé de ses millions.

Ainsi furent donnés l'amour du Beau et la Puissance poétique au fils d'un sombre gueux, carrier de son état, qui ne pouvait, en aucune façon, aider les facultés, ni soulager les besoins de sa déplorable progéniture.

J'ai oublié de vous dire que la distribution, en ces cas solennels, est sans appel, et qu'aucun don ne peut être refusé.

Toutes les Fées se levaient, croyant leur corvée accomplie ; car il ne restait plus aucun cadeau, aucune largesse à jeter à tout ce fretin humain, quand un brave homme, un pauvre petit commerçant, je crois, se leva, et empoignant par sa robe de vapeurs multicolores la Fée qui était le plus à sa portée, s'écria :

« Eh ! madame ! vous nous oubliez ! Il y a encore mon petit ! Je ne veux pas être venu pour rien. »

La Fée pouvait être embarrassée ; car il ne restait plus *rien*. Cependant elle se souvint à temps d'une loi bien connue, quoique rarement appliquée, dans le monde surnaturel, habité par ces déités impalpables, amies de l'homme, et souvent contraintes de s'adapter à ses passions, telles que les Fées, les Gnomes, les Salamandres, les Sylphides, les Sylphes, les Nixes, les Ondins et les Ondines, — je veux parler de la loi qui concède aux Fées, dans un cas semblable à celui-ci, c'est-à-dire le cas d'épuisement des lots, la faculté d'en donner encore un, supplémentaire et exceptionnel, pourvu toutefois qu'elle ait l'imagination suffisante pour le créer immédiatement.

Donc la bonne Fée répondit, avec un aplomb digne de son rang : « Je donne
à ton fils... je lui donne... le *Don de plaire !* »

« Mais plaire comment ? plaire...? plaire pourquoi ? » demanda opiniâtre-
ment le petit boutiquier, qui était sans doute un de ces raisonneurs si communs,
incapable de s'élever jusqu'à la logique de l'Absurde.

« Parce que ! parce que ! » répliqua la Fée courroucée, en lui tournant le
dos ; et rejoignant le cortège de ses compagnes, elle leur disait : « Comment
trouvez-vous ce petit Français vaniteux, qui veut tout comprendre, et qui ayant
obtenu pour son fils le meilleur des lots, ose encore interroger et discuter
l'indiscutable ? »

XXI

LES TENTATIONS
OU ÉROS, PLUTUS ET LA GLOIRE

Deux superbes Satans et une Diablesse, non moins extraordinaire, ont la
nuit dernière monté l'escalier mystérieux par où l'Enfer donne assaut à la
faiblesse de l'homme qui dort, et communique en secret avec lui. Et ils sont
venus se poser glorieusement devant moi, debout comme sur une estrade. Une
splendeur sulfureuse émanait de ces trois personnages, qui se détachaient ainsi
du fond opaque de la nuit. Ils avaient l'air si fier et si plein de domination, que je
les pris d'abord tous les trois pour de vrais Dieux.

Le visage du premier Satan était d'un sexe ambigu, et il y avait aussi, dans les
lignes de son corps, la mollesse des anciens Bacchus. Ses beaux yeux
languissants, d'une couleur ténébreuse et indécise, ressemblaient à des
violettes chargées encore des lourds pleurs de l'orage, et ses lèvres entrou-
vertes à des cassolettes chaudes, d'où s'exhalait la bonne odeur d'une
parfumerie ; et à chaque fois qu'il soupirait, des insectes musqués s'illumi-
naient, en voletant, aux ardeurs de son souffle.

Autour de sa tunique de pourpre était roulé, en manière de ceinture, un
serpent chatoyant qui, la tête relevée, tournait langoureusement vers lui ses
yeux de braise. À cette ceinture vivante étaient suspendus, alternant avec des
fioles pleines de liqueurs sinistres, de brillants couteaux et des instruments de
chirurgie. Dans sa main droite il tenait une autre fiole dont le contenu était d'un
rouge lumineux, et qui portait pour étiquette ces mots bizarres : « Buvez, ceci
est mon sang, un parfait cordial » ; dans la gauche, un violon qui lui servait sans
doute à chanter ses plaisirs et ses douleurs, et à répandre la contagion de sa
folie dans les nuits de sabbat.

À ses chevilles délicates trainaient quelques anneaux d'une chaine d'or
rompue, et quand la gêne qui en résultait le forçait à baisser les yeux vers la
terre, il contemplait vaniteusement les ongles de ses pieds, brillants et polis
comme des pierres bien travaillées.

Il me regarda avec ses yeux inconsolablement navrés, d'où s'écoulait une
insidieuse ivresse, et il me dit d'une voix chantante : « Si tu veux, si tu veux, je
te ferai le seigneur des âmes, et tu seras le maitre de la matière vivante, plus
encore que le sculpteur peut l'être de l'argile ; et tu connaitras le plaisir, sans
cesse renaissant, de sortir de toi-même pour t'oublier dans autrui, et d'attirer
les autres âmes jusqu'à les confondre avec la tienne. »

Et je lui répondis : « Grand merci ! je n'ai que faire de cette pacotille d'êtres qui, sans doute, ne valent pas mieux que mon pauvre moi. Bien que j'aie quelque honte à me souvenir, je ne veux rien oublier ; et quand même je ne te connaîtrais pas, vieux monstre, ta mystérieuse coutellerie, tes fioles équivoques, les chaînes dont tes pieds sont empêtrés, sont des symboles qui expliquent assez clairement les inconvénients de ton amitié. Garde tes présents. »

Le second Satan n'avait ni cet air à la fois tragique et souriant, ni ces belles manières insinuantes, ni cette beauté délicate et parfumée. C'était un homme vaste, à gros visage sans yeux, dont la lourde bedaine surplombait les cuisses, et dont toute la peau était dorée et illustrée, comme d'un tatouage, d'une foule de petites figures mouvantes représentant les formes nombreuses de la misère universelle. Il y avait de petits hommes efflanqués qui se suspendaient volontairement à un clou ; il y avait de petits gnomes difformes, maigres, dont les yeux suppliants réclamaient l'aumône mieux encore que leurs mains tremblantes ; et puis de vieilles mères portant des avortons accrochés à leurs mamelles exténuées. Il y en avait encore bien d'autres.

Le gros Satan tapait avec son poing sur son immense ventre, d'où sortait alors un long et retentissant cliquetis de métal, qui se terminait en un vague gémissement fait de nombreuses voix humaines. Et il riait, en montrant impudemment ses dents gâtées, d'un énorme rire imbécile, comme certains hommes de tous les pays quand ils ont trop bien dîné.

Et celui-là me dit : « Je puis te donner ce qui obtient tout, ce qui vaut tout, ce qui remplace tout ! » Et il tapa sur son ventre monstrueux, dont l'écho sonore fit le commentaire de sa grossière parole.

Je me détournai avec dégoût, et je répondis : « Je n'ai besoin, pour ma jouissance, de la misère de personne ; et je ne veux pas d'une richesse attristée, comme un papier de tenture, de tous les malheurs représentés sur ta peau. »

Quant à la Diablesse, je mentirais si je n'avouais pas qu'à première vue je lui trouvai un bizarre charme. Pour définir ce charme, je ne saurais le comparer à rien de mieux qu'à celui des très belles femmes sur le retour, qui cependant ne vieillissent plus, et dont la beauté garde la magie pénétrante des ruines. Elle avait l'air à la fois impérieux et dégingandé, et ses yeux, quoique battus, contenaient une force fascinatrice. Ce qui me frappa le plus, ce fut le mystère de sa voix, dans laquelle je retrouvais le souvenir des *contralti* les plus délicieux et aussi un peu de l'enrouement des gosiers incessamment lavés par l'eau-de-vie.

« Veux-tu connaître ma puissance ? » dit la fausse déesse avec sa voix charmante et paradoxale. « Écoute. »

Et elle emboucha alors une gigantesque trompette, enrubannée, comme un mirliton, des titres de tous les journaux de l'univers, et à travers cette trompette elle cria mon nom, qui roula ainsi à travers l'espace avec le bruit de cent mille tonnerres, et me revint répercuté par l'écho de la plus lointaine planète.

« Diable ! » fis-je, à moitié subjugué, « voilà qui est précieux ! » Mais en examinant plus attentivement la séduisante virago, il me sembla vaguement que je la reconnaissais pour l'avoir vue trinquant avec quelques drôles de ma connaissance ; et le son rauque du cuivre apporta à mes oreilles je ne sais quel souvenir d'une trompette prostituée.

Aussi je répondis, avec tout mon dédain : « Va-t'en ! Je ne suis pas fait pour épouser la maîtresse de certains que je ne veux pas nommer. »

Certes, d'une si courageuse abnégation j'avais le droit d'être fier. Mais malheureusement je me réveillai, et toute ma force m'abandonna. « En vérité, me dis-je, il fallait que je fusse bien lourdement assoupi pour montrer de tels scrupules. Ah ! s'ils pouvaient revenir pendant que je suis éveillé, je ne ferais pas tant le délicat !

Et je les invoquais à haute voix, les suppliant de me pardonner, leur offrant de me déshonorer aussi souvent qu'il le faudrait pour mériter leurs faveurs; mais je les avais sans doute fortement offensés, car ils ne sont jamais revenus.

XXII
LE CRÉPUSCULE DU SOIR

Le jour tombe. Un grand apaisement se fait dans les pauvres esprits fatigués du labeur de la journée; et leurs pensées prennent maintenant les couleurs tendres et indécises du crépuscule.

Cependant du haut de la montagne arrive à mon balcon, à travers les nues transparentes du soir, un grand hurlement, composé d'une foule de cris discordants, que l'espace transforme en une lugubre harmonie, comme celle de la marée qui monte ou d'une tempête qui s'éveille.

Quels sont les infortunés que le soir ne calme pas, et qui prennent, comme les hiboux, la venue de la nuit pour signal de sabbat ? Cette sinistre ululation nous arrive du noir hospice perché sur la montagne; et, le soir, en fumant et en contemplant le repos de l'immense vallée, hérissée de maisons dont chaque fenêtre dit : « C'est ici la paix maintenant; c'est ici la joie de la famille ! » je puis, quand le vent souffle de là-haut, bercer ma pensée étonnée à cette imitation des harmonies de l'enfer.

Le crépuscule excite les fous. — Je me souviens que j'ai eu deux amis que le crépuscule rendait tout malades. L'un méconnaissait alors tous les rapports d'amitié et de politesse, et maltraitait, comme un sauvage, le premier venu. Je l'ai vu jeter à la tête d'un maître d'hôtel un excellent poulet, dans lequel il croyait voir je ne sais quel insultant hiéroglyphe. Le soir, précurseur des voluptés profondes, lui gâtait les choses les plus succulentes.

L'autre, un ambitieux blessé, devenait, à mesure que le jour baissait, plus aigre, plus sombre, plus taquin. Indulgent et sociable encore pendant la journée, il était impitoyable le soir; et ce n'était pas seulement sur autrui, mais aussi sur lui-même, que s'exerçait rageusement sa manie crépusculeuse.

Le premier est mort fou, incapable de reconnaître sa femme et son enfant; le second porte en lui l'inquiétude d'un malaise perpétuel, et fût-il gratifié de tous les honneurs que peuvent conférer les républiques et les princes, je crois que le crépuscule allumerait encore en lui la brûlante envie de distinctions imaginaires. La nuit, qui mettait ses ténèbres dans leur esprit, fait la lumière dans le mien; et, bien qu'il ne soit pas rare de voir la même cause engendrer deux effets contraires, j'en suis toujours comme intrigué et alarmé.

Ô nuit ! ô rafraîchissantes ténèbres ! vous êtes pour moi le signal d'une fête intérieure, vous êtes la délivrance d'une angoisse ! Dans la solitude des plaines, dans les labyrinthes pierreux d'une capitale, scintillement des étoiles, explosion des lanternes, vous êtes le feu d'artifice de la déesse Liberté !

Crépuscule, comme vous êtes doux et tendre ! Les lueurs roses qui traînent encore à l'horizon comme l'agonie du jour sous l'oppression victorieuse de sa nuit, les feux des candélabres qui font des taches d'un rouge opaque sur les dernières gloires du couchant, les lourdes draperies qu'une main invisible attire des profondeurs de l'Orient, imitent tous les sentiments compliqués qui luttent dans le cœur de l'homme aux heures solennelles de la vie.

On dirait encore une de ces robes étranges de danseuses, où une gaze transparente et sombre laisse entrevoir les splendeurs amorties d'une jupe éclatante, comme sous le noir présent transperce le délicieux passé : et les étoiles vacillantes d'or et d'argent, dont elle est semée, représentent ces feux de la fantaisie qui ne s'allument bien que sous le deuil profond de la Nuit.

XXIII

LA SOLITUDE

Un gazetier philanthrope me dit que la solitude est mauvaise pour l'homme ; et à l'appui de sa thèse, il cite, comme tous les incrédules, des paroles des Pères de l'Église.

Je sais que le Démon fréquente volontiers les lieux arides, et que l'Esprit de meurtre et de lubricité s'enflamme merveilleusement dans les solitudes. Mais il serait possible que cette solitude ne fût dangereuse que pour l'âme oisive et divagante qui la peuple de ses passions et de ses chimères.

Il est certain qu'un bavard, dont le suprême plaisir consiste à parler du haut d'une chaire ou d'une tribune, risquerait fort de devenir fou furieux dans l'île de Robinson. Je n'exige pas de mon gazetier les courageuses vertus de Crusoé, mais je demande qu'il ne décrète pas d'accusation les amoureux de la solitude et du mystère.

Il y a dans nos races jacassières des individus qui accepteraient avec moins de répugnance le supplice suprême, s'il leur était permis de faire du haut de l'échafaud une copieuse harangue, sans craindre que les tambours de Santerre ne leur coupassent intempestivement la parole.

Je ne les plains pas, parce que je devine que leurs effusions oratoires leur procurent des voluptés égales à celles que d'autres tirent du silence et du recueillement ; mais je les méprise.

Je désire surtout que mon maudit gazetier me laisse m'amuser à ma guise. « Vous n'éprouvez donc jamais — me dit-il, avec un ton de nez très apostolique, — le besoin de partager vos jouissances ? » Voyez-vous le subtil envieux ! Il sait que je dédaigne les siennes, et il vient s'insinuer dans les miennes, le hideux trouble-fête !

« Ce grand malheur de ne pouvoir être seul !... » dit quelque part La Bruyère, comme pour faire honte à tous ceux qui courent s'oublier dans la foule, craignant sans doute de ne pouvoir se supporter eux-mêmes.

« Presque tous nos malheurs nous viennent de n'avoir pas su rester dans notre chambre », dit un autre sage, Pascal, je crois, rappelant ainsi dans la cellule du recueillement tous ces affolés qui cherchent le bonheur dans le mouvement et dans une prostitution que je pourrais appeler *fraternitaire*, si je voulais parler la belle langue de mon siècle.

XXIV

LES PROJETS

Il se disait, en se promenant dans un grand parc solitaire : « Comme elle serait belle dans un costume de cour, compliqué et fastueux, descendant, à travers l'atmosphère d'un beau soir, les degrés de marbre d'un palais, en face des grandes pelouses et des bassins ! Car elle a naturellement l'air d'une princesse. »

En passant plus tard dans une rue, il s'arrêta devant une boutique de gravures, et, trouvant dans un carton une estampe représentant un paysage tropical, il se dit : « Non ! ce n'est pas dans un palais que je voudrais posséder sa chère vie. Nous n'y serions pas *chez nous*. D'ailleurs ces murs criblés d'or ne laisseraient pas une place pour accrocher son image ; dans ces solennelles galeries, il n'y a pas un coin pour l'intimité. Décidément, c'est *là* qu'il faudrait demeurer pour cultiver le rêve de ma vie. »

Et, tout en analysant des yeux les détails de la gravure, il continuait mentalement : « Au bord de la mer, une belle case en bois, enveloppée de tous ces arbres bizarres et luisants dont j'ai oublié les noms..., dans l'atmosphère, une odeur enivrante, indéfinissable..., dans la case un puissant parfum de rose et de musc..., plus loin, derrière notre petit domaine, des bouts de mâts balancés par la houle..., autour de nous, au-delà de la chambre éclairée d'une lumière rose tamisée par les stores, décorée de nattes fraiches et de fleurs capiteuses, avec de rares sièges d'un rococo portugais, d'un bois lourd et ténébreux (où elle reposerait si calme, si bien éventée, fumant le tabac légèrement opiacé !), au-delà de la varangue, le tapage des oiseaux ivres de lumière, et le jacassement des petites négresses..., et, la nuit, pour servir d'accompagnement à mes songes, le chant plaintif des arbres à musique, des mélancoliques filaos ! Oui, en vérité, c'est bien *là* le décor que je cherchais. Qu'ai-je à faire de palais ? »

Et plus loin, comme il suivait une grande avenue, il aperçut une auberge proprette, où d'une fenêtre égayée par des rideaux d'indienne bariolée se penchaient deux têtes rieuses. Et tout de suite : « Il faut, — se dit-il, — que ma pensée soit une grande vagabonde pour aller chercher si loin ce qui est si près de moi. Le plaisir et le bonheur sont dans la première auberge venue, dans l'auberge du hasard, si féconde en voluptés. Un grand feu, des faïences voyantes, un souper passable, un vin rude, et un lit très large avec des draps un peu âpres, mais frais ; quoi de mieux ? »

Et en rentrant seul chez lui, à cette heure où les conseils de la Sagesse ne sont plus étouffés par les bourdonnements de la vie extérieure, il se dit : « J'ai eu aujourd'hui, en rêve, trois domiciles où j'ai trouvé un égal plaisir. Pourquoi contraindre mon corps à changer de place, puisque mon âme voyage si lestement ? Et à quoi bon exécuter des projets, puisque le projet est en lui-même une jouissance suffisante ? »

XXV

LA BELLE DOROTHÉE [1]

Le soleil accable la ville de sa lumière droite et terrible; le sable est éblouissant et la mer miroite. Le monde stupéfié s'affaisse lâchement et fait la sieste, une sieste qui est une espèce de mort savoureuse où le dormeur, à demi éveillé, goûte les voluptés de son anéantissement.

Cependant Dorothée, forte et fière comme le soleil, s'avance dans la rue déserte, seule vivante à cette heure sous l'immense azur, et faisant sur la lumière une tache éclatante et noire.

Elle s'avance, balançant mollement son torse si mince sur ses hanches si larges. Sa robe de soie collante, d'un ton clair et rose, tranche vivement sur les ténèbres de sa peau et moule exactement sa taille longue, son dos creux et sa gorge pointue.

Son ombrelle rouge, tamisant la lumière, projette sur son visage sombre le fard sanglant de ses reflets.

Le poids de son énorme chevelure presque bleue tire en arrière sa tête délicate et lui donne un air triomphant et paresseux. De lourdes pendeloques gazouillent secrètement à ses mignonnes oreilles.

De temps en temps la brise de mer soulève par le coin sa jupe flottante et montre sa jambe luisante et superbe; et son pied, pareil aux pieds des déesses de marbre que l'Europe enferme dans ses musées, imprime fidèlement sa forme sur le sable fin. Car Dorothée est si prodigieusement coquette, que le plaisir d'être admirée l'emporte chez elle sur l'orgueil de l'affranchie, et, bien qu'elle soit libre, elle marche sans souliers.

Elle s'avance ainsi, harmonieusement, heureuse de vivre et souriant d'un blanc sourire, comme si elle apercevait au loin dans l'espace un miroir reflétant sa démarche et sa beauté.

À l'heure où les chiens eux-mêmes gémissent de douleur sous le soleil qui les mord, quel puissant motif fait donc aller ainsi la paresseuse Dorothée, belle et froide comme le bronze?

Pourquoi a-t-elle quitté sa petite case si coquettement arrangée, dont les fleurs et les nattes font à si peu de frais un parfait boudoir; où elle prend tant de plaisir à se peigner, à fumer, à se faire éventer ou à se regarder dans le miroir de ses grands éventails de plumes, pendant que la mer, qui bat la plage à cent pas de là, fait à ses rêveries indécises un puissant et monotone accompagnement, et que la marmite de fer, où cuit un ragoût de crabes au riz et au safran, lui envoie, du fond de la cour, ses parfums excitants?

Peut-être a-t-elle un rendez-vous avec quelque jeune officier qui, sur des plages lointaines, a entendu parler par ses camarades de la célèbre Dorothée. Infailliblement elle le priera, la simple créature, de lui décrire le bal de l'Opéra, et lui demandera si on peut y aller pieds nus, comme aux danses du dimanche, où les vieilles Cafrines elles-mêmes deviennent ivres et furieuses de joie; et puis encore si les belles dames de Paris sont toutes plus belles qu'elle.

Dorothée est admirée et choyée de tous, et elle serait parfaitement heureuse si elle n'était obligée d'entasser piastre sur piastre pour racheter sa petite sœur qui a bien onze ans, et qui est déjà mûre, et si belle! Elle réussira sans doute, la bonne Dorothée; le maître de l'enfant est si avare, trop avare pour comprendre une autre beauté que celle des écus!

XXVI

LES YEUX DES PAUVRES

Ah ! vous voulez savoir pourquoi je vous hais aujourd'hui. Il vous sera sans doute moins facile de le comprendre qu'à moi de vous l'expliquer; car vous êtes, je crois, le plus bel exemple d'imperméabilité féminine qui se puisse rencontrer

Nous avions passé ensemble une longue journée qui m'avait paru courte. Nous nous étions bien promis que toutes nos pensées nous seraient communes à l'un et à l'autre, et que nos deux âmes désormais n'en feraient plus qu'une ; — un rêve qui n'a rien d'original, après tout, si ce n'est que, rêvé par tous les hommes, il n'a été réalisé par aucun.

Le soir, un peu fatiguée, vous voulûtes vous asseoir devant un café neuf qui formait le coin d'un boulevard neuf, encore tout plein de gravois et montrant déjà glorieusement ses splendeurs inachevées. Le café étincelait. Le gaz lui-même y déployait toute l'ardeur d'un début, et éclairait de toutes ses forces les murs aveuglants de blancheur, les nappes éblouissantes des miroirs, les ors des baguettes et des corniches, les pages aux joues rebondies trainés par les chiens en laisse, les dames riant au faucon perché sur leur poing, les nymphes et les déesses portant sur leur tête des fruits, des pâtés et du gibier, les Hébés et les Ganymèdes présentant à bras tendu la petite amphore à bavaroises ou l'obélisque bicolore des glaces panachées ; toute l'histoire et toute la mythologie mises au service de la goinfrerie.

Droit devant nous, sur la chaussée, était planté un brave homme d'une quarantaine d'années, au visage fatigué, à la barbe grisonnante, tenant d'une main un petit garçon et portant sur l'autre bras un petit être trop faible pour marcher. Il remplissait l'office de bonne et faisait prendre à ses enfants l'air du soir. Tous en guenilles. Ces trois visages étaient extraordinairement sérieux, et ces six yeux contemplaient fixement le café nouveau avec une admiration égale, mais nuancée diversement par l'âge.

Les yeux du père disaient : « Que c'est beau ! que c'est beau ! on dirait que tout l'or du pauvre monde est venu se porter sur ces murs. » — Les yeux du petit garçon : « Que c'est beau ! que c'est beau ! mais c'est une maison où peuvent seuls entrer les gens qui ne sont pas comme nous. » — Quant aux yeux du plus petit, ils étaient trop fascinés pour exprimer autre chose qu'une joie stupide et profonde.

Les chansonniers disent que le plaisir rend l'âme bonne et amollit le cœur. La chanson avait raison ce soir-là, relativement à moi. Non seulement j'étais attendri par cette famille d'yeux, mais je me sentais un peu honteux de nos verres et de nos carafes, plus grands que notre soif. Je tournais mes regards vers les vôtres, cher amour, pour y lire *ma* pensée ; je plongeais dans vos yeux si beaux et si bizarrement doux, dans vos yeux verts, habités par le Caprice et inspirés par la Lune, quand vous me dites : « Ces gens-là me sont insupportables avec leurs yeux ouverts comme des portes cochères ! Ne pourriez-vous pas prier le maître du café de les éloigner d'ici ? »

Tant il est difficile de s'entendre, mon cher ange, et tant la pensée est incommunicable, même entre gens qui s'aiment !

XXVII

UNE MORT HÉROÏQUE

Fancioulle était un admirable bouffon, et presque un des amis du Prince. Mais pour les personnes vouées par état au comique, les choses sérieuses ont de fatales attractions, et, bien qu'il puisse paraître bizarre que les idées de patrie et de liberté s'emparent despotiquement du cerveau d'un histrion, un jour Fancioulle entra dans une conspiration formée par quelques gentilshommes mécontents.

Il existe partout des hommes de bien pour dénoncer au pouvoir ces individus d'humeur atrabilaire qui veulent déposer les princes et opérer, sans la consulter, le déménagement d'une société. Les seigneurs en question furent arrêtés, ainsi que Fancioulle, et voués à une mort certaine.

Je croirais volontiers que le Prince fut presque fâché de trouver son comédien favori parmi les rebelles. Le Prince n'était ni meilleur ni pire qu'un autre ; mais une excessive sensibilité le rendait, en beaucoup de cas, plus cruel et plus despote que tous ses pareils. Amoureux passionné des beaux-arts, excellent connaisseur d'ailleurs, il était vraiment insatiable de voluptés. Assez indifférent relativement aux hommes et à la morale, véritable artiste lui-même, il ne connaissait d'ennemi dangereux que l'Ennui, et les efforts bizarres qu'il faisait pour fuir ou pour vaincre ce tyran du monde lui auraient certainement attiré, de la part d'un historien sévère, l'épithète de « monstre », s'il avait été permis, dans ses domaines, d'écrire quoi que ce fût qui ne tendit pas uniquement au plaisir ou à l'étonnement, qui est une des formes les plus délicates du plaisir. Le grand malheur de ce Prince fut qu'il n'eut jamais un théâtre assez vaste pour son génie. Il y a de jeunes Nérons qui étouffent dans des limites trop étroites, et dont les siècles à venir ignoreront toujours le nom et la bonne volonté. L'imprévoyante Providence avait donné à celui-ci des facultés plus grandes que ses États.

Tout d'un coup le bruit courut que le souverain voulait faire grâce à tous les conjurés ; et l'origine de ce bruit fut l'annonce d'un grand spectacle où Fancioulle devait jouer l'un de ses principaux et de ses meilleurs rôles, et auquel assisteraient même, disait-on, les gentilshommes condamnés ; signe évident, ajoutaient les esprits superficiels, des tendances généreuses du Prince offensé.

De la part d'un homme aussi naturellement et volontairement excentrique, tout était possible, même la vertu, même la clémence, surtout s'il avait pu espérer y trouver des plaisirs inattendus. Mais pour ceux qui, comme moi, avaient pu pénétrer plus avant dans les profondeurs de cette âme curieuse et malade, il était infiniment plus probable que le Prince voulait juger de la valeur des talents scéniques d'un homme condamné à mort. Il voulait profiter de l'occasion pour faire une expérience physiologique d'un intérêt *capital*, et vérifier jusqu'à quel point les facultés habituelles d'un artiste pouvaient être altérées ou modifiées par la situation extraordinaire où il se trouvait ; au-delà, existait-il dans son âme une intention plus ou moins arrêtée de clémence ? C'est un point qui n'a jamais pu être éclairci.

Enfin, le grand jour arrivé, cette petite cour déploya toutes ses pompes, et il serait difficile de concevoir, à moins de l'avoir vu, tout ce que la classe privilégiée d'un petit État, à ressources restreintes, peut montrer de splendeurs

pour une vraie solennité. Celle-là était doublement vraie, d'abord par la magie du luxe étalé, ensuite par l'intérêt moral et mystérieux qui y était attaché.

Le sieur Fancioulle excellait surtout dans les rôles muets ou peu chargés de paroles, qui sont souvent les principaux dans ces drames féeriques dont l'objet est de représenter symboliquement le mystère de la vie. Il entra en scène légèrement et avec une aisance parfaite, ce qui contribua à fortifier, dans le noble public, l'idée de douceur et de pardon.

Quand on dit d'un comédien : « Voilà un bon comédien », on se sert d'une formule qui implique que sous le personnage se laisse encore deviner le comédien, c'est-à-dire l'art, l'effort, la volonté. Or, si un comédien arrivait à être, relativement au personnage qu'il est chargé d'exprimer, ce que les meilleures statues de l'Antiquité, miraculeusement animées, vivantes, marchantes, voyantes, seraient relativement à l'idée générale et confuse de beauté, ce serait là, sans doute, un cas singulier et tout à fait imprévu. Fancioulle fut, ce soir-là, une parfaite idéalisation, qu'il était impossible de ne pas supposer vivante, possible, réelle. Ce bouffon allait, venait, riait, pleurait, se convulsait, avec une indestructible auréole autour de la tête, auréole invisible pour tous, mais visible pour moi, et où se mêlaient, dans un étrange amalgame, les rayons de l'Art et la gloire du Martyre. Fancioulle introduisait, par je ne sais quelle grâce spéciale, le divin et le surnaturel, jusque dans les plus extravagantes bouffonneries. Ma plume tremble, et des larmes d'une émotion toujours présente me montent aux yeux pendant que je cherche à vous décrire cette inoubliable soirée. Fancioulle me prouvait, d'une manière péremptoire, irréfutable, que l'ivresse de l'Art est plus apte toute autre à voiler les terreurs du gouffre ; que le génie peut jouer la comédie au bord de la tombe avec une joie qui l'empêche de voir la tombe, perdu, comme il est, dans un paradis excluant toute idée de tombe et de destruction.

Tout ce public, si blasé et frivole qu'il pût être, subit bientôt la toute-puissante domination de l'artiste. Personne ne rêva plus de mort, de deuil, ni de supplices. Chacun s'abandonna, sans inquiétude, aux voluptés multipliées que donne la vue d'un chef-d'œuvre d'art vivant. Les explosions de la joie et de l'admiration ébranlèrent à plusieurs reprises les voûtes de l'édifice avec l'énergie d'un tonnerre continu. Le Prince lui-même, enivré, mêla ses applaudissements à ceux de sa cour.

Cependant, pour un œil clairvoyant, son ivresse, à lui, n'était pas sans mélange. Se sentait-il vaincu dans son pouvoir de despote ? humilié dans son art de terrifier les cœurs et d'engourdir les esprits ? frustré de ses espérances et bafoué dans ses prévisions ? De telles suppositions non exactement justifiées, mais non absolument injustifiables, traversèrent mon esprit pendant que je contemplais le visage du Prince, sur lequel une pâleur nouvelle s'ajoutait sans cesse à sa pâleur habituelle, comme la neige s'ajoute à la neige. Ses lèvres se resserraient de plus en plus, et ses yeux s'éclairaient d'un feu intérieur semblable à celui de la jalousie et de la rancune, même pendant qu'il applaudissait ostensiblement les talents de son vieil ami, l'étrange bouffon, qui bouffonnait si bien la mort. À un certain moment, je vis Son Altesse se pencher vers un petit page, placé derrière elle, et lui parler à l'oreille. La physionomie espiègle du joli enfant s'illumina d'un sourire ; et puis il quitta vivement la loge princière comme pour s'acquitter d'une commission urgente.

Quelques minutes plus tard un coup de sifflet aigu, prolongé, interrompit Fancioulle dans un de ses meilleurs moments, et déchira à la fois les oreilles et

les cœurs. Et de l'endroit de la salle d'où avait jailli cette désapprobation inattendue, un enfant se précipitait dans un corridor avec des rires étouffés.

Fancioulle, secoué, réveillé dans son rêve, ferma d'abord les yeux, puis les rouvrit presque aussitôt, démesurément agrandis, ouvrit ensuite la bouche comme pour respirer convulsivement, chancela un peu en avant, un peu en arrière, et puis tomba roide mort sur les planches.

Le sifflet, rapide comme un glaive, avait-il réellement frustré le bourreau ? Le Prince avait-il lui-même deviné toute l'homicide efficacité de sa ruse ? Il est permis d'en douter. Regretta-t-il son cher et inimitable Fancioulle ? Il est doux et légitime de le croire.

Les gentilshommes coupables avaient joui pour la dernière fois du spectacle de la comédie. Dans la même nuit ils furent effacés de la vie.

Depuis lors, plusieurs mimes, justement appréciés dans différents pays, sont venus jouer devant la cour de*** ; mais aucun d'eux n'a pu rappeler les merveilleux talents de Fancioulle, ni s'élever jusqu'à la même *faveur*.

XXVIII

LA FAUSSE MONNAIE

Comme nous nous éloignions du bureau de tabac, mon ami fit un soigneux triage de sa monnaie ; dans la poche gauche de son gilet il glissa de petites pièces d'or ; dans la droite, de petites pièces d'argent ; dans la poche gauche de sa culotte, une masse de gros sols, et enfin, dans la droite, une pièce d'argent de deux francs qu'il avait particulièrement examinée.

« Singulière et minutieuse répartition ! » me dis-je en moi-même.

Nous fîmes la rencontre d'un pauvre qui nous tendit sa casquette en tremblant. — Je ne connais rien de plus inquiétant que l'éloquence muette de ces yeux suppliants, qui contiennent à la fois, pour l'homme sensible qui sait y lire, tant d'humilité, tant de reproches. Il y trouve quelque chose approchant cette profondeur de sentiment compliqué, dans les yeux larmoyants des chiens qu'on fouette.

L'offrande de mon ami fut beaucoup plus considérable que la mienne, et je lui dis : « Vous avez raison ; après le plaisir d'être étonné, il n'en est pas de plus grand que celui de causer une surprise. — C'était la pièce fausse », me répondit-il tranquillement, comme pour se justifier de sa prodigalité.

Mais dans mon misérable cerveau, toujours occupé à chercher midi à quatorze heures (de quelle fatigante faculté la nature m'a fait cadeau !), entra soudainement cette idée qu'une pareille conduite, de la part de mon ami, n'était excusable que par le désir de créer un événement dans la vie de ce pauvre diable, peut-être même de connaître les conséquences diverses, funestes ou autres, que peut engendrer une pièce fausse dans la main d'un mendiant. Ne pouvait-elle pas se multiplier en pièces vraies ? ne pouvait-elle pas aussi le conduire en prison ? Un cabaretier, un boulanger, par exemple, allait peut-être le faire arrêter comme faux-monnayeur ou comme propagateur de fausse monnaie. Tout aussi bien la pièce fausse serait peut-être, pour un pauvre petit spéculateur, le germe d'une richesse de quelques jours. Et ainsi ma fantaisie allait son train, prêtant des ailes à l'esprit de mon ami et tirant toutes les déductions possibles de toutes les hypothèses possibles.

Mais celui-ci rompit brusquement ma rêverie en reprenant mes propres
paroles : « Oui, vous avez raison ; il n'est pas de plaisir plus doux que de
surprendre un homme en lui donnant plus qu'il n'espère. »
 Je le regardai dans le blanc des yeux, et je fus épouvanté de voir que ses yeux
brillaient d'une incontestable candeur. Je vis alors clairement qu'il avait voulu
faire à la fois la charité et une bonne affaire ; gagner quarante sols et le cœur de
Dieu ; emporter le paradis économiquement ; enfin attraper gratis un brevet
d'homme charitable. Je lui aurais presque pardonné le désir de la criminelle
jouissance dont je le supposais tout à l'heure capable ; j'aurais trouvé curieux,
singulier, qu'il s'amusât à compromettre les pauvres ; mais je ne lui pardonne-
rai jamais l'ineptie de son calcul. On n'est jamais excusable d'être méchant,
mais il y a quelque mérite à savoir qu'on l'est ; et le plus irréparable des vices est
de faire le mal par bêtise.

XXIX

LE JOUEUR GÉNÉREUX

Hier, à travers la foule du boulevard, je me sentis frôlé par un Être
mystérieux que j'avais toujours désiré connaître, et que je reconnus tout de
suite, quoique je ne l'eusse jamais vu. Il y avait sans doute chez lui,
relativement à moi, un désir analogue, car il me fit, en passant, un clignement
d'œil significatif auquel je me hâtai d'obéir. Je le suivis attentivement, et
bientôt je descendis derrière lui dans une demeure souterraine, éblouissante,
où éclatait un luxe dont aucune des habitations supérieures de Paris ne pourrait
fournir un exemple approchant. Il me parut singulier que j'eusse pu passer si
souvent à côté de ce prestigieux repaire sans en deviner l'entrée. Là régnait une
atmosphère exquise, quoique capiteuse, qui faisait oublier presque instantané-
ment toutes les fastidieuses horreurs de la vie ; on y respirait une béatitude
sombre, analogue à celle que durent éprouver les mangeurs de lotus quand,
débarquant dans une île enchantée, éclairée des lueurs d'une éternelle après-
midi, ils sentirent naître en eux, aux sons assoupissants des mélodieuses
cascades, le désir de ne jamais revoir leurs pénates, leurs femmes, leurs
enfants, et de ne jamais remonter sur les hautes lames de la mer.
 Il y avait là des visages étranges d'hommes et de femmes, marqués d'une
beauté fatale, qu'il me semblait avoir vus déjà à des époques et dans des pays
dont il m'était impossible de me souvenir exactement, et qui m'inspiraient
plutôt une sympathie fraternelle que cette crainte qui naît ordinairement à
l'aspect de l'inconnu. Si je voulais essayer de définir d'une manière quelconque
l'expression singulière de leurs regards, je dirais que jamais je ne vis d'yeux
brillant plus énergiquement de l'horreur de l'ennui et du désir immortel de se
sentir vivre.
 Mon hôte et moi, nous étions déjà, en nous asseyant, de vieux et parfaits
amis. Nous mangeâmes, nous bûmes outre mesure de toutes sortes de vins
extraordinaires, et, chose non moins extraordinaire, il me semblait, après
plusieurs heures, que je n'étais pas plus ivre que lui. Cependant le jeu, ce plaisir
surhumain, avait coupé à divers intervalles nos fréquentes libations, et je dois
dire que j'avais joué et perdu mon âme, en partie liée, avec une insouciance et
une légèreté héroïques. L'âme est une chose si impalpable, si souvent inutile et

quelquefois si gênante, que je n'éprouvai, quant à cette perte, qu'un peu moins d'émotion que si j'avais égaré, dans une promenade, ma carte de visite.

Nous fumâmes longuement quelques cigares dont la saveur et le parfum incomparables donnaient à l'âme la nostalgie de pays et de bonheurs inconnus, et, enivré de toutes ces délices, j'osai, dans un accès de familiarité qui ne parut pas lui déplaire, m'écrier, en m'emparant d'une coupe pleine jusqu'au bord : « A votre immortelle santé, vieux Bouc ! »

Nous causâmes aussi de l'univers, de sa création et de sa future destruction ; de la grande idée du siècle, c'est-à-dire du progrès et de la perfectibilité, et, en général, de toutes les formes de l'infatuation humaine. Sur ce sujet-là, Son Altesse ne tarissait pas en plaisanteries légères et irréfutables, et elle s'exprimait avec une suavité de diction et une tranquillité dans la drôlerie que je n'ai trouvées dans aucun des plus célèbres causeurs de l'humanité. Elle m'expliqua l'absurdité des différentes philosophies qui avaient jusqu'à présent pris possession du cerveau humain, et daigna même me faire confidence de quelques principes fondamentaux dont il ne me convient pas de partager les bénéfices et la propriété avec qui que ce soit. Elle ne se plaignit en aucune façon de la mauvaise réputation dont elle jouit dans toutes les parties du monde, m'assura qu'elle était, elle-même, la personne la plus intéressée à la destruction de la *superstition*, et m'avoua qu'elle n'avait eu peur, relativement à son propre pouvoir, qu'une seule fois, c'était le jour où elle avait entendu un prédicateur, plus subtil que ses confrères, s'écrier en chaire : « Mes chers frères, n'oubliez jamais, quand vous entendrez vanter le progrès des lumières, que la plus belle des ruses du diable est de vous persuader qu'il n'existe pas ! »

Le souvenir de ce célèbre orateur nous conduisit naturellement vers le sujet des académies, et mon étrange convive m'affirma qu'il ne dédaignait pas, en beaucoup de cas, d'inspirer la plume, la parole et la conscience des pédagogues, et qu'il assistait presque toujours en personne, quoique invisible, à toutes les séances académiques.

Encouragé par tant de bontés, je lui demandai des nouvelles de Dieu, et s'il l'avait vu récemment. Il me répondit, avec une insouciance nuancée d'une certaine tristesse : « Nous nous saluons quand nous nous rencontrons, mais comme deux vieux gentilshommes, en qui une politesse innée ne saurait éteindre tout à fait le souvenir d'anciennes rancunes. »

Il est douteux que Son Altesse ait jamais donné une si longue audience à un simple mortel, et je craignais d'abuser. Enfin, comme l'aube frissonnante blanchissait les vitres, ce célèbre personnage, chanté par tant de poètes et servi par tant de philosophes qui travaillent à sa gloire sans le savoir, me dit : « Je veux que vous gardiez de moi un bon souvenir, et vous prouver que Moi, dont on dit tant de mal, je suis quelquefois *bon diable*, pour me servir d'une de vos locutions vulgaires. Afin de compenser la perte irrémédiable que vous avez faite de votre âme, je vous donne l'enjeu que vous auriez gagné si le sort avait été pour vous, c'est-à-dire la possibilité de soulager et de vaincre, pendant toute votre vie, cette bizarre affection de l'Ennui, qui est la source de toutes vos maladies et de tous vos misérables progrès. Jamais un désir ne sera formé par vous, que je ne vous aide à le réaliser ; vous régnerez sur vos vulgaires semblables ; vous serez fourni de flatteries et même d'adorations ; l'argent, l'or, les diamants, les palais féeriques, viendront vous chercher et vous prieront de les accepter, sans que vous ayez fait un effort pour les gagner ; vous changerez de patrie et de contrée aussi souvent que votre fantaisie vous

l'ordonnera; vous vous soûlerez de voluptés, sans lassitude, dans des pays charmants où il fait toujours chaud et où les femmes sentent aussi bon que les fleurs, — et cætera, et cætera... », ajouta-t-il en se levant et en me congédiant avec un bon sourire.

Si ce n'eût été la crainte de m'humilier devant une aussi grande assemblée, je serais volontiers tombé aux pieds de ce joueur généreux, pour le remercier de son inouïe munificence. Mais peu à peu, après que je l'eus quitté, l'incurable défiance rentra dans mon sein ; je n'osais plus croire à un si prodigieux bonheur, et, en me couchant, faisant encore ma prière par un reste d'habitude imbécile, je répétais dans un demi-sommeil : « Mon Dieu ! Seigneur, mon Dieu ! faites que le diable me tienne sa parole ! »

<div align="center">

XXX

LA CORDE[1]

</div>

A Édouard Manet.

« Les illusions, — me disait mon ami, — sont aussi innombrables peut-être que les rapports des hommes entre eux, ou des hommes avec les choses. Et quand l'illusion disparaît, c'est-à-dire quand nous voyons l'être ou le fait tel qu'il existe en dehors de nous, nous éprouvons un bizarre sentiment, compliqué moitié de regret pour le fantôme disparu, moitié de surprise agréable devant la nouveauté, devant le fait réel. S'il existe un phénomène évident, trivial, toujours semblable, et d'une nature à laquelle il soit impossible de se tromper, c'est l'amour maternel. Il est aussi difficile de supposer une mère sans amour maternel qu'une lumière sans chaleur ; n'est-il donc pas parfaitement légitime d'attribuer à l'amour maternel toutes les actions et les paroles d'une mère, relatives à son enfant ? Et cependant écoutez cette petite histoire, où j'ai été singulièrement mystifié par l'illusion la plus naturelle.

« Ma profession de peintre me pousse à regarder attentivement les visages, les physionomies, qui s'offrent dans ma route, et vous savez quelle jouissance nous tirons de cette faculté qui rend à nos yeux la vie plus vivante et plus significative que pour les autres hommes. Dans le quartier reculé que j'habite, et où de vastes espaces gazonnés séparent encore les bâtiments, j'observai souvent un enfant dont la physionomie ardente et espiègle, plus que toutes les autres, me séduisit tout d'abord. Il a posé plus d'une fois pour moi, et je l'ai transformé tantôt en petit bohémien, tantôt en ange, tantôt en Amour mythologique. Je lui ai fait porter le violon du vagabond, la Couronne d'Épines et les Clous de la Passion, et la Torche d'Éros. Je pris enfin à toute la drôlerie de ce gamin un plaisir si vif, que je priai un jour ses parents, de pauvres gens, de vouloir bien me le céder, promettant de bien l'habiller, de lui donner quelque argent et de ne pas lui imposer d'autre peine que de nettoyer mes pinceaux et de faire mes commissions. Cet enfant, débarbouillé, devint charmant, et la vie qu'il menait chez moi lui semblait un paradis, comparativement à celle qu'il aurait subie dans le taudis paternel. Seulement je dois dire que ce petit bonhomme m'étonna quelquefois par des crises singulières de tristesse précoce, et qu'il manifesta bientôt un goût immodéré pour le sucre et les liqueurs ; si bien qu'un jour où je constatai que, malgré mes nombreux avertissements, il avait encore commis un nouveau larcin de ce genre, je le

menaçai de le renvoyer à ses parents. Puis je sortis, et mes affaires me retinrent assez longtemps hors de chez moi.

« Quels ne furent pas mon horreur et mon étonnement quand, rentrant à la maison, le premier objet qui frappa mes regards fut mon petit bonhomme, l'espiègle compagnon de ma vie, pendu au panneau de cette armoire ! Ses pieds touchaient presque le plancher ; une chaise, qu'il avait sans doute repoussée du pied, était renversée à côté de lui ; sa tête était penchée convulsivement sur une épaule ; son visage, boursouflé, et ses yeux, tout grands ouverts avec une fixité effrayante, me causèrent d'abord l'illusion de la vie. Le dépendre n'était pas une besogne aussi facile que vous le pouvez croire. Il était déjà fort roide, et j'avais une répugnance inexplicable à le faire brusquement tomber sur le sol. Il fallait le soutenir tout entier avec un bras, et, avec la main de l'autre bras, couper la corde. Mais cela fait, tout n'était pas fini ; le petit monstre s'était servi d'une ficelle fort mince qui était entrée profondément dans les chairs, et il fallait maintenant, avec de minces ciseaux, chercher la corde entre les deux bourrelets de l'enflure, pour lui dégager le cou.

« J'ai négligé de vous dire que j'avais vivement appelé au secours ; mais tous mes voisins avaient refusé de me venir en aide, fidèles en cela aux habitudes de l'homme civilisé, qui ne veut jamais, je ne sais pourquoi, se mêler des affaires d'un pendu. Enfin vint un médecin qui déclara que l'enfant était mort depuis plusieurs heures. Quand, plus tard, nous eûmes à le déshabiller pour l'ensevelissement, la rigidité cadavérique était telle, que, désespérant de fléchir les membres, nous dûmes lacérer et couper les vêtements pour les lui enlever.

« Le commissaire, à qui, naturellement, je dus déclarer l'accident, me regarda de travers, et me dit : "Voilà qui est louche !" mû sans doute par un désir invétéré et une habitude d'état de faire peur, à tout hasard, aux innocents comme aux coupables.

« Restait une tâche suprême à accomplir, dont la seule pensée me causait une angoisse terrible : il fallait avertir les parents. Mes pieds refusaient de m'y conduire. Enfin j'eus ce courage. Mais, à mon grand étonnement, la mère fut impassible, pas une larme ne suinta du coin de son œil. J'attribuai cette étrangeté à l'horreur même qu'elle devait éprouver, et je me souvins de la sentence connue : "Les douleurs les plus terribles sont les douleurs muettes." Quant au père, il se contenta de dire d'un air moitié abruti, moitié rêveur : "Après tout, cela vaut peut-être mieux ainsi ; il aurait toujours mal fini !"

« Cependant le corps était étendu sur mon divan, et, assisté d'une servante, je m'occupais des derniers préparatifs, quand la mère entra dans mon atelier. Elle voulait, disait-elle, voir le cadave de son fils. Je ne pouvais pas, en vérité, l'empêcher de s'enivrer de son malheur et lui refuser cette suprême et sombre consolation. Ensuite elle me pria de lui montrer l'endroit où son petit s'était pendu. "Oh ! non ! madame, — lui répondis-je, — cela vous ferait mal." Et comme involontairement mes yeux se tournaient vers la funèbre armoire, je m'aperçus avec un dégoût mêlé d'horreur et de colère, que le clou était resté fiché dans la paroi, avec un long bout de corde qui traînait encore. Je m'élançai vivement pour arracher ces derniers vestiges du malheur, et comme j'allais les lancer au-dehors par la fenêtre ouverte, la pauvre femme saisit mon bras et me dit d'une voix irrésistible : "Oh ! monsieur ! laissez-moi cela ! je vous en prie ! je vous en supplie !" Son désespoir l'avait, sans doute, me parut-il, tellement affolée, qu'elle s'éprenait de tendresse maintenant pour ce qui avait servi

d'instrument à la mort de son fils, et le voulait garder comme une horrible et chère relique. — Et elle s'empara du clou et de la ficelle. « Enfin ! enfin ! tout était accompli. Il ne me restait plus qu'à me remettre au travail, plus vivement encore que d'habitude, pour chasser peu à peu ce petit cadavre qui hantait les replis de mon cerveau, et dont le fantôme me fatiguait de ses grands yeux fixes. Mais le lendemain je reçus un paquet de lettres : les unes, des locataires de ma maison, quelques autres des maisons voisines ; l'une, du premier étage ; l'autre, du second ; l'autre, du troisième, et ainsi de suite, les unes en style demi-plaisant, comme cherchant à déguiser sous un apparent badinage la sincérité de la demande ; les autres, lourdement effrontées et sans orthographe, mais toutes tendant au même but, c'est-à-dire à obtenir de moi un morceau de la funeste et béatifique corde. Parmi les signataires il y avait, je dois le dire, plus de femmes que d'hommes ; mais tous, croyez-le bien, n'appartenaient pas à la classe infime et vulgaire. J'ai gardé ces lettres.

« Et alors, soudainement, une lueur se fit dans mon cerveau, et je compris pourquoi la mère tenait tant à m'arracher la ficelle et par quel commerce elle entendait se consoler. »

XXXI

LES VOCATIONS

Dans un beau jardin où les rayons d'un soleil automnal semblaient s'attarder à plaisir, sous un ciel déjà verdâtre où des nuages d'or flottaient comme des continents en voyage, quatre beaux enfants, quatre garçons, las de jouer sans doute, causaient entre eux.

L'un disait : « Hier on m'a mené au théâtre. Dans des palais grands et tristes, au fond desquels on voit la mer et le ciel, des hommes et des femmes, sérieux et tristes aussi, mais bien plus beaux et bien mieux habillés que ceux que nous voyons partout, parlent avec une voix chantante. Ils se menacent, ils supplient, ils se désolent, et ils appuient souvent leur main sur un poignard enfoncé dans leur ceinture. Ah ! c'est bien beau ! Les femmes sont bien plus belles et bien plus grandes que celles qui viennent nous voir à la maison, et, quoique avec leurs grands yeux creux et leurs joues enflammées elles aient l'air terrible, on ne peut pas s'empêcher de les aimer. On a peur, on a envie de pleurer, et cependant l'on est content... Et puis, ce qui est plus singulier, cela donne envie d'être habillé de même, de dire et de faire les mêmes choses, et de parler avec la même voix... »

L'un des quatre enfants, qui depuis quelques secondes n'écoutait plus le discours de son camarade et observait avec une fixité étonnante je ne sais quel point du ciel, dit tout à coup : « Regardez, regardez là-bas... ! *Le* voyez-vous ? Il est assis sur ce petit nuage isolé, ce petit nuage couleur de feu, qui marche doucement. *Lui* aussi, on dirait qu'*il* nous regarde. »

« Mais qui donc ? » demandèrent les autres.

« Dieu ! » répondit-il avec un accent parfait de conviction. « Ah ! il est déjà bien loin ; tout à l'heure vous ne pourrez plus le voir. Sans doute il voyage, pour visiter tous les pays. Tenez, il va passer derrière cette rangée d'arbres qui est presque à l'horizon... et maintenant il descend derrière le clocher... Ah ! on ne le voit plus ! » Et l'enfant resta longtemps tourné du même côté, fixant sur la

ligne qui sépare la terre du ciel des yeux où brillait une inexprimable expression d'extase et de regret.

« Est-il bête, celui-là, avec son bon Dieu, que lui seul peut apercevoir ! » dit alors le troisième, dont toute la petite personne était marquée d'une vivacité et d'une vitalité singulières. « Moi, je vais vous raconter comment il m'est arrivé quelque chose qui ne vous est jamais arrivé, et qui est un peu plus intéressant que votre théâtre et vos nuages. — Il y a quelques jours, mes parents m'ont emmené en voyage avec eux, et, comme dans l'auberge où nous nous sommes arrêtés, il n'y avait pas assez de lits pour nous tous, il a été décidé que je dormirais dans le même lit que ma bonne. » — Il attira ses camarades plus près de lui, et parla d'une voix plus basse. — « Ça fait un singulier effet, allez, de n'être pas couché seul et d'être dans un lit avec sa bonne, dans les ténèbres. Comme je ne dormais pas, je me suis amusé, pendant qu'elle dormait, à passer ma main sur ses bras, sur son cou et sur ses épaules. Elle a les bras et le cou bien plus gros que toutes les autres femmes, et la peau en est si douce, si douce, qu'on dirait du papier à lettre ou du papier de soie. J'y avais tant de plaisir que j'aurais longtemps continué, si je n'avais pas eu peur, peur de la réveiller d'abord, et puis encore peur de je ne sais quoi. Ensuite j'ai fourré ma tête dans ses cheveux qui pendaient dans son dos, épais comme une crinière, et ils sentaient aussi bon, je vous assure, que les fleurs du jardin, à cette heure-ci. Essayez, quand vous pourrez, d'en faire autant que moi, et vous verrez ! »

Le jeune auteur de cette prodigieuse révélation avait, en faisant son récit, les yeux écarquillés par une sorte de stupéfaction de ce qu'il éprouvait encore, et les rayons du soleil couchant, en glissant à travers les boucles rousses de sa chevelure ébouriffée, y allumaient comme une auréole sulfureuse de passion. Il était facile de deviner que celui-là ne perdrait pas sa vie à chercher la Divinité dans les nuées, et qu'il la trouverait fréquemment ailleurs.

Enfin le quatrième dit : « Vous savez que je ne m'amuse guère à la maison ; on ne me mène jamais au spectacle ; mon tuteur est trop avare ; Dieu ne s'occupe pas de moi et de mon ennui, et je n'ai pas une belle bonne pour me dorloter. Il m'a souvent semblé que mon plaisir serait d'aller toujours droit devant moi, sans savoir où, sans que personne s'en inquiète, et de voir toujours des pays nouveaux. Je ne suis jamais bien nulle part, et je crois toujours que je serais mieux ailleurs que là où je suis. Eh bien ! j'ai vu, à la dernière foire du village voisin, trois hommes qui vivent comme je voudrais vivre. Vous n'y avez pas fait attention, vous autres. Ils étaient grands, presque noirs et très fiers, quoique en guenilles, avec l'air de n'avoir besoin de personne. Leurs grands yeux sombres sont devenus tout à fait brillants pendant qu'ils faisaient de la musique ; une musique si surprenante qu'elle donne envie tantôt de danser, tantôt de pleurer, ou de faire les deux à la fois, et qu'on deviendrait comme fou si on les écoutait trop longtemps. L'un, en traînant son archet sur son violon, semblait raconter un chagrin, et l'autre, en faisant sautiller son petit marteau sur les cordes d'un petit piano suspendu à son cou par une courroie, avait l'air de se moquer de la plainte de son voisin, tandis que le troisième choquait, de temps à autre, ses cymbales avec une violence extraordinaire. Ils étaient si contents d'eux-mêmes, qu'ils ont continué à jouer leur musique de sauvages, même après que la foule s'est dispersée. Enfin ils ont ramassé leurs sous, ont chargé leur bagage sur leur dos, et sont partis. Moi, voulant savoir où ils demeuraient, je les ai suivis de loin, jusqu'au bord de la forêt, où j'ai compris seulement alors, qu'ils ne demeuraient nulle part.

« Alors l'un a dit : "Faut-il déployer la tente ?

« — Ma foi ! non ! a répondu l'autre, il fait une si belle nuit !"

« Le troisième disait en comptant la recette : "Ces gens-là ne sentent pas la musique, et leurs femmes dansent comme des ours. Heureusement, avant un mois nous serons en Autriche, où nous trouverons un peuple plus aimable.

« — Nous ferions peut-être mieux d'aller vers l'Espagne, car voici la saison qui s'avance ; fuyons avant les pluies et ne mouillons que notre gosier", a dit un des deux autres.

« J'ai tout retenu, comme vous voyez. Ensuite ils ont bu chacun une tasse d'eau-de-vie et se sont endormis, le front tourné vers les étoiles. J'avais eu d'abord envie de les prier de m'emmener avec eux et de m'apprendre à jouer de leurs instruments ; mais je n'ai pas osé, sans doute parce qu'il est toujours très difficile de se décider à n'importe quoi, et aussi parce que j'avais peur d'être rattrapé avant d'être hors de France. »

L'air peu intéressé des trois autres camarades me donna à penser que ce petit était déjà un *incompris*. Je le regardais attentivement ; il y avait dans son œil et dans son front ce je ne sais quoi de précocement fatal qui éloigne généralement la sympathie, et qui, je ne sais pourquoi, excitait la mienne, au point que j'eus un instant l'idée bizarre que je pouvais avoir un frère à moi-même inconnu.

Le soleil s'était couché. La nuit solennelle avait pris place. Les enfant se séparèrent, chacun allant, à son insu, selon les circonstances et les hasards, mûrir sa destinée, scandaliser ses proches et graviter vers la gloire ou vers le déshonneur.

XXXII

LE THYRSE

À Franz Liszt.

Qu'est-ce qu'un thyrse ? Selon le sens moral et poétique, c'est un emblème sacerdotal dans la main des prêtres ou des prêtresses célébrant la divinité dont ils sont les interprètes et les serviteurs. Mais physiquement ce n'est qu'un bâton, un pur bâton, perche à houblon, tuteur de vigne, sec, dur et droit. Autour de ce bâton, dans des méandres capricieux, se jouent et folâtrent des tiges et des fleurs, celles-ci sinueuses et fuyardes, celles-là penchées comme des cloches ou des coupes renversées. Et une gloire étonnante jaillit de cette complexité de lignes et de couleurs, tendres ou éclatantes. Ne dirait-on pas que la ligne courbe et la spirale font leur cour à la ligne droite et dansent autour dans une muette adoration ? Ne dirait-on pas que toutes ces corolles délicates, tous ces calices, explosions de senteurs et de couleurs, exécutent un mystique fandango autour du bâton hiératique ? Et quel est, cependant, le mortel imprudent qui osera décider si les fleurs et les pampres ont été faits pour le bâton, ou si le bâton n'est que le prétexte pour montrer la beauté des pampres et des fleurs ? Le thyrse est la représentation de votre étonnante dualité, maître puissant et vénéré, cher Bacchant de la Beauté mystérieuse et passionnée. Jamais nymphe exaspérée par l'invincible Bacchus ne secoua son thyrse sur les têtes de ses compagnes affolées avec autant d'énergie et de caprice que vous agitez votre génie sur les cœurs de vos frères. — Le bâton, c'est votre volonté, droite, ferme et

inébranlable; les fleurs, c'est la promenade de votre fantaisie autour de votre volonté; c'est l'élément féminin exécutant autour du mâle ses prestigieuses pirouettes. Ligne droite et ligne arabesque, intention et expression, roideur de la volonté, sinuosité du verbe, unité du but, variété des moyens, amalgame tout-puissant et indivisible du génie, quel analyste aura le détestable courage de vous diviser et de vous séparer?

Cher Liszt, à travers les brumes, par-delà les fleuves, par-dessus les villes où les pianos chantent votre gloire, où l'imprimerie traduit votre sagesse, en quelque lieu que vous soyez, dans les splendeurs de la ville éternelle ou dans les brumes des pays rêveurs que console Cambrinus, improvisant des chants de délectation ou d'ineffable douleur, ou confiant au papier vos méditations abstruses, chantre de la Volupté et de l'Angoisse éternelles, philosophe, poète et artiste, je vous salue en l'immortalité!

XXXIII

ENIVREZ-VOUS

Il faut être toujours ivre. Tout est là : c'est l'unique question. Pour ne pas sentir l'horrible fardeau du Temps qui brise vos épaules et vous penche vers la terre, il faut vous enivrer sans trêve.

Mais de quoi? De vin, de poésie ou de vertu, à votre guise. Mais enivrez-vous.

Et si quelquefois, sur les marches d'un palais, sur l'herbe verte d'un fossé, dans la solitude morne de votre chambre, vous vous réveillez, l'ivresse déjà diminuée ou disparue, demandez au vent, à la vague, à l'étoile, à l'oiseau, à l'horloge, à tout ce qui fuit, à tout ce qui gémit, à tout ce qui roule, à tout ce qui chante, à tout ce qui parle, demandez quelle heure il est; et le vent, la vague, l'étoile, l'oiseau, l'horloge, vous répondront : « Il est l'heure de s'enivrer! Pour n'être pas les esclaves martyrisés du Temps, enivrez-vous; enivrez-vous sans cesse! De vin, de poésie ou de vertu, à votre guise. »

XXXIV

DÉJÀ!

Cent fois déjà le soleil avait jailli, radieux ou attristé, de cette cuve immense de la mer dont les bords ne se laissent qu'à peine apercevoir; cent fois il s'était replongé, étincelant ou morose, dans son immense bain du soir. Depuis nombre de jours, nous pouvions contempler l'autre côté du firmament et déchiffrer l'alphabet céleste des antipodes. Et chacun des passagers gémissait et grognait. On eût dit que l'approche de la terre exaspérait leur souffrance. « Quand donc », disaient-ils, « cesserons-nous de dormir d'un sommeil secoué par la lame, troublé par un vent qui ronfle plus haut que nous? Quand pourrons-nous manger de la viande qui ne soit pas salée comme l'élément infâme qui nous porte? Quand pourrons-nous digérer dans un fauteuil immobile? »

Il y en avait qui pensaient à leur foyer, qui regrettaient leurs femmes infidèles et maussades, et leur progéniture criarde. Tous étaient si affolés par l'image de la terre absente, qu'ils auraient, je crois, mangé de l'herbe avec plus d'enthousiasme que les bêtes.

Enfin un rivage fut signalé ; et nous vîmes, en approchant, que c'était une terre magnifique, éblouissante. Il semblait que les musiques de la vie s'en détachaient en un vague murmure, et que de ces côtes, riches en verdures de toute sorte, s'exhalait, jusqu'à plusieurs lieues, une délicieuse odeur de fleurs et de fruits.

Aussitôt chacun fut joyeux, chacun abdiqua sa mauvaise humeur. Toutes les querelles furent oubliées, tous les torts réciproques pardonnés ; les duels convenus furent rayés de la mémoire, et les rancunes s'envolèrent comme des fumées.

Moi seul j'étais triste, inconcevablement triste. Semblable à un prêtre à qui on arracherait sa divinité, je ne pouvais, sans une navrante amertume, me détacher de cette mer si monstrueusement séduisante, de cette mer si infiniment variée dans son effrayante simplicité, et qui semble contenir en elle et représenter par ses jeux, ses allures, ses colères et ses sourires, les humeurs, les agonies et les extases de toutes les âmes qui ont vécu, qui vivent et qui vivront !

En disant adieu à cette incomparable beauté, je me sentais abattu jusqu'à la mort ; et c'est pourquoi, quand chacun de mes compagnons dit : « Enfin ! » je ne pus crier que : « Déjà ! »

Cependant c'était la terre, la terre avec ses bruits, ses passions, ses commodités, ses fêtes ; c'était une terre riche et magnifique, pleine de promesses, qui nous envoyait un mystérieux parfum de rose et de musc, et d'où les musiques de la vie nous arrivaient en un amoureux murmure.

XXXV
LES FENÊTRES

Celui qui regarde du dehors à travers une fenêtre ouverte, ne voit jamais autant de choses que celui qui regarde une fenêtre fermée. Il n'est pas d'objet plus profond, plus mystérieux, plus fécond, plus ténébreux, plus éblouissant qu'une fenêtre éclairée d'une chandelle. Ce qu'on peut voir au soleil est toujours moins intéressant que ce qui se passe derrière une vitre. Dans ce trou noir ou lumineux vit la vie, rêve la vie, souffre la vie.

Par-delà des vagues de toits, j'aperçois une femme mûre, ridée déjà, pauvre, toujours penchée sur quelque chose, et qui ne sort jamais. Avec son visage, avec son vêtement, avec son geste, avec presque rien, j'ai refait l'histoire de cette femme, ou plutôt sa légende, et quelquefois je me la raconte à moi-même en pleurant.

Si c'eût été un pauvre vieux homme, j'aurais refait la sienne tout aussi aisément.

Et je me couche, fier d'avoir vécu et souffert dans d'autres que moi-même.

Peut-être me direz-vous : « Es-tu sûr que cette légende soit la vraie ? » Qu'importe ce que peut être la réalité placée hors de moi, si elle m'a aidé à vivre, à sentir que je suis et ce que je suis ?

XXXVI

LE DÉSIR DE PEINDRE

Malheureux peut-être l'homme, mais heureux l'artiste que le désir déchire !
Je brûle de peindre celle qui m'est apparue si rarement et qui a fui si vite,
comme une belle chose regrettable derrière le voyageur emporté dans la nuit.
Comme il y a longtemps déjà qu'elle a disparu !

Elle est belle, et plus que belle ; elle est surprenante. En elle le noir abonde :
et tout ce qu'elle inspire est nocturne et profond. Ses yeux sont deux antres où
scintille vaguement le mystère, et son regard illumine comme l'éclair : c'est une
explosion dans les ténèbres.

Je la comparerais à un soleil noir, si l'on pouvait concevoir un astre noir
versant la lumière et le bonheur. Mais elle fait plus volontiers penser à la lune,
qui sans doute l'a marquée de sa redoutable influence ; non pas la lune blanche
des idylles, qui ressemble à une froide mariée, mais la lune sinistre et enivrante,
suspendue au fond d'une nuit orageuse et bousculée par les nuées qui courent ;
non pas la lune paisible et discrète visitant le sommeil des hommes purs, mais
la lune arrachée du ciel, vaincue et révoltée, que les Sorcières thessaliennes
contraignent durement à danser sur l'herbe terrifiée !

Dans son petit front habitent la volonté tenace et l'amour de la proie.
Cependant, au bas de ce visage inquiétant, où des narines mobiles aspirent
l'inconnu et l'impossible, éclate, avec une grâce inexprimable, le rire d'une
grande bouche, rouge et blanche, et délicieuse, qui fait rêver au miracle d'une
superbe fleur éclose dans un terrain volcanique.

Il y a des femmes qui inspirent l'envie de les vaincre et de jouir d'elles ; mais
celle-ci donne le désir de mourir lentement sous son regard.

XXXVII

LES BIENFAITS DE LA LUNE

La Lune, qui est le caprice même, regarda par la fenêtre pendant que tu
dormais dans ton berceau, et se dit : « Cette enfant me plaît. »

Et elle descendit moelleusement son escalier de nuages et passa sans bruit à
travers les vitres. Puis elle s'étendit sur toi avec la tendresse souple d'une mère,
et elle déposa ses couleurs sur ta face. Tes prunelles en sont restées vertes, et
tes joues extraordinairement pâles. C'est en contemplant cette visiteuse que tes
yeux se sont si bizarrement agrandis ; et elle t'a si tendrement serrée à la gorge
que tu en as gardé pour toujours l'envie de pleurer.

Cependant, dans l'expansion de sa joie, la Lune remplissait toute la chambre
comme une atmosphère phosphorique, comme un poison lumineux ; et toute
cette lumière vivante pensait et disait : « Tu subiras éternellement l'influence
de mon baiser. Tu seras belle à ma manière. Tu aimeras ce que j'aime et ce qui
m'aime : l'eau, les nuages, le silence et la nuit ; la mer immense et verte ; l'eau
informe et multiforme ; le lieu où tu ne seras pas ; l'amant que tu ne connaîtras
pas ; les fleurs monstrueuses ; les parfums qui font délirer ; les chats qui se
pâment sur les pianos et qui gémissent comme les femmes, d'une voix rauque et
douce ! »

« Et tu seras aimée de mes amants, courtisée par mes courtisans. Tu seras la reine des hommes aux yeux verts dont j'ai serré aussi la gorge dans mes caresses nocturnes ; de ceux-là qui aiment la mer, la mer immense, tumultueuse et verte, l'eau informe et multiforme, le lieu où ils ne sont pas, la femme qu'ils ne connaissent pas, les fleurs sinistres qui ressemblent aux encensoirs d'une religion inconnue, les parfums qui troublent la volonté, et les animaux sauvages et voluptueux qui sont les emblèmes de leur folie. »

Et c'est pour cela, maudite chère enfant gâtée, que je suis maintenant couché à tes pieds, cherchant dans toute ta personne le reflet de la redoutable Divinité, de la fatidique marraine, de la nourrice empoisonneuse de tous les *lunatiques*.

XXXVIII
LAQUELLE EST LA VRAIE ?

J'ai connu une certaine Bénédicta, qui remplissait l'atmosphère d'idéal, et dont les yeux répandaient le désir de la grandeur, de la beauté, de la gloire et de tout ce qui fait croire à l'immortalité.

Mais cette fille miraculeuse était trop belle pour vivre longtemps ; aussi est-elle morte quelques jours après que j'eus fait sa connaissance, et c'est moi-même qui l'ai enterrée, un jour que le printemps agitait son encensoir jusque dans les cimetières. C'est moi qui l'ai enterrée, bien close dans une bière d'un bois parfumé et incorruptible comme les coffres de l'Inde.

Et comme mes yeux restaient fichés sur le lieu où était enfoui mon trésor, je vis subitement une petite personne qui ressemblait singulièrement à la défunte, et qui, piétinant sur la terre fraîche avec une violence hystérique et bizarre, disait en éclatant de rire : « C'est moi, la vraie Bénédicta ! C'est moi, une fameuse canaille ! Et pour la punition de ta folie et de ton aveuglement, tu m'aimeras telle que je suis ! »

Mais moi, furieux, j'ai répondu : « Non ! non ! non ! » Et pour mieux accentuer mon refus, j'ai frappé si violemment la terre du pied que ma jambe s'est enfoncée jusqu'au genou dans la sépulture récente, et que, comme un loup pris au piège, je reste attaché, pour toujours peut-être, à la fosse de l'idéal.

XXXIX
UN CHEVAL DE RACE

Elle est bien laide. Elle est délicieuse pourtant !

Le Temps et l'Amour l'ont marquée de leurs griffes et lui ont cruellement enseigné ce que chaque minute et chaque baiser emportent de jeunesse et de fraîcheur.

Elle est vraiment laide ; elle est fourmi, araignée, si vous voulez, squelette même ; mais aussi elle est breuvage, magistère [1], sorcellerie ! en somme, elle est exquise.

Le Temps n'a pu rompre l'harmonie pétillante de sa démarche ni l'élégance indestructible de son armature. L'Amour n'a pas altéré la suavité de son haleine d'enfant : et le Temps n'a rien arraché de son abondante crinière d'où

s'exhale en fauves parfums toute la vitalité endiablée du Midi français : Nîmes, Aix, Arles, Avignon, Narbonne, Toulouse, villes bénies du soleil, amoureuses et charmantes ! Le Temps et l'Amour l'ont vainement mordue à belles dents ; ils n'ont rien diminué du charme vague, mais éternel, de sa poitrine garçonnière.

Usée peut-être, mais non fatiguée, et toujours héroïque, elle fait penser à ces chevaux de grande race que l'œil du véritable amateur reconnaît, même attelés à un carrosse de louage ou à un lourd chariot. Et puis elle est si douce et si fervente ! Elle aime comme on aime en automne ; on dirait que les approches de l'hiver allument dans son cœur un feu nouveau, et la servilité de sa tendresse n'a jamais rien de fatigant.

XL

LE MIROIR

Un homme épouvantable entre et se regarde dans la glace.

« — Pourquoi vous regardez-vous au miroir, puisque vous ne pouvez vous y voir qu'avec déplaisir ? »

L'homme épouvantable me répond : « — Monsieur, d'après les immortels principes de 89, tous les hommes sont égaux en droits ; donc je possède le droit de me mirer ; avec plaisir ou déplaisir, cela ne regarde que ma conscience. »

Au nom du bon sens, j'avais sans doute raison ; mais, au point de vue de la loi, il n'avait pas tort.

XLI

LE PORT

Un port est un séjour charmant pour une âme fatiguée des luttes de la vie. L'ampleur du ciel, l'architecture mobile des nuages, les colorations changeantes de la mer, le scintillement des phares, sont un prisme merveilleusement propre à amuser les yeux sans jamais les lasser. Les formes élancées des navires, au gréement compliqué, auxquels la houle imprime des oscillations harmonieuses, servent à entretenir dans l'âme le goût du rythme et de la beauté. Et puis, surtout, il y a une sorte de plaisir mystérieux et aristocratique pour celui qui n'a plus ni curiosité ni ambition, à contempler, couché dans le belvédère ou accoudé sur le môle, tous ces mouvements de ceux qui partent et de ceux qui reviennent, de ceux qui ont encore la force de vouloir, le désir de voyager ou de s'enrichir.

XLII

PORTRAITS DE MAÎTRESSES

Dans un boudoir d'hommes, c'est-à-dire dans un fumoir attenant à un élégant tripot, quatre hommes fumaient et buvaient. Ils n'étaient précisément

ni jeunes ni vieux, ni beaux ni laids ; mais vieux ou jeunes, ils portaient cette distinction non méconnaissable des vétérans de la joie, cet indescriptible je ne sais quoi, cette tristesse froide et railleuse qui dit clairement : « Nous avons fortement vécu, et nous cherchons ce que nous pourrions aimer et estimer. » L'un d'eux jeta la causerie sur le sujet des femmes. Il eût été plus philosophique de n'en pas parler du tout ; mais il y a des gens d'esprit qui, après boire, ne méprisent pas les conversations banales. On écoute alors celui qui parle, comme on écouterait de la musique de danse.

« Tous les hommes, disait celui-ci, ont eu l'âge de Chérubin : c'est l'époque où, faute de dryades, on embrasse, sans dégoût, le tronc des chênes. C'est le premier degré de l'amour. Au second degré, on commence à choisir. Pouvoir délibérer, c'est déjà une décadence. C'est alors qu'on recherche décidément la beauté. Pour moi, messieurs, je me fais gloire d'être arrivé, depuis longtemps, à l'époque climatérique du troisième degré où la beauté elle-même ne suffit plus, si elle n'est assaisonnée par le parfum, la parure, et cætera. J'avouerai même que j'aspire quelquefois, comme à un bonheur inconnu, à un certain quatrième degré qui doit marquer le calme absolu. Mais, durant toute ma vie, excepté à l'âge de Chérubin, j'ai été plus sensible que tout autre à l'énervante sottise, à l'irritante médiocrité des femmes. Ce que j'aime surtout dans les animaux, c'est leur candeur. Jugez donc combien j'ai dû souffrir par ma dernière maitresse.

« C'était la bâtarde d'un prince. Belle, cela va sans dire ; sans cela pourquoi l'aurais-je prise ? Mais elle gâtait cette grande qualité par une ambition malséante et difforme. C'était une femme qui voulait toujours faire l'homme. "Vous n'êtes pas un homme ! Ah ! si j'étais un homme ! De nous deux, c'est moi qui suis l'homme !" Tels étaient les insupportables refrains qui sortaient de cette bouche d'où je n'aurais voulu voir s'envoler que des chansons. À propos d'un livre, d'un poème, d'un opéra pour lequel je laissais échapper mon admiration : "Vous croyez peut-être que cela est très fort ? disait-elle aussitôt ; est-ce que vous vous connaissez en force ?" et elle argumentait.

« Un beau jour elle s'est mise à la chimie ; de sorte qu'entre ma bouche et la sienne je trouvai désormais un masque de verre. Avec tout cela, fort bégueule. Si parfois je la bousculais par un geste un peu trop amoureux, elle se convulsait comme une sensitive violée...

— Comment cela a-t-il fini ? dit l'un des trois autres. Je ne vous savais pas si patient.

— Dieu, reprit-il, mit le remède dans le mal. Un jour je trouvai cette Minerve affamée de force idéale, en tête à tête avec mon domestique, et dans une situation qui m'obligea à me retirer discrètement pour ne pas les faire rougir. Le soir je les congédiai tous les deux, en leur payant les arrérages de leurs gages.

— Pour moi, reprit l'interrupteur, je n'ai à me plaindre que de moi-même. Le bonheur est venu habiter chez moi, et je ne l'ai pas reconnu. La destinée m'avait, en ces derniers temps, octroyé la jouissance d'une femme qui était bien la plus douce, la plus soumise et la plus dévouée des créatures, et toujours prête ! et sans enthousiasme ! "Je le veux bien, puisque cela vous est agréable." C'était sa réponse ordinaire. Vous donneriez la bastonnade à ce mur ou à ce canapé, que vous en tireriez plus de soupirs que n'en tiraient du sein de ma maitresse les élans de l'amour le plus forcené. Après un an de vie commune, elle m'avoua qu'elle n'avait jamais connu le plaisir. Je me dégoûtai de ce duel inégal, et cette fille incomparable se maria. J'eus plus tard la fantaisie de la

revoir, et elle me dit, en me montrant six beaux enfants : "Eh bien ! mon cher ami, l'épouse est encore aussi *vierge* que l'était votre maitresse." Rien n'était changé dans cette personne. Quelquefois je la regrette : j'aurais dû l'épouser. »
Les autres se mirent à rire, et un troisième dit à son tour :
« Messieurs, j'ai connu des jouissances que vous avez peut-être négligées. Je veux parler du comique dans l'amour, et d'un comique qui n'exclut pas l'admiration. J'ai plus admiré ma dernière maitresse que vous n'avez pu, je crois, haïr ou aimer les vôtres. Et tout le monde l'admirait autant que moi. Quand nous entrions dans un restaurant, au bout de quelques minutes, chacun oubliait de manger pour la contempler. Les garçons eux-mêmes et la dame du comptoir ressentaient cette extase contagieuse jusqu'à oublier leurs devoirs. Bref j'ai vécu quelque temps en tête à tête avec un *phénomène* vivant. Elle mangeait, mâchait, broyait, dévorait, engloutissait, mais avec l'air le plus léger et le plus insouciant du monde. Elle m'a tenu ainsi longtemps en extase. Elle avait une manière douce, rêveuse, anglaise et romanesque de dire : "J'ai faim !" Et elle répétait ces mots jour et nuit en montrant les plus jolies dents du monde, qui vous eussent attendris et égayés à la fois. — J'aurais pu faire ma fortune en la montrant dans les foires comme *monstre polyphage*. Je la nourrissais bien ; et cependant elle m'a quitté... — Pour un fournisseur aux vivres sans doute ? — Quelque chose d'approchant, une espèce d'employé dans l'intendance qui, par quelque tour de bâton à lui connu, fournit peut-être à cette pauvre enfant la ration de plusieurs soldats. C'est du moins ce que j'ai supposé.

— Moi, dit le quatrième, j'ai enduré des souffrances atroces par le contraire de ce qu'on reproche en général à l'égoïste femelle. Je vous trouve mal venus, trop fortunés mortels, à vous plaindre des imperfections de vos maitresses ! »
Cela fut dit d'un ton fort sérieux, par un homme d'un aspect doux et posé, d'une physionomie presque cléricale, malheureusement illuminée par des yeux d'un gris clair, de ces yeux dont le regard dit : « Je veux ! » ou : « Il faut ! » ou bien : « Je ne pardonne jamais ! »
« Si, nerveux comme je vous connais, vous, G..., lâches et légers comme vous êtes, vous deux, K... et J..., vous aviez été accouplés à une certaine femme de ma connaissance, ou vous vous seriez enfuis, ou vous seriez morts. Moi, j'ai survécu, comme vous voyez. Figurez-vous une personne incapable de commettre une erreur de sentiment ou de calcul ; figurez-vous une sérénité désolante de caractère ; un dévouement sans comédie et sans emphase ; une douceur sans faiblesse ; une énergie sans violence. L'histoire de mon amour ressemble à un interminable voyage sur une surface pure et polie comme un miroir, vertigineusement monotone, qui aurait réfléchi tous mes sentiments et mes gestes avec l'exactitude ironique de ma propre conscience, de sorte que je ne pouvais pas me permettre un geste ou un sentiment déraisonnable sans apercevoir immédiatement le reproche muet de mon inséparable spectre. L'amour m'apparaissait comme une tutelle. Que de sottises elle m'a empêché de faire, que je regrette de n'avoir pas commises ! Que de dettes payées malgré moi ! Elle me privait de tous les bénéfices que j'aurais pu tirer de ma folie personnelle. Avec une froide et infranchissable règle, elle barrait tous mes caprices. Pour comble d'horreur, elle n'exigeait pas de reconnaissance, le danger passé. Combien de fois ne me suis-je pas retenu de lui sauter à la gorge, en lui criant : "Sois donc imparfaite, misérable ! afin que je puisse t'aimer sans

malaise et sans colère !" Pendant plusieurs années, je l'ai admirée, le cœur
plein de haine. Enfin, ce n'est pas moi qui en suis mort !
— Ah ! firent les autres, elle est donc morte ?
— Oui ! cela ne pouvait continuer ainsi. L'amour était devenu pour moi un
cauchemar accablant. Vaincre ou mourir, comme dit la Politique, telle était
l'alternative que m'imposait la destinée ! Un soir, dans un bois... au bord d'une
mare..., après une mélancolique promenade où ses yeux, à elle, réfléchissaient
la douceur du ciel, et où mon cœur, à moi, était crispé comme l'enfer...
— Quoi !
— Comment !
— Que voulez-vous dire ?
— C'était inévitable. J'ai trop le sentiment de l'équité pour battre, outrager
ou congédier un serviteur irréprochable. Mais il fallait accorder ce sentiment
avec l'horreur que cet être m'inspirait; me débarrasser de cet être sans lui
manquer de respect. Que vouliez-vous que je fisse d'elle, *puisqu'elle était
parfaite* ? »

Les trois autres compagnons regardèrent celui-ci avec un regard vague et
légèrement hébété, comme feignant de ne pas comprendre et comme avouant
implicitement qu'ils ne se sentaient pas, quant à eux, capables d'une action
aussi rigoureuse, quoique suffisamment expliquée d'ailleurs.

Ensuite on fit apporter de nouvelles bouteilles, pour tuer le Temps qui a la
vie si dure, et accélérer la Vie qui coule si lentement.

XLIII

LE GALANT TIREUR

Comme la voiture traversait le bois, il la fit arrêter dans le voisinage d'un tir,
disant qu'il lui serait agréable de tirer quelques balles pour *tuer* le Temps. Tuer
ce monstre-là, n'est-ce pas l'occupation la plus ordinaire et la plus légitime de
chacun ? — Et il offrit galamment la main à sa chère, délicieuse et exécrable
femme, à cette mystérieuse femme à laquelle il doit tant de plaisirs, tant de
douleurs, et peut-être aussi une grande partie de son génie.

Plusieurs balles frappèrent loin du but proposé; l'une d'elles s'enfonça
même dans le plafond; et comme la charmante créature riait follement, se
moquant de la maladresse de son époux, celui-ci se tourna brusquement vers
elle, et lui dit : « Observez cette poupée, là-bas, à droite, qui porte le nez en l'air
et qui a la mine si hautaine. Eh bien ! cher ange, *je me figure que c'est vous.* »
Et il ferma les yeux et il lâcha la détente. La poupée fut nettement décapitée.

Alors s'inclinant vers sa chère, sa délicieuse, son exécrable femme, son
inévitable et impitoyable Muse, et lui baisant respectueusement la main, il
ajouta : « Ah ! mon cher ange, combien je vous remercie de mon adresse ! »

XLIV

LA SOUPE ET LES NUAGES

Ma petite folle bien-aimée me donnait à dîner, et par la fenêtre ouverte de la
salle à manger je contemplais les mouvantes architectures que Dieu fait avec

les vapeurs, les merveilleuses constructions de l'impalpable. Et je me disais, à travers ma contemplation : « Toutes ces fantasmagories sont presque aussi belles que les yeux de ma belle bien-aimée, la petite folle monstrueuse aux yeux verts.

Et tout à coup je reçus un violent coup de poing dans le dos, et j'entendis une voix rauque et charmante, une voix hystérique et comme enrouée par l'eau-de-vie, la voix de ma chère petite bien-aimée, qui disait : « — Allez-vous bientôt manger votre soupe, s... b... de marchand de nuages ? »

XLV

LE TIR ET LE CIMETIÈRE [1]

— *À la vue du cimetière, Estaminet.* — « Singulière enseigne, — se dit notre promeneur, — mais bien faite pour donner soif ! À coup sûr, le maitre de ce cabaret sait apprécier Horace et les poètes élèves d'Épicure. Peut-être même connait-il le raffinement profond des anciens Égyptiens, pour qui il n'y avait pas de bon festin sans squelette, ou sans un emblème quelconque de la briéveté de la vie. »

Et il entra, but un verre de bière en face des tombes, et fuma lentement un cigare. Puis, la fantaisie le prit de descendre dans ce cimetière, dont l'herbe était si haute et si invitante, et où régnait un si riche soleil.

En effet, la lumière et la chaleur y faisaient rage, et l'on eût dit que le soleil ivre se vautrait tout de son long sur un tapis de fleurs magnifiques engraissées par la destruction. Un immense bruissement de vie remplissait l'air, — la vie des infiniment petits, — coupé à intervalles réguliers par la crépitation des coups de feu d'un tir voisin, qui éclataient comme l'explosion des bouchons de champagne dans le bourdonnement d'une symphonie en sourdine.

Alors, sous le soleil qui lui chauffait le cerveau et dans l'atmosphère des ardents parfums de la Mort, il entendit une voix chuchoter sous la tombe où il s'était assis. Et cette voix disait : « Maudites soient vos cibles et vos carabines, turbulents vivants, qui vous souciez si peu des défunts et de leur divin repos ! Maudites soient vos ambitions, maudits soient vos calculs, mortels impatients, qui venez étudier l'art de tuer auprès du sanctuaire de la Mort ! Si vous saviez comme le prix est facile à gagner, comme le but est facile à toucher, et combien tout est néant, excepté la Mort, vous ne fatigueriez pas tant, laborieux vivants, et vous troubleriez moins souvent le sommeil de ceux qui depuis longtemps ont mis dans le But, dans le seul vrai but de la détestable vie ! »

XLVI

PERTE D'AURÉOLE

« Eh ! quoi ! vous ici, mon cher ? Vous, dans un mauvais lieu ! vous, le buveur de quintessences ! vous, le mangeur d'ambroisie ! En vérité, il y a là de quoi me surprendre.

— Mon cher, vous connaissez ma terreur des chevaux et des voitures. Tout à l'heure, comme je traversais le boulevard, en grande hâte, et que je sautillais

dans la boue, à travers ce chaos mouvant où la mort arrive au galop de tous les côtés à la fois, mon auréole, dans un mouvement brusque, a glissé de ma tête dans la fange du macadam. Je n'ai pas eu le courage de la ramasser. J'ai jugé moins désagréable de perdre mes insignes que de me faire rompre les os. Et puis, me suis-je dit, à quelque chose malheur est bon. Je puis maintenant me promener incognito, faire des actions basses, et me livrer à la crapule, comme les simples mortels. Et me voici, tout semblable à vous, comme vous voyez !

— Vous devriez au moins faire afficher cette auréole, ou la faire réclamer par le commissaire.

— Ma foi ! non. Je me trouve bien ici. Vous seul, vous m'avez reconnu. D'ailleurs la dignité m'ennuie. Ensuite je pense avec joie que quelque mauvais poète la ramassera et s'en coiffera impudemment. Faire un heureux, quelle jouissance ! et surtout un heureux qui me fera rire ! Pensez à X, ou à Z ! Hein ! comme ce sera drôle ! »

XLVII

MADEMOISELLE BISTOURI

Comme j'arrivais à l'extrémité du faubourg, sous les éclairs du gaz, je sentis un bras qui se coulait doucement sous le mien, et j'entendis une voix qui me disait à l'oreille : « Vous êtes médecin, monsieur ? »

Je regardai ; c'était une grande fille, robuste, aux yeux très ouverts, légèrement fardée, les cheveux flottant au vent avec les brides de son bonnet.

« — Non ; je ne suis pas médecin. Laissez-moi passer. — Oh ! si ! vous êtes médecin. Je le vois bien. Venez chez moi. Vous serez bien content de moi, allez ! — Sans doute, j'irai vous voir, mais plus tard, *après le médecin*, que diable !... — Ah ! ah ! — fit-elle, toujours suspendue à mon bras, et en éclatant de rire, — vous êtes un médecin farceur, j'en ai connu plusieurs dans ce genre-là. Venez. »

J'aime passionnément le mystère, parce que j'ai toujours l'espoir de le débrouiller. Je me laissai donc entraîner par cette compagne, ou plutôt par cette énigme inespérée.

J'omets la description du taudis ; on peut la trouver dans plusieurs vieux poètes français bien connus. Seulement, détail non aperçu par Régnier [1], deux ou trois portraits de docteurs célèbres étaient suspendus aux murs.

Comme je fus dorloté ! Grand feu, vin chaud, cigares ; et en m'offrant ces bonnes choses et en allumant elle-même un cigare, la bouffonne créature me disait : « Faites comme chez vous, mon ami, mettez-vous à l'aise. Çà vous rappellera l'hôpital et le bon temps de la jeunesse. — Ah çà ! où donc avez-vous gagné ces cheveux blancs ? Vous n'étiez pas ainsi, il n'y a pas encore bien longtemps, quand vous étiez interne de L... Je me souviens que c'était vous qui l'assistiez dans les opérations graves. En voilà un homme qui aime couper, tailler et rogner ! C'était vous qui lui tendiez les instruments, les fils et les éponges. — Et comme, l'opération faite, il disait fièrement, en regardant sa montre : "Cinq minutes, messieurs !" — Oh ! moi, je vais partout. Je connais bien ces Messieurs. »

Quelques instants plus tard, me tutoyant, elle reprenait son antienne, et me disait : « Tu es médecin, n'est-ce pas, mon chat ? »

Cet inintelligible refrain me fit sauter sur mes jambes. « Non ! criai-je
furieux.

— Chirurgien, alors ?

— Non ! non ! à moins que ce ne soit pour te couper la tête ! S... s... c... de s...
m...! !

— Attends, reprit-elle, tu vas voir. »

Et elle tira d'une armoire une liasse de papiers, qui n'était autre chose que la
collection des portraits des médecins illustres de ce temps, lithographiés par
Maurin [2], qu'on a pu voir étalée pendant plusieurs années sur le quai Voltaire.
« Tiens ! le reconnais-tu celui-ci ?

— Oui ! c'est X. Le nom est au bas d'ailleurs ; mais je le connais
personnellement.

— Je savais bien ! Tiens ! voilà Z., celui qui disait à son cours, en parlant de
X. : "Ce monstre qui porte sur son visage la noirceur de son âme !" Tout cela,
parce que l'autre n'était pas de son avis dans la même affaire ! Comme on riait
de ça à l'École, dans le temps ! Tu t'en souviens ? — Tiens, voilà K., celui qui
dénonçait au gouvernement les insurgés qu'il soignait à son hôpital. C'était le
temps des émeutes. Comment est-ce possible qu'un si bel homme ait si peu de
cœur ? — Voici maintenant W., un fameux médecin anglais ; je l'ai attrapé à
son voyage à Paris. Il a l'air d'une demoiselle, n'est-ce pas ? »

Et comme je touchais à un paquet ficelé, posé aussi sur le guéridon :
« Attends un peu, dit-elle ; — ça, c'est les internes, et ce paquet-ci, c'est les
externes. »

Et elle déploya en éventail une masse d'images photographiques, représen-
tant des physionomies beaucoup plus jeunes.

« Quand nous nous reverrons, tu me donneras ton portrait, n'est-ce pas,
chéri ?

— Mais, lui dis-je, suivant à mon tour, moi aussi, mon idée fixe, — pourquoi
me crois-tu médecin ?

— C'est que tu es si gentil et si bon pour les femmes !

— Singulière logique ! me dis-je à moi-même.

— Oh ! je ne m'y trompe guère : j'en ai connu un bon nombre. J'aime tant ces
messieurs, que, bien que je ne sois pas malade, je vais quelquefois les voir, rien
que pour les voir. Il y en a qui me disent froidement : "Vous n'êtes pas malade
du tout !" Mais il y en a d'autres qui me comprennent, parce que je leur fais des
mines.

— Et quand ils ne te comprennent pas... ?

— Dame ! comme je les ai dérangés *inutilement*, je laisse dix francs sur la
cheminée. — C'est si bon et si doux, ces hommes-là ! — J'ai découvert à la
Pitié un petit interne, qui est joli comme un ange, et qui est poli ! et qui travaille,
le pauvre garçon ! Ses camarades m'ont dit qu'il n'avait pas le sou, parce que
ses parents sont des pauvres qui ne peuvent rien lui envoyer. Cela m'a donné
confiance. Après tout, je suis assez belle femme, quoique pas trop jeune. Je lui
ai dit : "Viens me voir, viens me voir souvent. Et avec moi, ne te gêne pas ; je
n'ai pas besoin d'argent." Mais tu comprends que je le lui ai fait entendre ça par
une foule de façons ; je ne le lui ai pas dit tout crûment ; j'avais si peur de
l'humilier, ce cher enfant ! — Eh bien ! croirais-tu que j'ai une drôle d'envie
que je n'ose pas lui dire ? — Je voudrais qu'il vînt me voir avec sa trousse et son
tablier, même avec un peu de sang dessus ! »

Elle dit cela d'un air fort candide, comme un homme sensible dirait à une

comédienne qu'il aimerait : « Je veux vous voir vêtue du costume que vous portiez dans ce fameux rôle que vous avez créé. »

· Moi, m'obstinant, je repris : « Peux-tu te souvenir de l'époque et de l'occasion où est née en toi cette passion si particulière ? »

Difficilement je me fis comprendre ; enfin j'y parvins. Mais alors elle me répondit d'un air très triste, et même, autant que je peux me souvenir, en détournant les yeux : « Je ne sais pas... je ne me souviens pas. »

Quelles bizarreries ne trouve-t-on pas dans une grande ville, quand on sait se promener et regarder ? La vie fourmille de monstres innocents. — Seigneur, mon Dieu ! vous, le Créateur, vous, le Maître ; vous qui avez fait la Loi et la Liberté ; vous, le souverain qui laissez faire, vous, le juge qui pardonnez ; vous qui êtes plein de motifs et de causes, et qui avez peut-être mis dans mon esprit le goût de l'horreur pour convertir mon cœur, comme la guérison au bout d'une lame ; Seigneur, ayez pitié, ayez pitié des fous et des folles ! Ô Créateur ! peut-il exister des monstres aux yeux de Celui-là seul qui sait pourquoi ils existent, comment ils *se sont faits* et comment ils auraient pu *ne pas se faire* ?

XLVIII

ANY WHERE OUT OF THE WORLD[1]

N'IMPORTE OÙ HORS DU MONDE

Cette vie est un hôpital où chaque malade est possédé du désir de changer de lit. Celui-ci voudrait souffrir en face du poêle, et celui-là croit qu'il guérirait à côté de la fenêtre.

Il me semble que je serais toujours bien là où je ne suis pas, et cette question de déménagement en est une que je discute sans cesse avec mon âme.

« Dis-moi, mon âme, pauvre âme refroidie, que penserais-tu d'habiter Lisbonne ? Il doit y faire chaud, et tu t'y ragaillardirais comme un lézard. Cette ville est au bord de l'eau ; on dit qu'elle est bâtie en marbre, et que le peuple y a une telle haine du végétal, qu'il arrache tous les arbres. Voilà un paysage selon ton goût ; un paysage fait avec la lumière et le minéral, et le liquide pour les réfléchir ! »

Mon âme ne répond pas.

« Puisque tu aimes tant le repos, avec le spectacle du mouvement, veux-tu venir habiter la Hollande, cette terre béatifiante ? Peut-être te divertiras-tu dans cette contrée dont tu as souvent admiré l'image dans les nuées ? Que penserais-tu de Rotterdam, toi qui aimes les forêts de mâts, et les navires amarrés au pied des maisons ? »

Mon âme reste muette.

« Batavia te sourirait peut-être davantage ? Nous y trouverions d'ailleurs l'esprit de l'Europe marié à la beauté tropicale. »

Pas un mot. — Mon âme serait-elle morte ?

« En es-tu donc venue à ce point d'engourdissement que tu ne te plaises que dans ton mal ? S'il en est ainsi, fuyons vers les pays qui sont les analogies de la Mort. — Je tiens notre affaire, pauvre âme ! Nous ferons nos malles pour Tornéo[2]. Allons plus loin encore, à l'extrême bout de la Baltique ; encore plus loin de la vie, si c'est possible ; installons-nous au pôle. Là le soleil ne frise

qu'obliquement la terre, et les lentes alternatives de la lumière et de la nuit
suppriment la variété et augmentent la monotonie, cette moitié du néant. Là,
nous pourrons prendre de longs bains de ténèbres, cependant que, pour nous
divertir, les aurores boréales nous enverront de temps en temps leurs gerbes
roses, comme des reflets d'un feu d'artifice de l'Enfer! »
Enfin, mon âme fait explosion, et sagement elle me crie : « N'importe où !
n'importe où ! pourvu que ce soit hors de ce monde! »

XLIX
ASSOMMONS LES PAUVRES[1]!

Pendant quinze jours je m'étais confiné dans ma chambre, et je m'étais
entouré des livres à la mode dans ce temps-là (il y a seize ou dix-sept ans); je
veux parler des livres où il est traité de l'art de rendre les peuples heureux, sages
et riches, en vingt-quatre heures. J'avais donc digéré, — avalé, veux-je dire, —
toutes les élucubrations de tous ces entrepreneurs de bonheur public, — de
ceux qui conseillent à tous les pauvres de se faire esclaves, et de ceux qui leur
persuadent qu'ils sont tous des rois détrônés. — On ne trouvera pas surprenant
que je fusse alors dans un état d'esprit avoisinant le vertige ou la stupidité.
 Il m'avait semblé seulement que je sentais, confiné au fond de mon intellect,
le germe obscur d'une idée supérieure à toutes les formules de bonne femme
dont j'avais récemment parcouru le dictionnaire. Mais ce n'était que l'idée
d'une idée, quelque chose d'infiniment vague.
 Et je sortis avec une grande soif. Car le goût passionné des mauvaises
lectures engendre un besoin proportionnel du grand air et des rafraîchissants.
 Comme j'allais entrer dans un cabaret, un mendiant me tendit son chapeau,
avec un de ces regards inoubliables qui culbuteraient les trônes, si l'esprit
remuait la matière, et si l'œil d'un magnétiseur faisait mûrir les raisins.
 En même temps, j'entendis une voix qui chuchotait à mon oreille, une voix
que je reconnus bien; c'était celle d'un bon Ange, ou d'un bon Démon, qui
m'accompagne partout. Puisque Socrate avait son bon Démon, pourquoi
n'aurais-je pas mon bon Ange, et pourquoi n'aurais-je pas l'honneur, comme
Socrate, d'obtenir mon brevet de folie, signé du subtil Lélut et du bien avisé
Baillarger[2]?
 Il existe cette différence entre le Démon de Socrate et le mien, que celui de
Socrate ne se manifestait à lui que pour défendre, avertir, empêcher, et que le
mien daigne conseiller, suggérer, persuader. Ce pauvre Socrate n'avait qu'un
Démon prohibiteur; le mien est un grand affirmateur, le mien est un Démon
d'action, un Démon de combat.
 Or, sa voix me chuchotait ceci : « Celui-là seul est l'égal d'un autre, qui le
prouve, et celui-là seul est digne de la liberté, qui sait la conquérir. »
 Immédiatement, je sautai sur mon mendiant. D'un seul coup de poing, je lui
bouchai un œil, qui devint, en une seconde, gros comme une balle. Je cassai un
de mes ongles à lui briser deux dents, et comme je ne me sentais pas assez fort,
étant né délicat et m'étant peu exercé à la boxe, pour assommer rapidement ce
vieillard, je le saisis d'une main par le collet de son habit, de l'autre, je
l'empoignai à la gorge, et je me mis à lui secouer vigoureusement la tête contre
un mur. Je dois avouer que j'avais préalablement inspecté les environs d'un

coup d'œil, et que j'avais vérifié que dans cette banlieue déserte je me trouvais, pour un assez long temps, hors de la portée de tout agent de police.

Ayant ensuite, par un coup de pied lancé dans le dos, assez énergique pour briser les omoplates, terrassé ce sexagénaire affaibli, je me saisis d'une grosse branche d'arbre qui traînait à terre, et je le battis avec l'énergie obstinée des cuisiniers qui veulent attendrir un beefteack.

Tout à coup, — ô miracle ! ô jouissance du philosophe qui vérifie l'excellence de sa théorie ! — je vis cette antique carcasse se retourner, se redresser avec une énergie que je n'aurais jamais soupçonnée dans une machine si singulièrement détraquée, et, avec un regard de haine qui me parut de *bon augure*, le malandrin décrépit se jeta sur moi, me pocha les deux yeux, me cassa quatre dents, et avec la même branche d'arbre me battit dru comme plâtre. — Par mon énergique médication, je lui avais donc rendu l'orgueil et la vie.

Alors, je lui fis force signes pour lui faire comprendre que je considérais la discussion comme finie, et me relevant avec la satisfaction d'un sophiste du Portique, je lui dis : « Monsieur, *vous êtes mon égal !* veuillez me faire l'honneur de partager avec moi ma bourse ; et souvenez-vous, si vous êtes réellement philanthrope, qu'il faut appliquer à tous vos confrères, quand ils vous demanderont l'aumône, la théorie que j'ai eu la *douleur* d'essayer sur votre dos. »

Il m'a bien juré qu'il avait compris ma théorie, et qu'il obéirait à mes conseils.

L
LES BONS CHIENS

À M. Joseph Stevens.

Je n'ai jamais rougi, même devant les jeunes écrivains de mon siècle, de mon admiration pour Buffon ; mais aujourd'hui ce n'est pas l'âme de ce peintre de la nature pompeuse que j'appellerai à mon aide. Non.

Bien plus volontiers je m'adresserais à Sterne, et je lui dirais : « Descends du ciel, ou monte vers moi des champs Élyséens, pour m'inspirer en faveur des bons chiens, des pauvres chiens, un chant digne de toi, sentimental farceur, farceur incomparable ! Reviens à califourchon sur ce fameux âne qui t'accompagne toujours dans la mémoire de la postérité ; et surtout que cet âne n'oublie pas de porter, délicatement suspendu entre ses lèvres, son immortel macaron ! »

Arrière la muse académique ! Je n'ai que faire de cette vieille bégueule. J'invoque la muse familière, la citadine, la vivante, pour qu'elle m'aide à chanter les bons chiens, les pauvres chiens, les chiens crottés, ceux-là que chacun écarte, comme pestiférés et pouilleux, excepté le pauvre dont ils sont les associés, et le poète qui les regarde d'un œil fraternel.

Fi du chien bellâtre, de ce fat quadrupède, danois, king-charles, carlin ou gredin, si enchanté de lui-même qu'il s'élance indiscrètement dans les jambes ou sur les genoux du visiteur, comme s'il était sûr de plaire, turbulent comme un enfant, sot comme une lorette, quelquefois hargneux et insolent comme un domestique ! Fi surtout de ces serpents à quatre pattes, frissonnants et désœuvrés, qu'on nomme levrettes, et qui ne logent même pas dans leur

museau pointu assez de flair pour suivre la piste d'un ami, ni dans leur tête aplatie assez d'intelligence pour jouer au domino !
À la niche, tous ces fatigants parasites !
Qu'ils retournent à leur niche soyeuse et capitonnée ! Je chante le chien crotté, le chien pauvre, le chien sans domicile, le chien flâneur, le chien saltimbanque, le chien dont l'instinct, comme celui du pauvre, du bohémien et de l'histrion, est merveilleusement aiguillonné par la nécessité, cette si bonne mère, cette vraie patronne des intelligences !

Je chante les chiens calamiteux, soit ceux qui errent, solitaires, dans les ravines sinueuses des immenses villes, soit ceux qui ont dit à l'homme abandonné, avec des yeux clignotants et spirituels : « Prends-moi avec toi, et de nos deux misères nous ferons peut-être une espèce de bonheur !»

« *Où vont les chiens ?* » disait autrefois Nestor Roqueplan dans un immortel feuilleton qu'il a sans doute oublié, et dont moi seul, et Sainte-Beuve peut-être, nous nous souvenons encore aujourd'hui.

Où vont les chiens, dites-vous, hommes peu attentifs ? Ils vont à leurs affaires.

Rendez-vous d'affaires, rendez-vous d'amour. À travers la brume, à travers la neige, à travers la crotte, sous la canicule mordante, sous la pluie ruisselante, ils vont, ils viennent, ils trottent, ils passent sous les voitures, excités par les puces, la passion, le besoin ou le devoir. Comme nous, ils se sont levés de bon matin, et ils cherchent leur vie ou courent à leurs plaisirs.

Il y en a qui couchent dans une ruine de la banlieue et qui viennent, chaque jour, à heure fixe, réclamer la sportule à la porte d'une cuisine du Palais-Royal ; d'autres qui accourent, par troupes, de plus de cinq lieues, pour partager le repas que leur a préparé la charité de certaines pucelles sexagénaires, dont le cœur inoccupé s'est donné aux bêtes, parce que les hommes imbéciles n'en veulent plus.

D'autres qui, comme des nègres marrons, affolés d'amour, quittent, à de certains jours, leur département pour venir à la ville, gambader pendant une heure autour d'une belle chienne, un peu négligée dans sa toilette, mais fière et reconnaissante.

Et ils sont tous très exacts, sans carnets, sans notes et sans portefeuilles.

Connaissez-vous la paresseuse Belgique, et avez-vous admiré comme moi tous ces chiens vigoureux attelés à la charrette du boucher, de la laitière ou du boulanger, et qui témoignent, par leurs aboiements triomphants, du plaisir orgueilleux qu'ils éprouvent à rivaliser avec les chevaux ?

En voici deux qui appartiennent à un ordre encore plus civilisé ! Permettez-moi de vous introduire dans la chambre du saltimbanque absent. Un lit, en bois peint, sans rideaux, des couvertures trainantes et souillées de punaises, deux chaises de paille, un poêle de fonte, un ou deux instruments de musique détraqués. Oh ! le triste mobilier ! Mais regardez, je vous en prie, ces deux personnages intelligents, habillés de vêtements à la fois éraillés et somptueux, coiffés comme des troubadours ou des militaires, qui surveillent, avec une attention de sorciers, *l'œuvre sans nom* qui mitonne sur le poêle allumé, et au centre de laquelle une longue cuiller se dresse, plantée comme un de ces mâts aériens qui annoncent que la maçonnerie est achevée.

N'est-il pas juste que de si zélés comédiens ne se mettent pas en route sans avoir lesté leur estomac d'une soupe puissante et solide ? Et ne pardonnerez-vous pas un peu de sensualité à ces pauvres diables qui ont à affronter tout le

jour l'indifférence du public et les injustices d'un directeur qui se fait la grosse part et mange à lui seul plus de soupe que quatre comédiens ?

Que de fois j'ai contemplé, souriant et attendri, tous ces philosophes à quatre pattes, esclaves complaisants, soumis ou dévoués, que le dictionnaire républicain pourrait aussi bien qualifier d'*officieux*, si la république, trop occupée du *bonheur* ⌣⌣s hommes, avait le temps de ménager l'*honneur* des chiens !

Et que de fois j'ai pensé qu'il y avait peut-être quelque part (qui sait, après tout ?), pour récompenser tant de courage, tant de patience et de labeur, un paradis spécial pour les bons chiens, les pauvres chiens, les chiens crottés et désolés. Swedenborg affirme bien qu'il y en a un pour les Turcs et un pour les Hollandais !

Les bergers de Virgile et de Théocrite attendaient, pour prix de leurs chants alternés, un bon fromage, une flûte du meilleur faiseur, ou une chèvre aux mamelles gonflées. Le poète qui a chanté les pauvres chiens a reçu pour récompense un beau gilet, d'une couleur, à la fois riche et fanée, qui fait penser aux soleils d'automne, à la beauté des femmes mûres et aux étés de la Saint-Martin.

Aucun de ceux qui étaient présents dans la taverne de la rue Villa-Hermosa n'oubliera avec quelle pétulance le peintre s'est dépouillé de son gilet en faveur du poète, tant il a bien compris qu'il était bon et honnête de chanter les pauvres chiens.

Tel un magnifique tyran italien, du bon temps, offrait au divin Arétin soit une dague enrichie de pierreries, soit un manteau de cour, en échange d'un précieux sonnet ou d'un curieux poème satirique.

Et toutes les fois que le poète endosse le gilet du peintre, il est contraint de penser aux bons chiens, aux chiens philosophes, aux étés de la Saint-Martin et à la beauté des femmes très mûres.

ÉPILOGUE [1]

DU VIN ET DU HACHISCH

Du vin et du hachisch,

Comparés comme moyens de multiplication de l'individualité[1]
(1851)

I
LE VIN

Un homme très célèbre, qui était en même temps un grand sot, choses qui vont très bien ensemble, à ce qu'il paraît, ainsi que j'aurai plus d'une fois sans doute le douloureux plaisir de le démontrer, a osé, dans un livre sur la Table, composé au double point de vue de l'hygiène et du plaisir, écrire ce qui suit à l'article VIN : « Le patriarche Noé passe pour être l'inventeur du vin ; c'est une liqueur qui se fait avec le fruit de la vigne. »

Et après ? Après, rien : c'est tout. Vous aurez beau feuilleter le volume, le retourner dans tous les sens, le lire à rebours, à l'envers, de droite à gauche et de gauche à droite, vous ne trouverez pas autre chose sur le vin dans la *Physiologie du goût* du très illustre et très respecté Brillat-Savarin : « *Le patriarche Noé...* » et « *c'est une liqueur...* ».

Je suppose qu'un habitant de la lune ou de quelque planète éloignée, voyageant sur notre monde, et fatigué de ses longues étapes, pense à se rafraîchir le palais et à se réchauffer l'estomac. Il tient à se mettre au courant des plaisirs et des coutumes de notre terre. Il a vaguement ouï parler de liqueurs délicieuses avec lesquelles les citoyens de cette boule se procuraient à volonté du courage et de la gaieté. Pour être plus sûr de son choix, l'habitant de la lune ouvre l'oracle du goût, le célèbre et infaillible Brillat-Savarin, et il y trouve, à l'article VIN, ce renseignement précieux : *Le patriarche Noé...* et *cette liqueur se fait...* Cela est tout à fait digestif. Cela est très explicatif. Il est impossible, après avoir lu cette phrase, de n'avoir pas une idée juste et nette de tous les vins, de leurs différentes qualités, de leurs inconvénients, de leur puissance sur l'estomac et sur le cerveau.

Ah ! chers amis, ne lisez pas Brillat-Savarin. *Dieu préserve ceux qu'il chérit des lectures inutiles ;* c'est la première maxime d'un petit livre de Lavater, un philosophe qui a aimé les hommes plus que tous les magistrats du monde ancien et moderne. On n'a baptisé aucun gâteau du nom de Lavater ; mais la mémoire de cet homme angélique vivra encore parmi les chrétiens, quand les braves bourgeois eux-mêmes auront oublié le *Brillat-Savarin,* espèce de brioche insipide dont le moindre défaut est de servir de prétexte à une *dégoisade* de maximes niaisement pédantesques tirées du fameux chef-d'œuvre.

Si une nouvelle édition de ce faux chef-d'œuvre ose affronter le bon sens de l'humanité moderne, buveurs mélancoliques, buveurs joyeux, vous tous qui cherchez dans le vin le souvenir ou l'oubli, et qui, ne le trouvant jamais assez complet à votre gré, ne contemplez plus le ciel que par le cul de la bouteille*, buveurs oubliés et méconnus, achèterez-vous un exemplaire et rendez-vous le bien pour le mal, le bienfait pour l'indifférence ?

J'ouvre le *Kreisleriana* du divin Hoffmann, et j'y lis une curieuse recommandation. Le musicien consciencieux doit se servir du vin de Champagne pour composer un opéra-comique. Il y trouvera la gaieté mousseuse et légère que réclame le genre. La musique religieuse demande du vin du Rhin ou du Jurançon. Comme au fond des idées profondes, il y a là une amertume enivrante ; mais la musique héroïque ne peut pas se passer de vin de Bourgogne. Il a la fougue sérieuse et l'entraînement du patriotisme. Voilà certainement qui est mieux, et outre le sentiment passionné d'un buveur, j'y trouve une impartialité qui fait le plus grand honneur à un Allemand.

Hoffmann avait dressé un singulier baromètre psychologique destiné à lui représenter les différentes températures et les phénomènes atmosphériques de son âme. On y trouve des divisions telles que celles-ci : Esprit légèrement ironique tempéré d'indulgence ; esprit de solitude avec profond contentement de moi-même ; gaieté musicale, enthousiasme musical, tempête musicale, gaieté sarcastique insupportable à moi-même, aspiration à sortir de mon *moi*, objectivité excessive, fusion de mon être avec la nature. Il va sans dire que les divisions du baromètre moral d'Hoffmann étaient fixées suivant leur ordre de génération, comme dans les baromètres ordinaires. Il me semble qu'il y a entre ce baromètre psychique et l'explication des qualités musicales des vins une fraternité évidente.

Hoffmann, au moment où la mort vint le prendre, commençait à gagner de l'argent. La fortune lui souriait. Comme notre cher et grand Balzac, ce fut vers les derniers temps seulement qu'il vit briller l'aurore boréale de ses plus anciennes espérances. À cette époque, les éditeurs, qui se disputaient ses contes pour leurs almanachs, avaient coutume, pour se mettre dans ses bonnes grâces, d'ajouter à leur envoi d'argent une caisse de vins de France.

II

Profondes joies du vin, qui ne vous a connues ? Quiconque a eu un remords à apaiser, un souvenir à évoquer, une douleur à noyer, un château en Espagne à bâtir, tous enfin vous ont invoqué, dieu mystérieux caché dans les fibres de la vigne. Qu'ils sont grands les spectacles du vin, illuminés par le soleil intérieur ! Qu'elle est vraie et brûlante cette seconde jeunesse que l'homme puise en lui ! Mais combien sont redoutables aussi ses voluptés foudroyantes et ses enchantements énervants. Et cependant dites, en votre âme et conscience, juges, législateurs, hommes du monde, vous tous que le bonheur rend doux, à qui la fortune rend la vertu et la santé faciles, dites, qui de vous aura le courage impitoyable de condamner l'homme qui boit du génie ?

* Béroalde de Verville. *Moyen de parvenir.*

D'ailleurs, le vin n'est pas toujours ce terrible lutteur sûr de sa victoire, et ayant juré de n'avoir ni pitié ni merci. Le vin est semblable à l'homme : on ne saura jamais jusqu'à quel point on peut l'estimer et le mépriser, l'aimer et le haïr, ni de combien d'actions sublimes ou de forfaits monstrueux il est capable. Ne soyons donc pas plus cruels envers lui qu'envers nous-mêmes, et traitons-le comme notre égal.

Il me semble parfois que j'entends dire au vin : — Il parle avec son âme, avec cette voix des esprits qui n'est entendue que des esprits. — « Homme, mon bien-aimé, je veux pousser vers toi, en dépit de ma prison de verre et de mes verrous de liège, un chant plein de fraternité, un chant plein de joie, de lumière et d'espérance. Je ne suis point ingrat ; je sais que je te dois la vie. Je sais ce qu'il t'en a coûté de labeur et de soleil sur les épaules. Tu m'as donné la vie, je t'en récompenserai. Je te payerai largement ma dette ; car j'éprouve une joie extraordinaire quand je tombe au fond d'un gosier altéré par le travail. La poitrine d'un honnête homme est un séjour qui me plait bien mieux que ces caves mélancoliques et insensibles. C'est une tombe joyeuse où j'accomplis ma destinée avec enthousiasme. Je fais dans l'estomac du travailleur un grand remue-ménage, et de là par des escaliers invisibles je monte dans son cerveau où j'exécute ma danse suprême.

« Entends-tu s'agiter en moi et résonner les puissants refrains des temps anciens, les chants de l'amour et de la gloire ? Je suis l'âme de la patrie, je suis moitié galant, moitié militaire. Je suis l'espoir des dimanches. *Le travail fait les jours prospères*, le vin fait les dimanches heureux. Les coudes sur la table de famille et les manches retroussées, tu me glorifieras fièrement, et tu seras vraiment content.

« J'allumerai les yeux de ta vieille femme, la vieille compagne de tes chagrins journaliers et de tes plus vieilles espérances. J'attendrirai son regard et je mettrai au fond de sa prunelle l'éclair de sa jeunesse. Et ton cher petit, tout pâlot, ce pauvre petit ânon attelé à la même fatigue que le limonier, je lui rendrai les belles couleurs de son berceau, et je serai pour ce nouvel athlète de la vie l'huile qui raffermissait les muscles des anciens lutteurs.

« Je tomberai au fond de ta poitrine comme une ambroisie végétale. Je serai le grain qui fertilise le sillon douloureusement creusé. Notre intime réunion créera la poésie. A nous deux nous ferons un Dieu, et nous voltigerons vers l'infini, comme les oiseaux, les papillons, les fils de la Vierge, les parfums et toutes les choses ailées. »

Voilà ce que chante le vin dans son langage mystérieux. Malheur à celui dont le cœur égoïste et fermé aux douleurs de ses frères n'a jamais entendu cette chanson !

J'ai souvent pensé que si Jésus-Christ paraissait aujourd'hui sur le banc des accusés, il se trouverait quelque procureur qui démontrerait que son cas est aggravé par la récidive. Quant au vin, il récidive tous les jours. Tous les jours il répète ses bienfaits. C'est sans doute ce qui explique l'acharnement des moralistes contre lui. Quand je dis moralistes, j'entends pseudo-moralistes pharisiens.

Mais voici bien autre chose. Descendons un peu plus bas. Contemplons un de ces êtres mystérieux, vivant pour ainsi dire des déjections des grandes villes ; car il y a de singuliers métiers. Le nombre en est immense. J'ai quelquefois pensé avec terreur qu'il y avait des métiers qui ne comportaient aucune joie, des métiers sans plaisir, des fatigues sans soulagement, des douleurs sans

compensation. Je me trompais. Voici un homme chargé de ramasser les débris d'une journée de la cap,tale. Tout ce que la grande cité a rejeté, tout ce qu'elle a perdu, tout ce qu'elle a dédaigné, tout ce qu'elle a brisé, il le catalogue, il le collectionne. Il compulse les archives de la débauche, le capharnaüm des rebuts. Il fait un triage, un choix intelligent, il ramasse, comme un avare un trésor, les ordures qui, remâchées par la divinité de l'Industrie, deviendront des objets d'utilité ou de jouissance. Le voici qui, à la clarté sombre des réverbères tourmentés par le vent de la nuit, remonte une des longues rues tortueuses et peuplées de petits ménages de la montagne Sainte-Geneviève. Il est revêtu de son *châle d'osier avec son numéro sept.* Il arrive hochant la tête et butant sur les pavés, comme les jeunes poètes qui passent toutes leurs journées à errer et à chercher des rimes. Il parle tout seul ; il verse son âme dans l'air froid et ténébreux de la nuit. C'est un monologue splendide à faire prendre en pitié les tragédies les plus lyriques. « En avant ! marche ! division, tête, armée ! » Exactement comme Buonaparte agonisant à Sainte-Hélène ! Il paraît que le numéro *sept* s'est changé en sceptre de fer, et le *châle d'osier* en manteau impérial. Maintenant il complimente son armée. La bataille est gagnée, mais la journée a été chaude. Il passe à cheval sous des arcs de triomphe. Son cœur est heureux. Il écoute avec délices les acclamations d'un monde enthousiaste. Tout à l'heure il va dicter un code supérieur à tous les codes connus. Il jure solennellement qu'il rendra ses peuples heureux. La misère et le vice ont disparu de l'humanité.

Et cependant il a le dos et les reins écorchés par le poids de sa hotte. Il est harcelé de chagrins de ménage. Il est moulu par quarante ans de travail et de courses. L'âge le tourmente. Mais le vin, comme un Pactole nouveau, roule à travers l'humanité languissante un or intellectuel. Comme les bons rois, il règne par ses services et chante ses exploits par le gosier de ses sujets.

Il y a sur la boule terrestre une foule innombrable, innomée, dont le sommeil n'endormirait pas suffisamment les souffrances. Le vin compose pour eux des chants et des poèmes.

Beaucoup de personnes me trouveront sans doute bien indulgents. « Vous innocentez l'ivrognerie, vous idéalisez la crapule. » J'avoue que devant les bienfaits je n'ai pas le courage de compter les griefs. D'ailleurs, j'ai dit que le vin était assimilable à l'homme, et j'ai accordé que leurs crimes étaient égaux à leurs vertus. Puis-je mieux faire ? J'ai d'ailleurs une autre idée. Si le vin disparaissait de la production humaine, je crois qu'il se ferait dans la santé et dans l'intellect de la planète un vide, une absence, une défectuosité beaucoup plus affreuse que tous les excès et les déviations dont on rend le vin responsable. N'est-il pas raisonnable de penser que les gens qui ne boivent jamais de vin, naïfs ou systématiques, sont des imbéciles ou des hypocrites : des imbéciles, c'est-à-dire des hommes ne connaissant ni l'humanité ni la nature, des artistes repoussant les moyens traditionnels de l'art : des ouvriers blasphémant la mécanique ; — des hypocrites, c'est-à-dire des gourmands honteux, des fanfarons de sobriété, buvant en cachette et ayant quelque vin occulte ? Un homme qui ne boit que de l'eau a un secret à cacher à ses semblables.

Qu'on en juge ; il y a quelques années, à une exposition de peinture, la foule des imbéciles fit émeute devant un tableau poli, ciré, verni comme un objet d'industrie. C'était l'antithèse absolue de l'art ; c'était à la Cuisine de Drolling ce que la folie est à la sottise, les séides à l'imitateur. Dans cette peinture

microscopique on voyait voler les mouches. J'étais attiré vers ce monstrueux objet comme tout le monde ; mais j'étais honteux de cette singulière faiblesse, car c'était l'irrésistible attraction de l'horrible. Enfin, je m'aperçus que j'étais entraîné à mon insu par une curiosité philosophique, l'immense désir de savoir quel pouvait être le caractère moral de l'homme qui avait enfanté une aussi criminelle extravagance. Je pariai avec moi-même qu'il devait être foncièrement méchant. Je fis prendre des renseignements, et mon instinct eut le plaisir de gagner ce pari psychologique. J'appris que le monstre se levait régulièrement avant le jour, qu'il avait ruiné sa femme de ménage, et *qu'il ne buvait que du lait !*

Encore une ou deux histoires, et nous dogmatiserons. Un jour, sur un trottoir, je vois un gros rassemblement ; je parviens à lever les yeux par-dessus les épaules des badauds, et je vois ceci : un homme étendu par terre, sur le dos, les yeux ouverts et fixés sur le ciel, un autre homme, debout devant lui, et lui parlant par gestes seulement, l'homme à terre lui répondant des yeux seulement, tous les deux ayant l'air animé d'une prodigieuse bienveillance. Les gestes de l'homme debout disaient à l'intelligence de l'homme étendu : « Viens, viens encore, le bonheur est là, à deux pas, viens au coin de la rue. Nous n'avons pas complètement perdu de vue la rive du chagrin, nous ne sommes pas encore au *plein-mer* de la rêverie ; allons, courage, ami, dis à tes jambes de satisfaire ta pensée. »

Tout cela plein de vacillements et de balancements harmonieux. L'autre était sans doute arrivé au *plein-mer* (d'ailleurs, il naviguait dans le ruisseau), car son sourire béat répondait : « Laisse ton ami tranquille. La rive du chagrin a suffisamment disparu derrière les brouillards bienfaisants ; je n'ai plus rien à demander au ciel de la rêverie. » Je crois même avoir entendu une phrase vague, ou plutôt un soupir vaguement formulé en paroles s'échapper de sa bouche : « Il faut être raisonnable. » Ceci est le comble du sublime. Mais dans l'ivresse il y a de l'hyper-sublime, comme vous allez voir. L'ami toujours plein d'indulgence s'en va seul au cabaret, puis il revient une corde à la main. Sans doute il ne pouvait pas souffrir l'idée de naviguer seul et de courir seul après le bonheur ; c'est pour cela qu'il venait chercher son ami en voiture. La voiture, c'est la corde ; il lui passe la voiture autour des reins. L'ami, étendu, sourit : il a compris sans doute cette pensée maternelle. L'autre fait un nœud ; puis il se met au pas, comme un cheval doux et discret, et il charrie son ami jusqu'au rendez-vous du bonheur. L'homme charrié, ou plutôt traîné et polissant le pavé avec son dos, sourit toujours d'un sourire ineffable.

La foule reste stupéfaite ; car ce qui est trop beau, ce qui dépasse les forces poétiques de l'homme cause plus d'étonnement que d'attendrissement.

Il y avait un homme, un Espagnol, un guitariste qui voyagea longtemps avec Paganini : c'était avant l'époque de la grande gloire officielle de Paganini.

Ils menaient à eux deux la grande vie vagabonde des bohémiens, des musiciens ambulants, des gens sans famille et sans patrie. Tous deux, violon et guitare, donnaient des concerts partout où ils passaient. Ils ont erré ainsi assez longtemps dans différents pays. Mon Espagnol avait un talent tel, qu'il pouvait dire comme Orphée : « Je suis le maître de la nature. »

Partout où il passait, raclant ses cordes, et les faisant harmonieusement bondir sous le pouce, il était sûr d'être suivi par une foule. Avec un pareil secret on ne meurt jamais de faim. On le suivait comme Jésus-Christ. Le moyen de refuser à dîner et l'hospitalité à l'homme, au génie, au sorcier, qui a fait chanter

à votre âme ses plus beaux airs, les plus secrets, les plus inconnus, les plus mystérieux ! On m'a assuré que cet homme, d'un instrument qui ne produit que des sons successifs, obtenait facilement des sons continus. Paganini tenait la bourse, il avait la gérance du fonds social, ce qui n'étonnera personne. La caisse voyageait sur la personne de l'administrateur ; tantôt elle était en haut, tantôt elle était en bas, aujourd'hui dans les bottes, demain entre deux coutures de l'habit. Quand le guitariste, qui était fort buveur, demandait où en était la situation financière. Paganini répondait qu'il n'y avait plus rien, du moins presque plus rien ; car Paganini était comme les vieilles gens, qui craignent toujours de *manquer*. L'Espagnol le croyait ou feignait de le croire, et, les deux yeux fixés sur l'horizon de la route, il raclait et tourmentait son inséparable compagne. Paganini marchait de l'autre côté de la route. C'était une convention réciproque, faite pour ne pas se gêner. Chacun étudiait ainsi et travaillait en marchant.

Puis, arrivés dans un endroit qui offrait quelques chances de recette, l'un des deux jouait une de ses compositions, et l'autre improvisait à côté de lui une variation, un accompagnement, un dessous. Ce qu'il y a eu de jouissances et de poésie dans cette vie de troubadour, nul ne le saura jamais. Ils se quittèrent, je ne sais pourquoi. L'Espagnol voyagea seul. Un soir, il arrive dans une petite ville du Jura ; il fait afficher et annoncer un concert dans une salle de la mairie. Le concert, c'est lui, pas autre chose qu'une guitare. Il s'était fait connaître en raclant dans quelques cafés, et il y avait quelques musiciens dans la ville qui avaient été frappés de cet étrange talent. Enfin il vint beaucoup de monde.

Mon Espagnol avait déterré dans un coin de la ville, à côté du cimetière, un autre Espagnol, un *pays*. Celui-ci était une espèce d'entrepreneur de sépultures, un marbrier fabricant de tombeaux. Comme tous les gens à métiers funèbres, il buvait bien. Aussi la bouteille et la patrie commune les menèrent loin ; le musicien ne quittait plus le marbrier. Le jour même du concert, l'heure arrivée, ils étaient ensemble, mais où ? C'est ce qu'il fallait savoir. On battit tous les cabarets de la ville, tous les cafés. Enfin on le déterra avec son ami, dans un bouge indescriptible, et parfaitement ivre, l'autre aussi. Suivent des scènes analogues, à la Kean et à la Frédérick. Enfin il consent à aller jouer ; mais le voilà pris d'une idée subite : « Tu joueras avec moi », dit-il à son ami. Celui-ci refuse ; il avait un violon, mais il en jouait comme le plus épouvantable ménétrier. « Tu joueras, ou bien je ne joue pas. »

Il n'y a pas de sermons ni de bonnes raisons qui tiennent ; il fallut céder. Les voilà sur l'estrade, devant la fine bourgeoisie de l'endroit. « Apportez du vin », dit l'Espagnol. Le faiseur de sépultures, qui était connu de tout le monde, mais nullement comme musicien, était trop ivre pour être honteux. Le vin apporté, l'on n'a plus la patience de déboucher les bouteilles. Mes vilains garnements les guillotinent à coups de couteau, comme les gens mal élevés. Jugez quel bel effet sur la province en toilette ! Les dames se retirent, et devant ces deux ivrognes, qui avaient l'air à moitié fou, beaucoup de gens se sauvent scandalisés.

Mais bien en prit à ceux chez qui la pudeur n'éteignit pas la curiosité et qui eurent le courage de rester. « Commence », dit le guitariste au marbrier. Il est impossible d'exprimer quel genre de sons sortit du violon ivre ; Bacchus en délire taillant de la pierre avec une scie. Que joua-t-il, ou qu'essaya-t-il de jouer ? Peu importe, le premier air venu. Tout à coup, une mélodie énergique et suave, capricieuse et une à la fois, enveloppe, étouffe, éteint, dissimule le

tapage criard. La guitare chante si haut, que le violon ne s'entend plus. Et cependant c'est bien l'air, l'air aviné qu'avait entamé le marbrier.

La guitare s'exprime avec une sonorité énorme ; elle jase, elle chante, elle déclame avec une verve effrayante, et une sûreté, une pureté inouïes de diction. La guitare improvisait une variation sur le thème du violon d'aveugle. Elle se laissait guider par lui, et elle habillait splendidement et maternellement la grêle nudité de ses sons. Mon lecteur comprendra que ceci est indescriptible ; un témoin vrai et sérieux m'a raconté la chose. Le public à la fin était plus ivre que lui. L'Espagnol fut fêté, complimenté, salué par un enthousiasme immense. Mais sans doute le caractère des gens du pays lui déplut ; car ce fut la seule fois qu'il consentit à jouer.

Et maintenant où est-il ? Quel soleil a contemplé ses derniers rêves ? Quel sol a reçu sa dépouille cosmopolite ? Quel fossé a abrité son agonie ? Où sont les parfums enivrants des fleurs disparues ? Où sont les couleurs féeriques des anciens soleils couchants ?

III

Je ne vous ai rien appris sans doute de bien nouveau. Le vin est connu de tous ; il est aimé de tous. Quand il y aura un vrai médecin philosophe, chose qui ne se voit guère, il pourra faire une puissante étude sur le vin, une sorte de psychologie double dont le vin et l'homme composent les deux termes. Il expliquera comment et pourquoi certaines boissons contiennent la faculté d'augmenter outre mesure la personnalité de l'être pensant, et de créer, pour ainsi dire, une troisième personne, opération mystique, où l'homme naturel et le vin, le dieu animal et le dieu végétal, jouent le rôle du Père et du Fils dans la Trinité ; ils engendrent un Saint-Esprit, qui est l'homme supérieur, lequel procède également des deux.

Il y a des gens chez qui le dégourdissement du vin est si puissant, que leurs jambes deviennent plus fermes et l'oreille excessivement fine. J'ai connu un individu dont la vue affaiblie retrouvait dans l'ivresse toute sa force perçante primitive. Le vin changeait la taupe en aigle.

Un vieil auteur inconnu a dit : Rien n'égale la joie de l'homme qui boit, si ce n'est la joie du vin d'être bu. En effet, le vin joue un rôle intime dans la vie de l'humanité, si intime, que je ne serais pas étonné que, séduits par une idée panthéistique, quelques esprits raisonnables lui attribuassent une espèce de personnalité. Le vin et l'homme me font l'effet de deux lutteurs amis sans cesse combattant, sans cesse réconciliés. Le vaincu embrasse toujours le vainqueur.

Il y a des ivrognes méchants ; ce sont des gens naturellement méchants. L'homme mauvais devient exécrable, comme le bon devient excellent.

Je vais parler tout à l'heure d'une substance mise à la mode depuis quelques années, espèce de drogue délicieuse pour une certaine catégorie de dilettantistes, dont les effets sont bien autrement foudroyants et puissants que ceux du vin. J'en décrirai avec soin tous les effets, puis, reprenant la peinture des différentes efficacités du vin, je comparerai ces deux moyens artificiels, par lesquels l'homme exaspérant sa personnalité crée, pour ainsi dire, en lui une sorte de divinité.

Je montrerai les inconvénients du hachisch, dont le moindre, malgré les trésors de bienveillance inconnus qu'il fait germer en apparence dans le cœur, ou plutôt dans le cerveau de l'homme, dont le moindre défaut, dis-je, est d'être antisocial, tandis que le vin est profondément humain, et j'oserais presque dire homme d'action.

IV

LE HACHISCH

Quand on fait la moisson du chanvre, il se passe quelquefois d'étranges phénomènes dans la personne des travailleurs mâles et femelles. On dirait qu'il s'élève de la moisson je ne sais quel esprit vertigineux qui circule autour des jambes et monte malicieusement jusqu'au cerveau. La tête du moissonneur est pleine de tourbillons, d'autres fois elle est chargée de rêverie. Les membres s'affaiblissent et refusent le service. Du reste, il m'est arrivé, à moi, enfant, jouant et me roulant dans des amas de luzerne, des phénomènes analogues.

On a essayé de faire du hachisch avec du chanvre de France. Tous les essais jusqu'à présent ont été mauvais, et les enragés qui veulent à tout prix se procurer des jouissances féeriques, ont continué à se servir du hachisch qui avait traversé la Méditerranée, c'est-à-dire fait avec du chanvre indien ou égyptien. La composition du hachisch est faite d'une décoction de chanvre indien, de beurre et d'une petite quantité d'opium.

Voici une confiture verte, singulièrement odorante, tellement odorante qu'elle soulève une certaine répulsion, comme le ferait, du reste, toute odeur fine portée à son maximum de force et pour ainsi dire de densité. Prenez-en gros comme une noix, remplissez-en une petite cuiller, et vous possédez le bonheur; le bonheur absolu avec toutes ses ivresses, toutes ses folies de jeunesse, et aussi ses béatitudes infinies. Le bonheur est là, sous la forme d'un petit morceau de confiture; prenez-en sans crainte, on n'en meurt pas; les organes physiques n'en reçoivent aucune atteinte grave. Peut-être votre volonté en sera-t-elle amoindrie, ceci est une autre affaire.

Généralement pour donner au hachisch toute sa force et tout son développement, il faut le délayer dans du café noir très chaud, et le prendre à jeun; le dîner est rejeté vers dix heures ou minuit; une soupe très légère seule est permise. Une infraction à cette règle si simple produirait ou des vomissements, le dîner se querellant avec la drogue, ou l'inefficacité du hachisch. Beaucoup d'ignorants ou d'imbéciles qui se conduisent ainsi accusent le hachisch d'impuissance.

À peine la petite drogue absorbée, opération qui, du reste, demande une certaine résolution, car, ainsi que je l'ai dit, la mixture est tellement odorante qu'elle cause à quelques personnes des velléités de nausées, vous vous trouvez immédiatement placé dans un état anxieux. Vous avez entendu vaguement parler des effets merveilleux du hachisch, votre imagination s'est fait une idée particulière, un idéal d'ivresse, et il vous tarde de savoir si la réalité, si le résultat sera adéquat à votre préconception. Le temps qui s'écoule entre l'absorption du breuvage et les premiers symptômes varie suivant les tempéraments et aussi suivant l'habitude. Les personnes qui ont la connais-

sance et la pratique du hachisch sentent quelquefois, au bout d'une demi-heure, les premiers symptômes de l'invasion.

J'ai oublié de dire que le hachisch causant dans l'homme une exaspération de sa personnalité et en même temps un sentiment très vif des circonstances et des milieux, il était convenable de ne se soumettre à son action que dans des milieux et des circonstances favorables. Toute joie, tout bien-être étant surabondant, toute douleur, toute angoisse est immensément profonde. Ne faites pas par vous-même une pareille expérience, si vous avez à accomplir quelque affaire désagréable, si votre esprit se trouve porté au spleen, si vous avez un billet à payer. Je l'ai dit, le hachisch est impropre à l'action. Il ne console pas comme le vin; il ne fait que développer outre mesure la personnalité humaine dans les circonstances actuelles où elle est placée. Autant qu'il se peut, il faut un bel appartement ou un beau paysage, un esprit libre et dégagé, et quelques complices dont le tempérament intellectuel se rapproche du vôtre; un peu de musique aussi, s'il est possible.

La plupart du temps, les novices, à leur première initiation, se plaignent de la lenteur des effets. Ils les attendent avec anxiété, et comme cela ne va pas assez vite à leur gré, ils font des fanfaronnades d'incrédulité qui réjouissent beaucoup ceux qui connaissent les choses et la manière dont le hachisch se gouverne. Ce n'est pas une des choses les moins comiques que de voir les premières atteintes apparaitre et se multiplier au milieu même de cette incrédulité. D'abord une certaine hilarité saugrenue et irrésistible s'empare de vous. Les mots les plus vulgaires, les idées les plus simples prennent une physionomie bizarre et nouvelle. Cette gaieté vous est insupportable à vous-même; mais il est inutile de regimber. Le démon vous a envahi; tous les efforts que vous ferez pour résister ne serviront qu'à accélérer les progrès du mal. Vous riez de votre niaiserie et de votre folie; vos camarades vous rient au nez, et vous ne leur en voulez pas, car la bienveillance commence à se manifester.

Cette gaieté languissante, ce malaise dans la joie, cette insécurité, cette indécision de la maladie dure généralement peu de temps. Il arrive quelquefois que des gens tout à fait impropres aux jeux de mots, improvisent des enfilades interminables de calembours, des rapprochements d'idées tout à fait improbables, et faits pour dévoyer les maitres les plus forts dans cet art saugrenu. Au bout de quelques minutes, les rapports d'idées deviennent tellement vagues, les fils qui relient vos conceptions sont si ténus, que vos complices, vos coreligionnaires seuls peuvent vous comprendre. Votre folâtrerie, vos éclats de rire paraissent le comble de la sottise à tout homme qui n'est pas dans le même état que vous.

La sagesse de ce malheureux vous réjouit outre mesure, son sang-froid vous pousse aux dernières limites de l'ironie; il vous parait le plus fou et le plus ridicule de tous les hommes. Quant à vos camarades, vous vous entendez parfaitement avec eux. Bientôt vous ne vous entendez plus que par les yeux. Le fait est que c'est une situation passablement comique que celle d'hommes qui jouissent d'une gaieté incompréhensible pour qui n'est pas situé dans le même monde qu'eux. Ils le prennent en profonde pitié. Dès lors, l'idée de supériorité pointe à l'horizon de votre intellect. Bientôt elle grandira démesurément.

J'ai été témoin, dans cette première phase, de deux scènes assez grotesques. Un musicien célèbre, qui ignorait les propriétés du hachisch, et n'en avait peut-être jamais entendu parler, arrive au milieu d'une société où presque tout le monde en avait pris. On essaye de lui faire comprendre ses merveilleux effets.

Il rit avec grâce, comme un homme qui veut bien *poser* quelques minutes par esprit de bienséance, parce qu'il est bien élevé. On rit beaucoup ; car l'homme qui a pris du hachisch est, dans la première phase, doué d'une merveilleuse intelligence du comique. Les éclats de rire, les énormités incompréhensibles, les jeux de mots inextricables, les gestes baroques continuent. Le musicien déclare que cette *charge* d'artistes est mauvaise, que d'ailleurs elle doit être bien fatigante pour les auteurs. La joie augmente. « Cette charge est peut-être bonne pour vous, pour moi non », dit-il. « Il suffit qu'elle soit bonne pour nous », réplique égoïstement un des malades. Des éclats de rire interminables remplissent la salle. Mon homme se fâche et veut s'en aller. Quelqu'un ferme la porte et cache la clef. Un autre se met à genoux devant lui, et lui déclare en pleurant, au nom de toute la société, que si elle est émue pour lui et pour son infériorité de la plus profonde pitié, elle n'en sera pas moins animée d'une éternelle bienveillance.

On le supplie de faire de la musique, il se résigne. À peine le violon s'était-il fait entendre, que les sons qui se répandaient dans l'appartement empoignaient çà et là quelqu'un des malades. Ce n'étaient que soupirs profonds, sanglots, gémissements déchirants, torrents de pleurs. Le musicien épouvanté s'arrête, il se croit dans une maison de fous. Il s'approche de celui dont la béatitude faisait le plus de tapage ; il lui demande s'il souffre beaucoup et ce qu'il faudrait faire pour le soulager. Un esprit positif, qui lui non plus n'avait pas goûté de la drogue béatifique, propose de la limonade et des acides. Le malade, l'extase dans les yeux, le regarde avec un indicible mépris ; c'est son orgueil qui le sauve des plus graves injures. En effet, quoi de plus propre à exaspérer un malade de joie que de vouloir le guérir ?

Voici un phénomène extrêmement curieux, selon moi : une domestique, chargée d'apporter du tabac et des rafraîchissements à des gens pris de hachisch, se voyant entourée de têtes bizarres, d'yeux démesurément agrandis, et comme circonvenue par une atmosphère malsaine, par cette folie collective, part d'un éclat de rire insensé, laisse tomber le plateau qui se brise avec toutes les tasses et les verres, et s'enfuit épouvantée à toutes jambes. Tout le monde rit. Elle a avoué le lendemain avoir éprouvé quelque chose de singulier pendant plusieurs heures, avoir été *toute drôle, toute je ne sais comment*. Cependant elle n'avait pas pris de hachisch.

La seconde phase s'annonce par une sensation de fraîcheur aux extrémités, une grande faiblesse ; vous avez, comme on dit, des mains de beurre, une lourdeur de tête et une stupéfaction générale dans tout votre être. Vos yeux s'agrandissent, ils sont comme tirés dans tous les sens par une extase implacable. Votre face se remplit de pâleur, elle devient livide et verdâtre. Les lèvres se rétrécissent, se raccourcissent et semblent vouloir rentrer en dedans. Des soupirs rauques et profonds s'échappent de votre poitrine, comme si votre nature ancienne ne pouvait pas supporter le poids de votre nature nouvelle. Les sens deviennent d'une finesse et d'une acuité extraordinaires. Les yeux percent l'infini. L'oreille perçoit les sons les plus insaisissables au milieu des bruits les plus aigus.

Les hallucinations commencent. Les objets extérieurs prennent des apparences monstrueuses. Ils se révèlent à vous sous des formes inconnues jusque-là. Puis ils se déforment, se transforment, et enfin ils entrent dans votre être, ou bien vous entrez en eux. Les équivoques les plus singulières, les transpositions d'idées les plus inexplicables ont lieu. Les sons ont une couleur, les couleurs

ont une musique. Les notes musicales sont des nombres, et vous résolvez avec une rapidité effrayante de prodigieux calculs d'arithmétique à mesure que la musique se déroule dans votre oreille. Vous êtes assis et vous fumez ; vous croyez être assis dans votre pipe, et c'est vous que votre pipe fume ; c'est vous qui vous exhalez sous la forme de nuages bleuâtres.

Vous vous y trouvez bien, une seule chose vous préoccupe et vous inquiète. Comment ferez-vous pour sortir de votre pipe ? Cette imagination dure une éternité. Un intervalle de lucidité avec un grand effort vous permet de regarder la pendule. L'éternité a duré une minute. Un autre courant d'idées vous emporte ; il vous emportera pendant une minute dans son tourbillon vivant, et cette minute sera encore une éternité. Les proportions du temps et de l'être sont dérangées par la multitude innombrable et par l'intensité des sensations et des idées. On vit plusieurs vies d'homme en l'espace d'une heure. C'est bien là le sujet de *La Peau de chagrin*. Il n'y a plus équation entre les organes et les jouissances.

De temps en temps la personnalité disparaît. L'objectivité qui fait certains poètes panthéistiques et les grands comédiens devient telle que vous vous confondez avec les êtres extérieurs. Vous voici arbre mugissant au vent et racontant à la nature des mélodies végétales. Maintenant vous planez dans l'azur du ciel immensément agrandi. Toute douleur a disparu. Vous ne luttez plus, vous êtes emporté, vous n'êtes plus votre maitre et vous ne vous en affligez pas. Tout à l'heure l'idée du temps disparaitra complètement. De temps en temps encore un petit réveil a lieu. Il vous semble que vous sortez d'un monde merveilleux et fantastique. Vous gardez, il est vrai, la faculté de vous observer vous-même, et demain vous aurez conservé le souvenir de quelques-unes de vos sensations. Mais cette faculté psychologique, vous ne pouvez pas l'appliquer. Je vous défie de tailler une plume ou un crayon ; ce serait un labeur au-dessus de vos forces.

D'autres fois la musique vous raconte des poèmes infinis, vous place dans des drames effrayants ou féeriques. Elle s'associe avec les objets qui sont sous vos yeux. Les peintures du plafond, même médiocres ou mauvaises, prennent une vie effrayante. L'eau limpide et enchanteresse coule dans le gazon qui tremble. Les nymphes aux chairs éclatantes vous regardent avec de grands yeux plus limpides que l'eau et l'azur. Vous prendriez votre place et votre rôle dans les plus méchantes peintures, les plus grossiers papiers peints qui tapissent les murs des auberges.

J'ai remarqué que l'eau prenait un charme effrayant pour tous les esprits un peu artistes illuminés par le hachisch. Les eaux courantes, les jets d'eau, les cascades harmonieuses, l'immensité bleue de la mer, roulent, dorment, chantent au fond de votre esprit. Il ne serait peut-être pas bon de laisser un homme en cet état au bord d'une eau limpide ; comme le pêcheur de la ballade, il se laisserait peut-être entrainer par l'Ondine.

Vers la fin de la soirée, on peut manger, mais cette opération ne s'accomplit pas sans peine. On se trouve tellement au-dessus des faits matériels qu'on préférerait certainement rester couché tout de son long au fond de son paradis intellectuel. Quelquefois cependant l'appétit se développe d'une manière extraordinaire ; mais il faut un grand courage pour remuer une bouteille, une fourchette et un couteau.

La troisième phase, séparée de la seconde par un redoublement de crise, une ivresse vertigineuse suivie d'un nouveau malaise, est quelque chose d'indes-

criptible. C'est ce que les Orientaux appellent le *kief*; c'est le bonheur absolu. Ce n'est plus quelque chose de tourbillonnant et de tumultueux. C'est une béatitude calme et immobile. Tous les problèmes philosophiques sont résolus. Toutes les questions ardues contre lesquelles s'escriment les théologiens et qui font le désespoir de l'humanité raisonnante, sont limpides et claires. Toute contradiction est devenue unité. L'homme est *passé* dieu.

Il y a en vous quelque chose qui dit : « Tu es supérieur à tous les hommes, nul ne comprend ce que tu penses, ce que tu sens maintenant. Ils sont même incapables de comprendre l'immense amour que tu éprouves pour eux. Mais il ne faut pas les haïr pour cela; il faut avoir pitié d'eux. Nul ne saura jamais à quel degré de vertu et d'intelligence tu es parvenu. Vis dans la solitude de ta pensée, et évite d'affliger les hommes. »

Un des effets les plus grotesques du hachisch est la crainte poussée jusqu'à la folie la plus méticuleuse d'affliger qui que ce soit. Vous déguiseriez même, si vous en aviez la force, l'état extra-naturel où vous êtes, pour ne pas causer d'inquiétude au dernier des hommes.

Dans ce suprême état, l'amour, chez les esprits tendres et artistiques, prend les formes les plus singulières et se prête aux combinaisons les plus baroques. Un libertinage effréné peut se mêler à un sentiment de paternité ardente et affectueuse.

Ma dernière observation ne sera pas la moins curieuse. Quand, le lendemain matin, vous voyez le jour installé dans votre chambre, votre première sensation est un profond étonnement. Le temps avait complètement disparu. Tout à l'heure c'était la nuit, maintenant c'est le jour. « Ai-je dormi, ou n'ai-je pas dormi ? Mon ivresse a-t-elle duré toute la nuit, et la notion du temps étant supprimée, la nuit entière n'a-t-elle eu pour moi à peine que la valeur d'une seconde ? ou bien, ai-je été enseveli dans les voiles d'un sommeil plein de visions ? » Il est impossible de le savoir.

Il vous semble que vous éprouvez un bien-être et une légèreté d'esprit merveilleuse; nulle fatigue. Mais à peine êtes-vous debout qu'un vieux reste d'ivresse se manifeste. Vos jambes faibles vous conduisent avec timidité, vous craignez de vous casser comme un objet fragile. Une grande langueur, qui ne manque pas de charme, s'empare de votre esprit. Vous êtes incapable de travail et d'énergie dans l'action.

C'est la punition méritée de la prodigalité impie avec laquelle vous avez fait une si grande dépense de fluide nerveux. Vous avez jeté votre personnalité aux quatre vents du ciel, et maintenant vous avez de la peine à la rassembler et à la concentrer.

<div align="center">V</div>

Je ne dis pas que le hachisch produise sur tous les hommes tous les effets que je viens de décrire. J'ai raconté à peu de chose près les phénomènes qui se produisent généralement, sauf quelques variantes, chez les esprits artistiques et philosophiques. Mais il y a des tempéraments chez qui cette drogue ne développe qu'une folie tapageuse, une gaieté violente qui ressemble à du vertige, des danses, des sauts, des trépignements, des éclats de rire. Ils ont pour

ainsi dire un hachisch tout matériel. Ils sont insupportables aux spiritualistes qui les prennent en grande pitié. Leur vilaine personnalité fait éclat. J'ai vu une fois un magistrat respectable, un homme honorable, comme disent d'eux-mêmes les gens du monde, un de ces hommes dont la gravité artificielle impose toujours, au moment où le hachisch fit invasion en lui, se mettre brusquement à sauter un *cancan* des plus indécents. Le monstre intérieur et véridique se révélait. Cet homme qui jugeait les actions de ses semblables, ce *Togatus* avait appris le cancan en cachette.

Ainsi l'on peut affirmer que cette impersonnalité, cet objectivisme dont j'ai parlé et qui n'est que le développement excessif de l'esprit poétique, ne se trouvera jamais dans le hachisch de ces gens-là.

VI

En Égypte, le gouvernement défend la vente et le commerce du hachisch, à l'intérieur du pays du moins. Les malheureux qui ont cette passion viennent chez le pharmacien prendre, sous le prétexte d'acheter une autre drogue, leur petite dose préparée à l'avance. Le gouvernement égyptien a bien raison. Jamais un État raisonnable ne pourrait subsister avec l'usage du hachisch. Cela ne fait ni des guerriers ni des citoyens. En effet, il est défendu à l'homme, sous peine de déchéance et de mort intellectuelle, de déranger les conditions primordiables de son existence, et de rompre l'équilibre de ses facultés avec les milieux. S'il existait un gouvernement qui eût intérêt à corrompre ses gouvernés, il n'aurait qu'à encourager l'usage du hachisch.

On dit que cette substance ne cause aucun mal physique. Cela est vrai, jusqu'à présent du moins. Car je ne sais pas jusqu'à quel point on peut dire qu'un homme qui ne ferait que rêver et serait incapable d'action se porterait bien, quand même tous ses membres seraient en bon état. Mais c'est la volonté qui est attaquée, et c'est l'organe le plus précieux. Jamais un homme qui peut, avec une cuillerée de confitures, se procurer instantanément tous les biens du ciel et de la terre, n'en acquerra la millième partie par le travail. Il faut avant tout vivre et travailler.

L'idée m'est venue de parler du vin et du hachisch dans le même article, parce qu'en effet il y a en eux quelque chose de commun : le développement poétique excessif de l'homme. Le goût frénétique de l'homme pour toutes les substances, saines ou dangereuses, qui exaltent sa personnalité, témoigne de sa grandeur. Il aspire toujours à réchauffer ses espérances et à s'élever vers l'infini. Mais il faut voir les résultats. Voici une liqueur qui active la digestion, fortifie les muscles, et enrichit le sang. Prise en grande quantité même, elle ne cause que des désordres assez courts. Voilà une substance qui interrompt les fonctions digestives, qui affaiblit les membres et qui peut causer une ivresse de vingt-quatre heures. Le vin exalte la volonté, le hachisch l'annihile. Le vin est un support physique, le hachisch est une arme pour le suicide. Le vin rend bon et sociable. Le hachisch est isolant. L'un est laborieux pour ainsi dire, l'autre essentiellement paresseux. À quoi bon, en effet, travailler, labourer, écrire, fabriquer quoi que ce soit, quand on peut emporter le paradis d'un seul coup ? Enfin le vin est pour le peuple qui travaille et qui mérite d'en boire. Le hachisch

appartient à la classe des joies solitaires ; il est fait pour les misérables oisifs. Le vin est utile, il produit des résultats fructifiants. Le hachisch est inutile et dangereux.*

VII

Je termine cet article par quelques belles paroles qui ne sont pas de moi, mais d'un remarquable philosophe peu connu, Barbereau, théoricien musical, et professeur au Conservatoire. J'étais auprès de lui dans une société dont quelques personnes avaient pris du bienheureux poison, et il me dit avec un accent de mépris indicible : « Je ne comprends pas pourquoi l'homme rationnel et spirituel se sert de moyens artificiels pour arriver à la béatitude poétique, puisque l'enthousiasme et la volonté suffisent pour l'élever à une existence supranaturelle. Les grands poètes, les philosophes, les prophètes sont des êtres qui par le pur et libre exercice de la volonté parviennent à un état où ils sont à la fois cause et effet, sujet et objet, magnétiseur et somnambule. » Je pense exactement comme lui.

* Il ne faut mentionner que pour mémoire la tentative faite récemment pour appliquer le hachisch à la cure de la folie. Le fou qui prend du hachisch contracte une folie qui chasse l'autre, et quand l'ivresse est passée, la vraie folie, qui est l'état normal du fou, reprend son empire, comme chez nous la raison et la santé. Quelqu'un s'est donné la peine d'écrire un livre là-dessus. Le médecin qui a inventé ce beau système n'est pas le moins du monde philosophe.

LES PARADIS ARTIFICIELS

LES PARADIS ARTIFICIELS

Les Paradis artificiels

Opium et hachisch
(1860)

À J.G.F. [1]

Ma chère amie,

Le bon sens nous dit que les choses de la terre n'existent que bien peu, et que la vraie réalité n'est que dans les rêves. Pour digérer le bonheur naturel, comme l'artificiel, il faut d'abord avoir le courage de l'avaler, et ceux qui mériteraient peut-être le bonheur sont justement ceux-là à qui la félicité, telle que la conçoivent les mortels, a toujours fait l'effet d'un vomitif.

A des esprits niais il paraîtra singulier, et même impertinent, qu'un tableau de voluptés artificielles soit dédié à une femme, source la plus ordinaire des voluptés les plus naturelles. Toutefois il est évident que comme le monde naturel pénètre dans le spirituel, lui sert de pâture, et concourt ainsi à opérer cet amalgame indéfinissable que nous nommons notre individualité, la femme est l'être qui projette la plus grande ombre ou la plus grande lumière dans nos rêves. La femme est fatalement suggestive ; elle vit d'une autre vie que la sienne propre ; elle vit spirituellement dans les imaginations qu'elle hante et qu'elle féconde.

Il importe d'ailleurs fort peu que la raison de cette dédicace soit comprise. Est-il même bien nécessaire, pour le contentement de l'auteur, qu'un livre quelconque soit compris, excepté de celui ou de celle pour qui il a été composé ? Pour tout dire, enfin, indispensable qu'il ait été écrit pour quelqu'un ? J'ai, quant à moi, si peu de goût pour le monde vivant que, pareil à ces femmes sensibles et désœuvrées qui envoient, dit-on, par la poste leurs confidences à des amis imaginaires, volontiers je n'écrirais que pour les morts.

Mais ce n'est pas à une morte que je dédie ce petit livre ; c'est à une qui, quoique malade, est toujours active et vivante en moi, et qui tourne maintenant tous ses regards vers le Ciel, ce lieu de toutes les transfigurations. Car, tout aussi bien que d'une drogue redoutable, l'être humain jouit de ce privilège de pouvoir tirer des jouissances nouvelles et subtiles même de la douleur, de la catastrophe et de la fatalité.

Tu verras dans ce tableau un promeneur sombre et solitaire, plongé dans le flot mouvant des multitudes, et envoyant son cœur et sa pensée à une Électre lointaine qui essuyait naguère son front baigné de sueur et rafraîchissait ses lèvres parcheminées par la fièvre ; et tu devineras la gratitude d'un autre Oreste dont tu as souvent surveillé les cauchemars, et de qui tu dissipais, d'une main légère et maternelle, le sommeil épouvantable.

C. B.

LE POÈME DU HACHISCH

I

LE GOÛT DE L'INFINI

Ceux qui savent s'observer eux-mêmes et qui gardent la mémoire de leurs impressions, ceux-là qui ont su, comme Hoffmann, construire leur baromètre spirituel, ont eu parfois à noter, dans l'observatoire de leur pensée, de belles saisons, d'heureuses journées, de délicieuses minutes. Il est des jours où l'homme s'éveille avec un génie jeune et vigoureux. Ses paupières à peine déchargées du sommeil qui les scellait, le monde extérieur s'offre à lui avec un relief puissant, une netteté de contours, une richesse de couleurs admirables. Le monde moral ouvre ses vastes perspectives, pleines de clartés nouvelles. L'homme gratifié de cette béatitude, malheureusement rare et passagère, se sent à la fois plus artiste et plus juste, plus noble, pour tout dire en un mot. Mais ce qu'il y a de plus singulier dans cet état exceptionnel de l'esprit et des sens, que je puis sans exagération appeler paradisiaque, si je le compare aux lourdes ténèbres de l'existence commune et journalière, c'est qu'il n'a été créé par aucune cause bien visible et facile à définir. Est-il le résultat d'une bonne hygiène et d'un régime de sage ? Telle est la première explication qui s'offre à l'esprit ; mais nous sommes obligés de reconnaître que souvent cette merveille, cette espèce de prodige, se produit comme si elle était l'effet d'une puissance supérieure et invisible, extérieure à l'homme, après une période où celui-ci a fait abus de ses facultés physiques. Dirons-nous qu'elle est la récompense de la prière assidue et des ardeurs spirituelles ? Il est certain qu'une élévation constante du désir, une tension des forces spirituelles vers le ciel, serait le régime le plus propre à créer cette santé morale, si éclatante et si glorieuse ; mais en vertu de quelle loi absurde se manifeste-t-elle parfois après de coupables orgies de l'imagination, après un abus sophistique de la raison, qui est à son usage honnête et raisonnable ce que les tours de dislocation sont à la saine gymnastique ? C'est pourquoi je préfère considérer cette condition anormale de l'esprit comme une véritable grâce, comme un miroir magique où l'homme est invité à se voir en beau, c'est-à-dire tel qu'il devrait et pourrait être ; une espèce d'excitation angélique, un rappel à l'ordre sous une forme complimenteuse. De même une certaine école spiritualiste, qui a ses représentants en Angleterre et en Amérique, considère les phénomènes surnaturels, tels que les apparitions de fantômes, lès revenants, etc., comme des

manifestations de la volonté divine, attentive à réveiller dans l'esprit de l'homme le souvenir des réalités invisibles.

D'ailleurs cet état charmant et singulier, où toutes les forces s'équilibrent, où l'imagination, quoique merveilleusement puissante, n'entraine pas à sa suite le sens moral dans de périlleuses aventures, où une sensibilité exquise n'est plus torturée par des nerfs malades, ces conseillers ordinaires du crime ou du désespoir, cet état merveilleux, dis-je, n'a pas de symptômes avant-coureurs. Il est aussi imprévu que le fantôme. C'est une espèce de hantise, mais de hantise intermittente, dont nous devrions tirer, si nous étions sages, la certitude d'une existence meilleure et l'espérance d'y atteindre par l'exercice journalier de notre volonté. Cette acuité de la pensée, cet enthousiasme des sens et de l'esprit, ont dû, en tout temps, apparaitre à l'homme comme le premier des biens ; c'est pourquoi, ne considérant que la volupté immédiate, il a, sans s'inquiéter de violer les lois de sa constitution, cherché dans la science physique, dans la pharmaceutique, dans les plus grossières liqueurs, dans les parfums les plus subtils, sous tous les climats et dans tous les temps, les moyens de fuir, ne fût-ce que pour quelques heures, son habitacle de fange, et, comme dit l'auteur de *Lazare* [1] « d'emporter le paradis d'un seul coup ». Hélas ! les vices de l'homme, si pleins d'horreur qu'on les suppose, contiennent la preuve (quand ce ne serait que leur infinie expansion !) de son goût de l'infini ; seulement, c'est un goût qui se trompe souvent de route. On pourrait prendre dans un sens métaphorique le vulgaire proverbe : *Tout chemin mène à Rome*, et l'appliquer au monde moral ; tout mène à la récompense ou au châtiment, deux formes de l'éternité. L'esprit humain regorge de passions ; il en a *à revendre*, pour me servir d'une autre locution triviale ; mais ce malheureux esprit, dont la dépravation naturelle est aussi grande que son aptitude soudaine, quasi paradoxale, à la charité et aux vertus les plus ardues, est fécond en paradoxes qui lui permettent d'employer pour le mal le trop-plein de cette passion débordante. Il ne croit jamais se vendre en bloc. Il oublie, dans son infatuation, qu'il se joue à un plus fin et plus fort que lui, et que l'Esprit du Mal, même quand on ne lui livre qu'un cheveu, ne tarde pas à emporter la tête. Ce seigneur visible de la nature visible (je parle de l'homme) a donc voulu créer le paradis par la pharmacie, par les boissons fermentées, semblable à un maniaque qui remplacerait des meubles solides et des jardins véritables par des décors peints sur toile et montés sur châssis. C'est dans cette dépravation du sens de l'infini que git, selon moi, la raison de tous les excès coupables, depuis l'ivresse solitaire et concentrée du littérateur, qui, obligé de chercher dans l'opium un soulagement à une douleur physique, et ayant ainsi découvert une source de jouissances morbides, en a fait peu à peu son unique hygiène et comme le soleil de sa vie spirituelle, jusqu'à l'ivrognerie la plus répugnante des faubourgs, qui, le cerveau plein de flamme et de gloire, se roule ridiculement dans les ordures de la route.

Parmi les drogues les plus propres à créer ce que je nomme l'*Idéal artificiel*, laissant de côté les liqueurs, qui poussent vite à la fureur matérielle et terrassent la force spirituelle, et les parfums dont l'usage excessif, tout en rendant l'imagination de l'homme plus subtile, épuise graduellement ses forces physiques, les deux plus énergiques substances, celles dont l'emploi est le plus commode et le plus sous la main, sont le hachisch et l'opium. L'analyse des effets mystérieux et des jouissances morbides que peuvent engendrer ces drogues, des châtiments inévitables qui résultent de leur usage prolongé, et

enfin de l'immoralité même impliquée dans cette poursuite d'un faux idéal, constitue le sujet de cette étude.

Le travail sur l'opium a été fait, et d'une manière si éclatante, médicale et poétique à la fois, que je n'oserais rien y ajouter. Je me contenterai donc, dans une autre étude, de d' nner l'analyse de ce livre incomparable, qui n'a jamais été traduit en France dans sa totalité. L'auteur, homme illustre [1], d'une imagination puissante et exquise, aujourd'hui retiré et silencieux, a osé, avec une candeur tragique, faire le récit des jouissances et des tortures qu'il a trouvées jadis dans l'opium, et la partie la plus dramatique de son livre est celle où il parle des efforts surhumains de volonté qu'il lui a fallu déployer pour échapper à la damnation à laquelle il s'était imprudemment voué lui-même.

Aujourd'hui, je ne parlerai que du hachisch, et j'en parlerai suivant des renseignements nombreux et minutieux, extraits des notes ou des confidences d'hommes intelligents qui s'y étaient adonnés longtemps. Seulement, je fondrai ces documents variés en une sorte de monographie, choisissant une âme, facile d'ailleurs à expliquer et à définir, comme type propre aux expériences de cette nature.

II

QU'EST-CE QUE LE HACHISCH?

Les récits de Marco Polo dont on s'est à tort moqué, comme de quelques autres voyageurs anciens, ont été vérifiés par les savants et méritent notre créance. Je ne raconterai pas après lui comment le Vieux de la Montagne enfermait, après les avoir enivrés de hachisch (d'où, Hachischins ou Assassins), dans un jardin plein de délices, ceux de ses plus jeunes disciples à qui il voulait donner une idée du paradis, récompense entrevue, pour ainsi dire, d'une obéissance passive et irréfléchie. Le lecteur peut, relativement à la société secrète des Hachischins, consulter le livre de M. de Hammer et le mémoire de M. Silvestre de Sacy, contenu dans le tome XVI des *Mémoires de l'Académie des Inscriptions et Belles-Lettres*, et, relativement à l'étymologie du mot *assassin*, sa lettre au rédacteur du *Moniteur*, insérée dans le numéro 359 de l'année 1809. Hérodote raconte que les Scythes amassaient des graines de chanvre sur lesquelles ils jetaient des pierres rougies au feu. C'était pour eux comme un bain de vapeur plus parfumée que celle d'aucune étuve grecque, et la jouissance en était si vive qu'elle leur arrachait des cris de joie.

Le hachisch, en effet, nous vient de l'Orient; les propriétés excitantes du chanvre étaient bien connues dans l'ancienne Égypte, et l'usage en est très répandu, sous différents noms, dans l'Inde, dans l'Algérie et dans l'Arabie Heureuse. Mais nous avons auprès de nous, sous nos yeux, des exemples curieux de l'ivresse causée par les émanations végétales. Sans parler des enfants qui, après avoir joué et s'être roulés dans des amas de luzerne fauchée, éprouvent souvent de singuliers vertiges, on sait que, lorsque se fait la moisson du chanvre, les travailleurs mâles et femelles subissent des effets analogues; on dirait que de la moisson s'élève un miasme qui trouble malicieusement leur cerveau. La tête du moissonneur est pleine de tourbillons, quelquefois chargée de rêveries. À de certains moments, les membres s'affaiblissent et refusent le service. Nous avons entendu parler de crises somnambuliques assez fré-

quentes chez les paysans russes, dont la cause, dit-on, doit être attribuée à l'usage de l'huile de chènevis dans la préparation des aliments. Qui ne connaît les extravagances des poules qui ont mangé des graines de chènevis, et l'enthousiasme fougueux des chevaux, que les paysans, dans les noces et les fêtes patronales, préparent à une course au clocher par une ration de chènevis, quelquefois arrosée de vin ?

Cependant, le chanvre français est impropre à se transformer en hachisch, ou du moins, d'après les expériences répétées, impropre à donner une drogue égale en puissance au hachisch. Le hachisch, ou chanvre italien, *canabis indica*, est une plante de la famille des urticées, en tout semblable, sauf qu'elle n'atteint pas la même hauteur, au chanvre de nos climats. Il possède des propriétés enivrantes très extraordinaires qui, depuis quelques années, ont attiré en France l'attention des savants et des gens du monde. Il est plus ou moins estimé, suivant ses différentes provenances ; celui du Bengale est le plus prisé par les amateurs ; cependant, ceux d'Égypte, de Constantinople, de Perse et d'Algérie jouissent des mêmes propriétés, mais à un degré inférieur.

Le hachisch (ou herbe, c'est-à-dire l'herbe par excellence, comme si les Arabes avaient voulu définir en un mot l'*herbe*, source de toute les voluptés immatérielles) porte différents noms, suivant sa composition et le mode de préparation qu'il a subie dans le pays où il a été récolté : dans l'Inde, *bangie* ; en Afrique, *teriaki ;* en Algérie et dans l'Arabie Heureuse, *madjound*, etc. Il n'est pas indifférent de le cueillir à toutes les époques de l'année ; c'est quand il est en fleur qu'il possède sa plus grande énergie ; les sommités fleuries sont, par conséquent, les seules parties employées dans les différentes préparations dont nous avons à dire quelques mots.

L'*extrait gras* du hachisch, tel que le préparent les Arabes, s'obtient en faisant bouillir les sommités de la plante fraîche dans du beurre avec un peu d'eau. On fait passer, après évaporation complète de toute humidité, et l'on obtient ainsi une préparation qui a l'apparence d'une pommade de couleur jaune verdâtre, et qui garde une odeur désagréable de hachisch et de beurre rance. Sous cette forme, on l'emploie en petites boulettes de 2 à 4 grammes ; mais à cause de son odeur répugnante, qui va croissant avec le temps, les Arabes mettent l'extrait gras sous la forme de confitures.

La plus usitée de ces confitures, le *dawamesk*, est un mélange d'extrait gras, de sucre et de divers aromates, tels que vanille, cannelle, pistaches, amandes, musc. Quelquefois même on y ajoute un peu de cantharide, dans un but qui n'a rien de commun avec les résultats ordinaires du hachisch. Sous cette forme nouvelle, le hachisch n'a rien de désagréable, et on peut le prendre à la dose de 15, 20 et 30 grammes, soit enveloppé dans une feuille de pain à chanter, soit dans une tasse de café.

Les expériences faites par MM. Smith, Gastinel et Decourtive ont eu pour but d'arriver à la découverte du principe actif du hachisch. Malgré leurs efforts, sa combinaison chimique est encore peu connue ; mais on attribue générale-ment ses propriétés à une matière résineuse qui s'y trouve en assez bonne dose, dans la proportion de 10 pour 100 environ. Pour obtenir cette résine, on réduit la plante sèche en poudre grossière, et on la lave plusieurs fois avec de l'alcool que l'on distille ensuite pour le retirer en partie ; on fait évaporer jusqu'à consistance d'extrait ; on traite cet extrait par l'eau, qui dissout les matières gommeuses étrangères, et la résine reste alors à l'état de pureté. Ce produit est mou, d'une couleur verte foncée, et possède à un haut degré

l'odeur caractéristique du hachisch. 5, 10, 15 centigrammes suffisent pour produire des effets surprenants. Mais la hachischine, qui peut s'administrer sous forme de pastilles au chocolat ou de petites pilules gingembrées, a, comme le dawamesk et l'extrait gras, des effets plus ou moins vigoureux et d'une nature très variée suivant le tempérament des individus et leur susceptibilité nerveuse. Il y a mieux, c'est que le résultat varie dans le même individu. Tantôt ce sera une gaieté immodérée et irrésistible, tantôt une sensation de bien-être et de plénitude de vie, d'autres fois un sommeil équivoque et traversé de rêves. Il existe cependant des phénomènes qui se reproduisent assez régulièrement, surtout chez les personnes d'un tempérament et d'une éducation analogues ; il y a une espèce d'unité dans la variété qui me permettra de rédiger sans trop de peine cette monographie de l'ivresse dont j'ai parlé tout à l'heure.

À Constantinople, en Algérie et même en France, quelques personnes fument du hachisch mêlé avec du tabac ; mais alors les phénomènes en question ne se produisent que sous une forme très modérée et, pour ainsi dire, paresseuse. J'ai entendu dire qu'on avait récemment, au moyen de la distillation, tiré du hachisch une huile essentielle qui parait posséder une vertu beaucoup plus active que toutes les préparations connues jusqu'à présent ; mais elle n'a pas été assez étudiée pour que je puisse avec certitude parler de ses résultats. N'est-il pas superflu d'ajouter que le thé, le café et les liqueurs sont des adjuvants puissants qui accélèrent plus ou moins l'éclosion de cette ivresse mystérieuse ?

III

LE THÉÂTRE DE SÉRAPHIN[1]

Qu'éprouve-t-on ? que voit-on ? des choses merveilleuses, n'est-ce pas ? des spectacles extraordinaires ? Est-ce bien beau ? et bien terrible ? et bien dangereux ? — Telles sont les questions ordinaires qu'adressent, avec une curiosité mêlée de crainte, les ignorants aux adeptes. On dirait une enfantine impatience de savoir, comme celle des gens qui n'ont jamais quitté le coin de leur feu, quand ils se trouvent en face d'un homme qui revient de pays lointains et inconnus. Ils se figurent l'ivresse du hachisch comme un pays prodigieux, un vaste théâtre de prestidigitation et d'escamotage, où tout est miraculeux et imprévu. C'est là un préjugé, une méprise complète. Et, puisque pour le commun des lecteurs et des questionneurs le mot hachisch comporte l'idée d'un monde étrange et bouleversé, l'attente de rêves prodigieux (il serait mieux de dire hallucinations, lesquelles sont d'ailleurs moins fréquentes qu'on ne le suppose), je ferai tout de suite remarquer l'importante différence qui sépare les effets du hachisch des phénomènes du sommeil. Dans le sommeil, ce voyage aventureux de tous les soirs, il y a quelque chose de positivement miraculeux ; c'est un miracle dont la ponctualité a émoussé le mystère. Les rêves de l'homme sont de deux classes. Les uns, pleins de sa vie ordinaire, de ses préoccupations, de ses désirs, de ses vices, se combinent d'une façon plus ou moins bizarre avec les objets entrevus dans la journée, qui se sont indiscrètement fixés sur la vaste toile de sa mémoire. Voilà le rêve naturel ; il est l'homme lui-même. Mais l'autre espèce de rêve ! le rêve absurde, imprévu, sans rapport ni connexion avec le caractère, la vie et les passions du dormeur !

ce rêve, que j'appellerai hiéroglyphique, représente évidemment le côté surnaturel de la vie, et c'est justement parce qu'il est absurde que les anciens l'ont cru divin. Comme il est inexplicable par les causes naturelles, ils lui ont attribué une cause extérieure à l'homme ; et encore aujourd'hui, sans parler des oneiromanciens, il existe une école philosophique qui voit dans les rêves de ce genre tantôt un reproche, tantôt un conseil ; en somme, un tableau symbolique et moral, engendré dans l'esprit même de l'homme qui sommeille. C'est un dictionnaire qu'il faut étudier, une langue dont les sages peuvent obtenir la clef. Dans l'ivresse du hachisch, rien de semblable. Nous ne sortirons pas du rêve naturel. L'ivresse, dans toute sa durée, ne sera, il est vrai, qu'un immense rêve, grâce à l'intensité des couleurs et à la rapidité des conceptions ; mais elle gardera toujours la tonalité particulière de l'individu. L'homme a voulu rêver, le rêve gouvernera l'homme ; mais ce rêve sera bien le fils de son père. L'oisif s'est ingénié pour introduire artificiellement le surnaturel dans sa vie et dans sa pensée ; mais il n'est, après tout et malgré l'énergie accidentelle de ses sensations, que le même homme augmenté, le même nombre élevé à une très haute puissance. Il est subjugué ; mais, pour son malheur, il ne l'est que par lui-même, c'est-à-dire par la partie déjà dominante de lui-même ; *il a voulu faire l'ange, il est devenu une bête,* momentanément très puissante, si toutefois on peut appeler puissance une sensibilité excessive, sans gouvernement pour la modérer ou l'exploiter.

Que les gens du monde et les ignorants, curieux de connaître des jouissances exceptionnelles, sachent donc bien qu'ils ne trouveront dans le hachisch rien de miraculeux, absolument rien que le naturel excessif. Le cerveau et l'organisme sur lesquels opère le hachisch ne donneront que leurs phénomènes ordinaires, individuels, augmentés, il est vrai, quant au nombre et à l'énergie, mais toujours fidèles à leur origine. L'homme n'échappera pas à la fatalité de son tempérament physique et moral : le hachisch sera, pour les impressions et les pensées familières de l'homme, un miroir grossissant, mais un pur miroir.

Voici la drogue sous vos yeux : un peu de confiture verte, gros comme une noix, singulièrement odorante, à ce point qu'elle soulève une certaine répulsion et des velléités de nausée, comme le ferait, du reste, toute odeur fine et même agréable, portée à son maximum de force et pour ainsi dire de densité. Qu'il me soit permis de remarquer, en passant, que cette proposition peut être inversée, et que le parfum le plus répugnant, le plus révoltant, deviendrait peut-être un plaisir, s'il était réduit à son minimum de quantité et d'expansion. — Voilà donc le bonheur ! il remplit la capacité d'une petite cuiller ! le bonheur avec toutes ses ivresses, toutes ses folies, tous ses enfantillages ! Vous pouvez avaler sans crainte ; on n'en meurt pas. Vos organes physiques n'en recevront aucune atteinte. Plus tard peut-être un trop fréquent appel au sortilège diminuera-t-il la force de votre volonté, peut-être serez-vous moins homme que vous ne l'êtes aujourd'hui ; mais le châtiment est si lointain, et le désastre futur d'une nature si difficile à définir ! Que risquez-vous ? demain un peu de fatigue nerveuse. Ne risquez-vous pas tous les jours de plus grands châtiments pour de moindres récompenses ? Ainsi, c'est dit : vous avez même, pour lui donner plus de force et d'expansion, délayé votre dose d'extrait gras dans une tasse de café noir ; vous avez pris soin d'avoir l'estomac libre, reculant vers neuf ou dix heures du soir le repas substantiel, pour livrer au poison toute liberté d'action ; tout au plus dans une heure prendrez-vous un légère soupe. Vous êtes maintenant suffisamment lesté pour un long et singulier voyage. La vapeur a sifflé, la

voilure est orientée, et vous avez sur les voyageurs ordinaires ce curieux privilège d'ignorer où vous allez. Vous l'avez voulu ; vive la fatalité ! Je présume que vous avez eu la précaution de bien choisir votre moment pour cette aventureuse expédition. Toute débauche parfaite a besoin d'un parfait loisir. Vous savez d'ailleurs que le hachisch crée l'exagération non seulement de l'individu, mais aussi de la circonstance et du milieu ; vous n'avez pas de devoirs à accomplir exigeant de la ponctualité, de l'exactitude ; point de chagrins de famille ; point de douleurs d'amour. Il faut y prendre garde. Ce chagrin, cette inquiétude, ce souvenir d'un devoir qui réclame votre volonté et votre attention à une minute déterminée, viendraient sonner comme un glas à travers votre ivresse et empoisonneraient votre plaisir. L'inquiétude deviendrait angoisse ; le chagrin, torture. Si toutes ces conditions préalables observées, le temps est beau, si vous êtes situé dans un milieu favorable, comme un paysage pittoresque ou un appartement poétiquement décoré, si de plus vous pouvez espérer un peu de musique, alors tout est pour le mieux.

Il y a généralement dans l'ivresse du hachisch trois phases assez faciles à distinguer, et ce n'est pas une chose peu curieuse à observer, chez les novices, que les premiers symptômes de la première phase.

Vous avez entendu parler vaguement des merveilleux effets du hachisch ; votre imagination a préconçu une idée particulière, quelque chose comme un idéal d'ivresse ; il vous tarde de savoir si la réalité sera décidément à la hauteur de votre espérance. Cela suffit pour vous jeter dès le commencement dans un état anxieux, assez favorable à l'humeur conquérante et envahissante du poison. La plupart des novices, au premier degré d'initiation, se plaignent de la lenteur des effets ; ils les attendent avec une impatience puérile, et, la drogue n'agissant pas assez vite à leur gré, ils se livrent à des fanfaronnades d'incrédulité qui sont fort réjouissantes pour les vieux initiés qui savent comment le hachisch se gouverne. Les premières atteintes, comme les symptômes d'un orage longtemps indécis, apparaissent et se multiplient au sein même de cette incrédulité. C'est d'abord une certaine hilarité, saugrenue, irrésistible, qui s'empare de vous. Ces accès de gaieté non motivée, dont vous êtes presque honteux, se reproduisent fréquemment, et coupent des intervalles de stupeur pendant lesquels vous cherchez en vain à vous recueillir. Les mots les plus simples, les idées les plus triviales prennent une physionomie bizarre et nouvelle ; vous vous étonnez même de les avoir jusqu'à présent trouvés si simples. Des ressemblances et des rapprochements incongrus, impossibles à prévoir, des jeux de mots interminables, des ébauches de comique, jaillissent continuellement de votre cerveau. Le démon vous a envahi ; il est inutile de regimber contre cette hilarité, douloureuse comme un chatouillement. De temps en temps vous riez de vous-même, de votre niaiserie et de votre folie, et vos camarades, si vous en avez, rient également de votre état et du leur ; mais, comme ils sont sans malice, vous êtes sans rancune.

Cette gaieté, tour à tour languissante ou poignante, ce malaise dans la joie, cette insécurité, cette indécision de la maladie, ne durent généralement qu'un temps assez court.

Bientôt les rapports d'idées deviennent tellement vagues, le fil conducteur qui relie vos conceptions si ténu, que vos complices seuls peuvent vous comprendre. Et encore, sur ce sujet et de ce côté, aucun moyen de vérification ; peut-être croient-ils vous comprendre, et l'illusion est-elle réciproque. Cette folâtrerie et ces éclats de rire, qui ressemblent à des explosions, apparaissent

comme une véritable folie, au moins comme une niaiserie de maniaque, à tout homme qui n'est pas dans le même état que vous. De même la sagesse et le bon sens, la régularité des pensées chez le témoin prudent qui ne s'est pas enivré, vous réjouit et vous amuse comme un genre particulier de démence. Les rôles sont intervertis. Son sang-froid vous pousse aux dernières limites de l'ironie. N'est-ce pas une situation mystérieusement comique que celle d'un homme qui jouit d'une gaieté incompréhensible pour qui ne s'est pas placé dans le même milieu que lui ? Le fou prend le sage en pitié, et dès lors l'idée de sa supériorité commence à poindre à l'horizon de son intellect. Bientôt elle grandira, grossira et éclatera comme un météore.

J'ai été témoin d'une scène de ce genre qui a été poussée fort loin, et dont le grotesque n'était intelligible que pour ceux qui connaissaient, au moins par l'observation sur autrui, les effets de la substance et la différence énorme de diapason qu'elle crée entre deux intelligences supposées égales. Un musicien célèbre, qui ignorait les propriétés du hachisch, qui peut-être n'en avait jamais entendu parler, tombe au milieu d'une société dont plusieurs personnes en avaient pris. On essaie de lui en faire comprendre les merveilleux effets. A ces prodigieux récits, il sourit avec grâce, par complaisance, comme un homme qui veut bien *poser* pendant quelques minutes. Sa méprise est vite devinée par ces esprits que le poison a aiguisés, et les rires le blessent. Ces éclats de joie, ces jeux de mots, ces physionomies altérées, toute cette atmosphère malsaine l'irritent et le poussent à déclarer, plus tôt peut-être qu'il n'aurait voulu, *que cette charge d'artistes est mauvaise, et que d'ailleurs elle doit être bien fatigante pour ceux qui l'ont entreprise.* Le comique illumina tous les esprits comme un éclair. Ce fut un redoublement de joie. « Cette *charge* peut-être bonne pour vous, dit-il, mais pour moi, non. » — « Il suffit qu'elle soit bonne pour nous », réplique en égoïste un des malades. Ne sachant s'il a affaire à de véritables fous ou à des gens qui simulent la folie, notre homme croit que le parti le plus sage est de se retirer ; mais quelqu'un ferme la porte et cache la clef. Un autre, s'agenouillant devant lui, lui demande pardon au nom de la société, et lui déclare insolemment, mais avec larmes, que, malgré son infériorité spirituelle, qui peut-être excite un peu de pitié, tous sont pénétrés pour lui d'une amitié profonde. Celui-ci se résigne à rester, et même il condescend, sur des prières instantes, à faire un peu de musique. Mais les sons du violon, en se répandant dans l'appartement comme une nouvelle contagion, *empoignaient* (le mot n'est pas trop fort) tantôt un malade, tantôt un autre. C'étaient des soupirs rauques et profonds, des sanglots soudains, des ruisseaux de larmes silencieuses. Le musicien épouvanté s'arrête, et, s'approchant de celui dont la béatitude faisait le plus de tapage, lui demande s'il souffre beaucoup et ce qu'il faudrait faire pour le soulager. Un des assistants, *un homme pratique*, propose de la limonade et des acides. Mais le malade, l'extase dans les yeux, les regarde tous deux avec un indicible mépris. Vouloir guérir un homme malade de trop de vie, malade de joie !

Comme on le voit par cette anecdote, la bienveillance tient une assez grande place dans les sensations causées par le hachisch ; une bienveillance molle, paresseuse, muette, et dérivant de l'attendrissement des nerfs. À l'appui de cette observation, une personne m'a raconté une aventure qui lui était arrivée dans cet état d'ivresse, et comme elle avait gardé un souvenir très exact de ses sensations, je compris parfaitement dans quel embarras grotesque, inextricable, l'avait jetée cette différence de diapason et de niveau dont je parlais tout

à l'heure. Je ne me rappelle pas si l'homme en question en était à sa première ou à sa seconde expérience. Avait-il pris une dose un peu trop forte, ou le hachisch avait-il produit, sans l'aide d'aucune autre cause apparente (ce qui arrive fréquemment), des effets beaucoup plus vigoureux ? Il me raconta qu'à travers sa jouissance, cette jouissance suprême de se sentir plein de vie et de se croire plein de génie, il avait tout d'un coup rencontré un objet de terreur. D'abord ébloui par la beauté de ses sensations, il en avait été subitement épouvanté. Il s'était demandé ce que deviendraient son intelligence et ses organes, si cet état, qu'il prenait pour un état surnaturel, allait toujours s'aggravant, si ses nerfs devenaient toujours de plus en plus délicats. Par la faculté de grossissement que possède l'œil spirituel du patient, cette peur doit être un supplice ineffable. « J'étais, disait-il, comme un cheval emporté et courant vers un abime, voulant s'arrêter, mais ne le pouvant pas. En effet, c'était un galop effroyable et ma pensée, esclave de la circonstance, du milieu, de l'accident et de tout ce qui peut être impliqué dans le mot *hasard*, avait pris un tour purement et absolument rhapsodique. Il est trop tard ! me répétais-je sans cesse avec désespoir. Quand cessa ce mode de sentir, qui me parut durer un temps infini et qui n'occupa peut-être que quelques minutes, quand je crus pouvoir enfin me plonger dans la béatitude, si chère aux Orientaux, qui succède à cette phase furibonde, je fus accablé d'un nouveau *malheur*. Une nouvelle inquiétude, bien triviale et bien puérile, s'abattit sur moi. Je me souvins tout d'un coup que j'étais invité à un dîner, à une soirée d'hommes sérieux. Je me vis à l'avance au milieu d'une foule sage et discrète, où chacun est maitre de soi-même, obligé de cacher soigneusement l'état de mon esprit, sous l'éclat des lampes nombreuses. Je croyais bien que j'y réussirais, mais aussi je me sentais presque défaillir en pensant aux efforts de volonté qu'il me faudrait déployer. Par je ne sais quel accident les paroles de l'Évangile : "Malheur à celui par qui le scandale arrive !" venaient de surgir dans ma mémoire, et tout en voulant les oublier, en m'appliquant à les oublier, je les répétais sans cesse dans mon esprit. Mon malheur (car c'était un véritable malheur) prit alors des proportions grandioses. Je résolus, malgré ma faiblesse, de faire acte d'énergie et de consulter un pharmacien ; car j'ignorais les réactifs, et je voulais aller, l'esprit libre et dégagé, dans le monde où m'appelait mon devoir. Mais sur le seuil de la boutique une pensée soudaine me prit, qui m'arrêta quelques instants et me donna à réfléchir. Je venais de me regarder, en passant, dans la glace d'une devanture, et mon visage m'avait étonné. Cette pâleur, ces lèvres rentrées, ces yeux agrandis ! Je vais inquiéter ce brave homme, me dis-je, et pour quelle niaiserie ! Ajoutez à cela le sentiment du ridicule que je voulais éviter, la crainte de trouver du monde dans la boutique. Mais ma bienveillance soudaine pour cet apothicaire inconnu dominait tous mes autres sentiments. Je me figurais cet homme aussi sensible que je l'étais moi-même en cet instant funeste, et, comme je m'imaginais aussi que son oreille et son âme devaient, comme les miennes, vibrer au moindre bruit, je résolus d'entrer chez lui sur la pointe du pied. Je ne saurais, me disais-je, montrer trop de discrétion chez un homme dont je vais alarmer la charité. Et puis je me promettais d'éteindre le son de ma voix comme le bruit de mes pas ; vous la connaissez, cette voix du hachisch ? grave, profonde, gutturale, et ressemblant beaucoup à celle des vieux mangeurs d'opium. Le résultat fut le contraire de ce que je voulais obtenir. Décidé à rassurer le pharmacien, je l'épouvantai. Il ne connaissait rien de cette *maladie*, n'en avait jamais entendu parler. Cependant il me regardait

avec une curiosité fortement mêlée de défiance. Me prenait-il pour un fou, un malfaiteur ou un mendiant ? Ni ceci, ni cela, sans doute ; mais toutes ces idées absurdes traversèrent mon cerveau. Je fus obligé de lui expliquer longuement (quelle fatigue !) ce que c'était que la confiture de chanvre et à quel usage cela servait, lui répétant sans cesse qu'il n'y avait pas de danger, qu'il n'y avait pas, *pour lui,* de raison de s'alarmer, et que je ne demandais qu'un moyen d'adoucissement ou de réaction, insistant fréquemment sur le chagrin sincère que j'éprouvais de lui causer de l'ennui. Enfin, — comprenez bien toute l'humiliation contenue pour moi dans ces paroles, — il me pria simplement *de me retirer.* Telle fut la récompense de ma charité et de ma bienveillance exagérées. J'allai à ma soirée ; je ne scandalisai personne. Nul ne devina les efforts surhumains qu'il me fallut faire pour ressembler à tout le monde. Mais je n'oublierai jamais les tortures d'une ivresse ultra-poétique, gênée par le décorum et contrariée par un devoir !»

Quoique naturellement porté à sympathiser avec toutes les douleurs qui naissent de l'imagination, je ne pus m'empêcher de rire de ce récit. L'homme qui me le faisait n'est pas corrigé. Il a continué à demander à la confiture maudite l'excitation qu'il faut trouver en soi-même ; mais comme c'est un homme prudent, rangé, *un homme du monde,* il a diminué les doses, ce qui lui a permis d'en augmenter la fréquence. Il appréciera plus tard les fruits pourris de son hygiène.

Je reviens au développement régulier de l'ivresse. Après cette première phase de gaieté enfantine, il y a comme un apaisement momentané. Mais de nouveaux événements s'annoncent bientôt par une sensation de fraîcheur aux extrémités (qui peut même devenir un froid très intense chez quelques individus) et une grande faiblesse dans tous les membres ; vous avez alors des mains de beurre, et dans votre tête, dans tout votre être, vous sentez une stupeur et une stupéfaction embarrassantes. Vos yeux s'agrandissent ; ils sont comme tirés dans tous les sens par une extase implacable. Votre face s'inonde de pâleur. Les lèvres se rétrécissent et vont rentrant dans la bouche, avec ce mouvement d'anhélation qui caractérise l'ambition d'un homme en proie à de grands projets, oppressé par de vastes pensées, ou rassemblant sa respiration pour prendre son élan. La gorge se ferme, pour ainsi dire. Le palais est desséché par une soif qu'il serait infiniment doux de satisfaire, si les délices de la paresse n'étaient pas plus agréables et ne s'opposaient pas au moindre dérangement du corps. Des soupirs rauques et profonds s'échappent de votre poitrine, comme si votre *ancien* corps ne pouvait pas supporter les désirs et l'activité de votre âme *nouvelle.* De temps à autre, une secousse vous traverse et vous commande un mouvement involontaire, comme ces soubresauts qui, à la fin d'une journée de travail ou dans une nuit orageuse, précèdent le sommeil définitif.

Avant d'aller plus loin, je veux, à propos de cette sensation de fraîcheur dont je parlais plus haut, raconter encore une anecdote qui servira à montrer jusqu'à quel point les effets, même purement physiques, peuvent varier suivant les individus. Cette fois, c'est un littérateur qui parle, et en quelques passages de son récit on pourra, je crois, trouver les indices d'un tempérament littéraire.

« J'avais, me dit celui-ci, pris une dose modérée d'extrait gras, et tout allait pour le mieux. La crise de gaieté maladive avait duré peu de temps, et je me trouvai dans un état de langueur et d'étonnement qui était presque du bonheur. Je me promettais donc une soirée tranquille et sans soucis. Malheureusement le hasard me contraignit à accompagner quelqu'un au spectacle. Je pris mon

parti en brave, résolu à déguiser mon immense désir de paresse et d'immobilité. Toutes les voitures de mon quartier se trouvant retenues, il fallut me résigner à faire un long trajet à pied, à traverser les bruits discordants des voitures, les conversations stupides des passants, tout un océan de trivialités. Une légère fraîcheur s'était déjà manifestée au bout de mes doigts; bientôt elle se transforma en un froid très vif, comme si j'avais les deux mains plongées dans un seau d'eau glacée. Mais ce n'était pas une souffrance; cette sensation presque aiguë me pénétrait plutôt comme une volupté. Cependant il me semblait que ce froid m'envahissait de plus en plus, au fur et à mesure de cet interminable voyage. Je demandai deux ou trois fois à la personne que j'accompagnais s'il faisait réellement très froid; il me fut répondu qu'au contraire la température était plus que tiède. Installé enfin dans la salle, enfermé dans la boîte qui m'était destinée, avec trois ou quatre heures de repos devant moi, je me crus arrivé à la terre promise. Les sentiments que j'avais refoulés pendant la route, avec toute la pauvre énergie dont je pouvais disposer, firent donc irruption et je m'abandonnai librement à ma muette frénésie. Le froid augmentait toujours, et cependant je voyais des gens légèrement vêtus, ou même s'essuyant le front avec un air de fatigue. Cette idée réjouissante me prit, que j'étais un homme privilégié, à qui seul était accordé le droit d'avoir froid en été dans une salle de spectacle. Ce froid s'accroissait au point de devenir alarmant; mais j'étais avant tout dominé par la curiosité de savoir jusqu'à quel degré il pourrait descendre. Enfin il vint à un tel point, il fut si complet, si général, que toutes mes idées se congelèrent, pour ainsi dire; j'étais un morceau de glace pensant; je me considérais comme une statue taillée dans un seul bloc de glace; et cette folle hallucination me causait une fierté, excitait en moi un bien-être moral que je ne saurais vous définir. Ce qui ajoutait à mon abominable jouissance était la certitude que tous les assistants ignoraient ma nature et quelle supériorité j'avais sur eux; et puis le bonheur de penser que mon camarade ne s'était pas douté un seul instant de quelles bizarres sensations j'étais possédé! Je tenais la récompense de ma dissimulation, et ma volupté exceptionnelle était un vrai secret.

« Du reste, j'étais à peine entré dans ma loge que mes yeux avaient été frappés d'une impression de ténèbres qui me paraît avoir quelque parenté avec l'idée de froid. Il se peut bien que ces deux idées se soient prêté réciproquement de la force. Vous savez que le hachisch invoque toujours des magnificences de lumière, des splendeurs glorieuses, des cascades d'or liquide; toute lumière lui est bonne, celle qui ruisselle en nappe et celle qui s'accroche comme du paillon aux pointes et aux aspérités, les candélabres des salons, les cierges du mois de Marie, les avalanches de rose dans les couchers de soleils. Il paraît que ce misérable lustre répandait une lumière bien insuffisante pour cette soif insatiable de clarté; je crus entrer, comme je vous l'ai dit, dans un monde de ténèbres, qui d'ailleurs s'épaissirent graduellement, pendant que je rêvais nuit polaire et hiver éternel. Quant à la scène (c'était une scène consacrée au genre comique), elle seule était lumineuse, infiniment petite et située loin, très loin, comme au bout d'un immense stéréoscope. Je ne vous dirai pas que j'écoutais les comédiens, vous savez que cela est impossible; de temps en temps ma pensée accrochait au passage un lambeau de phrase, et, semblable à une danseuse habile, elle s'en servait comme d'un tremplin pour bondir dans des rêveries très lointaines. On pourrait supposer qu'un drame, entendu de cette façon, manque de logique et d'enchaînement; détrompez-vous; je découvrais

un sens très subtil dans le drame créé par ma distraction. Rien ne m'en choquait, et je ressemblais un peu à ce poète qui, voyant jouer *Esther* pour la première fois, trouvait tout naturel qu'Aman fît une déclaration d'amour à la reine. C'était, comme on le devine, l'instant où celui-ci se jette aux pieds d'Esther pour implorer le pardon de ses crimes. Si tous les drames étaient entendus selon cette méthode, ils y gagneraient de grandes beautés, même ceux de Racine.

« Les comédiens me semblaient excessivement petits et cernés d'un contour précis et soigné, comme les figures de Meissonier. Je voyais distinctement, non seulement les détails les plus minutieux de leurs ajustements, comme dessins d'étoffe, coutures, boutons, etc., mais encore la ligne de séparation du faux front d'avec le véritable, le blanc, le bleu et le rouge, et tous les moyens de grimage. Et ces lilliputiens étaient revêtus d'une clarté froide et magique, comme celle qu'une vitre très nette ajoute à une peinture à l'huile. Lorsque je pus enfin sortir de ce caveau de ténèbres glacées, et que, la fantasmagorie intérieure se dissipant, je fus rendu à moi-même, j'éprouvai une lassitude plus grande que ne m'en a jamais causé un travail tendu et forcé. »

C'est en effet à cette période de l'ivresse que se manifeste une finesse nouvelle, une acuité supérieure dans tous les sens. L'odorat, la vue, l'ouïe, le toucher participent également à ce progrès. Les yeux visent l'infini. L'oreille perçoit des sons presques insaisissables au milieu du plus vaste tumulte. C'est alors que commencent les hallucinations. Les objets extérieurs prennent lentement, successivement, des apparences singulières ; ils se déforment et se transforment. Puis, arrivent les équivoques, les méprises et les transpositions d'idées. Les sons se revêtent de couleurs, et les couleurs contiennent une musique. Cela, dira-t-on, n'a rien que de fort naturel, et tout cerveau poétique, dans son état sain et normal, conçoit facilement ces analogies. Mais j'ai déjà averti le lecteur qu'il n'y avait rien de positivement surnaturel dans l'ivresse du hachisch ; seulement, ces analogies revêtent alors une vivacité inaccoutumée ; elles pénètrent, elles envahissent, elles accablent l'esprit de leur caractère despotique. Les notes musicales deviennent des nombres, et si votre esprit est doué de quelque aptitude mathématique, la mélodie, l'harmonie écoutée, tout en gardant son caractère voluptueux et sensuel, se transforme en une vaste opération arithmétique, où les nombres engendrent les nombres, et dont vous suivez les phases et la génération avec une facilité inexplicable et une agilité égale à celle de l'exécutant.

Il arrive quelquefois que la personnalité disparaît et que l'objectivité, qui est le propre des poètes panthéistes, se développe en vous si anormalement, que la contemplation des objets extérieurs vous fait oublier votre propre existence, et que vous vous confondez bientôt avec eux. Votre œil se fixe sur un arbre harmonieux courbé par le vent ; dans quelques secondes, ce qui ne serait dans le cerveau d'un poète qu'une comparaison fort naturelle deviendra dans le vôtre une réalité. Vous prêtez d'abord à l'arbre vos passions, votre désir ou votre mélancolie ; ses gémissements et ses oscillations deviennent les vôtres, et bientôt vous êtes l'arbre. De même, l'oiseau qui plane au fond de l'azur *représente* d'abord l'immortelle envie de planer au-dessus des choses humaines ; mais déjà vous êtes l'oiseau lui-même. Je vous suppose assis et fumant. Votre attention se reposera un peu trop longtemps sur les nuages bleuâtres qui s'exhalent de votre pipe. L'idée d'une évaporation, lente, successive, éternelle, s'emparera de votre esprit, et vous appliquerez bientôt cette idée à vos propres

pensées, à votre matière pensante. Par une équivoque singulière, par une espèce de transposition ou de quiproquo intellectuel, vous vous sentirez vous évaporant, et vous attribuerez à votre pipe (dans laquelle vous vous sentez accroupi et ramassé comme le tabac) l'étrange faculté de *vous fumer*.

Par bonheur, cette interminable imagination n'a duré qu'une minute, car un intervalle de lucidité, avec un grand effort, vous a permis d'examiner la pendule. Mais un autre courant d'idées vous emporte; il vous roulera une minute encore dans son tourbillon vivant, et cette autre minute sera une autre éternité. Car les proportions du temps et de l'être sont complètement dérangées par la multitude et l'intensité des sensations et des idées. On dirait qu'on vit plusieurs vies d'hommes en l'espace d'une heure. N'êtes-vous pas alors semblable à un roman fantastique qui serait vivant au lieu d'être écrit ? Il n'y a plus équation entre les organes et les jouissances : et c'est surtout de cette considération que surgit le blâme applicable à ce dangereux exercice où la liberté disparaît.

Quand je parle d'hallucinations, il ne faut pas prendre le mot dans son sens le plus strict. Une nuance très importante distingue l'hallucination pure, telle que les médecins ont souvent occasion de l'étudier, de l'hallucination ou plutôt de la méprise des sens dans l'état mental occasionné par le hachisch. Dans le premier cas, l'hallucination est soudaine, parfaite et fatale : de plus, elle ne trouve pas de prétexte ni d'excuse dans le monde des objets extérieurs. Le malade voit une forme, entend des sons où il n'y en a pas. Dans le second cas, l'hallucination est progressive, presque volontaire, et elle ne devient parfaite, elle ne se mûrit que par l'action de l'imagination. Enfin elle a un prétexte. Le son parlera, dira des choses distinctes, mais il y avait un son. L'œil ivre de l'homme pris de hachisch verra des formes étranges; mais, avant d'être étranges ou monstrueuses, ces formes étaient simples et naturelles. L'énergie, la vivacité vraiment parlante de l'hallucination dans l'ivresse n'infirme en rien cette différence originelle. Celle-là a une racine dans le milieu ambiant et dans le temps présent, celle-ci n'en a pas.

Pour mieux faire comprendre ce bouillonnement d'imagination, cette maturation du rêve et cet enfantement poétique auquel est condamné un cerveau intoxiqué par le hachisch, je raconterai encore une anecdote. Cette fois, ce n'est pas un jeune homme oisif qui parle, ce n'est pas non plus un homme de lettres ; c'est une femme, une femme un peu mûre, curieuse, d'un esprit excitable et qui, ayant cédé à l'envie de faire connaissance avec le poison, décrit ainsi, pour une autre dame, la principale de ses visions. Je transcris littéralement :

« Quelque bizarres et nouvelles que soient les sensations que j'ai tirées de ma folie de douze heures (douze ou vingt ? en vérité, je n'en sais rien), je n'y reviendrai plus. L'excitation spirituelle est trop vive, la fatigue qui en résulte trop grande ; et, pour tout dire, je trouve dans cet enfantillage quelque chose de criminel. Enfin je cédai à la curiosité ; et puis c'était une folie en commun, chez de vieux amis, où je ne voyais pas grand mal à manquer un peu de dignité. Avant tout je dois vous dire que ce maudit hachisch est une substance bien perfide ; on se croit quelquefois débarrassé de l'ivresse, mais ce n'est qu'un calme menteur. Il y a des repos, et puis des reprises. Ainsi, vers dix heures du soir, je me trouvai dans un de ces états momentanés ; je me croyais délivrée de cette surabondance de vie qui m'avait causé tant de jouissances, il est vrai, mais qui n'était pas sans inquiétude et sans peur. Je me mis à souper avec

plaisir, comme harassée par un long voyage. Car jusqu'alors, par prudence, je m'étais abstenue de manger. Mais, avant même de me lever de table, mon délire m'avait rattrapée, comme un chat une souris, et le poison se mit de nouveau à jouer avec ma pauvre cervelle. Bien que ma maison soit à peu de distance du château de nos amis, et qu'il y eût une voiture à mon service, je me sentis tellement accablée du besoin de rêver et de m'abandonner à cette irrrésistible folie, que j'acceptai avec joie l'offre qu'ils me firent de me garder jusqu'au lendemain. Vous connaissez le château ; vous savez que l'on a arrangé, habillé et *réconforté* à la moderne toute la partie habitée par les maîtres du lieu, mais que la partie généralement inhabitée a été laissée telle quelle, avec son vieux style et ses vieilles décorations. Il fut résolu qu'on improviserait pour moi une chambre à coucher dans cette partie du château, et l'on choisit à cet effet la chambre la plus petite, une espèce de boudoir un peu fané et décrépit, qui n'en est pas moins charmant. Il faut que je vous le décrive tant bien que mal, pour que vous compreniez la singulière vision dont j'ai été la victime, vision qui m'a occupée une nuit entière, sans que j'aie eu le loisir de m'apercevoir de la fuite des heures.

« Ce boudoir est très petit, très étroit. À la hauteur de la corniche le plafond s'arrondit en voûte ; les murs sont recouverts de glaces étroites et allongées, séparées par des panneaux où sont peints des paysages dans le style lâché des décors. À la hauteur de la corniche, sur les quatre murs, sont représentées diverses figures allégoriques, les unes dans des attitudes reposées, les autres courant ou voltigeant. Au-dessus d'elles, quelques oiseaux brillants et des fleurs. Derrière les figures s'élève un treillage peint en trompe l'œil et suivant naturellement la courbe du plafond. Ce plafond est doré. Tous les interstices entre les baguettes et les figures sont donc recouverts d'or, et au centre l'or n'est interrompu que par le lacis géométrique du treillage simulé. Vous voyez que cela ressemble un peu à une *cage* très distinguée, à une très belle cage pour un très grand oiseau. Je dois ajouter que la nuit était très belle, très transparente, la lune très vive, à ce point que, même après que j'eus éteint la bougie, toute cette décoration resta visible, non illuminée par l'œil de mon esprit, comme vous pourriez le croire, mais éclairée par cette belle nuit, dont les lueurs s'accrochaient à toute cette broderie d'or, de miroirs et de couleurs bariolées.

« Je fus d'abord très étonnée de voir de grands espaces s'étendre devant moi, à côté de moi, de tous côtés ; c'étaient des rivières limpides et des paysages verdoyants se mirant dans des eaux tranquilles. Vous devinez ici l'effet des panneaux répercutés par les miroirs. En levant les yeux, je vis un soleil couchant semblable à du métal en fusion qui se refroidit. C'était l'or du plafond ; mais le treillage me donna à penser que j'étais dans une espèce de cage ou de maison ouverte de tous côtés sur l'espace et que je n'étais séparée de toutes ces merveilles que par les barreaux de ma magnifique prison. Je riais d'abord de mon illusion ; mais plus je regardais, plus la magie augmentait, plus elle prenait de vie, de transparence et de despotique réalité. Dès lors l'idée de claustration domina mon esprit, sans trop nuire, je dois le dire, aux plaisirs variés que je tirais du spectacle tendu autour et au-dessus de moi. Je me considérais comme enfermée pour longtemps, pour des milliers d'années peut-être, dans cette cage somptueuse, au milieu de ces paysages féeriques, entre ces horizons merveilleux. Je rêvai de *Belle au bois dormant*, d'expiation à subir, de future délivrance. Au-dessus de ma tête voltigeaient des oiseaux brillants des tropiques, et, comme mon oreille percevait le son des clochettes au cou des

chevaux qui cheminaient au loin sur la grande route, les deux sens fondant leurs impressions en une idée unique, j'attribuais aux oiseaux ce chant mystérieux du cuivre, et je croyais qu'ils chantaient avec un gosier de métal. Évidemment ils causaient de moi et ils célébraient ma captivité. Des singes gambadants, des satyres bouffons semblaient s'amuser de cette prisonnière étendue, condamnée à l'immobilité. Mais toutes les divinités mythologiques me regardaient avec un charmant sourire, comme pour m'encourager à supporter patiemment le sortilège, et toutes les prunelles glissaient dans le coin des paupières comme pour s'attacher à mon regard. J'en conclus que si des fautes anciennes, si quelques péchés inconnus à moi-même, avaient nécessité ce châtiment temporaire, je pouvais compter cependant sur une bonté supérieure, qui, tout en me condamnant à la prudence, m'offrirait des plaisirs plus graves que les plaisirs de poupée qui remplissent notre jeunesse. Vous voyez que les considérations morales n'étaient pas absentes de mon rêve ; mais je dois avouer que le plaisir de contempler ces formes et ces couleurs brillantes, et de me croire le centre d'un drame fantastique, absorbait fréquemment toutes mes autres pensées. Cet état dura longtemps, fort longtemps... Dura-t-il jusqu'au matin ? je l'ignore. Je vis tout d'un coup le soleil matinal installé dans ma chambre ; j'éprouvai un vif étonnement, et malgré tous les efforts de mémoire que j'ai pu faire, il m'a été impossible de savoir si j'avais dormi ou si j'avais subi patiemment une insomnie délicieuse. Tout à l'heure, c'était la nuit, et maintenant le jour ! Et cependant j'avais vécu longtemps, oh ! très longtemps !... La notion du temps ou plutôt la mesure du temps étant abolie, la nuit entière n'était mesurable pour moi que par la multitude de mes pensées. Si longue qu'elle dût me paraître à ce point de vue, il me semblait toutefois qu'elle n'avait duré que quelques secondes, ou même qu'elle n'avait pas pris place dans l'éternité.

« Je ne vous parle pas de ma fatigue..., elle fut immense. On dit que..., l'enthousiasme des poètes et des créateurs ressemble à ce que j'ai éprouvé, bien que je me sois toujours figuré que les gens chargés de nous émouvoir dussent être doués d'un tempérament très calme ; mais si le délire poétique ressemble à celui que m'a procuré une petite cuillerée de confiture, je pense que les plaisirs du public coûtent bien cher aux poètes, et ce n'est pas sans un certain bien-être, une satisfaction prosaïque, que je me suis enfin sentie *chez moi*, dans mon *chez moi* intellectuel, je veux dire dans la vie réelle. »

Voilà une femme évidemment raisonnable ; mais nous ne nous servirons de son récit que pour en tirer quelques notes utiles qui complèteront cette description très sommaire des principales sensations engendrées par le hachisch.

Elle a parlé du souper comme d'un plaisir arrivant fort à propos, au moment où une embellie momentanée, mais qui semblait définitive, lui permettait de rentrer dans la vie réelle. En effet, il y a, comme je l'ai dit, des intermittences et des calmes trompeurs, et souvent le hachisch détermine une faim vorace, presque toujours une soif excessive. Seulement le dîner ou le souper, au lieu d'amener un repos définitif, crée ce redoublement nouveau, cette crise vertigineuse dont se plaignait cette dame, et qui a été suivie par une série de visions enchanteresses, légèrement teintées de frayeur, auxquelles elle s'était positivement et de fort bonne grâce résignée. La faim et la soif tyranniques dont il est question ne trouvent pas à s'assouvir sans un certain labeur. Car l'homme se sent tellement au-dessus des choses matérielles, ou plutôt il est tellement

accablé par son ivresse, qu'il lui faut développer un long courage pour remuer une bouteille ou une fourchette. La crise définitive déterminée par la digestion des aliments est en effet très violente ; il est impossible de lutter ; et un pareil état ne serait pas supportable s'il durait trop longtemps et s'il ne faisait bientôt place à une autre phase de l'ivresse, qui, dans le cas précité, s'est traduite par des visions splendides doucement terrifiantes et en même temps pleines de consolations. Cet état nouveau est ce que les Orientaux appellent le *kief*. Ce n'est plus quelque chose de tourbillonnant et de tumultueux ; c'est une béatitude calme et immobile, une résignation glorieuse. Depuis longtemps vous n'êtes plus votre maître, mais vous ne vous en affligez plus. La douleur et l'idée du temps ont disparu, ou si quelquefois elles osent se produire, ce n'est que transfigurées par la sensation dominante, et elles sont alors relativement à leur forme habituelle ce que la mélancolie poétique est à la douleur positive.

Mais, avant tout, remarquons que dans le récit de cette dame (c'est dans ce but que je l'ai transcrit), l'hallucination est d'un genre bâtard, et tire sa raison d'être du spectacle extérieur ; l'esprit n'est que qu'un miroir où le milieu environnant se reflète transformé d'une manière outrée. Ensuite, nous voyons intervenir ce que j'appellerais volontiers l'hallucination morale : le sujet se croit soumis à une expiation ; mais le tempérament féminin, qui est peu propre à l'analyse, ne lui a pas permis de noter le singulier caractère optimiste de ladite hallucination. Le regard bienveillant des divinités de l'Olympe est poétisé par un vernis essentiellement *hachischin*. Je ne dirai pas que cette dame a côtoyé le remords ; mais ses pensées, momentanément tournées à la mélancolie et au regret, ont été rapidement colorées d'espérance. C'est une remarque que nous aurons encore occasion de vérifier.

Elle a parlé de la fatigue du lendemain ; en effet, cette fatigue est grande, mais elle ne se manifeste pas immédiatement, et, quand vous êtes obligé de la reconnaître, ce n'est pas sans étonnement. Car d'abord, quand vous avez bien constaté qu'un nouveau jour s'est levé sur l'horizon de votre vie, vous éprouvez un bien-être étonnant ; vous croyez jouir d'une légèreté d'esprit merveilleuse. Mais vous êtes à peine debout, qu'un vieux reste d'ivresse vous suit et vous retarde, comme le boulet de votre récente servitude. Vos jambes faibles ne vous conduisent qu'avec timidité, et vous craignez à chaque instant de vous casser comme un objet fragile. Une grande langueur (il y a des gens qui prétendent qu'elle ne manque pas de charme) s'empare de votre esprit et se répand à travers vos facultés, comme un brouillard dans un paysage. Vous voilà, pour quelques heures encore, incapable de travail, d'action et d'énergie. C'est la punition de la prodigalité impie avec laquelle vous avez dépensé le fluide nerveux. Vous avez disséminé votre personnalité aux quatre vents du ciel, et maintenant, quelle peine n'éprouvez-vous pas à la rassembler et à la concentrer !

IV

L'HOMME-DIEU

Il est temps de laisser de côté toute cette jonglerie et ces grandes marionnettes, nées de la fumée des cerveaux enfantins. N'avons-nous pas à

parler de choses plus graves : des modifications des sentiments humains et, en un mot, de la *morale* du hachisch ?

Jusqu'à présent, je n'ai fait qu'une monographie abrégée de l'ivresse, je me suis borné à en accentuer les principaux traits, surtout les traits matériels. Mais, ce qui est plus important, je crois, pour l'homme spirituel, c'est de connaitre l'action du poison sur la partie spirituelle de l'homme, c'est-à-dire le grossissement, la déformation et l'exagération de ses sentiments habituels et de ses perceptions morales, qui présentent alors, dans une atmosphère exceptionnelle, un véritable phénomène de réfraction.

L'homme qui, s'étant livré longtemps à l'opium ou au hachisch, a pu trouver, affaibli comme il l'était par l'habitude de son servage, l'énergie nécessaire pour se délivrer, m'apparait comme un prisonnier évadé. Il m'inspire plus d'admiration que l'homme prudent qui n'a jamais failli, ayant toujours eu soin d'éviter la tentation. Les Anglais se servent fréquemment, à propos des mangeurs d'opium, de termes qui ne peuvent paraitre excessifs qu'aux innocents à qui sont inconnues les horreurs de cette déchéance : *enchained, fettered, enslaved !* Chaines, en effet, auprès desquelles toutes les autres, chaines du devoir, chaines de l'amour illégitime, ne sont que des trames de gaze et des tissus d'araignée ! Épouvantable mariage de l'homme avec lui-même ! « J'étais devenu un esclave de l'opium ; il me tenait dans ses liens, et tous mes travaux et mes plans avaient pris la couleur de mes rêves », dit l'époux de Ligeia ; mais, en combien de merveilleux passages Edgar Poe, ce poète incomparable, ce philosophe non réfuté, qu'il faut toujours citer à propos des maladies mystérieuses de l'esprit, ne décrit-il pas les sombres et attachantes splendeurs de l'opium ? L'amant de la lumineuse Bérénice, Egœus le métaphysicien, parle d'une altération de ses facultés, qui le contraint à donner une valeur anormale, monstrueuse, aux phénomènes les plus simples : « Réfléchir infatigablement de longues heures, l'attention rivée à quelque citation puérile sur la marge ou dans le texte d'un livre, — rester absorbé, la plus grande partie d'une journée d'été, dans une ombre bizarre s'allongeant obliquement sur la tapisserie ou sur le plancher, — m'oublier une nuit entière à surveiller la flamme droite d'une lampe ou les braises du foyer, — rêver des jours entiers sur le parfum d'une fleur, — répéter d'une manière monotone quelque mot vulgaire, jusqu'à ce que le son, à force d'être répété, cessât de présenter à l'esprit une idée quelconque, — telles étaient quelques-unes des plus communes et des moins pernicieuses aberrations de mes facultés mentales, aberrations qui, sans doute, ne sont pas absolument sans exemple, mais qui défient certainement toute explication et toute analyse. » Et le nerveux Auguste Bedloe qui chaque matin, avant sa promenade, avale sa dose d'opium, nous avoue que le principal bénéfice qu'il tire de cet empoisonnement quotidien, est de prendre à toute chose, même à la plus triviale, un intérêt exagéré : « Cependant, l'opium avait produit son effet accoutumé, qui est de revêtir tout le monde extérieur d'une intensité d'intérêt. Dans le tremblement d'une feuille, — dans la couleur d'un brin d'herbe, — dans la forme d'un trèfle, — dans le bourdonnement d'une abeille, — dans l'éclat d'une goutte de rosée, — dans le soupir du vent, — dans les vagues odeurs échappées de la forêt, — se produisait tout un monde d'inspirations, une procession magnifique et bigarrée de pensées désordonnées et rhapsodiques. »

Ainsi s'exprime, par la bouche de ses personnages, le maître de l'horrible, le prince du mystère. Ces deux caractéristiques de l'opium sont parfaitement

applicables au hachisch; dans l'un comme dans l'autre cas, l'intelligence, libre naguère, devient esclave; mais le mot *rhapsodique*, qui définit si bien un train de pensées suggéré et commandé par le monde extérieur et le hasard des circonstances, est d'une vérité plus vraie et plus terrible dans le cas du hachisch. Ici, le raisonnement n'est plus qu'une épave à la merci de tous les courants, et le train de pensées est *infiniment plus* accéléré et plus *rhapsodique*. C'est dire, je crois, d'une manière suffisamment claire, que le hachisch est, dans son effet présent, beaucoup plus véhément que l'opium, beaucoup plus ennemi de la vie régulière, en un mot, beaucoup plus troublant. J'ignore si dix années d'intoxication par le hachisch amèneront des désastres égaux à ceux causés par dix années de régime d'opium; je dis que, pour l'heure présente et pour le lendemain, le hachisch a des résultats plus funestes; l'un est un séducteur paisible, l'autre un démon désordonné.

Je veux, dans cette dernière partie, définir et analyser le ravage moral causé par cette dangereuse et délicieuse gymnastique, ravage si grand, danger si profond, que ceux qui ne reviennent du combat que légèrement avariés, m'apparaissent comme des braves échappés de la caverne d'un Protée multiforme, des Orphées vainqueurs de l'Enfer. Qu'on prenne,si l'on veut, cette forme de langage pour une métaphore excessive, j'avouerai que les poisons excitants me semblent non seulement un des plus terribles et des plus sûrs moyens dont dispose l'Esprit des Ténèbres pour enrôler et asservir la déplorable humanité, mais même une de ses incorporations les plus parfaites.

Cette fois, pour abréger ma tâche et rendre mon analyse plus claire, au lieu de rassembler des anecdotes éparses, j'accumulerai sur un seul personnage fictif une masse d'observations. J'ai donc besoin de supposer une âme de mon choix. Dans ses *Confessions*, De Quincey affirme avec raison que l'opium, au lieu d'endormir l'homme, l'excite, mais qu'il ne l'excite que dans sa voie naturelle, et qu'ainsi, pour juger les merveilles de l'opium, il serait absurde d'en référer à un marchand de bœufs; car celui-ci ne rêvera que bœufs et pâturages. Or, je n'ai pas à décrire les lourdes fantaisies d'un éleveur enivré de hachisch; qui les lirait avec plaisir? qui consentirait à les lire? Pour idéaliser mon sujet, je dois en concentrer tous les rayons dans un cercle unique, je dois les polariser; et le cercle tragique où je les vais rassembler sera, comme je l'ai dit, une âme de mon choix, quelque chose d'analogue à ce que le XVIIIᵉ siècle appelait l'*homme sensible*, à ce que l'école romantique nommait l'*homme incompris,* et à ce que les familles et la masse bourgeoise flétrissent généralement de l'épithète d'*original.*

Un tempérament moitié nerveux, moitié bilieux, tel est le plus favorable aux évolutions d'une pareille ivresse; ajoutons un esprit cultivé, exercé aux études de la forme et de la couleur; un cœur tendre, fatigué par le malheur, mais encore prêt au rajeunissement; nous irons, si vous le voulez bien, jusqu'à admettre des fautes anciennes, et, ce qui doit en résulter dans une nature facilement excitable, sinon des remords positifs, au moins le regret du temps profané et mal rempli. Le goût de la métaphysique, la connaissance des différentes hypothèses de la philosophie sur la destinée humaine, ne sont certainement pas des compléments inutiles, — non plus que cet amour de la vertu, d'une vertu abstraite, stoïcienne ou mystique, qui est posé dans tous les livres dont l'enfance moderne fait sa nourriture, comme le plus haut sommet où une âme distinguée puisse monter. Si l'on ajoute à tout cela une grande finesse de sens que j'ai omise comme condition surérogatoire, je crois que j'ai

rassemblé les éléments généraux les plus communs de l'homme sensible moderne, de ce que l'on pourrait appeler la *forme banale de l'originalité*. Voyons maintenant ce que deviendra cette individualité poussée à outrance par le hachisch. Suivons cette procession de l'imagination humaine jusque sous son dernier et plus splendide reposoir, jusqu'à la croyance de l'individu en sa propre divinité.

Si vous êtes une de ces âmes, votre amour inné de la forme et de la couleur trouvera tout d'abord une pâture immense dans les premiers développements de votre ivresse. Les couleurs prendront une énergie inaccoutumée et entreront dans le cerveau avec une intensité victorieuse. Délicates, médiocres, ou même mauvaises, les peintures des plafonds revêtiront une vie effrayante ; les plus grossiers papiers peints qui tapissent les murs des auberges se creuseront comme de splendides dioramas. Les nymphes aux chairs éclatantes vous regardent avec de grands yeux plus profonds et plus limpides que le ciel et l'eau ; les personnages de l'Antiquité, affublés de leurs costumes sacerdotaux ou militaires, échangent avec vous par le simple regard de solennelles confidences. La sinuosité des lignes est un langage définitivement clair où vous lisez l'agitation et le désir des âmes. Cependant se développe cet état mystérieux et temporaire de l'esprit, où la profondeur de la vie, hérissée de ses problèmes multiples, se révèle tout entière dans le spectacle, si naturel et si trivial qu'il soit, qu'on a sous les yeux, — où le premier objet venu devient symbole parlant. Fourier et Swedenborg, l'un avec ses *analogies*, l'autre avec ses *correspondances,* se sont incarnés dans le végétal et l'animal qui tombent sous votre regard, et au lieu d'enseigner par la voix, ils vous endoctrinent par la forme et la couleur. L'intelligence de l'allégorie prend en vous des proportions à vous-même inconnues ; nous noterons en passant que l'allégorie, ce genre si *spirituel,* que les peintres maladroits nous ont accoutumés à mépriser, mais qui est vraiment l'une des formes primitives et les plus naturelles de la poésie, reprend sa domination légitime dans l'intelligence illuminée par l'ivresse. Le hachisch s'étend alors sur toute la vie comme un vernis magique ; il la colore en solennité et en éclaire toute la profondeur. Paysages dentelés, horizons fuyants, perspectives de villes blanchies par la lividité cadavéreuse de l'orage, ou illuminées par les ardeurs concentrées des soleils couchants, — profondeur de l'espace, allégorie de la profondeur du temps, — la danse, le geste ou la déclamation des comédiens, si vous vous êtes jété dans un théâtre, — la première phrase venue, si vos yeux tombent sur un livre, — tout enfin, l'universalité des êtres se dresse devant vous avec une gloire nouvelle non soupçonnée jusqu'alors. La grammaire, l'aride grammaire elle-même, devient quelque chose comme une sorcellerie évocatoire ; les mots ressuscitent revêtus de chair et d'os, le substantif, dans sa majesté substantielle, l'adjectif, vêtement transparent qui l'habille et le colore comme un glacis, et le verbe, ange du mouvement, qui donne le branle à la phrase. La musique, autre langue chère aux paresseux ou aux esprits profonds qui cherchent le délassement dans la variété du travail, vous parle de vous-même et vous raconte le poème de votre vie ; elle s'incorpore à vous, et vous vous fondez en elle. Elle parle votre passion, non pas d'une manière vague et indéfinie, comme elle fait dans vos soirées nonchalantes, un jour d'opéra, mais d'une manière circonstanciée, positive, chaque mouvement du rythme marquant un mouvement connu de votre âme, chaque note se transformant en mot, et le poème entier entrant dans votre cerveau comme un dictionnaire doué de vie.

Il ne faut pas croire que tous ces phénomènes se produisent dans l'esprit pêle-mêle, avec l'accent criard de la réalité et le désordre de la vie extérieure. L'œil intérieur transforme tout et donne à chaque chose le complément de beauté qui lui manque pour qu'elle soit vraiment digne de plaire. C'est aussi à cette phase essentiellement voluptueuse et sensuelle qu'il faut rapporter l'amour des eaux limpides, courantes ou stagnantes, qui se développe si étonnamment dans l'ivresse cérébrale de quelques artistes. Les miroirs deviennent un prétexte à cette rêverie qui ressemble à une soif spirituelle, conjointe à la soif physique qui dessèche le gosier, et dont j'ai parlé précédemment ; les eaux fuyantes, les *jeux* d'eau, les cascades harmonieuses, l'immensité bleue de la mer, roulent, chantent, dorment avec un charme inexprimable. L'eau s'étale comme une véritable enchanteresse, et, bien que je ne croie pas beaucoup aux folies furieuses causées par le hachisch, je n'affirmerais pas que la contemplation d'un gouffre limpide fût tout à fait sans danger pour un esprit amoureux de l'espace et du cristal, et que la vieille fable de l'Ondine ne pût devenir pour l'enthousiaste une tragique réalité.

Je crois avoir suffisamment parlé de l'accroissement monstrueux du temps et de l'espace, deux idées toujours connexes, mais que l'esprit affronte alors sans tristesse et sans peur. Il regarde avec un certain délice mélancolique à travers les années profondes, et s'enfonce audacieusement dans d'infinies perspectives. On a bien deviné, je présume, que cet accroissement anormal et tyrannique s'applique également à tous les sentiments et à toutes les idées : ainsi à la bienveillance ; j'en ai donné, je crois, un assez bel échantillon ; ainsi à l'amour. L'idée de beauté doit naturellement s'emparer d'une place vaste dans un tempérament spirituel tel que je l'ai supposé. L'harmonie, le balancement des lignes, l'eurythmie dans les mouvements, apparaissent au rêveur comme des nécessités, comme des *devoirs,* non seulement pour tous les êtres de la création, mais pour lui-même, le rêveur, qui se trouve, à cette période de la crise, doué d'une merveilleuse aptitude pour comprendre le rythme immortel et universel. Et si notre fanatique manque de beauté personnelle, ne croyez pas qu'il souffre longtemps de l'aveu auquel il est contraint, ni qu'il se regarde comme une note discordante dans le monde d'harmonie et de beauté improvisé par son imagination. Les sophismes du hachisch sont nombreux et admirables, tendant généralement à l'optimisme, et l'un des principaux, le plus efficace, est celui qui transforme le désir en réalité. Il en est de même sans doute dans maint cas de la vie ordinaire, mais ici avec combien plus d'ardeur et de subtilité ! D'ailleurs, comment un être si bien doué pour comprendre l'harmonie, une sorte de prêtre du Beau, pourrait-il faire une exception et une tache dans sa propre théorie ? La beauté morale et sa puissance, la grâce et ses séductions, l'éloquence et ses prouesses, toutes ces idées se présentent bientôt comme des correctifs d'une laideur indiscrète, puis comme des consolateurs, enfin comme des adulateurs parfaits d'un sceptre imaginaire.

Quant à l'amour, j'ai entendu bien des personnes, animées d'une curiosité de lycéen, chercher à se renseigner auprès de ceux à qui était familier l'usage du hachisch. Que peut être cette ivresse de l'amour, déjà si puissante à son état naturel, quand elle est enfermée dans l'autre ivresse, comme un soleil dans un soleil ? Telle est la question qui se dressera dans une foule d'esprits que j'appellerai les badauds du monde intellectuel. Pour répondre à un sous-entendu déshonnnête, à cette partie de la question qui n'ose pas se produire, je renverrai le lecteur à Pline, qui a parlé quelque part des propriétés du chanvre

de façon à dissiper sur ce sujet bien des illusions. On sait, en outre, que l'atonie est le résultat le plus ordinaire de l'abus que les hommes font de leurs nerfs et des substances propres à les exciter. Or, comme il ne s'agit pas ici de puissance effective, mais d'émotion ou de susceptibilité, je prierai simplement le lecteur de considérer que l'imagination d'un homme nerveux, enivré de hachisch, est poussée jusqu'à un degré prodigieux, aussi peu déterminable que la force extrême possible du vent dans un ouragan, et ses sens subtilisés à un point presque aussi difficile à définir. Il est donc permis de croire qu'une caresse légère, la plus innocente de toutes, une poignée de main, par exemple, peut avoir une valeur centuplée par l'état actuel de l'âme et des sens, et les conduire peut-être, et très rapidement, jusqu'à cette syncope qui est considérée par les vulgaires mortels comme le *summum* du bonheur. Mais que le hachisch réveille, dans une imagination souvent occupée des choses de l'amour, des souvenirs tendres, auxquels la douleur et le malheur donnent même un lustre nouveau, cela est indubitable. Il n'est pas moins certain qu'une forte dose de sensualité se mêle à ces agitations de l'esprit ; et d'ailleurs il n'est pas inutile de remarquer, ce qui suffirait à constater sur ce point l'immoralité du hachisch, qu'une secte d'Ismaïlites (c'est des Ismaïlites que sont issus les Assassins) égarait ses adorations bien au-delà de l'impartial Lingam, c'est-à-dire jusqu'au culte absolu et exclusif de la moitié féminine du symbole. Il n'y aurait rien que de naturel, chaque homme étant la représentation de l'histoire, de voir une hérésie obscène, une religion monstrueuse se produire dans un esprit qui s'est lâchement livré à la merci d'une drogue infernale, et qui sourit à la dilapidation de ses propres facultés.

Puisque nous avons vu se manifester dans l'ivresse du hachisch une bienveillance singulière appliquée même aux inconnus, une espèce de philantropie plutôt faite de pitié que d'amour (c'est ici que se montre le premier germe de l'esprit satanique qui se développera d'une manière extraordinaire), mais qui va jusqu'à la crainte d'affliger qui que ce soit, on devine ce que peut devenir la sentimentalité localisée, appliquée à une personne chérie, jouant ou ayant joué un rôle important dans la vie morale du malade. Le culte, l'adoration, la prière, les rêves de bonheur se projettent et s'élancent avec l'énergie ambitieuse, et l'éclat d'un feu d'artifice ; comme la poudre et les matières colorantes du feu, ils éblouissent et s'évanouissent dans les ténèbres. Il n'est sorte de combinaison sentimentale à laquelle ne puisse se prêter le souple amour d'un esclave du hachisch. Le goût de la protection, un sentiment de paternité ardente et dévouée peuvent se mêler à une sensualité coupable que le hachisch saura toujours excuser et absoudre. Il va plus loin encore. Je suppose des fautes commises ayant laissé dans l'âme des traces amères, un mari ou un amant ne contemplant qu'avec tristesse (dans son état normal) un passé nuancé d'orages ; ces amertumes peuvent alors se changer en douceurs ; le besoin de pardon rend l'imagination plus habile et plus suppliante, et le remords lui-même, dans ce drame diabolique qui ne s'exprime que par un long monologue, peut agir comme excitant et réchauffer puissamment l'enthousiasme du cœur. Oui, le remords ! Avais-je tort de dire que le hachisch apparaissait, à un esprit vraiment philosophique, comme un parfait instrument satanique ? Le remords, singulier ingrédient du plaisir, est bientôt noyé dans la délicieuse contemplation du remords, dans une espèce d'analyse voluptueuse ; et cette analyse est si rapide que l'homme, ce diable naturel, pour parler comme les Swedenborgiens, ne s'aperçoit par combien elle est involontaire, et

combien, de seconde en seconde, il se rapproche de la perfection diabolique. Il *admire* son remords et il se glorifie, pendant qu'il est en train de perdre sa liberté.

Voilà donc mon homme supposé, l'esprit de mon choix, arrivé à ce degré de joie et de sérénité où il est *contraint* de s'admirer lui-même. Toute contradiction s'efface, tous les problèmes philosophiques deviennent limpides, ou du moins paraissent tels. Tout est matière à jouissance. La plénitude de sa vie actuelle lui inspire un orgueil démesuré. Une voix parle en lui (hélas ! c'est la sienne) qui lui dit : « Tu as maintenant le droit de te considérer comme supérieur à tous les hommes ; nul ne connaît et ne pourrait comprendre tout ce que tu penses et tout ce que tu sens ; ils seraient même incapables d'apprécier la bienveillance qu'ils t'inspirent. Tu es un roi que les passants méconnaissent, et qui vit dans la solitude de sa conviction ; mais que t'importe ? Ne possèdes-tu pas ce mépris souverain qui rend l'âme si bonne ? »

Cependant nous pouvons supposer que de temps à autre un souvenir mordant traverse et corrompe ce bonheur. Une suggestion fournie par l'extérieur peut ranimer un passé désagréable à contempler. De combien d'actions sottes ou viles le passé n'est-il pas rempli, qui sont véritablement indignes de ce roi de la pensée et qui en souillent la dignité idéale ? Croyez que l'homme au hachisch affrontera courageusement ces fantômes pleins de reproches, et même qu'il saura tirer de ces hideux souvenirs de nouveaux éléments de plaisir et d'orgueil. Telle sera l'évolution de son raisonnement : la première sensation de douleur passée, il analysera curieusement cette action ou ce sentiment dont le souvenir a troublé sa glorification actuelle, les motifs qui le faisaient agir alors, les circonstances dont il était environné, et s'il ne trouve pas dans ces circonstances des raisons suffisantes, sinon pour absoudre, au moins pour atténuer son péché, n'imaginez pas qu'il se sente vaincu ! J'assiste à son raisonnement comme au jeu d'un mécanisme sous une vitre transparente : « Cette action ridicule, lâche ou vile, dont le souvenir m'a un moment agité, est en complète contradiction avec ma vraie nature, ma nature actuelle, et l'énergie même avec laquelle je la condamne, le soin inquisitorial avec lequel je l'analyse et je la juge, prouvent mes hautes et divines aptitudes pour la vertu. Combien trouverait-on dans le monde d'hommes aussi habiles pour se juger, aussi sévères pour se condamner ? » Et non seulement il se condamne, mais il se glorifie. L'horrible souvenir ainsi absorbé dans la contemplation d'une vertu idéale, d'une charité idéale, d'un génie idéal, il se livre candidement à sa triomphante orgie spirituelle. Nous avons vu que, contrefaisant d'une manière sacrilège le sacrement de la pénitence, à la fois pénitent et confesseur, il s'était donné une facile absolution, ou, pis encore, qu'il avait tiré de sa condamnation une nouvelle pâture pour son orgueil. Maintenant, de la contemplation de ses rêves et de ses projets de vertu, il conclut à son aptitude pratique à la vertu : l'énergie amoureuse avec laquelle il embrasse ce fantôme de vertu lui paraît une preuve suffisante, péremptoire, de l'énergie virile nécessaire pour l'accomplissement de son idéal. Il confond complètement le rêve avec l'action, et son imagination s'échauffant de plus en plus devant le spectacle enchanteur de sa propre nature corrigée et idéalisée, substituant cette image fascinatrice de lui-même à son réel individu, si pauvre en volonté, si riche en vanité, il finit par décréter son apothéose en ces termes nets et simples, qui contiennent pour lui tout un monde d'abominables jouissances : « *Je suis le plus vertueux de tous les hommes !* »

Cela ne vous fait-il pas souvenir de Jean-Jacques, qui, lui aussi, après s'être confessé à l'univers, non sans une certaine volupté, a osé pousser le même cri de triomphe (ou du moins la différence est bien petite) avec la même sincérité et la même conviction ? L'enthousiasme avec lequel il admirait la vertu, l'attendrissement nerveux qui remplissait ses yeux de larmes, à la vue d'une belle action ou à la pensée de toutes les belles actions qu'il aurait voulu accomplir, suffisaient pour lui donner une idée superlative de sa valeur morale. Jean-Jacques s'était enivré sans hachisch.

Suivrai-je plus loin l'analyse de cette victorieuse monomanie ? Expliquerai-je comment, sous l'empire du poison,, mon homme se fait bientôt centre de l'univers ? comment il devient l'expression vivante et outrée du proverbe qui dit que la passion rapporte tout à elle ? Il croit à sa vertu et à son génie ; ne devine-t-on pas la fin ? Tous les objets environnants sont autant de suggestions qui agitent en lui un monde de pensées, toutes plus colorées, plus vivantes, plus subtiles que jamais, et revêtues d'un vernis magique. « Ces villes magnifiques, se dit-il, où les bâtiments superbes sont échelonnés comme dans les décors, — ces beaux navires balancés par les eaux de la rade dans un désœuvrement nostalgique, et qui ont l'air de traduire notre pensée : Quand partons-nous pour le bonheur ? — ces musées qui regorgent de belles formes et de couleurs enivrantes, — ces bibliothèques où sont accumulés les travaux de la Science et les rêves de la Muse, — ces instruments rassemblés qui parlent avec une seule voix, — ces femmes enchanteresses, plus charmantes encore par la science de la parure et l'économie du regard, — toutes ces choses ont été créées *pour moi, pour moi, pour moi !* Pour moi, l'humanité a travaillé, a été martyrisée, immolée, — pour servir de pâture, de *pabulum,* à mon implacable appétit d'émotion, de connaissance et de beauté ! » Je saute et j'abrège. Personne ne s'étonnera qu'une pensée finale, suprême, jaillisse du cerveau du rêveur : « *Je suis devenu Dieu !* » qu'un cri sauvage, ardent, s'élance de sa poitrine avec une énergie telle, une telle puissance de projection, que, si les volontés et les croyances d'un homme ivre avaient une vertu efficace, ce cri culbuterait les anges disséminés dans les chemins du ciel : « Je suis un Dieu ! » Mais bientôt cet ouragan d'orgueil se transforme en une température de béatitude calme, muette, reposée, et l'universalité des êtres se présente colorée et comme illuminée par une aurore sulfureuse. Si par hasard un vague souvenir se glisse dans l'âme de ce déplorable bienheureux : N'y aurait-il pas un autre Dieu ? croyez qu'il se redressera devant *celui-là,* qu'il discutera ses volontés et qu'il l'affrontera sans terreur. Quel est le philosophe français qui, pour railler les doctrines allemandes modernes, disait : « Je suis un dieu qui ai mal dîné ? » Cette ironie ne mordrait pas sur un esprit enlevé par le hachisch ; il répondrait tranquillement : « Il est possible que j'aie mal dîné, mais je suis un Dieu. »

<center>V</center>

MORALE

Mais le lendemain ! le terrible lendemain ! tous les organes relâchés, fatigués, les nerfs détendus, les titillantes envies de pleurer, l'impossibilité de s'appliquer à un travail suivi, vous enseignent cruellement que vous avez joué un jeu défendu. La hideuse nature, dépouillée de son illumination de la veille,

ressemble aux mélancoliques débris d'une fête. La volonté surtout est attaquée, de toutes les facultés la plus précieuse. On dit, et c'est presque vrai, que cette substance ne cause aucun mal physique, aucun mal grave, du moins. Mais peut-on affirmer qu'un homme incapable d'action, et propre seulement aux rêves, se porterait vraiment bien, quand même tous ses membres seraient en bon état ? Or, nous connaissons assez la nature humaine pour savoir qu'un homme qui peut, avec une cuillerée de confiture, se procurer instantanément tous les biens du ciel et de la terre, n'en gagnera jamais la millième partie par le travail. Se figure-t-on un État dont tous les citoyens s'enivreraient de hachisch ? Quels citoyens ! quels guerriers ! quels législateurs ! Même en Orient, où l'usage en est si répandu, il y a des gouvernements qui ont compris la nécessité de le proscrire. En effet, il est défendu à l'homme, sous peine de déchéance et de mort intellectuelle, de déranger les conditions primordiales de son existence et de rompre l'équilibre de ses facultés avec les milieux où elles sont destinées à se mouvoir, en un mot, de déranger son destin pour y substituer une fatalité d'un nouveau genre. Souvenons-nous de Melmoth, cet admirable emblème. Son épouvantable souffrance git dans la disproportion entre ses merveilleuses facultés, acquises instantanément par un pacte satanique, et le milieu où, comme créature de Dieu, il est condamné à vivre. Et aucun de ceux qu'il veut séduire ne consent à lui acheter, aux mêmes conditions, son terrible privilège. En effet, tout homme qui n'accepte pas les conditions de la vie, vend son âme. Il est facile de saisir le rapport qui existe entre les créations sataniques des poètes et les créatures vivantes qui se sont vouées aux excitants. L'homme a voulu être Dieu, et bientôt le voilà, en vertu d'une loi morale incontrôlable, tombé plus bas que sa nature réelle. C'est une âme qui se vend en détail.

Balzac pensait sans doute qu'il n'est pas pour l'homme de plus grande honte ni de plus vive souffrance que l'abdication de sa volonté. Je l'ai vu une fois, dans une réunion où il était question des effets prodigieux du hachisch. Il écoutait et questionnait avec une attention et une vivacité amusantes. Les personnes qui l'ont connu devinent qu'il devait être intéressé. Mais l'idée de penser malgré lui-même le choquait vivement. On lui présenta du dawamesk ; il l'examina, le flaira et le rendit sans y toucher. La lutte entre sa curiosité presque enfantine et sa répugnance pour l'abdication se trahissait sur son visage expressif d'une manière frappante. L'amour de la dignité l'emporta. En effet, il est difficile de se figurer le théoricien de la *volonté,* ce jumeau spirituel de Louis Lambert, consentant à perdre une parcelle de cette précieuse *substance.*

Malgré les admirables services qu'ont rendus l'éther et le chloroforme, il me semble qu'au point de vue de la philosophie spiritualiste, la même flétrissure morale s'applique à toutes les inventions modernes qui tendent à diminuer la liberté humaine et l'indispensable douleur. Ce n'est pas sans une certaine admiration que j'entendis une fois le paradoxe d'un officier qui me racontait l'opération cruelle pratiquée sur un général français à El-Aghouat, et dont celui-ci mourut malgré le chloroforme. Ce général était un homme très brave, et même quelque chose de plus, une de ces âmes à qui s'applique naturellement le terme : chevaleresque. « Ce n'était pas, me disait-il, du chloroforme qu'il lui fallait, mais les regards de toute l'armée et la musique des régiments. Ainsi peut-être il eût été sauvé ! » Le chirurgien n'était pas de l'avis de cet officier ; mais l'aumônier aurait sans doute admiré ces sentiments.

Il est vraiment superflu, après toutes ces considérations, d'insister sur le

caractère immoral du hachisch. Que je le compare au suicide, à un suicide lent, à une arme toujours sanglante et toujours aiguisée, aucun esprit raisonnable n'y trouvera à redire. Que je l'assimile à la sorcellerie, à la magie, qui veulent, en opérant sur la matière et par des arcanes dont rien ne prouve la fausseté non plus que l'efficacité, conquérir une domination interdite à l'homme ou permise seulement à celui qui en est jugé digne, aucune âme philosophique ne blâmera cette comparaison. Si l'Église condamne la magie et la sorcellerie, c'est qu'elles militent contre les intentions de Dieu, qu'elles suppriment le travail du temps et veulent rendre superflues les conditions de pureté et de moralité ; et qu'elle, l'Église, ne considère comme légitimes, comme vrais, que les trésors gagnés par la bonne intention assidue. Nous appelons escroc le joueur qui a trouvé le moyen de jouer à coup sûr ; comment nommerons-nous l'homme qui veut acheter, avec un peu de monnaie, le bonheur et le génie ? C'est l'infaillibilité même du moyen qui en constitue l'immoralité, comme l'infaillibilité supposée de la magie lui impose son stigmate infernal. Ajouterai-je que le hachisch, comme toutes les joies solitaires, rend l'individu inutile aux hommes et la société superflue pour l'individu, le poussant à s'admirer sans cesse lui-même et le précipitant jour à jour vers le gouffre lumineux où il admire sa face de Narcisse ?

Si encore, au prix de sa dignité, de son honnêteté et de son libre arbitre, l'homme pouvait tirer du hachisch de grands bénéfices spirituels, en faire une espèce de machine à penser, un instrument fécond ? C'est une question que j'ai souvent entendu poser, et j'y réponds. D'abord, comme je l'ai longuement expliqué, le hachisch ne révèle à l'individu rien que l'individu lui-même. Il est vrai que cet individu est pour ainsi dire cubé et poussé à l'extrême, et comme il est également certain que la mémoire des impressions survit à l'orgie, l'espérance de ces *utilitaires* ne paraît pas au premier aspect tout à fait dénuée de raison. Mais je les prierai d'observer que les pensées, dont ils comptent tirer un si grand parti, ne sont pas réellement aussi belles qu'elles le paraissent sous leur travestissement momentané et recouvertes d'oripeaux magiques. Elles tiennent de la terre plutôt que du ciel, et doivent une grande partie de leur beauté à l'agitation nerveuse, à l'avidité avec laquelle l'esprit se jette sur elles. Ensuite, cette espérance est un cercle vicieux : admettons un instant que le hachisch donne, ou du moins augmente le génie ; ils oublient qu'il est de la nature du hachisch de diminuer la volonté, et qu'ainsi il accorde d'un côté ce qu'il retire de l'autre, c'est-à-dire l'imagination sans la faculté d'en profiter. Enfin il faut songer, en supposant un homme assez adroit et assez vigoureux pour se soustraire à cette alternative, à un autre danger, fatal, terrible, qui est celui de toutes les accoutumances. Toutes se transforment bientôt en nécessités. Celui qui aura recours à un poison *pour* penser ne pourra bientôt plus penser *sans* poison. Se figure-t-on le sort affreux d'un homme dont l'imagination paralysée ne saurait plus fonctionner sans le secours du hachisch ou de l'opium ?

Dans les études philosophiques, l'esprit humain, imitant la marche des astres, doit suivre une courbe qui le ramène à son point de départ. Conclure, c'est fermer un cercle. Au commencement j'ai parlé de cet état merveilleux, où l'esprit de l'homme se trouvait quelquefois jeté comme par une grâce spéciale ; j'ai dit qu'aspirant sans cesse à réchauffer ses espérances et à s'élever vers l'infini, il montrait, dans tous les pays et dans tous les temps, un goût frénétique pour toutes les substances, même dangereuses, qui, en exaltant sa personna-

lité, pouvaient susciter un instant à ses yeux ce paradis d'occasion, objet de tous ses désirs, et enfin que cet esprit hasardeux, poussant, sans le savoir, jusqu'à l'enfer, témoignait ainsi de sa grandeur originelle. Mais l'homme n'est pas si abandonné, si privé de moyens honnêtes pour gagner le ciel, qu'il soit obligé d'invoquer la pharmacie et la sorcellerie ; il n'a pas besoin de vendre son âme pour payer les caresses enivrantes et l'amitié des houris.Qu'est-ce qu'un paradis qu'on achète au prix de son salut éternel ? Je me figure un homme (dirai-je un brahmane, un poète, ou un philosophe chrétien ?) placé sur l'Olympe ardu de la spiritualité ; autour de lui, les Muses de Raphaël ou de Mantegna, pour le consoler de ses longs jeûnes et de ses prières assidues, combinent les danses les plus nobles, le regardent avec leurs plus doux yeux et leurs sourires les plus éclatants ; le divin Apollon, ce maitre en tout savoir (celui de Francavilla, d'Albert Dürer, de Goltzius ou de tout autre, qu'importe ? N'y a-t-il pas un Apollon, pour tout homme qui le mérite ?), caresse de son archet ses cordes les plus vibrantes. Au-dessous de lui, au pied de la montagne, dans les ronces et dans la boue, la troupe des humains, la bande des ilotes, simule les grimaces de la jouissance et pousse des hurlements que lui arrache la morsure du poison ; et le poète attristé se dit : « Ces infortunés qui n'ont ni jeûné, ni prié, et qui ont refusé la rédemption par le travail, demandent à la noire magie les moyens de s'élever, d'un seul coup, à l'existence surnaturelle. La magie les dupe et elle allume pour eux un faux bonheur et une fausse lumière ; tandis que nous, poètes et philosophes, nous avons régénéré notre âme par le travail successif et la contemplation ; par l'exercice assidu de la volonté et la noblesse permanente de l'intention, nous avons créé à notre usage un jardin de vraie beauté. Confiants dans la parole qui dit que la foi transporte les montagnes, nous avons accompli le seul miracle dont Dieu nous ait octroyé la licence ! »

UN MANGEUR D'OPIUM

I

PRÉCAUTIONS ORATOIRES

« Ô juste, subtil et puissant opium ! Toi qui, au cœur du pauvre comme du riche, pour les blessures qui ne se cicatriseront jamais et pour les angoisses qui induisent l'esprit en rébellion, apportes un baume adoucissant; éloquent opium ! toi qui, par ta puissante rhétorique, désarmes les résolutions de la rage, et qui, pour une nuit, rends à l'homme coupable les espérances de sa jeunesse et ses anciennes mains pures de sang; qui, à l'homme orgueilleux, donnes un oubli passager

Des torts non redressés et des insultes non vengées ;

qui cites les faux témoins au tribunal des rêves, pour le triomphe de l'innocence immolée ; qui confonds le parjure ; qui annules les sentences des juges iniques ; — tu bâtis sur le sein des ténèbres, avec les matériaux imaginaires du cerveau, avec un art plus profond que celui de Phidias et de Praxitèle, des cités et des temples qui dépassent en splendeur Babylone et Hékatompylos ; et du chaos d'un sommeil plein de songes tu évoques à la lumière du soleil les visages des beautés depuis longtemps ensevelies, et les physionomies familières et bénies, nettoyées des outrages de la tombe. Toi seul, tu donnes à l'homme ces trésors, et tu possèdes les clefs du paradis, ô juste, subtil et puissant opium ! » — Mais, avant que l'auteur ait trouvé l'audace de pousser, en l'honneur de son cher opium, ce cri violent comme la reconnaissance de l'amour, que de ruses, que de précautions oratoires ! D'abord, c'est l'allégation éternelle de ceux qui ont à faire des aveux compromettants, presque décidés cependant à s'y complaire :

« Grâce à l'application que j'y ai mise, j'ai la confiance que ces mémoires ne seront pas simplement intéressants, mais aussi, et à un degré considérable, utiles et instructifs. C'est positivement dans cette espérance que je les ai rédigés par écrit, et ce sera mon excuse pour avoir rompu cette délicate et honorable réserve, qui empêche la plupart d'entre nous de faire une exhibition publique de nos propres erreurs et infirmités. Rien, il est vrai, n'est plus propre à révolter le sens anglais, que le spectacle d'un être humain, imposant à notre attention ses cicatrices et ses ulcères moraux et arrachant cette pudique draperie dont le temps ou l'indulgence pour la fragilité humaine avait consenti à les revêtir. »

En effet, ajoute-t-il, généralement le crime et la misère reculent loin du regard public, et, même dans le cimetière, ils s'écartent de la population commune, comme s'ils abdiquaient humblement tout droit à la camaraderie avec la grande famille humaine. Mais, dans le cas du *Mangeur d'opium*, il n'y pas de crime, il n'y a que faiblesse, et encore faiblesse si facile à excuser ! ainsi qu'il le prouvera dans une biographie préliminaire ; ensuite le bénéfice résultant pour autrui des notes d'une expérience achetée à un prix si lourd, peut compenser largement la violence faite à la pudeur morale et créer une exception légitime.

Dans cette adresse au lecteur nous trouvons quelques renseignements sur le peuple mystérieux des mangeurs d'opium, cette nation contemplative perdue au sein de la nation active. Ils sont nombreux, et plus qu'on ne le croit. Ce sont des professeurs, ce sont des philosophes, un lord placé dans la plus haute situation, un sous-secrétaire d'État ; si des cas aussi nombreux, pris dans la haute classe de la société, sont venus, sans avoir été cherchés, à la connaissance d'un seul individu, quelle statistique effroyable ne pourrait-on pas établir sur la population totale de l'Angleterre ! Trois pharmaciens de Londres, dans des quartiers pourtant reculés, affirment (en 1821) que le nombre des *amateurs* d'opium est immense, et que la difficulté de distinguer les personnes qui en ont fait une sorte d'hygiène de celles qui veulent s'en procurer dans un but coupable est pour eux une source d'embarras quotidiens. Mais l'opium est descendu visiter les limbes de la société, et à Manchester, dans l'après-midi du samedi, les comptoirs des droguistes sont couverts de pilules préparées en prévision des demandes du soir. Pour les ouvriers des manufactures l'opium est une volupté économique ; car l'abaissement des salaires peut faire de l'ale et des spiritueux une orgie coûteuse. Mais ne croyez pas, quand le salaire remontera, que l'ouvrier anglais abandonne l'opium pour retourner aux grossières joies de l'alcool. La fascination est opérée ; la volonté est domptée ; le souvenir de la jouissance exercera son éternelle tyrannie.

Si des natures grossières et abêties par un travail journalier et sans charme peuvent trouver dans l'opium de vastes consolations, quel en sera donc l'effet sur un esprit subtil et lettré, sur une imagination ardente et cultivée, surtout si elle a été prématurément labourée par la fertilisante douleur, — sur un cerveau marqué par la rêverie fatale, *touched with pensiveness*, pour me servir de l'étonnante expression de mon auteur ? Tel est le sujet du merveilleux livre que je déroulerai comme une tapisserie fantastique sous les yeux du lecteur. J'abrégerai sans doute beaucoup ; De Quincey est essentiellement digressif ; l'expression *humourist* peut lui être appliquée plus convenablement qu'à tout autre ; il compare, en un endroit, sa pensée à un thyrse, simple bâton qui tire toute sa physionomie et tout son charme du feuillage compliqué qui l'enveloppe. Pour que le lecteur ne perde rien des tableaux émouvants qui composent la substance de son volume, l'espace dont je dispose étant restreint, je serai obligé, à mon grand regret, de supprimer bien des hors-d'œuvre très amusants, bien des dissertations exquises, qui n'ont pas directement trait à l'opium, mais ont simplement pour but d'*illustrer* le caractère du mangeur d'opium. Cependant le livre est assez vigoureux pour se faire deviner, même sous cette enveloppe succincte, même à l'état de simple extrait.

L'ouvrage *(Confessions of an englisch opium-eater, being an extract from the life of a scholar)* est divisé en deux parties : l'une, *Confessions;* l'autre, son complément, *Suspiria de profundis*. Chacune se partage en différentes

subdivisions, dont j'omettrai quelques-unes, qui sont comme des corollaires ou des appendices. La division de la première partie est parfaitement simple et logique, naissant du sujet lui-même : *Confessions préliminaires ; Voluptés de l'opium ; Tortures de l'opium.* Les *Confessions préliminaires,* sur lesquelles j'ai à m'étendre un peu longuement, ont un but facile à deviner. Il faut que le personnage soit connu, qu'il se fasse aimer, apprécier du lecteur. L'auteur, qui a entrepris d'intéresser vigoureusement l'attention avec un sujet en apparence aussi monotone que la description d'une ivresse, tient vivement à montrer jusqu'à quel point il est excusable ; il veut créer pour sa personne une sympathie dont profitera tout l'ouvrage. Enfin, et ceci est très important, le récit de certains accidents, vulgaires peut-être en eux-mêmes, mais graves et sérieux en raison de la sensibilité de celui qui les a supportés, devient, pour ainsi dire, la clef des sensations et des visions extraordinaires qui assiégeront plus tard son cerveau. Maint vieillard, penché sur une table de cabaret, se revoit lui-même vivant dans son entourage disparu ; son ivresse est faite de sa jeunesse évanouie. De même, les événements racontés dans les *Confessions* usurperont une part importante dans les visions postérieures. Ils ressusciteront comme ces rêves qui ne sont que les souvenirs déformés ou transfigurés des obsessions d'une journée laborieuse.

II

CONFESSIONS PRÉLIMINAIRES

Non, ce ne fut pas pour la recherche d'une volupté coupable et paresseuse qu'il commença à user de l'opium, mais simplement pour adoucir les tortures d'estomac nées d'une habitude cruelle de la faim. Ces angoisses de la famine datent de sa première jeunesse, et c'est à l'âge de vingt-huit ans que le mal et le remède font leur première apparition dans sa vie, après une période assez longue de bonheur, de sécurité et de bien-être. Dans quelles circonstances se produisirent ces angoisses fatales, c'est ce qu'on va voir.

Le futur *mangeur d'opium* avait sept ans quand son père mourut, le laissant à des tuteurs qui lui firent faire sa première éducation dans plusieurs écoles. De très bonne heure il se distingua par ses aptitudes littéraires, particulièrement par une connaissance prématurée de la langue grecque. À treize ans, il écrivait en grec ; à quinze, il pouvait non seulement composer des vers grecs en mètres lyriques, mais même converser en grec abondamment et sans embarras, faculté qu'il devait à une habitude journalière d'improviser en grec une traduction des journaux anglais. La nécessité de trouver dans sa mémoire et son imagination une foule de périphrases pour exprimer par une langue morte des idées et des images absolument modernes, avait créé pour lui un dictionnaire toujours prêt, bien autrement complexe et étendu que celui qui résulte de la vulgaire patience des thèmes purement littéraires. « Ce garçon-là, disait un de ses maîtres en le désignant à un étranger, pourrait haranguer une foule athénienne beaucoup mieux que vous ou moi une foule anglaise. » Malheureusement notre helléniste précoce fut enlevé à cet excellent maître, et, après avoir passé par les mains d'un grossier pédagogue tremblant toujours que l'enfant ne se fît le redresseur de son ignorance, il fut remis aux soins d'un bon et solide professeur, qui, lui aussi, péchait par le manque d'élégance et ne rappelait en rien l'ardente et

UN MANGEUR D'OPIUM 261

étincelante érudition du premier. Mauvaise chose, qu'un enfant puisse juger ses maîtres et se placer au-dessus d'eux. On traduisait Sophocle, et, avant l'ouverture de la classe, le zélé professeur, l'*archididascalus,* se préparait avec une grammaire et un lexique à la lecture des chœurs, purgeant à l'avance sa leçon de toutes les hésitations et de toutes les difficultés. Cependant le jeune homme (il touchait à ses dix-sept ans) brûlait d'aller à l'Université, et c'était en vain qu'il tourmentait ses tuteurs à ce sujet. L'un d'eux, homme bon et raisonnable, vivait fort loin. Sur les trois autres, deux avaient remis toute leur autorité entre les mains du quatrième ; et celui-là nous est dépeint comme le mentor le plus entêté du monde et le plus amoureux de sa propre volonté. Notre aventureux jeune homme prend un grand parti ; il fuira l'école. Il écrit à une charmante et excellente femme, une amie de famille sans doute, qui l'a tenu enfant sur ses genoux, pour lui demander cinq guinées. Une réponse pleine de grâce maternelle arrive bientôt, avec le double de la somme demandée. Sa bourse d'écolier contenait encore deux guinées, et douze guinées représentent une fortune infinie pour un enfant qui ne connaît pas les nécessités journalières de la vie. Il ne s'agit plus que d'exécuter la fuite. Le morceau suivant est un de ceux que je ne peux pas me résigner à abréger. Il est bon d'ailleurs que le lecteur puisse de temps en temps goûter par lui-même la manière pénétrante et *féminine* de l'auteur.

« Le docteur Johnson fait une observation fort juste (et pleine de sentiment, ce que malheureusement on ne peut pas dire de toutes ses observations), c'est que nous ne faisons jamais sciemment pour la dernière fois, sans une tristesse au cœur, ce que nous avons depuis longtemps accoutumance de faire. Je sentis profondément cette vérité, quand j'en vins à quitter un lieu que je n'aimais pas et où je n'avais pas été heureux. Le soir qui précéda le jour où je devais le fuir pour jamais, j'entendis avec tristesse résonner dans la vieille et haute salle de la classe la prière du soir ; car je l'entendais pour la dernière fois ; et la nuit venue, quand on fit l'appel, mon nom ayant été, comme d'habitude, appelé le premier, je m'avançai, et, passant devant le principal qui était présent, je le saluai ; je le regardais curieusement au visage, et je pensais en moi-même : Il est vieux et infirme, et je ne le reverrai plus en ce monde ! J'avais raison, car je ne l'ai pas revu et je ne le reverrai jamais. Il me regarda complaisamment, avec un bon sourire, me rendit mon salut, ou plutôt mon adieu, et nous nous quittâmes, sans qu'il s'en doutât, pour toujours. Je ne pouvais pas éprouver un profond respect pour son intelligence ; mais il s'était toujours montré bon pour moi ; il m'avait accordé maintes faveurs, et je souffrais à la pensée de la mortification que j'allais lui infliger.

« Le matin arriva, où je devais me lancer sur la mer du monde, matin d'où toute ma vie subséquente a pris, en grande partie, sa couleur. Je logeais dans la maison du principal, et j'avais obtenu, dès mon arrivée, la faveur d'une chambre particulière, qui me servait également de chambre à coucher et de cabinet de travail. À trois heures et demie, je me levai, et je considérai avec une profonde émotion les anciennes tours de..., parées des premières lueurs, et qui commençaient à s'empourprer de l'éclat radieux d'une matinée de juin sans nuages. J'étais ferme et inébranlable dans mon dessein, mais troublé cependant par une appréhension vague d'embarras et de dangers incertains ; et si j'avais pu prévoir la tempête, la véritable grêle d'affliction qui devait bientôt s'abattre sur moi, j'eusse été à bon droit bien autrement agité. La paix profonde du matin faisait avec ce trouble un contraste attendrissant et lui servait presque

de médecine. Le silence était plus profond qu'à minuit; et pour moi le silence d'un matin d'été est plus touchant que tout autre silence, parce que la lumière, quoique large et forte, comme celle de midi dans les autres saisons de l'année, semble différer du jour parfait surtout en ceci que l'homme n'est pas encore dehors; et ainsi la paix de la nature et des innocentes créatures de Dieu semble profonde et assurée, tant que la présence de l'homme, avec son esprit inquiet et instable, n'en viendra pas troubler la sainteté. Je m'habillai, je pris mon chapeau et mes gants, et je m'attardai quelque temps dans ma chambre. Depuis un an et demi, cette chambre avait été la citadelle de ma pensée; là, j'avais lu et étudié pendant les longues heures de la nuit; et, bien qu'à dire vrai, pendant la dernière partie de cette période, moi qui étais fait pour l'amour et les affections douces, j'eusse perdu ma gaieté et mon bonheur dans la lutte fiévreuse que j'avais soutenue contre mon tuteur, d'un autre côté cependant, un garçon comme moi, amoureux des livres, adonné aux recherches de l'esprit, ne pouvait pas n'avoir pas joui de quelques bonnes heures, au milieu même de son découragement. Je pleurais en regardant autour de moi le fauteuil, la cheminée, la table à écrire, et autres objets familiers que j'étais trop sûr de ne pas revoir. Depuis lors jusqu'à l'heure où je trace ces lignes, dix-huit années se sont écoulées, et cependant, en ce moment même, je vois distinctement, comme si cela datait d'hier, le contour et l'expression de l'objet sur lequel je fixais un regard d'adieu; c'était un portrait de la séduisante.....*, qui était suspendu au-dessus de la cheminée, et dont les yeux et la bouche étaient si beaux, et toute la physionomie si radieuse de bonté et de divine sérénité, que j'avais mille fois laissé tomber ma plume ou mon livre pour demander des consolations à son image, comme un dévot à son saint patron. Pendant que je m'oubliais à la contempler, la voix profonde de l'horloge proclama qu'il était quatre heures. Je me haussai jusqu'au portrait, je le baisai, et puis je sortis doucement et je refermai la porte pour toujours !

« Les occasions de rire et de larmes s'entrelacent et se mêlent si bien dans cette vie, que je ne puis sans sourire me rappeler un incident qui se produisit alors et faillit faire obstacle à l'exécution immédiate de mon plan. J'avais une malle d'un poids énorme; car, outre mes habits, elle contenait presque toute ma bibliothèque. La difficulté était de la faire transporter chez un voiturier. Ma chambre était située à une hauteur aérienne, et ce qu'il y avait de pis, c'est que l'escalier qui conduisait à cet angle du bâtiment aboutissait à un corridor passant devant la porte de la chambre du principal. J'étais adoré de tous les domestiques, et, sachant que chacun d'eux s'empresserait à me servir secrètement, je confiai mon embarras à un valet de chambre du principal. Il jura qu'il ferait tout ce que je voudrais; et quand le moment fut venu, il monta l'escalier pour emporter la malle. Je craignais fort que cela ne fût au-dessus des forces d'un seul homme; mais ce groom était un gaillard doué

> D'épaules atlastiques, faites pour supporter
> Le poids des plus puissantes monarchies, [1]

et il avait un dos aussi vaste que les plaines de Salisbury. Il s'entêta donc à transporter la malle à lui seul, pendant que j'attendais au bas du dernier étage, plein d'anxiété. Durant quelque temps, je l'entendis qui descendait d'un pas ferme et lent; mais malheureusement, par suite de son inquiétude, comme il se

* Peut-être la dame aux dix guinées.

rapprochait de l'endroit dangereux, à quelques pas du corridor son pied glissa, et le puissant fardeau, tombant de ses épaules, acquit une telle vitesse de descente à chaque marche de l'escalier, qu'en arrivant au bas il roula, ou plutôt bondit tout droit, avec le vacarme de vingt démons, contre la porte de la chambre à coucher de l'*archididascalus*. Ma première idée fut que tout était perdu, et que ma seule chance pour exécuter une retraite était de sacrifier mon bagage. Néanmoins un moment de réflexion me décida à attendre la fin de l'aventure. Le groom était dans une frayeur horrible pour son propre compte et pour le mien ; mais, en dépit de tout cela, le sentiment du comique s'était, dans ce malheureux contretemps, si irrésistiblement emparé de son esprit, qu'il éclata de rire, — mais d'un rire prolongé, étourdissant, à toute volée, qui aurait réveillé les *Sept-Dormants*. Aux sons de cette musique de gaieté, qui résonnait aux oreilles même de l'autorité insultée, je ne pus m'empêcher de joindre la mienne, non pas tant à cause de la malheureuse *étourderie* de la malle, qu'à cause de l'effet nerveux produit sur le groom. Nous nous attendions tous les deux, très naturellement, à voir le docteur s'élancer hors de sa chambre ; car généralement, s'il entendait remuer une souris, il bondissait comme un mâtin hors de sa niche. Chose singulière, en cette occasion, quand nos éclats de rire eurent cessé, aucun bruit, pas même un frôlement, ne se fit entendre dans la chambre. Le docteur était affligé d'une infirmité douloureuse, qui le tenait quelquefois éveillé, mais qui, peut-être, quand il parvenait à s'assoupir, le faisait dormir plus profondément. Encouragé par ce silence, le groom rechargea son fardeau sur ses épaules et effectua le reste de sa descente sans accident. J'attendis jusqu'à ce que j'eusse vu la malle placée sur une brouette, et en route pour la voiture. Alors, sans autre guide que la Providence, je partis à pied, emportant sous mon bras un petit paquet avec quelques objets de toilette, un poète anglais favori dans une poche, et dans l'autre un petit volume in-douze contenant environ neuf pièces d'Euripide. »

Notre écolier avait caressé l'idée de se diriger vers le Westmoreland ; mais un accident qu'il ne nous explique pas changea son itinéraire et le jeta dans les Galles du Nord. Après avoir erré quelque temps dans le Denbighshire, le Merionethshire et le Caernarvonshire, il s'installa dans une petite maison fort propre, à B.... : mais il en fut bientôt rejeté par un incident où son jeune orgueil se trouva froissé de la manière la plus comique. Son hôtesse avait servi chez un évêque, soit comme gouvernante, soit comme bonne d'enfants. La superbe énorme du clergé anglais s'infiltre généralement non seulement dans les enfants des dignitaires, mais même dans leurs serviteurs. Dans une petite ville comme B...., avoir vécu dans la famille d'un évêque suffisait évidemment pour conférer une sorte de distinction ; de sorte que la bonne dame n'avait sans cesse à la bouche que des phrases comme : « Mylord faisait ceci, mylord faisait cela ; mylord était un homme indispensable au Parlement, indispensable à Oxford..... » Peut-être trouva-t-elle que le jeune homme n'écoutait pas ses discours avec assez de révérence. Un jour elle était allée rendre ses devoirs à l'évêque et à sa famille, et celui-ci l'avait questionnée sur ses petites affaires. Apprenant qu'elle avait loué son appartement, le digne prélat avait pris soin de lui recommander d'être fort difficile sur le choix de ses locataires : « Betty, dit-il, rappelez-vous bien que cet endroit est placé sur la grande route qui mène à la capitale, de sorte qu'il doit vraisemblablement servir d'étape à une foule d'escrocs irlandais, qui fuient leurs créanciers d'Angleterre, et d'escrocs anglais qui ont laissé des dettes dans l'île de Man. » Et la bonne dame, en

racontant orgueilleusement son entrevue avec l'évêque, ne manqua pas d'ajouter sa réponse : « Oh ! mylord, je ne crois vraiment pas que ce gentleman soit un escroc, parce que..... » — « Vous ne pensez pas que je sois un escroc ! répond le jeune écolier exaspéré ; désormais, je vous épargnerai la peine de penser à de pareilles choses. » Et il s'apprête à partir. La pauvre hôtesse avait bien envie de mettre les pouces ; mais, la colère ayant inspiré à celui-ci quelques termes peu respectueux à l'endroit de l'évêque, toute réconciliation devint impossible. « J'étais, dit-il, véritablement indigné de cette facilité de l'évêque à calomnier une personne qu'il n'avait jamais vue, et j'eus envie de lui faire savoir là-dessus ma pensée en grec, ce qui, tout en fournissant une présomption en faveur de mon honnêteté, aurait en même temps (du moins je l'espérais) fait un devoir à l'évêque de me répondre dans la même langue ; auquel cas je ne doutais pas qu'il devint manifeste que si je n'étais pas aussi riche que Sa Seigneurie, j'étais un bien meilleur helléniste. Des pensées plus saines chassèrent ce projet enfantin.... »

Sa vie errante recommence ; mais d'auberge en auberge il se trouve rapidement dépouillé de son argent. Pendant une quinzaine de jours il est réduit à se contenter d'un seul plat par jour. L'exercice et l'air des montagnes, qui agissent vigoureusement sur un jeune estomac, lui rendent ce maigre régime fort douloureux ; car ce repas unique est fait de thé ou de café. Enfin le thé et le café deviennent un luxe impossible, et durant tout son séjour dans le pays de Galles il subsiste uniquement de mûres et de baies d'églantier. De temps à autre une bonne hospitalité coupe, comme une fête, ce régime d'anachorète, et cette hospitalité, il la paye généralement par de petits services d'écrivain public. Il remplit l'office de secrétaire pour les paysans qui ont des parents à Londres ou à Liverpool. Plus souvent ce sont des lettres d'amour que les filles qui ont été servantes, soit à Shrewsbury, soit dans toute autre ville sur la côte d'Angleterre, le chargent de rédiger pour les amoureux qu'elles y ont laissés. Il y a même un épisode de ce genre qui a un caractère touchant. Dans une partie reculée du Merionethshire, à Llan-y-Stindwr, il loge pendant un peu plus de trois jours chez des jeunes gens qui le traitent avec une cordialité charmante ; quatre sœurs et trois frères, tous parlant anglais, et doués d'une élégance et d'une beauté natives tout à fait singulières. Il rédige une lettre pour un des frères, qui, ayant servi sur un navire de guerre, veut réclamer ses parts de prise ; et plus secrètement, deux lettres d'amour pour deux des sœurs. Ces naïves créatures, par leur candeur, leur distinction naturelle, et leurs pudiques rougeurs, quand elles dictent leurs instructions, font songer aux grâces limpides et délicates des keepsakes. Il s'acquitte si bien de son devoir que les blanches filles sont tout émerveillées qu'il ait su concilier les exigences de leur orgueilleuse pudeur avec leur envie secrète de dire les choses les plus aimables. Mais un matin il remarque un embarras singulier, presque une affliction ; c'est que les vieux parents reviennent, gens grognons et austères qui s'étaient absentés pour assister à un meeting annuel de méthodistes à Caernarvon. À toutes les phrases que le jeune homme leur adresse, il n'obtient pas d'autre réponse que : « *Dym Sassenach* » *(no English).* « Malgré tout ce que les jeunes gens pouvaient dire en ma faveur, je compris aisément que mes talents pour écrire des lettres d'amour seraient auprès de ces graves méthodistes sexagénaires une aussi pauvre recommandation que mes vers saphiques ou alcaïques. » Et de peur que la gracieuse hospitalité offerte par la jeunesse ne se

transforme dans la main de ces rudes vieillards en une cruelle charité, il reprend son singulier pèlerinage.

L'auteur ne nous dit pas par quels moyens ingénieux il réussit, malgré sa misère, à se transporter à Londres. Mais ici la misère, d'âpre qu'elle était, devient positivement terrible, presque une agonie journalière. Qu'on se figure seize semaines de tortures causées par une faim permanente, à peine soulagée par quelques bribes de pain subtilement dérobées à la table d'un homme dont nous aurons à parler tout à l'heure ; deux mois passés à la belle étoile ; et enfin le sommeil corrompu par des angoisses et des soubresauts intermittents. Certes son équipée d'écolier lui coûtait cher. Quand la saison inclémente arriva comme pour augmenter ces souffrances qui semblaient ne pouvoir s'aggraver, il eut le bonheur de trouver un abri, mais quel abri ! L'homme au déjeuner de qui il assistait et à qui il dérobait quelques croûtes de pain (celui-ci le croyait malade et ignorait qu'il fût absolument dénué de tout) lui permit de coucher dans une vaste maison inoccupée dont il était locataire. En fait de meubles, rien qu'une table et quelques chaises ; un désert poudreux, plein de rats. Au milieu de cette désolation habitait cependant une pauvre petite fille, non pas idiote, mais plus que simple, non pas jolie certes, et âgée d'une dizaine d'années, à moins toutefois que la faim dont elle était rongée n'eût vieilli prématurément son visage. Etait-ce simplement une servante ou une fille naturelle de l'homme en question, l'auteur ne l'a jamais su. Cette pauvre abandonnée fut bien heureuse quand elle apprit qu'elle aurait désormais un compagnon pour les noires heures de la nuit. La maison était vaste, et l'absence de meubles et de tapisseries la rendait plus sonore ; le fourmillement des rats remplissait de bruit les salles et l'escalier. À travers les douleurs physiques du froid et de la faim, la malheureuse petite avait su se créer un mal imaginaire : elle avait peur des revenants. Le jeune homme lui promit de la protéger contre eux, et, ajoute-t-il assez drôlement, « c'était tout le secours que je pouvais lui offrir ». Ces deux pauvres êtres, maigres, affamés, frissonnants, couchaient sur le plancher avec des liasses de papiers de procédure pour oreiller, sans autre couverture qu'un vieux manteau de cavalier. Plus tard cependant, ils découvrirent dans le grenier une vieille housse de canapé, un petit morceau de tapis et quelques autres nippes qui leur firent un peu plus de chaleur. La pauvre enfant se serrait contre lui pour se réchauffer et pour se rassurer contre ses ennemis de l'autre monde. Quand il n'était pas plus malade qu'à l'ordinaire, il la prenait dans ses bras, et la petite, réchauffée par ce contact fraternel, dormait souvent tandis que lui, il n'y pouvait réussir. Car durant ses deux derniers mois de souffrance il dormait beaucoup pendant le jour, ou plutôt il tombait dans des somnolences soudaines : mauvais sommeil hanté de rêves tumultueux ; sans cesse il s'éveillait, et sans cesse il s'endormait, la douleur et l'angoisse interrompant violemment le sommeil, et l'épuisement le ramenant irrésisti-blement. Quel est l'homme nerveux qui ne connaît pas ce *sommeil de chien,* comme dit la langue anglaise dans son elliptique énergie ? Car les douleurs morales produisent des effets analogues à ceux des souffrances physiques, telles que la faim. On s'entend soi-même gémir ; on est quelquefois réveillé par sa propre voix ; l'estomac va se creusant sans cesse et se contractant comme une éponge opprimée par une main vigoureuse ; le diaphragme se rétrécit et se soulève ; la respiration manque, et l'angoisse va toujours croissant jusqu'à ce que, trouvant un remède dans l'intensité même de la douleur, la nature

humaine fasse explosion dans un grand cri et dans un bondissement de tout le corps qui amène enfin une violente délivrance.

Cependant le maître de la maison arrivait quelquefois soudainement, et de très bonne heure ; quelquefois il ne venait pas du tout. Il était toujours sur le qui-vive, à cause des huissiers, raffinant le procédé de Cromwell et couchant chaque nuit dans un quartier différent ; examinant à travers un guichet la physionomie des gens qui frappaient à la porte ; déjeunant seul avec du thé et un petit pain ou quelques biscuits qu'il avait achetés en route, et n'invitant jamais personne. C'est pendant ce déjeuner, merveilleusement frugal, que le jeune homme trouvait subtilement quelque prétexte pour rester dans la chambre et entamer la conversation ; puis, avec l'air le plus indifférent qu'il pût se composer, il s'emparait des derniers débris de pain trainant sur la table ; mais quelquefois aucune épave ne restait pour lui. Tout avait été englouti. Quant à la petite fille, elle n'était jamais admise dans le cabinet de l'homme, si l'on peut appeler ainsi un capharnaüm de paperasses et de parchemins. À six heures ce personnage mystérieux décampait et fermait sa chambre. Le matin, à peine était-il arrivé, que la petite descendait pour vaquer à son service. Quand l'heure du travail et des affaires commençait pour l'homme, le jeune vagabond sortait, et allait errer ou s'asseoir dans les parcs ou ailleurs. À la nuit il revenait à son gite désolé, et au coup de marteau la petite accourait d'un pas tremblant pour ouvrir la porte d'entrée.

Dans ses années plus mûres, un 15 août, jour de sa naissance, un soir à dix heures, l'auteur a voulu jeter un coup d'œil sur cet asile de ses anciennes misères. À la lueur resplendissante d'un beau salon, il a vu des gens qui prenaient le thé et qui avaient l'air aussi heureux que possible ; étrange contraste avec les ténèbres, le froid, le silence et la désolation de cette même bâtisse, lorsque, dix-huit ans auparavant, elle abritait un étudiant famélique et une petite fille abandonnée. Plus tard il fit quelques efforts pour retrouver la trace de cette pauvre enfant. A-t-elle vécu ? est-elle devenue mère ? Nul renseignement. Il l'aimait comme son associée en misère ; car elle n'était ni jolie, ni agréable, ni même intelligente. Pas d'autre séduction qu'un visage humain, la pure humanité réduite à son expression la plus pauvre. Mais, ainsi que l'a dit, je crois, Robespierre, dans son style de glace ardente, recuit et congelé comme l'abstraction : « L'homme ne voit jamais l'homme sans plaisir ! »

Mais qui était et que faisait cet homme, ce locataire aux habitudes si mystérieuses ? C'était un de ces hommes d'affaires, comme il y en a dans toutes les grandes villes, plongés dans des chicanes compliquées, rusant avec la loi, et ayant remisé pour un certain temps leur conscience, en attendant qu'une situation plus prospère leur permette de reprendre l'usage de ce luxe gênant. S'il le voulait, l'auteur pourrait, nous dit-il, nous amuser vivement aux dépens de ce malheureux, et nous raconter des scènes curieuses, des épisodes impayables ; mais il a voulu tout oublier et ne se souvenir que d'une seule chose, c'est que cet homme, si méprisable à d'autres égards, avait toujours été serviable pour lui, et même généreux, autant du moins que cela était en son pouvoir. Excepté le sanctuaire aux paperasses, toutes les chambres étaient à la disposition des deux enfants, qui chaque soir avaient ainsi un vaste choix de logements à leur service, et pouvaient, pour leur nuit, planter leur tente où bon leur semblait.

Mais le jeune homme avait une autre amie dont il est temps que nous

parlions. Je voudrais, pour raconter dignement cet épisode, dérober, pour ainsi dire, une plume à l'aile d'un ange, tant ce tableau m'apparaît chaste, plein de candeur, de grâce et de miséricorde. « De tout temps, dit l'auteur, je m'étais fait gloire de converser familièrement, *more socratico,* avec tous les êtres humains, hommes, femmes et enfants, que le hasard pouvait jeter dans mon chemin ; habitude favorable à la connaissance de la nature humaine, aux bons sentiments et à la franchise d'allures qui conviennent à un homme voulant mériter le titre de philosophe. Car le philosophe ne doit pas voir avec les yeux de cette pauvre créature bornée qui s'intitule elle-même *l'homme du monde,* remplie de préjugés étroits et égoïstiques, mais doit au contraire se regarder comme un être vraiment *catholique,* en communion et relation égales avec tout ce qui est en haut et tout ce qui est en bas, avec les gens instruits et les gens non éduqués, avec les coupables comme avec les innocents. » Plus tard, parmi les jouissances octroyées par le généreux opium, nous verrons se reproduire cet esprit de charité et de fraternité universelles, mais activé et augmenté par le génie particulier de l'ivresse. Dans les rues de Londres, plus encore que dans le pays de Galles, l'étudiant émancipé était donc une espèce de péripatéticien, un philosophe de la rue, méditant sans cesse à travers le tourbillon de la grande cité. L'épisode en question peut paraître un peu étrange dans des pages anglaises, car on sait que la littérature britannique pousse la chasteté jusqu'à la pruderie ; mais, ce qui est certain, c'est que le même sujet, effleuré seulement par une plume française, aurait rapidement tourné au *shocking,* tandis qu'ici il n'y a que grâce et décence. Pour tout dire en deux mots, notre vagabond s'était lié d'une amitié platonique avec une *péripatéticienne* de l'amour. Ann n'est pas une de ces beautés hardies, éblouissantes, dont les yeux de démon luisent à travers le brouillard, et qui se font une auréole de leur effronterie. Ann est une créature toute simple, tout ordinaire, dépouillée, abandonnée comme tant d'autres, et réduite à l'abjection par la trahison. Mais elle est revêtue de cette grâce innommable, de cette grâce de la faiblesse et de la bonté, que Gœthe savait répandre sur toutes les femelles de son cerveau, et qui a fait de sa petite Marguerite aux mains rouges une créature immortelle. Que de fois, à travers leurs monotones pérégrinations dans l'interminable Oxford Street, à travers le fourmillement de la grande ville regorgeante d'activité, l'étudiant famélique a-t-il exhorté sa malheureuse amie à implorer le secours d'un magistrat contre le misérable qui l'avait dépouillée, lui offrant de l'appuyer de son témoignage et de son éloquence ! Ann était encore plus jeune que lui, elle n'avait que seize ans. Combien de fois le protégea-t-elle contre les officiers de police qui voulaient l'expulser des portes où il s'abritait ! Une fois elle fit plus, la pauvre abandonnée : elle et son ami s'étaient assis dans Soho Square, sur les degrés d'une maison devant laquelle depuis lors, avoue-t-il, il n'a jamais pu passer sans se sentir le cœur comprimé par la griffe du souvenir et, sans faire un acte de grâces intérieur à la mémoire de cette déplorable et généreuse jeune fille. Ce jour-là, il s'était senti plus faible encore et plus malade que de coutume ; mais, à peine assis, il lui sembla que son mal empirait. Il avait appuyé sa tête contre le sein de sa sœur d'infortune, et, tout d'un coup, il s'échappa de ses bras et tomba à la renverse sur les degrés de la porte. Sans un stimulant vigoureux, c'en était fait de lui, ou du moins il serait tombé pour jamais dans un état de faiblesse irrémédiable. Et dans cette crise de sa destinée, ce fut la créature perdue qui lui tendit la main de salut, elle qui n'avait connu le monde que par l'outrage et l'injustice. Elle poussa un cri de terreur, et, sans perdre une seconde, elle

courut dans Oxford Street, d'où elle revint presque aussitôt avec un verre de
porto épicé, dont l'action réparatrice fut merveilleuse sur un estomac vide qui
n'aurait pu d'ailleurs supporter aucune nourriture solide. « Ô ma jeune
bienfaitrice ! combien de fois, dans les années postérieures, jeté dans des lieux
solitaires, et rêvant de toi avec un cœur plein de tristesse et de véritable amour,
combien de fois ai-je souhaité que la bénédiction d'un cœur oppressé par la
reconnaissance eût cette prérogative et cette puissance surnaturelles que les
anciens attribuaient à la malédiction d'un père, poursuivant son objet avec la
rigueur indéfectible d'une fatalité ! — que ma gratitude pût, elle aussi, recevoir
du ciel la faculté de te poursuivre, de te hanter, de te guetter, de te surprendre,
de t'atteindre jusque dans les ténèbres épaisses d'un bouge de Londres, ou
même, s'il était possible, dans les ténèbres du tombeau, pour te réveiller avec
un message authentique de paix, de pardon et de finale réconciliation ! »
 Pour sentir de cette façon, il faut avoir souffert beaucoup, il faut être un de
ces cœurs que le malheur ouvre et amollit, au contraire de ceux qu'il ferme et
durcit. Le Bédouin de la civilisation apprend dans le Sahara des grandes villes
bien des motifs d'attendrissement qu'ignore l'homme dont la sensibilité est
bornée par le *home* et la famille. Il y a dans le *barathrum* des capitales, comme
dans le désert, quelque chose qui fortifie et qui façonne le cœur de l'homme, qui
le fortifie d'une autre manière, quand il ne le déprave pas et ne l'affaiblit pas
jusqu'à l'abjection et jusqu'au suicide.
 Un jour, peu de temps après cet accident, il fit dans Albemarle Street la
rencontre d'un ancien ami de son père, qui le reconnut à son air de famille ; il
répondit à toutes ses questions avec candeur, ne lui cacha rien, mais exigea de
lui sa parole qu'il ne le livrerait pas à ses tuteurs. Enfin il lui donna son adresse
chez son hôte, le singulier attorney. Le jour suivant, il recevait dans une lettre,
que celui-ci lui remettait fidèlement, une banknote de dix livres.
 Le lecteur peut s'étonner que le jeune homme n'ait pas cherché dès le
principe un remède contre la misère, soit dans un travail régulier, soit en
demandant assistance aux anciens amis de sa famille. Quant à cette dernière
ressource, il y avait danger évident à s'en servir. Les tuteurs pouvaient être
avertis, et la loi leur donnait tout pouvoir pour ramener de force le jeune homme
dans l'école qu'il avait fuie. Or, une énergie qui se rencontre souvent dans les
caractères les plus féminins et les plus sensibles lui donnait le courage de
supporter toutes les privations et tous les dangers plutôt que de risquer une
aussi humiliante éventualité. D'ailleurs, où les trouver, ces amis de son père
mort il y avait alors dix ans, amis dont il avait oublié les noms, pour la plupart
du moins ? Quant au travail, il est certain qu'il aurait pu trouver une
rémunération passable dans la correction des épreuves de grec, et qu'il se
sentait très capable de remplir ces fonctions d'une manière exemplaire ; mais
encore, comment s'ingénier pour se faire présenter à un éditeur honorable ?
Enfin, pour tout dire, il avoue qu'il ne lui était jamais entré dans la pensée que le
travail littéraire pût devenir pour lui la source d'un profit quelconque. Il n'avait
jamais, pour sortir de sa déplorable situation, caressé qu'un seul expédient,
celui d'emprunter de l'argent sur la fortune qu'il avait le droit d'attendre. Enfin,
il était parvenu à faire la connaissance de quelques juifs, que l'attorney en
question servait dans leurs affaires ténébreuses. Leur prouver qu'il avait de
réelles espérances, là n'était pas le difficile, ses assertions pouvant être
vérifiées avec le testament de son père aux *Doctors' commons*. Mais restait
une question absolument imprévue pour lui, celle de l'identité de personne. Il

exhiba alors quelques lettres que de jeunes amis, entre autres le comte de..., et même son père le marquis de..., lui avaient écrites pendant qu'il habitait le pays de Galles, et qu'il portait toujours dans sa poche. Les juifs daignèrent enfin promettre deux ou trois cents livres, à la condition que le jeune comte de... (qui par parenthèse n'était guère plus âgé que lui) consentirait à en garantir le remboursement à l'époque de leur majorité. On devine que le but du prêteur n'était pas seulement de tirer un profit quelconque d'une affaire, fort minime après tout pour lui, mais d'entrer en relation avec le jeune comte, dont il connaissait l'immense fortune à venir. Aussi, à peine ses dix livres reçues, notre jeune vagabond se prépare-t-il à partir pour Eton. Trois livres à peu près sont laissées au futur prêteur pour payer les actes à rédiger ; quelque argent est aussi donné à l'attorney pour l'indemniser de son hospitalité sans meubles ; quinze schellings sont employés à faire un peu de toilette (quelle toilette !) ; enfin la pauvre Ann a aussi sa part dans cette bonne fortune. Par une sombre soirée d'hiver il se dirige vers Piccadilly, accompagné de la pauvre fille, avec intention de descendre jusqu'à Salt Hill avec la malle de Bristol. Comme ils ont encore du temps devant eux, ils entrent dans Golden Square et s'asseyent au coin de Sherrard Street, pour éviter le tumulte et les lumières de Piccadilly. Il lui avait bien promis de ne pas l'oublier et de lui venir en aide aussitôt que cela lui serait possible. En vérité c'était là un devoir, et même un devoir impérieux, et il sentait dans ce moment sa tendresse pour cette sœur du hasard multipliée par la pitié que lui inspirait son extrême abattement. Malgré toutes les atteintes que sa santé avait reçues, il était, lui, comparativement joyeux et même plein d'espérances, tandis que Ann était mortellement triste. Au moment des adieux, elle lui jeta ses bras autour du cou, et se mit à pleurer sans prononcer une seule parole. Il espérait revenir au plus tard dans une semaine, et il fut convenu entre eux qu'à partir du cinquième soir, et chaque soir suivant, elle viendrait l'attendre à six heures au bas de Great Titchfield Street, qui était comme leur port habituel et leur lieu de repos dans la grande Méditerranée d'Oxford Street. Il croyait ainsi avoir bien pris toutes ses précautions pour la retrouver ; il n'en avait oublié qu'une seule : Ann ne lui avait jamais dit son nom de famille, ou, si elle le lui avait dit, il l'avait oublié comme chose de peu d'importance. Les femmes galantes à grandes prétentions, grandes liseuses de romans, se font appeler volontiers *miss Douglas, miss Montague*, etc., mais les plus humbles parmi ces pauvres filles ne se font connaître que par leur nom de baptême, *Mary, Jane, Frances*, etc. D'ailleurs Ann était en ce moment affligée d'un rhume et d'un enrouement violents, et tout occupé dans ce moment suprême à la réconforter de bonnes paroles et à lui conseiller de bien prendre garde à son rhume, il oublia totalement de lui demander son second nom, qui était le moyen le plus sûr de retrouver sa trace au cas d'un rendez-vous manqué ou d'une interruption prolongée dans leurs rapports.

J'abrège vivement les détails du voyage, qui n'est illustré que par la tendresse et la charité d'un gros sommelier, sur la poitrine et dans les bras duquel notre héros, assoupi par sa faiblesse et par le roulis de la voiture, s'endort comme sur un sein de nourrice, — et par un long sommeil en plein air entre Slough et Eton ; car il avait été obligé de revenir à pied sur ses pas, s'étant brusquement réveillé dans les bras de son voisin, après avoir dépassé sans le savoir Salt Hill de six ou sept miles. Arrivé au but du voyage, il apprend que le jeune lord n'est plus à Eton. En désespoir de cause, il demande à déjeuner à lord D..., autre ancien camarade, avec lequel pourtant sa liaison était

beaucoup moins intime. C'était la première bonne table à laquelle il lui fût permis de s'asseoir depuis bien des mois, et cependant il ne put toucher à rien. À Londres déjà, le jour même où il avait reçu sa bank-note, il avait acheté deux petits pains dans la boutique d'un boulanger, et cette boutique, il la dévorait des yeux depuis deux mois ou six semaines avec une intensité de désir dont le souvenir lui était presque une humiliation. Mais le pain tant désiré l'avait rendu malade, et pendant plusieurs semaines encore il lui fut impossible de toucher sans danger à un mets quelconque. Au milieu même du luxe et du *comfort*, l'appétit avait disparu. Quand il eut expliqué à lord D... la situation lamentable de son estomac, celui-ci fit demander du vin, ce qui fut une grande joie. — Quant à l'objet réel du voyage, le service qu'il se proposait de demander au comte de ..., et qu'il demande à son défaut à lord D..., il ne peut l'obtenir absolument, c'est-à-dire que celui-ci, ne voulant pas le mortifier par un complet refus, consent à donner sa garantie, mais dans de certains termes et à de certaines conditions. Réconforté par cette moitié de succès, il rentre dans Londres, après trois jours d'absence, et retourne chez ses amis les juifs. Malheureusement, les prêteurs d'argent refusent d'accepter les conditions de lord D..., et son épouvantable existence aurait pu recommencer, avec plus de danger cette fois, si au début de cette nouvelle crise, par un hasard qu'il ne nous explique pas, une ouverture ne lui avait été faite de la part de ses tuteurs, et si une pleine réconciliation n'avait pas changé sa vie. Il quitte Londres en toute hâte, et enfin, au bout de quelque temps, se rend à l'université. Ce ne fut que plusieurs mois plus tard qu'il put revoir le théâtre de ses souffrances de jeunesse.

Mais la pauvre Ann, qu'en est-il advenu ? Chaque soir, il l'a cherchée ; chaque soir il l'a attendue au coin de Titchfield Street. Il s'est enquis d'elle auprès de tous ceux qui pouvaient la connaitre ; pendant les dernières heures de son séjour à Londres il a mis en œuvre, pour la retrouver, tous les moyens à sa disposition. Il connaissait la rue où elle logeait, mais non la maison ; d'ailleurs il croyait vaguement se rappeler qu'avant leurs adieux elle avait été obligée de fuir la brutalité de son hôtelier. Parmi les gens auxquels il s'adressait, les uns, à l'ardeur de ses questions, jugeaient les motifs de sa recherche déshonnêtes et ne répondaient que par le rire ; d'autres, croyant qu'il était en quête d'une fille qui lui avait volé quelque bagatelle, étaient naturellement peu disposés à se faire dénonciateurs. Enfin, avant de quitter Londres définitivement, il a laissé sa future adresse à une personne qui connaissait Ann de vue, et cependant il n'en a plus jamais entendu parler. Ç'a été parmi les troubles de la vie sa plus lourde affliction. Notez que l'homme qui parle ainsi est un homme grave, aussi recommandable par la spiritualité de ses mœurs que par la hauteur de ses écrits.

« Si elle a vécu, nous avons dû souvent nous chercher mutuellement à travers l'immense labyrinthe de Londres ; peut-être, à quelques pas l'un de l'autre, distance suffisante, dans une rue de Londres, pour créer une séparation éternelle ! Pendant quelques années, j'ai espéré qu'elle vivait, et je crois bien que dans mes différentes excursions à Londres j'ai examiné plusieurs milliers de visages féminins, dans l'espérance de rencontrer le sien. Si je la voyais une seconde, je la reconnaitrais entre mille ; car, bien qu'elle ne fût pas jolie, elle avait l'expression douce, avec une allure de tête particulièrement gracieuse. Je l'ai cherchée, dis-je, avec espoir. Oui, pendant des années ! mais maintenant je craindrais de la voir ; et ce terrible rhume, qui m'effrayait tant quand nous nous

quittâmes, fait aujourd'hui ma consolation. Je ne désire plus la voir, mais je
rêve d'elle, et non sans plaisir, comme d'une personne étendue depuis
longtemps dans le tombeau, — dans le tombeau d'une Madeleine, j'aimerais à
le croire, — enlevée à ce monde avant que l'outrage et la barbarie n'aient
maculé et défiguré sa nature ingénue, ou que la brutalité des chenapans n'ait
complété la ruine de celle à qui ils avaient porté les premiers coups.

« Ainsi donc, Oxford Street, marâtre au cœur de pierre, toi qui as écouté les
soupirs des orphelins et bu les larmes des enfants, j'étais enfin délivré de toi ! Le
temps était venu où je ne serais plus condamné à arpenter douloureusement tes
interminables trottoirs, à m'agiter dans d'affreux rêves ou dans une insomnie
affamée ! Ann et moi, nous avons eu nos successeurs trop nombreux qui ont
foulé les traces de nos pas ; héritiers de nos calamités, d'autres orphelins ont
soupiré ; des larmes ont été versées par d'autres enfants ; et toi, Oxford Street,
tu as depuis lors répété l'écho des gémissements de cœurs innombrables. Mais
pour moi la tempête à laquelle j'avais survécu semblait avoir été le gage d'une
belle saison prolongée... »

Ann a-t-elle tout à fait disparu ? Oh ! non ! nous la reverrons dans les mondes
de l'opium ; fantôme étrange et transfiguré, elle surgira lentement dans la
fumée du souvenir, comme le génie des *Mille et une Nuits* dans les vapeurs de
la bouteille. Quant au *mangeur d'opium,* les douleurs de l'enfance ont jeté en
lui des racines profondes qui deviendront arbres, et ces arbres jetteront sur tous
les objets de la vie leur ombrage funèbre. Mais ces douleurs nouvelles, dont les
dernières pages de la partie biographique nous donnent le pressentiment,
seront supportées avec courage, avec la fermeté d'un esprit mûr, et grandement
allégées par la sympathie la plus profonde et la plus tendre. Ces pages
contiennent l'invocation la plus noble et les actions de grâces les plus tendres à
une compagne courageuse, toujours assise au chevet où repose ce cerveau
hanté par les Euménides. L'Oreste de l'opium a trouvé son Électre, qui
pendant des années a essuyé sur son front les sueurs de l'angoisse et rafraîchi
ses lèvres parcheminées par la fièvre. « Car tu fus mon Électre, chère
compagne de mes années postérieures ! et tu n'as pas voulu que l'épouse
anglaise fût vaincue par la sœur grecque en noblesse d'esprit non plus qu'en
affection patiente ! » Autrefois, dans ses misères de jeune homme, tout en
rôdant dans Oxford Street, dans les nuits pleines de lune, il plongeait souvent
ses regards (et c'était sa pauvre consolation) dans les avenues qui traversent le
cœur de Mary-le-bone et qui conduisent jusqu'à la campagne ; et, voyageant
en pensée sur ces longues perspectives coupées de lumière et d'ombre, il se
disait : « Voilà la route vers le nord, voilà la route vers......, et si j'avais les ailes
de la tourterelle, c'est par là que je prendrais mon vol pour aller chercher du
réconfort ! » Homme, comme tous les hommes, aveugle dans ses désirs ! Car
c'était là-bas, au nord, en cet endroit même, dans cette même vallée, dans cette
maison tant désirée, qu'il devait trouver ses nouvelles souffrances et toute une
compagnie de cruels fantômes. Mais là aussi demeure l'Électre aux bontés
réparatrices, et maintenant encore, quand, homme solitaire et pensif, il arpente
l'immense Londres, le cœur serré par des chagrins innommables qui réclament
le doux baume de l'affection domestique, en regardant les rues qui s'élancent
d'Oxford Street vers le nord, et en songeant à l'Électre bien-aimée qui l'attend
dans cette même vallée, dans cette même maison, l'homme s'écrie, comme
autrefois l'enfant : « Oh ! si j'avais les ailes de la tourterelle, c'est par là que je
m'envolerais pour aller chercher la consolation ! »

Le prologue est fini, et je puis promettre au lecteur, sans crainte de mentir, que le rideau ne se relèvera que sur la plus étonnante, la plus compliquée et la plus splendide vision qu'ait jamais allumée sur la neige du papier le fragile outil du littérateur.

III

VOLUPTÉS DE L'OPIUM

Ainsi que je l'ai dit au commencement, ce fut le besoin d'alléger les douleurs d'une organisation débilitée par ces déplorables aventures de jeunesse, qui engendra chez l'auteur de ces mémoires l'usage fréquent d'abord, ensuite quotidien, de l'opium. Que l'envie irrésistible de renouveler les voluptés mystérieuses découvertes dès le principe l'ait induit à répéter fréquemment ses expériences, il ne le nie pas, il l'avoue même avec candeur; il invoque seulement le bénéfice d'une excuse. Mais la première fois que lui et l'opium firent connaissance, ce fut dans une circonstance triviale. Pris un jour d'un mal de dents, il attribua ses douleurs à une interruption d'hygiène, et, comme il avait, depuis l'enfance, l'habitude de plonger chaque jour sa tête dans l'eau froide, il eut imprudemment recours à cette pratique, dangereuse dans le cas présent. Puis il se recoucha, les cheveux tout ruisselants. Il en résulta une violente douleur rhumatismale dans la tête et dans la face, qui ne dura pas moins de vingt jours. Le vingt et unième, un dimanche pluvieux d'automne, en 1804, comme il errait dans les rues de Londres pour se distraire de son mal (c'était la première fois qu'il revoyait Londres depuis son entrée à l'université), il fit la rencontre d'un camarade qui lui recommanda l'opium. Une heure après qu'il eut absorbé la teinture d'opium, dans la quantité prescrite par le pharmacien, toute douleur avait disparu. Mais ce bénéfice, qui lui avait paru si grand tout à l'heure, n'était plus rien auprès des plaisirs nouveaux qui lui furent ainsi soudainement révélés. Quel enlèvement de l'esprit! quels mondes intérieurs! Était-ce donc là la panacée, le *pharmakon népenthès* pour toutes les douleurs humaines?

« Le grand secret du bonheur sur lequel les philosophes avaient disputé pendant tant de siècles était donc décidément découvert! On pouvait acheter le bonheur pour un penny et l'emporter dans la poche de son gilet; l'extase se laisserait enfermer dans une bouteille, et la paix de l'esprit pourrait s'expédier par la diligence! Le lecteur croira peut-être que je veux rire, mais c'est chez moi une vieille habitude de plaisanter dans la douleur, et je puis affirmer que celui-là ne rira pas longtemps, qui aura entretenu commerce avec l'opium. Ses plaisirs sont même d'une nature grave et solennelle, et, dans son état le plus heureux, le mangeur d'opium ne peut pas se présenter avec le caractère de l'*allegro;* même alors il parle et pense comme il convient au *penseroso.* »

L'auteur veut avant tout venger l'opium de certaines calomnies: l'opium n'est pas assoupissant, pour l'intelligence du moins; il n'enivre pas; si le laudanum, pris en quantité trop grande, peut enivrer, ce n'est pas à cause de l'opium, mais de l'esprit qui y est contenu. Il établit ensuite une comparaison entre les effets de l'alcool et ceux de l'opium, et il définit très nettement leurs différences: ainsi le plaisir causé par le vin suit une marche ascendante, au terme de laquelle il va décroissant, tandis que l'effet de l'opium, une fois créé,

reste égal à lui-même pendant huit ou dix heures ; l'un, plaisir aigu ; l'autre plaisir chronique ; ici, un flamboiement ; là, une ardeur égale et soutenue. Mais la grande différence gît surtout en ceci, que le vin trouble les facultés mentales, tandis que l'opium y introduit l'ordre surprême et l'harmonie. Le vin prive l'homme du gouvernement de soi-même, et l'opium rend ce gouvernement plus souple et plus calme. Tout le monde sait que le vin donne une énergie extraordinaire, mais momentanée, au mépris et à l'admiration, à l'amour et à la haine. Mais l'opium communique aux facultés le sentiment profond de la discipline et une espèce de santé divine. Les hommes ivres de vin se jurent une amitié éternelle, se serrent les mains et répandent des larmes, sans que personne puisse comprendre pourquoi ; la partie sensuelle de l'homme est évidemment montée à son apogée. Mais l'expansion des sentiments bienveil-lants causée par l'opium n'est pas un accès de fièvre ; c'est plutôt l'homme primitivement bon et juste, restauré et réintégré dans son état naturel, dégagé de toutes les amertumes qui avaient occasionnellement corrompu son noble tempérament. Enfin, quelque grands que soient les bénéfices du vin, on peut dire qu'il frise souvent la folie ou, tout au moins, l'extravagance, et qu'au-delà d'une certaine limite il volatilise, pour ainsi dire, et disperse l'énergie intellectuelle ; tandis que l'opium semble toujours apaiser ce qui a été agité et concentrer ce qui a été disséminé. En un mot, c'est la partie purement humaine, trop souvent même la partie brutale de l'homme, qui, par l'auxiliaire du vin, usurpe la souveraineté, au lieu que le mangeur d'opium sent pleinement que la partie épurée de son être et ses affections morales jouissent de leur maximum de souplesse, et, avant tout, que son intelligence acquiert une lucidité consolante et sans nuages.

L'auteur nie également que l'exaltation intellectuelle produite par l'opium soit nécessairement suivie d'un abattement proportionnel, et que l'usage de cette drogue engendre, comme conséquence naturelle et immédiate, une stagnation et une torpeur des facultés. Il affirme que pendant un espace de dix ans il a toujours joui, dans la journée qui suivait sa débauche, d'une remarquable santé intellectuelle. Quant à cette torpeur, dont tant d'écrivains ont parlé, et à laquelle a surtout fait croire l'abrutissement des Turcs, il affirme ne l'avoir jamais connue. Que l'opium, conformément à la qualification sous laquelle il est rangé, agisse vers la fin comme narcotique, cela est possible ; mais ses premiers effets sont toujours de stimuler et d'exalter l'homme, cette élévation de l'esprit ne durant jamais moins de huit heures ; de sorte que c'est la faute du mangeur d'opium, s'il ne règle pas sa médication de manière à faire tomber sur son sommeil naturel tout le poids de l'influence narcotique. Pour que le lecteur puisse juger si l'opium est propre à stupéfier les facultés d'un cerveau anglais, il donnera, dit-il, deux échantillons de ses jouissances, et traitant la question par *illustrations* plutôt que par arguments, il racontera la manière dont il employait souvent *ses soirées d'opium* à Londres, dans la période de temps comprise entre 1804 et 1812. Il était alors un rude travailleur, et, tout son temps étant rempli par de sévères études, il croyait bien avoir le droit de chercher de temps à autre, comme tous les hommes, le soulagement et la récréation qui lui convenaient le mieux.

« Vendredi prochain, s'il plaît à Dieu, je me propose d'être ivre », disait le feu duc de..., et notre auteur fixait ainsi d'avance quand et combien de fois dans un temps donné il se livrerait à sa débauche favorite. C'était une fois toutes les trois semaines, rarement plus, généralement le mardi soir ou le samedi soir,

jours d'opéra. C'étaient les beaux temps de la Grassini. La musique entrait alors dans ses oreilles, non pas comme une simple succession logique de sons agréables, mais comme une série de *memoranda*, comme les accents d'une sorcellerie qui évoquait devant l'œil de son esprit toute sa vie passée. La musique interprétée et illuminée par l'opium, telle était cette débauche intellectuelle, dont tout esprit un peu raffiné peut aisément concevoir la grandeur et l'intensité. Beaucoup de gens demandent quelles sont les idées positives contenues dans les sons ; ils oublient, ou plutôt ils ignorent que la musique, de ce côté-là parente de la poésie, représente des sentiments plutôt que des idées ; suggérant des idées, il est vrai, mais ne les contenant pas par elle-même. Toute sa vie passée vivait, dit-il, en lui, non pas par un effort de la mémoire, mais comme présente et incarnée dans la musique ; elle n'était plus douloureuse à contempler ; toute la trivialité et la crudité inhérentes aux choses humaines étaient exclues de cette mystérieuse résurrection, ou fondues et noyées dans une brume idéale, et ses anciennes passions se trouvaient exaltées, ennoblies, spiritualisées. Combien de fois dut-il revoir sur ce second théâtre, allumé dans son esprit par l'opium et la musique, les routes et les montagnes qu'il avait parcourues, écolier émancipé, et ses aimables hôtes du pays de Galles, et les ténèbres coupées d'éclairs des immenses rues de Londres, et ses mélancoliques amitiés, et ses longues misères consolées par Ann et par l'espoir d'un meilleur avenir ! Et puis, dans toute la salle, pendant les intervalles des entractes, les conversations italiennes et la musique d'une langue étrangère parlée par des femmes ajoutaient encore à l'enchantement de cette soirée ; car on sait qu'ignorer une langue rend l'oreille plus sensible à son harmonie. De même nul n'est plus apte à savourer un paysage que celui qui le contemple pour la première fois, la nature se présentant alors avec toute son étrangeté, n'ayant pas encore été émoussée par un trop fréquent regard.

Mais quelquefois, le samedi soir, une autre tentation d'un goût plus singulier et non moins enchanteur triomphait de son amour pour l'opéra italien. La jouissance en question, assez alléchante pour rivaliser avec la musique, pourrait s'appeler le dilettantisme dans la charité. L'auteur a été malheureux et singulièrement éprouvé, abandonné tout jeune au tourbillon indifférent d'une grande capitale. Quand même son esprit n'eût pas été, comme le lecteur a dû le remarquer, d'une nature bonne, délicate et affectueuse, on pourrait aisément supposer qu'il a appris, dans ses longues journées de vagabondage et dans ses nuits d'angoisse encore plus longues, à aimer et à plaindre le pauvre. L'ancien écolier veut revoir cette vie des humbles ; il veut se plonger au sein de cette foule de déshérités, et, comme le nageur embrasse la mer et entre ainsi en contact plus direct avec la nature, il aspire à prendre, pour ainsi dire, un bain de multitude. Ici, le ton du livre s'élève assez haut pour que je me fasse un devoir de laisser la parole à l'auteur lui-même :

« Ce plaisir, comme je l'ai dit, ne pouvait avoir lieu que le samedi soir. En quoi le samedi soir se distinguait-il de tout autre soir ? De quels labeurs avais-je donc à me reposer ? quel salaire à recevoir ? Et qu'avais-je à m'inquiéter du samedi soir, sinon comme d'une invitation à entendre la Grassini ? C'est vrai, très logique lecteur, et ce que vous dites est irréfutable. Mais les hommes donnent un cours varié à leurs sentiments, et, tandis que la plupart d'entre eux témoignent de leur intérêt pour les pauvres en sympathisant d'une manière ou d'une autre avec leurs misères et leurs chagrins, j'étais porté à cette époque à exprimer mon intérêt pour eux en sympathisant avec leurs plaisirs. J'avais

récemment vu les douleurs de la pauvreté ; je les avais trop bien vues pour aimer à en raviver le souvenir ; mais les plaisirs du pauvre, les consolations de son esprit, les délassements de sa fatigue corporelle, ne peuvent jamais devenir une contemplation douloureuse. Or, le samedi soir marque le retour du repos périodique pour le pauvre ; les sectes les plus hostiles s'unissent en ce point et reconnaissent ce lien commun de fraternité ; ce soir-là presque toute la chrétienté se repose de son labeur. C'est un repos qui sert d'introduction à un autre repos ; un jour entier et deux nuits le séparent de la prochaine fatigue. C'est pour cela que le samedi soir il me semble toujours que je suis moi-même affranchi de quelque joug de labeur, que j'ai moi-même un salaire à recevoir, et que je vais pouvoir jouir du luxe du repos. Aussi, pour être témoin, sur une échelle aussi large que possible, d'un spectacle avec lequel je sympathisais si profondément, j'avais coutume, le samedi soir, après avoir pris mon opium, de m'égarer au loin, sans m'inquiéter du chemin ni de la distance, vers tous les marchés où les pauvres se rassemblent pour dépenser leurs salaires. J'ai épié et écouté plus d'une famille, composée d'un homme, de sa femme et d'un ou deux enfants, pendant qu'ils discutaient leurs projets, leurs moyens, la force de leur budget ou le prix d'articles domestiques. Graduellement je me familiarisai avec leurs désirs, leurs embarras ou leurs opinions. Il m'arrivait quelquefois d'entendre des murmures de mécontentement, mais le plus souvent leurs physionomies et leurs paroles exprimaient la patience, l'espoir et la sérénité. Et je dois dire à ce sujet que le pauvre, pris en général, est bien plus philosophe que le riche, en ce qu'il montre une résignation plus prompte et plus gaie à ce qu'il considère comme un mal irrémédiable ou une perte irréparable. Toutes les fois que j'en trouvais l'occasion, ou que je pouvais le faire sans paraître indiscret, je me mêlais à eux, et, à propos du sujet en discussion, je donnais mon avis, qui, s'il n'était pas toujours judicieux, était toujours reçu avec bienveillance. Si les salaires avaient un peu haussé, ou si l'on s'attendait à les voir hausser prochainement, si la livre de pain était un peu moins chère, ou si le bruit courait que les oignons et le beurre allaient bientôt baisser, je me sentais heureux ; mais si le contraire arrivait, je tirais de mon opium des moyens de consolation. Car l'opium (semblable à l'abeille qui tire indifféremment ses matériaux de la rose et de la suie des cheminées) possède l'art d'assujettir tous les sentiments et de les régler à son diapason. Quelques-unes de ces promenades m'entraînaient à de grandes distances ; car un mangeur d'opium est trop heureux pour observer la fuite du temps. Et quelquefois, dans un effort pour remettre le cap sur mon logis, en fixant, d'après les principes nautiques, mes yeux sur l'étoile polaire, cherchant ambitieusement *mon passage au nord-ouest*, pour éviter de doubler de nouveau tous les caps et les promontoires que j'avais rencontrés dans mon premier voyage, j'entrais soudainement dans des labyrinthes de ruelles, dans des énigmes de culs-de-sac, dans des problèmes de rues sans issue, faits pour bafouer le courage des portefaix et confondre l'intelligence des cochers de fiacre. J'aurais pu croire parfois que je venais de découvrir, moi le premier, quelques-unes de ces *terræ incognitæ*, et je doutais qu'elles eussent été indiquées sur les cartes modernes de Londres. Mais, au bout de quelques années, j'ai payé cruellement toutes ces fantaisies, *alors que la face humaine est venue tyranniser mes rêves*, et quand mes vagabondages perplexes au sein de l'immense Londres se sont reproduits dans mon sommeil, avec un sentiment de perplexité morale et intellectuelle qui apportait la confusion dans ma raison et l'angoisse et le remords dans ma conscience... »

Ainsi l'opium n'engendre pas, de nécessité, l'inaction ou la torpeur, puisque au contraire il jetait souvent notre rêveur dans les centres les plus fourmillants de la vie commune. Cependant les théâtres et les marchés ne sont pas généralement les hantises préférées d'un mangeur d'opium, surtout quand il est dans son état parfait de jouissance. La foule est alors pour lui comme une oppression; la musique elle-même a un caractère sensuel et grossier. Il cherche plutôt la solitude et le silence, comme conditions indispensables de ses extases et de ses rêveries profondes. Si d'abord l'auteur de ces *confessions* s'est jeté dans la foule et dans le courant humain, c'était pour réagir contre un trop vif penchant à la rêverie et à une noire mélancolie, résultant de ses souffrances de jeunesse. Dans les recherches de la science, comme dans la société des hommes, il fuyait une espèce d'hypocondrie. Plus tard, quand sa vraie nature fut rétablie, et que les ténèbres des anciens orages furent dissipées, il crut pouvoir sans danger sacrifier à son goût pour la vie solitaire. Plus d'une fois, il lui est arrivé de passer toute une belle nuit d'été, assis près d'une fenêtre, sans bouger, sans même désirer de changer de place, depuis le coucher jusqu'au lever du soleil; remplissant ses yeux de la vaste perspective de la mer et d'une grande cité, et son esprit, des longues et délicieuses méditations suggérées par ce spectacle. Une grande allégorie naturelle s'étendait alors devant lui :

« La ville, estompée par la brume et les molles lueurs de la nuit, représentait la terre, avec ses chagrins et ses tombeaux, situés loin derrière, mais non totalement oubliés, ni hors de la portée de ma vue. L'Océan, avec sa respiration éternelle, mais couvé par un vaste calme, personnifiait mon esprit et l'influence qui le gouvernait alors. Il me semblait que, pour la première fois, je me tenais à distance et en dehors du tumulte de la vie; que le vacarme, la fièvre et la lutte étaient suspendus; qu'un répit était accordé aux secrètes oppressions de mon cœur; un repos férié; une délivrance de tout travail humain. L'espérance qui fleurit dans les chemins de la vie ne contredisait plus la paix qui habite dans les tombes; les évolutions de mon intelligence me semblaient aussi infatigables que les cieux, et cependant toutes les inquiétudes étaient aplanies par un calme alcyonien; c'était une tranquillité qui semblait le résultat, non pas de l'inertie, mais de l'antagonisme majestueux de forces égales et puissantes; activités infinies, infini repos !

« Ô juste, subtil et puissant opium !.... tu possèdes les clefs du paradis !...... »

C'est ici que se dressent ces étranges actions de grâces, élancements de la reconnaissance, que j'ai rapportées textuellement au début de ce travail, et qui pourraient lui servir d'épigraphe. C'est comme le bouquet qui termine la fête. Car bientôt le décor va s'assombrir, et les tempêtes s'amoncelleront dans la nuit.

IV

TORTURES DE L'OPIUM

C'est en 1804 qu'il a fait, pour la première fois, connaissance avec l'opium. Huit années se sont écoulées, heureuses et ennoblies par l'étude. Nous sommes maintenant en 1812. Loin, bien loin d'Oxford, à une distance de deux cent cinquante miles, enfermé dans une retraite au fond des montagnes, que fait

maintenant notre héros (certes, il mérite bien ce titre) ? Eh mais ! il prend de l'opium ! Et quoi encore ? Il étudie la métaphysique allemande ; il lit Kant, Fichte, Schelling. Enseveli dans un petit cottage, avec une seule servante, il voit s'écouler les heures sérieuses et tranquilles. Et pas marié ? pas encore. Et toujours de l'opium ? chaque samedi soir. Et ce régime a duré impudemment depuis le fameux dimanche pluvieux de 1804 ? hélas ! oui ! Mais la santé, après cette longue et régulière débauche ? Jamais, dit-il, il ne s'est mieux porté que dans le printemps de 1812. Remarquons que, jusqu'à présent, il n'a été qu'un dilettante, et que l'opium n'est pas encore devenu pour lui une hygiène quotidienne. Les doses ont toujours été modérées et prudemment séparées par un intervalle de quelques jours. Peut-être cette prudence et cette modération avaient-elles retardé l'apparition des terreurs vengeresses. En 1813 commence une ère nouvelle. Pendant l'été précédent un événement douloureux, qu'il ne nous explique pas, avait frappé assez fortement son esprit pour réagir même sur sa santé physique ; dès 1813, il était attaqué d'une effrayante irritation de l'estomac, qui ressemblait étonnamment à celle dont il avait tant souffert dans ses nuits d'angoisse, au fond de la maison du procureur, et qui était accompagnée de tous ses anciens rêves morbides. Voici enfin la grande justification ! À quoi bon s'étendre sur cette crise et en détailler tous les incidents ? La lutte fut longue, les douleurs fatigantes et insupportables, et la délivrance était toujours là, à portée de la main. Je dirais volontiers à tous ceux qui ont désiré un baume, un népenthès, pour des douleurs quotidiennes, troublant l'exercice régulier de leur vie et bafouant tout l'effort de leur volonté, à tous ceux-là, malades d'esprit, malades de corps, je dirais : que celui de vous qui est sans péché, soit d'action, soit d'intention, jette à notre malade la première pierre ! Ainsi, c'est chose entendue ; d'ailleurs, il vous supplie de le croire, quand il commença à prendre de l'opium quotidiennement, il y avait urgence, nécessité, fatalité ; vivre autrement n'était pas possible. Et puis sont-ils donc si nombreux, ces braves qui savent affronter patiemment, avec une énergie renouvelée de minute en minute, la douleur, la torture, toujours présente, jamais fatiguée, en vue d'un bénéfice vague et lointain ? Tel qui semble si courageux et si patient n'a pas eu si grand mérite à vaincre, et tel qui a résisté peu de temps a déployé dans ce peu de temps une vaste énergie méconnue. Les tempéraments humains ne sont-ils pas aussi infiniment variés que les doses chimiques ? « Dans l'état nerveux où je suis, il m'est aussi impossible de supporter *un moraliste inhumain,* que *l'opium qu'on n'a pas fait bouillir !* » Voilà une belle sentence, une irréfutable sentence. Il ne s'agit plus de circonstances atténuantes, mais de circonstances absolvantes.

Enfin, cette crise de 1813 eut une issue, et cette issue, on la devine. Demander désormais à notre solitaire si tel jour il a pris ou n'a pas pris d'opium, autant s'informer *si ses poumons ont respiré ce jour-là,* ou *si son cœur a accompli ses fonctions.* Plus de carême d'opium, plus de ramadan, plus d'abstinence ! L'opium fait partie de la vie ! Peu de temps avant 1816, l'année la plus belle, la plus limpide de son existence, nous dit-il, il était descendu soudainement et presque sans effort, de trois cent vingt grains d'opium, c'est-à-dire huit mille gouttes de laudanum, par jour, à quarante grains, diminuant ainsi son étrange nourriture des sept huitièmes. Le nuage de profonde mélancolie qui s'était abaissé sur son cerveau se dissipa en un jour comme par magie, l'agilité spirituelle reparut, et il put de nouveau croire au bonheur. Il ne prenait plus que mille gouttes de laudanum par jour (quelle tempérance !). C'était comme un été

de la Saint-Martin spirituel. Et il relut Kant, et il le comprit ou crut le comprendre. De nouveau abondait en lui cette légèreté, cette gaieté d'esprit, — tristes mots pour traduire l'intraduisible, — également favorables au travail et à l'exercice de la fraternité. Cet esprit de bienveillance et de complaisance pour le prochain, disons plus, de charité, qui ressemble un peu (cela soit insinué sans intention de manquer de respect à un auteur aussi grave) à la charité des ivrognes, s'exerça un beau jour, de la manière la plus bizarre et la plus spontanée, au profit d'un Malais. — Notez bien ce Malais ; nous le reverrons plus tard ; il reparaitra, multiplié d'une manière terrible. Car qui peut calculer la force de reflet et de répercussion d'un incident quelconque dans la vie d'un rêveur ? Qui peut penser, sans frémir, à l'infini élargissement des cercles dans les ondes spirituelles agitées par une pierre de hasard ? — Donc, un jour, un Malais frappe à la porte de cette retraite silencieuse. Qu'avait à faire un Malais dans les montagnes de l'Angleterre ? Peut-être se dirigeait-il vers un port situé à quarante miles de là. La servante, née dans la montagne, qui ne savait pas plus la langue malaise que l'anglais, et qui n'avait jamais vu un turban de sa vie, fut singulièrement épouvantée. Mais, se rappelant que son maître était un savant et présumant qu'il devait parler toutes les langues de la terre, peut-être même celles de la lune, elle courut le chercher pour le prier d'exorciser le démon qui s'était installé dans la cuisine. C'était un contraste curieux et amusant que celui de ces deux visages se regardant l'un l'autre ; l'un, marqué de fierté saxonne, l'autre, de servilité asiatique ; l'un, rose et frais ; l'autre, jaune et bilieux, illuminé de petits yeux mobiles et inquiets. Le savant, pour sauver son honneur aux yeux de sa servante et de ses voisins, lui parla en grec ; le Malais répondit sans doute en malais ; ils ne s'entendirent pas, et tout se passa bien. Celui-ci se reposa sur le sol de la cuisine pendant une heure, et puis il fit mine de se remettre en route. Le pauvre Asiatique, s'il venait de Londres à pied, n'avait pas pu, depuis trois semaines, échanger une pensée quelconque avec une créature humaine. Pour consoler les ennuis probables de cette vie solitaire, notre auteur, supposant qu'un homme de ces contrées devait connaitre l'opium, lui fit cadeau, avant son départ, d'un gros morceau de la précieuse substance. Peut-on concevoir une manière plus noble d'entendre l'hospitalité ? Le Malais, par l'expression de sa physionomie, montra bien qu'il connaissait l'opium, et il ne fit qu'une bouchée d'un morceau qui aurait pu tuer plusieurs personnes. Il y avait, certes, de quoi inquiéter un esprit charitable ; mais on n'entendit parler dans le pays d'aucun cadavre de Malais trouvé sur la grande route ; cet étrange voyageur était donc suffisamment familiarisé avec le poison, et le résultat désiré par la charité avait été obtenu.

Alors, ai-je dit, le mangeur d'opium était encore heureux ; vrai bonheur de savant et de solitaire amoureux du *comfort* : un charmant cottage, une belle bibliothèque patiemment et délicatement amassée, et l'hiver faisant rage dans la montagne. Une jolie habitation ne rend-elle pas l'hiver plus poétique, et l'hiver n'augmente-t-il pas la poésie de l'habitation ? Le blanc cottage était assis au fond d'une petite vallée fermée de montagnes suffisamment hautes ; il était comme emmailloté d'arbustes qui répandaient une tapisserie de fleurs sur les murs et faisaient aux fenêtres un cadre odorant, pendant le printemps, l'été et l'automne ; cela commençait par l'aubépine et finissait par le jasmin. Mais la belle saison, la saison du bonheur, pour un homme de rêverie et de méditation comme lui, c'est l'hiver, et l'hiver dans sa forme la plus rude. Il y a des gens qui se félicitent d'obtenir du ciel un hiver bénin, et qui sont heureux de le voir partir.

Mais lui, il demande annuellement au ciel autant de neige, de grêle et de gelée qu'il en peut contenir. Il lui faut un hiver canadien, un hiver russe ; il lui en faut pour son argent. Son nid en sera plus chaud, plus doux, plus aimé : les bougies allumées à quatre heures, un bon foyer, de bons tapis, de lourds rideaux ondoyant jusque sur le plancher, une belle faiseuse de thé, et le thé depuis huit heures du soir jusqu'à quatre du matin. Sans hiver, aucune de ces jouissances n'est possible : *tout* le *comfort* exige une température rigoureuse ; cela coûte cher d'ailleurs ; notre rêveur a donc bien le droit d'exiger que l'hiver paye honnêtement sa dette, comme lui la sienne. Le salon est petit et sert à deux fins. On pourrait plus proprement l'appeler la bibliothèque ; c'est là que sont accumulés cinq mille volumes, achetés un à un, vraie conquête de la patience. Un grand feu brille dans la cheminée ; sur le plateau sont posées deux tasses et deux soucoupes ; car la charitable Électre qu'il nous a fait pressentir embellit le cottage de toute la sorcellerie de ses angéliques sourires. À quoi bon décrire sa beauté ? Le lecteur pourrait croire que cette puissance de lumière est purement physique et appartient au domaine du pinceau terrestre. Et puis, n'oublions pas la fiole de laudanum, une vaste carafe, ma foi ! car nous sommes trop loin des pharmaciens de Londres pour renouveler fréquemment notre provision ; un livre de métaphysique allemande traîne sur la table, qui témoigne des éternelles ambitions intellectuelles du propriétaire. — Paysage de montagnes, retraite silencieuse, luxe ou plutôt bien-être solide, vaste loisir pour la méditation, hiver rigoureux, propre à concentrer les facultés de l'esprit, oui, c'était bien le bonheur, ou plutôt les dernières lueurs du bonheur, une intermittence dans la fatalité, un jubilé dans le malheur ; car nous voici touchant à l'époque funeste où « il faut dire adieu à cette douce béatitude, adieu pour l'hiver comme pour l'été, adieu aux sourires et aux rires, adieu à la paix de l'esprit, adieu à l'espérance et aux rêves paisibles, adieu aux consolations bénies du sommeil ! » Pendant plus de trois ans, notre rêveur sera comme un exilé, chassé du territoire du bonheur commun, car il est arrivé maintenant à « *une Iliade de calamités, il est arrivé aux tortures de l'opium.* » Sombre époque, vaste réseau de ténèbres, déchiré à intervalles par de riches et accablantes visions :

C'était comme si un grand peintre eût trempé
Son pinceau dans la noirceur du tremblement de terre et de l'éclipse.

Ces vers de Shelley, d'un caractère si solennel et si véritablement miltonien, rendent bien la couleur d'un paysage opiacé, s'il est permis de parler ainsi ; c'est bien là le ciel morne et l'horizon imperméable qui enveloppent le cerveau asservi par l'opium. L'infini dans l'horreur et dans la mélancolie, et, plus mélancolique que tout, l'impuissance de s'arracher soi-même au supplice !

Avant d'aller plus loin, notre pénitent (nous pourrions de temps en temps l'appeler de ce nom, bien qu'il appartienne, selon toute apparence, à une classe de pénitents toujours prêts à retomber dans leur péché) nous avertit qu'il ne faut pas chercher un ordre très rigoureux dans cette partie de son livre, un ordre chronologique du moins. Quand il l'écrivit, il était seul à Londres, incapable de bâtir un récit régulier avec des amas de souvenirs pesants et répugnants, et exilé loin des mains amies qui savaient classer ses papiers et avaient coutume de lui rendre tous les services d'un secrétaire. Il écrit sans précaution, presque sans pudeur désormais, se supposant devant un lecteur indulgent, à quinze ou vingt ans au-delà de l'époque présente ; et voulant simplement, avant tout, établir un mémoire d'une période désastreuse, il le fait avec tout l'effort dont il

est encore capable aujourd'hui, ne sachant trop si plus tard il en trouvera la force ou l'occasion.

Mais pourquoi, lui dira-t-on, ne pas vous être affranchi des horreurs de l'opium, soit en l'abandonnant, soit en diminuant les doses ? Il a fait de longs et douloureux efforts pour réduire la quantité ; mais ceux qui furent témoins de ces lamentables batailles, de ces agonies successives, furent les premiers à le supplier d'y renoncer. Pourquoi n'avoir pas diminué la dose d'une goutte par jour, ou n'en avoir pas atténué la puissance par une addition d'eau ? Il a calculé qu'il lui aurait fallu plusieurs années pour obtenir par ce moyen une victoire incertaine. D'ailleurs tous les amateurs d'opium savent qu'avant de parvenir à un certain degré, on peut toujours réduire la dose sans difficulté, et même avec plaisir, mais que, cette dose une fois dépassée, toute réduction cause des douleurs intenses. Mais pourquoi ne pas consentir à un abattement momentané, de quelques jours ? Il n'y a pas d'abattement ; ce n'est pas en cela que consiste la douleur. La diminution de l'opium augmente, au contraire, la vitalité ; le pouls est meilleur ; la santé se perfectionne ; mais il en résulte une effroyable irritation de l'estomac, accompagnée de sueurs abondantes et d'une sensation de malaise général, qui naît du manque d'équilibre entre l'énergie physique et la santé de l'esprit. En effet, il est facile de comprendre que le corps, la partie terrestre de l'homme, que l'opium avait victorieusement pacifiée et réduite à une parfaite soumission, veuille reprendre ses droits, pendant que l'empire de l'esprit, qui jusqu'alors avait été uniquement favorisé, se trouve diminué d'autant. C'est un équilibre rompu qui veut se rétablir, et ne peut plus se rétablir sans crise. Même en ne tenant pas compte de l'irritation de l'estomac et des transpirations excessives, il est facile de se figurer l'angoisse d'un homme nerveux, dont la vitalité serait singulièrement réveillée, et l'esprit inquiet et inactif. Dans cette terrible situation, le malade généralement considère le mal comme préférable à la guérison, et donne tête baissée dans sa destinée.

Le mangeur d'opium avait depuis longtemps interrompu ses études. Quelquefois, à la requête de sa femme et d'une autre dame qui venait prendre le thé avec eux, il consentait à lire à haute voix les poésies de Wordsworth. Par accès, il mordait encore momentanément aux grands poètes ; mais sa vraie vocation, la philosophie, était complètement négligée. La philosophie et les mathématiques réclament une application constante et soutenue, et son esprit reculait maintenant devant ce devoir journalier avec une intime et désolante conscience de sa faiblesse. Un grand ouvrage, auquel il avait juré de donner toutes ses forces, et dont le titre lui avait été fourni par les *reliquiæ* de Spinoza : *De emendatione humani intellectus*, restait sur le chantier, inachevé et pendant, avec la tournure désolée de ces grandes bâtisses entreprises par des gouvernements prodigues ou des architectes imprudents. Ce qui devait être, dans la postérité, la preuve de sa force et de son dévouement à la cause de l'humanité, ne servirait donc que de témoignage de sa faiblesse et de sa présomption. Heureusement l'économie politique lui restait encore, comme un amusement. Bien qu'elle doive être considérée comme une science, c'est-à-dire comme un tout organique, cependant quelques-unes de ses parties intégrantes en peuvent être détachées et considérées isolément. Sa femme lui lisait de temps à autre les débats du Parlement ou les nouveautés de la librairie en matière d'économie politique ; mais, pour un littérateur profond et érudit, c'était là une triste nourriture ; pour quiconque a manié la logique, ce sont les

rogatons de l'esprit humain. Un ami d'Édimbourg, cependant, lui envoya en 1819 un livre de Ricardo, et avant d'avoir achevé le premier chapitre, se rappelant qu'il avait lui-même prophétisé la venue d'un législateur de cette science, il s'écriait : « Voilà l'homme ! » L'étonnement et la curiosité étaient ressuscités. Mais sa plus grande, sa plus délicieuse surprise était qu'il pût encore s'intéresser à une lecture quelconque. Son admiration pour Ricardo en fut naturellement augmentée. Un si profond ouvrage était-il véritablement né en Angleterre au XIXᵉ siècle ? Car il supposait que toute pensée était morte en Angleterre. Ricardo avait d'un seul coup trouvé la loi, créé la base ; il avait jeté un rayon de lumière dans tout ce ténébreux chaos de matériaux où s'étaient perdus ses devanciers. Notre rêveur tout enflammé, tout rajeuni, réconcilié avec la pensée et le travail, se met à écrire, ou plutôt il dicte à sa compagne. Il lui semblait que l'œil scrutateur de Ricardo avait laissé fuir quelques vérités importantes, dont l'analyse, réduite par les procédés algébriques, pouvait faire la matière d'un intéressant petit volume. De cet effort de malade résultèrent les *Prolégomènes pour tous les systèmes futurs d'économie politique**. Il avait fait des arrangements avec un imprimeur de province, demeurant à dix-huit miles de son habitation ; on avait même, dans le but de composer l'ouvrage plus vite, engagé un compositeur supplémentaire ; le livre avait été annoncé deux fois ; mais hélas ! il restait une préface à écrire (la fatigue d'une préface !) et une magnifique dédicace à M. Ricardo : quel labeur pour un cerveau débilité par les délices d'une orgie permanente ! Ô humiliation d'un auteur nerveux, tyrannisé par l'atmosphère intérieure ! L'impuissance se dressa, terrible, infranchissable, comme les glaces du pôle ; tous les arrangements furent contremandés, le compositeur congédié, et les *Prolégomènes*, honteux, se couchèrent, pour longtemps, à côté de leur frère aîné, le fameux livre suggéré par Spinoza.

Horrible situation ! avoir l'esprit fourmillant d'idées, et ne plus pouvoir franchir le pont qui sépare les campagnes imaginaires de la rêverie des moissons positives de l'action ! Si celui qui me lit maintenant a connu les nécessités de la production, je n'ai pas besoin de lui décrire le désespoir d'un noble esprit, clairvoyant, habile, luttant contre cette damnation d'un genre si particulier. Abominable enchantement ! Tout ce que j'ai dit sur l'amoindrissement de la volonté dans mon étude sur le hachisch est applicable à l'opium. Répondre à des lettres ? travail gigantesque, remis d'heure en heure, de jour en jour, de mois en mois. Affaires d'argent ? harassante puérilité. L'économie domestique est alors plus négligée que l'économie politique. Si un cerveau débilité par l'opium était tout entier débilité, si, pour me servir d'une ignoble locution, il était totalement abruti, le mal serait évidemment moins grand, ou du moins plus tolérable. Mais un mangeur d'opium ne perd aucune de ses aspirations morales ; il voit le devoir, il l'aime ; il veut remplir toutes les conditions du possible ; mais sa puissance d'exécution n'est plus à la hauteur de sa conception. Exécuter ! que dis-je ? peut-il même essayer ? C'est le poids d'un cauchemar écrasant toute la volonté. Notre malheureux devient alors une espèce de Tantale, ardent à aimer son devoir, impuissant à y courir ; un esprit, *un pur esprit*, hélas ! condamné à désirer ce qu'il ne peut acquérir ; un brave guerrier, insulté dans ce qu'il a de plus cher, et fasciné par une fatalité qui lui ordonne de garder le lit, où il se consume dans une rage impuissante !

* Quoi que dise De Quincey sur son impuissance spirituelle, ce livre, ou quelque chose d'analogue, ayant trait à Ricardo, a paru postérieurement. Voir le catalogue de ses œuvres complètes.

Ainsi le châtiment était venu, lent mais terrible. Hélas ! ce n'était pas seulement par cette impuissance spirituelle qu'il devait se manifester, mais aussi par des horreurs d'une nature plus cruelle et plus positive. Le premier symptôme qui se fit voir dans l'économie physique du mangeur d'opium est curieux à noter. C'est le point de départ, le germe de toute une série de douleurs. Les enfants sont, en général, doués de la singulière faculté d'apercevoir, ou plutôt de créer, sur la toile féconde des ténèbres tout un monde de visions bizarres. Cette faculté, chez les uns, agit parfois sans leur volonté. Mais quelques autres ont la puissance de les évoquer ou de les congédier à leur gré. Par un cas semblable notre narrateur s'aperçut qu'il redevenait enfant. Déjà vers le milieu de 1817, cette dangereuse faculté le tourmentait cruellement. Couché, mais éveillé, des processions funèbres et magnifiques défilaient devant ses yeux ; d'interminables bâtiments se dressaient, d'un caractère antique et solennel. Mais les rêves du sommeil participèrent bientôt des rêves de la veille, et tout ce que son œil évoquait dans les ténèbres se reproduisit dans son sommeil avec une splendeur inquiétante, insupportable. Midas changeait en or tout ce qu'il touchait, et se sentait martyrisé par cet ironique privilège. De même le mangeur d'opium transformait en réalités inévitables tous les objets de ses rêveries. Toute cette fantasmagorie, si belle et si poétique qu'elle fût en apparence, était accompagnée d'une angoisse profonde et d'une noire mélancolie. Il lui semblait, chaque nuit, qu'il descendait indéfiniment dans des abimes sans lumière, au-delà de toute profondeur connue, sans espérance de pouvoir remonter. Et, même après le réveil, persistait une tristesse, une désespérance voisine de l'anéantissement. Phénomène analogue à quelques-uns de ceux qui se produisent dans l'ivresse du hachisch, le sentiment de l'espace et, plus tard, le sentiment de la durée furent singulièrement affectés. Monuments et paysages prirent des formes trop vastes pour ne pas être une douleur pour l'œil humain. L'espace s'enfla, pour ainsi dire, à l'infini. Mais l'expansion du temps devint une angoisse encore plus vive ; les sentiments et les idées qui remplissaient la durée d'une nuit représentaient pour lui la valeur d'un siècle. En outre les plus vulgaires événements de l'enfance, des scènes depuis longtemps oubliées se reproduisirent dans son cerveau, vivants d'une vie nouvelle. Éveillé, il ne s'en serait peut-être pas souvenu ; mais dans le sommeil, il les *reconnaissait* immédiatement. De même que l'homme qui se noie revoit, dans la minute suprême de l'agonie, toute sa vie comme dans un miroir ; de même que le damné lit, en une seconde, le terrible compte rendu de toutes ses pensées terrestres ; de même que les étoiles voilées par la lumière du jour reparaissent avec la nuit, de même aussi toutes les inscriptions gravées sur la mémoire inconsciente reparurent comme par l'effet d'une encre sympathique.

L'auteur *illustre* les principales caractéristiques de ses rêves par quelques échantillons d'une nature étrange et redoutable ; un, entre autres, où par la *logique* particulière qui gouverne les événements du sommeil, deux éléments historiques très distants se juxtaposent dans son cerveau de la manière la plus bizarre. Ainsi, dans l'esprit enfantin d'un campagnard, une tragédie devient parfois le dénouement de la comédie qui a ouvert le spectacle :

« Dans ma jeunesse, et même depuis, j'ai toujours été un grand liseur de Tite-Live ; il a toujours fait un de mes plus chers délassements ; j'avoue que je le préfère, pour la matière et pour le style, à tout autre historien romain, et j'ai senti toute l'effrayante et solennelle sonorité, toute l'énergique représentation

de la majesté du peuple romain, dans ces deux mots qui reviennent si souvent à travers les récits de Tite-Live : *Consul Romanus* ; particulièrement quand le consul se présente avec son caractère militaire. Je veux dire que les mots : roi, sultan, régent, ou tous autres titres appartenant aux hommes qui personnifient en eux la majesté d'un grand peuple, n'avaient pas puissance pour m'inspirer le même respect. Bien que je ne sois pas un grand liseur de choses historiques, je m'étais également familiarisé, d'une manière minutieuse et critique, avec une certaine période de l'histoire d'Angleterre, la période de la guerre du Parlement, qui m'avait attiré par la grandeur morale de ceux qui y ont figuré et par les nombreux mémoires intéressants qui ont survécu à ces époques troublées. Ces deux parties de mes lectures de loisir, ayant souvent fourni matière à mes réflexions, fournissaient maintenant une pâture à mes rêves. Il m'est arrivé souvent de voir, pendant que j'étais éveillé, une sorte de répétition de théâtre, se peignant plus tard sur les ténèbres complaisantes, — une foule de dames, — peut-être une fête et des danses. Et j'entendais qu'on disait, ou je me disais à moi-même : "Ce sont les femmes et les filles de ceux qui s'assemblaient dans la paix, qui s'asseyaient aux mêmes tables, et qui étaient alliés par le mariage ou par le sang ; et cependant, depuis un certain jour d'août 1642, ils ne se sont plus jamais souri et ne se sont désormais rencontrés que sur les champs de bataille ; et à Marston-Moor, à Newbury ou à Naseby, ils ont tranché tous les liens de l'amour avec le sabre cruel, et ils ont effacé avec le sang le souvenir des amités anciennes." Les dames dansaient, et elles semblaient aussi séduisantes qu'à la cour de George IV. Cependant je savais, même dans mon rêve, qu'elles étaient dans le tombeau depuis près de deux siècles. Mais toute cette pompe devait se dissoudre soudainement ; à un claquement de mains, se faisaient entendre ces mots dont le son me remuait le cœur : *Consul Romanus !* et immédiatement arrivait, balayant tout devant lui, magnifique dans son manteau de campagne, Paul-Émile ou Marius, entouré d'une compagnie de centurions, faisant hisser la tunique rouge au bout d'une lance, et suivi de l'effrayant hourra des légions romaines. »

D'étonnantes et monstrueuses architectures se dressaient dans son cerveau, semblables à ces constructions mouvantes que l'œil du poète aperçoit dans les nuages colorés par le soleil couchant. Mais bientôt à ces rêves de terrasses, de tours, de remparts, montant à des hauteurs inconnues et s'enfonçant dans d'immenses profondeurs, succédèrent des lacs et de vastes étendues d'eau. L'eau devint l'élément obsédant. Nous avons déjà noté, dans notre travail sur le hachisch, cette étonnante prédilection du cerveau pour l'élément liquide et pour ses mystérieuses séductions. Ne dirait-on pas qu'il y a une singulière parenté entre ces deux excitants, du moins dans leurs effets sur l'imagination, ou, si l'on préfère cette explication, que le cerveau humain, sous l'empire d'un excitant, s'éprend plus volontiers de certaines images ? Les eaux changèrent bientôt de caractère, et les lacs transparents, brillants comme des miroirs, devinrent des mers et des océans. Et puis une métamorphose nouvelle fit de ces eaux magnifiques, inquiétantes seulement par leur fréquence et par leur étendue, un affreux tourment. Notre auteur avait trop aimé la foule, s'était trop délicieusememement plongé dans les mers de la multitude, pour que la face humaine ne prît pas dans ses rêves une part despotique. Et alors se manifesta ce qu'il a déjà appelé, je crois, *la tyrannie de la face humaine.* « Alors sur les eaux mouvantes de l'Océan commença à se montrer le visage de l'homme ; la mer m'apparut pavée d'innombrables têtes tournées vers le ciel ; des visages

furieux, suppliants, désespérés, se mirent à danser à la surface, par milliers, par myriades, par générations, par siècles ; mon agitation devint infinie, et mon esprit bondit et roula comme les lames de l'Océan. »

Le lecteur, a déjà remarqué que depuis longtemps l'homme n'évoque plus les images, mais que les images s'offrent à lui, spontanément, despotiquement. Il ne peut pas les congédier ; car la voloné n'a plus de force et ne gouverne plus les facultés. La mémoire poétique, jadis source infinie de jouissances, est devenue un arsenal inépuisable d'instruments de supplices.

En 1818, le Malais dont nous avons parlé le tourmentait cruellement ; c'était un visiteur insupportable. Comme l'espace, comme le temps, le Malais s'était multiplié. Le Malais était devenu l'Asie elle-même : l'Asie antique, solennelle, monstrueuse et compliquée comme ses temples et ses religions ; où tout, depuis les aspects les plus ordinaires de la vie jusqu'aux souvenirs classiques et grandioses qu'elle comporte, est fait pour confondre et stupéfier l'esprit d'un Européen. Et ce n'était pas seulement la Chine, bizarre et artificielle, prodigieuse et vieillotte comme un conte de fées, qui opprimait son cerveau. Cette image appelait naturellement l'image voisine de l'Inde, si mystérieuse et si inquiétante pour un esprit de l'Occident ; et puis la Chine et l'Inde formaient bientôt avec l'Égypte une triade menaçante, un cauchemar complexe, aux angoisses variées. Bref, le Malais avait évoqué tout l'immense et fabuleux Orient. Les pages suivantes sont trop belles pour que je les abrège :

« J'étais chaque nuit transporté par cet homme au milieu de tableaux asiatiques. Je ne sais si d'autres personnes partagent mes sentiments en ce point ; mais j'ai souvent pensé que, si j'étais forcé de quitter l'Angleterre et de vivre en Chine, parmi les modes, les manières et les décors de la vie chinoise, je deviendrais fou. Les causes de mon horreur sont profondes, et quelques-unes doivent être communes à d'autres hommmes. L'Asie méridionale est en général un siège d'images terribles et de redoutables associations d'idées ; seulement comme berceau du genre humain, elle doit exhaler je ne sais quelle vague sensation d'effroi et de respect. Mais il existe d'autres raisons. Aucun homme ne prétendra que les étranges, barbares et capricieuses superstitions de l'Afrique, ou des tribus sauvages de toute autre contrée, puissent l'affecter de la même manière que les vieilles, monumentales, cruelles et compliquées religions de l'Indoustan. L'antiquité des choses de l'Asie, de ses institutions, de ses annales, des modes de sa foi, a pour moi quelque chose de si frappant, la vieillesse de la race et des noms, quelque chose de si dominateur, qu'elle suffit pour annihiler la jeunesse de l'individu. Un jeune Chinois m'apparaît comme un homme antédiluvien renouvelé. Les Anglais eux-mêmes, bien qu'ils n'aient pas été nourris dans la connaissance de pareilles institutions, ne peuvent s'empêcher de frissonner devant la mystique sublimité de ces castes, qui ont suivi chacune un cours à part, et ont refusé de mêler leurs eaux pendant des périodes de temps immémoriales. Aucun homme ne peut ne pas être pénétré de respect par les noms du Gange et de l'Euphrate. Ce qui ajoute beaucoup à de tels sentiments, c'est que l'Asie méridionale est et a été, depuis des milliers d'années, la partie de la terre la plus fourmillante de vie humaine, la grande *officina gentium*. L'homme, dans ces contrées, pousse comme l'herbe. Les vastes empires, dans lesquels a toujours été moulée la population énorme de l'Asie, ajoutent une grandeur de plus aux sentiments que comportent les images et les noms orientaux. En Chine surtout, négligeant ce qu'elle a de commun avec le reste de l'Asie méridionale, je suis terrifié par les modes de la

vie, par les usages, par une répugnance absolue, par une barrière de sentiments qui nous séparent d'elle et qui sont trop profonds pour être analysés. Je trouverais plus commode de vivre avec des lunatiques ou avec des brutes. Il faut que le lecteur entre dans toutes ces idées et dans bien d'autres encore, que je ne puis dire ou que je n'ai pas le temps d'exprimer, pour comprendre toute l'horreur qu'imprimaient dans mon esprit ces rêves d'imagerie orientale et de tortures mythologiques.

« Sous les deux conditions connexes de chaleur tropicale et de lumière verticale, je ramassais toutes les créatures, oiseaux, bêtes, reptiles, arbres et plantes, usages et spectacles, que l'on trouve communément dans toute la région des tropiques, et je les jetais pêle-mêle en Chine ou dans l'Indoustan. Par un sentiment analogue, je m'emparais de l'Égypte et de tous ses dieux, et les faisais entrer sous la même loi. Des singes, des perrroquets, des kakatoès me regardaient fixement, me huaient, me faisaient la grimace, ou jacassaient sur mon compte. Je me sauvais dans des pagodes, et j'étais, pendant des siècles, fixé au sommet, ou enfermé dans des chambres secrètes. J'étais l'idole ; j'étais le prêtre ; j'étais adoré ; j'étais sacrifié. Je fuyais la colère de Brahma à travers toutes les forêts de l'Asie ; Vishnû me haïssait ; Siva me tendait une embûche. Je tombais soudainement chez Isis et Osiris ; j'avais fait quelque chose, disait-on, j'avais commis un crime qui faisait frémir l'ibis et le crocodile. J'étais enseveli, pendant un millier d'années, dans des bières de pierre, avec des momies et des sphinx, dans des cellules étroites au cœur des éternelles pyramides. J'étais baisé par des crocodiles aux baisers cancéreux ; et je gisais, confondu avec une foule de choses inexprimables et visqueuses, parmi les boues et les roseaux du Nil.

« Je donne ainsi au lecteur un léger extrait de mes rêves orientaux, dont le monstrueux théâtre me remplissait toujours d'une telle stupéfaction que l'horreur elle-même y semblait pendant quelque temps absorbée. Mais tôt ou tard se produisait un reflux de sentiments où l'étonnement à son tour était englouti, et qui me livrait non pas tant à la terreur qu'à une sorte de haine et d'abomination pour tout ce que je voyais. Sur chaque être, et sur chaque forme, sur chaque menace, punition, incarcération ténébreuse, planait un sentiment d'éternité et d'infini qui me causait l'angoisse et l'oppression de la folie. Ce n'était pas dans ces rêves-là, sauf une ou deux légères exceptions, qu'entraient les circonstances de l'horreur physique. Mes terreurs jusqu'alors n'avaient été que morales et spirituelles. Mais ici les agents principaux étaient de hideux oiseaux, des serpents ou des crocodiles, principalement ces derniers. Le crocodile maudit devint pour moi l'objet de plus d'horreur que presque tous les autres. J'étais forcé de vivre avec lui, hélas ! (c'était toujours ainsi dans mes rêves) pendant des siècles. Je m'échappais quelquefois, et je me trouvais dans des maisons chinoises, meublées de tables en roseau. Tous les pieds des tables et des canapés semblaient doués de vie ; l'abominable tête du crocodile, avec ses petits yeux obliques, me regardait partout, de tous les côtés, multipliée par des répétitions innombrables ; et je restais là, plein d'horreur et fasciné. Et ce hideux reptile hantait si souvent mon sommeil que, bien des fois, le même rêve a été interrompu de la même façon : j'entendais de douces voix qui me parlaient (j'entends tout, même quand je suis assoupi), et immédiatement je m'éveillais. Il était grand jour, plein midi, et mes enfants se tenaient debout, la main dans la main, à côté de mon lit ; ils venaient me montrer leurs souliers de couleur, leurs habits neufs, me faire admirer leur toilette avant d'aller à la promenade.

J'affirme que la transition du maudit crocodile et des autres monstres et inexprimables avortons de mes rêves à ces innocentes créatures, à cette simple enfance *humaine*, était si terrible que, dans la puissante et soudaine révulsion de mon esprit, je pleurais, sans pouvoir m'en empêcher, en baisant leurs visages. »

Le lecteur attend peut-être, dans cette galerie d'impressions anciennes répercutées sur le sommeil, la figure mélancolique de la pauvre Ann. À son tour, la voici. L'auteur a remarqué que la mort de ceux qui nous sont chers, et généralement la contemplation de la mort, affecte bien plus notre âme pendant l'été que dans les autres saisons de l'année. Le ciel y paraît plus élevé, plus lointain, plus infini. Les nuages, par lesquels l'œil apprécie la distance du pavillon céleste, y sont plus volumineux et accumulés par masses plus vastes et plus solides ; la lumière et les spectacles du soleil à son déclin sont plus en accord avec le caractère de l'infini. Mais la principale raison, c'est que la prodigalité exubérante de la vie estivale fait un contraste plus violent avec la stérilité glacée du tombeau. D'ailleurs, deux idées qui sont en rapport d'antagonisme s'appellent réciproquement, et l'une suggère l'autre. Aussi l'auteur nous avoue que, dans les interminables journées d'été, il lui est difficile de ne pas penser à la mort ; et l'idée de la mort d'une personne connue ou chérie assiège son esprit plus obstinément pendant la saison splendide. Il lui sembla, un jour, qu'il était debout à la porte de son cottage ; c'était (dans son rêve) un dimanche matin du mois de mai, un dimanche de Pâques, ce qui ne contredit en rien l'almanach des rêves. Devant lui s'étendait le paysage connu, mais agrandi, mais solennisé par la magie du sommeil. Les montagnes étaient plus élevées que les Alpes, et les prairies et les bois, situés à leurs pieds, infiniment plus étendus ; les haies, parées de roses blanches. Comme c'était de fort grand matin, aucune créature vivante ne se faisait voir, excepté les bestiaux qui se reposaient dans le cimetière sur des tombes verdoyantes, et particulièrement autour de la sépulture d'un enfant qu'il avait tendrement chéri (cet enfant avait été réellement enseveli ce même été ; et un matin, avant le lever du soleil, l'auteur avait réellement vu ces animaux se reposer auprès de cette tombe). Il se dit alors : « Il y a encore assez longtemps à attendre avant le lever du soleil ; c'est aujourd'hui dimanche de Pâques ; c'est le jour où l'on célèbre les premiers fruits de la résurrection. J'irai me promener dehors ; j'oublierai aujourd'hui mes vieilles peines ; l'air est frais et calme ; les montagnes sont hautes et s'étendent au loin vers le ciel ; les clairières de la forêt sont aussi paisibles que le cimetière ; la rosée lavera la fièvre de mon front, et ainsi je cesserai enfin d'être malheureux. » Et il allait ouvrir la porte du jardin, quand le paysage, à gauche, se transforma. C'était bien toujours un dimanche de Pâques, de grand matin ; mais le décor était devenu oriental. Les coupoles et les dômes d'une grande cité dentelaient vaguement l'horizon (peut-être était-ce le souvenir de quelque image d'une Bible contemplée dans l'enfance). Non loin de lui, sur une pierre, et ombragée par des palmiers de Judée, une femme était assise. C'était Ann !

« Elle tint ses yeux fixés sur moi avec un regard intense, et je lui dis, à la longue : "Je vous ai donc enfin retrouvée !" J'attendais ; mais elle ne me répondit pas un mot. Son visage était le même que quand je la vis pour la dernière fois, et pourtant, combien il était différent ! Dix-sept ans auparavant, quand la lueur du réverbère tombait sur son visage, quand pour la dernière fois je baisai ses lèvres (tes lèvres, Ann ! qui pour moi ne portaient aucune souillure), ses yeux ruisselaient de larmes ; mais ses larmes étaient maintenant

séchées ; elle semblait plus belle qu'elle n'était à cette époque, mais d'ailleurs en tous points la même, et elle n'avait pas vieilli. Ses regards étaient tranquilles, mais doués d'une singulière solennité d'expression, et je la contemplais alors avec une espèce de crainte. Tout à coup, sa physionomie s'obscurcit ; me tournant du côté des montagnes, j'aperçus des vapeurs qui roulaient entre nous deux ; en un instant tout s'était évanoui ; d'épaisses ténèbres arrivèrent ; et en un clin d'œil je me trouvai loin, bien loin des montagnes, me promenant avec Ann à la lueur des réverbères d'Oxford Street, juste comme nous nous promenions dix-sept ans auparavant, quand nous étions, elle et moi, deux enfants. »

L'auteur cite encore un spécimen de ses conceptions morbides, et ce dernier rève (qui date de 1820) est d'autant plus terrible qu'il est plus vague, d'une nature plus insaisissable, et que, tout pénétré qu'il soit d'un sentiment poignant, il se présente dans le décor mouvant, élastique, de l'indéfini. Je désespère de rendre convenablement la magie du style anglais :

« Le rève commençait par une musique que j'entends souvent dans mes rêves, une musique préparatoire, propre à réveiller l'esprit et à le tenir en suspens ; une musique semblable à l'ouverture du service du couronnement, et qui, comme celle-ci, donnait l'impression d'une vaste marche, d'une défilade infinie de cavaleries et d'un piétinement d'armées innombrables. Le matin d'un jour solennel était arrivé, — d'un jour de crise et d'espérance finale pour la nature humaine, subissant alors quelque mystérieuse éclipse et travaillée par quelque angoisse redoutable. Quelque part, je ne sais pas où, — d'une manière ou d'une autre, je ne savais pas comment, — par n'importe quels êtres, je ne les connaissais pas, — une bataille, une lutte était livrée, — une agonie était subie, — qui se développait comme un grand drame ou un morceau de musique ; — et la sympathie que j'en ressentais me devenait un supplice à cause de mon incertitude du lieu, de la cause, de la nature et du résultat possible de l'affaire. Ainsi qu'il arrive d'ordinaire dans les rêves, où nécessairement nous faisons de nous-mêmes le centre de tout mouvement, j'avais le pouvoir, et cependant je n'avais pas le pouvoir de la décider ; j'avais la puissance, pourvu que je pusse me hausser jusqu'à vouloir, et néanmoins, je n'avais pas cette puissance, à cause que j'étais accablé sous le poids de vingt Atlantiques, ou sous l'oppression d'un crime inexpiable. *Plus profondément que jamais n'est descendu le plomb de la sonde*, je gisais immobile, inerte. Alors, comme un chœur, la passion prenait un son plus profond. Un très grand intérêt était en jeu, une cause plus importante que jamais n'en plaida l'épée ou n'en proclama la trompette. Puis arrivaient de soudaines alarmes ; çà et là des pas précipités ; des épouvantes de fugitifs innombrables. Je ne savais pas s'ils venaient de la bonne cause ou de la mauvaise : — ténèbres et lumières ; — tempêtes et faces humaines ; — et à la fin, avec le sentiment que tout était perdu, paraissaient des formes de femmes, des visages que j'aurais voulu reconnaître, au prix du monde entier, et que je ne pouvais entrevoir qu'un seul instant ; — et puis des mains crispées, des séparations à déchirer le cœur ; — et puis des adieux éternels ! et avec un soupir comme celui que soupirèrent les cavernes de l'enfer, quand la mère incestueuse proféra le nom abhorré de la Mort, le son était répercuté : Adieux éternels ! et puis, et puis encore, d'écho en écho, répercuté : — Adieux éternels !

« Et je m'éveillais avec des convulsions, et je criais à haute voix : Non ! je ne veux plus dormir ! »

V

UN FAUX DÉNOUEMENT

De Quincey a singulièrement écourté la fin de son livre, tel, du moins, qu'il parut primitivement. Je me rappelle que la première fois que je le lus, il y a de cela bien des années (et je ne connaissais pas la deuxième partie, *Suspiria de profundis*, qui d'ailleurs n'avait pas paru), je me disais de temps à autre : Quel peut être le dénouement d'un pareil livre ? La mort ? la folie ? Mais l'auteur, parlant sans cesse en son nom personnel, est resté évidemment dans un état de santé, qui, s'il n'est pas tout à fait normal et excellent, lui permet néanmoins de se livrer à un travail littéraire. Ce qui me paraissait le plus probable, c'était le *statu quo* ; c'était qu'il s'accoutumât à ses douleurs, qu'il prit son parti sur les effets redoutables de sa bizarre hygiène ; et enfin je me disais : Robinson peut à la fin sortir de son île ; un navire peut aborder son rivage, si inconnu qu'il soit, et en ramener l'exilé solitaire ; mais quel homme peut sortir de l'empire de l'opium ? Ainsi, continuais-je en moi-même, ce livre singulier, confession véridique ou pure conception de l'esprit (cette dernière hypothèse étant tout à fait improbable à cause de l'atmosphère de vérité qui plane sur tout l'ensemble et de l'accent inimitable de sincérité qui accompagne chaque détail), est un livre sans dénouement. Il y a évidemment des livres, comme des aventures, sans dénouement. Il y a des situations éternelles ; et tout ce qui a rapport à l'irrémédiable, à l'irréparable, rentre dans cette catégorie. Cependant je me souvenais que le *mangeur d'opium* avait annoncé quelque part, au commencement, qu'il avait réussi finalement *à dénouer, anneau par anneau, la chaîne maudite qui liait tout son être*. Donc le dénouement était pour moi tout à fait inattendu, et j'avouerai franchement que, quand je le connus, malgré tout son appareil de minutieuse vraisemblance, je m'en défiai instinctivement. J'ignore si le lecteur partagera mon impression à cet égard ; mais je dirai que la manière subtile, ingénieuse, par laquelle l'infortuné sort du labyrinthe enchanté où il s'est perdu par sa faute, me parut une invention en faveur d'un certain *cant* britannique, un sacrifice où la vérité était immolée en l'honneur de la pudeur et des préjugés publics. Rappelez-vous combien de précautions il a prises avant de commencer le récit de son *Iliade de maux*, et avec quel soin il a établi le droit de faire des *confessions*, même *profitables*. Tel peuple veut des dénouements *moraux*, et tel autre des dénouements *consolants*. Ainsi les femmes, par exemple, ne veulent pas que les méchants soient récompensés. Que dirait le public de nos théâtres, s'il ne trouvait pas, à la fin du cinquième acte, la catastrophe voulue par la justice, qui rétablit l'équilibre normal, ou plutôt utopique, entre toutes les parties, — cette catastrophe équitable attendue impatiemment pendant quatre longs actes ? Bref, je crois que le public n'aime pas les *impénitents*, et qu'il les considère volontiers comme des *insolents*. De Quincey a peut-être pensé de même, et il s'est mis en règle. Si ces pages, écrites plus tôt, étaient par hasard tombées sous ses yeux, j'imagine qu'il aurait daigné complaisamment sourire de ma défiance précoce et motivée ; en tout cas, je m'appuie sur son texte, si sincère en toute autre occasion et si pénétrant, et je pourrais déjà annoncer ici une certaine *troisième prostration devant la noire idole* (ce qui implique une deuxième) dont nous aurons à parler plus tard. Quoi qu'il en soit, voici ce dénouement. Depuis longtemps, l'opium ne faisait plus sentir son empire par des enchantements, mais par des tortures, et

ces tortures (ce qui est parfaitemnent croyable et en accord avec toutes les expériences relatives à la difficulté de rompre de vieilles habitudes, de quelque nature qu'elles soient) avaient commencé avec les premiers efforts pour se débarrasser de ce tyran journalier. Entre deux agonies, l'une venant de l'usage continué, l'autre de l'hygiène interrompue, l'auteur préféra, nous dit-il, celle qui impliquait une chance de délivrance. « Combien prenais-je d'opium à cette époque, je ne saurais le dire ; car l'opium dont j'usais avait été acheté par un mien ami, qui plus tard ne voulut pas être remboursé ; de sorte que je ne peux pas déterminer quelle quantité j'absorbai dans l'espace d'une année. Je crois néanmoins que j'en prenais très irrégulièrement, et que je variais la dose de cinquante ou soixante grains à cent cinquante par jour. Mon premier soin fut de la réduire à quarante, à trente, et enfin, aussi souvent que je le pouvais, à douze grains. » Il ajoute que parmi différents spécifiques dont il essaya, le seul dont il tira profit fut la teinture ammoniacale de valériane. Mais à quoi bon (c'est lui qui parle) continuer ce récit de la convalescence et de la guérison ? Le but du livre était de montrer le merveilleux pouvoir de l'opium soit pour le plaisir, soit pour la douleur ; le livre est donc fini. La morale du récit s'adresse seulement aux mangeurs d'opium. Qu'ils apprennent à trembler, et qu'ils sachent, par cet exemple extraordinaire, que l'on peut, après dix-sept années d'usage et huit années d'abus de l'opium, renoncer à cette substance. Puissent-ils, ajoute-t-il, développer plus d'énergie dans leurs efforts, et atteindre finalement le même succès !

« Jérémie Taylor conjecture qu'il est peut-être aussi douloureux de naître que de mourir. Je crois cela fort probable ; et durant la longue période consacrée à la diminution de l'opium, j'éprouvai toutes les tortures d'un homme qui passe d'un mode d'existence à un autre. Le résultat ne fut pas la mort, mais une sorte de renaissance physique..... Il me reste encore comme un souvenir de mon premier état ; mes rêves ne sont pas parfaitement calmes ; la redoutable turgescence et l'agitation de la tempête ne sont pas entièrement apaisées ; les légions dont mes songes étaient peuplés se retirent, mais ne sont pas toutes parties ; mon sommeil est tumultueux, et, pareil aux portes du Paradis quand nos premiers parents se retournèrent pour les contempler, il est toujours, comme dit le vers effrayant de Milton :

Encombré de faces menaçantes et de bras flamboyants. »

L'appendice (qui date de 1822) est destiné à corroborer plus minutieusement la vraisemblance de ce dénouement, à lui donner pour ainsi dire une rigoureuse physionomie médicale. Être descendu d'une dose de huit mille gouttes à une dose modérée variant de trois cents à cent soixante était certainement un assez magnifique triomphe. Mais l'effort qui restait à faire demandait encore plus d'énergie que l'auteur ne s'y attendait, et la nécessité de cet effort devint de plus en plus manifeste. Il s'aperçut particulièrement d'un certain endurcissement, d'un manque de sensibilité dans l'estomac, qui semblait présager quelque affection squirreuse. Le médecin affirma que la continuation de l'usage de l'opium, quoique en doses réduites, pouvait amener un pareil résultat. Dès lors, serment d'abjurer l'opium, de l'abjurer absolument. Le récit de ses efforts, de ses hésitations, des douleurs physiques résultant des premières victoires de la volonté, est vraiment intéressant. Il y a des diminutions progressives ; deux fois il arrive à zéro ; puis ce sont des rechutes, rechutes où il compense largement les abstinences précédentes. En

somme, l'expérience des six premières semaines donna pour résultat une effroyable irritabilité dans tout le système, particulièrement dans l'estomac, qui parfois revenait à un état de vitalité normale, et d'autres fois souffrait étrangement ; une agitation qui ne cessait ni jour ni nuit ; un sommeil (quel sommeil !) de trois heures au plus sur vingt-quatre, et si léger qu'il entendait les plus petits bruits autour de lui ; la mâchoire inférieure constamment enflée ; des ulcérations de la bouche et, parmi d'autres symptômes plus ou moins déplorables, de violents éternuements, qui, d'ailleurs, ont toujours accompagné ses tentatives de rébellion contre l'opium (cette espèce nouvelle d'infirmité durait quelquefois deux heures et revenait deux ou trois fois par jour) ; de plus, une sensation de froid, et enfin un rhume effroyable, ce qui ne s'était jamais produit sous l'empire de l'opium. Par l'usage des amers, il est parvenu à ramener l'estomac à l'état normal, c'est-à-dire à perdre, comme les autres hommes, la conscience des opérations de la digestion. Le quarante-deuxième jour, tous ces symptômes alarmants disparurent enfin pour faire place à d'autres ; mais il ne sait si ceux-là sont des conséquences de l'ancien abus ou de la suppression de l'opium. Ainsi, la transpiration abondante, qui, même vers la Noël, accompagnait toute réduction journalière de la dose, avait, dans la saison la plus chaude de l'année, complètement cessé. Mais d'autres souffrances physiques peuvent être attribuées à la température pluvieuse de juillet dans la partie de l'Angleterre où était située son habitation.

L'auteur pousse le soin (toujours pour venir en aide aux infortunés qui pourraient se trouver dans le même cas que lui) jusqu'à donner un tableau synoptique, dates et quantités en regard, des cinq premières semaines pendant lesquelles il commença à mener à bien sa glorieuse tentative. On y voit de terribles rechutes, comme de zéro à 200, 300, 350. Mais peut-être bien la descente fut-elle trop rapide, mal graduée, donnant ainsi naissance à des souffrances superflues, lesquelles le contraignaient quelquefois à chercher un secours dans la source même du mal.

Ce qui m'a toujours confirmé dans l'idée que ce dénouement était *artificiel*, au moins en partie, c'est un certain ton de raillerie, de badinage et même de persiflage qui règne dans plusieurs endroits de cet appendice. Enfin, pour bien montrer qu'il ne donne pas à son misérable corps cette fanatique attention des valétudinaires, qui passent leur temps à s'observer eux-mêmes, l'auteur appelle sur ce corps, sur cette méprisable « guenille », ne fût-ce que pour la punir de l'avoir tant tourmenté, les traitements déshonorants que la loi inflige aux pires malfaiteurs ; et si les médecins de Londres croient que la science peut tirer quelque bénéfice de l'analyse du corps d'un mangeur d'opium aussi obstiné qu'il le fut, il leur lègue bien volontiers le sien. Certaines personnes riches de Rome commettaient l'imprudence, après avoir fait un legs au prince, de *s'obstiner à vivre*, comme dit plaisamment Suétone, et le César, qui avait bien voulu accepter le legs, se trouvait gravement offensé par ces existences indiscrètement prolongées. Mais le *mangeur d'opium* ne redoute pas de la part des médecins de choquantes marques d'impatience. Il sait qu'on ne peut attendre d'eux que des sentiments analogues aux siens, c'est-à-dire répondant à ce pur amour de la science qui le pousse lui-même à leur faire ce don funèbre de sa précieuse dépouille. Puisse ce legs n'être remis que dans un temps infiniment reculé ; puisse ce pénétrant écrivain, ce malade charmant jusque

dans ses moqueries, nous être conservé plus longtemps encore que le fragile Voltaire, qui mit, comme on a dit, quatre-vingt-quatre ans à mourir*!

VI

LE GÉNIE ENFANT

Les *Confessions* datent de 1822, et les *Suspiria*, qui font leur suite et qui les complètent, ont été écrits en 1845. Aussi le ton en est-il, sinon tout à fait différent, du moins plus grave, plus triste, plus résigné. En parcourant mainte et mainte fois ces pages singulières, je ne pouvais m'empêcher de rêver aux différentes métaphores dont se servent les poètes pour peindre l'homme revenu des batailles de la vie ; c'est le vieux marin au dos voûté, au visage couturé d'un lacis inextricable de rides, qui réchauffe à son foyer une héroïque carcasse

* Pendant que nous écrivions ces lignes, la nouvelle de la mort de Thomas De Quincey est arrivée à Paris. Nous formions ainsi des vœux pour la continuation de cette destinée glorieuse, qui se trouvait coupée brusquement. Le digne émule et ami de Wordsworth, de Coleridge, de Southey, de Charles Lamb, de Hazlitt et de Wilson, laisse des ouvrages nombreux, dont les principaux sont : *Confessions of an english opium-eater ; Suspiria de profundis ; the Cæsars ; Literary reminiscences ; Essays on the poets ; Autobiographic sketches ; Memorials ; the Note book ; Theological essays ; Letters to a young man ; Classic records reviewed or deciphered ; Speculations, literary and philosophic, with german tales and other narrative papers ; Klosterheim, or the masque ; Logic of political economy (1844) ; Essays sceptical and antisceptical on problems neglected or misconceived,* etc. Il laisse non seulement la réputation d'un des esprits les plus originaux, les plus vraiment humoristiques de la vieille Angleterre, mais aussi celle d'un des caractères les plus affables, les plus charitables qui aient honoré l'histoire des lettres, tel enfin qu'il l'a dépeint naïvement dans les *Suspiria de profundis*, dont nous allons entreprendre l'analyse, et dont le titre emprunte à cette circonstance douloureuse un accent doublement mélancolique. M. De Quincey est mort à Édimbourg, âgé de soixante-quinze ans.
 J'ai sous les yeux un article nécrologique, daté du 17 décembre 1859, qui peut fournir matière à quelques tristes réflexions. D'un bout du monde à l'autre la grande folie de la morale usurpe dans toutes les discussions littéraires la place de la pure littérature. Les Pontmartin et autres sermonnaires de salons encombrent les journaux américains et anglais aussi bien que les nôtres. Déjà, à propos des étranges oraisons funèbres qui suivirent la mort d'Edgar Poe, j'ai eu l'occasion d'observer que le champ mortuaire de la littérature est moins respecté que le cimetière commun, où un règlement de police protège les tombes contre les outrages *innocents* des animaux.
 Je veux que le lecteur impartial soit juge. Que le *mangeur d'opium* n'ait jamais rendu *à l'humanité de services positifs*, que nous importe ? Si son livre est *beau*, nous lui devons de la gratitude. Buffon, qui dans une pareille question n'est pas suspect, ne pensait-il pas qu'un tour de utilité plus grande que les découvertes de la science ; en d'autres termes, que le Beau est plus noble que le Vrai ?
 Que De Quincey se soit montré quelquefois singulièrement sévère pour ses amis, quel auteur, connaissant l'ardeur de la passion littéraire, aurait le droit de s'en étonner ? Il se maltraitait cruellement lui-même ; et d'ailleurs, comme il l'a dit quelque part, et comme avant lui l'avait dit Coleridge, *la malice ne vient pas toujours du cœur ; il y a une malice de l'intelligence et de l'imagination.*
 Mais voici le chef-d'œuvre de la critique. De Quincey avait dans sa jeunesse fait don à Coleridge d'une partie considérable de son patrimoine : « Sans doute ceci est noble et louable, *quoique imprudent,* dit le biographe anglais ; mais on doit se souvenir qu'il vint un temps où, victime de son opium, sa santé étant délabrée et ses affaires fort dérangées, il consentit parfaitement à accepter la charité de ses amis. » Si nous traduisons bien, cela veut dire qu'il ne faut lui savoir aucun gré de sa générosité, puisque plus tard il a usé de celle des autres. Le Génie ne trouve pas de pareils traits. Il faut pour s'élever jusque-là, être doué de l'esprit envieux et quinteux du critique moral. — C.B.

échappée à mille aventures ; c'est le voyageur qui se retourne le soir vers les campagnes franchies le matin, et qui se souvient, avec attendrissement et tristesse, des mille fantaisies dont était possédé son cerveau pendant qu'il traversait ces contrées, maintenant vaporisées en horizons. C'est ce que, d'une manière générale, j'appellerais volontiers le ton du *revenant* ; accent, non pas surnaturel, mais presque étranger à l'humanité, moitié terrestre et moitié extra-terrestre, que nous trouvons quelquefois dans les *Mémoires d'outre-tombe*, quand, la colère ou l'orgueil blessé se taisant, le mépris du grand René pour les choses de la terre devient tout à fait désintéressé.

L'*Introduction* des *Suspiria* nous apprend qu'il y a eu pour le mangeur d'opium, malgré tout l'héroïsme développé dans sa patiente guérison, une seconde et une troisième rechute. C'est ce qu'il appelle *a third prostration before the dark idol*. Même en omettant les raisons physiologiques qu'il allègue pour son excuse, comme de n'avoir pas assez prudemment gouverné son abstinence, je crois que ce malheur était facile à prévoir. Mais cette fois il n'est plus question de lutte ni de révolte. La lutte et la révolte impliquent toujours une certaine quantité d'espérance, tandis que le désespoir est muet. Là où il n'y a pas de remède, les plus grandes souffrances se résignent. Les portes, jadis ouvertes pour le retour, se sont refermées, et l'homme marche avec docilité dans sa destinée. *Suspiria de profundis* ! Ce livre est bien nommé.

L'auteur n'insiste plus pour nous persuader que les *Confessions* avaient été écrites, en partie du moins, dans un but de santé publique. Elles se donnaient pour objet, nous dit-il plus franchement, de montrer quelle puissance a l'opium pour augmenter la faculté naturelle de rêverie. Rêver magnifiquement n'est pas un don accordé à tous les hommes, et, même chez ceux qui le possèdent, il risque fort d'être de plus en plus diminué par la dissipation moderne toujours croissante et par la turbulence du progès matériel. La faculté de rêverie est une faculté divine et mystérieuse ; car c'est par le rêve que l'homme communique avec le monde ténébreux dont il est environné. Mais cette faculté a besoin de solitude pour se développer librement ; plus l'homme se concentre, plus il est apte à rêver amplement, profondément. Or, quelle solitude est plus grande, plus calme, plus séparée du monde des intérêts terrestres, que celle créée par l'opium ?

Les *Confessions* nous ont raconté les accidents de jeunesse qui avaient pu légitimer l'usage de l'opium. Mais il existe ici jusqu'à présent deux lacunes importantes, l'une comprenant les rêveries engendrées par l'opium pendant le séjour de l'auteur à l'Université (c'est ce qu'il appelle ses *Visions d'Oxford*) ; l'autre, le récit de ses impressions d'enfance. Ainsi, dans la deuxième partie comme dans la première, la biographie servira à expliquer et à *vérifier*, pour ainsi dire, les mystérieuses aventures du cerveau. C'est dans les notes relatives à l'enfance que nous trouverons le germe des étranges rêveries de l'homme adulte, et, disons mieux, de son génie. Tous les biographes ont compris, d'une manière plus ou moins complète, l'importance des anecdotes se rattachant à l'enfance d'un écrivain ou d'un artiste. Mais je trouve que cette importance n'a jamais été suffisamment affirmée. Souvent, en contemplant des ouvrages d'art, non pas dans leur *matérialité* facilement saisissable, dans les hiéroglyphes trop clairs de leurs contours, ou dans le sens évident de leurs sujets, mais dans l'âme dont ils sont doués, dans l'impression atmosphérique qu'ils comportent, dans la lumière ou dans les ténèbres spirituelles qu'ils déversent sur nos âmes, j'ai senti entrer en moi comme une vision de l'enfance de leurs auteurs. Tel petit

chagrin, telle petite jouissance de l'enfant, démesurément grossis par une exquise sensibilité, deviennent plus tard dans l'homme adulte, même à son insu, le principe d'une œuvre d'art. Enfin, pour m'exprimer d'une manière plus concise, ne serait-il pas facile de prouver, par une comparaison philosophique entre les ouvrages d'un artiste mûr et l'état de son âme quand il était enfant, que le génie n'est que l'enfance nettement formulée, douée maintenant, pour s'exprimer, d'organes virils et puissants ? Cependant je n'ai pas la prétention de livrer cette idée à la physiologie pour quelque chose de mieux qu'une pure conjecture.

Nous allons donc analyser rapidement les principales impressions d'enfance du mangeur d'opium, afin de rendre plus intelligibles les rêveries qui, à Oxford, faisaient la pâture ordinaire de son cerveau. Le lecteur ne doit pas oublier que c'est un vieillard qui raconte son enfance, un vieillard qui, rentrant dans son enfance, la raisonne toutefois avec subtilité, et qu'enfin cette enfance, principe des rêveries postérieures, est revue et considérée à travers le milieu magique de cette rêverie, c'est-à-dire les épaisseurs transparentes de l'opium.

VII

CHAGRINS D'ENFANCE

Lui et ses trois sœurs étaient fort jeunes quand leur père mourut, laissant à leur mère une abondante fortune, une véritable fortune de négociant anglais. Le luxe, le bien-être, la vie large et magnifique sont des conditions très favorables au développement de la sensibilité naturelle de l'enfant. « N'ayant pas d'autres camarades que trois innocentes petites sœurs, dormant même toujours avec elles, enfermé dans un beau et silencieux jardin, loin de tous les spectacles de la pauvreté, de l'oppression et de l'injustice, je ne pouvais pas, dit-il, soupçonner la véritable complexion de ce monde. » Plus d'une fois il a remercié la Providence pour ce privilège incomparable, non seulement d'avoir été élevé à la campagne et dans la solitude, « mais encore d'avoir eu ses premiers sentiments modelés par les plus douces des sœurs, et non par d'horribles frères toujours prêts aux coups de poing, *horrid pugilistic brothers* ». En effet, les hommes qui ont été élevés par les femmes et parmi les femmes ne ressemblent pas tout à fait aux autres hommes, en supposant même l'égalité dans le tempérament ou dans les facultés spirituelles. Le bercement des nourrices, les câlineries maternelles, les chatteries des sœurs, surtout des sœurs aînées, espèce de mères diminutives, transforment, pour ainsi dire, en la pétrissant, la pâte masculine. L'homme qui, dès le commencement, a été longtemps baigné dans la molle atmosphère de la femme, dans l'odeur de ses mains, de son sein, de ses genoux, de sa chevelure, de ses vêtements souples et

Dulce balneum suavibus
Unguentatum odoribus, [1]

flottants, y a contracté une délicatesse d'épiderme et une distinction d'accent, une espèce d'androgynéité, sans lesquelles le génie le plus âpre et le plus viril reste, relativement à la perfection dans l'art, un être incomplet. Enfin, je veux dire que le goût précoce du *monde* féminin, *mundi muliebris*, de tout cet appareil ondoyant, scintillant et parfumé, fait les génies supérieurs ; et je suis

convaincu que ma très intelligente lectrice absout la forme presque sensuelle de mes expressions, comme elle approuve et comprend la pureté de ma pensée. Jane mourut la première. Mais pour son petit frère la mort n'était pas encore une chose intelligible. Jane n'était qu'absente ; elle reviendrait sans doute. Une servante, chargée de l'assister pendant sa maladie, l'avait traitée un peu durement deux jours avant sa mort. Le bruit s'en répandit dans la famille, et, à partir de ce moment, le petit garçon ne put jamais regarder cette fille en face. Sitôt qu'elle paraissait, il fichait ses regards en terre. Ce n'était pas de la colère, ce n'était pas l'esprit de vengeance qui dissimule, c'était simplement de l'effroi ; la sensitive qui se retire à un contact brutal ; terreur et pressentiment mêlés, c'était l'effet produit par cette affreuse vérité, pour la première fois révélée, que ce monde est un monde de malheur, de lutte et de proscription.

Mais la seconde blessure de son cœur d'enfant ne fut pas aussi facile à cicatriser. À son tour mourut, après un intervalle de quelques années heureuses, la chère, la noble Élisabeth, intelligence si noble et si précoce, qu'il lui semble toujours, quand il évoque son doux fantôme dans les ténèbres, voir autour de son vaste front une auréole ou une tiare de lumière. L'annonce de la fin prochaine de cette créature chérie, plus âgée que lui de deux ans, et qui avait pris déjà sur son esprit tant d'autorité, le remplit d'un désespoir indescriptible. Le jour qui suivit cette mort, comme la curiosité de la science n'avait pas encore violé cette dépouille si précieuse, il résolut de revoir sa sœur. « Dans les enfants, le chagrin a horreur de la lumière et fuit les regards humains. » Aussi cette visite suprème devait-elle être secrète et sans témoins. Il était midi, et quand il entra dans la chambre, ses yeux ne rencontrèrent d'abord qu'une vaste fenêtre, toute grande ouverte, par laquelle un ardent soleil d'été précipitait toutes ses splendeurs. « La température était sèche, le ciel sans nuages ; les profondeurs azurées apparaissaient comme un type parfait de l'infini, et il n'était pas possible pour l'œil de contempler, ni pour le cœur de concevoir un symbole plus pathétique de la vie et de la gloire dans la vie. »

Un grand malheur, un malheur irréparable qui nous frappe dans la belle saison de l'année, porte, dirait-on, un caractère plus funeste, plus sinistre. La mort, nous l'avons déjà remarqué, je crois, dans l'analyse des *Confessions*, nous affecte plus profondément sous le règne pompeux de l'été. « Il se produit alors une antithèse terrible entre la profusion tropicale de la vie extérieure et la noire stérilité du tombeau. Nos yeux voient l'été, et notre pensée hante la tombe ; la glorieuse clarté est autour de nous, et en nous sont les ténèbres. Et ces deux images, entrant en collision, se prêtent réciproquement une force exagérée. » Mais pour l'enfant, qui sera plus tard un érudit plein d'esprit et d'imagination, pour l'auteur des *Confessions* et des *Suspiria,* une autre raison que cet antagonisme avait déjà relié fortement l'image de l'été à l'idée de la mort, — raison tirée de rapports intimes entre les paysages et les événements dépeints dans les Saintes Écritures. « La plupart des pensées et des sentiments profonds nous viennent, non pas directement et dans leurs formes nues et abstraites, mais à travers des combinaisons compliquées d'objets concrets. »

Ainsi, la Bible, dont une jeune servante faisait la lecture aux enfants dans les longues et solennelles soirées d'hiver, avait fortement contribué à unir ces deux idées dans son imagination. Cette jeune fille, qui connaissait l'Orient, leur en expliquait les climats, ainsi que les nombreuses nuances des étés qui les composent. C'était sous un climat oriental, dans un de ces pays qui semblent gratifiés d'un été éternel, qu'un juste, qui était plus qu'un homme, avait subi sa

passion. C'était évidemment en été que les disciples arrachaient les épis de blé. Le dimanche des Rameaux, *Palm Sunday,* ne fournissait-il pas aussi un aliment à cette rêverie ? *Sunday,* ce jour du repos, image d'un repos plus profond, inaccessible au cœur de l'homme ; *palm,* palme, un mot impliquant à la fois les pompes de la vie et celles de la nature estivale ! Le plus grand événement de Jérusalem était proche quand arriva le dimanche des Rameaux ; et le lieu de l'action, que cette fête rappelle, était voisin de Jérusalem. Jérusalem, qui a passé, comme Delphes, pour le nombril ou centre de la terre, peut au moins passer pour le centre de la mortalité. Car si c'est là que la Mort a été foulée aux pieds, c'est là aussi qu'elle a ouvert son plus sinistre cratère.

Ce fut donc en face d'un magnifique été débordant cruellement dans la chambre mortuaire, qu'il vint, pour la dernière fois, contempler les traits de la défunte chérie. Il avait entendu dire dans la maison que ses traits n'avaient pas été altérés par la mort. Le front était bien le même, mais les paupières glacées, les lèvres pâles, les mains roidies le frappèrent horriblement ; et pendant qu'immobile il la regardait, un vent solennel s'éleva et se mit à souffler violemment, « le vent le plus mélancolique, dit-il, que j'aie jamais entendu ». Bien des fois, depuis lors, pendant les journées d'été, au moment où le soleil est le plus chaud, il a ouï s'élever le même vent, « enflant sa même voix profonde, solennelle, memnonienne, religieuse ». C'est, ajoute-t-il, le seul symbole de l'éternité qu'il soit donné à l'oreille humaine de percevoir. Et trois fois dans sa vie il a entendu le même son, dans les mêmes circonstances, entre une fenêtre ouverte et le cadavre d'une personne morte un jour d'été.

Tout à coup, ses yeux, éblouis par l'éclat de la vie extérieure et comparant la pompe et la gloire des cieux avec la glace qui recouvrait le visage de la morte, eurent une étrange vision. Une galerie, une voûte sembla s'ouvrir à travers l'azur, — un chemin prolongé à l'infini. Et sur les vagues bleues son esprit s'éleva ; et ces vagues et son esprit se mirent à courir vers le trône de Dieu ; mais le trône fuyait sans cesse devant son ardente poursuite. Dans cette singulière extase, il s'endormit ; et quand il reprit possession de lui-même, il se retrouva assis auprès du lit de sa sœur. Ainsi l'enfant solitaire, accablé par son premier chagrin, s'était envolé vers Dieu, le solitaire par excellence. Ainsi l'instinct, supérieur à toute philosophie, lui avait fait trouver dans un rêve céleste un soulagement momentané. Il crut alors entendre un pas dans l'escalier, et craignant, si on le surprenait dans cette chambre, qu'on ne voulût l'empêcher d'y revenir, il baisa à la hâte les lèvres de sa sœur et se retira avec précaution. Le jour suivant, les médecins vinrent pour examiner le cerveau ; il ignorait le but de leur visite, et, quelques heures après qu'ils se furent retirés, il essaya de se glisser de nouveau dans la chambre : mais la porte était fermée et la clef avait été retirée. Il lui fut donc épargné de voir, déshonorés par les ravages de la science, les restes de celle dont il a pu ainsi garder intacte une image paisible, immobile et pure comme le marbre ou la glace.

Et puis vinrent les funérailles, nouvelle agonie ; la souffrance du trajet en voiture avec les indifférents qui causaient de matières tout à fait étrangères à sa douleur ; les terribles harmonies de l'orgue, et toute cette solennité chrétienne, trop écrasante pour un enfant, que les promesses d'une religion qui élevait sa sœur dans le ciel ne consolaient pas de l'avoir perdue sur la terre. À l'église on lui recommanda de tenir un mouchoir sur ses yeux. Avait-il donc besoin d'affecter une contenance funèbre et de jouer au pleureur, lui qui pouvait à peine se tenir sur ses jambes ? La lumière enflammait les vitraux coloriés où les

apôtres et les saints étalaient leur gloire ; et, dans les jours qui suivirent, quand on le menait aux offices, ses yeux, fixés sur la partie non coloriée des vitraux, voyaient sans cesse les nuages floconneux du ciel se transformer en rideaux et en oreillers blancs, sur lesquels reposaient des têtes d'enfants, souffrants, pleurants, mourants. Ces lits peu à peu s'élevaient au ciel, et remontaient vers le Dieu qui a tant aimé les enfants. Plus tard, longtemps après, trois passages du service funèbre, qu'il avait entendus certainement, mais qu'il n'avait peut-être pas écoutés, ou qui avaient révolté sa douleur par leurs trop âpres consolations, se représentèrent à sa mémoire, avec leur sens mystérieux et profond, parlant de délivrance, de résurrection et d'éternité, et devinrent pour lui un thème fréquent de méditation. Mais, bien avant cette époque, il s'éprit pour la solitude de ce goût violent que montrent toutes les passions profondes, surtout celles qui ne veulent pas être consolées. Les vastes silences de la campagne, les étés criblés d'une lumière accablante, les après-midi brumeuses, le remplissaient d'une dangereuse volupté. Son œil s'égarait dans le ciel et dans le brouillard à la poursuite de quelque chose d'introuvable, et il scrutait opiniâtrement les profondeurs bleues pour y découvrir une image chérie, à qui peut-être, par un privilège spécial, il avait été permis de se manifester une fois encore. C'est à mon très grand regret que j'abrège la partie, excessivement longue, qui contient le récit de cette douleur profonde, sinueuse, sans issue, comme un labyrinthe. La nature entière y est invoquée, et chaque objet y devient à son tour *représentatif* de l'idée unique. Cette douleur, de temps à autre, fait pousser des fleurs lugubres et coquettes, à la fois tristes et riches ; ses accents funèbrement amoureux se transforment souvent en concetti. Le deuil lui-même n'a-t-il pas ses parures ? Et ce n'est pas seulement la sincérité de cet attendrissement qui émeut l'esprit ; il y aussi pour le critique une jouissance singulière et nouvelle à voir s'épanouir ici cette mysticité ardente et délicate qui ne fleurit généralement que dans les jardins de l'Église romaine. — Enfin une époque arriva, où cette sensibilité morbide, se nourrissant exclusivement d'un souvenir, et ce goût immodéré de la solitude, pouvaient se transformer en un danger positif ; une de ces époques décisives, critiques, où l'âme désolée se dit : « Si ceux que nous aimons ne peuvent plus venir à nous, qui nous empêche d'aller à eux ? » où l'imagination, obsédée, fascinée, subit avec délices *les sublimes attractions du tombeau*. Heureusement l'âge était venu du travail et des distractions forcées. Il lui fallait endosser le premier harnais de la vie et se préparer aux études classiques.

Dans les pages suivantes, cependant plus égayées, nous trouvons encore le même esprit de tendresse féminine, appliqué maintenant aux animaux, ces intéressants esclaves de l'homme, aux chats, aux chiens, à tous les êtres qui peuvent être facilement gênés, opprimés, enchaînés. D'ailleurs, l'animal, par sa joie insouciante, par sa simplicité, n'est-il pas une espèce de représentation de l'enfance de l'homme ? Ici donc, la tendresse du jeune rêveur, tout en s'égarant sur de nouveaux objets, restait fidèle à son caractère primitif. Il aimait encore, sous des formes plus ou moins parfaites, la faiblesse, l'innocence et la candeur. Parmi les marques et les caractères principaux que la destinée avait imprimés sur lui, il faut noter aussi une délicatesse de conscience excessive, qui, jointe à sa sensibilité morbide, servait à grossir démesurément les faits les plus vulgaires, et à tirer des fautes les plus légères, imaginaires même, des terreurs malheureusement trop réelles. Enfin, qu'on se figure un enfant de cette nature, privé de l'objet de sa première et de sa plus grande

affection, amoureux de la solitude et sans confident. Arrivé à ce point, le lecteur comprendra parfaitement que plusieurs des phénomènes développés sur le théâtre des rêves ont dû être la répétition des épreuves de ses premières années. La destinée avait jeté la semence; l'opium la fit fructifier et la transforma en végétations étranges et abondantes. Les choses de l'enfance, pour me servir d'une métaphore qui appartient à l'auteur, devinrent le coefficient naturel de l'opium. Cette faculté prématurée, qui lui permettait d'idéaliser toutes choses et de leur donner des proportions surnaturelles, cultivée, exercée longtemps dans la solitude, dut à Oxford, activée outre mesure par l'opium, produire des résultats grandioses et insolites même chez la plupart des jeunes gens de son âge.

Le lecteur se rappelle les aventures de notre héros dans les Galles, ses souffrances à Londres et sa réconciliation avec ses tuteurs. Le voici maintenant à l'Université, se fortifiant dans l'étude, plus enclin que jamais à la songerie, et tirant de la substance dont il avait fait, comme nous l'avons dit, connaissance à Londres à propos de douleurs névralgiques, un adjuvant dangereux et puissant pour ses facultés précocement rêveuses. Dès lors, sa première existence entra dans la seconde, et se confondit avec elle pour ne faire qu'un tout aussi intime qu'anormal. Il occupa sa nouvelle vie à revivre sa première. Combien de fois il revit, dans les loisirs de l'école, la chambre funèbre où reposait le cadavre de sa sœur, la lumière de l'été et la glace de la mort, le chemin ouvert à l'extase à travers la voûte des cieux azurés; et puis, le prêtre en surplis blanc à côté d'une tombe ouverte, la bière descendant dans la terre, et la *poussière rendue à la poussière;* enfin, les saints, les apôtres et les martyrs du vitrail, illuminés par le soleil et faisant un cadre magnifique à ces lits blancs, à ces jolis berceaux d'enfants qui opéraient, aux sons graves de l'orgue, leur ascension vers le ciel ! Il revit tout cela, mais il le revit avec variations, fioritures, couleurs plus intenses ou plus vaporeuses; il revit tout l'univers de son enfance, mais avec la richesse poétique qu'y ajoutait maintenant un esprit cultivé, déjà subtil, et habitué à tirer ses plus grandes jouissances de la solitude et du souvenir.

VIII

VISIONS D'OXFORD

LE PALIMPSESTE

« Qu'est-ce que le cerveau humain, sinon un palimpseste immense et naturel ? Mon cerveau est un palimpseste et le vôtre aussi, lecteur. Des couches innombrables d'idées, d'images, de sentiments sont tombées successivement sur votre cerveau, aussi doucement que la lumière. Il a semblé que chacune ensevelissait la précédente. Mais aucune en réalité n'a péri. » Toutefois, entre le palimpseste qui porte, superposées l'une sur l'autre, une tragédie grecque, une légende monacale, et une histoire de chevalerie, et le palimpseste divin créé par Dieu, qui est notre incommensurable mémoire, se présente cette différence, que dans le premier il y a comme un chaos fantastique, grotesque, une collision entre des éléments hétérogènes; tandis que dans le second la fatalité du tempérament met forcément une harmonie parmi les éléments les plus disparates. Quelque incohérente que soit une

existence, l'unité humaine n'en est pas troublée. Tous les échos de la mémoire,
si on pouvait les réveiller simultanément, formeraient un concert, agréable ou
douloureux, mais logique et sans dissonances.

Souvent des êtres, surpris par un accident subit, suffoqués brusquement par
l'eau, et en danger de mort, ont vu s'allumer dans leur cerveau tout le théâtre de
leur vie passée. Le temps a été annihilé, et quelques secondes ont suffi à
contenir une quantité de sentiments et d'images équivalente à des années. Et ce
qu'il y a de plus singulier dans cette expérience, que le hasard a amenée plus
d'une fois, ce n'est pas la simultanéité de tant d'éléments qui furent successifs,
c'est la réapparition de tout ce que l'être lui-même ne connaissait plus, mais
qu'il est cependant forcé de *reconnaître* comme lui étant propre. L'oubli n'est
donc que momentané ; et dans telles circonstances solennelles, dans la mort
peut-être, et généralement dans les excitations intenses créées par l'opium,
tout l'immense et compliqué palimpseste de la mémoire se déroule d'un seul
coup, avec toutes ses couches superposées de sentiments défunts, mystérieu-
sement embaumés dans ce que nous appelons l'oubli.

Un homme de génie, mélancolique, misanthrope, et voulant se venger de
l'injustice de son siècle, jette un jour au feu toutes ses œuvres encore
manuscrites. Et comme on lui reprochait cet effroyable holocauste fait à la
haine, qui, d'ailleurs, était le sacrifice de toutes ses propres espérances, il
répondit : « Qu'importe ? ce qui était important, c'était que ces choses fussent
créées ; elles ont été créées, donc elles *sont*. » Il prêtait à toute chose créée un
caractère indestructible. Combien cette idée s'applique plus évidemment
encore à toutes nos pensées, à toutes nos actions, bonnes ou mauvaises ! Et si
dans cette croyance il y a quelque chose d'infiniment consolant, dans le cas où
notre esprit se tourne vers cette partie de nous-mêmes que nous pouvons
considérer avec complaisance, n'y a-t-il pas aussi quelque chose d'infiniment
terrible, dans le cas futur, inévitable, où notre esprit se tournera vers cette
partie de nous-mêmes que nous ne pouvons affronter qu'avec horreur ? Dans le
spirituel non plus que dans le matériel, rien ne se perd. De même que toute
action, lancée dans le tourbillon de l'action universelle, est en soi irrévocable et
irréparable, abstraction faite de ses résultats possibles, de même toute pensée
est ineffaçable. Le palimpseste de la mémoire est indestructible.

« Oui, lecteur, innombrables sont les poèmes de joie ou de chagrin qui se
sont gravés successivement sur le palimpseste de votre cerveau, et comme les
feuilles des forêts vierges, comme les neiges indissolubles de l'Himalaya,
comme la lumière qui tombe sur la lumière, leurs couches incessantes se sont
accumulées et se sont, chacune à son tour, recouvertes d'oubli. Mais à l'heure
de la mort, ou bien dans la fièvre, ou par les recherches de l'opium, tous ces
poèmes peuvent reprendre de la vie et de la force. Ils ne sont pas morts, ils
dorment. On croit que la tragédie grecque a été chassée et remplacée par la
légende du moine, la légende du moine par le roman de chevalerie ; mais cela
n'est pas. A mesure que l'être humain avance dans la vie, le roman qui, jeune
homme, l'éblouissait, la légende fabuleuse qui, enfant, le séduisait, se fanent et
s'obscurcissent d'eux-mêmes. Mais les profondes tragédies de l'enfance, —
bras d'enfants arrachés à tout jamais du cou de leurs mères, lèvres d'enfants
séparées à jamais des baisers de leurs sœurs, — vivent toujours cachées, sous
les autres légendes du palimpseste. La passion et la maladie n'ont pas de
chimie assez puissante pour brûler ces immortelles empreintes. »

LEVANA ET NOS NOTRE-DAME DES TRISTESSES

« Souvent à Oxford j'ai vu Levana dans mes rêves. Je la connaissais par ses symboles romains. » Mais qu'est-ce que Levana ? C'était la déesse romaine qui présidait aux premières heures de l'enfant, qui lui conférait, pour ainsi dire, la dignité humaine. « Au moment de la naissance, quand l'enfant goûtait pour la première fois l'atmosphère troublée de notre planète, on le posait à terre. Mais presque aussitôt, de peur qu'une si grande créature ne rampât sur le sol plus d'un instant, le père, comme mandataire de la déesse Levana, ou quelque proche parent, comme mandataire du père, le soulevait en l'air, lui commandait de regarder en haut, comme étant le roi de ce monde ; et il présentait le front de l'enfant aux étoiles, disant peut-être à celles-ci dans son cœur : ''Contemplez ce qui est plus grand que vous !'' Cet acte symbolique représentait la fonction de Levana. Et cette déesse mystérieuse, qui n'a jamais dévoilé ses traits (excepté à moi, dans mes rêves), et qui a toujours agi par délégation, tire son nom du verbe latin *levare*, soulever en l'air, tenir élevé. »

Naturellement plusieurs personnes ont entendu par Levana le pouvoir tutélaire qui surveille et régit l'éducation des enfants. Mais ne croyez pas qu'il s'agisse ici de cette pédagogie qui ne règne que par les alphabets et les grammaires, il faut penser surtout « à ce vaste système de forces centrales qui est caché dans le sein profond de la vie humaine et qui travaille incessamment les enfants, leur enseignant tour à tour la passion, la lutte, la tentation, l'énergie de la résistance ». Levana ennoblit l'être humain qu'elle surveille, mais par de cruels moyens. Elle est dure et sévère, cette bonne nourrice, et parmi les procédés dont elle use plus volontiers pour perfectionner la créature humaine, celui qu'elle affectionne par-dessus tous, c'est la douleur. Trois déesses lui sont soumises, qu'elle emploie pour ses desseins mystérieux. Comme il y a trois Grâces, trois Parques, trois Furies, comme primitivement il y avait trois Muses, il y a trois déesses de la tristesse. Elles sont nos *Notre-Dame des Tristesses*.

« Je les ai vues souvent conversant avec Levana, et quelquefois même s'entretenant de moi. Elles parlent donc ? Oh ! non. Ces puissants fantômes dédaignent les insuffisances du langage. Elles peuvent proférer des paroles par les organes de l'homme, quand elles habitent dans un cœur humain ; mais, entre elles, elles ne se servent pas de la voix ; elles n'émettent pas de sons ; un éternel silence règne dans leurs royaumes..... La plus âgée des trois sœurs s'appelle *Mater Lachrymarum*, ou Notre-Dame des Larmes. C'est elle qui, nuit et jour, divague et gémit, invoquant des visages évanouis. C'est elle qui était dans Rama, alors qu'on entendit une voix se lamenter, celle de Rachel pleurant ses enfants et ne voulant pas être consolée. Elle était aussi dans Bethléem, la nuit où l'épée d'Hérode balaya tous les innocents hors de leurs asiles..... Ses yeux sont tour à tour doux et perçants, effarés et endormis, se levant souvent vers les nuages, souvent accusant les cieux. Elle porte un diadème sur sa tête. Et je sais par des souvenirs d'enfance qu'elle peut voyager sur les vents quand elle entend le sanglot des litanies ou le tonnerre de l'orgue, ou quand elle contemple les éboulements des nuages d'été. Cette sœur aînée porte à sa ceinture des clefs plus puissantes que les clefs papales, avec lesquelles elle ouvre toutes les chaumières et tous les palais. C'est elle, je le sais, qui, tout l'été dernier, est restée au chevet du mendiant aveugle, celui avec qui j'aimais tant à causer, et dont la pieuse fille, âgée de huit ans, à la

physionomie lumineuse, résistait à la tentation de se mêler à la joie du bourg, pour errer toute la journée sur les routes poudreuses avec son père affligé. Pour cela, Dieu lui a envoyé une grande récompense. Au printemps de l'année, et comme elle-même commençait à fleurir, il l'a rappelée à lui. Son père aveugle la pleure toujours, et toujours à minuit il rêve qu'il tient encore sa main dans la petite main qui le guidait, et toujours il s'éveille dans des *ténèbres* qui sont maintenant de nouvelles et plus profondes ténèbres..... C'est à l'aide de ces clefs que Notre-Dame des Larmes se glisse, fantôme ténébreux, dans les chambre des hommes qui ne dorment pas, des femmes qui ne dorment pas, des enfants qui ne dorment pas, depuis le Gange jusqu'au Nil, depuis le Nil jusqu'au Mississippi. Et comme elle est née la première et qu'elle possède l'empire le plus vaste, nous l'honorerons du titre de Madone.

« La seconde sœur s'appelle *Mater Suspiriorum*, Notre-Dame des Soupirs. Elle n'escalade jamais les nuages et elle ne se promène pas sur les vents. Sur son front, pas de diadème. Ses yeux, si on pouvait les voir, ne paraîtraient ni doux, ni perçants : on n'y pourrait déchiffrer aucune histoire ; on n'y trouverait qu'une masse confuse de rêves à moitié morts et les débris d'un délire oublié. Elle ne lève jamais les yeux ; sa tête, coiffée d'un turban en loques, tombe toujours, et toujours regarde la terre. Elle ne pleure pas, elle ne gémit pas. De temps à autre elle soupire inintelligiblement. Sa sœur, la Madone, est quelquefois tempétueuse et frénétique, délirant contre le ciel et réclamant ses bien-aimés. Mais Notre-Dame des Soupirs ne crie jamais, n'accuse jamais, ne rêve jamais de révolte. Elle est humble jusqu'à l'abjection. Sa douceur est celle des êtres sans espoir..... Si elle murmure quelquefois, ce n'est que dans des lieux solitaires, désolés comme elle, dans des cités ruinées, et quand le soleil est descendu dans son repos. Cette sœur est la visiteuse du Paria, du Juif, de l'esclave qui rame sur les galères ; ... de la femme assise dans les ténèbres, sans amour pour abriter sa tête, sans espérance pour illuminer sa solitude ; ... de tout captif dans sa prison ; de tous ceux qui sont trahis et de tous ceux qui sont rejetés ; de ceux qui sont proscrits par la loi de la tradition, et des enfants de la disgrâce héréditaire. Tous sont accompagnés par Notre-Dame des Soupirs. Elle aussi, elle porte une clef, mais elle n'en a guère besoin. Car son royaume est surtout parmi les tentes de Sem et les vagabonds de tous les climats. Cependant dans les plus hauts rangs de l'humanité elle trouve quelques autels, et même dans la glorieuse Angleterre il y a des hommes qui, devant le monde, portent leur tête aussi orgueilleusement qu'un renne et qui, secrètement, ont reçu sa marque sur leur front.

« Mais la troisième sœur, qui est aussi la plus jeune !.... Chut ! ne parlons d'elle qu'à voix basse. Son domaine n'est pas grand ; autrement aucune chair ne pourrait vivre ; mais sur ce domaine son pouvoir est absolu..... Malgré le triple voile de crêpe dont elle enveloppe sa tête, si haut qu'elle la porte, on peut voir d'en bas la lumière sauvage qui s'échappe de ses yeux, lumière de désespoir toujours flamboyante, les matins et les soirs, à midi comme à minuit, à l'heure du flux comme à l'heure du reflux. Celle-là défie Dieu. Elle est aussi la mère des démences et la conseillère des suicides..... La Madone marche d'un pas irrégulier, rapide ou lent, mais toujours avec une grâce tragique. Notre-Dame des Soupirs se glisse timidement et avec précaution. Mais la plus jeune sœur se meut avec des mouvements impossibles à prévoir ; elle bondit ; elle les sauts du tigre. Elle ne porte pas de clef ; car, bien qu'elle visite rarement les hommes, quand il lui est permis d'approcher d'une porte, elle s'en empare

d'assaut et l'enfonce. Et son nom est *Mater Tenebrarum*, Notre-Dame des Ténèbres.

« Telles étaient les Euménides ou *Gracieuses* Déesses (comme disait l'antique flatterie inspirée par la crainte) qui hantaient mes rêves à Oxford. La Madone parlait avec sa main mystérieuse. Elle me touchait la tête ; elle appelait du doigt Notre-Dame des Soupirs, et ses signes, qu'aucun homme ne peut lire, excepté en rêve, pouvaient se traduire ainsi : "Vois ! le voici, celui que dans son enfance j'ai consacré à mes autels. C'est lui que j'ai fait mon favori. Je l'ai égaré, je l'ai séduit, et du haut du ciel j'ai attiré son cœur vers le mien. Par moi il est devenu idolâtre ; par moi rempli de désirs et de langueurs, il a adoré le ver de terre, et il a adressé ses prières au tombeau vermiculeux. Sacré pour lui était le tombeau ; aimables étaient ses ténèbres ; sainte sa corruption. Ce jeune idolâtre, je l'ai préparé pour toi, chère et douce Sœur des Soupirs ! Prends-le maintenant sur ton cœur, et prépare-le pour notre terrible Sœur. Et toi, — se tournant vers la *Mater Tenebrarum*, — reçois-le d'elle à ton tour. Fais que ton sceptre soit pesant sur sa tête. Ne souffre pas qu'une femme, avec sa tendresse, vienne s'asseoir auprès de lui dans sa nuit. Chasse toutes les faiblesses de l'espérance, sèche les baumes de l'amour, brûle la fontaine des larmes ; maudis-le comme toi seule sais maudire. Ainsi sera-t-il rendu parfait dans la fournaise ; ainsi verra-t-il les choses qui ne devraient pas être vues, les spectacles qui sont abominables, et les secrets qui sont indicibles. Ainsi lira-t-il les antiques vérités, les tristes vérités, les grandes, les terribles vérités. Ainsi ressuscitera-t-il avant d'être mort. Et notre mission sera accomplie, que nous tenons de Dieu, qui est de tourmenter son cœur jusqu'à ce que nous ayons développé les facultés de son esprit." »

LE SPECTRE DU BROCKEN

Par un beau dimanche de Pentecôte, montons sur le Brocken. Éblouissante aube sans nuages ! Cependant Avril parfois pousse ses dernières incursions dans la saison renouvelée, et l'arrose de ses capricieuses averses. Atteignons le sommet de la montagne : une pareille matinée nous promet plus de chances pour voir le fameux Spectre du Brocken. Ce spectre a vécu si longtemps avec les sorciers païens, il a assisté à tant de noires idolâtries, que son cœur a peut-être été corrompu et sa foi ébranlée. Faites d'abord le signe de la croix, en manière d'épreuve, et regardez attentivement s'il consent à le répéter. En effet, il le répète ; mais le réseau des ondées qui s'avance trouble la forme des objets, et lui donne l'air d'un homme qui n'accomplit son devoir qu'avec répugnance ou d'une manière évasive. Recommencez donc l'épreuve, « cueillez une de ces anémones qui s'appelaient autrefois *fleurs de sorcier*, et qui jouaient peut-être leur rôle dans ces rites horribles de la peur. Portez-la sur cette pierre qui imite la forme d'un autel païen ; agenouillez-vous, et, levant votre main droite, dites : Notre père, qui êtes aux cieux !.... moi, votre serviteur, et ce noir fantôme dont j'ai fait, ce jour de Pentecôte, mon serviteur pour une heure, nous vous apportons nos hommages réunis sur cet autel rendu au vrai culte ! — Voyez ! l'apparition cueille une anémone et la pose sur un autel ; elle s'agenouille, elle élève sa main droite vers Dieu. Elle est muette, il est vrai ; mais les muets peuvent servir Dieu d'une manière très acceptable. »

Toutefois, vous penserez peut-être que ce spectre, accoutumé de vieille date à une dévotion aveugle, est porté à obéir à tous les cultes, et que sa servilité naturelle rend son hommage insignifiant. Cherchons donc un autre moyen pour vérifier la nature de cet être singulier. Je suppose que, dans votre enfance, vous avez subi quelque douleur ineffable, traversé un désespoir inguérissable, une de ces désolations muettes qui pleurent derrière un voile, comme la Judée des médailles romaines, tristement assise sous son palmier. Voilez votre tête en commémoration de cette grande douleur. Le fantôme du Brocken, lui aussi, a déjà voilé sa tête, comme s'il avait un cœur d'homme et comme s'il voulait exprimer par un symbole silencieux le souvenir d'une douleur trop grande pour s'exprimer par des paroles. « Cette épreuve est décisive. Vous savez maintenant que l'apparition n'est que votre propre reflet, et qu'en adressant au fantôme l'expression de vos secrets sentiments, vous en faites le miroir symbolique où se réfléchit à la clarté du jour ce qui autrement serait resté caché à jamais. »

Le mangeur d'opium a aussi près de lui un Sombre Interprète, qui est, relativement à son esprit, dans le même rapport que le fantôme du Brocken vis-à-vis du voyageur. Celui-là est quelquefois troublé par des tempêtes, des brouillards et des pluies ; de même le Mystérieux Interprète mêle quelquefois à sa nature de reflet des éléments étrangers. « Ce qu'il dit généralement n'est que ce que je me suis dit éveillé, dans des méditations assez profondes pour laisser leur empreinte dans mon cœur. Mais quelquefois ses paroles s'altèrent comme son visage, et elles ne semblent pas celles dont je me serais plus volontiers servi. Aucun homme ne peut rendre compte de tout ce qui arrive dans les rêves. Je crois que ce fantôme est généralement une fidèle représentation de moi-même ; mais aussi, de temps en temps, il est sujet à l'action du bon Phantasus, qui règne sur les songes. » On pourrait dire qu'il a quelques rapports avec le chœur de la tragédie grecque, qui souvent exprime les pensées secrètes du principal personnage, secrètes pour lui-même ou imparfaitement développées, et lui présente des commentaires, prophétiques ou relatifs au passé, propres à justifier la Providence ou à calmer l'énergie de son angoisse, tels enfin que l'infortuné les aurait trouvés lui-même si son cœur lui avait laissé le temps de la méditation.

SAVANNAH-LA-MAR

À cette galerie mélancolique de peintures, vastes et mouvantes allégories de la tristesse, où je trouve (j'ignore si le lecteur qui ne les voit qu'en abrégé peut éprouver la même sensation) un charme musical autant que pittoresque, un morceau vient s'ajouter, qui peut être considéré comme le finale d'une large symphonie.

« Dieu a frappé Savannah-la-Mar[1], et en une nuit l'a fait descendre, avec tous ses monuments encore droits et sa population endormie, des fondations solides du rivage sur le lit de corail de l'Océan. Dieu dit : "J'ai enseveli Pompéi, et je l'ai caché aux hommes pendant dix-sept siècles ; j'ensevelirai cette cité, mais je ne la cacherai pas. Elle sera pour les hommes un monument de ma mystérieuse colère, fixé pendant les générations à venir dans une lumière azurée ; car je l'enchâsserai dans le dôme cristallin de mes mers tropicales." Et souvent dans les calmes limpides, à travers le milieu transparent des eaux, les

marins qui passent aperçoivent cette ville silencieuse, qu'on dirait conservée sous une cloche, et peuvent parcourir du regard ses places, ses terrasses, compter ses portes et les clochers de ses églises : "Vaste cimetière qui fascine l'œil comme une révélation féerique de la vie humaine, persistant dans les retraites sous-marines, à l'abri des tempêtes qui tourmentent notre atmosphère." Bien des fois, avec son Noir Interprète, bien des fois en rêve il a visité la solitude inviolée de Savannah-la-Mar. Ils regardaient ensemble dans les beffrois, où les cloches immobiles attendaient en vain des mariages à proclamer ; ils s'approchaient des orgues qui ne célébraient plus les joies du ciel ni les tristesses de l'homme ; ensemble ils visitaient les silencieux dortoirs où tous les enfants dormaient depuis cinq générations.

« Ils attendent l'aube céleste, — se dit tout bas à lui-même le Noir Interprète, — et quand cette aube paraîtra, les cloches et les orgues pousseront un chant de jubilation répété par les échos du Paradis. — Et puis, se tournant vers moi, il disait : Voilà qui est mélancolique et déplorable ; mais une moindre calamité n'aurait pas suffi pour les desseins de Dieu. Comprends bien ceci... Le temps présent se réduit à un point mathématique, et même ce point mathématique périt mille fois avant que nous ayons pu affirmer sa naissance. Dans le présent, tout est fini, et aussi bien ce fini est infini dans la vélocité de sa fuite vers la mort. Mais en Dieu il n'y a rien de fini ; en Dieu il n'y a rien de transitoire ; en Dieu il n'y a rien qui tende vers la mort. Il s'ensuit que pour Dieu le présent n'existe pas. Pour Dieu, le présent, c'est le futur, et c'est pour le futur qu'il sacrifie le présent de l'homme. C'est pourquoi il opère par le tremblement de terre. C'est pourquoi il travaille par la douleur. Oh ! profond est le labourage du tremblement de terre ! Oh ! profond (et ici sa voix s'enflait comme un *sanctus* qui s'élève du chœur d'une cathédrale), profond est le labour de la douleur ! mais il ne faut pas moins que cela pour l'agriculture de Dieu. Sur une nuit de tremblement de terre, il bâtit à l'homme d'agréables habitations pour mille ans. De la douleur d'un enfant, il tire de glorieuses vendanges spirituelles qui, autrement, n'auraient pu être récoltées. Avec des charrues moins cruelles, le sol réfractaire n'aurait pas été remué. À la terre, notre planète, à l'habitacle de l'homme, il faut la secousse ; et la douleur est plus souvent encore nécessaire comme étant le plus puissant outil de Dieu ; — oui (et il me regardait avec un air solennel), elle est indispensable aux enfants mystérieux de la terre ! »

IX

CONCLUSION

Ces longues rêveries, ces tableaux poétiques, malgré leur caractère symbolique général, *illustrent* mieux, pour un lecteur intelligent, le caractère moral de notre auteur, qui ne le feraient désormais des anecdotes ou des notes biographiques. Dans la dernière partie des *Suspiria*, il fait encore comme avec plaisir un retour vers les années déjà si lointaines, et ce qui est vraiment précieux, là comme ailleurs, ce n'est pas le fait, mais le commentaire, commentaire souvent noir, amer, désolé ; pensée solitaire, qui aspire à s'envoler loin de ce sol et loin du théâtre des luttes humaines ; grands coups d'aile vers le ciel ; monologue d'une âme qui fut toujours trop facile à blesser.

Ici comme dans les parties déjà analysées, cette pensée est le *thyrse* dont il a si plaisamment parlé, avec la candeur d'un vagabond qui se connaît bien. Le sujet n'a pas d'autre valeur que celle d'un bâton sec et nu ; mais les rubans, les pampres et les fleurs peuvent être, par leurs entrelacements folâtres, une richesse précieuse pour les yeux. La pensée de De Quincey n'est pas seulement sinueuse ; le mot n'est pas assez fort ; elle est naturellement spirale. D'ailleurs, ces commentaires et ces réflexions seraient fort longs à analyser, et je dois me souvenir que le but de ce travail était de montrer, par un exemple, les effets de l'opium sur un esprit méditatif et enclin à la rêverie. Je crois ce but rempli.

Il me suffira de dire que le penseur solitaire revient avec complaisance sur cette sensibilité précoce qui fut pour lui la source de tant d'horreurs et de tant de jouissances ; sur son amour immense de la liberté, et sur le frisson que lui inspirait la responsabilité. « L'horreur de la vie se mêlait déjà, dans ma première jeunesse, avec la douceur céleste de la vie. » Il y a dans ces dernières pages des *Suspiria* quelque chose de funèbre, de corrodé et d'aspirant ailleurs qu'aux choses de la terre. Çà et là, à propos d'aventures de jeunesse, l'enjouement et la bonne humeur, la bonne grâce à se moquer de soi-même dont il a fait si souvent preuve, se faufilent quelquefois encore ; mais, ce qui est le plus *voyant* et ce qui saute à l'œil, ce sont les explosions lyriques d'une mélancolie incurable. Par exemple, à propos des êtres qui gênent notre liberté, contristent nos sentiments et violent les droits les plus légitimes de la jeunesse, il s'écrie : « Oh ! comment se fait-il que ceux-là s'intitulent eux-mêmes les *amis* de cet homme ou de cette femme, qui sont justement ceux que, plutôt que tous autres, cet homme ou cette femme, à l'heure suprême de la mort, saluera de cet adieu : Plût au ciel que je n'eusse jamais vu votre face ! » Ou bien il laisse cyniquement s'envoler cet aveu, qui a pour moi, je le confesse avec la même candeur, un charme presque fraternel : « Généralement, les rares individus qui ont excité mon dégoût en ce monde étaient des gens florissants et de bonne renommée. Quant aux coquins que j'ai connus, et ils ne sont pas en petit nombre, je pense à eux, à tous sans exception, avec plaisir et bienveillance. » Notons, en passant, que cette belle réflexion vient encore à propos de l'attorney aux affaires équivoques. Ou bien ailleurs il affirme que, si la vie pouvait magiquement s'ouvrir devant nous, si notre œil, jeune encore, pouvait parcourir les corridors, scruter les salles et les chambres de cette hôtellerie, théâtres des futures tragédies et des châtiments qui nous attendent nous et nos amis, tous, nous reculerions frémissants d'horreur ! Après avoir peint, avec une grâce et un luxe de couleurs inimitables, un tableau de bien-être, de splendeur et de pureté domestiques, la beauté et la bonté encadrées dans la richesse, il nous montre successivement les gracieuses héroïnes de la famille, toutes, de mère en fille, traversant, chacune à son tour, de lourds nuages de malheur ; et il conclut en disant : « Nous pouvons regarder la mort en face ; mais sachant, comme quelques-uns d'entre nous le savent aujourd'hui, ce qu'est la vie humaine, qui pourrait sans frissonner (en suposant qu'il en fût averti) regarder en face l'heure de sa naissance ? »

Je trouve au bas d'une page une note qui, rapprochée de la mort récente de De Quincey, prend une signification lugubre. Les *Suspiria de profundis* devaient, dans la pensée de l'auteur, s'étendre et s'agrandir singulièrement. La note annonce que la légende sur les Sœurs des Tristesses fournira une division naturelle pour des publications postérieures. Ainsi, de même que la première

partie (la mort d'Élisabeth et les regrets de son frère) se rapporte logiquement à la Madone ou Notre-Dame des Larmes, de même une partie nouvelle, *Les Mondes des parias*, devait se ranger sous l'invocation de Notre-Dame des Soupirs ; enfin, Notre-Dame des Ténèbres devait *patronner le Royaume des Ténèbres*. Mais la Mort, que nous ne consultons pas sur nos projets et à qui nous ne pouvons pas demander son acquiescement, la Mort, qui nous laisse rêver de bonheur et de renommée et qui ne dit ni oui ni non, sort brusquement de son embuscade, et balaye d'un coup d'aile nos plans, nos rêves et les architectures idéales où nous abritions en pensée la gloire de nos derniers jours !

Les « Lectures »

Données à Bruxelles, en 1864[1]

LES EXCITANTS

Messieurs, il me paraissait oiseux de faire un traité complet des excitants, dont la caractéristique générale est d'engendrer un affaiblissement proportionné à l'excitation et un châtiment aussi cruel que la jouissance a été vive. Il serait oiseux de parler des excitants vulgaires, tels que l'absinthe, le thé, le café, le vin de quinquina ou même la coca, ou érythroxylon, cette singulière plante dont les feuilles mâchées augmentent l'énergie en diminuant le sommeil et en supprimant l'appétit, ou bien de la ciguë islandaise, dont l'absorption fait voir, dit-on, aux yeux du cerveau empoisonné les monstruosités du monde antédiluvien.

Dans tout cela il y a beaucoup de choses qui regardent les médecins. Or, je veux faire un livre non pas de pure physiologie, mais surtout de morale. Je veux prouver que les chercheurs de paradis font leur enfer, le préparent, le creusent avec un succès dont la prévision les épouvanterait peut-être.

La première partie de ce livre est entièrement de moi : c'est le *Poème du hachisch*. Elle est divisée en plusieurs chapitres, dont je vous annoncerai successivement les titres. La deuxième et la troisième parties sont l'analyse d'un livre anglais excessivement curieux (*Le Mangeur d'opium*, de Quincey), mais j'y ai joint, par-ci par-là, mes réflexions personnelles ; mais jusqu'à quelle dose ai-je introduit ma personnalité dans l'auteur original, c'est ce que je serais actuellement bien empêché de dire. J'ai fait un tel amalgame que je ne saurais y reconnaître la part qui vient de moi, laquelle, d'ailleurs, ne peut être que fort petite.

Messieurs, nous en sommes restés à la fin des visions torturantes involontaires de l'Opium. La séance était déjà si longue que j'ai dû renvoyer à ce soir l'histoire de la guérison, fausse guérison du mangeur d'opium...

... *la malice*, une parole que devraient méditer les fanatiques de tous les partis (qui généralement sont des imbéciles, mais des imbéciles dangereux).

Chagrin d'enfant, principe d'œuvre d'art.
Le logis de l'enfant, un arbre, des fleurs, une chambre sombre. L'enfant de génie né dans un tel logis ne ressemblera pas à l'homme de génie né dans un milieu différent.

Le goût du monde féminin fait les génies supérieurs. Je suis convaincu que les dames intelligentes qui m'écoutent absolvent la forme presque sensuelle de mes expressions comme elles approuvent...

Il me reste, Messieurs, à vous remercier cordialement de votre gracieuse hospitalité et de la merveilleuse attention que vous avez prêtée à ces lectures quelquefois un peu longues...

ESSAIS ET NOUVELLES[1]

ESSAIS ET NOUVELLES

COMMENT ON PAIE SES DETTES
QUAND ON A DU GÉNIE[1]

L'anecdote suivante m'a été contée avec prières de n'en parler à personne : c'est pour cela que je veux la raconter à tout le monde.

... Il était triste, à en juger par ses sourcils froncés, sa large bouche moins distendue et moins lippue qu'à l'ordinaire, et la manière entrecoupée de brusques pauses dont il arpentait le double passage de l'Opéra. Il était triste.

C'était bien lui, la plus forte tête commerciale et littéraire du dix-neuvième siècle ; lui, le cerveau poétique tapissé de chiffres comme le cabinet d'un financier ; c'était bien lui, l'homme aux faillites mythologiques, aux entreprises hyperboliques et fantasmagoriques dont il oublie toujours d'allumer la lanterne ; le grand pourchasseur de rêves, sans cesse à la *recherche de l'absolu* ; lui, le personnage le plus curieux, le plus cocasse, le plus intéressant et le plus vaniteux des personnages de *La Comédie humaine*, lui, cet original aussi insupportable dans la vie que délicieux dans ses écrits, ce gros enfant bouffi de génie et de vanité, qui a tant de qualités et tant de travers que l'on hésite à retrancher les uns de peur de perdre les autres, et de gâter ainsi cette incorrigible et fatale monstruosité !

Qu'avait-il donc à être si noir, le grand homme ! pour marcher ainsi, le menton sur la bedaine, et contraindre son front plissé à se faire *Peau de chagrin* ?

Rêvait-il ananas à quatre sous, pont suspendu en fil de liane, villa sans escalier avec des boudoirs tendus en mousseline ? Quelque princesse, approchant de la quarantaine, lui avait-elle jeté une de ces œillades profondes que la beauté doit au génie ? ou son cerveau, gros de quelque machine industrielle, était-il tenaillé par toutes les *Souffrances d'un inventeur* ?

Non, hélas ! non ; la tristesse du grand homme était une tristesse vulgaire, terre à terre, ignoble, honteuse et ridicule ; il se trouvait dans ce cas mortifiant que nous connaissons tous, où chaque minute qui s'envole emporte sur ses ailes une chance de salut ; où, l'œil fixé sur l'horloge, le génie de l'invention sent la nécessité de doubler, tripler, décupler ses forces dans la proportion du temps qui diminue, et de la vitesse approchante de l'heure fatale. L'illustre auteur de la *Théorie de la lettre de change* avait le lendemain un billet de douze cents francs à payer, et la soirée était fort avancée.

En ces sortes de cas, il arrive parfois que, pressé, accablé, pétri, écrasé sous le piston de la nécessité, l'esprit s'élance subitement hors de sa prison par un jet inattendu et victorieux.

C'est ce qui arriva probablement au grand romancier. Car un sourire succéda sur sa bouche à la contraction qui en affligeait les lignes orgueilleuses :

son œil se redressa, et notre homme, calme et rassis, s'achemina vers la rue Richelieu d'un pas sublime et cadencé.

Il monta dans une maison où un commerçant riche et prospérant alors se délassait des travaux de la journée au coin du feu et du thé ; il fut reçu avec tous les honneurs dus à son nom, et au bout de quelques minutes exposa en ces mots l'objet de sa visite :

« Voulez-vous avoir après-demain, dans *Le Siècle* et les *Débats*, deux grands articles *Variétés* sur *Les Français peints par eux-mêmes*, deux grands articles de moi et signés de mon nom ? Il me faut quinze cents francs. C'est pour vous une affaire d'or. »

Il paraît que l'éditeur, différent en cela de ses confrères, trouva le raisonnement raisonnable, car le marché fut conclu immédiatement. Celui-ci, se ravissant, insista pour que les quinze cents francs fussent livrés sur l'apparition du premier article ; puis il retourna paisiblement vers le passage de l'Opéra.

Au bout de quelques minutes, il avisa un petit jeune homme à la physionomie hargneuse et spirituelle[1], qui lui avait fait naguère une ébouriffante préface pour la *Grandeur et décadence de César Birotteau*, et qui était déjà connu dans le journalisme pour sa verve bouffonne et quasi impie ; le piétisme ne lui avait pas encore rogné les griffes, et les feuilles bigotes ouvert leurs bienheureux éteignoirs.

« Édouard, voulez-vous avoir demain 150 francs ? — Fichtre. — Eh bien ! venez prendre du café. »

Le jeune homme but une tasse de café, dont sa petite organisation méridionale fut tout d'abord enfiévrée.

« Édouard, il me faut demain matin trois grandes colonnes *Variétés* sur *Les Français peints par eux-mêmes* ; le matin, entendez-vous, et de grand matin ; car l'article entier doit être recopié de ma main et signé de mon nom ; cela est fort important. »

Le grand homme prononça ces mots avec cette emphase admirable, et ce ton superbe, dont il dit parfois à un ami qu'il ne peut pas recevoir : « Mille pardons, mon cher, de vous laisser à la porte ; je suis en tête à tête avec une princesse, dont l'honneur est à ma disposition, et vous comprenez... »

Édouard lui donna une poignée de main, comme à un bienfaiteur, et courut à la besogne.

Le grand romancier commanda son second article rue de Navarin.

Le premier article parut le surlendemain dans *Le Siècle*. Chose bizarre, il n'était signé ni du petit homme ni du grand homme, mais d'un troisième nom bien connu dans la Bohème d'alors pour ses amours de matous et d'Opéra-Comique[2].

Le second ami était, et est encore, gros, paresseux et lymphatique ; de plus, il n'a pas d'idées, et ne sait qu'enfiler et perler des mots en manière de colliers d'Osages[3], et, comme il est beaucoup plus long de tasser trois grandes colonnes de mots que de faire un volume d'idées, son article ne parut que quelques jours plus tard. Il ne fut point inséré dans les *Débats*, mais dans *La Presse*.

Le billet de 1 200 francs était payé ; chacun était parfaitement satisfait, excepté l'éditeur, qui l'était presque. Et c'est ainsi qu'on paie ses dettes... quand on a du génie.

Si quelque malin s'avisait de prendre ceci pour une *blague* de petit journal et un attentat à la gloire du plus grand homme de notre siècle, il se tromperait

honteusement; j'ai voulu montrer que le grand poète savait dénouer une lettre de change aussi facilement que le roman le plus mystérieux et le plus intrigué.

CHOIX DE MAXIMES CONSOLANTES
SUR L'AMOUR

Quinconque écrit des maximes aime charger son caractère; — les jeunes se griment, — les vieux s'adonisent.

Le monde, ce vaste système de contradiction, — ayant toute caducité en grande estime, — vite, charbonnons-nous des rides; — le sentiment étant généralement bien porté, enrubannons notre cœur comme un frontispice.

À quoi bon? — Si vous n'êtes des hommes vrais, soyez de vrais animaux. Soyez naïfs, et vous serez nécessairement utiles ou agréables à quelques-uns. — Mon cœur, — fût-il à droite, — trouvera bien mille coparias parmi les trois milliards d'êtres qui broutent les orties du sentiment!

Si je commence par l'amour, c'est que l'amour est pour tous, — ils ont beau le nier, — la grande chose de la vie!

Vous tous qui nourrissez quelque vautour insatiable, — vous poètes hoffmaniques que l'harmonica fait danser dans les régions du cristal, et que le violon déchire comme une lame qui cherche le cœur, — contemplateurs âpres et goulus à qui le spectacle de la nature elle-même donne des extases dangereuses, — que l'amour vous soit un calmant.

Poètes tranquilles, — poètes *objectifs*, — nobles partisans de la méthode, — architectes du style, — politiques qui avez une tâche journalière à accomplir, — que l'amour vous soit un excitant, un breuvage fortifiant et tonique, et la gymnastique du plaisir un perpétuel encouragement vers l'action!

À ceux-ci les potions assoupissantes, à ceux-là les alcools.

Vous pour qui la nature est cruelle et le temps précieux, que l'amour vous soit un cordial animique et brûlant.

Il faut donc choisir ses amours.

Sans nier les *coups de foudre*, ce qui est impossible, — voyez Stendhal, *De l'amour*, livre I, chapitre XXIII, — il faut croire que la fatalité jouit d'une certaine élasticité qui s'appelle liberté humaine.

De même que pour les théologiens la liberté consiste à fuir les occasions de tentations plutôt qu'à y résister, de même, en amour, la liberté consiste à éviter les catégories de femmes dangereuses, c'est-à-dire dangereuses pour vous.

Votre maîtresse, la femme de votre ciel, vous sera suffisamment indiquée par vos sympathies naturelles, vérifiées par Lavater, par la peinture et la statuaire.

Les signes physiognomoniques seraient infaillibles, si on les connaissait tous, et bien. Je ne puis pas ici donner tous les signes physiognomoniques des femmes qui conviennent éternellement à tel ou tel homme. Peut-être un jour accomplirai-je cette énorme tâche dans un livre qui aura pour titre: *Le Cathéchisme de la femme aimée*; mais je tiens pour certain que chacun, aidé

par ses impérieuses et vagues sympathies, et guidé par l'observation, peut trouver dans un temps donné la femme nécessaire.

D'ailleurs, nos sympathies ne sont généralement pas dangereuses : la nature, en cuisine comme en amour, nous donne rarement le goût de ce qui nous est mauvais.

Comme j'entends le mot amour dans le sens le plus complet, je suis obligé d'exprimer quelques maximes particulières sur des questions délicates.

Homme du Nord, ardent navigateur perdu dans les brouillards, chercheur d'aurores boréales plus belles que le soleil, infatigable soifier d'idéal, aimez les femmes froides. — Aimez-les bien, car le labeur est plus grand et plus âpre, et vous trouverez un jour plus d'honneur au tribunal de l'Amour, qui siège par-delà le bleu de l'infini !

Homme du Midi, à qui la nature claire ne peut pas donner le goût des secrets et des mystères, — homme frivole, — de Bordeaux, de Marseille ou d'Italie, — que les femmes ardentes vous suffisent ; ce mouvement et cette animation sont votre empire naturel ; — empire amusant.

Jeune homme, qui voulez être un grand poète, gardez-vous du paradoxe en amour ; laissez les écoliers ivres de leur première pipe chanter à tue-tête les louanges de la femme grasse ; abandonnez ces mensonges aux néophytes de l'école pseudo-romantique. Si la femme grasse est parfois un charmant caprice, la femme maigre est un puits de voluptés ténébreuses !

Ne médisez jamais de la grande nature, et si elle vous a adjugé une maîtresse sans gorge, dites : « Je possède un ami — avec des hanches ! » et allez au temple rendre grâces aux dieux.

Sachez tirer parti de la laideur elle-même ; de la vôtre, cela est trop facile ; tout le monde sait que Trenk, *la Gueule brûlée* [1], était adoré des femmes* ; de la *sienne* ! Voilà qui est plus rare et plus beau, mais que *l'association des idées* rendra facile et naturel. — Je suppose votre idole malade. Sa beauté a disparu sous l'affreuse croûte de la petite vérole, comme la verdure sous les lourdes glaces de l'hiver. Encore ému par les longues angoisses et les alternatives de la maladie, vous contemplez avec tristesse le stigmate ineffaçable sur le corps de la chère convalescente ; vous entendez subitement résonner à vos oreilles un air *mourant* exécuté par l'archet délirant de Paganini, et cet air sympathique vous parle de vous-même, et semble vous raconter tout votre poème intérieur d'espérances perdues. — Dès lors, les traces de petite vérole feront partie de votre bonheur, et chanteront toujours à votre regard attendri l'air mystérieux de Paganini. Elles seront désormais non seulement un objet de douce sympathie, mais encore de volupté physique, si toutefois vous êtes un de ces esprits sensibles pour qui la beauté est surtout la *promesse* du bonheur. C'est donc surtout l'association des idées qui fait aimer les laides ; car vous risquez fort, si votre maîtresse grêlée vous trahit, de ne pouvoir vous consoler qu'avec une femme grêlée.

Pour certains esprits plus curieux et plus blasés, la jouissance de la laideur provient d'un sentiment encore plus mystérieux, qui est la soif de l'inconnu, et le goût de l'horrible. C'est ce sentiment, dont chacun porte en soi le germe plus ou moins développé, qui précipite certains poètes dans les amphithéâtres et les cliniques, et les femmes aux exécutions publiques. Je plaindrais vivement qui

* Nous aurions pu citer Mirabeau, mais cela est très commun, et d'ailleurs, nous soupçonnons qu'il était d'une laideur sanguine, ce qui nous est particulièrement antipathique.

ne comprendrait pas ; — une harpe à qui manquerait une corde grave !
Quant à la faute d'orthographe qui pour certains nigauds fait partie de la
laideur morale, n'est-il pas superflu de vous expliquer comment elle peut être
tout un poème naïf de souvenirs et de jouissances ? Le charmant Alcibiade
bégayait si bien, et l'enfance a de si divins baragouinages ! Gardez-vous donc,
jeune adepte de la volupté, d'enseigner le français à votre amie, — à moins qu'il
ne faille être son maître de français pour devenir son amant[1].

Il y a des gens qui rougissent d'avoir aimé une femme, le jour qu'ils
s'aperçoivent qu'elle est bête. Ceux-là sont des aliborons vaniteux, faits pour
brouter les chardons les plus impurs de la création, ou les faveurs d'un bas-
bleu. La bêtise est souvent l'ornement de la beauté ; c'est elle qui donne aux
yeux cette limpidité morne des étangs noirâtres, et ce calme huileux des mers
tropicales. La bêtise est toujours la conservation de la beauté ; elle éloigne les
rides ; c'est un cosmétique divin qui préserve nos idoles des morsures que la
pensée garde pour nous, vilains savants que nous sommes !

Il y en a qui en veulent à leurs maîtresses d'être prodigues. Ce sont des fesse-
mathieu, ou des républicains qui ignorent les premiers principes d'économie
politique. Les vices d'une grande nation sont sa plus grande richesse.

D'autres, gens posés, déistes raisonnables et modérés, les juste-milieu du
dogme, qui enragent de voir leurs femmes se jeter dans la dévotion — Oh ! les
maladroits, qui ne sauront jamais jouer d'aucun instrument ! Oh ! les triples
sots qui ne voient pas que la forme la plus adorable que la religion puisse
prendre, — est leur femme ! — Un mari à convertir, quelle pomme délicieuse !
Le beau fruit défendu qu'une large impiété, — dans une tumultueuse nuit
d'hiver au coin du feu, du vin et des truffes, — cantique muet du bonheur
domestique, victoire remportée sur la nature rigoureuse, qui semble elle-même
blasphémer les Dieux !

Je n'aurais pas fini de sitôt, si je voulais énumérer tous les beaux et bons
côtés de ce qu'on appelle vice et laideur morale ; mais il se présente souvent
pour des gens de cœur et d'intelligence un cas difficile et angoisseux comme
une tragédie ; c'est quand ils sont pris entre le goût héréditaire et paternel de la
moralité et le goût tyrannique d'une femme qu'il faut mépriser. De nombreuses
et ignobles infidélités, des habitudes de bas lieu, de honteux secrets découverts
mal à propos vous inspirent de l'horreur pour l'idole, et il arrive parfois que
votre joie vous donne le frisson. Vous voilà fort empêché dans vos raison-
nements platoniques. La vertu et l'orgueil vous crient : Fuis-là ! La nature vous
dit à l'oreille : Où la fuir ? Alternatives terribles où les âmes les plus fortes
montrent toute l'insuffisance de notre éducation philosophique. Les plus
habiles, se voyant contraints par la nature de jouer l'éternel roman de Manon
Lescaut et de Leone Leoni[2], se sont tirés d'affaire en disant que le mépris allait
très bien avec l'amour. — Je vais vous donner une recette bien simple qui non
seulement vous dispensera de ces honteuses justifications, mais encore vous
permettra de ne pas écorner votre idole, et de ne pas endommager votre
cristallisation[*].

Je suppose que l'héroïne de votre cœur ayant abusé du *fas* et du *nefas*, est
arrivée aux limites de la perdition, après avoir — dernière infidélité, torture
suprême ! — essayé le pouvoir de ses charmes sur ses geôliers et ses
exécuteurs[**] ; irez-vous abjurer si facilement l'idéal, ou si la nature vous

* Nous savons que tous nos lecteurs ont lu le Stendhal.
** Ainsi que l'*Âne mort*[3].

précipite, fidèle et pleurant, dans les bras de cette pâle guillotinée, direz-vous avec l'accent mortifié de la résignation : Le mépris et l'amour sont cousins germains ! — Non point : car ce sont là les paradoxes d'une âme timorée et d'une intelligence obscure. Dites hardiment, et avec la candeur du vrai philosophe : « Moins scélérat, mon idéal n'eût pas été complet. Je le contemple, et me soumets ; d'une si puissante coquine la grande Nature seule sait ce qu'elle veut faire. Bonheur et raison suprêmes ! absolu ! *résultante* des contraires ! Ormuz et Arimane, vous êtes le même ! [1] »

Et c'est ainsi, grâce à une vue plus synthétique des choses, que l'admiration vous ramènera tout naturellement vers l'amour pur, ce soleil dont l'intensité absorbe toutes les taches.

Rappelez-vous ceci, c'est surtout du paradoxe en amour qu'il se faut garder. C'est la naïveté qui sauve, c'est la naïveté qui rend heureux, votre maîtresse fût-elle laide comme la vieille Mob[2], la reine des épouvantements ! En général, pour les gens du monde, — un habile moraliste l'a dit, — l'amour n'est que l'amour du jeu, l'amour des combats. C'est un grand tort : il faut que l'amour soit l'amour ; le combat et le jeu ne sont permis que comme politique en cas d'amour.

Le tort le plus grave de la jeunesse moderne est de *se monter des coups*. Bon nombre d'amoureux sont des malades imaginaires qui dépensent beaucoup en pharmacopées, et payent grassement M. Fleurant et M. Purgon, sans avoir les plaisirs et les privilèges d'une maladie sincère. Notez bien qu'ils impatientent leur estomac par des drogues absurdes, et usent en eux la faculté digestive d'amour.

Bien qu'il faille être de son siècle, gardez-vous bien de singer l'illustre don Juan qui ne fut d'abord, selon Molière, qu'un rude coquin, bien stylé et affilié à l'amour, au crime et aux arguties ; — puis est devenu, grâce à M.M. Alfred de Musset et Théophile Gautier, un flâneur *artistique*, courant après la perfection à travers les mauvais lieux, et finalement n'est plus qu'un vieux dandy éreinté de tous ses voyages, et le plus sot du monde auprès d'une honnête femme bien éprise de son mari.

Règle sommaire et générale : en amour, gardez-vous de la *lune* et des *étoiles*, gardez-vous de la Vénus de Milo, des lacs, des guitares, des échelles de corde et de tous romans, — du plus beau du monde, — fût-il écrit par Apollon lui-même !

Mais aimez bien, vigoureusement, crânement, orientalement, férocement celle que vous aimez ; que votre amour, — l'harmonie étant bien comprise, — ne tourmente point l'amour d'un autre ; que votre choix ne trouble point l'État. Chez les Incas l'on aimait sa sœur ; contentez-vous de votre cousine. N'escaladez jamais les balcons, n'insultez jamais la force publique ; n'enlevez point à votre maîtresse la douceur de croire aux Dieux, et quand vous l'accompagnerez au temple, sachez tremper convenablement vos doigts dans l'eau pure et fraîche du bénitier.

Toute morale témoignant de la bonne volonté des législateurs, — toute religion étant une suprême consolation pour tous les affligés, — toute femme étant un morceau de la femme *essentielle*, — l'amour étant la seule chose qui vaille la peine de tourner un sonnet et de mettre du linge fin, — je révère toutes ces choses plus que qui que ce soit, et je dénonce comme calomniateur quiconque ferait de ce lambeau de morale un motif à signes de croix et une

pâture à scandale. — Morale chatoyante, n'est-ce pas ? Verres de couleur colorant trop peut-être l'éternelle lampe de vérité qui brille au-dedans ? — Non pas, non pas. — Si j'avais voulu prouver que tout est pour le mieux dans le meilleur des mondes possibles, le lecteur aurait le droit de me dire, comme au *singe de génie* : tu es un méchant ! Mais j'ai voulu prouver que tout est encore pour le mieux dans le plus mauvais des mondes possibles. Il me sera donc beaucoup pardonné parce que j'ai beaucoup aimé... mon lecteur... ou ma lectrice.

CONSEILS
AUX JEUNES LITTÉRATEURS[1]

Les préceptes qu'on va lire sont le fruit de l'expérience ; l'expérience implique une certaine somme de bévues ; chacun les ayant commises, — toutes ou peu s'en faut, — j'espère que mon expérience sera vérifiée par celle de chacun.

Lesdits préceptes n'ont donc pas d'autre prétention que celle des *vade mecum*, d'autre utilité que celle de *la civilité puérile et honnête*. — Utilité énorme ! Supposez le code de la civilité écrit par une Warens au cœur intelligent et bon, l'art de s'habiller utilement enseigné par une mère ! — Ainsi apporterai-je dans ces préceptes dédiés aux jeunes littérateurs une tendresse toute fraternelle.

DU BONHEUR ET DU GUIGNON DANS LES DÉBUTS

Les jeunes écrivains qui, parlant d'un jeune confrère avec un accent mêlé d'envie, disent : « C'est un beau début, il a eu un fier bonheur ! » ne réfléchissent pas que tout début a toujours été précédé et qu'il est l'effet de vingt autres débuts qu'ils n'ont pas connus.

Je ne sais pas si, en fait de réputations, le coup de tonnerre a jamais eu lieu ; je crois plutôt qu'un succès est, dans une proportion arithmétique ou géométrique, suivant la force de l'écrivain, le résultat des succès antérieurs, souvent invisibles à l'œil nu. Il y a lente agrégation de succès moléculaires ; mais de générations miraculeuses et spontanées, jamais.

Ceux qui disent : J'ai du guignon, sont ceux qui n'ont pas encore eu assez de succès et qui l'ignorent.

Je fais la part des mille circonstances qui enveloppent la volonté humaine, et qui ont elles-mêmes leurs causes légitimes ; elles sont une circonférence dans laquelle est enfermée la volonté ; mais cette circonférence est mouvante, vivante, tournoyante, et change tous les jours, toutes les minutes, toutes les secondes son cercle et son centre. Ainsi, entraînées par elle, toutes les volontés humaines qui y sont cloîtrées varient à chaque instant leur jeu réciproque, et c'est ce qui constitue la liberté.

Liberté et fatalité sont deux contraires ; vues de près et de loin, c'est une seule volonté.

C'est pourquoi il n'y a pas de guignon. Si vous avez du guignon, c'est qu'il vous manque quelque chose : ce quelque chose, connaissez-le, et étudiez le jeu des volontés voisines pour déplacer plus facilement la circonférence.

Un exemple entre mille. Plusieurs de ceux que j'aime et que j'estime s'emportent contre les popularités actuelles, — Eugène Sue, Paul Féval, — des logogriphes en action ; mais le talent de ces gens, pour frivole qu'il soit, n'en existe pas moins, et la colère de mes amis n'existe pas, ou plutôt elle *existe en moins*, — car elle est du temps perdu, la chose du monde la moins précieuse. La question n'est pas de savoir si la littérature du cœur ou de la forme est supérieure à celle en vogue. Cela est trop vrai, pour moi du moins. Mais cela ne sera qu'à moitié juste, tant que vous n'aurez pas dans le genre que vous voulez installer autant de talent qu'Eugène Sue dans le sien. Allumez autant d'intérêt avec des moyens nouveaux ; possédez une force égale et supérieure dans un sens contraire ; doublez, triplez, quadruplez la dose jusqu'à une égale concentration, et vous n'aurez plus le droit de médire du *bourgeois*, car le *bourgeois* sera avec vous. Jusque-là, *væ victis !* car rien n'est vrai que la force, qui est la justice suprême.

DES SALAIRES

Quelque belle que soit une maison, elle est avant tout, — avant que sa beauté soit démontrée, — tant de mètres de haut sur tant de large. — De même la littérature, qui est la matière la plus inappréciable, — est avant tout un remplissage de colonnes ; et l'architecte littéraire, dont le nom seul n'est pas une chance de bénéfice, doit vendre à tous prix.

Il y a des jeunes gens qui disent : « Puisque cela ne vaut que si peu, pourquoi se donner tant de mal ? » Ils auraient pu livrer *de la meilleure ouvrage* ; et dans ce cas, ils n'eussent été volés que par la nécessité actuelle, par la loi de la nature ; ils se sont volés eux-mêmes ; — mal payés, ils eussent pu y trouver de l'honneur ; mal payés, ils se sont déshonorés.

Je résume tout ce que je pourrais écrire sur cette matière, en cette maxime suprême que je livre à la méditation de tous les philosophes, de tous les historiens, et de tous les hommes d'affaires : Ce n'est que par les beaux sentiments qu'on parvient à la fortune !

Ceux qui disent : « Pourquoi *se fouler la rate* pour si peu ? » sont ceux qui plus tard, — une fois arrivés aux honneurs, — veulent vendre leurs livres 200 francs le feuilleton, et qui, rejetés, reviennent le lendemain les offrir à 100 francs de perte.

L'homme raisonnable est celui qui dit : « Je crois que cela vaut tant, parce que j'ai du génie ; mais s'il faut faire quelques concessions, je les ferai, pour avoir l'honneur d'être des vôtres. »

DES SYMPATHIES ET DES ANTIPATHIES

En amour, comme en littérature, les sympathies sont involontaires ; néanmoins elles ont besoin d'être vérifiées et la raison y a sa part ultérieure.

Les vraies sympathies sont excellentes, car elles sont : deux en un — les fausses sont détestables, car elles ne font qu'un, moins l'indifférence primitive, qui vaut mieux que la haine, suite nécessaire de la duperie et du désillusionnement.

C'est pourquoi j'admets et j'admire la camaraderie, en tant qu'elle est fondée sur des rapports essentiels de raison et de tempérament. Elle est une des saintes manifestations de la nature, une des nombreuses applications de ce proverbe sacré : l'union fait la force.

La même loi de franchise et de naïveté doit régir les antipathies. Il y a cependant des gens qui se fabriquent des haines comme des admirations, à l'étourdie. Cela est fort imprudent ; c'est se faire un ennemi, — sans bénéfice et sans profit. Un coup qui ne porte pas n'en blesse pas moins au cœur le rival à qui il était destiné, sans compter qu'il peut à gauche ou à droite blesser l'un des témoins du combat.

Un jour, pendant une leçon d'escrime, un créancier vint me troubler ; je le poursuivis dans l'escalier à coups de fleuret. Quand je revins, le maître d'armes, un géant pacifique qui m'aurait jeté par terre en soufflant sur moi, me dit : « Comme vous prodiguez votre antipathie ! un poète ! un philosophe ! ah fi ! » — J'avais perdu le temps de faire deux assauts, j'étais essoufflé, honteux, et méprisé par un homme de plus, — le créancier, à qui je n'avais pas fait grand mal.

En effet, la haine est une liqueur précieuse, un poison plus cher que celui des Borgia, — car il est fait avec notre sang, notre santé, notre sommeil, et les deux tiers de notre amour ! Il faut en être avare !

DE L'ÉREINTAGE

L'éreintage ne doit être pratiqué que contre les suppôts de l'erreur. Si vous êtes fort, c'est vous perdre que de vous attaquer à un homme fort ; fussiez-vous dissidents en quelques points, il sera toujours des vôtres en certaines occasions.

Il y a deux méthodes d'éreintage : par la ligne courbe, et par la ligne droite qui est le plus court chemin.

On trouvera suffisamment d'exemples de la ligne courbe dans les feuilletons de J. Janin¹. La ligne courbe amuse la galerie, mais ne l'instruit pas.

La ligne droite est maintenant pratiquée avec succès par quelques journalistes anglais ; à Paris, elle est tombée en désuétude ; M. Granier de Cassagnac² lui-même me semble l'avoir trop oubliée. Elle consiste à dire : « M. X... est un malhonnête homme, et de plus un imbécile ; c'est ce que je vais prouver », — et de le prouver ! primo — secundo — tertio, — etc. Je recommande cette méthode à tous ceux qui ont la foi de la raison, et le poing solide.

Un éreintage manqué est un accident déplorable ; c'est une flèche qui se retourne, ou au moins vous dépouille la main en partant, une balle dont le ricochet peut vous tuer.

DES MÉTHODES DE COMPOSITION

Aujourd'hui, il faut produire beaucoup ; — il faut donc aller vite ; — il faut donc se hâter lentement ; il faut donc que tous les coups portent, et que pas une touche ne soit inutile.

Pour écrire vite, il faut avoir beaucoup pensé, — avoir trimballé un sujet avec soi, à la promenade, au bain, au restaurant, et presque chez sa maîtresse.

E. Delacroix me disait un jour : « L'art est une chose si idéale et si fugitive, que les outils ne sont jamais assez propres, ni les moyens assez expéditifs. » Il en est de même de la littérature ; — je ne suis donc pas partisan de la rature ; elle trouble le miroir de la pensée.

Quelques-uns, et des plus distingués, et des plus consciencieux, — Édouard Ourliac, par exemple, — commencent par charger beaucoup de papier ; ils appellent cela couvrir leur toile. — Cette opération confuse a pour but de ne rien perdre. Puis, à chaque fois qu'ils recopient, ils élaguent et ébranchent. Le

résultat fût-il excellent, c'est abuser de son temps et de son talent. Couvrir une toile n'est pas la charger de couleurs, c'est ébaucher en frottis, c'est disposer des masses en tons légers et transparents. — La toile doit être couverte — en esprit — au moment où l'écrivain prend la plume pour écrire le titre. On dit que Balzac charge sa copie et ses épreuves d'une manière fantastique et désordonnée. Un roman passe dès lors par une série de genèses, où se disperse non seulement l'unité de la phrase, mais aussi de l'œuvre. C'est sans doute cette mauvaise méthode qui donne souvent au style ce je ne sais quoi de diffus, de bousculé et de brouillon, — le seul défaut de ce grand historien.

DU TRAVAIL JOURNALIER ET DE L'INSPIRATION

L'orgie n'est plus la sœur de l'inspiration : nous avons cassé cette parenté adultère. L'énervation rapide et la faiblesse de quelques belles natures témoignent assez contre cet odieux préjugé.

Une nourriture très substantielle, mais régulière, est la seule chose nécessaire aux écrivains féconds. L'inspiration est décidément la sœur du travail journalier. Ces deux contraires ne s'excluent pas plus que tous les contraires qui constituent la nature. L'inspiration obéit, comme la faim, comme la digestion, comme le sommeil. Il y a sans doute dans l'esprit une espèce de mécanique céleste, dont il ne faut pas être honteux, mais tirer le parti le plus glorieux, comme les médecins de la mécanique du corps. Si l'on veut vivre dans une contemplation opiniâtre de l'œuvre de demain, le travail journalier servira l'inspiration, — comme une écriture lisible sert à éclairer la pensée, et comme la pensée calme et puissante sert à écrire lisiblement ; car le temps des mauvaises écritures est passé.

DE LA POESIE

Quant à ceux qui se livrent ou se sont livrés avec succès à la poésie, je leur conseille de ne jamais l'abandonner. La poésie est un des arts qui rapportent le plus ; mais c'est une espèce de placement dont on ne touche que tard les intérêts, — en revanche très gros.

Je défie les envieux de me citer de bons vers qui aient ruiné un éditeur.

Au point de vue moral, la poésie établit une telle démarcation entre les esprits du premier ordre et ceux du second, que le public le plus bourgeois n'échappe pas à cette influence despotique. Je connais des gens qui ne lisent les feuilletons, — souvent médiocres, — de Théophile Gautier, que parce qu'il a fait La Comédie de la Mort ; sans doute ils ne sentent pas toutes les grâces de cette œuvre, mais ils savent qu'il est poète.

Quoi d'étonnant, d'ailleurs, puisque tout homme bien portant peut se passer de manger pendant deux jours, — de poésie, jamais ?

L'art qui satisfait le besoin le plus impérieux sera toujours le plus honoré.

DES CRÉANCIERS

Il vous souvient sans doute d'une comédie intitulée : Desordre et Génie [1]. Que le désordre ait parfois accompagné le génie, cela prouve simplement que le génie est terriblement fort ; malheureusement, ce titre exprimait pour beaucoup de jeunes gens, non pas un accident, mais une nécessité.

Je doute fort que Gœthe eût des créanciers ; Hoffmann lui-même, le désordonné Hoffmann, pris par des nécessités plus fréquentes, aspirait sans

cesse à en sortir, et du reste il est mort au moment où une vie plus large permettait à son génie un essor plus radieux.

N'ayez jamais de créanciers ; faites, si vous voulez, semblant d'en avoir, c'est tout ce que je puis vous passer.

DES MAÎTRESSES

Si je veux observer la loi des contrastes, qui gouverne l'ordre moral et l'ordre physique, je suis obligé de ranger dans la classe des femmes dangereuses aux gens de lettres, la *femme honnête*, le bas-bleu et l'actrice ; — *la femme honnête,* parce qu'elle appartient nécessairement à deux hommes, et qu'elle est une médiocre pâture pour l'âme despotique d'un poète ; — le bas-bleu, parce que c'est un homme manqué ; — l'actrice, parce qu'elle est frottée de littérature et qu'elle parle argot. — Bref, parce que ce n'est pas une femme dans toute l'acception du mot, — le public lui étant une chose plus précieuse que l'amour.

Vous figurez-vous un poète amoureux de sa femme et contraint de lui voir jouer un travesti ? Il me semble qu'il doit mettre le feu au théâtre.

Vous figurez-vous celui-ci obligé d'écrire un rôle pour sa femme qui n'a pas de talent ?

Et cet autre suant à rendre par des épigrammes au public de l'avant-scène les douleurs que ce public lui a faites dans l'être le plus cher, — cet être que les Orientaux enfermaient sous triples clés, avant qu'ils ne vinssent étudier le droit à Paris ? C'est parce que tous les vrais littérateurs ont horreur de la littérature à certains moments, que je n'admets pour eux, — âmes libres et fières, esprits fatigués, qui ont toujours besoin de se reposer leur septième jour, — que deux classes de femmes possibles : les filles ou les femmes bêtes, — l'amour ou le pot-au-feu. — Frères, est-il besoin d'en expliquer les raisons ?

LA FANFARLO[1]

Samuel Cramer, qui signa autrefois du nom de Manuela de Monteverde quelques folies romantiques, — dans le bon temps du romantisme, — est le produit contradictoire d'un blême Allemand et d'une brune Chilienne. Ajoutez à cette double origine une éducation française et une civilisation littéraire, vous serez moins surpris, — sinon satisfait et édifié, — des complications bizarres de ce caractère. — Samuel a le front pur et noble, les yeux brillants comme des gouttes de café, le nez taquin et railleur, les lèvres impudentes et sensuelles, le menton carré et despote, la chevelure prétentieusement raphaélesque. — C'est à la fois un grand fainéant, un ambitieux triste, et un illustre malheureux ; car il n'a guère eu dans sa vie que des moitiés d'idées. Le soleil de la paresse qui resplendit sans cesse au-dedans de lui, lui vaporise et lui mange cette moitié de génie dont le ciel l'a doué. Parmi tous ces demi-grands hommes que j'ai connus dans cette terrible vie parisienne, Samuel fut, plus que tout autre, l'homme des belles œuvres ratées ; — créature maladive et fantastique, dont la poésie brille bien plus dans sa personne que dans ses œuvres, et qui, vers une heure du matin, entre l'éblouissement d'un feu de charbon de terre et le tic-tac d'une horloge, m'est toujours apparu comme le dieu de l'impuissance, — dieu moderne et hermaphrodite, — impuissance si colossale et si énorme qu'elle en est épique !

Comment vous mettre au fait, et vous faire voir bien clair dans cette nature ténébreuse, bariolée de vifs éclairs, — paresseuse et entreprenante à la fois, — féconde en desseins difficiles et en risibles avortements ; — esprit chez qui le paradoxe prenait souvent les proportions de la naïveté, et dont l'imagination était aussi vaste que la solitude et la paresse absolues ? — Un des travers les plus naturels de Samuel était de se considérer comme l'égal de ceux qu'il avait su admirer ; après une lecture passionnée d'un beau livre, sa conclusion involontaire était : voilà qui est assez beau pour être de moi ! — et de là à penser : c'est donc de moi, — il n'y a que l'espace d'un tiret.

Dans le monde actuel, ce genre de caractère est plus fréquent qu'on ne le pense ; les rues, les promenades publiques, les estaminets, et tous les asiles de la flânerie fourmillent d'êtres de cette espèce. Ils s'identifient si bien avec le nouveau modèle, qu'ils ne sont pas éloignés de croire qu'ils l'ont inventé. — Les voilà aujourd'hui déchiffrant péniblement les pages mystiques de Plotin ou de Porphyre ; demain ils admireront comme Crébillon le fils a bien exprimé le côté volage et français de leur caractère. Hier ils s'entretenaient familièrement avec Jérome Cardan ; les voici maintenant jouant avec Sterne, ou se vautrant avec Rabelais dans toutes les goinfreries de l'hyperbole. Ils sont d'ailleurs si heureux dans chacune de leurs métamorphoses, qu'ils n'en veulent pas le moins du monde à tous ces beaux génies de les avoir devancés dans l'estime de la postérité. — Naïve et respectacle impudence ! Tel était le pauvre Samuel.

Fort honnête homme de naissance et quelque peu gredin par passe-temps, — comédien par tempérament, — il jouait pour lui-même et à huis clos d'incomparables tragédies, ou, pour mieux dire, tragi-comédies. Se sentait-il effleuré et chatouillé par la gaité, il fallait se le bien constater, et notre homme s'exerçait à rire aux éclats. Une larme lui germait-elle dans le coin de l'œil à quelque souvenir, il allait à sa glace se regarder pleurer. Si quelque fille, dans un accès de jalousie brutale et puérile, lui faisait une égratignure avec une aiguille ou un canif, Samuel se glorifiait en lui-même d'un coup de couteau, et quand il devait quelques misérables vingt mille francs, il s'écriait joyeusement : « Quel triste et lamentable sort que celui d'un génie harcelé par un million de dettes !

D'ailleurs, gardez-vous de croire qu'il fût incapable de connaître les sentiments vrais, et que la passion ne fît qu'effleurer son épiderme. Il eût vendu ses chemises pour un homme qu'il connaissait à peine, et qu'à l'inspection du front et de la main il avait institué hier son ami intime. Il apportait dans les choses de l'esprit et de l'âme la contemplation oisive des natures germaniques, — dans les choses de la passion l'ardeur rapide et volage de sa mère, — et dans la pratique de la vie tous les travers de la vanité française. Il se fût battu en duel pour un auteur ou un artiste mort depuis deux siècles. Comme il avait été dévot avec fureur, il était athée avec passion. Il était à la fois tous les artistes qu'il avait étudiés et tous les livres qu'il avait lus, et cependant, en dépit de cette faculté comédienne, restait profondément original. Il était toujours le doux, le fantasque, le paresseux, le terrible, le savant, l'ignorant, le débraillé, le coquet Samuel Cramer, la romantique Manuela de Monteverde. Il raffolait d'un ami comme d'une femme, aimait une femme comme un camarade. Il possédait la logique de tous les bons sentiments et la science de toutes les roueries, et néanmoins n'a jamais réussi à rien, parce qu'il croyait trop à l'impossible. — Quoi d'étonnant ? il était toujours en train de le concevoir.

Samuel, un soir, eut l'idée de sortir ; le temps était beau et parfumé. — Il avait, selon son goût naturel pour l'excessif, des habitudes de réclusion et de dissipation également violentes et prolongées, et depuis longtemps il était resté fidèle au logis. La paresse maternelle, la fainéantise créole qui coulait dans ses veines l'empêchait de souffrir du désordre de sa chambre, de son linge et de ses cheveux encrassés et emmêlés à l'excès. Il se peigna, se lava, sut en quelques minutes retrouver le costume et l'aplomb des gens chez qui l'élégance est chose journalière ; puis il ouvrit la fenêtre. — Un jour chaud et doré se précipita dans le cabinet poudreux. Samuel admira comme le printemps était venu vite en quelques jours, et sans crier gare. Un air tiède et imprégné de bonnes odeurs lui ouvrit les narines, — dont une partie étant montée au cerveau, le remplit de rêverie et de désir, et l'autre lui remua libertinement le cœur, l'estomac et le foie. — Il souffla résolument ses deux bougies dont l'une palpitait encore sur un volume de Swedenborg, et l'autre s'éteignait sur un de ces livres honteux dont la lecture n'est profitable qu'aux esprits possédés d'un goût immodéré de la vérité.

Du haut de sa solitude, encombrée de paperasses, pavée de bouquins et peuplée de ses rêves, Samuel apercevait souvent, se promenant dans une allée du Luxembourg, une forme et une figure qu'il avait aimées en province, — à l'âge où l'on aime l'amour. — Ses traits, quoique mûris et engraissés par quelques années de pratique, avaient la grâce profonde et décente de l'honnête femme ; au fond de ses yeux brillait encore par intervalle la rêverie humide de la jeune fille. Elle allait et venait, habituellement escortée par une bonne assez élégante, et dont le visage et la tournure accusaient plutôt la confidente et la demoiselle de compagnie que la domestique. Elle semblait rechercher les endroits abandonnés, et s'asseyait tristement avec des attitudes de veuve, tenant parfois dans sa main distraite un livre qu'elle ne lisait pas.

Samuel l'avait connue aux environs de Lyon, jeune, alerte, folâtre et plus maigre. À force de la regarder et pour ainsi dire de la reconnaître, il avait retrouvé un à un tous les menus souvenirs qui se rattachaient à elle dans son imagination ; il s'était raconté à lui-même, détail par détail, tout ce jeune roman, qui, depuis, s'était perdu dans les préoccupations de sa vie et le dédale de ses passions. Ce soir-là, il la salua, mais avec plus de soin et plus de regards. En passant devant elle, il entendit derrière lui ce lambeau de dialogue :

« Comment trouvez-vous ce jeune homme, Mariette ? — mais cela dit avec un ton de voix si distrait, que l'observateur le plus malicieux n'y eût rien trouvé à redire contre la dame.

— Mais je le trouve fort bien, Madame. — Madame sait que c'est M. Samuel Cramer ? »

Et sur un ton plus sévère : « Comment se fait-il que vous sachiez cela, Mariette ? »

...

C'est pourquoi le lendemain Samuel eut grand soin de lui rapporter son mouchoir et son livre, qu'il trouva sur un banc, et qu'elle n'avait pas perdus, puisqu'elle était près de là, regardant les moineaux se disputer des miettes, ou ayant l'air de contempler le travail intérieur de la végétation. Comme il arrive souvent entre deux êtres dont les destinées complices ont élevé l'âme à un égal diapason, — engageant la conversation assez brusquement, — il eut néanmoins le bonheur bizarre de trouver une personne disposée à l'écouter et à lui répondre.

« Serais-je assez heureux, Madame, pour être encore logé dans un coin de votre souvenir ? Suis-je tellement changé que vous ne puissiez reconnaître en moi un camarade d'enfance, avec qui vous avez daigné jouer à cache-cache et faire l'école buissonnière ?

— Une femme, — répondit la dame avec un demi-sourire, — n'a pas le droit de reconnaître aussi facilement les gens ; c'est pourquoi je vous remercie, Monsieur, de m'avoir, le premier, offert l'occasion de me reporter vers ces beaux et gais souvenirs. — Et puis... chaque année de la vie contient tant d'événements et de pensées... et il me semble vraiment qu'il y a bien des années... ?

— Années, — répliqua Samuel, — qui pour moi ont été tantôt bien lentes, tantôt bien promptes à s'envoler, mais toutes diversement cruelles !

— Et la poésie ?... — fit la dame avec un sourire dans les yeux.

— Toujours, Madame ! — répondit Samuel en riant.

— Mais que lisiez-vous donc là ?

— Un roman de Walter Scott.

— Je m'explique maintenant vos fréquentes interruptions. — Oh ! l'ennuyeux écrivain ! — Un poudreux déterreur de chroniques ! un fastidieux amas de descriptions de bric-à-brac, — un tas de vieilles choses et de défroques de tout genre : — des armures, des vaisselles, des meubles, des auberges gothiques et des châteaux de mélodrame, où se promènent quelques mannequins à ressort, vêtus de justaucorps et de pourpoints bariolés ; — types connus, dont nul plagiaire de dix-huit ans ne voudra plus dans dix ans ; des châtelaines impossibles et des amoureux parfaitement dénués d'actualité, — nulle vérité de cœur, nulle philosophie de sentiments ! Quelle différence chez nos bons romanciers français, où la passion et la morale l'emportent toujours sur la description matérielle des objets ! — Qu'importe que la châtelaine porte fraise ou paniers, ou sous-jupe Oudinot¹, pourvu qu'elle sanglote ou trahisse convenablement ? L'amoureux vous intéresse-t-il beaucoup plus pour porter dans son gilet un poignard au lieu d'une carte de visite, et un despote en habit noir vous cause-t-il une terreur moins poétique qu'un tyran bardé de buffle et de fer ? »

Samuel, comme on le voit, rentrait dans la classe des gens *absorbants*, — des hommes insupportables et passionnés, chez qui le métier gâte la conversation, et à qui toute occasion est bonne, même une connaissance improvisée au coin d'un arbre ou d'une rue, — fût-ce d'un chiffonnier, — pour développer opiniâtrement leurs idées. — Il n'y a entre les commis voyageurs, les industriels errants, les allumeurs d'affaires en commandite et les poètes *absorbants* que la différence de la réclame à la prédication ; le vice de ces derniers est tout à fait désintéressé.

Or la dame lui répliqua simplement : « Mon cher monsieur Samuel, je ne suis que public, c'est assez vous dire que mon âme est innocente. Aussi le plaisir est-il pour moi la chose du monde la plus facile à trouver. — Mais parlons de vous ; — je m'estimerais heureuse si vous me jugiez digne de lire quelques-unes de vos productions.

— Mais, Madame, comment se fait-il... ? — fit la grosse vanité du poète étonné.

— Le maître de mon cabinet de lecture dit qu'il ne vous connaît pas. »

Et elle sourit doucement comme pour amortir l'effet de cette taquinerie fugitive.

« Madame, dit sentencieusement Samuel, le vrai public du dix-neuvième siècle est les femmes ; votre suffrage me constituera plus grand que vingt académies.

— Eh bien, Monsieur, je compte sur votre promesse. — Mariette, l'ombrelle et l'écharpe ; *on* s'impatiente peut-être à la maison. Vous savez que Monsieur revient de bonne heure. »

Elle lui fit un salut gracieusement écourté, qui n'avait rien de compromettant, et dont la familiarité n'excluait pas la dignité.

Samuel ne s'étonna point de retrouver un ancien amour de jeunesse asservi au lien conjugal. Dans l'histoire universelle du sentiment, cela est de rigueur.

— Elle s'appelait Mme de Cosmelly, et demeurait dans une des rues les plus aristocratiques du faubourg Saint-Germain.

Le lendemain il la trouva, la tête inclinée par une mélancolie gracieuse et presque étudiée, vers les fleurs de la plate-bande, et lui offrit son volume des *Orfraies*, recueil de sonnets, comme nous en avons tous fait et tous lu, dans le temps où nous avions le jugement si court et les cheveux si longs.

Samuel était fort curieux de savoir si ses *Orfraies* avaient charmé l'âme de cette belle mélancolique, et si les cris de ces vilains oiseaux lui avaient parlé en sa faveur ; mais quelques jours après, elle lui dit avec une candeur et une honnêteté désespérantes :

« Monsieur, je ne suis qu'une femme, et par conséquent mon jugement est peu de chose ; mais il me paraît que les tristesses et les amours de messieurs les auteurs ne ressemblent guère aux tristesses et aux amours des autres hommes. Vous adressez des galanteries fort élégantes sans doute et d'un choix fort exquis à des dames, que j'estime assez pour croire qu'elles doivent parfois s'en effaroucher. Vous chantez la beauté des mères dans un style qui doit vous priver du suffrage de leurs filles. Vous apprenez au monde que vous raffolez du pied et de la main de madame une telle, qui, supposons-le pour son honneur, dépense moins de temps à vous lire qu'à tricoter des bas et des mitaines pour les pieds ou les mains de ses enfants. Par un contraste des plus singuliers, et dont la cause mystérieuse m'est encore inconnue, vous réservez votre encens le plus mystique à des créatures bizarres qui lisent encore moins que les dames, et vous vous pâmez platoniquement devant les sultanes de bas lieu, qui doivent, ce me semble, à l'aspect de la délicate personne d'un poète, ouvrir des yeux aussi grands que des bestiaux qui se réveillent dans un incendie. De plus, j'ignore pourquoi vous chérissez tant les sujets funèbres et les descriptions d'anatomie. Quand on est jeune, qu'on a comme vous un beau talent et toutes les conditions présumées du bonheur, il me paraît bien plus naturel de célébrer la santé et les joies de l'honnête homme, que de s'exercer à l'anathème, et de causer avec des *Orfraies*. »

Voici ce qu'il lui répondit : « Madame, plaignez-moi, ou plutôt plaignez-nous, car j'ai beaucoup de frères de ma sorte ; c'est la haine de tous et de nous-mêmes qui nous a conduits vers ces mensonges. C'est par désespoir de ne pouvoir être nobles et beaux suivant les moyens naturels que nous nous sommes si bizarrement fardé le visage. Nous nous sommes tellement appliqués à sophistiquer notre cœur, nous avons tant abusé du microscope pour étudier les hideuses excroissances et les honteuses verrues dont il est couvert, et que nous grossissons à plaisir, qu'il est impossible que nous parlions le langage des autres hommes. Ils vivent pour vivre, et nous, hélas ! nous vivons pour savoir. Tout le mystère est là. L'âge ne change que la voix et n'abolit que les cheveux et

les dents ; nous avons altéré l'accent de la nature, nous avons extirpé une à une les pudeurs virginales dont était hérissé notre intérieur d'honnête homme. Nous avons psychologisé comme les fous, qui augmentent leur folie en s'efforçant de la comprendre. Les années n'infirment que les membres, et nous avons déformé les passions. Malheur, trois fois malheur aux pères infirmes qui nous ont faits rachitiques et mal venus, prédestinés que nous sommes à n'enfanter que des morts-nés !

« Encore des *Orfraies* ! dit-elle ; voyons, donnez-moi votre bras et admirons ces pauvres fleurs que le printemps rend si heureuses ! »

Au lieu d'admirer les fleurs, Samuel Cramer, à qui la phrase et la période étaient venues, commença à mettre en prose et à déclamer quelques mauvaises stances composées dans sa première manière. La dame le laissait faire.

« Quelle différence, et combien il reste peu du même homme, excepté le souvenir ! mais le souvenir n'est qu'une souffrance nouvelle. Le beau temps que celui où le matin ne réveilla nos genoux engourdis ou rompus par la fatigue des songes, où nos yeux clairs riaient à toute la nature, où notre âme ne raisonnait pas, mais où elle vivait et jouissait ; où nos soupirs s'écoulaient doucement sans bruit et sans orgueil ! que de fois, dans les loisirs de l'imagination, j'ai revu l'une de ces belles soirées automnales où les jeunes âmes font des progrès comparables à ces arbres qui poussent de plusieurs coudées par un coup de foudre. Alors je vois, je sens, j'entends ; la lune réveille les gros papillons ; le vent chaud ouvre les belles de nuit ; l'eau des grands bassins s'endort. — Écoutez en esprit les valses subites de ce piano mystérieux. Les parfums de l'orage entrent par les fenêtres ; c'est l'heure où les jardins sont pleins de robes roses et blanches qui ne craignent pas de se mouiller. Les buissons complaisants accrochent les jupes fuyantes, les cheveux bruns et les boucles blondes se mêlent en tourbillonnant ! — Vous souvient-il encore, Madame, des énormes meules de foin, si rapides à descendre, de la vieille nourrice si lente à vous poursuivre, et de la cloche si prompte à vous rappeler sous l'œil de votre tante, dans la grande salle à manger ? »

Mme de Cosmelly interrompit Samuel par un soupir, voulut ouvrir la bouche, sans doute pour le prier de s'arrêter, mais il avait déjà repris la parole.

« Ce qu'il y a de plus désolant, dit-il, c'est que tout amour fait toujours une mauvaise fin, d'autant plus mauvaise qu'il était plus divin, plus ailé à son commencement. Il n'est pas de rêve, quelque idéal qu'il soit, qu'on ne retrouve avec un poupard glouton suspendu au sein ; il n'est pas de retraite, de maisonnette si délicieuse et si ignorée, que la pioche ne vienne abattre. Encore cette destruction est-elle toute matérielle ; mais il en est une autre plus impitoyable et plus secrète, qui s'attaque aux choses invisibles. Figurez-vous qu'au moment où vous vous appuyez sur l'être de votre choix, et que vous lui dites : Envolons-nous ensemble et cherchons le fond du ciel ! — une voix implacable et sérieuse penche à votre oreille pour vous dire que nos passions sont des menteuses, que c'est notre myopie qui fait les beaux visages, et notre ignorance les belles âmes, et qu'il vient nécessairement un jour où l'idole, pour le regard plus clairvoyant, n'est plus qu'un objet, non pas de haine, mais de mépris et d'étonnement ! »

« De grâce, Monsieur ! » dit Mme de Cosmelly.

Elle était évidemment émue ; Samuel s'était aperçu qu'il avait mis le fer sur une ancienne plaie, et il insistait avec cruauté.

« Madame, dit-il, les souffrances salutaires du souvenir ont leurs charmes, et, dans cet enivrement de la douleur, on trouve parfois un soulagement. — À ce funèbre avertissement, toutes les âmes loyales s'écrieraient : Seigneur, enlevez-moi d'ici avec mon rêve, intact et pur : je veux rendre à la nature ma passion avec toute sa virginité, et porter ailleurs ma couronne inflétrie. — D'ailleurs les résultats du désillusionnement sont terribles. — Les enfants maladifs qui sortent d'un amour mourant sont la triste débauche et la hideuse impuissance : la débauche de l'esprit, l'impuissance du cœur, qui font que l'un ne vit plus que par curiosité, et que l'autre se meurt chaque jour de lassitude. Nous ressemblons tous plus ou moins à un voyageur qui aurait parcouru un très grand pays, et regarderait chaque soir le soleil, qui jadis dorait superbement les agréments de la route, se coucher dans un horizon plat. Il s'assied avec résignation sur de sales collines couvertes de débris inconnus, et dit aux senteurs des bruyères qu'elles ont beau monter vers le ciel vide ; aux graines rares et malheureuses, qu'elles ont beau germer dans un sol desséché ; aux oiseaux qui croient leurs mariages bénis par quelqu'un, qu'ils ont tort de bâtir des nids dans une contrée balayée de vents froids et violents. Il reprend tristement sa route vers un désert qu'il sait semblable à celui qu'il vient de parcourir, escorté par un pâle fantôme qu'on nomme Raison, qui éclaire avec une pâle lanterne l'aridité de son chemin, et pour étancher la soif renaissante de passion qui le prend de temps en temps, lui verse le poison de l'ennui. »

Tout d'un coup, entendant un profond soupir et un sanglot mal comprimé, il se retourna vers Mme de Cosmelly ; elle pleurait abondamment et n'avait même plus la force de cacher ses larmes.

Il la considéra quelque temps en silence, avec l'air le plus attendri et le plus onctueux qu'il put se donner ; le brutal et hypocrite comédien était fier de ces belles larmes ; il les considérait comme son œuvre et sa propriété littéraire. Il se méprenait sur le sens intime de cette douleur, comme Mme de Cosmelly, noyée dans cette candide désolation, se méprenait sur l'intention de son regard. Il y eut là un jeu singulier de malentendus, à la suite duquel Samuel Cramer lui tendit définitivement une double poignée de mains, qu'elle accepta avec une tendre confiance.

« Madame, reprit Samuel après quelques instants de silence, — le silence classique de l'émotion, — la vraie sagesse consiste moins à maudire qu'à espérer. Sans le don tout divin de l'espérance, comment pourrions-nous traverser ce hideux désert de l'ennui que je viens de vous décrire ? Le fantôme qui nous accompagne est vraiment un fantôme de raison : on peut le chasser en l'aspergeant avec l'eau bénite de la première vertu théologale. Il y a une aimable philosophie qui sait trouver des consolations dans les objets les plus indignes en apparence. De même que la vertu vaut mieux que l'innocence, et qu'il y a plus de mérite à ensemencer un désert qu'à butiner avec insouciance dans un verger fructueux, de même il est vraiment digne d'une âme d'élite de se purifier et de purifier le prochain par son contact. Comme il n'est pas de trahison qu'on ne pardonne, il n'est pas de faute dont on ne puisse se faire absoudre, pas d'oubli qu'on ne puisse combler ; il est une science d'aimer son prochain et de le trouver aimable, comme il est un savoir bien vivre. Plus un esprit est délicat, plus il découvre de beautés originales ; plus une âme est tendre et ouverte à la divine espérance, plus elle trouve dans autrui, quelque souillé qu'il soit, de motifs d'amour ; ceci est l'œuvre de la charité, et l'on a vu plus d'une voyageuse désolée et perdue dans les déserts arides du désillusion-

nement, reconquérir la foi et s'éprendre plus fortement de ce qu'elle avait
perdu, avec d'autant plus de raison qu'elle possède alors la science de diriger sa
passion et celle de la personne aimée. »

Le visage de Mme de Cosmelly s'était éclairé peu à peu ; sa tristesse
rayonnait d'espérance comme un soleil mouillé, et à peine Samuel eut-il fini
son discours, qu'elle lui dit vivement et avec l'ardeur naïve d'un enfant :

« Est-il bien vrai, Monsieur, que cela soit possible, et y a-t-il pour les
désespérés des branches aussi faciles à saisir ?

— Mais certainement, Madame.

— Ah ! que vous me rendriez bien la plus heureuse des femmes, si vous
daigniez m'enseigner vos recettes !

— Rien de plus facile », répliqua-t-il brutalement.

Au milieu de ce marivaudage sentimental, la confiance était venue et avait
en effet uni les mains des deux personnages ; si bien qu'après quelques
hésitations et quelques pruderies qui semblèrent de bon augure à Samuel, Mme
de Cosmelly à son tour lui fit ses confidences et commença ainsi :

« Je comprends, Monsieur, tout ce qu'une âme poétique peut souffrir de cet
isolement, et combien une ambition de cœur comme la vôtre doit se vite
consumer dans sa solitude ; mais vos douleurs, qui n'appartiennent qu'à vous,
viennent, autant que j'ai pu le démêler sous la pompe de vos paroles, de besoins
bizarres toujours insatisfaits et presque impossibles à satisfaire. Vous souffrez,
il est vrai ; mais il se peut que votre souffrance fasse votre grandeur et qu'elle
vous soit aussi nécessaire qu'à d'autres le bonheur. — Maintenant, daignerez-
vous écouter et sympathiser avec des chagrins plus faciles à comprendre, —
une douleur de province ? J'attends de vous, monsieur Cramer, de vous, le
savant, l'homme d'esprit, les conseils et peut-être les secours d'un ami.

« Vous savez qu'au temps où vous m'avez connue, j'étais une bonne petite
fille, un peu rêveuse déjà comme vous, mais timide et fort obéissante ; que je me
regardais moins souvent que vous dans la glace, et que j'hésitais toujours à
manger ou à mettre dans mes poches les peches et le raisin que vous alliez
hardiment voler pour moi dans le verger de nos voisins. Je ne trouvais jamais un
plaisir vraiment agréable et complet qu'autant qu'il fût permis, et j'aimais bien
mieux embrasser un beau garçon comme vous devant ma vieille tante qu'au
milieu des champs. La coquetterie et le soin que toute fille à marier doit avoir
de sa personne ne me sont venus que tard. Quand j'ai su à peu près chanter une
romance au piano, on m'a habillée avec plus de recherche, on m'a forcée à me
tenir droite ; on m'a fait faire de la gymnastisque, et l'on m'a défendu de gâter
mes mains à planter des fleurs ou à élever des oiseaux. Il me fut permis de lire
autre chose que Berquin, et je fus menée en grande toilette au théâtre de
l'endroit voir de mauvais opéras. Quand M. de Cosmelly vint au château, je me
pris tout d'abord pour lui d'une amitié vive ; comparant sa jeunesse florissante
avec la vieillesse un peu grondeuse de ma tante, je lui trouvai de plus l'air noble,
honnête, et il usait avec moi de la galanterie la plus respectueuse. Puis on citait
de lui les traits les plus beaux : un bras cassé en duel pour un ami un peu poltron
qui lui avait confié l'honneur de sa sœur, des sommes énormes prêtées à
d'anciens camarades sans fortune ; que sais-je, moi ? Il avait avec tout le
monde un air de commandement à la fois affable et irrésistible, qui me dompta
moi-même. Comment avait-il vécu avant de mener auprès de nous la vie de
château ; avait-il connu d'autres plaisirs que de chasser avec moi ou de chanter
de vertueuses romances sur mon mauvais piano ; avait-il eu des maitresses ? Je

n'en savais rien, et je ne songeais pas à m'en informer. Je me mis à l'aimer avec toute la crédulité d'une jeune fille qui n'a pas eu le temps de comparer, et je l'épousai, — ce qui fit à ma tante le plus grand plaisir. Quand je fus sa femme devant la religion et devant la loi, je l'aimai encore plus. — Je l'aimai beaucoup trop, sans doute. — Avais-je tort, avais-je raison ? qui peut le savoir ? J'ai été heureuse de cet amour, j'ai eu tort d'ignorer qu'il pût être troublé. — Le connaissais-je bien avant de l'épouser ? Non, sans doute ; mais il semble qu'on ne peut pas plus accuser une honnête fille qui veut se marier de faire un choix imprudent, qu'une femme perdue de prendre un amant ignoble. L'une et l'autre, — malheureuses que nous sommes ! — sont également ignorantes. Il manque à ces malheureuses victimes, qu'on nomme filles à marier, une honteuse éducation, je veux dire la connaissance des vices d'un homme. Je voudrais que chacune de ces pauvres petites, avant de subir le lien conjugal, pût entendre dans un lieu secret, et sans être vue, deux hommes causer entre eux des choses de la vie, et surtout des femmes. Après cette première et redoutable épreuve, elles pourraient se livrer avec moins de danger aux chances terribles du mariage, connaissant le fort et le faible de leurs futurs tyrans. »

Samuel ne savait pas au juste où cette charmante victime en voulait venir ; mais il commençait à trouver qu'elle parlait beaucoup trop de son mari pour une femme désillusionnée.

Après avoir fait une pause de quelques minutes, comme si elle craignait d'aborder l'endroit funeste, elle reprit ainsi : « Un jour, M. de Cosmelly voulut revenir à Paris ; il fallait que je brillasse dans mon jour et que je fusse encadrée selon mes mérites. Une femme belle et instruite, disait-il, se doit à Paris. Il faut qu'elle sache poser devant le monde et faire tomber quelques-uns de ses rayons sur son mari. — Une femme qui a l'esprit noble et du bon sens sait qu'elle n'a de gloire à attendre ici-bas qu'autant qu'elle fait une partie de la gloire de son compagnon de voyage, qu'elle sert les vertus de son mari, et surtout qu'elle n'obtient de respect qu'autant qu'elle le fait respecter. — Sans doute, c'était le moyen le plus simple et le plus sûr pour se faire obéir presque avec joie ; savoir que mes efforts et mon obéissance m'embelliraient à ses yeux, à coup sûr, il n'en fallait pas tant pour me décider à aborder ce terrible Paris, dont j'avais instinctivement peur, et dont le noir et éblouissant fantôme dressé à l'horizon de mes rêves faisait se serrer mon pauvre cœur de fiancée. — C'était donc là, à l'entendre, le vrai motif de notre voyage. La vanité d'un mari fait la vertu d'une femme amoureuse. Peut-être se mentait-il à lui-même avec une sorte de bonne foi, et rusait-il avec sa conscience sans trop s'en apercevoir. — À Paris, nous eûmes des jours réservés pour des intimes dont M. de Cosmelly s'ennuya à la longue, comme il s'était ennuyé de sa femme. Peut-être s'était-il un peu dégoûté d'elle, parce qu'elle avait trop d'amour ; elle mettait tout son cœur en avant. Il se dégoûta de ses amis par la raison contraire. Ils n'avaient rien à lui offrir que les plaisirs monotones des conversations où la passion n'a aucune part. Dès lors, son activité prit une autre direction. Après les amis vinrent les chevaux et les jeux. Le bourdonnement du monde, la vue de ceux qui étaient restés sans entraves et qui lui racontaient sans cesse les souvenirs d'une jeunesse folle et occupée, l'arrachèrent au coin du feu et aux longues causeries. Lui, qui n'avait jamais eu d'autre affaire que son cœur, il eut des affaires. Riche et sans profession, il sut se créer une foule d'occupations remuantes et frivoles qui remplissaient tout son temps ; les questions conjugales : — Où vas-tu ? — À quelle heure te reverra-t-on ? Reviens vite, — il fallut les refouler au fond de

ma poitrine ; car la vie anglaise, — cette mort du cœur, — la vie des clubs et des cercles, l'absorba tout entier. — Le soin exclusif de sa personne et le dandysme qu'il affecta me choquèrent tout d'abord ; il est évident que je n'en étais pas l'objet. Je voulus faire comme lui, être plus que belle, c'est-à-dire coquette, coquette pour lui, comme il l'était pour le monde ; autrefois j'offrais tout, je donnais tout, je voulus désormais me faire prier. Je voulais ranimer les cendres de mon bonheur éteint, en les agitant et en les retournant ; mais il paraît que je suis bien malhabile à la ruse et bien gauche au vice, il ne daigna pas s'en apercevoir. — Ma tante, cruelle comme toutes les femmes vieilles et envieuses, qui sont réduites à admirer un spectacle où jadis elles furent actrices, et à contempler les jouissances qu'on leur refuse, eut grand soin de me faire savoir, par l'entremise intéressée d'un cousin de M. de Cosmelly, qu'il s'était épris d'une fille de théâtre fort en vogue. Je me fis conduire dans tous les spectacles, et toute femme un peu belle que je voyais entrer en scène, je tremblais d'admirer en elle ma rivale. Enfin j'appris, par une charité du même cousin, que c'était la Fanfarlo, une danseuse aussi bête que belle. — Vous qui êtes auteur, vous la connaissez sans doute. — Je ne suis pas très vaniteuse ni très fière de ma figure ; mais je vous jure, monsieur Cramer, que, maintes fois, la nuit, vers trois ou quatre heures du matin, fatiguée d'attendre mon mari, les yeux rouges de larmes et d'insomnies, après avoir fait de longues et suppliantes prières pour son retour à la fidelité et au devoir, j'ai demandé à Dieu, à ma conscience, à mon miroir, si j'étais aussi belle que cette misérable Fanfarlo. Mon miroir et ma conscience m'ont répondu : Oui. Dieu m'a défendu de m'en glorifier, mais non d'en tirer une légitime victoire. Pourquoi donc entre deux beautés égales, les hommes préfèrent-ils souvent la fleur que tout le monde a respirée, à celle qui s'est toujours gardée des passants dans les allées les plus obscures du jardin conjugal ? Pourquoi donc les femmes prodigues de leur corps, trésor dont un seul sultan doit avoir la clef, possèdent-elles plus d'adorateurs que nous autres, malheureuses martyres d'un amour unique ? De quel charme si magique le vice auréole-t-il certaines créatures ? Quel aspect gauche et repoussant leur vertu donne-t-elle à certaines autres ? Répondez donc, vous qui, par état, devez connaître tous les sentiments de la vie et leurs raisons diverses ! »

Samuel n'eut pas le temps de répondre, car elle continua ardemment :

« M. de Cosmelly a des choses bien graves sur la conscience, si la perte d'une âme jeune et vierge intéresse le Dieu qui la créa pour le bonheur d'une autre. Si M. de Cosmelly mourait ce soir même, il aurait bien des pardons à implorer ; car il a, par sa faute, enseigné à sa femme d'affreux sentiments, la haine, la défiance de l'objet aimé et la soif de la vengeance. — Ah ! Monsieur, je passe des nuits bien douloureuses, des insomnies bien inquiètes ; je prie, je maudis, je blasphème. Le prêtre me dit qu'il faut porter sa croix avec résignation ; mais l'amour en démence, mais la foi ébranlée ne savent pas se résigner. Mon confesseur n'est pas une femme, et j'aime mon mari, je l'aime, Monsieur, avec toute la passion et toute la douleur d'une maîtresse battue et foulée aux pieds. Il n'est rien que je n'aie tenté. Au lieu des toilettes sombres et simples auxquelles son regard se plaisait autrefois, j'ai porté des toilettes folles et somptueuses comme les femmes de théâtre. Moi, la chaste épouse qu'il avait été allée chercher au fond d'un pauvre château, j'ai paradé devant lui avec des robes de filles ; je me suis faite spirituelle et enjouée quand j'avais la mort dans le cœur. J'ai pailleté mon désespoir avec des sourires étincelants. Hélas ! il n'a rien vu. J'ai mis du rouge, Monsieur, j'ai mis du rouge ! — Vous le voyez, c'est

une histoire banale, l'histoire de toutes les malheureuses, — un roman de province ! »

Pendant qu'elle sanglotait, Samuel faisait la figure de Tartufe empoigné par Orgon, l'époux inattendu, qui s'élance du fond de sa cachette, comme les vertueux sanglots de cette dame qui s'élançaient de son cœur, et venaient saisir au collet l'hypocrisie chancelante de notre poète.

L'abandon extrême, la liberté et la confiance de Mme de Cosmelly l'avaient prodigieusement enhardi, — sans l'étonner. Samuel Cramer, qui a souvent étonné le monde, ne s'étonnait guère. Il semblait dans sa vie vouloir mettre en pratique et démontrer la vérité de cette pensée de Diderot : « L'incrédulité est quelquefois le vice d'un sot, et la crédulité le défaut d'un homme d'esprit. L'homme d'esprit voit loin dans l'immensité des possibles. Le sot ne voit guère de possible que ce qui est. C'est là peut-être ce qui rend l'un pusillanime et l'autre téméraire. » Ceci répond à tout. Quelques lecteurs scrupuleux et amoureux de la vérité vraisemblable trouveront sans doute beaucoup à redire à cette histoire, où pourtant je n'ai eu d'autre besogne à faire que de changer les noms et d'accentuer les détails ; comment, diront-ils, Samuel, un poète de mauvais ton et de mauvaises mœurs, peut-il aborder aussi prestement une femme comme Mme de Cosmelly ? lui verser, à propos d'un roman de Scott, un torrent de poésie romantique et banale ? Mme de Cosmelly, la discrète et vertueuse épouse, lui verser aussi promptement, sans pudeur et sans défiance, le secret de ses chagrins ? À quoi je réponds que Mme de Cosmelly était simple comme une belle âme, et que Samuel était hardi comme les papillons, les hannetons et les poètes ; il se jetait dans toutes les flammes et entrait par toutes les fenêtres. La pensée de Diderot explique pourquoi l'une fut si abandonnée, l'autre si brusque et si impudent. Elle explique aussi toutes les bévues que Samuel a commises dans sa vie, bévues qu'un sot n'eût pas commises. Cette portion du public qui est essentiellement pusillanime ne comprendra guère le personnage de Samuel, qui était essentiellement crédule et imaginatif, au point qu'il croyait, — comme poète, à son public, — comme homme, à ses propres passions.

Dès lors il s'aperçut que cette femme était plus forte, plus escarpée qu'elle n'en avait l'air, et qu'il ne fallait pas heurter de front cette piété candide. Il lui défila de nouveau son jargon romantique. Honteux d'avoir été bête, il voulut être roué ; il lui parla quelque temps encore en patois séminariste de blessures à fermer ou à cautériser par l'ouverture de nouvelles plaies saignantes largement et sans douleur. Quinconque a voulu, sans avoir en lui la force absolutrice de Valmont ou de Lovelace, posséder une honnête femme qui ne s'en souciait guère, sait avec quelle risible et emphatique gaucherie chacun dit en montrant son cœur : prenez mon ours ; — cela me dispensera donc de vous expliquer combien Samuel fut bête. — Mme de Cosmelly, cette aimable Elmire qui avait le coup d'œil clair et prudent de la vertu, vit promptement le parti qu'elle pouvait tirer de ce scélérat novice, pour son bonheur et pour l'honneur de son mari. Elle le paya donc de la même monnaie ; elle se laissa presser les mains ; on parla d'amitié et de choses platoniques. Elle murmura le mot de vengeance ; elle dit que, dans ces douloureuses crises de la vie d'une femme, on donnerait volontiers à son vengeur le reste du cœur que le perfide a bien voulu vous laisser, — et autres niaiseries et marivaudages dramatiques. Bref, elle fit de la coquetterie pour le bon motif, et notre jeune roué, qui était plus nigaud qu'un savant, promit d'arracher la Fanfarlo à M. de Cosmelly, et de le débarrasser de

la courtisane, — espérant trouver dans les bras de l'honnête femme la
récompense de cette œuvre méritoire. — Il n'y a que les poètes qui soient assez
candides pour inventer de pareilles monstruosités.

Un détail assez comique de cette histoire, et qui fut comme un intermède
dans le drame douloureux qui allait se jouer entre ces quatre personnages, fut le
quiproquo des sonnets de Samuel ; car, à l'endroit des sonnets, il était
incorrigible, — l'un pour Mme de Cosmelly, où il louait en style mystique sa
beauté de Béatrix, sa voix, la pureté angélique de ses yeux, la chasteté de sa
démarche, etc., l'autre pour la Fanfarlo, où il lui servait un ragoût de
galanteries pimentées à faire venir le sang au palais le moins novice, genre de
poésie, du reste, où il excellait, et où il avait de bonne heure bien dépassé toutes
les andalouseries possibles. Le premier morceau arriva chez la créature qui
jeta ce plat de concombres dans la boite aux cigares ; le second, chez la pauvre
délaissée, qui ouvrit d'abord de grands yeux, finit par comprendre, et, malgré
ses douleurs, ne peut s'empêcher de rire aux éclats, comme en de meilleurs
temps.

Samuel alla au théâtre et se mit à étudier la Fanfarlo sur les planches. Il la
trouva légère, magnifique, vigoureuse, pleine de goût dans ses accoutrements,
et jugea M. de Cosmelly bien heureux de pouvoir se ruiner pour un pareil
morceau.

Il se présenta deux fois chez elle, — une maisonnette à l'escalier velouté,
pleine de portières et de tapis, dans un quartier neuf et verdoyant ; mais il ne
pouvait s'y introduire sous aucun prétexte raisonnable. Une déclaration
d'amour était chose profondément inutile et même dangereuse. Un échec lui
aurait interdit d'y retourner. Quant à s'y faire présenter, il apprit que la
Fanfarlo ne recevait personne. Quelques intimes la voyaient de temps à autre.
Que venait-il dire ou faire chez une danseuse magnifiquement appointée et
entretenue, et adorée de son amant ? que venait-il lui apporter, lui qui n'était ni
tailleur, ni couturière, ni maitre de ballets, ni millionnaire ? — Il prit donc un
parti simple et brutal ; il fallait que la Fanfarlo vînt à lui. A cette époque, les
articles d'éloges et de critiques avaient beaucoup plus de valeur que
maintenant. *Les facilités* du feuilleton, comme disait récemment un brave
avocat dans un procès tristement célèbre, étaient bien plus grandes qu'aujour-
d'hui ; quelques talents ayant parfois capitulé avec les journalistes, l'insolence
de cette jeunesse étourdie et aventureuse ne connut plus de bornes. Samuel
entreprit donc, — lui qui ne savait pas un mot de musique, — la spécialité des
théâtres lyriques.

Dès lors la Fanfarlo fut hebdomadairement éreintée au bas d'une feuille
importante. On ne pouvait pas dire ni faire soupçonner même qu'elle eût la
jambe, la cheville ou le genou mal tourné ; les muscles jouaient sous le bas, et
toutes les lorgnettes eussent crié au blasphème. Elle fut accusée d'être brutale,
commune, dénuée de goût, de vouloir imposer sur le théâtre des habitudes
d'outre-Rhin et d'outre-Pyrénées, des castagnettes, des éperons, des talons de
bottes, — sans compter qu'elle buvait comme un grenadier, qu'elle aimait trop
les petits chiens et la fille de sa portière, — et autres linges sales de la vie privée,
qui sont la pâture et la friandise journalière de certains petits journaux. On lui
opposait, avec cette tactique particulière aux journalistes, qui consiste à
comparer des choses dissemblables, une danseuse éthérée, toujours habillée de
blanc, et dont les chastes mouvements laissaient toutes les consciences en
repos. Quelquefois la Fanfarlo criait et riait très haut vers le parterre en

achevant un bond sur la rampe ; elle osait marcher en dansant. Jamais elle ne portait de ces insipides robes de gaze qui laissent tout voir et ne font rien deviner. Elle aimait les étoffes qui font du bruit, les jupes longues, craquantes, pailletées, ferblantées, qu'il faut soulever très haut d'un genou vigoureux, les corsages de salt:mbanque ; elle dansait, non pas avec des boucles, mais avec des pendants d'oreilles, j'oserais presque dire des lustres. Elle eût volontiers attaché au bas de ses jupes une foule de petites poupées bizarres, comme le font les vieilles bohémiennes qui vous disent la bonne aventure d'une manière menaçante, et qu'on rencontre en plein midi sous les arceaux des ruines romaines ; toutes drôleries, du reste, dont le romantique Samuel, l'un des derniers romantiques que possède la France, raffolait fort.

Si bien qu'après avoir dénigré pendant trois mois la Fanfarlo, il en devint éperdument amoureux, et qu'elle voulut enfin savoir quel était le monstre, le cœur d'airain, le cuistre, le pauvre esprit qui niait si opiniâtrement la royauté de son génie.

Il faut rendre cette justice à la Fanfarlo, qu'il n'y eut chez elle qu'un mouvement de curiosité, rien de plus. Un pareil homme avait-il réellement le nez au milieu du visage et était-il tout à fait conformé comme le reste de ses semblables ? Quand elle eut pris une ou deux informations sur Samuel Cramer, qu'elle eut appris que c'était un homme comme un autre, de quelque sens et de quelque talent, elle comprit vaguement qu'il y avait là quelque chose à deviner, et que ce terrible article du lundi pouvait fort bien n'être qu'une sorte particulière de bouquet hebdomadaire, ou la carte de visite d'un opiniâtre solliciteur.

Il la trouva un soir dans sa loge. Deux vastes flambeaux et un large feu faisaient trembler leurs lumières sur les costumes bariolés qui traînaient dans ce boudoir.

La reine du lieu, au moment de quitter le théâtre, reprenait une toilette de simple mortelle, et, accroupie sur une chaise, chaussait sans pudeur sa jambe adorable ; ses mains, grassement effilées, faisaient se jouer à travers les œillets le lacet du brodequin comme une navette agile, sans songer au jupon qu'il fallait rabattre. Cette jambe était déjà, pour Samuel, l'objet d'un éternel désir. Longue, fine, forte, grasse et nerveuse à la fois, elle avait toute la correction du beau et tout l'attrait libertin du joli. Tranchée perpendiculairement à l'endroit le plus large, cette jambe eût donné une espèce de triangle dont le sommet eût été situé sur le tibia, et dont la ligne arrondie du mollet eût fourni la base convexe. Une vraie jambe d'homme est trop dure, les jambes de femmes crayonnées par Devéria sont trop molles pour en donner une idée.

Dans cette agréable attitude, sa tête, inclinée vers son pied, étalait un cou de proconsul, large et fort, et laissait deviner l'ornière des omoplates, revêtues d'une chair brune et abondante. Les cheveux lourds et serrés retombaient en avant des deux côtés, lui chatouillaient le sein, et lui bouchaient les yeux, de sorte qu'à chaque instant il fallait les déranger et les rejeter en arrière. Une impatience mutine et charmante, comme d'un enfant gâté qui trouve que cela ne va pas assez vite, remuait toute la créature et ses vêtements, et découvrait à chaque instant de nouveaux points de vue, de nouveaux effets de lignes et de couleur.

Samuel s'arrêta avec respect, — ou feignit de s'arrêter avec respect ; car, avec ce diable d'homme, le grand problème est toujours de savoir où le comédien commence.

« Ah ! vous voilà, Monsieur ! lui dit-elle sans se déranger, quoiqu'elle eût été prévenue quelques minutes auparavant de la visite de Samuel. — Vous avez quelque chose à me demander, n'est-ce pas ? »

L'impudence sublime de cette parole alla droit au cœur du pauvre Samuel ; il avait bavardé comme une pie romantique pendant huit jours auprès de Mme de Cosmelly ; ici, il répondit tranquillement : « Oui, Madame. » Et les larmes lui vinrent aux yeux.

Cela eut un succès énorme ; la Fanfarlo sourit.

« Mais quel insecte vous a donc piqué, Monsieur, pour me mordre à si belles dents ? Quel affreux métier...

— Affreux, en effet, Madame... c'est que je vous adore.

— Je m'en doutais, répliqua la Fanfarlo. Mais vous êtes un monstre ; cette tactique est abominable. — Pauvres filles que nous sommes ! ajouta-t-elle en riant. — Flore, mon bracelet. — Donnez-moi le bras jusqu'à ma voiture, et dites-moi si vous m'avez trouvée bien ce soir ? »

Ils allèrent ainsi, bras dessus bras dessous, comme deux vieux amis ; Samuel aimait, ou du moins sentait son cœur battre fort. — Il fut peut-être singulier, mais à coup sûr cette fois il ne fut pas ridicule.

Dans sa joie, il avait presque oublié de prévenir Mme de Cosmelly de son succès, et de porter un espoir à son foyer désert.

Quelques jours après, la Fanfarlo jouait le rôle de Colombine dans une vaste pantomime faite pour elle par des gens d'esprit. Elle y paraissait par une agréable succession de métamorphoses sous les personnages de Colombine, de Marguerite, d'Elvire et de Zéphyrine, et recevait, le plus gaîment du monde, les baisers de plusieurs générations de personnages empruntés à divers pays et diverses littératures. Un grand musicien n'avait pas dédaigné de faire une partition fantastique et appropriée à la bizarrerie du sujet. La Fanfarlo fut tour à tour décente, féerique, folle, enjouée ; elle fut sublime dans son art, autant comédienne par les jambes que danseuse par les yeux.

Chez nous, l'on méprise trop l'art de la danse, cela soit dit en passant. Tous les grands peuples, d'abord ceux du monde antique, ceux de l'Inde et de l'Arabie, l'ont cultivé à l'égal de la poésie. La danse est autant au-dessus de la musique, pour certaines organisations païennes toutefois, que le visible et le créé sont au-dessus de l'invisible et de l'incréé. — Ceux-là seuls peuvent me comprendre à qui la musique donne des idées de peinture. — La danse peut révéler tout ce que la musique recèle de mystérieux, et elle a de plus le mérite d'être humaine et palpable. La danse, c'est la poésie avec des bras et des jambes, c'est la matière, gracieuse et terrible, animée, embellie par le mouvement. — Terpsichore est une Muse du Midi ; je présume qu'elle était très brune, et qu'elle a souvent agité ses pieds dans les blés dorés ; ses mouvements, pleins d'une cadence précise, sont autant de divins motifs pour la statuaire. Mais Fanfarlo la catholique, non contente de rivaliser avec Terpsichore, appela à son secours tout l'art des divinités plus modernes. Les brouillards mêlent des formes de fées et d'ondines moins vaporeuses et moins nonchalantes. Elle fut à la fois un caprice de Shakespeare et un bouffonnerie italienne.

Le poète était ravi ; il crut avoir devant les yeux le rêve de ses jours les plus anciens. Il eût volontiers gambadé dans sa loge d'une manière ridicule, et se fût cassé la tête contre quelque chose, dans l'ivresse folle qui le dominait.

Une calèche basse et bien fermée emportait rapidement le poète et la danseuse vers la maisonnette dont j'ai parlé.

Notre homme exprimait son admiration par des baisers muets qu'il lui appliquait avec ferveur sur les pieds et les mains. — Elle aussi l'admirait fort, non pas qu'elle ignorât le pouvoir de ses charmes, mais jamais elle n'avait vu d'homme si bizarre ni de passion si électrique.

Le temps était noir comme la tombe, et le vent qui berçait des monceaux de nuages faisait de leurs cahotements ruisseler une averse de grêle et de pluie. Une grande tempête faisait trembler les mansardes et gémir les clochers ; le ruisseau, lit funèbre où s'en vont les billets doux et les orgies de la veille, charriait en bouillonnant ses mille secrets aux égouts ; la mortalité s'abattait joyeusement sur les hôpitaux, et les Chatterton et les Savage de la rue Saint-Jacques crispaient leurs doigts gelés sur leurs écritoires, — quand l'homme le plus faux, le plus égoïste, le plus sensuel, le plus gourmand, le plus spirituel de nos amis arriva devant un beau souper et une bonne table, en compagnie d'une des plus belles femmes que la nature ait formées pour le plaisir des yeux. Samuel voulut ouvrir la fenêtre pour jeter un coup d'œil de vainqueur sur la ville maudite ; puis abaissant son regard sur les diverses félicités qu'il avait à côté de lui, il se hâta d'en jouir. En compagnie de pareilles choses, il devait être éloquent : aussi, malgré son front trop haut, ses cheveux en forêt vierge et son nez de priseur, la Fanfarlo le trouva presque bien.

Samuel et la Fanfarlo avaient exactement les mêmes idées sur la cuisine et le système d'alimentation nécessaire aux créatures d'élite. Les viandes niaises, les poissons fades étaient exclus des soupers de cette sirène. Le champagne déshonorait rarement sa table. Les bordeaux les plus célèbres et les plus parfumés cédaient le pas au bataillon lourd et serré des bourgognes, des vins d'Auvergne, d'Anjou et du Midi, et des vins étrangers, allemands, grecs, espagnols. Samuel avait coutume de dire qu'un verre de vrai vin devait ressembler à une grappe de raisin noir, et qu'il y avait dedans autant à manger qu'à boire. — La Fanfarlo aimait les viandes qui saignent et les vins qui charrient l'ivresse. — Du reste, elle ne se grisait jamais. — Tous deux professaient une estime sincère et profonde pour la truffe. — La truffe, cette végétation sourde et mystérieuse de Cybèle, cette maladie savoureuse qu'elle a cachée dans ses entrailles plus longtemps que le métal le plus précieux, cette exquise matière qui défie la science de l'agromane, comme l'or celle des Paracelse ; la truffe, qui fait la distinction du monde ancien et du moderne*, et qui, avant un verre de Chio, a l'effet de plusieurs zéros après un chiffre.

Quant à la question des sauces, ragoûts et assaisonnements, question grave et qui demanderait un chapitre grave comme un feuilleton de science, je puis vous affirmer qu'ils étaient parfaitement d'accord, surtout sur la nécessité d'appeler toute la pharmacie de la nature au secours de la cuisine. Piments, poudres anglaises, safraniques, substances coloniales, poussières exotiques, tout leur eût semblé bon, voire le musc et l'encens. Si Cléopâtre vivait encore, je tiens pour certain qu'elle eût voulu accommoder des filets de bœuf ou de chevreuil avec des parfums d'Arabie. Certes, il est à déplorer que les *cordons bleus* d'à présent ne soient pas contraints par une loi particulière et voluptuaire à connaître les propriétés chimiques des matières, et ne sachent pas découvrir, pour les cas nécessaires, comme celui d'une fête amoureuse, des éléments culinaires presque inflammables, prompts à parcourir le système organique, comme l'acide prussique, à se volatiliser comme l'éther.

* Les truffes des Romains étaient blanches et d'une autre espèce.

Chose curieuse, cet accord d'opinions pour le bien-vivre, cette similitude de goûts les lia vivement ; cette entente profonde de la vie sensuelle, qui brillait dans chaque regard et dans chaque parole de Samuel, frappa beaucoup la Fanfarlo. Cette parole tantôt brutale comme un chiffre, tantôt délicate et parfumée comme une fleur ou un sachet, cette causerie étrange, dont lui seul a connu le secret, acheva de lui gagner les bonnes grâces de cette charmante femme. Du reste, ce ne fut pas non plus sans une vive et profonde satisfaction qu'il reconnut, à l'inspection de la chambre à coucher, une parfaite confraternité de goûts et de sentiments à l'endroit des ameublements et des constructions intérieures. Cramer haïssait profondément, et il avait, selon moi, parfaitement raison, les grandes lignes droites en matière d'appartements et l'architecture importée dans le foyer domestique. Les vastes salles des vieux châteaux me font peur, et je plains les châtelaines d'avoir été contraintes à faire l'amour dans de grands dortoirs qui avaient un air de cimetière, dans de vastes catafalques qui se faisaient appeler des lits, sur de gros monuments qui prenaient le pseudonyme de fauteuils. Les appartements de Pompéi sont grands comme la main ; les ruines indiennes qui couvrent la côte de Malabar témoignent du même système. Ces grands peuples voluptueux et savants connaissaient parfaitement la question. Les sentiments intimes ne se recueillent à loisir que dans un espace très étroit.

La chambre à coucher de la Fanfarlo était donc très petite, très basse, encombrée de choses molles, parfumées et dangereuses à toucher ; l'air, chargé de miasmes bizarres, donnait envie d'y mourir lentement comme dans une serre chaude. La clarté de la lampe se jouait dans un fouillis de dentelles et d'étoffes d'un ton violent, mais équivoque. Çà et là, sur le mur, elle éclairait quelques peintures pleines d'une volupté espagnole : des chairs très blanches sur des fonds très noirs. C'est au fond de ce ravissant taudis, qui tenait à la fois du mauvais lieu et du sanctuaire, que Samuel vit s'avancer vers lui la nouvelle déesse de son cœur, dans la splendeur radieuse et sacrée de sa nudité.

Quel est l'homme qui ne voudrait, même au prix de la moitié de ses jours, voir son rêve, son vrai rêve poser sans voile devant lui, et le fantôme adoré de son imagination faire tomber un à un tous les vêtements destinés à protéger contre les yeux du vulgaire ? Mais voilà que Samuel, pris d'un caprice bizarre, se mit à crier comme un enfant gâté : « Je veux Colombine, rends-moi Colombine ; rends-la-moi telle qu'elle m'est apparue le soir qu'elle m'a rendu fou avec son accoutrement fantasque et son corsage de saltimbanque ! »

La Fanfarlo, étonnée d'abord, voulut bien se prêter à l'excentricité de l'homme qu'elle avait choisi, et l'on sonna Flore ; celle-ci eut beau représenter qu'il était trois heures du matin, que tout était fermé au théâtre, le concierge endormi, le temps affreux, — la tempête continuait son tapage, — il fallut obéir à celle qui obéissait elle-même, et la femme de chambre sortit ; quand Cramer, pris d'une nouvelle idée, se pendit à la sonnette et s'écria d'une voix tonnante : « Eh ! n'oubliez pas le rouge ! »

Ce trait caractéristique, qui a été raconté par la Fanfarlo elle-même, un soir que ses camarades l'interrogeaient sur le commencement de sa liaison avec Samuel, ne m'a nullement étonné ; j'ai bien reconnu en ceci l'auteur des *Orfraies*. Il aimera toujours le rouge et la céruse, le chrysocale et les oripeaux de toute sorte. Il repeindrait volontiers les arbres et le ciel, et si Dieu lui avait confié le plan de la nature, il l'aurait peut-être gâté.

Quoique Samuel fût une imagination dépravée, et peut-être à cause de cela

même, l'amour était chez lui moins une affaire des sens que du raisonnement. C'était surtout l'admiration et l'appétit du beau ; il considérait la reproduction comme un vice de l'amour, la grossesse comme une maladie d'araignée. Il a écrit quelque part : Les anges sont hermaphrodites et stériles. — Il aimait un corps humain comme une harmonie matérielle, comme une belle architecture, plus le mouvement ; et ce matérialisme absolu n'était pas loin de l'idéalisme le plus pur. Mais comme dans le beau, qui est la cause de l'amour, il y avait selon lui deux éléments : la ligne et l'attrait, — et que tout ceci ne regarde que la ligne, — l'attrait pour lui, ce soir-là du moins, c'était le rouge.

La Fanfarlo résumait donc pour lui la ligne et l'attrait ; et quand, assise au bord du lit dans l'insouciance et dans le calme victorieux de la femme aimée, les mains délicatement posées sur lui, il la regardait, il lui semblait voir l'infini derrière les yeux clairs de cette beauté, et que les siens à la longue planaient dans d'immenses horizons. Du reste, comme il arrive aux hommes exceptionnels, il était souvent seul dans son paradis, nul ne pouvant l'habiter avec lui ; et si, de hasard, il l'y ravissait et l'y trainait presque de force, elle restait toujours en arrière : aussi, dans le ciel où il régnait, son amour commençait d'être triste et malade de la mélancolie du bleu, comme un royal solitaire.

Cependant il ne s'ennuya jamais d'elle ; jamais, en quittant son réduit amoureux, piétinant lestement sur un trottoir, à l'air frais du matin, il n'éprouva cette jouissance égoïste du cigare et des mains dans les poches, dont parle quelque part notre grand romancier moderne*.

À défaut du cœur, Samuel avait l'intelligence noble et, au lieu d'ingratitude, la jouissance avait engendré chez lui ce contentement savoureux, cette rêverie sensuelle, qui vaut peut-être mieux que l'amour comme l'entend le vulgaire. Du reste, la Fanfarlo avait fait de son mieux et dépensé ses plus habiles caresses, s'étant aperçue que l'homme en valait la peine : elle s'était accoutumée à ce langage mystique, bariolé d'impuretés et de crudités énormes. — Cela avait pour elle du moins l'attrait de la nouveauté.

Le coup de tête de la danseuse avait fait son bruit. Il y avait eu plusieurs relâches sur l'affiche ; elle avait négligé les répétitions ; beaucoup de gens enviaient Samuel.

Un soir que le hasard, l'ennui de M. de Cosmelly ou une complication de ruses de sa femme, les avait réunis au coin du feu, — après un de ces longs silences qui ont lieu dans les ménages où l'on n'a plus rien à se dire et beaucoup à se cacher, — après lui avoir fait le meilleur thé du monde, dans une théière bien modeste et bien fêlée, peut-être encore celle du château de sa tante, — après avoir chanté au piano quelques morceaux d'une musique en vogue il y a dix ans, — elle lui dit avec la voix douce et prudente de la vertu qui veut se rendre aimable et craint d'effaroucher l'objet de ses affections, — qu'elle le plaignait beaucoup, qu'elle avait beaucoup pleuré, plus encore sur lui que sur elle-même ; qu'elle eût au moins voulu, dans sa résignation toute soumise et toute dévouée, qu'il pût trouver ailleurs que chez elle l'amour qu'il ne lui demandait plus à sa femme ; qu'elle avait plus souffert de le voir trompé que de se voir délaissée ; que d'ailleurs il y avait beaucoup de sa propre faute, qu'elle avait oublié ses devoirs de tendre épouse, en n'avertissant pas son mari du danger ; que, du reste, elle était toute prête à fermer cette plaie saignante et à réparer à elle seule une imprudence commise à deux, etc., — et tout ce que peut

* L'auteur de *La Fille aux yeux d'or*.

suggérer de paroles mielleuses une ruse autorisée par la tendresse. — Elle pleurait et pleurait bien ; le feu éclairait ses larmes et son visage embelli par la douleur. M. de Cosmelly ne dit pas un mot et sortit. Les hommes pris au trébuchet de leurs fautes n'aiment pas faire à la clémence une offrande de leurs remords. S'il alla chez la Fanfarlo, il y trouva sans doute des vestiges de désordre, des bouts de cigares et des feuilletons.

Un matin, Samuel fut réveillé par la voix mutine de la Fanfarlo, et leva lentement sa tête fatiguée de l'oreiller où elle reposait, pour lire une lettre qu'elle lui remit :

« Merci, Monsieur, mille fois merci ; mon bonheur et ma reconnaissance vous seront comptés dans un meilleur monde. J'accepte. Je reprends mon mari de vos mains, et je l'emporte ce soir à notre terre de C***, où je vais retrouver la santé et la vie que je vous dois. Recevez, Monsieur, la promesse d'une amitié éternelle. Je vous ai toujours cru trop honnête homme pour ne pas préférer une amitié de plus à toute autre récompense. »

Samuel, vautré sur de la dentelle, et appuyé sur une des plus fraiches et des plus belles épaules qu'on pût voir, sentit vaguement qu'il était joué, et eut quelque peine à rassembler dans sa mémoire les éléments de l'intrigue dont il avait amené le dénouement ; mais il se dit tranquillement : Nos passions sont-elles bien sincères ? qui peut savoir sûrement ce qu'il veut et connaitre au juste le baromètre de son cœur ?

« Que murmures-tu là ? qu'est-ce que c'est que ça ? je veux voir, dit la Fanfarlo.

— Ah ! rien, fit Samuel. — Une lettre d'honnête femme à qui j'avais promis d'être aimé de toi.

— Tu me le paieras », dit-elle entre ses dents.

Il est probable que la Fanfarlo a aimé Samuel, mais de cet amour que connaissent peu d'âmes, avec une rancune au fond. Quant à lui, il a été puni par où il avait péché. Il avait souvent singé la passion ; il fut contraint de la connaitre ; mais ce ne fut point l'amour tranquille, calme et fort qu'inspirent les honnêtes filles, ce fut l'amour terrible, désolant et honteux, l'amour maladif des courtisanes. Samuel connut toutes les tortures de la jalousie, et l'abaissement et la tristesse où nous jette la conscience d'un mal incurable et constitutionnel, — bref, toutes les horreurs de ce mariage vicieux qu'on nomme le concubinage.

— Quant à elle, elle engraisse tous les jours ; elle est devenue une beauté grasse, propre, lustrée et rusée, une espèce de lorette ministérielle. — Un de ces jours elle fera ses pâques et rendra le pain bénit à sa paroisse. À cette époque peut-être, Samuel, mort à la peine, sera cloué sous la lame, comme il le disait en son bon temps, et la Fanfarlo, avec ses airs de chanoinesse, fera tourner la tête d'un jeune héritier. — En attendant, elle apprend à faire des enfants ; elle vient d'accoucher heureusement de deux jumeaux. — Samuel a mis bas quatre livres de science : un livre sur les quatre évangélistes, — un autre sur la symbolique des couleurs, — un mémoire sur un nouveau système d'annonces, — et un quatrième dont je ne veux pas me rappeler le titre. — Ce qu'il y a de plus épouvantable dans ce dernier, c'est qu'il est plein de verve, d'énergie et de curiosités. Samuel a eu le front d'y mettre pour épigraphe : Auri sacra fames ! — La Fanfarlo veut que son amant soit de l'Institut, et elle intrigue au ministère pour qu'il ait la croix.

Pauvre chantre des Orfraies ! Pauvre Manuela de Monteverde ! — Il est

tombé bien bas. — J'ai appris récemment qu'il fondait un journal socialiste et voulait se mettre à la politique. — Intelligence malhonnête ! — comme dit cet honnête M. Nisard[1].

MORALE DU JOUJOU[2]

Il y a bien des années, — combien ? je n'en sais rien ; cela remonte aux temps nébuleux de la première enfance, — je fus emmené par ma mère, en visite chez une dame Panckoucke. Était-ce la mère, la femme, la belle-sœur du Panckoucke[3] actuel ? Je l'ignore. Je me souviens que c'était dans un hôtel très calme, un de ces hôtels où l'herbe verdit les coins de la cour, dans une rue silencieuse, la rue des Poitevins. Cette maison passait pour très hospitalière, et à de certains jours elle devenait lumineuse et bruyante. J'ai beaucoup entendu parler d'un bal masqué où M. Alexandre Dumas, qu'on appelait alors le jeune auteur d'*Henry III*, produisit un grand effet, avec Mlle Élisa Mercœur à son bras, déguisée en page.

Je me rappelle très distinctement que cette dame était habillée de velours et de fourrure. Au bout de quelque temps, elle dit : « Voici un petit garçon à qui je veux donner quelque chose, afin qu'il se souvienne de moi. » Elle me prit par la main et nous traversâmes plusieurs pièces ; puis elle ouvrit la porte d'une chambre où s'offrait un spectacle extraordinaire et vraiment féerique. Les murs ne se voyaient pas, tellement ils étaient revêtus de joujoux. Le plafond disparaissait sous une floraison de joujoux qui pendaient comme des stalactites merveilleuses. Le plancher offrait à peine un étroit sentier où poser les pieds. Il y avait là un monde de jouets de toute espèce, depuis les plus chers jusqu'aux plus modestes, depuis les plus simples jusqu'aux plus compliqués.

« Voici, dit-elle, le trésor des enfants. J'ai un petit budget qui leur est consacré, et quand un gentil petit garçon vient me voir, je l'amène ici, afin qu'il emporte un souvenir de moi. Choisissez. »

Avec cette admirable et lumineuse promptitude qui caractérise les enfants, chez qui le désir, la délibération et l'action ne font, pour ainsi dire, qu'une seule faculté, par laquelle ils se distinguent des hommes dégénérés, en qui, au contraire, la délibération mange presque tout le temps, — je m'emparai immédiatement du plus beau, du plus cher, du plus voyant, du plus frais, du plus bizarre des joujoux. Ma mère se récria sur mon indiscrétion et s'opposa obstinément à ce que je l'emportasse. Elle voulait que je me contentasse d'un objet infiniment médiocre. Mais je ne pouvais y consentir, et, pour tout accorder, je me résignai à un *juste-milieu*.

Il m'a souvent pris la fantaisie de connaître tous les *gentils petits garçons* qui, ayant actuellement traversé une bonne partie de la cruelle vie, manient depuis longtemps autre chose que des joujoux, et dont l'insoucieuse enfance a puisé autrefois un souvenir dans le trésor de Mme Panckoucke.

Cette aventure est cause que je ne puis m'arrêter devant un magasin de jouets et promener mes yeux dans l'inextricable fouillis de leurs formes bizarres et de leurs couleurs disparates, sans penser à la dame habillée de velours et de fourrure, qui m'apparaît comme la Fée du joujou.

J'ai gardé d'ailleurs une affection durable et une admiration raisonnée pour

cette statuaire singulière, qui, par la propreté lustrée, l'éclat aveuglant des couleurs, la violence dans le geste et la décision dans le galbe, représente si bien les idées de l'enfance sur la beauté. Il y a dans un grand magasin de joujoux une gaieté extraordinaire qui le rend préférable à un bel appartement bourgeois. Toute la vie en miniature ne s'y trouve-t-elle pas, et beaucoup plus colorée, nettoyée et luisante que la vie réelle ? On y voit des jardins, des théâtres, de belles toilettes, des yeux purs comme le diamant, des joues allumées par le fard, des dentelles charmantes, des voitures, des écuries, des étables, des ivrognes, des charlatans, des banquiers, des comédiens, des polichinelles qui ressemblent à des feux d'artifice, des cuisines, et des armées entières, bien disciplinées, avec de la cavalerie et de l'artillerie.

Tous les enfants parlent à leurs joujoux ; les joujoux deviennent acteurs dans le grand drame de la vie, réduit par la chambre noire de leur petit cerveau. Les enfants témoignent par leurs jeux de leur grande faculté d'abstraction et de leur haute puissance imaginative. Ils jouent sans joujoux. Je ne veux pas parler de ces petites filles qui jouent à la madame, se rendent des visites, se présentent leurs enfants imaginaires et parlent de leurs toilettes. Les pauvres petites imitent leurs mamans : elles préludent déjà à leur immortelle puérilité future, et aucune d'elles, à coup sûr, ne deviendra ma femme. — Mais la diligence, l'éternel drame de la diligence joué avec des chaises : la diligence-chaise, les chevaux-chaises, les voyageurs-chaises ; il n'y a que le postillon de vivant ! L'attelage reste immobile, et cependant il dévore avec une rapidité brûlante des espaces fictifs. Quelle simplicité de mise en scène ! et n'y a-t-il pas de quoi faire rougir de son impuissante imagination ce public blasé qui exige des théâtres une perfection physique et mécanique, et ne conçoit pas que les pièces de Shakespeare puissent rester belles avec un appareil d'une simplicité barbare ?

Et les enfants qui jouent à la guerre ! non pas dans les Tuileries avec de vrais fusils et de vrais sabres, je parle de l'enfant solitaire qui gouverne et mène à lui seul au combat deux armées. Les soldats peuvent être des bouchons, des dominos, des pions, des osselets ; les fortifications seront des planches, des livres, etc., les projectiles, des billes ou toute autre chose ; il y aura des morts, des traités de paix, des otages, des prisonniers, des impôts. J'ai remarqué chez plusieurs enfants la croyance que ce qui constituait une défaite ou une victoire à la guerre, c'était le plus ou moins grand nombre de morts. Plus tard, mêlés à la vie universelle, obligés eux-mêmes de battre pour n'être pas battus, ils sauront qu'une victoire est souvent incertaine, et qu'elle n'est une vraie victoire que si elle est pour ainsi dire le sommet d'un plan incliné, où l'armée glissera désormais avec une vitesse miraculeuse, ou bien le premier terme d'une progression infiniment croissante.

Cette facilité à contenter son imagination témoigne de la spiritualité de l'enfance dans ses conceptions artistiques. Le joujou est la première initiation, de l'enfant à l'art, ou plutôt c'en est pour lui la première réalisation, et, l'âge mûr venu, les réalisations perfectionnées ne donneront pas à son esprit les mêmes chaleurs, ni les mêmes enthousiasmes, ni la même croyance.

Et même, analysez cet immense *mundus* enfantin, considérez le joujou barbare, le joujou primitif, où pour le fabricant le problème consistait à construire une image aussi approximative que possible avec des éléments aussi simples, aussi peu coûteux que possible : par exemple le polichinelle plat, mû par un seul fil ; les forgerons qui battent l'enclume ; le cheval et son cavalier en trois morceaux, quatre chevilles pour les jambes, la queue du cheval formant

un sifflet et quelquefois le cavalier portant une petite plume, ce qui est un grand luxe; — c'est le joujou à cinq sous, à deux sous, à un sou. — Croyez-vous que ces images simples créent une moindre réalité dans l'esprit de l'enfant que ces merveilles du jour de l'an, qui sont plutôt un hommage de la servilité parasitique à la richesse des parents qu'un cadeau à la poésie enfantine? Tel est le joujou du pauvre. Quand vous sortirez le matin avec l'intention décidée de flâner solitairement sur les grandes routes, remplissez vos poches de ces petites inventions, et le long des cabarets, au pied des arbres, faites-en hommage aux enfants inconnus et pauvres que vous rencontrerez. Vous verrez leurs yeux s'agrandir démesurément. D'abord ils n'oseront pas prendre, ils douteront de leur bonheur; puis leurs mains happeront avidement le cadeau, et ils s'enfuiront comme font les chats qui vont manger loin de vous le morceau que vous leur avez donné, ayant appris à se défier de l'homme. C'est là certainement un grand divertissement.

À propos du joujou du pauvre, j'ai vu quelque chose de plus simple encore, mais de plus triste que le joujou à un sou, — c'est le joujou vivant. Sur une route, derrière la grille d'un beau jardin, au bout duquel apparaissait un joli château, se tenait un enfant beau et frais, habillé de ces vêtements de campagne pleins de coquetterie. Le luxe, l'insouciance et le spectacle habituel de la richesse rendent ces enfants-là si jolis qu'on ne les croirait pas faits de la même pâte que les enfants de la médiocrité ou de la pauvreté. À côté de lui gisait sur l'herbe un joujou splendide aussi frais que son maître, verni, doré, avec une belle robe, et couvert de plumets et de verroterie. Mais l'enfant ne s'occupait pas de son joujou, et voici ce qu'il regardait : de l'autre côté de la grille, sur la route, entre les chardons et les orties, il y avait un autre enfant, sale, assez chétif, un de ces marmots sur lesquels la morve se fraye lentement un chemin dans la crasse et la poussière. À travers ces barreaux de fer symboliques, l'enfant pauvre montrait à l'enfant riche son joujou, que celui-ci examinait avidement comme un objet rare et inconnu. Or ce joujou que le petit souillon agaçait, agitait et secouait dans une boîte grillée, était un rat vivant! Les parents, par économie, avaient tiré le joujou de la vie elle-même.

Je crois que généralement les enfants agissent sur leurs joujoux, en d'autres termes, que leur choix est dirigé par des dispositions et des désirs, vagues, il est vrai, non pas formulés, mais très réels. Cependant je n'affirmerais pas que le contraire n'ait pas lieu, c'est-à-dire que les joujoux n'agissent pas sur l'enfant, surtout dans le cas de prédestination littéraire ou artistique. Il ne serait pas étonnant qu'un enfant de cette sorte, à qui ses parents donneraient principalement des théâtres, pour qu'il pût continuer seul le plaisir du spectacle et des marionnettes, s'accoutumât déjà à considérer le théâtre comme la forme la plus délicieuse du beau.

Il est une espèce de joujou qui tend à se multiplier depuis quelque temps, et dont je n'ai à dire ni bien ni mal. Je veux parler du joujou scientifique. Le principal défaut de ces joujoux est d'être chers. Mais ils peuvent amuser longtemps, et développer dans le cerveau de l'enfant le goût des effets merveilleux et surprenants. Le stéréoscope, qui donne en ronde bosse une image plane, est de ce nombre. Il date maintenant de quelques années. Le phénakisticope [1], plus ancien, est moins connu. Supposez un mouvement quelconque, par exemple un exercice de danseur ou de jongleur, divisé et décomposé en un certain nombre de mouvements; supposez que chacun de ces mouvements, — au nombre de vingt, si vous voulez, — soit représenté par une

figure entière du jongleur ou du danseur, et qu'ils soient tous dessinés autour d'un cercle de carton. Ajustez ce cercle, ainsi qu'un autre cercle troué, à distances égales, de vingt petites fenêtres, à un pivot au bout d'un manche que vous tenez comme on tient un écran devant le feu. Les vingt petites figures, représentant le mouvement décomposé d'une seule figure, se reflètent dans une glace située en face de vous. Appliquez votre œil à la hauteur des petites fenêtres, et faites tourner rapidement les cercles. La rapidité de la rotation transforme les vingt ouvertures en une seule circulaire, à travers laquelle vous voyez se réfléchir dans la glace vingt figures dansantes, exactement semblables et exécutant les mêmes mouvements avec une précision fantastique. Chaque petite figure a bénéficié des dix-neuf autres. Sur le cercle, elle tourne, et sa rapidité la rend invisible ; dans la glace, vue à travers la fenêtre tournante, elle est immobile, exécutant en place tous les mouvements distribués entre les vingt figures. Le nombre des tableaux qu'on peut créer ainsi est infini.

Je voudrais bien dire quelques mots des mœurs des enfants relativement à leurs joujoux, et des idées des parents dans cette émouvante question. — Il y a des parents qui n'en veulent jamais donner. Ce sont des personnes graves, excessivement graves, qui n'ont pas étudié la nature, et qui rendent généralement malheureux tous les gens qui les entourent. Je ne sais pourquoi je me figure qu'elles puent le protestantisme. Elles ne connaissent pas et ne permettent pas les moyens poétiques de passer le temps. Ce sont les mêmes gens qui donneraient volontiers un franc à un pauvre, à condition qu'il s'étouffât avec du pain, et lui refuseront toujours deux sous pour se désaltérer au cabaret. Quand je pense à une certaine classe de personnes ultra-raisonnables et anti-poétiques par qui j'ai tant souffert, je sens toujours la haine pincer et agiter mes nerfs.

Il y a d'autres parents qui considèrent les joujoux comme des objets d'adoration muette ; il y a des habits qu'il est au moins permis de mettre le dimanche ; mais les joujoux doivent se ménager bien autrement ! Aussi à peine l'ami de la maison a-t-il déposé son offrande dans le tablier de l'enfant, que la mère féroce et économe se précipite dessus, le met dans une armoire, et dit : C'est trop beau pour ton âge ; *tu t'en serviras quand tu seras grand !* Un de mes amis m'avoua qu'il n'avait jamais pu jouir de ses joujoux. — Et quand je suis devenu grand, ajoutait-il, j'avais autre chose à faire. — Du reste, il y a des enfants qui font d'eux-mêmes la même chose : ils n'usent pas de leurs joujoux, ils les économisent, ils les mettent en ordre, en font des bibliothèques et des musées, et les montrent de temps à autre à leurs petits amis en les priant *de ne pas toucher.* Je me défierais volontiers de ces *enfants-hommes.*

La plupart des marmots veulent surtout *voir l'âme,* les uns au bout de quelque temps d'exercice, les autres *tout de suite.* C'est la plus ou moins rapide invasion de ce désir qui fait la plus ou moins grande longévité du joujou. Je ne me sens pas le courage de blâmer cette manie enfantine : c'est une première tendance métaphysique. Quand ce désir s'est fiché dans la moelle cérébrale de l'enfant, il remplit ses doigts et ses ongles d'une agilité et d'une force singulières. L'enfant tourne, retourne son joujou, il le gratte, il le secoue, le cogne contre les murs, le jette par terre. De temps en temps il lui fait recommencer ses mouvements mécaniques, quelquefois en sens inverse. La vie merveilleuse s'arrête. L'enfant, comme le peuple qui assiège les Tuileries, fait un suprême effort ; enfin il l'entrouve, il est le plus fort. Mais *où est l'âme ?* C'est ici que commencent l'hébétement et la tristesse.

Il y en a d'autres qui cassent tout de suite le joujou à peine mis dans leurs mains, à peine examiné ; et quant à ceux-là, j'avoue que j'ignore le sentiment mystérieux qui les fait agir. Sont-ils pris d'une colère superstitieuse contre ces menus objets qui imitent l'humanité, ou bien leur font-ils subir une espèce d'épreuve maçonnique avant de les introduire dans la vie enfantine ? — *Puzzling question !*

PLANS, TITRES ET PROJETS
DE ROMANS ET NOUVELLES [1]

ROMANS ET NOUVELLES

Le Marquis invisible ?
Le Portrait fatal ?
L'Amour parricide
L'Almanach
La Fin du monde
La Ciguë islandaise ?
Pile ou face
Le Triomphe du jeune Boniface
La Licorne
La Maîtresse de l'idiot
La Traite des Blancs
Une brebis galeuse ?
Une infâme adorée
L'Holocauste volontaire

ROMANS

L'Automate.
La Négresse aux yeux bleus.
Les Enseignements d'un monstre.
Une infâme adorée.
La Maîtresse vierge.

Les Enfants précoces.
UNE BREBIS GALEUSE
Le Crime au collège
La Traite des blancs ✕
La Maîtresse de l'idiot —
La Licorne ✕

Le Catéchisme de la femme aimée
Le Mari corrupteur

Le Rêve prophète ✕
Un affamé ✕ ⎫
Pile ou face ✕ ⎬ conspiration
Le Prétendant malgache
Le Fou raisonnable et la belle aventurière ✕
Spéculation sur la poste
Le Déserteur ✕
Le Portrait fatal ✕

Le Boa ✕
La Ciguë islandaise
Une rancune

Les Monstres
Les Heureux du monde
Les Tribades
L'Ami du rouge
Le Monde sous-marin
Une ville dans une ville
Les Mineurs
Les Verriers
L'Holocauste
L'Autel de la volonté ✕
La Maîtresse vierge
Le Triomphe du jeune Boniface

L'Almanach (bâtir une spéculation sur le calcul de probabilités relativement aux lettres chargées qui n'arrivent pas et aux indemnités qui en résultent).

La Fin du monde.

NOUVELLES

Une rancune satisfaite (mon aventure avec Feuchères)
Le Père qui attend toujours
Le Rêve avertisseur
Le Prétendant malgache
Le Boa
Une saute de vent
Le Déserteur incorrigible

ROMANS

Le Prétendant malgache
(Retrouver un numéro du *Monde illustré*. Voir MM. Reynaud, Pothey et Delvau, *9 rue Véron.*)

Nouvelles

Un homme en loterie
Le Marquis invisible
Le Portrait impossible (par suite d'antipathie)
Le Portrait fatal

Romans

Le Marquis invisible
Très important

Romans

Une rancune (Feuchères.)
 Sa fille
 La Jument
 Les Visites chez le concierge

Romans

La Ciguë islandaise (voir la mystique de Goerres)

ROMANS

Écrire à Malassis pour lui demander des livres sur les Chauffeurs, les Brigands, les Sorciers, surtout après l'époque Révolutionnaire.

Vendée
Schinderhannes

Un roman sur les *Derniers hommes*
Les mêmes vices qu'autrefois
Distances immenses

De la guerre, des mariages, de la politique, etc... parmi les derniers hommes.

ROMANS

Brigands
Sorcellerie
Séquestrations
Palais et prisons (souterrains)
Et des supplices et des épouvantes !

Voir la question de la Sultane Alida. — *La Foire aux décorations*. — *Gazette des tribunaux*. — 30 sept. 1858.
M. Ducreux, substitut.

Série de scènes du Directoire et du Consulat.
Modes de ces époques.
Estampes indécentes de ces époques.

Le style de Montesquieu.

Les jouissances de l'Église. Impressions libertines ressenties à Saint-Paul.

Une petite vieille qu'on suit.

La galerie de statues ou de tableaux pour le nouveau Don Juan.

Théorie de la Foi.

★

Ni remords ni regrets.

Qu'importe de souffrir beaucoup quand on a beaucoup joui ?
C'est une loi, un équilibre.
Trouver l'algèbre morale de ce dicton.
Refrains variés.

L'Entreteneur.

La Belle Aventurière (roman plutôt que poème).

Appliquer à la joie, au *se sentir vivre*, l'idée d'hyperacuité des sens, appliquée par Poe à la douleur. Opérer une création par la pure logique du contraire. Le sentier est tout tracé, à rebours.

PLANS, PROJETS

Le Suicide dans une baignoire.

LE PORTRAIT FATAL
Méthode analytique pour vérifier le miracle. Portrait du défunt. Découverte du testament. Peinture d'une famille marquée de tristesse fatale.
— Le Déserteur, ou militaire et comédien.
Armand Baschet.

L'amoureux de la vieille.
Interdit pour croire aux fantômes.
Les *Sortes Biblicæ*.

L'ivrogne épiant et étudiant l'ivrogne.
L'homme parfait : le suprême du convenable, la caravane, la montre.
De la puissance du philtre et de la magie en amour, ainsi que du mauvais œil.
Essence divine du cercle vicieux *(Fusées)*.
L'IVROGNE. — Ne pas oublier que l'ivresse est la négation du temps, comme tout état violent de l'esprit, et que conséquemment tous les résultats de la perte du temps doivent défiler devant les yeux de l'ivrogne, sans détruire en lui l'habitude de remettre au lendemain sa conversion, jusqu'à complète perversion de tous les sentiments et catastrophe finale.

La Conspiration. J'appartiens à une race qui... Le goût de la mort a toujours régné en moi conjointement avec le goût de la vie. J'ai joui de la vie avec amertume.
J'ai plusieurs siècles d'âge, puisqu'il me semble que j'ai agi, pensé, à différentes époques. Qui pourrait me réfuter ?
Qui donc niera le droit au suicide ? J'ai cependant voulu lire, tant j'ai l'esprit critique et modeste, tout ce qui a été écrit sur le suicide. Absurdité démontrable de la maxime de Jean-Jacques.
— Si les conspirateurs lâchent pied, plus d'intérêt dans ma vie. Je suis donc intéressé à ranimer la conspiration.
(Portrait du prince. Folies. Ces folies le rendent intéressant pour moi. Ancien mauvais sujet : *Inde* quels vices et quelles qualités ?)
(La vie est un jeu, les joueurs sont au nombre de trois milliards. Les chances. *La minute*, à qui perd gagne.)
C'est Robespierre, je crois, qui disait dans ce style sentencieux dont ma jeunesse s'est enivrée... Depuis combien d'années cette phrase est-elle devenue inintelligible pour moi ? Car, pareille horreur de l'homme a-t-elle jamais existé ailleurs que chez moi ?... Depuis l'heure du lever et jusqu'à

l'heure bénie et souvent redoutée où j'entre dans le sommeil, il n'est pas une fonction de la vie qui ne réclame la présence et le secours de l'homme... Or à peine la conspiration trouvée, toute la jeunesse revient. Les yeux prennent intérêt à la vie. Les souvenirs ne sont plus accablants. (Un souper chez les pauvres. Il y a donc quelque vertu dans l'humanité. Humilité, serviabilité, générosité). — À peine la conspiration éclipsée, le goût du néant revient. Sottise de Jean-Jacques Rousseau relativement au moyen d'arrêter le suicide.

★

Tout jeune, les jupons, la soie, les parfums, les genoux des femmes. L'amour de la perfection. Tout ce dont il se dégoûte, il le détruit. Il trouve une excuse. Trouver le dénouement par voie d'analyse.

Pénétrer le sens (vague et général) des couleurs. Divisions et subdivisions.

★

Jeanne et l'automate.

Vieil entreteneur.
Tous les libertinages.

———

La danse grammaticale
La voix de l'adjectif me pénétra jusqu'aux os.

———

A. est libertin.
a. ne l'est pas encore
A. mort ne l'est plus.
a. devient libertine
La froide épouse devient la chaude amante d'un mort.

———

Sans doute dans quelques moments de délire, je lui prodiguai des caresses bien vives : car il me dit plusieurs fois qu'il n'aurait jamais supposé tant de diaboliques erreurs dans l'amour d'une honnête femme, surtout d'une philosophe.

———

Voix du paradis
Le hic, c'est le drame de la Révélation.

———

Le style d'autant plus décent que les idées sont moins décentes.
Ce que doit être la touche mystérieuse.

——————

Il y a dans la maigreur une indécence qui la rend charmante.

Romans et nouvelles

Supposer un pauvre affamé voulant profiter d'une fête publique et d'une distribution de vivres pour manger.
Il est bousculé et assommé par la multitude.

——————

Avoir découvert une conspiration.
 C'est presque une création.
 C'est un roman dont je tiens le dénouement.
 Je dispose de l'Empire.
Alternative, hésitation.
 Pourquoi sauver l'Empire ?
 Pourquoi le détruire ?
Donc Pile ou face
Peut être une comédie

ROMANS

Le Fou raisonnable et la belle aventurière

Jouissance sensuelle dans la Société des Extravagants.
Quelle horreur et quelle jouissance dans un amour pour une espionne, une voleuse, etc... !
La raison morale de cette jouissance.
Il faut toujours en revenir à De Sade, c'est-à-dire à l'*Homme Naturel*, pour expliquer le mal.
Débuter par une conversation, sur l'amour entre gens difficiles.
Sentiments monstrueux de l'amitié ou de l'admiration pour une femme vicieuse.
Toute la Sisina.
Trouver des aventures horribles, étranges, à travers les capitales.

L'homme qui croit que son chien ou son chat c'est le Diable, ou un esprit quelconque enfermé.
L'homme qui voit dans sa maitresse un défaut, un vice (physique ?) imaginaire. Obsession.
L'homme qui se croit laid, — ou qui voit en lui-même un vice imaginaire (physique ?). Obsession.

Un homme rêve qu'il se trouve dans un tel milieu, en face de tels objets, et que par une association d'idées inexplicables, il est réduit à se tuer —
Un jour, il se trouve dans ce milieu et en face de ces objets — il se tue.

ROMANS

L'homme désespéré de n'être pas aussi beau que sa femme.
Celui qui n'est pas beau ne peut pas jouir de l'amour.

L'AUTOMATE

Quel Il est, comme amant.
Sorcier, en prévision du malheur, il veut lutter contre les lois de la Nature.
Son testament. (« Si tu m'aimes vraiment...)
Et il revit automatiquement.
Sa maîtresse se demande laquelle des deux existences est un rêve.
L'automate soufflé par l'âme lui persuade *qu'elle a rêvé* autrefois, et que maintenant il vit bien réellement.
Cependant l'âme, rougissant de créer le bonheur par le mensonge, préfère commettre un homicide et réveille son amie par la Mort, pour lui tout raconter dans le Paradis.
Qu'est-ce que le Paradis ?

LA MAÎTRESSE VIERGE

La femme qui ne jouit pas est celle que l'on aime.
La femme dont on ne jouit pas est celle que l'on aime.
Délicatesse esthétique, hommage idolâtrique des blasés.
Ce qui rend la maîtresse plus chère, c'est la débauche avec d'autres femmes.
Ce qu'elle perd en jouissances sexuelles, elle le gagne en adoration.
La conscience d'avoir besoin de pardon rend l'homme plus aimable.
De la chasteté dans l'amour.

★

Romans L'amour parricide.
et nouvelles

Peinture de l'auberge.
La femme, le mari, le père du mari.
Les amants, toute la ville, y compris le procureur impérial et les gendarmes.
Raison de la haine de la femme contre le père.
Jalousie du mari. Le meurtre. Le procès. L'exécution.

★

Pour l'Amoureux du Beau,

Une infâme adorée ou le mari corrupteur :
mon château
ma femme
La cascade

Je suis un vrai débauché. J'aime l'orgie, et j'y apporte le condiment de l'ironie.

La défense du déserteur devant le conseil de guerre.

———

L'envers de Claude Gueux. Théorie du sacrifice.
Légitimation de la peine de mort. Le sacrifice n'est complet que par le *sponte sua* de la victime.

———

Le volupteux, ayant oscillé longtemps, est tiré de la férocité dans la charité. Quel genre de malheur peut opérer sa conversion ? La maladie de son ancienne complice. Lutte entre l'égoïsme, la pitié et le Remords. Sa maîtresse (devenue sa fille) lui fait connaître les sentiments de la paternité. — Remords : qui sait s'il n'est pas l'auteur du mal ?

Un condamné à mort qui, raté par le bourreau, délivré par le peuple, retournerait au bourreau. — Nouvelle justification de la peine de Mort.

ROMANS

Les dernières palpitations du monde
Les derniers hommes
Luttes, rivalités. La Haine, le goût de la destruction et de la prospérité.
Les amours, dans la décrépitude de l'humanité.

(Éviter *le dernier Homme*)

Distances immenses.
Chaque souverain n'a que 50 hommes armés.

FRAGMENTS DIVERS

CLERGEON AUX ENFERS[1]

(Il entre d'un air délibéré, comme les gens timides.)

Il demande bientôt à voir le *règlement* de l'Enfer, et cherche à prendre les Diables en faute.

Dès la première grande assemblée, il se plaint vivement, prétendant qu'on a *changé* le feu.

Rumeur épouvantable de tous les Damnés qui trouvent qu'il fait bien assez chaud.

— MAIS NON ! dit Clergeon.

Il se plaint aussi de ce que *certaines gens qui ne sont point d'ici* se soient glissées en *Enfer*, qui mériteraient tout au plus le *Purgatoire*. Nous ne voulons

que des égaux, dit-il ; il faut que chacun prouve qu'il est un parfait scélérat !
Je crois avoir assez de titres pour que chacun montre les siens !

Comme il emmerde tout le monde, on le fout dans un abime insondable, d'où il remonte bientôt avec une agilité sans égale. Car l'espoir d'avoir été remarqué par Proserpine lui donne des forces proportionnées à la difficulté de l'entreprise.

Il se glisse par des *Anfractuosités à lui seul* connues, et va attendre la sortie de la Reine des Enfers à la *petite porte*.

Il la suit par l'escalier dérobé, et à peine entré dans la chambre, il jette sur la commode quinze francs, que les Diables, en le fouillant à son entrée, ont oublié de lui retirer.

Voilà pour vous, petite ! s'écrie-t-il d'une voix de stentor. Voilà comment un damné comme MOI sait humilier une Reine qui trahit son époux !

Proserpine, qui depuis six mille ans n'a pas encore vu un pareil bougre, veut se pendre à la sonnette.

Mais Clergeon ne perd pas de temps ; il profitera des dernières secondes ; il déshonorera Proserpine ; il l'enfilera, ou il y perdra son latin. Il se jette sur elle et lui plante sa pine dans l'œil.

Proserpine pousse un cri déchirant ! ! ! ! !

Tous les Enfers sont sens dessus dessous. Clergeon, heureux du désordre dont il est l'auteur, pique son poing sur sa hanche, et s'écrie, avec une voix de tête inimitable : *Ha ! Ha !*

Cependant Pluton, qui au fond est un bon enfant, lui demande pourquoi il a commis de pareilles bêtises, et Clergeon lui répond, la main dans le gilet :

Je croyais qu'en Enfer on n'est jamais mal venu à prouver sa noblesse ; ha ! ha ! — Si je me suis trompé, (*avec résignation et dignité*) je suis prêt à subir tous les châtiments que vous réservez à celui dont l'audace a dépassé vos prévisions.

Pluton lui rend avec bonté ses lunettes tombées dans la bagarre.

Quoique personne ne lui en veuille, et que Proserpine éborgnée se soit contentée de dire : *Drôle de Bougre !* Clergeon croit qu'il est prudent de prendre la fuite.

A chacun de ses pas, il ébranle les montagnes. Il fuit ! il fuit !

Dans une plaine de braise, il aperçoit Nadar qui collectionne des salamandres, et il lui crie en courant :

Pends-toi, Brave Nadar ! Nous avons vaincu sans toi !

Car il est convaincu qu'il a foutu Proserpine !

————

Il aperçoit entre la lune et lui un grand Chat noir, posé sur le bout de ses pattes, faisant le gros dos en miaulant avec une voix semblable au bruit d'un moulin à eau. Bientôt il le vit s'enfler jusqu'au ciel en se tournant sur sa jambe gauche de derrière, l'animal pirouetta jusqu'à ce qu'il tomba par terre, d'où il se releva dans la forme d'un saumon, avec une cravate autour de son cou et une paire de bottes à revers.....

CHARLES BAUDELAIRE.[1]

PENSÉE D'ALBUM

À mesure que l'homme avance dans la vie, et qu'il voit les choses de plus haut, ce que le monde est convenu d'appeler la beauté perd bien de son importance, et aussi la volupté, et bien d'autres balivernes. Aux yeux désabusés et désormais clairvoyants toutes les saisons ont leur valeur, et l'hiver n'est pas la plus mauvaise ni la moins féerique. Dès lors la beauté ne sera plus que *la promesse du bonheur,* c'est Stendhal, je crois, qui a dit cela. La beauté sera la forme qui garantit le plus de bonté, de fidélité au serment, de loyauté dans l'exécution du contrat, de finesse dans l'intelligence des rapports. La laideur sera cruauté, avarice, sottise, mensonge. La plupart des jeunes gens ignorent ces choses, et ils ne les apprennent qu'à leurs dépens. Quelques-uns d'entre nous les savent aujourd'hui; mais on ne sait que pour soi seul. Quels moyens pouvais-je efficacement employer pour persuader à un jeune étourdi que l'irrésistible sympathie que j'éprouve pour les vieilles femmes, ces êtres qui ont beaucoup souffert par leurs amants, leurs maris, leurs enfants, et aussi par leurs propres fautes, n'est mêlée d'aucun appétit sexuel?

...

Si l'idée de la Vertu et de l'Amour universel n'est pas mêlée à tous nos plaisirs, tous nos plaisirs deviendront tortures et remords.

26 août 1851.

THÉÂTRE [1]

IDÉOLUS

PLAN [1]

SOCRATÈS.
IDÉOLUS.
NOBILIS.
FORNIQUETTE.
NUBILIS.

ACTE PREMIER

Un atelier.

Scène I. — Idéolus travaille et se lamente. Socratès ronfle.
Scène II. — Les précédents, Forniquette et Nobilis. Socratès prend à part Nobilis et cause avec lui. Idéolus profite de leur aparté pour causer dans une embrasure avec Forniquette.
Scène III. — Nubilis arrive un verre d'eau à la main pour Socratès : jalousie naissante à la vue d'Idéolus causant avec Forniquette.
Scène IV. — Idéolus, Socratès et Nobilis sortent sous prétexte de voir des tableaux ou pour un projet de jet d'eau dans un jardin de Nobilis. Nubilis et Forniquette restent ensemble. Opposition des deux caractères. Forniquette sort.
Scène V. — Rentre Idéolus : scène d'églogue entre Idéolus et Nubilis.

ACTE II

Un petit salon chez Forniquette

Scène I. — Forniquette à sa toilette.
Scène II. — Forniquette, Idéolus : souvenirs, galanteries, récriminations.
Scène III. — Brouhaha d'invités ; puis Socratès.
Scène IV. — Les mêmes, Nobilis. Souper.
Scène V. — Forniquette, Idéolus. Grande jalousie réciproque. Baisers.
Scène VI. — Les mêmes, Socratès. Idéolus sort sans avoir obtenu de rendez-vous. Socratès, resté seul avec Forniquette, la traite du haut en bas. Elle lui remet un billet pour Idéolus.

ACTE III

Le laboratoire de Socratès.

Scène I. — Nubilis attend.
Scène II. — Idéolus, Nubilis — jalousie nouvelle. Il a vu à cinq heures du matin Socratès dans un cabaret avec des filles.
Scène III. — Socratès, Idéolus, Nubilis. Superbe entrée de Socratès (Socrate, Diogène, Lucullus et Chodruc-Duclos[1]). Il renvoie Nubilis.
Scène IV. — Idéolus et Socratès parlent de la mort. « Je vous ai vu jouer de la prunelle. Tenez ! courez à votre perte ! Voilà un billet de votre impure. » Histoire de Socratès : il aime la géométrie et la sculpture. Il raffole du rouge, la couleur du sang et du vin. Histoire de Nubilis. Il boit toujours.
Scène V. — Les créanciers. Philosophie de Socratès en face des créanciers.

ACTE IV

La chambre à coucher de Forniquette.

Scène I. — Forniquette et Idéolus. Table en désordre. Elle est à moitié nue. Le jour va paraître ; elle s'endort.
Monologue d'Idéolus, déjà rhabillé par respect pour la censure (monologue hamlétique) : il est bizarre que chez une fille de débauche on ne trouve pas de poison... Il se contente d'un couteau de cuisine et déclare à Forniquette qu'il va la tuer. Elle crie et les sergents accourant lui trouvent le couteau entre les mains et l'emmènent. Idéolus s'est jeté par la fenêtre.
Scène II. — Nobilis, qui est survenu sur ces entrefaites, laisse arrêter Forniquette en lui disant : « Misérable ! tu ne l'aimais pas ! »

ACTE V

La chambre d'Idéolus.

Scène I. — Idéolus couché. Il dort. Monologue de Nubilis qui le garde. Il s'éveille. Dialogue.
Scène II. — Nobilis et Socratès. Achat de statues. *Deus ex machina.* Mariage.

ACTE PREMIER
L'atelier d'Idéolus.

SCÈNE PREMIÈRE
IDÉOLUS, *un ciseau à la main et considérant sa statue;*
SOCRATÈS, *assoupi dans un fauteuil.*

IDÉOLUS
Allons ! toujours du marbre !... Un fardeau de manœuvre,
Rien de ce que rêva le sculpteur sur son œuvre.
De la pierre, du plâtre et rien de ce qui fait
Se mirer dans son bloc l'artiste satisfait !...
Sentir toujours en soi, luttes intérieures,
Deux hommes sans repos se disputant les heures :
Le premier, contrepoids de l'artiste fervent,
Mais trop lourd avec lui l'entraînant trop souvent ;
Le second plein de feu, mais coudoyé par l'autre,
Gardant avec la foi *la vertu* d'un apôtre ;
D'un côté, le dégoût, les longs épuisements,
L'impuissance qui fait les découragements ;
De l'autre, cette voix qui saisit les entrailles
Et ferait *quelquefois reculer* les murailles,
Cette voix qui nous parle avec solennité
De gloire, de génie et *de banalité,*
Qui nous fait entrevoir par l'œil de la pensée,
Pouvoir mystérieux *qui rend* l'âme insensée,
Sous le jour éclatant d'un Olympe nouveau
Les types de beauté couvés dans le cerveau,
Et tout cela, travail, austérités, veuvages.
Tristesses dont le front porte écrits les ravages,
Pour que sur le granit où nul ne viendra plus
On écrive un beau jour : ci-gît Idéolus.

Considérant Socratès.

La sagesse, elle est là : sommeil que rien n'éveille,
Estomac que jamais ne creva la bouteille,

[Un blanc dans le manuscrit.]

Esprit *qu'orne* le bras de l'Hercule Farnèse,
Ô sage et *deux fois* sage ! allons ! dors à ton aise.
Ô grand Buonarotti, que ta triple auréole,
Pendant les *lentes* nuits d'où le sommeil s'envole,
A fait courir de fois, pauvre *et* chétif enfant,
Ma jeune ambition vers *ton* but triomphant !

SOCRATÈS, *s'éveillant.*
Vieil Euclide, pardon !

IDÉOLUS
Le sublime bonhomme
Rêve qu'avec Euclide il cuve son rogomme.
Quel ventre et quelle tête ! Et que c'est sombre à voir !

SOCRATÈS

Mon doux Idéolus, passe-moi ton miroir.
Hein ! n'est-ce pas qu'à voir la face de ton maitre
Plus d'un croirait Bacchus devenu géomètre ?
Oh ! la plaisante trogne et le riant museau
Qu'un problème incarné dans le corps d'un pourceau !
As-tu pas là, voyons ! outre, bouteille ou gourde,
De science et de vin ma tête est deux fois lourde !
Pour un peu soulager et graisser les efforts
De l'affreuse machine où grincent mes ressorts ?
Tout à l'heure, en la nuit d'un rêve titanique,
J'ai rêvé qu'emporté dans la terreur panique,
Je faisais se mouvoir un monde sans pareil
Dont *notre* tête était le centre et le soleil ;
De la création rompant le vieil obstacle
Et prenant Josué pour témoin du miracle

IDÉOLUS

Il est de mauvais ton pour un aussi grand sage
D'insulter le bon Dieu qui fit ce doux breuvage
Où vous avez puisé des rêves si charmants.

SOCRATÈS

C'est vrai, mon fils ; rajuste un peu mes vêtements,
Et peigne de tes mains mes cheveux en désordre...
Eh ! bien ? qu'avons-nous fait ? C'est dans un mois que l'ordre
Du seigneur Nobilis *t'a réclamé* ce bloc
D'où ta main fait jaillir une source *d'un* roc.
Que la Nymphe *aux ruisseaux soit galamment* penchée ;
Que sa hanche en relief et fortement tranchée,
S'écartant brusquement de son torse cambré,
Étale en son ampleur un luxe exagéré !
Tu le peux. Ne crains rien. La hanche et les épaules
De ce monde amoureux, ami, sont les deux pôles ;
Le sein dans une main peut tenir sans danger :
Outre que c'est un charme à ne point négliger.
Par ces chastes primeurs que vous savez traduire
Le goût de nos seigneurs est facile à séduire.

IDÉOLUS

Pourquoi railler toujours et sur ce point surtout ?

SOCRATÈS

Ô jeune homme naïf qui crois encore au goût !
Enfant, qui ne sais pas combien elle est amère,
La gloire qui te leurre et combien c'est chimère
De suivre un feu follet qui, reculant toujours,
Dans des marais sans fond fait *se noyer* les jours !
Va, quand tu la tiendras, la coupe dérisoire,
Tu sauras ce que c'est que ce mélange à boire
Et combien l'ignorance et la stupidité
Vont mêlant le dégoût dans ce vin frelaté.

IDÉOLUS, *avec humeur*
En dépit *du public, de cette mode* infâme
Qui voudrait avilir l'art ainsi *que la* femme,
En dépit des muguets[1] dont le goût *clandestin*
A tranformé Vénus en énorme catin,
Moi, je soutiens qu'il faut, dût-on paraître gauche,
Toucher avec *respect* aux choses qu'on ébauche,
Et que tout homme est vil et digne de mépris,
Qui, souillant son talent, l'estime à si bas prix.
Je pourrais comme tel de facile fabrique
Taillant un marbre impur sous un ciseau lubrique
En orner les recoins de quelque étrange lieu.
Mais non pas : je suis homme, et Michel-Ange est Dieu.

SOCRATÈS
Alors, mon cher enfant, sois sublime à ta guise.
Cependant, pour payer ce beau point de Venise,
Nous n'avons pas un sou vaillant dans nos tiroirs.

IDÉOLUS
Parbleu ! vos larges mains sont deux grands entonnoirs
Par où, comme en un filtre où l'eau perce une route,
À tous les cabarets l'argent fuit goutte à goutte ;
Le soir, votre gousset résonne-t-il un peu,
Tout le reste s'en va sur des tables de jeu.

SOCRATÈS
Tout beau ! dans vos discours, *beaux écoliers* moroses,
Vous ne voyez jamais qu'une face des choses !
Me prends-tu donc, enfant qui pourtant me connais,
Pour un poète crotté vivant des lansquenets ?
Raisonnons, l'autre soir, je voyais sur ma table
Se dresser, chose à rendre un bandit respectable,
Des piles de ducats que des regards de feu
Convoitaient devant moi, suspendus sur le jeu.
C'est un noble plaisir pour un esprit tranquille.
Quand de la passion dans mon ciel je m'exile,
Je vois se batailler les terribles hasards
Comme sur le damier où luttent les Césars.
C'est un triomphe alors...

IDÉOLUS
 Qu'un as de carreau trouble !
Vous avez tout perdu ?

SOCRATÈS
 Non, j'ai perdu le double.
Allons ! malgré ma haine et mon dégoût profond
Pour tout ce qu'ici-bas les *orgueils humains* font,
J'aime, à te voir ainsi, pauvre cervelle honnête,
Que la gloire étourdit du bruit de sa sonnette
Et dont le travail lourd use les longs efforts ;
Cœur profond, qui devine aux battements plus forts
Cet idéal que rêve et dont se met en quête

Un échappé des bancs cherchant gloire et conquête.
Courage ! J'aime à voir dans la lutte sans fin
Des entrailles du bloc sortir un séraphin,
Et peut-être il est beau d'user comme une lime
Les forces de son cœur contre une œuvre sublime.

IDÉOLUS

Falerne et Piola vous gardent leur saveur,
Mon vieil ami ! Le vin vous a rendu rêveur.

SOCRATÈS

Bah ! tais-toi, ce beau soir que du diable la haine
Avait soumis ma bourse à certain droit d'aubaine,
Le Marquis m'a promis, je crois, pour aujourd'hui
Sa visite : quelqu'un doit venir avec lui,
Une vieille amitié.

IDÉOLUS

Quelque éventé sans doute
De ceux qu'un sot ennui jette sur votre route...

SOCRATÈS

Non pas.

IDÉOLUS

Qui donc alors pourrait l'accompagner ?

SOCRATÈS

Vous le jugez bien mal.

IDÉOLUS

Je ne puis deviner.

SOCRATÈS

Une femme en renom, dont les villes jalouses
Ont promené le char sur leurs vastes pelouses
Et dont l'adroit coup d'œil *happé* par cent rivaux
Aussitôt qu'elle chante enlève les bravos.
Cette petite fille autrefois si coquette,
Aujourd'hui grande dame
Qui naguère
Posait sur un tapis son beau torse enfantin.

IDÉOLUS

Il est vrai.

SOCRATÈS

Dites-moi, mon beau chanteur d'églogues,
Vous si rempli jadis de nos airs de prologues,
Et qu'au travail sans cesse on voyait fredonnant,
Pourquoi, triste, lugubre, et muet maintenant,
Dans le fond d'une loge obscure, abandonnée,
À peine quatre fois vous voit-on dans l'année
Plus sombre qu'un rival aux noces d'un amant ?

IDÉOLUS

C'est que je hais la foule et son bourdonnement.

SOCRATÈS

Allons ! nous vous verrons quelque jour satirique.

SOCRATÈS

J'entends monter quelqu'un ; c'est la voix du marquis,
La belle est avec lui... Dieu ! le charmant croquis
Que de ses hauts atours *tu pourras gaîment* faire.

IDÉOLUS, *à part.*

Allons ! mon pauvre cœur. Songez à bien vous taire.

SCÈNE II

SOCRATÈS, IDÉOLUS. LE MARQUIS, FORNIQUETTE

LE MARQUIS, *à Idéolus.*

Salut, mon jeune ami.

IDÉOLUS

Marquis, je suis confus...

LE MARQUIS

Touchez là, je vous prie... Allons ! point de refus ;
L'orgueil sied au génie ainsi qu'à la naissance,
Et ces deux qualités font vite connaissance...

À Socratès.

Notre vieux Diogène, Archimède barbon,
S'est-il dès ce matin mis en pointe ?

SOCRATÈS

Bien bon.

Jamais je ne me grise alors que je m'éveille.
Gris dès le matin, non, je m'y prends dès la veille.

MARQUIS

Au moins par un côté *vous* puis-je ressembler.

FORNIQUETTE

Sur ce point, Monseigneur, *nul* ne peut l'égaler.

SOCRATÈS

Vous aussi contre moi ?

LE MARQUIS

Docteur, votre mérite

Partout à nos dépens de compliments hérite.

SOCRATÈS

C'est trop d'humilité, Seigneur.

LE MARQUIS

Mon vieil ami,

Malgré chypre et *xérès,* votre esprit affermi
Ne se perd pas toujours *en* des sentiers arides.
Causons.

Ils s'éloignent et causent à voix basse.

FORNIQUETTE, *à Idéolus.*
Idéolus, voilà déjà les rides !
Vous travaillez donc trop ?... Vous êtes toujours *beau.*

IDÉOLUS
Railleuse sans pitié d'un *amour au tombeau,*
Pouvez-vous pour fatigue au creux de mes paupières
Prendre des *longs ennuis* les traces meurtrières ?

FORNIQUETTE
Et moi, suis-je changée, et mon bonheur fatal
A-t-il mis *à* mon front la couleur du métal ?
Ai-je encor ces yeux frais et ce jeune sourire
Qu'autrefois vous cachiez, qu'aujourd'hui l'on admire ?
Bien des jours sont passés, mais les vieilles amours
Ont un charme bien long.

IDÉOLUS
Hypocrite, vos jours
Sont des *tresses* de fleurs.

FORNIQUETTE
La tristesse a des charmes.

IDÉOLUS
Ainsi que les ducats vous comptez donc les larmes ?

FORNIQUETTE
Vous pleurez donc toujours ! Mais je vous plains beaucoup.
Ah ! tiens ! voilà ma main !

IDÉOLUS
Et voilà votre cou.
Il s'est conservé pur en cette galerie.

LE MARQUIS, *à part, regardant Idéolus.*
Le pauvre enfant déjà tourne à la raillerie.
On dirait à le voir *cuirassé de* sang-froid
Qu'auprès de la donzelle il joue au plus adroit.

SOCRATE
Avec l'intention de détourner les yeux du marquis.
Suivez donc mon dilemme.

LE MARQUIS
Après avoir rencontré les yeux d'Idéolus.
*Ah ! l'*esquisse parfaite !
De posséder ce groupe un roi se ferait fête.

IDÉOLUS
Ce n'est qu'une maquette, un rêve — un rien.

LE MARQUIS
Vraiment,
L'idée en est fort belle, et dans un goût charmant.
Nos fils iront vous voir au Vatican.

FORNIQUETTE, *à part.*
L'augure
Est bon : il sera cru.

SOCRATÈS, *bas, à Idéolus.*
Morbleu ! votre figure
Est triste à faire peur et n'est pas de saison.

Au marquis.
Un mot.

LE MARQUIS, *à part.*
Pour m'éloigner l'Argus a sa raison.

*Ils s'éloignent et causent à voix basse. De temps
en temps le marquis jette un coup d'œil sur Idéolus.*

FORNIQUETTE
Qu'est-ce ci *[sic]*, cher ?

IDÉOLUS
Quoi ?

FORNIQUETTE
Cette loque rougie ?

IDÉOLUS
Un mouchoir lacéré dans une douce orgie :
Vous l'avez oublié ? Socratès vous dira
Combien *nous avons ri* de ces sottises-là.

FORNIQUETTE
Ronfle-t-il aussi fort ?

IDÉOLUS
Votre mouchoir, Madame,
Porte à ses coins brodés deux chiffres ?

FORNIQUETTE
Sur mon âme,
Il engraisse toujours.

IDÉOLUS
Vous êtes un gibier
Qui dépiste les chiens en sautant un bourbier.

FORNIQUETTE
Cholérique rêveur [!]

LE MARQUIS, *à part.*
Des reproches ! La pièce
Menace d'aller vite et déjà m'intéresse.
Mais bah !

SOCRATÈS
Respirons-nous le frais dans cette cour ?

LE MARQUIS, *à part.*
Afin qu'il fasse ici plus aisément sa cour :

<div align="right">*Haut.*</div>

Non pas.

<div align="right">*À part.*</div>

 Le vieil Argus au profit de ce drôle,
S'il n'était éventé, jouerait fort bien son rôle.

<div align="right">*À Idéolus.*</div>

Parbleu ! voilà, je pense, un bon Vénitien.
Serait-ce du Giorgion ?

<div align="center">IDÉOLUS</div>
<div align="center">Non, c'est un Titien.</div>

<div align="center">LE MARQUIS</div>

Certes je les préfère à l'école romaine.
Leur coloris l'emporte.

<div align="center">IDÉOLUS</div>
<div align="center">Ô pauvre gloire humaine !</div>

<div align="center">LE MARQUIS</div>

Michel-Ange est fort beau : son Jugement Dernier
Pour chasser un démon vaut mieux qu'un bénitier.

<div align="center">SOCRATES</div>

Ce tableau, Monseigneur, comme au temps des agapes,
A fait jeûner un moine et converti trois papes.

<div align="center">LE MARQUIS</div>
<div align="center">Toujours *rude* bouffon !</div>

<div align="center">FORNIQUETTE</div>
<div align="center">Vous ne croyez donc pas ?</div>

<div align="center">SOCRATES</div>

À vos beaux yeux, Madame, ainsi qu'à ce compas.

<div align="center">IDÉOLUS, *à part.*</div>

Amour, impiété, tête de fou, de sage,
Vides toutes les deux.

<div align="center">FORNIQUETTE, *à Idéolus.*</div>
<div align="center">Vous boudez ?</div>

<div align="center">IDÉOLUS</div>
<div align="right">Non.</div>

<div align="center">FORNIQUETTE</div>
<div align="right">Je gage</div>

Que de ce qu'ils ont dit vous êtes attristé.
Tenter ainsi le diable et de franche gaité !

<div align="center">IDÉOLUS</div>

Vous achetez beaucoup de fleurs à la Madone ?

<div align="center">FORNIQUETTE</div>

Vous aussi, vous raillez ! la Vierge vous pardonne !
On songe à son salut... À propos, cette nuit,

Pour égayer un peu mon éternel ennui,
À mon *galant* souper j'aurai quelques personnes,
Neuf ou dix, tout au plus, mais de naissances bonnes.
Vous en serez ?

IDÉOLUS
Madame...

FORNIQUETTE
 Et puis on dansera.
Puis-je compter sur vous ?

IDÉOLUS
 Le marquis y sera ?

FORNIQUETTE
Mais sans doute ! Il fera les honneurs de la table !

IDÉOLUS, *à part.*
Ô poitrine sans cœur, sorcière détestable,
Marbre insensible et froid, que ta voix sur nos sens
Pour assujettir l'âme a de charmes puissants !

FORNIQUETTE
Il hésite : il viendra.

SCÈNE III

LES PRÉCÉDENTS, NUBILIS

NUBILIS
Pardon, je me retire.

LE MARQUIS
Restez, ma belle enfant. *Quelle noble* satire
Feraient de nos *vertus* si prudes à présent
Cette rougeur subite et cet œil *innocent*.

IDÉOLUS, *à part.*
Le Marquis a bon nez.

LE MARQUIS
 Vos yeux, ma Cydalise,
Ressemblent au soleil qui brûle et fertilise
Et nos cœurs sont des puits que vous mettez à sec.

NUBILIS
Excusez-moi, Monsieur, je n'entends pas le grec.

IDÉOLUS, *avec l'intention d'entraîner le Marquis.*
Monseigneur voudrait-il voir le modèle en plâtre
Des groupes commandés pour son nouveau théâtre ?

 Montrant la pièce voisine.
Ils sont là.

LE MARQUIS, *à Idéolus.*
Je vous suis.

À Nubilis.
Accomplie en tout point.
La réplique est jolie et ne s'attendait point.

IDÉOLUS, *lui montrant toujours la pièce voisine.*
Monseigneur...

LE MARQUIS
Ah ! pardon...

Il se dirige vers la porte indiquée par Idéolus.

FORNIQUETTE, *à part.*
La pecque est ingénue.

Elle s'approche d'Idéolus.
Quelle est donc cette enfant ?

IDÉOLUS
Une fille inconnue
Qu'autrefois Socratès trouva près du saint lieu.
Venez-vous ?

FORNIQUETTE
Non, je reste.

Socratès, Idéolus et le marquis sortent.

SCÈNE IV

FORNIQUETTE, NUBILIS

Forniquette s'est assise dans l'unique fauteuil de l'atelier ; Nubilis reste debout.

NUBILIS, *à part.*
Elle se gêne peu !

FORNIQUETTE
Socratès, mon enfant, vous trouve donc jolie ?

NUBILIS, *piquée, à part.*
Pour une grande dame, elle est assez polie.

FORNIQUETTE
Et vous servez chez lui depuis assez longtemps ?

NUBILIS, *froidement.*
Il me sert de tuteur.

FORNIQUETTE
Vous avez dix-sept ans ?...
Si j'en crois certains bruits qu'avec mépris je foule
Mais qui tout bas s'en vont colportés dans la foule,
Notre jeune sculpteur, on est si perverti,
Idéolus, dit-on, vous aime.

NUBILIS
On a menti,
Madame.

FORNIQUETTE
Cependant, quoi que je dise ou prêche,
Idéolus est beau, vous êtes jeune et fraîche.
On résiste à me croire. Eh ! quel mal, entre nous,
À ce qu'un beau rêveur se mette à vos genoux ?

NUBILIS
Madame, je ne sais par quel plaisir étrange
De ces mots dont à peine on comprend le mélange
Vous venez, dans un but que je n'entrevois pas
Offrir à mon esprit de ces honteux appas.

Le marquis, Idéolus et Socratès rentrent.

FORNIQUETTE
Madame, je n'ai pas le temps de vous répondre.

À part.

Son aplomb m'étourdit : je n'ai pu la confondre.

SCÈNE V

LE MARQUIS, IDÉOLUS, SOCRATÈS,
FORNIQUETTE, NUBILIS

LE MARQUIS, *à Idéolus.*
Dans deux mois n'est-ce pas !

IDÉOLUS
Espérez tous mes soins.

Saisissant Forniquette par le bras et l'amenant sur le devant du théâtre.
Que faisiez-vous ici ?

FORNIQUETTE, *lui montrant le marquis.*
Nous avons des témoins.
Je causais un instant avec votre pupille.
Une charmante enfant.

IDÉOLUS
Vous gâtiez cette fille.

FORNIQUETTE
Méchant !... Comme autrefois, vous me brusquez toujours...
À ce soir !

À part.

Nous verrons qui de nos deux amours
Saura l'assujettir.

LE MARQUIS, *saluant.*
Comme un culte sévère,
Mon ami, le travail est chose qu'on révère :
Ne bougez *donc* d'ici : Socratès nous suffit.

Le marquis, Socratès et Forniquette sortent.

SCÈNE VI

IDÉOLUS, NUBILIS

IDÉOLUS, *à part.*

Me voilà tel enfin que son amour me fit.
Suis-je assez bas tombé, mon Dieu, dans cet abime
Où le remords déchire, où l'on s'accroche au crime.
À ce soir... Et j'irai...

NUBILIS
 Vous paraissez souffrir :
Vous tremblez ?

IDÉOLUS, *à part.*
 Pauvre enfant, dont l'amour vient s'offrir
À moi comme au démon la vertu pure encore !

Haut.

Non, je ne souffre pas : ce feu qui me dévore,
C'est le sombre dépit de l'artiste impuissant
Qui voudrait dans le bloc faire couler son sang
Et ne peut, s'incarnant pur esprit dans l'argile.
Que la *fouler* du pied comme *poudre stérile.*

Il brise contre le sol une de ses statuettes.
Suis-je assez fou, mon Dieu !

Il s'assied.

NUBILIS
 Vous me faites frémir.
Vous vous fatiguez trop !

IDÉOLUS, *souriant tristement.*
 Oh ! que tu dois gémir,
Toi, pleine de pitié pour tout ce qui nous blesse,
De me voir quelquefois cette étrange faiblesse !

NUBILIS
Comme mon vieux tuteur, vous devriez parfois
Descendre à nos plaisirs et courir dans les bois...
À propos, mon ami, cette si grande dame,
Vous la connaissez donc, dites-moi ?

IDÉOLUS, *se redressant tout à coup.*
 Sur ton âme,
De cette femme, enfant, ne me parle jamais.

NUBILIS, *à part, avec résignation.*
Il l'aime et ne sait pas combien moi je l'aimais !

La toile tombe.

ACTE II

Un cabinet chez Forniquette.

FORNIQUETTE *à sa toilette,* ROSETTE

FORNIQUETTE
Nubilis... Je ne sais, cette fille me gêne :
À lire dans ses yeux ma science fut vaine.
En voyant son front blanc de candeur revêtu,
Je me suis presque prise à croire à la vertu.
D'Idéolus pourtant l'air chagrin me rassure...
Mais laissons ce dépit : trop vile est la morsure
Que fait au cœur l'envie et je m'abaisserais
D'une autre avec les miens à comparer les traits...

À Rosette.
Rosette, apportez-moi ce nœud de rubans roses.

Une pause.
Le cœur souffre parfois bien des métamorphoses :
Sculpteur capricieux, sous son poinçon sacré
L'Amour à chaque instant le transforme à son gré ;
Mais ce poinçon ressemble au stylet de l'abeille...

À Rosette.
Renversez ce miroir... Prenez cette corbeille...
À notre insu d'abord, hypocrite et bénin,
Pénètre sous la peau le dard gros de venin ;
Et plus tard le poison qui fait gonfler la plaie
Réveille avec douleur le blessé qui s'effraie.
Un vieil amour sur l'âme a toujours du pouvoir.
Lorsque à cet atelier nous pûmes nous revoir,
En ces lieux que mon œil aimait à reconnaitre,
Le retrouvant si beau, je crus sentir renaitre
Quelqu'un des mouvements où jadis je me plus
Et que depuis longtemps je ne connaissais plus...
Je suis si sotte encor !...

À Rosette.
Là, sur la cheminée,
Donnez-moi ce flacon... Quelqu'un dans la journée...
Que je suis vierge encor !

ROSETTE
Madame, il est venu...

FORNIQUETTE
Le nœud de cette robe est trop mal retenu :
Vraiment ! vous m'habillez d'une manière étrange !
Eh bien ! répondrez-vous ?

ROSETTE
Madame,...

FORNIQUETTE

Cette frange
Est trop basse : apportez des épingles :... tenez !
La dirait-on pas sourde ?

ROSETTE

Il faut, si j'ai bon nez,
Que quelque amour nouveau lui tourne la cervelle.
J'en ai toujours ainsi la première nouvelle.

UN DOMESTIQUE

Madame, un homme est là qui demande à vous voir.

FORNIQUETTE

Son nom ?

LE DOMESTIQUE

Idéolus.

FORNIQUETTE

Qu'il entre.

À part.

Il faut savoir
Prendre un air noble et digne et bien jouer son rôle :
La fantaisie est neuve et pourra sembler drôle.

SCÈNE II

FORNIQUETTE, IDÉOLUS

IDÉOLUS

Madame, vous voyez qu'avant l'instant sonné
Je suis encor fidèle au rendez-vous donné.

FORNIQUETTE

De cette diligence à m'obéir si prompte
Mon amitié, Monsieur, saura vous tenir compte.

IDÉOLUS, *ironiquement*.

Votre amitié...

FORNIQUETTE

Quoi donc ?

IDÉOLUS

Ah ! ce nom respecté
De vous à moi, Madame, est une impiété.
Quand on a comme nous bu dans les mêmes verres
Avec l'oubli du monde et de ses lois sévères,
Cette ivresse que donne un désir bien rempli,
Ce nom n'est plus qu'un voile hypocrite et sali
Que rajuste une prude à son vice commode,
Comme à son sein vieilli les secrets de la mode
Ou les secours du fard à son front mal lavé,
Mais dont nous rougirions, nous qui l'avons levé.
Il ne peut entre nous exister d'autre chaîne
Que cet amour étrange où se mêle la haine,
— Quand survit le remords au plaisir qui n'est plus.

Supplice et châtiment des cœurs irrésolus, —
Tellement qu'on ne sait, dans sa volupté même,
Si l'on veut embrasser ou tuer ce qu'on aime.

FORNIQUETTE

Dieu ! l'aimable Roland !... De ces beaux sentiments
J'admire la douceur et les raffinements.

IDÉOLUS

De ces beaux sentiments les douceurs sont mortelles.

FORNIQUETTE

Qu'un rêveur met d'emphase aux moindres bagatelles !

IDÉOLUS

Madame, il fut un temps... vous unissiez alors
La jeunesse de l'âme à la beauté du corps.
Vous n'aviez que seize ans ; d'une grâce hardie
L'Amour avait doté votre taille arrondie.
L'innocence riait dans vos désirs d'enfant.
Et lorsque je rêvais, d'un air tout triomphant
Vous veniez, de mon front chassant l'ombre et le doute,
Combler ce vide affreux que tout homme redoute ;
Et lorsque vos deux bras entrelacés sur moi
En guirlandes d'amour attachaient leur émoi
A ma tête pensive et sur vous inclinée,
De ce collier de chair dont l'âme est enchainée
J'étais plus fier alors, moi, misérable fou,
Qu'un nonce du Saint-Père, avec la chaine au cou.
De ce double trésor, dons du corps et de l'âme,
Vous avez perdu l'un ; l'autre est vendu, Madame.

FORNIQUETTE

Sommes-nous en carème ou bien en l'an deux mil ?
La trompette de l'Ange, abrégeant leur exil,
A-t-elle convoqué dans l'étroite vallée
Des morts et des vivants la foule désolée ?
Tous les malheurs sur nous se sont-ils rassemblés,
Dites-moi, pour vouloir que de sens non troublés
J'écoute ce sermon plus sombre et plus lugubre
Que ceux qu'en sa cellule un vieux moine élucubre ?

IDÉOLUS

Riez ; lorsque sur lui votre rire s'abat
Mon cœur soudain se ferme et renonce au combat.

FORNIQUETTE

À mon teint cette poudre est-elle favorable ?

IDÉOLUS

Madame, de tous points vous êtes...

FORNIQUETTE

 Adorable !
C'est convenu... Ces gants sont toujours trop étroits ;
J'y puis à peine entrer la moitié de mes doigts.
Approchez ce fauteuil et m'aidez à les mettre.

IDÉOLUS

Madame !...

FORNIQUETTE

Là, plus près : je veux bien le permettre.
C'est cela ! cette main est-elle fine encor ?

IDÉOLUS

Comme lorsque, moulée en amoureux décor,
Elle servait d'agrafe à mes rideaux de serge.
Ce souvenir chez moi, Madame, est toujours vierge.

FORNIQUETTE

Notre tigre jaloux s'adoucit : je le tiens.

IDÉOLUS

C'est ainsi qu'autrefois dans nos doux entretiens
Ma main serrait la vôtre.

FORNIQUETTE, *lui donnant un soufflet.*

Et que parfois la mienne
Caressait votre joue.

IDÉOLUS

Oh ! qu'à cela ne tienne !
Permettez-moi, madame ?...

FORNIQUETTE

Eh ! quoi donc ?

IDÉOLUS

De poser...

FORNIQUETTE

Eh bien ?

IDÉOLUS

Sur cette main...

FORNIQUETTE

Ensuite.

IDÉOLUS

Un seul baiser.

FORNIQUETTE, *retirant sa main.*

Non pas ! non pas !

IDÉOLUS

Un seul !

FORNIQUETTE

On vient.

IDÉOLUS

Diable ! la belle :
Vous avez donc appris l'art d'être enfin rebelle ?

SCÈNE III
[Fin du manuscrit.]

LA FIN DE DON JUAN [1]
Drame

Les principaux personnages sont : DON JUAN arrivé à l'ennui et à la mélancolie, — SON PRINCIPAL DOMESTIQUE, OU INTENDANT, que je veux nommer autrement que Leporello ou Sganarelle, personnage froid, raisonnable, et vulgaire, ne parlant sans cesse que de vertu et d'économie ; il associe volontiers ces deux idées ; — il a une espèce d'intelligence à la Franklin. C'est un coquin comme Franklin. C'est la future bourgeoisie qui va bientôt remplacer la noblesse tombante. Du reste, cet intendant exècre son maître et surtout le fils de son maître. Il a fait sa fortune en régissant les affaires de son maître, il l'exècre à cause du mépris peu déguisé que professe celui-ci pour son intendant, et pour l'argent. Juan, le fils, étant une seconde *épreuve* précoce de son père, et le domestique ayant beaucoup souffert par lui, sa seconde haine s'explique. Les deux n'en font qu'une. — UNE JEUNE DANSEUSE DE RACE BOHÈME, SOLEDAD OU TRINIDAD, enlevée, élevée et protégée par Don Juan, et malgré la différence d'âge, ne trouvant rien de plus beau, de plus aimable et dont elle ait le droit d'être plus fière, que son amant. — LE FILS DE DON JUAN, pourri de vices et d'amabilité, élevé et formé par son père. Supposons-lui dix-sept ans. Il est important que ce rôle soit joué par une femme. J'en donnerai la raison quand j'en serai aux scènes qui font briller ce rôle. — UNE JEUNE PRINCESSE ALLEMANDE, la future femme de DON JUAN devenu veuf, — LE ROI D'ESPAGNE, — UNE VIEILLE ZINGARA, — VOLEURS, — BOHÉMIENS, — DANSEUSES, — QUELQUES BELLES FEMMES faisant partie du monde domestique de Don Juan, et à chacune desquelles incombe une fonction particulière, la lingerie, la surveillance des domestiques, etc... — LA STATUE, — colosse fantastique, grotesque et violent à la manière anglaise, — L'OMBRE DE CATILINA, — UN ANGE qui s'intéresse à Don Juan.

Le Drame s'ouvre comme le *Faust* de Gœthe. Don Juan se promène DANS LA VILLE ET DANS LA CAMPAGNE avec son domestique. Il est en train de familiarité, — et il parle de son ennui mortel et de la difficulté insurmontable pour lui de trouver une occupation ou des jouissances nouvelles. Il avoue que quelquefois il lui arrive d'envier le bonheur naïf des êtres inférieurs à lui. Ces bourgeois qui passent avec des femmes aussi bêtes et aussi vulgaires qu'eux, ont des passions par lesquelles ils souffrent ou sont heureux. Ces bateliers malgré leur grossière nourriture, leur ignorance, leurs durs vêtements, et leurs

fatigues sont enviables. Car ce n'est pas la qualité des objets qui fait la jouissance, mais l'énergie de l'appétit.

Le Domestique répond par des banalités dignes de sa pauvre intelligence, — qu'il est inconcevable que Monsieur soit malheureux avec un si grand nom, avec une si grande fortune, que lui, pauvre Diable qui cependant est un homme saurait être heureux à moins, etc...

« Voilà des zingari et des voleurs d'ânes traqués par des hommes de police. Ils sont certes dans un grave danger ; cependant je parierais presque qu'ils ont des éléments de bonheur que je ne connais pas. Au fait je voudrais nous en assurer. Le lieu est désert, si nous donnions un coup de main à ces braves gens, et si nous rossions la police, nous pourrions les connaitre. Cette race bizarre a pour moi le charme de l'inconnu.

Ah ! monsieur, dit le Domestique, il n'y a pas de domestique, en Espagne, à qui son maitre impose d'aussi bizarres aventures que celles où vous [voulez] me mêler. Que votre volonté soit faite. Quel singulier divertissement pour un grand seigneur que de risquer sa vie pour sauver des filous.

CAMP DES ZINGARI DANS LA MONTAGNE

[PLAN DE « L'IVROGNE »
Lettre de Baudelaire à l'acteur Tisserant[1]]

Samedi 28 janvier 1854.

J'ai reçu de vous une lettre, mon cher Monsieur Tisserant, qui contient un gros paquet de compliments. Attendez donc que je les aie mérités. — Nous verrons plus tard s'il y a lieu pour moi d'être loué ; du reste, je sens très bien que je vais faire sur moi-même, — et cela aura été, il faut le dire, à votre instigation, — une grande épreuve. — Dans peu de temps d'ici, je saurai si je suis capable d'une conception dramatique. — C'est du reste à ce sujet, et pour vous mettre au courant de l'état de cette conception, que je vous écris une lettre un peu longue, que j'avais le projet de vous écrire depuis plusieurs jours, et que je remettais de jour en jour.

— D'abord, permettez-moi de vous dire une chose dont je serai enchanté d'être débarrassé, car elle frise l'indiscrétion, et quand bien même nous serions des anges, nous sommes des connaissances bien nouvelles. — Mes articles, mes malheureux articles, mes maudits articles ont l'air de s'allonger sous ma main, j'ai encore pour quelques jours de travail, je ne peux pas quitter ma table sous peine de retarder le moment bienheureux où je serai débarrassé de ce souci et surtout où je toucherai une grosse somme. *Or, je n'ai plus le sol,* littéralement ; 20, 25 francs représentent pour moi, quand je suis enfermé comme maintenant, une semaine. Il va sans dire que, si cela ne troublait pas trop votre bourse, — je vous les remettrais bientôt, *peut-être* dans les premiers jours de février. — et — si vous vouliez être tout à fait aimable, — au lieu de les remettre à cet homme, vous me les apporteriez vous-même, — et vous viendriez me faire une visite, — *surtout* si vous n'avez pas d'argent. Une bonne visite est, quand on vit enfermé, — la meilleure des distractions.

Je reviens à notre affaire qui me tient à cœur : je désire fortement que nous nous entendions très bien, — je sens que je peux avoir besoin de vous, et je crois que dans de certains cas vous devez, mieux que moi, distinguer le possible de l'impossible.

— Quoique ce soit une chose importante, — je n'ai pas encore songé au titre : — LE PUITS ? L'IVROGNERIE ? LA PENTE DU MAL ? etc.

Ma principale préoccupation, quand je commençai à rêver à mon sujet, fut : à quelle classe, à quelle profession doit appartenir le personnage principal de la pièce ? — J'ai décidément adopté une profession lourde, triviale, rude. LE SCIEUR DE LONG. Ce qui m'y a presque forcé c'est que j'ai une chanson dont l'air est horriblement mélancolique, et qui ferait je crois un magnifique effet au théâtre, si nous mettons sur la scène le lieu ordinaire du travail, ou surtout, si, comme j'en ai une immense envie, je développe au troisième acte le tableau d'une *goguette*[2] *lyrique* ou d'une *lice chansonnière*. Cette chanson est d'une rudesse singulière. Elle commence par :

> *Rien n'est aussi-z-aimable, —*
> *Fonfru-Cancru-Lon-La-Lahira —*
> *Rien n'est aussi-z-aimable*
> *Que le Scieur de Long.*

Et ce qu'il y a de meilleur, c'est qu'elle est presque prophétique, elle peut devenir *La Romance du Saule* de notre drame populacier. Ce scieur de long si aimable finit par jeter sa femme à l'eau, et il dit en parlant à la *Sirène* (que c'est donc bizarre ! je présume qu'il est question de la vague, et de son bruit musical, car il y a pour moi une lacune avant cet endroit) :

> *Chante, Sirène, chante,*
> *Fonfru-Cancru-Lon-La-Lahira —*
> *Chante, Sirène, Chante,*
> *T'as raison de chanter,*
>
> *Car t'as la mer à boire,*
> *Fonfru-Cancru-Lon-La-Lahira —*
> *Car t'as la mer à boire,*
> *Et ma mie à manger !*

Il faudra que j'écrive à quelqu'un du pays pour remplir cette lacune et pour faire noter l'air.

Mon homme est rêveur, fainéant, il a, ou il croit avoir des aspirations supérieures à son monotone métier, et comme tous les rêveurs fainéants, il s'enivre.

La femme doit être jolie. Un modèle de douceur, de patience, et *de bon sens.*

Le tableau de la *Goguette* a pour but de montrer les instincts lyriques du peuple, souvent comiques et maladroits. — Autrefois, j'ai vu les goguettes, — il faudra que j'y retourne. — Ou plutôt nous irons ensemble, — il sera peut-être même possible d'y prendre des échantillons de poésie tout faits. De plus, ce tableau nous fournit un délassement au milieu de ce cauchemar lamentable.

Je ne veux pas ici vous faire un scénario détaillé, puisque, dans quelques jours, j'en ferai un dans les règles, et celui-là vous l'analyserez de façon à m'éviter quelques gaucheries. Je ne vous donne aujourd'hui que quelques notes.

Les deux premiers actes sont remplis par des scènes de misère, de chômage, des querelles de ménage, — d'ivrognerie et de *jalousie.* Vous verrez tout à l'heure l'utilité de cet élément nouveau.

Le troisième acte, *La Goguette,* — où sa femme de qui il vit séparé, inquiète de lui, vient le chercher. — C'est là qu'il lui arrache un rendez-vous pour le lendemain soir, — DIMANCHE.

Le quatrième acte. Le crime, — bien prémédité, bien préconçu. — Quant à l'exécution, je vous la raconterai avec soin.

Le cinquième acte. — (Dans une autre ville.) Le dénouement, c'est-à-dire la dénonciation du coupable par lui-même, sous la pression d'une obsession. — Comment trouvez-vous cela ? — Que de fois j'ai été frappé par des cas semblables en lisant la *Gazette des tribunaux !*

Vous voyez combien le drame est simple. Pas d'imbroglios, pas de surprises. Simplement le développement d'un vice, et des résultats successifs d'une situation.

J'introduis deux personnages nouveaux :

Une sœur du scieur de long, créature aimant les rubans, les bijoux à 25 sols, les guinguettes et les bastringues ; — ne pouvant pas comprendre la vertu

chrétienne de sa belle-sœur. — C'est le type de la perversité précoce parisienne.

Un homme jeune, — assez riche, — d'une profession plus élevée, — profondément épris de la femme de notre ouvrier, — mais honnête et admirant sa vertu. — Il parvient à glisser de temps à autre un peu d'argent dans le ménage.

Quant à elle, malgré sa puissante religion, sous la pression des souffrances que lui impose son mari, — elle pense quelquefois un peu à cet homme, et ne peut pas s'empêcher de rêver à cette existence plus douce, plus riche, plus décente, qu'elle aurait pu mener avec lui. — Mais elle se reproche cette pensée comme un crime, et lutte contre cette tendance ; — je présume que voilà un élément dramatique. — Vous avez déjà deviné que notre ouvrier saisira avec joie le prétexte de sa jalousie surexcitée pour se cacher à lui-même qu'il en veut surtout à sa femme de sa résignation, de sa douceur, de sa patience, de sa vertu. — Et cependant il l'aime, — mais la boisson et la misère ont déjà altéré son raisonnement. — Remarquez de plus que le public des théâtres n'est pas familiarisé avec la très fine psychologie du crime, et qu'il eût été bien difficile de lui faire comprendre une atrocité sans prétexte.

En dehors de ces personnages, nous n'avons que des êtres accessoires : peut-être un ouvrier *farceur* et mauvais sujet, amant de la sœur ; — des filles, — des habitués de barrières, — de cabarets, — d'estaminets, — des matelots, des agents de police.

Voici la scène du crime. — Remarquez bien qu'il est déjà prémédité. L'homme arrive le premier au rendez-vous. Le lieu a été choisi par lui. — *Dimanche soir.* — Route ou plaine obscure. — Dans le lointain, bruits d'orchestre de bastringue. — Paysage sinistre et mélancolique des environs de Paris. — Scènes d'amour, — aussi tristes que possible, — entre cet homme et sa femme ; — il veut se faire pardonner, — il veut qu'elle lui permette de vivre et de retourner près d'elle. — Jamais il ne l'a trouvée si belle. — Il s'attendrit de bonne foi. — Ils passent, s'éloignent, repassent. La scène peut ainsi rester vide une ou deux fois, — ce qui, à ce qu'on dit, est contre les règles ; mais je m'en fiche, — je crois que cette scène vide, ce paysage nocturne solitaire peuvent augmenter le lugubre de l'effet. — Il en redevient presque amoureux ; il désire, il supplie, — la pâleur, la maigreur la rendent plus intéressante, et sont presque des excitants. Il faut que le public devine de quoi il est question. Malgré que la pauvre femme sente aussi sa vieille affection remuée, — elle se refuse à cette passion sauvage dans un pareil lieu. — Ce refus irrite le mari qui attribue cette chasteté à l'existence d'une passion adultère ou à la défense d'un amant. « *Il faut en finir, — cependant je n'en aurai jamais le courage, — je ne peux pas faire cela* MOI-MÊME. » Une idée de génie — pleine de lâcheté et de superstition, — lui vient.

Il feint de se trouver très mal, ce qui n'est pas difficile, son émotion vraie aidant à la chose : « *Tiens, là-bas, au bout de ce petit chemin, à gauche, — tu trouveras un poirier (ou un pommier), — va me chercher un fruit.* » (Remarquez qu'il peut trouver un autre prétexte — je jette celui-là sur le papier en courant.)

La nuit est très noire, la lune s'est cachée. Sa femme s'enfonçant dans les ténèbres, il se lève de la pierre où il s'est assis, et se colle l'oreille contre terre : « *à la grâce de Dieu ! si elle échappe, tant mieux, — si elle y tombe, c'est Dieu qui la condamne.* »

Il lui a indiqué la route où elle doit trouver un puits, presque à ras de terre. On entend le bruit d'un corps lourd tombant dans l'eau, — mais précédé d'un cri, — et les cris continuent.

« *Que faire ? On peut venir, — je puis passer, je passerai pour l'assassin. — D'ailleurs, elle est condamnée. — Ah ! il y a les pierres ! — les pierres qui font le bord du puits !* »

Il disparaît en courant.

Scène vide.

À mesure que le bruit des pavés tombants se multiplie, les cris diminuent. — Ils cessent.

L'homme reparaît : « JE SUIS LIBRE ! — *Pauvre ange, elle a dû bien souffrir !* »

Tout ceci doit être entrecoupé par le bruit lointain de l'orchestre. — À la fin de l'acte, des groupes d'ivrognes et de grisettes qui chantent, — entre autres la sœur, — reviennent par la route.

Voici en peu de mots l'explication du dénouement. Notre homme a fui. — Nous sommes maintenant dans un port de mer ; — il pense à s'engager comme matelot. — Il boit effroyablement : estaminets, travernes de matelots, — *musicos.* — Cette idée : *Je suis libre, libre, libre* — est devenue l'idée fixe, obsédante. Je suis *libre*, — je suis *tranquille*. — *on ne saura jamais rien*. — Et comme il boit toujours, et qu'il boit effroyablement depuis plusieurs mois, sa volonté diminue toujours, — et l'idée fixe finit par se faire jour par quelques paroles prononcées à voix haute. Sitôt qu'il s'en aperçoit, il cherche à s'étourdir par *la boisson*, par *la marche*, par *la course* ; — mais l'étrangeté de ses allures le fait remarquer, — un homme qui court toujours a évidemment *fait quelque chose*. On l'arrête ; alors — avec *une volubilité, une ardeur, une emphase extraordinaire*, avec une minutie extrême, — très vite, très vite, comme s'il craignait de n'avoir pas le temps d'achever, — il raconte tout son crime. — Puis, il tombe évanoui. — Des agents de police s'en emparent et le portent dans un fiacre.

C'est bien fin, n'est-ce-pas, et bien subtil ? mais il faut absolument le faire comprendre. — Avouez que c'est vraiment terrible. — On peut faire reparaître la petite sœur dans une de ces maisons de débauche et de ribote faites pour les matelots.

Encore deux mots, êtes-vous fort vis-à-vis de vos directeurs ?

Est-il vrai que Royer¹ impose sa collaboration secrète ? — Je n'accepterais pas cela.

Je suis tout à vous. Mes terribles besoins d'argent vous répondront de mon activité.

CH. BAUDELAIRE.

Vous me ferez vos observations là-dessus. Je serais bien *disposé* à diviser l'œuvre en *plusieurs tableaux* courts, au lieu d'adopter l'incommode division des cinq longs actes.

C. B.

Ne détruisez pas ma lettre, elle pourra, dans de certains cas, nous servir de note, ou de mémento.

LE MARQUIS DU 1er HOUSARDS[1]

L'ouvrage a pour but de montrer la lutte entre deux principes, dans le même cerveau. Un fils d'émigré sert l'Empereur avec enthousiasme ; mais autour de lui plusieurs personnes (une femme surtout, Mme de Timey) font sans cesse appel à ses souvenirs d'enfance, à l'orgueil de la race, pour le ramener vers Louis XVIII et le comte d'Artois. Comme dans les vieilles compositions, nous retrouvons ici le *bon* et le *mauvais* ange ; le *bon,* représenté par Graff, homme de simplicité absolue, type du vieux grognard et de l'héroïsme révolutionnaire, rattaché à l'Empereur ; le *mauvais,* représenté par une femme, Mme de Timey, type de grande intrigante, mêlée à toutes les conspirations des émigrés et des coalisés.

Il ne faut pas que M. Hostein soit choqué par les ressemblances de cette histoire avec celle de Labédoyère. Cela importe fort peu, pourvu que les détails rendent l'ouvrage intéressant. Il y a d'ailleurs une énorme différence : — même après que le Roi a fait grâce à Wolfgang (qui s'est conduit *irrésistiblement* comme Ney et Labédoyère), Wolfang se tue, — se tue par amour, — parce qu'il est persuadé que Mme de Timey *ne l'aime plus.* Ainsi il reste fidèle à la fois à son caractère héroïque et à sa nature féminine.

L'ouvrage peut être divisé ainsi (je ne tiens pas compte pour le moment de la subdivision en tableaux) :

1er ACTE : Le château d'Hermorah, habité par le comte de Cadolles. Séduction du marquis par un trompette de l'armée française. La fuite.

2e ACTE : Arrivée à l'armée ; présentation du marquis au colonel Herbin. Wagram. Présentation du marquis à l'Empereur.

3e ACTE *(l'Empire est écoulé) :* Le retour des émigrés. Le marquis tombe chez son père sans s'en douter. La restauration à Paris. Le salon de Mme de Timey. Amours de Mme de Timey avec le marquis Wolfgang.

4e ACTE : Retour de l'Empereur. Défection du régiment et de Wolfgang.

5e ACTE : Mme de Timey sauvera-t-elle son amant ? L'*Abbaye.*

Tout ceci va devenir plus clair par la simple énonciation des personnages :

Le comte de Cadolles, émigré.

Son fils, le marquis Wolfgang de Cadolles, *dit* le marquis du 1er housards, d'abord soldat, puis colonel du 1er housards.

Mme de Timey.

Charles Stown, officier anglais.

Le comte Adrien de Béval, type de libéral monarchique bavard.
Le colonel Herbin, prédécesseur de Wolfgang au 1ᵉʳ housards.
Graff, capitaine au 1ᵉʳ housards.
Un officier des gardes du corps.
L'empereur Napoléon et plusieurs personnages accessoires.

NOTE. — Plusieurs des parties du dialogue, notamment celles relatives aux amours de Mme de Timey et de Wolfang, et celles relatives à la présentation de Wolfgang au camp de Wagram, sont faites.

PREMIER ACTE
Le château d'Hermorah,
résidence du comte de Cadolles, au bord du Rhin.

Wolfgang est le fils du comte de Cadolles et d'une Allemande mystique, épousée pendant l'émigration. Wolfgang est un caractère romanesque, tantôt rêvant à sa mère *(le tombeau de sa mère est dans le parc même),* tantôt lisant avec frénésie les bulletins des journaux français, que reçoit son père. Il a évidemment *horreur* de Bonaparte; mais il a besoin d'action; il aspire vaguement à la gloire; il est jaloux de quiconque la possède, et il se souvient qu'il est français. — Tout ceci peut être exprimé dans un monologue.
 Scène entre le comte de Cadolles (vrai type du Français agréable de l'ancien régime) et son fils le marquis, à qui il reproche son inguérisable tristesse. On a reçu de bonnes nouvelles (fausses nouvelles, relatives aux espérances de la coalition et de l'émigration); il y aura un dîner d'amis au château.
 Scène entre Mme de Timey et le comte de Cadolles. Le comte connaît l'amour de son fils pour Mme de Timey. Il prie celle-ci de se servir de son ascendant pour ranimer et exciter le caractère de son fils. D'ailleurs on destine à Wolfgang une mission secrète politique.
 Scène entre Mme de Timey et Wolfgang. — (Au troisième acte, à Paris, le caractère de Mme de Timey se développera pleinement dans les confidences qu'elle fera à Wolfgang sur sa vie antérieure).
 La scène du dîner. On s'entretient surtout des espérances du parti, de politique, et de Bonaparte. — Quelques légères échappées de Wolfgang, qui, bien qu'il partage la haine de tous ses amis, ne peut pas entendre froidement leurs niaiseries et leurs sottises, surtout en tant qu'elles visent à nier les talents de l'Empereur.
 (Ce dialogue, fort difficile à faire, surtout en ce qu'il ne faut pas tomber dans les lourdes caricatures usitées en pareil cas, je le ferai avec des morceaux de la littérature réactionnaire du temps. Outre que j'en connais quelque chose, j'ai des amis qui la possèdent très bien et qui me fourniront des documents, — entre autres Sainte-Beuve; — et puis, il faut voir les *Mémoires de Chateaubriand,* surtout.)
 Vers la fin du dîner, un domestique prévient le comte qu'un soldat français, blessé, demande l'hospitalité.
 Le comte, qui est un bon homme, veut qu'on ait de lui le plus grand soin, et pour obéir à la curiosité de son fils, on introduit Robert Triton, sanglant, déguenillé et boitant. — (Il y a là une petite invraisemblance, relative aux

usages ; mais je tiens au contraste produit par l'effet de cette aristocratie, située depuis si longtemps en dehors de la France, et l'aspect de ce soldat.)

Le trompette conduit dans une chambre, le comte de Cadolles, qui cherche son fils, s'aperçoit qu'il a disparu. « Je parierais, dit-il, que Wolfgang, qui aime tant les récits de bataille, a été présider à l'installation de notre singulier hôte. » Triton guéri est devenu chef des piqueurs du comte de Cadolles. Wolfgang passe sa vie à la chasse avec Triton. Le trompette, *à son insu, corrompt, séduit* le marquis. Il lui explique, dans son langage de trompette, dans un style violent, pittoresque, grossier, naïf, ce que c'est qu'un combat, une charge de cavalerie, ce que c'est que la gloire, les amitiés de régiment, etc. Depuis longtemps, bien longtemps, Triton n'a plus de famille ; il n'est pas rentré au village depuis les grandes guerres de la république ; il ne sait pas ce qu'est devenue sa mère. Le régiment du 1ᵉʳ housards est devenu sa famille.

Une nuit, Wolfgang dit au trompette de seller les deux meilleurs chevaux. Et, en route, il lui dit : « Devines-tu où nous allons ? Nous allons rejoindre la Grande Armée. Je ne veux plus qu'on se batte sans moi ! »

<div align="center">DEUXIÈME ACTE</div>

<div align="center">*Enzersdorf et Wagram.*</div>

Ils arrivent au camp français. Triton, que l'on croyait mort, est reconnu par des camarades.

Le colonel Herbin est en train de dîner avec deux officiers. Il embrasse Triton et demande à Wolfgang qui il est et ce qu'il veut.— Celui-ci montre quelques papiers et est enrôlé immédiatement.

(Je supprime dans le plan une grande quantité de détails familiers qui seront d'un bon effet.)

Cadolles fait venir la cantinière et paye la bienvenue à son escadron.

Grâce à ses manières *(qui ne doivent jamais l'abandonner, même quand il sera devenu un parfait troupier)*, commence, parmi ses camarades, l'usage de ce surnom : *le marquis du 1ᵉʳ housards.*

L'armée a passé le pont sur le Danube. *5 juillet. Wagram.* L'Empereur passe devant les rangs du 1ᵉʳ housards.

Wolfgang, qui a beaucoup entendu parler *(en mal)* de l'Empereur, se raidit contre l'enthousiasme universel et se commande à lui-même de ne pas crier : *Vive l'Empereur !* Il est encore le fils du serviteur des Condé.

Napoléon, étendant le bras droit, montre aux soldats les plateaux de Wagram où sont échelonnées les troupes de l'archiduc. Tonnerre d'applaudissements. Wolfgang se sent envie de pleurer, *comme s'il était enlevé par un puissant comédien.*

— La bataille. *(J'avoue que je n'ai pas du tout pensé à la mise en scène.)*

Wolfgang a fait trois prisonniers et reçu une blessure à la tête.

Un aide de camp l'instruit que l'Empereur le demande. Napoléon est entouré de généraux et de colonels, parmi lesquels le colonel Herbin. Il regarde attentivement Wolfgang et lui dit : « *On m'a dit que vous étiez français, fils d'émigré. Vous rachetez ce que votre famille a fait de mal et vous continuez ce qu'elle a pu faire de bien. Je veux me souvenir de vous : voici ce qui m'aidera à vous reconnaître.* » — La croix de la Légion d'honneur. — (Il est bon

d'accentuer ainsi le caractère particulièrement séducteur de l'Empereur, qui a
été négligé par beaucoup d'historiens.)
 Wolfgang est complètement vaincu et gagné. (Il me semble que cet acte,
peut-être court sur le papier, doit être fort long à la représentation.)

TROISIÈME ACTE

L'Empire est fini. 1814.
 Un village, — deux officiers poudreux, aux vêtements en loques, arrivent,
exténués de fatigue, pour chercher un logement (penser au tableau de
Géricault, le Cuirassier blessé, marchant à côté de son cheval).
 C'est le marquis du 1er housards (maintenant colonel) et son vieux camarade,
le capitaine Graff (dont il a fait la connaissance au camp, quelques jours avant
Wagram).
 « Voilà un château, dit Wolfgang, que je suis sûr d'avoir vu en peinture dans
la salle à manger d'Hermorah ! »
 « Il me semble, dit Graff, que j'ai entendu crier ton nom. »
 Le village est en fête. Coups de fusil. Bruit de flûtes et de violons.
 Le garde champêtre et le maître de poste, anciens soldats, décorés, se
tiennent à l'écart et boivent sous une tonnelle.
 Cadolles et Graff dessellent leurs chevaux et, sur l'invitation des deux
anciens soldats, trinquent avec eux.
 Wolfgang, en prenant un verre : « À notre vieille gloire ! à la mort des
Anglais, des Prussiens, des Cosaques ! Aux canons qui cracheront sur ces
misérables ! À notre belle France, où nous les enterrerons un jour ! »
 « Où sommes-nous ? dit Graff, et qui fête-t-on ici ? »
 « Vous êtes à Cadolles, et on fête le retour du vieux comte qui, après avoir
été allemand pendant trente ans, s'imagine de redevenir français aujourd'hui
par la grâce de l'étranger. »
 Wolfgang court chez son père qu'il trouve sur le perron du château, entouré
de paysans. Le père croyait le fils mort. Embrassements et reconnaissance.
 Wolfgang se trouve bientôt dans un salon antipathique. Son père le présente
à Charles Stown, un officier anglais, et au comte de Béval, espèce de pédant
politique qui rêve chartes, constitutions et réconciliation du Roi avec la
révolution. — Puis Mme de Timey, revenue avec le comte de Cadolles, et qui,
toujours coquette et femme politique, se prête à toutes les flagorneries de
Charles Stown et de M. de Béval.
 Wolfgang est immédiatement repris par l'amour, et son antipathie pour
M. de Béval et l'officier anglais en est naturellement augmentée.
 Mme de Timey cherche tout de suite, par ses coquetteries et par ses
encouragements, à le ramener à la bonne cause.
 Une main se pose sur son épaule, et une voix lui dit : « L'Empereur a
abdiqué ! mais c'est peut-être un bruit que font courir ses ennemis. S'il y a des
traîtres, il faut les fusiller. Allons où ça chauffe. »
 C'est Graff. Wolfgang s'enfuit avec lui.
 (Cet acte va être bien long. Nous pourrions, malgré la division que j'ai écrite
en tête du plan, couper l'acte ici et en rejeter la fin au commencement du
quatrième acte, — surtout si nous considérons que la matière du quatrième et
du cinquième acte est très courte.)

PARIS. La restauration à Paris.

Le 1er housards est en garnison à Paris. Querelles fréquentes entre ses officiers et les officiers des armées alliées. Graff surtout cherche des duels avec emportement dans tous les lieux publics. (On pourrait introduire ici, comme décor, Paphos ou les jardins de Tivoli.)

Wolfgang, lui aussi, pour s'étourdir, mène une vie assez dissipée; mais son amour pour Mme de Timey augmente toujours. Celle-ci d'ailleurs s'est dégoûtée de Charles Stown et d'Adrien de Béval. La violence, la tendresse et l'emportement de Wolfgang lui plaisent; mais elle voudrait tourner les sympathies de son amant vers la nouvelle royauté. Wolfgang sent plusieurs fois renaître en lui les goûts et la fierté du gentilhomme; mais cela ne diminue en rien sa sympathie et son admiration pour Bonaparte.

Mme de Timey a été insultée par un journal. Pendant que M. de Béval et Charles Stown discutent chez elle sur ce qu'il y a à faire en pareille circonstance, Wolfgang paraît, le bras en écharpe; sans parler, sans prévenir, il a châtié l'auteur de l'attaque.

Cette affaire resserre encore plus la liaison du marquis avec Mme de Timey, et c'est dans un tête-à-tête intime, où Wolfgang lui reproche son étrange caractère, qu'elle lui raconte son ancienne histoire.

Le comte de Timey, qui était un homme très intelligent et très corrompu, a été l'amant de sa mère, femme d'un autre émigré français, Mme d'Évré. Avant de mourir, après sa confession, M. le comte de Timey a voulu épouser Mlle d'Évré, qui était peut-être, et probablement même, sa fille. — La nuit de noces. — Le moribond a employé sa nuit de noces à enseigner à sa femme sa corruption morale et sa corruption politique. Il lui a dit finalement : « *Ma chère fille, je laisse dans votre âme virginale l'expérience d'un vieux roué.* » Et puis il est mort. Ainsi elle s'est trouvée à la fois, et subitement, *riche, veuve quoique vierge, et pleine d'expérience quoique innocente.*

Wolfgang, profondément attristé, se récrie; il prétend qu'il y a encore du bonheur possible; que l'âme de sa maîtresse peut rajeunir; qu'il se sent, lui, plein de jeunesse et de confiance, et qu'il ne s'agit que de noyer toutes ces impressions funèbres dans le bonheur présent et dans un mariage immédiat.

Mme de Timey, revenant à ses rêves d'ambition, pose une condition à ce mariage : c'est que Wolfgang verra le Roi et le comte d'Artois, et quittera le 1er housards pour entrer aux gardes du corps. *(Il est évident qu'il est facile, dans cette partie, de faire reparaître chez Mme de Timey le père du marquis, le comte de Cadolles, qui, naturellement, doit appuyer les projets et les propositions de celle-ci.)*

Wolfgang, très ébranlé, est bien près de céder, quand Graff survient à l'improviste qui lui apprend le débarquement de l'Empereur.

QUATRIÈME ACTE
OU DEUXIÈME PARTIE DU QUATRIÈME ACTE

Tout l'amour de Wolfgang pour Bonaparte renaît, et à la caserne il lit aux officiers la proclamation royale de manière à leur faire deviner ses propres sentiments *(il faudra retrouver le texte officiel de la proclamation royale).*
SUR UNE ROUTE. — Le régiment silencieux, triste; Wolfgang part en avant,

sur de certains indices. Tout d'un coup, de tous côtés, un grand cri : « *C'est lui!* » et puis : « *Vive l'Empereur!* »
(La mise en scène de ce tableau, grâce aux documents historiques, est très facile à faire.)
Naturellement, nous évitons de mettre en scène la bataille de Waterloo; ce serait, je crois, un tableau désagréable, et d'ailleurs, au point de vue purement scénique, cela ferait un double emploi avec la bataille de Wagram.

CINQUIÈME ACTE

Chez Mme de Timey.

Lettre de Wolfgang : « Je suis accusé; on me cherche; si l'on me trouve, je serai fusillé... venez... et fuyons ensemble. »
Mme de Timey hésite, et finalement répond : *Non !* — tout en protestant de son amour, et en engageant Wolfgang à se bien cacher et à attendre.
Seconde lettre : « Puisque vous ne voulez pas fuir avec moi, vous ne m'aimez plus, et je me constitue prisonnier. »

Dans la prison

Graff vient voir son vieux camarade et lui dit qu'il ne faut pas laisser aux royalistes le plaisir de fusiller un officier de la Grande Armée. En même temps il lui remet un pistolet.
Wolgang répond qu'en ces matières-là chacun est libre de suivre ses sentiments, et que, lui, il se laissera tranquillement fusiller *(car il veut mourir)*.
Un officier des gardes du corps apporte la nouvelle de la grâce accordée *par le roi, spontanément.*
Wolfgang, au moment où Graff, joyeux, vient lui sauter au cou, s'empare du pistolet et *se tue (car il veut mourir).*
Arrivent le comte de Cadolles et Mme de Timey.
Wolfgang se figure alors que c'est sa maîtresse qui a obtenu sa grâce, et il meurt en la remerciant.
Graff, qui, à un mot précédent de Wolfgang, a deviné la vérité, dit à Mme de Timey : « C'est vous qui avez tué le plus brave officier de la Grande Armée, le marquis du 1ᵉʳ housards. »
(Je vous en prie, ne changeons pas ce dénouement LOGIQUE *contre un dénouement heureux, qui serait* ABSURDE *et sans* MAJESTÉ.
(J'ai oublié de vous avertir que Robert Triton reparaîtra dans toutes lēs occasions où on pourra le faire reparaître : par exemple, dans la rentrée des émigrés au village de Cadolles; dans les scènes tumultueuses des cafés et des casinos; dans la scène de reconnaissance entre l'Empereur revenant de l'île d'Elbe, et le 1ᵉʳ housards; et enfin dans la scène finale à la prison.)
(La chose entière m'apparaît comme un vrai drame, c'est-à-dire l'union de scènes très bien filées avec une mise en scène très active, très remuante et avec une grande pompe militaire, là où il y a lieu. Je n'indique pas les décors, qui peuvent être d'un effet poétique, vous les devinerez.)
Je n'ai pas recopié ce manuscrit. — Donc, je le ferai transcrire avant de me mettre à la besogne journalière.

PROJETS DE PIÈCES

THÉÂTRE

Le catholique dandy.
Envers de Tartuffe.
Le parfait catholique aimable, arrangeant les affaires de tout le monde, à la manière d'Hardouin (drame de Diderot).
Personnage épisodique ou principal ?
D'Aurevilly vous invite à communier avec lui comme un autre à dîner.
— Nous communierons ensemble, et ensemble nous nous agenouillerons, humblement, le poing sur la hanche.
— Pourquoi regardez-vous ces filles ?
— Je m'en repentirai.
— Anecdotes de d'Aurevilly et de la Religieuse.

DRAMES

L'Ivrogne.
Le Marquis du 1er housards.
Falkland (Caleb Williams).
La Femme entretenue sans le savoir.
Les Vierges sages et les vierges folles.
Histoire de brigands, pendant le Directoire.
Un drame romain (de la République ou de l'Empire).
Une pièce à femmes, mais une vraie pièce de poète.
Le Club des Cocus.
La Jeunesse de César.

Un drame sur les Bohémiens.
Le Prometteur sans crédit.

Penser aussi au drame romanesque, aux coutumes variées des peuples, l'esclavage, etc.

JOURNAUX INTIMES

JOURNAUX INTIMES

FUSÉES[1]

I

Quand même Dieu n'existerait pas, la Religion serait encore Sainte et *Divine*.

Dieu est le seul être qui, pour régner, n'ait même pas besoin d'exister.

Ce qui est créé par l'esprit est plus vivant que la matière.

L'amour, c'est le goût de la prostitution. Il n'est même pas de plaisir noble qui ne puisse être ramené à la Prostitution.

Dans un spectacle, dans un bal, chacun jouit de tous.

Qu'est-ce que l'art ? Prostitution.

Le plaisir d'être dans les foules est une expression mystérieuse de la jouissance de la multiplication du nombre.

Tout est nombre. Le nombre est dans *tout*. Le nombre est dans l'individu. L'ivresse est un nombre.

Le goût de la concentration productive doit remplacer, chez un homme mûr, le goût de la déperdition. —

L'amour peut dériver d'un sentiment généreux : le goût de la prostitution ; mais il est bientôt corrompu par le goût de la propriété.

L'amour veut sortir de soi, se confondre avec sa victime, comme le vainqueur avec le vaincu, et cependant conserver des privilèges de conquérant.

Les voluptés de l'entreteneur tiennent à la fois de l'ange et du propriétaire. Charité et férocité. Elles sont même indépendantes du sexe, de la beauté et du genre animal.

Les ténèbres vertes dans les soirs humides de la belle saison.

Profondeur immense de pensée dans les locutions vulgaires, trous creusés par des générations de fourmis.

Anecdote du chasseur, relative à la liaison intime de la férocité et de l'amour.

II

FUSÉES

De la féminéité de l'Église, comme raison de son omnipuissance.
De la couleur violette (amour contenu, mystérieux, voilé, couleur de
chanoinesse).

Le prêtre est immense parce qu'il fait croire à une foule de choses
étonnantes.
Que l'Église veuille tout faire et tout être, c'est une loi de l'esprit humain.
Les peuples adorent l'autorité.
Les prêtres sont les serviteurs et les sectaires de l'imagination.
Le trône et l'autel, maxime révolutionnaire.

E. G. OU la SÉDUISANTE AVENTURIÈRE [1]

Ivresse religieuse des grandes villes. — Panthéisme. Moi, c'est tous ; Tous,
c'est moi.
Tourbillon.

III

FUSÉES

Je crois que j'ai déjà écrit dans mes notes que l'amour ressemblait fort à une
torture ou à une opération chirurgicale. Mais cette idée peut être développée de
la manière la plus amère. Quand même les deux amants seraient très épris et
très pleins de désirs réciproques, l'un des deux sera toujours plus calme ou
moins possédé que l'autre. Celui-là, ou celle-là, c'est l'opérateur, ou le
bourreau ; l'autre, c'est le sujet, la victime. Entendez-vous ces soupirs,
préludes d'une tragédie de déshonneur, ces gémissements, ces cris, ces râles ?
Qui ne les a proférés, qui ne les a irrésistiblement extorqués ? Et que trouvez-
vous de pire dans la question appliquée par de soigneux tortionnaires ? Ces
yeux de somnambule révulsés, ces membres dont les muscles jaillissent et se
roidissent comme sous l'action d'une pile galvanique, l'ivresse, le délire,
l'opium, dans leurs plus furieux résultats, ne vous en donneront certes pas
d'aussi affreux, d'aussi curieux exemples. Et le visage humain, qu'Ovide
croyait façonné pour refléter les astres, le voilà qui ne parle plus qu'une
expression de férocité folle, ou qui se détend dans une espèce de mort. Car,
certes, je croirais faire un sacrilège en appliquant le mot : extase à cette sorte de
décomposition.
— Épouvantable jeu où il faut que l'un des joueurs perde le gouvernement de
soi-même !
Une fois il fut demandé devant moi en quoi consistait le plus grand plaisir de
l'amour. Quelqu'un répondit naturellement : à recevoir, — et un autre : à se
donner. — Celui-ci dit : plaisir d'orgueil ! — et celui-là : volupté d'humilité !
Tous ces orduriers parlaient comme l'*Imitation de J[esus] - C[hrist]*. — Enfin
il se trouva un impudent utopiste qui affirma que le plus grand plaisir de
l'amour était de former des citoyens pour la patrie.
Moi, je dis : la volupté unique et suprême de l'amour gît dans la certitude de
faire le *mal*. — Et l'homme et la femme savent de naissance que dans le mal se
trouve toute volupté.

IV

PLANS. FUSÉES. PROJETS

— La Comédie à la Silvestre [1].
Barbara et le Mouton.
— Chenavard a créé un type surhumain.
— Mon vœu à Levaillant.
— Préface, mélange de mysticité et d'enjouement.
Rêves et théorie du Rêve à la Swedenborg.
La pensée de Campbell [2] *(the Conduct of Life.)*
Concentration.
Puissance de l'idée fixe.
— La franchise absolue, moyen d'originalité.
— Raconter pompeusement des choses comiques.

FUSÉES. SUGGESTIONS

Quand un homme se met au lit, presque tous ses amis ont un désir secret de le voir mourir; les uns pour constater qu'il avait une santé inférieure à la leur; les autres dans l'espoir désintéressé d'étudier une agonie.

Le dessin arabesque est le plus spiritualiste des dessins.

V

FUSÉES. SUGGESTIONS

L'homme de lettres remue des capitaux et donne le goût de la gymnastique intellectuelle.

Le dessin arabesque est le plus idéal de tous.

Nous aimons les femmes à proportion qu'elles nous sont plus étrangères. Aimer les femmes intelligentes est un plaisir de pédéraste. Ainsi la bestialité exclut la pédérastie.

L'esprit de bouffonnerie peut ne pas exclure la charité, mais c'est rare.

L'enthousiasme qui s'applique à autre chose que les abstractions est un signe de faiblesse et de maladie.

La maigreur est plus nue, plus indécente que la graisse.

VI

— *Ciel tragique.* Épithète d'un ordre abstrait appliqué à un être matériel.

— L'homme boit la lumière avec l'atmosphère. Ainsi le peuple a raison de dire que l'air de la nuit est malsain pour le travail.

— Le peuple est adorateur-né du feu.
Feux d'artifice, incendies, incendiaires.
Si l'on suppose un adorateur-né du feu, un *Parsis-né,* on peut créer une nouvelle.

Les méprises relatives aux visages sont le résultat de l'éclipse de l'image réelle par l'hallucination qui en tire sa naissance.

Connais donc les jouissances d'une vie âpre ; et prie, prie sans cesse. La prière est réservoir de force. *(Autel de la volonté. Dynamique morale. La sorcellerie des sacrements. Hygiène de l'âme.)* La Musique creuse le ciel.

Jean-Jacques disait qu'il n'entrait dans un café qu'avec une certaine émotion. Pour une nature timide, un contrôle de théâtre ressemble quelque peu au tribunal des Enfers.

La vie n'a qu'un charme vrai ; c'est le charme du *Jeu*. Mais s'il nous est indifférent de gagner ou de perdre ?

VII

SUGGESTIONS FUSEES

Les nations n'ont de grands hommes que malgré elles, — comme les familles. Elles font tous leurs efforts pour n'en pas avoir. Et ainsi, le grand homme a besoin, pour exister, de posséder une force d'attaque plus grande que la force de résistance développée par des millions d'individus.

À propos du sommeil, aventure sinistre de tous les soirs, on peut dire que les hommes s'endorment journellement avec une audace qui serait inintelligible, si nous ne savions qu'elle est le résultat de l'ignorance du danger.

Il y a des peaux carapaces avec lesquelles le mépris n'est plus une vengeance.

Beaucoup d'amis, beaucoup de gants. Ceux qui m'ont aimé étaient des gens méprisés, je dirais même méprisables, si je tenais à flatter les honnêtes gens.

Girardin parler latin ! *Pecudesque locutæ*.

Il appartenait à une Société incrédule d'envoyer Robert Houdin chez les Arabes pour les détourner des miracles.

VIII

Ces beaux et grands navires, imperceptiblement balancés (dandinés) sur les eaux tranquilles, ces robustes navires, à l'air désœuvré et nostalgique, ne nous disent-ils pas dans une langue muette : Quand partons-nous pour le bonheur ?

Ne pas oublier dans le drame le côté merveilleux, la sorcellerie et le romanesque.

Les milieux, les atmosphères, dont tout un récit doit être trempé. (Voir *Usher* et en référer aux sensations profondes du hachisch et de l'opium.)

Y a-t-il des folies mathématiques et des fous qui pensent que deux et deux fassent trois ? En d'autres termes, — l'hallucination peut-elle, si ces mots ne hurlent pas, envahir les choses de pur raisonnement ? Si, quand un homme prend l'habitude de la paresse, de la rêverie, de la fainéantise, au point de

renvoyer sans cesse au lendemain la chose importante, un autre homme le réveillait un matin à grands coups de fouet et le fouettait sans pitié jusqu'à ce que, ne pouvant travailler par plaisir, celui-ci travaillât par peur, cet homme, — le fouetteur, — ne serait-il pas vraiment son ami, son bienfaiteur ? D'ailleurs on peut affirmer que le plaisir viendrait après, à bien plus juste titre qu'on ne dit : l'amour vient après le mariage.

De même en politique, le vrai saint est celui qui fouette et tue le peuple pour le bien du peuple.

Mardi 13 mai 1856

Prendre des exempl[aires] à Michel.
Écrire à Mann,
 à [Willis]
 à *Maria Clemm*.
Envoyer chez Mad. Dumay
— savoir si Mirès......

Ce qui n'est pas légèrement difforme a l'air insensible ; — d'où il suit que l'irrégularité, c'est-à-dire l'inattendu, la surprise, l'étonnement sont une partie essentielle et la caractéristique de la beauté.

IX

NOTES FUSEES

Théodore de Banville n'est pas précisément matérialiste ; il est lumineux. Sa poésie représente les heures heureuses.

À chaque lettre de créancier, écrivez cinquante lignes sur un sujet extra-terrestre et vous serez sauvé.

Grand sourire dans un beau visage de géant.

Du suicide et de la folie-suicide considérés dans leurs rapports avec la statistique, la médecine et la philosophie.

Brierre de Boismont [1]

Chercher le passage :
Vivre avec un être qui n'a pour vous que de l'aversion...
Le portrait de *Sérène* par *Sénèque*, celui de *Stagyre* par *saint Jean Chrysostome*.
L'acedia, maladie des moines.
Le *Tædium vitae*.

FUSEES

Traduction et paraphrase de : *La Passion rapporte tout à elle.*

Jouissances spirituelles et physiques causées par l'orage, l'électricité et la foudre, tocsin des souvenirs amoureux, ténébreux, des anciennes années.

X

J'ai trouvé la définition du Beau, — de mon Beau. C'est quelque chose d'ardent et de triste, quelque chose d'un peu vague, laissant carrière à la conjecture. Je vais, si l'on veut, appliquer mes idées à un objet sensible, à l'objet, par exemple, le plus intéressant dans la société, à un visage de femme. Une tête séduisante et belle, une tête de femme, veux-je dire, c'est une tête qui fait rêver à la fois, — mais d'une manière confuse, — de volupté et de tristesse ; qui comporte une idée de mélancolie, de lassitude, même de satiété, — soit une idée contraire, c'est-à-dire une ardeur, un désir de vivre, associé avec une amertume refluante, comme venant de privation ou de désespérance. Le mystère, le regret sont aussi des caractères du Beau.

Une belle tête d'homme n'a pas besoin de comporter, excepté peut-être aux yeux d'une femme, — aux yeux d'un homme bien entendu — cette idée de volupté, qui dans un visage de femme est une provocation d'autant plus attirante que le visage est généralement plus mélancolique. Mais cette tête contiendra aussi quelque chose d'ardent et de triste, — des besoins spirituels, des ambitions ténébreusement refoulées, — l'idée d'une puissance grondante, et sans emploi, — quelquefois l'idée d'une insensibilité vengeresse, (car le type idéal du Dandy n'est pas à négliger dans ce sujet), — quelquefois aussi, — et c'est l'un des caractères de beauté les plus intéressants, — le mystère, et enfin (pour que j'aie le courage d'avouer jusqu'à quel point je me sens moderne en esthétique), le Malheur. — Je ne prétends pas que la Joie ne puisse pas s'associer avec la Beauté, mais je dis que la Joie [en] est un des ornements les plus vulgaires ; — tandis que la Mélancolie en est pour ainsi dire l'illustre compagne, à ce point que je ne conçois guère (mon cerveau serait-il un miroir ensorcelé ?) un type de Beauté où il n'y ait du Malheur. — Appuyé sur, — d'autres diraient : obsédé par — ces idées, on conçoit qu'il me serait difficile de ne pas conclure que le plus parfait type de Beauté virile est Satan, — à la manière de Milton.

XI

Auto-idolâtrie.

Harmonie politique du caractère.
Eurythmie du caractère et des facultés.
Augmenter toutes les facultés.
Conserver toutes les facultés.
Un culte (magisme, sorcellerie évocatoire).
Le sacrifice et le vœu sont les formules suprêmes et les symboles de l'échange.

Deux qualités littéraires fondamentales : surnaturalisme et ironie.
Coup d'œil individuel, aspect dans lequel se tiennent les choses devant l'écrivain, puis tournure d'esprit satanique. Le surnaturel comprend la couleur générale et l'accent, c'est-à-dire intensité, sonorité, limpidité, vibrativité, profondeur et retentissement dans l'espace et dans le temps

Il y a des moments de l'existence où le temps et l'étendue sont plus profonds, et le sentiment de l'existence immensément augmenté.

De la magie appliquée à l'évocation des grands morts, au rétablissement et au perfectionnement de la santé.

L'inspiration vient toujours quand l'homme le *veut*, mais elle ne s'en va pas toujours quand il le veut.

De la langue et de l'écriture, prises comme opérations magiques, sorcellerie évocatoire.

De l'air dans la femme.

Les airs charmants et qui font la beauté sont :

L'air blasé, L'air de domination,
L'air ennuyé, L'air de volonté,
L'air évaporé, L'air méchant,
L'air impudent, L'air malade,
L'air froid, L'air chat, enfantillage,
L'air de regarder en dedans, nonchalance et malice mêlés.

Dans certains états de l'âme presque surnaturels, la profondeur de la vie se révèle tout entière dans le spectacle, si ordinaire qu'il soit, qu'on a sous les yeux. Il en devient le symbole.

Comme je traversais le boulevard, et comme je mettais un peu de précipitation à éviter les voitures, mon auréole s'est détachée et est tombée dans la boue du macadam. J'eus heureusement le temps de la ramasser ; mais cette idée malheureuse se glissa un instant après dans mon esprit, que c'était un mauvais présage ; et dès lors l'idée n'a plus voulu me lâcher ; elle ne m'a laissé aucun repos de toute la journée.

Du culte de soi-même dans l'amour, au point de vue de la santé, de l'hygiène, de la toilette, de la noblesse spirituelle et de l'éloquence.

Self-purification and anti-humanity.

Il y a dans l'acte de l'amour une grande ressemblance avec la torture, ou avec une opération chirurgicale.

Il y a dans la prière une opération magique. La prière est une des grandes forces de la dynamique intellectuelle. Il y a là comme une récurrence électrique.

Le chapelet est un médium, un véhicule ; c'est la prière à la portée de tous.

Le travail, force progressive et accumulative, portant intérêts comme le capital, dans les facultés comme dans les résultats.

Le jeu, même dirigé par la science, force intermittente, sera vaincu, si fructueux qu'il soit, par le travail, si petit qu'il soit, mais continu.

Si un poète demandait à l'État le droit d'avoir quelques bourgeois dans son écurie, on serait fort étonné, tandis que si un bourgeois demandait du poète rôti, on le trouverait tout naturel.

Ce livre ne pourra pas scandaliser mes femmes, mes filles, ni mes sœurs.

Tantôt il lui demandait la permission de lui baiser la jambe, et il profitait de la

circonstance pour baiser cette belle jambe dans telle position qu'elle dessinât nettement son contour sur le soleil couchant.

Minette, minoutte, minouille, mon chat, mon loup, mon petit singe, grand singe, grand serpent, mon petit âne mélancolique.

De pareils caprices de langue, trop répétés, de trop fréquentes appellations bestiales témoignent d'un côté satanique dans l'amour ; les satans n'ont-ils pas des formes de bêtes ? Le chameau de Cazotte, — chameau, diable et femme. Un homme va au tir au pistolet, accompagné de sa femme. — Il ajuste une poupée, et dit à sa femme : Je me figure que c'est toi. — Il ferme les yeux et abat la poupée. — Puis il dit en baisant la main de sa compagne : Cher ange, que je te remercie de mon adresse !

Quand j'aurai inspiré le dégoût et l'horreur universels, j'aurai conquis la solitude.

Ce livre n'est pas fait pour mes femmes, mes filles et mes sœurs. — J'ai peu de ces choses.

Il y a des peaux carapaces avec lesquelles le mépris n'est plus un plaisir. Beaucoup d'amis, beaucoup de gants, — de peur de la gale.

Ceux qui m'ont aimé étaient des gens méprisés, je dirais même méprisables, si je tenais à flatter *les honnêtes gens*.

Dieu est un scandale, — un scandale qui rapporte.

XII

Ne méprisez la sensibilité de personne. La sensibilité de chacun, c'est son génie.

Il n'y a que deux endroits où l'on paye pour avoir le droit de dépenser, les latrines publiques et les femmes.

Par un concubinage ardent, on peut deviner les jouissances d'un jeune ménage.

Le goût précoce des femmes. Je confondais l'odeur de la fourrure avec l'odeur de la femme. Je me souviens... Enfin, j'aimais ma mère pour son élégance. J'étais donc un dandy précoce.

Mes ancêtres, idiots ou maniaques, dans des appartements solennels, tous victimes de terribles passions.

Les pays protestants manquent de deux éléments indispensables au bonheur d'un homme bien élevé, la galanterie et la dévotion.

Le mélange du grotesque et du tragique est agréable à l'esprit comme les discordances aux oreilles blasées.

Ce qu'il y a d'enivrant dans le mauvais goût, c'est le plaisir aristocratique de déplaire.

L'Allemagne exprime la rêverie par la ligne, comme l'Angleterre par la perspective.

Il y a dans l'engendrement de toute pensée sublime une secousse nerveuse qui se fait sentir dans le cervelet.

L'Espagne met dans la religion la férocité naturelle de l'amour.

Style.
La note éternelle, le style éternel et cosmopolite. Chateaubriand, Alph. Rabbe [1], Edgar Poe.

XIII

Pourquoi les démocrates n'aiment pas les chats, il est facile de le deviner. Le chat est beau ; il révèle des idées de luxe, de propreté, de volupté, etc.

FUSÉES

Un peu de travail, répété trois cent soixante-cinq fois, donne trois cent soixante-cinq fois un peu d'argent, c'est-à-dire une somme énorme. En même temps *la gloire est faite.*
De même, une foule de petites jouissances composent le bonheur.

Créer un poncif, c'est le génie.
Je dois créer un poncif.

Le concetto est un chef-d'œuvre.

Le ton Alphonse Rabbe.
Le ton fille entretenue *(Ma toute-belle ! Sexe volage !).*
Le ton *éternel.*
Coloriage, cru, dessin profondément entaillé.
La prima Donna et le garçon boucher.

Ma mère est fantastique ; il faut la craindre et lui plaire.

L'orgueilleux Hildebrand.
Césarisme de Napoléon III. (Lettre à Edgar Ney.) Pape et Empereur.

XIV

Se livrer à Satan, qu'est-ce que c'est ?

Quoi de plus absurde que le Progrès, puisque l'homme, comme cela est prouvé par le fait journalier, est toujours semblable et égal à l'homme, c'est-à-dire toujours à l'état sauvage. Qu'est-ce que les périls de la forêt et de la prairie auprès des chocs et des conflits quotidiens de la civilisation ? Que l'homme enlace sa dupe sur le Boulevard, ou perce sa proie dans des forêts inconnues, n'est-il pas l'homme éternel, c'est-à-dire l'animal de proie le plus parfait ?

— On dit que j'ai trente ans ; mais si j'ai vécu trois minutes en une... n'ai-je pas quatre-vingt-dix ans ?

........ Le travail, n'est-ce pas le sel qui conserve les âmes momies ?

Début d'un roman, commencer un sujet n'importe où et, pour avoir envie de le finir, débuter par de très belles phrases.

XV

Je crois que le charme infini et mystérieux qui gît dans la contemplation d'un navire, et surtout d'un navire en mouvement, tient, dans le premier cas, à la

régularité et à la symétrie qui sont un des besoins primordiaux de l'esprit humain, au même degré que la complication et l'harmonie, — et, dans le second cas, à la multiplication successive et à la génération de toutes les courbes et figures imaginaires opérées dans l'espace par les éléments réels de l'objet.

L'idée poétique qui se dégage de cette opération du mouvement dans les lignes est l'hypothèse d'un être vaste, immense, compliqué, mais eurythmique, d'un animal plein de génie, souffrant et soupirant tous les soupirs et toutes les ambitions humaines.

Peuples civilisés, qui parlez toujours sottement de *sauvages* et de *barbares*, bientôt, comme dit d'Aurevilly, vous ne vaudrez *même plus assez pour être idolâtres*.

Le stoïcisme, religion qui n'a qu'un sacrement, — le suicide !

Concevoir un canevas pour une bouffonnerie lyrique ou féerique, pour une pantomime, et traduire cela en un roman sérieux. Noyer le tout dans une atmosphère anormale et songeuse, — dans l'atmosphère des *grands jours*. — Que ce soit quelque chose de berçant, — et même de serein dans la passion. — Régions de la Poésie pure.

Ému au contact de ces voluptés qui ressemblaient à des souvenirs, attendri par la pensée d'un passé mal rempli, de tant de fautes, de tant de querelles, de tant de choses à se cacher réciproquement, il se mit à pleurer ; et ses larmes chaudes coulèrent dans les ténèbres sur l'épaule nue de sa chère et toujours attirante maîtresse. Elle tressaillit ; elle se sentit, elle aussi, attendrie et remuée. Les ténèbres rassuraient sa vanité et son dandysme de femme froide. Ces deux êtres déchus, mais souffrant encore de leur reste de noblesse, s'enlacèrent spontanément, confondant dans la pluie de leurs larmes et de leurs baisers les tristesses de leur passé avec leurs espérances bien incertaines d'avenir. Il est présumable que jamais pour eux la volupté ne fut si douce que dans cette nuit de mélancolie et de charité ; — volupté saturée de douleur et de remords.

A travers la noirceur de la nuit, il avait regardé derrière lui dans les années profondes, puis il s'était jeté dans les bras de sa coupable amie pour y retrouver le pardon qu'il lui accordait.

— Hugo pense souvent à Prométhée. Il s'applique un vautour imaginaire sur une poitrine qui n'est lancinée que par les moxas de la vanité. Puis l'hallucination se compliquant, se variant, mais suivant la marche progressive décrite par les médecins, il croit que par un *fiat* de la Providence, Sainte-Hélène a pris la place de Jersey.

Cet homme est si peu élégiaque, si peu éthéré, qu'il ferait horreur même à un notaire.

Hugo-Sacerdoce a toujours le front penché ; — trop penché pour rien voir, excepté son nombril.

Qu'est-ce qui n'est pas un sacerdoce aujourd'hui ? La jeunesse elle-même est un sacerdoce, — à ce que dit la jeunesse.

Et qu'est-ce qui n'est pas une prière ? — Chier est une prière, à ce que disent les démocrates quand ils chient.

M. de Pontmartin[1], — un homme qui a toujours l'air d'arriver de sa province...

L'homme, c'est-à-dire chacun, est si *naturellement* dépravé qu'il souffre moins de l'abaissement universel que de l'établissement d'une hiérarchie raisonnable.

Le monde va finir. La seule raison pour laquelle il pourrait durer, c'est qu'il existe. Que cette raison est faible, comparée à toutes celles qui annoncent le contraire, particulièrement à celle-ci : qu'est-ce que le monde a désormais à faire sous le ciel ? — Car, en supposant qu'il continuât à exister matériellement, serait-ce une existence digne de ce nom et du dictionnaire historique ? Je ne dis pas que le monde sera réduit aux expédients et au désordre bouffon des républiques du Sud-Amérique, — que peut-être même nous retournerons à l'état sauvage, et que nous irons, à travers les ruines herbues de notre civilisation, chercher notre pâture, un fusil à la main. Non ; — car ce sort et ces aventures supposeraient encore une certaine énergie vitale, écho des premiers âges. Nouvel exemple et nouvelles victimes des inexorables lois morales, nous périrons par où nous avons cru vivre. La mécanique nous aura tellement américanisés, le progrès aura si bien atrophié en nous toute la partie spirituelle, que rien parmi les rêveries sanguinaires, sacrilèges, ou anti naturelles des utopistes ne pourra être comparé à ses résultats positifs. Je demande à tout homme qui pense de me montrer ce qui subsiste de la vie. De la religion, je crois inutile d'en parler et d'en chercher les restes, puisque se donner encore la peine de nier Dieu est le seul scandale en pareilles matières. La propriété avait disparu virtuellement avec la suppression du droit d'ainesse ; mais le temps viendra où l'humanité, comme un ogre vengeur, arrachera leur dernier morceau à ceux qui croiront avoir hérité légitimement des révolutions. Encore, là ne serait pas le mal suprême.

L'imagination humaine peut concevoir, sans trop de peine, des républiques ou autres états communautaires, dignes de quelque gloire, s'ils sont dirigés par des hommes sacrés, par de certains aristocrates. Mais ce n'est pas particulièrement par des institutions politiques que se manifestera la ruine universelle, ou le progrès universel ; car peu m'importe le nom. Ce sera par l'avilissement des cœurs. Ai-je besoin de dire que le peu qui restera de politique se débattra péniblement dans les étreintes de l'animalité générale, et que les gouvernants seront forcés, pour se maintenir et pour créer un fantôme d'ordre, de recourir à des moyens qui feraient frissonner notre humanité actuelle, pourtant si endurcie ? — Alors, le fils fuira la famille, non pas à dix-huit ans, mais à douze, émancipé par sa précocité gloutonne ; il la fuira, non pas pour chercher des aventures héroïques, non pas pour délivrer une beauté prisonnière dans une tour, non pas pour immortaliser un galetas par de sublimes pensées, mais pour fonder un commerce, pour s'enrichir et pour faire concurrence à son infâme papa, — fondateur et actionnaire d'un journal qui répandra les lumières et qui ferait considérer *Le Siècle* d'alors comme un suppôt de la superstition. — Alors, les errantes, les déclassées, celles qui ont eu quelques amants, et qu'on appelle parfois des Anges, en raison et en remerciement de l'étourderie qui brille, lumière de hasard, dans leur existence logique comme le mal, — alors celles-là, dis-je, ne seront plus qu'impitoyable sagesse, sagesse qui condamnera tout, fors l'argent, tout, même *les erreurs des sens !* — Alors, ce qui ressemblera à la vertu, — que dis-je, — tout ce qui ne sera pas l'ardeur vers

Plutus sera réputé un immense ridicule. La justice, si, à cette époque fortunée, il peut encore exister une justice, fera interdire les citoyens qui ne sauront pas faire fortune. — Ton épouse, ô Bourgeois ! ta chaste moitié dont la légitimité fait pour toi la poésie, introduisant désormais dans la légalité une infamie irréprochable, gardienne vigilante et amoureuse de ton coffre-fort, ne sera plus que l'idéal parfait de la femme entretenue. Ta fille, avec une nubilité enfantine, rêvera dans son berceau, qu'elle se vend un million. Et toi-même, ô Bourgeois, — moins poète encore que tu n'es aujourd'hui, — tu n'y trouveras rien à redire ; tu ne regretteras rien. Car il y a des choses dans l'homme, qui se fortifient et prospèrent à mesure que d'autres se délicatisent et s'amoindrissent, et, grâce au progrès de ces temps, il ne te restera de tes entrailles que des viscères ! — Ces temps sont peut-être bien proches ; qui sait même s'ils ne sont pas venus, et si l'épaississement de notre nature n'est pas le seul obstacle qui nous empêche d'apprécier le milieu dans lequel nous respirons !

Quant à moi qui sens quelquefois en moi le ridicule d'un prophète, je sais que je n'y trouverai jamais la charité d'un médecin. Perdu dans ce vilain monde, coudoyé par les foules, je suis comme un homme lassé dont l'œil ne voit en arrière, dans les années profondes, que désabusement et amertume, et devant lui qu'un orage où rien de neuf n'est contenu, ni enseignement, ni douleur. Le soir où cet homme a volé à la destinée quelques heures de plaisir, bercé dans sa digestion, oublieux — autant que possible — du passé, content du présent et résigné à l'avenir, enivré de son sang-froid et de son dandysme, fier de n'être pas aussi bas que ceux qui passent, il se dit en contemplant la fumée de son cigare : Que m'importe où vont ces consciences ?

Je crois que j'ai dérivé dans ce que les gens du métier appellent un hors-d'œuvre. Cependant, je laisserai ces pages, — parce que je veux dater ma tristesse [colère¹].

HYGIÈNE

Plus on veut, mieux on veut.
Plus on travaille, mieux on travaille, et plus on veut travailler. Plus on produit, plus on devient fécond.

Après une débauche, on se sent toujours plus seul, plus abandonné.

Au moral comme au physique, j'ai toujours eu la sensation du gouffre, non seulement du gouffre du sommeil, mais du gouffre de l'action, du rêve, du souvenir, du désir, du regret, du remords, du beau, du nombre, etc.
J'ai cultivé mon hystérie avec jouissance et terreur. Maintenant j'ai toujours le vertige, et aujourd'hui 23 janvier 1862, j'ai subi un singulier avertissement, j'ai senti passer sur moi *le vent de l'aile de l'imbécillité*.

HYGIÈNE MORALE

À Honfleur ! le plus tôt possible, avant de tomber plus bas.
Que de pressentiments et de signes envoyés déjà par Dieu, qu'il est *grandement temps* d'agir, de considérer la minute présente comme la plus importante des minutes, et de faire ma *perpétuelle volupté* de mon tourment ordinaire, c'est-à-dire du Travail !

★

HYGIÈNE CONDUITE MORALE

À chaque minute nous sommes écrasés par l'idée et la sensation du temps. Et il n'y a que deux moyens pour échapper à ce cauchemar, — pour l'oublier : le Plaisir et le Travail. Le Plaisir nous use. Le Travail nous fortifie. Choisissons.

Plus nous nous servons d'un de ces moyens, plus l'autre nous inspire de répugnance.

On ne peut oublier le temps qu'en s'en servant.
Tout ne se fait que peu à peu.

FUSÉES

De Maistre et Edgar Poe m'ont appris à raisonner.

Il n'y a de long ouvrage que celui qu'on n'ose pas commencer. Il devient cauchemar.

HYGIÈNE

En renvoyant ce qu'on a à faire, on court le danger de ne jamais pouvoir le faire. En ne se convertissant pas tout de suite, on risque d'être damné.

Pour guérir de tout, de la misère, de la maladie et de la mélancolie, il ne manque absolument que le *Goût du Travail.*

NOTES PRÉCIEUSES

Fais tous les jours, ce que veulent le devoir et la prudence.
Si tu travaillais tous les jours, la vie te serait plus supportable.
Travaille *six* jours sans relâche.

———————

Pour trouver des sujets, γνωθι σεαυτον.[1] (Liste de mes goûts.)
Sois toujours poète, même en prose. Grand style (rien de plus beau que le lieu commun).
Commence d'abord, et puis sers-toi de la logique et de l'analyse. N'importe quelle hypothèse veut sa conclusion.
Trouver la frénésie journalière.

HYGIÈNE. CONDUITE. MORALE

Deux parts :
Dettes (Ancelle).
Amis *(ma mère, amis, moi).*
Ainsi 1 000 fr. doivent être divisés en deux parts de 500 fr. chacune, et la deuxième divisée en *trois* parties.

À Honfleur.
Faire une revue et un classement de toutes mes *lettres* (deux jours).
Et de toutes mes dettes (deux jours). (Quatre catégories, *billets, grosses dettes, petites dettes, amis.)*
Classement de gravures (deux jours)
Classement de notes (deux jours).

HYGIÈNE. MORALE. CONDUITE

Trop tard peut-être ! — Ma mère et Jeanne. — Ma santé par charité, par devoir ! — Maladies de Jeanne. Infirmités, solitude de ma mère.
— Faire son devoir tous les jours et se fier à Dieu, pour le lendemain.
— La seule manière de gagner de l'argent est de travailler d'une manière désintéressée.
— Une sagesse abrégée. Toilette, prière, travail.
— Prière : charité, sagesse et force.

— Sans la charité, je ne suis qu'une cymbale retentissante.
— Mes humiliations ont été des grâces de Dieu.
— Ma phase d'égoïsme est-elle finie ?
— La facilité de répondre à la nécessité de chaque minute, l'exactitude, en un mot, doit trouver infailliblement sa récompense.

« Le malheur qui se perpétue produit sur l'âme l'effet de la vieillesse sur le corps ; on ne peut plus remuer ; on se couche...
D'un autre côté, on tire de l'extrême jeunesse des raisons d'atermoiement ; quand on a beaucoup de temps à dépenser, on se persuade qu'on peut attendre des années à jouer devant les événements.

CHATEAUBRIAND. »

★

HYGIÈNE. CONDUITE. MÉTHODE

Jeanne 300, ma mère 200, moi 300. 800 fr. par mois. Travailler de 6 heures du matin à midi, à jeun. Travailler en aveugle, sans but, comme un fou. Nous verrons le résultat.
Je suppose que j'attache ma destinée à un travail non interrompu de plusieurs heures.
Tout est réparable. Il est encore temps. Qui sait même si des plaisirs nouveaux..... ?
Gloire, paiement de mes Dettes. *Richesse* de Jeanne et de ma mère.
Je n'ai pas encore connu le plaisir d'un plan réalisé. Puissance de l'idée fixe. Puissance de l'Espérance.
L'habitude d'accomplir le Devoir chasse la peur. Il faut vouloir rêver et savoir rêver. Évocation de l'inspiration. Art magique. Se mettre tout de suite à écrire. Je raisonne trop.
Travail immédiat, même mauvais, vaut mieux que la rêverie.
Une suite de petites volontés fait un gros résultat.
Tout le recul de la volonté est une parcelle de substance perdue. Combien donc l'hésitation est prodigue ! Et qu'on juge de l'immensité de l'effort final nécessaire pour réparer tant de pertes !
L'homme qui fait sa prière le soir est un capitaine qui pose des sentinelles. Il peut dormir.
Rêves sur la Mort et avertissements.
Je n'ai jusqu'à présent joui de mes souvenirs que tout seul. Il faut en jouir à deux. Faire des jouissances du cœur une passion.
Parce que je comprends une existence glorieuse, je me crois capable de la réaliser. O Jean-Jacques !
Le travail engendre forcément les bonnes mœurs, sobriété et chasteté, conséquemment la santé, la richesse, le génie successif et progressif, et la charité. *Age quod agis* [1].
Poisson, bains froids, douches, lichen, pastilles occasionnellement ; d'ailleurs suppression de tout excitant.

Lichen d'Islande	125 gr.
Sucre blanc.	250 gr.

Faire tremper le lichen, pendant 12 ou 15 heures dans une quantité d'eau froide suffisante, puis jeter l'eau.

Faire bouillir le lichen dans 2 litres d'eau sur un feu doux et soutenu jusqu'à ce que ces deux litres se réduisent à un seul litre ; écumer une seule fois ; ajouter alors les 250 grammes de sucre et laisser épaissir jusqu'à la consistance de sirop.

Laisser refroidir. Prendre par jour *trois* très grandes cuillerées à bouche, le matin, à midi et le soir. Ne pas craindre de forcer les doses si les crises étaient trop fréquentes.

HYGIÈNE. CONDUITE. MÉTHODE

Je me jure à moi-même de prendre désormais les règles suivantes pour règles éternelles de ma vie :

Faire tous les matins ma *prière à Dieu, réservoir de toute force et de toute justice,* à *mon père,* à *Mariette et* à *Poe,* comme intercesseurs ; les prier de me communiquer *la force nécessaire* pour accomplir tous mes devoirs, et d'octroyer à ma mère *une vie assez longue* pour jouir de ma transformation ; travailler toute la journée, ou du moins *tant que mes forces me le permettront ;* me fier à Dieu, c'est-à-dire à la Justice même, pour la réussite de mes projets ; faire tous les soirs une nouvelle prière, pour demander à Dieu la vie et la force pour ma mère et pour moi ; faire de tout ce que je gagnerai quatre parts, — une pour la vie courante, une pour mes créanciers, une pour mes amis, et une pour ma mère ; — obéir aux principes de la plus stricte sobriété, dont le premier est la suppression de tous les excitants, quels qu'ils soient. [1]

MON CŒUR MIS À NU

I

De la vaporisation et de la centralisation du *Moi*. Tout est là.

D'une certaine jouissance sensuelle dans la société des extravagants.

(Je peux commencer *Mon cœur mis à nu* n'importe où, n'importe comment, et le continuer au jour le jour, suivant l'inspiration du jour et de la circonstance, pourvu que l'inspiration soit vive.)

Le premier venu, pourvu qu'il sache amuser, a le droit de parler de lui-même.

Je comprends qu'on déserte une cause pour savoir ce qu'on éprouvera à en servir une autre.

Il serait peut-être doux d'être alternativement victime et bourreau.

II

Sottises de Girardin
Notre habitude est de prendre le taureau *par les cornes*. Prenons donc le discours par *la fin* (7 nov. 1863).

Donc, Girardin croit que les cornes des taureaux sont plantées sur leur derrière. Il confond les cornes avec la queue.

Qu'avant d'imiter les Ptolémées du journalisme français, les journalistes belges se donnent la peine de réfléchir sur la question que j'étudie depuis trente ans sous toutes ses faces, ainsi que le prouvera le volume qui paraîtra prochainement sous ce titre : QUESTIONS DE PRESSE ; qu'ils ne se hâtent pas de traiter de *souverainement ridicule** une opinion qui est aussi vraie qu'il est vrai que la terre tourne et que le soleil ne tourne pas.

<div align="right">ÉMILE DE GIRARDIN.</div>

Et habet mea mentrita [sic] meatum. [1]

<div align="right">GIRARDIN.</div>

* « *Il y a des gens qui prétendent que rien n'empêche de croire que, le ciel étant immobile, c'est la terre qui tourne autour de son axe. Mais ces gens-là ne sentent pas, à raison de ce qui se passe autour de nous, combien leur opinion est souverainement ridicule (πάνυ γελοιότατον).* »
<div align="right">PTOLÉMÉE, Almageste, livre Ier, chap. VI.</div>

III

Pour

MON CŒUR MIS À NU

La femme est le contraire du Dandy.
Donc elle doit faire horreur.
La femme a faim et elle veut manger. Soif, et elle veut boire.
Elle est en rut et elle veut être foutue.
Le beau mérite !
La femme est *naturelle*, c'est-à-dire abominable.
Aussi est-elle toujours vulgaire, c'est-à-dire le contraire du Dandy.

Relativement à la Légion d'honneur.
Celui qui demande la croix a l'air de dire : si l'on ne me décore pas pour avoir
fait mon devoir, je ne recommencerai plus.
— Si un homme a du mérite, à quoi bon le décorer ? S'il n'en a pas, on peut le
décorer, parce que [cela] lui donnera un lustre.
Consentir à être décoré, c'est reconnaître à l'État ou au prince le droit de
vous juger, de vous illustrer, etc.

D'ailleurs, si ce n'est l'orgueil, l'humilité chrétienne défend la croix.

Calcul en faveur de Dieu.
Rien n'existe sans but.
Donc mon existence a un but. Quel but ? Je l'ignore.
Ce n'est donc pas moi qui l'ai marqué.
C'est donc quelqu'un, plus savant que moi.
Il faut donc prier ce quelqu'un de m'éclairer. C'est le parti le plus sage.

Le Dandy doit aspirer à être sublime sans interruption ; il doit vivre et dormir
devant un miroir.

IV

MON CŒUR MIS À NU

Analyse des contre-religions, exemple : la prostitution sacrée.
Qu'est-ce que la prostitution sacrée ?
Excitation nerveuse.
Mysticité du paganisme.
Le mysticisme, trait d'union entre le paganisme et le christianisme.
Le paganisme et le christianisme se prouvent réciproquement.
La révolution et le culte de la Raison prouvent l'idée du sacrifice.
La superstition est le réservoir de toutes les vérités.

MON CŒUR MIS À NU

Il y a dans tout changement quelque chose d'infâme et d'agréable à la fois,
quelque chose qui tient de l'infidélité et du déménagement. Cela suffit à
expliquer la révolution française.

V

Mon ivresse en 1848.
De quelle nature était cette ivresse ?
Goût de la vengeance. Plaisir *naturel* de la démolition.
Ivresse littéraire ; souvenir des lectures.
Le 15 mai. — Toujours le goût de la destruction. Goût légitime si tout ce qui est naturel est légitime.

Les horreurs de Juin. Folie du peuple et folie de la bourgeoisie. Amour naturel du crime.

Ma fureur au coup d'État. Combien j'ai essuyé de coups de fusil. Encore un Bonaparte ! quelle honte !
Et cependant tout s'est pacifié. Le président n'a-t-il pas un droit à invoquer ?
Ce qu'est l'empereur Napoléon III. Ce qu'il vaut. Trouver l'explication de sa nature, et sa providentialité.

VI

Être un homme utile m'a paru toujours quelque chose de bien hideux.

1848 ne fut amusant que parce que chacun y faisait des utopies comme des châteaux en Espagne.
1848 ne fut charmant que par l'excès même du Ridicule.

Robespierre n'est estimable que parce qu'il a fait quelques belles phrases.

La Révolution, par le sacrifice, confirme la superstition.

VII

POLITIQUE.
Je n'ai pas de convictions, comme l'entendent les gens de mon siècle, parce que je n'ai pas d'ambition.
Il n'y a pas en moi de base pour une conviction.
Il y a une certaine lâcheté ou plutôt une certaine mollesse chez les honnêtes gens.
Les brigands seuls sont convaincus, — de quoi ? — qu'il leur faut réussir.
Aussi, ils réussissent.

Pourquoi réussirais-je, puisque je n'ai même pas envie d'essayer ? On peut fonder des empires glorieux sur le crime, et de nobles religions sur l'imposture.

———————

Cependant, j'ai quelques convictions, dans un sens plus élevé, et qui ne peut pas être compris par les gens de mon temps.

MON CŒUR MIS À NU

Sentiment de *solitude,* dès mon enfance. Malgré la famille, — et au milieu des camarades, surtout, — sentiment de destinée éternellement solitaire. Cependant, goût très vif de la vie et du plaisir.

VIII

MON CŒUR MIS À NU

Presque toute notre vie est employée à des curiosités niaises. En revanche il y a des choses qui devraient exciter la curiosité des hommes au plus haut degré, et qui, à en juger par leur train de vie ordinaire, ne leur en inspirent aucune.
Où sont nos amis morts ?
Pourquoi sommes-nous ici ?
Venons-nous de quelque part ?
Qu'est-ce que la liberté ?
Peut-elle s'accorder avec la loi providentielle ?
Le nombre des âmes est-il fini ou infini ?
Et le nombre des terres habitables ?
Etc., etc.

MON CŒUR MIS À NU

Les nations n'ont de grands hommes que malgré elles. Donc le grand homme est vainqueur de toute sa nation.

Les Religions modernes ridicules.
Molière.
Béranger.
Garibaldi.

IX

MON CŒUR MIS À NU

La croyance au progrès est une doctrine de paresseux, une doctrine de *Belges.* C'est l'individu qui compte sur ses voisins pour faire sa besogne.
Il ne peut y avoir de progrès (vrai, c'est-à-dire moral) que dans l'individu et par l'individu lui-même.
Mais le monde est fait de gens qui ne peuvent penser qu'en commun, en bandes. Ainsi les *Sociétés belges.*
Il y a aussi des gens qui ne peuvent s'amuser qu'en troupe. Le vrai héros s'amuse tout seul.

MON CŒUR MIS À NU

Éternelle supériorité du Dandy.
Qu'est-ce que le Dandy ?

X

MON CŒUR MIS À NU

Mes opinions sur le théâtre. Ce que j'ai toujours trouvé de plus beau dans un théâtre, dans mon enfance et encore maintenant, c'est *le lustre* — un bel objet lumineux, cristallin, compliqué, circulaire et symétrique.

Cependant, je ne nie pas absolument la valeur de la littérature dramatique. Seulement, je voudrais que les comédiens fussent montés sur des patins très hauts, portassent des masques plus expressifs que le visage humain, et parlassent à travers des porte-voix ; enfin que les rôles de femmes fussent joués par des hommes.

Après tout, le lustre m'a toujours paru l'acteur principal, vu à travers le gros bout ou le petit bout de la lorgnette.

MON CŒUR MIS À NU

Il faut travailler, sinon par goût, au moins par désespoir, puisque, tout bien vérifié, travailler est moins ennuyeux que s'amuser.

XI

MON CŒUR MIS À NU

Il y a dans tout homme, à toute heure, deux postulations simultanées, l'une vers Dieu, l'autre vers Satan. L'invocation à Dieu, ou spiritualité, est un désir de monter en grade ; celle de Satan, ou animalité, est une joie de descendre. C'est à cette dernière que doivent être rapportés les amours pour les femmes et les conversations intimes avec les animaux, chiens, chats, etc.

Les joies qui dérivent de ces deux amours sont adaptées à la nature de ces deux amours.

MON CŒUR MIS À NU

Ivresse d'Humanité.
Grand tableau à faire :
Dans le sens de la charité.
Dans le sens du libertinage.
Dans le sens littéraire, ou du comédien.

XII

MON CŒUR MIS À NU

La question (torture) est, comme art de découvrir la vérité, une niaiserie barbare ; c'est l'application d'un moyen matériel à un but spirituel.

———————

La peine de Mort est le résultat d'une idée mystique, totalement incomprise aujourd'hui. La peine de Mort n'a pas pour but de *sauver* la société, matériellement du moins. Elle a pour but de *sauver* (spirituellement) la société et le coupable. Pour que le sacrifice soit parfait, il faut qu'il y ait assentiment et joie de la part de la victime. Donner du chloroforme à un condamné à mort serait une impiété, car ce serait lui enlever la conscience de sa grandeur comme victime et lui supprimer les chances de gagner le Paradis.

Quant à la torture, elle est née de la partie infâme du cœur de l'homme,
assoiffé de voluptés. Cruauté et volupté, sensations identiques, comme
l'extrême chaud et l'extrême froid.

XIII

MON CŒUR MIS A NU

Ce que je pense du vote et du droit d'élections. Des droits de l'homme.
Ce qu'il y a de vil dans une fonction quelconque.
Un Dandy ne fait rien.
Vous figurez-vous un Dandy parlant au peuple, excepté pour le bafouer ?

Il n'y a de gouvernement raisonnable et assuré que l'aristocratique.
Monarchie ou république basées sur la démocratie sont également absurdes
et faibles.

Immense nausée des affiches.

Il n'existe que trois être respectables :
Le prêtre, le guerrier, le poète. Savoir, tuer et créer.
Les autres hommes sont taillables et corvéables, faits pour l'écurie, c'est-à-
dire pour exercer ce qu'on appelle des *professions.*

XIV

MON CŒUR MIS A NU

Observons que les abolisseurs de la peine de mort doivent être plus ou moins
intéressés à l'abolir.
Souvent ce sont des guillotineurs. Cela peut se résumer ainsi : « Je veux
pouvoir couper ta tête ; mais tu ne toucheras pas à la mienne. »
Les abolisseurs d'âme *(matérialistes)* sont nécessairement des abolisseurs
d'*enfer ;* ils y sont à coup sûr *intéressés.*
Tout au moins ce sont des gens qui ont *peur de revivre,* — des paresseux.

MON CŒUR MIS A NU

Madame de Metternich, quoique princesse, a oublié de me répondre à
propos de ce que j'ai dit d'elle et de Wagner.
Mœurs du 19ᵉ siècle.

XV

MON CŒUR MIS A NU

Histoire de ma traduction d'*Edgar Poe.*
Histoire des *Fleurs du mal*[1], humiliation par le malentendu, et mon procès.

Histoire de mes rapports avec tous les hommes célèbres de ce temps.

Jolis portraits de quelques imbéciles :
 Clément de Ris.
 Castagnary.

Portraits de magistrats, de fonctionnaires, de directeurs de journaux, etc.

Portrait de l'artiste, en général.

Du rédacteur en chef et de la pionnerie. Immense goût de tout le peuple français pour la pionnerie, et pour la dictature. C'est le : « Si j'étais roi ! »

Portraits et anecdotes.

François, — Buloz, — Houssaye, — le fameux Rouy, — de Calonne, — Charpentier, — qui corrige ses auteurs, en vertu de l'égalité donnée à tous les hommes par les immortels principes de 89 ; — Chevalier, véritable rédacteur en chef selon l'Empire.

XVI

Sur *George Sand*.

La femme Sand est le Prudhomme de l'immoralité. Elle a toujours été moraliste.

Seulement elle faisait autrefois de la contre-morale. — Aussi elle n'a jamais été artiste.

Elle a le fameux *style coulant,* cher aux bourgeois.

Elle est bête, elle est lourde, elle est bavarde ; elle a dans les idées morales la même profondeur de jugement et la même délicatesse de sentiment que les concierges et les filles entretenues.

Ce qu'elle a dit de sa mère.

Ce qu'elle a dit de la poésie.

Son amour pour les ouvriers.

Que quelques hommes aient pu s'amouracher de cette latrine, c'est bien la preuve de l'abaissement des hommes de ce siècle.

Voir la préface de *Mademoiselle La Quintinie,* où elle prétend que les vrais chrétiens ne croient pas à l'Enfer. La Sand est pour le *Dieu des bonnes gens,* le dieu des concierges et des domestiques filous. Elle a de bonnes raisons pour vouloir supprimer l'Enfer.

XVII

Le Diable et Georges Sand.

Il ne faut pas croire que le Diable ne tente que les hommes de génie. Il méprise sans doute les imbéciles, mais il ne dédaigne pas leur concours. Bien au contraire, il fonde ses grands espoirs sur ceux-là.

Voyez George Sand. Elle est surtout, et plus que toute autre chose, une *grosse bête ;* mais elle est *possédée.* C'est le Diable qui lui a persuadé de se fier à *son bon cœur* et à *son bon sens,* afin qu'elle persuadât toutes les autres grosses bêtes de se fier à leur bon cœur et à leur bon sens.

Je ne puis penser à cette stupide créature sans un certain frémissement

d'horreur. Si je la rencontrais, je ne pourrais m'empêcher de lui jeter un bénitier à la tête.

MON CŒUR MIS À NU

George Sand est une de ces vieilles ingénues qui ne veulent jamais quitter les planches. J'ai lu dernièrement une préface (la préface de *Mademoiselle La Quintinie*) où elle prétend qu'un vrai chrétien ne peut pas croire à l'Enfer. Elle a de bonnes raisons pour vouloir supprimer l'Enfer.

La Religion de la femme Sand. Préface de Mademoiselle *La Quintinie*. La femme Sand est intéressée à croire que l'Enfer n'existe pas.

XVIII

MON CŒUR MIS À NU

Je m'ennuie en France, surtout parce que tout le monde y ressemble à Voltaire.

Emerson a oublié Voltaire dans ses *Représentants de l'humanité*. Il aurait pu faire un joli chapitre intitulé : *Voltaire*, ou *l'anti-poète*, le roi des badauds, le prince des superficiels, l'anti-artiste, le prédicateur des concierges, le père Gigogne des rédacteurs du *Siècle*.

MON CŒUR MIS À NU 30.

Dans *Les Oreilles du comte de Chesterfield*, Voltaire plaisante sur cette âme immortelle qui a résidé pendant neuf mois entre des excréments et des urines. Voltaire, comme tous les paresseux, haïssait le mystère*.

Ne pouvant pas supprimer l'amour, l'Église a voulu au moins le désinfecter, et elle a fait le mariage.

XIX

MON CŒUR MIS À NU

Portrait de la canaille littéraire.
Doctor Estaminetus Crapulosus Pedantissimus. Son portrait fait à la manière de Praxitèle.
Sa pipe.
Ses opinions.
Son Hégélianisme.
Sa crasse.
Ses idées en art
Son fiel.
Sa jalousie.
Un joli tableau de la jeunesse moderne.

MON CŒUR MIS À NU

Φαρμαχοτρίδης ἀνήρ χαὶ των τοὺς ὄφεις ἐς τὰ θαύματα τρεφόντων[1].

ÉLIEN (?)

* Au moins aurait-il pu deviner dans cette localisation une malice ou une satire de la providence contre l'amour, et, dans le mode de la génération, un signe du péché originel. De fait, nous ne pouvons faire l'amour qu'avec des organes excrémentiels.

XX

MON CŒUR MIS À NU

La Théologie.
Qu'est-ce que la chute ?
Si c'est l'unité devenue dualité, c'est Dieu qui a chuté.
En d'autres termes, la création ne serait-elle pas la chute de Dieu ?

———

Dandysme.
Qu'est-ce que l'homme supérieur ?
Ce n'est pas le spécialiste.
C'est l'homme de Loisir et d'Éducation générale.
Être riche et aimer le travail.

MON CŒUR MIS À NU

Pourquoi l'homme d'esprit aime les filles plus que les femmes du monde, malgré qu'elles soient également bêtes ? — À trouver.

XXI

MON CŒUR MIS À NU

Il y a de certaines femmes qui ressemblent au ruban de la Légion d'honneur.
On n'en veut plus parce qu'elles se sont salies à de certains hommes.
C'est par la même raison que je ne chausserais par les culottes d'un galeux.
Ce qu'il y a d'ennuyeux dans l'amour, c'est que c'est un crime où l'on ne peut pas se passer d'un complice.

MON CŒUR MIS À NU

Étude de la grande Maladie de l'horreur du Domicile. Raisons de la Maladie. Accroissement progressif de la Maladie.

———

Indignation causée par la fatuité universelle, de toutes les classes, de tous les êtres, dans les deux sexes, dans tous les âges.

———

L'homme aime tant l'homme que quand il fuit la ville, c'est encore pour chercher la foule, c'est-à-dire pour refaire la ville à la campagne.

XXII

MON CŒUR MIS À NU

Discours de Durandeau sur les Japonais. (Moi ! je suis français avant tout.)
Les Japonais sont des singes. C'est Darjou qui me l'a dit[1].

———

Discours du médecin, l'ami de Mathieu, sur l'art de ne pas faire d'enfants, sur Moïse et sur l'immortalité de l'âme.

L'art est un agent civilisateur (Castagnary).

MON CŒUR MIS À NU

Physionomie d'un sage et de sa famille au cinquième étage, buvant le café au lait.

Le sieur Nacquart père et le sieur Nacquart fils.
Comment le Nacquart fils est devenu conseiller en Cour d'appel[1].

XXIII

MON CŒUR MIS À NU

De l'amour, de la prédilection des Français pour les métaphores militaires.
Toute métaphore ici porte des moustaches.
Littérature militante.
Rester sur la brèche.
Porter haut le drapeau.
Tenir le drapeau haut et ferme.
Se jeter dans la mêlée.
Un des vétérans.
Toutes ces glorieuses phraséologies s'appliquent généralement à des cuistres et à des fainéants d'estaminet.

MON CŒUR MIS À NU

Métaphores françaises
Soldat de la presse judiciaire (Bertin)[2].
La presse militante.

A ajouter aux métaphores militaires :
Les poètes de combat.
Les littérateurs d'avant-garde.
Ces habitudes de métaphores militaires dénotent des esprits, non pas militants, mais faits pour la discipline, c'est-à-dire pour la conformité, des esprits nés domestiques, des esprits belges, qui ne peuvent penser qu'en société.

XXIV

MON CŒUR MIS À NU

Le goût du plaisir nous attache au présent. Le soin de notre salut nous suspend à l'avenir.
Celui qui s'attache au plaisir, c'est-à-dire au présent, me fait l'effet d'un

homme roulant sur une pente, et qui voulant se raccrocher aux arbustes, les arracherait et les emporterait dans sa chute.

Avant tout, Être un grand homme et *un Saint* pour soi-même.

MON CŒUR MIS À NU

De la haine du peuple contre la beauté.
Des exemples.
Jeanne et Madame Muller.

XXV

MON CŒUR MIS À NU

POLITIQUE.

En somme, devant l'histoire et devant le peuple français, la grande gloire de Napoléon III aura été de prouver que le premier venu peut, en s'emparant du télégraphe et de l'Imprimerie nationale, gouverner une grande nation.

Imbéciles sont ceux qui croient que de pareilles choses peuvent s'accomplir sans la permission du peuple, — et ceux qui croient que la gloire ne peut être appuyée que sur la vertu.

Les dictateurs sont les domestiques du peuple, — rien de plus, — un foutu rôle d'ailleurs, — et la gloire est le résultat de l'adaptation d'un esprit avec la sottise nationale.

MON CŒUR MIS À NU

Qu'est-ce que l'amour ?
Le besoin de sortir de soi.
L'homme est un animal adorateur.
Adorer, c'est se sacrifier et se prostituer.
Aussi tout amour est-il prostitution.

————

MON CŒUR MIS À NU

L'être le plus prostitué, c'est l'être par excellence, c'est Dieu, puisqu'il est l'ami suprême pour chaque individu, puisqu'il est le réservoir commun, inépuisable de l'amour.

PRIÈRE

Ne me châtiez pas dans ma mère et ne châtiez pas ma mère à cause de moi. — Je vous recommande les âmes de mon père et de Mariette. — Donnez-moi la force de faire immédiatement mon devoir tous les jours et de devenir ainsi un héros et un Saint.

XXVI

MON CŒUR MIS À NU

Un chapitre sur l'indestructible, éternelle, universelle et ingénieuse férocité humaine.

De l'amour du sang.
De l'ivresse du sang.
De l'ivresse des foules.
De l'ivresse du supplicié (Damiens).

MON CŒUR MIS À NU

Il n'y a de grand parmi les hommes que le poète, le prêtre et le soldat, l'homme qui chante, l'homme qui bénit, l'homme qui sacrifie et se sacrifie. Le reste est fait pour le fouet.

Défions-nous du peuple, du bon sens, du cœur, de l'inspiration, et de l'évidence.

XXVII

MON CŒUR MIS À NU

J'ai toujours été étonné qu'on laissât les femmes entrer dans les églises. Quelle conversation peuvent-elles tenir avec Dieu ?

L'éternelle Vénus (caprice, hystérie, fantaisie) est une des formes séduisantes du Diable.

Le jour où le jeune écrivain corrige sa première épreuve, il est fier comme un écolier qui vient de gagner sa première vérole.

Ne pas oublier un grand chapitre sur l'art de la divination, par l'eau, les cartes, l'inspection de la main, etc.

MON CŒUR MIS À NU

La femme ne sait pas séparer l'âme du corps. Elle est simpliste, comme les animaux. — Un satirique dirait que c'est parce qu'elle n'a que le corps.

Un chapitre sur
 La Toilette
Moralité de la Toilette.
Les bonheurs de la Toilette.

XXVIII

MON CŒUR MIS À NU

De la cuistrerie.
 des professeurs

des juges
des prêtres,
et des ministres.

Les jolis grands hommes du jour.
Renan.
Feydeau.
Octave Feuillet.
Scholl.

Les directeurs de journaux, François, Buloz, Houssaye, Rouy, Girardin,
Texier, de Calonne, Solar, Turgan, Dalloz.
— Liste de canailles. Solar en tête.

MON CŒUR MIS À NU

Être un grand homme et un saint *pour soi-même*, voilà l'unique chose
importante.

XXIX

MON CŒUR MIS À NU

Nadar, c'est la plus étonnante expression de vitalité. Adrien me disait que
son frère Félix avait tous les viscères en double. J'ai été jaloux de lui à le voir si
bien réussir dans tout ce qui n'est pas l'abstrait.

Veuillot est si grossier et si ennemi des arts qu'on dirait que toute la
Démocratie du monde s'est réfugiée dans son sein.
Développement du portrait.
Suprématie de l'idée pure, chez le chrétien comme chez le communiste
babouviste.
Fanatisme de l'humilité. Ne pas même aspirer à comprendre la Religion.

MON CŒUR MIS À NU

Musique.
De l'esclavage.
Des femmes du monde.
Des filles.
Des magistrats.
Des sacrements.
L'homme de lettres est l'ennemi du monde.
Des bureaucrates.

XXX

MON CŒUR MIS A NU

Dans l'amour comme dans presque toutes les affaires humaines, l'entente cordiale est le résultat d'un malentendu. Ce malentendu, c'est le plaisir. L'homme crie : « Oh ! mon ange ! » La femme roucoule : « Maman ! maman ! » Et ces deux imbéciles sont persuadés qu'ils pensent de concert. — Le gouffre infranchissable, qui fait l'incommunicabilité, reste infranchi.

MON CŒUR MIS A NU

Pourquoi le spectacle de la mer est-il si infiniment et si éternellement agréable ?
Parce que la mer offre à la fois l'idée de l'immensité et du mouvement. Six ou sept lieues représentent pour l'homme le rayon de l'infini. Voilà un infini diminutif. Qu'importe s'il suffit à suggérer l'idée de l'infini total ? Douze ou quatorze lieues (sur le diamètre), douze ou quatorze de liquide en mouvement suffisent pour donner la plus haute idée de beauté qui soit offerte à l'homme sur son habitacle transitoire.

XXXI

MON CŒUR MIS A NU

Il n'y a d'intéressant sur la terre que les religions.
Qu'est-ce que la Religion universelle ? (Chateaubriand, de Maistre, les Alexandrins, Capé).
Il y a une Religion Universelle, faite pour les Alchimistes de la Pensée, une Religion qui se dégage de l'homme, considéré comme mémento divin.

MON CŒUR MIS A NU

Saint-Marc Girardin a dit un mot qui restera : *Soyons médiocres.*
Rapprochons ce mot de celui de Robespierre : Ceux qui ne croient pas à l'immortalité de leur être se rendent justice.

Le mot de Saint-Marc G[irardin] implique une immense haine contre le sublime.
Qui a vu S[aint]-M[arc] G[irardin] marcher dans la rue a conçu tout de suite l'idée d'une grande oie infatuée d'elle-même, mais effarée et courant sur la grande route, devant la diligence.

XXXII

MON CŒUR MIS A NU

Théorie de la vraie civilisation.
Elle n'est pas dans le gaz, ni dans la vapeur, ni dans les tables tournantes, elle est dans la diminution des traces du péché originel.
Peuples nomades, pasteurs, chasseurs, agricoles, et même anthropophages, *tous* peuvent être supérieurs, par l'énergie, par la dignité personnelles, à nos races d'Occident.
Celles-ci peut-être seront détruites.
Théocratie et communisme.

MON CŒUR MIS A NU

C'est par le loisir que j'ai, en partie, grandi.
À mon grand détriment; car le loisir, sans fortune, augmente les dettes, les avanies résultant des dettes.
Mais à mon grand profit, relativement à la sensibilité, à la méditation, et à la faculté du dandysme et du dilettantisme.
Les autres hommes de lettres sont, pour la plupart, de vils piocheurs très ignorants.

XXXIII

MON CŒUR MIS A NU

La jeune fille des éditeurs.
La jeune fille des rédacteurs en chef.
La jeune fille épouvantail, monstre, assassin de l'art.
La jeune fille, ce qu'elle est en réalité.

Une petite sotte et une petite salope ; la plus grande imbécillité unie à la plus grande dépravation.
Il y a dans la jeune fille toute l'abjection du voyou et du collégien.

MON CŒUR MIS A NU

Avis aux non-communistes :
Tout est commun, même Dieu.

XXXIV

MON CŒUR MIS A NU

Le Français est un animal de basse-cour, si bien domestiqué qu'il n'ose franchir aucune palissade. Voir ses goûts en art et en littérature.

C'est un animal de race latine ; l'ordure ne lui déplait pas dans son domicile, et en littérature, il est scatophage. Il raffole des excréments. Les littérateurs d'estaminet appellent cela le *sel gaulois*.
Bel exemple de bassesse française, de la nation qui se prétend indépendante avant toutes les autres.

L'extrait suivant du beau livre de M. de Vaulabelle suffira pour donner une idée de l'impression que fit l'évasion de Lavalette sur la portion la moins éclairée du parti royaliste : « L'emportement royaliste, à ce moment de la seconde Restauration, allait pour ainsi dire jusqu'à la folie. La jeune Joséphine de Lavalette faisait son éducation dans l'un des principaux couvents de Paris (l'Abbaye-au-Bois), elle ne l'avait quitté que pour venir embrasser son père. Lorsqu'elle rentra après l'évasion et que l'on connut la part bien modeste qu'elle y avait prise, une immense clameur s'éleva contre cette enfant ; les religieuses et ses compagnes la fuyaient, et bon nombre de parents déclarèrent qu'ils retireraient leurs filles si on la gardait. Ils ne voulaient pas, disaient-ils, laisser leurs enfants en contact avec une jeune personne qui avait tenu une pareille conduite et donné un pareil exemple. Quand Mme de Lavalette, six semaines après, recouvra la liberté, elle fut obligée de reprendre sa fille. »

XXXV

Princes et générations.
Il y a une égale injustice à attribuer aux princes régnants les mérites et les vices du peuple actuel qu'ils gouvernent.

Ces mérites et ces vices sont presque toujours, comme la statistique et la logique le pourraient démontrer, attribuables à l'atmosphère du gouvernement précédent.
Louis XIV hérite des hommes de Louis XIII. Gloire
Napoléon Ier hérite des hommes de la République. Gloire.
Louis-Philippe hérite des hommes de Charles X. Gloire.
Napoléon III hérite des hommes de Louis-Philippe. Déshonneur.

C'est toujours le gouvernement précédent qui est responsable des mœurs du suivant, en tant qu'un gouvernement puisse être responsable de quoi que ce soit.

Les coupures brusques que les circonstances font dans les règnes ne permettent pas que cette loi soit absolument exacte, relativement au temps. On ne peut pas marquer exactement où finit une influence — mais cette influence subsistera dans toute la génération qui l'a subie dans sa jeunesse.

XXXVI

De la haine de la jeunesse contre les citateurs. Le citateur est pour eux un ennemi.
Je mettrai l'orthographe même sous la main du bourreau. (Th. Gautier.)

Beau tableau à faire : La Canaille Littéraire.

Ne pas oublier un portrait de Forgues, le Pirate, l'Écumeur de Lettres.

Goût invincible de la prostitution dans le cœur de l'homme, d'où naît son horreur de la solitude. — Il veut être *deux*. L'homme de génie veut être *un*, donc solitaire.
La gloire, c'est rester *un*, et se prostituer d'une manière particulière.
C'est cette horreur de la solitude, le besoin d'oublier son *moi* dans la chair extérieure, que l'homme appelle noblement *besoin d'aimer*.

Deux belles religions, immortelles sur les murs, éternelles obsessions du peuple : une pine (le phallus antique) — et « Vive Barbès ! » ou « À bas Philippe ! » ou « Vive la République ! »

XXXVII

Étudier dans tous ses modes, dans les œuvres de la nature et dans les œuvres de l'homme, l'universelle et éternelle loi de la gradation, du *peu à peu,* du *petit à petit,* avec les forces progressivement croissantes, comme les intérêts composés, en matière de finances.

Il en est de même dans *l'habileté artistique et littéraire,* il en est de même dans le trésor variable de la *volonté.*

MON CŒUR MIS A NU

La cohue des petits littérateurs, qu'on voit aux enterrements, distribuant des poignées de main, et se recommandant à la mémoire du faiseur de courriers. De l'enterrement des hommes célèbres.

MON CŒUR MIS A NU

Molière. Mon opinion sur *Tartuffe* est que ce n'est pas une comédie, mais un pamphlet. Un athée, s'il est simplement un homme bien élevé, pensera, à propos de cette pièce, qu'il ne faut jamais livrer certaines questions graves à la canaille.

XXXVIII

MON CŒUR MIS A NU

Glorifier le culte des images (ma grande, mon unique, ma primitive passion).

Glorifier le vagabondage et ce qu'on peut appeler le Bohémianisme, culte de la sensation multipliée, s'exprimant par la musique. En référer à Liszt.

———————

De la nécessité de battre les femmes.
On peut châtier ce que l'on aime. Ainsi les enfants. Mais cela implique la douleur de mépriser ce que l'on aime.

———————

Du cocuage et des cocus.
La douleur du cocu.
Elle naît de son orgueil, d'un raisonnement faux sur l'honneur et sur le bonheur, et d'un amour niaisement détourné de Dieu pour être attribué aux créatures.
C'est toujours l'animal adorateur se trompant d'idole.

MON CŒUR MIS A NU

Analyse de l'imbécillité insolente, Clément de Ris et Paul Pérignon[1].

XXXIX

MON CŒUR MIS A NU

Plus l'homme cultive les arts, moins il bande.
Il se fait un divorce de plus en plus sensible entre l'esprit et la brute.
La brute seule bande bien, et la fouterie est le lyrisme du peuple.

J'ai oublié le nom de cette salope... ah ! bah ! je le retrouverai au jugement dernier.

La musique donne l'idée de l'espace. Tous les arts, plus ou moins ; puisqu'ils sont *nombre* et que le nombre est une traduction de l'espace.

Vouloir tous les jours être le plus grand des hommes ! ! !

MON CŒUR MIS À NU

Étant enfant, je voulais être tantôt pape, mais pape militaire, tantôt comédien.
Jouissances que je tirais de ces deux hallucinations.

XL

MON CŒUR MIS À NU

Tout enfant, j'ai senti dans mon cœur deux sentiments contradictoires, l'horreur de la vie et l'extase de la vie.
C'est bien le fait d'un paresseux nerveux.

MON CŒUR MIS À NU

Les nations n'ont de grands hommes que malgré elles.

À propos du comédien et de mes rêves d'enfance, un chapitre sur ce qui constitue, dans l'âme humaine, la vocation du comédien, la gloire du comédien, l'état de comédien, et sa situation dans le monde.
La théorie de Legouvé. Legouvé est-il un farceur froid, un Swift, qui a essayé si la France pouvait avaler une nouvelle absurdité ?
Son choix. Bon, en ce sens que Samson n'est pas un comédien.
De la vraie grandeur des parias [1].

Peut-être même, la vertu nuit-elle aux talents des parias.

XLI

MON CŒUR MIS À NU

Le commerce est, par son essence, *satanique*.
— Le commerce, c'est le prêté-rendu, c'est le prêt avec le sous-entendu : *Rends-moi plus que je ne te donne.*

— L'esprit de tout commerçant est complètement vicié.
— Le commerce est *naturel*, donc il est *infâme*.
— Le moins infâme de tous les commerçants, c'est celui qui dit : Soyons vertueux pour gagner beaucoup plus d'argent que les sots qui sont vicieux.
— Pour le commerçant, l'honnêteté elle-même est une spéculation de lucre.
— Le commerce est satanique, parce qu'il est une des formes de l'égoïsme, et la plus basse et la plus vile.

MON CŒUR MIS À NU

Quand Jésus-Christ dit :
« Heureux ceux qui sont affamés, car ils seront rassasiés », Jésus-Christ fait un calcul de probabilités.

XLII

MON CŒUR MIS À NU

Le monde ne marche que par le Malentendu.
— C'est par le Malentendu universel que tout le monde s'accorde.
— Car si, par malheur, on se comprenait, on ne pourrait jamais s'accorder.

L'homme d'esprit, celui qui ne s'accordera jamais avec personne, doit s'appliquer à aimer la conversation des imbéciles et la lecture des mauvais livres. Il en tirera des jouissances amères qui compenseront largement sa fatigue.

MON CŒUR MIS À NU

Un fonctionnaire quelconque, un ministre, un directeur de théâtre ou de journal, peuvent être quelquefois des êtres estimables, mais ils ne sont jamais divins. Ce sont des personnes sans personnalité, des êtres sans originalité, nés pour la fonction, c'est-à-dire pour la domesticité publique.

XLIII

MON CŒUR MIS À NU

Dieu et sa profondeur.
On ne peut pas manquer d'esprit et chercher dans Dieu le complice et l'ami qui manquent toujours. Dieu est l'éternel confident dans cette tragédie dont chacun est le héros. Il y a peut-être des usuriers et des assassins qui disent à Dieu : « Seigneur, faites que ma prochaine opération réussisse ! » Mais la prière de ces vilaines gens ne gâte pas l'honneur et le plaisir de la mienne.

MON CŒUR MIS À NU

Toute idée est, par elle-même, douée d'une vie immortelle, comme une personne.
Toute forme créée, même par l'homme, est immortelle. Car la forme est indépendante de la matière, et ce ne sont pas les molécules qui constituent la forme.

Anecdotes relatives à Émile Douay et à Constantin Guys, détruisant ou plutôt croyant détruire leurs œuvres.

XLIV

MON CŒUR MIS À NU

Il est impossible de parcourir une gazette quelconque, de n'importe quel jour ou quel mois ou quelle année, sans y trouver à chaque ligne les signes de la perversité humaine la plus épouvantable, en même temps que *les vanteries* les plus surprenantes de probité, de bonté, de charité, et les affirmations les plus effrontées relatives au progrès et à la civilisation.

Tout journal, de la première ligne à la dernière, n'est qu'un tissu d'horreurs. Guerres, crimes, vols, impudicités, tortures, crimes des princes, crimes des nations, crimes des particuliers, une ivresse d'atrocité universelle.

Et c'est de ce dégoûtant apéritif que l'homme civilisé accompagne son repas de chaque matin. Tout, en ce monde, sue le crime : le journal, la muraille et le visage de l'homme.

Je ne comprends pas qu'une main pure puisse toucher un journal sans une convulsion de dégoût.

XLV

MON CŒUR MIS À NU

La force de l'amulette démontrée par la philosophie. Les sols percés, les talismans, les souvenirs de chacun.

Traité de Dynamique morale.
De la vertu des Sacrements.

Dès mon enfance, tendance à la mysticité. Mes conversations avec Dieu.

MON CŒUR MIS À NU

De l'Obsession, de la Possession, de la prière et de la Foi.
Dynamique morale de Jésus.
(Renan trouve ridicule que Jésus croie à la toute-puissance, même matérielle, de la Prière et de la Foi.)

Les sacrements sont les moyens de cette Dynamique.

De l'infamie de l'imprimerie, grand obstacle au développement du Beau.

Belle conspiration à organiser pour l'extermination de la Race Juive.
Les Juifs, *Bibliothécaires* et témoins de la *Rédemption*.

XLVI

MON CŒUR MIS À NU

Tous les imbéciles de la Bourgeoisie qui prononcent sans cesse les mots : « immoral, immoralité, moralité dans l'art » et autres bêtises, me font penser à

Louise Villedieu, putain à cinq francs, qui m'accompagnant une fois au Louvre, où elle n'était jamais allée, se mit à rougir, à se couvrir le visage, et me tirant à chaque instant par la manche, me demandait, devant les statues et les tableaux immortels, comment on pouvait étaler publiquement de pareilles indécences.

Les feuilles de vigne du sieur Nieuwerkerke[1].

XLVII

MON CŒUR MIS À NU

Pour que la loi du progrès existât, il faudrait que chacun voulût la créer; c'est-à-dire que quand tous les individus s'appliqueront à progresser, alors, et seulement alors, l'humanité sera en progrès.

Cette hypothèse peut servir à expliquer l'identité des deux idées contradictoires, liberté et fatalité. — Non seulement il y aura, dans le cas de progrès, identité entre la liberté et la fatalité, mais cette identité a toujours existé. Cette identité c'est *l'histoire*, histoire des nations et des individus.

XLVIII

MON CŒUR MIS À NU

Sonnet à citer dans *Mon cœur mis à nu.*
Citer également la pièce sur *Roland.*

> *Je songeais cette nuit que Philis revenue,*
> *Belle comme elle était à la clarté du jour,*
> *Voulait que son fantôme encore fît l'amour,*
> *Et que, comme Ixion, j'embrassasse une nue.*
>
> *Son ombre dans mon lit se glisse toute nue,*
> *Et me dit : « Cher Damon, me voici de retour;*
> *Je n'ai fait qu'embellir en ce triste séjour*
> *Où depuis mon départ le Sort m'a retenue.*
>
> *« Je viens pour rebaiser le plus beau des amants;*
> *Je viens pour remourir dans tes embrassements ! »*
> *Alors, quand cette idole eut abusé ma flamme,*
>
> *Elle me dit : « Adieu ! Je m'en vais chez les morts.*
> *Comme tu t'es vanté d'avoir foutu mon corps,*
> *Tu pourras te vanter d'avoir foutu mon âme. »*
> > *Parnasse satyrique.*

Je crois que ce sonnet est de Maynard.
Malassis prétend qu'il est de Racan[2].

PENSÉES DIVERSES

[Dans l'album de Philoxène Boyer :]
Parmi les droits dont on a parlé dans ces derniers temps, il y en a un qu'on a oublié, à la démonstration duquel *tout le monde* est intéressé, — le droit de se contredire.

[Dans l'album de Nadar ;
[au-dessous de la devise : Vitam impendere vero, suivie de la signature de Louis Blanc :]
Ils sont trois, à ma connaissance, qui ont adopté cette austère devise : Jean-Jacques, Louis Blanc et George Sand. Joseph de Maistre dit quelque part (dans les *Considérations sur la France,* je crois) : « Si un écrivain adopte pour devise : *Vitam impendere vero,* il y a beaucoup à parier qu'il est un menteur. »

[Dans l'album d'Édouard Gardet :]
N'est-il pas vrai, mon cher Gardet, que le rouge est en lui-même une chose agréable, en ce qu'il transforme et exagère la nature, mais aussi parce qu'il nous oblige à embrasser les dames ailleurs que sur le visage ? — Je suis sûr de ne pas vous déplaire, à vous, mon ami, qui comme moi pensez qu'il ne faut jamais manquer de dignité, excepté avec la femelle de notre cœur.

Ch. Baudelaire

[Dans le carnet d'Asselineau :]
Quand un marchand n'est pas un félon, c'est un sauvage.
La pédérastie est le seul lien qui rattache la magistrature à l'humanité.
Le stoïcisme est une religion qui n'avait qu'un sacrement : *le suicide.*
La sobriété est la mère de la gourmandise : elle en est le soutien et *le conseil.*
Un chat est un vampire sucré.
L'absurde est la grâce des gens qui sont fatigués.
Si J[ésus-] C[hrist] descendait une seconde fois sur la terre. M. Frank-Carré dirait : il y a récidive.
Si l'on pétait sur le nez d'About, il prendrait cela pour une idée.
Si la religion disparaissait du monde, c'est dans le cœur d'un athée qu'on la retrouverait.
Rien ne me fait mieux comprendre l'inanité de la vertu que La Madelène.
Apprendre c'est se contredire — il y a un degré de conséquence qui n'est qu'à la portée du mensonge (Custine) phrase admirée par Bodler.

[Sur un croquis d'interview par Nadar :]
Toute révolution a pour corollaire le massacre des innocents.

EXTRAITS DU CARNET [1]

7

Dettes et Petites Dettes		Gœpp	20	Boulev. St Denis
Chaix	200	Zimmer	10	Boulev. des Capucines
M[ont] de Piété	250	C. de Ris	10	R. de Tournon
Porée	117	Dulamon		Pass. Mirès
Linge	80	Christophe		Est. de Bade
Hetzel	20	Thierry		Koch
Bourdilliat	50	Pirart		Chaussée d'Antin
Martin	53	Rue Royale		
Blanchisseuses	30	Piogey		
Commissionnaire	5	Capé		
Restaurant	5.5	Bossange		
Taverne	48	Maury		
Fleuriste		Chapelier		
Duranty	20	Fleuriste		
Aglaé	100	R. Taranne		
Marin	100	Thomas		
Meurice	20	Pl. Royale		
Flaubert	40	Palais-Royal		
Le Maréchal	25	R. de Rivoli		
Lejosne	20			

8

Écrire a *Gœpp* à Porée
 à *ma mère*
 a *Ancelle*
 à *Vitu*
 a Rosier
 a Mendès

Exempl. de Wagner

Delacroix ⟩	5 jours
Guys ⟨	
Peintres	7
Dandies	7
Poèmes	14
Eureka	7
Réflexions	14
Drame	14

68

Nouvelles pour
Buloz
Texier
Limayrac
Houssaye
Grandguillot

10

à *Acheter :*
Numa (Daziaro)
Maurin (Delarue)
Devéria-Lami (Martinet)
Boulanger (Leclère)
(Clérot)

Le Salut est dans la bonne minute. Le Salut, c'est l'argent, la gloire, la sécurité, la levée du C[onseil] J[udiciaire], la vie de Jeanne.

En décembre :

Moi	500			Guys	16
Jeanne	200			Peintres	32
Ma mère	300			Dandys	32
Jousset	200			Caré [?]	32
*Aglaé *			1500	poèmes	32
Aglaé	100				154
Société des G[ens]					
de L[ettres]					
Torlot	180			154 6	
Capé					
Chaix				34 26	

12

Petites Dettes urgentes			*Écrire à*	
			Desaux	
Jousset	15		Rouland	
Blanchisseuse	20	—	Torlot	Ravisé
Voitures	7	—	Ma mère	Ducreux
Souliers	14	—		
Cravate			*Voir*	
Chaussettes		81		
Bohné	14		Texier	
Chapeau	20		Dentu	
Restaurants	10	—	Lacaussade	
Malassis	*53*		Mendès	
Hardi	51	*Escompte*	Desaux	
Ducreux	143		Rouland	
Martin				
Tabac	1,50			
Taverne	*3,40*			

à propos de mes épreuves.

Chemise tombante
Gorge basse et lourde
Surtout suggestions morales
Tristesse générale
Épaule de Messaline
Poupées sinistres, macabres.

28

Voir
Ma Sœur
Crépet
Jaquotot

Donner des livres
 à Noriac
 Browne
 Du Terrail
 Uchard

chez *Houssaye*
 Imhaus
 La Brochure
 Le Guys
Combien la ligne ? quand ?
Une avance
Et les épreuves ?
une lettre pour Torlot ou le
paiement.

32

Être le plus grand des hommes. Se dire cela à chaque instant.

Avoir de la matière. c'est avoir de l'argent.

Avoir 108.000 Fr. le
9 juillet 1865
5 août **15 août** 1865.

11 {	*10*	voir Ancelle, Mulé, Malassis, Bodoz, Tenré.
	11	voir Imhaus.
12	*12*	voir Houssaye, Masson.
13	*14* 14	voir Houssaye.
14		voir Houssaye.

33

Écrire à ma mère mes excuses
 mon échéance
 chemin de fer
 Trianon
 Joubert

 à Hetzel
 à Dentu
 à Asselineau
 à ma Sœur

Voir 10 Ancelle	Malassis - *Tenré* *Bodoz* *d'Anchald.* *Houssaye*		*Grandguillot.*
11	*Masson* *Imhaus*	Poèmes Villemain Eureka	80 30 30
12	*Torlot* *Hertzel*	Dandies Peintres	30 30
	Pichot		200

34

FAIRE

Poèmes	jours	francs
Duranty	1	
Poèmes	8	750
Eureka	4	600
Villemain	5	300
Peintres	5	300
Dandies	5	200
	28	2250

Poèmes — Jousset Torlot Masson
Guys et Hetzel — Malassis
Eureka — Ravise

35

Écrire à	De Ronsard 44 Bellechasse	Voir :
ma mère *Tenré* *D'Anchald* *Torlot* *Yriarte* *Cousinet.* Ducreux *Torlot* Courcelles Laguerronnière Note Cadart.	Courcelles Masson	*Ancelle* *D'Anchald* *Bodoz* *Tenré* *Torlot* *Houssaye* *Martinet* *Hetzel* Pichot *Imhaus* *Laguerronnière* Cadart

Prière. Sobriété. Spiritualité.
Travail. Argent. Chasteté.
MA MÈRE.

39

Pour Hetzel.
Dans *Le Malheur d'Henriette Gérard*, despotisme de la sottise, Émile Germain, homme faible. Dans La Cause du beau Guillaume, Louis Leforgeur, homme faible. Cependant, ce sont deux révoltés. Henriette est une révoltée et Lévise aussi.

42-44

Les dons des fées
Le gâteau

à Houssaye.
Le titre
La dédicace

À Cat *[sic]**
Sans queue ni tête. Tout queue et tête.
Commode pour moi. Commode pour vous. Commode pour le Lecteur. Nous pouvons tous couper où nous voulons, moi ma rêverie, vous le manuscrit, le lecteur sa lecture. Et je ne suspends pas la volonté rétive au fil interminable d'une intrigue superflue. J'ai cherché des titres. Les 66. Quoique cependant cet ouvrage tenant de la vis et du kaléidoscope *pourrait* pût bien être poussé jusqu'au cabalistique 666 et même 6666...
Qu'on me cache d
Cela vaut Cela vaut mieux qu'une intrigue de 6000 pages.
Qu'on me sache donc gré de ma modération.

Quel est celui de nous qui n'a pas rêvé une prose particulière et poétique pour traduire les mouvements lyriques de l'esprit, les ondulations de la rêverie, et les soubresauts de la conscience ?
Mon point de départ a été Aloysius Bertrand. Ce qu'il avait fait pour la vie ancienne et pittoresque, je voulais le faire pour la vie moderne et abstraite. Et puis dès le principe, [je me suis aperçu] que je faisais autre chose que ce que je voulais imiter. Ce dont un autre s'enorgueillirait, mais qui m'humilie, moi, qui crois que le poète doit toujours faire juste ce qu'il veut faire.

Note sur le mot célèbre.

Enfin, petits tronçons.
tout le serpent.

À Catrin
La signature
La suite prochainement.

$$\frac{\begin{array}{r}18\\55\end{array}}{\begin{array}{r}90\\90\end{array}}$$
990

50

Eaux fortes ma mère	1
Poe	2
Villemain	*5*
Poèmes	*2*
Eureka	
Musées	1
Duranty	1
Villemain	5
Poèmes	2
Eureka	3

Fin du Mois	15 jours
Monde illustré	150
Michel	400
Presse	300
	850
Musées	500

51

Affaire Lafont	Écrire à Calman
Gautier	Écrire aux Gardes
Rouy	du Commerce
Michel	
Pichot	
Hetzel (Malassis)	
Didier (Wallon) (Babou)	

à payer tout de suite :		VILAINES CANAILLES
Jousset	59 75	Forget
Cœlina	40	Denneval
Hachette	7 50	Lortic
Blanchiss[euse]	10	Hachette
Crépet	15	Calonne
Laumonier	10	Crépet
M[ONT] DE P[IÉTÉ]		Martinet
		Turgan
	142,25	Dalloz
Chapelier		Bodoz
		Cohen
		Solar
		Meurice
		Vacquerie
		Ch. Hugo
		Pervillé

59

AFFAIRES	*Lafont*
	Gautier
	Rouy (pour Délégations)
	Pichot
	Ventes de Livres
	Fleurs
	Paradis
	Contemporains
	Poèmes en prose
Affaire Arondel	*Poe illustré*

CHEZ MICHEL — *à combien avez-vous tiré le 1er vol[ume]* ?
— *à combien les deux autres* ?

4000	12
40	333
40	

— *De quoi se composait ce que je devais* ?
— *avais-je pris les 250 d'Eureka* ?
— *Faire un traité pour le 5e.*
— *Feuillets à recopier.*
— Lançage du Livre
— *Poe illustré*
— Table des *Contemporains.*
— propriétés.

77

Je veux 6000 fr., soit 3000 *Fleurs* et 3000 poèmes à 6 fr. dont 1 fr. pour moi.
Soit toute autre combinaison (plusieurs tirages par exemple) qui me donne mes 6000 fr.

Les Traductions.
Dévouement absolu et Lançage.

Les 6000 fr. — et même emprunt sur Poe. Fuir Paris, faire en un an 2 vol[umes] de *nouvelles* et *Mon cœur mis à nu.*

78

DENTU

Combien par exemplaire ?
À combien tirez-vous ?

Il me faut une combinaison qui me donne 6000 fr. (non pas tout de suite, mais en deux fois). — Pour faire du neuf, quitter Paris, ou je me meurs.

Un vol[ume] inédit !
Et le clichage ! économie

Traducteurs. — Dévouement. — Lançage.

EDGAR POE.

83

Debauve-Pouzadoux | 286 Sᵗ h

AGATHE
Coiffure à l'Enfant, bouclée et répandue sur le dos.
Maquillage du visage. Sourcils, paupières, lèvres. Du rouge, du blanc, des mouches.
Boucles d'oreilles, colliers, bracelets, bagues.
Robe décolletée, les bras nus. Pas de crinoline.
Bas de soie très fins, à jour, noirs, si la robe est noire ou brune. Roses si la robe est claire.
Souliers très découverts. Jarretières galantes.
Un bain. Pieds et mains très soignés. Parfumerie générale.
A cause de la coiffure, une sortie de bal, à capuchon, si nous sortons.
Des draps blancs. Ma lettre.

108

Lettres d'un Atrabilaire

L'académie		Villemain	Musées		*Cadeaux à faire*
Les impies		*Siècle*	Peintres		Billets de spect[acle]
et les		Jeunesse	*Les fem[mes]*		Jarretières
dévots		Goût des français			*Paradis artific[iels]*
Les engouements		Dandies			*Le Gentilhomme*
Les femmes					*pauvre*

Le Rédacteur en chef			*Delacroix*	6	Guéroult
		Malassis	Villemain	10	Villemessant
Écrire à		Hetzel	poèmes	6	Marcelin
Le monde		Diguet	Poe	4	Marcelin
des artistes		Swinburne		6	
				13	

45

109

2 Vendredi	*Delacroix*	*Lécrivain*		*Écrire à*
3 Samedi	*Poèmes.*	Guéroult.	Marcelin	Malassis
4 Dimanche				Vervoort
5 Lundi	*Villemain*	Villemessant		Hetzel
6 Mardi		Marcelin		Lafont
7 Mercredi	Michel	Guéroult		Dinochau
8 Jeudi				
9 Vendredi				
10 Samedi	9 h.			
11 Dimanche				
12 Lundi		*prière immédiate*		
13 Mardi		*avant la toilette*		
14 Mercredi		et *Travail immédiat*		
15 Jeudi		*avant la Toilette*		

[NOTES POUR LES
« LETTRES D'UN ATRABILAIRE » [1]]

Villemain. Pourquoi je suis content du mot atrabilaire.
Le Ballon.
Villemain. De la sottise académique. Elle prend toutes les formes. Voyez
Duruy. Trop de zèle, goût de la popularité. Il a les suffrages du *Siècle*, une
vérité par jour.
Duruy et Girardin.
Le pourquoi et le comment des succès de Villemain.
Le Siècle, ma passion pour la Sottise.
Utilité des mauvaises lectures. Balzac. Les journaux et les tables tournantes.
Lumières des Tables. Lumières des journaux.
Le Siècle. Balzac, non pas un bel esprit, mais quelque chose de mieux.
Le Lavement. Les danses, se raser.

La Prière. Moi, le Siècle.

Perte irréparable, gros livre à faire. Classification d'animaux. Énumération
des animaux du *Siècle*, à partir de l'homme aux belles bottes.
Les romans du *Siècle*. Paul de Kock, prétentieux. Phrases du *Siècle*. Les
abeilles. Les Japons.
Le beau reproducteur (amour du peuple).
L'austère fabricant.
Unité du *Siècle*.
Rome, immense sacristie. Ne peut pas offrir à un artiste les agitations
fécondes de nos grandes capitales.

Journal des marchands de vin. Le modeste repas des prolétaires.
Je me suis aperçu que quelques-uns de ces gens croyaient ce qu'ils
écrivaient.
Le bénédictin du *Siècle*.

Les auteurs favoris du *Siècle*.
Molière, Béranger, etc.

Le Rédacteur en chef.

Girardin.
Girardin et la Vérité.
Les escargots.
La Lune.
Les Ballons.
Abolition de la guerre.
Ptolémée.
Le latin et le grec de
 Girardin.

Pecudesque locutæ.
Le Style fleuri des marchands
 d'orviétan.
Les auteurs favoris de
 Girardin.
Montesquieu.
Mahomet.
Jésus-Christ.
Jacotot.

— L'attitude flétrie par le fer rouge de la plume de M. Guéroult.
— Pilote pris à bord du vaisseau dont M. Rouy est le capitaine, c'est en vain que je sonde et que je m'efforce de reconnaitre le fond de la passe difficile qu'il s'agit de franchir sans s'y briser.
Dieu rend les farceurs, les menteurs et les charlatans crédules.

[NOTES BIO-BIBLIOGRAPHIQUES][1]

[I]

CHARLES BAUDELAIRE (a signé aussi BAUDELAIRE DUFAŸS) est né à Paris en 1821 ; — auteur de plusieurs articles d'art, de deux *Salons* (1845 et 1846), de poésies, de nouvelles et d'articles *Variétés* insérés dans *Le Corsaire-Satan, L'Artiste, L'Esprit public, Le Messager de l'Assemblée, L'Illustration,* la *Revue de Paris ;* — promet depuis longtemps de faire paraitre la *Physiologie du Rire et de la Caricature, Les Limbes,* un livre de poésies, et les *Histoires extraordinaires,* traduites d'Edgar Poe, dont il a publié dans la *Revue de Paris* une curieuse biographie apologétique.

[II]

[Lettre à Antonio Watripon]

[Paris, environ 10 mai 1852]

Vous me causez, mon cher Watripon, le plus grand embarras. Comment voulez-vous qu'on donne des notes biographiques ? — Voulez-vous mettre que je suis né à Paris en 1821, que j'ai fait, étant fort jeune, plusieurs voyages dans les mers de l'Inde ? Je ne crois qu'on doive mettre ces choses-là. — Quant aux *ouvrages !* — il n'y a guère que des articles. — *Baudelaire (Charles Pierre)* a signé aussi *Baudelaire Dufaÿs, Pierre Dufaÿs* et *Charles DeFayis.* — A écrit des articles de critique artistique et littéraire et des nouvelles, dans *Le Corsaire-Satan, L'Esprit public, L'Artiste, La Liberté de penser, Le Messager de l'Assemblée, Le Magasin des familles,* la *Revue de Paris, Edgar Allan Poe, sa vie et ses ouvrages, L'Illustration.*

1 *Salon de 1845,* chez *Labitte.*
2 — *de 1846,* chez *Michel Lévy.*
3 *La Fanfarlo ;* roman, à 4 sols, chez *Bry.*
4 *Une préface aux œuvres de Pierre Dupont,* chez Alexandre Houssiaux.
Et dans quelques journaux des poésies d'un accent généralement fort douloureux. (Arrangez ou supprimez.)
Vous pouvez ajouter à cela : *Physiologie du rire* qui paraitra prochainement, à la *Revue de Paris,* sans doute, ainsi que *Salon des caricaturistes,* et *Les Limbes,* poésies, chez *Michel Lévy.* Ce ne sera pas un mensonge, puisque cela va paraitre très prochainement, et sans doute avant le volume biogra-

phique. Mais tout ceci me semble bien vaniteux. *Arrangez, supprimez ;* faites ce que vous voudrez. Si j'ai oublié quelque chose, tant pis. Voici ce que vous me demandez — fait bien tant que mal.

C. B.

|III|

ENFANCE : Vieux mobilier Louis XVI, antiques, consulat, pastels, société dix-huitième siècle.

Après 1830, le collège de Lyon, coups, batailles avec les professeurs et les camarades, lourdes mélancolies.

Retour à Paris, collège et éducation par mon beau père (le général Aupick).

JEUNESSE : Expulsion de Louis-le-Grand, histoire du baccalauréat.

Voyages avec mon beau-père dans les Pyrénées.

Vie libre à Paris, premières liaisons littéraires : Ourliac, Gérard, Balzac, Le Vavasseur, Delatouche.

Voyages dans l'Inde : première aventure, navire démâté ; Maurice, île Bourbon, Malabar, Ceylan, Indoustan, Cap ; promenades heureuses.

Deuxième aventure : retour sur un navire sans vivres et coulant bas.

Retour à Paris ; secondes liaisons littéraires : Sainte-Beuve, Hugo, Gautier, Esquiros.

Difficulté pendant très longtemps de me faire comprendre d'un directeur de journal quelconque.

Goût permanent depuis l'enfance de toutes les représentations plastiques.

Préoccupations simultanées de la philosophie et de la beauté en prose et en poésie ; du rapport perpétuel, simultané de l'idéal avec la vie.

|IV|

(Baudelaire s'écrit sans *e* au commencement.)
Charles Baudelaire, né en 1821, à Paris.
Salons de 1845 et de 1846. — 2 brochures —
Nombreux articles d'art dans les journaux et les Revues, annoncés sous le titre : *Curiosités esthétiques.*
Œuvres d'EDGAR POE, traduites sous les titres :
Histoires extraordinaires
Nouvelles Histoires extraordinaires } 3 volumes
Aventures d'Arthur Gordon Pym
et accompagnées de notices biographiques et critiques.
Les Fleurs du mal, poésies (*six* pièces ont été condamnées par jugement du 20 août 1857). — Une nouvelle édition est sous presse avec des poèmes nouveaux destinés à remplacer ceux qui ont été supprimés par la justice. —
(La première édition, rarissime, s'est vendue jusqu'à 40 francs l'exemplaire.)

|V|

Bibliographie Ch. Baudelaire

Salon de 1845
Salon de 1846

La Fanfarlo, nouvelle.
Histoires extraordinaires d'Edgar Poe.
Nouvelles Histoires extraordinaires d'Edgar Poe
Aventures d'Arthur Gordon Pym
Les Fleurs du Mal 1ʳᵉ édition (6 pièces condamnées)
Les Fleurs du Mal 2ᵉ édition (augmentée de 35 morceaux nouveaux).
Les Paradis artificiels (opium et hachisch)
Théophile Gautier
Richard Wagner et Tannhäuser à Paris.

[biffé] 〈 *Morceaux répandus dans les Revues.*
Delacroix à l'Exposition universelle
Ingres à l'Exposition universelle
Méthode de critique

Dans les Revues.

Delacroix à l'Exposition universelle
Ingres à l'Exposition universelle
Méthode de critique
Caricaturistes étrangers
De l'Essence du rire
Morale du Joujou
Salon de 1859
La genèse d'un poème (Le Corbeau, avec le commentaire)
Eleonora (Edgar Poe)
Un Événement à Jérusalem (Edgar Poe)
Philosophie de l'Ameublement (Edgar Poe)
Philibert Rouvière
Victor Hugo.
Théophile Gautier (2)
Marceline Desbordes Valmore
Pétrus Borel
Auguste Barbier
Leconte de Lisle.
Pierre Dupont (1)
Pierre Dupont (2)
Théodore de Banville
Peintures murales d'Eugène Delacroix
Poèmes en prose
Gustave Flaubert.

CRITIQUE LITTÉRAIRE

LES CONTES NORMANDS
ET HISTORIETTES BAGUENAUDIÈRES

PAR JEAN DE FALAISE*[1]

Les amateurs curieux de la vraie littérature liront ces deux modestes petits volumes avec le plus vif intérêt. L'auteur est un de ces hommes, trop rares aujourd'hui, qui se sont de bonne heure familiarisés avec toutes les ruses du style. — Les locutions particulières dont le premier de ces volumes abonde, ces phrases bizarres, souvent patoisées de façons de dire hardies et pittoresques, sont une grâce nouvelle et un peu hasardée, mais dont l'auteur a usé avec une merveilleuse habileté.

Ce qui fait le mérite particulier des *Contes normands*, c'est une naïveté d'impressions toute fraîche, un amour sincère de la nature et un épicuréisme d'honnête homme. Pendant que tous les auteurs s'attachent aujourd'hui à se faire un tempérament et une âme d'emprunt, Jean de Falaise a donné la sienne, la sienne vraie, la sienne pour de bon, et il a fait tout doucement un ouvrage original.

Doué d'une excentricité aussi bénigne et aussi amusante, l'auteur a tort de dépenser tant de peine à pasticher des *lettres de Mme de Scudéry*. En revanche, M. de Balzac contient peu de tableaux de mœurs aussi vivants que : *Un souvenir de jeunesse d'un juré du Calvados,* et Hoffmann pourrait, sans honte, revendiquer *Le Diable aux Iles*. Et tout ceci n'est pas trop dire. Oyez et jugez.

PROMÉTHÉE DÉLIVRÉ

PAR L. DE SENNEVILLE**[2]

Ceci est de la poésie philosophique. — Qu'est-ce que la poésie philosophique ? — Qu'est-ce que M. Edgar Quinet ? — Un philosophe ? — Euh ! euh ! — Un poète ? — Oh ! oh !

Cependant, M. Edgar Quinet est un homme d'un vrai mérite. — Eh ! mais, M. de Senneville aussi ! — Expliquez-vous.

Je suis prêt. Quand un peintre se dit : — Je vais faire une peinture crânement poétique ! Ah ! la poésie ! !... — il fait une peinture froide, où l'intention de

l'œuvre brille aux dépens de l'œuvre : — Le *Rêve du bonheur*, ou *Faust et Marguerite*. — Et cependant, MM. Papety et Ary Scheffer ne sont pas des gens dénués de valeur ; — mais !... c'est que la poésie d'un tableau doit être faite par le spectateur.

— Comme la philosophie d'un poème par le lecteur. — Vous y êtes, c'est cela même.

— La poésie n'est donc pas une chose philosophique ? — Pauvre lecteur, comme vous prenez le mors aux dents, quand on vous met sur une pente !

La poésie est essentiellement philosophique ; mais comme elle est avant tout *fatale*, elle doit être involontairement philosophique.

— Ainsi, la poésie philosophique est un genre faux ? — Oui. — Alors, pourquoi parler de M. Senneville ?

— Parce que c'est un homme de quelque mérite. — Nous parlerons de son livre, comme d'une tragédie où il y aurait quelques bons mots.

Du reste, il a bien choisi, — c'est-à-dire la donnée la plus ample et *la plus infinie*, la circonférence la plus capace [1], le sujet le plus large parmi tous les sujets *protestants*, — *Prométhée délivré !* — l'humanité révoltée contre les fantômes ! l'inventeur proscrit ! la raison et la liberté criant : justice ! — Le poète croit qu'elles obtiendront justice, — comme vous allez voir :

La scène se passe sur le Caucase, aux dernières heures de la nuit. Prométhée enchaîné chante, sous le vautour, son éternelle plainte, et convoque l'humanité souffrante au rayonnement de la prochaine liberté. — Le chœur — l'humanité — raconte à Prométhée son histoire douloureuse : — d'abord l'adoration barbare des premiers âges, les oracles de Delphes, les fausses consolations des Sages, l'opium et le laudanum d'Épicure, les vastes orgies de la décadence, et finalement la rédemption par le sang de l'agneau.

> Mais le symbole tutélaire
> Dans le ciel, qu'à peine il éclaire,
> Jette en mourant ses derniers feux.

Prométhée continue à *protester* et à promettre la nouvelle vie ; Harmonia, *des muses la plus belle*, vient le consoler, et fait paraître devant lui *l'esprit du ciel, l'esprit de la vie, l'esprit de la terre* et *l'esprit des météores*, qui parlent à Prométhée, dans un style assez vague, des mystères et des secrets de la nature. Prométhée déclare qu'il est le roi de la terre et du ciel.

> Les dieux sont morts, car la foudre est à moi.

Ce qui veut dire que Franklin a détrôné Jupiter.

Io, c'est-à-dire Madeleine ou Marie, c'est-à-dire l'amour, vient à son tour philosopher avec Prométhée ; celui-ci lui explique pourquoi son amour et sa prière n'étaient qu'épicuréisme pur, œuvres stériles et avares :

> Pendant que tes genoux s'usaient dans la prière,
> Tu n'as pas vu les maux des enfants de la terre !
> Le monde allait mourir pendant que tu priais.

Tout à coup, le vautour est percé d'une flèche mystérieuse. Hercule apparaît, et la raison humaine est délivrée par la force, — appel à l'insurrection et aux *passions mauvaises !* — Harmonia ordonne aux anciens révélateurs : Manou, Zoroastre, Homère et Jésus-Christ, de venir rendre hommage au nouveau dieu de l'Univers ; chacun expose sa doctrine, et Hercule et Prométhée se chargent tour à tour de leur démontrer que les dieux, quels qu'ils soient, raisonnent moins bien que l'homme, ou l'humanité en langue socialiste ;

si bien que Jésus-Christ lui-même, rentrant dans la *nuit incréée*, il ne reste plus à la nouvelle humanité que de chanter les louanges du nouveau régime, basé uniquement sur la science et la force.
Total : l'Athéisme.
C'est fort bien, et nous ne demanderions pas mieux que d'y souscrire, si cela était gai, aimable, séduisant et nourrissant. Mais nullement ; M. de Senneville a esquivé le culte de la Nature, cette grande religion de Diderot et d'Holbach, cet unique ornement de l'athéisme.

C'est pourquoi nous concluons ainsi : A quoi bon la poésie philosophique, puisqu'elle ne vaut ni un article de l'*Encyclopédie*, ni une chanson de Désaugiers ?
Un mot encore : — le poète philosophique a besoin de Jupiter, au commencement de son poème, Jupiter représentant une certaine somme d'idées ; à la fin, Jupiter est aboli. — Le poète ne croyait donc pas à Jupiter !
Or, la grande poésie est essentiellement *bête*, elle *croit*, et c'est ce qui fait sa gloire et sa force.
Ne confondez jamais les fantômes de la raison avec les fantômes de l'imagination ; ceux-là sont des équations, et ceux-ci des êtres et des souvenirs. Le premier Faust est magnifique, et le second mauvais. — La forme de M. de Senneville est encore vague et flottante ; il ignore les rimes puissamment colorées, ces lanternes qui éclairent la route de l'idée ; il ignore aussi les effets qu'on peut tirer d'un certain nombre de mots, diversement combinés. — M. de Senneville est néanmoins un homme de talent, que la conviction de la raison et l'orgueil moderne ont soulevé assez haut en de certains endroits de son *discours*, mais qui a subi fatalement les inconvénients du genre adopté. — Quelques nobles et grands vers prouvent que, si M. de Senneville avait voulu développer le côté panthéistique et naturaliste de la question, il eût obtenu de beaux effets, où son talent aurait brillé d'un éclat plus facile.

LE SIÈCLE

ÉPÎTRE A CHATEAUBRIAND, PAR BATHILD BOUNIOL *

M. Bouniol adresse à M. de Chateaubriand un hommage de jeune homme ; il met sous la protection de cet illustre nom une satire véhémente et, sinon puérile, du moins inutile, du régime actuel.
Oui, Monsieur, les temps sont mauvais et corrompus ; mais la bonne philosophie en profite sournoisement pour courir sus à l'occasion, et ne perd pas son temps aux anathèmes.
Du reste, il serait de mauvais ton d'être plus sévère que M. Bouniol n'est modeste ; il a pris pour épigraphe : *Je tâche !* et il fait déjà fort bien les vers.

* Chez Sagnier et Bray, 64, rue des Saints-Pères.

LES CONTES DE CHAMPFLEURY[1]

CHIEN-CAILLOU, PAUVRE TROMPETTE, FEU MIETTE*

Un jour parut un tout petit volume, tout humble, tout simple, au total, une chose importante, *Chien-Caillou*, l'histoire simplement, nettement, crûment racontée, ou plutôt enregistrée, d'un pauvre graveur, très original, mais tellement dénué de richesses qu'il vivait avec des carottes, entre un lapin et une fille publique : et il faisait des chefs-d'œuvre. Voilà ce que Champfleury osa pour ses débuts : Se contenter de la nature et avoir en elle une confiance illimitée.

La même livraison contenait d'autres histoires remarquables, entre autres : *M. le maire de Classy-les-Bois*, au sujet de laquelle histoire, je prierai le lecteur de remarquer que Champfleury connaît très bien la province, cet inépuisable trésor d'éléments littéraires, ainsi que l'a triomphalement démontré notre grand H. de Balzac, et aussi dans son petit coin où il faudra que le public l'aille chercher, un autre esprit tout modeste et tout retiré, l'auteur des *Contes normands* et des *Historiettes baguenaudières*, Jean de Falaise (Philippe de Chennevières), un brave esprit tout voué au travail et à la religion de la nature, comme Champfleury, et comme lui élevé à côté des journaux, loin des effroyables dysenteries de MM. Dumas, Féval et consorts.

Puis *Carnaval*, ou quelques notes précieuses sur cette curiosité ambulante, cette douleur attifée de rubans et de bariolages dont rient les imbéciles, mais que les Parisiens respectent.

La seconde livraison contenait : *Pauvre Trompette*, ou histoire lamentable d'une vieille ivrognesse très égoïste, qui ruine son gendre et sa fille pour gorger son affreux petit chien de curaçao et d'anisette. Le gendre exaspéré empoisonne le chien avec l'objet de ses convoitises, et la marâtre accroche aux vitres de sa boutique un écriteau qui voue son gendre au mépris et à la haine publics. — Histoire vraie comme les précédentes. — Or, ce serait une erreur grave que de croire que toutes ces historiettes ont pour accomplissement final la gaieté et le divertissement. On ne saurait imaginer ce que Champfleury sait mettre ou plutôt sait voir là-dessous de douleur et de mélancolie vraies.

Le jour où il a fait *M. Prudhomme au Salon*, il était jaloux d'Henri Monnier. Qui peut le plus, peut le moins, nous savons cela ; aussi ce morceau est-il d'un fini très précieux et très amusant. Mais véritablement l'auteur est mieux né, et il a mieux à faire.

Grandeur et décadence d'une serinette. — Il y a là-dedans une création d'enfant, un enfant musical, garçon ou petite fille, on ne sait pas trop, tout à fait délicieuse. Cette nouvelle démontre bien la parenté antique de l'auteur avec quelques écrivains allemands et anglais, esprits mélancoliques comme lui, doublés d'une ironie involontaire et persistante. Il faut remarquer en plus, ainsi que je l'ai déjà dit plus haut, une excellente description de la méchanceté et de la sottise provinciales.

Une religion au cinquième. — C'est l'histoire, la description de la potbouille d'une religion moderne, la peinture au naturel de quelques-uns de ces misérables, comme nous en avons tous connu, qui croient qu'on fait une

* 3 volumes, format anglais, chez Martinon, rue du Coq-Saint-Honoré.

doctrine comme on fait un enfant, sur une paillasse, le *Compère Mathieu* à la main, et que ce n'est pas plus difficile que ça.

Le dernier volume est dédié à Balzac. Il est impossible de placer des œuvres plus sensées, plus simples, plus naturelles, sous un plus auguste patronage. Cette dédicace est excellente, excellente pour le style, excellente pour les idées. Balzac est en effet un romancier et un savant, un inventeur et un observateur ; un naturaliste qui connaît également la loi de génération des idées et des êtres visibles. C'est un grand homme dans toute la force du terme ; c'est un créateur de méthode et le seul dont la méthode vaille la peine d'être étudiée.

Et ceci n'est pas à mon avis propre un des moindres pronostics favorables pour l'avenir littéraire de Champfleury.

Ce dernier volume contient *Feu Miette*, histoire, véridique, comme toujours, d'un charlatan célèbre du quai des Augustins. — Le *Fuenzès*, une belle idée, un tableau fatal et qui porte malheur à ceux qui l'achètent !

Simple Histoire d'un rentier, d'un lampiste et d'une horloge — précieux morceau, constatation de manies engendrées forcément dans la vie stagnante et solitaire de la province. Il est difficile de mieux peindre et de mieux dessiner les automates ambulants, chez qui le cerveau, lui aussi, devient lampe et horloge.

Van Schaendel, père et fils : Peintres-naturalistes enragés qui vous nourrissez de carottes pour mieux les dessiner, et vous habilleriez de plumes pour mieux peindre un perroquet, lisez et relisez ces hautes leçons empreintes d'une ironie allemande énorme.

Jusqu'à présent je n'ai rien dit du style. On le devine facilement. Il est large, soudain, brusque, poétique, comme la nature. Pas de grosses bouffissures, pas de littérarisme outré. L'auteur, de même qu'il s'applique à bien voir les êtres et leurs physionomies toujours étranges pour qui sait bien voir, s'applique aussi à bien retenir le cri de leur animalité, et il en résulte une sorte de méthode d'autant plus frappante qu'elle est pour ainsi dire insaisissable. J'explique peut-être mal ma pensée, mais tous ceux qui ont éprouvé le besoin de se créer une esthétique à leur usage me comprendront.

La seule chose que je reprocherais volontiers à l'auteur est de ne pas connaître peut-être ses richesses, de n'être pas suffisamment rabâcheur, de trop se fier à ses lecteurs, de ne pas tirer de conclusions, de ne pas épuiser un sujet, tous reproches qui se réduisent à un seul, et qui dérivent du même principe. Mais peut-être aussi ai-je tort ; il ne faut forcer la destinée de personne ; de larges ébauches sont plus belles que des tableaux confusionnés, et il a peut-être choisi la meilleure méthode qui est la simple, la courte et l'ancienne.

Le quatrième volume qui paraîtra prochainement est au moins égal aux précédents.

Enfin pour conclure, ces nouvelles sont essentiellement amusantes et appartiennent à un ordre de littérature très relevé.

[JULES JANIN
ET LE GÂTEAU DES ROIS]

Pour donner immédiatement au lecteur non initié dans *les dessous* de la littérature, non instruit dans les préliminaires des réputations, une idée première de l'importance littéraire réelle de ces petits livres gros d'esprit, de poésie et d'observations, qu'il sache que le premier d'entre eux, *Chien-Caillou, Fantaisies d'hiver*, fut publié en même temps qu'un petit livre d'un homme très célèbre, qui avait eu, en même temps que Champfleury, l'idée de ces publications trimestrielles. Or, parmi les gens dont l'intelligence journellement appliquée à fabriquer des livres est plus difficile qu'aucune autre, le livre de Champfleury *absorba* celui de l'homme célèbre. Tous ceux dont je parle connurent *Le Gâteau des Rois* ; ils le connurent parce que leur métier est de tout connaître. *Le Gâteau des Rois*, espèce de *Christmas*, ou livre de Noël, était surtout une prétention clairement affirmée de tirer de la langue tous les effets qu'un instrumentiste transcendant tire de son instrument — jouer des variations infinies sur le dictionnaire ! Déplacement de forces ! erreur d'esprit faible ! Dans cet étrange livre, les idées se sucédaient à la hâte, filaient avec la rapidité du son, s'appuyant au hasard sur des rapports infiniment ténus. Elles s'associaient entre elles par un fil excessivement frêle, selon une méthode de penser exactement analogue à celle des gens qu'on enferme pour cause d'aliénation mentale ; vaste courant d'idées involontaires, course au clocher, abnégation de la volonté. Ce singulier tour de force fut exécuté par l'homme que vous savez, dont l'unique et spéciale faculté est de n'être pas maître de lui, l'homme aux rencontres et *aux bonheurs*. Sans doute, il y avait là du talent : mais quel abus ! mais quelle débauche ! Et d'ailleurs quelle fatigue et quelle [doul]eur ! Sans doute il faut montrer quelque respect ou du moins quelque compassion reconnaissante pour ce trémoussement infatigable d'une ancienne danseuse ; mais hélas ! moyens usés, procédés affaiblis ! câlineries fatigantes ! Les idées de notre homme sont de vieilles folles qui ont trop dansé, trop montré et trop levé la jambe. *Sustulerunt sœpius pedes*. Où est le cœur ? où est l'âme, où est la raison dans cette

PIERRE DUPONT [I][1]

Je viens de relire attentivement les *Chants et Chansons* de Pierre Dupont, et je reste convaincu que le succès de ce nouveau poète est un événement grave, non pas tant à cause de sa valeur propre, qui cependant est très grande, qu'à cause des sentiments publics dont cette poésie est le symptôme, et dont Pierre Dupont s'est fait l'écho.

Pour mieux expliquer cette pensée, je prie le lecteur de considérer rapidement et largement le développement de la poésie dans les temps qui ont précédé. Certainement il y aurait injustice à nier les services qu'a rendus l'école dite romantique. Elle nous rappela à la vérité de l'image, elle détruisit les poncifs académiques, et même au point de vue supérieur de la linguistique, elle ne mérite pas les dédains dont l'ont iniquement couverte certains pédants impuissants. Mais, par son principe même, l'insurrection romantique était

condamnée à une vie courte. La puérile utopie de l'école de l'*art pour l'art*, en excluant la morale, et souvent même la passion, était nécessairement stérile. Elle se mettait en flagrante contravention avec le génie de l'humanité. Au nom des principes supérieurs qui constituent la vie universelle, nous avons le droit de la déclarer coupable d'hétérodoxie. Sans doute, des littérateurs très ingénieux, des antiquaires très érudits, des versificateurs qui, il faut l'avouer, élevèrent la prosodie presque à la hauteur d'une création, furent mêlés à ce mouvement, et tirèrent, des moyens qu'ils avaient mis en commun, des effets très surprenants. Quelques-uns d'entre eux consentirent même à profiter du milieu politique. Navarin attira leurs yeux vers l'Orient, et le philhellénisme engendra un livre éclatant comme un mouchoir ou un châle de l'Inde. Toutes les superstitions catholiques ou orientales furent chantées dans des rythmes savants et singuliers. Mais combien nous devons, à ces accents purement matériels, faits pour éblouir la vue tremblante des enfants ou pour caresser leur oreille paresseuse, préférer la plainte de cette individualité maladive, qui, du fond d'un cercueil fictif, s'évertuait à intéresser une société troublée à ses mélancolies irrémédiables. Quelque égoïste qu'il soit, le poète me cause moins de colère quand il dit : Moi, je pense... moi, je sens..., que le musicien ou le barbouilleur infatigable qui a fait un pacte satanique avec son instrument. La coquinerie naïve de l'un se fait pardonner ; l'impudence académique de l'autre me révolte.

Mais plus encore que celui-là, je préfère le poète qui se met en communication permanente avec les hommes de son temps, et échange avec eux des pensées et des sentiments traduits dans un noble langage suffisamment correct. Le poète, placé sur un des points de la circonférence de l'humanité, renvoie sur la même ligne en vibrations plus mélodieuses la pensée humaine qui lui fut transmise ; tout poète véritable doit être une incarnation, et, pour compléter d'une manière définitive ma pensée par un exemple récent, malgré tous ces travaux littéraires, malgré tous ces efforts accomplis hors de la loi de vérité, malgré tout ce dilettantisme, ce *voluptuosisme* armé de mille instruments et de mille ruses, quand un poète, maladroit quelquefois, mais presque toujours grand, vint dans un langage enflammé proclamer la sainteté de l'insurrection de 1830 et chanter les misères de l'Angleterre et de l'Irlande, malgré ses rimes insuffisantes, malgré ses pléonasmes, malgré ses périodes non finies, la question fut vidée, et l'art fut désormais inséparable de la morale et de l'utilité.

La destinée de Pierre Dupont fut analogue.

Rappelons-nous les dernières années de la monarchie. Qu'il serait curieux de raconter dans un livre impartial les sentiments, les doctrines, la vie extérieure, la vie intime, les modes et les mœurs de la jeunesse sous le règne de Louis-Philippe ! L'esprit seul était surexcité, le cœur n'avait aucune part dans le mouvement, et la fameuse parole : *enrichissez-vous*, légitime et vraie en tant qu'elle implique la moralité, la niait par ce seul fait qu'elle ne l'affirmait pas. La richesse peut être une garantie de savoir et de moralité, à la condition qu'elle soit bien acquise ; mais quand la richesse est montrée comme le seul but final de tous les efforts de l'individu, l'enthousiasme, la charité, la philosophie, et tout ce qui fait le patrimoine commun dans un système éclectique et propriétariste, disparaît. L'histoire de la jeunesse, sous le règne de Louis-Philippe, est une histoire de lieux de débauche et de restaurants. Avec moins d'impudence, avec moins de prodigalités, avec plus de réserve, les filles entretenues obtinrent, sous le règne de Louis-Philippe, une gloire et une importance égales à celles

qu'elles eurent sous l'Empire. De temps en temps retentissait dans l'air un grand vacarme de discours semblables à ceux du Portique, et les échos de la Maison-d'Or se mêlaient aux paradoxes innocents du palais législatif. Cependant quelques chants purs et frais commençaient à circuler dans des concerts et dans des sociétés particulières. C'était comme un rappel à l'ordre et une invitation de la nature ; et les esprits les plus corrompus les accueillaient comme un rafraichissement, comme une oasis. Quelques pastorales *(Les Paysans)* venaient de paraître, et déjà les pianos bourgeois les répétaient avec une joie étourdie.

Ici commence, d'une manière positive et décidée, la vie parisienne de Pierre Dupont ; mais il est utile de remonter plus haut, non seulement pour satisfaire une curiosité publique légitime, mais aussi pour montrer quelle admirable logique existe dans la genèse des faits matériels et des phénomènes moraux. Le public aime à se rendre compte de l'éducation des esprits auxquels il accorde sa confiance ; on dirait qu'il est poussé en ceci par un sentiment indomptable d'égalité. « Tu as touché notre cœur ! Il faut nous démontrer que tu n'es qu'un homme, et que les mêmes éléments de perfectionnement existent pour nous tous. » Au philosophe, au savant, au poète, à l'artiste, à tout ce qui est grand, à quiconque le remue et le transforme, le public fait la même requête. L'immense appétit que nous avons pour les biographies naît d'un sentiment profond de l'égalité.

L'enfance et la jeunesse de Pierre Dupont ressemblent à l'enfance et à la jeunesse de tous les hommes destinés à devenir célèbres. Elle est très simple, et elle explique l'âge suivant. Les sensations fraiches de la famille, l'amour, la contrainte, l'esprit de révolte, s'y mêlent en quantités suffisantes pour créer un poète. Le reste est de l'acquis. Pierre Dupont nait le 23 avril 1821, à Lyon, la grande ville du travail et des merveilles industrielles. Une famille d'artisans, le travail, l'ordre, le spectacle de la richesse journalière créée, tout cela portera ses fruits. Il perd sa mère à l'âge de quatre ans ; un vieux parrain, un prêtre, l'accueille chez lui, et commence une éducation qui devait se continuer au petit séminaire de Largentière. Au sortir de la maison religieuse, Dupont devient apprenti canut ; mais bientôt on le jette dans une maison de banque, un grand étouffoir. Les grandes feuilles de papier à lignes rouges, les hideux cartons verts des notaires et des avoués, pleins de dissensions, de haines, de querelles de familles, souvent de crimes inconnus, la régularité cruelle, implacable d'une maison de commerce, toutes ces choses sont bien faites pour achever la création d'un poète. Il est bon que chacun de nous, une fois dans sa vie, ait éprouvé la pression d'une odieuse tyrannie ; il apprend à la haïr. Combien de philosophes a engendrés le séminaire ! Combien de natures révoltées ont pris vie auprès d'un cruel et ponctuel militaire de l'Empire ! Fécondante discipline, combien nous te devons de chants de liberté ! La pauvre et généreuse nature, un beau matin, fait son explosion, le charme satanique est rompu, et il n'en reste que ce qu'il faut, un souvenir de douleur, un levain pour la pâte.

Il y avait à Provins un grand-père chez qui Pierre Dupont allait quelquefois ; là il fit connaissance de M. Pierre Lebrun de l'Académie, et peu de temps après, ayant tiré au sort, il fut obligé de rejoindre un régiment de chasseurs. Par grand bonheur, le livre *Les Deux Anges* était fait. M. Pierre Lebrun imagina de faire souscrire beaucoup de personnes à l'impression du livre ; les bénéfices furent consacrés à payer un remplaçant. Ainsi Pierre Dupont commença sa vie, pour ainsi dire publique, par se racheter de l'esclavage par la poésie. Ce

sera pour lui un grand honneur et une grande consolation d'avoir, jeune, forcé la Muse à jouer un rôle utile, immédiat, dans sa vie.

Ce même livre, incomplet, souvent incorrect, d'une allure indécise, contient cependant, ainsi que cela arrive généralement, le germe d'un talent futur qu'une intelligence élevée pouvait, à coup sûr, pronostiquer. Le volume obtint un prix à l'Académie, et Pierre Dupont eut dès lors une petite place en qualité d'aide aux travaux du Dictionnaire. Je crois volontiers que ces fonctions, quelque minimes qu'elles fussent en apparence, servirent à augmenter et perfectionner en lui le goût de la belle langue. Contraint d'entendre souvent les discussions orageuses de la rhétorique et de la grammaire antique aux prises avec la moderne, les querelles vives et spirituelles de M. Cousin avec M. Victor Hugo, son esprit dut se fortifier à cette gymnastique, et il apprit ainsi à connaître l'immense valeur du mot propre. Ceci paraîtra peut-être puéril à beaucoup de gens, mais ceux-là ne se sont pas rendu compte du travail successif qui se fait dans l'esprit des écrivains, et de la série des circonstances nécessaires pour créer un poète.

Pierre Dupont se conduisit définitivement avec l'Académie comme il avait fait avec la maison de banque. Il voulut être libre, et il fit bien. Le poète doit vivre par lui-même ; il doit, comme disait Honoré de Balzac, offrir une surface commerciale. Il faut que son outil le nourrisse. Les rapports de Pierre Dupont et de M. Lebrun furent toujours purs et nobles, et, comme l'a dit Sainte-Beuve, si Dupont voulut être tout à fait libre et indépendant, il n'en resta pas moins reconnaissant du passé.

Le recueil *Les Paysans, chants rustiques,* parut donc : une édition proprette, illustrée d'assez jolies lithographies, et qui pouvait se présenter avec hardiesse dans les salons et prendre décemment sa place sur les pianos de la bourgeoisie. Tout le monde sut gré au poète d'avoir enfin introduit un peu de vérité et de nature dans ces chants destinés à charmer les soirées. Ce n'était plus cette nourriture indigeste de crèmes et de sucreries dont les familles illettrées bourrent imprudemment la mémoire de leurs demoiselles. C'était un mélange véridique d'une mélancolie naïve avec une joie turbulente et innocente, et par-ci par-là les accents robustes de la virilité laborieuse.

Cependant Dupont, s'avançant dans sa voie naturelle, avait composé un chant d'une allure plus décidée et bien mieux fait pour émouvoir le cœur des habitants d'une grande ville. Je me rappelle encore la première confidence qu'il m'en fit, avec une naïveté charmante et comme encore indécis dans sa résolution. Quand j'entendis cet admirable cri de douleur et de mélancolie (*Le Chant des ouvriers,* 1846), je fus ébloui et attendri. Il y avait tant d'années que nous attendions un peu de poésie forte et vraie ! Il est impossible, à quelque parti qu'on appartienne, de quelques préjugés qu'on ait été nourri, de ne pas être touché du spectacle de cette multitude maladive respirant la poussière des ateliers, avalant du coton, s'imprégnant de céruse, de mercure et de tous les poisons nécessaires à la création des chefs-d'œuvre, dormant dans la vermine, au fond des quartiers où les vertus les plus humbles et les plus grandes nichent à côté des vices les plus endurcis et des vomissements du bagne ; de cette multitude soupirante et languissante à qui *la terre doit ses merveilles ;* qui sent *un sang vermeil et impétueux couler dans ses veines,* qui jette un long regard chargé de tristesse sur le soleil et l'ombre des grands parcs, et qui, pour suffisante consolation et réconfort, répète à tue-tête son refrain sauveur : *Aimons-nous !...*

452 CRITIQUE LITTÉRAIRE

Dès lors, la destinée de Dupont était faite : il n'avait plus qu'à marcher dans la voie découverte. Raconter les joies, les douleurs et les dangers de chaque métier, et éclairer tous ces apects particuliers et tous ces horizons divers de la souffrance et du travail humain par une philosophie consolatrice, tel était le devoir qui lui incombait, et qu'il accomplit patiemment. Il viendra un temps où les accents de cette *Marseillaise* du travail circuleront comme un mot d'ordre maçonnique, et où l'exilé, l'abandonné, le voyageur perdu, soit sous le ciel dévorant des tropiques, soit dans les déserts de neige, quand il entendra cette forte mélodie parfumer l'air de sa senteur originelle,

Nous dont la lampe le matin
Au clairon du coq se rallume.
Nous tous qu'un salaire incertain
Ramène avant l'aube à l'enclume...

pourra dire : je n'ai plus rien à craindre, je suis en France !

La révolution de Février activa cette floraison impatiente et augmenta les vibrations de la corde populaire ; tous les malheurs et toutes les espérances de la Révolution firent écho dans la poésie de Pierre Dupont. Cependant la muse pastorale ne perdit pas ses droits, et à mesure qu'on avance dans son œuvre, on voit toujours, on entend toujours, comme au sein des chaines tourmentées de montagnes orageuses, à côté de la route banale et agitée, bruire doucement et reluire la fraiche source primitive qui filtre des hautes neiges :

Entendez-vous au creux du val
Ce long murmure qui serpente ?
Est-ce une flûte de cristal ?
Non, c'est la voix de l'eau qui chante.

L'œuvre du poète se divise naturellement en trois parties, les pastorales, les chants politiques et socialistes, et quelques chants symboliques qui sont comme la philosophie de l'œuvre. Cette partie est peut-être la plus personnelle, c'est le développement d'une philosophie un peu ténébreuse, une espèce de mysticité amoureuse. L'optimisme de Dupont, sa confiance illimitée dans la bonté native de l'homme, son amour fanatique de la nature, font la plus grande partie de son talent. Il existe une comédie espagnole où une jeune fille demande en écoutant le tapage ardent des oiseaux dans les arbres : Quelle est cette voix, et que chante-t-elle ? Et les oiseaux répètent en chœur : l'amour, l'amour ! Feuilles des arbres, vent du ciel, que dites-vous, que commandez-vous ? Et le chœur de répondre : l'amour, l'amour ! Le chœur des ruisseaux dit la même chose. La série est longue, et le refrain est toujours le même. Cette voix mystérieuse chante d'une manière permanente le remède universel dans l'œuvre de Dupont. La beauté mélancolique de la nature a laissé dans son âme une telle empreinte, que s'il veut composer un chant funèbre sur l'abominable guerre civile, les premières images et les premiers vers qui lui viennent à l'esprit sont :

La France est pâle comme un lys.
Le front ceint de grises verveines.

Sans doute, plusieurs personnes regretteront de ne pas trouver dans ces chants politiques et guerriers tout le bruit et tout l'éclat de la guerre, tous les transports de l'enthousiasme et de la haine, les cris enragés du clairon, le sifflement du fifre pareil à la folle espérance de la jeunesse qui court à la conquête du monde, le grondement infatigable du canon, les gémissements des

blessés, et tout le fracas de la victoire, si cher à une nation militaire comme la nôtre. Mais qu'on y réfléchisse bien, ce qui chez un autre serait défaut chez Dupont devient qualité. En effet, comment pourrait-il se contredire ? De temps à autre, un grand accent d'indignation s'élève de sa bouche, mais on voit qu'il pardonnera vite, au moindre signe de repentir, au premier rayon du soleil ! Une seule fois, Dupont a constaté, peut-être à son insu, l'utilité de l'esprit de destruction ; cet aveu lui a échappé, mais voyez dans quels termes :

> Le glaive brisera le glaive,
> Et du combat naîtra l'amour !

En définitive, quand on relit attentivement ces chants politiques, on leur trouve une saveur particulière. Ils se tiennent bien, et ils sont unis entre eux par un lien commun, qui est l'amour de l'humanité.

Cette dernière ligne me suscite une réflexion qui éclaire d'un grand jour le succès légitime, mais étonnant, de notre poète. Il y a des époques où les moyens d'exécution dans tous les arts sont assez nombreux, assez perfectionnés et assez peu coûteux pour que chacun puisse se les approprier en quantité à peu près égale. Il y a des temps où tous les peintres savent plus ou moins rapidement et habilement couvrir une toile ; de même les poètes. Pourquoi le nom de celui-ci est-il dans toutes les bouches, et le nom de celui-là rampe-t-il encore ténébreusement dans des casiers de librairie, ou dort-il manuscrit dans des cartons de journaux ? En un mot, quel est le grand secret de Dupont, et d'où vient cette sympathie qui l'enveloppe ? Ce grand secret, je vais vous le dire, il est bien simple : il n'est ni dans l'acquis ni dans l'ingéniosité, ni dans l'habileté du faire, ni dans la plus ou moins grande quantité de procédés que l'artiste a puisés dans le fonds commun du savoir humain ; il est dans l'amour de la vertu et de l'humanité, et dans ce je ne sais quoi qui s'exhale incessamment de sa poésie, que j'appellerais volontiers le goût infini de la République.

Il y a encore autre chose ; oui, il y a autre chose.

C'est la joie !

C'est un fait singulier que cette joie qui respire et domine dans les œuvres de quelques écrivains célèbres, ainsi que l'a judicieusement noté Champfleury à propos d'Honoré de Balzac. Quelque grandes que soient les douleurs qui les surprennent, quelque affligeants que soient les spectacles humains, leur bon tempérament reprend le dessus, et peut-être quelque chose de mieux, qui est un grand esprit de sagesse. On dirait qu'ils portent en eux-mêmes leur consolation. En effet, la nature est si belle, et l'homme est si grand, qu'il est difficile, en se mettant à un point de vue supérieur, de concevoir le sens du mot : irréparable. Quand un poète vient affirmer des choses aussi bonnes et aussi consolantes, aurez-vous le courage de regimber ?

Disparaissez donc, ombres fallacieuses de René, d'Obermann et de Werther ; fuyez dans les brouillards du vide, monstrueuses créations de la paresse et de la solitude ; comme les pourceaux dans le lac de Génézareth, allez vous replonger dans les forêts enchantées d'où vous tirèrent les fées ennemies, moutons attaqués du vertigo romantique. Le génie de l'action ne vous laisse plus de place parmi nous.

Quand je parcours l'œuvre de Dupont, je sens toujours revenir dans ma mémoire, sans doute à cause de quelque secrète affinité, ce sublime mouvement de Proudhon, plein de tendresse et d'enthousiasme : il entend fredonner la chanson lyonnaise,

> Allons, du courage,
> Braves ouvriers !
> Du cœur à l'ouvrage !
> Soyons les premiers.

et il s'écrie :

« Allez donc au travail en chantant, race prédestinée, votre refrain est plus beau que celui de Rouget de Lisle*. »

Ce sera l'éternel honneur de Pierre Dupont d'avoir le premier enfoncé la porte. La hache à la main, il a coupé les chaînes du pont-levis de la forteresse ; maintenant la poésie populaire peut passer.

De grandes imprécations, des soupirs profonds d'espérance, des cris d'encouragement infini commencent à soulever les poitrines. Tout cela deviendra livre, poésie et chant, en dépit de toutes les résistances. C'est une grande destinée que celle de la poésie ! Joyeuse ou lamentable, elle porte toujours en soi le divin caractère utopique. Elle contredit sans cesse le fait, à peine de ne plus être. Dans le cachot, elle se fait révolte ; à la fenêtre de l'hôpital, elle est ardente espérance de guérison ; dans la mansarde déchirée et malpropre, elle se pare comme une fée du luxe et de l'élégance ; non seulement elle constate, mais elle répare. Partout elle se fait négation de l'iniquité. Va donc à l'avenir en chantant, poète providentiel, tes chants sont le décalque lumineux des espérances et des convictions populaires !

L'édition à laquelle cette notice est annexée contient, avec chaque chanson, la musique, qui est presque toujours du poète lui-même, mélodies simples et d'un caractère libre et franc, mais qui demandent un certain art pour bien être exécutées. Il était véritablement utile, pour donner une idée juste de ce talent, de fournir le texte musical, beaucoup de poésies étant admirablement complétées par le chant. Ainsi que beaucoup de personnes, j'ai souvent entendu Pierre Dupont chanter lui-même ses œuvres, et comme elles, je pense que nul ne les a mieux chantées. J'ai entendu de belles voix essayer ces accents rustiques ou patriotiques, et cependant je n'éprouvais qu'un malaise irritant. Comme ce livre de chansons ira chez tous ceux qui aiment la poésie, et qui aussi pour la consolation de la famille, pour la célébration de l'hospitalité, pour l'allégement des soirées d'hiver, veulent les exécuter eux-mêmes, je leur ferai part d'une réflexion qui m'est venue en cherchant la cause du déplaisir que m'ont causé beaucoup de chanteurs. Il ne suffit pas d'avoir la voix juste ou belle, il est beaucoup plus important d'avoir du sentiment. La plupart des chants de Dupont, qu'ils soient une situation de l'esprit ou un récit, sont des drames lyriques, dont les descriptions font les décors et le fond. Il vous faut donc, pour bien représenter l'œuvre, *entrer dans la peau* de l'être créé, vous pénétrer profondément des sentiments qu'il exprime, et les si bien sentir, qu'il vous semble que ce soit votre œuvre propre.

Il faut s'assimiler une œuvre pour la bien exprimer ; voilà sans doute une de ces vérités banales et répétées mille fois, qu'il faut répéter encore. Si vous méprisez mon avis, cherchez un autre secret.

* *Avertissement aux propriétaires.*

LES DRAMES
ET LES ROMANS HONNÊTES[1]

Depuis quelque temps, une grande fureur d'honnêteté s'est emparée du théatre et aussi du roman. Les débordements puérils de l'école dite romantique ont soulevé une réaction que l'on peut accuser d'une coupable maladresse, malgré les pures intentions dont elle parait animée. Certes, c'est une grande chose que la vertu, et aucun écrivain, jusqu'à présent, à moins d'être fou, ne s'est avisé de soutenir que les créations de l'art devaient contrecarrer les grandes lois morales. La question est donc de savoir si les écrivains dits vertueux s'y prennent bien pour faire aimer et respecter la vertu, si la vertu est satisfaite de la manière dont elle est servie.

Deux exemples me sautent déjà à la mémoire. L'un des plus orgueilleux soutiens de l'honnêteté bourgeoise, l'un des chevaliers du *bon sens*, M. Émile Augier, a fait une pièce, *La Ciguë*, où l'on voit un jeune homme tapageur, viveur et buveur, un parfait épicurien, s'éprendre à la fin des yeux purs d'une jeune fille. On a vu de grands débauchés jeter tout d'un coup tout leur luxe par la fenêtre et chercher dans l'ascétisme et le dénuement d'amères voluptés inconnues. Cela serait beau, quoique assez commun. Mais cela dépasserait les forces vertueuses du public de M. Augier. Je crois qu'il a voulu prouver qu'à la fin il faut toujours *se ranger*, et que la vertu est bien heureuse d'accepter les restes de la débauche.

Écoutons Gabrielle, la vertueuse Gabrielle, supputer avec son vertueux mari combien il leur faut de temps de vertueuse avarice, en supposant les intérêts ajoutés au capital et portant intérêt, pour jouir de dix ou vingt mille livres de rente. Cinq ans, dix ans, peu importe, je ne me rappelle pas *les chiffres du poète*. Alors, disent les deux honnêtes époux :

NOUS POURRONS NOUS DONNER LE LUXE D'UN GARÇON !

Par les cornes de tous les diables de l'impureté ! par l'âme de Tibère et du marquis de Sade ! que feront-ils donc pendant tout ce temps-là ? Faut-il salir ma plume avec les noms de tous les vices auxquels ils seront obligés de s'adonner pour accomplir leur vertueux programme ? Ou bien le poète espère-t-il persuader à ce gros public de petites gens que les deux époux vivront dans une chasteté parfaite ? Voudrait-il par hasard les induire à prendre des leçons des Chinois économes et de M. Malthus ?

Non, il est impossible d'écrire *consciencieusement* un vers gros de pareilles turpitudes. Seulement, M. Augier s'est trompé, et son erreur contient sa punition. Il a parlé le langage du comptoir, le langage des gens du monde, croyant parler celui de la vertu. On me dit que parmi les écrivains de cette école il y a des morceaux heureux, de bons vers et même de la verve. Parbleu ! où donc serait l'excuse de l'engouement s'il n'y avait là aucune valeur ?

Mais la réaction l'emporte, la réaction bête et furieuse. L'éclatante préface de *Mademoiselle de Maupin* insultait la sotte hypocrisie bourgeoise, et l'impertinente béatitude de l'école du *bon sens* se venge des violences romantiques. Hélas, oui ! il y a là une vengeance. *Kean ou Désordre et Génie* semblait vouloir persuader qu'il y a toujours un rapport nécessaire entre ces deux termes, et Gabrielle, pour se venger, traite son époux de poète !

Ô poète ! je t'aime.

Un notaire ! La voyez-vous, cette *honnête* bourgeoise, roucoulant amoureusement sur l'épaule de son homme et lui faisant des yeux alanguis comme dans les romans qu'elle a lus ! Voyez-vous tous les notaires de la salle acclamant l'auteur qui traite avec eux de pair à compagnon, et qui les venge de tous ces gredins qui ont des dettes et qui croient que le métier de poète consiste à exprimer les mouvements lyriques de l'âme dans un rythme réglé par la tradition ! Telle est la clef de beaucoup de succès.

On avait commencé par dire : *la poésie du cœur !* Ainsi la langue française périclite, et les mauvaises passions littéraires en détruisent l'exactitude.

Il est bon de remarquer en passant le parallélisme de la sottise, et que les mêmes excentricités de langage se retrouvent dans les écoles extrêmes. Ainsi il y a une cohue de poètes abrutis par la volupté païenne, et qui emploient sans cesse les mots de *saint, sainte, extase, prière, etc.*, pour qualifier des choses et des êtres qui n'ont rien de saint ni d'extatique, bien au contraire, poussant ainsi l'adoration de la femme jusqu'à l'impiété la plus dégoûtante. L'un d'eux, dans un accès d'érotisme *saint*, a été jusqu'à s'écrier : *ô ma belle catholique !* Autant salir d'excréments un autel. Tout cela est d'autant plus ridicule, que généralement les maitresses des poètes sont d'assez vilaines gaupes, dont les moins mauvaises sont celles qui font la soupe et ne payent pas un autre amant.

À côté de l'école du *bon sens* et de ses types de bourgeois corrects et vaniteux, a grandi et pullulé tout un peuple malsain de grisettes sentimentales, qui, elles aussi, mêlent Dieu à leurs affaires, de Lisettes qui se font tout pardonner par *la gaieté française*, de filles publiques qui ont gardé je ne sais où une pureté angélique, etc. Autre genre d'hypocrisie.

On pourrait appeler maintenant l'*école du bon sens, l'école de la vengeance* *. Qu'est-ce qui a fait le succès de *Jérome Paturot*, cette odieuse descente de Courtille, où les poètes et les savants sont criblés de boue et de farine par de prosaïques polissons ? Le paisible Pierre Leroux, dont les nombreux ouvrages sont comme un dictionnaire des croyances humaines, a écrit des pages sublimes et touchantes que l'auteur de *Jérôme Paturot* n'a peut-être pas lues. Proudhon est un écrivain que l'Europe nous enviera toujours. Victor Hugo a bien fait quelques belles strophes, et je ne vois pas que le savant M. Viollet-le-Duc soit un architecte ridicule. La vengeance ! la vengeance ! Il faut que le petit public se soulage. Ces ouvrages-là sont des caresses serviles adressées à des passions d'esclaves en colère.

Il y a des mots, grands et terribles, qui traversent incessamment la polémique littéraire : l'art, le beau, l'utile, la morale. Il se fait une grande mêlée ; et, par manque de sagesse philosophique, chacun prend pour soi la moitié du drapeau, affirmant que l'autre n'a aucune valeur. Certainement, ce n'est pas dans un article aussi court que j'afficherai des prétentions philosophiques, et je ne veux pas fatiguer les gens par des tentatives de démontrations esthétiques absolues. Je vais au plus pressé, et je parle le langage des bonnes gens. Il est douloureux de noter que nous trouvons des erreurs semblables dans deux écoles opposées :

* Voici l'origine de l'appellation : *École du bons sens*. Il y a quelques années, dans les bureaux du *Corsaire-Satan*, à propos du succès d'une pièce de ladite école, un des rédacteurs s'écria dans un accès d'indignation littéraire : En vérité, il y a des gens qui croient que c'est avec du bon sens qu'on fait une comédie ! Il voulait dire : Ce n'est pas seulement avec du bon sens, etc. Le rédacteur en chef, qui était un homme plein de naïveté, trouva la chose si monstrueusement comique qu'il voulut qu'on l'imprimât. A partir de ce moment *Le Corsaire-Satan* et bientôt d'autres journaux se servirent de ce terme comme d'une injure, et les jeunes gens de ladite école le ramassèrent comme un drapeau, ainsi qu'avaient fait les sans-culottes.

l'école bourgeoise et l'école socialiste. Moralisons ! moralisons ! s'écrient toutes les deux avec une fièvre de missionnaires. Naturellement l'une prêche la morale bourgeoise et l'autre la morale socialiste. Dès lors l'art n'est plus qu'une question de propagande. L'art est-il utile ? Oui. Pourquoi ? Parce qu'il est l'art. Y a-t-il un art pernicieux ? Oui. C'est celui qui dérange les conditions de la vie. Le vice est séduisant, il faut le peindre séduisant ; mais il traîne avec lui des maladies et des douleurs morales singulières ; il faut les décrire. Étudiez toutes les plaies comme un médecin qui fait son service dans un hôpital, et l'école du bon sens, l'école exclusivement morale, ne trouvera plus où mordre. Le crime est-il toujours châtié, la vertu gratifiée ? Non ; mais cependant, si votre roman, si votre drame est bien fait, il ne prendra envie à personne de violer les lois de la nature. La première condition nécessaire pour faire un art sain est la croyance à l'unité intégrale. Je défie qu'on me trouve un seul ouvrage d'imagination qui réunisse toutes les conditions du beau et qui soit un ouvrage pernicieux.

Un jeune écrivain qui a écrit de bonnes choses, mais qui fut emporté ce jour-là par le sophisme socialistique, se plaçant à un point de vue borné, attaque Balzac dans *La Semaine*, à l'endroit de la moralité. Balzac, que les amères récriminations des hypocrites faisaient beaucoup souffrir, et qui attribuait une grande importance à cette question, saisit l'occasion de se disculper aux yeux de vingt mille lecteurs. Je ne veux pas refaire ses deux articles ; ils sont merveilleux par la clarté et la bonne foi. Il traita la question à fond. Il commença par refaire avec une bonhomie naïve et comique le compte de ses personnages vertueux et de ses personnages criminels. L'avantage restait encore à la vertu, malgré la perversité de la société, *que je n'ai pas faite,* disait-il. Puis il montra qu'il est peu de grands coquins dont la vilaine âme n'ait un envers consolant. Après avoir énuméré tous les châtiments qui suivent incessamment les violateurs de la loi morale et les enveloppent déjà comme un enfer terrestre, il adresse aux cœurs défaillants et faciles à fasciner cette apostrophe qui ne manque ni de sinistre ni de comique : « Malheur à vous, messieurs, si le sort des Lousteau et des Lucien vous inspire de l'envie ! »

En effet, il faut peindre les vices tels qu'ils sont, ou ne pas les voir. Et si le lecteur ne porte pas en lui un guide philosophique et religieux qui l'accompagne dans la lecture du livre, tant pis pour lui.

J'ai un ami qui m'a plusieurs années tympanisé les oreilles de Berquin. Voilà un écrivain. Berquin ! un auteur charmant, bon, consolant, faisant le bien, un grand écrivain ! Ayant eu, enfant, le bonheur ou le malheur de ne lire que de gros livres d'homme, je ne le connaissais pas. Un jour que j'avais le cerveau embarbouillé de ce problème à la mode : la morale dans l'art, la providence des écrivains me mit sous la main un volume de Berquin. Tout d'abord je vis que les enfants y parlaient comme de grandes personnes, comme des livres, et qu'ils moralisaient leurs parents. Voilà un art faux, me dis-je. Mais voilà qu'en poursuivant je m'aperçus que la sagesse y était incessamment abreuvée de sucreries, la méchanceté invariablement ridiculisée par le châtiment. Si vous êtes sage, vous aurez du *nanan,* telle est la base de cette morale. La vertu est la condition SINE QUA NON du succès. C'est à douter si Berquin était chrétien. Voilà, pour le coup, me dis-je, un art pernicieux. Car l'élève de Berquin, entrant dans le monde, fera bien vite la réciproque : le succès est la condition SINE QUA NON de la vertu. D'ailleurs, l'étiquette du crime heureux le trompera, et, les

préceptes du maître aidant, il ira s'installer à l'auberge du vice, croyant loger à l'enseigne de la morale. Eh bien ! Berquin, M. de Montyon, M. Émile Augier et tant d'autres personnes honorables, c'est tout un. Ils assassinent la vertu, comme M. Léon Faucher vient de blesser à mort la littérature avec son décret satanique en faveur des pièces honnêtes. Les prix portent malheur. Prix académiques, prix de vertu, décorations, toutes ces inventions du diable encouragent l'hypocrisie et glacent les élans spontanés d'un cœur libre. Quand je vois un homme demander la croix, il me semble que je l'entends dire au souverain : J'ai fait mon devoir, c'est vrai ; mais si vous ne le dites pas à tout le monde, je jure de ne pas recommencer. Qui empêche deux coquins de s'associer pour gagner le prix Montyon ? L'un simulera la misère, l'autre la charité. Il y a dans un prix officiel quelque chose qui blesse l'homme et l'humanité, et offusque la pudeur de la vertu. Pour mon compte, je ne voudrais pas faire mon ami d'un homme qui aurait eu un prix de vertu : je craindrais de trouver en lui un tyran implacable.

Quant aux écrivains, leur prix est dans l'estime de leurs égaux et dans la caisse des libraires. De quoi diable se mêle M. le ministre ? Veut-il créer l'hypocrisie pour avoir le plaisir de la récompenser ? Maintenant le boulevard va devenir un prêche perpétuel. Quand un auteur aura quelques termes de loyer à payer, il fera une pièce honnête ; s'il a beaucoup de dettes, une pièce angélique. Belle institution !

Je reviendrai plus tard sur cette question, et je parlerai des tentatives qu'ont faites pour rajeunir le théâtre deux grands esprits français, Balzac et Diderot.

L'ÉCOLE PAÏENNE [1]

Il s'est passé dans l'année qui vient de s'écouler un fait considérable. Je ne dis pas qu'il soit le plus important, mais il est l'un des plus importants, ou plutôt l'un des plus symptomatiques. Dans un banquet commémoratif de la révolution de Février, un toast a été porté au dieu Pan, oui, au dieu Pan, par un de ces jeunes gens qu'on peut qualifier d'instruits et d'intelligents.

« Mais, lui disais-je, qu'est-ce que le dieu Pan a de commun avec la révolution ?

— Comment donc ? répondait-il ; mais c'est le dieu Pan qui fait la révolution. Il est la révolution.

— D'ailleurs, n'est-il pas mort depuis longtemps ? Je croyais qu'on avait entendu planer une grande voix au-dessus de la Méditerranée, et que cette voix mystérieuse, qui roulait depuis les colonnes d'Hercule jusqu'aux rivages asiatiques, avait dit au vieux monde : LE DIEU PAN EST MORT !

— C'est un bruit qu'on fait courir. Ce sont de mauvaises langues ; mais il n'en est rien. Non, le dieu Pan n'est pas mort ! le dieu Pan vit encore, reprit-il en levant les yeux au ciel avec un attendrissement fort bizarre... Il va revenir. »

Il parlait du dieu Pan comme du prisonnier de Sainte-Hélène.

« Eh quoi, lui dis-je, seriez-vous donc païen ?

— Mais oui, sans doute ; ignorez-vous donc que le Paganisme bien compris, bien entendu, peut seul sauver le monde ? Il faut revenir aux vraies doctrines,

obscurcies *un instant* par l'infâme Galiléen. D'ailleurs, Junon m'a jeté un regard favorable, un regard qui m'a pénétré jusqu'à l'âme. J'étais triste et mélancolique au milieu de la foule, regardant le cortège et implorant avec des yeux amoureux cette belle divinité, quand un de ses regards, bienveillant et profond, est venu me relever et m'encourager.

— Junon vous a jeté un de ses regards de vache, *Bôôpis Êrê*. Le malheureux est peut-être fou.

— Mais ne voyez-vous pas, dit une troisième personne, qu'il s'agit de la cérémonie du bœuf gras. Il regardait toutes ces femmes roses avec des yeux *païens*, et Ernestine, qui est engagée à l'Hippodrome et qui jouait le rôle de Junon, lui a fait un œil plein de souvenirs, un véritable œil de *vache*.

— Ernestine tant que vous voudrez, dit le païen mécontent. Vous cherchez à me désillusionner. Mais l'effet moral n'en a pas moins été produit, et je regarde ce coup d'œil comme un bon présage.»

Il me semble que cet excès de paganisme est le fait d'un homme qui a trop lu et mal lu Henri Heine et sa littérature pourrie de sentimentalisme matérialiste. Et puisque j'ai prononcé le nom de ce coupable célèbre, autant vous raconter tout de suite un trait de lui qui me met hors de moi chaque fois que j'y pense.

Henri Heine raconte dans un de ses livres que, se promenant au milieu de montagnes sauvages, au bord de précipices terribles, au sein d'un chaos de glaces et de neiges, il fait la rencontre d'un de ces religieux qui, accompagnés d'un chien, vont à la découverte des voyageurs perdus et agonisants. Quelques instants auparavant, l'auteur venait de se livrer aux élans solitaires de sa haine voltairienne contre les calotins. Il regarde quelque temps l'homme-humanité qui poursuit sa sainte besogne ; un combat se livre dans son âme orgueilleuse, et enfin, après une douloureuse hésitation, il se résigne et prend une belle résolution : *Eh bien, non ! je n'écrirai pas contre cet homme !*

Quelle générosité ! Les pieds dans de bonnes pantoufles, au coin d'un bon feu, entouré des adulations d'une société voluptueuse, monsieur l'homme célèbre fait le serment de ne pas diffamer un pauvre diable de religieux qui ignorera toujours son nom et ses blasphèmes, et le sauvera lui-même, le cas échéant ! Non, jamais Voltaire n'eût écrit une pareille turpitude. Voltaire avait trop de *goût* ; d'ailleurs, il était encore homme d'action, et il aimait les hommes.

Revenons à l'Olympe. Depuis quelque temps, j'ai tout l'Olympe à mes trousses, et j'en souffre beaucoup ; je reçois des dieux sur la tête comme on reçoit des cheminées. Il me semble que je fais un mauvais rêve, que je roule à travers le vide et qu'une foule d'idoles de bois, de fer, d'or et d'argent, tombent avec moi, me poursuivent dans ma chute, me cognent et me brisent la tête et les reins.

Impossible de faire un pas, de prononcer un mot, sans buter contre un fait païen.

Exprimez-vous la crainte, la tristesse de voir l'espèce humaine s'amoindrir, la santé publique dégénérer par une mauvaise hygiène, il y aura à côté de vous un poète pour répondre : « Comment voulez-vous que les femmes fassent de beaux enfants dans un pays où elles adorent un vilain pendu ! » — Le joli *fanatisme !*

La ville est sens dessus dessous. Les boutiques se ferment. Les femmes font à la hâte leurs provisions, les rues se dépavent, tous les cœurs sont serrés par l'angoisse d'un grand événement. Le pavé sera prochainement inondé de sang. — Vous rencontrez un animal plein de béatitude ; il a sous le bras des

bouquins étranges et hiéroglyphiques. — Et vous, lui dites-vous, quel parti prenez-vous ? — Mon cher, répond-il d'une voix douce, je viens de découvrir de nouveaux renseignements très curieux sur le mariage d'Isis et d'Osiris. — Que le diable vous emporte ! Qu'Isis et Osiris fassent beaucoup d'enfants et qu'ils nous f...... la paix ! Cette folie, innocente en apparence, va souvent très loin. Il y a quelques années, Daumier fit un ouvrage remarquable, l'*Histoire ancienne,* qui était pour ainsi dire la meilleure paraphrase du mot célèbre : *Qui nous délivrera des Grecs et des Romains ?* Daumier s'est abattu brutalement sur l'antiquité et la mythologie, et a craché dessus. Et le bouillant Achille, et le prudent Ulysse, et la sage Pénélope, et Télémaque, ce grand dadais, et la belle Hélène, qui perdit Troie, et la brûlante Sapho, cette patronne des hystériques, et tous enfin nous apparurent dans une laideur bouffonne qui rappelait ces vieilles carcasses d'acteurs classiques qui prennent une prise de tabac dans les coulisses. Eh bien ! j'ai vu un écrivain de talent pleurer devant ces estampes, devant ce *blasphème* amusant et utile. Il était indigné, il appelait cela une impiété. Le malheureux avait encore besoin d'une religion.

Bien des gens ont encouragé de leur argent et de leurs applaudissements cette déplorable manie, qui tend à faire de l'homme un être inerte et de l'écrivain un mangeur d'opium.

Au point de vue purement littéraire, ce n'est pas autre chose qu'un pastiche inutile et dégoûtant. S'est-on assez moqué des rapins *naïfs* qui s'évertuaient à copier le *Cimabue ;* des écrivains à dague, à pourpoint et à lame de Tolède ? Et vous, malheureux néo-païens, que faites-vous, si ce n'est la même besogne ? Pastiche ! pastiche ! Vous avez sans doute perdu votre âme quelque part, dans quelque mauvais endroit, pour que vous couriez ainsi à travers le passé comme des corps vides pour en ramasser une de rencontre dans les détritus anciens ? Qu'attendez-vous du ciel ou de la sottise du public ? Une fortune suffisante pour élever dans vos mansardes des autels à Priape et à Bacchus ? Les plus logiques d'entre vous seront les plus cyniques. Ils en élèveront au dieu Crepitus.

Est-ce le dieu Crepitus qui vous fera de la tisane le lendemain de vos stupides cérémonies ? Est-ce Vénus Aphrodite ou Vénus Mercenaire qui soulagera les maux qu'elle vous aura causés ? Toutes ces statues de marbre seront-elles des femmes dévouées au jour de l'agonie, au jour du remords, au jour de l'impuissance ? Buvez-vous des bouillons d'ambroisie ? mangez-vous des côtelettes de Paros ? Combien prête-t-on sur une lyre au Mont-de-Piété ?

Congédier la passion et la raison, c'est tuer la littérature. Renier les efforts de la société précédente, chrétienne et philosophique, c'est se suicider, c'est refuser la force et les moyens de perfectionnement. S'environner exclusivement des séductions de l'art physique, c'est créer de grandes chances de perdition. Pendant longtemps, bien longtemps, vous ne pourrez voir, aimer, sentir que le beau, rien que le beau. Je prends le mot dans un sens restreint. Le monde ne vous apparaîtra que sous sa forme matérielle. Les ressorts qui le font se mouvoir resteront longtemps cachés.

Puissent la religion et la philosophie venir un jour, comme forcées par le cri d'un désespéré ! Telle sera toujours la destinée des insensés qui ne voient dans la nature que des rythmes et des formes. Encore la philosophie ne leur apparaîtra-t-elle d'abord que comme un jeu intéressant, une gymnastique

agréable, une escrime dans le vide. Mais combien ils seront châtiés ! Tout enfant dont l'esprit poétique sera surexcité, dont le spectacle excitant de mœurs actives et laborieuses ne frappera pas incessamment les yeux, qui entendra sans cesse parler de gloire et de volupté, dont les sens seront journellement caressés, irrités, effrayés, allumés et satisfaits par des objets d'art, deviendra le plus malheureux des hommes et rendra les autres malheureux. À douze ans il retroussera les jupes de sa nourrice, et si la puissance dans le crime ou dans l'art ne l'élève pas au-dessus des fortunes vulgaires, à trente ans il crèvera à l'hôpital. Son âme, sans cesse irritée et inassouvie, s'en va à travers le monde, le monde occupé et laborieux ; elle s'en va, dis-je, comme une prostituée, criant : Plastique ! plastique ! La plastique, cet affreux mot me donne la chair de poule, la plastique l'a empoisonné, et cependant il ne peut vivre que par ce poison. Il a banni la raison de son cœur, et, par un juste châtiment, la raison refuse de rentrer en lui. Tout ce qui peut lui arriver de plus heureux, c'est que la nature le frappe d'un effrayant rappel à l'ordre. En effet, telle est la loi de la vie, que, qui refuse les jouissances pures de l'activité honnête, ne peut sentir que les jouissances terribles du vice. Le péché contient son enfer, et la nature dit de temps en temps à la douleur et à la misère : Allez vaincre ces rebelles !

L'utile, le vrai, le bon, le vraiment aimable, toutes ces choses lui seront inconnues. Infatué de son rêve fatigant, il voudra en infatuer et en fatiguer les autres. Il ne pensera pas à sa mère, à sa nourrice ; il déchirera ses amis, ou ne les aimera *que pour leur forme ;* sa femme, s'il en a une, il la méprisera et l'avilira.

Le goût immodéré de la forme pousse à des désordres monstrueux et inconnus. Absorbées par la passion féroce du beau, du drôle, du joli, du pittoresque, car il y a des degrés, les notions du juste et du vrai disparaissent. La passion frénétique de l'art est un chancre qui dévore le reste ; et, comme l'absence nette du juste et du vrai dans l'art équivaut à l'absence d'art, l'homme entier s'évanouit ; la spécialisation excessive d'une faculté aboutit au néant. Je comprends les fureurs des iconoclastes et des musulmans contre les images. J'admets tous les remords de saint Augustin sur le trop grand plaisir des yeux. Le danger est si grand que j'excuse la suppression de l'objet. La folie de l'art est égale à l'abus de l'esprit. La création d'une de ces deux suprématies engendre la sottise, la dureté du cœur et une immensité d'orgueil et d'égoïsme. Je me rappelle avoir entendu dire à un artiste farceur qui avait reçu une pièce de monnaie fausse : Je la garde pour un pauvre. Le misérable prenait un infernal plaisir à voler le pauvre et à jouir en même temps des bénéfices d'une réputation de charité. J'ai entendu dire à un autre : Pourquoi donc les pauvres ne mettent-ils pas des gants pour mendier ? Ils feraient fortune. Et à un autre : Ne donnez pas à celui-là : il est mal drapé ; ses guenilles ne lui vont pas bien.

Qu'on ne prenne pas ces choses pour des puérilités. Ce que la bouche s'accoutume à dire, le cœur s'accoutume à le croire.

Je connais un bon nombre d'hommes de bonne foi qui sont, comme moi, las, attristés, navrés et brisés par cette comédie dangereuse.

Il faut que la littérature aille retremper ses forces dans une atmosphère meilleure. Le temps n'est pas loin où l'on comprendra que toute littérature qui se refuse à marcher fraternellement entre la science et la philosophie est une littérature homicide et suicide.

LE HIBOU PHILOSOPHE [1]

NOTES POUR LA REDACTION
ET LA COMPOSITION DU JOURNAL

Que le titre soit placé haut. Que le papier ait l'air bien rempli. Que tous les caractères employés, genres, sous-genres, espèces, soient de la même famille. Unité typographique. Que les annonces soient serrées, bien alignées et d'un caractère uniforme.

Que le format soit moins carré que celui de la *Semaine théâtrale*.

Je ne suis pas très partisan de l'habitude d'imprimer certains articles avec un caractère plus fin que les autres.

Je n'ai pas d'idée arrêtée sur la convenance de diviser la page en trois colonnes au lieu de la diviser en deux.

Articles à faire : Appréciation générale des ouvrages de *Th. Gautier*, de *Sainte-Beuve*. Appréciation de la Direction et des Tendances de la *Revue des Deux Mondes*. *Balzac*, auteur dramatique. *La Vie des coulisses. L'Esprit d'atelier. Gustave Planche.* Éreintage radical. Nullité et cruauté de l'impuissance, style d'imbécile et de magistrat. *Jules Janin :* éreintage absolu. Ni savoir, ni style, ni bons sentiments. *Alexandre Dumas* à confier à *Monselet*. Nature de farceur. Relever tous les démentis donnés par lui à l'histoire et à la nature. Style de *boniment*. — *Eugène Sue,* talent bête et contrefait. *P. Féval,* idiot.

Ouvrages desquels on peut faire une appréciation : Le dernier volume des *Causeries du Lundi*. Poésies d'*Houssaye et de Brizeux. Lettres et Mélanges de Joseph de Maistre. Le Mariage de Victorine* [2]. LA RELIGIEUSE DE TOULOUSE [3] : À TUER. La traduction d'*Emerson* [4].

Liste des libraires avec lesquels il faut nous mettre en relation : *Furne, Houssiaux, Blanchard (Hetzel), Lecou, Michel Lévy, Giraud et Dagneau, Amyot, Charpentier, Baudry, Didier, Sandré, Hachette, Garnier, Gaume, Cadot, Souverain, Potter,* etc.

Faire des comptes rendus des faits *artistiques*. Examiner si l'absence de cautionnement et la tyrannie actuelle nous permet de discuter, à propos de *l'art et de la librairie,* les actes de l'administration.

Examiner si l'absence de cautionnement ne nous interdit pas de rendre compte des ouvrages d'Histoire et de Religion. Éviter toutes tendances, allusions visiblement *socialistiques,* et visiblement *courtisanesques.*

Nous surveiller et nous conseiller les uns les autres avec une entière franchise.

Dresser à nous cinq la liste des personnes importantes, hommes de lettres, directeurs de revues et de journaux amis pouvant faire de la propagande, cabinets de lecture, cercles, restaurants et cafés, libraires auxquels il faudra envoyer *Le Hibou philosophe.*

Dresser chacun la liste de chacun de nos amis que nous pouvons sommer de s'abonner.

Faire les articles sur q[uel]ques auteurs anciens, ceux qui, ayant devancé leur siècle, peuvent donner des leçons pour la régénération de la littérature actuelle, ex. : *Mercier, Bernardin de Saint-Pierre,* etc.

Faire un article sur *Florian* (Monselet);
— sur *Sedaine* (Monselet ou Champfleury;
— sur *Ourliac* (Champfleury).

Faire A NOUS CINQ un grand article *(la Vente aux enchères des vieux mots),* de *l'École pompeuse classique,* de *l'École classique galante,* de *l'École romantique naissante,* de *l'École satanique,* de *l'École lame de Tolède,* de *l'École olympienne* (V. Hugo), de *l'École plastique* (T. Gautier), de *l'École païenne* (Banville), de *l'École poitrinaire,* de *l'École du bon sens,* de *l'École mélancolico-farceuse* (Alf[red] de Musset).

Quant aux *nouvelles* que nous donnerons, qu'elles appartiennent à la littérature dite *fantastique,* ou qu'elles soient des études de mœurs, des scènes de la vie réelle, autant que possible en style dégagé, vrai et plein de sincérité.

Rédiger une circulaire pour les journaux de Province.

Voir ce qu'il y a à faire pour la propagande à l'Étranger.

Examiner la question de savoir s'il est convenable que *Le Hibou philosophe* rende compte des livres ou des articles que nous publierons ailleurs.

Combien faut-il dépenser en affiches ?

Faire un état très exact des frais et proportionnels.

S'il vient de l'argent, en faire deux parts, une pour augmenter la publicité, l'autre pour augmenter le salaire de la Rédaction.

Faut-il rédiger un acte de société entre nous ?

Je vous engage à écrire aussi vos idées.

TITRES
POUR UN RECUEIL MENSUEL

Quand même !
L'Oasis.
Paucis.
L'Hermitage.
La Chartreuse.
Le Dernier Asyle des Muses.
La République des Lettres.
La Réaction.
La Citerne du Désert.

Aux Précieuses.
Le Recueil de ces Messieurs.
Les Hermites volontaires.
La Thebaïde.
Les Incroyables.
Les Ouvriers de la dernière heure.
Les Bien Informés.
Les Lunes parisiennes.

DE QUELQUES PRÉJUGÉS CONTEMPORAINS

Qu'est-ce qu'un préjugé.
Une mode de penser.
De M. de Béranger — poète et patriote.
De la Patrie au dix-neuvième siècle.
De M. de Lamartine — auteur religieux.
De la Religion au dix-neuvième siècle.
De la Religion aimable — M. Lacordaire.

De M. Victor Hugo — Romantique et Penseur.
De Dieu au dix-neuvième siècle.
De quelques idées fausses de la Renaissance romantique.
Des filles publiques et de la Philanthropie.
(Des réhabilitations en général.)
De Jean-Jacques — auteur sentimental et infâme.
Des fausses Aurores.
Épilogue ou Consolations.

HISTOIRE DE NEUILLY

DE L'ABBÉ BELLANGER

Depuis ces dernières années, il s'est manifesté un excellent mouvement historique qu'on pourrait appeler mouvement provincial. C'est avec de petits livres d'histoire sincèrement et soigneusement rédigés, comme l'*Histoire de Neuilly et de ses châteaux par l'abbé Bellanger*, que se font les livres généraux. Si toutes les localités de *France* suivaient cet exemple, l'histoire générale ne serait plus qu'une question de mise en ordre, ou du moins, entre les mains d'un grand esprit, la besogne serait considérablement abrégée. — M. l'abbé Bellanger, dont la commune de Neuilly déplore actuellement la perte, prend l'histoire de cette localité depuis l'époque romaine jusqu'aux terribles journées de Février où le Château fut le théâtre et la proie des plus ignobles passions, l'orgie et la destruction. Neuilly fut, comme le dit le modeste historien, choisi par la providence ou la fatalité, quatre fois en soixante ans, comme théâtre de grands faits nationaux et décisifs. — Toute la série des personnes illustres qui ont fondé, embelli, habité, illustré Neuilly et ses châteaux passe sous les yeux du lecteur. Dans cette esquisse rapide, tous les personnages, même ceux trop séduisants pour la plume sévère d'un prêtre, défilent dans leur vraie attitude. Depuis sainte Isabelle, fondatrice du monastère de Longchamp, depuis la charmante reine Margot, d'érudite et romanesque mémoire, depuis Pascal et sa foudroyante conversion, jusqu'à l'*Encyclopédie*, dont l'idée germa au château même de Neuilly, jusqu'à Parmentier, l'ensemenceur de la plaine des Sablons, jusqu'à la princesse Pauline, au général Wellington, jusqu'au drame de la route de la Révolte, tous les faits qui ont illustré cette héroïque commune sont passés en revue avec une rapidité, une netteté, une honnêteté littéraire des plus remarquables. — Cet excellent petit livre se vend à la *Librairie nouvelle, boulevard des Italiens,* et chez Dentu, au Palais-Royal.

PUISQUE RÉALISME IL Y A [1]

Champfleury a voulu faire une farce au genre humain.
— Avouez, enfant pervers, que vous jouissez de la confusion générale, et même de la fatigue que me cause cet article.
Histoire de la création du mot.

Première visite à Courbet. (Dans le temps, Champfleury accordait aux arts une importance démesurée. Il a changé.)
Ce qu'était alors Courbet.
Analyse *du Courbet* et de ses œuvres.
Champfleury l'a intoxiqué. — Il rêvait un mot, un drapeau, une *blague*, un mot d'ordre, ou de passe, pour enfoncer le mot de ralliement : *Romantisme.* Il croyait qu'il faut toujours un de ces mots à l'influence magique, et dont le sens peut n'être pas bien déterminé.
Imposant *ce qu'il croit* son procédé (car il est myope quant à sa propre nature) à tous les esprits, il a lâché son pétard, son remue-ménage.
Quant à Courbet, il est devenu le *Machiavel* maladroit de ce *Borgia*, dans le sens historique de *Michelet.* —
Courbet a théorisé sur une farce innocente avec une grandeur de conviction compromettante.
Assiettes à coq.
Gravures au clou.
Sujets familiers, villageois de Courbet et de Bonvin.
Le traducteur de Hebel.
Pierre Dupont.
Dessous confusion dans l'esprit public.
Le canard lancé, il a fallu y croire.
Lui, le musicien du sentiment, tourner dans les carrefours la manivelle de son orgue.
Promener une exhibition peu solide qu'il fallait toujours étayer par de mauvais étançons philosophiques.
Là, est le Châtiment.
Champfleury porte avec lui son réalisme.
Prométhée a son vautour.
(Non pas pour avoir dérobé le feu du ciel, mais pour avoir supposé le feu où il n'est pas, et l'avoir voulu faire croire.)
Dans l'affaire Courbet, Préault qui un jour peut-être... Colère et soubresauts alors beaux à voir.
Mme Sand. Castille. (Champfleury en a eu peur.)
Mais la bauderie est si grande.
Dès lors, Réalisme, — villageois, grossier, et même rustre, malhonnète.
Champfleury, le poète *(les deux cabarets d'Auteuil, la lettre a la Colombine, le bouquet du pauvre)* a un fond de farceur. Puisse-t-il le garder longtemps, puisqu'il en tire des jouissances, et peut-être cela fait-il partie de son talent. — Regard à la *Dickens*, la table de nuit de l'amour. Si les choses se tiennent devant lui dans une allure quelque peu fantastique, c'est à cause de la contraction de son œil un peu myope. — Comme il étudie minutieusement, il croit saisir une *réalité* extérieure. Dès lors, *réalisme*, — il veut imposer ce qu'il croit son procédé.
Cependant, *if at all*, si Réalisme a un sens — Discussion sérieuse.
Tout bon poète fut toujours *réaliste*.
Équation entre l'impression et l'expression.
Sincérité.
Prendre Banville pour exemple.
Les mauvais poètes sont ceux qui
Poncifs.
Ponsard.

D'ailleurs, en somme, Champfleury était excusable : exaspéré par la sottise, le poncif, et le bon sens, il cherchait un signe de ralliement pour les amateurs de la vérité.

Mais tout cela a mal tourné. D'ailleurs tout créateur de parti se trouve par nécessité naturelle en mauvaise compagnie. Les erreurs, les méprises les plus drôles ont eu lieu. Moi-même, on m'a dit qu'on m'avait fait l'honneur..... bien que je me sois toujours appliqué à le démériter.

Je serais d'ailleurs, j'en avertis le parti, — un triste cadeau. Je manque totalement de conviction, d'obéissance et de bêtise. Pour *nous*, blague. — Champfleury, hiérophante. Mais la foule.

La Poésie est ce qu'il y a de plus réel, c'est ce qui n'est complètement vrai que dans *un autre monde*.

— Ce monde-ci, — dictionnaire hiéroglyphique.

De tout cela, il ne restera rien qu'une grande fatigue pour le sorcier, le Daubenton tourmenté par son automate, l'infortuné Champfleury, victime de son *cant*, de sa pose diplomatique, — et un bon nombre de dupes, dont les erreurs rapides et multipliées n'intéressent pas plus l'histoire littéraire que la foule n'intéresse la postérité.

(Analyse de la nature, du talent de Courbet, et de la morale.)
Courbet sauvant le monde.

PHILIBERT ROUVIÈRE [1]

Voilà une vie agitée et tordue, comme ces arbres, — le grenadier, par exemple, — noueux, perplexes dans leur croissance, qui donnent des fruits compliqués et savoureux, et dont les orgueilleuses et rouges floraisons ont l'air de raconter l'histoire d'une sève longtemps comprimée. Il y a des gens par milliers qui, en littérature, adorent le style *coulant*, l'art qui s'épanche à l'abandon, presque à l'étourdie, sans méthode, mais sans fureurs et sans cascades. D'autres, — et généralement ce sont des littérateurs, — ne lisent avec plaisir que ce qui demande à être relu. Ils jouissent presque des douleurs de l'auteur. Car ces ouvrages médités, laborieux, tourmentés, contiennent la saveur toujours vive de la volonté qui les enfanta. Ils contiennent la grâce littéraire suprême, qui est l'énergie. Il en est de même de Rouvière ; il a cette grâce suprême, décisive, — l'énergie, l'intensité dans le geste, dans la parole et dans le regard.

Philibert Rouvière a eu, comme je le faisais pressentir, une existence laborieuse et pleine de cahots. Il est né à Nimes, en 1809. Ses parents, négociants aisés, lui firent faire toutes ses études. On destinait le jeune homme au notariat. Ainsi il eut, dès le principe, cet inestimable avantage d'une éducation libérale. Plus ou moins complète, cette éducation marque, pour ainsi dire, les gens ; et beaucoup d'hommes, et des plus forts, qui en ont été privés, ont toujours senti en eux une espèce de lacune que les études de la maturité étaient impuissante à combler. Pendant sa première jeunesse, son goût pour le théâtre s'était manifesté avec une ardeur si vivace, que sa mère, qui avait les préjugés d'une piété sévère, lui prédit avec désespoir qu'il monterait sur les

planches. Cependant ce n'était pas dans les pompes condamnables du théâtre que Rouvière devait d'abord abimer sa jeunesse. Il débuta par la peinture. Il se trouvait jeune, privé de ses parents, à la tête d'une petite fortune, et il profita de sa liberté pour entrer à l'atelier de Gros, en 1827. En 1830, il exposa un tableau dont le sujet était emprunté au spectacle émouvant de la révolution de Juillet ; cet ouvrage était, je crois, intitulé *La Barricade*, et des artistes, élèves de Gros, m'en ont parlé honorablement. Rouvière a plus d'une fois depuis lors, dans les loisirs forcés que lui faisait sa vie aventureuse de comédien, utilisé son talent de peintre. Il a disséminé çà et là quelques bons portraits.

Mais la peinture n'avait fait qu'une diversion. Le goût diabolique du théâtre prit impérativement le dessus, et en 1837 il pria Joanny de l'entendre. Le vieux comédien le poussa vivement dans sa nouvelle voie, et Rouvière débuta au Théâtre-Français. Il fut quelque temps au Conservatoire ; — on n'est pas déshonoré pour une pareille naïveté, et il nous est permis de sourire de ces amusantes indécisions d'un génie qui ne se connaîtra que plus tard. — Au Conservatoire, Rouvière devint si mauvais qu'il eut peur. Les professeurs-orthopédistes-jurés, chargés d'enseigner la diction et la gesticulation tradition-nelle, s'étonnaient de voir leur enseignement engendrer l'absurde. Torturé par l'école, Rouvière perdait toute sa grâce native, et n'acquérait aucune des *grâces* pédagogiques. Heureusement il fuit à temps cette maison dont l'atmosphère n'était pas faite pour ses poumons ; il prit quelques leçons de Michelot (mais qu'est-ce que des leçons ? des axiomes, des préceptes d'hygiène, des vérités impudentes ; le reste, *le reste*, c'est-à-dire tout, ne se démontre pas), et entra enfin à l'Odéon, en 1839, sous la direction de MM. d'Épagny et Lireux. Là, il joua Antiochus dans *Rodogune, Le Roi Lear*, le *Macbeth* de Ducis. *Le Médecin de son honneur* fut l'occasion d'une création heureuse, singulière, et qui fit date dans la carrière de l'artiste. — Il marqua dans *Le Duc d'Albe* et dans *Le Vieux Consul ;* et dans le Tirésias de *l'Antigone* traduite il montra une intelligence parfaite de ces types grandioses qui nous viennent de l'Antiquité, de ces types synthétiques qui sont comme un défi à nos poétiques modernes contradictoires. Déjà, dans *Le Médecin de son honneur*, il avait manifesté cette énergie soudaine, éruptive, qui caractérise une littérature tout à fait opposée, et il a pu dès lors concevoir sa pleine destinée ; il a pu comprendre quelle intime connexion existait entre lui et la littérature romantique ; car, sans manquer de respect à nos impitoyables classiques, je crois qu'un grand comédien comme Rouvière peut désirer d'autres langues à traduire, d'autres passions à mimer. Il portera ailleurs ses passions d'interprète, il s'enivrera d'une autre atmosphère, il rêvera, il désirera plus d'animalité et plus de spiritualité ; il attendra, s'il le faut. Douloureuse solidarité ! lacunes qui ne se correspondent pas ! Tantôt le poète cherche son comédien, comme le peintre son graveur ; tantôt le comédien soupire après son poète.

M. Bocage, homme économe et prudent, homme *égalitaire* d'ailleurs, se garda bien de rengager Rouvière ; et ici commence l'abominable épopée du comédien errant. Rouvière courait et vagabondait ; — la province et l'étranger, exaspérantes consolations pour celui qui rêve toujours de ses juges naturels, et qui attend comme des envoyés les types vivifiants des poètes !

Rouvière revint à Paris et joua sur le théâtre de Saint-Germain le *Hamlet* de MM. Dumas et Meurice. Dumas avait communiqué le manuscrit à Rouvière, et celui-ci s'était tellement passionné pour le rôle, qu'il proposa de monter

l'ouvrage à Saint-Germain avec la petite troupe qui s'y trouvait. Ce fut un beau succès auquel assista toute la presse, et l'enthousiasme qu'il excita est constaté par un feuilleton de Jules Janin, de la fin de septembre 1846. Il appartenait dès lors à la troupe du Théâtre-Historique ; tout le monde se rappelle avec quel éclat il joua le Charles IX dans *La Reine Margot*. On crut voir le vrai Charles IX ; c'était une parfaite résurrection. Malgré la manière décisive dont il joua le terrible rôle de Hamlet au même théâtre, il ne fut pas rengagé, et ce fut seulement dix-huit mois plus tard qu'il créa avec beaucoup d'originalité le Fritz du *Comte Hermann*. Ces succès répétés, mais à des intervalles souvent lointains, ne faisaient cependant pas à l'artiste une position solide et durable ; on eût dit que ses qualités lui nuisaient et que sa manière originale faisait de lui un homme embarrassant. À la Porte-Saint-Martin, où une malheureuse faillite l'empêcha d'accomplir une engagement de trois ans, il créa Masaniello dans *Salvator Rosa*. Dans ces derniers temps, Rouvière a reparu avec un éclat incomparable à la Gaité, où il a joué le rôle de Mordaunt, et à l'Odéon, où *Hamlet* a été repris et où il a soulevé un enthousiasme sans pareil. Jamais peut-être il ne l'avait si bien joué ; enfin, sur le même théâtre, il vient de créer Favilla, où il a développé des qualité d'un ordre inaccoutumé, auxquelles on était loin de s'attendre, mais qu'avaient pu deviner ceux qui avaient fait de lui une étude particulière.

Maintenant que la position de Rouvière est faite, position excellente, basée à la fois sur des succès populaires et sur l'estime qu'il a inspirée aux littérateurs les plus difficiles (ce qui a été écrit de meilleur sur lui, c'est les feuilletons de Théophile Gautier dans *La Presse* et dans *Le Moniteur*, et la nouvelle de Champfleury : *Le Comédien Trianon*), il est bon et permis de parler de lui librement. Rouvière avait autrefois de grands défauts, défauts qui naissaient peut-être de l'abondance même de son énergie ; aujourd'hui ces défauts ont disparu. Rouvière n'était pas toujours maître de lui ; maintenant c'est un artiste plein de certitude. Ce qui caractérise plus particulièrement son talent, c'est une solennité subjuguante. Une grandeur poétique l'enveloppe. Sitôt qu'il est entré en scène, l'œil du spectateur s'attache à lui et ne veut plus le quitter. Sa diction mordante, accentuée, poussée par une emphase nécessaire ou brisée par une trivialité inévitable, enchaîne irrésistiblement l'attention. — On peut dire de lui, comme de la Clairon, qui était une toute petite femme, qu'il grandit à la scène ; et c'est la preuve d'une grand talent. — Il a des pétulances terribles, des aspirations lancées à toute volée, des ardeurs concentrées qui font rêver à tout ce qu'on raconte de Kean et de Lekain. Et bien que l'intensité du jeu et la projection redoutable de la volonté tiennent la plus grande part dans cette séduction, tout ce miracle s'accomplit sans effort. Il a, comme certaines substances chimiques, cette saveur qu'on appelle *sui generis*. De pareils artistes, si rares et si précieux, peuvent être quelquefois singuliers ; il leur est impossible d'être *mauvais*, c'est-à-dire qu'ils ne sauraient jamais déplaire.

Quelque prodigieux que Rouvière se soit montré dans l'indécis et contradictoire Hamlet, tour de force qui fera date dans l'histoire du théâtre, je l'ai toujours trouvé plus à son aise, plus *vrai* dans les personnages absolument tragiques ; le théâtre d'action, voilà son domaine. Dans Mordaunt, on peut dire qu'il illuminait véritablement tout le drame. Tout le reste pivotait autour de lui ; il avait l'air de la Vengeance expliquant l'Histoire. Quand Mordaunt rapporte à Cromwell sa cargaison de prisonniers voués à la mort, et qu'à la paternelle sollicitude de celui-ci, qui lui recommande de se reposer avant de se charger

d'une nouvelle mission, Rouvière répondait, en arrachant la lettre de la main du protecteur avec une légèreté sans pareille : *Je ne suis jamais fatigué, monsieur !* ces mots si simples traversaient l'âme comme une épée, et les applaudissements du public, qui est dans la confidence de Mordaunt et qui connaît la raison de son zèle, expiraient dans le frisson. Peut-être était-il encore plus singulièrement tragique, quand, son oncle lui débitant la longue kyrielle des crimes de sa mère, il l'interrompait à chaque instant par un cri d'amour filial tout assoiffé de sang : *Monsieur, c'était ma mère !* Il fallait dire cela cinq ou six fois ! et à chaque fois c'était neuf et c'était beau.

On était curieux de voir comment Rouvière exprimerait l'amour et la tendresse dans *Maître Favilla*. Il a été charmant. L'interprète des vengeances, le terrible Hamlet, est devenu le plus délicat, le plus affectueux des époux ; il a orné l'amour conjugal d'une fleur de chevalerie exquise. Sa voix solennelle et distinguée vibrait comme celle d'un homme dont l'âme est ailleurs que dans les choses de ce monde ; on eût dit qu'il planait dans un azur spirituel. Il y eut unanimité dans l'éloge. Seul, M. Janin, qui avait si bien loué le comédien il y a quelques années, voulut le rendre solidaire de la mauvaise humeur que lui causait la pièce. Où est le grand mal ? Si M. Janin tombait trop souvent dans la vérité, il la pourrait compromettre.

Insisterai-je sur cette qualité exquise du goût qui préside à l'arrangement des costumes de Rouvière, sur cet art avec lequel il se grime, non pas en miniaturiste et en fat, mais en véritable comédien dans lequel il y a toujours un peintre ? Ses costumes voltigent et entourent harmonieusement sa personnalité. C'est bien là une touche précieuse, un trait caractéristique qui marque l'artiste pour lequel il n'y a pas de petites choses.

Je lis dans un singulier philosophe quelques lignes qui me font rêver à l'art des grands acteurs :

« Quand je veux savoir jusqu'à quel point quelqu'un est circonspect ou stupide, jusqu'à quel point il est bon ou méchant, ou quelles sont actuellement ses pensées, je compose mon visage d'après le sien, aussi exactement que possible, et j'attends alors pour savoir quels pensers ou quels sentiments naîtront dans mon esprit ou dans mon cœur comme pour s'appareiller et correspondre avec ma physionomie. »

Et quand le grand acteur, nourri de son rôle, habillé, grimé, se trouve en face de son miroir, horrible ou charmant, séduisant ou répulsif, et qu'il y contemple cette nouvelle personnalité qui doit devenir la sienne pendant quelques heures, il tire de cette analyse un nouveau parachèvement, une espèce de magnétisme de récurrence. Alors l'opération est terminée, le miracle de l'objectivité est accompli, et l'artiste peut prononcer son *Eurêka*. Type d'amour ou d'horreur, il peut entrer en scène. — Tel est Rouvière.

LE COMÉDIEN ROUVIÈRE

J'ai connu longtemps Rouvière... — *Philibert* Rouvière ne m'a jamais donné de notes détaillées sur sa naissance, son éducation, etc. C'est moi qui ai écrit, dans un recueil illustré sur les principaux comédiens de Paris, l'article le concernant. Mais dans cet article, on ne trouvera autre chose qu'une

appréciation raisonnée de son talent, talent bizarre jusqu'à l'excès, fait de raisonnement et d'exagération nerveuse, ce dernier élément l'emportant généralement.

Principaux rôles de Rouvière : *Mordaunt*, dans *Les Mousquetaires*, type de haine concentrée, serviteur de Cromwell, ne poursuivant à travers les guerres civiles que la satisfaction de ses vengeances personnelles et légitimes. Dans ce rôle, Rouvière faisait peur et horreur. Il était tout *en fer*.

Charles IX, dans une autre pièce d'Alexandre Dumas. Tout le monde a été émerveillé de cette *ressuscitation*. Du reste, Rouvière ayant été *peintre*, ces tours de force lui étaient plus faciles qu'à un autre.

L'abbé *Faria*, dans *Monte-Cristo*. Rouvière n'a joué le rôle qu'une fois. — *Hostein, le directeur, et Alexandre Dumas n'ont* JAMAIS BIEN COMPRIS *la* manière de jouer de Rouvière.

Hamlet (par Meurice et Dumas.) Grand succès de Rouvière. — Mais joué en Hamlet méridional ; Hamlet furibond, nerveux et pétulant. Gœthe, qui prétend que Hamlet était blond et lourd, n'aurait pas été content.

Méphistophélès, dans le détestable *Faust, refait* par Dennery. Rouvière a été mauvais. Il avait beaucoup d'esprit, et cherchait des finesses qui tranchaient baroquement sur sa nature méridionale.

Maître Favilla, de George Sand. Extraordinaire succès ! Rouvière, qui n'avait jamais *joué* que des natures amères, féroces, ironiques, atroces, a joué admirablement un rôle paternel, doux, aimable, idyllique. Cela tient, selon moi, à un côté peu connu de sa nature : amour de l'utopie, des idylles révolutionnaires ; — culte de Jean-Jacques, Florian et Berquin.

Le rôle du *Médecin*, dans *Le Comte Hermann*, d'*Alexandre Dumas*. — Dumas a été obligé de confesser que Rouvière avait des instants sublimes.

Othello, — dans l'*Othello* d'Alfred de Vigny. — Rouvière a très bien su exprimer la politesse raffinée, emphatique, non inséparable de la rage d'un cocu oriental.

Et bien d'autres rôles dont je ne me souviens pas actuellement.

Physiquement, Rouvière était un petit moricaud nerveux, ayant gardé jusqu'à la fin l'accent du Midi, et montrant dans la conversation des finesses inattendues... — pas cabotin et fuyant les cabotins. — Cependant, très épris d'aventures, il avait suivi des saltimbanques pour étudier leurs mœurs. — Très homme du monde, quoique comédien, très éloquent.

Moralement, — élève de Jean-Jacques Rousseau. Je me souviens d'une querelle bizarre qu'il me fit un jour qu'il me trouva arrêté devant une boutique de bijoutier.

« Une cabane, disait-il, un foyer, une chaise, et une planche pour y mettre mon divin Jean-Jacques, cela me suffit. — Aimer le luxe, c'est d'un malhonnête homme. »

Peintre, Il était élève de Gros.

Il y a quelques mois, Rouvière étant tombé malade, et étant très pauvre, des amis imaginèrent de faire une vente de ses tableaux ; elle n'eut aucun succès.

Comme peintre, il était, à quelques égards, ce qu'il était comme comédien. — Bizarre, ingénieux et incomplet.

Je me souviens cependant d'un charmant tableau représentant *Hamlet contraignant sa mère à contempler le portrait du roi défunt*. — Peinture ultra-romantique, achetée, m'a-t-on dit, par M. de Goncourt.

M. Théophile Silvestre a de jolis dessins de Rouvière. Pendant longtemps, M. Luquet (associé de Cadart) a offert, comme étant de Géricault, un tableau *(Les Girondins en prison)* que j'ai reconnu tout de suite pour un Rouvière... grande composition, sauvage et maladroite, enfantine même, mais d'un grand feu.

Comme comédien, Rouvière était très admiré d'Eugène Delacroix. M. Champfleury a fait de lui une curieuse étude sous forme de nouvelle : *Le Comédien Trianon.*

LES LIAISONS DANGEREUSES [1]

I

BIOGRAPHIE

BIOGRAPHIE MICHAUD

Pierre-Ambroise-François Choderlos de Laclos né à Amiens en 1741.

À 19 ans, sous-lieutenant dans le corps royal du génie.

Capitaine en 1778, il construit un fort à l'île d'Aix.

Appréciation ridicule des *Liaisons dangereuses* par la *Biographie Michaud,* signée Beaulieu, édition 1819.

En 1789, secrétaire du duc d'Orléans. Voyage en Angleterre avec Philippe d'Orléans.

En 91, pétition provoquant la réunion du Champ de Mars.

Rentrée au service en 92, comme maréchal de camp.

Nommé gouverneur des Indes française, où il ne va pas.

À la chute de Philippe, enfermé à Picpus.

(Plans de réforme, expériences sur les projectiles.)

Arrêté de nouveau, relâché le 9 Thermidor.

Nommé secrétaire général de l'administration des hypothèques.

Il revient à ses expériences militaires et rentre au service, général de brigade d'artillerie. Campagnes du Rhin et d'Italie, mort à Tarente, 5 octobre 1803.

Homme vertueux, « bon fils, bon père, excellent époux ».

Poésies fugitives.

Lettre à l'Académie française en 1786, à l'occasion du prix proposé pour l'éloge de Vauban (1 440 millions).

FRANCE LITTÉRAIRE DE QUÉRARD

La première édition des *Liaisons dangereuses* est de 1782.

Causes secrètes de la Révolution du 9 au 10 thermidor, par Vilate, ex-juré au tribunal révolutionnaire. Paris, 1795.

Continuation aux *Causes secrètes,* 1795.

LOUANDRE ET BOURQUELOT

Il faut, disent-ils, ajouter à ses ouvrages *Le Vicomte de Barjac.*

Erreur, selon Quérard, qui rend cet ouvrage au marquis de Luchet.

HATIN

31 octobre an II de la Liberté, Laclos est autorisé à publier la correspondance de la Société des Amis de la Constitution séante aux Jacobins.
Journal des Amis de la Constitution.
En 1791, Laclos quitte le journal, qui reste aux Feuillants.

II

NOTES

Ce livre, s'il brûle, ne peut brûler qu'à la manière de la glace.
Livre d'histoire.
Avertissement de l'éditeur et préface de l'auteur (sentiments feints et dissimulés).
— Lettres de mon père (badinages).
La Révolution a été faite par des voluptueux.

Nerciat (utilité de ses livres).
Au moment où la Révolution française éclata, la noblesse française était une race physiquement diminuée (de Maistre).

Les livres libertins commentent donc et expliquent la Révolution.
— Ne disons pas : *Autres mœurs que les nôtres,* disons : *Mœurs plus en honneur qu'aujourd'hui.*
Est-ce que la morale s'est relevée ? Non, c'est que l'énergie du mal a baissé.
— Et la niaiserie a pris la place de l'esprit.
La fouterie et la gloire de la fouterie étaient-elles plus immorales que cette manière moderne *d'adorer* et de mêler le saint au profane ?

On se donnait alors beaucoup de mal pour ce qu'on avouait être une bagatelle, et on ne se damnait pas plus qu'aujourd'hui.
Mais on se damnait moins bêtement, on ne se pipait pas.

GEORGE SAND

Ordure et jérémiades.
En réalité, le satanisme a gagné. Satan s'est fait ingénu. Le mal se connaissant était moins affreux et plus près de la guérison que le mal s'ignorant. G. Sand inférieure à de Sade.

Ma sympathie pour le livre.
Ma mauvaise réputation.
Ma visite à Billault.
Tous les livres sont immoraux.

Livre de moraliste aussi haut que les plus élevés, aussi profond que les plus profonds.

— À propos d'une phrase de Valmont (à retrouver) :

Le temps des Byron venait.
Car Byron était *préparé,* comme Michel-Ange.
Le grand homme n'est jamais aérolithe.

Chateaubriand devait bientôt crier à un monde qui n'avait pas le droit de s'étonner :

« Je fus toujours vertueux sans plaisir ; j'eusse été criminel sans remords. »
Caractère sinistre et satanique.
Le satanisme badin.

Comment on faisait l'amour sous l'ancien régime.
Plus gaiment, il est vrai.
Ce n'était pas l'extase, comme aujourd'hui, c'était le délire.
C'était toujours le mensonge, mais on n'adorait pas son semblable. On *le*
trompait, mais on *se trompait* moins soi-même.

Les mensonges étaient d'ailleurs assez bien soutenus quelquefois pour
induire la comédie en tragédie.

— Ici comme dans la vie, la palme de perversité reste à [la] femme.

(Saufeia). Fœmina simplex dans sa petite maison.
Manœuvres de l'Amour.
Belleroche. Machines à plaisir.

Car Valmont est surtout un vaniteux. Il est d'ailleurs généreux, toutes les fois
qu'il ne s'agit pas des femmes et de sa gloire.
— Le dénouement.
La petite vérole (grand châtiment).
La Ruine.

Caractère général sinistre.
La détestable humanité se fait un enfer préparatoire.

— L'amour de la guerre et la guerre de l'amour. La gloire. L'amour de la
gloire. Valmont et la Merteuil en parlent sans cesse, la Merteuil moins.
L'amour du combat. La tactique, les règles, les méthodes. La gloire de la
victoire.
La stratégie pour gagner un prix très frivole.
Beaucoup de sensualité. Très peu d'amour excepté chez Mme de Tourvel.

— Puissance de l'analyse racinienne.
Gradation.
Transition.
Progression.
Talent rare aujourd'hui, excepté chez Stendhal, Sainte-Beuve et Balzac.

Livre essentiellement français.

Livre de sociabilité, terrible, mais sous le badin et le convenable.
Livre de sociabilité.

Liaisons dangereuses.

Cette défaveur surprendra peu les hommes qui pensent que la Révolution française a
pour cause principale la dégradation morale de la noblesse.
M. de Saint-Pierre observe quelque part, dans ses *Études sur la Nature*, que si l'on
compare la figure des nobles français à celle de leurs ancêtres, dont la peinture et la
sculpture nous ont transmis les traits, on voit à l'évidence que ces races ont dégénéré.
Considérations sur la France, p. 197 de l'édition sous la rubrique de Londres,
1797, in-8.

III
INTRIGUE ET CARACTÈRES

INTRIGUE

Comment vient la brouille entre Valmont et la Merteuil.
Pourquoi elle devait venir.
La Merteuil a tué la Tourvel.
Elle n'a plus rien à vouloir de Valmont.
Valmont est dupe. Il dit à sa mort qu'il regrette la Tourvel, et de l'avoir sacrifiée. Il ne l'a sacrifiée qu'à son Dieu, à sa vanité, à sa gloire, et la Merteuil le lui dit même crûment, après avoir obtenu ce sacrifice.
C'est la brouille de ces deux scélérats qui amène les dénouements.
Les critiques faites sur le dénouement relatif à la Merteuil.

CARACTÈRES

À propos de Mme de Rosemonde, retrouver le portrait des vieilles femmes, bonnes et tendres, fait par la Merteuil.

Cécile, type parfait de la détestable jeune fille, niaise et sensuelle.
Son portrait, par la Merteuil, qui excelle aux portraits.
(Elle ferait bien même celui de la Tourvel, si elle n'en était pas horriblement jalouse, comme d'une supériorité.) Lettre XXXVIII.

La jeune fille. La niaise, stupide et sensuelle. Tout près de l'ordure originelle.

La Merteuil. Tartuffe femelle, tartuffe de mœurs, tartuffe du XVIIIᵉ siècle.
Toujours supérieure à Valmont et elle le prouve.
Son portrait par elle-même. Lettre LXXXI. Elle a d'ailleurs du bon sens et de l'esprit.

Valmont, ou la recherche du pouvoir par le Dandysme et la feinte de la dévotion. Don Juan.

La présidente. (Seule, appartenant à la bourgeoisie. Observation importante.) Type simple, grandiose, attendrissant. Admirable création. Une femme naturelle. Une Ève touchante. — La Merteuil, une Ève satanique.

D'Anceny, fatigant d'abord par la niaiserie, devient intéressant. Homme d'honneur, poète et beau diseur.

Mme de Rosemonde. Vieux pastel, *charmant* portrait à barbes et à tabatière. Ce que la Merteuil dit des vieilles femmes.

CITATIONS POUR SERVIR AUX CARACTÈRES

Que me proposez-vous ? de séduire une jeune fille qui n'a rien vu, ne connaît rien... Vingt autres y peuvent réussir comme moi. Il n'en est pas ainsi de l'entreprise qui m'occupe : son succès m'assure autant de gloire que de plaisir. L'amour qui prépare ma couronne, hésite lui-même entre le myrte et le laurier...
Lettre IV. — Valmont à Mme de Merteuil.

J'ai bien besoin d'avoir cette femme pour me sauver du ridicule d'en être amoureux... J'ai, dans ce moment, un sentiment de reconnaissance pour les femmes faciles, qui me ramène naturellement à vos pieds.
Lettre IV. - Valmont à Mme de Merteuil.

Conquérir est notre dessein : il faut le suivre.
<div align="right">Lettre IV. — Valmont à Mme de Merteuil.</div>

(Note : car c'est aussi le dessein de Mme de Merteuil. Rivalité de gloire.)

Me voilà donc, depuis quatre jours, livré à une *passion forte*.
<div align="right">Lettre IV. — Valmont à la Merteuil.</div>

Rapprocher ce passage d'une note de Sainte-Beuve sur le goût de la passion dans l'École romantique.

Depuis sa plus grande jeunesse, jamais il n'a fait un pas ou dit une parole sans avoir un projet, et jamais il n'eut [un projet qui ne fût malhonnête ou criminel].

Aussi, si Valmont était entraîné par des passions fougueuses ; [si, comme mille autres, il était séduit par les erreurs de son âge, en blâmant sa conduite, je plaindrais sa personne, et j'attendrais, en silence, le temps où un retour heureux lui rendrait l'estime des gens honnêtes].

Mais Valmont n'est pas cela...etc.
<div align="right">Lettre IX. — Mme de Volanges à la Présidente de Tourvel.</div>

Cet entier abandon de soi-même, ce délire de la volupté, où le plaisir *s'épure par son excès*, ces biens de l'amour ne sont pas connus d'elle... Votre présidente croira avoir tout fait pour vous en vous traitant comme son mari, et, dans le tête-à-tête conjugal le plus tendre, on est toujours *deux*.
<div align="right">Lettre V. — La Merteuil à Valmont.</div>

(Source de la sensualité mystique et des sottises amoureuses du XIXe siècle.)

J'aurai cette femme. Je l'enlèverai au mari *qui la profane* (G. Sand). J'oserai la ravir au Dieu même qu'elle adore (Valmont satan, rival de Dieu). Quel délice d'être tour à tour l'objet et le vainqueur de ses remords ! Loin de moi l'idée de détruire les préjugés qui l'assiègent ! ils ajouteront à mon bonheur et à ma gloire. Qu'elle croie à la vertu, mais qu'elle me la sacrifie... Qu'alors, si j'y consens, elle me dise : « Je t'adore ! »
<div align="right">Lettre VI. — Valmont à la Merteuil.</div>

Après ces préparatifs, pendant que Victoire s'occupe des autres détails, je lis un chapitre du *Sopha*, une *lettre d'Héloïse*, et deux *contes* de La Fontaine, pour recorder les différents tons que je voulais prendre.
<div align="right">Lettre X. — La Merteuil à Valmont.</div>

Je suis indigné, je l'avoue, quand je songe que cet homme, sans *raisonner*, sans se *donner* la *moindre peine*, en *suivant tout bêtement l'instinct de son cœur*, trouve une félicité à laquelle je ne puis atteindre. Oh ! je la troublerai !
<div align="right">Lettre XV. — Valmont à la Merteuil.</div>

J'avouerai ma faiblesse. Mes yeux se sont mouillés de larmes... J'ai été étonné du plaisir qu'on éprouve en faisant le bien...
<div align="right">Lettre XXI. — Valmont à la Merteuil.</div>

Don Juan devenant tartuffe et charitable par intérêt.

Cet aveu prouve à la fois l'hypocrisie de Valmont, sa haine de la vertu, et, en même temps, un reste de sensibilité par quoi il est inférieur à la Merteuil, chez qui tout ce qui est humain est calciné.

J'oubliais de vous dire que pour mettre tout à profit, j'ai demandé à ces beaux yeux de prier Dieu pour le succès de mes projets.
<div align="right">Lettre XXI. — Valmont à la Merteuil.</div>

(Impudence et raffinement d'impiété.)

Elle est vraiment délicieuse... Cela n'a ni caractère ni principes. Jugez combien [sa société sera douce et facile]... En vérité, je suis [presque jalouse de celui à qui ce plaisir est réservé.]
<div align="right">Lettre XXXVIII. — La Merteuil à Valmont.</div>

(Excellent portrait de la Cécile.)

Il est si sot encore qu'il n'en a pas seulement obtenu un baiser. Ce garçon-là fait pourtant de fort jolis vers ! Mon Dieu ! que ces gens d'esprit sont bêtes !
 Lettre XXXVIII. — La Merteuil à Valmont.
(Commencement du portrait de Danceny, qui attirera lui-même la Merteuil.)

Je regrette de n'avoir pas le talent des filous... Mais nos parents ne songent à rien.
 Suite de la Lettre XL. — Valmont à la Merteuil.
Elle veut que je sois *son ami*.

(La malheureuse victime en est déjà là...)

Et puis-je me venger moins d'une femme hautaine qui semble rougir d'avouer qu'elle adore ?
 Lettre LXX. — Valmont à la Merteuil.

À propos de la Vicomtesse :

Le parti le plus difficile ou le plus gai est toujours celui que je prends : et je ne me reproche pas une bonne action, pourvu qu'elle m'exerce ou m'amuse.
 Lettre LXXI. — Valmont à la Merteuil.
(Portrait de la Merteuil par elle-même.)

Que vos craintes me causent de pitié ! Combien elles me prouvent ma supériorité sur vous !... Être orgueilleux et faible, il te sied bien de vouloir calculer mes moyens et juger de mes ressources !

(La femme qui veut toujours faire l'homme, signe de grande dépravation.)
. .
Imprudentes, qui dans leur amant actuel ne savent pas voir leur ennemi futur... Je dis : mes principes... Je les ai créés, et je puis dire que je suis mon ouvrage.
Ressentais-je quelque chagrin... J'ai porté le zèle jusqu'à me causer des douleurs volontaires, pour chercher pendant ce temps l'expression du plaisir. *Je me suis travaillée* avec le même soin pour réprimer les symptômes d'une joie inattendue.
Je n'avais pas quinze ans, je possédais déjà les talents auxquels la plus grande partie de nos politiques doivent leur réputation, et [je ne me trouvais encore qu'aux premiers éléments de la science que je voulais acquérir].
La tête seule fermentait. Je ne désirais pas de jouir, *je voulais* SAVOIR.
 Lettre LXXXI. — La Merteuil à Valmont.
(George Sand et autres.)

Encore une touche au portrait de la petite Volanges par la Merteuil :

Tandis que nous nous occuperions à former cette petite fille pour l'intrigue [nous n'en ferions qu'une femme facile]... Ces sortes de femmes ne sont absolument que des machines à plaisir.
 Lettre CVI. — La Merteuil à Valmont.

Cette enfant est réellement séduisante ! Ce contraste de la candeur naïve avec le langage de l'effronterie, ne laisse pas de faire de l'effet : et, je ne sais pourquoi, il n'y a plus que les choses bizarres qui me plaisent.
 Lettre CX. — Valmont à la Merteuil.

Valmont se glorifie et chante son futur triomphe.

Je la montrerai, dis-je, oubliant ses devoirs... Je ferai plus, je la quitterai... Voyez mon ouvrage et cherchez-en dans le siècle un second exemple !...
 Lettre CXV. — Valmont à la Merteuil.

(Citation *importante*)
La note et l'annonce de la fin.
Champfleury.
Lui écrire.

MADAME BOVARY

PAR GUSTAVE FLAUBERT[1]

I

En matière de critique, la situation de l'écrivain qui vient après tout le monde, de l'écrivain retardataire, comporte des avantages que n'avait pas l'écrivain prophète, celui qui annonce le succès, qui le commande, pour ainsi dire, avec l'autorité de l'audace et du dévouement. M. Gustave Flaubert n'a plus besoin du dévouement, s'il est vrai qu'il en eut jamais besoin. Des artistes nombreux, et quelques-uns des plus fins et des plus accrédités, ont illustré et enguirlandé son excellent livre. Il ne reste donc plus à la critique qu'à indiquer quelques points de vue oubliés, et qu'à insister un peu plus vivement sur des traits et des lumières qui n'ont pas été, selon moi, suffisamment vantés et commentés. D'ailleurs, cette position de l'écrivain en retard, distancé par l'opinion, a, comme j'essayais de l'insinuer, un charme paradoxal. Plus libre, parce qu'il est seul comme un traînard, il a l'air de celui qui résume les débats, et, contraint d'éviter les véhémences de l'accusation et de la défense, il a ordre de se frayer une voie nouvelle, sans autre excitation que celle de l'amour du Beau et de la Justice.

II

Puisque j'ai prononcé ce mot splendide et terrible, la Justice, qu'il me soit permis, — comme aussi bien cela m'est agréable, — de remercier la magistrature française de l'éclatant exemple d'impartialité et de bon goût qu'elle a donné dans cette circonstance. Sollicitée par un zèle aveugle et trop véhément pour la morale, par un esprit qui se trompait de terrain, — placée en face d'un roman, œuvre d'un écrivain inconnu la veille, — un roman, et quel roman ! le plus impartial, le plus loyal, — un champ, banal comme tous les champs, flagellé, trempé, comme la nature elle-même, par tous les vents et tous les orages, — la magistrature, dis-je, s'est montrée loyale et impartiale comme le livre qui était poussé devant elle en holocauste. Et mieux encore, disons, s'il est permis de conjecturer d'après les considérations qui accompagnèrent le jugement, que si les magistrats avaient découvert quelque chose de vraiment reprochable dans le livre, ils l'auraient néanmoins amnistié, en faveur et en reconnaissance de la BEAUTÉ dont il est revêtu. Ce souci remarquable de la Beauté, en des hommes dont les facultés ne sont mises en réquisition que pour le Juste et le Vrai, est un symptôme des plus touchants, comparé avec les convoitises ardentes de cette société qui a définitivement abjuré tout amour spirituel, et qui, négligeant *ses anciennes entrailles,* n'a plus cure que de ses viscères. En somme, on peut dire que cet arrêt, par sa haute tendance poétique, fut définitif ; que gain de cause a été donné à la Muse, et que tous les écrivains, tous ceux du moins dignes de ce nom, ont été acquittés dans la personne de M. Gustave Flaubert.

Ne disons donc pas, comme tant d'autres l'affirment avec une légère et inconsciente mauvaise humeur, que le livre a dû son immense faveur au procès et à l'acquittement. Le livre, non tourmenté, aurait obtenu la même curiosité, il aurait créé le même étonnement, la même agitation. D'ailleurs les approbations de tous les lettrés lui appartenaient depuis longtemps. Déjà sous sa

première forme, dans la *Revue de Paris*, où des coupures imprudentes en avaient détruit l'harmonie, il avait excité un ardent intérêt. La situation de Gustave Flaubert, brusquement illustre, était à la fois excellente et mauvaise ; et de cette situation équivoque, dont son loyal et merveilleux talent a su triompher, je vais donner, tant bien que mal, les raisons diverses.

III

Excellente ; — car depuis la disparition de Balzac, ce prodigieux météore qui couvrira notre pays d'un nuage de gloire, comme un orient bizarre et exceptionnel, comme une aurore polaire inondant le désert glacé de ses lumières féeriques, — toute curiosité, relativement au roman, s'était apaisée et endormie. D'étonnantes tentatives avaient été faites, il faut l'avouer. Depuis longtemps déjà, M. de Custine, célèbre, dans un monde de plus en plus raréfié, par *Aloys*, *Le Monde comme il est* et *Ethel*, — M. de Custine, le créateur de la jeune fille laide, ce type tant jalousé par Balzac (voir le vrai *Mercadet*), avait livré au public *Romuald ou la Vocation*, œuvre d'une maladresse sublime, où des pages inimitables font à la fois condamner et absoudre des langueurs et des gaucheries. Mais M. de Custine est un sous-genre du génie, un génie dont le dandysme monte jusqu'à l'idéal de la négligence. Cette bonne foi de gentilhomme, cette ardeur romanesque, cette raillerie loyale, cette absolue et nonchalante personnalité, ne sont pas accessibles aux sens du grand troupeau, et ce précieux écrivain avait contre lui toute la mauvaise fortune que méritait son talent.

M. d'Aurevilly avait violemment attiré les yeux par *Une vieille maîtresse* et par *L'Ensorcelée*. Ce culte de la vérité, exprimé avec une effroyable ardeur, ne pouvait que déplaire à la foule. D'Aurevilly, vrai catholique, évoquant la passion pour la vaincre, chantant, pleurant et criant au milieu de l'orage, planté comme Ajax sur un rocher de désolation, et ayant toujours l'air de dire à son rival, — homme, foudre, dieu ou matière — : « Enlève-moi, ou je t'enlève ! » ne pouvait pas non plus mordre sur une espèce assoupie dont les yeux sont fermés aux miracles de l'exception.

Champfleury, avec un esprit enfantin et charmant, s'était joué très heureusement dans le pittoresque, avait braqué un binocle poétique (plus poétique qu'il ne le croit lui-même) sur les accidents et les hasards burlesques ou touchants de la famille ou de la rue ; mais, par originalité ou par faiblesse de vue, volontairement ou fatalement, il négligeait le lieu commun, le lieu de rencontre de la foule, le rendez-vous public de l'éloquence.

Plus récemment encore, M. Charles Barbara, âme rigoureuse et logique, âpre à la curée intellectuelle, a fait quelques efforts incontestablement distingués ; il a cherché (tentation toujours irrésistible) à décrire, à élucider des situations de l'âme exceptionnelles, et à déduire les conséquences directes des positions fausses. Si je ne dis pas ici toute la sympathie que m'inspire l'auteur d'*Héloïse* et de *L'Assassinat du Pont-Rouge*, c'est parce qu'il n'entre qu'occasionnellement dans mon thème, à l'état de note historique.

Paul Féval, placé de l'autre côté de la sphère, esprit amoureux d'aventures, admirablement doué pour le grotesque et le terrible, a emboîté le pas, comme un héros tardif, derrière Frédéric Soulié et Eugène Sue. Mais les facultés si riches de l'auteur des *Mystères de Londres* et du *Bossu*, non plus que celles de tant d'esprits hors ligne, n'ont pas pu accomplir le léger et soudain miracle de cette pauvre petite provinciale adultère, dont toute l'histoire, sans imbroglio, se

compose de tristesses, de dégoûts, de soupirs et de quelques pâmoisons fébriles arrachés à la vie barrée par le suicide.

Que ces écrivains, les uns tournés à la Dickens, les autres moulés à la Byron ou à la Bulwer, trop bien doués peut-être, trop méprisants, n'aient pas su, comme un simple Paul de Kock, forcer le seuil branlant de la Popularité, la seule des impudiques qui demande à être violée, ce n'est pas moi qui leur en ferai un crime, — non plus d'ailleurs qu'un éloge ; de même je ne sais aucun gré à M. Gustave Flaubert d'avoir obtenu du premier coup ce que d'autres cherchent toute leur vie. Tout au plus y verrai-je un symptôme surérogatoire de puissance, et chercherai-je à définir les raisons qui ont fait mouvoir l'esprit de l'auteur dans un sens plutôt que dans un autre.

Mais j'ai dit aussi que cette situation du nouveau venu était mauvaise ; hélas ! pour une raison lugubrement simple. Depuis plusieurs années, la part d'intérêt que le public accorde aux choses spirituelles était singulièrement diminuée ; son budget d'enthousiasme allait se rétrécissant toujours. Les dernières années de Louis-Philippe avaient vu les dernières explosions d'un esprit encore excitable par les jeux de l'imagination ; mais le nouveau romancier se trouvait en face d'une société absolument usée, — pire qu'usée, — abrutie et goulue, n'ayant horreur que de la fiction, et d'amour que pour la possession.

Dans des conditions semblables, un esprit bien nourri, enthousiaste du beau, mais façonné à une forte escrime, jugeant à la fois le bon et le mauvais des circonstances, a dû se dire : « Quel est le moyen le plus sûr de remuer toutes ces vieilles âmes ? Elles ignorent en réalité ce qu'elles aimeraient ; elles n'ont un dégoût positif que du grand ; la passion naïve, ardente, l'abandon poétique les fait rougir et les blesse. — Soyons donc vulgaire dans le choix du sujet, puisque le choix d'un sujet trop grand est une impertinence pour le lecteur du XIXe siècle. Et aussi prenons bien garde à nous abandonner et à parler pour notre propre compte. Nous serons de glace en racontant des passions et des aventures où le commun du monde met ses chaleurs ; nous serons, comme dit l'école, objectif et impersonnel.

« Et aussi, comme nos oreilles ont été harassées dans ces derniers temps par des bavardages d'école puérils, comme nous avons entendu parler d'un certain procédé littéraire appelé réalisme, — injure dégoûtante jetée à la face de tous les analystes, mot vague et élastique qui signifie pour le vulgaire, non pas une méthode nouvelle de création, mais une description minutieuse des accessoires, — nous profiterons de la confusion des esprits et de l'ignorance universelle. Nous étendrons un style nerveux, pittoresque, subtil, exact, sur un canevas banal. Nous enfermerons les sentiments les plus chauds et les plus bouillants dans l'aventure la plus triviale. Les paroles les plus solennelles, les plus décisives, s'échapperont des bouches les plus sottes.

« Quel est le terrain de sottise, le milieu le plus stupide, le plus productif en absurdités, le plus abondant en imbéciles intolérants ?

« La province.

« Quels y sont les acteurs les plus insupportables ?

« Les petites gens qui s'agitent dans de petites fonctions dont l'exercice fausse leurs idées.

« Quelle est la donnée la plus usée, la plus prostituée, l'orgue de Barbarie le plus éreinté ?

« L'Adultère.

« Je n'ai pas besoin, s'est dit le poète, que mon *héroïne* soit une héroïne.
Pourvu qu'elle soit suffisamment jolie, qu'elle ait des nerfs, de l'ambition, une
aspiration irréfrénable vers un monde supérieur, elle sera intéressante. Le tour
de force, d'ailleurs, sera plus noble, et notre pécheresse aura au moins ce mérite,
— comparativement fort rare, — de se distinguer des fastueuses bavardes de
l'époque qui nous a précédés.

« Je n'ai pas besoin de me préoccuper du style, de l'arrangement pittoresque,
de la description des milieux ; je possède toutes ces qualités à une puissance
surabondante ; je marcherai appuyé sur l'analyse et la logique, et je prouverai
ainsi que tous les sujets sont indifféremment bons ou mauvais, selon la manière
dont ils sont traités, et que les plus vulgaires peuvent devenir les meilleurs. »
Dès lors, *Madame Bovary* — une gageure, une vraie gageure, un pari,
comme toutes les œuvres d'art — était créée.

Il ne restait plus à l'auteur, pour accomplir le tour de force dans son entier,
que de se dépouiller (autant que possible) de son sexe et de se faire femme. Il
en est résulté une merveille ; c'est que, malgré tout son zèle de comédien, il n'a
pas pu ne pas infuser un sang viril dans les veines de sa créature, et que madame
Bovary, pour ce qu'il y a en elle de plus énergique et de plus ambitieux, et aussi
de plus rêveur, madame Bovary est restée un homme. Comme la Pallas armée,
sortie du cerveau de Zeus, ce bizarre androgyne a gardé toutes les séductions
d'une âme virile dans un charmant corps féminin.

IV

Plusieurs critiques avaient dit : cette œuvre, vraiment belle par la minutie et
la vivacité des descriptions, ne contient pas un seul personnage qui représente
la morale, qui parle la conscience de l'auteur. Où est-il, le personnage
proverbial et légendaire, chargé d'expliquer la fable et de diriger l'intelligence
du lecteur ? En d'autres termes, où est le réquisitoire ?

Absurdité ! Éternelle et incorrigible confusion des fonctions et des genres !
— Une véritable œuvre d'art n'a pas besoin de réquisitoire. La logique de
l'œuvre suffit à toutes les postulations de la morale, et c'est au lecteur à tirer les
conclusions de la conclusion.

Quant au personnage intime, profond, de la fable, incontestablement c'est la
femme adultère ; elle seule, la victime déshonorée, possède toutes les grâces du
héros. — Je disais tout à l'heure qu'elle était presque mâle, et que l'auteur
l'avait ornée (inconsciencieusement peut-être) de toutes les qualités viriles.

Qu'on examine attentivement :
1° L'imagination, faculté suprême et tyrannique, substituée au cœur, ou à ce
qu'on appelle le cœur, d'où le raisonnement est d'ordinaire exclu, et qui
domine généralement dans la femme comme dans l'animal ;
2° Énergie soudaine d'action, rapidité de décision, fusion mystique du
raisonnement et de la passion, qui caractérise les hommes créés pour agir ;
3° Goût immodéré de la séduction, de la domination et même de tous les
moyens vulgaires de séduction, descendant jusqu'au charlatanisme du cos-
tume, des parfums et de la pommade, — le tout se résumant en deux
mots : dandysme, amour exclusif de la domination.

Et pourtant madame Bovary se donne ; emportée par les sophismes de son
imagination, elle se donne magnifiquement, généreusement, d'une manière
toute masculine, à des drôles qui ne sont pas ses égaux, exactement comme les
poètes se livrent à des drôlesses.

Une nouvelle preuve de la qualité toute virile qui nourrit son sang artériel, c'est qu'en somme cette infortunée a moins souci des défectuosités extérieures visibles, des provincialismes aveuglants de son mari, que de cette absence totale de génie, de cette infériorité spirituelle bien constatée par la stupide opération du pied bot.

Et à ce sujet, relisez les pages qui contiennent cet épisode, si injustement traité de parasitique, tandis qu'il sert à mettre en vive lumière tout le caractère de la personne. — Une colère noire, depuis longtemps concentrée, éclate dans toute l'épouse Bovary : les portes claquent ; le mari stupéfié, qui n'a su donner à sa romanesque femme aucune jouissance spirituelle, est relégué dans sa chambre ; il est en pénitence, le coupable ignorant ! et madame Bovary, la désespérée, s'écrie, comme une petite lady Macbeth accouplée à un capitaine insuffisant : « Ah ! que ne suis-je *au moins* la femme d'un de ces vieux savants chauves et voûtés, dont les yeux abrités de lunettes vertes sont toujours braqués sur les archives de la science ! je pourrais fièrement me balancer à son bras ; je serais au moins la compagne d'un roi spirituel ; mais la compagne de chaine de cet imbécile qui ne sait pas redresser le pied d'un infirme ! oh ! »

Cette femme, en réalité, est très sublime dans son espèce, dans son petit milieu et en face de son petit horizon :

4° Même dans son éducation de couvent, je trouve la preuve du tempérament équivoque de madame Bovary.

Les bonnes sœurs ont remarqué dans cette jeune fille une aptitude étonnante à la vie, à profiter de la vie, à en conjecturer les jouissances ; — voilà l'homme d'action !

Cependant la jeune fille s'enivrait délicieusement de la couleur des vitraux, des teintes orientales que les longues fenêtres ouvragées jetaient sur son paroissien de pensionnaire ; elle se gorgeait de la musique solennelle des vêpres, et, par un paradoxe dont tout l'honneur appartient aux nerfs, elle substituait dans son âme au Dieu véritable le Dieu de sa fantaisie, le Dieu de l'avenir et du hasard, un Dieu de vignette, avec éperons et moustaches ; — voilà le poète hystérique.

L'hystérie ! Pourquoi ce mystère physiologique ne ferait-il pas le fond et le tuf d'une œuvre littéraire, ce mystère que l'Académie de médecine n'a pas encore résolu, et qui, s'exprimant dans les femmes par la sensation d'une boule ascendante et asphyxiante (je ne parle que du symptôme principal), se traduit chez les hommes nerveux par toutes les impuissances et aussi par l'aptitude à tous les excès ?

V

En somme, cette femme est vraiment grande, elle est surtout pitoyable, et malgré la dureté systématique de l'auteur, qui a fait tous ses efforts pour être absent de son œuvre et pour jouer la fonction d'un montreur de marionnettes, toutes les femmes *intellectuelles* lui sauront gré d'avoir élevé la femelle à une si haute puissance, si loin de l'animal pur et si près de l'homme idéal, et de l'avoir fait participer à ce double caractère de calcul et de rêverie qui constitue l'être parfait.

On dit que madame Bovary est ridicule. En effet, la voilà, tantôt prenant pour un héros de Walter Scott une espèce de monsieur, — dirai-je même un gentilhomme campagnard ? — vêtu de gilets de chasse et de toilettes contrastées ! et maintenant, la voici amoureuse d'un petit clerc de notaire (qui

ne sait même pas commettre une action dangereuse pour sa maîtresse), et finalement la pauvre épuisée, la bizarre Pasiphaé, reléguée dans l'étroite enceinte d'un village, poursuit l'idéal à travers les bastringues et les estaminets de la préfecture : — qu'importe ? disons-le, avouons-le, c'est un César à Carpentras; elle poursuit l'Idéal !

Je ne dirai certainement pas comme le Lycanthrope d'insurrectionnelle mémoire, ce révolté qui a abdiqué : « En face de toutes les platitudes et de toutes les sottises du temps présent, ne nous reste-t-il pas le papier à cigarettes et l'adultère ? » mais j'affirmerai qu'après tout, tout compte fait, même avec des balances de précision, notre monde est bien dur pour avoir été engendré par le Christ, qu'il n'a guère qualité pour jeter la pierre à l'adultère ; et que quelques minotaurisés de plus ou de moins n'accéléreront pas la vitesse rotatoire des sphères et n'avanceront pas d'une seconde la destruction finale des univers. — Il est temps qu'un terme soit mis à l'hypocrisie de plus en plus contagieuse, et qu'il soit réputé ridicule pour des hommes et des femmes, pervertis jusqu'à la trivialité, de crier : haro ! sur un malheureux auteur qui a daigné, avec une chasteté de rhéteur, jeter un voile de gloire sur des aventures de tables de nuit, toujours répugnantes et grotesques, quand la Poésie ne les caresse pas de sa clarté de veilleuse opaline.

Si je m'abandonnais sur cette pente analytique, je n'en finirais jamais avec *Madame Bovary;* ce livre, essentiellement suggestif, pourrait souffler un volume d'observations. Je me bornerai, pour le moment, à remarquer que plusieurs des épisodes les plus importants ont été primitivement ou négligés ou vitupérés par les critiques. Exemples : l'épisode de l'opération manquée du pied bot, et celui, si remarquable, si plein de désolation, si véritablement *moderne*, où la future adultère, — car elle n'est encore qu'au commencement du plan incliné, la malheureuse ! — va demander secours à l'Église, à la divine Mère, à celle qui n'a pas d'excuses pour n'être pas toujours prête, à cette Pharmacie où nul n'a le droit de sommeiller ! Le bon curé Bournisien, uniquement préoccupé des poissons du catéchisme qui font de la gymnastique à travers les stalles et les chaises de l'église, répond avec candeur : « Puisque vous êtes malade, madame, et puisque M. Bovary est médecin, *pourquoi n'allez-vous pas trouver votre mari ?* »

Quelle est la femme qui, devant cette insuffisance du curé, n'irait pas, folle amnistiée, plonger sa tête dans les eaux tourbillonnantes de l'adultère, — et quel est celui de nous qui, dans un âge plus naïf et dans des circonstances troublées, n'a pas fait forcément connaissance avec le prêtre incompétent ?

VI

J'avais primitivement le projet, ayant deux livres du même auteur sous la main (*Madame Bovary* et *La Tentation de saint Antoine,* dont les fragments n'ont pas encore été rassemblés par la librairie), d'installer une sorte de parallèle entre les deux. Je voulais établir des équations et des correspondances. Il m'eût été facile de retrouver sous le tissu minutieux de *Madame Bovary*, les hautes facultés d'*ironie* et de *lyrisme* qui illuminent à outrance *La Tentation de saint Antoine.* Ici le poète ne s'était pas déguisé, et sa *Bovary*, tentée par tous les démons de l'illusion, de l'hérésie, par toutes les lubricités de la matière environnante, — son *saint Antoine* enfin, harassé par toutes les folies qui nous circonviennent, aurait apologisé mieux que sa toute petite fiction bourgeoise. — Dans cet ouvrage, dont malheureusement l'auteur ne

nous a livré que des fragments, il y a des morceaux éblouissants ; je ne parle pas seulement du festin prodigieux de Nabuchodonosor, de la merveilleuse apparition de cette petite folle de reine de Saba, miniature dansant sur la rétine d'un ascète, de la charlatanesque et emphatique mise en scène d'Apollonius de Tyane suivi de son cornac, ou plutôt de son entreteneur, le millionnaire imbécile qu'il entraîne à travers le monde ; — je voudrais surtout attirer l'attention du lecteur sur cette faculté souffrante, souterraine et révoltée, qui traverse toute l'œuvre, ce filon ténébreux qui illumine, — ce que les Anglais appellent le *subcurrent*, — et qui sert de guide à travers ce capharnaüm pandémoniaque de la solitude.

Il m'eût été facile de montrer, comme je l'ai déjà dit, que M. Gustave Flaubert a volontairement voilé dans *Madame Bovary* les hautes facultés lyriques et ironiques manifestées sans réserve dans *La Tentation*, et que cette dernière œuvre, chambre secrète de son esprit, reste évidemment la plus intéressante pour les poètes et les philosophes.

Peut-être aurai-je un autre jour le plaisir d'accomplir cette besogne.

LA DOUBLE VIE

PAR CHARLES ASSELINEAU[1]

Onze petites nouvelles se présentent sous ce titre général : *La Double Vie*. Le sens du titre se dévoile heureusement après la lecture de quelques-uns des morceaux qui composent cet élégant et éloquent volume. Il y a un chapitre de Buffon qui est intitulé : *Homo duplex*, dont je ne me rappelle plus au juste le contenu, mais dont le titre bref, mystérieux, gros de pensées, m'a toujours précipité dans la rêverie, et qui maintenant encore, au moment où je veux vous donner une idée de l'esprit qui anime l'ouvrage de M. Asselineau, se présente brusquement à ma mémoire, et la provoque, et la confronte comme une idée fixe. Qui parmi nous n'est pas un *homo duplex* ? Je veux parler de ceux dont l'esprit a été dès l'enfance *touched with pensiveness* ; toujours double, action et intention, rêve et réalité ; toujours l'un nuisant à l'autre, l'un usurpant la part de l'autre. Ceux-ci font de lointains voyages au coin d'un foyer dont ils méconnaissent la douceur ; et ceux-là, ingrats envers les aventures dont la Providence leur fait don, caressent le rêve d'une vie casanière, enfermée dans un espace de quelques mètres. L'intention laissée en route, le rêve oublié dans une auberge, le projet barré par l'obstacle, le malheur et l'infirmité jaillissant du succès comme les plantes vénéneuses d'une terre grasse et négligée, le regret mêlé d'ironie, le regard jeté en arrière comme celui d'un vagabond qui se recueille un instant, l'incessant mécanisme de la vie terrestre, taquinant et déchirant à chaque minute l'étoffe de la vie idéale : tels sont les principaux éléments de ce livre exquis qui, par son abandon, son négligé de bonne compagnie et sa sincérité suggestive, participe du monologue et de la lettre intime confiée à la boîte pour les contrées lointaines.

La plupart des morceaux qui en composent le total sont des échantillons du malheur humain mis en regard des bonheurs de la rêverie.

Ainsi *Le Cabaret des Sabliers*, où deux jeunes gens vont régulièrement à quelques lieues de la ville pour se consoler des chagrins et des soucis qui la leur rendent intolérable, oubliant sur le paysage horizontal des rivières la vie

tumultueuse des rues et l'angoisse confinée dans un domicile dévasté; ainsi *L'Auberge* : un voyageur, un lettré, inspirant à son hôtesse une sympathie assez vive pour que celle-ci lui offre sa fille en mariage, et puis retournant brusquement vers le cercle où l'enferme sa fatalité. Le voyageur lettré a poussé d'abord, à cette offre généreuse et naïve, un éclat de rire inhumain, qui certes aurait scandalisé le bon Jean-Paul, toujours si angélique quoique si moqueur. Mais je présume bien que, remis dans sa route ou dans sa routine, le voyageur pensif et philosophe aura cuvé son mauvais rire et se sera dit, avec un peu de remords, un peu de regret et le soupir indolent du scepticisme, toujours tempéré d'un léger sourire : « Après tout, la brave aubergiste avait peut-être raison; les éléments du bonheur humain sont moins nombreux et plus simples que ne l'enseignent le monde et sa doctrine perverse.» — Ainsi *Les Promesses de Timothée,* abominable lutte du prometteur et de la dupe; le prometteur, ce voleur d'une espèce particulière, y est fort convenablement flétri, je vous jure, et je sais beaucoup de gré à M. Asselineau de nous montrer à la fin sa dupe sauvée et réconciliée à la vie par un homme de mauvaise réputation. Il en est souvent ainsi, et le *Deus ex machina* des dénouements heureux est, plus souvent qu'on ne veut le reconnaître, un de ceux que le monde appelle des mauvais sujets, ou même des chenapans. *Mon cousin Don Quixote* est un morceau des plus remarquables et bien fait pour mettre en lumière les deux grandes qualités de l'auteur, qui sont le sentiment du beau moral et l'ironie qui naît du spectacle de l'injustice et de la sottise. Ce *cousin,* dont la tête bouillonne de projets d'éducation, de bonheur universel, dont le sang toujours jeune est allumé par un enthousiasme dévorant pour les Hellènes, ce despote de l'héroïsme qui veut mouler et moule sa famille à son image, est plus qu'intéressant; il est touchant; il enlève l'âme en lui faisant honte de sa lâcheté journalière. L'absence de niveau entre ce nouveau Don Quichotte et l'âme du siècle produit un effet certain de comique attendrissant, quoique, à vrai dire, le rire provoqué par une infirmité sublime soit presque la condamnation du rieur, et le Sancho universel, dont le maniaque magnanime est entouré, n'excite pas moins de mépris que le Sancho du roman. — Plus d'une vieille femme lira avec sourire, et peut-être avec larmes, *Le Roman d'une dévote,* un amour de quinze ans, sans confidente, sans confidence, sans action, et toujours ignoré de celui qui en est l'objet, un pur monologue mental.

Le Mensonge représente sous une forme à la fois subtile et naturelle la préoccupation générale du livre, qui pourrait s'appeler : *De l'art d'échapper à la vie journalière.* Les seigneurs turcs commandent quelquefois à nos peintres des décors représentant des appartements ornés de meubles somptueux, et s'ouvrant sur des horizons fictifs. On expédie ainsi à ces singuliers rêveurs un magnifique salon sur toile, roulé comme un tableau ou une carte géographique. Ainsi fait le héros de *Mensonge* et c'est un héros bien moins rare qu'on le pourrait croire. Un mensonge perpétuel orne et habille sa vie. Il en résulte bien dans la pratique de la vie quotidienne quelques cahots et quelques accidents; mais il faut bien payer son bonheur. Un jour cependant, malgré tous les inconvénients de son délire volontaire et systématique, le bonheur, le vrai bonheur, s'offre à lui, voulant être accepté et ne se faisant pas prier; cependant il faudrait, pour le mériter, satisfaire à une toute petite condition, c'est-à-dire avouer un mensonge. Démolir une fiction, se démentir, détruire un échafaudage idéal, même au prix d'un bonheur positif, c'est un sacrifice impossible pour notre rêveur! Il restera pauvre et seul, mais fidèle à lui-

même, et s'obstinera à tirer de son cerveau toute la décoration de sa vie. Un grand talent dans M. Asselineau, c'est de bien comprendre et de bien rendre la légitimité de l'absurde et de l'invraisemblable. Il saisit et il décalque, quelquefois avec une fidélité rigoureuse, les étranges raisonnements du rêve. Dans des passages de cette nature, sa façon sans façon, procès-verbal cru et net, atteint un grand effet poétique. Je citerai pour exemple quelques lignes tirées d'une petite nouvelle tout à fait singulière, *La Jambe*.

« Ce qu'il y a de surprenant dans la vie du rêve, ce n'est pas tant de se trouver transporté dans des régions fantastiques, où sont confondus tous les usages, contredites toutes les idées reçues ; où souvent même (ce qui est plus effrayant encore) l'impossible se mêle au réel. Ce qui me frappe encore bien davantage, c'est l'assentiment donné à ces contradictions, la facilité avec laquelle les plus monstrueux paralogismes sont acceptés comme choses toutes naturelles, de façon à faire croire à des facultés ou à des notions d'un ordre particulier, et étrangères à notre monde.

« Je rêve un jour que j'assiste dans la grande allée des Tuileries, au milieu d'une foule compacte, à l'exécution d'un général. Un silence respectueux et solennel règne dans l'assistance.

« Le général est apporté dans une malle. Il en sort bientôt, en grand uniforme, tête nue, et psalmodiant à voix basse un chant funèbre.

« Tout à coup un cheval de guerre, sellé et caparaçonné, est aperçu caracolant sur la terrasse à droite, du côté de la place Louis XV.

« Un gendarme s'approche du condamné et lui remet respectueusement un fusil tout armé : le général ajuste, tire, et le cheval tombe.

« Et la foule s'écoule, et moi-même je me retire, intérieurement bien convaincu que *c'était l'usage, lorsqu'un général était condamné à mort, que si son cheval venait à paraître sur le lieu de l'exécution et qu'il le tuât, le général était sauvé.* »

Hoffmann n'eût pas mieux défini, dans sa manière courante, la situation anormale d'un esprit.

Les deux morceaux principaux, *La Seconde Vie* et *L'Enfer du musicien*, sont fidèles à la pensée mère du volume. Croire que *vouloir, c'est pouvoir*, prendre au pied de la lettre l'hyperbole du proverbe, entraîne un rêveur, de déception en déception, jusqu'au suicide. Par une grâce spéciale d'outre-tombe, toutes les facultés, si ardemment enviées et voulues, lui sont accordées d'un seul coup, et, armé de tout le génie octroyé dans cette seconde naissance, il retourne sur la terre. Une seule douleur, un seul obstacle, n'avaient pas été prévus, qui lui rendent bientôt l'existence impossible et le contraignent à chercher de nouveau son refuge dans la mort : c'est tous les inconvénients, toutes les incommodités, tous les malentendus, résultant de la disproportion créée désormais entre lui et le monde terrestre. L'équilibre et l'équation sont détruits, et, comme un Ovide trop savant pour son ancienne patrie, il peut dire :

Barbarus hic ego sum, quia non intelligor illis. [1]

L'Enfer du musicien représente ce cas d'hallucination formidable où se trouverait un compositeur condamné à entendre simultanément toutes ses compositions exécutées, bien ou mal, sur tous les pianos du globe. Il fuit de ville en ville, poursuivant toujours le sommeil comme une terre promise, jusqu'à ce que, fou de désespoir, il passe dans l'autre hémisphère, où la nuit, occupant la place du jour, lui donne enfin quelque répit. Dans cette terre

lointaine il a d'ailleurs trouvé l'amour, qui, comme une médecine énergique, remet chaque faculté à son rang, et pacifie tous ses organes troublés. « Le péché d'orgueil a été racheté par l'amour. » L'analyse d'un livre est toujours une armature sans chair. Cependant, à un lecteur intelligent, cette analyse peut suffire pour lui faire deviner l'esprit de recherche qui anime le travail de M. Asselineau. On a souvent répété : *Le style, c'est l'homme ;* mais ne pourrait-on pas dire avec une égale justesse : *Le choix des sujets, c'est l'homme ?* De la chair du livre, je puis dire qu'elle est bonne, douce, élastique au toucher ; mais l'âme intérieure est surtout ce qui mérite d'être étudié. Ce charmant petit livre, personnel, excessivement personnel, est comme un monologue d'hiver, murmuré par l'auteur, les pieds sur les chenets. Il a tous les charmes du monologue, l'air de confidence, la sincérité de la confidence, et jusqu'à cette négligence féminine qui fait partie de la sincérité. Affirmerez-vous que vous aimez toujours, que vous adorez sans répit ces livres dont la pensée, tendue à outrance, fait craindre à tout moment au lecteur qu'elle ne se rompe, et le remplit, pour ainsi dire, d'une trépidation nerveuse ? Celui-ci veut être lu comme il a été fait, en robe de chambre et les pieds sur les chenets. Heureux l'auteur qui ne craint pas de se montrer en négligé ! Et malgré l'humiliation éternelle que l'homme éprouve à se sentir confessé, heureux le lecteur pensif, l'*homo duplex*, qui, sachant reconnaître dans l'auteur son miroir, ne craint pas de s'écrier : *Thou art the man !* Voilà mon confesseur !

ANNOTATIONS À LA PRÉFACE DE « LA DOUBLE VIE » [1]

|Dédicace à Édouard Gardet|

Mon cher ami ce petit livre ne pouvait être dédié qu'à vous. Non pas qu'il vaille mieux qu'un autre, au contraire, mais parce que pour vous du moins il aura [...] l'intérêt du souvenir [...].
Qu'il soit le témoignage...
Juillet 1858

Charles A.

Pendant assez longtemps je m'étais fait une fête de mettre une préface en tête de ce volume.
Non pour en démontrer l'excellence ; je sais tout ce qui lui manque ; mais parce que, dans ce temps de Revues et de Journaux, et par le féodalisme régnant des Rédacteurs en chef et des Directeurs-gérants, l'occasion est devenue assez rare de dire nettement et complètement sa pensée pour qu'on n'hésite pas devant le ridicule qu'il peut y avoir à écrire ce mot pompeux de Préface en tête d'un livre d'aussi peu d'importance que celui-ci.
[L'auteur ne se promet pas, de la réimpression de ses nouvelles, beaucoup de gloire, mais il voit dans sa préface l'occasion d'exprimer librement quelques vérités.]
Certes, si jamais il y eut une génération littéraire privilégiée, ç'a été la génération de 1830. Applaudissements des femmes.

Car, au contraire, il vaut moins qu'un autre, — voilà le sous-entendu. Et vous croyez que c'est français ? Incidente, parenthèse, ellipse une fois à la fois.
Singulière signature. Signez C. A. Ou tout votre nom.
J'ai corrigé passablement de fautes d'impression.

Y avoir, livre d'importance ! et généralement toute la phrase, affreusement embourbée.

Vous lui enviez tout ce qu'elle a eu, et surtout ce

amitié des princes, elle a eu tout ; mais surtout, et c'est ce que je lui envie plus que tout le reste, elle n'a pas eu la Revue ni le Journal : elle a eu le Livre : et le livre, c'est la liberté. *[Éloge du libraire qui laisse à l'auteur la responsabilité de sa pensée.]* Le rédacteur en chef, un éditeur aussi pourtant, et qui n'est pas toujours beaucoup plus lettré que le premier, est beaucoup moins modeste ou beaucoup moins accommodant. [...] il veut que vous pensiez comme lui, pas plus que lui et pas autrement. *[Il ne voit que l'esprit, les intérêts, le public, les doctrines, le succès de son organe... Encore s'il avait des principes ou des idées nettes, un programme... Mais.../* Son esthétique, comme sa morale, est un composé compliqué et dédalien d'une foule de petites nuances qu'il vous faut deviner ou connaître par lambeaux et à vos dépens [...].

Vous voilà accueilli : votre article est sur le marbre. Vous vous croyez en règle pour n'avoir contrevenu ni aux lois ni aux bonnes mœurs ; pour n'avoir violé ni le bon sens ni la grammaire [...]. Non [...]. Au bout d'une heure de consultation, le rédacteur en chef vous apparaît tel qu'un Pontchartrain compliqué d'un Vaugelas et d'une femme à vapeurs [...] c'est un despote doublé d'un lettré, un Richelieu, auteur d'une *Mirame*, qui dispute avec vous avec une compagnie d'arbalétriers dans son antichambre. *[Chicanes que le rédacteur en chef cherche à ses auteurs : ceci devait être résumé, et cela développé ; le dénouement est trop brusque ; etc.]* — Et puis êtes-vous bien sûr que telle expression est française ? l'avez-vous rencontrée dans les classiques ? — Je l'ai lue dans Bossuet. — Oh ! Bossuet ! C'est un orateur, Bossuet, et l'on sait ce qu'ils se permettent ! — Je l'ai vue dans Corneille. — Oh ! Corneille !... la correction de Corneille ! [...].

Êtes-vous poète ? On vous fera observer que le cinquième vers de la troisième strophe est un peu dur [...] ; on vous demandera — dans votre intérêt ! — la suppression de certains mots un peu risqués, [...] ; on vous priera de remanier tel passage — *inégal* [...]. J'ai entendu dans un bureau d'imprimerie le dialogue suivant entre le directeur d'un recueil des plus accrédités [...] et un poète célèbre : — Ne trouvez-vous pas, monsieur, que ce vers est un peu faible ? — Oui, monsieur, répondait le poète en se mordant la lèvre ; et le vers suivant aussi est faible, mais ils sont là pour amener celui d'après, qui n'est pas faible du tout. — Je ne dis pas non, monsieur ; mais il vaudrait bien mieux qu'ils fussent tous les trois d'égale force. — Non, monsieur, répondait le poète, en colère cette fois, car alors où serait la gradation ? C'est un art, monsieur, un art que j'ai mis vingt ans à apprendre [...] — Ô poète, sois inspiré, sois savant du nombre et de la rime [...], aies de l'imagination, aies de l'esprit [...], voilà où il en faudra venir, voilà par quelle école il te faudra finalement passer ! [...]

Enfin, vous êtes critique ? Oh ! alors c'est bien pis ! [car] le critique qui vit sur l'actualité [...] ne peut reprendre son manuscrit que pour le détruire. Il faut qu'il paraisse à son heure, en son lieu, ou qu'il le tue. *[Tribulations du critique. A-t-il eu assez égard aux principes, aux amitiés, aux réserves traditionnelles de la Revue ?]*

— Vous avez eu le malheur de louer M. X... ; mais on sait que vous êtes son ami, vous êtes suspect, l'éloge ne passera pas ! En vain protestez-vous [...] que votre amitié pour M. X... est bien plutôt une sympathie d'idées, qu'une sympathie de personnes [...] n'est pas plus connue du public [...] que la haine de l'épicier du coin, pour l'épicier d'en face. — Vous êtes suspect ! l'éloge ne passera pas ! [...]

qu'elle n'a pas eu. Elle *a eu tout,* mais *surtout* elle *n'a pas eu...*
Pardon ! elle a eu la Revue.

beaucoup beaucoup beaucoup

Composé, compliqué. La composition *implique* la *complication.*

Laissez donc cette vieille locution du *marbre.*

Discute-t-il *avec* la compagnie d'arbalétriers ou *avec* vous ?

J'aimerais mieux savant *dans* le... et *dans* la... Est-ce que l'impératif nécessite l's dans le verbe avoir ?

Est-ce le critique qui doit *paraître* ou se tuer, ou le manuscrit ?

sympathie d'idées !

contre

Ne croyez pas que j'exagère ; j'abrège ridiculement. J'ai des amis (hélas !) pleins de talent et que la nécessité [...] rive à cette dure besogne de plaire sans cesse à ces shahabahams. Je connais leurs souffrances sans cesse renaissantes ; et rien que de leurs confidences je pourrais remplir tout un volume. Oui, sans cesse renaissantes ; car c'est là le plus beau : peut-être croiriez-vous à quelque initiation, à quelque épreuve maçonnique laquelle une fois subie, l'écrivain désormais constaté rentre dans le libre exercice de sa pensée ? point du tout. Aujourd'hui comme hier, demain comme aujourd'hui [...], il subira dans toute leur rigueur, pour un mot, pour une virgule, les exactions et le martyre [...] à moins que lié et relié, exténué par la discussion ou pris par la famine, il se résigne à ne plus faire que remplir des programmes et exécuter des plans...

[Où le rédacteur en chef, le directeur prend-il tant d'assurance ?] Il faut se croire pire que Pic de la Mirandole.

[Écoutons-le justifier sa tyrannie :]

« Il est vrai, dit-il, je ne suis ni romancier, ni poète, ni critique, ni historien, ni savant [...] mais j'ai fait les meilleurs romanciers, les meilleurs poètes [...] C'est à moi que Y a apporté ses premiers vers et je lui en ai supprimé la moitié : il est vrai qu'il a eu plus tard l'insolence de les rétablir... dans le volume, [...] vous connaissez Z (un imbécile généralement) et son dernier roman [...] ? Eh bien ! il l'a refait quatre fois POUR MOI [...]. » Ainsi venez à MOI ! [...] je vous formerai, je vous ferai ! Confiez-moi vos vers et votre prose : je vous en jetterai par terre la bonne moitié et [d'abord] cela vous fera peut-être quelque effet. Mais [...] vous vous y habituerez et en moins de quelques années vous serez tout étonné de vous trouver si souple et si parfait [...] et vous aurez l'honneur d'être un des écrivains accrédités de la *Revue du Zodiaque !...* »

[Ce sont les Revues et les feuilletons qui perdent les littérateurs d'aujourd'hui. Nous ne savons ni où nous allons, ni d'où nous venons... les écoles d'aujourd'hui s'appellent la Revue jaune, la Revue rose, la Revue verte, la Revue saumon. Les maîtres d'école sans brevets ont pris la place des chefs d'école... Ce n'est pas la faute du public ni des auteurs, plus nombreux que jamais.]

Il y aurait de quoi dépasser la liste de don Juan, si l'on voulait citer tous les noms qui, dans le roman, dans la nouvelle, dans la poésie [...] s'efforcent journellement de percer la croûte de l'indifférence publique. Mais que demander à des auteurs lassés par l'érudition [...] qui dans leurs œuvres même ont peine à se reconnaître ? Malheur à celui qui n'a pas soigneusement conservé son manuscrit primitif ! Après quelques années, il ne retrouvera plus dans son ouvrage ni sa pensée, ni la forme de sa pensée. Et c'est ce qui m'arrive aujourd'hui à moi-même en relisant ces malheureux contes que je consens à trouver détestables, mais qui peut-être ne seraient que mauvais si le pouce du grand sacrificateur n'y avait pas passé !

[L'auteur ne veut pas faire un manifeste, car...] il ne manquerait pas d'esprits charitables pour dire [...] que j'attache à ma faible personne assez d'importance pour l'envelopper dans un mouvement quelconque.

[D'ailleurs il n'y a plus même de coteries.]

Certes nous avons eu tort de nous tant moquer des *cénacles* et des *drapeaux tenus d'une main ferme.* Les associations d'esprits prouvent au moins que c'est sur le terrain de l'esprit qu'est la guerre [...].

[Michelet les préconisait : il disait aux jeunes gens de vivre avec leurs semblables, et si c'est aux lettres qu'ils se don-

— pourquoi *ridiculement ?*
— pourquoi *hélas ?*

Qu'est-ce qui est si beau ?

Où est le verbe auquel *laquelle* sert de sujet ?

lié et relié, désagréable. [ne plus faire que remplir] désagréable.

mieux

[dit-il], que [je ne suis]

Prenez une autre lettre que l'*Y.*

[généralement] presque toujours.

[ferai] italiques.
jeterai
jetterai ?

quelque

Qu'est-ce que Don Juan et les amourettes viennent faire ici ? bizarre comparaison.

enlever le *plus* et le *ni.*

il est *détestable* de dire cela, au moins de le dire si fort.

envelopper sa personne dans un mouvement !

naient, d'en tirer leur vie tout entière, leurs plaisirs comme leurs labeurs.] Telle était sa réponse aux jeunes désespérés d'alors, qui se plaignèrent de ne savoir où se prendre [...] De telles agrégations sont impossibles aujourd'hui sans doute ; et cela pour plusieurs raisons. J'ai dit la principale, le déplacement du lien transporté de l'ordre des idées dans le milieu des intérêts étrangers.

[Une autre raison : « l'adultère de la littérature avec les idées d'un autre ordre.» On s'est moqué de la doctrine de L'Art pour l'Art. C'est elle qui avait tout sauvé. Un poète qui a une plus haute idée de son art a aussi des pensées plus élevées. L'antagonisme de la forme et de la pensée en poésie, invention des cerveaux épais et des paresseux.]

Soyons justes : avant 1830 [...] les esprits du public d'alors étaient à l'état d'estomacs fatigués d'avoir trop longtemps digéré les mêmes drogues. Au théâtre toujours les mêmes formules [...] une poésie liquide, énervée, n'atteignant jamais à la rigueur de la prose [...].

[L'œuvre du Romantisme. Il a remonté aux saines traditions, rénové la langue, réveillé la curiosité, transporté le lecteur dans tous les pays du monde. Surtout l'école romantique a aimé l'art pour lui-même.]

Elle n'a jamais cru que le roman fût fait pour sauver la société ni qu'une pièce de théâtre pût prétendre d'autres récompenses que les bravos. [...]

Aujourd'hui, vue à distance, la littérature romantique apparaît comme un sommet splendide couronné d'une végétation touffue ; en deçà, une vallée, un trou et au fond de ce trou *l'école du bon sens* et le *Réalisme*, son puîné : la conspiration bourgeoise, la littérature pamphlet de morale, la littérature utile [...].

Il faut que la bourgeoisie perde cette illusion que la réaction littéraire de 1840 a été faite pour la défense du bon sens. Ceux même qui l'inaugurèrent avaient trop d'esprit pour ne pas comprendre qu'une école du Bon Sens n'est pas raisonnable et plus possible en littérature que par exemple une école de solidité en architecture ; il faut que l'écrivain ait du bon sens comme il faut que les monuments soient solides ; mais un monument qui n'aurait pour lui que la solidité pourrait être indifféremment une grange, ou même une guérite.

Le mot d'école du Bon Sens fut un euphémisme fort spirituellement trouvé pour déguiser à la bourgeoisie sa propre platitude et sa propre barbarie.

[L'école romantique s'était flattée d'avoir converti la bourgeoisie à sa doctrine. En réalité, elle avait bien rallié l'élite.]

Mais le reste, la masse du public, le *numerus*, le bourgois en un mot ne l'avait accepté que comme une mode [...] tyrannique. Par soumission [...] il s'était résigné à l'imitation des grands génies étrangers et aux accents mystiques de la *poésie de la mort ;* mais au fond tout cela le troublait et lui faisait peur.

[Et il se sentait visé :]

C'était lui, ce mari aveugle et ridicule que le même jeune homme amer et ravagé opprimait chaque jour sur la scène aux applaudissements des galeries : c'était lui l'époux faible et sans vertu, infidèle à l'époux, traître à l'amant qui le trainait, échevelée, jusqu'à la rampe, [...] lui, l'épicier, le garde national [...].

A la fin l'épicier devenu [...] pair de France [...] se fâcha.

C'est cette indisposition du bas public... si j'ose m'exprimer ainsi ! que les parrains de l'école du bon sens résolurent

Marginal notes:

[plaignèrent]/i ne savoir où se

Je n'aime pas un lien déplacé transporté d'un ordre dans un milieu d'intérêts.

Des esprits à l'état d'estomacs, cela veut dire que les esprits sont devenus des estomacs... Fatigués d'avoir trop longtemps digéré. — Remarquez bien que le mot *liquidus* ne peut être qu'un éloge appliqué à la poésie.

sommet splendide couronné.

Qu'importe que la Bourgeoisie garde ou perde une illusion ?

En passant, voici l'histoire du mot. Je causais avec Saint-Alme d'un ouvrage de ce genre, et je dis : faut-il être bête pour croire qu'on fait une comédie avec du bon sens ! Saint-Alme se tordit de joie. Il trouva ma folie si grande qu'il fit de notre conversation une nouvelle à la main. Par Viard, Champfleury, etc., qui adoptèrent le mot, le mot est resté.

Je n'aime pas ce *numerus*. Je crois même que *numerus* veut dire un nombre déterminé, et vous voulez exprimer l'idée d'une foule, nombre indéterminé.

C'est vraiment bien désagréable : *c'était lui, l'épouse.* J'aimerais mieux : c'était son épouse, celle-là qui...

Pourquoi ces points de suspension ?

d'exploiter à leur profit. Ils tâtèrent le pouls à ce brave M. Prudhomme ; ils diagnostiquèrent un à un ses griefs et, par une transmutation hardie, ils en firent autant de fleurs dont ils lui tressèrent des couronnes : — Il ne voulait plus d'Antony le bâtard, donc il était généreux [...] /ni/ de Chatterton le suicide, donc il était vaillant ; /ni/ de Lucrèce Borgia, l'adultère, donc il était vertueux ; /ni/ de Joseph Delorme le poitrinaire, donc il était fort ! On lui cria, comme les Esprits de Swedenborg : Oh ! qu'ils sont sages ! Oh ! qu'ils sont sages ! On lui servit en nœuds ou guirlandes, en confitures les joies du foyer et les douceurs de la propriété champêtre. La plaisanterie fut poussée si loin, qu'un jeune dramaturge [...] osa décerner en plein Théâtre-Français l'épithète de poète à un avocat économe qui attend pour avoir des enfants que la dot soit placée chez le notaire.

À ce coup, M. Prudhomme [...] battit des mains et porta l'École du bon sens à l'Académie.

L'insurrection romantique avait été faite au nom de l'art : la réaction de 1840 se fit au nom du succès. Ce fut la revanche du Bourgeois sur le Rapin ; dès lors, il ne pouvait plus être question d'art.

Et voilà pourquoi l'école du bon sens, même vêtue de toute sa gloire comme Salomon, se hasarda jamais à faire ni préface ni manifeste : il eût été trop dangereux de laisser passer le bout de l'oreille.

/À l'heure présente, le vrai public se réveille ; il redemande ce qu'il lui a toujours fallu : de l'art, des idées, des vers.../ Le brouillard du marais bourgeois est tombé, et sur le sommet de la montagne, c'est toujours La Comédie humaine, Les Orientales, Stello, Volupté, La Comédie de la mort.

Sur le versant de la vallée, celui vers lequel nous marchons, qui y aura-t-il ? Que je le sache, ou non, je ne le dirai pas. Dieu m'a fait ce bonheur de me donner des amis illustres qui le sont ou qui le seront : je ne veux pas charger leur avenir du poids de mon infériorité.

Quoi qu'il en soit [...] on sait maintenant par une expérience de trente ans qu'une littérature qui veut vivre doit être avant tout, exclusivement. — littérature ; que toute littérature qui prend son idéal en dehors de l'art, qui se fait la servante, soit de la politique, soit d'une doctrine quelconque, philosophique, religieuse ou morale, est une littérature périssable et suicide.

L'école du bon sens qui certes ni par ses œuvres, ni par sa durée, n'a acquis une grande importance littéraire, a au moins cette importance comme fait démonstratif qu'on aura vu une littérature périr, pour s'être inquiétée d'être vertueuse avant que de s'occuper d'être une littérature. [...] elle s'appuyait sur les deux sentiments les plus antipoétiques et les moins élevés de la nature humaine, l'hypocrisie et la peur. Dès lors ni les encouragements ministériels, ni les prix de vertu, ni cet engouement qui suit les réactions, rien n'y a fait, elle est tombée. Elle est tombée, parce qu'au lieu de prouver cette vertu en faisant bien, elle a cru qu'en faisant le bien, elle prouverait son génie. Faire le bien est le domaine de la morale : bien faire est la mission de l'artiste.

/Les jeunes écrivains qui, dans ces dernières années, ont essayé de rendre la liberté de l'art solidaire de l'idée du progrès dans l'économie sociale n'ont pas été et ne pouvaient être plus heureux. Ils n'ont satisfait ni les poètes ni les économistes. Les arts n'ont plus à propager des idées./

Du jour où les hommes eurent trouvé un moyen direct et expéditif de se communiquer leurs pensées, les arts ont été

Notes marginales :

Comme aux esprits de Swedenborg : Oh ! qu'il est sage ! |ou| en/ La phrase suivante, les joies du foyer servies en nœuds, guirlandes et confitures, inintelligible.

|comme Salomon| ne |se hasarda| à |jamais faire| une |préface| ou un |manifeste|.

|Asselineau :| peut-on dire le versant d'une vallée ? — |Réponse de Baudelaire.| Non. qui y des amis illustres qui le sont. Sont quoi ? modestie ignoble.

phrase mai faite.

n'a pu les sauver.

dépossédés de toute mission d'enseignement, soit religieuse,
soit philosophique. Le livre étant inventé, il sera toujours plus
facile et plus tôt fait de lire un petit volume tel que le
catéchisme ou le *Discours sur l'histoire universelle,* de
Bossuet, que de déchiffrer les sculptures d'un portail ou
d'analyser les trente cartons de Chenavart. Dès ce jour-là, il y
eut divorce entre l'art et la philosophie dogmatique. Ou, pour
mieux dire, l'art fut émancipé. C'est la conséquence capitale
de l'imprimerie d'avoir remis tout en place et d'avoir si bien
limité le domaine de chaque art qu'il ne puisse plus en sortir et
envahir celui de l'art voisin qu'à la condition de se suicider. [...]
 Ne demandons pas au roman d'être un pamphlet, ni à la
poésie lyrique d'être un article de journal.
 *[On ne prétend pas que l'artiste s'isole des passions et des
intérêts moraux de son temps. Son âme aussi bien se traduira
toujours dans son œuvre :]*
 Est-ce qu'on n'a pas depuis longtemps déduit les doctrines
politiques, religieuses et sociales de Balzac qui, cependant, n'a
jamais prétendu faire autre chose que des romans ? Est-ce que
tout lecteur intelligent ne sait pas à quoi s'en tenir, non
seulement sur l'esthétique, mais sur les idées morales de
M. Théophile Gautier, le plus désintéressé comme le plus
grand des poètes contemporains ?
 *[Mais ce qu'il faut proscrire, comme mauvais, faux, pervers,
c'est l'intention préméditée de faire servir l'art à exprimer des
idées qui ne sont point de son domaine. Y céder est d'ailleurs
dangereux, car]* l'art a ses entraînements qui parfois font
pencher la pensée de l'enseignant. N'avons-nous pas vu
M. Veuillot, le grand ennemi de l'esthétique essayer dans un
accès de logique « s'il ne serait pas possible de composer un
roman avec des personnages, des sentiments et un langage
chrétiens » ? Il n'a réussi qu'à faire un bréviaire de séduction
que je conseille aux pères de famille de ne point laisser traîner
sous les yeux de leurs filles ; car ce qu'elles en retireraient de
plus clair, c'est la doctrine de la *Femme libre.*
 L'école romantique a pratiqué ces idées : elle n'a jamais eu
souci que de faire les vers les mieux possible, et de réaliser en
toute liberté et en toute franchise des conceptions purement
littéraires.
 Sa génération actuelle paraît y retourner.
 C'est de bon augure.
 Et après tout, [...] il ne me semble pas qu'une génération qui
a déjà donné, dans la poésie, Théodore de Banville, Charles
Baudelaire, Leconte de l'Isle *[sic]*, Philoxène Boyer ; qui dans
le roman, dans la critique et dans l'érudition a produit des esprits
brillants, subtils, des talents sérieux ; qui nous a donné les
charmants contes de M. Hippolyte Babou, les élégants récits
de M. Jules de La Madelène, les fortes et franches études de
Gustave Flaubert et même les beaux romans de ce cruel
Barbey d'Aurevilly, qui gaspille dans des journaux sans
critique un talent de premier ordre ; il ne semble pas, dis-je,
qu'une telle génération soit destinée d'avenir littéraire, ni
indigne d'intérêt.

Quand la borne est franchie, il n'est plus de limite,

a dit M. Ponsard dans un vers qui, comme toutes les bonnes
vérités, mérite de passer proverbe.
 J'ai dépassé la borne évidemment...
 Je rentrerai sur mon terrain...
 Ce serait vraiment me faire injure que de supposer qu'en

[Chenavart] d/

la ou sa ?

Inutile et commun, transi-
tion grossière, uniquement
pour le plaisir de citer un vers
stupide.

Trop d'alinéas.

traitant ces hautes questions, j'ai pensé aux Nouvelles qui suivent.

Mes pauvres nouvelles !

[L'auteur termine sa préface en demandant à être excusé de leur insignifiance.]

26 juillet 1858.

THÉOPHILE GAUTIER [1]

> Quoique nous n'ayons donné à boire à aucune vieille, nous sommes dans la position de la jeune fille de Perrault ; nous ne pouvons ouvrir la bouche sans qu'il en tombe aussitôt des pièces d'or, des diamants, des rubis et des perles ; nous voudrions bien de temps en temps vomir un crapaud, une couleuvre et une souris rouge, ne fût-ce que pour varier ; mais cela n'est pas en notre pouvoir.
>
> THÉOPHILE GAUTIER, *Caprices et Zigzags.*

I

Je ne connais pas de sentiment plus embarrassant que l'admiration. Par la difficulté de s'exprimer convenablement, elle ressemble à l'amour. Où trouver des expressions assez fortement colorées, ou nuancées d'une manière assez délicate, pour répondre aux nécessités d'un sentiment exquis ? *Le respect humain est un fléau dans tous les ordres de choses,* dit un livre de philosophie qui se trouve par hasard sous mes yeux ; mais qu'on ne croie pas que l'ignoble respect humain soit l'origine de mon embarras : cette perplexité n'a d'autre source que la crainte de ne pas parler de mon sujet d'une manière suffisamment noble.

Il y a des biographies faciles à écrire ; celles, par exemple, des hommes dont la vie fourmille d'événements et d'aventures ; là, nous n'aurions qu'à enregistrer et à classer des faits avec leurs dates ; — mais ici, rien de cette variété matérielle qui réduit la tâche de l'écrivain à celle d'un compilateur. Rien qu'une immensité spirituelle ! La biographie d'un homme dont les aventures les plus dramatiques se jouent silencieusement sous la coupole de son cerveau, est un travail littéraire d'un ordre tout différent. Tel astre est né avec telles fonctions, et tel homme aussi. Chacun accomplit magnifiquement et humblement son rôle de prédestiné. Qui pourrait concevoir une biographie du soleil ? C'est une histoire qui, depuis que l'astre a donné signe de vie, est pleine de monotonie, de lumière et de grandeur.

Puisque je n'ai, en somme, qu'à écrire l'histoire d'une *idée fixe,* laquelle je saurai d'ailleurs définir et analyser, il importerait bien peu, à la rigueur, que j'apprisse ou que je n'apprisse pas à mes lecteurs que Théophile Gautier est né à Tarbes, en 1811. Depuis de longues années j'ai le bonheur d'être son ami, et j'ignore complètement s'il a dès l'enfance révélé ses futurs talents par des succès de collège, par ces couronnes puériles que souvent ne savent pas conquérir les *enfants sublimes,* et qu'en tout cas ils sont obligés de partager avec une foule de hideux niais, marqués par la fatalité. De ces petitesses, je ne sais absolument rien. Théophile Gautier lui-même n'en sait plus rien peut-être, et si par hasard il s'en souvient, je suis bien sûr qu'il ne lui serait pas

agréable de voir remuer ce fatras de lycéen. Il n'y a pas d'homme qui pousse plus loin que lui la pudeur majestueuse du vrai homme de lettres, et qui ait plus horreur d'étaler tout ce qui n'est pas fait, préparé et mûri pour le public, pour l'édification des âmes amoureuses du Beau. N'attendez jamais de lui des *mémoires*, non plus que des *confidences*, non plus que des *souvenirs*, ni rien de ce qui n'est pas la sublime fonction.

Il est une considération qui augmente la joie que j'éprouve à rendre compte d'une *idée fixe*, c'est de parler enfin, et tout à mon aise, d'un homme *inconnu*. Tous ceux qui ont médité sur les méprises de l'histoire ou sur ses justices tardives, comprendront ce que signifie le mot *inconnu*, appliqué à Théophile Gautier. Il remplit, depuis bien des années, Paris et la province du bruit de ses feuilletons, c'est vrai ; il est incontestable que maint lecteur, curieux de toutes les choses littéraires, attend impatiemment son jugement sur les ouvrages dramatiques de la dernière semaine ; encore plus incontestable que ses comptes rendus des *Salons*, si calmes, si pleins de candeur et de majesté, sont des oracles pour tous les exilés qui ne peuvent juger et sentir par leurs propres yeux. Pour tous ces publics divers, Théophile Gautier est un critique incomparable et indispensable ; et cependant il reste un homme *inconnu*. Je veux expliquer ma pensée.

Je vous suppose *interné* dans un salon *bourgeois* et prenant le café, après dîner, avec le *maître* de la maison, la *dame* de la maison et ses *demoiselles*. Détestable et risible argot auquel la plume devrait se soustraire, comme l'écrivain s'abstenir de ces énervantes fréquentations ! Bientôt on causera musique, peinture peut-être, mais littérature infailliblement. Théophile Gautier à son tour sera mis sur le tapis ; mais, après les couronnes banales qui lui seront décernées (« qu'il a d'esprit ! qu'il est amusant ! qu'il écrit bien, et que son *style est coulant !* » — le prix de *style coulant* est donné indistinctement à tous les écrivains connus, l'eau claire étant probablement le symbole le plus clair de beauté pour les gens qui ne font pas profession de méditer), si vous vous avisez de faire remarquer que l'on omet son mérite principal, son incontestable et plus éblouissant mérite, enfin qu'on oublie de dire qu'il est un grand poète, vous verrez un vif étonnement se peindre sur tous les visages. « Sans aucun doute, il a le style très poétique », dira le plus subtil de la bande, ignorant qu'il s'agit de rythmes et de rimes. Tout ce monde-là a lu le feuilleton du lundi, mais personne, depuis tant d'années, n'a trouvé d'argent ni de loisir pour *Albertus*, *La Comédie de la Mort* et *Espagna*. Cela est bien dur à avouer pour un Français, et si je ne parlais pas d'un écrivain placé assez haut pour assister tranquillement à toutes les injustices, j'aurais, je crois, préféré cacher cette infirmité de notre public. Mais cela est ainsi. Les éditions se sont cependant multipliées, facilement écoulées. Où sont-elles allées ? dans quelles armoires se sont enfouis ces admirables échantillons de la plus pure Beauté française ? Je l'ignore : sans doute dans quelque région mystérieuse située bien loin du faubourg Saint-Germain ou de la Chaussée-d'Antin, pour parler comme la géographie de MM. les *Chroniqueurs*. Je sais bien qu'il n'est pas un homme de lettres, pas un artiste un peu rêveur, dont la mémoire ne soit meublée et parée de ces merveilles ; mais les gens du monde, ceux-là mêmes qui se sont enivrés ou ont feint de s'enivrer avec les *Méditations* et les *Harmonies*, ignorent ce nouveau trésor de jouissance et de beauté.

J'ai dit que c'était là un aveu bien cuisant pour un cœur français ; mais il ne suffit pas de constater un fait, il faut tâcher de l'expliquer. Il est vrai que

Lamartine et Victor Hugo ont joui plus longtemps d'un public plus curieux des jeux de la Muse que celui qui allait s'engourdissant déjà à l'époque où Théophile Gautier devenait définitivement un homme célèbre. Depuis lors, ce public a diminué graduellement la part légitime de temps consacrée aux plaisirs de l'esprit. Mais ce ne serait là qu'une explication insuffisante; car, pour laisser de côté le poète qui fait le sujet de cette étude, je m'aperçois que le public n'a glané avec soin dans les œuvres des poètes que les parties qui étaient *illustrées* (ou souillées) par une espèce de vignette politique, un condiment approprié à la nature de ses passions actuelles. Il a su l'*Ode à la Colonne*, l'*Ode à l'Arc de Triomphe*, mais il ignore les parties mystérieuses, ombreuses, les plus charmantes de Victor Hugo. Il a souvent récité les *ïambes* d'Auguste Barbier sur les Journées de Juillet, mais il n'a pas, avec le poète, versé son *pianto* sur l'Italie désolée, et il ne l'a pas suivi dans son voyage chez le *Lazare* du Nord.

Or, le condiment que Théophile Gautier jette dans ses œuvres, qui, pour les amateurs de l'art, est du choix le plus exquis et du sel le plus ardent, n'a que peu ou point d'action sur le palais de la foule. Pour devenir tout à fait populaire, ne faut-il pas consentir à mériter de l'être, c'est-à-dire ne faut-il pas, par un petit côté secret, un presque rien qui fait tache, se montrer un peu populacier? En littérature comme en morale, il y a danger, autant que gloire, à être délicat. L'aristocratie nous isole.

J'avouerai franchement que je ne suis pas de ceux qui voient là un mal bien regrettable, et que j'ai peut-être poussé trop loin la mauvaise humeur contre de pauvres *philistins*. Récriminer, faire de l'opposition, et même réclamer la justice, n'est-ce pas s'*emphilistiner* quelque peu? On oublie à chaque instant qu'injurier une foule, c'est s'encanailler soi-même. Placés très haut, toute fatalité nous apparaît comme justice. Saluons donc, au contraire, avec tout le respect et l'enthousiasme qu'elle mérite, cette aristocratie qui fait solitude autour d'elle. Nous voyons d'ailleurs que telle faculté est plus ou moins estimée selon le siècle, et qu'il y a dans le cours des âges place pour de splendides revanches. On peut tout attendre de la bizarrerie humaine, même l'équité, bien qu'il soit vrai de dire que l'injustice lui est infiniment plus naturelle. Un écrivain politique ne disait-il pas l'autre jour que Théophile Gautier est une *réputation surfaite*!

II

Ma première entrevue avec cet écrivain, — que l'univers nous enviera, comme il nous envie Chateaubriand, Victor Hugo et Balzac, — est actuellement devant ma mémoire. Je m'étais présenté chez lui pour lui offrir un petit volume de vers de la part de deux amis absents. Je le trouvai, non pas aussi prestant qu'aujourd'hui, mais déjà majestueux, à l'aise et gracieux dans des vêtements flottants. Ce qui me frappa d'abord dans son accueil, ce fut l'absence totale de cette sécheresse, si pardonnable d'ailleurs, chez tous les hommes accoutumés par position à craindre les visiteurs. Pour caractériser cet abord, je me servirais volontiers du mot bonhomie, s'il n'était pas bien trivial; il ne pourrait servir dans ce cas qu'assaisonné et relevé, selon la recette racinienne, d'un bel adjectif tel que *asiatique* ou *oriental,* pour rendre un genre d'humeur tout à la fois simple, digne et moelleuse. Quant à la conversation (chose solennelle qu'une première conversation avec un homme illustre qui vous dépasse encore plus par le talent que par l'âge!), elle s'est également bien

moulée dans le fond de mon esprit. Quand il me vit un volume de poésies à la main, sa noble figure s'illumina d'un joli sourire ; il tendit le bras avec une sorte d'avidité enfantine ; car c'est chose curieuse combien cet homme, qui sait tout exprimer et qui a plus que tout autre le droit d'être blasé, a la curiosité facile et darde vivement son regard sur le *non-moi* Après avoir rapidement feuilleté le volume, il me fit remarquer que les poètes en question se permettaient trop souvent des sonnets *libertins,* c'est-à-dire non orthodoxes et s'affranchissant volontiers de la règle de la quadruple rime. Il me demanda ensuite, avec un œil curieusement méfiant, et comme pour m'éprouver, si j'aimais à lire des dictionnaires. Il me dit cela d'ailleurs comme il dit toute chose, fort tranquillement, et du ton qu'un autre aurait pris pour s'informer si je préférais la lecture des voyages à celle des romans. Par bonheur, j'avais été pris très jeune de lexicomanie, et je vis que ma réponse me gagnait de l'estime. Ce fut justement à propos des dictionnaires qu'il ajouta « *que l'écrivain qui ne savait pas tout dire,* celui qu'une idée si étrange, si subtile qu'on la supposât, si imprévue, tombant comme une pierre de la lune, *prenait au dépourvu et sans matériel pour lui donner corps, n'était pas un écrivain* ». Nous causâmes ensuite de l'hygiène, des ménagements que l'homme de lettres doit à son corps et de sa sobriété obligée. Bien que pour illustrer la matière il ait tiré, je crois, quelques comparaisons de la vie des danseuses et des chevaux de course, la méthode dont il traita son thème (de la sobriété, comme preuve du respect dû à l'art et aux facultés poétiques) me fit penser à ce que disent les livres de piété sur la nécessité de respecter notre corps comme temple de Dieu. Nous nous entretînmes également de la grande fatuité du siècle et de la folie du progrès. J'ai retrouvé dans des livres qu'il a publiés depuis lors quelques-unes des formules qui servaient à résumer ses opinions ; par exemple, celle-ci : « Il est trois choses qu'un civilisé ne saura jamais créer : un vase, une arme, un harnais. » Il va sans dire qu'il s'agit ici de beauté et non d'utilité. — Je lui parlai vivement de la puissance étonnante qu'il avait montrée dans le bouffon et le grotesque ; mais à ce compliment il répliqua avec candeur qu'au fond il avait en horreur l'esprit et le rire, ce rire qui déforme la créature de Dieu ! « Il est permis d'avoir quelquefois de l'*esprit,* comme au sage de faire une ribote, pour prouver aux sots qu'il pourrait être leur égal ; mais cela n'est pas nécessaire. » — Ceux que cette opinion proférée par lui pourrait étonner n'ont pas remarqué que, comme son esprit est un miroir cosmopolite de beauté, où conséquemment le Moyen Âge et la Renaissance se sont très légitimement et très magnifiquement reflétés, il s'est de très bonne heure appliqué à fréquenter les Grecs et la Beauté antique, au point de dérouter ceux de ses admirateurs qui ne possédaient pas la véritable clef de sa chambre spirituelle. On peut, pour cet objet, consulter *Mademoiselle de Maupin,* où la beauté grecque fut vigoureusement défendue en pleine exubérance romantique.

Tout cela fut dit avec netteté et décision, mais sans dictature, sans pédanterie, avec beaucoup de finesse, mais sans trop de quintessence. En écoutant cette éloquence de conversation, si loin du siècle et de son violent charabia, je ne pouvais m'empêcher de rêver à la lucidité antique, à je ne sais quel écho socratique, familièrement apporté sur l'aile d'un vent oriental. Je me retirai conquis par tant de noblesse et de douceur, subjugué par cette force spirituelle, à qui la force physique sert, pour ainsi dire, de symbole, comme pour *illustrer* encore la vraie doctrine et la confirmer par un nouvel argument.

Depuis cette petite fête de ma jeunesse, que d'années au plumage varié ont

agité leurs ailes et pris leur vol vers le ciel avide ! Cependant, à cette heure même, je n'y puis penser sans une certaine émotion. C'est là mon excellente excuse auprès de ceux qui ont pu me trouver bien osé et un peu *parvenu* de parler sans façon, au début de ce travail, de mon intimité avec un homme célèbre. Mais qu'on sache que si quelques-uns d'entre nous ont pris leurs aises avec Gautier, c'est parce qu'en le permettant il semblait le désirer. Il se complaît innocemment dans une affectueuse et familière paternité. C'est encore un trait de ressemblance avec ces braves gens illustres de l'Antiquité, qui aimaient la société des jeunes, et qui promenaient avec eux leur solide conversation sous de riches verdures, au bord des fleuves, ou sous des architectures nobles et simples comme leur âme.

Ce portrait, esquissé d'une façon familière, aurait besoin du coucours du graveur. Heureusement Théophile Gautier a rempli dans différents recueils des fonctions généralement relatives aux arts et au théâtre, qui ont fait de lui un des personnages de Paris les plus publiquement répandus. Presque tout le monde connaît ses cheveux longs et souples, son port noble et lent et son regard plein d'une rêverie féline.

III

Tout écrivain français, ardent pour la gloire de son pays, ne peut pas, sans fierté et sans regrets, reporter ses regards vers cette époque de crise féconde où la littérature romantique s'épanouissait avec tant de vigueur. Chateaubriand, toujours plein de force, mais comme couché à l'horizon, semblait un Athos qui contemple nonchalamment le mouvement de la plaine ; Victor Hugo, Sainte-Beuve, Alfred de Vigny, avaient rajeuni, plus encore, avaient ressuscité la poésie française, morte depuis Corneille. Car André Chénier, avec sa molle antiquité à la Louis XVI, n'était pas un symptôme de rénovation assez vigoureuse, et Alfred de Musset, féminin et sans doctrine, aurait pu exister dans tous les temps et n'eût jamais été qu'un paresseux à effusions gracieuses. Alexandre Dumas produisait coup sur coup ses drames fougueux, où l'éruption volcanique était ménagée avec la dextérité d'un habile irrigateur. Quelle ardeur chez l'homme de lettres de ce temps, et quelle curiosité, quelle chaleur dans le public ! *O splendeurs éclipsées, ô soleil descendu derrière l'horizon !* — Une seconde phase se produisit dans le mouvement littéraire moderne, qui nous donna Balzac, c'est-à-dire le vrai Balzac, Auguste Barbier et Théophile Gautier. Car nous devons remarquer que, bien que celui-ci n'ait été un littérateur décidément en vue qu'après la publication de *Mademoiselle de Maupin,* son premier recueil de poésies, bravement lancé en pleine révolution, date de 1830. Ce ne fut, je crois, qu'en 1832 qu'*Albertus* fut rejoint à ces poésies. Quelque vive et riche qu'eût été jusqu'alors la nouvelle sève littéraire, il faut avouer qu'un élément lui avait fait défaut, ou du moins ne s'y laissait observer que rarement, comme par exemple dans *Notre-Dame de Paris,* Victor Hugo faisant positivement exception par le nombre et l'ampleur de ses facultés ; je veux parler du rire et du sentiment du grotesque. *Les Jeune-France* prouvèrent bientôt que l'école se complétait. Quelque léger que cet ouvrage puisse paraître à plusieurs, il renferme de grands mérites. Outre la *beauté du diable,* c'est-à-dire la grâce charmante et l'audace de la jeunesse, il contient le rire, et le meilleur rire. Évidemment, à une époque pleine de duperies, un auteur s'installait en pleine ironie et prouvait qu'il n'était pas dupe. Un vigoureux bon sens le sauvait des pastiches et des religions à la

mode. Avec une nuance de plus, *Une larme du Diable* continuait ce filon de riche jovialité. *Mademoiselle de Maupin* servit à définir encore mieux sa position. Beaucoup de gens ont longtemps parlé de cet ouvrage comme répondant à de puériles passions, comme enchantant plutôt par le sujet que par la forme savante qui le distingue. Il faut vraiment que de certaines personnes regorgent de passion pour la pouvoir ainsi mettre partout. C'est la muscade qui leur sert à assaisonner tout ce qu'elles mangent. Par son style prodigieux, par sa beauté correcte et recherchée, pure et fleurie, ce livre était un véritable événement. C'est ainsi que le considérait Balzac, qui dès lors voulut connaître l'auteur. Avoir non seulement un style, mais encore un style particulier, était l'une des plus grandes ambitions, sinon la plus grande, de l'auteur de *La Peau de chagrin* et de *La Recherche de l'absolu*. Malgré les lourdeurs et les enchevêtrements de sa phrase, il a toujours été un connaisseur des plus fins et des plus difficiles. Avec *Mademoiselle de Maupin* apparaissait dans la littérature le Dilettantisme qui, par son caractère exquis et superlatif, est toujours la meilleure preuve des facultés indispensables en art. Ce roman, ce conte, ce tableau, cette rêverie continuée avec l'obstination d'un peintre, cette espèce d'hymne à la Beauté, avait surtout ce grand résultat d'établir définitivement la condition génératrice des œuvres d'art, c'est-à-dire l'amour exclusif du Beau, l'*Idée fixe*.

Les choses que j'ai à dire sur ce sujet (et je les dirai très brièvement) ont été très connues en d'autres temps. Et puis elles ont été obscurcies, définitivement oubliées. Des hérésies étranges se sont glissées dans la critique littéraire. Je ne sais quelle lourde nuée, venue de Genève, de Boston ou de l'enfer, a intercepté les beaux rayons du soleil de l'esthétique. La fameuse doctrine de l'indissolubilité du Beau, du Vrai et du Bien est une invention de la philosophaillerie moderne (étrange contagion, qui fait qu'en définissant la folie on en parle le jargon !). Les différents objets de la recherche spirituelle réclament des facultés qui leur sont éternellement appropriées : quelquefois tel objet n'en réclame qu'une, quelquefois toutes ensemble, ce qui ne peut être que fort rare, et encore jamais à une dose ou à un degré égal. Encore faut-il remarquer que plus un objet réclame de facultés, moins il est noble et pur, plus il est complexe, plus il contient de bâtardise. Le *Vrai* sert de base et de but aux sciences ; il invoque surtout l'intellect pur. La pureté de style sera ici la bienvenue, mais la *beauté* de style peut y être considérée comme un élément de luxe. Le *Bien* est la base et le but des recherches morales. Le *Beau* est l'unique ambition, le but exclusif du Goût. Bien que le Vrai soit le but de l'histoire, il y a une Muse de l'histoire, pour exprimer que quelques-unes des qualités nécessaires à l'historien relèvent de la Muse. Le Roman est un de ces genres complexes où une part plus ou moins grande peut être faite tantôt au Vrai, tantôt au Beau. La part du Beau dans *Mademoiselle de Maupin* était excessive. L'auteur avait le droit de la faire telle. La visée de ce roman n'était pas d'exprimer les mœurs, non plus que les passions d'une époque, mais une passion unique, d'une nature toute spéciale, universelle et éternelle, sous l'impulsion de laquelle le livre entier court, pour ainsi dire, dans le même lit que la Poésie, mais sans toutefois se confondre absolument avec elle, privé qu'il est du double élément du rythme et de la rime. Ce but, cette visée, cette ambition, c'était de rendre, dans un style approprié, non pas la fureur de l'amour, mais la *beauté* de l'amour et la *beauté* des objets dignes d'amour, en un mot l'enthousiasme (bien différent de la passion) créé par la beauté. C'est vraiment, pour un esprit non entraîné par la mode de

l'erreur, un sujet d'étonnement énorme que la confusion totale des genres et des facultés. Comme les différents métiers réclament différents outils, les différents objets de recherche spirituelle exigent leurs facultés correspondantes. — Il est permis quelquefois, je présume, de se citer soi-même, surtout pour éviter de se paraphraser. Je répéterai donc :

« ... Il est une autre hérésie... une erreur qui a la vie plus dure, je veux parler de l'*hérésie de l'enseignement*, laquelle comprend comme corollaires inévitables, les hérésies de la *passion*, de la *vérité* et de la *morale*. Une foule de gens se figurent que le but de la poésie est un enseignement quelconque, qu'elle doit tantôt fortifier la conscience, tantôt perfectionner les mœurs, tantôt enfin démontrer quoi que ce soit d'utile... La Poésie, pour peu qu'on veuille descendre en soi-même, interroger son âme, rappeler ses souvenirs d'enthousiasme, n'a pas d'autre but qu'Elle-même ; elle ne peut pas en avoir d'autre, et aucun poème ne sera si grand, si noble, si véritablement digne du nom de poème, que celui qui aura été écrit uniquement pour le plaisir d'écrire un poème.

« Je ne veux pas dire que la poésie n'ennoblisse pas les mœurs, — qu'on me comprenne bien, — que son résultat final ne soit pas d'élever l'homme au-dessus du niveau des intérêts vulgaires ; ce serait évidemment une absurdité. Je dis que si le poète a poursuivi un but moral, il a diminué sa force poétique ; et il n'est pas imprudent de parier que son œuvre sera mauvaise. La poésie ne peut pas, sous peine de mort ou de déchéance, s'assimiler à la science ou à la morale ; elle n'a pas la Vérité pour objet, elle n'a qu'Elle-même. Les modes de démonstration de vérités sont autres et sont ailleurs. La Vérité n'a rien à faire avec les chansons. Tout ce qui fait le charme, la grâce, l'irrésistible d'une chanson, enlèverait à la Vérité son autorité et son pouvoir. Froide, calme, impassible, l'humeur démonstrative repousse les diamants et les fleurs de la Muse ; elle est donc absolument l'inverse de l'humeur poétique.

« L'Intellect pur vise à la Vérité, le Goût nous montre la Beauté, et le Sens Moral nous enseigne le Devoir. Il est vrai que le sens du milieu a d'intimes connexions avec les deux extrêmes, et il n'est séparé du Sens Moral que par une si légère différence, qu'Aristote n'a pas hésité à ranger parmi les vertus quelques-unes de ses délicates opérations. Aussi ce qui exaspère surtout l'homme de goût dans le spectacle du vice, c'est sa difformité, sa disproportion. Le vice porte atteinte au juste et au vrai, révolte l'intellect et la conscience ; mais comme outrage à l'harmonie, comme dissonance, il blessera plus particulièrement certains esprits poétiques ; et je ne crois pas qu'il soit scandalisant de considérer toute infraction à la morale, au beau moral, comme une espèce de faute contre le rythme et la prosodie universels.

« C'est cet admirable, cet immortel instinct du Beau qui nous fait considérer la Terre et ses spectacles comme un aperçu, comme une *correspondance* du Ciel. La soif insatiable de tout ce qui est au-delà, et que révèle la vie, est la preuve la plus vivante de notre immortalité. C'est à la fois par la poésie et *à travers* la poésie, par et *à travers* la musique, que l'âme entrevoit les splendeurs situées derrière le tombeau ; et quand un poème exquis amène les larmes au bord des yeux, ces larmes ne sont pas la preuve d'un excès de jouissance, elles sont bien plutôt le témoignage d'une mélancolie irritée, d'une postulation des nerfs, d'une nature exilée dans l'imparfait et qui voudrait s'emparer immédiatement, sur cette terre même, d'un paradis révélé.

« Ainsi le principe de la poésie est, strictement et simplement, l'aspiration humaine vers une Beauté supérieure, et la manifestation de ce principe est dans

un enthousiasme, un enlèvement de l'âme ; enthousiasme tout à fait indépendant de la passion, qui est l'ivresse du cœur*, et de la vérité, qui est la pâture de la raison. Car la passion est chose *naturelle*, trop naturelle même, pour ne pas introduire un ton blessant, discordant, dans le domaine de la Beauté pure ; trop familière et trop violente pour ne pas scandaliser les purs Désirs, les gracieuses Mélancolies et les nobles Désespoirs qui habitent les régions surnaturelles de la Poésie. »

Et ailleurs je disais : « Dans un pays où l'idée d'utilité, la plus hostile du monde à l'idée de beauté, prime et domine toutes choses, le parfait critique sera le plus *honorable*, c'est-à-dire celui dont les tendances et les désirs se rapprocheront le plus des tendances et des désirs de son public, — celui qui, confondant les facultés et les genres de production, assignera à tous un but unique, — celui qui cherchera dans un livre de poésie les moyens de perfectionner la conscience. »

Depuis quelques années, en effet, une grande fureur d'honnêteté s'est emparée du théâtre, de la poésie, du roman et de la critique. Je laisse de côté la question de savoir quels bénéfices l'hypocrisie peut trouver dans cette confusion de fonctions, quelles consolations en peut tirer l'impuissance littéraire. Je me contente de noter et d'analyser l'erreur, la supposant désintéressée. Pendant l'époque désordonnée du romantisme, l'époque d'ardente effusion, on faisait souvent usage de cette formule : *La poésie du cœur !* On donnait ainsi plein droit à la passion ; on lui attribuait une sorte d'infaillibilité. Combien de contresens et de sophismes peut imposer à la langue française une erreur d'esthétique ! Le cœur contient la passion, le cœur contient le dévouement, le crime ; l'Imagination seule contient la poésie. Mais aujourd'hui l'erreur a pris un autre cours et de plus grandes proportions. Par exemple une femme, dans un moment de reconnaissance enthousiaste, dit à son mari, *avocat :*

Ô poète ! je t'aime !

Empiétement du sentiment sur le domaine de la raison ! Vrai raisonnement de femme qui ne sait pas approprier les mots à leur usage ! Or cela veut dire : « Tu es un honnête homme et un bon époux ; *donc* tu es poète, et bien plus poète que tous ceux qui se servent du mètre et de la rime pour exprimer des idées de beauté. J'affirmerai même, — continue bravement cette précieuse à l'inverse, — que tout honnête homme qui sait plaire à sa femme est un poète sublime. Bien plus, je déclare, dans mon infaillibilité bourgeoise, que quiconque fait admirablement bien les vers est beaucoup moins poète que tout honnête homme épris de son ménage ; car le talent de composer des vers parfaits nuit évidemment aux facultés de l'époux, *qui sont la base de toute poésie !* »

Mais que l'académicien qui a commis cette erreur, si flatteuse pour les avocats, se console. Il est en nombreuse et illustre compagnie ; car le vent du siècle est à la folie ; le baromètre de la raison moderne marque tempête. N'avons-nous pas vu récemment un écrivain illustre et des plus accrédités placer, aux applaudissements unanimes, toute poésie, non pas dans la Beauté,

* L'imitation de la passion, avec la recherche du Vrai et un peu celle du Beau (non pas du Bien), constitue l'amalgame dramatique ; mais aussi c'est la passion qui recule le drame à un rang secondaire dans la hiérarchie du Beau. Si j'ai négligé la question de la noblesse plus ou moins grande des facultés, ç'a été pour n'être pas entraîné trop loin ; mais la supposition qu'elles sont toutes égales ne nuit en rien à la théorie générale que j'essaie d'esquisser.

mais dans l'amour ! dans l'amour vulgaire, domestique et garde-malade ! et s'écrier dans sa haine de toute beauté : *Un bon tailleur vaut mieux que trois sculpteurs classiques !* et affirmer que si Raymond Lulle est devenu théologien, c'est que Dieu l'a puni d'avoir reculé devant le cancer qui dévorait le sein d'une dame, objet de ses galanteries ! S'il l'eût véritablement aimée, ajoute-t-il, combien cette infirmité l'eût embellie à ses yeux ! — Aussi est-il devenu *théologien !* Ma foi ! c'est bien fait. — Le même auteur conseille au mari-providence de fouetter sa femme, quand elle vient, *suppliante,* réclamer le *soulagement de l'expiation.* Et quel châtiment nous permettra-t-il d'infliger à un vieillard sans majesté, fébrile et féminin, jouant à la poupée, tournant des madrigaux en l'honneur de la maladie, et se vautrant avec délices dans le linge sale de l'humanité ? Pour moi, je n'en connais qu'un : c'est un supplice qui marque profondément et pour l'éternité ; car, comme le dit la chanson de nos pères, ces pères vigoureux qui savaient rire dans toutes les circonstances, même les plus définitives :

> Le *ridicule* est plus tranchant
> Que le fer de la guillotine.

Je sors de ce chemin de traverse où m'entraine l'indignation, et je reviens au thème important. La sensibilité de cœur n'est pas absolument favorable au travail poétique. Une extrême sensibilité de cœur peut même nuire en ce cas. La sensibilité de l'imagination est d'une autre nature ; elle sait choisir, juger, comparer, fuir ceci, rechercher cela, rapidement, spontanément. C'est de cette sensibilité, qui s'appelle généralement le *Goût,* que nous tirons la puissance d'éviter le *mal* et de chercher le *bien* en matière poétique. Quant à l'honnêteté de cœur, une politesse vulgaire nous commande de supposer que tous les hommes, *même les poètes,* la possèdent . Que le poète croie ou ne croie pas qu'il soit nécessaire de donner à ses travaux le fondement d'une vie pure et correcte, cela ne relève que de son confesseur ou des tribunaux ; en quoi sa condition est absolument semblable à celle de tous ses concitoyens.

On voit que, dans les termes où j'ai posé la question, si nous limitons le sens du mot *écrivain* aux travaux qui ressortent de l'imagination, Théophile Gautier est l'écrivain par excellence ; parce qu'il est l'esclave de son devoir, parce qu'il obéit sans cesse aux nécessités de sa fonction, parce que le goût du Beau est pour lui un *fatum,* parce qu'il a fait de son devoir une *idée fixe.* Avec son lumineux bon sens (je parle du bon sens du génie, et non du bon sens des petites gens), il a retrouvé tout de suite la grande voie. Chaque écrivain est plus ou moins marqué par sa faculté principale. Chateaubriand a chanté la gloire douloureuse de la mélancolie et de l'ennui. Victor Hugo, grand, terrible, immense comme une création mythique, cyclopéen, pour ainsi dire, représente les forces de la nature et leur lutte harmonieuse. Balzac, grand, terrible, complexe aussi, figure le monstre d'une civilisation, et toutes ses luttes, ses ambitions et ses fureurs. Gautier, c'est l'amour exclusif du Beau, avec toutes ses subdivisions, exprimé dans le langage le mieux approprié. Et remarquez que presque tous les écrivains importants, dans chaque siècle, ceux que nous appellerons des chefs d'emploi ou des capitaines, ont au-dessous d'eux des analogues, sinon des semblables, propres à les remplacer. Ainsi, quand une civilisation meurt, il suffit qu'un poème d'un genre particulier soit retrouvé pour donner l'idée des analogues disparus et permettre à l'esprit critique de rétablir sans lacune la chaine de génération. Or, par son amour du Beau, amour immense, fécond, sans cesse rajeuni (mettez, par exemple, en parallèle les

derniers feuilletons sur Pétersbourg et la Néva avec *Italia* ou *Tra los montes*), Théophile Gautier est un écrivain d'un mérite à la fois *nouveau* et unique. De celui-ci, on peut dire qu'il est, jusqu'à présent, sans *doublure*. Pour parler dignement de l'outil qui sert si bien cette passion du Beau, je veux dire de son style, il me faudrait jouir de ressources pareilles, de cette connaissance de la langue qui n'est jamais en défaut, de ce magnifique dictionnaire dont les feuillets, remués par un souffle divin, s'ouvrent tout juste pour laisser jaillir le mot propre, le mot unique, enfin de ce sentiment de l'ordre qui met chaque trait et chaque touche à sa place naturelle et n'omet aucune nuance. Si l'on réfléchit qu'à cette merveilleuse faculté Gautier unit une immense intelligence innée de la *correspondance* et du symbolisme universels, ce répertoire de toute métaphore, on comprendra qu'il puisse sans cesse, sans fatigue comme sans faute, définir l'attitude mystérieuse que les objets de la création tiennent devant le regard de l'homme. Il y a dans le mot, dans le *verbe*, quelque chose de *sacré* qui nous défend d'en faire un jeu de hasard. Manier savamment une langue, c'est pratiquer une espèce de sorcellerie évocatoire. C'est alors que la couleur parle, comme une voix profonde et vibrante ; que les monuments se dressent et font saillie sur l'espace profond ; que les animaux et les plantes, représentants du laid et du mal, articulent leur grimace non équivoque ; que le parfum provoque la pensée et le souvenir correspondants ; que la passion murmure ou rugit son langage éternellement semblable. Il y a dans le style de Théophile Gautier une justesse qui ravit, qui étonne, et qui fait songer à ces miracles produits dans le jeu par une profonde science mathématique. Je me rappelle que, très jeune, quand je goûtai pour la première fois aux œuvres de notre poète, la sensation de la touche posée juste, du coup porté droit, me faisait tressaillir, et que l'admiration engendrait en moi une sorte de convulsion nerveuse. Peu à peu je m'accoutumai à la perfection, et je m'abandonnai au mouvement de ce beau style onduleux et brillanté, comme un homme monté sur un cheval sûr qui lui permet la rêverie, ou sur un navire assez solide pour défier les temps non prévus par la boussole, et qui peut contempler à loisirs les magnifiques décors sans erreur que construit la nature dans ses heures de génie. C'est grâce à ces facultés innées, si précieusement cultivées, que Gautier a pu souvent (nous l'avons tous vu) s'asseoir à une table banale, dans un bureau de journal, et improviser, critique ou roman, quelque chose qui avait le caractère d'un fini irréprochable, et qui le lendemain provoquait chez les lecteurs autant de plaisir qu'avaient créé d'étonnement chez les compositeurs de l'imprimerie la rapidité de l'exécution et la beauté de l'écriture. Cette prestesse à résoudre tout problème de style et de composition ne fait-elle pas rêver à la sévère maxime qu'il avait une fois laissée tomber devant moi dans la conversation, et dont il s'est fait sans doute un constant devoir : « Tout homme qu'une idée, si subtile et si imprévue qu'on la suppose, prend en défaut, n'est pas un écrivain. L'inexprimable n'existe pas. »

IV

Ce souci permanent, involontaire à force d'être naturel, de la beauté et du pittoresque devait pousser l'auteur vers un genre de roman approprié à son tempérament. Le roman et la nouvelle ont un privilège de souplesse merveilleux. Ils s'adaptent à toutes les natures, enveloppent tous les sujets, et poursuivent à leur guise différents buts. Tantôt c'est la recherche de la passion,

tantôt la recherche du vrai ; tel roman parle à la foule, tel autre à des initiés ; celui-ci retrace la vie des époques disparues, et celui-là des drames silencieux qui se jouent dans un seul cerveau. Le roman, qui tient une place si importante à côté du poème et de l'histoire, est un genre bâtard dont le domaine est vraiment sans limites. Comme beaucoup d'autres bâtards, c'est un enfant gâté de la fortune à qui tout réussit. Il ne subit d'autres inconvénients et ne connaît d'autres dangers que son infinie liberté. La nouvelle, plus resserrée, plus condensée, jouit des bénéfices éternels de la contrainte : son effet est plus intense ; et comme le temps consacré à la lecture d'une nouvelle est bien moindre que celui nécessaire à la digestion d'un roman, rien ne se perd de la totalité de l'effet.

L'esprit de Théophile Gautier, poétique, pittoresque, méditatif, devait aimer cette forme, la caresser, et l'habiller des différents costumes qui sont le plus à sa guise. Aussi a-t-il pleinement réussi dans les divers genres de nouvelle auxquels il s'est appliqué. Dans le grotesque et le bouffon, il est très puissant. C'est bien la gaieté solitaire d'un rêveur qui de temps à autre ouvre l'écluse à une effusion de jovialité comprimée, et garde toujours cette grâce *sui generis,* qui veut surtout plaire à soi-même. Mais là où il s'est le plus élevé, où il a montré le talent le plus sûr et le plus grave, c'est dans la nouvelle que j'appellerai la *nouvelle* poétique. On peut dire que parmi les innombrables formes de roman et de nouvelle qui ont occupé ou diverti l'esprit humain, la plus favorisée a été le roman de mœurs ; c'est celle qui convient le mieux à la foule. Comme Paris aime surtout à entendre parler de Paris, la foule se complaît dans les miroirs où elle se voit. Mais quand le roman de mœurs n'est pas relevé par le haut goût naturel de l'auteur, il risque fort d'être plat, et même, comme en matière d'art l'utilité peut se mesurer au degré de noblesse, tout à fait inutile. Si Balzac a fait de ce genre roturier une chose admirable, toujours curieuse et souvent sublime, c'est parce qu'il y a jeté tout son être. J'ai mainte fois été étonné que la grande gloire de Balzac fût de passer pour un observateur ; il m'avait toujours semblé que son principal mérite était d'être visionnaire, et visionnaire passionné. Tous ses personnages sont doués de l'ardeur vitale dont il était animé lui-même. Toutes ses fictions sont aussi profondément colorées que les rêves. Depuis le sommet de l'aristocratie jusqu'aux bas-fonds de la plèbe, tous les acteurs de sa *Comédie* sont plus âpres à la vie, plus actifs et rusés dans la lutte, plus patients dans le malheur, plus goulus dans la jouissance, plus angéliques dans le dévouement, que la comédie du vrai monde ne nous les montre. Bref, chacun, chez Balzac, même les portières, a du génie. Toutes les âmes sont des armes chargées de volonté jusqu'à la gueule. C'est bien Balzac lui-même. Et comme tous les êtres du monde extérieur s'offraient à l'œil de son esprit avec un relief puissant et une grimace saisissante, il a fait se convulser ses figures ; il a noirci leurs ombres et illuminé leurs lumières. Son goût prodigieux du détail, qui tient à une ambition immodérée de tout voir, de tout faire voir, de tout deviner, de tout faire deviner, l'obligeait d'ailleurs à marquer avec plus de force les lignes principales, pour sauver la perspective de l'ensemble. Il me fait quelquefois penser à ces aquafortistes qui ne sont jamais contents de la morsure, et qui transforment en ravines les écorchures principales de la planche. De cette étonnante disposition naturelle sont résultées des merveilles. Mais cette disposition se définit généralement : les défauts de Balzac. Pour mieux parler, c'est justement là ses qualités. Mais qui peut se vanter d'être aussi heureusement doué, et de pouvoir

appliquer une méthode qui lui permette de revêtir, à coup sûr, de lumière et de pourpre la pure trivialité ? Qui peut faire cela ? Or, qui ne fait pas cela, pour dire la vérité, ne fait pas grand-chose. La muse de Théophile Gautier habite un monde plus éthéré. Elle s'inquiète peu, — trop peu, pensent quelques-uns, — de la manière dont M. Coquelet, M. Pipelet, ou M. Tout-le-monde emploie sa journée, et si madame Coquelet préfère les galanteries de l'huissier, son voisin, aux bonbons du droguiste, qui a été dans son temps un des plus enjoués danseurs de Tivoli. Ces mystères ne la tourmentent pas. Elle se complaît sur des hauteurs moins fréquentées que la rue des Lombards : elle aime les paysages terribles, rébarbatifs, ou ceux qui exhalent un charme monotone; les rives bleues de l'Ironie ou les sables aveuglants du désert. Elle habite volontiers des appartements somptueusement ornés où circule la vapeur d'un parfum choisi. Ses personnages sont les dieux, les anges, le prêtre, le roi, l'amant, le riche, le pauvre, etc. Elle aime à ressusciter les villes défuntes, et à faire redire aux morts rajeunis leurs passions interrompues. Elle emprunte au poème, non pas le mètre et la rime, mais la pompe ou l'énergie concise de son langage. Se débarrassant ainsi du tracas ordinaire des réalités présentes, elle poursuit plus librement son rêve de Beauté; mais aussi elle risquerait fort, si elle n'était pas si souple et si obéissante, et fille d'un maître qui sait douer de vie tout ce qu'il veut regarder, de n'être pas assez *visible et tangible*. Enfin, pour laisser de côté la métaphore, la nouvelle du genre poétique gagne immensément en dignité ; elle a un ton plus noble, plus général ; mais elle est sujette à un grand danger, c'est de perdre beaucoup du côté de la réalité, ou magie de la vraisemblance. Et cependant, qui ne se rappelle le festin du Pharaon, et la danse des esclaves, et le retour de l'armée triomphante, dans *Le Roman de la Momie* ? L'imagination du lecteur se sent transportée dans le vrai ; elle respire le vrai ; elle s'enivre d'une seconde réalité créée par la sorcellerie de la Muse. Je n'ai pas choisi l'exemple ; j'ai pris celui qui s'est offert le premier à ma mémoire ; j'en aurais pu citer vingt.

Quand on feuillette les œuvres d'un maître puissant, toujours sûr de sa volonté et de sa main, il est difficile de choisir, tous les morceaux s'offrant à l'œil ou à la mémoire avec un égal caractère de précision et de fini. Cependant, je recommanderais volontiers, non seulement comme échantillon de l'art de bien dire, mais aussi de délicatesse mystérieuse (car le clavier du sentiment est chez notre poète beaucoup plus étendu qu'on ne le croit généralement), l'histoire si connue du *Roi Candaule*. Certes, il était difficile de choisir un thème plus usé, un drame à dénoûment plus universellement prévu ; mais les vrais écrivains aiment ces difficultés. Tout le mérite (abstraction faite de la langue) gît donc dans l'interprétation. S'il est un sentiment vulgaire, usé, à la portée de toutes les femmes, certes, c'est la pudeur. Mais ici la pudeur a un caractère superlatif qui la fait ressembler à une religion ; c'est le culte de la femme pour elle-même ; c'est une pudeur archaïque, participant de l'énormité du monde ancien, une véritable fleur de serre, harem ou gynécée. L'œil profane ne la souille pas moins que la bouche ou la main. Contemplation, c'est possession. Candaule a montré à son ami Gygès les beautés secrètes de l'épouse ; donc Candaule est coupable, il mourra. Gygès est désormais le seul époux possible pour une reine si jalouse d'elle-même. Mais Candaule n'a-t-il pas une excuse puissante ? n'est-il pas victime d'un sentiment aussi impérieux que bizarre, victime de l'impossibilité pour l'homme nerveux et artiste de porter, sans confident, le poids d'un immense bonheur ? Certaine-

ment, cette interprétation de l'histoire, cette analyse des sentiments qui ont engendré les faits, est bien supérieure à la fable de Platon, qui fait simplement de Gygès un berger, possesseur d'un talisman à l'aide duquel il lui devient facile de séduire l'épouse de son roi.

Ainsi va, dans son allure variée, cette muse bizarre, aux toilettes multiples, muse cosmopolite douée de la souplesse d'Alcibiade; quelquefois le front ceint de la mitre orientale, l'air grand et sacré, les bandelettes au vent; d'autres fois, se pavanant comme une reine de Saba en goguette, son petit parasol de cuivre à la main, sur l'éléphant de porcelaine qui décore les cheminées du siècle galant. Mais ce qu'elle aime surtout, c'est, debout sur les rivages parfumés de la mer Intérieure, nous raconter avec sa parole d'or « cette gloire qui fut la Grèce et cette grandeur qui fut Rome »; et alors elle est bien « la vraie Psyché qui revient de la vraie Terre Sainte ! »

Ce goût inné de la forme et de la perfection dans la forme devait nécessairement faire de Théophile Gautier un auteur critique tout à fait à part. Nul n'a mieux su que lui exprimer le bonheur que donne à l'imagination la vue d'un bel objet d'art, fût-il le plus désolé et le plus terrible qu'on puisse supposer. C'est un des privilèges prodigieux de l'Art que l'horrible, artistement exprimé, devienne beauté, et que la *douleur* rythmée et cadencée remplisse l'esprit d'une *joie* calme. Comme critique, Théophile Gautier a connu, aimé, expliqué, dans ses *Salons* et dans ses admirables récits de voyages, le beau asiatique, le beau grec, le beau romain, le beau espagnol, le beau flamand, le beau hollandais et le beau anglais. Lorsque les œuvres de tous les artistes de l'Europe se rassemblèrent solennellement à l'avenue Montaigne, comme en une espèce de concile esthétique, qui donc parla le premier et qui parla le mieux de cette école anglaise, que les plus instruits parmi le public ne pouvaient guère juger que d'après quelques souvenirs de Reynolds et de Lawrence ? Qui saisit tout de suite les mérites variés, essentiellement neufs, de Leslie, — des deux Hunt, l'un le naturaliste, l'autre le chef du préraphaélitisme, — de Maclise, l'audacieux compositeur, fougueux et sûr de lui-même, — de Millais, ce poète minutieux, — de J. Chalon, le peintre des fêtes d'après-midi dans les parcs, galant comme Watteau, rêveur comme Claude, — de Grant, cet héritier de Reynolds, — de Hook, le peintre aux *rêves vénitiens,* — de Landseer, dont les bêtes ont des yeux pleins de pensée, — de cet étrange Paton qui fait rêver à Fuseli et qui brode avec une patience d'un autre âge des conceptions panthéistiques, — de Cattermole, cet aquarelliste peintre d'histoire, — et de cet autre dont le nom m'échappe (Cockerell ou Kendall ?), un architecte songeur qui bâtit sur le papier des villes dont les ponts ont des éléphants pour piliers et laissent passer entre leurs jambes, toutes voiles dehors, des trois-mâts gigantesques ? Qui sut immédiatement britanniser son génie ? Qui trouva des mots propres à peindre ces fraicheurs enchanteresses et ces profondeurs fuyantes de l'aquarelle anglaise ? Partout où il y a un produit artistique à décrire et à expliquer, Gautier est présent et toujours prêt.

Je suis convaincu que c'est grâce à ses feuilletons innombrables et à ses excellents récits de voyages, que tous les jeunes gens (ceux qui avaient le goût inné du beau) ont acquis l'éducation complémentaire qui leur manquait. Théophile Gautier leur a donné l'amour de la peinture, comme Victor Hugo leur avait conseillé le goût de l'archéologie. Ce travail permanent, continué avec tant de patience, était plus dur et plus méritant qu'il ne semble tout d'abord ; car souvenons-nous que la France, le public français, veux-je dire (si

nous en exceptons quelques artistes et quelques écrivains), n'est pas artiste, naturellement artiste; ce public-là est philosophe, moraliste, ingénieur, amateur de récits et d'anecdotes, tout ce qu'on voudra, mais jamais spontanément artiste. Il sent ou plutôt il juge successivement, analytiquement. D'autres peuples, plus favorisés, sentent tout de suite, tout à la fois, synthétiquement. Où il ne faut voir que le beau, notre public ne cherche que le vrai. Quand il faut être peintre, le Français se fait homme de lettres. Un jour je vis au Salon de l'exposition annuelle deux soldats en contemplation perplexe devant un intérieur de cuisine : « Mais où donc est Napoléon ? » disait l'un (le livret s'était trompé de numéro, et la cuisine était marquée du chiffre appartenant légitimement à une bataille célèbre). « Imbécile ! dit l'autre, ne vois-tu pas qu'on prépare la soupe pour son retour ? » Et ils s'en allèrent contents du peintre et contents d'eux-même. Telle est la France. Je racontais cette anecdote à un général qui y trouva un motif pour admirer la prodigieuse intelligence du soldat français. Il aurait dû dire : la prodigieuse intelligence de tous les Français en matière de peinture ! Ces soldats eux-mêmes, hommes de lettres !

V

Hélas ! la France n'est guère poète non plus. Nous avons, tous tant que nous sommes, même les moins *chauvins,* su défendre la France à table d'hôte, sur des rivages lointains ; mais ici, chez nous, en famille, sachons dire la vérité : la France n'est pas poète, elle éprouve même, pour tout dire, une horreur congéniale de la poésie. Parmi les écrivains qui se servent du vers, ceux qu'elle préférera toujours sont les plus prosaïques. Je crois vraiment, — pardonnez-moi, vrais amants de la Muse ! — que j'ai manqué de courage au commencement de cette étude, en disant que, pour la France, le Beau n'était facilement digestible que relevé par le condiment politique. C'était le contraire qu'il fallait dire : quelque politique que soit le condiment, le Beau amène l'indigestion, ou plutôt l'estomac français le refuse immédiatement. Cela vient non seulement, je crois, de ce que la France a été providentiellement créée pour la recherche du Vrai préférablement à celle du Beau, mais aussi de ce que le caractère utopique, communiste, alchimique, de tous ses cerveaux, ne lui permet qu'une passion exclusive, celle des formules sociales. Ici, chacun veut ressembler à tout le monde, mais à condition que tout le monde lui ressemble. De cette tyrannie contradictoire résulte une lutte qui ne s'applique qu'aux formes sociales, enfin un niveau, une similarité générale. De là, la ruine et l'oppression de tout caractère original. Aussi ce n'est pas seulement dans l'ordre littéraire que les vrais poètes apparaissent comme des êtres fabuleux et étrangers ; mais on peut dire que dans tous les genres d'invention le grand homme ici est un monstre. Tout au contraire, dans d'autres pays, l'originalité se produit touffue, abondante, comme le gazon sauvage. Là les mœurs le lui permettent.

Aimons donc nos poètes secrètement et en cachette. À l'étranger, nous aurons le droit de nous en vanter. Nos voisins disent : Shakespeare et Gœthe ! nous pouvons leur répondre : Victor Hugo et Théophile Gautier ! On trouvera peut-être surprenant que sur le genre qui fait le principal honneur de celui-ci, son principal titre à la gloire, je m'étende moins que je n'ai fait sur d'autres. Je ne puis certainement pas faire ici un cours complet de poétique et de prosodie. S'il existe dans notre langue des termes assez nombreux, assez subtils, pour expliquer une certaine poésie, saurais-je les trouver ? Il en est des vers comme

de quelques belles femmes en qui se sont fondues l'originalité et la correction ; on ne les définit pas, on les *aime*. Théophile Gautier a continué *d'un côté* la grande école de la mélancolie, créée par Chateaubriand. Sa mélancolie est même d'un caractère plus positif, plus charnel, et confinant quelquefois à la tristesse antique. Il y a des poèmes, dans *La Comédie de la Mort* et parmi ceux inspirés par le séjour en Espagne, où se révèlent le vertige et l'honneur du néant. Relisez, par exemple, les morceaux sur Zurbaran et Valdès-Léal ; l'admirable paraphrase de la sentence inscrite sur le cadran de l'horloge d'Urrugne : *Vulnerant omnes, ultima necat ;* enfin la prodigieuse symphonie qui s'appelle *Ténèbres*. Je dis symphonie, parce que ce poème me fait quelquefois penser à Beethoven. Il arrive même à ce poète, accusé de sensualité, de tomber en plein, tant sa mélancolie devient intense, dans la terreur catholique. *D'un autre côté,* il a introduit dans la poésie un élément nouveau, que j'appellerai la consolation par les arts, par tous les objets pittoresques qui réjouissent les yeux et amusent l'esprit. Dans ce sens, il a vraiment innové ; il a fait dire au vers français plus qu'il n'avait dit jusqu'à présent ; il a su l'agrémenter de mille détails faisant lumière et saillie et ne nuisant pas à la coupe de l'ensemble ou à la silhouette générale. Sa poésie, à la fois majestueuse et précieuse, marche magnifiquement, comme les personnes de cour en grande toilette. C'est, du reste, le caractère de la vraie poésie d'avoir le flot régulier, comme les grands fleuves qui s'approchent de la mer, leur mort et leur infini, et d'éviter la précipitation et la saccade. La poésie lyrique s'élance, mais toujours d'un mouvement élastique et ondulé. Tout ce qui est brusque et cassé lui déplait, et elle le renvoie au drame ou au roman de mœurs. Le poète, dont nous aimons si passionnément le talent, connaît à fond ces grandes questions, et il l'a parfaitement prouvé en introduisant systématiquement et continuellement la majesté de l'alexandrin dans le vers octosyllabique *(Émaux et Camées)*. Là surtout apparait tout le résultat qu'on peut obtenir par la fusion du double élément, peinture et musique, par la carrure de la mélodie, et par la pourpre régulière et symétrique d'une rime plus qu'exacte.

Rappellerai-je encore cette série de petits poèmes de quelques strophes, qui sont des intermèdes galants ou rêveurs et qui ressemblent, les uns à des sculptures, les autres à des fleurs, d'autres à des bijoux, mais tous revêtus d'une couleur plus fine ou plus brillante que les couleurs de la Chine et de l'Inde, et tous d'une coupe plus pure et plus décidée que des objets de marbre ou de cristal ? Quiconque aime la poésie les sait par cœur.

<div align="center">VI</div>

J'ai essayé (ai-je vraiment réussi ?) d'exprimer l'admiration que m'inspirent les œuvres de Théophile Gautier,et de déduire les raisons qui légitiment cette admiration. Quelques-uns, même parmi les écrivains, peuvent ne pas partager mon opinion. Tout le monde prochainement l'adoptera. Devant le public, il n'est aujourd'hui qu'un ravissant esprit ; devant la postérité, il sera un des maitres écrivains, non seulement de la France, mais aussi de l'Europe. Par sa raillerie, sa gausserie, sa ferme décision de n'être jamais dupe, il est un peu Français ; mais s'il était tout à fait Français, il ne serait pas poète.

Dirai-je quelques mots de ses mœurs, si pures et si affables, de sa serviabilité, de sa franchise quand il peut prendre ses franchises, quand il n'est pas en face du *philistin ennemi*, de sa ponctualité d'horloge dans l'accomplissement de tous ses devoirs ? À quoi bon ? Tous les écrivains ont pu, en mainte occasion, apprécier ces nobles qualités.

On reproche quelquefois à son esprit une lacune à l'endroit de la religion et de la politique. Je pourrais, si l'envie m'en prenait, écrire un nouvel article qui réfuterait victorieusement cette injuste erreur. Je sais, et cela me suffit, que les gens d'esprit me comprendront si je leur dis que le besoin d'ordre dont sa belle intelligence est imprégnée suffit pour le préserver de toute erreur en matière de politique et de religions, et qu'il possède, plus qu'aucun autre, le sentiment d'universelle hiérarchie écrite du haut en bas de la nature, à tous les degrés de l'infini. D'autres ont quelquefois parlé de sa froideur apparente, de son manque d'*humanité*. Il y a encore dans cette critique légèreté, irréflexion. Tout amoureux de l'humanité ne manque jamais, en de certaines matières qui prêtent à la déclamation philanthropique, de citer la fameuse parole :

Homo sum; nihil humani a me alienum puto.

Un poète aurait le droit de répondre : « Je me suis imposé de si hauts devoirs, que *quidquid humani a me alienum puto*. Ma fonction est extra-humaine ! » Mais sans abuser de sa prérogative, celui-ci pourrait simplement répliquer (moi qui connais son cœur si doux et si compatissant, je sais qu'il en a le droit) : « Vous me croyez froid, et vous ne voyez pas que je m'impose un calme artificiel que veulent sans cesse troubler votre laideur et votre barbarie, ô hommes de prose et de crime ! Ce que vous appelez indifférence n'est que la résignation du désespoir; celui-là ne peut s'attendrir que bien rarement qui considère les méchants et les sots comme des incurables. C'est donc pour éviter le spectacle désolant de votre démence et de votre cruauté que mes regards restent obstinément tournés vers la Muse immaculée. »

C'est sans doute ce même désespoir de persuader ou de corriger qui que ce soit, qui fait qu'en ces dernières années nous avons vu quelquefois Gautier faiblir, en apparence, et accorder par-ci par-là quelques paroles laudatives à monseigneur Progrès et à très puissante dame Industrie. En de pareilles occasions il ne faut pas trop vite le prendre au mot, et c'est bien le cas d'affirmer que *le mépris rend quelquefois l'âme trop bonne*. Car alors il garde pour lui sa pensée vraie, témoignant simplement par une légère concession (appréciable de ceux qui savent y voir clair dans le crépuscule) qu'il veut vivre en paix avec tout le monde, même avec l'Industrie et le Progrès, ces despotiques ennemis de toute poésie.

J'ai entendu plusieurs personnes exprimer le regret que Gautier n'ait jamais rempli de fonctions officielles. Il est certain qu'en beaucoup de choses, particulièrement dans l'ordre des beaux-arts, il aurait pu rendre à la France d'éminents services. Mais, tout pesé, cela vaut mieux ainsi. Si étendu que soit le génie d'un homme, si grande que soit sa bonne volonté, la fonction officielle le diminue toujours un peu; tantôt sa liberté s'en ressent, et tantôt même sa clairvoyance. Pour mon compte, j'aime mieux voir l'auteur de *La Comédie de la Mort*, d'*Une nuit de Cléopâtre*, de *La Morte amoureuse*, de *Tra los montes*, d'*Italia*, de *Caprices et Zigzags* et de tant de chefs-d'œuvre, rester ce qu'il a été jusqu'à présent : l'égal des plus grands dans le passé, un modèle pour ceux qui viendront, un diamant de plus en plus rare dans une époque ivre d'ignorance et de matière, c'est-à-dire UN PARFAIT HOMME DE LETTRES.

RÉFLEXIONS SUR QUELQUES-UNS
DE MES CONTEMPORAINS[1]

I

VICTOR HUGO[2]

I

Depuis bien des années déjà Victor Hugo n'est plus parmi nous. Je me souviens d'un temps où sa figure était une des plus rencontrées parmi la foule : et bien des fois je me suis demandé, en le voyant si souvent apparaître dans la turbulence des fêtes ou dans le silence des lieux solitaires, comment il pouvait concilier les nécessités de son travail assidu avec ce goût sublime, mais dangereux, des promenades et des rêveries. Cette apparente contradiction est évidemment le résultat d'une existence bien réglée et d'une forte constitution spirituelle qui lui permet de travailler en marchant, ou plutôt de ne pouvoir marcher qu'en travaillant. Sans cesse, en tous lieux, sous la lumière du soleil, dans les flots de la foule, dans les sanctuaires de l'art, le long des bibliothèques poudreuses exposées au vent, Victor Hugo, pensif et calme, avait l'air de dire à la nature extérieure : « Entre bien dans mes yeux pour que je me souvienne de toi. »

À l'époque dont je parle, époque où il exerçait une vraie dictature dans les choses littéraires, je le rencontrai quelquefois dans la compagnie d'Édouard Ourliac, par qui je connus aussi Pétrus Borel et Gérard de Nerval. Il m'apparut comme un homme très doux, très puissant, toujours maître de lui-même, et appuyé sur une sagesse abrégée, faite de quelques axiomes irréfutables. Depuis longtemps déjà il avait montré, non pas seulement dans ses livres, mais aussi dans la parure de son existence personnelle, un grand goût pour les monuments du passé, pour les meubles pittoresques, les procelaines, les gravures, et pour tout le mystérieux et brillant décor de la vie ancienne. Le critique dont l'œil négligerait ce détail, ne serait pas un vrai critique ; car non seulement ce goût du beau et même du bizarre, exprimé par la plastique, confirme le carac·`re littéraire de Victor Hugo ; non seulement il confirmait sa doctrine littéraire révolutionnaire, ou plutôt rénovatrice, mais encore il apparaissait comme complément indispensable d'un caractère poétique universel. Que Pascal, enflammé par l'ascétisme, s'obstine désormais à vivre entre quatre murs nus avec des chaises de paille ; qu'un curé de Saint-Roch (je ne me rappelle plus lequel) envoie, au grand scandale des prélats amoureux du *comfort*, tout son mobilier à l'hôtel des ventes, c'est bien, c'est beau et grand. Mais si je vois un homme de lettres, non opprimé par la misère, négliger ce qui fait la joie des yeux et l'amusement de l'imagination, je suis tenté de croire que c'est un homme de lettres fort incomplet, pour ne pas dire pis.

Quand aujourd'hui nous parcourons les poésies récentes de Victor Hugo, nous voyons que tel il était, tel il est resté : un promeneur pensif, un homme solitaire mais enthousiaste de la vie, un esprit rêveur et interrogateur. Mais ce n'est plus dans les environs boisés et fleuris de la grande ville, sur les quais accidentés de la Seine, dans les promenades fourmillantes d'enfants, qu'il fait errer ses pieds et ses yeux. Comme Démosthène, il converse avec les flots et le vent ; autrefois, il rôdait solitaire dans des lieux bouillonnant de vie humaine ;

aujourd'hui, il marche dans des solitudes peuplées par sa pensée. Ainsi est-il peut-être encore plus grand et plus singulier. Les couleurs de ses rêveries se sont teintées en solennité, et sa voix s'est approfondie en rivalisant avec celle de l'Océan. Mais là-bas comme ici, toujours il nous apparaît comme la statue de la Méditation qui marche.

II

Dans les temps, déjà si lointains, dont je parlais, temps heureux où les littérateurs étaient, les uns pour les autres, une société que les survivants regrettent et dont ils ne trouveront plus l'analogue, Victor Hugo représentait celui vers qui chacun se tourne pour demander le mot d'ordre. Jamais royauté ne fut plus légitime, plus naturelle, plus acclamée par la reconnaissance, plus confirmée par l'impuissance de la rébellion. Quand on se figure ce qu'était la poésie française avant qu'il apparût, et quel rajeunissement elle a subi depuis qu'il est venu ; quand on imagine ce peu qu'elle eût été s'il n'était pas venu ; combien de sentiments mystérieux et profonds, qui ont été exprimés, seraient restés muets ; combien d'intelligences il a accouchées, combien d'hommes qui ont rayonné par lui seraient restés obscurs, il est impossible de ne pas le considérer comme un des ces esprits rares et providentiels qui opèrent, dans l'ordre littéraire, le salut de tous, comme d'autres dans l'ordre moral et d'autres dans l'ordre politique. Le mouvement créé par Victor Hugo se continue encore sous nos yeux. Qu'il ait été puissamment secondé, personne ne le nie ; mais si aujourd'hui des hommes mûrs, des jeunes gens, des femmes du monde ont le sentiment de la bonne poésie, de la poésie profondément rythmée et vivement colorée, si le goût public s'est haussé vers les jouissances qu'il avait oubliées, c'est à Victor Hugo qu'on le doit. C'est encore son instigation puissante qui, par la main des architectes érudits et enthousiastes, répare nos cathédrales et consolide nos vieux souvenirs de pierre. Il ne coûtera à personne d'avouer tout cela, excepté à ceux pour qui la justice n'est pas une volupté.

Je ne puis parler ici de ses facultés poétiques que d'une manière abrégée. Sans doute, en plusieurs points, je ne ferai que résumer beaucoup d'excellentes choses qui ont été dites ; peut-être aurai-je le bonheur de les accentuer plus vivement.

Victor Hugo était, dès le principe, l'homme le mieux doué, le plus visiblement élu pour exprimer par la poésie ce que j'appellerai le *mystère de la vie*. La nature qui pose devant nous, de quelque côté que nous nous tournions, et qui nous enveloppe comme un mystère, se présente sous plusieurs états simultanés dont chacun, selon qu'il est plus intelligible, plus sensible pour nous, se reflète plus vivement dans nos cœurs : forme, attitude et mouvement, lumière et couleur, son et harmonie. La musique des vers de Victor Hugo s'adapte aux profondes harmonies de la nature ; sculpteur, il découpe dans ses strophes la forme inoubliable des choses ; peintre, il les illumine de leur couleur propre. Et, comme si elles venaient directement de la nature, les trois impressions pénètrent simultanément le cerveau du lecteur. De cette triple impression résulte la *morale des choses*. Aucun artiste n'est plus universel que lui, plus apte à se mettre en contact avec les forces de la vie universelle, plus disposé à prendre sans cesse un bain de nature. Non seulement il exprime nettement, il traduit littéralement la lettre nette et claire ; mais il exprime, avec *l'obscurité indispensable*, ce qui est obscur et confusément révélé. Ses œuvres abondent en traits extraordinaires de ce genre, que nous pourrions appeler des

tours de force si nous ne savions pas qu'ils lui sont essentiellement naturels. Le vers de Victor Hugo sait traduire pour l'âme humaine non seulement les plaisirs les plus directs qu'elle tire de la nature visible, mais encore les sensations les plus fugitives, les plus compliquées, les plus morales (je dis exprès sensations morales) qui nous sont transmises par l'être visible, par la nature inanimée, ou dite inanimée ; non seulement, la figure d'un être extérieur à l'homme, végétal ou minéral, mais aussi sa physionomie, son regard, sa tristesse, sa douceur, sa joie éclatante, sa haine répulsive, son enchantement ou son horreur ; enfin, en d'autres termes, tout ce qu'il y a d'humain dans n'importe quoi, et aussi tout ce qu'il y a de divin, de sacré ou de diabolique.

Ceux qui ne sont pas poètes ne comprennent pas ces choses. Fourier est venu un jour, trop pompeusement, nous révéler les mystères de l'*analogie*. Je ne nie pas la valeur de quelques-unes de ses minutieuses découvertes, bien que je croie que son cerveau était trop épris d'exactitude matérielle pour ne pas commettre d'erreurs et pour atteindre d'emblée la certitude morale de l'intuition. Il aurait pu tout aussi précieusement nous révéler tous les excellents poètes dans lesquels l'humanité lisante fait son éducation aussi bien que dans la contemplation de la nature. D'ailleurs Swedenborg, qui possédait une âme bien plus grande, nous avait déjà enseigné que *le ciel est un très grand homme ;* que tout, forme, mouvement, nombre, couleur, parfum, dans le *spirituel* comme dans le *naturel,* est significatif, réciproque, converse, *correspondant.* Lavater, limitant au visage de l'homme la démonstration de l'universelle vérité, nous avait traduit le sens spirituel du contour, de la forme, de la dimension. Si nous étendons la démonstration (non seulement nous en avons le droit, mais il nous serait infiniment difficile de faire autrement), nous arrivons à cette vérité que tout est hiéroglyphique, et nous savons que les symboles ne sont obscurs que d'une manière relative, c'est-à-dire selon la pureté, la bonne volonté ou la clairvoyance native des âmes. Or qu'est-ce qu'un poète (je prends le mot dans son acception la plus large), si ce n'est un traducteur, un déchiffreur ? Chez les excellents poètes, il n'y a pas de métaphore, de comparaison ou d'épithète qui ne soit d'une adaptation mathématiquement exacte dans la circonstance actuelle, parce que ces comparaisons, ces métaphores et ces épithètes sont puisées dans l'inépuisable fonds de l'*universelle analogie,* et qu'elles ne peuvent être puisées ailleurs. Maintenant, je demanderai si l'on trouvera, en cherchant minutieusement, non pas dans notre histoire seulement, mais dans l'histoire de tous les peuples, beaucoup de poètes qui soient, comme Victor Hugo, un si magnifique répertoire d'analogies humaines et divines. Je vois dans la Bible un prophète à qui Dieu ordonne de manger un livre. J'ignore dans quel monde Victor Hugo a mangé préalablement le dictionnaire de la langue qu'il était appelé à parler ; mais je vois que le lexique français, en sortant de sa bouche, est devenu un monde, un univers coloré, mélodieux et mouvant. Par suite de quelles circonstances historiques, fatalités philosophiques, conjonctions sidérales, cet homme est-il né parmi nous, je n'en sais rien, et je ne crois pas qu'il soit de mon devoir de l'examiner ici. Peut-être est-ce simplement parce que l'Allemagne avait eu Gœthe, et l'Angleterre Shakespeare et Byron, que Victor Hugo était légitimement dû à la France. Je vois, par l'histoire des peuples, que chacun à son tour est appelé à conquérir le monde : peut-être en est-il de la domination poétique comme du règne de l'épée. De cette faculté d'absorption de la vie extérieure, unique par son ampleur, et de cette autre faculté puissante de méditation est résulté, dans Victor Hugo,

un caractère poétique très particulier, interrogatif, mystérieux et, comme la nature, immense et minutieux, calme et agité. Voltaire ne voyait de mystère en rien, ou qu'en bien peu de choses. Mais Victor Hugo ne tranche pas le nœud gordien des choses avec la pétulance militaire de Voltaire ; ses sens subtils lui révèlent des abimes ; il voit le mystère partout. Et, de fait, où n'est-il pas ? De là dérive ce sentiment d'effroi qui pénètre plusieurs de ses plus beaux poèmes ; de là ces turbulences, ces accumulations, ces écroulements de vers, ces masses d'images orageuses, emportées avec la vitesse d'un chaos qui fuit ; de là ces répétitions fréquentes de mots, tous destinés à exprimer des ténèbres captivantes ou l'énigmatique physionomie du mystère.

III

Ainsi Victor Hugo possède non seulement la grandeur, mais l'universalité. Que son répertoire est varié ! et, quoique toujours *un* et compact, comme il est multiforme ! Je ne sais si parmi les amateurs de peintures beaucoup me ressemblent, mais je ne puis me défendre d'une vive mauvaise humeur lorsque j'entends parler d'un paysagiste (si parfait qu'il soit), d'un peintre d'animaux ou d'un peintre de fleurs, avec la même emphase qu'on mettrait à louer un peintre universel (c'est-à-dire un vrai peintre), tel que Rubens, Véronèse, Vélasquez ou Delacroix. Il me parait en effet que celui qui ne sait pas tout peindre ne peut pas être appelé peintre. Les hommes illustres que je viens de citer expriment parfaitement tout ce qu'exprime chacun des spécialistes, et, de plus, ils possèdent une imagination et une faculté créatrice qui parle vivement à l'esprit de tous les hommes. Sitôt que vous voulez me donner l'idée d'un parfait artiste, mon esprit ne s'arrête pas à la perfection dans un genre de sujets, mais il conçoit immédiatement la nécessité de la perfection dans tous les genres. Il en est de même dans la littérature en général et dans la poésie en particulier. Celui qui n'est pas capable de tout peindre, le palais et les masures, les sentiments de tendresse et ceux de cruauté, les affections limitées de la famille et la charité universelle, la grâce du végétal et les miracles de l'architecture, tout ce qu'il y a de plus doux et tout ce qui existe de plus horrible, le sens intime et la beauté extérieure de chaque religion, la physionomie morale et physique de chaque nation, tout enfin, depuis le visible jusqu'à l'invisible, depuis le ciel jusqu'à l'enfer, celui-là, dis-je, n'est vraiment pas poète dans l'immense étendue du mot et selon le cœur de Dieu. Vous dites de l'un : c'est un poète d'*intérieurs*, ou de famille ; de l'autre, c'est un poète de l'amour, et de l'autre, c'est un poète de la gloire. Mais de quel droit limitez-vous ainsi la portée des talents de chacun ? Voulez-vous affirmer que celui qui a chanté la gloire était, *par cela même*, inapte à célébrer l'amour ? Vous infirmez ainsi le sens universel du mot *poé*sie. Si vous ne voulez pas simplement faire entendre que des circonstances, qui ne viennent pas du poète, l'ont, *jusqu'à présent*, confiné dans une spécialité, je croirai toujours que vous parlez d'un pauvre poète, d'un poète incomplet, si habile qu'il soit dans *son* genre.

Ah ! avec Victor Hugo nous n'avons pas à tracer ces distinctions, car c'est un génie sans frontières. Ici nous sommes éblouis, enchantés et enveloppés comme par la vie elle-même. La transparence de l'atmosphère, la coupole du ciel, la figure de l'arbre, le regard de l'animal, la silhouette de la maison sont peints en ses livres par le pinceau du paysagiste consommé. En tout il met la palpitation de la vie. S'il peint la mer, aucune *marine* n'égalera les siennes. Les

navires qui en rayent la surface ou qui en traversent les bouillonnements auront, plus que tous ceux de tout autre peintre, cette physionomie de lutteurs passionnés, ce caractère de volonté et d'animalité qui se dégage si mystérieusement d'un appareil géométrique et mécanique de bois, de fer, de cordes et de toile ; animal monstrueux créé par l'homme, auquel le vent et le flot ajoutent la beauté d'une démarche.

Quant à l'amour, à la guerre, aux joies de la famille, aux tristesses du pauvre, aux magnificences nationales, à tout ce qui est plus particulièrement l'homme, et qui forme le domaine du peintre de genre et du peintre d'histoire, qu'avons-nous vu de plus riche et de plus concret que les poésies lyriques de Victor Hugo ? Ce serait sans doute ici le cas, si l'espace le permettait, d'analyser l'atmosphère morale qui plane et circule dans ses poèmes, laquelle participe très sensiblement du tempérament propre de l'auteur. Elle me paraît porter un caractère très manifeste d'amour égal pour ce qui est très fort comme pour ce qui est très faible, et l'attraction exercée sur le poète par ces deux extrêmes tire sa raison d'une origine unique, qui est la force même, la vigueur originelle dont il est doué. La force l'enchante et l'enivre ; il va vers elle comme vers une parente : attraction fraternelle. Ainsi est-il emporté irrésistiblement vers tout symbole de l'infini, la mer, le ciel ; vers tous les représentants anciens de la force, géants homériques ou bibliques, paladins, chevaliers ; vers les bêtes énormes et redoutables. Il caresse en se jouant ce qui ferait peur à des mains débiles ; il se meut dans l'immense, sans vertige. En revanche, mais par une tendance différente dont la source est pourtant la même, le poète se montre toujours l'ami attendri de tout ce qui est faible, solitaire, contristé ; de tout ce qui est orphelin : attraction paternelle. Le fort qui devine un frère dans tout ce qui est fort, voit ses enfants dans tout ce qui a besoin d'être protégé ou consolé. C'est de la force même et de la certitude qu'elle donne à celui qui la possède que dérive l'esprit de justice et de charité. Ainsi se produisent sans cesse, dans les poèmes de Victor Hugo, ces accents d'amour pour les femmes tombées, pour les pauvres gens broyés dans les engrenages de nos sociétés, pour les animaux martyrs de notre gloutonnerie et de notre despotisme. Peu de personnes ont remarqué le charme et l'enchantement que la bonté ajoute à la force et qui se fait voir si fréquemment dans les œuvres de notre poète. Un sourire et une larme dans le visage d'un colosse, c'est une originalité presque divine. Même dans ces petits poèmes consacrés à l'amour sensuel, dans ces strophes d'une mélancolie si voluptueuse et si mélodieuse, on entend, comme l'accompagnement permanent d'un orchestre, la voix profonde de la charité. Sous l'amant, on sent un père et un protecteur. Il ne s'agit pas ici de cette morale prêcheuse qui, par son air de pédanterie, par son ton didactique, peut gâter les plus beaux morceaux de poésie, mais d'une morale inspirée qui se glisse, invisible, dans la matière poétique, comme les fluides impondérables dans toute la machine du monde. La morale n'entre pas dans cet art à titre de but ; elle s'y mêle et s'y confond comme dans la vie elle-même. Le poète est moraliste sans le vouloir, par abondance et plénitude de nature.

IV

L'excessif, l'immense, sont le domaine naturel de Victor Hugo ; il s'y meut comme dans son atmosphère natale. Le génie qu'il a de tout temps déployé dans la peinture de *toute la monstruosité* qui enveloppe l'homme est vraiment prodigieux. Mais c'est surtout dans ces dernières années qu'il a subi l'influence

métaphysique qui s'exhale de toutes ces choses, curiosité d'un Œdipe obsédé par d'innombrables Sphinx. Cependant qui ne se souvient de *La Pente de la rêverie*, déjà si vieille de date ? Une grande partie de ses œuvres récentes semble le développement aussi régulier qu'énorme de la faculté qui a présidé à la génération de ce poème enivrant. On dirait que dès lors l'interrogation s'est dressée avec plus de fréquence devant le poète rêveur, et qu'à ses yeux tous les côtés de la nature se sont incessamment hérissés de problèmes. Comment le père *un* a-t-il pu engendrer la dualité et s'est-il enfin métamorphosé en une population innombrable de nombres ? Mystère ! La totalité infinie des nombres doit-elle ou peut-elle se concentrer de nouveau dans l'unité originelle ? Mystère ! La contemplation suggestive du ciel occupe une place immense et dominante dans les derniers ouvrages du poète. Quel que soit le sujet traité, le ciel le domine et le surplombe comme une coupole immuable d'où plane le mystère avec la lumière, où le mystère scintille, où le mystère invite la rêverie curieuse, d'où le mystère repousse la pensée décourageée. Ah ! malgré Newton et malgré Laplace, la certitude astronomique n'est pas, aujourd'hui même, si grande que la rêverie ne puisse se loger dans les vastes lacunes non encore explorées par la science moderne. Très légitimement, le poète laisse errer sa pensée dans un dédale enivrant de conjectures. Il n'est pas un problème agité ou attaqué, dans n'importe quel temps ou par quelle philosophie, qui ne soit venu réclamer fatalement sa place dans les œuvres du poète. Le monde des astres et le monde des âmes sont-ils finis ou infinis ? L'éclosion des êtres est-elle permanente dans l'immensité comme dans la petitesse ? Ce que nous sommes tentés de prendre pour la multiplication infinie des êtres ne serait-il qu'un mouvement de circulation ramenant ces mêmes êtres à la vie vers des époques et dans des conditions marquées par une loi suprême et omnicompré-hensive ? La matière et le mouvement ne seraient-ils que la respiration et l'aspiration d'un Dieu qui, tour à tour, profère des mondes à la vie et les rappelle dans son sein ? Tout ce qui est multiple deviendra-t-il un, et de nouveaux univers, jaillissant de la pensée de Celui dont l'unique bonheur et l'unique fonction sont de produire sans cesse, viendront-ils un jour remplacer notre univers et tous ceux que nous voyons suspendus autour de nous ? Et la conjecture sur l'appropriation morale, sur la destination de tous ces mondes, nos voisins inconnus, ne prend-elle pas aussi naturellement sa place dans les immenses domaines de la poésie ? Germinations, éclosions, floraisons, éruptions successives, simultanées, lentes ou soudaines, progressives ou complètes, d'astres, d'étoiles, de soleils, de constellations, êtes-vous simple-ment les formes de la vie de Dieu, ou des habitations préparées par sa bonté ou sa justice à des âmes qu'il veut éduquer et rapprocher progressivement de lui-même ? Mondes éternellement étudiés, à jamais inconnus peut-être, oh ! dites, avez-vous des destinations de paradis, d'enfers, de purgatoires, de cachots, de villas, de palais, etc. ?... Que des systèmes et des groupes nouveaux, affectant des formes inattendues, adoptant des combinaisons imprévues, subissant des lois non enregistrées, imitant tous les caprices providentiels d'une géométrie trop vaste et trop compliquée pour le compas humain, puissent jaillir des limbes de l'avenir, qu'y aurait-il, dans cette pensée, de si *exorbitant*, de si monstrueux, et qui sortît des limites légitimes de la conjecture poétique ? Je m'attache à ce mot *conjecture*, qui sert à définir, passablement, le caractère extra-scientifique de toute poésie. Entre les mains d'un autre poète que Victor Hugo, de pareils thèmes et de pareils sujets auraient pu trop facilement adopter

la forme didactique, qui est la plus grande ennemie de la véritable poésie.

Raconter vers les lois *connues*, selon lesquelles se meut un monde moral ou sidéral, c'est décrire ce qui est découvert et ce qui tombe tout entier sous le télescope ou le compas de la science, c'est se réduire aux devoirs de la science et empiéter sur ses fonctions, et c'est embarrasser son langage traditionnel de l'ornement superflu, et dangereux ici, de la rime ; mais s'abandonner à toutes les rêveries suggérées par le spectacle infini de la vie sur la terre et dans les cieux, est le droit légitime du premier venu, conséquemment du poète, à qui il est accordé alors de traduire, dans un langage magnifique, autre que la prose et la musique, les conjectures éternelles de la curieuse humanité.

En décrivant ce qui est, le poète se dégrade et descend au rang de professeur ; en racontant le possible, il reste fidèle à sa fonction ; il est une âme collective qui interroge, qui pleure, qui espère, et qui devine quelquefois.

<p style="text-align:center">V</p>

Une nouvelle preuve du même goût infaillible se manifeste dans le dernier ouvrage dont Victor Hugo nous ait octroyé la jouissance, je veux dire *La Légende des siècles*. Excepté à l'aurore de la vie des nations, où la poésie est à la fois l'expression de leur âme et le répertoire de leurs connaissances, l'histoire mise en vers est une dérogation aux lois qui gouvernent les deux genres, l'histoire et la poésie ; c'est un outrage aux deux Muses. Dans les périodes extrêmement cultivées il se fait, dans le monde spirituel, une division du travail qui fortifie et perfectionne chaque partie ; et celui qui alors tente de créer le poème épique, tel que le comprenaient les nations plus jeunes, risque de diminuer l'effet magique de la poésie, ne fût-ce que par la longueur insupportable de l'œuvre, et en même temps d'enlever à l'histoire une partie de la sagesse et de la sévérité qu'exigent d'elle les nations âgées. Il n'en résulte la plupart du temps qu'un fastidieux ridicule. Malgré tous les honorables efforts d'un philosophe français [1], qui a cru qu'on pouvait subitement, sans une grâce ancienne et sans longues études, mettre le vers au service d'une thèse poétique, Napoléon est encore aujourd'hui trop historique pour être fait légende. Il n'est pas plus permis que possible à l'homme, même à l'homme de génie, de reculer ainsi les siècles artificiellement. Une pareille idée ne pouvait tomber que dans l'esprit d'un philosophe, d'un professeur, c'est-à-dire d'un homme absent de la vie. Quand Victor Hugo, dans ses premières poésies, essaye de nous montrer Napoléon comme un personnage légendaire, il est encore un Parisien qui parle, un contemporain ému et rêveur ; il évoque la légende *possible* de l'avenir ; il ne la réduit pas d'autorité à l'état de *passé*.

Or, pour en revenir à *La Légende des siècles*, Victor Hugo a créé le seul poème épique qui pût être créé par un homme de son temps pour des lecteurs de son temps. D'abord les poèmes qui constituent l'ouvrage sont généralement courts, et même la brièveté de quelques-uns n'est pas moins extraordinaire que leur énergie. Ceci est déjà une considération importante, qui témoigne d'une connaissance absolue de tout le possible de la poésie moderne. Ensuite, voulant créer le poème épique moderne, c'est-à-dire le poème tirant son origine ou plutôt son prétexte de l'histoire, il s'est bien gardé d'emprunter à l'histoire autre chose que ce qu'elle peut légitimement et fructueusement prêter à la poésie : je veux dire la légende, le mythe, la fable, qui sont comme des concentrations de vie nationale, comme des réservoirs profonds où dorment le sang et les larmes des peuples. Enfin il n'a pas chanté plus particulièrement

telle ou telle nation, la passion de tel ou tel siècle ; il est monté tout de suite à une de ces hauteurs philosophiques d'où le poète peut considérer toutes les évolutions de l'humanité avec un regard également curieux, courroucé ou attendri. Avec quelle majesté il a fait défiler les siècles devant nous, comme des fantômes qui sortiraient d'un mur ; avec quelle autorité il les a fait se mouvoir, chacun doué de son parfait costume, de son vrai visage, de sa sincère allure, nous l'avons tous vu. Avec quel art sublime et subtil, avec quelle familiarité terrible ce prestidigitateur a fait parler et gesticuler les Siècles, il ne me serait pas impossible de l'expliquer ; mais ce que je tiens surtout à faire observer, c'est que cet art ne pouvait se mouvoir à l'aise que dans le milieu légendaire, et que c'est (abstraction faite du talent du magicien) le choix du terrain qui facilitait les évolutions du spectacle.

Du fond de son exil, vers lequel nos regards et nos oreilles sont tendus, le poète chéri et vénéré nous annonce de nouveaux poèmes. Dans ces derniers temps il nous a prouvé que, pour vraiment limité qu'il soit, le domaine de la poésie n'en est pas moins, par le droit du génie, presque illimité. Dans quel ordre de choses, par quels nouveaux moyens renouvellera-t-il sa preuve ? Est-ce à la bouffonnerie, par exemple (je tire au hasard), à la gaieté immortelle, à la joie, au surnaturel, au féerique et au merveilleux, doués par lui de ce caractère immense, superlatif, dont il sait douer toutes choses, qu'il voudra désormais emprunter des enchantements inconnus ? Il n'est pas permis à la critique de le dire ; mais ce qu'elle peut affirmer sans crainte de faillir, parce qu'elle en a déjà vu les preuves successives, c'est qu'il est un de ces mortels si rares, plus rares encore dans l'ordre littéraire que dans tout autre, qui tirent une nouvelle force des années et qui vont, par un miracle incessamment répété, se rajeunissant et se renforçant jusqu'au tombeau.

II

AUGUSTE BARBIER[1]

Si je disais que le but d'Auguste Barbier a été la recherche du beau, sa recherche exclusive et primordiale, je crois qu'il se fâcherait, et visiblement il en aurait le droit. Quelque magnifiques que soient ses vers, le *vers* en lui-même n'a pas été son amour principal. Il s'était évidemment assigné un but qu'il croit d'une nature beaucoup plus noble et plus haute. Je n'ai ni assez d'autorité ni assez d'éloquence pour le détromper ; mais je profiterai de l'occasion qui s'offre pour traiter une fois de plus cette fastidieuse question de l'alliance du Bien avec le Beau, qui n'est devenue obscure et douteuse que par l'affaiblissement des esprits.

Je suis d'autant plus à l'aise que, d'un côté, la gloire de ce poète est faite et que la postérité ne l'oubliera pas, et que, de l'autre, j'ai moi-même pour ses talents une admiration immense et de vieille date. Il a fait des vers superbes ; il est naturellement éloquent ; son âme a des bondissements qui enlèvent le lecteur. Sa langue, vigoureuse et pittoresque, a presque le charme du latin. Elle jette des lueurs sublimes. Ses premières compositions sont restées dans toutes les mémoires. Sa gloire est des plus méritées. Tout cela est incontestable.

Mais l'origine de cette gloire n'est pas *pure* ; car elle est née de *l'occasion*. La poésie se suffit à elle-même. Elle est éternelle et ne doit jamais avoir besoin d'un secours extérieur. Or une partie de la gloire d'Auguste Barbier lui vient des

circonstances au milieu desquelles il jeta ses premières poésies. Ce qui les fait admirables, c'est le mouvement lyrique qui les anime, et non pas, comme il le croit sans doute, les pensées honnêtes qu'elles sont chargées d'exprimer. *Facit indignatio versum*, nous dit un poète antique[1], qui, si grand qu'il soit, était intéressé à le dire ; cela est vrai ; mais il est bien certain aussi que le vers fait par simple amour du vers a, pour être beau, quelques chances de plus que le vers fait par *indignation*. Le monde est plein de gens très indignés qui cependant ne feront jamais de beaux vers. Ainsi, nous constatons dès le commencement que, si Auguste Barbier a été grand poète, c'est parce qu'il possédait les facultés ou une partie des facultés qui font le grand poète, et non parce qu'il exprimait la pensée indignée des honnêtes gens.

Il y a en effet dans l'erreur publique une confusion très facile à débrouiller. Tel poème est beau et honnête ; mais il n'est pas beau *parce qu'*il est honnête. Tel autre, beau et déshonnête ; mais sa beauté ne lui vient pas de son immoralité, ou plutôt, pour parler nettement, ce qui est beau n'est pas plus honnête que déshonnête. Il arrive le plus souvent, je le sais, que la poésie vraiment belle emporte les âmes vers un monde céleste ; la beauté est une qualité si forte qu'elle ne peut qu'ennoblir les âmes ; mais cette beauté est une chose tout à fait inconditionnelle, et il y a beaucoup à parier que si vous voulez, vous poète, vous imposer à l'avance un but moral, vous diminuerez considérablement votre puissance poétique.

Il en est de la condition de moralité imposée aux œuvres d'art comme de cette autre condition non moins ridicule que quelques-uns veulent leur faire subir, à savoir d'exprimer des pensées ou des *idées* tirées d'un monde étranger à l'art, des *idées* scientifiques, des *idées* politiques, etc. Tel est le point de départ des esprits faux, ou du moins des esprits qui, n'étant pas absolument poétiques, veulent raisonner poésie. L'idée, disent-ils, est la chose la plus importante (ils devraient dire : l'idée et la forme sont deux êtres en un) : naturellement, fatalement, ils se disent bientôt : Puisque l'idée est la chose importante par excellence, la forme, moins importante, peut être négligée sans danger. Le résultat est l'anéantissement de la poésie.

Or, chez Auguste Barbier, naturellement poète, et grand poète, le souci perpétuel et exclusif d'exprimer des pensées honnêtes ou utiles a amené peu à peu un léger mépris de la correction, du poli et du fini, qui suffirait à lui seul pour constituer une décadence.

Dans *La Tentation* (son premier poème, supprimé dans les éditions postérieures de ses *Iambes*), il avait montré tout de suite une grandeur, une majesté d'allure, qui est sa vraie distinction, et qui ne l'a jamais abandonné, même dans les moments où il s'est montré le plus infidèle à l'idée poétique pure. Cette grandeur naturelle, cette éloquence lyrique, se manifestèrent d'une manière éclatante dans toutes les poésies *adaptées* à la révolution de 1830 et aux troubles spirituels ou sociaux qui la suivirent. Mais ces poésies, je le répète, étaient *adaptées* à des circonstances, et, si belles qu'elles soient, elles sont marquées du misérable caractère de la circonstance et de la mode. *Mon vers, rude et grossier, est honnête homme au fond*, s'écrie le poète ; mais était-ce bien comme poète qu'il ramassait dans la conversation bourgeoise les lieux communs de morale niaise ? Ou était-ce comme honnête homme qu'il voulait rappeler sur notre scène la *Melpomène à la blanche tunique* (qu'est-ce que Melpomène a à faire avec l'honnêteté ?) et en expulser les drames de Victor Hugo et d'Alexandre Dumas ? J'ai remarqué (je le dis sans rire) que les

personnes trop amoureuses d'utilité et de morale négligent volontiers la grammaire, absolument comme les personnes passionnées. C'est une chose douloureuse de voir un poète aussi bien doué supprimer les articles et les adjectifs possessifs, quand ces monosyllabes ou ces dissyllabes le gênent, et employer un mot dans un sens contraire à l'usage parce que ce mot a le nombre de syllabes qui lui convient. Je ne crois pas, en pareil cas, à l'impuissance ; j'accuse plutôt l'indolence naturelle des inspirés. Dans ses chants sur la décadence de l'Italie et sur les misères de l'Angleterre et de l'Irlande (Il *Pianto* et *Lazare*), il y a, comme toujours, je le répète, des accents sublimes ; mais la même affectation d'utilité et de morale vient gâter les plus nobles impressions. Si je ne craignais pas de calomnier un homme si digne de respect à tous égards, je dirais que cela ressemble un peu à une grimace. Se figure-t-on une *Muse* qui *grimace* ? Et puis ici se présente un nouveau défaut, une nouvelle affectation, non pas celle de la rime négligée ou de la suppression des articles : je veux parler d'une certaine solennité plate ou d'une certaine platitude solennelle qui nous était jadis donnée pour une majestueuse et pénétrante simplicité. Il y a des modes en littérature comme en peinture, comme dans le vêtement ; il fut un temps où dans la poésie, dans la peinture, le *naïf* était l'objet d'une grande recherche, une espèce nouvelle de préciosité. La platitude devenait une gloire, et je me souviens qu'Édouard Ourliac me citait en riant, comme modèle du genre, ce vers de sa composition :

Les cloches du couvent de Sainte-Madeleine
.

On en trouvera beaucoup de semblables dans les poésies de Brizeux, et je ne serais pas étonné que l'amitié d'Antony Deschamps et de Brizeux ait servi à incliner Auguste Barbier vers cette grimace dantesque.

À travers tout son œuvre nous retrouvons les mêmes défauts et les mêmes qualités. Tout a l'air soudain, spontané ; le trait vigoureux, à la manière latine, jaillit sans cesse à travers les défaillances et les maladresses. Je n'ai pas besoin, je présume, de faire observer que *Pot-de-vin, Érostrate, Chants civils et religieux*, sont des œuvres dont chacune a un but moral. Je saute par-dessus un petit volume d'*Odelettes* qui n'est qu'un affligeant effort vers la grâce antique, et j'arrive à *Rimes héroïques*. Ici, pour tout dire, apparait et éclate toute la folie du siècle dans son inconsciente nudité. Sous prétexte de faire des sonnets en l'honneur des grands hommes, le poète a chanté le paratonnerre et la machine à tisser. On devine jusqu'à quel prodigieux ridicule cette confusion d'idées et de fonctions pourrait nous entrainer. Un de mes amis a travaillé à un poème anonyme sur l'invention d'un dentiste ; aussi bien les vers auraient pu être bons et l'auteur plein de conviction. Cependant qui oserait dire que, même en ce cas c'eût été de la poésie ? J'avoue que, quand je vois de pareilles dilapidations de rythmes et de rimes, j'éprouve une tristesse d'autant plus grande que le poète est plus grand ; et je crois, à en juger par de nombreux symptômes, qu'on pourrait aujourd'hui, sans faire rire personne, affirmer la plus monstrueuse, la plus ridicule et la plus insoutenable des erreurs, à savoir que *le but de la poésie est de répandre les lumières parmi le peuple, et, à l'aide de la rime et du nombre, de fixer plus facilement les découvertes scientifiques dans la mémoire des hommes.*

Si le lecteur m'a suivi attentivement, il ne sera pas étonné que je résume ainsi cet article, où j'ai mis encore plus de douleur que de raillerie : *Auguste Barbier*

est un grand poète, et justement il passera toujours pour tel. Mais il a été un grand poète malgré lui, pour ainsi dire; il a essayé de gâter par une idée fausse de la poésie de superbes facultés poétiques; très heureusement ces facultés étaient assez fortes pour résister même au poète qui les voulait diminuer.

III

MARCELINE DESBORDES-VALMORE[1]

Plus d'une fois un de vos amis, comme vous lui faisiez confidence d'un de vos goûts ou d'une de vos passions, ne vous a-t-il pas dit : « Voilà qui est singulier ! car cela est en complet désaccord avec toutes vos autres passions et avec votre doctrine »? Et vous répondiez : « C'est possible, mais c'est ainsi. J'aime cela ; je l'aime, probablement à cause même de la violente contradiction qu'y trouve tout mon être. » Tel est mon cas vis-à-vis de Mme Desbordes-Valmore. Si le cri, si le soupir naturel d'une âme d'élite, si l'ambition désespérée du cœur, si les facultés soudaines, irréfléchies, si tout ce qui est gratuit et vient de Dieu, suffisent à faire le grand poète, Marceline Valmore est et sera toujours un grand poète. Il est vrai que si vous prenez le temps de remarquer tout ce qui lui manque de ce qui peut s'acquérir par le travail, sa grandeur se trouvera singulièrement diminuée ; mais au moment même où vous vous sentirez le plus impatienté et désolé par la négligence, par le cahot, par le trouble, que vous prenez, vous, homme réfléchi et toujours responsable, pour un parti pris de paresse, une beauté soudaine, inattendue, non égalable, se dresse, et vous voilà enlevé irrésistiblement au fond du ciel poétique. Jamais aucun poète ne fut plus naturel ; aucun ne fut jamais moins artificiel. Personne n'a pu imiter ce charme, parce qu'il est tout original et natif.

Si jamais homme désira pour sa femme ou sa fille les dons et les honneurs de la Muse, il n'a pu les désirer d'une autre nature que ceux qui furent accordés à Mme Valmore. Parmi le personnel assez nombreux des femmes qui se sont de nos jours jetées dans le travail littéraire, il en est bien peu dont les ouvrages n'aient été, sinon une désolation pour leur famille, pour leur amant même (car les hommes les moins pudiques aiment la pudeur dans l'objet aimé), au moins entachés d'un de ces ridicules masculins qui prennent dans la femme les proportions d'une monstruosité. Nous avons connu la femme-auteur philan-thrope, la prêtresse systématique de l'amour, la poétesse républicaine, la poétesse de l'avenir, fouriériste ou saint-simonienne ; et nos yeux, amoureux de beau, n'ont jamais pu s'accoutumer à toutes ces laideurs compassées, à toutes ces scélératesses impies (il y a même des poétesses de l'impiété), à tous ces sacrilèges pastiches de l'esprit mâle.

Mme Desbordes-Valmore fut femme, fut toujours femme et ne fut absolu-ment que femme ; mais elle fut à un degré extraordinaire l'expression poétique de toutes les beautés naturelles de la femme. Qu'elle chante les langueurs du désir dans la jeune fille, la désolation morne d'une Ariane abandonnée ou les chauds enthousiasmes de la charité maternelle, son chant garde toujours l'accent délicieux de la femme ; pas d'emprunt, pas d'ornement factice, rien que l'*éternel féminin*, comme dit le poète allemand. C'est donc dans sa sincérité même que Mme Valmore a trouvé sa récompense, c'est-à-dire une gloire que nous croyons aussi solide que celle des artistes parfaits. Cette torche

qu'elle agite à nos yeux pour éclairer les mystérieux bocages du sentiment, ou qu'elle pose, pour le raviver, sur notre plus intime souvenir, amoureux ou filial, cette torche, elle l'a allumée au plus profond de son propre cœur. Victor Hugo a exprimé magnifiquement, comme tout ce qu'il exprime, les beautés et les enchantements de la vie de famille; mais seulement dans les poésies de l'ardente Marceline vous trouverez cette chaleur de couvée maternelle, dont quelques-uns, parmi les fils de la femme, moins ingrats que les autres, ont gardé le délicieux souvenir. Si je ne craignais pas qu'une comparaison trop animale fût prise pour un manque de respect envers cette adorable femme, je dirais que je trouve en elle la grâce, l'inquiétude, la souplesse et la violence de la femelle, chatte ou lionne, amoureuse de ses petits.

On a dit que Mme Valmore, dont les premières poésies datent déjà de fort loin (1818), avait été de notre temps rapidement oubliée. Oubliée par qui, je vous prie ? Par ceux-là qui, ne sentant rien, ne peuvent se souvenir de rien. Elle a les grandes et vigoureuses qualités qui s'imposent à la mémoire, les trouées profondes faites à l'improviste dans le cœur, les explosions magiques de la passion. Aucun auteur ne cueille plus facilement la formule unique du sentiment, le sublime qui s'ignore. Comme les soins les plus simples et les plus faciles sont un obstacle invincible à cette plume fougueuse et inconsciente, en revanche ce qui est pour toute autre l'objet d'une laborieuse recherche vient naturellement s'offrir à elle; c'est une perpétuelle trouvaille. Elle trace des merveilles avec l'insouciance qui préside aux billets destinés à la boîte aux lettres. Âme charitable et passionnée, comme elle se définit bien, mais toujours involontairement, dans ce vers :

Tant que l'on peut donner, on ne peut pas mourir !

Âme trop sensible, sur qui les aspérités de la vie laissaient une empreinte ineffaçable, à elle surtout, désireuse du Léthé, il était permis de s'écrier :

Mais si de la mémoire on ne doit pas guérir,
À quoi sert, ô mon âme, à quoi sert de mourir ?

Certes, personne n'eut plus qu'elle le droit d'écrire en tête d'un récent volume :

Prisonnière en ce livre une âme est renfermée !

Au moment où la mort est venue pour la retirer de ce monde où elle savait si bien souffrir, et la porter vers le ciel dont elle désirait si ardemment les paisibles joies, Mme Desbordes-Valmore, prêtresse infatigable de la Muse, et qui ne savait pas se taire, parce qu'elle était toujours pleine de cris et de chants qui voulaient s'épancher, préparait encore un volume, dont les épreuves venaient une à une s'étaler sur le lit de douleur qu'elle ne quittait plus depuis deux ans. Ceux qui l'aidaient pieusement dans cette préparation de ses adieux m'ont dit que nous y trouverions tout l'éclat d'une vitalité qui ne se sentait jamais si bien vivre que dans la douleur. Hélas ! ce livre sera une couronne posthume à ajouter à toutes celles, déjà si brillantes, dont doit être parée une de nos tombes les plus fleuries.

Je me suis toujours plu à chercher dans la nature extérieure et visible des exemples et des métaphores qui me servissent à caractériser les jouissances et les impressions d'un ordre spirituel. Je rêve à ce que me faisait éprouver la poésie de Mme Valmore quand je la parcourus avec ces yeux de l'adolescence

qui sont, chez les hommes nerveux, à la fois si ardents et si clairvoyants. Cette poésie m'apparait comme un jardin ; mais ce n'est pas la solennité grandiose de Versailles ; ce n'est pas non plus le pittoresque vaste et théâtral de la savante Italie, qui connait si bien l'art d'*édifier des jardins (œdificat hortos)* ; pas même, non, pas même *la Vallée des Flûtes* ou *le Ténare* de notre vieux Jean-Paul. C'est un simple jardin anglais, romantique et romanesque. Des massifs de fleurs y représentent les abondantes expressions du sentiment. Des étangs, limpides et immobiles, qui réfléchissent toutes choses s'appuyant à l'envers sur la voûte renversée des cieux, figurent la profonde résignation toute parsemée de souvenirs. Rien ne manque à ce charmant jardin d'un autre âge, ni quelques ruines gothiques se cachant dans un lieu agreste, ni le mausolée inconnu qui, au détour d'une allée, surprend notre âme et lui recommande de penser à l'éternité. Des allées sinueuses et ombragées aboutissent à des horizons subits. Ainsi la pensée du poète, après avoir suivi de capricieux méandres, débouche sur les vastes perspectives du passé ou de l'avenir ; mais ces ciels sont trop vastes pour être généralement purs, et la température du climat trop chaude pour n'y pas amasser des orages. Le promeneur, en contemplant ces étendues voilées de deuil, sent monter à ses yeux les pleurs de l'hystérie, *hysterical tears*. Les fleurs se penchent vaincues, et les oiseaux ne parlent qu'à voix basse. Après un éclair précurseur, un coup de tonnerre a retenti : c'est l'explosion lyrique ; enfin un déluge inévitable de larmes rend à toutes ces choses, prostrées, souffrantes et découragées, la fraicheur et la solidité d'une nouvelle jeunesse !

IV

THÉOPHILE GAUTIER

Le cri du sentiment est toujours absurde ; mais il est sublime, parce qu'il est absurde. *Quia absurdum !*

> Que faut-il au républicain ?
> Du cœur, du fer, un peu de pain !
> Du cœur pour se venger*,
> Du fer pour l'étranger,
> Et du pain pour ses frères !

Voilà ce que dit *La Carmagnole ;* voilà le cri absurde et sublime. Désirez-vous, dans un autre ordre de sentiments, l'analogue exact ? Ouvrez Théophile Gautier : l'amante courageuse et ivre de son amour veut enlever l'amant, lâche, indécis, qui résiste et objecte que le désert est sans ombrage et sans eau, et la fuite pleine de dangers. Sur quel ton répond-elle ? Sur le ton absolu du sentiment :

> Mes cils te feront de l'ombre !
> Ensemble nous dormirons
> Sous mes cheveux, tente sombre.
> Fuyons ! Fuyons !
>
> Sous le bonheur mon cœur ploie !
> Si l'eau manque aux stations,
> Bois les larmes de ma joie !
> Fuyons ! Fuyons !

* Variante : *Pour le danger — Pour se venger* est plus dans le ton de ce chant, que Gœthe aurait pu appeler, plus justement que *La Marseillaise,* l'hymne de la canaille.

Il serait facile de trouver dans le même poète d'autres exemples de la même qualité :

> J'ai demandé la vie à l'amour qui la donne !
> Mais vainement.

s'écrie don Juan, que le poète, dans le pays des âmes, prie de lui expliquer l'énigme de la vie.

Or j'ai voulu tout d'abord prouver que Théophile Gautier possédait, tout aussi bien que s'il n'était pas un parfait artiste, cette fameuse qualité que les badauds de la critique s'obstinent à lui refuser : le sentiment. Que de fois il a exprimé, et avec quelle magie de langage ! ce qu'il y a de plus délicat dans la tendresse et dans la mélancolie ! Peu de personnes ont daigné étudier ces fleurs merveilleuses, je ne sais trop pourquoi, et je n'y vois pas d'autre motif que la répugnance native des Français pour la perfection. Parmi les innombrables préjugés dont la France est si fière, notons cette idée qui court les rues, et qui naturellement est écrite en tête des préceptes de la critique vulgaire, à savoir qu'un ouvrage *trop bien* écrit *doit* manquer de sentiment. Le sentiment, par sa nature populaire et familière, attire exclusivement la foule, que ses précepteurs habituels éloignent autant que possible des ouvrages bien écrits. Aussi bien avouons tout de suite que Théophile Gautier, feuilletoniste très accrédité, est mal connu comme romancier, mal apprécié comme conteur de voyages et presque *inconnu* comme poète, surtout si l'on veut mettre en balance la mince popularité de ses poésies avec leurs brillants et immenses mérites.

Victor Hugo, dans une de ses odes, nous représente Paris à l'état de ville morte, et dans ce rêve lugubre et plein de grandeur, dans cet amas de ruines douteuses lavées par une eau *qui se brisait à tous les ponts sonores, rendue* maintenant *aux joncs murmurants et penchés*, il aperçoit encore trois monuments d'une nature plus solide, plus indestructible, qui suffisent à raconter notre histoire. Figurez-vous, je vous prie, la langue française à l'état de langue morte. Dans les écoles des nations nouvelles, on enseigne la langue d'un peuple qui fut grand, du peuple français. Dans quels auteurs supposez-vous que les professeurs. les linguistes d'alors, puiseront la connaissance des principes et des grâces de la langue française ? Sera-ce, je vous prie, dans les capharnaüms du sentiment ou de ce que vous appelez le sentiment ? Mais ces productions, qui sont vos préférées, seront, grâce à leur incorrection, les moins intelligibles et les moins traduisibles ; car il n'y a rien qui soit plus obscur que l'erreur et le désordre. Si dans ces époques, situées moins loin peut-être que ne l'imagine l'orgueil moderne, les poésies de Théophile Gautier sont retrouvées par quelque savant amoureux de beauté, je devine, je comprends, je vois sa joie. Voilà donc la vraie langue française ! la langue des grands esprits et des esprits raffinés ! Avec quel délice son œil se promènera dans tous ces poèmes si purs et si précieusement ornés ! Comme toutes les ressources de notre belle langue, incomplètement connues, seront devinées et appréciées ! Et que de gloire pour le traducteur intelligent qui voudra lutter contre ce grand poète, immortalité embaumée dans des décombres plus soigneux que la mémoire de ses contemporains ! Vivant, il avait souffert de l'ingratitude des siens ; il a attendu longtemps ; mais enfin le voilà récompensé. Des commentateurs clairvoyants établissent le lien littéraire qui nous unit au XVIe siècle. L'histoire des générations s'illumine. Victor Hugo est enseigné et paraphrasé dans les universités ; mais aucun lettré n'ignore que l'étude de ses resplendissantes poésies doit être complétée par l'étude des poésies de Gautier. Quelques-uns

poésies doit être complétée par l'étude des poésies de Gautier. Quelques-uns observent même que pendant que le majestueux poète était entraîné par des enthousiasmes quelquefois peu propices à son art, le poète précieux, plus fidèle, plus concentré, n'en est jamais sorti. D'autres s'aperçoivent qu'il a même ajouté des forces à la poésie française, qu'il en a agrandi le répertoire et augmenté le dictionnaire, sans jamais manquer aux règles les plus sévères de la langue que sa naissance lui commandait de parler. Heureux homme! homme digne d'envie! il n'a aimé que le Beau; il n'a cherché que le Beau; et quand un objet grotesque ou hideux s'est offert à ses yeux, il a su encore en extraire une mystérieuse et symbolique beauté! Homme doué d'une faculté unique, puissante comme la Fatalité, il a exprimé, sans fatigue, sans effort, toutes les attitudes, tous les regards, toutes les couleurs qu'adopte la nature, ainsi que le sens intime contenu dans tous les objets qui s'offrent à la contemplation de l'œil humain.

Sa gloire est double et une en même temps. Pour lui l'idée et l'expression ne sont pas deux choses contradictoires qu'on ne peut accorder que par un grand effort ou par de lâches concessions. À lui seul peut-être il appartient de dire sans emphase : *Il n'y a pas d'idées inexprimables* ! Si, pour arracher à l'avenir la justice due à Théophile Gautier, j'ai supposé la France disparue, c'est parce que je sais que l'esprit humain, quand il consent à sortir du présent, conçoit mieux l'idée de justice. Tel le voyageur, en s'élevant, comprend mieux la topographie du pays qui l'environne. Je ne veux pas crier, comme les prophètes cruels : Ces temps sont proches ! Je n'appelle aucun désastre, même pour donner la gloire à mes amis. J'ai construit une fable pour faciliter la démonstration aux esprits faibles ou aveugles. Car parmi les vivants clairvoyants, qui ne comprend qu'on citera un jour Théophile Gautier, comme on cite La Bruyère, Buffon, Chateaubriand, c'est-à-dire comme un des maîtres les plus sûrs et les plus rares en matière de langue et de style ?

V

PÉTRUS BOREL[1]

Il y a des noms qui deviennent proverbes et adjectifs. Quand un petit journal veut, en 1859, exprimer tout le dégoût et le mépris que lui inspire une poésie ou un roman d'un caractère sombre et outré, il lance le mot : *Pétrus Borel !* et tout est dit. Le jugement est prononcé, l'auteur est foudroyé.

Pétrus Borel, ou Champavert le Lycanthrope, auteur de *Rhapsodies*, de *Contes immoraux* et de *Madame Putiphar*, fut une des étoiles du sombre ciel romantique. Étoile oubliée ou éteinte, qui s'en souvient aujourd'hui, et qui la connaît assez pour prendre le droit d'en parler si délibérément ? « Moi », dirai-je volontiers, comme *Médée*, « moi, dis-je, et c'est assez !* » Édouard Ourliac, son camarade, riait de lui sans se gêner : mais Ourliac était un petit Voltaire de hameau, à qui tout excès répugnait, surtout l'excès de l'amour de l'art. Théophile Gautier, seul, dont le large esprit se réjouit dans l'universalité des choses, et qui, le voulût-il fermement, ne pourrait pas négliger quoi que ce soit d'intéressant, de subtil ou de pittoresque, souriait avec plaisir aux bizarres élucubrations du Lycanthrope.

Lycanthrope bien nommé ! Homme-loup ou loup-garou, quelle fée ou quel démon le jeta dans les forêts lugubres de la mélancolie ? Quel méchant esprit pencha sur son berceau et lui dit : *Je te défends de plaire* ? Il y a dans le monde

spirituel quelque chose de mystérieux qui s'appelle le *Guignon,* et nul de nous n'a le droit de discuter avec la Fatalité. C'est la déesse qui s'explique le moins, et qui possède, plus que tous les papes et les lamas, le privilège de l'infaillibilité. Je me suis demandé bien souvent comment et pourquoi un homme tel que Pétrus Borel, qui avait montré un talent véritablement épique dans plusieurs scènes de sa *Madame Putiphar* (particulièrement dans les scènes du début, où est peinte l'ivrognerie sauvage et septentrionale du père de l'héroïne ; dans celle où le cheval favori rapporte à la mère, jadis violée, mais toujours pleine de la haine de son déshonneur, le cadavre de son bien-aimé fils, du pauvre Vengeance, le courageux adolescent tombé au premier choc, et qu'elle avait si soigneusement éduqué pour la vengeance ; enfin, dans la peinture des hideurs et des tortures du cachot, qui monte jusqu'à la vigueur de Maturin) ; je me suis demandé, dis-je, comment le poète qui a produit l'étrange poème, d'une sonorité si éclatante et d'une couleur presque primitive à force d'intensité, qui sert de préface à *Madame Putiphar,* avait pu aussi en maint endroit montrer tant de maladresse, buter dans tant de heurts et de cahots, tomber au fond de tant de *guignons*. Je n'ai pas d'explication positive à donner ; je ne puis indiquer que des symptômes, symptômes d'une nature morbide, amoureuse de la contra-diction pour la contradiction, et toujours prête à remonter tous les courants, sans en calculer la force, non plus que sa force propre. Tous les hommes, ou presque tous, penchent leur écriture vers la droite ; Pétrus Borel couchait absolument la sienne à gauche, si bien que tous les caractères, d'une physionomie fort soignée d'ailleurs, ressemblaient à des files de fantassins renversés par la mitraille. De plus, il avait le travail si douloureux, que la moindre lettre, la plus banale, une invitation, un envoi d'argent, lui coûtait deux ou trois heures d'une méditation excédante, sans compter les ratures et les repentirs. Enfin, la bizarre orthographe qui se pavane dans *Madame Putiphar,* comme un soigneux outrage fait aux habitudes de l'œil public, est un trait qui complète cette physionomie grimaçante. Ce n'est certes pas une orthographe mondaine dans le sens des cuisinières de Voltaire et du sieur Erdan, mais, au contraire, une orthographe plus que pittoresque et profitant de toute occasion pour rappeler fastueusement l'étymologie. Je ne peux me figurer, sans une sympathique douleur, toutes les fatigantes batailles que, pour réaliser son rêve typographique, l'auteur a dû livrer aux compositeurs chargés d'imprimer son manuscrit. Ainsi, non seulement il aimait à violer les habitudes morales du lecteur, mais encore à contrarier et à taquiner son œil par l'expression graphique.

Plus d'une personne se demandera sans doute pourquoi nous faisons une place dans notre galerie à un esprit que nous jugeons nous-même si incomplet. C'est non seulement parce que cet esprit si lourd, si criard, si incomplet qu'il soit, a parfois envoyé vers le ciel une note éclatante et juste, mais aussi parce que dans l'histoire de notre siècle il a joué un rôle non sans importance. Sa spécialité fut la *Lycanthropie*. Sans Pétrus Borel, il y aurait une lacune dans le Romantisme. Dans la première phase de notre révolution littéraire, l'imagination poétique se tourna surtout vers le passé ; elle adopta souvent le ton mélodieux et attendri des regrets. Plus tard, la mélancolie prit un accent plus décidé, plus sauvage et plus terrestre. Un républicanisme misanthropique fit alliance avec la nouvelle école, et Pétrus Borel fut l'expression la plus outrecuidante et la plus paradoxale de l'esprit des *Bousingots* ou du *Bousingo* ; car l'hésitation est toujours permise dans la manière d'orthographier ces mots qui sont les produits de la mode et de la circonstance. Cet esprit à la fois littéraire et républicain, à

l'inverse de la passion démocratique et bourgeoise qui nous a plus tard si cruellement opprimés, était agité à la fois par une haine aristocratique sans limites, sans restrictions, sans pitié, contre les rois et contre la bourgeoisie, et d'une sympathie générale pour tout ce qui en art représentait l'excès dans la couleur et dans la forme, pour tout ce qui était à la fois intense, pessimiste et byronien ; dilettantisme d'une nature singulière, et que peuvent seules expliquer les haïssables circonstances où était enfermée une jeunesse ennuyée et turbulente. Si la Restauration s'était régulièrement développée dans la gloire, le Romantisme ne se serait pas séparé de la royauté ; et cette secte nouvelle, qui professait un égal mépris pour l'opposition politique modérée, pour la peinture de Delaroche ou la poésie de Delavigne, et pour le roi qui présidait au développement du *juste-milieu*, n'aurait pas trouvé de raisons d'exister.

Pour moi, j'avoue sincèrement, quand même j'y sentirais un ridicule, que j'ai toujours eu quelque sympathie pour ce malheureux écrivain dont le génie manqué, plein d'ambition et de maladresse, n'a su produire que des ébauches minutieuses, des éclairs orageux, des figures dont quelque chose de trop bizarre, dans l'accoutrement ou dans la voix, altère la native grandeur. Il a, en somme, une couleur à lui, une saveur *sui generis* ; n'eût-il que le charme de la volonté, c'est déjà beaucoup ! mais il aimait férocement les lettres, et aujourd'hui nous sommes encombrés de jolis et souples écrivains tout prêts à vendre la Muse pour le champ du potier.

Comme nous achevions, l'an passé, d'écrire ces notes, trop sévères peut-être, nous avons appris que le poète venait de mourir en Algérie, où il s'était retiré, loin des affaires littéraires, découragé ou méprisant, avant d'avoir livré au public un *Tabarin* annoncé depuis longtemps.

VI

HÉGÉSIPPE MOREAU[1]

La même raison qui fait une destinée malheureuse en fait une heureuse. Gérard de Nerval tirera du vagabondage, qui fut si longtemps sa grande jouissance, une mélancolie à qui le suicide apparaîtra finalement comme seul terme et seule guérison possibles. Edgar Poe, qui était un grand génie, se couchera dans le ruisseau, vaincu par l'ivresse. De longs hurlements, d'implacables malédictions, suivront ces deux morts. Chacun voudra se dispenser de la pitié et répétera le jugement précipité de l'égoïsme : pourquoi plaindre ceux qui méritent de souffrir ? D'ailleurs le siècle considère volontiers le malheureux comme un impertinent. Mais si ce malheureux unit l'esprit à la misère, s'il est, comme Gérard, doué d'une intelligence brillante, active, lumineuse, prompte à s'instruire ; s'il est, comme Poe, un vaste génie, profond comme le ciel et comme l'enfer, oh ! alors, l'impertinence du malheur devient intolérable. Ne dirait-on pas que le génie est un reproche et une insulte pour la foule ! Mais s'il n'y a dans le malheureux ni génie ni savoir, si l'on ne peut trouver en lui rien de supérieur, rien d'impertinent, rien qui empêche la foule de se mettre de niveau avec lui et de le traiter conséquemment de pair à compagnon, dans ce cas-là constatons que le malheur et même le vice peuvent devenir une immense source de gloire.

Gérard a fait des livres nombreux, voyages ou nouvelles, tous marqués par le goût. Poe a produit au moins soixante-douze nouvelles, dont une aussi longue

qu'un roman ; des poèmes exquis d'un style prodigieusement original et parfaitement correct, au moins huit cents pages de mélanges critiques, et enfin un livre de haute philosophie. Tous les deux, Poe et Gérard, étaient, en somme, malgré le vice de leur conduite, d'excellents hommes de lettres, dans l'acception la plus large et la plus délicate du mot, se courbant humblement sous la loi inévitable, travaillant, il est vrai, à leurs heures, à leur guise, selon une méthode plus ou moins mystérieuse, mais actifs, industrieux, utilisant leurs rêveries ou leurs méditations ; bref, exerçant allégrement leur profession.

Hégésippe Moreau, qui, comme eux, fut un ¿.rabe nomade dans un monde civilisé, est presque le contraire d'un homme de lettres. Son bagage n'est pas lourd, mais la légèreté même de ce bagage lui a permis d'arriver plus vite à la gloire. Quelques chansons, quelques poèmes d'un goût moitié classique, moitié romantique, n'épouvantent pas les mémoires paresseuses. Enfin, pour lui tout a tourné à bien ; jamais fortune spirituelle ne fut plus heureuse. Sa misère lui a été comptée pour du travail, le désordre de sa vie pour génie incompris. Il s'est promené, et il a chanté quand l'envie de chanter l'a pris. Nous connaissons ces théories, fautrices de paresse, qui, basées uniquement sur des métaphores, permettent au poète de se considérer comme un oiseau bavard, léger, irresponsable, insaisissable, et transportant son domicile d'une branche à l'autre. Hégésippe Moreau fut un enfant gâté qui ne méritait pas de l'être. Mais il faut expliquer cette merveilleuse fortune, et avant de parler des facultés séduisantes qui ont permis de croire un instant qu'il deviendrait un véritable poète, je tiens à montrer le fragile, mais immense échafaudage de sa trop grande popularité.

De cet échafaudage, chaque fainéant et chaque vagabond est un poteau. De cette conspiration, tout mauvais sujet sans talent est naturellement complice. S'il s'agissait d'un véritable grand homme, son génie servirait à diminuer la pitié pour ses malheurs, tandis que maint homme médiocre peut prétendre, sans trop de ridicule, à s'élever aussi haut qu'Hégésippe Moreau, et, s'il est malheureux, se trouve naturellement intéressé à prouver, par l'exemple de celui-ci, que tous les malheureux sont poètes. Avais-je tort de dire que l'échafaudage est immense ? Il est planté dans le plein cœur de la médiocrité ; il est bâti avec la vanité du malheur : matériaux inépuisables !

J'ai dit vanité du malheur. Il fut un temps où parmi les poètes il était de mode de se plaindre, non plus de douleurs mystérieuses, vagues, difficiles à définir, espèce de maladie congéniale de la poésie, mais de belles et bonnes souffrances bien déterminées, de la pauvreté, par exemple ; on disait orgueilleusement : J'ai faim et j'ai froid ! Il y avait de l'honneur à mettre ces saletés-là en vers. Aucune pudeur n'avertissait le rimeur que, mensonge pour mensonge, il ferait meilleur pour lui de se présenter au public comme un homme enivré d'une richesse asiatique et vivant dans un monde de luxe et de beauté. Hégésippe donna dans ce grand travers antipoétique. Il parla de lui-même beaucoup, et pleura beaucoup sur lui-même. Il singea plus d'une fois les attitudes fatales des Antony et des Didier, mais il y joignit ce qu'il croyait une grâce de plus, le regard courroucé et grognon du démocrate. Lui, gâté par la nature, il faut bien l'avouer, mais qui travaillait fort peu à perfectionner ses dons, il se jeta tout d'abord dans la foule de ceux qui s'écrient sans cesse : Ô marâtre nature ! et qui reprochent à la société de leur avoir *volé leur part.* Il se fit de lui-même un certain personnage idéal, damné, mais innocent, voué dès sa naissance à des souffrances imméritées.

Un ogre, ayant flairé la chair qui vient de naitre,
M'emporta, *vagissant,* dans *sa robe de prêtre,*
Et je grandis, *captif,* parmi ces écoliers,
Noirs frelons que Montrouge essaime par milliers.

Faut-il que cet *ogre* (un ecclésiastique) soit vraiment dénaturé pour emporter ainsi le petit Hégésippe *vagissant* dans *sa robe de prêtre,* dans sa puante et répulsive robe de prêtre (soutane) ! Cruel voleur d'enfants ! Le mot *ogre* implique un goût déterminé pour la chair crue ; pourquoi, d'ailleurs, aurait-il *flairé la chair ?* et cependant nous voyons par le vers suivant que le jeune Hégésippe n'a pas été mangé, puisque au contraire il grandit (*captif,* il est vrai) comme cinq cents autres condisciples que l'ogre n'a pas mangés non plus, et à qui il enseignait le latin, ce qui permettra au martyr Hégésippe d'écrire sa langue un peu moins mal que tous ceux qui n'ont pas eu le malheur d'être enlevés par *un ogre.* Vous avez sans doute reconnu la tragique *robe de prêtre,* vieille défroque volée dans le vestiaire de Claude Frollo et de Lamennais. C'est là la touche romantique comme la sentait Hégésippe Moreau ; voici mainte-nant la note démocratique : *Noirs frelons !* Sentez-vous bien toute la profondeur de ce mot ? Frelon fait antithèse à abeille, insecte plus intéressant parce qu'il est de naissance laborieux et utile, comme le jeune Hégésippe, pauvre petite abeille enfermée chez les frelons. Vous voyez qu'en fait de sentiments démocratiques il n'est guère plus délicat qu'en fait d'expressions romantiques, et qu'il entend la chose à la manière des maçons qui traitent les curés de fainéants et de propres à rien.

Ces quatre malheureux vers résument très clairement la note morale dans les poésies d'Hégésippe Moreau. Un poncif romantique, collé, non pas amal gamé, à un poncif dramatique. Tout en lui n'est que poncifs réunis et voiturés ensemble. Tout cela ne fait pas une société, c'est-à-dire un tout, mais quelque chose comme une cargaison d'omnibus. Victor Hugo, Alfred de Musset, Barbier et Barthélemy lui fournissent tour à tour leur contingent. Il emprunte à Boileau sa forme symétrique, sèche, dure, mais éclatante. Il nous ramène l'antique périphrase de Delille, vieille prétentieuse inutile, qui se pavane fort singulièrement au milieu des images dévergondées et crues de l'école de 1830. De temps en temps il s'égaye et s'enivre classiquement, selon la méthode usitée au Caveau, ou bien découpe les sentiments lyriques en couplets, à la manière de Béranger et de Désaugiers ; il réussit presque aussi bien qu'eux l'ode à compartiments. Voyez, par exemple, *Les Deux Amours.* Un homme se livre à l'amour banal, la mémoire encore pleine d'un amour idéal. Ce n'est pas le sentiment, le sujet, que je blâme ; bien que fort commun il est d'une nature profonde et poétique. Mais il est traité d'une manière antihumaine. Les deux amours alternent, comme des bergers de Virgile, avec une symétrie mathématique désolante. C'est là le grand malheur de Moreau. Quelque sujet et quelque genre qu'il traite, il est élève de quelqu'un. A une forme empruntée il n'ajoute d'original que le mauvais ton, si toutefois une chose aussi universelle que le mauvais ton peut être dite originale. Quoique toujours écolier, il est pédant, et même, dans les sentiments qui sont le mieux faits pour échapper à la pédanterie, il apporte je ne sais quelles habitudes de Sorbonne et de quartier Latin. Ce n'est pas la volupté de l'épicurien, c'est plutôt la sensualité claustrale, échauffée, du cuistre, sensualité de prison et de dortoir. Ses badinages amoureux ont la grossièreté d'un collégien en vacances. *Lieux communs de morale lubrique,* rogatons du dernier siècle qu'il

réchauffe et qu'il débite avec la naïveté scélérate d'un enfant ou d'un gamin. Un enfant ! c'est bien le mot, et c'est de ce mot et de tout le sens qu'il implique que je tirerai tout ce que j'ai à dire d'élogieux sur son compte. Aucuns trouveront sans doute, même en supposant qu'ils pensent comme moi, que je suis allé bien loin dans le blâme, que j'en ai outré l'expression. Après tout, c'est possible ; et quand cela serait, je n'y verrais pas grand mal et ne me trouverais pas si coupable. Action, réaction, faveur, cruauté, se rendent alternativement nécessaires. Il faut bien rétablir l'équilibre. C'est la loi, et la loi est bien faite. Que l'on songe bien qu'il s'agit ici d'un homme dont on a voulu faire le prince des poètes dans le pays qui a donné naissance à Ronsard, à Victor Hugo, à Théophile Gautier, et que récemment on annonçait à grand bruit une souscription pour lui élever un monument, comme s'il était question d'un de ces hommes prodigieux dont la tombe négligée fait tache sur l'histoire d'un peuple. Avons-nous affaire à une de ces volontés aux prises avec l'adversité, telles que Soulié et Balzac, à un homme chargé de grands devoirs, les acceptant humblement et se débattant sans trêve contre le monstre grossissant de l'usure ? Moreau n'aimait pas la douleur ; il ne la reconnaissait pas comme un bienfait et il n'en devinait pas l'aristocratique beauté ! D'ailleurs il n'a pas connu ces enfers-là. Pour qu'on puisse exiger de nous tant de pitié, tant de tendresse, il faudrait que le personnage fût lui-même tendre et compatissant. A-t-il connu les tortures d'un cœur inassouvi, les douloureuses pâmoisons d'une âme aimante et méconnue ? Non. Il appartenait à la classe de ces voyageurs qui se contentent à peu de frais, et à qui suffisent le pain, le vin, le fromage *et la première venue*.

Mais il fut *un enfant*, toujours effronté, souvent gracieux, quelquefois charmant. Il a la souplesse et l'imprévu de l'enfance. Il y a dans la jeunesse littéraire, comme dans la jeunesse physique, une certaine beauté du diable qui fait pardonner bien des imperfections. Ici nous trouvons pis que des imperfections, mais aussi nous sommes quelquefois charmés par mieux que la beauté du diable. Malgré cet amas de pastiches auxquels, enfant et écolier comme il le fut toujours, Moreau ne put pas se soustraire, nous trouvons quelquefois l'accent de vérité jaillissant, l'accent soudain, natif, qu'on ne peut confondre avec aucun autre accent. Il possède véritablement la grâce, le don gratuit ; lui, si sottement impie, lui, le perroquet si niais des badauds de la démocratie, il aurait dû mille fois rendre grâces pour cette grâce à laquelle il doit tout, sa célébrité et le pardon de tous ses vices littéraires.

Quand nous découvrons dans ce paquet d'emprunts, dans ce fouillis de plagiats vagues et involontaires, dans cette pétarade d'esprit bureaucratique ou scolaire, une de ces merveilles inattendues dont nous parlions tout à l'heure, nous éprouvons quelque chose qui ressemble à un immense regret. Il est certain que l'écrivain qui a trouvé dans une de ses bonnes heures *La Voulzie* et la chanson de *La Ferme et la Fermière*, pouvait légitimement aspirer à de meilleures destinées. Puisque Moreau a pu, sans étude, sans travail, malgré de mauvaises fréquentations, sans aucun souci de rappeler à volonté les heures favorisées, être quelquefois si franchement, si simplement, si gracieusement original, combien ne l'eût-il pas été davantage et plus souvent s'il avait accepté la règle, la loi du travail, s'il avait mûri, morigéné et aiguillonné son propre talent ! Il serait devenu, tout porte à le croire, un remarquable homme de lettres. Mais il est vrai qu'il ne serait pas l'idole des fainéants, et le dieu des cabarets. C'est sans doute une *gloire* que rien ne saurait compenser, pas même la vraie gloire.

VII

THÉODORE DE BANVILLE[1]

Théodore de Banville fut célèbre tout jeune. *Les Cariatides* datent de 1841. Je me souviens qu'on feuilletait avec étonnement ce volume où tant de richesses, un peu confuses, un peu mêlées, se trouvent amoncelées. On se répétait l'âge de l'auteur, et peu de personnes consentaient à admettre une si étonnante précocité. Paris n'était pas alors ce qu'il est aujourd'hui, un tohubohu, un capharnaüm, une Babel peuplée d'imbéciles et d'inutiles, peu délicats sur les manières de tuer le temps, et absolument rebelles aux jouissances littéraires. Dans ce temps-là le *tout Paris* se composait de cette élite d'hommes chargés de façonner l'opinion des autres, et qui, quand un poète vient à naitre, en sont toujours avertis les premiers. Ceux-là saluèrent naturellement l'auteur des *Cariatides* comme un homme qui avait une longue carrière à fournir. Théodore de Banville apparaissait comme un de ces esprits marqués, pour qui la poésie est la langue la plus facile à parler, et dont la pensée se coule d'elle-même dans un rythme.

Celles de ses qualités qui se montraient le plus vivement à l'œil étaient l'abondance et l'éclat; mais les nombreuses et involontaires imitations, la variété même du ton, selon que le jeune poète subissait l'influence de tel ou de tel de ses prédécesseurs, ne servirent pas peu à détourner l'esprit du lecteur de la faculté principale de l'auteur, de celle qui devait plus tard être sa grande originalité, sa gloire, sa marque de fabrique, je veux parler de la certitude dans l'expression lyrique. Je ne nie pas, remarquez-le bien, que *Les Cariatides* contiennent quelques-uns de ces admirables morceaux que le poète pourrait être fier de signer même aujourd'hui; je veux seulement noter que l'ensemble de l'œuvre, avec son éclat et sa variété, ne révélait pas d'emblée la nature particulière de l'auteur, soit que cette nature ne fût pas encore assez *faite*, soit que le poète fût encore placé sous le charme fascinateur de tous les poètes de la grande époque.

Mais dans *Les Stalactites* (1843-1845), la pensée apparait plus claire et plus définie; l'objet de la recherche se fait mieux deviner. La couleur, moins prodiguée, brille cependant d'une lumière plus vive, et le contour de chaque objet découpe une silhouette plus arrêtée. *Les Stalactites* forment, dans le grandissement du poète, une phase particulière où l'on dirait qu'il a voulu réagir contre sa primitive faculté d'expansion, trop prodigue, trop indisciplinée. Plusieurs des meilleurs morceaux qui composent ce volume sont très courts et affectent les élégances contenues de la poterie antique. Toutefois ce n'est que plus tard, après s'être joué dans mille difficultés, dans mille gymnastiques que les vrais amoureux de la Muse peuvent seuls apprécier à leur juste valeur, que le poète, réunissant dans un accord parfait l'exubérance de sa nature primitive et l'expérience de sa maturité, produira, l'une servant l'autre, des poèmes d'une habileté consommée et d'un charme *sui generis*, tels que *La Malédiction de Vénus*, *L'Ange mélancolique*, et surtout certaines stances sublimes qui ne portent pas de titre, mais qu'on trouvera dans le sixième livre de ses poésies complètes, stances dignes de Ronsard par leur audace, leur élasticité et leur ampleur, et dont le début même est plein de grandiloquence et annonce des bondissements surhumains d'orgueil et de joie :

> Vous en qui je salue une nouvelle aurore,
> Vous tous qui m'aimerez,

> Jeunes hommes des temps qui ne sont pas encore,
> Ô bataillons sacrés !

Mais quel est ce charme mystérieux dont le poète s'est reconnu lui-même possesseur et qu'il a augmenté jusqu'à en faire une qualité permanente ? Si nous ne pouvons le définir exactement, peut-être trouverons-nous quelques mots pour le décrire, peut-être saurons-nous découvrir d'où il tire en partie son origine.

J'ai dit, je ne sais plus où : « La poésie de Banville représente les belles heures de la vie, c'est-à-dire les heures où l'on se sent heureux de penser et de vivre. »

Je lis dans un critique : « Pour deviner l'âme d'un poète, ou du moins sa principale préoccupation, cherchons dans ses œuvres quel est le mot ou quels sont les mots qui s'y représentent avec le plus de fréquence. Le mot traduira l'obsession. »

Si, quand j'ai dit : « Le talent de Banville représente les belles heures de la vie », mes sensations ne m'ont pas trompé (ce qui, d'ailleurs, sera tout à l'heure vérifié), et si je trouve dans ses œuvres un mot qui, par sa fréquente répétition, semble dénoncer un penchant naturel et un dessein déterminé, j'aurai le droit de conclure que ce mot peut servir à caractériser, mieux que tout autre, la nature de son talent, en même temps que les sensations contenues *dans les heures de la vie où l'on se sent le mieux vivre.*

Ce mot, c'est le mot *lyre*, qui comporte évidemment pour l'auteur un sens prodigieusement compréhensif. La *lyre* exprime en effet cet état presque surnaturel, cette intensité de vie où l'âme *chante*, où elle est *contrainte de chanter*, comme l'arbre, l'oiseau et la mer. Par un raisonnement, qui a peut-être le tort de rappeler les méthodes mathématiques, j'arrive donc à conclure que, la poésie de Banville suggérant d'abord l'idée des *belles heures* puis présentant assidûment aux yeux le mot *lyre*, et la *Lyre* étant expressément chargée de traduire les *belles heures*, l'ardente vitalité spirituelle, l'homme hyperbolique, en un mot, le talent de Banville est essentiellement, décidément et volontairement lyrique.

Il y a, en effet, une manière lyrique de sentir. Les hommes les plus disgraciés de la nature, ceux à qui la fortune donne le moins de loisir, ont connu quelquefois ces sortes d'impressions, si riches que l'âme en est comme illuminée, si vives qu'elle en est comme soulevée. Tout l'être intérieur, dans ces merveilleux instants, s'élance en l'air par trop de légèreté et de dilatation, comme pour atteindre une région plus haute.

Il existe donc aussi nécessairement une manière lyrique de parler, et un monde lyrique, une atmosphère lyrique, des paysages, des hommes, des femmes, des animaux qui tous participent du caractère affectionné par la Lyre.

Tout d'abord constatons que l'hyperbole et l'apostrophe sont des formes de langage qui lui sont non seulement des plus agréables, mais aussi des plus nécessaires, puisque ces formes dérivent naturellement d'un état exagéré de la vitalité. Ensuite, nous observons que tout mode lyrique de notre âme nous contraint à considérer les choses non pas sous leur aspect particulier, exceptionnel, mais dans les traits principaux, généraux, universels. La lyre fuit volontiers tous les détails dont le roman se régale. L'âme lyrique fait des enjambées vastes comme des synthèses ; l'esprit du romancier se délecte dans l'analyse. C'est cette considération qui sert à nous expliquer quelle commodité et quelle beauté le poète trouve dans les mythologies et dans les allégories. La

mythologie est un dictionnaire d'hiéroglyphes vivants, hiéroglyphes connus de tout le monde. Ici, le paysage est revêtu, comme les figures, d'une magie hyperbolique ; il devient *décor*. La femme est non seulement un être d'une beauté suprême, comparable à celle d'Ève ou de Vénus ; non seulement, pour exprimer la pureté de ses yeux, le poète empruntera des comparaisons à tous les objets limpides, éclatants, transparents, à tous les meilleurs réflecteurs et à toutes les plus belles cristallisations de la nature (notons en passant la prédilection de Banville, dans ce cas, pour les pierres précieuses), mais encore faudra-t-il doter la femme d'un genre de beauté tel que l'esprit ne peut le concevoir que comme existant dans un monde supérieur. Or, je me souviens qu'en trois ou quatre endroits de ses poésies notre poète, voulant orner des femmes d'une beauté non comparable et non égalable, dit qu'elles ont des *têtes d'enfants*. C'est là une espèce de trait de génie particulièrement lyrique, c'est-à-dire amoureux du surhumain. Il est évident que cette expression contient implicitement cette pensée, que le plus beau des visages humains est celui dont l'usage de la vie, passion, colère, péché, angoisse, souci, n'a jamais terni la clarté ni ridé la surface. Tout poète lyrique, en vertu de sa nature, opère fatalement un retour vers l'Éden perdu. Tout, hommes, paysages, palais, dans le monde lyrique, est pour ainsi dire *apothéosé*. Or, par suite de l'infaillible logique de la nature, le mot *apothéose* est un de ceux qui se présentent irrésistiblement sous la plume du poète quand il a à décrire (et croyez qu'il n'y prend pas un mince plaisir) un mélange de gloire et de lumière. Et, si le poète lyrique trouve occasion de parler de lui-même, il ne se peindra pas penché sur une table, barbouillant une page blanche d'horribles petits signes noirs, se battant contre la phrase rebelle ou luttant contre l'inintelligence du correcteur d'épreuves, non plus que dans une chambre pauvre, triste ou en désordre ; non plus que, s'il veut apparaître comme mort, il ne se montrera pourrissant sous le linge, dans une caisse de bois. Ce serait mentir. Horreur ! Ce serait contredire la vraie *réalité*, c'est-à-dire sa propre nature. Le poète mort ne trouve pas de trop bons serviteurs dans les nymphes, les houris et les anges. Il ne peut se reposer que dans de verdoyants Élysées, ou dans des palais plus beaux et plus profonds que les architectures de vapeur bâties par les soleils couchants.

> Mais moi, *vêtu de pourpre, en d'éternelles fêtes,*
> Dont je prendrai ma part,
> Je boirai le nectar au séjour des poètes,
> A côté de Ronsard.
>
> Là dans ces lieux, *où tout a des splendeurs divines,*
> Ondes, lumière, accords,
> Nos yeux s'enivreront de formes féminines
> *Plus belles que des corps ;*
>
> Et tous les deux, parmi des spectacles *féeriques*
> Qui dureront toujours,
> Nous nous raconterons nos batailles *lyriques*
> Et nos belles amours.

J'aime cela ; je trouve dans cet amour du luxe poussé au-delà du tombeau un signe confirmatif de grandeur. Je suis touché des merveilles et des magnificences que le poète décrète en faveur de quiconque touche la lyre. Je suis heureux de voir poser ainsi, sans ambages, sans modestie, sans ménagements, l'absolue divinisation du poète, et je jugerais même poète de mauvais goût celui-là qui, dans cette circonstance, ne serait pas de mon avis. Mais j'avoue que pour oser

cette *Déclarations des droits* du poète, il faut être absolument lyrique, et peu de gens ont le *droit* de l'oser.

Mais enfin, direz-vous, si lyrique que soit le poète, peut-il donc ne jamais descendre des régions éthéréennes, ne jamais sentir le courant de la vie ambiante, ne jamais voir le spectacle de la vie, la grotesquerie perpétuelle de la bête humaine, la nauséabonde niaiserie de la femme, etc. ?... Mais si vraiment! le poète sait descendre dans la vie ; mais croyez que s'il y consent, ce n'est pas sans but, et qu'il saura tirer profit de son voyage. De la laideur et de sottise il fera naître un nouveau genre d'enchantements. Mais ici encore sa bouffonnerie conservera quelque chose d'hyperbolique ; l'excès en détruira l'amertume, et la satire, par un miracle résultant de la nature même du poète, se déchargera de toute sa haine dans une explosion de gaieté, innocente à force d'être carnavalesque.

Même dans la poésie idéale, la Muse peut, sans déroger, frayer avec les vivants. Elle saura ramasser partout une nouvelle parure. Un oripeau moderne peut ajouter une grâce exquise, un mordant nouveau (un piquant, comme on disait autrefois) à sa beauté de déesse. Phèdre en paniers a ravi les esprits les plus délicats de l'Europe ; à plus forte raison, Vénus, qui est immortelle, peut bien, quand elle veut visiter Paris, faire descendre son char dans les bosquets du Luxembourg. D'où tirez-vous le soupçon que cet *anachronisme* est une infraction aux règles que le poète s'est imposées, à ce que nous pouvons appeler ses *convictions* lyriques ? Car peut-on commettre un anachronisme dans l'éternel ?

Pour dire tout ce que nous croyons la vérité, Théophile de Banville doit être considéré comme un original de l'espèce la plus élevée. En effet, si l'on jette un coup d'œil général sur la poésie contemporaine et sur ses meilleurs représentants, il est facile de voir qu'elle est arrivée à un état mixte, d'une nature très complexe : le génie plastique, le sens philosophique, l'enthousiasme lyrique, l'esprit humoristique, s'y combinent et s'y mêlent suivant des dosages infiniment variés. La poésie moderne tient à la fois de la peinture, de la musique, de la statuaire, de l'art arabesque, de la philosophie railleuse, de l'esprit analytique, et, si heureusement, si habilement agencée qu'elle soit, elle se présente avec les signes visibles d'une subtilité empruntée à divers arts. Aucuns y pourraient voir peut-être des symptômes de dépravation. Mais c'est là une question que je ne veux pas élucider en ce lieu. Banville seul, je l'ai déjà dit, est purement, naturellement et volontairement lyrique. Il est retourné aux moyens anciens d'expression poétique, les trouvant sans doute tout à fait suffisants et parfaitement adaptés à son but.

Mais ce que je dis du choix des moyens s'applique avec non moins de justesse au choix des sujets, au thème considéré en lui-même. Jusque vers un point assez avancé des temps modernes, l'art, poésie et musique surtout, n'a eu pour but que d'enchanter l'esprit en lui présentant des tableaux de béatitude, faisant contraste avec l'horrible vie de contention et de lutte dans laquelle nous sommes plongés.

Beethoven a commencé à remuer les mondes de mélancolie et de désespoir incurable amassés comme des nuages dans le ciel intérieur de l'homme. Maturin dans le roman, Byron dans la poésie, Poe dans la poésie et dans le roman analytique, l'un malgré sa prolixité et son verbiage, si détestablement imités par Alfred de Musset ; l'autre, malgré son irritante concision, ont admirablement exprimé la partie blasphématoire de la passion ; ils ont projeté

des rayons splendides, éblouissants, sur le Lucifer latent qui est installé dans tout cœur humain. Je veux dire que l'art moderne a une tendance essentiellement démoniaque. Et il semble que cette part infernale de l'homme, que l'homme prend plaisir à s'expliquer à lui-même, augmente journellement, comme si le Diable s'amusait à la grossir par des procédés artificiels, à l'instar des engraisseurs, empâtant patiemment le genre humain dans ses basses-cours pour se préparer une nourriture plus succulente. Mais Théodore de Banville refuse de se pencher sur ces marécages de sang, sur ces abimes de boue. Comme l'art antique, il n'exprime que ce qui est beau, joyeux, noble, grand, rythmique. Aussi, dans ses œuvres, vous n'entendrez pas les dissonances, les discordances des musiques du sabbat, non plus que les glapissements de l'ironie, cette vengeance du vaincu. Dans ses vers, tout a un air de fête et d'innocence, même la volupté. Sa poésie n'est pas seulement un regret, une nostalgie, elle est même un retour très volontaire vers l'état paradisiaque. À ce point de vue, nous pouvons donc le considérer comme un original de la nature la plus courageuse. En pleine atmosphère satanique ou romantique, au milieu d'un concert d'imprécations, il a l'audace de chanter la bonté des dieux et d'être un parfait *classique*. Je veux que ce mot soit entendu ici dans le sens le plus noble, dans le sens vraiment historique.

VIII

PIERRE DUPONT [II][1]

Après 1848 Pierre Dupont a été une grande gloire. Les amateurs de la littérature sévère et soignée trouvèrent peut-être que cette gloire était trop grande. Mais aujourd'hui ils sont trop bien vengés, car voici maintenant que Pierre Dupont est négligé plus qu'il ne convient.

En 1843, 44, et 45, une immense, interminable nuée, qui ne venait pas d'Égypte, s'abattit sur Paris. Cette nuée vomit les néo-classiques, qui certes valaient bien plusieurs légions de sauterelles. Le public était tellement las de Victor Hugo, de ses infatigables facultés, de ses indestructibles beautés, tellement irrité de l'entendre toujours appeler *le juste*, qu'il avait depuis quelque temps décidé, dans son âme collective, d'accepter pour idole le premier soliveau qui lui tomberait sur la tête. C'est toujours une belle histoire à raconter que la conspiration de toutes les sottises en faveur d'une médiocrité ; mais, en vérité, il y a des cas où, si véridique qu'on soit, il faut renoncer à être cru.

Cette nouvelle infatuation des Français pour la sottise classique menaçait de durer longtemps ; heureusement des symptômes vigoureux de résistance se faisaient voir de temps à autre. Déjà Théodore de Banville avait, mais vainement, produit Les Cariatides ; toutes les beautés qui y sont contenues étaient de la nature de celles que le public devait momentanément repousser, puisqu'elles étaient l'écho mélodieux de la puissante voix qu'on voulait étouffer.

Pierre Dupont nous apporta alors son petit secours ; et ce secours si modeste fut d'un effet immense. J'en appelle à tous ceux de nos amis, qui, dès ce temps, s'étaient voués à l'étude des lettres et se sentaient affligés par l'hérésie renouvelée ; et je crois qu'ils avoueront comme moi que Pierre Dupont fut une distraction excellente. Il fut une véritable digue qui servit à détourner le torrent, en attendant qu'il tarit et s'épuisât de lui-même.

Notre poète jusque-là était resté indécis, non pas dans ses sympathies, mais dans sa manière d'écrire. Il avait publié quelques poèmes d'un goût sage, modéré, sentant les bonnes études, mais d'un style bâtard et qui n'avait pas de visées beaucoup plus hautes que celui de Casimir Delavigne. Tout d'un coup, il fut frappé d'une illumination : il se souvint de ses émotions d'enfance, de la poésie latente de l'enfance, jadis si souvent provoquée par ce que nous pouvons appeler la poésie anonyme, la chanson, non pas celle du soi-disant homme de lettres, courbé sur un bureau officiel et utilisant ses loisirs de bureaucrate, mais la chanson du premier venu, du laboureur, du maçon, du roulier, du matelot. L'album des *Paysans* était écrit dans un style net et décidé, frais, pittoresque, cru, et la phrase était enlevée, comme un cavalier par son cheval, par des airs d'un goût naïf, faciles à retenir et composés par le poète lui-même. On se souvient de ce succès. Il fut très grand, il fut universel. Les hommes de lettres (je parle des vrais) y trouvèrent leur pâture. Le monde ne fut pas insensible à cette grâce rustique. Mais le grand secours que la Muse en tira fut de ramener l'esprit du public vers la vraie poésie, qui est, à ce qu'il paraît, plus incommode et plus difficile à aimer que la routine et les vieilles modes. La bucolique était retrouvée ; comme la fausse bucolique de Florian, elle avait ses grâces, mais elle possédait surtout un accent pénétrant, profond, tiré du sujet lui-même et tournant vite à la mélancolie. La grâce y était naturelle, et non plaquée par le procédé artificiel dont usaient au XVIIIᵉ siècle les peintres et les littérateurs. Quelques crudités même servaient à rendre plus visibles les délicatesses des rudes personnages dont ces poésies racontaient la joie ou la douleur. Qu'un paysan avoue sans honte que la mort de sa femme l'affligeait moins que la mort de ses bœufs, je n'en suis pas plus choqué que de voir les saltimbanques dépenser plus de soins paternels, câlins, charitables, pour leur chevaux que pour leurs enfants. Sous l'horrible idiotisme du métier il y a la poésie du métier ; Pierre Dupont a su la trouver, et souvent il l'a exprimée d'une manière éclatante.

En 1846 ou 47 (je crois plutôt que c'est en 46), Pierre Dupont, dans une de nos longues flâneries (heureuses flâneries d'un temps où nous n'écrivions pas encore, l'œil fixé sur une pendule, délices d'une jeunesse prodigue, ô mon cher Pierre, vous en souvenez-vous ?), me parla d'un petit poème qu'il venait de composer et sur la valeur duquel son esprit était très indécis. Il me chanta, de cette voix si charmante qu'il possédait alors, le magnifique *Chant des Ouvriers*. Il était vraiment très incertain, ne sachant trop que penser de son œuvre ; il ne m'en voudra pas de publier ce détail, assez comique d'ailleurs. Le fait est que c'était pour lui une veine nouvelle ; je dis *pour lui*, parce qu'un esprit plus exercé que n'était le sien à suivre ses propres évolutions, aurait pu deviner, d'après l'album *Les Paysans*, qu'il serait bientôt entraîné à chanter les douleurs et les jouissances de tous les pauvres.

Si rhéteur qu'il faille être, si rhéteur que je sois et si fier que je sois de l'être, pourquoi rougirais-je d'avouer que je fus profondément ému ?

Mal vêtus, logés dans des trous,
Sous les combles, dans les décombres,
Nous vivons avec les hiboux
Et les larrons amis des ombres.
Cependant notre sang vermeil
Coule impétueux dans nos veines ;
Nous nous plairions au grand soleil
Et sous les rameaux verts des chênes !

Je sais que les ouvrages de Pierre Dupont ne sont pas d'un goût fini et parfait ; mais il a l'instinct, sinon le sentiment raisonné de la beauté parfaite. En voici bien un exemple : quoi de plus commun, de plus trivial que le regard de la pauvreté jeté sur la richesse, sa voisine ? mais ici le sentiment se complique d'orgueil poétique, de volupté entrevue dont on se sent digne ; c'est un véritable trait de génie. Quel long soupir ! quelle aspiration ! *Nous aussi, nous comprenons la beauté des palais et des parcs ! Nous aussi, nous devinons l'art d'être heureux !*

Ce chant était-il un de ces atomes volatils qui flottent dans l'air et dont l'agglomération devient orage, tempête, événement ? Était-ce un de ces symptômes précurseurs tels que les hommes clairvoyants les virent alors en assez grand nombre dans l'atmosphère intellectuelle de la France ? Je ne sais ; toujours est-il que peu de temps, très peu de temps après, cet hymne retentissant s'adaptait admirablement à une révolution générale dans la politique et dans les applications de la politique. Il devenait, presque immédiatement, le cri de ralliement des classes déshéritées.

Le mouvement de cette révolution a emporté jour à jour l'esprit du poète. Tous les événements ont fait écho dans ses vers. Mais je dois faire observer que si l'instrument de Pierre Dupont est d'une nature plus noble que celui de Béranger, ce n'est cependant pas un de ces clairons guerriers comme les nations en veulent entendre dans la minute qui précède les grandes batailles. Il ne ressemble pas à

> ...Ces trompes, ces cymbales,
> Qui soûlent de leurs sons le plus morne soldat,
> Et le jettent, joyeux, sous la grêle des balles,
> Lui versant dans le cœur la rage du combat*.

Pierre Dupont est une âme tendre portée à l'utopie, et en cela même vraiment bucolique. Tout en lui tourne à l'amour, et la guerre, comme il la conçoit, n'est qu'une manière de préparer l'universelle réconciliation :

> Le glaive brisera le glaive,
> Et du combat naîtra l'amour !

L'amour est plus fort que la guerre, dit-il encore dans le *Chant des Ouvriers*.

Il y a dans son esprit une certaine force qui implique toujours la bonté ; et sa nature, peu propre à se résigner aux lois éternelles de la destruction, ne veut accepter que les idées consolantes où elle peut trouver des éléments qui lui soient analogues. L'instinct (un instinct fort noble que le sien !) domine en lui la faculté du raisonnement. Le maniement des abstractions lui répugne, et il partage avec les femmes ce singulier privilège que toutes ses qualités poétiques comme ses défauts lui viennent du sentiment.

C'est à cette grâce, à cette tendresse féminine, que Pierre Dupont est redevable de ses premiers chants. Par grand bonheur, l'activité révolutionnaire, qui emportait à cette époque presque tous les esprits, n'avait pas absolument détourné le sien de sa voix *naturelle*. Personne n'a dit, en termes plus doux et plus pénétrants, les petites joies et les grandes douleurs des petites gens. Le recueil de ses chansons représente tout un petit monde où l'homme fait entendre plus de soupirs que de cris de gaieté, et où la nature, dont notre poète

* Pétrus Borel. Préface en vers de *Madame Putiphar*.

sent admirablement l'immortelle fraîcheur, semble avoir mission de consoler, d'apaiser, de dorloter le pauvre et l'abandonné.

Tout ce qui appartient à la classe des sentiments doux et tendres est exprimé par lui avec un accent rajeuni, renouvelé par la sincérité du sentiment. Mais au sentiment de la tendresse, de la charité universelle, il ajoute un genre d'esprit contemplatif qui jusque-là était resté étranger à la chanson française. La contemplation de l'immortelle beauté des choses se mêle sans cesse, dans ses petits poèmes, au chagrin causé par la sottise et la pauvreté de l'homme. Il possède, sans s'en douter, un certain *turn of pensiveness*, qui le rapproche des meilleurs poètes didactiques anglais. La galanterie elle-même (car il y a de la galanterie, et même d'une espèce raffinée, dans ce chai..re des rusticités) porte dans ses vers un caractère pensif et attendri. Dans mainte composition il a montré, par des accents plutôt soudains que savamment modulés, combien il était sensible à la grâce éternelle qui coule des lèvres et du regard de la femme :

> La nature a filé sa grâce
> Du plus beau fil de ses fuseaux !

Et ailleurs, négligeant révolutions et guerres sociales, le poète chante, avec un accent délicat et voluptueux :

> Avant que tes beaux yeux soient clos
> Par le sommeil jaloux, ma belle,
> Descendons jusqu'au bord des flots
> Et détachons notre nacelle.
> L'air tiède, la molle clarté
> De ces étoiles qui se baignent,
> Le bruit des rames qui se plaignent,
> Tout respire la volupté.
> Ô mon amante !
> Ô mon désir !
> Sachons cueillir
> L'heure charmante !
>
> De parfums comme de lueurs
> La nacelle amoureuse est pleine ;
> On dirait un bouquet de fleurs
> Qui s'effeuille dans ton haleine ;
> Tes yeux, par la lune pâlis,
> Semblent emplis de violettes ;
> Tes lèvres sont des cassolettes !
> Ton corps embaume comme un lis !
>
> Vois-tu l'axe de l'univers,
> L'étoile polaire immuable ?
> Autour, les astres dans les airs
> Tourbillonnent comme du sable.
> Quel calme ! que les cieux sont grands,
> Et quel harmonieux murmure !
> Ma main dedans ta chevelure
> A senti des frissons errants !
>
> Lettres plus nombreuses encor
> Que tout l'alphabet de la Chine,
> Ô grands hiéroglyphes d'or,
> Je vous déchiffre et vous devine !
> La nuit, plus belle que le jour,
> Écrit dans sa langue immortelle

Le mot que notre bouche épelle,
Le nom infini de l'Amour !
Ô mon amante !
Ô mon désir !
Sachons cueillir
L'heure charmante !

Grâce à une opération d'esprit toute particulière aux amoureux quand ils sont poètes, ou aux poètes quand ils sont amoureux, la femme s'embellit de toutes les grâces du paysage, et le paysage profite occasionnellement des grâces que la femme aimée verse à son insu sur le ciel, sur la terre et sur les flots. C'est encore un de ces traits fréquents qui caractérisent la manière de Pierre Dupont, quand il se jette avec confiance dans les milieux qui lui sont favorables et quand il s'abandonne, sans préoccupation des choses qu'il ne peut pas dire vraiment *siennes*, au libre développement de sa nature.

J'aurais voulu m'étendre plus longuement sur les qualités de Pierre Dupont, qui, malgré un penchant trop vif vers les catégories et les divisions didactiques, — lesquelles ne sont souvent, en poésie, qu'un signe de paresse, le développement lyrique naturel devant contenir tout l'élément didactique et descriptif suffisant, — malgré de nombreuses négligences de langage et un *lâché* dans la forme vraiment inconcevables, est et restera un de nos plus précieux poètes. J'ai entendu dire à beaucoup de personnes, fort compétentes d'ailleurs, que le fini, le précieux, la perfection enfin, les rebutaient et les empêchaient d'avoir, pour ainsi dire, *confiance* dans le poète. Cette opinion (singulière pour moi) est fort propre à incliner l'esprit à la résignation relativement aux incompatibilités correspondantes dans l'esprit des poètes et dans le tempérament des lecteurs. Aussi bien jouissons de nos poètes, à la condition toutefois qu'ils possèdent les qualités les plus nobles, les qualités indispensables, et prenons-les tels que Dieu les a faits et nous les donne, puisqu'on nous affirme que telle qualité ne s'augmente que par le sacrifice plus ou moins complet de telle autre.

Je suis contraint d'abréger. Pour achever en quelques mots, Pierre Dupont appartient à cette aristocratie naturelle des esprits qui doivent infiniment plus à la nature qu'à l'art, et qui, comme deux autres grands poètes, Auguste Barbier et Mme Desbordes-Valmore, ne trouvent que par la spontanéité de leur âme l'expression, le chant, le cri, destinés à se graver éternellement dans toutes les mémoires.

IX

LECONTE DE LISLE [1]

Je me suis souvent demandé, sans pouvoir me répondre, pourquoi les créoles n'apportaient, en général, dans les travaux littéraires, aucune originalité, aucune force de conception ou d'expression. On dirait des âmes de femmes, faites uniquement pour contempler et pour jouir. La fragilité même, la gracilité de leurs formes physiques, leurs yeux de velours qui regardent sans examiner, l'étroitesse singulière de leurs fronts, emphatiquement hauts, tout ce qu'il y a souvent en eux de charmant les dénonce comme des ennemis du travail et de la pensée. De la langueur, de la gentillesse, une faculté naturelle d'imitation qu'ils partagent d'ailleurs avec les nègres, et qui donne presque toujours à un poète créole, quelle que soit sa distinction, un certain air provincial, voilà ce que nous avons pu observer généralement dans les meilleurs d'entre eux.

M. Leconte de Lisle est la première et l'unique exception que j'aie rencontrée. En supposant qu'on en puisse trouver d'autres, il restera, à coup sûr, la plus étonnante et la plus vigoureuse. Si des descriptions, trop bien faites, trop enivrantres pour n'avoir pas été moulées sur des souvenirs d'enfance, ne révélaient pas de temps en temps à l'œil du critique l'origine du poète, il serait impossible de découvrir qu'il a reçu le jour dans une de ces iles volcaniques et parfumées, où l'âme humaine, mollement bercée par toutes les voluptés de l'atmosphère, désapprend chaque jour l'exercice de la pensée. Sa personnalité physique même est un démenti donné à l'idée habituelle que l'esprit se fait d'un créole. Un front puissant, une tête ample et large, des yeux clairs et froids, fournissent tout d'abord l'image de la force. Au-dessous de ces traits dominants, les premiers qui se laissent apercevoir, badine une bouche souriante animée d'une incessante ironie. Enfin, pour compléter le démenti au spirituel comme au physique, sa conversation, solide et sérieuse, est toujours, à chaque instant, assaisonnée par cette raillerie qui confirme la force. Ainsi non seulement il est érudit, non seulement il a médité, non seulement il a cet œil poétique qui sait extraire le caractère poétique de toutes choses, mais encore il a de l'esprit, qualité rare chez les poètes ; de l'esprit dans le sens populaire et dans le sens le plus élevé du mot. Si cette faculté de raillerie et de bouffonnerie n'apparait pas (distinctement, veux-je dire) dans ses ouvrages poétiques, c'est parce qu'elle veut se cacher, parce qu'elle a compris que c'était son devoir de se cacher. Leconte de Lisle étant un vrai poète, sérieux et méditatif, a horreur de la confusion des genres, et il sait que l'art n'obtient ses effets les plus puissants que par des sacrifices proportionnés à la rareté de son but.

Je cherche à définir la place que tient dans notre siècle ce poète tranquille et vigoureux, l'un de nos plus chers et de nos plus précieux. Le caractère distinctif de sa poésie est un sentiment d'aristocratie intellectuelle, qui suffirait, à lui seul, pour expliquer l'impopularité de l'auteur, si, d'un autre côté, nous ne savions pas que l'impopularité, en France, s'attache à tout ce qui tend vers n'importe quel genre de perfection. Par son goût inné pour la philosophie et par sa faculté de description pittoresque, il s'élève bien au-dessus de ces mélancoliques de salon, de ces fabricants d'albums et de keepsakes où tout, philosophie et poésie, est ajusté au sentiment des demoiselles. Autant vaudrait mettre les fadeurs d'Ary Scheffer ou les banales images de nos missels en parallèle avec les robustes figures de Cornelius. Le seul poète auquel on pourrait, sans absurdité, comparer Leconte de Lisle, est Théophile Gautier. Ces deux esprits se plaisent également dans le voyage : ces deux imaginations sont naturellement cosmopolites. Tous deux ils aiment à changer d'atmosphère et à habiller leur pensée des modes variables que le temps éparpille dans l'éternité. Mais Théophile Gautier donne au détail un relief plus vif et une couleur plus allumée, tandis que Leconte de Lisle s'attache surtout à l'armature philosophique. Tous deux ils aiment l'Orient et le désert ; tous deux ils admirent le repos comme un principe de beauté. Tous deux ils inondent leur poésie d'une lumière passionnée, plus pétillante chez Théophile Gautier, plus reposée chez Leconte de Lisle. Tous deux sont également indifférents à toutes les piperies humaines et savent, sans effort, n'être jamais dupes. Il y a encore un autre homme, mais dans un ordre différent, que l'on peut nommer à côté de Leconte de Lisle, c'est Ernest Renan. Malgré la diversité qui les sépare, tous les esprits clairvoyants sentiront cette comparaison. Dans le poète comme dans le philosophe, je trouve cette ardente, mais impartiale curiosité des

religions et ce même esprit d'amour universel, non pour l'humanité prise en elle-même, mais pour les différentes formes dont l'homme a, suivant les âges et les climats, revêtu la beauté et la vérité. Chez l'un non plus que chez l'autre, jamais d'absurde impiété. Peindre en beaux vers, d'une nature lumineuse et tranquille, les manières diverses suivant lesquelles l'homme a, jusqu'à présent, adoré Dieu et cherché le beau, tel a été, autant qu'on en peut juger par son recueil le plus complet, le but que Leconte de Lisle a assigné à sa poésie.

Son premier pèlerinage fut pour la Grèce ; et tout d'abord ses poèmes, écho de la beauté classique, furent remarqués par les connaisseurs. Plus tard il montra une série d'imitations latines, dont, pour ma part, je fais infiniment plus de cas. Mais pour être tout à fait juste, je dois avouer que peut-être bien le goût du sujet emporte ici mon jugement, et que ma prédilection naturelle pour Rome m'empêche de sentir tout ce que je devrais goûter dans la lecture de ses poésies grecques.

Peu à peu, son humeur voyageuse l'entraîna vers des mondes de beauté plus mystérieux. La part qu'il a faite aux religions asiatiques est énorme, et c'est là qu'il a versé à flots majestueux son dégoût naturel pour les choses transitoires, pour le badinage de la vie, et son amour infini pour l'immuable, pour l'éternel, pour le *divin Néant*. D'autres fois, avec une soudaineté de caprice apparent, il émigrait vers les neiges de la Scandinavie et nous racontait les divinités boréales, culbutées et dissipées comme des brumes par le rayonnant enfant de la Judée. Mais quelles que soient la majesté d'allures et la solidité de raison que Leconte de Lisle a développées dans ces sujets si divers, ce que je préfère parmi ses œuvres, c'est un certain filon tout nouveau qui est bien à lui et qui n'est qu'à lui. Les pièces de cette classe sont rares, et c'est peut-être parce que ce genre était son genre le plus naturel, qu'il l'a plus négligé. Je veux parler des poèmes, où, sans préoccupation de la religion et des formes successives de la pensée humaine, le poète a décrit la beauté, telle qu'elle posait pour son œil original et individuel : les forces imposantes, écrasantes de la nature ; la majesté de l'animal dans sa course ou dans son repos ; la grâce de la femme dans les climats favorisés du soleil, enfin la divine sérénité du désert ou la redoutable magnificence de l'Océan. Là, Leconte de Lisle est un maitre et un grand maitre. Là, la poésie triomphante n'a plus d'autre but qu'elle-même. Les vrais amateurs savent que je veux parler de pièces telles que *Les Hurleurs, les Éléphants, Le Sommeil du condor*, etc., telles surtout que *Le Manchy*, qui est un chef-d'œuvre hors ligne, une véritable évocation, où brillent, avec toutes leurs grâces mystérieuses, la beauté et la magie tropicales, dont aucune beauté méridionale, grecque, italienne ou espagnole, ne peut donner l'analogue.

J'ai peu de choses à ajouter. Leconte de Lisle possède le gouvernement de son idée ; mais ce ne serait presque rien s'il ne possédait aussi le maniement de son outil. Sa langue est toujours noble, décidée, forte, sans notes criardes, sans fausses pudeurs ; son vocabulaire, très étendu ; ses accouplements de mots sont toujours distingués et cadrent nettement avec la nature de son esprit. Il joue du rythme avec ampleur et certitude, et son instrument a le ton doux mais large et profond de l'alto. Ses rimes, exactes sans trop de coquetterie, remplissent la condition de beauté voulue et répondent régulièrement à cet amour contradictoire et mystérieux de l'esprit humain pour la surprise et la symétrie.

Quant à cette impopularité dont je parlais au commencement, je crois être l'écho de la pensée du poète lui-même en affirmant qu'elle ne lui cause aucune tristesse, et que le contraire n'ajouterait rien à son contentement. Il lui suffit d'être populaire parmi ceux qui sont dignes eux-mêmes de lui plaire. Il appartient d'ailleurs à cette famille d'esprits qui ont pour tout ce qui n'est pas supérieur un mépris si tranquille qu'il ne daigne même pas s'exprimer.

X

GUSTAVE LE VAVASSEUR [1]

Il y a bien des années que je n'ai vu Gustave Le Vavasseur, mais ma pensée se porte toujours avec jouissance vers l'époque où je le fréquentais assidûment. Je me souviens que, plus d'une fois, en pénétrant chez lui, le matin, je le surpris presque nu, se tenant dangereusement en équilibre sur un échafaudage de chaises. Il essayait de répéter les tours que nous avions vu accomplir la veille par des gens dont c'est la profession. Le poète m'avoua qu'il se sentait jaloux de tous les exploits de force et d'adresse, et qu'il avait quelquefois connu le bonheur de se prouver à lui-même qu'il n'était pas incapable *d'en faire autant*. Mais, après cet aveu, croyez bien que je ne trouvai pas du tout que le poète en fût ridicule ou diminué ; je l'aurais plutôt loué pour sa franchise et pour sa fidélité à sa propre nature ; d'ailleurs, je me souviens que beaucoup d'hommes, d'une nature aussi rare et élevée que la sienne, avaient éprouvé des jalousies semblables à l'égard du torero, du comédien et de tous ceux qui, faisant de leur personne une glorieuse pâture publique, soulèvent l'enthousiasme du cirque et du théâtre.

Gustave Le Vavasseur a toujours aimé passionnément les tours de force. Une difficulté a pour lui toutes les séductions d'une nymphe. L'obstacle le ravit : la pointe et le jeu de mots l'enivrent ; il n'y a pas de musique qui lui soit plus agréable que celle de la rime triplée, quadruplée, multipliée. Il est *naïvement compliqué*. Je n'ai jamais vu d'homme si pompeusement et si franchement Normand. Aussi Pierre Corneille, Brébeuf, Cyrano, lui inspirent plus de respect et de tendresse qu'à tout autre qui serait moins amateur du subtil, du contourné, de la pointe faisant résumé et éclatant comme une fleur pyrotechnique. Qu'on se figure, unies à ce goût candidement bizarre, une rare distinction de cœur et d'esprit et une instruction aussi solide qu'étendue, on pourra peut-être attraper la ressemblance de ce poète qui a passé parmi nous, et qui, depuis longtemps réfugié dans son pays, apporte sans aucun doute dans ses nouvelles et graves fonctions le même zèle ardent et minutieux qu'il mettait jadis à élaborer ses brillantes strophes, d'une sonorité et d'un reflet si métalliques. *Vire et les Virois* sont un petit chef-d'œuvre et le plus parfait échantillon de cet esprit précieux, rappelant les ruses compliquées de l'escrime, mais n'excluant pas, comme aucuns le pourraient croire, on le voit, la rêverie et le balancement de la mélodie. Car, il faut le répéter, Le Vavasseur est une intelligence très étendue, et, n'oublions pas ceci, un des plus délicats et des plus exercés causeurs que nous ayons connus, dans un temps et un pays où la causerie peut être comparée aux arts disparus. Toute bondissante qu'elle est, sa conversation n'est pas moins solide, nourrissante, suggestive, et la souplesse de son esprit, dont il peut être aussi fier que de celle de son corps, lui permet de tout comprendre, de tout apprécier, de tout sentir, même ce qui a l'air, à première vue, le plus éloigné de sa nature.

LES MARTYRS RIDICULES[1]

PAR LÉON CLADEL

Un de mes amis, qui est en même temps mon éditeur, me pria de lire ce livre, affirmant que j'y trouverais plaisir. Je n'y consentis qu'avec une excessive répugnance ; car on m'avait dit que l'auteur était un jeune homme, et la Jeunesse, dans le temps présent, m'inspire, par ses défauts nouveaux, une défiance déjà bien suffisamment légitimée par ceux qui la distinguèrent en tout temps. J'éprouve, au contact de la Jeunesse, la même sensation de malaise qu'à la rencontre d'un camarade de collège oublié, devenu boursier, et que les vingt ou trente années intermédiaires n'empêchent pas de me tutoyer ou de me frapper sur le ventre. Bref, je me sens en mauvaise compagnie.

Cependant l'ami en question avait deviné juste ; quelque chose lui avait plu, qui devait m'exciter moi-même ; ce n'était certes pas la première fois que je me trompais ; mais je crois bien que ce fut la première où j'éprouvai tant de plaisir à m'être trompé.

Il y a dans la *gentry* parisienne quatre jeunesses distinctes. L'une, riche, bête, oisive, n'adorant pas d'autres divinités que la paillardise et la goinfrerie, ces muses du vieillard sans honneur : celle-là ne nous concerne en rien. L'autre, bête, sans autre souci que l'argent, troisième divinité du vieillard : celle-ci, destinée à faire fortune, ne nous intéresse pas davantage. Passons encore. Il y a une troisième espèce de jeunes gens qui *aspirent à faire le bonheur du peuple*, et qui ont étudié la théologie et la politique dans le journal *Le Siècle ;* c'est généralement de petits avocats, qui réussiront, comme tant d'autres, à se grimer pour la tribune, à singer le Robespierre et à *déclamer*, eux aussi, des choses *graves*, mais avec moins de pureté que lui, sans aucun doute, car la grammaire sera bientôt une chose aussi oubliée que la raison, et, au train dont nous marchons vers les ténèbres, il y a lieu d'espérer qu'en l'an 1900 nous serons plongés dans le noir absolu.

Le règne de Louis-Philippe, vers sa fin, fournissait déjà de nombreux échantillons de lourde jeunesse épicurienne et de jeunesse agioteuse. La troisième catégorie, la bande des politiques, est née de l'espérance de voir se renouveler les *miracles* de Février.

Quant à la quatrième, bien que je l'aie vue naître, j'ignore comme elle est née. D'elle-même, sans doute, spontanément, comme les infiniment petits dans une carafe d'eau putride, la grande carafe française. C'est la jeunesse littéraire, la jeunesse *réaliste*, se livrant, au sortir de l'enfance, à l'art *réalistique* (à des choses nouvelles il faut des mots nouveaux !). Ce qui la caractérise nettement, c'est une haine décidée, native, des musées et des bibliothèques. Cependant, elle a ses classiques, particulièrement Henri Murger et Alfred de Musset. Elle ignore avec quelle amère gausserie Murger parlait de la *Bohème ;* et quant à *l'autre*, ce n'est pas dans ses nobles attitudes qu'elle s'appliquera à l'imiter, mais dans ses crises de fatuité, dans ses fanfaronnades de paresse, à l'heure où, avec des dandinements de commis voyageur, un cigare au bec, il s'échappe d'un dîner à l'ambassade pour aller à la maison de jeu, ou au salon de conversation. De son absolue confiance dans le génie et l'inspiration, elle tire le droit de ne se soumettre à aucune gymnastique. Elle ignore que le génie (si toutefois on peut appeler ainsi le germe indéfinissable du grand homme) doit, comme le saltimbanque apprenti, risquer

LES MARTYRS RIDICULES 541

de se rompre mille fois les os en secret avant de danser devant le public; que l'inspiration, en un mot, n'est que la récompense de l'exercice quotidien. Elle a de mauvaises mœurs, de sottes amours, autant de fatuité que de paresse, et elle découpe sa vie sur le patron de certains romans, comme les filles entretenues s'appliquaient, il y a vingt ans, à ressembler aux images de Gavarni, qui, lui, n'a peut-être jamais mis les pieds dans un bastringue. Ainsi l'homme d'esprit moule le peuple, et le visionnaire crée la réalité. J'ai connu quelques malheureux qu'avait grisés Ferragus XXIII, et qui projetaient sérieusement de former une coalition secrète pour se partager, comme une horde se partage un empire conquis, toutes les fonctions et les richesses de la société moderne. C'est cette lamentable petite caste que M. Léon Cladel a voulu peindre; avec quelle rancuneuse énergie, le lecteur le verra. Le titre m'avait vivement intrigué par sa construction antithétique, et peu à peu, en m'enfonçant dans les mœurs du livre, j'en appréciai la vive signification. Je vis défiler les *martyrs* de la sottise, de la fatuité, de la débauche, de la paresse juchée sur l'espérance, des amourettes prétentieuses, de la sagesse égoïstique, etc.; tous *ridicules*, mais véritablement *martyrs;* car ils souffrent pour l'amour de leurs vices et s'y sacrifient avec une extraordinaire bonne foi. Je compris alors pourquoi il m'avait été prédit que l'ouvrage me séduirait; je rencontrais un de ces livres satiriques, un de ces livres *pince-sans-rire*, dont le comique se fait d'autant mieux comprendre qu'il est toujours accompagné de l'emphase inséparable des passions.

Toute cette mauvaise société, avec ses habitudes viles, ses mœurs aventureuses, ses inguérissables illusions, a déjà été peinte par le pinceau si vif de Murger; mais le même sujet, mis au concours, peut fournir plusieurs tableaux également remarquables à des titres divers. Murger badine en racontant des choses souvent tristes. M. Cladel, à qui la drôlerie, non plus que la tristesse, ne manque pas, raconte avec une solennité *artistique* des faits déplorablement comiques. Murger glisse et fuit rapidement devant des tableaux dont la contemplation persistante chagrinerait trop son tendre esprit. M. Cladel insiste avec fureur; il ne veut pas omettre un détail, ni oublier une confidence; il ouvre la plaie pour la mieux montrer, la referme, en pince les lèvres livides, et en fait jaillir un sang jaune et pâle. Il manie le péché en curieux, le tourne, le retourne, examine complaisamment les circonstances, et déploie dans l'analyse du mal la consciencieuse ardeur d'un casuiste. Alpinien, le principal *martyr*, ne se ménage pas; aussi prompt à caresser ses vices qu'à les maudire, il offre, dans sa perpétuelle oscillation, l'instructif spectacle de l'incurable maladie voilée sous le repentir périodique. C'est un autoconfesseur qui s'absout, et se glorifie des pénitences qu'il s'inflige, en attendant qu'il gagne, par de nouvelles sottises, l'honneur et le droit de se condamner de nouveau. J'espère que quelques-uns du siècle sauront s'y reconnaître avec plaisir.

La disproportion du ton avec le sujet, disproportion qui n'est sensible que pour le sage désintéressé, est un moyen de comique dont la puissance saute à l'œil; je suis même étonné qu'il ne soit pas employé plus souvent par les peintres de mœurs et les écrivains satiriques, surtout dans les matières concernant l'Amour, véritable magasin de comique peu exploité. Si grand que soit un être, et si nul qu'il soit relativement à l'infini, le pathos et l'emphase lui sont permis et nécessaires; l'Humanité est comme une colonie de ces éphémères de l'Hypanis, dont on a écrit de si jolies fables, et les fourmis elles-mêmes, pour leurs affaires politiques, peuvent emboucher la trompette de

Corneille, proportionnée à leur bouche. Quant aux insectes amoureux, je ne crois pas que les figures de rhétorique dont ils se servent pour gémir leurs passions soient mesquines ; toutes les mansardes entendent tous les soirs des tirades tragiques dont la Comédie-Française ne pourra jamais bénéficier. La pénétration psychique de M.

Cladel est très grande, c'est là sa forte qualité ; son art, minutieux et brutal, turbulent et enfiévré, se resteindra plus tard, sans nul doute, dans une forme plus sévère et plus froide, qui mettra ses qualités morales en plus vive lumière, plus à nu. Il y a des cas où, par suite de cette exubérance, on ne peut plus discerner la qualité du défaut, ce qui serait excellent si l'amalgame était complet ; mais malheureusement, en même temps que sa clairvoyance s'exerce avec volupté, sa sensibilité, furieuse d'avoir été refoulée, fait une subite et indiscrète explosion. Ainsi, dans un des meilleurs passages du livre, il nous montre un brave homme, un officier plein d'honneur et d'esprit, mais vieux avant l'âge, et livré par d'affaiblissants chagrins et par la fausse hygiène de l'ivrognerie aux gouailleries d'une bande d'estaminet. Le lecteur est instruit de l'ancienne grandeur morale de Pipabs, et ce même lecteur souffrira lui-même du martyre de cet ancien brave, minaudant, gambadant, rampant, déclamant, marivaudant, pour obtenir de ces jeunes bourreaux... quoi ? l'aumône d'un dernier verre d'absinthe. Tout à coup l'indignation de l'auteur se projette d'une manière stentorienne, par la bouche d'un des personnages, qui fait justice immédiate de ces divertissements de rapins. Le discours est très éloquent et très enlevant ; malheureusement la note personnelle de l'auteur, sa simplicité révoltée, n'est pas assez voilée. Le poète, sous son masque, se laisse encore voir. Le suprême de l'art eût consisté à rester glacial et fermé, et à laisser au lecteur tout le mérite de l'indignation. L'effet d'horreur en eût été augmenté. Que la morale officielle trouve ici son profit, c'est incontestable ; mais l'art y perd, et avec l'art vrai, la vraie morale : la suffisante, ne perd jamais rien.

Les personnages de M. Cladel ne reculent devant aucun aveu ; ils s'étalent avec une instructive nudité. Les femmes, une à qui sa douceur animale, sa nullité peut-être, donne, aux yeux de son amant ensorcelé, un faux air de sphinx ; une autre, modiste prétentieuse, qui a fouaillé son imagination avec toutes les orties de George Sand, se font des révérences d'un autre monde et se traitent de *madame !* gros comme le bras. Deux amants tuent leur soirée aux Variétés et assistent à *La Vie de bohème ;* s'en retournant vers leur taudis, ils se querelleront dans le style de la pièce ; mieux encore, chacun, oubliant sa propre personnalité, ou plutôt la confondant avec le personnage qui lui plaît davantage, se laissera interpeller sous le nom du personnage en question ; et ni l'un ni l'autre ne s'apercevra du travestissement. Voilà Murger (pauvre ombre !) transformé en truchement, en dictionnaire de langue *bohème,* en *Parfait secrétaire des amants* de l'an *de grâce* 1861. Je ne crois pas qu'après une pareille citation on puisse me contester la puissance sinistrement caricaturale de M. Cladel. Un exemple encore : Alpinien, le *martyr* en premier de cette cohorte de *martyrs ridicules* (il faut toujours en revenir au titre), s'avise un jour, pour se distraire des chagrins intolérables que lui ont faits ses mauvaises mœurs, sa fainéantise et sa rêverie vagabonde, d'entreprendre le plus étrange pèlerinage dont il puisse être fait mention dans les folles religions inventées par les solitaires oisifs et impuissants. L'amour, c'est-à-dire le libertinage, la débauche élevée à l'état de contre-religion, ne lui ayant pas payé les récompenses espérées, Alpinien court à la gloire, et errant dans les

cimetières, il implore les images des grands hommes défunts; il baise leurs bustes, les suppliant de lui livrer leur secret, le grand secret : « Comment faire pour devenir aussi grand que vous ? » Les statues, si elles étaient bonnes conseillères, pourraient répondre : « Il faut rester chez toi, méditer et barbouiller beaucoup de papier ! » Mais ce moyen si simple n'est pas à la portée d'un rêveur hystérique. La superstition lui paraît plus naturelle. En vérité, cette invention si tristement gaie fait penser au nouveau calendrier des saints de l'école *positiviste*. La superstition ! ai-je dit. Elle joue un grand rôle dans la tragédie solitaire et interne du pauvre Alpinien, et ce n'est pas sans un délicieux et douloureux attendrissement qu'on voit par instant son esprit harassé, — où la superstition la plus puérile, symbolisant obscurément, comme dans le cerveau des nations, l'universelle vérité, s'amalgame avec les sentiments religieux les plus purs, — se retourner vers les salutaires impressions de l'enfance, vers la Vierge Marie, vers le chant fortifiant des cloches, vers le crépuscule consolant de l'Église, vers la famille, vers sa mère; — la mère, ce giron toujours ouvert pour les *fruits secs*, les prodigues et les ambitieux maladroits ! On peut espérer qu'à partir de ce moment Alpinien est à moitié sauvé; il ne lui manque plus que de devenir un homme d'action, un homme de devoir, au jour le jour.

Beaucoup de gens croient que la satire est faite avec des larmes, des larmes étincelantes et cristallisées. En ce cas, bénies soient les larmes qui fournissent l'occasion du rire, si délicieux et si rare, et dont l'éclat démontre d'ailleurs la parfaite santé de l'auteur !

Quant à la moralité du livre, elle en jaillit naturellement comme la chaleur de certains mélanges chimiques. Il est permis de soûler les ilotes pour guérir de l'ivrognerie les gentilshommes.

Et quant au succès, question sur laquelle on ne peut rien présager, je dirai simplement que je le désire, parce qu'il serait possible que l'auteur en reçût une excitation nouvelle, mais que ce succès, si facile d'ailleurs à confondre avec une vogue momentanée, ne diminuerait en rien tout le bien que le livre me fait conjecturer de l'âme et du talent qui l'ont produit de concert.

UNE RÉFORME A L'ACADÉMIE [1]

Le grand article de M. Sainte-Beuve sur *les prochaines élections de l'Académie* a été un véritable événement. Il eût été fort intéressant pour un profane, un nouveau *Diable boiteux*, d'assister à la séance académique du jeudi qui a suivi la publication de ce curieux manifeste. M. Sainte-Beuve attire sur lui toutes les rancunes de ce parti politique, doctrinaire, orléaniste, aujourd'hui religieux par esprit d'opposition, disons simplement : hypocrite, qui veut remplir l'Institut de ses créatures préférées et transformer le sanctuaire des muses en un parlement de mécontents; « les hommes d'État sans ouvrage », comme les appelle dédaigneusement un autre académicien qui, bien qu'il soit d'assez bonne naissance, est, littérairement parlant, le fils de ses œuvres. La puissance des intrigants date de loin; car Charles Nodier, il y a déjà longtemps, s'adressant à celui auquel nous faisons allusion, le suppliait de se présenter et de prêter à ses amis l'autorité de son nom pour déjouer la conspiration du parti doctrinaire, « de ces politiques qui viennent

honteusement *voler* un fauteuil *dû* à quelque pauvre homme de lettres ». M. Sainte-Beuve, qui, dans tout son courageux article, ne cache pas trop la mauvaise humeur d'un vieil homme de lettres contre les princes, les grands seigneurs et les politiquailleurs, ne lâche cependant qu'à la fin l'écluse à toute sa bile concentrée : « Être menacé de ne plus sortir d'une même nuance et bientôt d'*une même famille,* être destiné, si l'on vit encore vingt ans, à voir se vérifier ce mot de M. Dupin : "Dans vingt ans, vous aurez encore à l'Académie un discours doctrinaire" ; et cela quand tout change et marche autour de nous ; — je n'y tiens plus, et *je suis pas le seul;* plus d'un de mes confrères est comme moi ; *c'est étouffant, à la longue! c'est suffocant!* »

« Et voilà pourquoi j'ai dit à tout le monde bien des choses que j'aurais mieux aimé pouvoir développer à l'intérieur devant quelques-uns. J'ai fait mon rapport au Public. »

Et ailleurs : « *Quelqu'un* qui s'amuse à compter sur ses doigts ces sortes de choses, a remarqué que si M. Dufaure avait consenti à la douce violence qu'on voulait lui faire, il eût été le dix-septième ministre de Louis-Philippe dans l'Institut, et le neuvième dans l'Académie française. »

Tout l'article est un chef-d'œuvre plein de bonne humeur, de gaieté, de sagesse, de bon sens et d'ironie. Ceux qui ont l'honneur de connaître intimement l'auteur de *Joseph Delorme* et de *Volupté* savent apprécier en lui une faculté dont le public n'a pas la jouissance, nous voulons dire une conversation dont l'éloquence capricieuse, ardente, subtile, mais toujours raisonnable, n'a pas d'analogue, même chez les plus renommés causeurs. Eh bien ! toute cette éloquence familière est contenue ici. Rien n'y manque, ni l'appréciation ironique des fausses célébrités, ni l'accent profond, convaincu, d'un écrivain qui voudrait relever l'honneur de la compagnie à laquelle il appartient. Tout y est, même l'*utopie.* M. Sainte-Beuve, pour chasser des élections le *vague,* si naturellement *cher aux grands seigneurs,* désire que l'Académie française, assimilée aux autres Académies, soit divisée en sections, correspondant aux divers mérites littéraires : langue, théâtre, poésie, histoire, éloquence, roman (« ce genre si moderne, si varié, auquel l'Académie a jusqu'ici accordé si peu de place »), etc. Ainsi, dit-il, il sera possible de discuter, de vérifier les titres et de faire comprendre au public la légitimité d'un choix.

Hélas ! dans la très raisonnable utopie de M. Sainte-Beuve, il y a une vaste lacune, c'est la fameuse section du *vague,* et il est fort à craindre que ce volontaire oubli rende à tout jamais la réforme impraticable.

Le poète-journaliste nous donne, chemin faisant, dans son appréciation des mérites de quelques candidats, les détails les plus plaisants. Nous apprenons, par exemple, que M. Cuvillier-Fleury, un critique « ingénieux à la sueur de son front, qui veut tout voir, même la littérature, par la lucarne de l'orléanisme, et qu'il ne faut jamais défier de faire une gaucherie, car il en fait même sans en être prié », ne manque jamais de dire en parlant de ses titres : « Le meilleur de mes ouvrages est en Angleterre. » Pouah ! quelle odeur d'antichambre et de pédagogie ! Voulant louer M. Thiers, il l'a appelé un jour « un Marco-Saint-Hilaire éloquent ». Admirable pavé d'ours ! « Il compte bien avoir pour lui, en se présentant, ses collaborateurs du *Journal des Débats* qui sont membres de l'Académie, et plusieurs autres amis politiques. Les *Débats*, l'Angleterre et la France, c'est beaucoup. Il a des chances ».

M. Sainte-Beuve ne se montre favorable ou indulgent que pour les hommes

de lettres. Ainsi, il rend, en passant, justice à Léon Gozlan. « Il est de ceux qui gagneraient le plus à une discussion et à une conversation sur les titres ; *il n'est pas assez connu de l'Académie.* » L'auteur invite M. Alexandre Dumas fils à se présenter. On devine que cette nouvelle candidature déchargerait sa conscience d'un grand embarras. Même invitation est adressée à M. Jules Favre, pour la succession Lacordaire. Il faut bien, pour peu qu'on soit de bonne foi, à quelque parti qu'on appartienne, confesser que M. Jules Favre est le grand orateur du temps, et que ses discours sont *les seuls qui se fassent lire avec plaisir.* — M. Charles Baudelaire dont plus d'un académicien a eu à épeler le nom barbare et inconnu, est plutôt chatouillé qu'égratigné : « M. Baudelaire a trouvé moyen de se bâtir, à l'extrémité d'une langue de terre réputée inhabitable, et par-delà les confins du monde romantique connu, un kiosque bizarre, fort orné, fort tourmenté, mais coquet et mystérieux... Ce singulier kiosque, fait en marqueterie, d'une originalité concertée et composite, qui depuis quelque temps attire les regards, à la pointe extrême du Kamschatka romantique, j'appelle cela la *Folie Baudelaire.* L'auteur est content d'avoir fait quelque chose d'impossible. » On dirait que M. Sainte-Beuve a voulu venger M. Baudelaire des gens qui le peignent sous les traits d'un loup-garou mal famé et mal peigné ; car un peu plus loin il le présente, paternellement et familièrement, comme « un gentil garçon, fin de langage et tout à fait classique de formes ».

L'odyssée de l'infortuné M. de Carné, éternel candidat, qui « erre mainte-nant comme une ombre aux confins des deux élections », est un morceau de haute et succulente ironie.

Mais où la bouffonnerie éclate dans toute sa magistrale ampleur, c'est à pro-pos de la plus bouffonne et abracadabrante candidature qui fût jamais inventée, de mémoire d'Académie. « Le soleil est levé, retirez-vous, étoiles ! »

Quel est donc ce candidat dont la rayonnante renommée fait pâlir toutes les autres, comme le visage de Chloé, avant même qu'elle se débarbouille, efface les splendeurs de l'aurore ? Ah ! il faut bien vous le dire, car vous ne le devineriez jamais : M. le prince de Broglie, fils de M. le duc de Broglie, académicien. Le général Philippe de Ségur a pu s'asseoir à côté de son père le vieux comte de Ségur ; mais le général était nourri de Tacite et avait écrit l'*Histoire de la Grande Armée,* qui est un superbe livre. Quant à M. le prince, c'est un porphyrogénète, purement et simplement. « *Lui aussi, il s'est donné la peine de naître...* Il aura jugé, dans sa conscience scrupuleuse, qu'il se devait à un éloge public du père Lacordaire, et il se dévoue. »

Quelqu'un qui a connu, il y a vingt-deux ou vingt-trois ans, ce petit bonhomme de décadence, nous affirme qu'aux écoles il avait acquis une telle vélocité de plume qu'il pouvait suivre la parole et représenter à son professeur sa leçon intégrale, stricte, avec toutes les répétitions et négligences insépa-rables. Si le professeur avait lâché étourdiment quelque faute, il la retrouvait soigneusement reproduite dans le manuscrit du petit prince. Quelle obéis-sance ! et quelle habileté !

Et depuis lors, qu'a-t-il fait, ce candidat ? Toujours la même chose. Homme, il répète la leçon de ses professeurs actuels. C'est un parfait perroquet que ne saurait imiter Vaucanson lui-même.

L'article de M. Sainte-Beuve devait donner l'éveil à la presse. En effet, deux nouveaux articles sur le même sujet viennent de paraître, l'un de M. Nefftzer, l'autre de M. Texier. La conclusion de ce dernier est que tous les littérateurs de

quelque mérite doivent oublier l'Académie et la laisser mourir dans l'oubli. *Finis Poloniae.* Mais les hommes tels que MM. Mérimée, Sainte-Beuve, de Vigny, qui voudraient relever l'honneur de la compagnie à laquelle ils appartiennent, ne peuvent encourager une résolution aussi désespérée.

L'ESPRIT ET LE STYLE
DE M. VILLEMAIN[1]

> *Ventosa isthœc et enormis loquacitas.*
> Des mots, des mots, des mots !
> La littérature mène à tout, pourvu
> qu'on la quitte à temps.
> (Paroles de traître.)

DÉBUT

J'aspire à la douleur. — J'ai voulu lire Villemain. — Deux sortes d'écrivains, les dévoués et les traîtres. — Portrait du vrai critique. — Métaphysique. — Imagination.

Villemain n'écrivant que sur des thèmes connus et possédés de tout le monde, nous n'avons pas à rendre compte de ce qu'il appelle ses œuvres. Prenons simplement les thèmes qui nous sont plus familiers et plus chers, et voyons s'il les a rajeunis, sinon par l'esprit philosophique, au moins par la nouveauté d'expressions pittoresques.

CONCLUSION

Villemain, auteur aussi inconnu que consacré. Chaque écrivain représente quelque chose plus particulièrement : Chateaubriand ceci, Balzac cela, Byron cela, Hugo cela; — Villemain représente l'inutilité affairée et hargneuse comme celle de Thersite. Sa phrase est bourrée d'inutilité; il ignore l'art d'écrire une phrase, comme l'art de construire un livre. Obscurité résultant de la diffusion et de la profusion.

S'il était modeste,... — mais puisqu'il fait le méchant...

Anecdotes à citer.

HABITUDES D'ESPRIT

« On les a parodiés depuis » (les mouvements populaires). — (Page 477, *Tribune.*)

La révolution de 1830 fut donc bonne, celle de Février mauvaise (!).

Citer le mot de Sainte-Beuve, profond dans son scepticisme. Il dit, avec une légèreté digne de la chose en parlant de 1848 : « ... »

Ce qui implique que toutes les révolutions se valent et ne servent qu'à montrer l'opiniâtre légèreté de l'humanité.

Chez Villemain, allusions perpétuelles d'un homme d'État sans ouvrage.

C'est sans doute depuis qu'il ne peut plus être ministre qu'il est devenu si fervent chrétien.

Il veut toujours montrer qu'il est bien instruit de toute l'histoire de toutes les

familles. Ragots, cancans, habitudes emphatiques de laquais parlant de ses anciens maîtres et les trahissant quelquefois. La vile habitude d'écouter aux portes.

Il parle quelque part avec attendrissement des « opulentes fonctions ». Goût de servilité jusque dans l'usage immodéré des capitales : « L'État, le Ministre, etc. »

Toute la famille d'un grand fonctionnaire est sainte, et jamais la femme, le fils, le gendre ne sont cités sans quelque apposition favorable, servant à la fois à témoigner du culte de l'auteur et à arrondir la phrase.

Véritables habitudes d'un maitre de pension qui craint d'offenser les parents.

Contraste, plus apparent que réel, entre l'attitude hautaine de Villemain dans la vie et son attitude d'historien, qui est celle d'un chef de bureau devant une Excellence.

Citateur automate qui a appris pour le plaisir de citer, mais ne comprend pas ce qu'il récite.

Raison *profonde* de la haine de Villemain contre Chateaubriand, le grand seigneur assez grand pour être cynique. (Articles du petit de Broglie.) La haine d'un homme *médiocre* est toujours une haine *immense*.

PINDARE

(Essais sur le génie de Pindare et sur le génie lyrique.)

Encore les tiroirs, les armoires, les cartons, les distributions de prix, l'herbier, les collections d'un écolier qui ramasse des coquilles d'huitres pour faire le naturaliste. Rien, absolument rien, pour *la poésie lyrique anonyme*, et cela dans un Essai sur la poésie lyrique !

Il a pensé à Longfellow, mais il a omis Byron, Barbier et Tennyson, sans doute parce qu'un professeur lui inspire toujours plus de tendresse qu'un poète.

Pindare, dictionnaire, compendium, non de l'esprit lyrique, mais des auteurs lyriques connus de lui, Villemain.

VILLEMAIN HISTORIEN

Narbonne, Chateaubriand, prétextes pour raconter l'histoire du temps, c'est-à-dire pour satisfaire ses rancunes. Petite méthode, en somme ; méthode d'impuissant cherchant une originalité.

Les discours à la Tite-Live. Napoléon au Kremlin devient aussi bavard et prétentieux que Villemain.

Villemain se console de ne pas avoir fait de tragédies. Habitudes de tragédie. Discours interminables à la place d'une conversation. Dialogues en tirades, et puis toujours des *confidents*. Lui-même confident de Decazes et de Narbonne, comme Narbonne de Napoléon.

(Voir la fameuse anecdote de trente pages sur la terrasse de Saint-Germain. L'anecdote du général Foy à la Sorbonne et chez Villemain. Bonnes phrases à extraire. Villemain lui montre *ses versions*.)

ANALYSE RAPIDE DE L'ŒUVRE DE VILLEMAIN

Cours de littérature. — Banal compendium digne d'un professeur de rhétorique. Les merveilleuses parenthèses du sténographe : « Applaudissements. Émotion. Applaudissements réitérés. Rires dans l'auditoire. » — Sa manière de juger Joseph de Maistre et Xavier de Maistre. Le professeur

servile, au lieu de rendre justice philosophique à Joseph de Maistre, fait sa cour à l'insipide jeunesse du quartier Latin. (Cependant la parole l'obligeait alors à un style presque simple.)

Lascaris. Cromwell. — Nous serons généreux, nous ne ferons que citer et passer.

Souvenirs contemporains. Les Cent-Jours. Monsieur de Narbonne. — Villemain a une manie vile : c'est de s'appliquer à faire voir qu'il a connu des gens importants.

Que dirons-nous du *Choix d'études ?* Fastidieuses distributions de prix et rapports en style de préfecture sur les concours de l'Académie française.

Voir ce que vaut son *Lucain.*

La Tribune française, c'est, dans une insupportable phraséologie, le compte rendu des *Mémoires d'outre-tombe,* assaisonné d'un commentaire de haine et de médiocrité.

SA HAINE CONTRE CHATEAUBRIAND

C'est bien la jugeote d'un pédagogue, incapable d'apprécier le grand gentilhomme des décadences, qui veut retourner à la vie sauvage.

À propos des débuts de Chateaubriand au régiment, il lui reproche son goût de la parure. Il lui reproche l'inceste comme source de génie. Eh ! que m'importe à moi la source, si je jouis du génie !

Il lui reproche plus tard la mort de sa sœur Lucile. Il lui reproche partout son manque de sensibilité. Un Chateaubriand n'a pas la même forme de sensibilité qu'un Villemain. Quelle peut être la sensibilité du Secrétaire perpétuel ? (Retrouver la fameuse apostrophe à propos de la mort de Mme de Beaumont.)

Le sédentaire maître d'école trouve singulier que le voyageur se soit habillé en sauvage et en coureur des bois. Il lui reproche son duel de célébrité avec Napoléon. Eh bien ! n'était-ce pas là aussi une des passions de Balzac ? Napoléon est un substantif qui signifie domination, et, règne pour règne, quelques-uns peuvent préférer celui de Chateaubriand à celui de Napoléon. (Revoir le passage sur le rajeunissement littéraire. Grande digression à effet, qui ne contient rien de neuf et ne se rattache à rien de ce qui précède ni à rien de ce qui suit.

Comme échantillon de détestable narration, véritable amphigouri, revoir *La Mort du duc de Berry.*

Revoir la fameuse citation relative à la cuistrerie, qui lui inspire tant d'humeur.)

RELATIVEMENT À SON TON EN PARLANT DE CHATEAUBRIAND

Les Villemain ne comprendront jamais que les Chateaubriand ont droit à des immunités et à des indulgences auxquelles tous les Villemain de l'humanité ne pourront jamais aspirer.

Villemain critique surtout Chateaubriand pour ses étourderies et son *mauvais esprit* de conduite, critique digne d'un pied-plat qui ne cherche dans les lettres que le moyen de parvenir. (Voir l'épigraphe.)

Esprit d'employé et de bureaucrate, morale de domestique.

Pour taper sur le ventre d'un colosse, il faut pouvoir s'y hausser.

Villemain, mandragore difforme s'ébréchant les dents sur un tombeau.

Toujours criard, affairé sans pensées, toujours mécontent, toujours délateur, il a mérité le surnom de *Thersite de la littérature.*

Les *Mémoires d'outre-tombe* et *La Tribune française* lus ensemble et compulsés page à page forment une harmonie à la fois grandiose et drolatique. Sous la voix de Chateaubriand, pareille à la voix des grandes eaux, on entend l'éternel grognement en sourdine du cuistre envieux et impuissant.

Le propre des sots est d'être incapables d'admiration et de n'avoir pas de déférence pour le mérite, surtout quand il est pauvre. *(Anecdote du numéro 30.)*

Villemain est si parfaitement incapable d'admiration que lui, qui est à mille pieds au-dessous de La Harpe, appelle M. Joubert *le plus ingénieux des amateurs plutôt que véritable artiste.*

Si l'on veut une autre preuve de la justesse d'esprit de Villemain et de sa conscience dans l'examen des livres, je raconterai *l'anecdote de l'arbre thibétain.*

HABITUDES DE STYLE ET MÉTHODE DE PENSÉE

Villemain obscur, pourquoi ? Parce qu'il ne pense pas.

Horreur congéniale de la clarté, dont le signe visible est son amour du style allusionnel.

La phrase de Villemain, comme celle de tous les bavards qui ne pensent pas (ou des bavards intéressés à dissimuler leur pensée, avoués, boursiers, hommes d'affaires, mondains), commence par une chose, continue par plusieurs autres, et finit par une qui n'a pas plus de rapport avec les précédentes que celles-ci entre elles. D'où ténèbres. Loi du désordre.

Sa phrase est faite par agrégation, comme une ville résultant des siècles, et toute phrase doit être en soi un monument bien coordonné, l'ensemble de tous ces monuments formant la ville qui est le Livre.

(Chercher des échantillons au crayon rouge dans les cinq volumes qui me restent.)

Phraséologie toujours vague ; les mots tombent, tombent de cette plume pluvieuse, comme la salive des lèvres d'un gâteux bavard ; phraséologie bourbeuse, clapoteuse, sans issue, sans lumière, marécage obscur où le lecteur impatienté se noie.

Style de fonctionnaire, formules de préfet, amphigouri de maire, rondeur de maître de pension.

Toute son œuvre, distribution de prix.

Division du monde spirituel et des talents spirituels en catégories qui ne peuvent être qu'arbitraires, puisqu'il n'a pas d'esprit philosophique.

ÉCHANTILLONS DE STYLE ACADÉMIQUE ET INCORRECT

À propos des Chénier : « J'en jure par le cœur de leur mère. »

Dans *La Tribune française, page 158 :* « Dans les jardins de l'Alhambra » ; *page 154 :* « L'ambassadeur lui remit... »

Décidément, c'est un Delille en prose. Il aime la forme habillée comme les vieillards.

(Dans le récit de la mort du duc de Berry, retrouver la phrase impayable sur les deux filles naturelles du duc.)

Les deux disgraciés de l'Empire s'étaient communiqué une protes-

tation plus vive dans le cœur de la femme qui, plus faible, se sentait plus opprimée.

À propos de Lucien, ne trouvant pas dans les épreuves du *Génie du christianisme* ce qu'il y cherchait, le chapitre des *Rois athées*, Villemain dit : « *Le reste le souciait peu...* »

« *Les landes préludant aux savanes...* » Sans doute à propos de René, qui n'est pas encore voyageur.

« Les molles voluptés d'un climat enchanteur. »

« J'enfonçais dans les sillons de ma jeune mémoire... »

« Dans ma mémoire de tout jeune homme, malléable et colorée, comme une lame de daguerréotype sous les rayons du jour... » *(Les Cent-Jours.)*

(Si la mémoire est malléable, la lame ne l'est pas, et la lame ne peut être colorée qu'après l'action des rayons.)

« La circonspection prudente... » (Bel adjectif, — et bien d'autres exemples. Pourquoi pas la prudence circonspecte ?)

« Au milieu des salons d'un élégant hôtel du faubourg Saint-Honoré... »

« La Bédoyère, le jeune et infortuné colonel... » (Style du théâtre de Madame.)

« *Un des plus hommes de bien* de l'Empire, le comte Mollien... » (Jolie préciosité. *Homme de bien* est-il substantif ou adjectif ?)

« L'arrivée de Napoléon au galop d'une rapide calèche... » (Style automatique, style Vaucanson.)

Exemple de légèreté académique. — Page 304 du *Cours de littérature française* (1830). — À propos du XVe siècle, il dit : « ...avec la naïveté de ce temps... », et page 307, il dit : « Souvenons-nous des habitudes du Moyen Âge, temps de corruption bien plus que d'innocence... »

Exemple de style académique consistant à dire difficilement les choses simples et faciles à dire : « Beaumarchais... préludant *(quel amour de préludes !)* par le *malin éclat* du scandale privé à la toute-puissance des grands scandales politiques... Beaumarchais, l'auteur *du* Figaro et en même temps, par une des singularités de sa vie, reçu dans la *confiance familière* et l'*intimité musicale des pieuses* filles de Louis XV... » *(Monsieur de Narbonne.)*

Pieuses a pour but de montrer que Villemain sait l'histoire ; le reste de la phrase veut dire qu'avant d'être célèbre par des comédies et par ses mémoires, Beaumarchais donnait aux filles du Roi des leçons de clavecin.)

À travers tout cela, une pluie germanique de capitales digne d'un petit fonctionnaire d'un grand-duché.

Bon style académique encore : « Quelquefois aussi, sous la *garde savante* de M. de Humboldt *(ce qui veut dire sans doute que M. de Humboldt était un garde du corps très savant)*, elle (Mme de Duras) s'avançait, *royalisme à part (son royalisme ne s'avançait donc pas avec elle)*, jusqu'à l'Observatoire, pour écouter la brillante parole et les belles expositions astronomiques de M. Arago... » *(M. de Feletz.)*

(Cette phrase prouve qu'il y a une astronomie républicaine vers laquelle ne s'avançait pas le royalisme de Mme de Duras.)

ÉCHANTILLONS DE STYLE ALLUSIONNEL

« Souvent, dix années plus tard, à une époque heureuse de Paix et de Liberté politiques *(capitales très constitutionnelles)*, dans cet hôtel du faubourg Saint-Honoré, *élégante demeure*, aujourd'hui disparue en juste expiation d'un

funeste souvenir domestique, j'ai entendu le général Sébastiani... » *(Monsieur de Narbonne.)*
(Jolie allusion à un assassinat commis par un Pair de France libertin sur sa fastidieuse épouse, pour parler le charabia Villemain.)
« Les peintures d'un éloquent témoin n'avaient pas encore popularisé ce grand souvenir.» *(Ney en Russie, à propos de son procès.)* Pourquoi ne pas dire tout simplement : « Le livre de M. de Ségur n'avait pas encore paru » ?
« La royale Orpheline de 93...» Cela veut dire la duchesse d'Angoulême.
« Une plume fine et délicate...» Devinez. C'est M. le duc de Noailles ; on nous en instruit dans une note, ce qui d'ailleurs était nécessaire.
« Une illustre compagnie...» En note, avec renvoi : « L'Académie française.»

Et, s'il parle de lui-même, croyez qu'il en parlera en style allusionnel ; il ne peut pas moins faire que de se jeter un peu d'amphigouri dans le visage. *(Voir la phrase par laquelle il se désigne dans l'affaire Decazes.)* — *(Voir la phrase sur Victor Hugo, à propos de Jersey*, écrite dans ce style académique allusionnel dont toute la finesse consiste à fournir au lecteur le plaisir de deviner ce qui est évident).

SUPPLÉMENT A LA CONCLUSION

Il est comique involontairement et solennel en même temps, comme les animaux : singes, chiens et perroquets. Il participe des trois.

Villemain, chrétien depuis qu'il ne peut plus être ministre, ne s'élèvera jamais jusqu'à la charité (Amour, Admiration).

La lecture de Villemain, Sahara d'ennui, avec des oasis d'horreur qui sont les explosions de son odieux caractère !

Villemain, ministre de l'Instruction publique, a bien su prouver son horreur pour les lettres et les littérateurs.

Extrait de la *Biographie pittoresque des Quarante, par le portier de la Maison :*

Quel est ce loup-garou, à la chevelure en désordre incertaine, au vêtement négligé ? C'est le dernier des nôtres par ordre alphabétique, mais non pas par rang de mérite, c'est M. VILLEMAIN. Son *Histoire de Cromwell* donnait plus que des espérances. Son roman de *Lascaris* ne les a pas réalisées. Il y a deux hommes dans notre professeur, l'écrivain et le pensionnaire du Gouvernement. Quand le premier dit : *marchons,* le second lui crie : *arrêtons-nous ;* quand le premier enfante une pensée généreuse, le second se laisse affilier à la confrérie des bonnes lettres. Où cette funeste condescendance s'arrêtera-t-elle ? Il y a si près du Collège de France à Montrouge ! Il est si diffile de se passer de place, lorsque, depuis longtemps, on en remplit une... et puis M. l'Abbé, Mme la marquise, son excellence, les truffes, le champagne, les décorations, les réceptions, les dévotions, les affiliations... Et voilà ce que c'est.

Hélas ! voilà tout ce que c'est.

<div align="center">VIEILLE EPIGRAMME</div>

Quelle est la main la plus vile
De Martainville ou de Villemain ?
Quelle est la plus vile main
De Villemain ou de Martainville ?

CITATIONS *A propos de Lucain*

...Son génie, qu'une mort funeste devait arrêter si vite, n'eut que le temps de montrer de la grandeur, sans naturel et sans vérité : car le goût de la simplicité appartient rarement à

la jeunesse, et dans les arts, le naturel est presque toujours le fruit de l'étude et de la maturité.

Plusieurs conjurés furent arrêtés et mis à la torture : ils révélèrent leurs complices. Seule la courtisane Épicharis fut invincible à la douleur, montrant ce que, dans la faiblesse de son sexe et dans la honte de sa vie, un sentiment généreux, l'horreur du crime, pouvait donner de force et de dignité morale.

...Le titre de sa gloire, l'essai et tout ensemble le trophée de son génie, c'est *La Pharsale*, ouvrage que des beautés supérieures ont protégé contre d'énormes défauts. Stace qui, nous l'avons dit, a célébré la muse jeune et brillante de Lucain et sa mort prématurée, n'hésite point à placer *La Pharsale* au-dessus des *Métamorphoses* d'Ovide, et presque à côté de Virgile. Quintilien, juge plus éclairé, reconnait dans Lucain un génie hardi, élevé, et l'admet au rang des orateurs plutôt que des poètes : distinction que lui inspiraient le nombre et l'éclat des discours semés dans le récit de Lucain, et où sont exagérés trop souvent les défauts même attachés à sa manière...

Les écrivains français l'ont jugé diversement. Corneille l'a aimé jusqu'à l'enthousiasme. Boileau l'approuvait peu, et lui imputait à la fois ses propres défauts et ceux de Brébeuf, son emphatique interprète.

En dépit des hyperboles et des raisonnements de Marmontel, *La Pharsale* ne saurait être mise au rang des belles productions de la muse épique. Le jugement des siècles est sans appel.

Rapports académiques

Ce qu'il y a d'amusant (mot bizarre à propos de Villemain) dans les rapports académiques, c'est l'étonnante conformité du style baveux, melliflu, avec les noms des concurrents récompensés et le choix des sujets. On y trouve *L'Algérie ou la civilisation conquérante, La Colonie de Mettray, La Découverte de la vapeur,* sujets lyriques proposés par l'Académie et d'une nature essentiellement excitante.

On y trouve aussi des phrases de cette nature : « Ce livre est une bonne œuvre pour les âmes », à propos d'un roman composé par un ministre protestant. Pouah !

On rencontre, parmi les couronnés, le nom de ce pauvre M. Caro, qui ne prendra jamais, je l'espère, pour épigraphe de ses compositions académiques ce mot de saint Jean : « *Et verbum caro factum est* », car lui et le verbe me semblent passablement brouillés.

On se heurte à des phrases comme celle-ci, qui représente bien une des maladies de M. Villemain, laquelle consiste à accoupler des mots qui jurent : quand il ne fait pas de pléonasmes, il commet des désaccords : « Cette profusion de gloire (celle de l'industrie et des arts) n'est jamais applicable dans le domaine sévère et difficile des lettres. »

CITATIONS

Que, devant cette force du nombre et de l'enthousiasme, un Roi opiniâtre et faible, un Ministère coupable et troublé n'aient su ni agir, ni céder à temps ; qu'un Maréchal, malheureux à la guerre et dans la politique, funeste par ses défections et ses services, n'ait pu rien sauver du désastre, même avec une Garde si dévouée et si brave, mais de bonne heure affaiblie par l'abandon d'un régiment de ligne ; ce sont là des spectacles instructifs pour tous. On les a parodiés depuis. Une émeute non repoussée, une marée montante de cette tourbe d'une grande ville a tout renversé devant elle, comme l'avait fait, dix-huit ans auparavant, le mouvement d'un peuple blessé dans ses droits. Mais, le premier

exemple avait offert un caractère particulier, qui en fit la grandeur. C'était un sentiment d'honneur public soulevé contre la trahison du Pouvoir. (*Tribune moderne*, p. 477.)

Bien des années après, il a peint encore ce printemps de la Bretagne sauvage et fleurie, avec une grâce qu'on ne peut ni oublier, ni contrefaire. Nul doute que dès lors, aux instincts énergiques de naissance, à la liberté et à la rudesse des premiers ans, aux émotions sévères et tendres de la famille, aux sombres sourcils du père, aux éclairs de tendresse de la mère, aux sourires de la plus jeune sœur, ne vinssent se mêler, chez cet enfant, les vives images de la nature, le frémissement des bois, après celui des flots, et l'horizon désert et diapré de mille couleurs de ces landes bretonnes préludant aux savanes de l'Amérique. (*Tribune moderne*, p. 9.)

Mais, faut-il attribuer à ces études, un peu rompues et capricieuses, l'avantage dont triomphe quelque part l'illustre écrivain, pour s'élever au-dessus même de sa gloire la plus chère et se séparer entièrement de ceux qu'il efface ? « Tout cela, joint à mon genre d'éducation, dit-il, à une vie de soldat et de voyageur, fait que je n'ai pas senti mon pédant, que je n'ai jamais eu l'air hébété ou suffisant, la gaucherie, les habitudes crasseuses des hommes de lettres d'autrefois, encore moins la morgue, l'assurance, l'envie et la vanité fanfaronne des nouveaux auteurs. »

C'est beaucoup se ménager, en maltraitant tout le monde. (*Tribune moderne*, p. 11.)

Un chapitre des *Mémoires*, non moins expressif et non moins vrai que bien des pages du roman de *René*, a gravé pour l'avenir cet intérieur de famille un peu semblable aux voûtes souterraines du vieux château sombre et glacial où fermentait, à son insu, l'âme du poète, dans la solitude et l'inaction, entre une mère distraite de la tendresse par la piété, fatiguée d'un joug conjugal, que cette piété n'allégeait pas, une sœur trop tendre ou trop aimée, mais dont la destinée semblait toujours être de ne trouver ni le bonheur dans le monde, ni la paix dans la retraite, et enfin ce père, dont la sévérité, la hauteur tyrannique et le froid silence s'accroissaient avec les années. (*Tribune moderne*, p. 14.)

Lui-même, dans ses *Mémoires*, a peint de quelques traits, avec une bièveté *rapide* et *digne*, ce que ce tableau domestique offrait de plus touchant et de plus délicat. Sa réserve, cette fois, était comme une expiation de ce que son talent d'artiste avait voulu laisser trop entrevoir, dans la création originale de *René*. Ce ne fut pas seulement la malignité des contemporains, ce fut l'orgueil du peintre qui permit cette profane allusion. Sous la fatalité de ce nom de *René*, que l'auteur se donne comme à son héros, et en souvenir de cet éclat de regard, de ce feu de génie, que la sœur, trop émue, admirait dans son frère, une indiscrète rumeur a longtemps redit que le premier *chef-d'œuvre littéraire* de M. de Chateaubriand avait été la confidence d'un funeste et premier amour.

L'admiration pour le génie, le respect de la morale aiment à lire un autre récit tout irréprochable des premiers sentiments du jeune poète. (*Tribune moderne*, p. 15.)

Vingt-cinq ans plus tard, toujours très philosophe, il fut préposé en chef à l'inquisition impériale sur les livres : on sait, avec quelle minutieuse et rude tyrannie ! (*Tribune moderne*, p. 24.)

Viens de bonne heure, tu feras le mien.

Mêlé d'ailleurs à des *hommes de lettres, ou de parti* qui prisaient peu les *Vœux d'un solitaire* et la philanthropie candide de l'auteur, M. de Chateaubriand étudia plus Bernardin de Saint-Pierre qu'il ne l'a loué ; et peut-être, dans sa lutte avec ce rare modèle, devait-il, par là même, ne pas échapper au danger d'exagérer ce qu'on imite et de trop prodiguer les couleurs qu'on emprunte. (*Tribune moderne*, p. 37.)

J'allais d'arbre en arbre, a-t-il raconté, me disant : « Ici, plus de chemins, plus de villes, plus de monarchies, plus de rois, plus d'hommes ; et, pour essayer si j'étais rétabli dans mes droits originels, je me livrais à des actes de volonté, qui faisaient enrager mon guide, lequel, dans son âme, me croyait fou. » Je ne sais : mais je crains que dans ce sentiment si vif des droits originels et dans ces actes de volonté sans nom, il n'y eût surtout une réminiscence des rêveries antisociales de Rousseau et de quelques pages d'*Émile*. Le grand écrivain n'était encore que copiste. (*Tribune moderne*, p. 53.)

Il touche d'abord à l'ile de Guernesey, puis à Jersey, dans cet ancien refuge où devait, de nos jours, s'arrêter un autre proscrit, d'un rare et puissant esprit poétique, qu'il employa trop peut-être à évoquer dans ses vers le prestige oppresseur, sous lequel il fut accablé. (*Tribune moderne*, p. 62.)

Ce fut après un an des agitations de Paris, sous la *Constituante*, que, vers janvier 1791, M. de Chateaubriand, sa résolution bien prise et quelques ressources d'argent recueillies, entreprit son lointain voyage. Une telle pensée ainsi persistante était sans doute un signe de puissance de volonté dans le jeune homme, dont elle développa le génie ; mais, peut-être trouvera-t-on plus d'orgueil que de vérité dans le souvenir que lui-même avait gardé de ce premier effort et dans l'interprétation qu'il lui donnait, quarante ans plus tard : « J'étais alors, dit-il dans ses *Mémoires*, en se reportant à 1791, ainsi que Bonaparte, un mince sous-lieutenant tout à fait inconnu. Nous partions l'un et l'autre de l'obscurité, à la même époque, moi, pour chercher ma renommée dans la solitude, lui, sa gloire, parmi les hommes. »

Ce contraste est-il vrai ? Ce parallèle n'est-il pas bien ambitieux ? Dans la solitude, vous cherchiez, vous aussi, la gloire parmi les hommes. Seulement, quel que soit l'éclat du talent littéraire, cet antagonisme de deux noms dans un siècle, ce duel de célébrité, affiché plus d'une fois, étonnera quelque peu l'avenir. Tite-Live ne se mettait pas en concurrence avec les grands capitaines de son *Histoire*. (*Tribune moderne*, p. 37.)

Nous le disons avec regret, bien que M. de Fontanes ait été le premier ami et peut-être le seul ami du grand écrivain, plus jeune que lui de quinze années, il nous semble qu'il n'a pas obtenu en retour un souvenir assez affectueux, ni même assez juste. « M. de Fontanes, dit M. de Chateaubriand, a été, avec Chénier, le dernier écrivain de l'école classique de la branche aînée. » Et aussitôt après : « Si quelque chose pouvait être antipathique à M. de Fontanes, c'était ma manière d'écrire. En moi commençait, avec l'école dite romantique, une révolution dans la littérature française. Toutefois, mon ami, au lieu de se révolter contre ma barbarie, se passionna pour elle. Il comprenait une langue qu'il ne parlait pas. »

De quel Chénier s'occupe ici M. de Chateaubriand ? Ce n'est pas sans doute de Joseph Chénier. Le choix serait peu fondé ; la forme classique de Joseph Chénier, sa poésie, sa langue, n'ont pas la pureté sévère et la grâce élégante de M. de Fontanes ; et, par là même, le goût de Chénier était implacable, non seulement pour les défauts, mais pour les beautés de l'auteur d'*Atala*. Que s'il s'agit, au contraire, d'André Chénier, une des admirations de jeunesse qu'avait gardées M. de Fontanes, bien que lui-même fût un imitateur plus timide de l'Antiquité, nous n'hésitons pas à dire que l'auteur de la *Chartreuse*, du *Jour des Morts*, des vers sur *L'Eucharistie*, offre quelques traits en commun avec l'originalité plus neuve et plus hardie de l'élégie sur *Le Jeune Malade*, et des stances à mademoiselle de Coigny. Mais alors, il ne fallait pas s'étonner que *de ce* fonds même d'imagination et d'harmonie, M. de Fontanes fût bien disposé en faveur de cette prose brillante et colorée, qu'André Chénier aussi aurait couronnée de louanges et de fleurs, sans y reconnaitre pourtant la pureté de ses anciens Hellènes.

M. de Chateaubriand se vante ici, à tort, de sa barbarie, et, à tort aussi, remercie son ami de s'être passionné pour elle. Personne, et nos souvenirs en sont témoins, n'avait plus vive impatience que M. de Fontanes de certaines affectations barbares ou non qui déparent *Atala* et *René*, mais les beautés le ravissaient ; et c'est ainsi qu'il faut aimer et qu'il faut juger. (*Tribune moderne*, p. 73.)

Mais... quand M. de Fontanes, causeur aussi vif, aussi aventureux qu'il était pur écrivain, quand M. de Fontanes, l'imagination pleine de Virgile et de Milton, et adorant Bossuet, comme on adore un grand poète, errait avec son ami plus jeune dans les bois voisins de la Tamise, *dinait solitairement* dans quelque auberge de *Chelsea* et *qu'ils revenaient* tous deux, avec de longues causeries, à leur modeste demeure... (*Tribune moderne* p. 74.)

Ainsi Fontanes mangeait seul.

Ce qu'il [Lucien] dut chercher dans les épreuves, c'était le chapitre sur les rois athées, compris dans l'édition commencée à Londres, et dont rien ne se retrouve, dans celle de

Paris : c'était tout ce qui pouvait, de loin ou de près, servir ou contrarier la politique consulaire, en France et en Europe. Le reste le souciait peu... (*Tribune moderne*, p. 92.)

Un docte prélat...

En note : le cardinal Fesch.

J'ignore s'il était docte, mais ceci est un nouvel exemple de l'amour de la périphrase.

Il avait vu, non sans une émotion de gloire, les honneurs funèbres d'Alfieri et le corps du grand poète exposé dans son cercueil.

Qu'est-ce qu'une émotion de gloire ?

Il avait visité récemment, à Coppet, Mme de Staël, dont l'exil *commençait déjà, pour s'aggraver plus tard.* Les deux disgraciés de l'Empire s'étaient communiqué une protestation plus vive dans le cœur de la femme, qui plus faible se sentait plus opprimée. Pour lui, il blâmait presque Mme de Staël de souffrir si amèrement le malheur d'une opulente retraite, sans autre peine que la privation de ce mouvement des salons de Paris, dont, pour sa part, il se passait volontiers. (*Tribune moderne*, p. 145.)

Derrière ce premier cercle, autour du mourant, s'approchait un autre rang de spectateurs silencieux et troublés, et, dans le nombre, immobile sur sa jambe de bois, pendant toute cette nuit, le ministre de la Guerre, le brave Latour-Maubourg, cet invalide des batailles de Leipsick, noblement mêlé à des braves de la Vendée. (*Tribune moderne*, p. 258.)

Il [Charles X] avait accueilli et béni, au pied de son lit de mort, deux jeunes filles nées, en Angleterre, d'une de ces liaisons de plaisir qui avaient occupé son exil. (*Tribune moderne*, p. 259.)

Je ne puis oublier cette lugubre matinée du 14 février 1820, le bruit sinistre qui m'en vint, avec le réveil, mon triste empressement à voir le ministre, dont j'étais, dans un poste assez considérable, un des moindres auxiliaires. (*Tribune moderne*, p. 260.)

... ce sujet [la vie de Rancé] n'a pas été rempli, malgré les conditions même de génie, de satiété mélancolique, d'âge et de solitude, qui semblaient le mieux y répondre. On peut réserver seulement quelques pages charmantes, *qu'une spirituelle et sévère critique a justement louées.* (*Tribune moderne*, p. 546.)

Impossible de deviner. Nouvel exemple de périphrase.

La même main, cependant, continuait alors, ou corrigeait les *Mémoires d'outre-tombe*, et y jetait quelques-uns de ces tons excessifs et faux qu'on voudrait en retrancher. (*Tribune moderne*, p. 549.)

Le cercueil fut porté par quelques marins à l'extrémité du *grand Bev...*

Il prend une île pour un Turc.

... Un nom cher à la science et aux lettres, M. Ampère, érudit voyageur, poète par le cœur et la pensée, proféra de nobles paroles sur l'homme illustre dont il était l'élève et l'ami.

Un nom qui profère des paroles.

Une voix digne et pure [en note : *M. de Noailles*] a prononcé son éloge, au nom de la société polie [*ce qui ne veut pas dire la société lettrée*], dans une Compagnie savante.

Sans doute l'Académie française.

Un maître éloquent de la jeunesse...

En note : M. Saint-Marc Girardin.

[Heredia] vit la cataracte du Niagara, cette pyramide vivante du désert, alors entourée de bois immenses. (*Essais sur le génie de Pindare*, p. 580.)

Il revint à Mexico, fut d'abord avocat, puis élevé aux honneurs de la magistrature. Marié et devenu père de famille, l'orageuse instabilité de l'Orient américain l'épouvanta d'autant plus... (*Essais sur le génie de Pindare*, p. 585.)

LES CENT JOURS

Le but de l'ouvrage *Les Cent-Jours* est, comme tous les autres ouvrages de M. Villemain, d'abord de montrer qu'il a connu des gens importants, de leur faire prononcer de longs discours à la Tite-Live, prenant toujours le dialogue pour une série de dissertations académiques, et enfin l'éternelle glorification du régime parlementaire.

Par exemple, le discours du maréchal Ney à la Chambre des Pairs, à propos duquel M. Villemain nous avertit que *Le Moniteur* n'en donne qu'un compte rendu tronqué et altéré, très long discours, ma foi ! Le jeune Villemain l'avait-il sténographié, ou l'avait-il si bien enfoncé dans les sillons de sa jeune mémoire qu'il l'ait conservé jusqu'en 1855 ?

On sortit des tribunes, pendant la remise de la séance. Je courus au jardin du Luxembourg dans le coin le plus reculé, méditer avec moi-même ce que je venais d'entendre ; et le cœur tout ému, j'enfonçais dans les sillons de ma jeune mémoire ces paroles de deuil héroïque et de colère injuste peut-être, que j'avais senties amères comme la mort. (Journée du 22 juin 1815. *Les Cent-Jours*, p. 315.)

À propos du discours de Manuel à la Chambre des représentants, discours inspiré par Fouché, dont *il habitait familièrement l'Hôtel*, au lieu de dire : Sa voix insinuante, M. Villemain dit : *L'insinuation de sa voix* (p. 386.)

Destitution de Chateaubriand.

Ce que Villemain appelle une anecdote littéraire : à ce sujet, nous allons voir comment il raconte une anecdote. L'anecdote a quinze pages. Mme de Duras croit à l'union durable de Villèle et de Chateaubriand.

À Saint-Germain, dans une maison élégante, sur le niveau de cette terrasse, *qui découvre* un si riant paysage, le salon d'une femme respectée de tous, et l'amie célèbre de Mme de Staël et d'un homme de génie parvenu au pouvoir, avait, le premier samedi de juin, réuni plusieurs hommes politiques, comme on disait alors [*et comme on dit encore*], des ambassadeurs et des savants, M. Pozzo di Borgo, toujours en crédit près d'Alexandre, Capo d'Istria disgracié, mais près de se relever avec la Grèce renaissante, lord Stuart, diplomate habile, le moins officiel des hommes dans son libre langage, la prude et délicate lady Stuart, en contraste avec lui, quelques autres Anglais, un ministre de Toscane passionné pour les arts, l'illustre Humboldt, l'homme des études profondes autant que des *nouvelles passagères* [*il y a donc des nouvelles durables*], le plus français de ces étrangers, aimant la liberté autant que la science : c'étaient aussi le comte de La Garde, ambassadeur de France en Espagne, avant la guerre, Abel de Rémusat, l'orientaliste ingénieux et sceptique, un autre lettré moins connu [*ce doit être le modeste Villemain*], et la jeune Delphine Gay avec sa mère.

Lorsque, après la conversation du dîner encore mêlée de quelques anecdotes des deux Chambres, on vint, à la hauteur de la terrasse, s'asseoir devant *le vert tapis des cimes* de la forêt et respirer la *fraîche tiédeur* d'une belle soirée de juin, toute la politique tomba ; et il n'y eut plus d'empressement que pour prier Mlle Delphine Gay de dire quelques-uns de ses vers. Mais, la belle jeune fille, souriant et s'excusant de n'avoir rien achevé de nouveau, récita seulement, avec la délicieuse mélodie de sa voix, cette stance d'un Secrétaire d'ambassade [*manière académique de dire Lamartine*], bien jeune et bien grand poète, dit-elle :

Repose-toi, mon âme, en ce dernier asile,
Ainsi qu'un voyageur qui, le cœur plein d'espoir,

> S'assied, avant d'entrer, aux portes de la ville,
> Et respire un moment l'air embaumé du soir.

Lord Stuart prend la parole et dit que ce repos ne charme pas longtemps les poètes qui ont une fois touché aux affaires ; il espère bien que le ministère durera et restera compact.

On devine une certaine sympathie du sieur Villemain pour lord Stuart, ce qui s'expliquera peut-être si l'on se reporte au dire de Chateaubriand qui prétend que ce lord Stuart était toujours crotté et débraillé et ne payait pas les filles.

Et puis Mme de Duras prend la parole, comme dans Tite-Live ; elle veut congédier la politique et demande à Capo d'Istria « s'il n'a pas reconnu dans les *Martyrs* et dans l'*Itinéraire* le ciel de sa patrie, l'âme de l'Antiquité, et, à la fois, les horizons et la poésie de la Grèce ».

Et Capo d'Istria prend la parole, comme dans Tite-Live, et exprime cette vérité que Chateaubriand n'est pas Homère, que la jeunesse ne recommence pas plus pour un homme que pour le monde, mais que, cependant, pour n'être pas poète épique, il ne manque pas de grandeur ; que le peintre de Dioclétien, de Galérius et du monde romain avait paru prophétique et vrai ; quand ces peintures du passé éclatèrent aux yeux, « on reconnaissait de loin, dans une page des *Martyrs*, le portrait et la condamnation de celui qu'il fallait abattre ».

Je n'ai pas besoin de dire que l'expression : *comme Tite-Live* est simplement pour caractériser une manie de M. Villemain et que chacun des personnages mis en scène parle comme Villemain en Sorbonne.

Une voix grave, « aussi grave que celle du comte Capo d'Istria était douce et persuasive », établit un parallèle entre les *Martyrs* et *Télémaque*, et donne la supériorité à ce dernier ; cela fait deux pages de discours.

Un quatrième orateur dit que « le *Télémaque* est un bon livre de morale, malgré quelques descriptions trop vives pour l'imagination de la jeunesse... Le *Télémaque* est une gracieuse réminiscence des poètes anciens, une corbeille de fleurs cueillies partout. Mais quel intérêt aura pour l'avenir cette mythologie profane, spiritualiste d'intention, sans être changée de forme, de telle façon que le livre n'est ni païen, ni chrétien ? »

Et Capo d'Istria reprend la parole pour dire que « Fénelon fut le premier qui, dans le XVIIe siècle, forma le vœu de voir la Grèce délivrée de ses oppresseurs et rendue aux beaux-arts, à la philosophie, à la liberté, qui la réclament pour leur patrie ». Chateaubriand excelle à décrire le monde barbare..., mais Capo d'Istria préfère *Antiope* à *Velléda*.

Total, une page.

Cette réserve d'un esprit si délicat enhardit un cinquième orateur. Celui-là aussi admire le *Télémaque*, mais les *Martyrs* portent la marque d'un siècle de décadence *(toujours la décadence !)*. Pièce de rapport encadrée ; industrieuse mosaïque..., dépouillant indifféremment Homère, Virgile, Stace et quelques chroniqueurs barbares. Et puis les anachronismes : saint Augustin, né dix-sept ans après la mort de Constantin, figurant près de lui comme son compagnon de plaisir, — comparaison d'Eudore avec Énée, de Cymodocée avec Pauline... — L'horrible n'est pas le pathétique (le cou d'ivoire de la fille d'Homère brisé par la gueule sanglante du tigre), et patata et patata.

Le premier orateur (Delphine Gay) reprend la parole ; elle croit entendre les blasphèmes d'Hoffman : « Laissez, je vous prie, vos chicanes érudites. À quoi sert le goût de l'Antiquité s'il empêche de sentir tant de belles choses imitées d'elle ? » Aussi bien elle est la seule personne qui parle avec quelque bon sens :

le malheur est que, jalouse du dernier orateur qui avait parlé pendant deux pages et demie, elle s'élance dans *les martyres de nos jours, dans les échafauds de nos familles et dans la vertu de nos frères et de nos pères immolés en place publique pour leur Dieu et pour leur Roi.* Total, trois pages.

Le cercle se rompit, on s'avança de quelques pas sur la terrasse entre l'horizon de Paris et les ombres projetées des vieux créneaux du château de Saint-Germain.

Petite digression sur le dernier des Stuarts. Enfin *une voix* prie Mlle Delphine de dire « ce que vient de lui inspirer le tableau d'Horace Vernet ».

La jeune fille, dont la grâce naïve et fière égalait le talent, ne répondit qu'en commençant de sa voix harmonieuse ce chant de *la Druidesse*, dédié au grand peintre qui achevait un tableau de *Velléda*... Debout, quelques mèches de ses blonds cheveux éparses à la brise légère de cette nuit d'été, la jeune Muse, comme elle se nommait alors elle-même, doublait par sa personne l'illusion de son chant, et semblait se confondre avec le souvenir qu'elle célébrait.

Suivent des stances dans le style des pendules de la Restauration, finissant par :

Et les siècles futurs sauront que j'étais belle !

Le prestige les a tous éblouis et les éloges sont prodigués à cet heureux talent. Villemain rentre fort tard à Paris avec un savant illustre (probablement Humboldt), « dont la parole diversifie encore le mouvement de la terrasse de Saint-Germain ». Il s'endort, à trois heures du matin, la tête remplie de poésies homériques, de ferveurs chrétiennes, de révolutions dynastiques et de catastrophes géologiques. Le lendemain, il relit les lettres de saint Jérôme, un traité théologique de Milton et projette d'aller rêver hors de Paris « aux ressemblances d'imagination, de tristesse et de colère entre ces âmes véhémentes et poétiques séparées par tant de siècles », quand il fait la rencontre de M. Frisell qui lui apprend la destitution de Chateaubriand. Suit la destitution notifiée par M. de Villèle, telle qu'elle est rapportée dans les *Mémoires d'outre-tombe*, ce qui fait trois pages de plus, total seize pages.

Autant qu'on peut le deviner, l'anecdote consiste en ceci : pendant qu'on préparait au château la destitution de Chateaubriand, plusieurs personnes de ses amis causaient littérature et politique sur la terrasse de Saint-Germain. Tout le reste n'est que rhétorique intempestive.

La mort du duc de Berry.

La mort du duc de Berry est encore un modèle étrange de narration, véritable exercice de collège, composition d'enfant qui veut gagner le prix, style de concours. Villemain y prend surtout la défense de M. Decazes, *dont il était dans un poste assez considérable un des moindres auxiliaires.* Il était, je crois bien, *le jeune homme* (si nous pouvons nous fier *aux sillons de sa jeune mémoire*) qui travaillait à l'exposé des motifs de l'interminable loi électorale. Le sentiment qui pousse Villemain à défendre Decazes paraîtrait plus louable s'il n'était exprimé avec un enthousiasme de domestique.

(Revoir mes notes précédentes à ce *sujet*.)

LA DIGRESSION SUR LES RAJEUNISSEMENTS LITTÉRAIRES

Le chapitre 3 de *La Tribune moderne* s'ouvre par onze pages de digression sur les *diverses époques* et les *renouvellements des lettres*. Voilà, certes, un beau thème philosophique, de quoi exciter la curiosité. J'y fus pris, comme un crédule, mais la boutique ne répond pas à l'enseigne et Villemain n'est pas un philosophe. Il n'est pas même un vrai rhéteur, comme il se vante de l'être. Il commence par déclarer que « la puissance des lieux sur l'imagination du poète n'est pas douteuse ».

Voir, dit-il, Homère et Hérodote.

« La Grèce, des Thermopyles à Marathon, les vertes collines du Péloponnèse et les vallées de la Thessalie, l'île de Crète et l'île de Lemnos (énumération interminable), quel théâtre multiple et pittoresque ! »

Donc les Grecs ont eu du génie parce qu'ils possédaient de beaux paysages. Accepté. Pensée trop claire.

La poésie romaine reproduit les paysages latins.

« L'empire, devenu barbare, d'un côté, et oriental de l'autre, eut sous les yeux une diversité sans fin de climats, de races, de mœurs, etc. »

Inde : « Le chaos des imaginations et les descriptions surchargées de couleurs. »

Belle conclusion. Il avait sans doute trop de paysages pour rester classique.

Les chrétiens étudient maintenant l'homme intérieur ; cependant « le spectacle de la Création resplendit dans leurs âmes et dans leurs paroles ».

« Christianisme grec revêtu des feux d'une brûlante nature, du Nil jusqu'à l'Oronte, de Jérusalem jusqu'à Cyrène. »

Dante, le premier génie de poète qui se leva sur le Moyen Âge (est-ce bien sûr ?), fut un admirable peintre de la nature.

Tasse chante « les exploits et les erreurs des hommes ». La nature, pour Tasse, Arioste, comme pour La Fontaine, devient un accessoire.

Camoëns, Ercilla témoignent « de ce que la nature agrandie peut offrir à la pensée de l'homme, et l'esprit de découverte ajouter à l'esprit d'inspiration ».

Corneille, Racine, Milton, Voltaire, trêve de lassitude à l'action de la nature.

Cependant, petite digression forcée sur Shakespeare, qui a jeté le décor dans le drame ; le fait est que Shakespeare est embarrassant dans cette genèse artificielle de l'art.

Retour à la nature. Ce retour s'exprime par la prose : Buffon, Rousseau, Bernardin de Saint-Pierre. Delille, talent mondain et factice. Accepté. Quelques paroles fort dures contre le pauvre Delille. M. Villemain n'a pas le droit de le traiter ainsi.

Caractère oriental de Byron, « *le sceptique voyageur* ».

Et puis, tout d'un coup, Villemain nous dit :

... un rare et brillant génie allait paraître, se frayer sa route dans l'ébranlement du monde, amasser des trésors d'imagination dans les ruines d'une société mourante, exagérer tout ce qu'il devait bientôt combattre, et, par l'excès même de l'imagination, revenir de l'erreur à la vérité et des rêves d'un idéal à venir au culte du passé.

Et voilà ce qui explique pourquoi votre fille est muette, c'est-à-dire pourquoi, si Chateaubriand n'était pas allé en Amérique, il n'eût pas été Chateaubriand.

PAUL DE MOLÈNES[1]

M. Paul de Molènes, un de nos plus charmants et délicats romanciers vient de mourir d'une chute de cheval, dans un manège. M. Paul de Molènes était entré dans l'armée après le licenciement de la garde mobile ; il était de ceux que ne pouvaient même pas rebuter la perte de son grade et la dure condition de simple soldat, tant était vif et irrésistible en lui le goût de la vie militaire, goût qui datait de son enfance, et qui profita, pour se satisfaire, d'une révolution imprévue. Certes voilà un vigoureux trait d'originalité chez un littérateur. Qu'un ancien militaire devienne littérateur dans l'oisiveté d'une vieillesse songeuse, cela n'a rien d'absolument surprenant ; mais qu'un jeune écrivain, ayant déjà savouré l'excitation des succès, se jette dans un corps révolutionnaire par pur amour de l'épée et de la guerre, voilà quelque chose qui est plus vif, plus singulier, et, disons-le, plus suggestif.

Jamais auteur ne se dévoila plus candidement dans ses ouvrages que M. de Molènes. Il a eu le grand mérite, dans un temps où la philosophie se met uniquement au service de l'égoïsme, de décrire, souvent même de démontrer l'utilité, la beauté, la moralité de la guerre. « *La guerre pour la guerre* ! » eût-il dit volontiers, comme d'autres disent : « *L'art pour l'art* ! » convaincu qu'il était que toutes les vertus se retrouvent dans la discipline, dans le sacrifice et dans le goût divin de la mort !

M. de Molènes appartenait, dans l'ordre de la littérature, à la classe des raffinés et des dandys ; il en avait toutes les grandeurs natives, et quant aux légers travers, aux tics amusants que cette grandeur implique souvent, il les portait légèrement et avec plus de franchise qu'aucun autre. Tout en lui, même le défaut, devenait grâce et ornement.

Certainement il n'avait pas une réputation égale à son mérite. L'*Histoire de la garde mobile*, l'*Étude sur le colonel Latour du Pin*, les *Commentaires d'un soldat sur le siège de Sébastopol*, sont des morceaux dignes de vivre dans la mémoire des poètes. Mais on lui rendra justice plus tard ; car il faut que toute justice se fasse.

Celui qui avait échappé heureusement à tous les dangers de la Crimée et de la Lombardie, et qui est mort victime d'une brute stupide et indocile, dans l'enceinte banale d'un manège, avait été promu récemment au grade de chef d'escadron. Peu de temps auparavant il avait épousé une femme charmante, près de laquelle il se sentait si heureux, que lorsqu'on lui demandait où il allait habiter, en quelle garnison il allait être confiné, il répondait, faisant allusion aux présentes voluptés de son âme : « En quel lieu de la terre je suis ou je vais, je ne saurais vous le dire, puisque je suis en paradis ! »

L'auteur qui écrit ces lignes a longtemps connu M. de Molènes ; il l'a beaucoup aimé autant qu'admiré, et il se flatte d'avoir su lui inspirer quelque affection. Il serait heureux que ce témoignage de sympathie et d'admiration pût distraire pendant quelques secondes les yeux de sa malheureuse veuve.

Nous rassemblons ici les titres de ses principaux ouvrages :

Mémoires d'un gentilhomme du siècle dernier. (Primitivement : *Mémoires du baron de Valpéri.*)

La Folie de l'épée (titre caractéristique).

Histoires sentimentales et militaires (titre représentant bien le double tempérament de l'auteur, aussi amoureux de la vie qu'insouciant de la mort).

Histoires intimes.

Commentaires d'un soldat (Sébastopol et la guerre d'Italie).
Chroniques contemporaines.
Caractères et récits du temps.
Aventures du temps passé
L'Enfant et l'Amant.

LES MISÉRABLES [1]

PAR VICTOR HUGO

I

Il y a quelques mois, j'écrivais, à propos du grand poète, le plus vigoureux et le plus populaire de la France, les lignes suivantes, qui devaient trouver, en un espace de temps très bref, une application plus évidente encore que *Les Contemplations* et *La Légende des siècles* :

« Ce serait, sans doute, ici le cas, si l'espace le permettait, d'analyser l'atmosphère morale qui plane et circule dans ses poèmes, laquelle participe très sensiblement du tempérament propre de l'auteur. Elle me paraît porter un caractère très manifeste d'amour égal pour ce qui est très fort comme pour ce qui est très faible, et l'attraction exercée sur le poète par ces deux extrêmes dérive d'une source unique, qui est la force même, la vigueur originelle dont il est doué. La force l'enchante et l'enivre ; il va vers elle comme vers une parente : attraction fraternelle. Ainsi est-il irrésistiblement emporté vers tout symbole de l'infini, la mer, le ciel ; vers tous les représentants anciens de la force, géants homériques ou bibliques, paladins, chevaliers ; vers les bêtes énormes et redoutables. Il caresse en se jouant ce qui ferait peur à des mains débiles ; il se meut dans l'immense, sans vertige. En revanche, mais par une tendance différente dont l'origine est pourtant la même, le poète se montre toujours *l'ami attendri de tout ce qui est faible, solitaire, contristé; de tout ce qui est orphelin : attraction paternelle.* Le fort devine un frère dans tout ce qui est fort, *mais voit ses enfants dans tout ce qui a besoin d'être protégé ou consolé.* C'est de la force même, et de la certitude qu'elle donne à celui qui la possède, que dérive *l'esprit de justice et de charité.* Ainsi se produisent sans cesse dans les poèmes de Victor Hugo *ces accents d'amour pour les femmes tombées, pour les pauvres gens broyés dans les engrenages de nos sociétés,* pour les animaux martyrs de notre gloutonnerie et de notre despotisme. Peu de personnes ont remarqué le charme et l'enchantement que la bonté ajoute à la force, et qui se fait voir si fréquemment dans les œuvres de notre poète. Un sourire et une larme dans le visage d'un colosse, c'est une originalité presque divine. Même dans ces petits poèmes consacrés à l'amour sensuel, dans ces strophes d'une mélancolie si voluptueuse et si mélodieuse, on entend, *comme l'accompagnement permanent d'un orchestre, la voix profonde de la charité.* Sous l'amant on sent un père et un protecteur. Il ne s'agit pas ici de cette morale prêcheuse qui, par son air de pédanterie, par son ton didactique, peut gâter les plus beaux morceaux de poésie ; mais d'une morale inspirée qui se glisse, invisible, dans la matière poétique, comme les fluides impondérables dans toute la machine du monde. La morale n'entre pas dans cet art *à titre de but.* Elle s'y mêle et s'y confond comme dans la vie elle-même. Le

poète est moraliste sans le vouloir. *par abondance et plénitude de nature.* » Il y a ici une seule ligne qu'il faut changer; car dans *Les Misérables* la morale entre directement *à titre de but,* ainsi qu'il ressort d'ailleurs de l'aveu même du poète, placé, en manière de préface, à la tête du livre :
« Tant qu'il existera, par le fait des lois et des mœurs, une damnation sociale créant artificiellement, en pleine civilisation, des enfers et compliquant d'une fatalité humaine la destinée qui est divine... tant qu'il y aura sur la terre ignorance et misère, des livres de la nature de celui-ci pourront ne pas être inutiles. »
« Tant que... ! » Hélas ! autant dire TOUJOURS ! Mais ce n'est pas ici le lieu d'analyser de telles questions. Nous voulons simplement rendre justice au merveilleux talent avec lequel le poète s'empare de l'attention publique et la courbe, comme la tête récalcitrante d'un écolier paresseux, vers les gouffres prodigieux de la misère sociale.

II

Le poète, dans son exubérante jeunesse, peut prendre surtout plaisir à chanter les pompes de la vie : car tout ce que la vie contient de splendide et de riche attire particulièrement le regard de la jeunesse. L'âge mûr, au contraire, se tourne avec inquiétude et curiosité vers les problèmes et les mystères. Il y a quelque chose de si absolument étrange dans cette tache noire que fait la pauvreté sur le soleil de la richesse, ou, si l'on veut, dans cette tache splendide de la richesse sur les immenses ténèbres de la misère, qu'il faudrait qu'un poète, qu'un philosophe, qu'un littérateur fût bien parfaitement monstrueux pour ne pas s'en trouver parfois ému et intrigué jusqu'à l'angoisse. Certainement ce littérateur-là n'existe pas; il ne peut pas exister. Donc tout ce qui divise celui-ci d'avec celui-là, l'unique divergence c'est de savoir si l'œuvre d'art doit n'avoir d'autre but que *l'art,* si l'art ne doit exprimer d'adoration que pour *lui-même,* ou si un but, plus noble ou moins noble, inférieur ou supérieur, peut lui être imposé.
C'est surtout, dis-je, dans leur pleine maturité, que les poètes sentent leur cerveau s'éprendre de certains problèmes d'une nature sinistre et obscure, gouffres bizarres qui les attirent. Cependant on se tromperait fort si l'on rangeait Victor Hugo dans la classe des créateurs qui ont attendu si longtemps pour plonger un regard inquisiteur dans toutes ces questions intéressant au plus haut point la conscience universelle. Dès le principe, disons-le, dès les débuts de son éclatante vie littéraire, nous trouvons en lui cette préoccupation des faibles, des proscrits et des maudits. L'idée de justice s'est trahie, de bonne heure, dans ses œuvres, par le goût de la réhabilitation. *Oh ! n'insultez jamais une femme qui tombe ! Un bal à l'hôtel de ville, Marion de Lorme, Ruy Blas, Le Roi s'amuse,* sont des poèmes qui témoignent suffisamment de cette tendance déjà ancienne, nous dirons presque de cette obsession.

III

Est-il bien nécessaire de faire l'analyse matérielle des *Misérables,* ou plutôt de la première partie des *Misérables ?* L'ouvrage est actuellement dans toutes les mains, et chacun en connaît la fable et la contexture. Il me paraît plus important d'observer la méthode dont l'auteur s'est servi pour mettre en lumière les vérités dont il s'est fait le serviteur.

Ce livre est un livre de charité, c'est-à-dire un livre fait pour exciter, pour provoquer l'esprit de charité ; c'est un livre interrogeant, posant des cas de complexité sociale, d'une nature terrible et navrante, disant à la conscience du lecteur : « Eh bien ? Qu'en pensez-vous ? Que concluez-vous ? »

Quant à la forme littéraire du livre, poème d'ailleurs plutôt que roman, nous en trouvons un symptôme précurseur dans la préface de *Marie Tudor*, ce qui nous fournit une nouvelle preuve de la fixité des idées morales et littéraires chez l'illustre auteur :

« ... L'écueil du vrai, c'est le petit ; l'écueil du grand, c'est le faux... Admirable toute-puissance du poète ! Il fait des choses plus hautes que nous, qui vivent comme nous. Hamlet, par exemple, est aussi vrai qu'aucun de nous, et plus grand. Hamlet est colossal, et pourtant réel. C'est que Hamlet, ce n'est pas vous, ce n'est pas moi, c'est nous tous. Hamlet, ce n'est pas un homme, c'est l'Homme.

« Dégager perpétuellement le grand à travers le vrai, le vrai à travers le grand, tel est donc, selon l'auteur de ce drame, le but du poète au théâtre. Et ces deux mots, *grand* et *vrai*, renferment tout. La vérité contient la moralité, le grand contient le beau. »

Il est bien évident que l'auteur a voulu, dans *Les Misérables*, créer des abstractions vivantes, des figures idéales dont chacune, représentant un des types principaux nécessaires au développement de sa thèse, fût élevée jusqu'à une hauteur épique. C'est un roman construit en manière de poème, et où chaque personnage n'est *exception* que par la manière hyperbolique dont il représente une *généralité*. La manière dont Victor Hugo a conçu et bâti ce roman, et dont il a jeté dans une indéfinissable fusion, pour en faire un nouveau métal corinthien, les riches éléments consacrés généralement à des œuvres spéciales (le sens lyrique, le sens épique, le sens philosophique), confirme une fois de plus la fatalité qui l'entraîna, plus jeune, à transformer l'ancienne ode et l'ancienne tragédie, jusqu'au point, c'est-à-dire jusqu'aux poèmes et aux drames que nous connaissons.

Donc Mgr Bienvenu, c'est la charité hyperbolique, c'est la foi perpétuelle dans le sacrifice de soi-même, c'est la confiance absolue dans la Charité prise comme le plus parfait moyen d'enseignement. Il y a dans la peinture de ce type des notes et des touches d'une délicatesse admirable. On voit que l'auteur s'est complu dans le parachèvement de ce modèle angélique. Mgr Bienvenu donne tout, n'a rien à lui, et ne connaît pas d'autre plaisir que de se sacrifier lui-même, toujours, sans repos, sans regret, aux pauvres, aux faibles et même aux coupables. Courbé humblement devant le dogme, mais ne s'exerçant pas à le pénétrer, il s'est voué spécialement à la pratique de l'Évangile. « Plutôt gallican qu'ultramontain », d'ailleurs homme de beau monde, et doué comme Socrate de la puissance de l'ironie et du bon mot. J'ai entendu raconter que, sous un des règnes précédents, un certain curé de Saint-Roch, très prodigue de son bien pour les pauvres, et pris un matin au dépourvu par des demandes nouvelles, avait subitement envoyé à l'hôtel des ventes tout son mobilier, ses tableaux et son argenterie. Ce trait est juste dans le caractère de Mgr Bienvenu. Mais on ajoute, pour continuer l'histoire du curé de Saint-Roch, que le bruit de cette action, toute simple selon le cœur de l'homme de Dieu, mais trop belle selon la morale du monde, se répandit, alla jusqu'au roi, et que finalement ce curé compromettant fut mandé à l'archevêché pour y être doucement grondé ;

car ce genre d'héroïsme pouvait être considéré comme un blâme indirect de tous les curés trop faibles pour se hausser jusque-là.

Valjean, c'est la brute naïve, innocente ; c'est le prolétaire ignorant, coupable d'une faute que nous absoudrions tous sans aucun doute (le vol d'un pain), mais qui, punie légalement, le jette dans l'école du Mal, c'est-à-dire au Bagne. Là, son esprit se forme et s'affine dans les lourdes méditations de l'esclavage. Finalement il en sort subtil, redoutable et dangereux. Il a payé l'hospitalité de l'évêque par un vol nouveau ; mais celui-ci le sauve par un beau mensonge, convaincu que le Pardon et la Charité sont les seules lumières qui puissent dissiper toutes les ténèbres. En effet, l'illumination de cette conscience se fait, mais pas assez vite pour que la bête routinière, qui est encore dans l'homme, ne l'entraîne dans une nouvelle rechute. Valjean (maintenant M. Madeleine) est devenu honnête, riche et puissant. Il a enrichi, civilisé presque, une commune, pauvre avant lui, dont il est maire. Il s'est fait un admirable manteau de respectabilité ; il est couvert et cuirassé de bonnes œuvres. Mais un jour sinistre arrive où il apprend qu'un faux Valjean, un sosie inepte, abject, va être condamné à sa place. Que faire ? Est-il bien certain que la loi intérieure, la Conscience, lui ordonne de démolir lui-même, en se dénonçant, tout ce pénible et glorieux échafaudage de sa vie nouvelle ? « La lumière que tout homme en naissant apporte en ce monde » est-elle suffisante pour éclairer ces ténèbres complexes ? M. Madeleine sort vainqueur, mais après quelles épouvantables luttes ! de cette mer d'angoisses, et redevient Valjean par amour du Vrai et du Juste. Le chapitre où est retracé, minutieusement, lentement, analytiquement, avec ses hésitations, ses restrictions, ses paradoxes, ses fausses consolations, ses tricheries désespérées, cette dispute de l'homme contre lui-même *(Tempête sous un crâne)*, contient des pages qui peuvent enorgueillir à jamais non seulement la littérature française, mais même la littérature de l'Humanité pensante. Il est glorieux pour l'Homme Rationnel que ces pages aient été écrites ! Il faudrait chercher beaucoup, et longtemps, et très longtemps, pour trouver dans un autre livre des pages égales à celles-ci, où est exposée, d'une manière si tragique, toute l'épouvantable Casuistique inscrite, dès le Commencement, dans le cœur de l'Homme Universel.

Il y a dans cette galerie de douleurs et de drames funestes une figure horrible, répugnante, c'est le gendarme, le garde-chiourme, la justice stricte, inexorable, la justice qui ne sait pas commenter, la loi non interprétée, l'intelligence sauvage (peut-on appeler cela une intelligence ?) qui n'a jamais compris les circonstances atténuantes, en un mot la Lettre sans l'Esprit ; c'est l'abominable Javert. J'ai entendu quelques personnes, sensées d'ailleurs, qui, à propos de ce Javert, disaient : « Après tout, c'est un honnête homme ; et il a sa grandeur propre. » C'est bien le cas de dire comme De Maistre : « Je ne sais pas ce que c'est qu'un honnête homme ! » Pour moi, je le confesse, au risque de passer pour coupable (« ceux qui tremblent se sentent coupables », disait ce fou de Robespierre), Javert m'apparaît comme un monstre incorrigible, affamé de justice comme la bête féroce l'est de chair sanglante, bref, comme l'Ennemi absolu.

Et puis je voudrais ici suggérer une petite critique. Si énormes, si décidées de galbe et de geste que soient les figures idéales d'un poème, nous devons supposer que, comme les figures réelles de la vie, elles ont pris commencement. Je sais que l'homme peut apporter plus que de la ferveur dans toutes les

professions. Il devient chien de chasse et chien de combat dans toutes les fonctions. C'est là certainement une beauté, tirant son origine de la passion. On peut donc être agent de police *avec enthousiasme ;* mais entre-t-on dans la police *par enthousiasme ?* et n'est-ce pas là, au contraire, une de ces professions où l'on ne peut entrer que sous la pression de certaines circonstances et pour des raisons tout à fait étrangères au fanatisme ?

Il n'est pas nécessaire, je présume, de raconter et d'expliquer toutes les beautés tendres, navrantes, que Victor Hugo a répandues sur le personnage de Fantine, la grisette déchue, la femme moderne, placée entre la fatalité du travail improductif et la fatalité de la prostitution légale. Nous savons de vieille date s'il est habile à exprimer le cri de la passion dans l'abime, les gémissements et les pleurs furieux de la lionne mère privée de ses petits ! Ici, par une liaison toute naturelle, nous sommes amené à reconnaitre une fois de plus avec quelle sûreté et aussi quelle légèreté de main ce peintre robuste, ce créateur de colosses, colore les joues de l'enfance, en allume les yeux, en décrit le geste pétulant et naïf. On dirait Michel-Ange se complaisant à rivaliser avec Lawrence ou Velasquez.

IV

Les Misérables sont donc un livre de charité, un étourdissant rappel à l'ordre d'une société trop amoureuse d'elle-même et trop peu soucieuse de l'immortelle loi de fraternité ; un plaidoyer pour les *misérables* (ceux qui *souffrent* de la misère et que la misère *déshonore*), proféré par la bouche la plus éloquente de ce temps. Malgré tout ce qu'il peut y avoir de tricherie volontaire ou d'inconsciente partialité dans la manière dont, aux yeux de la stricte philosophie, les termes du problème sont posés, nous pensons, exactement comme l'auteur, que *des livres de cette nature ne sont jamais inutiles.*

Victor Hugo est pour l'Homme, et cependant il n'est pas contre Dieu. Il a confiance en Dieu, et pourtant il n'est pas contre l'Homme.

Il repousse le délire de l'Athéisme en révolte, et cependant il n'approuve pas les gloutonneries sanguinaires des Molochs et des Teutatès.

Il croit que l'Homme est né bon, et cependant, même devant ses désastres permanents, il n'accuse pas la férocité et la malice de Dieu.

Je crois que pour ceux même qui trouvent dans la doctrine orthodoxe, dans la pure théorie catholique, une explication, sinon complète, du moins plus compréhensive de tous les mystères inquiétants de la vie, le nouveau livre de Victor Hugo doit être le *Bienvenu* (comme l'évêque dont il raconte la victorieuse charité) ; le livre à applaudir, le livre à remercier. N'est-il pas utile que de temps à autre le poète, le philosophe, prennent un peu le Bonheur égoïste aux cheveux, et lui disent, en lui secouant le mufle dans le sang et l'ordure : « Vois ton œuvre et bois ton œuvre » ?

Hélas ! du Péché Originel, même après tant de progrès depuis si longtemps promis, il restera toujours bien assez de traces pour en constater l'immémoriale réalité !

ANNIVERSAIRE
DE LA NAISSANCE DE SHAKESPEARE [1]

À M. LE RÉDACTEUR EN CHEF DU « FIGARO »

Monsieur,

Il m'est arrivé plus d'une fois de lire le *Figaro* et de me sentir scandalisé par le sans-gêne de rapin qui forme, malheureusement, une partie du talent de vos collaborateurs. Pour tout dire, ce genre de littérature frondeuse qu'on appelle le « petit journal » n'a rien de bien divertissant pour moi et choque presque toujours mes instincts de justice et de pudeur. Cependant, toutes les fois qu'une grosse bêtise, une monstrueuse hypocrisie, une de celles que notre siècle produit avec une inépuisable abondance, se dresse devant moi, tout de suite je comprends l'utilité du « petit journal ». Ainsi, vous le voyez, je me donne presque tort, d'assez bonne grâce.

C'est pourquoi j'ai cru convenable de vous dénoncer une de ces énormités, une de ces cocasseries, avant qu'elle fasse sa définitive explosion.

Le 23 avril est la date où la Finlande elle-même doit, dit-on, célébrer le trois centième anniversaire de la naissance de Shakespeare. J'ignore si la Finlande a quelque intérêt mystérieux à célébrer un poète qui n'est pas né chez elle, si elle a le désir de porter, à propos du poète-comédien anglais, quelque toast malicieux. Je comprends, à la rigueur, que les littérateurs de l'Europe entière veuillent s'associer dans un commun élan d'admiration pour un poète que sa grandeur (comme celle de plusieurs autres grands poètes) rend cosmopolite ; cependant nous pourrions noter en passant que, s'il est raisonnable de célébrer les poètes de tous les pays, il serait encore plus juste que chacun célébrât d'abord les siens. Chaque religion a ses saints, et je constate avec peine que jusqu'à présent on ne s'est guère inquiété ici de fêter l'anniversaire de la naissance de Chateaubriand ou de Balzac. Leur gloire, me dira-t-on, est encore trop jeune. Mais celle de Rabelais ?

Ainsi voilà une chose acceptée. Nous supposons que, mus par une reconnaissance spontanée, tous les littérateurs de l'Europe veulent honorer la mémoire de Shakespeare avec une parfaite candeur.

Mais les littérateurs parisiens sont-ils poussés par un sentiment aussi désintéressé, ou plutôt n'obéissent-ils pas, à leur insu, à une très petite coterie qui poursuit, elle, un but personnel et particulier, très distinct de la gloire de Shakespeare ?

J'ai été, à ce sujet, le confident de quelques plaisanteries et de quelques plaintes dont je veux vous faire part.

Une réunion a eu lieu quelque part, peu importe où. M. Guizot devait faire partie du comité. On voulait sans doute honorer en lui le signataire d'une pauvre traduction de Shakespeare. Le nom de M. Villemain a été inscrit également. Autrefois il a parlé, tant bien que mal, du théâtre anglais. C'est un prétexte suffisant, quoique cette mandragore sans âme, à vrai dire, soit destinée à faire une drôle de figure devant la statue du poète le plus passionné du monde.

J'ignore si le nom de Philarète Chasles, qui a tant contribué à populariser chez nous la littérature anglaise, a été inscrit : j'en doute fort, et j'ai de bonnes raisons pour cela. Ici, à Versailles, à quelques pas de moi, habite un vieux poète qui a marqué, non sans honneur, dans le mouvement littéraire romantique ; je

veux parler de M. Émile Deschamps, traducteur de *Roméo et Juliette*. Eh bien ! monsieur, croiriez-vous que ce nom n'a pas passé sans quelques objections ? Si je vous priais de deviner pourquoi, vous ne le devineriez jamais. M. Émile Deschamps a été pendant longtemps un des principaux employés du ministère des Finances. Il est vrai qu'il a, depuis longtemps aussi, donné sa démission. Mais, en fait de justice, messieurs les factotums de la littérature démocratique n'y regardent pas de si près, et cette cohue de petits jeunes gens est si occupée de faire ses affaires, qu'elle apprend quelquefois avec étonnement que tel vieux bonhommme, à qui elle doit beaucoup, n'est pas encore mort. Vous ne serez pas étonné d'apprendre que M. Théophile Gautier a failli être exclu, comme *mouchard*. (Mouchard est un terme qui signifie un auteur qui écrit des articles sur le théâtre et la peinture dans la feuille officielle de l'État). Je ne suis pas du tout étonné, ni vous sans doute, que le nom de M. Philoxène Boyer ait soulevé maintes récriminations. M. Boyer est un bel esprit, un très bel esprit, dans le meilleur sens. C'est une imagination souple et grande, un écrivain fort érudit, qui a, dans le temps, commenté les ouvrages de Shakespeare dans des improvisations brillantes. Tout cela est vrai, incontestable ; mais hélas ! le malheureux a donné quelquefois des signes d'un lyrisme monarchique un peu vif. En cela il était sincère, sans doute ; mais qu'importe ! ces odes malencontreuses, aux yeux de ces messieurs, annulent tout son mérite en tant que shakespearianiste. Relativement à Auguste Barbier, traducteur de *Julius Caesar*, et à Berlioz, auteur d'un *Roméo et Juliette*, je ne sais rien. M. Charles Baudelaire, dont le goût pour la littérature saxonne est bien connu, avait été oublié. Eugène Delacroix est bien heureux d'être mort. On lui aurait, sans aucun doute, fermé au nez les portes du festin, lui, traducteur à sa manière, de *Hamlet*, mais aussi le membre corrompu du Conseil municipal ; lui, l'aristocratique génie, qui poussait la lâcheté jusqu'à être poli, même envers ses ennemis. En revanche, nous verrons le démocrate Biéville porter un toast, *avec restrictions*, à l'immortalité de l'auteur de *Macbeth*, et le délicieux Legouvé, et le Saint-Marc Girardin, ce hideux courtisan de la jeunesse médiocre, et l'autre Girardin, l'inventeur de la boussole escargotique et de la souscription à un sou par tête pour l'abolition de la guerre !

Mais le comble du grotesque, le *nec plus ultra* du ridicule, le symptôme irréfutable de l'hypocrisie de la manifestation, est la nomination de M. Jules Favre comme membre du comité. Jules Favre et Shakespeare ! Saisissez-vous bien cette énormité ? Sans doute M. Jules Favre est un esprit assez cultivé pour comprendre les beautés de Shakespeare, et, à ce titre, il peut venir ; mais, s'il a pour deux liards de sens commun, et s'il tient à ne pas compromettre le vieux poète, il n'a qu'à refuser l'honneur absurde qui lui est conféré. Jules Favre dans un comité shakespearien ! Cela est plus grotesque qu'un Dufaure à l'Académie !

Mais, en vérité, MM. les organisateurs de la *petite* fête ont bien autre chose à faire que de glorifier la poésie. Deux poètes, qui étaient présents à la première réunion dont je vous parlais tout à l'heure, faisaient observer tantôt qu'on oubliait celui-ci ou celui-là, tantôt qu'il faudrait faire ceci ou cela ; et leurs observations étaient faites uniquement dans le sens littéraire ; mais, à chaque fois, l'un des petits humanitaires leur répondait : « Vous ne comprenez pas *de quoi il s'agit.* »

Aucun ridicule ne manquera à cette solennité. Il faudra aussi tout naturellement fêter Shakespeare au théâtre. Quand il s'agit d'une représen-

tation en l'honneur de Racine, on joue, après l'ode de circonstance, *Les Plaideurs* et *Britannicus;* si c'est Corneille qu'on célèbre, ce sera *Le Menteur* et *Le Cid;* si c'est Molière, *Pourceaugnac* et *Le Misanthrope*. Or, le directeur d'un grand théâtre, homme de douceur et de modération, courtisan impartial de la chèvre et du chou, disait récemment au poète chargé de composer quelque chose en l'honneur du tragique anglais : « Tâchez de glisser là-dedans l'éloge des classiques français, et puis ensuite, pour mieux honorer Shakespeare, nous jouerons *Il ne faut jurer de rien !* » C'est un petit proverbe d'Alfred de Musset. Parlons un peu du vrai but de ce grand jubilé. Vous savez, monsieur, qu'en 1848 il se fit une alliance adultère entre l'école littéraire de 1830 et la démocratie, une alliance monstrueuse et bizarre. Olympio renia la fameuse doctrine de *l'art pour l'art*, et depuis lors, lui, sa famille et ses disciples, n'ont cessé de prêcher le peuple, de parler pour le peuple, et de se montrer en toutes occasions les amis et les patrons assidus du peuple. « Tendre et profond amour du peuple ! » Dès lors, tout ce qu'ils peuvent aimer en littérature a pris la couleur révolutionnaire et philanthropique. Shakespeare est socialiste. Il ne s'en est jamais douté, mais il n'importe. Une espèce de critique paradoxale a déjà essayé de travestir le monarchiste Balzac, l'homme du trône et de l'autel, en homme de subversion et de démolition. Nous sommes familiarisés avec ce genre de supercherie. Or, monsieur, vous savez que nous sommes dans un temps de partage, et qu'il existe une classe d'hommes dont le gosier est obstrué de toasts, de discours et de cris non utilisés, dont, très naturellement, ils cherchent le placement. J'ai connu des gens qui surveillaient attentivement la mortalité, surtout parmi les célébrités, et couraient activement chez les familles et dans les cimetières pour faire l'éloge des défunts qu'ils n'avaient jamais connus. Je vous signale M. Victor Cousin comme le prince du genre.

Tout banquet, toute fête sont une belle occasion pour donner satisfaction à ce verbiage français ; les orateurs sont le fonds qui manque le moins ; et la petite coterie caudataire de ce poète (en qui Dieu, par un esprit de mystification impénétrable, a amalgamé la sottise avec le génie), a jugé que le moment était opportun pour utiliser cette indomptable manie au profit des buts suivants, auxquels la naissance de Shakespeare ne servira que de prétexte :

1o Préparer et chauffer le succès du livre V. Hugo sur Shakespeare, livre qui comme tous ses livres, plein de beautés et de bêtises, va peut-être encore désoler ses plus sincères admirateurs ;

2o Porter un toast au Danemark. La question est palpitante, et on doit bien cela à Hamlet, qui est le prince du Danemark le plus connu. Cela sera d'ailleurs mieux en situation que le toast à la Pologne qui a été lancé, m'a-t-on dit, dans un banquet offert à M. Daumier.

Ensuite, et selon les occurrences et le *crescendo* particulier de la bêtise chez les foules rassemblées dans un seul lieu, porter des toasts à Jean Valjean, à l'abolition de la peine de mort, à l'abolition de la misère, à la *Fraternité universelle,* à la diffusion des lumières, au *vrai* Jésus-Christ, *législateur des chrétiens,* comme on disait jadis, à M. Renan, à M. Havin, etc., enfin à toutes les stupidités propres à ce XIXe siècle, où nous avons le fatigant bonheur de vivre, et où chacun est, à ce qu'il paraît, privé du droit naturel de *choisir ses frères.*

Monsieur, j'ai oublié de vous dire que les femmes étaient exclues de la fête. De belles épaules, de beaux bras, de beaux visages et de brillantes toilettes auraient pu nuire à l'austérité démocratique d'une telle solennité.

Cependant, je crois qu'on pourrait inviter quelques comédiennes, quand ce ne serait que pour leur donner l'idée de jouer un peu Shakespeare et de rivaliser avec les Smithson et les Faucit.

Conservez ma signature, si bon vous semble ; supprimez-la, si vous jugez qu'elle n'a pas assez de valeur.

Veuillez agréer, Monsieur, l'assurance de mes sentiments bien distingués.

LETTRE À JULES JANIN[1]

Projets

[I]

À Monsieur Jules Janin
À propos du feuilleton (signé Éraste)
sur Henri Heine et la jeunesse des poètes.

Lui *aussi*, lui-*même*, « Il savait comment on chante et comment on pleure ; il connaissait *le sourire mouillé de larmes*, etc. ».

Comme c'est extraordinaire, n'est-ce pas, qu'un homme soit un homme ?

Catilina écrit au sénateur Quintus Cecilius, avant de prendre les armes : « Je te lègue ma chère femme Orestilla et ma chère fille... »

Mérimée (*Mérimée lui-même* ! ! !) ajoute : « On éprouve quelque plaisir et quelque étonnement à voir des sentiments humains dans un pareil monstre. »

Comme c'est extraordinaire, qu'un homme soit un homme !

Quant à toutes les citations de petites polissonneries françaises comparées à la poésie d'Henri Heine, de Byron et de Shakespeare, cela fait l'effet d'une serinette ou d'une épinette comparée à un puissant orchestre. Il n'est pas un seul des fragments d'Henri Heine que vous citez qui ne soit infiniment supérieur à toutes les bergerades ou berquinades que vous admirez. — Ainsi, l'auteur de *L'Âne mort et la femme guillotinée* ne veut plus entendre l'ironie ; il ne veut pas qu'on parle de la Mort, de la douleur, de la brièveté des sentiments humains. « Écartez de moi les images funèbres ; loin de moi, tous ces ricanements ! Laissez-moi traduire Horace, et le savourer à ma guise, Horace, un vrai amateur des flonflons, un brave *littératisant,* dont la lecture ne fait pas mal aux nerfs, comme font toutes ces discordantes lyres modernes. »

Pour finir, je serais curieux de savoir si vous êtes bien sûr *que Béranger soit un poète.* (Je croyais qu'on n'osait plus parler de cet homme.)

— Si vous êtes bien sûr que *les belles funérailles* soient une preuve du génie ou de l'honnêteté du défunt (moi, je crois le contraire, c'est-à-dire qu'il n'y a guère que les coquins et les sots qui obtiennent de belles funérailles).

— Si vous êtes bien sûr que Delphine Gay soit un poète.

— Si vous croyez que le langoureux de Musset soit un *bon* poète.

— Je serais aussi curieux de savoir ce que fait le nom du grotesque Viennet, à côté du nom de De Banville.

— Et à côté d'Auguste Barbier, Hégésippe Moreau, *un ignoble pion* enflammé de sale luxure et de prétrophobie belge.

Enfin pourquoi vous orthographiez : *Lecomte Delille,* le nom de M. Leconte de Lisle, le confondant ainsi avec le méprisable auteur des *Jardins*.

Cher Monsieur, si je voulais pleinement soulager la colère que vous avez

mise en moi, je vous écrirais cinquante pages au moins, et je vous prouverais que, contrairement à votre thèse, notre pauvre France n'a que fort peu de poètes, et qu'elle n'en a pas un seul à opposer à Henri Heine. — Mais vous n'aimez pas la vérité; vous n'aimez pas les proportions; vous n'aimez pas la justice; vous n'aimez pas les combinaisons; vous n'aimez pas le rythme, ni le mètre, ni la rime; tout cela exige qu'on prenne trop de soins pour l'obtenir. Il est si doux de s'endormir sur l'oreiller de *l'opinion toute faite* ! Savez-vous bien, monsieur, que vous parlez de Byron trop légèrement ? Il avait votre qualité et votre défaut; — une grande abondance, un grand flot, une grande loquacité, — mais aussi, ce qui fait les poètes : une diabolique personnalité. En vérité, vous me donnez envie de le défendre.

Monsieur, j'ai reçu souvent des lettres injurieuses d'inconnus, quelquefois anonymes, des gens qui avaient sans doute du temps à perdre. J'avais du temps à perdre ce soir; j'ai voulu imiter, à votre égard, les donneurs de conseils qui m'ont souvent assailli. Je suis un peu de vos amis; quelquefois même je vous ai admiré; je connais à fond la sottise française; et pourtant, quand je vois un littérateur français (faisant autorité dans *le monde*) lâcher des légèretés, je suis encore pris de rages qui font tout pardonner, même la lettre anonyme.

Je vous promets qu'à la prochaine visite que j'aurai le plaisir de vous faire, je vous ferai mon *mea culpa*, non pas de mes opinions, mais de ma conduite.

[II]

Monsieur, je fais ma pâture de vos feuilletons, — dans *L'Indépendance,* laquelle vous manque un peu de respect quelquefois et vous montre quelque ingratitude. Les présentations à la Buloz. Auguste Barbier à la *Revue de Paris.* Le Désaveu. *L'Indépendance* a des convictions austères qui ne lui permettent pas de s'apitoyer sur les malheurs des Reines. Donc, je vous lis; car je suis un peu de vos amis, si toutefois vous croyez comme moi que l'admiration engendre une sorte d'amitié.

Mais le feuilleton d'hier soir m'a mis en grande rage. Je veux vous expliquer le pourquoi.

Henri Heine était donc un homme ! bizarre. Catilina était donc un homme. Un monstre pourtant, puisqu'il conspirait pour les pauvres. Henri Heine était méchant, — oui, comme les hommes sensibles, irrités de vivre avec la canaille; par *Canaille* j'entends les gens qui ne se connaissent pas en poésie (le *Genus irritabile vatum*).

Examinons donc ce cœur d'Henri Heine jeune.

Les fragments que vous citez sont charmants, mais je vois bien ce qui vous choque, c'est la tristesse, c'est l'ironie. Si J. J. était empereur, il décréterait qu'il est défendu de pleurer, ou de se pendre sous son règne, ou même de rire d'une certaine façon. *Quand Auguste avait bu,* etc. *Vous êtes un homme heureux.* Je vous plains, monsieur, d'être si facilement heureux. Faut-il qu'un homme soit tombé bas pour se croire heureux ! Peut-être est-ce une explosion sardonique, et souriez-vous pour cacher le renard qui vous ronge. En ce cas, c'est bien. Si ma langue pouvait prononcer une telle phrase, elle en resterait paralysée.

★

Vous n'aimez pas la discrépance, la dissonance. Arrière les indiscrets qui troublent la somnolence de votre bonheur. Vivent les ariettes de Florian.

Arrière les plaintes puissantes du chevalier Tannhäuser, *aspirant à la douleur.* Vous aimez les musiques qu'on peut entendre sans les écouter et les tragédies qu'on peut commencer par le milieu. Arrière tous ces poètes qui ont leurs poches pleines de poignards, de fiel, de fioles de laudanum. Cet homme est triste, il me scandalise. — Il n'a donc pas de Margot, il n'en a donc jamais eu. Vive Horace buvant son lait de poule, son falerne, veux-je dire, et pinçant, en honnête homme, les charmes de sa Lisette, en brave littératisant, sans diablerie et sans fureur, sans œstus !

★

À propos de belles funérailles, vous citez, je crois, celles de Béranger. Il n'y avait rien de bien beau, je crois. Un préfet de Police a dit qu'il l'avait escamoté : il n'y a eu de beau que Mme Colet bousculant les sergents de ville. Et Pierre Leroux seul trouva le mot du jour : Je lui avais toujours prédit qu'il raterait son enterrement.

★

Béranger ? On a dit quelques vérités sur ce grivois. Il y en aurait encore long à dire. Passons.

★

De Musset. Faculté poétique ; mais peu joyeux. Contradiction dans votre thèse. Mauvais poète d'ailleurs. On le trouve maintenant chez les filles entre les chiens de verre filé, le chansonnier du Caveau et les porcelaines gagnées aux loteries d'Asnières. Croque-mort langoureux.

★

Sainte-Beuve. Oh ! celui-là, je vous arrête. Pouvez-vous expliquer ce genre de beauté ? Werther carabin. Donc contradiction dans votre thèse.

★

Banville et Viennet. Grande catastrophe. Viennet, parfait honnête homme. Héroïsme à détruire la poésie ; mais la Rime ! ! ! et même la Raison ! ! ! — Je sais que vous n'agissez jamais par intérêt... Donc, qui a pu vous pousser —

★

Delphine Gay ! — Leconte de Lisle. Le trouvez-vous bien rigolo, bien à vos souhaits, la main sur la conscience ? — Et Gauthier [sic] ? Et Valmore ? et moi ? — Mon truc.

Je présente la paraphrase du *genus irritabile vatum* pour la défense non seulement d'Henri Heine, mais aussi de tous les poètes. Ces pauvres diables (qui sont la couronne de l'humanité) sont insultés par tout le monde. Quand ils ont soif et qu'ils demandent un verre d'eau, il y a des Trimalcions qui les traitent d'ivrognes. Trimalcion s'essuie les doigts aux cheveux de ses esclaves ; mais si un poète montrait la prétention d'avoir quelques bourgeois dans son écurie, il y aurait bien des personnes qui s'en scandaliseraient.

★

Vous dites : Voilà de ces belles choses que je ne comprendrai jamais... Les néocritiques...

Quittez donc ce ton vieillot, qui ne vous servira de rien, pas même auprès du sieur Villemain.

Jules Janin ne veut plus d'images chagrinantes. Et la mort de Charlot? Et le baiser dans la lunette de la guillotine? Et le Bosphore, si enchanteur du haut d'un pal? Et la Bourbe, et les Capucins? Et les chancres fumant sous le fer rouge?

Quand le diable devient vieux, il se fait......... berger. Allez paitre vos blancs moutons.

À bas les suicides. À bas les méchants farceurs. On ne pourrait jamais dire sous votre règne : Gérard de Nerval s'est pendu, Janino Imperatore. Vous auriez même des agents, des inspecteurs faisant rentrer chez eux les gens qui n'auraient pas sur leurs lèvres la grimace du bonheur.

Catilina, un homme d'esprit sans aucun doute, puisqu'il avait des amis dans le parti contraire au sien, ce qui n'est inintelligible que pour un Belge.

Toujours Horace et Margoton. Vous vous garderiez bien de choisir Juvénal, Lucain, ou Pétone. Celui-là [sic] avec ses terrifiantes impuretés, ses bouffonneries attristantes. (Vous prendriez volontiers parti pour Trimalcion, *puisqu'il est heureux*, avouez-le.) Celui-ci [sic] avec ses regrets de Brutus et de Pompée, ses morts ressuscités, ses sorcières thessaliennes, qui font danser la Lune sur l'herbe des plaines désolées, et cet autre avec ses éclats de rire pleins de fureur. Car vous n'avez pas manqué d'observer que Juvénal se fâche toujours au profit du pauvre et de l'opprimé. Ah! le vilain sale! — Vive Horace, et tous ceux pour qui Babet est pleine de complaisances!

Trimalcion est bête, *mais il est heureux*. Il est vaniteux jusqu'à faire crever de rire ses serviteurs, mais *il est heureux*. Il est abject et immonde; mais *heureux*. Il étale un gros luxe et feint de se connaitre en délicatesses; il est ridicule, mais il est *heureux*. Ah! pardonnons aux *heureux*. Le *bonheur* est une belle et universelle *excuse,* n'est-ce pas?

Ah! vous êtes heureux, monsieur. Quoi! — Si vous disiez : je suis vertueux, je comprendrais que cela sous-entend : je souffre moins qu'un autre. Mais non; vous êtes *heureux*. Facile à contenter, alors? Je vous plains, et j'estime ma mauvaise humeur plus distinguée que votre béatitude. — J'irai jusque-là que je vous demanderai si les spectacles de la terre vous suffisent. Quoi! jamais vous n'avez eu envie de *vous en aller,* rien que pour changer de spectacle. J'ai de très sérieuses raisons pour plaindre celui qui n'aime pas la Mort.

Byron, Tennyson, Poe et C[ie].
Ciel mélancolique de la poésie moderne. Étoiles de première grandeur.

Pourquoi les choses ont-elles changé ? Grave question que je n'ai pas le temps de vous expliquer ici. Mais vous n'avez même pas songé à vous la poser. Elles ont changé parce qu'elles devaient changer. Votre ami le sieur Villemain vous chuchote à l'oreille le mot : Décadence. C'est un mot bien commode à l'usage des pédagogues ignorants. Mot vague derrière lequel s'abritent notre paresse et votre incuriosité de la loi.

Pourquoi donc toujours la joie ? Pour vous divertir peut-être. Pourquoi la tristesse n'aurait-elle pas sa beauté ? Et l'horreur aussi ? Et tout ? Et n'importe quoi ?

★

Je vous vois venir. Je sais où vous tendez. Vous oseriez peut-être affirmer qu'on ne doit pas mettre des têtes de mort dans les soupières, et qu'un petit cadavre de nouveau-né ferait un fichu. (Cette plaisanterie a été faite cependant; mais hélas ! c'était le bon temps !) — Il y aurait beaucoup à dire cependant là-dessus. — Vous me blessez dans mes plus chères convictions. Toute la question, en ces matières, c'est la sauce, c'est-à-dire le génie.

★

Pourquoi le poète ne serait-il pas un broyeur de poisons aussi bien qu'un confiseur, un éleveur de serpents pour miracles et spectacles, un psylle amoureux de ses reptiles, et jouissant des caresses glacées de leurs anneaux en même temps que des terreurs de la foule ?

★

Deux parties également ridicules dans votre feuilleton. Méconnaissance de la poésie de Heine, et de la poésie en général. Thèse absurde sur la jeunesse des poètes. Ni vieux, ni jeune, il est. Il est ce qu'il veut. Vierge, il chante la débauche, sobre, l'ivrognerie.

(Votre dégoûtant amour de la joie me fait penser à M. Véron, réclamant une littérature *affectueuse*. Votre goût de l'honnêteté n'est encore que du sybaritisme. M. Véron disait cela fort innocemment. *Le Juif errant* l'avait sans doute contristé. Lui aussi, il aspirait aux émotions douces et non troublantes.)

★

À propos de la Jeunesse des poètes.
 Livres vécus, poèmes vécus.
 Consultez là-dessus M. Villemain. Malgré son amour incorrigible des solécismes, je doute qu'il avale celui-là.

Byron, loquacité, redondance. Quelques-unes de vos qualités, monsieur. Mais en revanche, ces sublimes défauts qui font le grand poète. La mélancolie, toujours inséparable du sentiment du beau, et une personnalité ardente, diabolique. Un esprit salamandrin.

★

Byron. Tennyson. E. Poe. Lermontoff. Leopardi. Espronceda. — Mais ils n'ont pas chanté Margot. — Eh ! quoi ! je n'ai pas cité un Français. La France est pauvre.

Poésie française. Veine tarie sous Louis XIV. Reparait avec Chénier (Marie-Joseph), car l'autre est un ébéniste de Marie-Antoinette. Enfin rajeunissement et explosion sous Charles X.

★

Vos flonflons français. Épinette et orchestre. Poésie à fleur de peau. Le Cupidon de Thomas Hood. Votre paquet de poètes accouplés comme bassets et lévriers, comme fouines et girafes. Analysons-les, un à un. Et Théophile Gautier ? Et moi ?

★

Lecomte Delille. Vos étourderies. *Jean Pharond.* Pharamond. *Jean Beaudlair.* N'écrivez pas *Gauthier,* si vous voulez réparer votre oubli, et n'imitez pas ses éditeurs qui le connaissent si peu qu'ils estropient son nom. La versification d'une pièce en prose. Et vous y étiez. Le tic de Villefranche. Tic congénital. Fonction naturelle.
Villefranche
 et Argenteuil.
Gascogne.
Franche-Comté.
Normandie.
Belgique.

★

Vous êtes un homme heureux. Voilà qui suffit pour vous consoler de toutes erreurs. Vous n'entendez rien à l'architecture des mots, à la plastique de la langue, à la peinture, à la musique, ni à la poésie. Consolez-vous, Balzac et Chateaubriand n'ont jamais pu faire de vers passables. Il est vrai qu'ils savaient reconnaître les bons.

★

Début. Ma rage. Pierre dans mon jardin, ou plutôt dans notre jardin.

Dans l'article *Janin.*
Janin loue Cicéron, petite farce de journaliste. C'est peut-être une caresse au sieur Villemain.
 Cicéron, philippiste. Sale type de parvenu.
C'est notre César, à nous. (De Sacy.)
Janin avait sans doute une raison pour citer Viennet parmi les poètes. De même il a sans doute une excellente raison pour louer Cicéron. Cicéron n'est pas de l'Académie, cependant on peut dire qu'il en est, par Villemain et la bande orléaniste.

EDGAR POE, SA VIE ET SES ŒUVRES[1]

.... Quelque maître malheureux à qui
l'inexorable Fatalité a donné une chasse achar-
née, toujours plus acharnée, jusqu'à ce que ses
chants n'aient plus qu'un unique refrain, jus-
qu'à ce que les chants funèbres de son Espé-
rance aient adopté ce mélancolique refrain :
Jamais ! Jamais plus !

EDGAR POE. — *Le Corbeau.*

Sur son trône d'airain le Destin qui s'en raille
Imbibe leur éponge avec du fiel amer,
Et la Nécessité les tord dans sa tenaille.

THÉOPHILE GAUTIER. — *Ténèbres.*

I

Dans ces derniers temps, un malheureux fut amené devant nos tribunaux,
dont le front était illustré d'un rare et singulier tatouage : *Pas de chance !* Il
portait ainsi au-dessus de ses yeux l'étiquette de sa vie, comme un livre son
titre, et l'interrogatoire prouva que ce bizarre écriteau était cruellement
véridique. Il y a dans l'histoire littéraire des destinées analogues, de vraies
damnations, — des hommes qui portent le mot *guignon* écrit en caractères
mystérieux dans les plis sinueux de leur front. L'Ange aveugle de l'expiation
s'est emparé d'eux et les fouette à tour de bras pour l'édification des autres. En
vain leur vie montre-t-elle des talents, des vertus, de la grâce ; la Société a pour
eux un anathème spécial, et accuse en eux les infirmités que sa persécution leur
a données. — Que ne fit pas Hoffmann pour désarmer la destinée, et que
n'entreprit pas Balzac pour conjurer la fortune ? — Existe-t-il donc une
Providence diabolique qui prépare le malheur dès le berceau, — qui jette avec
préméditation des natures spirituelles et angéliques dans des milieux hostiles,
comme des martyrs dans les cirques ? Y a-t-il donc des âmes *sacrées,* vouées à
l'autel, condamnées à marcher à la mort et à la gloire à travers leurs propres
ruines ? Le cauchemar des *Ténèbres* assiégera-t-il éternellement ces âmes de
choix ? — Vainement elles se débattent, vainement elles se forment au monde,
à ses prévoyances, à ses ruses ; elles perfectionneront la prudence, boucheront
toutes les issues, matelasseront les fenêtres contre les projectiles du hasard ;
mais le Diable entrera par une serrure ; une perfection sera le défaut de leur
cuirasse, et une qualité superlative le germe de leur damnation.

L'aigle, pour le briser, du haut du firmament
Sur leur front découvert lâchera la tortue,
Car *ils* doivent périr inévitablement.

Leur destinée est écrite dans toute leur constitution, elle brille d'un éclat
sinistre dans leurs regards et dans leurs gestes, elle circule dans leurs artères
avec chacun de leurs globules sanguins.

Un écrivain célèbre de notre temps a écrit un livre pour démontrer que le
poète ne pouvait trouver une bonne place ni dans une société démocratique ni
dans une aristocratique, pas plus dans une république que dans une monarchie
absolue ou tempérée. Qui donc a su lui répondre péremptoirement ? J'apporte
aujourd'hui une nouvelle légende à l'appui de sa thèse, j'ajoute un saint

nouveau au martyrologe : j'ai à écrire l'histoire d'un de ces illustres malheu-
reux, trop riche de poésie et de passion, qui est venu, après tant d'autres, faire
en ce bas monde le rude apprentissage du génie chez les âmes inférieures.
Lamentable tragédie que la vie d'Edgar Poe ! Sa mort, dénouement horrible
dont l'horreur est accrue par la trivialité ! — De tous les documents que j'ai lus
est résultée pour moi la conviction que les États-Unis ne furent pour Poe
qu'une vaste prison qu'il parcourait avec l'agitation fiévreuse d'un être fait
pour respirer dans un monde plus amoral, — qu'une grande barbarie éclairée
au gaz, — et que sa vie intérieure, spirituelle, de poète ou même d'ivrogne,
n'était qu'un effort perpétuel pour échapper à l'influence de cette atmosphère
antipathique. Impitoyable dictature que celle de l'opinion dans les sociétés
démocratiques ; n'implorez d'elle ni charité, ni indulgence, ni élasticité
quelconque dans l'application de ses lois aux cas multiples et complexes de la
vie morale. On dirait que de l'amour impie de la liberté est née une tyrannie
nouvelle, la tyrannie des bêtes, ou zoocratie, qui par son insensibilité féroce
ressemble à l'idole de Jaggernaut. — Un biographe nous dira gravement, — il
est bien intentionné, le brave homme, — que Poe, s'il avait voulu régulariser
son génie et appliquer ses facultés créatrices d'une manière plus appropriée
au sol américain, aurait pu devenir un auteur à argent, *a money making
author*; — un autre, — un naïf cynique, celui-là, — que, quelque beau que
soit le génie de Poe, il eût mieux valu pour lui n'avoir que du talent, le talent
s'escomptant toujours plus facilement que le génie. Un autre, qui a dirigé des
journaux et des revues, un ami du poète, avoue qu'il était difficile de
l'employer et qu'on était obligé de le payer moins que d'autres, parce qu'il
écrivait dans un style trop au-dessus du vulgaire. *Quelle odeur de magasin !*
Comme disait Joseph de Maistre.

Quelques-uns ont osé davantage, et, unissant l'inintelligence la plus lourde
de son génie à la férocité de l'hypocrisie bourgeoise, l'ont insulté à l'envi ; et,
après sa soudaine disparition, ils ont rudement morigéné ce cadavre, —
particulièrement M. Rufus Griswold, qui, pour rappeler ici l'expression
vengeresse de M. George Graham, a commis alors une immortelle infamie.
Poe, éprouvant peut-être le sinistre pressentiment d'une fin subite, avait
désigné MM. Griswold et Willis pour mettre ses œuvres en ordre, écrire sa vie,
et restaurer sa mémoire. Ce pédagogue-vampire a diffamé longuement son ami
dans un énorme article, plat et haineux, juste en tête de l'édition posthume de
ses œuvres. — Il n'existe donc pas en Amérique d'ordonnance qui interdise
aux chiens l'entrée des cimetières ? — Quant à M. Willis, il a prouvé, au
contraire, que la bienveillance et la décence marchaient toujours avec le
véritable esprit, et que la charité envers nos confrères, qui est un devoir moral,
était aussi un des commandements du goût.

Causez de Poe avec un Américain, il avouera peut-être son génie, peut-être
même s'en montrera-t-il fier ; mais, avec un ton sardonique supérieur qui sent
son homme positif, il vous parlera de la vie débraillée du poète, de son haleine
alcoolisée qui aurait pris feu à la flamme d'une chandelle, de ses habitudes
vagabondes ; il vous dira que c'était un être erratique et hérétoclite, une planète
désorbitée, qu'il roulait sans cesse de Baltimore à New York, de New York à
Philadelphie, de Philadelphie à Boston, de Boston à Baltimore, de Baltimore à
Richmond. Et si, le cœur ému par ces préludes d'une histoire navrante, vous
donnez à entendre que l'individu n'est peut-être pas seul coupable et qu'il doit
être difficile de penser et d'écrire commodément dans un pays où il y a des

millions de souverains, un pays sans capitale à proprement parler, et sans aristocratie, — alors vous verrez ses yeux s'agrandir et jeter des éclairs, la bave du patriotisme souffrant lui monter aux lèvres, et l'Amérique, par sa bouche, lancer des injures à l'Europe, sa vieille mère, et à la philosophie des anciens jours. Je répète que pour moi la persuasion s'est faite qu'Edgar Poe et sa patrie n'étaient pas de niveau. Les États-Unis sont un pays gigantesque et enfant, naturellement jaloux du vieux continent. Fier de son développement matériel, anormal et presque monstrueux, ce nouveau venu dans l'histoire a une foi naïve dans la toute-puissance de l'industrie; il est convaincu, comme quelques malheureux parmi nous, qu'elle finira par manger le Diable. Le temps et l'argent ont là-bas une valeur si grande! L'activité matérielle, exagérée jusqu'aux proportions d'une manie nationale, laisse dans les esprits bien peu de place pour les choses qui ne sont pas de la terre. Poe, qui était de bonne souche, et qui d'ailleurs professait que le grand malheur de son pays était de n'avoir pas d'aristocratie de race, attendu, disait-il, que chez un peuple sans aristocratie le culte du Beau ne peut que se corrompre, s'amoindrir et disparaître, — qui accusait chez ses concitoyens, jusque dans leur luxe emphatique et coûteux, tous les symptômes du mauvais goût caractéristique des parvenus, — qui considérait le Progrès, la grande idée moderne, comme une extase de gobe-mouches, et qui appelait les *perfectionnements* de l'habitacle humain des cicatrices et des abominations rectangulaires, — Poe était là-bas un cerveau singulièrement solitaire. Il ne croyait qu'à l'immuable, à l'éternel, au *self-same*, et il jouissait — cruel privilège dans une société amoureuse d'elle-même, — de ce grand bon sens à la Machiavel qui marche devant le sage, comme une colonne lumineuse, à travers le désert de l'histoire. — Qu'eût-il pensé, qu'eût-il écrit, l'infortuné, s'il avait entendu la théologienne du sentiment supprimer l'Enfer par amitié pour le genre humain, le philosophe du chiffre proposer un système d'assurances, une souscription à un sou par tête pour la suppression de la guerre, — et l'abolition de la peine de mort et de l'orthographe, ces deux folies corrélatives! — et tant d'autres malades qui écrivent, *l'oreille inclinée au vent*, des fantaisies giratoires aussi flatueuses que l'élément qui les leur dicte? — Si vous ajoutez à cette vision impeccable du vrai, véritable infirmité dans de certaines circonstances, une délicatesse exquise de sens qu'une note fausse torturait, une finesse de goût que tout, excepté l'exacte proportion, révoltait, un amour insatiable du Beau, qui avait pris la puissance d'une passion morbide, vous ne vous étonnerez pas que pour un pareil homme la vie soit devenue un enfer, et qu'il ait mal fini; vous admirerez qu'il ait pu *durer* aussi longtemps.

II

La famille de Poe était une des plus respectables de Baltimore. Son grand-père maternel avait servi comme *quarter-master-general* dans la guerre de l'Indépendance, et La Fayette l'avait en haute estime et amitié. Celui-ci, lors de son dernier voyage aux États-Unis, voulut voir la veuve du général et lui témoigner sa gratitude pour les services que lui avait rendus son mari. Le bisaïeul avait épousé une fille de l'amiral anglais Mac Bride, qui était allié avec les plus nobles maisons d'Angleterre. David Poe, père d'Edgar et fils du général, s'éprit violemment d'une actrice anglaise, Elisabeth Arnold, célèbre par sa beauté; il s'enfuit avec elle et l'épousa. Pour mêler plus intimement sa destinée avec la sienne, il se fit comédien et parut avec sa femme sur différents

théâtres, dans les principales villes de l'Union. Les deux époux moururent à Richmond, presque en même temps, laissant dans l'abandon et le dénûment le plus complet trois enfants en bas âge, dont Edgar.

Edgar Poe était né à Baltimore, en 1813. — C'est d'après son propre dire que je donne cette date, car il a réclamé contre l'affirmation de Griswold qui place sa naissance en 1811. — Si jamais l'esprit de roman, pour me servir d'une expression de notre poète, a présidé à une naissance, — esprit sinistre et orageux ! — certes il présida à la sienne. Poe fut véritablement l'enfant de la passion et de l'aventure. Un riche négociant de la ville, M. Allan, s'éprit de ce joli malheureux que la nature avait doté d'une manière charmante, et, comme il n'avait pas d'enfants, il l'adopta. Celui-ci s'appela donc désormais Edgar Allan Poe. Il fut ainsi élevé dans une belle aisance et dans l'espérance légitime d'une de ces fortunes qui donnent au caractère une superbe certitude. Ses parents adoptifs l'emmenèrent dans un voyage qu'ils firent en Angleterre, en Écosse et en Irlande, et, avant de retourner dans leur pays, ils le laissèrent chez le docteur Bransby, qui tenait une importante maison d'éducation à Stoke-Newington, près de Londres. — Poe a lui-même, dans *William Wilson,* décrit cette étrange maison bâtie dans le vieux style d'Élisabeth, et les impressions de sa vie d'écolier.

Il revint à Richmond en 1822, et continua ses études en Amérique, sous la direction des meilleurs maîtres de l'endroit. A l'Université de Charlottesville, où il entra en 1825, il se distingua non seulement par une intelligence quasi miraculeuse, mais aussi par une abondance presque sinistre de passions, — une précocité vraiment américaine, — qui, finalement, fut la cause de son expulsion. Il est bon de noter en passant que Poe avait déjà, à Charlottesville, manifesté une aptitude des plus remarquables pour les sciences physiques et mathématiques. Plus tard il en fera un usage fréquent dans ses étranges contes, et en tirera des moyens très inattendus. Mais j'ai des raisons de croire que ce n'est pas à cet ordre de compositions qu'il attachait le plus d'importance, et que, — peut-être même à cause de cette précoce aptitude, — il n'était pas loin de les considérer comme de *faciles* jongleries, comparativement aux ouvrages de pure imagination. Quelques malheureuses dettes de jeu amenèrent une brouille momentanée entre lui et son père adoptif, et Edgar, — fait des plus curieux, et qui prouve, quoi qu'on ait dit, une dose de chevalerie assez forte dans son impressionnable cerveau, — conçut le projet de se mêler à la guerre des Hellènes et d'aller combattre les Turcs. Il partit donc pour la Grèce. — Que devint-il en Orient, qu'y fit-il, — étudia-t-il les rivages classiques de la Méditerranée, — pourquoi le retrouvons-nous à Saint-Pétersbourg, sans passeport, — compromis, et dans quelle sorte d'affaire, — obligé d'en appeler au ministre américain, Henry Middleton, pour échapper à la pénalité russe et retourner chez lui ? — On l'ignore ; il y a là une lacune que lui seul aurait pu combler. La vie d'Edgar Poe, sa jeunesse, ses aventures en Russie et sa correspondance ont été longtemps annoncées par les journaux américains et n'ont jamais paru.

Revenu en Amérique, en 1829, il manifesta le désir d'entrer à l'école militaire de West Point ; il y fut admis en effet, et là comme ailleurs il donna les signes d'une intelligence admirablement douée, mais indisciplinable, et au bout de quelques mois il fut rayé. — En même temps se passait dans sa famille adoptive un événement qui devait avoir les conséquences les plus graves sur toute sa vie. Mme Allan, pour laquelle il semble avoir éprouvé une affection

réellement filiale, mourait, et M. Allan épousait une femme toute jeune. Une querelle domestique prend ici place, — une histoire bizarre et ténébreuse que je ne peux pas raconter, parce qu'elle n'est clairement expliquée par aucun biographe. Il n'y a donc pas lieu de s'étonner qu'il se soit définitivement séparé de M. Allan, et que celui-ci, qui eut des enfants de son second mariage, l'ait complètement frustré de sa succession.

Peu de temps après avoir quitté Richmond, Poe publia un petit volume de poésies ; c'était en vérité une aurore éclatante. Pour qui sait sentir la poésie anglaise, il y a là déjà l'accent extraterrestre, le calme dans la mélancolie, la solennité délicieuse, l'expérience précoce, — j'allais, je crois, dire *expérience innée*, — qui caractérisent les grands poètes.

La misère le fit quelque temps soldat, et il est présumable qu'il se servit des lourds loisirs de la vie de garnison pour préparer les matériaux de ses futures compositions, — compositions étranges qui semblent avoir été créées pour nous démontrer que l'étrangeté est une des parties intégrantes du beau. Rentré dans la vie littéraire, le seul élément où puissent respirer certains êtres déclassés, Poe se mourait dans une misère extrême, quand un hasard heureux le releva. Le propriétaire d'une revue venait de fonder deux prix, l'un pour le meilleur conte, l'autre pour le meilleur poème. Une écriture singulièrement belle attira les yeux de M. Kennedy, qui présidait le comité, et lui donna l'envie d'examiner lui-même les manuscrits. Il se trouva que Poe avait gagné les deux prix ; mais un seul lui fut donné. Le président de la commission fut curieux de voir l'inconnu. L'éditeur du journal lui amena un jeune homme d'une beauté frappante, en guenilles, boutonné jusqu'au menton, et qui avait l'air d'un gentilhomme aussi fier qu'affamé. Kennedy se conduisit bien. Il fit faire à Poe la connaissance d'un M. Thomas White, qui fondait à Richmond le *Southern Literary Messenger*. M. White était un homme d'audace, mais sans aucun talent littéraire ; il lui fallait un aide. Poe se trouva donc tout jeune, — à vingt-deux ans, — directeur d'une revue dont la destinée reposait tout entière sur lui. Cette prospérité, il la créa. Le *Southern Literary Messenger* a reconnu depuis lors que c'était à cet excentrique maudit, à cet ivrogne incorrigible qu'il devait sa clientèle et sa fructueuse notoriété. C'est dans ce *magasin* que parut pour la première fois l'*Aventure sans pareille d'un certain Hans Pfaall*, et plusieurs autres contes que nos lecteurs verront défiler sous leurs yeux. Pendant près de deux ans, Edgar Poe, avec une ardeur merveilleuse, étonna son public par une série de compositions d'un genre nouveau et par des articles critiques dont la vivacité, la netteté, la sévérité raisonnées étaient bien faites pour attirer les yeux. Ces articles portaient sur des livres de tout genre, et la forte éducation que le jeune homme s'était faite ne le servit pas médiocrement. Il est bon qu'on sache que cette besogne considérable se faisait pour cinq cents dollars, c'est-à-dire deux mille sept cents francs par an. — *Immédiatement*, — dit Griswold, ce qui veut dire : il se croyait donc assez riche, l'imbécile ! — il épousa une jeune fille, belle, charmante, d'une nature aimable et héroïque, mais *ne possédant pas un sou*, — ajoute le même Griswold avec une nuance de dédain. C'était une demoiselle Virginia Clemm, sa cousine.

Malgré les services rendus à son journal, M. White se brouilla avec Poe au bout de deux ans, à peu près. La raison de cette séparation se trouve évidemment dans les accès d'hypocondrie et les crises d'ivrognerie du poète, — accidents caractéristiques qui assombrissaient son ciel spirituel, comme ces nuages lugubres qui donnent soudainement au plus romantique

paysage un air de mélancolie en apparence irréparable. — Dès lors, nous verrons l'infortuné déplacer sa tente, comme un homme du désert, et transporter ses légers pénates dans les principales villes de l'Union. Partout, il dirigera des revues ou y collaborera d'une manière éclatante. Il répandra avec une éblouissante rapidité des articles critiques, philosophiques, et des contes pleins de magie qui paraissent réunis sous le titre de *Tales of the Grotesque and the Arabesque*, — titre remarquable et intentionnel, car les ornements grotesques et arabesques repoussent la figure humaine, et l'on verra qu'à beaucoup d'égards la littérature de Poe est extra ou suprahumaine. Nous apprendrons par des notes blessantes et scandaleuses insérées dans les journaux que M. Poe et sa femme se trouvent dangereusement malades à Fordham et dans une absolue misère. Peu de temps après la mort de Mme Poe, le poète subit les premières attaques du *delirium tremens*. Une note nouvelle parait soudainement dans un journal, — celle-là, plus que cruelle, — qui accuse son mépris et son dégoût du monde, et lui fait un de ces procès de tendance, véritables réquisitoires de l'opinion, contre lesquels il eut toujours à se défendre, — une des luttes les plus stérilement fatigantes que je connaisse.

Sans doute il gagnait de l'argent, et ses travaux littéraires pouvaient à peu près le faire vivre. Mais j'ai les preuves qu'il avait sans cesse de dégoûtantes difficultés à surmonter. Il rêva, comme tant d'autres écrivains, une *Revue* à lui, il voulut être *chez lui*, et le fait est qu'il avait suffisamment souffert pour désirer ardemment cet abri définitif pour sa pensée. Pour arriver à ce résultat, pour se procurer une somme d'argent suffisante, il eut recours aux *lectures*. On sait ce que sont ces lectures, — une espèce de spéculation, le Collège de France mis à la disposition de tous les littérateurs, l'auteur ne publiant sa *lecture* qu'après qu'il en a tiré toutes les recettes qu'elle peut rendre. Poe avait déjà donné à New York une *lecture* d'*Eureka*, son poème cosmogonique, qui avait même soulevé de grosses discussions. Il imagina cette fois de donner des *lectures* dans son pays, dans la Virginie. Il comptait, comme il l'écrivait à Willis, faire une tournée dans l'Ouest et le Sud, et il espérait le concours de ses amis littéraires et de ses anciennes connaissances de collège et de West Point. Il visita donc les principales villes de la Virginie, et Richmond revit celui qu'on y avait connu si jeune, si pauvre, si délabré. Tous ceux qui n'avaient pas vu Poe depuis les jours de son obscurité accoururent en foule pour contempler leur illustre compatriote. Il apparut, beau, élégant, correct comme le génie. Je crois même que depuis quelque temps il avait poussé la condescendance jusqu'à se faire admettre dans une société de tempérance. Il choisit un thème aussi large qu'élevé : *le Principe de la Poésie*, et il le développa avec cette lucidité qui est un de ses privilèges. Il croyait, en vrai poète qu'il était, que le but de la poésie est de même nature que son principe, et qu'elle ne doit pas avoir en vue autre chose qu'elle-même.

Le bel accueil qu'on lui fit inonda son pauvre cœur d'orgueil et de joie ; il se montrait tellement enchanté, qu'il parlait de s'établir définitivement à Richmond et de finir sa vie dans les lieux que son enfance lui avait rendus chers. Cependant il avait affaire à New York, et il partit, le 4 octobre, se plaignant de frissons et de faiblesses. Se sentant toujours assez mal en arrivant à Baltimore, le 6, au soir, il fit porter ses bagages à l'embarcadère d'où il devait se diriger sur Philadelphie, et entra dans une taverne pour y prendre un excitant quelconque. Là, malheureusement, il rencontra de vieilles connaissances et s'attarda. Le lendemain matin, dans les pâles ténèbres du petit jour,

un cadavre fut trouvé sur la voie, — est-ce ainsi qu'il faut dire ? — non, un corps vivant encore, mais que la Mort avait déjà marqué de sa royale estampille. Sur ce corps, dont on ignorait le nom, on ne trouva ni papiers ni argent, et on le porta dans un hôpital. C'est là que Poe mourut, le soir même du dimanche 7 octobre 1849, à l'âge de trente-sept ans, vaincu par le *delirium tremens,* ce terrible visiteur qui avait déjà hanté son cerveau une ou deux fois. Ainsi disparut de ce monde un des plus grands héros littéraires, l'homme de génie qui avait écrit dans *Le Chat noir* ces mots fatidiques : *Quelle maladie est comparable à l'Alcool !*

Cette mort est presque un suicide, — un suicide préparé depuis longtemps. Du moins, elle en causa le scandale. La clameur fut grande, et la *vertu* donna carrière à son *cant* emphatique, librement et voluptueusement. Les oraisons funèbres les plus indulgentes ne purent pas ne pas donner place à l'inévitable morale bourgeoise qui n'eut garde de manquer une si admirable occasion. M. Griswold diffama ; M. Willis, sincèrement affligé, fut mieux que convenable. — Hélas ! celui qui avait franchi les hauteurs les plus ardues de l'esthétique et plongé dans les abîmes les moins explorés de l'intellect humain, celui qui, à travers une vie qui ressemble à une tempête sans accalmie, avait trouvé des moyens nouveaux, des procédés inconnus pour étonner l'imagination, pour séduire les esprits assoiffés de Beau, venait de mourir en quelques heures dans un lit d'hôpital, — quelle destinée ! Et tant de grandeur et tant de malheur, pour soulever un tourbillon de phraséologie bourgeoise, pour devenir la pâture et le thème des journalistes vertueux !

Ut declamatio fias !

Ces spectacles ne sont pas nouveaux ; il est rare qu'une sépulture fraîche et illustre ne soit pas un rendez-vous de scandales. D'ailleurs, la Société n'aime pas ces enragés malheureux, et, soit qu'ils troublent ses fêtes, soit qu'elle les considère naïvement comme des remords, elle a incontestablement raison. Qui ne se rappelle les déclamations parisiennes lors de la mort de Balzac, qui cependant mourut correctement ? — Et plus récemment encore, — il y a aujourd'hui, 26 janvier, juste un an, — quand un écrivain d'une honnêteté admirable, d'une haute intelligence, et *qui fut toujours lucide,* alla discrètement, sans déranger personne, — si discrètement que sa discrétion ressemblait à du mépris, — délier son âme dans la rue la plus noire qu'il pût trouver, — quelles dégoûtantes homélies ! quel assassinat raffiné ! Un journaliste célèbre, à qui Jésus n'enseignera jamais les manières généreuses, trouva l'aventure assez joviale pour la célébrer en un gros calembour. — Parmi l'énumération nombreuse des *droits de l'homme* que la sagesse du XIXe siècle recommence si souvent et si complaisamment, deux assez importants ont été oubliés, qui sont le droit de se contredire et le droit de *s'en aller.* Mais la *Société* regarde celui qui s'en va comme un insolent ; elle châtierait volontiers certaines dépouilles funèbres, comme ce malheureux soldat, atteint de vampirisme, que la vue d'un cadavre exaspérait jusqu'à la fureur. — Et cependant, on peut dire que, sous la pression de certaines circonstances, après un sérieux examen de certaines incompatibilités, avec de fermes croyances à de certains dogmes et métempsycoses, — on peut dire, sans emphase et sans jeu de mots, que le suicide est parfois l'action la plus raisonnable de la vie. — Et ainsi se forme une compagnie de fantômes déjà nombreuse, qui nous hante familièrement, et dont chaque membre vient nous vanter son repos actuel et nous verser ses persuasions.

Avouons toutefois que la lugubre fin de l'auteur d'*Eureka* suscita quelques consolantes exceptions, sans quoi il faudrait désespérer, et la place ne serait plus tenable. M. Willis, comme je l'ai dit, parla honnêtement, et même avec émotion, des bons rapports qu'il avait toujours eus avec Poe. MM. John Neal et George Graham rappelèrent M. Griswold à la pudeur. M. Longfellow, — et celui-ci est d'autant plus méritant que Poe l'avait cruellement maltraité, — sut louer d'une manière digne d'un poète sa haute puissance comme poète et comme prosateur. Un inconnu écrivit que l'Amérique littéraire avait perdu sa plus forte tête.

Mais le cœur brisé, le cœur déchiré, le cœur percé des sept glaives fut celui de Mme Clemm. Edgar était à la fois son fils et sa fille. Rude destinée, dit Willis, à qui j'emprunte ces détails, presque mot pour mot, rude destinée que celle qu'elle surveillait et protégeait. Car Edgar Poe était un homme embarrassant ; outre qu'il écrivait avec une fastidieuse difficulté et *dans un style trop au-dessus du niveau intellectuel commun pour qu'on pût le payer cher,* il était toujours plongé dans des embarras d'argent, et souvent lui et sa femme malade manquaient des choses les plus nécessaires à la vie. Un jour Willis vit entrer dans son bureau une femme, vieille, douce, grave. C'était Mme Clemm. Elle *cherchait de l'ouvrage* pour son cher Edgar. Le biographe dit qu'il fut singulièrement frappé, non pas seulement de l'éloge parfait, de l'appréciation exacte qu'elle faisait des talents de son fils, mais aussi de tout son être extérieur, — de sa voix douce et triste, de ses manières un peu surannées, mais belles et grandes. Et pendant plusieurs années, ajoute-t-il, nous avons vu cet infatigable serviteur du génie, pauvrement et insuffisamment vêtu, allant de journal en journal pour vendre tantôt un poème, tantôt un article, disant quelquefois qu'*il* était malade, — unique explication, unique raison, invariable excuse qu'elle donnait quand son fils se trouvait frappé momentanément d'une de ces stérilités que connaissent les écrivains nerveux, — et ne permettant jamais à ses lèvres de lâcher une syllabe qui pût être interprétée comme un doute, comme un amoindrissement de confiance dans le génie et la volonté de son bien-aimé. Quand sa fille mourut, elle s'attacha au survivant de la désastreuse bataille avec une ardeur maternelle renforcée, elle vécut avec lui, prit soin de lui, le surveillant, le défendant contre la vie et contre lui-même. Certes, — conclut Willis avec une haute et imparfaite raison, — si le dévouement de la femme, né avec un premier amour et entretenu par la passion humaine, glorifie et consacre son objet, que ne dit pas en faveur de celui qui l'inspira un dévouement comme celui-ci, pur, désintéressé et saint comme une sentinelle divine ? Les détracteurs de Poe auraient dû en effet remarquer qu'il est des séductions si puissantes qu'elles ne peuvent être que des vertus.

On devine combien terrible fut la nouvelle pour la malheureuse femme. Elle écrivit à Willis une lettre dont voici quelques lignes :

« J'ai appris ce matin la mort de mon bien-aimé Eddie..... Pouvez-vous me transmettre quelques détails, quelques circonstances ?..... Oh ! n'abandonnez pas votre pauvre amie dans cette amère affliction..... Dites à M..... de venir me voir ; j'ai à m'acquitter envers lui d'une commission de la part de mon pauvre Eddie..... Je n'ai pas besoin de vous prier d'annoncer sa mort, et de parler bien de lui. Je sais que vous le ferez. *Mais dites bien quel fils affectueux il était pour moi,* sa pauvre mère désolée..... »

Cette femme m'apparait grande et plus qu'antique. Frappée d'un coup irréparable, elle ne pense qu'à la réputation de celui qui était tout pour elle, et il

ne suffit pas, pour la contenter, qu'on dise qu'il était un génie, il faut qu'on
sache qu'il était un homme de devoir et d'affection. Il est évident que cette
mère, — flambeau et foyer allumé par un rayon de plus haut ciel, — a été
donnée en exemple à nos races trop peu soigneuses du dévouement, de
l'héroïsme, et de tout ce qui est plus que le devoir. N'était-ce pas justice
d'inscrire au-dessus des ouvrages du poète le nom de celle qui fut le soleil
moral de sa vie ? Il embaumera dans sa gloire le nom de la femme dont la
tendresse savait panser ses plaies, et dont l'image voltigera incessamment au-
dessus du martyrologe de la littérature.

III

La vie de Poe, ses mœurs, ses manières, son être physique, tout ce qui
constitue l'ensemble de son personnage, nous apparaissent comme quelque
chose de ténébreux et de brillant à la fois. Sa personne était singulière,
séduisante et, comme ses ouvrages, marquée d'un indéfinisable cachet de
mélancolie. Du reste, il était remarquablement bien doué de toutes façons.
Jeune, il avait montré une rare aptitude pour tous les exercices physiques, et
bien qu'il fût petit, avec des pieds et des mains de femme, tout son être portant
d'ailleurs ce caractère de délicatesse féminine, il était plus que robuste et
capable de merveilleux traits de force. Il a, dans sa jeunesse, gagné un pari de
nageur qui dépasse la mesure ordinaire du possible. On dirait que la Nature fait
à ceux dont elle veut tirer de grandes choses un tempérament énergique,
comme elle donne une puissante vitalité aux arbres qui sont chargés de
symboliser le deuil et la douleur. Ces hommes-là, avec des apparences
quelquefois chétives, sont taillés en athlètes, bons pour l'orgie et pour le travail,
prompts aux excès et capables d'étonnantes sobriétés.
Il est quelques points relatifs à Edgar Poe, sur lesquels il y a un accord
unanime, par exemple sa haute distinction naturelle, son éloquence et sa
beauté, dont, à ce qu'on dit, il tirait un peu vanité. Ses manières, mélange
singulier de hauteur avec une douceur exquise, étaient pleines de certitude.
Physionomie, démarche, gestes, airs de tête, tout le désignait, surtout dans ses
bons jours, comme une créature d'élection. Tout son être respirait une
solennité pénétrante. Il était réellement marqué par la nature, comme ces
figures de passants qui tirent l'œil de l'observateur et préoccupent sa mémoire.
Le pédant et aigre Griswold lui-même avoue que, lorsqu'il alla rendre visite à
Poe, et qu'il le trouva pâle et malade encore de la mort et de la maladie de sa
femme, il fut frappé outre mesure, non seulement de la perfection de ses
manières, mais encore de la physionomie aristocratique, de l'atmosphère
parfumée de son appartement, d'ailleurs assez modestement meublé. Gris-
wold ignore que le poète a plus que tous les hommes ce merveilleux privilège
attribué à la femme parisienne et à l'espagnole, de savoir se parer avec un rien,
et que Poe, amoureux du beau en toutes choses, aurait trouvé l'art de
transformer une chaumière en un palais d'une espèce nouvelle. N'a-t-il pas
écrit, avec l'esprit le plus original et le plus curieux, des projets de mobiliers,
des plans de maisons de campagne, de jardins et de réformes de paysages ?
Il existe une lettre charmante de Mme Frances Osgood, qui fut une des
amies de Poe, et qui nous donne sur ses mœurs, sur sa personne et sur sa vie de
ménage, les plus curieux détails. Cette femme, qui était elle-même un
littérateur distingué, nie courageusement tous les vices et toutes les fautes
reprochés au poète. « Avec les hommes, — dit-elle à Griswold, — peut-être

était-il tel que vous le dépeignez, et comme homme vous pouvez avoir raison. Mais je pose en fait qu'avec les femmes il était tout autre, et que jamais femme n'a pu connaître M. Poe sans éprouver pour lui un profond intérêt. Il ne m'a jamais apparu que comme un modèle d'élégance, de distinction et de générosité..... « La première fois que nous nous vîmes, ce fut à *Astor-House*. Willis m'avait fait passer à table d'hôte *Le Corbeau*, sur lequel l'auteur, me dit-il, désirait connaître mon opinion. La musique mystérieuse et surnaturelle de ce poème étrange me pénétra si intimement que, lorsque j'appris que Poe désirait m'être présenté, j'éprouvai un sentiment singulier et qui ressemblait à de l'effroi. Il parut avec sa belle et orgueilleuse tête, ses yeux sombres qui dardaient une lumière d'élection, une lumière de sentiment et de pensée, avec ses manières qui étaient un mélange intraduisible de hauteur et de suavité, — il me salua, calme, grave, presque froid ; mais sous cette froideur vibrait une sympathie si marquée que je ne pus m'empêcher d'en être profondément impressionnée. À partir de ce moment jusqu'à sa mort, nous fûmes amis....., et je sais que dans ses dernières paroles, j'ai eu ma part de souvenir, et qu'il m'a donné, avant que sa raison ne fût culbutée de son trône de souveraine, une preuve suprême de sa fidélité en amitié.

« C'était surtout dans son intérieur, à la fois simple et poétique, que le caractère d'Edgar Poe apparaissait pour moi dans sa plus belle lumière. Folâtre, affectueux, spirituel, tantôt docile et tantôt méchant comme un enfant gâté, il avait toujours pour sa jeune, douce et adorée femme, et pour tous ceux qui venaient, même au milieu de ses plus fatigantes besognes littéraires, un mot aimable, un sourire bienveillant, des attentions gracieuses et courtoises. Il passait d'interminables heures à son pupitre, sous le portrait de sa *Lenore*, l'aimée et la morte, toujours assidu, toujours résigné et fixant avec son admirable écriture les brillantes fantaisies qui traversaient son étonnant cerveau incessamment en éveil. — Je me rappelle l'avoir vu un matin plus joyeux et plus allègre que de coutume. Virginia, sa douce femme, m'avait priée d'aller les voir et il m'était impossible de résister à ses sollicitations..... Je le trouvai travaillant à la série d'articles qu'il a publiés sous le titre : *The Literati of New York*. "Voyez, — me dit-il, en déployant avec un rire de triomphe plusieurs petits rouleaux de papier (il écrivait sur des bandes étroites, sans doute pour conformer sa copie à la *justification* des journaux), — je vais vous montrer par la différence des longueurs les divers degrés d'estime que j'ai pour chaque membre de votre gent littéraire. Dans chacun de ces papiers, l'un de vous est peloté et proprement discuté. — Venez ici, Virginia, et aidez-moi !" Et ils les déroulèrent tous un à un. À la fin, il y en avait un qui semblait interminable. Virginia, tout en riant, reculait jusqu'à un coin de la chambre le tenant par un bout, et son mari vers un autre coin avec l'autre bout. "Et quel est l'heureux, — dis-je, — que vous avez jugé digne de cette incommensurable douceur ? — L'entendez-vous ! — s'écria-t-il, — comme si son vaniteux petit cœur ne lui avait pas déjà dit que c'est elle-même !"

« Quand je fus obligée de voyager pour ma santé, j'entretins une correspondance régulière avec Poe, obéissant en cela aux vives sollicitations de sa femme, qui croyait que je pouvais obtenir sur lui une influence et un ascendant salutaires..... Quant à l'amour et à la confiance qui existaient entre sa femme et lui, et qui étaient pour moi un spectacle délicieux, je n'en saurais parler avec trop de conviction, avec trop de chaleur. Je néglige quelques petits épisodes

poétiques dans lesquels le jeta son temparément romanesque. Je pense qu'elle était la seule femme qu'il ait toujours véritablement aimée.....» Dans les Nouvelles de Poe, il n'y a jamais d'amour. Du moins *Ligeia*, *Eleonora*, ne sont pas, à proprement parler, des histoires d'amour, l'idée principale sur laquelle pivote l'œuvre étant tout autre. Peut-être croyait-il que la prose n'est pas une langue à la hauteur de ce bizarre et presque intraduisible sentiment; car ses poésies, en revanche, en sont fortement saturées. La divine passion y apparaît magnifique, étoilée, et toujours voilée d'une irrémédiable mélancolie. Dans ses articles, il parle quelquefois de l'amour, et même comme d'une chose dont le nom fait frémir la plume. Dans *The Domain of Arnheim*, il affirmera que les quatre conditions élémentaires du bonheur sont : la vie en plein air, l'*amour d'une femme*, le détachement de toute ambition et la création d'un Beau nouveau. — Ce qui corrobore l'idée de Mme Frances Osgood relativement au respect chevaleresque de Poe pour les femmes, c'est que, malgré son prodigieux talent pour le grotesque et l'horrible, il n'y a pas dans tout son œuvre un seul passage qui ait trait à la lubricité ou même aux jouissances sensuelles. Ses portraits de femmes sont, pour ainsi dire, auréolés ; ils brillent au sein d'une vapeur surnaturelle et sont peints à la manière emphatique d'un adorateur. — Quant aux *petits épisodes romanesques*, y a-t-il lieu de s'étonner qu'un être aussi nerveux, dont la soif du Beau était peut-être le trait principal, ait parfois, avec une ardeur passionnée, cultivé la galanterie, cette fleur volcanique et musquée pour qui le cerveau bouillonnant des poètes est un terrain de prédilection ?

De sa beauté personnelle singulière dont parlent plusieurs biographes, l'esprit peut, je crois, se faire une idée approximative en appelant à son secours toutes les notions vagues, mais cependant caractéristiques, contenues dans le mot : romantique, mot qui sert généralement à rendre les genres de beauté consistant surtout dans l'expression. Poe avait un front vaste, dominateur, où certaines protubérances trahissaient les facultés débordantes qu'elles sont chargées de représenter, — construction, comparaison, causalité, — et où trônait dans un orgueil calme le sens de l'idéalité, le sens esthétique par excellence. Cependant, malgré ces dons, ou même à cause de ces privilèges exorbitants, cette tête, vue de profil, n'offrait peut-être pas un aspect agréable. Comme dans toutes les choses excessives par un sens, un déficit pouvait résulter de l'abondance, une pauvreté de l'usurpation. Il avait de grands yeux à la fois sombres et pleins de lumière, d'une couleur indécise et ténébreuse, poussée au violet, le nez noble et solide, la bouche fine et triste, quoique légèrement souriante, le teint brun clair, la face généralement pâle, la physionomie un peu distraite et imperceptiblement grimée par une mélancolie habituelle.

Sa conversation était des plus remarquables et essentiellement nourrissante. Il n'était pas ce qu'on appelle un beau parleur, — une chose horrible, — et d'ailleurs sa parole comme sa plume avait horreur du convenu ; mais un vaste savoir, une linguistique puissante, de fortes études, des impressions ramassées dans plusieurs pays faisaient de cette parole un enseignement. Son éloquence, essentiellement poétique, pleine de méthode, et se mouvant toutefois hors de toute méthode connue, un arsenal d'images tirées d'un monde peu fréquenté par la foule des esprits, un art prodigieux à déduire d'une proposition évidente et absolument acceptable des aperçus secrets et nouveaux, à ouvrir d'étonnantes perspectives, et, en un mot, l'art de ravir, de faire penser, de faire rêver, d'arracher les âmes des bourbes de la routine, telles étaient les éblouissantes

facultés dont beaucoup de gens ont gardé le souvenir. Mais il arrivait parfois, — on le dit du moins, — que le poète, se complaisant dans un caprice destructeur, rappelait brusquement ses amis à la terre par un cynisme affligeant et démolissait brutalement son œuvre de spiritualité. C'est d'ailleurs une chose à noter, qu'il était fort peu difficile dans le choix de ses auditeurs, et je crois que le lecteur trouvera sans peine dans l'histoire d'autres intelligences grandes et originales, pour qui toute compagnie était bonne. Certains esprits, solitaires au milieu de la foule, et qui se repaissent dans le monologue, n'ont que faire de la délicatesse en matière de public. C'est, en somme, une espèce de fraternité basée sur le mépris.

De cette ivrognerie, — célébrée et reprochée avec une insistance qui pourrait donner à croire que tous les écrivains des États-Unis, excepté Poe, sont des anges de sobriété, — il faut cependant en parler. Plusieurs versions sont plausibles, et aucune n'exclut les autres. Avant tout, je suis obligé de remarquer que Willis et Mme Osgood affirment qu'une quantité fort minime de vin ou de liqueur suffisait pour perturber complètement son organisation. Il est d'ailleurs facile de supposer qu'un homme aussi réellement solitaire, aussi profondément malheureux, et qui a pu souvent envisager tout le système social comme un paradoxe et une imposture, un homme qui, harcelé par une destinée sans pitié, répétait souvent que la société n'est qu'une cohue de misérables (c'est Griswold qui rapporte cela, aussi scandalisé qu'un homme qui peut penser la même chose, mais qui ne la dira jamais), — il est naturel, dis-je, de supposer que ce poète jeté tout enfant dans les hasards de la vie libre, le cerveau cerclé par un travail âpre et continu, ait cherché parfois une volupté d'oubli dans les bouteilles. Rancunes littéraires, vertiges de l'infini, douleurs de ménage, insultes de la misère, Poe fuyait tout dans le noir de l'ivresse comme dans une tombe préparatoire. Mais quelque bonne que paraisse cette explication, je ne la trouve pas suffisamment large, et je m'en défie à cause de sa déplorable simplicité.

J'apprends qu'il ne buvait pas en gourmand, mais en barbare, avec une activité et une économie de temps tout à fait américaines, comme accomplissant une fonction homicide, comme ayant en lui *quelque chose* à tuer, *a worm that would not die*. On raconte d'ailleurs qu'un jour, au moment de se remarier (les bans étaient publiés et, comme on le félicitait sur une union qui mettait dans ses mains les plus hautes conditions de bonheur et de bien-être, il avait dit : « Il est possible que vous ayez vu des bans, mais notez bien ceci : je ne me marierai pas »), il alla, épouvantablement ivre, scandaliser le voisinage de celle qui devait être sa femme, ayant ainsi recours à son vice pour se débarrasser d'un parjure envers la pauvre morte dont l'image vivait toujours en lui et qu'il avait admirablement chantée dans son *Annabel Lee*. Je considère donc, dans un grand nombre de cas, le fait infiniment précieux de préméditation comme acquis et constaté.

Je lis d'autre part dans un long article du *Southern Literary Messenger*, — cette même revue dont il avait commencé la fortune, — que jamais la pureté, le fini de son style, jamais la netteté de sa pensée, jamais son ardeur au travail ne furent altérés par cette terrible habitude ; que la confection de la plupart de ses excellents morceaux a précédé ou suivi une de ses crises ; qu'après la publication d'*Eureka* il sacrifia déplorablement à son penchant, et qu'à New York, le matin même où paraissait *Le Corbeau*, pendant que le nom du poète était dans toutes les bouches, il traversait Broadway en trébuchant outrageu-

sement. Remarquez que les mots : *précédé ou suivi,* impliquent que l'ivresse pouvait servir d'excitant aussi bien que de repos.

Or, il est incontestable que — semblables à ces impressions fugitives et frappantes, d'autant plus frappantes dans leurs retours qu'elles sont plus fugitives, qui suivent quelquefois un symptôme extérieur, une espèce d'avertissement comme un son de cloche, une note musicale, ou un parfum oublié, et qui sont elles-mêmes suivies d'un événement semblable à un événement déjà connu et qui occupait la même place dans une chaîne antérieurement révélée, — semblables à ces singuliers rêves périodiques qui fréquentent nos sommeils, — il existe dans l'ivresse non seulement des enchaînements de rêves, mais des séries de raisonnements, qui ont besoin, pour se reproduire, du milieu qui leur a donné naissance. Si le lecteur m'a suivi sans répugnance, il a déjà deviné ma conclusion : je crois que dans beaucoup de cas, non pas certainement dans tous, l'ivrognerie de Poe était un moyen mnémonique, une méthode de travail, méthode énergique et mortelle, mais appropriée à sa nature passionnée. Le poète avait appris à boire, comme un littérateur soigneux s'exerce à faire des cahiers de notes. Il ne pouvait résister au désir de retrouver les visions merveilleuses ou effrayantes, les conceptions subtiles qu'il avait rencontrées dans une tempête précédente ; c'étaient de vieilles connaissances qui l'attiraient impérativement, et, pour renouer avec elles, il prenait le chemin le plus dangereux, mais le plus direct. Une partie de ce qui fait aujourd'hui notre jouissance est ce qui l'a tué.

IV

Des ouvrages de ce singulier génie, j'ai peu de chose à dire ; le public fera voir ce qu'il en pense. Il me serait difficile, peut-être, mais non pas impossible pourrais introduire le lecteur dans les mystères de sa fabrication, m'étendre longuement sur cette portion de génie américain qui le fait se réjouir d'une difficulté vaincue, d'une énigme expliquée, d'un tour de force réussi, — qui le pousse à se jouer avec une volupté enfantine et presque perverse dans le monde des probabilités et des conjectures, et à créer des *canards* auxquels son art subtil a donné une vie vraisemblable. Personne ne niera que Poe ne soit un jongleur merveilleux, et je sais qu'il donnait surtout son estime à une autre partie de ses œuvres. J'ai quelques remarques plus importantes à faire, d'ailleurs très brèves.

Ce n'est pas par ses miracles matériels, qui pourtant ont fait sa renommée, qu'il lui sera donné de conquérir l'admiration des gens qui pensent, c'est par son amour du beau, par sa connaissance des conditions harmoniques de la beauté, par sa poésie profonde et plaintive, ouvragée néanmoins, transparente et correcte comme un bijou de cristal, — par son admirable style, pur et bizarre, — serré comme les mailles d'une armure, — complaisant et minutieux, — et dont la plus légère intention sert à pousser doucement le lecteur vers un but voulu, — et enfin surtout par ce génie tout spécial, par ce tempérament unique qui lui a permis de peindre et d'expliquer, d'une manière impeccable, saisissante, terrible, l'*exception dans l'ordre moral.* — Diderot, pour prendre un exemple entre cent, est un auteur sanguin ; Poe est l'écrivain des nerfs, et même de quelque chose de plus, — et le meilleur que je connaisse.

Chez lui, toute entrée en matière est attirante sans violence, comme un tourbillon. Sa solennité surprend et tient l'esprit en éveil. On sent tout d'abord qu'il s'agit de quelque chose de grave. Et lentement, peu à peu, se déroule une

histoire dont tout l'intérêt repose sur une imperceptible déviation de l'intellect, et sur une hypothèse audacieuse, sur un dosage imprudent de la Nature dans l'amalgame des facultés. Le lecteur, lié par le vertige, est contraint de suivre l'auteur dans ses entraînantes déductions.

Aucun homme, je le répète, n'a raconté avec plus de magie les *exceptions* de la vie humaine et de la nature ; — les ardeurs de curiosité de la convalescence ; — les fins de saisons chargées de splendeurs énervantes, les temps chauds, humides et brumeux, où le vent du sud amollit et détend les nerfs comme les cordes d'un instrument, où les yeux se remplissent de larmes qui ne viennent pas du cœur ; — l'hallucination, laissant d'abord place au doute, bientôt convaincue et raisonneuse comme un livre ; — l'absurde s'installant dans l'intelligence et la gouvernant avec une épouvantable logique ; — l'hystérie usurpant la place de la volonté, la contradiction établie entre les nerfs et l'esprit, et l'homme désaccordé au point d'esprimer la douleur par le rire. Il analyse ce qu'il y a de plus fugitif, il soupèse l'impondérable et décrit, avec cette manière minutieuse et scientifique dont les effets sont terribles, tout cet imaginaire qui flotte autour de l'homme nerveux et le conduit à mal.

L'ardeur même avec laquelle il se jette dans le grotesque pour l'amour du grotesque et dans l'horrible pour l'amour de l'horrible me sert à vérifier la sincérité de son œuvre et l'accord de l'homme avec le poète. — J'ai déjà remarqué que chez plusieurs hommes cette ardeur était souvent le résultat d'une vaste énergie vitale inoccupée, quelquefois d'une opiniâtre chasteté et aussi d'une profonde sensibilité refoulée. La volupté surnaturelle que l'homme peut éprouver à voir couler son propre sang, les mouvements soudains, violents, inutiles, les grands cris jetés en l'air, sans que l'esprit ait commandé au gosier, sont des phénomènes à ranger dans le même ordre.

Au sein de cette littérature où l'air est raréfié, l'esprit peut éprouver cette vague angoisse, cette peur prompte aux larmes et ce malaise du cœur qui habitent les lieux immenses et singuliers. Mais l'admiration est la plus forte, et d'ailleurs l'art est si grand ! Les fonds et les accessoires y sont appropriés aux sentiments des personnages. Solitude de la nature ou agitation des villes, tout y est décrit nerveusement et fantastiquement. Comme notre Eugène Delacroix, qui a élevé son art à la hauteur de la grande poésie, Edgar Poe aime à agiter ses figures sur des fonds violâtres et verdâtres où se révèlent la phosphorescence de la pourriture et la senteur de l'orage. La nature dite inanimée participe de la nature des êtres vivants, et, comme eux, frissonne d'un frisson surnaturel et galvanique. L'espace est approfondi par l'opium ; l'opium y donne un sens magique à toutes les teintes, et fait vibrer tous les bruits avec une plus significative sonorité. Quelquefois des échappées magnifiques, gorgées de lumière et de couleur, s'ouvrent soudainement dans ses paysages, et l'on voit apparaître au fond de leurs horizons des villes orientales et des architectures, vaporisées par la distance, où le soleil jette des pluies d'or.

Les personnages de Poe, ou plutôt le personnage de Poe, l'homme aux facultés suraiguës, l'homme aux nerfs relâchés, l'homme dont la volonté ardente et patiente jette un défi aux difficultés, celui dont le regard est tendu avec la roideur d'une épée sur des objets qui grandissent à mesure qu'il les regarde, — c'est Poe lui-même. — Et ses femmes, toutes lumineuses et malades, mourant de maux bizarres, et parlant avec une voix qui ressemble à une musique, c'est encore lui ; ou du moins, par leurs aspirations étranges, par leur savoir, par leur mélancolie inguérissable, elles participent fortement de la

nature de leur créateur. Quant à sa femme idéale, à sa Titanide, elle se révèle sous différents portraits éparpillés dans ses poésies trop peu nombreuses, portraits, ou plutôt manières de sentir la beauté, que le tempérament de l'auteur rapproche et confond dans une unité vague mais sensible, et où vit plus délicatement peut-être qu'ailleurs cet amour insatiable du Beau, qui est son grand titre, c'est-à-dire le résumé de ses titres à l'affection et au respect des poètes.

Nous rassemblons sous le titre : *Histoires extraordinaires*, divers contes choisis dans l'œuvre général de Poe. Cet œuvre se compose d'un nombre considérable de Nouvelles, d'une quantité non moins forte d'articles critiques et d'articles divers, d'un poème philosophique *(Eureka)*, de poésies et d'un roman purement humain *(La Relation d'Arthur Gordon Pym)*. Si je trouve encore, comme je l'espère, l'occasion de parler de ce poète, je donnerai l'analyse de ses opinions philosophiques et littéraires, ainsi que généralement des œuvres dont la traduction complète aurait peu de chances de succès auprès d'un public qui préfère de beaucoup l'amusement et l'émotion à la plus importante vérité philosophique.

NOTES NOUVELLES SUR EDGAR POE

I

Littérature de décadence ! — Paroles vides que nous entendons souvent tomber, avec la sonorité d'un bâillement emphatique, de la bouche de ces sphinx sans énigme qui veillent devant les portes saintes de l'Esthétique classique. À chaque fois que l'irréfutable oracle retentit, on peut affirmer qu'il s'agit d'un ouvrage plus amusant que l'*Iliade*. Il est évidemment question d'un poème ou d'un roman dont toutes les parties sont habilement disposées pour la surprise, dont le style est magnifiquement orné, où toutes les ressources du langage et de la prosodie sont utilisées par une main impeccable. Lorsque j'entends ronfler l'anathème, — qui, pour le dire en passant, tombe générale-ment sur quelque poète préféré, — je suis toujours saisi de l'envie de répondre : Me prenez-vous pour un barbare comme vous, et me croyez-vous capable de me divertir aussi tristement que vous faites ? Des comparaisons grotesques s'agitent alors dans mon cerveau ; il me semble que deux femmes me sont présentées : l'une, matrone rustique, répugnante de santé et de vertu, sans allure et sans regard, bref, *ne devant rien qu'à la simple nature ;* l'autre, une de ces beautés qui dominent et oppriment le souvenir, unissant à son charme profond et originel toute l'éloquence de la toilette, maîtresse de sa démarche, consciente et reine d'elle-même, — une voix parlant comme un instrument bien accordé, et des regards chargés de pensée et n'en laissant couler que ce qu'ils veulent. Mon choix ne saurait être douteux, et cependant il y a des sphinx pédagogiques qui me reprocheraient de manquer à l'honneur classique. — Mais, pour laisser de côté les paraboles, je crois qu'il m'est permis de demander à ces hommes sages s'ils comprennent bien toute la vanité, toute l'inutilité de leur sagesse. Le mot *littérature de décadence* implique qu'il y a une échelle de littératures, une vagissante, une puérile, une adolescente, etc. Ce terme, veux-je dire, suppose quelque chose de fatal et de providentiel, comme un décret inéluctable ; et il est tout à fait injuste de nous reprocher d'accomplir

la loi mystérieuse. Tout ce que je puis comprendre dans la parole académique, c'est qu'il est honteux d'obéir à cette loi avec plaisir, et que nous sommes coupables de nous réjouir dans notre destinée. — Ce soleil qui, il y a quelques heures, écrasait toutes choses de sa lumière droite et blanche, va bientôt inonder l'horizon occidental de couleurs variées. Dans les jeux de ce soleil agonisant, certains esprits poétiques trouveront des délices nouvelles : ils y découvriront des colonnades éblouissantes, des cascades de métal fondu, des paradis de feu, une splendeur triste, la volupté du regret, toutes les magies du rêve, tous les souvenirs de l'opium. Et le coucher du soleil leur apparaîtra en effet comme la merveilleuse allégorie d'une âme chargée de vie, qui descend derrière l'horizon avec une magnifique provision de pensées et de rêves.

Mais ce à quoi les professeurs jurés n'ont pas pensé, c'est que, dans le mouvement de la vie, telle complication, telle combinaison peut se présenter, tout à fait inattendue pour leur sagesse d'écoliers. Et alors leur langue insuffisante se trouve en défaut, comme dans le cas, — phénomène qui se multipliera peut-être avec des variantes, — où une nation commence par la décadence, et débute par où les autres finissent.

Que parmi les immenses colonies du siècle présent des littératures nouvelles se fassent, il s'y produira très certainement des accidents spirituels d'une nature déroutante pour l'esprit de l'école. Jeune et vieille à la fois, l'Amérique bavarde et radote avec une volubilité étonnante. Qui pourrait compter ses poètes ? Ils sont innombrables. Ses *bas-bleus ?* Ils encombrent les revues. Ses critiques ? Croyez qu'elle possède des pédants qui valent bien les nôtres pour rappeler sans cesse l'artiste à la beauté antique, pour questionner un poète ou un romancier sur la moralité de son but et la qualité de ses intentions. Il y a là-bas comme ici, mais plus encore qu'ici, des littérateurs qui ne savent pas l'orthographe; une activité puérile, inutile; des compilateurs à foison, des ressasseurs, des plagiaires de plagiats et des critiques de critiques. Dans ce bouillonnement de médiocrités, dans ce monde épris des perfectionnements matériels, — scandale d'un nouveau genre qui fait comprendre la grandeur des peuples fainéants, — dans cette société avide d'étonnements, amoureuse de la vie, mais surtout d'une vie pleine d'excitations, un homme a paru qui a été grand, non seulement par sa subtilité métaphysique, par la beauté sinistre ou ravissante de ses conceptions, par la rigueur de son analyse, mais grand aussi et non moins grand comme *caricature*. — Il faut que je m'explique avec quelque soin ; car récemment un critique imprudent se servait, pour dénigrer Edgar Poe et pour infirmer la sincérité de mon admiration, du mot *jongleur* que j'avais moi-même appliqué au noble poète presque comme un éloge.

Du sein d'un monde goulu, affamé de matérialités, Poe s'est élancé dans les rêves. Étouffé qu'il était par l'atmosphère américaine, il a écrit en tête d'*Eureka* : « J'offre ce livre à ceux qui ont mis leur foi dans les rêves comme dans les seules réalités ! » Il fut donc une admirable protestation ; il la fut à sa manière, *in his own way*. L'auteur qui, dans le *Colloque entre Monos et Una,* lâche à torrents son mépris et son dégoût sur la démocratie, le progrès et la *civilisation*, cet auteur est le même qui, pour enlever la crédulité, pour ravir la badauderie des siens, a le plus énergiquement posé la souveraineté humaine et le plus ingénieusement fabriqué les *canards* les plus flatteurs pour l'orgueil de *l'homme moderne*. Pris sous ce jour, Poe m'apparaît comme un Ilote qui veut faire rougir son maître. Enfin, pour affirmer ma pensée d'une manière encore

plus nette, Poe fut toujours grand, non seulement dans ses conceptions nobles, mais encore comme farceur.

II

Car il ne fut jamais dupe ! — Je ne crois pas que le Virginien qui a tranquillement écrit, en plein débordement démocratique : « Le peuple n'a rien à faire avec les lois, si ce n'est de leur obéir », ait jamais été une victime de la sagesse moderne, — et : « Le nez d'une populace, c'est son imagination ; c'est par ce nez qu'on pourra toujours facilement la conduire », — et cent autres passages, où la raillerie pleut, drue comme mitraille, mais cependant nonchalante et hautaine. — Les Swédenborgiens le félicitent de sa *Révélation magnétique,* semblables à ces naïfs Illuminés qui jadis surveillaient dans l'auteur du *Diable amoureux* un révélateur de leurs mystères ; ils le remercient pour les grandes vérités qu'il vient de proclamer, — car ils ont découvert (ô vérificateurs de ce qui ne peut pas être vérifié !) que tout ce qu'il a énoncé est absolument vrai ; — bien que d'abord, avouent ces braves gens, ils aient eu le soupçon que ce pouvait bien être une simple fiction. Poe répond que, pour son compte, il n'en a jamais douté. — Faut-il encore citer ce petit passage qui me saute aux yeux, tout en feuilletant pour la centième fois ses amusants *Marginalia*, qui sont comme la chambre secrète de son esprit : « L'énorme multiplication des livres dans toutes les branches de connaissances est l'un des plus grands fléaux de cet âge ! Car elle est un des plus sérieux obstacles à l'acquisition de toute connaissance positive. » Aristocrate de nature plus encore que de naissance, le Virginien, l'homme du Sud, le Byron égaré dans un mauvais monde, a toujours gardé son impassibilité philosophique, et, soit qu'il définisse le nez de la populace, soit qu'il raille les fabricateurs de religions, soit qu'il bafoue les bibliothèques, il reste ce que fut et ce que sera toujours le vrai poète, — une vérité habillée d'une manière bizarre, un paradoxe apparent, qui ne veut pas être coudoyé par la foule, et qui court à l'extrême orient quand le feu d'artifice se tire au couchant.

Mais voici plus important que tout : nous noterons que cet auteur, produit d'un siècle infatué de lui-même, enfant d'une nation plus infatuée d'elle-même qu'aucune autre, a vu clairement, a imperturbablement affirmé la méchanceté naturelle de l'Homme. Il y a dans l'homme, dit-il, une force mystérieuse dont la philosophie moderne ne veut pas tenir compte ; et cependant, sans cette force innommée, sans ce penchant primordial, une foule d'actions humaines resteront inexpliquées, inexplicables. Ces actions n'ont d'attrait que *parce que* elles sont mauvaises, dangereuses ; elles possèdent l'attirance du gouffre. Cette force primitive, irrésistible, est la Perversité naturelle, qui fait que l'homme est sans cesse et à la fois homicide et suicide, assassin et bourreau ; — car, ajoute-t-il, avec une subtilité remarquablement satanique, l'impossibilité de trouver un motif raisonnable suffisant pour certaines actions mauvaises et périlleuses, pourrait nous conduire à les considérer comme le résultat des suggestions du Diable, si l'expérience et l'histoire ne nous enseignaient pas que Dieu en tire souvent l'établissement de l'ordre et le châtiment des coquins ; — *après s'être servi des mêmes coquins comme de complices !* tel est le mot qui se glisse, je l'avoue, dans mon esprit comme un sous-entendu aussi perfide qu'inévitable. Mais je ne veux, pour le présent, tenir compte que de la grande vérité oubliée, — la perversité primordiale de l'homme, — et ce n'est pas sans une certaine satisfaction que je vois quelques épaves de l'antique sagesse nous revenir d'un pays d'où on ne les attendait pas. Il est agréable que quelques

explosions de vieille vérité sautent ainsi au visage de tous ces complimenteurs de l'humanité, de tous ces dorloteurs et endormeurs qui répètent sur toutes les variations possibles de ton : « Je suis né bon, et vous aussi, et nous tous, nous sommes nés bons ! » oubliant, non ! feignant d'oublier, ces égalitaires à contresens, que nous sommes tous nés marquis pour le mal !

De quel mensonge pouvait-il être dupe, celui qui parfois, — douloureuse nécessité des milieux, — les ajustait si bien ? Quel mépris pour la philosophaillerie, dans ses bons jours, dans les jours où il était, pour ainsi dire, illuminé ! Ce poète de qui plusieurs fictions semblent faites à plaisir pour confirmer la prétendue omnipotence de l'homme, a voulu quelquefois se purger lui-même. Le jour où il écrivait : « Toute certitude est dans les rêves », il refoulait son propre américanisme dans la région des choses inférieures ; d'autres fois, rentrant dans la vraie voie des poètes, obéissant sans doute à l'inéluctable vérité qui nous hante comme un démon, il poussait les ardents soupirs de *l'ange tombé qui se souvient des Cieux ;* il envoyait ses regrets vers l'Âge d'or et l'Éden perdu ; il pleurait toute cette magnificence de la Nature, *se recroquevillant devant la chaude haleine des fourneaux ;* enfin, il jetait ces admirables pages : *Colloque entre Monos et Una,* qui eussent charmé et troublé l'impeccable De Maistre.

C'est lui qui a dit, à propos du socialisme, à l'époque où celui-ci n'avait pas encore un nom, où ce nom du moins n'était pas tout à fait vulgarisé : « Le monde est infesté actuellement par une nouvelle secte de philosophes, qui ne se sont pas encore reconnus comme formant une secte, et qui conséquemment n'ont pas adopté de nom. Ce sont les *croyants à toute vieillerie* (comme qui dirait : prédicateurs en vieux). Le Grand Prêtre dans l'Est est Charles Fourier, — dans l'Ouest, Horace Greely ; et grands prêtres ils sont à bon escient. Le seul lien commun parmi la secte est la Crédulité ; — appelons cela Démence, et n'en parlons plus. Demandez à l'un d'eux pourquoi il croit ceci ou cela ; et, s'il est consciencieux (les ignorants le sont généralement), il vous fera une réponse analogue à celle que fit Talleyrand, quand on lui demanda pourquoi il croyait à la Bible. "J'y crois, dit-il, d'abord parce que je suis évêque d'Autun, et en second lieu *parce que je n'y entends absolument rien*." Ce que ces philosophes-là appellent *argument* est une manière à eux *de nier ce qui est et d'expliquer ce qui n'est pas*. »

Le progrès, cette grande hérésie de la décrépitude, ne pouvait pas non plus lui échapper. Le lecteur verra, en différents passages, de quels termes il se servait pour le caractériser. On dirait vraiment, à voir l'ardeur qu'il y dépense, qu'il avait à s'en venger comme d'un embarras public, comme d'un fléau de la rue. Combien eût-il ri, de ce rire méprisant du poète qui ne grossit jamais la grappe des badauds, s'il était tombé, comme cela m'est arrivé récemment, sur cette phrase mirifique qui fait rêver aux bouffonnes et volontaires absurdités des paillasses, et que j'ai trouvée se pavanant perfidement dans un journal plus que grave : *Le progrès incessant de la science a permis tout récemment de retrouver le secret perdu et si longtemps cherché de....* (feu grégeois, trempe du cuivre, n'importe quoi disparu), *dont les applications les plus réussies remontent à une époque* barbare *et très ancienne ! ! !* — Voilà une phrase qui peut s'appeler une véritable trouvaille, une éclatante découverte, même dans un siècle de *progrès incessants ;* mais je crois que la momie Allamistakeo n'aurait pas manqué de demander, avec le ton doux et discret de la supériorité, si c'était aussi grâce au progrès *incessant,* — à la loi fatale, irrésistible, du

progrès, — que ce fameux secret avait été perdu. — Aussi bien, pour laisser là
le ton de la farce, en un sujet qui contient autant de larmes que de rire, n'est-ce
pas une chose véritáblement stupéfiante de voir une nation, plusieurs nations,
toute l'humanité bientôt, dire à ses sages, à ses sorciers : Je vous aimerai et je
vous ferai grands, si vous me persuadez que nous progressons sans le vouloir,
inévitablement, — en dormant; débarrassez-nous de la responsabilité, voilez
pour nous l'humiliation des comparaisons, sophistiquez l'histoire, et vous
pourrez vous appeler les sages des sages ? — N'est-ce pas un sujet d'étonnement
que cette idée si simple n'éclate pas dans tous les cerveaux : que le Progrès (en
tant que progrès il y ait) perfectionne la douleur à proportion qu'il raffine la
volupté, et que, si l'épiderme des peuples va se délicatisant, ils ne poursuivent
évidemment qu'une *Italiam fugientem,* une conquête à chaque minute
perdue, un progrès toujours négateur de lui-même ?

Mais ces illusions, intéressées d'ailleurs, tirent leur origine d'un fond de
perversité et de mensonge, — météores des marécages, — qui poussent au
dédain les âmes amoureuses du feu éternel, comme Edgar Poe, et exaspèrent
les intelligences obscures, comme Jean-Jacques, à qui une sensibilité blessée
et prompte à la révolte tient lieu de philosophie. Que celui-ci eût raison contre
l'*Animal dépravé,* cela est incontestable ; mais l'animal dépravé a le droit de lui
reprocher d'invoquer la simple nature. La nature ne fait que des monstres, et
toute la question est de s'entendre sur le mot *sauvages.* Nul philosophe n'osera
proposer pour modèles ces malheureuses hordes pourries, victimes des
éléments, pâture des bêtes, aussi incapables de fabriquer des armes que de
concevoir l'idée d'un pouvoir spirituel et suprême. Mais si l'on veut comparer
l'homme moderne, l'homme civilisé, avec l'homme sauvage, ou plutôt une
nation dite civilisée avec une nation dite sauvage, c'est-à-dire privée de toutes
les ingénieuses inventions qui dispensent l'individu d'héroïsme, qui ne voit que
tout l'honneur est pour le sauvage ? Par sa nature, par nécessité même, il est
encyclopédique, tandis que l'homme civilisé se trouve confiné dans les régions
infiniment petites de la spécialité. L'homme civilisé invente la philosophie du
progrès pour se consoler de son abdication et de sa déchéance ; cependant que
l'homme sauvage, époux redouté et respecté, guerrier contraint à la bravoure
personnelle, poète aux heures mélancoliques où le soleil déclinant invite à
chanter le passé et les ancêtres, rase de plus près la lisière de l'idéal. Quelle
lacune oserons-nous lui reprocher ? Il a le prêtre, il a le sorcier et le médecin.
Que dis-je ? il a le dandy, suprême incarnation de l'idée du beau transportée
dans la vie matérielle, celui qui dicte la forme et règle les manières. Ses
vêtements, ses parures, ses armes, son calumet témoignent d'une faculté
inventive qui nous a depuis longtemps désertés. Comparerons-nous nos yeux
paresseux et nos oreilles assourdies à ces yeux qui percent la brume, à ces
oreilles *qui entendraient l'herbe qui pousse* ? Et la sauvagesse, à l'âme simple
et enfantine, animal obéissant et câlin, se donnant tout entier et sachant qu'il
n'est que la moitié d'une destinée, la déclarerons-nous inférieure à la dame
américaine dont M. Bellegarigue (rédacteur du *Moniteur de l'Épicerie !*) a cru
faire l'éloge en disant qu'elle était l'idéal de la femme entretenue ? Cette même
femme dont les mœurs trop positives ont inspiré à Edgar Poe, — lui si galant, si
respectueux de la beauté, — les tristes lignes suivantes : « Ces immenses
bourses, semblables au concombre géant, qui sont à la mode parmi nos belles,
n'ont pas, comme on le croit, une origine parisienne ; elles sont parfaitement
indigènes. Pourquoi une pareille mode à Paris, où une femme ne serre dans sa

bourse que son argent ? Mais la bourse d'une Américaine ! Il faut que cette bourse soit assez vaste pour qu'elle y puisse enfermer tout son argent, — plus toute son âme ! » — Quant à la religion, je ne parlerai pas de Vitzilipoutzli aussi légèrement que l'a fait Alfred de Musset ; j'avoue sans honte que je préfère de beaucoup le culte de Teutatès à celui de Mammon ; et le prêtre qui offre au cruel extorqueur d'hosties humaines des victimes qui meurent *honorablement,* des victimes qui *veulent* mourir, me parait un être tout à fait doux et humain, comparé au financier qui n'immole les populations qu'à son intérêt propre. De loin en loin, ces choses sont encore entrevues, et j'ai trouvé une fois dans un article de M. Barbey d'Aurevilly une exclamation de tristesse philosophique qui résume tout ce que je voudrais dire à ce sujet : « Peuples civilisés qui jetez sans cesse la pierre aux sauvages, bientôt vous ne mériterez même plus d'être idolâtres ! »

Un pareil milieu, — je l'ai déjà dit, je ne puis résister au désir de le répéter, — n'est guère fait pour les poètes. Ce qu'un esprit français, supposez le plus démocratique, entend par un État, ne trouverait pas de place dans un esprit américain. Pour toute intelligence du vieux monde, un État politique a un centre de mouvement qui est son cerveau et son soleil, des souvenirs anciens et glorieux, de longues annales poétiques et militaires, une aristocratie, à qui la pauvreté, fille des révolutions, ne peut qu'ajouter un lustre paradoxal ; mais *Cela !* cette cohue de vendeurs et d'acheteurs, ce sans-nom, ce monstre sans tête, ce déporté derrière l'Océan, État ! — je le veux bien, si un vaste cabaret, où le consommateur afflue et traite d'affaires sur des tables souillées, au tintamarre des vilains propos, peut être assimilé à un *salon,* à ce que nous appelions jadis un salon, république de l'esprit présidée par la beauté !

Il sera toujours difficile d'exercer, noblement et fructueusement à la fois, l'état d'homme de lettres sans s'exposer à la diffamation, à la calomnie des impuissants, à l'envie des riches, — cette envie qui est leur châtiment ! — aux vengeances de la médiocrité bourgeoise. Mais ce qui est difficile dans une monarchie tempérée ou dans une république régulière, devient presque impraticable dans une espèce de capharnaüm, où chacun, sergent de ville de l'opinion, fait la police au profit de ses vices — ou de ses vertus, c'est tout un, — où un poète, un romancier d'un pays à esclaves est un écrivain détestable aux yeux d'un critique abolitionniste, — où l'on ne sait quel est le plus grand scandale, — le débraillé du cynisme ou l'imperturbabilité de l'hypocrisie biblique. Brûler des nègres enchaînés, coupables d'avoir senti leur joue noire fourmiller du rouge de l'honneur, jouer du revolver dans un parterre de théâtre, établir la polygamie dans les paradis de l'Ouest, que les Sauvages (ce terme a l'air d'une injustice) n'avaient pas encore souillés de ces honteuses utopies, afficher sur les murs, sans doute pour consacrer le principe de la liberté illimitée, la *guérison des maladies de neuf mois,* tels sont quelques-uns des traits saillants, quelques-unes des illustrations morales du noble pays de Franklin, l'inventeur de la morale de comptoir, le héros d'un siècle voué à la manière. Il est bon d'appeler sans cesse le regard sur ces merveilles de brutalité, en un temps où l'américanomanie est devenue presque une passion de bon ton, à ce point qu'un archevêque a pu nous promettre sans rire que la Providence nous appellerait bientôt à jouir de cet idéal transatlantique.

III

Un semblable milieu social engendre nécessairement des erreurs littéraires correspondantes. C'est contre ces erreurs que Poe a réagi aussi souvent qu'il a pu et de toute sa force. Nous ne devons donc pas nous étonner que les écrivains américains, tout en reconnaissant sa puissance singulière comme poète et comme conteur, aient toujours voulu infirmer sa valeur comme critique. Dans un pays où l'idée d'utilité, la plus hostile du monde à l'idée de beauté, prime et domine toute chose, le parfait critique sera le plus *honorable*, c'est-à-dire celui dont les tendances et les désirs se rapprocheront le plus des tendances et des désirs de son public, — celui qui, confondant les facultés et les genres de production, assignera à toutes un but unique, — celui qui cherchera dans un livre de poésie les moyens de perfectionner la conscience. Naturellement, il deviendra d'autant moins soucieux des beautés réelles, positives, de la poésie; il sera d'autant moins choqué des imperfections et même des fautes dans l'exécution. Edgar Poe, au contraire, divisant le monde de l'esprit en *Intellect pur, Goût* et *Sens moral*, appliquait la critique suivant que l'objet de son analyse appartenait à l'une de ces trois divisions. Il était avant tout sensible à la perfection du plan et à la correction de l'exécution; démontant les œuvres littéraires comme des pièces mécaniques défectueuses (pour le but qu'elles voulaient atteindre), notant soigneusement les vices de fabrication; et quand il passait au détail de l'œuvre, à son expression plastique, au style en un mot, épluchant, sans omission, les fautes de prosodie, les erreurs grammaticales et toute cette masse de scories, qui, chez les écrivains non artistes, souillent les meilleures intentions et déforment les conceptions les plus nobles.

Pour lui, l'Imagination est la reine des facultés; mais par ce mot il entend quelque chose de plus grand que ce qui est entendu par le commun des lecteurs. L'Imagination n'est pas la fantaisie; elle n'est pas non plus la sensibilité, bien qu'il soit difficile de concevoir un homme imaginatif qui ne serait pas sensible. L'Imagination est une faculté quasi divine qui perçoit tout d'abord, en dehors des méthodes philosophiques, les rapports intimes et secrets des choses, les correspondances et les analogies. Les honneurs et les fonctions qu'il confère à cette faculté lui donnent une valeur telle (du moins quand on a bien compris la pensée de l'auteur), qu'un savant sans imagination n'apparait plus que comme un faux savant, ou tout au moins comme un savant incomplet.

Parmi les domaines littéraires où l'imagination peut obtenir les plus curieux résultats, peut récolter les trésors, non pas les plus riches, les plus précieux (ceux-là appartiennent à la poésie), mais les plus nombreux et les plus variés, il en est un que Poe affectionne particulièrement, c'est la *Nouvelle*. Elle a sur le roman à vastes proportions cet immense avantage que sa brièveté ajoute à l'intensité de l'effet. Cette lecture, qui peut être accomplie tout d'une haleine, laisse dans l'esprit un souvenir bien plus puissant qu'une lecture brisée, interrompue souvent par le tracas des affaires et le soin des intérêts mondains. L'unité d'impression, la *totalité* d'effet est un avantage immense qui peut donner à ce genre de composition une supériorité tout à fait particulière, à ce point qu'une nouvelle trop courte (c'est sans doute un défaut) vaut encore mieux qu'une nouvelle trop longue. L'artiste, s'il est habile, n'accommodera pas ses pensées aux incidents, mais, ayant conçu délibérément, à loisir, un effet à produire, inventera les incidents, combinera les événements les plus propres à amener l'effet voulu. Si la première phrase n'est pas écrite en vue de préparer

cette impression finale, l'œuvre est manquée dès le début. Dans la composition tout entière il ne doit pas se glisser un seul mot qui ne soit une intention, qui ne tende, directement ou indirectement, à parfaire le dessein prémédité. Il est un point par lequel la nouvelle a une supériorité, même sur le poème. Le rythme est nécessaire au développement de l'idée de beauté, qui est le but le plus grand et le plus noble du poème. Or, les artifices du rythme sont un obstacle insurmontable à ce développement minutieux de pensées et d'expressions qui a pour objet la *vérité*. Car la vérité peut être souvent le but de la nouvelle, et le raisonnement, le meilleur outil pour la construction d'une nouvelle parfaite. C'est pourquoi ce genre de composition qui n'est pas situé à une aussi grande élévation que la poésie pure, peut fournir des produits plus variés et plus facilement appréciables pour le commun des lecteurs. De plus, l'auteur d'une nouvelle a à sa disposition une multitude de tons, de nuances de langage, le ton raisonneur, le sarcastique, l'humoristique, que répudie la poésie, et qui sont comme des dissonances, des outrages à l'idée de beauté pure. Et c'est aussi ce qui fait que l'auteur qui poursuit dans une nouvelle un simple but de beauté ne travaille qu'à son grand désavantage, privé qu'il est de l'instrument le plus utile, le rythme. Je sais que dans toutes les littératures des efforts ont été faits, souvent heureux, pour créer des contes purement poétiques ; Edgar Poe lui-même en a fait de très beaux. Mais ce sont des luttes et des efforts qui ne servent qu'à démontrer la force des vrais moyens adaptés aux buts correspondants, et je ne serais pas éloigné de croire que chez quelques auteurs, les plus grands qu'on puisse choisir, ces tentations héroïques vinssent d'un désespoir.

IV

« *Genus irritabile vatum !* Que les poètes (nous servant du mot dans son acception la plus large et comme comprenant tous les artistes) soient une race irritable, cela est bien entendu ; mais le *pourquoi* ne me semble pas aussi généralement compris. Un artiste n'est un artiste que grâce à son sens exquis du Beau, — sens qui lui procure des jouissances enivrantes, mais qui en même temps implique, enferme un sens également exquis de toute difformité et de toute disproportion. Ainsi un tort, une injustice faite à un poète qui est vraiment un poète, l'exaspère à un degré qui apparait, à un jugement ordinaire, en complète *disproportion* avec l'injustice commise. Les poètes voient l'injustice, *jamais* là où elle n'existe pas, mais fort souvent là où des yeux non poétiques n'en voient pas du tout. Ainsi la fameuse irritabilité poétique n'a pas de rapport avec le *tempérament*, compris dans le sens vulgaire, mais avec une clairvoyance plus qu'ordinaire relative au faux et à l'injuste. Cette clairvoyance n'est pas autre chose qu'un corollaire de la vive perception du vrai, de la justice, de la proportion, en un mot du Beau. Mais il y a une chose bien claire, c'est que l'homme qui n'est pas (au jugement du commun) *irritabilis*, n'est pas poète du tout. »

Ainsi parle le poète lui-même, préparant une excellente et irréfutable apologie pour tous ceux de sa race. Cette sensibilité, Poe la portait dans les affaires littéraires, et l'extrême importance qu'il attachait aux choses de la poésie l'induisait souvent en un ton où, au jugement des faibles, la supériorité se faisait trop sentir. J'ai déjà remarqué, je crois, que plusieurs des préjugés qu'il avait à combattre, des idées fausses, des jugements vulgaires qui circulaient autour de lui, ont depuis longtemps infecté la presse française. Il ne

sera donc pas inutile de rendre compte sommairement de quelques-unes de ses plus importantes opinions relatives à la composition poétique. Le parallélisme de l'erreur en rendra l'application tout à fait facile.

Mais, avant toutes choses, je dois dire que la part étant faite au poète naturel, à l'innéité, Poe en faisait une à la science, au travail et à l'analyse, qui paraîtra exorbitante aux orgueilleux non érudits. Non seulement il a dépensé des efforts considérables pour soumettre à sa volonté le démon fugitif des minutes heureuses, pour rappeler à son gré ces sensations exquises, ces appétitions spirituelles, ces états de santé poétique, si rares et si précieux qu'on pourrait vraiment les considérer comme des grâces extérieures à l'homme et comme des visitations ; mais aussi il a soumis l'inspiration à la méthode, à l'analyse la plus sévère. Le choix des moyens ! il y revient sans cesse, il insiste avec une éloquence savante sur l'appropriation du moyen à l'effet, sur l'usage de la rime, sur le perfectionnement du refrain, sur l'adaptation du rythme au sentiment. Il affirmait que celui qui ne sait pas saisir l'intangible n'est pas poète ; que celui-là seul est poète, qui est le maître de sa mémoire, le souverain des mots, le registre de ses propres sentiments toujours prêt à se laisser feuilleter. Tout pour le dénoûment ! répète-t-il souvent. Un sonnet lui-même a besoin d'un plan, et la construction, l'armature pour ainsi dire, est la plus importante garantie de la vie mystérieuse des œuvres de l'esprit.

Je recours naturellement à l'article intitulé : *The Poetic Principle,* et j'y trouve, dès le commencement, une vigoureuse protestation contre ce qu'on pourrait appeler, en matière de poésie, l'hérésie de la longueur ou de la dimension, — la valeur absurde attribuée aux gros poèmes. « Un long poème n'existe pas ; ce qu'on entend par un long poème est une parfaite contradiction de termes. » En effet, un poème ne mérite son titre qu'autant qu'il excite, qu'il enlève l'âme, et la valeur positive d'un poème est en raison de cette excitation, de cet *enlèvement* de l'âme. Mais, par nécessité psychologique, toutes les excitations sont fugitives et transitoires. Cet état singulier, dans lequel l'âme du lecteur a été, pour ainsi dire, tirée de force, ne durera certainement pas autant que la lecture de tel poème qui dépasse la ténacité d'enthousiasme dont la nature humaine est capable.

Voilà évidemment le poème épique condamné. Car un ouvrage de cette dimension ne peut être considéré comme poétique qu'en tant qu'on sacrifie la condition vitale de toute œuvre d'art, l'Unité ; — je ne veux pas parler de l'unité dans la conception, mais de l'unité dans l'impression, de la *totalité* de l'effet, comme je l'ai déjà dit quand j'ai eu à comparer le roman avec la nouvelle. Le poème épique nous apparaît donc, esthétiquement parlant, comme un paradoxe. Il est possible que les anciens âges aient produit des séries de poèmes lyriques, reliées postérieurement par les compilateurs en poèmes épiques ; mais toute *intention épique* résulte évidemment d'un sens imparfait de l'art. Le temps de ces anomalies artistiques est passé, et il est même fort douteux qu'un long poème ait jamais pu être vraiment populaire dans toute la force du terme.

Il faut ajouter qu'un poème trop court, celui qui ne fournit pas un *pabulum* suffisant à l'excitation créée, celui qui n'est pas égal à l'appétit naturel du lecteur, est aussi très défectueux. Quelque brillant et intense que soit l'effet, il n'est pas durable ; la mémoire ne le retient pas ; c'est comme un cachet qui, posé trop légèrement et trop à la hâte, n'a pas eu le temps d'imposer son image à la cire.

Mais il est une autre hérésie, qui, grâce à l'hypocrisie, à la lourdeur et à la bassesse des esprits, est bien plus redoutable et a des chances de durée plus grandes, — une erreur qui a la vie plus dure, — je veux parler de l'hérésie de *l'enseignement*, laquelle comprend comme corollaires inévitables l'hérésie de la *passion*, de la *vérité* et de la *morale*. Une foule de gens se figurent que le but de la poésie est un enseignement quelconque, qu'elle doit tantôt fortifier la conscience, tantôt perfectionner les mœurs, tantôt enfin *démontrer* quoi que ce soit d'utile. Edgar Poe prétend que les Américains ont spécialement patronné cette idée hétérodoxe ; hélas ! il n'est pas besoin d'aller jusqu'à Boston pour rencontrer l'hérésie en question. Ici même, elle nous assiège, et tous les jours elle bat en brèche la véritable poésie. La poésie, pour peu qu'on veuille descendre en soi-même, interroger son âme, rappeler ses souvenirs d'enthousiasme, n'a pas d'autre but qu'elle-même ; elle ne peut pas en avoir d'autre, et aucun poème ne sera si grand, si noble, si véritablement digne du nom de poème, que celui qui aura été écrit uniquement pour le plaisir d'écrire un poème.

Je ne veux pas dire que la poésie n'ennoblisse pas les mœurs, — qu'on me comprenne bien, — que son résultat final ne soit pas d'élever l'homme au-dessus du niveau des intérêts vulgaires ; ce serait évidemment une absurdité. Je dis que si le poète a poursuivi un but moral, il a diminué sa force poétique ; et il n'est pas imprudent de parier que son œuvre sera mauvaise. La poésie ne peut pas, sous peine de mort ou de défaillance, s'assimiler à la science ou à la morale ; elle n'a pas la Vérité pour objet, elle n'a qu'Elle-même. Les modes de démonstration de vérité sont autres et sont ailleurs. La Vérité n'a rien à faire avec les chansons. Tout ce qui fait le charme, la grâce, l'irrésistible d'une chanson enlèverait à la Vérité son autorité et son pouvoir. Froide, calme, impassible, l'humeur démonstrative repousse les diamants et les fleurs de la muse ; elle est donc absolument l'inverse de l'humeur poétique.

L'Intellect pur vise à la Vérité, le Goût nous montre la Beauté, et le Sens moral nous enseigne le Devoir. Il est vrai que le sens du milieu a d'intimes connexions avec les deux extrêmes, et il n'est séparé du Sens moral que par une si légère différence qu'Aristote n'a pas hésité à ranger parmi les vertus quelques-unes de ses délicates opérations. Aussi, ce qui exaspère surtout l'homme de goût dans le spectacle du vice, c'est sa difformité, sa disproportion. Le vice porte atteinte au juste et au vrai, révolte l'intellect et la conscience ; mais, comme outrage à l'harmonie, comme dissonance, il blessera plus particulièrement certains esprits poétiques ; et je ne crois pas qu'il soit scandalisant de considérer toute infraction à la morale, au beau moral, comme une espèce de faute contre le rythme et la prosodie universels.

C'est cet admirable, cet immortel instinct du Beau qui nous fait considérer la terre et ses spectacles comme un aperçu, comme une correspondance du Ciel. La soif insatiable de tout ce qui est au-delà, et que révèle la vie, est la preuve la plus vivante de notre immortalité. C'est à la fois par la poésie et *à travers* la poésie, par et *à travers* la musique que l'âme entrevoit les splendeurs situées derrière le tombeau ; et quand un poème exquis amène les larmes au bord des yeux, ces larmes ne sont pas la preuve d'un excès de jouissance, elles sont bien plutôt le témoignage d'une mélancolie irritée, d'une postulation des nerfs, d'une nature exilée dans l'imparfait et qui voudrait s'emparer immédiatement, sur cette terre même, d'un paradis révélé.

Ainsi le principe de la poésie est, strictement et simplement, l'aspiration humaine vers une beauté supérieure, et la manifestation de ce principe est

NOTES NOUVELLES SUR EDGAR POE 599

dans un enthousiasme, une excitation de l'âme, — enthousiasme tout à fait indépendant de la passion qui est l'ivresse du cœur, et de la vérité qui est la pâture de la raison. Car la passion est *naturelle,* trop naturelle pour ne pas introduire un ton blessant, discordant, dans le domaine de la beauté pure, trop familière et trop violente pour ne pas scandaliser les purs Désirs, les gracieuses Mélancolies et les nobles Désespoirs qui habitent les régions surnaturelles de la poésie.

Cette extraordinaire élévation, cette exquise délicatesse, cet accent d'immortalité qu'Edgar Poe exige de la Muse, loin de le rendre moins attentif aux pratiques d'exécution, l'ont poussé à aiguiser sans cesse son génie de praticien. Bien des gens, de ceux surtout qui ont lu le singulier poème intitulé *Le Corbeau,* seraient scandalisés si j'analysais l'article où notre poète a ingénument en apparence, mais avec une légère impertinence que je ne puis blâmer, minutieusement expliqué le mode de construction qu'il a employé, l'adaptation du rythme, le choix d'un refrain, — le plus bref possible et le plus susceptible d'applications variées, et en même temps le plus représentatif de mélancolie et de désespoir, orné d'une rime la plus sonore de toutes (*nevermore,* jamais plus), — le choix d'un oiseau capable d'imiter la voix humaine, mais d'un oiseau, — le corbeau, — marqué dans l'imagination populaire d'un caractère funeste et fatal, — le choix du ton le plus poétique de tous, le ton mélancolique, — du sentiment le plus poétique, l'amour pour une morte, etc. — « Et je ne placerai pas, dit-il, le héros de mon poème dans un milieu pauvre, parce que la pauvreté est triviale et contraire à l'idée de Beauté. Sa mélancolie aura pour gîte une chambre magnifiquement et poétiquement meublée. » Le lecteur surprendra dans plusieurs des nouvelles de Poe des symptômes curieux de ce goût immodéré pour les belles formes, surtout pour les belles formes singulières, pour les milieux ornés et les somptuosités orientales.

J'ai dit que cet article me paraissait entaché d'une légère impertinence. Les partisans de l'inspiration quand même ne manqueraient pas d'y trouver un blasphème et une profanation; mais je crois que c'est pour eux que l'article a été spécialement écrit. Autant certains écrivains affectent l'abandon, visant au chef-d'œuvre les yeux fermés, pleins de confiance dans le désordre, et attendant que les caractères jetés au plafond retombent en poème sur le parquet, autant Edgar Poe, — l'un des hommes les plus inspirés que je connaisse, — a mis d'affectation à cacher la spontanéité, à simuler le sang-froid et la délibération. « Je crois pouvoir me vanter — dit-il avec un orgueil amusant et que je ne trouve pas de mauvais goût, — qu'aucun point de ma composition n'a été abandonné au hasard, et que l'œuvre entière a marché pas à pas vers son but avec la précision et la logique rigoureuse d'un problème mathématique. » Il n'y a, dis-je, que les amateurs de hasard, les fatalistes de l'inspiration et les fanatiques du *vers blanc* qui puissent trouver bizarres ces *minuties*. Il n'y a pas de minuties en matière d'art.

À propos de vers blancs, j'ajouterai que Poe attachait une importance extrême à la rime, et que dans l'analyse qu'il a faite du plaisir mathématique et musical que l'esprit tire de la rime il a apporté autant de soin, autant de subtilité que dans tous les sujets se rapportant au métier poétique. De même qu'il avait démontré que le refrain est susceptible d'applications infiniment variées, il a aussi cherché à rajeunir, à redoubler le plaisir de la rime en y ajoutant cet élément inattendu, l'étrangeté, qui est comme le condiment indispensable de toute beauté. Il fait souvent un usage heureux des répétitions du même vers ou

de plusieurs vers, retours obstinés de phrases qui simulent les obsessions de la mélancolie ou de l'idée fixe, — du refrain pur et simple, mais amené en situation de plusieurs manières différentes, — du refrain-variante qui joue l'indolence et la distraction, — des rimes redoublées et triplées, et aussi d'un genre de rime qui introduit dans la poésie moderne, mais avec plus de précision et d'intention, les surprises du vers léonin.

Il est évident que la valeur de tous ces moyens ne peut être vérifiée que par l'application ; et une traduction de poésies aussi voulues, aussi concentrées, peut être un rêve caressant, mais ne peut être qu'un rêve. Poe a fait peu de poésies ; il a quelquefois exprimé le regret de ne pouvoir se livrer, non pas plus souvent mais exclusivement, à ce genre de travail qu'il considérait comme le plus noble. Mais sa poésie est toujours d'un puissant effet. Ce n'est pas l'effusion ardente de Byron, ce n'est pas la mélancolie molle, harmonieuse, distinguée de Tennyson, pour lequel il avait d'ailleurs, soit dit en passant, une admiration quasi fraternelle. C'est quelque chose de profond et de miroitant comme le rêve, de mystérieux et de parfait comme le cristal. Je n'ai pas besoin, je présume, d'ajouter que les critiques américains ont souvent dénigré cette poésie ; tout récemment je trouvais dans un dictionnaire de biographies américaines un article où elle était décrétée d'étrangeté, où on avouait qu'il était à craindre que cette muse à la toilette savante ne fît école dans le glorieux pays de la morale utile, et où enfin on regrettait que Poe n'eût pas appliqué ses talents à l'expression des vérités morales au lieu de les dépenser à la recherche d'un idéal bizarre et de prodiguer dans ses vers une volupté mystérieuse, il est vrai, mais sensuelle.

Nous connaissons cette loyale escrime. Les reproches que les mauvais critiques font aux bons poètes sont les mêmes dans tous les pays. En lisant cet article, il me semblait lire la traduction d'un de ces nombreux réquisitoires dressés par les critiques parisiens contre ceux de nos poètes qui sont le plus amoureux de perfection. Nos préférés sont faciles à deviner, et toute âme éprise de poésie pure me comprendra quand je dirai que, parmi notre race antipoétique, Victor Hugo serait moins admiré s'il était parfait, et qu'il n'a pu se faire pardonner tout son génie lyrique qu'en introduisant de force et brutalement dans sa poésie ce qu'Edgar Poe considérait comme l'hérésie moderne capitale, — *l'enseignement*.

CRITIQUE D'ART[1]

CRITIQUE D'ART

Salon de 1845

I

QUELQUES MOTS D'INTRODUCTION

Nous pouvons dire au moins avec autant de justesse qu'un écrivain bien connu à propos de ses petits livres : ce que nous disons, les journaux n'oseraient l'imprimer. Nous serons donc bien cruels et bien insolents ? non pas, au contraire, impartiaux. Nous n'avons pas d'amis, c'est un grand point, et pas d'ennemis. — Depuis M. G. Planche, un paysan du Danube dont l'éloquence impérative et savante s'est tue au grand regret des sains esprits, la critique des journaux, tantôt niaise, tantôt furieuse, jamais indépendante, a, par ses mensonges et ses camaraderies effrontées, dégoûté le bourgeois de ces utiles guide-ânes qu'on nomme comptes rendus de Salons*.

Et tout d'abord, à propos de cette impertinente appellation, le *bourgeois*, nous déclarons que nous ne partageons nullement les préjugés de nos grands confrères *artistiques* qui se sont évertués depuis plusieurs années à jeter l'anathème sur cet être inoffensif qui ne demanderait pas mieux que d'aimer la bonne peinture, si ces messieurs savaient la lui faire comprendre, et si les artistes la lui montraient plus souvent.

Ce mot, qui sent l'argot d'atelier d'une lieue, devrait être supprimé du dictionnaire de la critique.

Il n'y a plus de bourgeois, depuis que le bourgeois — ce qui prouve sa bonne volonté à devenir artistique, à l'égard des feuilletonistes — se sert lui-même de cette injure.

En second lieu le bourgeois — puisque bourgeois il y a — est fort respectable ; car il faut plaire à ceux aux frais de qui l'on veut vivre.

Et enfin, il y a tant de bourgeois parmi les artistes, qu'il vaut mieux, en somme, supprimer un mot qui ne caractérise aucun vice particulier de caste, puisqu'il peut s'appliquer également aux uns, qui ne demandent pas mieux que

* Citons une belle et honorable exception, M. Delécluze, dont nous ne partageons pas toujours les opinions, mais qui a toujours su sauvegarder ses franchises, et qui sans fanfares ni emphrase a eu souvent le mérite de dénicher les talents jeunes et inconnus.

de ne plus le mériter, et aux autres, qui ne se sont jamais doutés qu'ils en étaient dignes. C'est avec le même mépris de toute opposition et de toutes criailleries systématiques, opposition et criailleries devenues banales et communes*, c'est avec le même esprit d'ordre, le même amour du bon sens, que nous repoussons loin de cette petite brochure toute discussion, et sur les jurys en général, et sur le jury de peinture en particulier, et sur la réforme du jury devenue, dit-on, nécessaire, et sur le *mode et la fréquence* des expositions, etc. D'abord il faut un jury, ceci est clair — et quant au retour annuel des expositions, que nous devons à l'esprit éclairé et libéralement paternel d'un roi à qui le public et les artistes doivent la jouissance de six musées (la galerie des Dessins, le supplément de la galerie Française, le musée Espagnol, le musée Standish, le musée de Versailles, le musée de Marine), un esprit juste verra toujours qu'un grand artiste n'y peut que gagner, vu sa fécondité naturelle, et qu'un médiocre n'y peut trouver que le châtiment mérité.

Nous parlerons de tout ce qui attire les yeux de la foule et des artistes ; — la conscience de notre métier nous y oblige. — Tout ce qui plaît a une raison de plaire, et mépriser les attroupements de ceux qui s'égarent n'est pas le moyen de les ramener où ils devraient être.

Notre méthode de discours consistera simplement à diviser notre travail en tableaux d'histoire et portraits — tableaux de genre et paysages — sculpture — gravures et dessins, et à ranger les artistes suivant l'ordre et le grade que leur a assignés l'estime publique.

8 mai 1845.

II

TABLEAUX D'HISTOIRE

DELACROIX

M. Delacroix est décidément le peintre le plus original des temps anciens et des temps modernes. Cela est ainsi, qu'y faire ? Aucun des amis de M. Delacroix, et des plus enthousiastes, n'a osé le dire simplement, crûment, impudemment, comme nous. Grâce à la justice tardive des heures qui amortissent les rancunes, les étonnements et les mauvais vouloirs, et emportent lentement chaque obstacle dans la tombe, nous ne sommes plus au temps où le nom de M. Delacroix était un motif à signe de croix pour les *arriéristes*, et un symbole de ralliement pour toutes les oppositions, intelligentes ou non ; ces *beaux temps* sont passés. M. Delacroix restera toujours un peu contesté, juste autant qu'il faut pour ajouter quelques éclairs à son auréole. Et tant mieux ! Il a le droit d'être toujours jeune, car il ne nous a pas trompés, lui, il ne nous a pas menti comme quelques idoles ingrates que nous avons portées dans nos panthéons. M. Delacroix n'est pas encore de l'Académie, mais il en fait partie moralement ; dès longtemps il a tout dit, dit tout ce qu'il faut pour être le premier — c'est convenu ; — il ne lui reste plus — prodigieux tour de force d'un génie sans cesse en quête du neuf — qu'à progresser dans la voie du bien — où il a toujours marché.

* Les réclamations sont peut-être justes, mais elles sont criailleries, parce qu'elles sont devenues systématiques.

M. Delacroix a envoyé cette année quatre tableaux :

1º LA MADELEINE DANS LE DÉSERT

C'est une tête de femme renversée dans un cadre très étroit. À droite dans le haut, un petit bout de ciel ou de rocher — quelque chose de bleu ; — les yeux de la Madeleine sont fermés, la bouche est molle et languissante, les cheveux épars. Nul, à moins de la voir, ne peut imaginer ce que l'artiste a mis de poésie intime, mystérieuse et romantique dans cette simple tête. Elle est peinte presque par hachures comme beaucoup de peintures de M. Delacroix ; les tons, loin d'être éclatants ou intenses, sont très doux et très modérés ; l'aspect est presque gris, mais d'une harmonie parfaite. Ce tableau nous démontre une vérité soupçonnée depuis longtemps et plus claire encore dans un autre tableau dont nous parlerons tout à l'heure ; c'est que M. Delacroix est plus fort que jamais, et dans une voie de progrès sans cesse renaissant, c'est-à-dire qu'il est plus que jamais harmoniste.

2º DERNIÈRES PAROLES DE MARC-AURÈLE

Marc-Aurèle lègue son fils aux stoïciens. — Il est à moitié nu et mourant, et présente le jeune Commode, jeune, rose, mou et voluptueux et qui a l'air de s'ennuyer, à ses sévères amis groupés autour de lui dans des attitudes désolées. Tableau splendide, magnifique, sublime, incompris. — Un critique connu a fait au peintre un grand éloge d'avoir placé Commode, c'est-à-dire l'avenir, dans la lumière ; les stoïciens, c'est-à-dire le passé, dans l'ombre ; — que d'esprit ! Excepté deux figures dans la demi-teinte, tous les personnages ont leur portion de lumière. Cela nous rappelle l'admiration d'un littérateur républicain qui félicitait sincèrement le grand Rubens d'avoir, dans un de ses tableaux officiels de la galerie Médicis, débraillé l'une des bottes et le bas de Henri IV, trait de satire indépendante, coup de griffe libéral contre la débauche royale. Rubens sans-culotte ! ô critique ! ô critiques !...
Nous sommes ici en plein Delacroix, c'est-à-dire que nous avons devant les yeux l'un des spécimens les plus complets de ce que peut le génie dans la peinture.
Cette couleur est d'une science incomparable, il n'y a pas une seule faute, — et, néanmoins, ce ne sont que tours de force — tours de force invisibles à l'œil inattentif, car l'harmonie est sourde et profonde ; la couleur, loin de perdre son originalité cruelle dans cette science nouvelle et plus complète, est toujours sanguinaire et terrible. — Cette pondération du vert et du rouge plaît à notre âme. M. Delacroix a même introduit dans ce tableau, à ce que nous croyons du moins, quelques tons dont il n'avait pas encore l'usage habituel. — Ils se font bien valoir les uns les autres. — Le fond est aussi sérieux qu'il le fallait pour un pareil sujet.
Enfin, disons-le, car personne ne le dit, ce tableau est parfaitement bien dessiné, parfaitement bien modelé. — Le public se fait-il bien une idée de la difficulté qu'il y a à modeler avec de la couleur ? La difficulté est double, — modeler avec un seul ton, c'est modeler avec une estompe, la difficulté est simple ; — modeler avec de la couleur, c'est dans un travail subit, spontané, compliqué, trouver d'abord la logique des ombres et de la lumière, ensuite la justesse et l'harmonie du ton ; autrement dit, c'est, si l'ombre est verte et une

lumière rouge, trouver du premier coup une harmonie de vert et de rouge, l'un obscur, l'autre lumineux, qui rendent l'effet d'un objet monochrome et *tournant*. Ce tableau est parfaitement bien dessiné. Faut-il, à propos de cet énorme paradoxe, de ce blasphème impudent, répéter, réexpliquer ce que M. Gautier s'est donné la peine d'expliquer dans un de ses feuilletons de l'année dernière, à propos de M. Couture — car M. Th. Gautier, quand les œuvres vont bien à son tempérament et à son éducation littéraires, commente bien ce qu'il sent juste — à savoir qu'il y a deux genres de dessins, le dessin des coloristes et le dessin des dessinateurs ? Les procédés sont inverses ; mais on peut bien dessiner avec une couleur effrénée, comme on peut trouver des masses de couleur harmonieuses, tout en restant dessinateur exclusif.

Donc, quand nous disons que ce tableau est bien dessiné, nous ne voulons pas faire entendre qu'il est dessiné comme un Raphaël ; nous voulons dire qu'il est dessiné d'une manière impromptue et spirituelle ; que ce genre de dessin, qui a quelque analogie avec celui de tous les grands coloristes, de Rubens par exemple, rend bien, rend parfaitement le mouvement, la physionomie, le caractère insaisissable et tremblant de la nature, que le dessin de Raphaël ne rend jamais. — Nous ne connaissons, à Paris, que deux hommes qui dessinent aussi bien que M. Delacroix, l'un d'une manière analogue, l'autre dans une méthode contraire. — L'un est M. Daumier, le caricaturiste ; l'autre, M. Ingres, le grand peintre, l'adorateur rusé de Raphaël. — Voilà certes qui doit stupéfier les amis et les ennemis, les séides et les antagonistes ; mais avec une attention lente et studieuse, chacun verra que ces trois *dessins* différents ont ceci de commun, qu'ils rendent parfaitement et complètement le côté de la nature qu'ils veulent rendre, et qu'ils disent juste ce qu'ils veulent dire. — Daumier dessine peut-être mieux que Delacroix, si l'on veut préférer les qualités saines, bien portantes, aux facultés étranges et étonnantes d'un grand génie malade de génie ; M. Ingres, si amoureux du détail, dessine peut-être mieux que tous les deux, si l'on préfère les finesses laborieuses à l'harmonie de l'ensemble, et le caractère du morceau au caractère de la composition, mais . .
. .
. .
. .
. .
. .
aimons-les tous les trois.

3º UNE SIBYLLE QUI MONTRE LE RAMEAU D'OR

C'est encore d'une belle et originale couleur. — La tête rappelle un peu l'indécision charmante des dessins sur Hamlet. — Comme modelé et comme pâte, c'est incomparable ; l'épaule nue vaut un Corrège.

4º LE SULTAN DU MAROC ENTOURÉ DE SA GARDE ET DE SES OFFICIERS

Voilà le tableau dont nous voulions parler tout à l'heure quand nous affirmions que M. Delacroix avait progressé dans la science de l'harmonie. — En effet, déploya-t-on jamais en aucun temps une plus grande coquetterie musicale ? Véronèse fut-il jamais plus féerique ? Fit-on jamais chanter sur une

toile de plus capricieuses mélodies ? un plus prodigieux accord de tons nouveaux, inconnus, délicats, charmants ? Nous en appelons à la bonne foi de quiconque connaît son vieux Louvre ; — qu'on cite un tableau de grand coloriste, où la couleur ait autant d'esprit que dans celui de M. Delacroix. — Nous savons que nous serons compris d'un petit nombre, mais cela nous suffit. — Ce tableau est si harmonieux, malgré la splendeur des tons, qu'il en est gris — gris comme la nature — gris comme l'atmosphère de l'été, quand le soleil étend comme un crépuscule de poussière tremblante sur chaque objet. — Aussi ne l'aperçoit-on pas du premier coup ; — ses voisins l'assomment. — La composition est excellente ; — elle a quelque chose d'inattendu parce qu'elle est vraie et naturelle. .
. .
. .
P.S. On dit qu'il y a des éloges qui compromettent, et que mieux vaut un sage ennemi..., etc. Nous ne croyons pas, nous, qu'on puisse compromettre le génie en l'expliquant.

HORACE VERNET

Cette peinture africaine est plus froide qu'une belle journée d'hiver. — Tout y est d'une blancheur et d'une clarté désespérantes. L'unité, nulle ; mais une foule de petites anecdotes intéressantes — un vaste panorama de cabaret ; — en général, ces sortes de décorations sont divisées en manière de compartiments ou d'actes, par un arbre, une grande montagne, une caverne, etc. M. Horace Vernet a suivi la même méthode ; grâce à cette méthode de feuilletoniste, la mémoire du spectateur retrouve ses jalons, à savoir : un grand chameau, des biches, une tente, etc. — vraiment c'est une douleur que de voir un homme d'esprit patauger dans l'horrible. — M. Horace Vernet n'a donc jamais vu les Rubens, les Véronèse, les Tintoret, les Jouvenet, morbleu !...

WILLIAM HAUSSOULLIER

Que M. William Haussoullier ne soit point surpris, d'abord, de l'éloge violent que nous allons faire de son tableau, car ce n'est qu'après l'avoir consciencieusement et minutieusement analysé que nous en avons pris la résolution ; en second lieu, de l'accueil brutal et malhonnête que lui fait un public français, et des éclats de rire qui passent devant lui. Nous avons vu plus d'un critique, important dans la presse, lui jeter en passant son petit mot pour rire — que l'auteur n'y prenne pas garde. — Il est beau d'avoir un succès à la *Saint-Symphorien*.

Il y a deux manières de devenir célèbre : par agrégation de succès annuels, et par coup de tonnerre. Certes le dernier moyen est le plus original. Que l'auteur songe aux clameurs qui accueillirent le *Dante et Virgile*, et qu'il persévère dans sa propre voie ; bien des railleries malheureuses tomberont encore *s*ur cette œuvre, mais elle restera dans la mémoire de quiconque a de l'œil et du sentiment ; puisse son succès aller toujours croissant, car il doit y avoir succès.

Après les tableaux merveilleux de M. Delacroix, celui-ci est véritablement le morceau capital de l'Exposition ; disons mieux, il est, dans un certain sens toutefois, le tableau unique du Salon de 1845 ; car M. Delacroix est depuis longtemps un génie illustre, une gloire acceptée et accordée ; il a donné cette

année quatre tableaux ; M. William Haussoullier hier était inconnu, et il n'en a envoyé qu'un.

Nous ne pouvons nous refuser le plaisir d'en donner d'abord une description, tant cela nous paraît gai et délicieux à faire. — C'est la *Fontaine de Jouvence* ; — sur le premier plan trois groupes ; — à gauche, deux jeunes gens, ou plutôt deux rajeunis, les yeux dans les yeux, causent de fort près, et ont l'air de faire l'amour allemand. — Au milieu, une femme vue de dos, à moitié nue, bien blanche, avec des cheveux bruns crespelés, jase aussi en souriant avec son partenaire ; elle a l'air plus sensuel, et tient encore un miroir où elle vient de se regarder — enfin, dans le coin à droite, un homme vigoureux et élégant — une tête ravissante, le front un peu bas, les lèvres un peu fortes — pose en souriant son verre sur le gazon pendant que sa compagne verse quelque élixir merveilleux dans le verre d'un long et mince jeune homme debout devant elle.

Derrière eux, sur le second plan, un autre groupe étendu tout de son long sur l'herbe : — ils s'embrassent. — Sur le milieu du second, une femme nue et debout, tord ses cheveux d'où dégouttent les derniers pleurs de l'eau salutaire et fécondante ; une autre, nue et à moitié couchée, semble comme une chrysalide, encore enveloppée dans la dernière vapeur de sa métamorphose. — Ces deux femmes, d'une forme délicate, sont vaporeusement, outrageusement blanches ; elles commencent pour aussi dire à reparaitre. Celle qui est debout a l'avantage de séparer et de diviser symétriquement le tableau. Cette statue, presque vivante, est d'un excellent effet, et sert, par son contraste, les tons violents du premier plan, qui en acquièrent encore plus de vigueur. La fontaine, que quelques critiques trouveront sans doute un peu *Séraphin,* cette fontaine fabuleuse nous plaît ; elle se partage en deux nappes, et se découpe, se fend en franges vacillantes et minces comme l'air. — Dans un sentier tortueux qui conduit l'œil jusqu'au fond du tableau, arrivent, courbés et barbus, d'heureux sexagénaires. — Le fond de droite est occupé par des bosquets où se font des ballets et des réjouissances.

Le sentiment de ce tableau est exquis ; dans cette composition l'on aime et l'on boit, — aspect voluptueux — mais l'on boit et l'on aime d'une manière très sérieuse, presque mélancolique. Ce ne sont pas des jeunesses fougueuses et remuantes, mais de secondes jeunesses qui connaissent le prix de la vie et qui en jouissent avec tranquillité.

Cette peinture a, selon nous, une qualité très importante, dans un musée surtout — elle est très voyante. — Il n'y a pas moyen de ne pas la voir. La couleur est d'une crudité terrible, impitoyable, téméraire même, si l'auteur était un homme moins fort ; mais... elle est *distinguée,* mérite si couru par MM. de l'école d'Ingres. — Il y a des alliances de tons heureuses ; il se peut que l'auteur devienne plus tard un franc coloriste. — Autre qualité énorme et qui fait les hommes, les vrais hommes, cette peinture a la foi — elle a la foi de sa beauté, — c'est de la peinture absolue, convaincue, qui crie : je veux, je veux être belle, et belle comme je l'entends, et je sais que je ne manquerai pas de gens à qui plaire.

Le dessin, on le devine, est aussi d'une grande volonté et d'une grande finesse ; les têtes ont un joli caractère. — Les attitudes sont toutes bien trouvées. — L'élégance et la *distinction* sont partout le signe particulier de ce tableau.

Cettte œuvre aura-t-elle un succès prompt ? Nous l'ignorons. — Un public a toujours, il est vrai, une conscience et une bonne volonté qui le précipitent

vers le vrai ; mais il faut le mettre sur une pente et lui imprimer l'élan, et notre plume est encore plus ignorée que le talent de M. Haussoullier.

Si l'on pouvait, à différentes époques et à diverses reprises, faire une exhibition de la même œuvre, nous pourrions garantir la justice du public envers cet artiste.

Du reste, sa peinture est assez osée pour bien porter les affronts, et elle promet un homme qui sait assumer la responsabilité de ses œuvres ; il n'a donc qu'à faire un nouveau tableau.

Oserons-nous, après avoir si franchement déployé nos sympathies (mais notre vilain devoir nous oblige à penser à tout), oserons-nous dire que le nom de Jean Bellin et de quelques Vénitiens des premiers temps nous a traversé la mémoire, après notre douce contemplation ? M. Haussoullier serait-il de ces hommes qui en savent trop long sur leur art ? C'est là un fléau bien dangereux, et qui comprime dans leur naïveté bien d'excellents mouvements. Qu'il se défie de son érudition, qu'il se défie même de son goût — mais c'est là un illustre défaut. — et ce tableau contient assez d'originalité pour promettre un heureux avenir.

DECAMPS

Approchons vite — car les Decamps allument la curiosité d'avance — on se promet toujours d'être surpris — on s'attend à du nouveau — M. Decamps nous a ménagé cette année une surprise qui dépasse toutes celles qu'il a travaillées si longtemps avec tant d'amour, voire *Les Crochets* et *Les Cimbres;* M. Decamps a fait du Raphaël et du Poussin. — Eh ! mon Dieu ! — oui.

Hâtons-nous de dire, pour corriger ce que cette phrase a d'exagéré, que jamais imitation ne fut mieux dissimulée ni plus savante — il est bien permis, il est louable d'imiter ainsi.

Franchement — malgré tout le plaisir qu'on a à lire dans les œuvres d'un artiste les diverses transformations de son art et les préoccupations successives de son esprit, nous regrettons un peu l'ancien Decamps.

Il a, avec un esprit de choix qui lui est particulier, entre tous les sujets bibliques, mis la main sur celui qui allait le mieux à la nature de son talent : c'est l'histoire étrange, baroque, épique, fantastique, mythologique de Samson, l'homme aux travaux impossibles, qui dérangeait les maisons d'un coup d'épaule — de cet antique cousin d'Hercule et du baron de Munchhausen. — Le premier de ces dessins — l'apparition de l'ange dans un grand paysage — a le tort de rappeler des choses que l'on connaît trop — ce ciel cru, ces quartiers de roches, ces horizons graniteux sont sus dès longtemps par toute la jeune école — et quoiqu'il soit vrai de dire que c'est M. Decamps qui les lui a enseignés, nous souffrons devant un Decamps de penser à M. Guignet.

Plusieurs de ces compositions ont, comme nous l'avons dit, une tournure très italienne — et ce mélange de l'esprit des vieilles et grandes écoles avec l'esprit de M. Decamps, intelligence très flamande à certains égards, a produit un résultat des plus curieux. — Par exemple, on trouvera à côté de figures qui affectent, heureusement du reste, une allure de grands tableaux, une idée de fenêtre ouverte par où le soleil vient éclairer le parquet de manière à réjouir le Flamand le plus *étudieur*. — Dans le dessin qui représente l'ébranlement du Temple, dessin composé comme un grand et magnifique tableau, — gestes, attitudes d'histoire — on reconnaît le génie de Decamps tout pur dans cette ombre volante de l'homme qui enjambe plusieurs marches, et qui reste

éternellement suspendu en l'air. — Combien d'autres n'auraient pas songé à ce détail, ou du moins l'auraient rendu d'une autre manière ! mais M. Decamps aime prendre la nature sur le fait, par son côté fantastique et réel à la fois — dans son aspect le plus subit et le plus inattendu. Le plus beau de tous est sans contredit le dernier — le Samson aux grosses épaules, le Samson invincible est condamné à tourner une meule — sa chevelure, ou plutôt sa crinière n'est plus — ses yeux sont crevés — le héros est courbé au labeur comme un animal de trait — la ruse et la trahison ont dompté cette force terrible qui aurait pu déranger les lois de la nature. — À la bonne heure — voilà du Decamps, du vrai et du meilleur — nous retrouvons donc enfin cette ironie, ce fantastique, j'allais presque dire ce comique que nous regrettions tant à l'aspect des premiers. — Samson tire la machine comme un cheval ; il marche pesamment et voûté avec une naïveté grossière — une naïveté de lion dépossédé, la tristesse résignée et presque l'abrutissement du roi des forêts, à qui l'on ferait trainer une charrette de vidanges ou du mou pour les chats.

Un surveillant, un geôlier, sans doute, dans une attitude attentive et faisant silhouette sur un mur, dans l'ombre, au premier plan — le regarde faire. — Quoi de plus complet que ces deux figures et cette meule ? Quoi de plus intéressant ? Il n'était même pas besoin de mettre ces curieux derrière les barreaux d'une ouverture — la chose était déjà belle et assez belle. M. Decamps a donc fait une magnifique illustration et de grandioses vignettes à ce poème étrange de Samson — et cette série de dessins où l'on pourrait peut-être blâmer quelques murs et quelques objets trop bien faits, et le mélange minutieux et rusé de la peinture et du crayon — est, à cause même des intentions nouvelles qui y brillent, une des plus belles surprises que nous ait faites cet artiste prodigieux, qui, sans doute, nous en prépare d'autres.

ROBERT FLEURY

M. Robert Fleury reste toujours semblable et égal à lui-même, c'est-à-dire un très bon et très curieux peintre. — Sans avoir précisément un mérite éclatant, et, pour ainsi dire, un genre de génie involontaire comme les premiers maitres, il possède tout ce que donnent la volonté et le bon goût. La volonté fait une grande partie de sa réputation comme celle de M. Delaroche. — Il faut que la volonté soit une faculté bien belle et toujours bien fructueuse, pour qu'elle suffise à donner un cachet, un style quelquefois violent à des œuvres méritoires, mais d'un ordre secondaire, comme celles de M. Robert Fleury. — C'est à cette volonté tenace, infatigable et toujours en haleine, que les tableaux de cet artiste doivent leur charme presque sanguinaire. — Le spectateur jouit de l'effort et l'œil boit la sueur. — C'est là surtout, répétons-le, le caractère principal et glorieux de cette peinture, qui, en somme, n'est ni du dessin, quoique M. Robert Fleury dessine très spirituellement, ni de la couleur, quoiqu'il colore vigoureusement ; cela n'est ni l'un ni l'autre, parce que cela n'est pas exclusif. — La couleur est chaude, mais la manière est pénible ; le dessin habile, mais non pas original.

Son *Marino Faliero* rappelle imprudemment un magnifique tableau qui fait partie de nos plus chers souvenirs. — Nous voulons parler du *Marino Faliero* de M. Delacroix. — La composition était analogue ; mais combien plus de liberté, de franchise et d'abondance !...

Dans l'*Auto-da-fé*, nous avons remarqué avec plaisir quelques souvenirs de Rubens, habilement transformés. — Les deux condamnés qui brûlent, et le vieillard qui s'avance les mains jointes. — C'est encore là, cette année, le tableau le plus original de M. Robert Fleury. — La composition en est excellente, toutes les intentions louables, presque tous les morceaux sont bien réussis. — Et c'est là surtout que brille cette faculté de volonté cruelle et patiente, dont nous parlions tout à l'heure. — Une seule chose est choquante, c'est la femme demi-nue vue de face au premier plan; elle est froide à force d'efforts dramatiques. — De ce tableau, nous ne saurions trop louer l'exécution de certains morceaux. — Ainsi certaines parties nues des hommes qui se contorsionnent dans les flammes sont de petits chefs-d'œuvre. — Mais nous ferons remarquer que ce n'est que par l'emploi successif et patient de plusieurs moyens secondaires que l'artiste s'efforce d'obtenir l'effet grand et large du tableau d'histoire.

Son étude de *Femme nue* est une chose commune et qui a trompé son talent. L'*Atelier de Rembrandt* est un pastiche très curieux, mais il faut prendre garde à ce genre d'exercice. On risque parfois d'y perdre ce qu'on a.

Au total, M. Robert Fleury est toujours et sera longtemps un artiste éminent, distingué, chercheur, à qui il ne manque qu'un millimètre ou qu'un milligramme de n'importe quoi pour être un beau génie.

GRANET

a exposé *Un chapitre de l'ordre du Temple*. Il est généralement reconnu que M. Granet est un maladroit plein de sentiment, et l'on se dit devant ses tableaux : « Quelle simplicité de moyens et pourtant quel effet ! » Qu'y a-t-il donc là de si contradictoire ? Cela prouve tout simplement que c'est un artiste fort adroit et qui déploie une science très apprise dans sa spécialité de vieilleries gothiques ou religieuses, un talent très roué et très décoratif.

ACHILLE DEVÉRIA

Voilà un beau nom, voilà un noble et vrai artiste à notre sens.

Les critiques et les journalistes se sont donné le mot pour entonner un charitable *De profundis* sur le défunt talent de M. Eugène Devéria, et chaque fois qu'il prend à cette vieille gloire romantique la fantaisie de se montrer au jour, ils l'ensevelissent dévotement dans la *Naissance de Henri IV*, et brûlent quelques cierges en l'honneur de cette ruine. C'est bien, cela prouve que ces messieurs aiment le beau consciencieusement; cela fait honneur à leur cœur. Mais d'où vient que nul ne songe à jeter quelques fleurs sincères et à tresser quelques loyaux articles en faveur de M. Achille Devéria ? Quelle ingratitude ! Pendant de longues années, M. Achille Devéria a puisé, pour notre plaisir, dans son inépuisable fécondité, de ravissantes vignettes, de charmants petits tableaux d'intérieur, de gracieuses scènes de la vie élégante, comme nul keepsake, malgré les prétentions des réputations nouvelles, n'en a depuis édité. Il savait colorer la pierre lithographique ; tous ses dessins étaient pleins de charmes, distingués, et respiraient je ne sais quelle rêverie amène. Toutes ses femmes coquettes et doucement sensuelles étaient les idéalisations de celles que l'on avait vues et désirées le soir dans les concerts, aux Bouffes, à l'Opéra ou dans les grands salons. Ces lithographies, que les marchands achètent trois sols et qu'ils vendent un franc, sont les représentants fidèles de cette vie élégante et parfumée de la

Restauration, sur laquelle plane comme un ange protecteur le romantique et blond fantôme de la duchesse de Berry.

Quelle ingratitude ! Aujourd'hui l'on n'en parle plus, et tous nos ânes routiniers et antipoétiques se sont amoureusement tournés vers les âneries et les niaiseries vertueuses de M. Jules David, vers les paradoxes pédants de M. Vidal.

Nous ne dirons pas que M. Achille Devéria a fait un excellent tableau — mais il a fait un tableau — *Sainte Anne instruisant la Vierge*, — qui vaut surtout par des qualités d'élégance et de composition habile, — c'est plutôt, il est vrai, un coloriage qu'une peinture, et par ces temps de *critique picturale*, *d'art catholique* et *de crâne facture*, une pareille œuvre doit nécessairement avoir l'air naïf et dépaysé. — Si les ouvrages d'un homme célèbre, qui a fait votre joie, vous paraissent aujourd'hui naïfs et dépaysés, enterrez-le donc au moins avec un certain bruit d'orchestre, égoïstes populaces !

BOULANGER

a donné une *Sainte Famille*, détestable ;
Les Bergers de Virgile, médiocres ;
Des *Baigneuses*, un peu meilleures que des Duval-Lecamus et des Maurin, et un *Portrait d'homme* qui est d'une bonne pâte.

Voilà les dernières ruines de l'ancien romantisme — voilà ce que c'est que de venir dans un temps où il est reçu de croire que l'inspiration suffit et remplace le reste ; — voilà l'abîme où mène la course désordonnée de Mazeppa. — C'est M. Victor Hugo qui a perdu M. Boulanger — après en avoir perdu tant d'autres — c'est le poète qui a fait tomber le peintre dans la fosse. Et pourtant M. Boulanger peint convenablement (voyez ses portraits) ; mais où diable a-t-il pris son brevet de peintre d'histoire et d'artiste inspiré ? est-ce dans les préfaces ou les odes de son illustre ami ?

BOISSARD

Il est à regretter que M. Boissard, qui possède les qualités d'un bon peintre, n'ait pas pu faire voir cette année un tableau allégorique représentant la Musique, la Peinture et la Poésie. Le jury, trop fatigué sans doute ce jour-là de sa rude tâche, n'a pas jugé convenable de l'admettre. M. Boissard a toujours surnagé au-dessus des eaux troubles de la mauvaise époque dont nous parlions à propos de M. Boulanger, et s'est sauvé du danger, grâce aux qualités sérieuses et pour ainsi dire naïves de sa peinture. — Son *Christ en croix* est d'une pâte solide et d'une bonne couleur.

SCHNETZ

Hélas ! que faire de ces gros tableaux italiens ? — nous sommes en 1845 — nous craignons fort que Schnetz en fasse encore de semblables en 1855.

CHASSÉRIAU

LE KALIFE DE CONSTANTINE SUIVI DE SON ESCORTE

Ce tableau séduit tout d'abord par sa composition. — Cette défilade de chevaux et ces grands cavaliers ont quelque chose qui rappelle l'audace naïve des grands maîtres. — Mais pour qui a suivi avec soin les études de

M. Chassériau, il est évident que bien des révolutions s'agitent encore dans ce jeune esprit, et que la lutte n'est pas finie.

La position qu'il veut se créer entre Ingres, dont il est élève, et Delacroix qu'il cherche à détrousser, a quelque chose d'équivoque pour tout le monde et d'embarrassant pour lui-même. Que M. Chassériau *trouve son bien* dans Delacroix, c'est tout simple ; mais que, malgré tout son talent et l'expérience précoce qu'il a acquise, il le laisse si bien voir, là est le mal. Ainsi, il y a dans ce tableau des contradictions. — En certains endroits c'est déjà de *la couleur,* en d'autres ce n'est encore que coloriage — et néanmoins l'aspect en est agréable, et la composition, nous nous plaisons à le répéter, excellente.

Déjà, dans les illustrations d'Othello, tout le monde avait remarqué la préoccupation d'imiter Delacroix. — Mais, avec des goûts aussi distingués et un esprit aussi actif que celui de M. Chassériau, il y a tout lieu d'espérer qu'il deviendra un peintre, et un peintre éminent.

DEBON

BATAILLE D'HASTINGS

Encore un pseudo-Delacroix ; — mais que de talent ! quelle énergie ! C'est une vraie bataille. — Nous voyons dans cette œuvre toutes sortes d'excellentes choses ; — une belle couleur, la recherche sincère de la vérité, et la facilité hardie de composition qui fait les peintres d'histoire.

VICTOR ROBERT

Voilà un tableau qui a eu du guignon ; — il a été suffisamment *blagué* par les savants du feuilleton, et nous croyons qu'il est temps de redresser les torts. — Aussi quelle singulière idée que de montrer à ces messieurs *la religion, la philosophie, les sciences et les arts éclairant l'Europe,* et de représenter chaque peuple de l'Europe *par une figure qui occupe dans le tableau sa place géographique !* Comment faire goûter à ces articliers quelque chose d'audacieux, et leur faire comprendre que l'allégorie est un des plus beaux genres de l'art ?

Cette énorme composition est d'une bonne couleur, par morceaux, du moins ; nous y trouvons même la recherche de tons nouveaux ; de quelques-unes de ces belles femmes qui figurent les diverses nations, les attitudes sont élégantes et originales.

Il est malheureux que l'idée baroque d'assigner à chaque peuple sa place géographique ait nui à l'ensemble de la composition, au charme des groupes, et ait éparpillé les figures comme un tableau de Claude Lorrain, dont les bonshommes s'en vont à la débandade.

M. Victor Robert est-il un artiste consommé ou un génie étourdi ? Il y a du pour et du contre, des bévues de jeune homme et de savantes intentions. — En somme, c'est là un des tableaux les plus curieux et les plus dignes d'attention du Salon de 1845.

BRUNE

a exposé *Le Christ descendu de la croix.* Bonne couleur, dessin suffisant. — M. Brune a été jadis plus original. — Qui ne se rappelle l'*Apocalypse* et *L'Envie ?* — Du reste il a toujours eu à son service un talent de facture ferme et

solide, en même temps que très facile, qui lui donne dans l'école moderne une place honorable et presque égale à celle de Guerchin et des Carrache, dans les commencements de la décadence italienne.

GLAIZE

M. Glaize a un talent — c'est celui de bien peindre les femmes. — C'est la Madeleine et les femmes qui l'entourent qui sauvent son tableau de la *Conversion de Madeleine* — et c'est la molle et vraiment féminine tournure de Galathée qui donne à son tableau de *Galathée et Acis* un charme un peu original. — Tableaux qui visent à la couleur, et malheureusement n'arrivent qu'au coloriage de cafés, ou tout au plus d'opéra, et dont l'un a été imprudemment placé auprès de *Marc-Aurèle* de Delacroix.

LÉPAULLE

Nous avons eu de M. Lépaulle une femme tenant un vase de fleurs dans ses bras ; — c'est très joli, c'est très bien peint, et même -- qualité plus grave — c'est naïf. — Cet homme réussit toujours ses tableaux quand il ne s'agit que de bien peindre et qu'il a un joli modèle ; — c'est dire qu'il manque de goût et d'esprit. — Par exemple, dans le *Martyre de saint Sébastien,* que fait cette grosse figure de vieille avec son urne, qui occupe le bas du tableau et lui donne un faux air d'ex-voto de village ? Et pourtant c'est une peinture dont le *faire* a tout l'aplomb des grands maîtres. — Le torse de saint Sébastien, parfaitement bien peint, gagnera encore à vieillir.

MOUCHY

MARTYRE DE SAINTE CATHERINE D'ALEXANDRIE

M. Mouchy doit aimer Ribera et tous les vaillants factureurs ; n'est-ce pas faire de lui un grand éloge ? Du reste son tableau est bien composé. — Nous avons souvenance d'avoir vu dans une église de Paris — Saint-Gervais ou Saint-Eustache — une composition signée *Mouchy,* qui représente des moines. — L'aspect en est très brun, trop peut-être, et d'une couleur moins variée que le tableau de cette année, mais elle a les mêmes qualités sérieuses de peinture.

APPERT

L'Assomption de la Vierge a des qualités analogues — bonne peinture — mais la couleur, quoique vraie couleur, est un peu commune. — Il nous semble que nous connaissons un tableau du Poussin, situé dans la même galerie, non loin de la même place, et à peu près de la même dimension, avec lequel celui-ci a quelque ressemblance.

BIGAND

LES DERNIERS INSTANTS DE NÉRON

Eh quoi ! c'est là un tableau de M. Bigand ! Nous l'avons bien longtemps cherché. — M. Bigand le coloriste a fait un tableau tout brun — qui a l'air d'un conciliabule de gros sauvages.

PLANET

est un des rares élèves de Delacroix qui brillent par quelques-unes des qualités du maître.

Rien n'est doux, dans la vilaine besogne d'un compte rendu, comme de rencontrer un vraiment bon tableau, un tableau original, illustré déjà par quelques huées et quelques moqueries.

Et, en effet, ce tableau a été bafoué; — nous concevons la haine des architectes, des maçons, des sculpteurs et des mouleurs, contre tout ce qui ressemble à de la peinture; mais comment se fait-il que des artistes ne voient pas tout ce qu'il y a dans ce tableau, et d'originalité dans la composition, et de simplicité même dans la couleur ?

Il y a là je ne sais quel aspect de peinture espagnole et galante, qui nous a séduit tout d'abord. M. Planet a fait ce que font tous les coloristes de premier ordre, à savoir, de la couleur avec un petit nombre de tons — du rouge, du blanc, du brun, et c'est délicat et caressant pour les yeux. La sainte Thérèse, telle que le peintre l'a représentée, s'affaissant, tombant, palpitant, à l'attente du dard dont l'amour divin va la percer, est une des plus heureuses trouvailles de la peinture moderne. — Les mains sont charmantes. — L'attitude, naturelle pourtant, est aussi poétique que possible. — Ce tableau respire une volupté excessive, et montre dans l'auteur un homme capable de très bien comprendre un sujet — *car sainte Thérèse était brûlante d'un si grand amour de Dieu, que la violence de ce feu lui faisait jeter des cris... Et cette douleur n'était pas corporelle, mais spirituelle, quoique le corps ne laissât pas d'y avoir beaucoup de part.*

Parlerons-nous du petit Cupidon mystique suspendu en l'air, et qui va la percer de son javelot ? — Non. — À quoi bon ? M. Planet a évidemment assez de talent pour faire une autre fois un tableau complet.

DUGASSEAU

JESUS CHRIST ENTOURÉ DES PRINCIPAUX FONDATEURS DU CHRISTIANISME

Peinture sérieuse, mais pédante — ressemble à un Lehmann très solide. Sa *Sapho* faisant le saut de Leucade est une jolie composition.

GLEYRE

Il avait volé le cœur du public sentimental avec le tableau du *Soir*. — Tant qu'il ne s'agissait que de peindre des femmes solfiant de la musique romantique dans un bateau, ça allait; — de même qu'un pauvre opéra triomphe de sa musique à l'aide des objets décolletés ou plutôt déculottés et agréables à voir; — mais cette année, M. Gleyre, voulant peindre des apôtres, — des apôtres, M. Gleyre ! — n'a pas pu triompher de sa propre peinture.

PILLIARD

est évidemment un artiste érudit; il vise à imiter les anciens maîtres et leurs sérieuses allures — ses tableaux de chaque année se valent — c'est toujours le même mérite, froid, consciencieux et tenace.

AUGUSTE HESSE

L'ÉVANOUISSEMENT DE LA VIERGE

Voilà un tableau évidemment choquant par la couleur — c'est d'une couleur dure, malheureuse et amère — mais ce tableau plaît, à mesure qu'on s'y attache, par des qualités d'un autre genre. — Il a d'abord un mérite singulier — c'est de ne rappeler, en aucune manière, les motifs convenus de la peinture actuelle, et les poncifs qui traînent dans tous les jeunes ateliers; — au contraire, il ressemble au *Passé;* trop peut-être. — M. Auguste Hesse connaît évidemment tous les grands morceaux de la peinture italienne, et a vu une quantité innombrable de dessins et de gravures. — La composition est du reste belle et habile, et a quelques-unes des qualités traditionnelles des grandes écoles — la dignité, la pompe, et une harmonie ondoyante de lignes.

JOSEPH FAY

M. Joseph Fay n'a envoyé que des dessins, comme M. Decamps — c'est pour cela que nous le classons dans les peintres d'histoire; il ne s'agit pas ici de la matière avec laquelle on fait, mais de la manière dont on fait.

M. Joseph Fay a envoyé six dessins représentant la vie des anciens Germains; — ce sont les cartons d'une frise exécutée à fresque à la grande salle des réunions du conseil municipal de l'hôtel de ville d'Ebersfeld, en Prusse.

Et, en effet, cela nous paraissait bien un peu allemand, et, les regardant curieusement, et avec le plaisir qu'on a à voir toute œuvre de bonne foi, nous songions à toutes ces célébrités modernes d'outre-Rhin qu'éditent les marchands du boulevard des Italiens.

Ces dessins, dont les uns représentent la grande lutte entre Arminius et l'invasion romaine, d'autres, les jeux sérieux et toujours militaires de la Paix, ont un noble air de famille avec les bonnes compositions de Pierre de Cornélius. — Le dessin est curieux, savant, et visant un peu au néo-Michel-Angelisme. — Tous les mouvements sont heureusement trouvés — et accusent un esprit sincèrement amateur de la forme, si ce n'est amoureux. — Ces dessins nous ont attiré parce qu'ils sont beaux, nous plaisent parce qu'ils sont beaux; — mais au total, devant un si beau déploiement des forces de l'esprit, nous regrettons toujours, et nous réclamons à grands cris l'originalité. Nous voudrions voir déployer ce même talent au profit d'idées plus modernes, — disons mieux, au profit d'une nouvelle manière de voir et d'entendre les arts — nous ne voulons pas parler ici du choix des sujets; en ceci les artistes ne sont pas toujours libres, — mais de la manière de les comprendre et de les dessiner.

En deux mots — à quoi bon tant d'érudition, quand on a du talent?

JOLLIVET

Le *Massacre des Innocents,* de M. Jollivet, dénote un esprit sérieux et appliqué. — Son tableau est, il est vrai, d'un aspect froid et laiteux. — Le dessin n'est pas très original; mais ses femmes sont d'une belle forme, grasse, résistante et solide.

LAVIRON

JÉSUS CHEZ MARTHE ET MARIE

Tableau sérieux plein d'inexpériences pratiques. — Voilà ce que c'est que de trop s'y connaître, — de trop penser et de ne pas assez peindre.

MATOUT

a donné trois sujets antiques, où l'on devine un esprit sincèrement épris de la forme, et qui repousse les tentations de la couleur pour ne pas obscurcir les intentions de sa pensée et de son dessin.

De ces trois tableaux c'est le plus grand qui nous plaît le plus, à cause de la beauté intelligente des lignes, de leur harmonie sérieuse, et surtout à cause du parti pris de la manière, parti pris qu'on ne retrouve pas dans *Daphnis et Naïs*. Que M. Matout songe à M. Haussoullier, et qu'il voie tout ce que l'on gagne ici-bas, en art, en littérature, en politique, à être radical et absolu, et à ne jamais faire de concessions.

Bref, il nous semble que M. Matout connaît trop bien son affaire, et qu'il a trop *ça* dans la main — *Indè* une impression moins forte.

D'une œuvre laborieusement faite il reste toujours quelque chose.

JANMOT

Nous n'avons pu trouver qu'une seule figure de M. Janmot, c'est une femme assise avec des fleurs sur les genoux. — Cette simple figure, sérieuse et mélancolique, et dont le dessin fin et la couleur un peu crue rappellent les anciens maîtres allemands, ce gracieux Albert Dürer, nous avait donné une excessive curiosité de trouver le reste. Mais nous n'avons pu y réussir. C'est certainement là une belle peinture. — Outre que le modèle est très beau et très bien choisi, et très bien ajusté, il y a, dans la couleur même et l'alliance de ces tons verts, roses et rouges, un peu douloureux à l'œil, une certaine mysticité qui s'accorde avec le reste. — Il y a harmonie naturelle entre cette couleur et ce dessin.

Il nous suffit, pour compléter l'idée qu'on doit se faire du talent de M. Janmot, de lire dans le livret le sujet d'un autre tableau :

Assomption de la Vierge — partie supérieure : — la sainte Vierge est entourée d'anges dont les deux principaux représentent la *Chasteté* et l'*Harmonie*. Partie inférieure : *Réhabilitation de la femme ; un ange brise ses chaînes.*

ÉTEX

Ô sculpteur, qui fîtes quelquefois de bonnes statues, vous ignorez donc qu'il y a une grande différence entre dessiner sur une toile et modeler avec de la terre, — et que la couleur est une science mélodieuse dont la triture du marbre n'enseigne pas les secrets ? — Nous comprendrions plutôt qu'un musicien voulût singer Delacroix, — mais un sculpteur, jamais ! — *Ô grand tailleur de pierre !* pourquoi voulez-vous jouer du violon ?

III

PORTRAITS

LÉON COGNIET

Un très beau portrait de femme, dans le Salon carré. M. Léon Cogniet est un artiste d'un rang très élevé dans les régions moyennes du goût et de l'esprit. — S'il ne se hausse pas jusqu'au génie, il a un de ces talents complets dans leur modération qui défient la critique. M. Cogniet ignore les caprices hardis de la fantaisie et le parti pris des absolutistes. Fondre, mêler, réunir tout en choisissant, a toujours été son rôle et son but; il l'a parfaitement bien atteint. Tout dans cet excellent portrait, les chairs, les ajustements, le fond, est traité avec le même bonheur.

DUBUFE

M. Dubufe est depuis plusieurs années la victime de tous les feuilletonistes *artistiques*. Si M. Dubufe est bien loin de sir Thomas Lawrence, au moins n'est-ce pas sans une certaine justice qu'il a hérité de sa gracieuse popularité. — Nous trouvons, quant à nous, que le *Bourgeois* a bien raison de chérir l'homme qui lui a créé de si jolies femmes, presque toujours bien ajustées. M. Dubufe a un fils qui n'a pas voulu marcher sur les traces de son père, et qui s'est fourvoyé dans la peinture sérieuse.

MLLE EUGÉNIE GAUTIER

Beau coloris, — dessin ferme et élégant. — Cette femme a l'intelligence des maîtres; — elle a du Van Dyck; — elle peint comme un homme. — Tous ceux qui se connaissent en peinture se rappellent le modelé de deux bras nus dans un portrait exposé au dernier Salon. La peinture de Mlle Eugénie Gautier n'a aucun rapport avec la peinture de femme, qui, en général, nous fait songer aux préceptes du bonhomme Chrysale.

BELLOC

M. Belloc a envoyé plusieurs portraits. — Celui de M. Michelet nous a frappé par son excellente couleur. — M. Belloc, qui n'est pas assez connu, est un des hommes d'aujourd'hui les plus savants dans leur art. — Il a fait des élèves remarquables, — Mlle Eugénie Gautier, par exemple, à ce que nous croyons. — L'an passé, nous avons vu de lui, aux galeries du boulevard Bonne-Nouvelle, une tête d'enfant qui nous a rappelé les meilleurs morceaux de Lawrence.

TISSIER

est vraiment coloriste, mais n'est peut-être que cela; — c'est pourquoi son portrait de femme, qui est d'une couleur distinguée et dans une gamme de ton très grise, est supérieur à son tableau de religion.

RIESENER

est avec M. Planet un des hommes qui font honneur à M. Delacroix. — Le portrait du docteur H. de Saint-A..... est d'une franche couleur et d'une franche facture.

DUPONT

Nous avons rencontré un pauvre petit portrait de demoiselle avec un petit chien, qui se cache si bien qu'il est fort difficile à trouver; mais il est d'une grâce exquise. — C'est une peinture d'une grande innocence, — apparente, du moins, mais très bien composée, — et d'un très joli aspect; — un peu anglais.

HAFFNER

Encore un nouveau nom, pour nous, du moins. M. Haffner a, dans la petite galerie, à une très mauvaise place, un portrait de femme du plus bel effet. Il est difficile à trouver, et vraiment c'est dommage. Ce portrait dénote un coloriste de première force. Ce n'est point de la couleur éclatante, pompeuse ni commune, mais excessivement distinguée, et d'une harmonie remarquable. La chose est exécutée dans une gamme de ton très grise. L'effet est très savamment combiné, doux et frappant à la fois. La tête, romantique et doucement pâle, se détache sur un fond gris, encore plus pâle autour d'elle, et qui, se rembrunissant vers les coins, a l'air de lui servir d'auréole. — M. Haffner a, de plus, fait un paysage d'une couleur très hardie — un chariot avec un homme et des chevaux, faisant presque silhouette sur la clarté équivoque d'un crépuscule. — Encore un chercheur consciencieux... que c'est rare !...

PÉRIGNON

a envoyé neuf portraits, dont six de femmes. — Les têtes de M. Pérignon sont dures et lisses comme des objets inanimés. — Un vrai musée de Curtius.

HORACE VERNET

M. Horace Vernet, comme portraitiste, est inférieur à M. Horace Vernet, peintre héroïque. Sa couleur surpasse en crudité la couleur de M. Court.

HIPPOLYTE FLANDRIN

M. Flandrin n'a-t-il pas fait autrefois un gracieux portrait de femme appuyée sur le devant d'une loge, avec un bouquet de violettes au sein ? Mais il a échoué dans le portrait de M. Chaix d'Est-Ange. Ce n'est qu'un semblant de peinture sérieuse; ce n'est pas là le caractère si connu de cette figure fine, mordante, ironique. — C'est lourd et terne.

Nous venons de trouver, ce qui nous a fait le plus vif plaisir, un portrait de femme de M. Flandrin, une simple tête qui nous a rappelé ses bons ouvrages. L'aspect en est un peu trop doux et a le tort de ne pas appeler les yeux comme le portrait de la princesse Belg..., de M. Lehmann. Comme ce morceau est petit, M. Flandrin l'a parfaitement réussi. Le modelé en est beau, et cette peinture a le mérite, rare chez ces messieurs, de paraître faite tout d'une haleine et du premier coup.

RICHARDOT

a peint une jeune dame vêtue d'une robe noire et verte, — coiffée avec une afféterie de keepsake. — Elle a un certain air de famille avec les saintes de Zurbaran, et se promène gravement derrière un grand mur d'un assez bon effet. C'est bon — il y a là-dedans du courage, de l'esprit, de la jeunesse.

VERDIER

a fait un portrait de Mlle Garrique, dans *Le Barbier de Séville*. Cela est d'une meilleure facture que le portrait précédent, mais manque de délicatesse.

HENRI SCHEFFER

Nous n'osons pas supposer, pour l'honneur de M. Henri Scheffer, que le portrait de Sa Majesté ait été fait d'après nature. — Il y a dans l'histoire contemporaine peu de têtes aussi accentuées que celle de Louis-Philippe. — La fatigue et le travail y ont imprimé de belles rides, que l'artiste ne connaît pas. — Nous regrettons qu'il n'y ait pas en France un seul portrait du Roi. — Un seul homme est digne de cette œuvre : c'est M. Ingres.

Tous les portraits de Henri Scheffer sont faits avec la même probité, minutieuse et aveugle ; la même conscience, patiente et monotone.

LEIENDECKER

En passant devant le portrait de Mlle Brohan nous avons regretté de ne pas voir au Salon un autre portrait, — qui aurait donné au public une idée plus juste de cette charmante actrice, — par M. Ravergie, à qui le portrait de Mme Guyon avait fait une place importante parmi les portraitistes.

DIAZ

M. Diaz fait d'habitude de petits tableaux dont la couleur magique surpasse les fantaisies du kaléidoscope. — Cette année, il a envoyé de petits portraits en pied. Un portrait est fait, non seulement de couleur, mais de lignes et de modelé. — *C'est l'erreur d'un peintre de genre qui prendra sa revanche.*

IV

TABLEAUX DE GENRE

BARON

a donné *Les Oies du frère Philippe*, un conte de La Fontaine.

C'est un prétexte à jolies femmes, à ombrages, et à tons variés quand même.

C'est d'un aspect fort attirant, mais c'est le rococo du romantisme. — Il y a là-dedans du Couture, un peu du faire de Célestin Nanteuil, beaucoup de tons de Roqueplan et de C. Boulanger. — Réfléchir devant ce tableau combien une peinture excessivement savante et brillante de couleur peut rester froide quand elle manque d'un tempérament particulier.

ISABEY

UN INTÉRIEUR D'ALCHIMISTE

Il y a toujours là-dedans des crocodiles, des oiseaux empaillés, de gros livres de maroquin, du feu dans des fourneaux, et un vieux en robe de chambre, — c'est-à-dire une grande quantité de tons divers. C'est ce qui explique la prédilection de certains coloristes pour un sujet si commun.

M. Isabey est un vrai coloriste — toujours brillant, — souvent délicat. Ç'a été un des hommes les plus justement heureux du mouvement rénovateur.

LÉCURIEUX

SALOMON DE CAUS À BICÊTRE

Nous sommes à un théâtre du boulevard qui s'est mis en frais de littérature; on vient de lever le rideau, tous les acteurs regardent le public.

Un seigneur, avec Marion Delorme onduleusement appuyée à son bras, *n'écoute pas* la complainte du Salomon qui gesticule comme un forcené dans le fond.

La mise en scène est bonne; tous les fous sont pittoresques, aimables, et savent parfaitement leur rôle.

Nous ne comprenons pas l'effroi de Marion Delorme à l'aspect de ces aimables fous.

Ce tableau a un aspect uniforme de café au lait. La couleur en est roussâtre comme un vilain temps plein de poussière.

Le dessin, — dessin de vignette et d'illustration. À quoi bon faire de la peinture dite sérieuse, quand on n'est pas coloriste et qu'on n'est pas dessinateur?

MME CÉLESTE PENSOTTI

Le tableau de Mme Céleste Pensotti s'appelle *Rêverie du soir*. Ce tableau, un peu maniéré comme son titre, mais joli comme le nom de l'auteur, est d'un sentiment fort distingué. — Ce sont deux jeunes femmes, l'une appuyée sur l'épaule de l'autre, qui regardent à travers une fenêtre ouverte. — Le vert et le rose, ou plutôt le verdâtre et le rosâtre y sont doucement combinés. Cette jolie composition, malgré ou peut-être à cause de son afféterie naïve d'album romantique, ne nous déplaît pas; — cela a une qualité trop oubliée aujourd'hui. C'est élégant, — cela sent bon.

TASSAERT

Un petit tableau de religion presque galante. — La Vierge allaite l'enfant Jésus — sous une couronne de fleurs et de petits amours. L'année passée nous avions déjà remarqué M. Tassaert. Il y a là bonne couleur, modérément gaie, unie à beaucoup de goût.

LELEUX FRÈRES

Tous leurs tableaux sont très bien faits, très bien peints, et très monotones comme manière et choix de sujets.

LE POITTEVIN

Sujets à la Henri Berthoud (voyez le livret). — Tableaux de genre, vrais tableaux de genre trop bien peints. Du reste, tout le monde aujourd'hui peint trop bien.

GUILLEMIN

M. Guillemin, qui a certainement du mérite dans l'exécution, dépense trop de talent à soutenir une mauvaise cause; — la cause de l'*esprit en peinture*. —

J'entends par là envoyer à l'imprimeur du livret des légendes pour le public du dimanche.

MÜLLER

M. Müller croit-il plaire au public du samedi en choisissant ses sujets dans Shakespeare et Victor Hugo ? — De gros amours *Empire* sous prétexte de sylphes. — Il ne suffit donc pas d'être coloriste pour avoir du goût. — Sa *Fanny* est mieux.

DUVAL-LECAMUS PÈRE

« ... Sait d'une voix légère
Passer du grave au doux, du plaisant au sévère. »

DUVAL-LECAMUS JULES

a été imprudent d'aborder un sujet traité déjà par M. Roqueplan.

GIGOUX

M. Gigoux nous a procuré le plaisir de relire dans le livret le récit de la *Mort de Manon Lescaut*. Le tableau est mauvais ; pas de style ; mauvaise composition, mauvaise couleur. Il manque de caractère, il manque de son sujet. Quel est ce Des Grieux ? je ne le connais pas.

Je ne reconnais pas non plus là M. Gigoux, que la faveur publique faisait, il y a quelques années, marcher de pair avec les plus sérieux novateurs.

M. Gigoux, l'auteur du *Comte de Comingues*, de *François Ier assistant Léonard de Vinci à ses derniers moments*, M. Gigoux du *Gil Blas*, M. Gigoux est une réputation que chacun a joyeusement soulevée sur ses épaules. Serait-il donc aujourd'hui embarrassé de sa réputation de peintre ?

RUDOLPHE LEHMANN

Ses Italiennes de cette année nous font regretter celles de l'année passée.

DE LA FOULHOUZE

a peint un parc plein de belles dames et d'élégants messieurs, au temps jadis. C'est certainement fort joli, fort élégant, et d'une très bonne couleur. Le paysage est bien composé. Le tout rappelle beaucoup Diaz ; mais c'est peut-être plus solide.

PÉRÈSE

La Saison des roses. — C'est un sujet analogue, — une peinture galante et d'un aspect agréable, qui malheureusement fait songer à Wattier, comme Wattier fait songer à Watteau.

DE DREUX

est un peintre de la vie élégante, *high life*. — Sa *Châtelaine* est jolie ; mais les Anglais font mieux dans le genre paradoxal. — Ses scènes d'animaux sont bien peintes ; mais les Anglais sont plus spirituels dans ce genre animal et intime.

MME CALAMATTA

a peint une *Femme nue à sa toilette,* vue de face, la tête de profil — fond de décoration romaine. L'attitude est belle et bien choisie. En somme, cela est bien fait. Mme Calamatta a fait des progrès. Cela ne manque pas de style, ou plutôt d'une certaine prétention au style.

PAPETY

promettait beaucoup, dit-on. Son retour d'Italie fut précédé par des éloges imprudents. Dans une toile énorme, où se voyaient trop clairement les habitudes récentes de l'Académie de peinture. M. Papety avait néanmoins trouvé des poses heureuses et quelques motifs de composition; et malgré sa couleur d'éventail, il y avait tout lieu d'espérer pour l'auteur un avenir sérieux. Depuis lors, il est resté dans la classe secondaire des hommes qui peignent bien et ont des cartons pleins de motifs tout prêts. La couleur de ses deux tableaux *(Memphis. — Un assaut)* est commune. Du reste, ils sont d'un aspect tout différent, ce qui induit à croire que M. Papety n'a pas encore trouvé sa manière.

ADRIEN GUIGNET

M. Adrien Guignet a certainement du talent; il sait composer et arranger. Mais pourquoi donc ce doute perpétuel? Tantôt Decamps, tantôt Salvator. Cette année, on dirait qu'il a colorié sur papyrus des motifs de sculpture égyptienne ou d'anciennes mosaïques *(Les Pharaons).* Cependant Salvator et Decamps, s'ils faisaient Psammenit ou Pharaon, les feraient à la Salvator et à la Decamps. Pourquoi donc M. Guignet...?

MEISSONIER

Trois tableaux : *Soldats jouant aux dés — Jeune homme feuilletant un carton — Deux buveurs jouant aux cartes.*
Autre temps, autres mœurs; autres modes, autres écoles. M. Meissonier nous fait songer malgré nous à M. Martin Drolling. Il y a dans toutes les réputations, même les plus méritées, une foule de petits secrets. — Quand on demandait au célèbre M. X*** ce qu'il avait vu au Salon, il disait n'avoir vu qu'un Meissonier, pour éviter de parler du célèbre M. Y***, qui en disait autant de son côté. Il est donc bon de servir de massue à des rivaux.
En somme, M. Meissonier exécute admirablement ses petites figures. C'est un Flamand moins la fantaisie, le charme, la couleur et la naïveté — et la pipe !

JACQUAND

fabrique toujours du Delaroche, vingtième qualité.

ROEHN

Peinture *aimable* (argot de marchand de tableau).

RÉMOND

Jeune école de dix-huit cent vingt.

HENRI SCHEFFER

Auprès de *Madame Roland allant au supplice*, la *Charlotte Corday* est une œuvre pleine de témérité. (Voir aux portraits.)

HORNUNG

« *Le plus têtu des trois n'est pas celui qu'on pense.* »

BARD

Voir le précédent.

GEFFROY

Voir le précédent.

V

PAYSAGES

COROT

À la tête de l'école moderne du paysage, se place M. Corot. — Si M. Théodore Rousseau voulait exposer, la suprématie serait douteuse, M. Théodore Rousseau unissant à une naïveté, à une originalité au moins égales, un plus grand charme et une plus grande sûreté d'exécution. — En effet, ce sont la naïveté et l'originalité qui constituent le mérite de M. Corot. — Évidemment cet artiste aime sincèrement la nature, et sait la regarder avec autant d'intelligence que d'amour. — Les qualités par lesquelles il brille sont tellement fortes, — parce qu'elles sont des qualités d'âme et de fond — que l'influence de M. Corot est actuellement visible dans presque toutes les œuvres des jeunes paysagistes — surtout de quelques-uns qui avaient déjà le bon esprit de l'imiter et de tirer parti de sa manière avant qu'il fût célèbre et sa réputation ne dépassant pas encore le monde des artistes. M. Corot, du fond de sa modestie, a agi sur une foule d'esprits. — Les uns se sont appliqués à choisir dans la nature les motifs, les sites, les couleurs qu'il affectionne, à choyer les mêmes sujets; d'autres ont essayé même de pasticher sa gaucherie. — Or, à propos de cette prétendue gaucherie de M. Corot, il nous semble qu'il y a ici un petit préjugé à relever. — Tous les demi-savants, après avoir consciencieusement admiré un tableau de Corot, et lui avoir loyalement payé leur tribut d'éloges, trouvent que cela pèche par l'exécution, et s'accordent en ceci, que définitivement M. Corot ne sait pas peindre. — Braves gens ! qui ignorent d'abord qu'une œuvre de génie — ou si l'on veut — une œuvre d'âme — où tout est bien vu, bien observé, bien compris, bien imaginé — est toujours très bien exécutée, quand elle l'est suffisamment — Ensuite — qu'il y a une grande différence entre un morceau *fait* et un morceau *fini* — qu'en général ce qui est fait n'est pas *fini*, et qu'une chose très *finie* peut n'être pas *faite* du tout — que la valeur d'une touche spirituelle, importante et bien placée est énorme... etc. d'où il suit que M. Corot peint comme les grands maîtres. — Nous n'en voulons d'autre exemple que son tableau de l'année dernière — dont l'impression était encore plus tendre et mélancolique que d'habitude. — Cette verte campagne où

était assise une femme jouant du violon — cette nappe de soleil au second plan, éclairant le gazon et le colorant d'une manière différente que le premier, était certainement une audace et une audace très réussie. — M. Corot est tout aussi fort cette année que les précédentes ; — mais l'œil du public a été tellement accoutumé aux morceaux luisants, propres et industrieusement *astiqués*, qu'on lui fait toujours le même reproche. Ce qui prouve encore la puissance de M. Corot, ne fût-ce que dans le métier, c'est qu'il sait être coloriste avec une gamme de tons peu variée — et qu'il est toujours harmoniste même avec des tons assez crus et assez vifs. — Il compose toujours parfaitement bien. — Ainsi dans *Homère et les Bergers,* rien n'est inutile, rien n'est à retrancher ; pas même les deux petites figures qui s'en vont causant dans le sentier. — Les trois petits bergers avec leur chien sont ravissants, comme ces bouts d'excellents bas-reliefs qu'on retrouve dans certains piédestaux des statues antiques. — Homère ressemble peut-être trop à Bélisaire. — Un autre tableau plein de charme est *Daphnis et Chloé* — et dont la composition a comme toutes les bonnes compositions — c'est une remarque que nous avons souvent faite — le mérite de l'inattendu.

FRANÇAIS

est aussi un paysagiste de premier mérite — d'un mérite analogue à Corot, et que nous appellerions volontiers *l'amour de la nature* — mais c'est déjà moins naïf, plus rusé — cela sent beaucoup plus son peintre — aussi est-ce plus facile à comprendre. — *Le Soir* est d'une belle couleur.

PAUL HUET

Un vieux château sur des rochers. — Est-ce que par hasard M. Paul Huet voudrait modifier sa manière ? — Elle était pourtant excellente.

HAFFNER

Prodigieusement original — surtout par la couleur. C'est la première fois que nous voyons des tableaux de M. Haffner — nous ignorons donc s'il est paysagiste ou portraitiste de son état — d'autant plus qu'il est excellent dans les deux genres.

TROYON

fait toujours de beaux et de verdoyants paysages, les fait en coloriste et même en observateur, mais fatigue toujours les yeux par l'aplomb imperturbable de sa manière et le papillotage de ses touches. — On n'aime pas voir un homme si sûr de lui-même.

CURZON

a peint un site très original appelé *Les Houblons.* — C'est tout simplement un horizon auquel les feuilles et les branchages des premiers plans servent de cadre. — Du reste, M. Curzon a fait aussi un très beau dessin dont nous aurons tout à l'heure occasion de parler.

FLERS

Je vais revoir ma Normandie,
C'est le pays...

Voilà ce qu'ont chanté longtemps toutes les toiles de M. Flers. — Qu'on ne prenne pas ceci pour une moquerie. — C'est qu'en effet tous ces paysages étaient poétiques, et donnaient l'envie de connaître ces éternelles et grasses verdures qu'ils exprimaient si bien — mais cette année l'application ne serait pas juste, car nous ne croyons pas que M. Flers, soit dans ses dessins, soit dans ses tableaux, ait placé une seule Normandie. — M. Flers est toujours resté un artiste éminent.

WICKENBERG

peint toujours très bien ses *Effets d'hiver;* mais nous croyons que les bons Flamands dont il semble préoccupé ont une manière plus large.

CALAME ET DIDAY

Pendant longtemps on a cru que c'était le même artiste atteint de *dualisme chronique;* mais depuis l'on s'est aperçu qu'il affectionnait le nom de Calame les jours qu'il peignait bien...

DAUZATS

Toujours de l'Orient et de l'Algérie — c'est toujours d'une ferme exécution !

FRÈRE

(Voyez le précédent.)

CHACATON

en revanche a quitté l'Orient; mais il y a perdu.

LOUBON

fait toujours des paysages d'une couleur assez fine : ses *Bergers des Landes* sont une heureuse composition.

GARNEREY

Toujours des beffrois et des cathédrales très adroitement peints.

JOYANT

Un *Palais des papes d'Avignon,* et encore *Une vue de Venise.* — Rien n'est embarrassant comme de rendre compte d'œuvres que chaque année ramène avec leurs mêmes désespérantes perfections.

BORGET

Toujours des vues indiennes ou chinoises. — Sans doute c'est très bien fait; mais ce sont trop des articles de voyages ou de mœurs; — il y a des gens qui regrettent ce qu'ils n'ont jamais vu, le boulevard du Temple ou les galeries de

Bois ! — Les tableaux de M. Borget nous font regretter cette Chine où le vent lui-même, dit H. Heine, prend un son comique en passant par les clochettes, — et où la nature et l'homme ne peuvent pas se regarder sans rire.

PAUL FLANDRIN

Qu'on éteigne les reflets dans une tête pour mieux faire voir le modelé, cela se comprend, surtout quand on s'appelle Ingres. — Mais quel est donc l'extravagant et le fanatique qui s'est avisé le premier d'*ingriser* la campagne ?

BLANCHARD

Ceci est autre chose, — c'est plus sérieux, ou moins *sérieux*, comme on voudra. — C'est un compromis assez adroit entre les purs coloristes et les exagérations précédentes.

LAPIERRE ET LAVIEILLE

sont deux bons et sérieux élèves de M. Corot. — M. Lapierre a fait aussi un tableau de *Daphnis et Chloé,* qui a bien son mérite.

BRASCASSAT

Certainement, l'on parle trop de M. Brascassat, qui, homme d'esprit et de talent comme il l'est, ne doit pas ignorer que dans la galerie des Flamands il y a beaucoup de tableaux du même genre, tout aussi *faits* que les siens, et plus largement peints, — et d'une meilleure couleur. — L'on parle trop aussi de

SAINT-JEAN

qui est de l'école de Lyon, le bagne de la peinture, — l'endroit du monde connu où l'on travaille le mieux les infiniment petits. — Nous préférons les fleurs et les fruits de Rubens, et les trouvons plus naturels. — Du reste, le tableau de M. Saint-Jean est d'un fort vilain aspect, — c'est monotonement jaune. — Au total, quelque bien faits qu'ils soient, les tableaux de M. Saint-Jean sont des tableaux de salle à manger, — mais non des peintures de cabinet et de galerie ; de vrais tableaux de salle à manger.

KIÖRBÖE

Des tableaux de chasse, — à la bonne heure ! Voilà qui est beau, voilà qui est de la peinture et de la vraie peinture ; c'est large, — c'est vrai, — et la couleur en est belle. — Ces tableaux ont une grande tournure commune aux anciens tableaux de chasse ou de nature morte que faisaient les grands peintres, — et ils sont tous habilement composés.

PHILIPPE ROUSSEAU

LE RAT DE VILLE ET LE RAT DES CHAMPS

est un tableau très coquet et d'un aspect charmant. — Tous les tons sont à la fois d'une grande fraîcheur et d'une grande richesse. — C'est réellement faire des natures mortes, librement, en paysagiste, en peintre de genre, en homme

d'esprit, et non pas en ouvrier, comme MM. de Lyon. — Les petits rats sont fort jolis.

BÉRANGER

Les petits tableaux de M. Béranger sont charmants — comme des Meissonier.

ARONDEL

Un grand entassement de gibier de toute espèce. — Ce tableau, mal composé, et dont la composition a l'air bousculé, comme si elle visait à la quantité, a néanmoins une qualité très rare par le temps qui court — il est peint avec une grande naïveté — sans aucune prétention d'école ni aucun pédantisme d'atelier. — D'où il suit qu'il y a des parties fort bien peintes. — Certaines autres sont malheureusement d'une couleur brune et rousse, qui donne au tableau je ne sais quel aspect obscur — mais tous les tons clairs ou riches sont bien réussis. — Ce qui nous a donc frappé dans ce tableau est la maladresse mêlée à l'habileté — des inexpériences comme d'un homme qui n'aurait pas peint depuis longtemps, et de l'aplomb comme d'un homme qui aurait beaucoup peint.

CHAZAL

a peint le *Yucca gloriosa,* fleuri en 1844 dans le parc de Neuilly. Il serait bon que tous les gens qui se cramponnent à la vérité microscopique et se croient des peintres, vissent ce petit tableau, et qu'on leur insufflât dans l'oreille avec un cornet les petites réflexions que voici : ce tableau est très bien, non parce que tout y est et que l'on peut compter les feuilles, mais parce qu'il rend en même temps le caractère général de la nature — parce qu'il exprime bien l'aspect vert cru d'un parc au bord de la Seine et de notre soleil froid : bref, parce qu'il est fait avec une profonde naïveté — tandis que vous autres, vous êtes trop... artistes. — *(Sic.)*

VI
DESSINS — GRAVURES

BRILLOUIN

M. Brillouin a envoyé cinq dessins au crayon noir qui ressemblent un peu à ceux de M. de Lemud ; mais ceux-ci sont plus fermes et ont peut-être plus de caractère. — En général, ils sont bien composés. — *Le Tintoret donnant une leçon de dessin à sa fille,* est certainement une très bonne chose. — Ce qui distingue surtout ces dessins est leur noble tournure, leur sérieux et le choix des têtes.

CURZON

Une sérénade dans un bateau, — est une des choses les plus distinguées du Salon. — L'arrangement de toutes ces figures est très heureusement conçu : le vieillard au bout de la barque, étendu au milieu de ses guirlandes, est une très

jolie idée. — Les compositions de M. Brillouin et celle de M. Cruzon ont quelque analogie ; elles ont surtout ceci de commun, qu'elles sont bien dessinées — et dessinées avec esprit.

DE RUDDER

Nous croyons que M. de Rudder a eu le premier l'heureuse idée des dessins sérieux et *serrés ;* des cartons, comme on disait autrefois. — Il faut lui en savoir gré. — Mais quoique ses dessins soient toujours estimables et gravement conçus, combien néanmoins ils nous paraissent inférieurs à ce qu'ils veulent être ! Que l'on compare, par exemple, *Le Berger et l'Enfant* aux dessins nouveaux dont nous venons de parler.

MARÉCHAL

La Grappe est sans doute un beau pastel, et d'une bonne couleur ; mais nous reprocherons à tous ces messieurs de l'école de Metz de n'arriver en général qu'à un *sérieux* de convention et qu'à la singerie de la *maestria*, — ceci soit dit sans vouloir le moins du monde diminuer l'honneur de leurs efforts. — Il en est de même de

TOURNEUX

dont, malgré tout son talent et tout son goût, l'exécution n'est jamais à la hauteur de l'intention.

POLLET

a fait deux fort bonnes aquarelles, d'après le Titien, où brille réellement l'intelligence du modèle.

CHABAL

Des fleurs à la gouache, — consciencieusement étudiées et d'un aspect agréable.

ALPHONSE MASSON

Les portraits de M. Masson sont bien dessinés. — Ils doivent être très ressemblants ; car le dessin de l'artiste indique une volonté ferme et laborieuse ; mais aussi il est un peu dur et sec, et ressemble peu au dessin d'un peintre.

ANTONIN MOINE

Toutes ces *fantaisies* ne peuvent être que celles d'un sculpteur. — Voilà pourtant où le romantisme a conduit quelques-uns !

VIDAL

C'est l'an passé, à ce que nous croyons, qu'a commencé le préjugé des dessins Vidal. — Il serait bon d'en finir tout de suite. — On veut à toute force nous présenter M. Vidal comme un dessinateur sérieux. — Ce sont des dessins *très finis,* mais non *faits ;* néanmoins cela, il faut l'avouer, est plus élégant que

les Maurin et les Jules David. — Qu'on nous pardonne d'insister si fort à ce sujet ; — mais nous connaissons un critique qui, à propos de M. Vidal, s'est avisé de parler de Watteau.

MME DE MIRBEL

est ce qu'elle a toujours été ; — ses portraits sont parfaitement bien exécutés, et Mme de Mirbel a le grand mérite d'avoir apporté la première, dans le genre si ingrat de la miniature, les intentions viriles de la peinture sérieuse.

HENRIQUEL DUPONT

nous a procuré le plaisir de contempler une seconde fois le magnifique portrait de M. Bertin, par M. Ingres, le seul homme en France qui fasse vraiment des portraits. — Celui-ci est sans contredit le plus beau qu'il ait fait, sans en excepter le Cherubini. — Peut-être la fière tournure et la majesté du modèle ont-elles doublé l'audace de M. Ingres, l'homme audacieux par excellence. — Quant à la gravure, quelque consciencieuse qu'elle soit, nous craignons qu'elle ne rende pas tout le parti pris de la peinture. — Nous n'oserions pas affirmer, mais nous craignons que le graveur n'ait omis certain petit détail dans le nez ou dans les yeux.

JACQUE

M. Jacque est une réputation nouvelle qui ira toujours grandissant, espérons-le — Son *eau-forte* est très hardie, et son sujet très bien conçu. Tout ce que fait M. Jacque sur le cuivre est plein d'une liberté et d'une franchise qui rappelle les vieux maitres. On sait d'ailleurs qu'il s'est chargé d'une reproduction remarquable des eaux-fortes de Rembrandt.

VII

SCULPTURES

BARTOLINI

Nous avons le droit de nous défier à Paris des réputations étrangères. — Nos voisins nous ont si souvent pipé notre estime crédule avec des chefs-d'œuvre qu'ils ne montraient jamais, ou qui, s'ils consentaient enfin à les faire voir, étaient un objet de confusion pour eux et pour nous, que nous nous tenons toujours en garde contre de nouveaux pièges. Ce n'est donc qu'avec une excessive défiance que nous nous sommes approchés de la *Nymphe au scorpion* — Mais cette fois il nous a été réellement impossible de refuser notre admiration à l'artiste étranger. — Certes nos sculpteurs sont plus adroits, et cette préoccupation excessive du métier absorbe aujourd'hui nos sculpteurs comme nos peintres ; — or, c'est justement à cause des qualités un peu mises en oubli chez les nôtres, à savoir : le goût, la noblesse, la grâce — que nous regardons l'œuvre de M. Bartolini comme le morceau capital du salon de sculpture. — Nous savons que quelques-uns des *sculptiers* dont nous allons parler sont très aptes à relever les quelques défauts d'exécution de ce marbre, un peu trop de mollesse, une absence de fermeté ; bref, certaines parties veules et des bras un peu grêles ; — mais aucun d'eux n'a su trouver un aussi joli

motif; aucun d'eux n'a ce grand goût et cette pureté d'intentions, cette chasteté de lignes qui n'exclut pas du tout l'originalité. — Les jambes sont charmantes; la tête est d'un caractère mutin et gracieux; il est probable que c'est tout simplement un modèle bien choisi*. — Moins l'ouvrier se laisse voir dans une œuvre et plus l'intention en est pure et claire, plus nous sommes charmés.

DAVID

Ce n'est pas là, par exemple, le cas de M. David, dont les ouvrages nous font toujours penser à Ribera. — Et encore, il y a ceci de faux dans notre comparaison, que Ribera n'est homme de métier que par-dessus le marché — qu'il est en outre plein de fougue, d'originalité, de colère et d'ironie. Certainement il est difficile de mieux modeler et de mieux faire le morceau que M. David. Cet enfant qui se pend à une grappe, et qui était déjà connu par quelques charmants vers de Sainte-Beuve, est une chose curieuse à examiner; c'est de la chair, il est vrai; mais c'est bête comme la nature, et c'est pourtant une vérité incontestée que le but de la sculpture n'est pas de rivaliser avec des moulages. — Ceci conclu, admirons la beauté du travail tout à notre aise.

BOSIO

au contraire se rapproche de Bartolini par les hautes qualités qui séparent le grand goût d'avec le goût du trop vrai. — Sa *Jeune Indienne* est certainement une jolie chose — mais cela manque un peu d'originalité. — Il est fâcheux que M. Bosio ne nous montre pas à chaque fois des morceaux aussi complets que celui qui est au musée du Luxembourg, et que son magnifique buste de la reine.

PRADIER

On dirait que M. Pradier a voulu sortir de lui-même et s'élever, d'un seul coup, vers les régions hautes. Nous ne savons comment louer sa statue — elle est incomparablement habile — elle est jolie sous tous les aspects — on pourrait sans doute en retrouver quelques parties au musée des Antiques; car c'est un mélange prodigieux de dissimulations. — L'ancien Pradier vit encore sous cette peau nouvelle, pour donner un charme exquis à cette figure; — c'est là certainement un noble tour de force; mais la nymphe de M. Bartolini, avec ses imperfections, nous parait plus originale.

FEUCHÈRE

Encore un habile — mais quoi! n'ira-t-on jamais plus loin?
Ce jeune artiste a déjà eu de beau salons — sa satue est évidemment destinée à un succès; outre que son sujet est heureux, car les pucelles ont en général un public, comme tout ce qui touche aux affections publiques, cette Jeanne d'Arc que nous avions déjà vue en plâtre gagne beaucoup à des proportions plus grandes. Les draperies tombent bien, et non pas comme tombent en général les draperies des sculpteurs — les bras et les pieds sont d'un très beau travail — la tête est peut-être un peu commune.

* Nous sommes d'autant plus fier de notre avis que nous le savons partagé par un des grands peintres de l'école moderne.

DAUMAS

M. Daumas est, dit-on, un chercheur. — En effet, il y a des intentions d'énergie et d'élégance dans son *Génie maritime;* mais c'est bien grêle.

ÉTEX

M. Étex n'a jamais rien pu faire de complet. Sa conception est souvent heureuse — il y a chez lui une certaine fécondité de pensée qui se fait jour assez vite et qui nous plaît; mais des morceaux assez considérables déparent toujours son œuvre. Ainsi, vu par-derrière, son groupe d'Héro et Léandre a l'air lourd et les lignes ne se détachent pas harmonieusement. Les épaules et le dos de la femme ne sont pas dignes de ses hanches et de ses jambes.

GARRAUD

avait fait autrefois une assez belle bacchante dont on a gardé le souvenir — c'était de la chair — son groupe de la *Première famille humaine* contient certainement des morceaux d'une exécution très remarquable; mais l'ensemble en est désagréable et rustique, surtout par-devant. — La tête d'Adam, quoiqu'elle ressemble à celle du Jupiter olympien, est affreuse. — Le petit Caïn est le mieux réussi.

DE BAY

est un peintre qui a fait un groupe charmant, le *Berceau primitif.* — Ève tient ses deux enfants sur un genou et leur fait une espèce de panier avec ses deux bras. — La femme est belle, les enfants jolis — c'est surtout la composition de ceci qui nous plaît; car il est malheureux que M. De Bay n'ait pu mettre au service d'une idée aussi originale qu'une exécution qui ne l'est pas assez.

CUMBERWORTH

LA LESBIE DE CATULLE PLEURANT SUR LE MOINEAU

C'est de la belle et bonne sculpture. — De belles lignes, de belles draperies, — c'est un peu trop de l'antique, dont

SIMART

s'est néanmoins encore plus abreuvé, ainsi que

FORCEVILLE-DUVETTE

qui a évidemment du talent, mais qui s'est trop souvenu de la *Polymnie.*

MILLET

a fait une jolie bacchante — d'un bon mouvement; mais n'est-ce pas un peu trop connu, et n'avons-nous pas vu ce motif-là bien souvent ?

DANTAN

a fait quelques bons bustes, nobles, et évidemment ressemblants, ainsi que

CLÉSINGER

qui a mis beaucoup de distinction et d'élégance dans les portraits du duc de Nemours et de Mme Marie de M...

CAMAGNI

A fait un buste romantique de Cordelia, dont le type est assez original pour être un portrait. .
. .
. .
. .
Nous ne croyons pas avoir fait d'omissions graves. — Le Salon, en somme, ressemble à tous les salons précédents, sauf l'arrivée soudaine, inattendue, éclatante de M. William Haussoullier — et quelques très belles choses des Delacroix et des Decamps. Du reste, constatons que tout le monde peint de mieux en mieux, ce qui nous parait désolant ; — mais d'invention, d'idées, de tempérament, pas davantage qu'avant. — Au vent qui soufflera demain nul ne tend l'oreille ; et pourtant l'héroïsme *de la vie moderne* nous entoure et nous presse. — Nos sentiments vrais nous étouffent assez pour que nous les connaissions. — Ce ne sont ni les sujets ni les couleurs qui manquent aux épopées. Celui-là sera le *peintre*, le vrai peintre, qui saura arracher à la vie actuelle son côté épique, et nous faire voir et comprendre, avec de la couleur ou du dessin, combien nous sommes grands et poétiques dans nos cravates et nos bottes vernies. — Puissent les vrais chercheurs nous donner l'année prochaine cette joie singulière de célébrer l'avènement du *neuf !*

Le Musée classique du Bazar Bonne-Nouvelle

Tous les mille ans, il parait une spirituelle idée. Estimons-nous donc heureux d'avoir eu l'année 1846 dans le lot de notre existence ; car l'année 1846 a donné aux sincères enthousiastes des beaux-arts la jouissance de dix tableaux de David et onze de Ingres. Nos expositions annuelles, turbulentes, criardes, violentes, bousculées, ne peuvent pas donner une idée de celle-ci, calme, douce et sérieuse comme un cabinet de travail. Sans compter les deux illustres que nous venons de nommer, vous pourrez encore y apprécier de nobles ouvrages de Guérin et de Girodet, ces maitre hautains et délicats, ces fiers continuateurs de David, le fier Cimabué du genre dit classique, et de ravissants morceaux de Prud'hon, ce frère en romantisme d'André Chénier.

Avant d'exposer à nos lecteurs un catalogue et une appréciation des principaux de ces ouvrages, constatons un fait assez curieux qui pourra leur fournir matière à de tristes réflexions. Cette exposition est faite au profit de la caisse de secours de la société des artistes, c'est-à-dire en faveur d'une certaine classe de pauvres, les plus nobles et les plus méritants, puisqu'ils travaillent au plaisir le plus noble de la société. Les pauvres — les autres — sont venus immédiatement prélever leurs droits. En vain leur a-t-on offert un traité à forfait ; nos rusés *malingreux,* en gens qui connaissent les affaires, présumant que celle-ci était excellente, ont préféré les droits proportionnels. Ne serait-il pas temps de se garder un peu de cette rage d'humanité maladroite, qui nous fait tous les jours, pauvres aussi que nous sommes, les victimes des pauvres ? Sans doute la charité est une belle chose ; mais ne pourrait-elle pas opérer ses bienfaits, sans autoriser ces *razzias* redoutables dans la bourse des travailleurs ?

— Un jour, un musicien qui crevait de faim organise un modeste concert ; les pauvres de s'abattre sur le concert ; l'affaire étant douteuse, traitée à forfait, deux cents francs ; les pauvres s'envolent, les ailes chargées de butin ; le concert fait cinquante francs, et le violoniste affamé implore une place de *sabouleux* surnuméraire à la cour des Miracles ? — Nous rapportons des faits ; lecteur, à vous les réflexions.

La classique exposition n'a d'abord obtenu qu'un succès de fou rire parmi nos jeunes artistes. La plupart de ces messieurs présomptueux, — nous ne voulons pas les nommer, — qui représentent assez bien dans l'art les adeptes de la fausse école romantique en poésie, — nous ne voulons pas non plus les

nommer, — ne peuvent rien comprendre à ces sévères leçons de la peinture révolutionnaire, cette peinture qui se prive volontairement du charme et du ragoût malsains, et qui vit surtout par la pensée et par l'âme, — amère et despotique comme la révolution dont elle est née. Pour s'élever si haut, nos rapins sont gens trop habiles, et savent trop bien peindre. La couleur les a aveuglés, et ils ne peuvent plus voir et suivre en arrière l'austère filiation du romantisme, cette expression de la société moderne. Laissons donc rire et baguenauder à l'aise ces jeunes vieillards, et occupons-nous de nos maitres.

Parmi les dix ouvrages de David, les principaux sont *Marat, La Mort de Socrate, Bonaparte au mont Saint-Bernard, Télémaque et Eucharis*.

Le *divin* Marat, un bras pendant hors de la baignoire et retenant mollement sa dernière plume, la poitrine percée de la blessure *sacrilège*, vient de rendre le dernier soupir. Sur le pupitre vert placé devant lui sa main tient encore la lettre perfide : « Citoyen, il suffit que je sois bien malheureuse pour avoir droit à votre bienveillance. » L'eau de la baignoire est rougie de sang, le papier est sanglant ; à terre git un grand couteau de cuisine trempé de sang ; sur un misérable support de planches qui composait le mobilier de travail de l'infatigable journaliste, on lit : « À Marat, David. » Tous ces détails sont historiques et réels, comme un roman de Balzac : le drame est là, vivant dans toute sa lamentable horreur, et par un tour de force étrange qui fait de cette peinture le chef-d'œuvre de David et une des grandes curiosités de l'art moderne, elle n'a rien de trivial ni d'ignoble. Ce qu'il y a de plus étonnant dans ce poème inaccoutumé, c'est qu'il est peint avec une rapidité extrême, et quand on songe à la beauté du dessin, il y a là de quoi confondre l'esprit. Ceci est le pain des forts et le triomphe du spiritualisme ; cruel comme la nature, ce tableau a tout le parfum de l'idéal. Quelle était donc cette laideur que la sainte Mort a si vite effacée du bout de son aile ? Marat peut désormais défier l'Apollon, la Mort vient de le baiser de ses lèvres amoureuses, et il repose dans le calme de sa métamorphose. Il y a dans cette œuvre quelque chose de tendre et de poignant à la fois ; dans l'air froid de cette chambre, sur ces murs froids, autour de cette froide et funèbre baignoire, une âme voltige. Nous permettrez-vous, politiques de tous les partis, et vous-mêmes, farouches libéraux de 1845, de nous attendrir devant le chef-d'œuvre de David ? Cette peinture était un don à la patrie éplorée, et nos larmes ne sont pas dangeureuses.

Ce tableau avait pour pendant à la Convention la *Mort de Le Peletier de Saint-Fargeau*. Quant à celui-là, il a disparu d'une manière mystérieuse ; la famille du conventionnel l'a, dit-on, payé 40 000 francs aux héritiers de David ; nous n'en disons pas davantage, de peur de calomnier des gens qu'il faut croire innocents *.

La Mort de Socrate est une admirable composition que tout le monde connait, mais dont l'aspect a quelque chose de commun qui fait songer à M. Duval-Lecamus (père). Que l'ombre de David nous pardonne !

Le *Bonaparte au mont Saint-Bernard* est peut-être, — avec celui de Gros, dans la *Bataille d'Eylau*, — le seul Bonaparte poétique et grandiose que possède la France.

* Ce tableau était peut-être encore plus étonnant que le *Marat*. Le Peletier de Saint-Fargeau était étendu tout de son long sur un matelas. Au-dessus, une épée mystérieuse, descendant du plafond, menaçait perpendiculairement sa tète. Sur l'épée, on lisait : « Pàris, garde du corps. »

Télémaque et Eucharis a été fait en Belgique, pendant l'exil du grand maitre. C'est un charmant tableau qui a l'air, comme *Hélène et Pâris*, de vouloir jalouser les peintures délicates et rêveuses de Guérin. Des deux personnages, c'est Télémaque qui est le plus séduisant. Il est présumable que l'artiste s'est servi pour le dessiner d'un modèle féminin. Guérin est représenté par deux esquisses, dont l'une, *La Mort de Priam*, est une chose superbe. On y retrouve toutes les qualités dramatiques et quasi fantasmagoriques de l'auteur de *Thésée et Hippolyte*.

mains liées, et arrachée du temple de Minerve, et le cruel Pyrrhus trainant par les cheveux la vieillesse tremblante de Priam et l'égorgeant au pied des autels. — Pourquoi a-t-on si bien caché cette esquisse ? M. Cogniet, l'un des ordonnateurs de cette fête, en veut-il donc à son vénérable maître ?

Hippocrate refusant les présents d'Artaxerce, de Girodet, est revenu de l'École de médecine faire admirer sa superbe ordonnance, son fini excellent et ses détails spirituels. Il y a dans ce tableau, chose curieuse, des qualités particulières et une multiplicité d'intentions qui rappellent, dans un autre système d'exécution, les très bonnes toiles de M. Robert-Fleury. Nous eussions aimé voir à l'exposition Bonne-Nouvelle quelques compositions de Girodet, qui eussent bien exprimé le côté essentiellement poétique de son talent. (Voir l'*Endymion* et l'*Atala*.) Girodet a traduit Anacréon, et son pinceau a toujours trempé aux sources les plus littéraires.

Le baron Gérard fut dans les arts ce qu'il était dans son salon, l'amphitryon qui veut plaire à tout le monde, et c'est cet électisme courtisanesque qui l'a perdu. David, Guérin et Girodet sont restés, débris inébranlables et invulnérables de cette grande école, et Gérard n'a laissé que la réputation d'un homme aimable et très spirituel. Du reste, c'est lui qui a annoncé la venue d'Eugène Delacroix et qui a dit : « Un peintre nous est né ! C'est un homme qui court sur les toits. »

Gros et Géricault, sans posséder la finesse, la délicatesse, la raison souveraine ou l'âpreté sévère de leurs devanciers, furent de généreux tempéraments. Il y a là une esquisse de Gros, *Le Roi Lear et ses filles,* qui est d'un aspect fort saisissant et fort étrange ; c'est d'une belle imagination.

Voici venir l'aimable Prud'hon, que quelques-uns osent déjà préférer à Corrège ; Prud'hon, cet étonnant mélange, Prud'hon, ce poète et ce peintre, qui, devant les David, rêvait la couleur ! ! Ce dessin gras, invisible et sournois, qui serpente sous la couleur, est, surtout si l'on considère l'époque, un légitime sujet d'étonnement. — De longtemps, les artistes n'auront pas l'âme assez bien trempée pour attaquer les jouissances amères de David et de Girodet. Les délicieuses flatteries de Prud'hon seront donc une préparation. Nous avons surtout remarqué un petit tableau, *Vénus et Adonis,* qui fera sans doute réfléchir M. Diaz.

M. Ingres étale fièrement dans un salon spécial onze tableaux, c'est-à-dire sa vie entière, ou du moins des échantillons de chaque époque, — bref, toute la Genèse de son génie. M. Ingres refuse depuis longtemps d'exposer au Salon, et il a, selon nous, raison. Son admirable talent est toujours plus ou moins culbuté au milieu de ces cohues, où le public, étourdi et fatigué, subit la loi de celui qui crie le plus haut. Il faut que M. Delacroix ait un courage surhumain pour affronter annuellement tant d'éclaboussures. Quant à M. Ingres, doué d'une patience non moins grande, sinon d'une audace aussi généreuse, il attendait l'occasion sous sa tente. L'occasion est venue et il en a superbement usé. — La

place nous manque, et peut-être la langue, pour louer dignement la *Stratonice*, qui eût étonné Poussin, la *grande Odalisque* dont Raphaël eût été tourmenté, la *petite Odalisque* cette délicieuse et bizarre fantaisie qui n'a point de précédents dans l'art ancien, et les portraits de M. Bertin, de M. Molé et de Mme d'Haussonville — de vrais portraits, c'est-à-dire la reconstruction idéale des individus ; seulement nous croyons utile de redresser quelques préjugés singuliers qui ont cours sur le compte de M. Ingres parmi un certain monde, dont l'oreille a plus de mémoire que les yeux. Il est entendu et reconnu que la peinture de M. Ingres est grise. — Ouvrez l'œil, nation nigaude, et dites si vous vîtes jamais de la peinture plus éclatante et plus voyante, et même une plus grande recherche de tons ? Dans la seconde Odalisque, cette recherche est excessive, et, malgré leur multiplicité, ils sont tous doués d'une distinction particulière. — Il est entendu aussi que M. Ingres est un grand dessinateur maladroit qui ignore la perspective aérienne, et que sa peinture est plate comme une mosaïque chinoise ; à quoi nous n'avons rien à dire, si ce n'est de comparer la *Stratonice*, où une complication énorme de tons et d'effets lumineux n'empêche pas l'harmonie, avec la *Thamar*, où M. H. Vernet a résolu un problème incroyable : faire la peinture à la fois la plus criarde et la plus obscure, la plus embrouillée ! Nous n'avons jamais rien vu de si en désordre. Une des choses, selon nous, qui distingue surtout le talent de M. Ingres, est l'amour de la femme. Son libertinage est sérieux et plein de conviction. M. Ingres n'est jamais si heureux ni si puissant que lorsque son génie se trouve aux prises avec les appas d'une jeune beauté. Les muscles, les plis de la chair, les ombres des fossettes, les ondulations montueuses de la peau, rien n'y manque. Si l'île de Cythère commandait un tableau à M. Ingres, à coup sûr il ne serait pas folâtre et riant comme celui de Watteau, mais robuste et nourrissant comme l'amour antique*.

Nous avons revu avec plaisir les trois petits tableaux de M. Delaroche, *Richelieu, Mazarin* et l'*Assassinat du duc de Guise*. Ce sont des œuvres charmantes dans les régions moyennes du talent et du bon goût. Pourquoi donc M. Delaroche a-t-il la maladie des grands tableaux ? Hélas ! c'en est toujours des petits ; — une goutte d'essence dans un tonneau.

M. Cogniet a pris la meilleure place de la salle ; il y a mis son *Tintoret*. — M. Ary Scheffer est un homme d'un talent éminent, ou plutôt une heureuse imagination, mais qui a trop varié sa manière pour en avoir une bonne ; c'est un poète sentimental qui salit des toiles.

Nous n'avons rien vu de M. Delacroix, et nous croyons que c'est une raison de plus pour en parler. — Nous, cœur d'honnête homme, nous croyions naïvement que si MM. les commissaires n'avaient pas associé le chef de l'école actuelle à cette fête artistique, c'est que ne comprenant pas la parenté mystérieuse qui l'unit à l'école révolutionnaire dont il sort, ils voulaient surtout de l'unité et un aspect uniforme dans leur œuvre : et nous jugions cela, sinon louable, du moins excusable. Mais point. — Il n'y a pas de Delacroix, parce que M. Delacroix n'est pas un peintre, mais un journaliste ; c'est du moins ce qui a été répondu à un de nos amis, qui s'était chargé de leur demander une petite explication à ce sujet. Nous ne voulons pas nommer l'auteur de ce

* Il y a dans le dessin de M. Ingres des recherches d'un goût particulier, des finesses extrêmes, dues peut-être à des moyens singuliers. Par exemple, nous ne serions pas étonné qu'il se fût servi d'une négresse pour accuser plus vigoureusement dans l'*Odalisque* certains développements et certaines sveltesses.

bon mot, soutenu et appuyé par une foule de quolibets indécents, que ces messieurs se sont permis à l'endroit de notre grand peintre. — Il y a là-dedans plus à pleurer qu'à rire. — M. Cogniet, qui a si bien dissimulé son illustre maître, a-t-il donc craint de soutenir son illustre condisciple ? M. Dubufe se serait mieux conduit. Sans doute ces messieurs seraient fort respectables à cause de leur faiblesse, s'ils n'étaient en même temps méchants et envieux.

Nous avons entendu maintes fois de jeunes artistes se plaindre du bourgeois, et le représenter comme l'ennemi de toute chose grande et belle. — Il y a là une idée fausse qu'il est temps de relever. Il est une chose mille fois plus dangereuse que le bourgeois, c'est l'artiste-bourgeois, qui a été créé pour s'interposer entre le public et le génie ; il les cache l'un à l'autre. Le bourgeois qui a peu de notions scientifiques va où le pousse la grande voix de l'artiste-bourgeois. — Si on supprimait celui-ci, l'épicier porterait E. Delacroix en triomphe. L'épicier est une grande chose, un homme céleste qu'il faut respecter, *homo bonæ voluntatis !* Ne le raillez point de vouloir sortir de sa sphère, et aspirer, l'excellente créature, aux régions hautes. Il veut être ému, il veut sentir, connaître, rêver comme il aime ; il veut être complet ; il vous demande tous les jours son morceau d'art et de poésie, et vous le volez. Il mange du Cogniet, et cela prouve que sa bonne volonté est grande comme l'infini. Servez-lui un chef-d'œuvre, il le digérera et ne s'en portera que mieux !

Salon de 1846

AUX BOURGEOIS

Vous êtes la majorité, — nombre et intelligence ; — donc vous êtes la force, — qui est la justice.

Les uns savants, les autres propriétaires ; — un jour radieux viendra où les savants seront propriétaires, et les propriétaires savants. Alors votre puissance sera complète, et nul ne protestera contre elle.

En attendant cette harmonie suprême, il est juste que ceux qui ne sont que propriétaires aspirent à devenir savants ; car la science est une jouissance non moins grande que la propriété.

Vous possédez le gouvernement de la cité, et cela est juste, car vous êtes la force. Mais il faut que vous soyez aptes à sentir la beauté ; car comme aucun d'entre vous ne peut aujourd'hui se passer de puissance, nul n'a le droit de se passer de poésie.

Vous pouvez vivre trois jours sans pain ; — sans poésie, jamais ; et ceux d'entre vous qui disent le contraire se trompent : ils ne se connaissent pas.

Les aristocrates de la pensée, les distributeurs de l'éloge et du blâme, les accapareurs des choses spirituelles, vous ont dit que vous n'aviez pas le droit de sentir et de jouir : — ce sont des pharisiens.

Car vous possédez le gouvernement d'une cité où est le public de l'univers, et il faut que vous soyez dignes de cette tâche.

Jouir est une science, et l'exercice des cinq sens veut une initiation particulière, qui ne se fait que par la bonne volonté et le besoin.

Or vous avez besoin d'art.

L'art est un bien infiniment précieux, un breuvage rafraîchissant et réchauffant, qui rétablit l'estomac et l'esprit dans l'équilibre naturel de l'idéal.

Vous en concevez l'utilité, ô bourgeois, — législateurs, ou commerçants, — quand la septième ou la huitième heure sonnée incline votre tête fatiguée vers les braises du foyer et les oreillards du fauteuil.

Un désir plus brûlant, une rêverie plus active, vous délasseraient alors de l'action quotidienne.

Mais les accapareurs ont voulu vous éloigner des pommes de la science, parce que la science est leur comptoir et leur boutique, dont ils sont infiniment jaloux. S'ils vous avaient nié la puissance de fabriquer des œuvres d'art ou de comprendre les procédés d'après lesquels on les fabrique, ils eussent affirmé une vérité dont vous ne vous seriez pas offensés, parce que les affaires

publiques et le commerce absorbent les trois quarts de votre journée. Quant aux loisirs, ils doivent donc être employés à la jouissance et à la volupté. Mais les accapareurs vous ont défendu de jouir, parce que vous n'avez pas l'intelligence de la technique des arts, comme des lois et des affaires. Cependant il est juste, si les deux tiers de votre temps sont remplis par la science, que le troisième soit occupé par le sentiment, et c'est par le sentiment seul que vous devez comprendre l'art ; — c'est ainsi que l'équilibre des forces de votre âme sera constitué.

La vérité, pour être multiple, n'est pas double ; et comme vous avez dans votre politique élargi les droits et les bienfaits, vous avez établi dans les arts une plus grande et plus abondante communion.

Bourgeois, vous avez — roi, législateur ou négociant, — institué des collections, des musées, des galeries. Quelques-unes de celles qui n'étaient ouvertes il y a seize ans qu'aux accapareurs ont élargi leurs portes pour la multitude.

Vous vous êtes associés, vous avez formé des compagnies et fait des emprunts pour réaliser l'idée de l'avenir avec toutes ses formes diverses, formes politique, industrielle et artistique. Vous n'avez jamais en aucune noble entreprise laissé l'initiative à la minorité protestante et souffrante, qui est d'ailleurs l'ennemie naturelle de l'art.

Car se laisser devancer en art et en politique, c'est se suicider, et une majorité ne peut pas se suicider.

Ce que vous avez fait pour la France, vous l'avez fait pour d'autres pays. Le musée espagnol est venu augmenter le volume des idées générales que vous devez posséder sur l'art ; car vous savez parfaitement que, comme un musée national est une communion dont la douce influence attendrit les cœurs et assouplit les volontés, de même un musée étranger est une communion internationale, où deux peuples, s'observant et s'étudiant plus à l'aise, se pénètrent mutuellement, et fraternisent sans discussion.

Vous êtes les amis naturels des arts, parce que vous êtes, les uns riches, les autres savants.

Quand vous avez donné à la société votre science, votre industrie, votre travail, votre argent, vous réclamez votre payement en jouissances du corps, de la raison et de l'imagination. Si vous récupérez la quantité de jouissances nécessaire pour rétablir l'équilibre de toutes les parties de votre être, vous êtes heureux, repus et bienveillants, comme la société sera repue, heureuse et bienveillante, quand elle aura trouvé son équilibre général et absolu.

C'est donc à vous, bourgeois, que ce livre est naturellement dédié ; car tout livre qui ne s'adresse pas à la majorité, — nombre et intelligence, — est un sot livre.

1er mai 1846.

I

À QUOI BON LA CRITIQUE ?

À quoi bon ? — Vaste et terrible point d'interrogation, qui saisit la critique au collet dès le premier pas qu'elle veut faire dans son premier chapitre.

L'artiste reproche tout d'abord à la critique de ne pouvoir rien enseigner au

bourgeois, qui ne veut ni peindre ni rimer, — ni à l'art, puisque c'est de ses entrailles que la critique est sortie.

Et pourtant que d'artistes de ce temps-ci doivent à elle seule leur pauvre renommée ! C'est peut-être là le vrai reproche à lui faire.

Vous avez vu un Gavarni représentant un peintre courbé sur sa toile ; derrière lui un monsieur, grave, sec, roide et cravaté de blanc, tenant à la main son dernier feuilleton. « Si l'art est noble, la critique est sainte. » — « Qui dit cela ? » — « La critique ! » Si l'artiste joue si facilement le beau rôle, c'est que le critique est sans doute un critique comme il y en a tant.

En fait de moyens et procédés — des ouvrages eux-mêmes*, le public et l'artiste n'ont rien à apprendre ici. Ces choses-là s'apprennent à l'atelier, et le public ne s'inquiète que du résultat.

Je crois sincèrement que la meilleure critique est celle qui est amusante et poétique ; non pas celle-ci, froide et algébrique, qui, sous prétexte de tout expliquer, n'a ni haine ni amour, et se dépouille volontairement de toute espèce de tempérament ; mais, — un beau tableau étant la nature réfléchie par un artiste, — celle qui sera ce tableau réfléchi par un esprit intelligent et sensible. Ainsi le meilleur compte rendu d'un tableau pourra être un sonnet ou une élégie.

Mais ce genre de critique est destiné aux recueils de poésie et aux lecteurs poétiques. Quant à la critique proprement dite, j'espère que les philosophes comprendront ce que je vais dire : pour être juste, c'est-à-dire pour avoir sa raison d'être, la critique doit être partiale, passionnée, politique, c'est-à-dire faite à un point de vue exclusif, mais au point de vue qui ouvre le plus d'horizons.

Exalter la ligne au détriment de la couleur, ou la couleur aux dépens de la ligne, sans doute c'est un point de vue ; mais ce n'est ni très large ni très juste, et cela accuse une grande ignorance des destinées particulières.

Vous ignorez à quelle dose la nature a mêlé dans chaque esprit le goût de la ligne et le goût de la couleur, et par quels mystérieux procédés elle opère cette fusion, dont le résultat est un tableau.

Ainsi un point de vue plus large sera l'individualisme bien entendu : commander à l'artiste la naïveté et l'expression sincère de son tempérament, aidée par tous les moyens que lui fournit son métier**. Qui n'a pas de tempérament n'est pas digne de faire des tableaux, et, — comme nous sommes las des imitateurs, et surtout des éclectiques, — doit entrer comme ouvrier au service d'un peintre à tempérament. C'est ce que je démontrerai dans un des derniers chapitres.

Désormais muni d'un criterium certain, criterium tiré de la nature, le critique doit accomplir son devoir avec passion ; car pour être critique on n'en est pas moins homme, et la passion rapproche les tempéraments analogues et soulève la raison à des hauteurs nouvelles.

Stendhal a dit quelque part : « La peinture n'est que de la morale construite ! » — Que vous entendiez ce mot de morale dans un sens plus ou moins

* Je sais bien que la critique actuelle a d'autres prétentions ; c'est ainsi qu'elle recommandera toujours le dessin aux coloristes et la couleur aux dessinateurs. C'est d'un goût très raisonnable et très sublime !
** A propos de l'individualisme bien entendu, voir dans le *Salon de 1845* l'article sur William Haussoullier. Malgré tous les reproches qui m'ont été faits à ce sujet, je persiste dans mon sentiment ; mais il faut comprendre l'article.

libéral, on en peut dire autant de tous les arts. Comme ils sont toujours le beau exprimé par le sentiment, la passion et la rêverie de chacun, c'est-à-dire la variété dans l'unité, ou les faces diverses de l'absolu, — la critique touche à chaque instant à la métaphysique.

Chaque siècle, chaque peuple ayant possédé l'expression de sa beauté et de sa morale, — si l'on veut entendre par romantisme l'expression la plus récente et la plus moderne de la beauté, — le grand artiste sera donc, — pour le critique raisonnable et passionné, — celui qui unira à la condition demandée ci-dessus, la naïveté, — le plus de romantisme possible.

II
QU'EST-CE QUE LE ROMANTISME ?

Peu de gens aujourd'hui voudront donner à ce mot un sens réel et positif; oseront-ils cependant affirmer qu'une génération consent à livrer une bataille de plusieurs années pour un drapeau qui n'est pas un symbole ?

Qu'on se rappelle les troubles de ces derniers temps, et l'on verra que, s'il est resté peu de romantiques, c'est que peu d'entre eux ont trouvé le romantisme ; mais tous l'ont cherché sincèrement et loyalement.

Quelques-uns ne se sont appliqués qu'au choix des sujets ; ils n'avaient pas le tempérament de leurs sujets. — D'autres, croyant encore à une société catholique, ont cherché à refléter le catholicisme dans leurs œuvres. — S'appeler romantique et regarder systématiquement le passé, c'est se contredire. — Ceux-ci, au nom du romantisme, ont blasphémé les Grecs et les Romains : or on peut faire des Romains et des Grecs romantiques, quand on l'est soi-même. — La vérité dans l'art et la couleur locale en ont égaré beaucoup d'autres. Le réalisme avait existé longtemps avant cette grande bataille, et d'ailleurs, composer une tragédie ou un tableau pour M. Raoul Rochette, c'est s'exposer à recevoir un démenti du premier venu, s'il est plus savant que M. Raoul Rochette.

Le romantisme n'est précisément ni dans le choix des sujets ni dans la vérité exacte, mais dans la manière de sentir.

Ils l'ont cherché en dehors, et c'est en dedans qu'il était seulement possible de le trouver.

Pour moi, le romantisme est l'expression la plus récente, la plus actuelle du beau.

Il y a autant de beautés qu'il y a de manières habituelles de chercher le bonheur*.

La philosophie du progrès explique ceci clairement : ainsi, comme il y a eu autant d'idéals qu'il y a eu pour les peuples de façons de comprendre la morale, l'amour, la religion, etc., le romantisme ne consistera pas dans une exécution parfaite, mais dans une conception analogue à la morale du siècle.

C'est parce que quelques-uns l'ont placé dans la perfection du métier, que nous avons eu le rococo du romantisme, le plus insupportable de tous sans contredit.

* Stendhal.

Il faut donc, avant tout, connaître les aspects de la nature et les situations de l'homme, que les artistes du passé ont dédaignés ou n'ont pas connus.

Qui dit romantisme dit art moderne, — c'est-à-dire intimité, spiritualité, couleur, aspiration vers l'infini, exprimées par tous les moyens que contiennent les arts.

Il suit de là qu'il y a une contradiction évidente entre le romantisme et les œuvres de ses principaux sectaires.

Que la couleur joue un rôle très important dans l'art moderne, quoi d'étonnant ? Le romantisme est fils du Nord, et le Nord est coloriste ; les rêves et les féeries sont enfants de la brume. L'Angleterre, cette patrie des coloristes exaspérés, la Flandre, la moitié de la France, sont plongées dans les brouillards ; Venise elle-même trempe dans les lagunes. Quant aux peintres espagnols, ils sont plutôt contrastés que coloristes.

En revanche le Midi est naturaliste, car la nature y est si belle et si claire, que l'homme, n'ayant rien à désirer, ne trouve rien de plus beau à inventer que ce qu'il voit : ici, l'art en plein air, et quelques centaines de lieues plus haut, les rêves profonds de l'atelier et les regards de la fantaisie noyés dans les horizons gris. Le Midi est brutal et positif comme un sculpteur dans ses compositions les plus délicates ; le Nord souffrant et inquiet se console avec l'imagination, et s'il fait de la sculpture, elle sera plus souvent pittoresque que classique.

Raphaël, quelque pur qu'il soit, n'est qu'un esprit matériel sans cesse à la recherche du solide ; mais cette canaille de Rembrandt est un puissant idéaliste qui fait rêver et deviner au-delà. L'un compose des créatures à l'état neuf et virginal, — Adam et Ève ; — mais l'autre secoue des haillons devant nos yeux et nous raconte les souffrances humaines.

Cependant Rembrandt n'est pas un pur coloriste, mais un harmoniste ; combien l'effet sera donc nouveau et le romantisme adorable, si un puissant coloriste nous rend nos sentiments et nos rêves les plus chers avec une couleur appropriée aux sujets !

Avant de passer à l'examen de l'homme qui est jusqu'à présent le plus digne représentant du romantisme, je veux écrire sur la couleur une série de réflexions qui ne seront pas inutiles pour l'intelligence complète de ce petit livre.

III

DE LA COULEUR

Supposons un bel espace de nature où tout verdoie, rougeoie, poudroie et chatoie en pleine liberté, où toutes choses, diversement colorées suivant leur constitution moléculaire, changées de seconde en seconde par le déplacement de l'ombre et de la lumière, et agitées par le travail intérieur du calorique, se trouvent en perpétuelle vibration, laquelle fait trembler les lignes et complète la loi du mouvement éternel et universel. — Une immensité, bleue quelquefois et verte souvent, s'étend jusqu'aux confins du ciel : c'est la mer. Les arbres sont verts, les gazons verts, les mousses vertes ; le vert serpente dans les troncs, les tiges non mûres sont vertes ; le vert est le fond de la nature, parce que le vert se marie facilement à tous les autres tons*. Ce qui me frappe d'abord, c'est que

* Excepté à ses générateurs, le jaune et le bleu ; cependant je ne parle ici que des tons purs. Car

partout, — coquelicots dans les gazons, pavots, perroquets, etc., — le rouge chante la gloire du vert ; le noir, — quand il y en a, — zéro solitaire et insignifiant, intercède le secours du bleu ou du rouge. Le bleu, c'est-à-dire le ciel, est coupé de légers flocons blancs ou de masses grises qui trempent heureusement sa morne crudité, — et, comme la vapeur de la saison, — hiver ou été, — baigne, adoucit, ou engloutit les contours, la nature ressemble à un toton qui, mû par une vitesse accélérée, nous apparaît gris, bien qu'il résume en lui toutes les couleurs.

La sève monte et, mélange de principes, elle s'épanouit en *tons mélangés* ; les arbres, les rochers, les granits se mirent dans les eaux et y déposent leurs *reflets* ; tous les objets transparents accrochent au passage lumières et couleurs voisines et lointaines. À mesure que l'astre du jour se dérange, les tons changent de valeur, mais, respectant toujours leurs sympathies et leurs haines naturelles, continuent à vivre en harmonie par des concessions réciproques. Les ombres se déplacent lentement, et font fuir devant elles et s'éteignent les tons à mesure que la lumière, déplacée elle-même, en veut faire résonner de nouveau. Ceux-ci se renvoient leurs reflets, et, modifiant leurs qualités en les *glaçant* de qualités transparentes et empruntées, multiplient à l'infini leurs mariages mélodieux et les rendent plus faciles. Quand le grand foyer descend dans les eaux, de rouges fanfares s'élancent de tous côtés ; une sanglante harmonie éclate à l'horizon, et le vert s'empourpre richement. Mais bientôt de vastes ombres bleues chassent en cadence devant elles la foule des tons orangés et rose tendre qui sont comme l'écho lointain et affaibli de la lumière. Cette grande symphonie du jour, qui est l'éternelle variation de la symphonie d'hier, cette succession de mélodies, où la variété sort toujours de l'infini, cet hymne compliqué s'appelle la couleur.

On trouve dans la couleur l'harmonie, la mélodie et le contrepoint.

Si l'on veut examiner le détail dans le détail, sur un objet de médiocre dimension, — par exemple, la main d'une femme un peu sanguine, un peu maigre et d'une peau très fine, on verra qu'il y a harmonie parfaite entre le vert des fortes veines qui la sillonnent et les tons sanguinolents qui marquent les jointures ; les ongles roses tranchent sur la première phalange qui possède quelques tons gris et bruns. Quant à la paume, les lignes de vie, plus roses et plus vineuses, sont séparées les unes des autres par le système des veines vertes ou bleues qui les traversent. L'étude du même objet, faite avec une loupe, fournira dans n'importe quel espace, si petit qu'il soit, une harmonie parfaite de tons gris, bleus, bruns, verts, orangés et blancs réchauffés par un peu de jaune ; — harmonie qui, combinée avec les ombres, produit le modelé des coloristes, essentiellement différent du modelé des dessinateurs, dont les difficultés se réduisent à peu près à copier un plâtre.

La couleur est donc l'accord de deux tons. Le ton chaud et le ton froid, dans l'opposition desquels consiste toute la théorie, ne peuvent se définir d'une manière absolue : ils n'existent que relativement.

La loupe, c'est l'œil du coloriste.

Je ne veux pas en conclure qu'un coloriste doit procéder par l'étude minutieuse des tons confondus dans un espace très limité. Car en admettant que chaque molécule soit douée d'un ton particulier, il faudrait que la matière fût divisible à l'infini ; et d'ailleurs, l'art n'étant qu'une abstraction et un

cette règle n'est pas applicable aux coloristes transcendants qui connaissent à fond la science du contrepoint.

sacrifice du détail à l'ensemble, il est important de s'occuper surtout des masses. Mais je voulais prouver que, si le cas était possible, les tons, quelque nombreux qu'ils fussent, mais logiquement juxtaposés, se fondraient naturellement par la loi qui les régit.

Les affinités chimiques sont la raison pour laquelle la nature ne peut pas commettre de fautes dans l'arrangement de ces tons ; car, pour elle, forme et couleur sont un.

Le vrai coloriste ne peut pas en commettre non plus ; et tout lui est permis, parce qu'il connait de naissance la gamme des tons, la force du ton, les résultats des mélanges, et toute la science du contrepoint, et qu'il peut ainsi faire une harmonie de vingt rouges différents.

Cela est si vrai que, si un propriétaire anticoloriste s'avisait de repeindre sa campagne d'une manière absurde et dans un système de couleurs charivariques, le vernis épais et transparent de l'atmosphère et l'œil savant de Véronèse redresseraient le tout et produiraient sur une toile un ensemble satisfaisant, conventionnel sans doute, mais logique.

Cela explique comment un coloriste peut être paradoxal dans sa manière d'exprimer la couleur, et comment l'étude de la nature conduit souvent à un résultat tout différent de la nature.

L'air joue un si grand rôle dans la théorie de la couleur, que, si un paysagiste peignait les feuilles des arbres telles qu'il les voit, il obtiendrait un ton faux ; attendu qu'il y a un espace d'air bien moindre entre le spectateur et le tableau qu'entre le spectateur et la nature.

Les mensonges sont continuellement nécessaires, même pour arriver au trompe-l'œil.

L'harmonie est la base de la théorie de la couleur.

La mélodie est l'unité dans la couleur, ou la couleur générale.

La mélodie veut une conclusion ; c'est un ensemble où tous les effets concourent à un effet général.

Ainsi la mélodie laisse dans l'esprit un souvenir profond.

La plupart de nos jeunes coloristes manquent de mélodie.

La bonne manière de savoir si un tableau est mélodieux est de le regarder d'assez loin pour n'en comprendre ni le sujet ni les lignes. S'il est mélodieux, il a déjà un sens, et il a déjà pris sa place dans le répertoire des souvenirs.

Le style et le sentiment dans la couleur viennent du choix, et le choix vient du tempérament.

Il y a des tons gais et folâtres, folâtres et tristes, riches et gais, riches et tristes, de communs et d'originaux.

Ainsi la couleur de Véronèse est calme et gaie. La couleur de Delacroix est souvent plaintive, et la couleur de M. Catlin souvent terrible.

J'ai eu longtemps devant ma fenêtre un cabaret mi-parti de vert et de rouge crus, qui étaient pour mes yeux une douleur délicieuse.

J'ignore si quelque analogiste a établi solidement une gamme complète des couleurs et des sentiments, mais je me rappelle un passage d'Hoffmann qui exprime parfaitement mon idée, et qui plaira à tous ceux qui aiment sincèrement la nature : « Ce n'est pas seulement en rêve, et dans le léger délire qui précède le sommeil, c'est encore éveillé, lorsque j'entends de la musique, que je trouve une analogie et une réunion intime entre les couleurs, les sons et les parfums. Il me semble que toutes ces choses ont été engendrées par un même rayon de lumière, et qu'elles doivent se réunir dans un merveilleux concert.

L'odeur des soucis bruns et rouges produit surtout un effet magique sur ma personne. Elle me fait tomber dans une profonde rêverie, et j'entends alors comme dans le lointain les sons graves et profonds du hautbois*. »

On demande souvent si le même homme peut être à la fois grand coloriste et grand dessinateur.

Oui et non ; car il y a différentes sortes de dessins.

La qualité d'un pur dessinateur consiste surtout dans la finesse, et cette finesse exclut la touche : or il y a des touches heureuses, et le coloriste chargé d'exprimer la nature par la couleur perdrait souvent plus à supprimer des touches heureuses qu'à rechercher une plus grande austérité de dessin.

La couleur n'exclut certainement pas le grand dessin, celui de Véronèse, par exemple, qui procède surtout par l'ensemble et les masses ; mais bien le dessin du détail, le contour du petit morceau, où la touche mangera toujours la ligne.

L'amour de l'air, le choix des sujets à mouvement, veulent l'usage des lignes flottantes et noyées.

Les dessinateurs exclusifs agissent selon un procédé inverse et pourtant analogue. Attentifs à suivre et à surprendre la ligne dans ses ondulations les plus secrètes, ils n'ont pas le temps de voir l'air et la lumière, c'est-à-dire leurs effets, et s'efforcent même de ne pas les voir, pour ne pas nuire au principe de leur école.

On peut donc être à la fois coloriste et dessinateur, mais dans un certain sens. De même qu'un dessinateur peut être coloriste par les grandes masses, de même un coloriste peut être dessinateur par une logique complète de l'ensemble des lignes ; mais l'une de ces qualités absorbe toujours le détail de l'autre.

Les coloristes dessinent comme la nature ; leurs figures sont naturellement délimitées par la lutte harmonieuse des masses colorées.

Les purs dessinateurs sont des philosophes et des abstracteurs de quintessence.

Les coloristes sont des poètes épiques.

IV

EUGÈNE DELACROIX

Le romantisme et la couleur me conduisent droit à EUGÈNE DELACROIX. J'ignore s'il est fier de sa qualité de romantique ; mais sa place est ici, parce que la majorité du public l'a depuis longtemps, et même dès sa première œuvre, constitué le chef de l'école *moderne*.

En entrant dans cette partie, mon cœur est plein d'une joie sereine, et je choisis à dessein mes plumes les plus neuves, tant je veux être clair et limpide, et tant je me sens aise d'aborder mon sujet le plus cher et le plus sympathique. Il faut, pour faire bien comprendre les conclusions de ce chapitre, que je remonte un peu haut dans l'histoire de ce temps-ci, et que je remette sous les yeux du public quelques pièces du procès déjà citées par les critiques et les historiens précédents, mais nécessaires pour l'ensemble de la démonstration. Du reste, ce n'est pas sans un vif plaisir que les purs enthousiastes d'Eugène Delacroix

* *Kreisleriana.*

reliront un article du *Constitutionnel* de 1822, tiré du Salon de M. Thiers, journaliste.

« Aucun tableau ne révèle mieux, à mon avis, l'avenir d'un grand peintre que celui de M. Delacroix, représentant *Le Dante et Virgile aux enfers*. C'est là surtout qu'on peut remarquer ce jet de talent, cet élan de la supériorité naissante qui ranime les espérances un peu découragées par le mérite trop modéré de tout le reste.

« Le Dante et Virgile, conduits par Caron, traversent le fleuve infernal et fendent avec peine la foule qui se presse autour de la barque pour y pénétrer. Le Dante, supposé vivant, a l'horrible teint des lieux ; Virgile, couronné d'un sombre laurier, a les couleurs de la mort. Les malheureux, condamnés éternellement à désirer la rive opposée, s'attachent à la barque : l'un la saisit en vain, et, renversé par son mouvement trop rapide, est replongé dans les eaux ; un autre l'embrasse et repousse avec les pieds ceux qui veulent aborder comme lui ; deux autres serrent avec les dents le bois qui leur échappe. Il y a là l'égoïsme de la détresse, le désespoir de l'enfer. Dans le sujet si voisin de l'exagération, on trouve cependant une sévérité de goût, une convenance locale, en quelque sorte, qui relève le dessin, auquel des juges sévères, *mais peu avisés ici*, pourraient reprocher de manquer de noblesse. Le pinceau est large et ferme, la couleur simple et vigoureuse, quoique un peu crue.

« L'auteur a, outre cette imagination poétique qui est commune au peintre comme à l'écrivain, cette imagination de l'art, qu'on pourrait appeler en quelque sorte l'imagination du dessin, et qui est tout autre que la précédente. Il jette ses figures, les groupe et les plie à volonté avec la hardiesse de Michel-Ange et la fécondité de Rubens. Je ne sais quel souvenir des grands artistes me saisit à l'aspect de ce tableau : je retrouve cette puissance sauvage, ardente, mais naturelle, qui cède sans effort à son propre entraînement.

. .

« Je ne crois pas m'y tromper, M. Delacroix a reçu le génie ; qu'il avance avec assurance, qu'il se livre aux immenses travaux, condition indispensable du talent ; et ce qui doit lui donner plus de confiance encore, c'est que l'opinion que j'exprime ici sur son compte est celle de l'un des grands maîtres de l'école. »

A. T...RS.

Ces lignes enthousiastes sont véritablement stupéfiantes autant par leur précocité que par leur hardiesse. Si le rédacteur en chef du journal avait, comme il est présumable, des prétentions à se connaître en peinture, le jeune Thiers dut lui paraître un peu fou.

Pour se bien faire une idée du trouble profond que le tableau de *Dante et Virgile* dut jeter dans les esprits d'alors, de l'étonnement, de l'abasourdissement, de la colère, du hourra, des injures, de l'enthousiasme et des éclats de rire insolents qui entourèrent ce beau tableau, vrai signal d'une révolution, il faut se rappeler que dans l'atelier de M. Guérin, homme d'un grand mérite, mais despote et exclusif comme son maître David, il n'y avait qu'un petit nombre de parias qui se préoccupaient des vieux maîtres à l'écart et osaient timidement conspirer à l'ombre de Raphaël et de Michel-Ange. Il n'est pas encore question de Rubens.

M. Guérin, rude et sévère envers son jeune élève, ne regarda le tableau qu'à cause du bruit qui se faisait autour.

Géricault, qui revenait d'Italie, et avait, dit-on, devant les grandes fresques romaines et florentines, abdiqué plusieurs de ses qualités presque originales,

complimenta si fort le nouveau peintre, encore timide, que celui-ci en était presque confus.

Ce fut devant cette peinture, ou quelque temps après, devant *Les Pestiférés de Scio**, que Gérard lui-même, qui, à ce qu'il semble, était plus homme d'esprit que peintre, s'écria : « Un peintre vient de nous être révélé, mais c'est un homme qui court sur les toits ! » — Pour courir sur les toits, il faut avoir le pied solide et l'œil illuminé par la lumière intérieure.

Gloire et justice soient rendues à MM. Thiers et Gérard !

Depuis le tableau de *Dante et Virgile* jusqu'aux peintures de la chambre des pairs et des députés, l'espace est grand sans doute ; mais la biographie d'Eugène Delacroix est peu accidentée. Pour un pareil homme, doué d'un tel courage et d'une telle passion, les luttes les plus intéressantes sont celles qu'il a à soutenir contre lui-même ; les horizons n'ont pas besoin d'être grands pour que les batailles soient importantes ; les révolutions et les événements les plus curieux se passent sous le ciel du crâne, dans le laboratoire étroit et mystérieux du cerveau.

L'homme étant donc bien dûment révélé et se révélant de plus en plus (tableau allégorique de *La Grèce*, le *Sardanapale*, *La Liberté*, etc.), la contagion du nouvel évangile empirant de jour en jour, le dédain académique se vit contraint lui-même de s'inquiéter de ce nouveau génie. M. Sosthènes de La Rochefoucauld, alors directeur des beaux-arts, fit un beau jour mander E. Delacroix, et lui dit, après maint compliment, qu'il était affligeant qu'un homme d'une si riche imagination et d'un si beau talent, auquel le gouvernement voulait du bien, ne voulût pas mettre un peu d'eau dans son vin ; il lui demanda définitivement s'il ne lui serait pas possible de modifier sa manière. Eugène Delacroix, prodigieusement étonné de cette condition bizarre et de ces conseils ministériels, répondit avec une colère presque comique qu'apparemment s'il peignait ainsi, c'est qu'il le fallait et qu'il ne pouvait pas peindre autrement. Il tomba dans une disgrâce complète, et fut pendant sept ans sevré de toute espèce de travaux. Il fallut attendre 1830. M. Thiers avait fait dans *Le Globe* un nouvel et très pompeux article.

Un voyage à Maroc laissa dans son esprit, à ce qu'il semble, une impression profonde ; là il put à loisir étudier l'homme et la femme dans l'indépendance et l'originalité native de leurs mouvements, et comprendre la beauté antique par l'aspect d'une race pure de toute mésalliance et ornée de sa santé et du libre développement de ses muscles. C'est probablement de cette époque que datent la composition des *Femmes d'Alger* et une foule d'esquisses.

Jusqu'à présent on a été injuste envers Eugène Delacroix. La critique a été pour lui amère et ignorante ; sauf quelques nobles exceptions, la louange elle-même a dû souvent lui paraître choquante. En général, et pour la plupart des gens, nommer Eugène Delacroix, c'est jeter dans leur esprit je ne sais quelles idées vagues de fougue mal dirigée, de turbulence, d'inspiration aventurière, de désordre même ; et pour ces messieurs qui font la majorité du public, le hasard, honnête et complaisant serviteur du génie, joue un grand rôle dans ses plus heureuses compositions. Dans la malheureuse époque de révolution dont je parlais tout à l'heure, et dont j'ai enregistré les nombreuses méprises, on a souvent comparé Eugène Delacroix à Victor Hugo. On avait le poète

* Je mets *pestiférés* au lieu de *massacre*, pour expliquer aux critiques étourdis les tons des chairs si souvent reprochés.

romantique, il fallait le peintre. Cette nécessité de trouver à tout prix des pendants et des analogues dans les différents arts amène souvent d'étranges bévues, et celle-ci prouve encore combien l'on s'entendait peu. À coup sûr la comparaison dut paraître pénible à Eugène Delacroix, peut-être à tous deux ; car si ma définition du romantisme (intimité, spiritualité, etc.) place Delacroix à la tête du romantisme, elle en exclut naturellement M. Victor Hugo. Le parallèle est resté dans le domaine banal des idées convenues, et ces deux préjugés encombrent encore beaucoup de têtes faibles. Il faut en finir une fois pour toutes avec ces niaiseries de rhétoricien. Je prie tous ceux qui ont éprouvé le besoin de créer à leur propre usage une certaine esthétique, et de déduire les causes des résultats, de comparer attentivement les produits de ces deux artistes.

M. Victor Hugo, dont je ne veux certainement pas diminuer la noblesse et la majesté, est un ouvrier beaucoup plus adroit qu'inventif, un travailleur bien plus correct que créateur. Delacroix est quelquefois maladroit, mais essentiellement créateur. M. Victor Hugo laisse voir dans tous ses tableaux, lyriques et dramatiques, un système d'alignement et de contrastes uniformes. L'excentricité elle-même prend chez lui des formes symétriques. Il possède à fond et emploie froidement tous les tons de la rime, toutes les ressources de l'antithèse, toutes les tricheries de l'apposition. C'est un compositeur de décadence ou de transition, qui se sert de ses outils avec une dextérité véritablement admirable et curieuse. M. Hugo était naturellement académicien avant que de naître, et si nous étions encore au temps des merveilles fabuleuses, je croirais volontiers que les lions verts de l'Institut, quand il passait devant le sanctuaire courroucé, lui ont souvent murmuré d'une voix prophétique : « Tu seras de l'Académie ! »

Pour Delacroix, la justice est plus tardive. Ses œuvres, au contraire, sont des poèmes, et de grands poèmes naïvement conçus*, exécutés avec l'insolence accoutumée du génie. — Dans ceux du premier, il n'y a rien à deviner ; car il prend tant de plaisir à montrer son adresse, qu'il n'omet pas un brin d'herbe ni un reflet de réverbère. — Le second ouvre dans les siens de profondes avenues à l'imagination la plus voyageuse. — Le premier jouit d'une certaine tranquillité, disons mieux, d'un certain égoïsme de spectateur, qui fit planer sur toute sa poésie je ne sais quelle froideur et quelle modération, — que la passion tenace et bilieuse du second, aux prises avec les patiences du métier, ne lui permet pas toujours de garder. — L'un commence par le détail, l'autre par l'intelligence intime du sujet ; d'où il arrive que celui-ci n'en prend que la peau, et que l'autre en arrache les entrailles. Trop matériel, trop attentif aux superficies de la nature, M. Victor Hugo est devenu un peintre en poésie ; Delacroix, toujours respectueux de son idéal, est souvent, à son insu, un poète en peinture.

Quant au second préjugé, le préjugé du hasard, il n'a pas plus de valeur que le premier. — Rien n'est plus impertinent ni plus bête que de parler à un grand artiste, érudit et penseur comme Delacroix, des obligations qu'il peut avoir au dieu du hasard. Cela fait tout simplement hausser les épaules de pitié. Il n'y a pas de hasard dans l'art, non plus qu'en mécanique. Une chose heureusement trouvée est la simple conséquence d'un bon raisonnement, dont on a quelquefois sauté les déductions intermédiaires, comme une faute est la

* Il faut entendre par la naïveté du génie la science du métier combinée avec le *gnôti séauton*, mais la science modeste laissant le beau rôle au tempérament.

conséquence d'un faux principe. Un tableau est une machine dont tous les systèmes sont intelligibles pour un œil exercé ; où tout a sa raison d'être, si le tableau est bon ; où un ton est toujours destiné à en faire valoir un autre ; où une faute occasionnelle de dessin est quelquefois nécessaire pour ne pas sacrifier quelque chose de plus important.

Cette intervention du hasard dans les affaires de peinture de Delacroix est d'autant plus invraisemblable qu'il est un des rares hommes qui restent originaux après avoir puisé à toutes les vraies sources, et dont l'individualité indomptable a passé alternativement sous le joug secoué de tous les grands maîtres. — Plus d'un serait assez étonné de voir une étude de lui d'après Raphaël, chef-d'œuvre patient et laborieux d'imitation, et peu de personnes se souviennent aujourd'hui des lithographies qu'il a faites d'après des médailles et des pierres gravées.

Voici quelques lignes de M. Henri Heine qui expliquent assez bien la méthode de Delacroix, méthode qui est, comme chez tous les hommes vigoureusement constitués, le résultat de son tempérament : « En fait d'art, je suis surnaturaliste. Je crois que l'artiste ne peut trouver dans la nature tous ses types, mais que les plus remarquables lui sont révélés dans son âme, comme la symbolique innée d'idées innées, et au même instant. Un moderne professeur d'esthétique, qui a écrit des *Recherches sur l'Italie*, a voulu remettre en honneur le vieux principe de l'*imitation de la nature*, et soutenir que l'artiste plastique devait trouver dans la nature tous ses types. Ce professeur, en étalant ainsi son principe suprême des arts plastiques, avait seulement oublié un de ces arts, l'un des plus primitifs, je veux dire l'architecture, dont on a essayé de retrouver après coup les types dans les feuillages des forêts, dans les grottes des rochers : ces types n'étaient point dans la nature extérieure, mais bien dans l'âme humaine. »

Delacroix part donc de ce principe, qu'un tableau doit avant tout reproduire la pensée intime de l'artiste, qui domine le modèle, comme le créateur la création ; et de ce principe il en sort un second qui semble le contredire à première vue, — à savoir, qu'il faut être très soigneux des moyens matériels d'exécution. — Il professe une estime fanatique pour la propreté des outils et la préparation des éléments de l'œuvre. — En effet, la peinture étant un art d'un raisonnement profond et qui demande la concurrence immédiate d'une foule de qualités, il est important que la main rencontre, quand elle se met à la besogne, le moins d'obstacles possible, et accomplisse avec une rapidité servile les ordres divins du cerveau : autrement l'idéal s'envole.

Aussi lente, sérieuse, consciencieuse est la conception du grand artiste, aussi preste est son exécution. C'est du reste une qualité qu'il partage avec celui dont l'opinion publique a fait son antipode, M. Ingres. L'accouchement n'est point l'enfantement, et ces grands seigneurs de la peinture, doués d'une paresse apparente, déploient une agilité merveilleuse à couvrir une toile. Le *Saint Symphorien* a été refait entièrement plusieurs fois, et dans le principe il contenait beaucoup moins de figures.

Pour E. Delacroix, la nature est un vaste dictionnaire dont il roule et consulte les feuillets avec un œil sûr et profond ; et cette peinture, qui procède surtout du souvenir, parle surtout au souvenir. L'effet produit sur l'âme du spectateur est analogue aux moyens de l'artiste. Un tableau de Delacroix, *Dante et Virgile*, par exemple, laisse toujours une impression profonde, dont l'intensité s'accroît par la distance. Sacrifiant sans cesse le détail à l'ensemble,

et craignant d'affaiblir la vitalité de sa pensée par la fatigue d'une exécution plus nette et plus calligraphique, il jouit pleinement d'une originalité insaisissable, qui est l'intimité du sujet. L'exercice d'une dominante n'a légitimement lieu qu'au détriment du reste. Un goût excessif nécessite les sacrifices, et les chefs-d'œuvre ne sont jamais que des extraits divers de la nature. C'est pourquoi il faut subir les conséquences d'une grande passion, quelle qu'elle soit, accepter la fatalité d'un talent, et ne pas marchander avec le génie. C'est à quoi n'ont pas songé les gens qui ont tant raillé le dessin de Delacroix ; en particulier les sculpteurs, gens partiaux et borgnes plus qu'il n'est permis, et dont le jugement vaut tout au plus la moitié d'un jugement d'architecte. — La sculpture, à qui la couleur est impossible et le mouvement difficile, n'a rien à démêler avec un artiste que préoccupent surtout le mouvement, la couleur et l'atmosphère. Ces trois éléments demandent nécessairement un contour un peu indécis, des lignes légères et flottantes, et l'audace de la touche. — Delacroix est le seul aujourd'hui dont l'originalité n'ait pas été envahie par le système des lignes droites ; ses personnages sont toujours agités, et ses draperies voltigeantes. Au point de vue de Delacroix, la ligne n'est pas ; car, si ténue qu'elle soit, un géomètre taquin peut toujours la supposer assez épaisse pour en contenir mille autres ; et pour les coloristes, qui veulent imiter les palpitations éternelles de la nature, les lignes ne sont jamais, comme dans l'arc-en-ciel, que la fusion intime de deux couleurs.

D'ailleurs il y a plusieurs dessins, comme plusieurs couleurs : — exacts ou bêtes, physionomiques et imaginés.

Le premier est négatif, incorrect à force de réalité, naturel, mais saugrenu ; le second est un dessin naturaliste, mais idéalisé, dessin d'un génie qui sait choisir, arranger, corriger, deviner, gourmander la nature ; enfin le troisième, qui est le plus noble et le plus étrange, peut négliger la nature ; il en représente une autre, analogue à l'esprit et au tempérament de l'auteur.

Le dessin physionomique appartient généralement aux passionnés, comme M. Ingres ; le dessin de création est le privilège du génie*.

La grande qualité du dessin des artistes suprêmes est la vérité du mouvement, et Delacroix ne viole jamais cette loi naturelle.

Passons à l'examen de qualités plus générales encore. — Un des caractères principaux du grand peintre est l'universalité. — Ainsi le poète épique, Homère ou Dante, sait faire également bien une idylle, un récit, un discours, une description, une ode, etc.

De même, Rubens, s'il peint des fruits, peindra des fruits plus beaux qu'un spécialiste quelconque.

E. Delacroix est universel ; il a fait des tableaux de genre pleins d'intimité, des tableaux d'histoire pleins de grandeur. Lui seul, peut-être, dans notre siècle incrédule, a conçu des tableaux de religion qui n'étaient ni vides et froids comme des œuvres de concours, ni pédants, mystiques ou néo-chrétiens, comme ceux de tous ces philosophes de l'art qui font de la religion une science d'archaïsme, et croient nécessaire de posséder avant tout la symbolique et les traditions primitives pour remuer et faire chanter la corde religieuse.

Cela se comprend facilement, si l'on veut considérer que Delacroix est, comme tous les grands maîtres, un mélange admirable de science, — c'est-à-

* C'est ce que M. Thiers appelait l'imagination du dessin.

dire un peintre complet, — et de naïveté, c'est-à-dire un homme complet. Allez voir à Saint-Louis au Marais cette *Pietà*, où la majestueuse reine des douleurs tient sur ses genoux le corps de son enfant mort, les deux bras étendus horizontalement dans un accès de désespoir, une attaque de nerfs maternelle. L'un des deux personnages qui soutient et modère sa douleur est éploré comme les figures les plus lamentables de l'*Hamlet*, avec laquelle œuvre celle-ci a du reste plus d'un rapport. — Des deux saintes femmes, la première rampe convulsivement à terre, encore revêtue des bijoux et des insignes du luxe ; l'autre, blonde et dorée, s'affaisse plus mollement sous le poids énorme de son désespoir.

Le groupe est échelonné et disposé tout entier sur un fond d'un vert sombre et uniforme, qui ressemble autant à des amas de rochers qu'à une mer bouleversée par l'orage. Ce fond est d'une simplicité fantastique, et E. Delacroix a sans doute, comme Michel-Ange, supprimé l'accessoire pour ne pas nuire à la clarté de son idée. Ce chef-d'œuvre laisse dans l'esprit un sillon profond de mélancolie. — Ce n'était pas, du reste, la première fois qu'il attaquait les sujets religieux. Le *Christ aux Oliviers*, le *Saint Sébastien*, avaient déjà témoigné de la gravité et de la sincérité profonde dont il sait les empreindre.

Mais pour expliquer ce que j'affirmais tout à l'heure, — que Delacroix seul sait faire de la religion, — je ferai remarquer à l'observateur que, si ses tableaux les plus intéressants sont presque toujours ceux dont il choisit les sujets, c'est-à-dire ceux de fantaisie, — néanmoins la tristesse sérieuse de son talent convient parfaitement à notre religion, religion profondément triste, religion de la douleur universelle, et qui, à cause de sa catholicité même, laisse une pleine liberté à l'individu et ne demande pas mieux que d'être célébrée dans le langage de chacun, — s'il connait la douleur et s'il est peintre.

Je me rappelle qu'un de mes amis, garçon de mérite d'ailleurs, coloriste déjà en vogue, — un de ces jeunes hommes précoces qui donnent des espérances toute leur vie, et beaucoup plus académique qu'il ne le croit lui-même, — appelait cette peinture : peinture de cannibale !

A coup sûr, ce n'est point dans les curiosités d'une palette encombrée, ni dans le dictionnaire des règles, que notre jeune ami saura trouver cette sanglante et farouche désolation, à peine compensée par le vert sombre de l'espérance !

Cet hymne terrible à la douleur faisait sur sa classique imagination l'effet des vins redoutables de l'Anjou, de l'Auvergne ou du Rhin, sur un estomac accoutumé aux pâles violettes du Médoc.

Ainsi, universalité de sentiment, — et maintenant universalité de science !

Depuis longtemps les peintres avaient, pour ainsi dire, désappris le genre *dit* de décoration. L'hémicycle des Beaux-Arts est une œuvre puérile et maladroite, où les intentions se contredisent, et qui ressemble à une collection de portraits historiques. Le *Plafond d'Homère* est un beau tableau qui plafonne mal. La plupart des chapelles exécutées dans ces derniers temps, et distribuées aux élèves de M. Ingres, sont faites dans le système des Italiens primitifs, c'est-à-dire qu'elles veulent arriver à l'unité par la suppression des effets lumineux et par un vaste système de coloriages mitigés. Ce système, plus raisonnable sans doute, esquive les difficultés. Sous Louis XIV, Louis XV et Louis XVI, les peintres firent des décorations à grand fracas, mais qui manquaient d'unité dans la couleur et dans la composition.

E. Delacroix eut des décorations à faire, et il résolut le grand problème. Il trouva l'unité dans l'aspect sans nuire à son métier de coloriste. La Chambre des députés est là qui témoigne de ce singulier tour de force. La lumière, économiquement dispensée, circule à travers toutes ces figures, sans intriguer l'œil d'une manière tyrannique.

Le plafond circulaire de la bibliothèque du Luxembourg est une œuvre plus étonnante encore, où le peintre est arrivé, — non seulement à un effet encore plus doux et plus uni, sans rien supprimer des qualités de couleur et de lumière, qui sont le propre de tous ses tableaux, — mais encore s'est révélé sous un aspect tout nouveau : Delacroix paysagiste !

Au lieu de peindre Apollon et les Muses, décoration invariable des bibliothèques, E. Delacroix a cédé à son goût irrésistible pour Dante, que Shakespeare seul balance peut-être dans son esprit, et il a choisi le passage où Dante et Virgile rencontrent dans un lieu mystérieux les principaux poètes de l'Antiquité :

« Nous ne laissions pas d'aller, tandis qu'il parlait ; mais nous traversions toujours la forêt, épaisse forêt d'esprits, veux-je dire. Nous n'étions pas bien éloignés de l'entrée de l'abime, quand je vis un feu qui perçait un hémisphère de ténèbres. Quelques pas nous en séparaient encore, mais je pouvais déjà entrevoir que des esprits glorieux habitaient ce séjour.

« "Ô toi, qui honores toute science et tout art, quels sont ces esprits auxquels on fait tant d'honneur qu'on les sépare du sort des autres ?"

« Il me répondit : "Leur belle renommée, qui retentit là-haut dans votre monde, trouve grâce dans le ciel, qui les distingue des autres."

« Cependant une voix se fit entendre : "Honorez le sublime poète ; son ombre, qui était partie, nous revient."

« La voix se tut, et je vis venir à nous quatre grandes ombres ; leur aspect n'était ni triste ni joyeux.

« Le bon maitre me dit : "Regarde celui qui marche, une épée à la main, en avant des trois autres, comme un roi : c'est Homère, poète souverain ; l'autre qui le suit est Horace le satirique ; Ovide est le troisième, et le dernier est Lucain. Comme chacun d'eux partage avec moi le nom qu'a fait retentir la voix unanime, ils me font honneur et ils font bien !"

« Ainsi je vis se réunir la belle école de ce maitre du chant sublime, qui plane sur les autres comme l'aigle. Dès qu'ils eurent devisé ensemble quelque peu, ils se tournèrent vers moi avec un geste de salut, ce qui fit sourire mon guide. Et ils me firent encore plus d'honneur, car ils me reçurent dans leur troupe, de sorte que je fus le sixième parmi tant de génies *.
. »

Je ne ferai pas à E. Delacroix l'injure d'un éloge exagéré pour avoir si bien vaincu la concavité de sa toile et y avoir placé des figures droites. Son talent est au-dessus de ces choses-là. Je m'attache surtout à l'esprit de cette peinture. Il est impossible d'exprimer avec de la prose tout le calme bienheureux qu'elle respire, et la profonde harmonie qui nage dans cette atmosphère. Cela fait penser aux pages les plus verdoyantes du *Télémaque,* et rend tous les souvenirs que l'esprit a emportés des récits élyséens. Le paysage, qui néanmoins n'est qu'un accessoire, est, au point de vue où je me plaçais tout à l'heure, — l'universalité des grands maitres, — une chose des plus importantes. Ce

* *L'Enfer,* de Dante, chant IV, traduction de Pier Angelo Fiorentino.

654 CRITIQUE D'ART

paysage circulaire, qui embrasse un espace énorme, est peint avec l'aplomb
d'un peintre d'histoire, et la finesse et l'amour d'un paysagiste. Des bouquets
de lauriers, des ombrages considérables le coupent harmonieusement ; des
nappes de soleil doux et uniforme dorment sur les gazons ; des montagnes
bleues ou ceintes de bois font un horizon à souhait *pour le plaisir des yeux.*
Quant au ciel, il est bleu et blanc, chose étonnante chez Delacroix ; les nuages,
délayés et tirés en sens divers comme une gaze qui se déchire, sont d'une
grande légèreté ; et cette voûte d'azur, profonde et lumineuse, fuit à une
prodigieuse hauteur. Les aquarelles de Bonington sont moins transparentes.
 Ce chef-d'œuvre, qui, selon moi, est supérieur aux meilleurs Véronèse, a
besoin, pour être bien compris, d'une grande quiétude d'esprit et d'un jour très
doux. Malheureusement, le jour éclatant qui se précipitera par la grande
fenêtre de la façade, sitôt qu'elle sera délivrée des toiles et des échafauds,
rendra ce travail plus difficile.
 Cette année-ci, les tableaux de Delacroix sont *L'Enlèvement de Rébecca*,
tiré d'*Ivanhoé*, les *Adieux de Roméo et de Juliette*, *Marguerite à l'église*, et *Un
lion*, à l'aquarelle.
 Ce qu'il y a d'admirable dans *L'Enlèvement de Rébecca,* c'est une parfaite
ordonnance de tons, tons intenses, pressés, serrés et logiques, d'où résulte un
aspect saisissant. Dans presque tous les peintres qui ne sont pas coloristes, on
remarque toujours des vides, c'est-à-dire de grands trous produits par des tons
qui ne sont pas de niveau, pour ainsi dire ; la peinture de Delacroix est comme
la nature, elle a horreur du vide.
 Roméo et Juliette, — sur le balcon, — dans les froides clartés du matin, se
tiennent religieusement embrassés par le milieu du corps. Dans cette étreinte
violente de l'adieu, Juliette, les mains posées sur les épaules de son amant,
rejette la tête en arrière, comme pour respirer, ou par un mouvement d'orgueil
et de passion joyeuse. Cette attitude insolite, — car presque tous les peintres
collent les bouches des amoureux l'une contre l'autre, — est néanmoins fort
naturelle ; — ce mouvement vigoureux de la nuque est particulier aux chiens et
aux chats heureux d'être caressés. — Les vapeurs violacées du crépuscule
enveloppent cette scène et le paysage romantique qui la complète.
 Le succès général qu'obtient ce tableau et la curiosité qu'il inspire prouvent
bien ce que j'ai déjà dit ailleurs, — que Delacroix est populaire, quoi qu'en
disent les peintres, et qu'il suffira de ne pas éloigner le public de ses œuvres,
pour qu'il le soit autant que les peintres inférieurs.
 Marguerite à l'église appartient à cette classe déjà nombreuse de charmants
tableaux de genre, par lesquels Delacroix semble vouloir expliquer au public
ses lithographies si amèrement critiquées.
 Ce lion peint à l'aquarelle a pour moi un grand mérite, outre la beauté du
dessin et de l'attitude : c'est qu'il est fait avec une grande bonhomie.
L'aquarelle est réduite à son rôle modeste, et ne veut pas se faire aussi grosse
que l'huile.
 Il me reste, pour compléter cette analyse, à noter une dernière qualité chez
Delacroix, la plus remarquable de toutes, et qui fait de lui le vrai peintre du XIXe
siècle : c'est cette mélancolie singulière et opiniâtre qui s'exhale de toutes ses
œuvres, et qui s'exprime et par le choix des sujets, et par l'expression des
figures, et par le geste, et par le style de la couleur. Delacroix affectionne Dante
et Shakespeare, deux autres grands peintres de la douleur humaine ; il les
connaît à fond, et il sait les traduire librement. En contemplant la série de ses

tableaux, on dirait qu'on assiste à la célébration de quelque mystère douloureux : *Dante et Virgile, Le Massacre de Scio,* le *Sardanapale, Le Christ aux Oliviers,* le *Saint Sébastien,* la *Médée, Les Naufragés,* et l'*Hamlet* si raillé et si peu compris. Dans plusieurs on trouve, par je ne sais quel constant hasard, une figure plus désolée, plus affaissée que les autres, en qui se résument toutes les douleurs environnantes ; ainsi la femme agenouillée, à la chevelure pendante, sur le premier plan des *Croisés à Constantinople;* la vieille, si morne et si ridée, dans *Le Massacre de Scio.* Cette mélancolie respire jusque dans les *Femmes d'Alger,* son tableau le plus coquet et le plus fleuri. Ce petit poème d'intérieur, plein de repos et de silence, encombré de riches étoffes et de brimborions de toilette, exhale je ne sais quel haut parfum de mauvais lieu qui nous guide assez vite vers les limbes insondés de la tristesse. En général, il ne peint pas de jolies femmes, au point de vue des gens du monde toutefois. Presque toutes sont malades, et resplendissent d'une certaine beauté intérieure. Il n'exprime point la force par la grosseur des muscles, mais par la tension des nerfs. C'est non seulement la douleur qu'il sait le mieux exprimer, mais surtout, — prodigieux mystère de sa peinture, — la douleur morale ! Cette haute et sérieuse mélancolie brille d'un éclat morne, même dans sa couleur, large, simple, abondante en masses harmoniques, comme celle de tous les grands coloristes, mais plaintive et profonde comme une mélodie de Weber.

Chacun des anciens maîtres a son royaume, son apanage, — qu'il est souvent contraint de partager avec des rivaux illustres. Raphaël a la forme, Rubens et Véronèse la couleur, Rubens et Michel-Ange l'imagination du dessin. Une portion de l'empire restait, où Rembrandt seul avait fait quelques excursions, — le drame, — le drame naturel et vivant, le drame terrible et mélancolique, exprimé souvent par la couleur, mais toujours par le geste.

En fait de gestes sublimes, Delacroix n'a de rivaux qu'en dehors de son art. Je ne connais guère que Frédérick Lemaitre et Macready.

C'est à cause de cette qualité toute moderne et toute nouvelle que Delacroix est la dernière expression du progrès dans l'art. Héritier de la grande tradition, c'est-à-dire de l'ampleur, de la noblesse et de la pompe dans la composition, et digne successeur des vieux maîtres, il a de plus qu'eux la maîtrise de la douleur, la passion, le geste ! C'est vraiment là ce qui fait l'importance de sa grandeur.

— En effet, supposez que le bagage d'un des vieux illustres se perde, il aura presque toujours son analogue qui pourra l'expliquer et le faire deviner à la pensée de l'historien. Ôtez Delacroix, la grande chaîne de l'histoire est rompue et s'écoule à terre.

Dans un article qui a plutôt l'air d'une prophétie que d'une critique, à quoi bon relever des fautes de détail et des taches microscopiques ? L'ensemble est si beau, que je n'en ai pas le courage. D'ailleurs la chose est si facile, et tant d'autres l'ont faite ! — N'est-il pas plus nouveau de voir les gens par leur beau côté ? Les défauts de M. Delacroix sont parfois si visibles qu'ils sautent à l'œil le moins exercé. On peut ouvrir au hasard la première feuille venue, où pendant longtemps l'on s'est obstiné, à l'inverse de mon système, à ne pas voir les qualités radieuses qui constituent son originalité. On sait que les grands génies ne se trompent jamais à demi, et qu'ils ont le privilège de l'énormité dans tous les sens.

★

Parmi les élèves de Delacroix, quelques-uns se sont heureusement approprié ce qui peut se prendre de son talent, c'est-à-dire quelques parties de sa

méthode, et se sont déjà fait une certaine réputation. Cependant leur couleur a, en général, ce défaut qu'elle ne vise guère qu'au pittoresque et à l'effet ; l'idéal n'est point leur domaine, bien qu'ils se passent volontiers de la nature, sans en avoir acquis le droit par les études courageuses du maitre. On a remarqué cette année l'absence de M. PLANET, dont la *Sainte Thérèse* avait au dernier Salon attiré les yeux des connaisseurs, — et de M. RIESENER, qui a souvent fait des tableaux d'une large couleur, et dont on peut voir avec plaisir quelques bons plafonds à la Chambre des pairs, malgré le voisinage terrible de Delacroix. M. LEGER CHÉRELLE a envoyé *Le Martyre de sainte Irène*. Le tableau est composé d'une seule figure et d'une pique qui est d'un effet assez désagréable. Du reste, la couleur et le modelé du torse sont généralement bons. Mais il me semble que M. Léger Chérelle a déjà montré au public ce tableau avec de légères variantes.

Ce qu'il y a d'assez singulier dans *La Mort de Cléopâtre*, par M. LASSALLE-BORDES, c'est qu'on n'y trouve pas une préoccupation unique de la couleur, et c'est peut-être un mérite. Les tons sont, pour ainsi dire, équivoques, et cette amertume n'est pas dénuée de charmes.

Cléopâtre expire sur son trône, et l'envoyé d'Octave se penche pour la contempler. Une de ses servantes vient de mourir à ses pieds. La composition ne manque pas de majesté, et la peinture est accomplie avec une bonhomie assez audacieuse ; la tète de Cléopâtre est belle, et l'ajustement vert et rose de la négresse tranche heureusement avec la couleur de sa peau. Il y a certainement dans cette grande toile menée à bonne fin, sans souci aucun d'imitation, quelque chose qui plait et attire le flâneur désintéressé.

V

DES SUJETS AMOUREUX
ET DE M. TASSAERT[1]

Vous est-il arrivé, comme à moi, de tomber dans de grandes mélancolies, après avoir passé de longues heures à feuilleter des estampes libertines ? Vous êtes-vous demandé la raison du charme qu'on trouve parfois à fouiller ces annales de la luxure, enfouies dans les bibliothèques ou perdues dans les cartons des marchands, et parfois aussi de la mauvaise humeur qu'elles vous donnent ? Plaisir et douleur mêlés, amertume dont la lèvre a toujours soif ! — Le plaisir est de voir représenté sous toutes ses formes le sentiment le plus important de la nature, — et la colère, de le trouver souvent si mal imité ou si sottement calomnié. Soit dans les interminables soirées d'hiver au coin du feu, soit dans les lourds loisirs de la canicule, au coin des boutiques de vitrier, la vue de ces dessins m'a mis sur des pentes de rêverie immenses, à peu près comme un livre obscène nous précipite vers les océans mystiques du bleu. Bien des fois je me suis pris à désirer, devant ces innombrables échantillons du sentiment de chacun, que le poète, le curieux, le philosophe, pussent se donner la jouissance d'un musée de l'amour, où tout aurait sa place, depuis la tendresse inappliquée de sainte Thérèse jusqu'aux débauches sérieuses des siècles ennuyés. Sans doute la distance est immense qui sépare *Le Départ pour l'île de Cythère* des misérables coloriages suspendus dans les chambres des filles, au-dessus d'un

pot fêlé et d'une console branlante; mais dans un sujet aussi important rien n'est à négliger. Et puis le génie sanctifie toutes choses, et si ces sujets étaient traités avec le soin et le recueillement nécessaires, ils ne seraient point souillés par cette obscénité révoltante, qui est plutôt une fanfaronnade qu'une vérité.

Que le moraliste ne s'effraye pas trop; je saurai garder les justes mesures, et mon rêve d'ailleurs se bornait à désirer ce poème immense de l'amour crayonné par les mains les plus pures, par Ingres, par Watteau, par Rubens, par Delacroix ! Les folâtres et élégantes princesses de Watteau, à côté des Vénus sérieuses et reposées de M. Ingres ; les splendides blancheurs de Rubens et de Jordaens, et les mornes beautés de Delacroix, telles qu'on peut les figurer : de grandes femmes pâles, noyées dans le satin*!

Ainsi pour rassurer complètement la chasteté effarouchée du lecteur, je dirai que je rangerais dans les sujets amoureux, non seulement tous les tableaux qui traitent spécialement de l'amour, mais encore tout tableau qui respire l'amour, fût-ce un portrait**.

Dans cette immense exposition, je me figure la beauté et l'amour de tous les climats exprimés par les premiers artistes; depuis les folles, évaporées et merveilleuses créatures que nous a laissées Watteau fils dans ses gravures de mode, jusqu'à ces Vénus de Rembrandt qui se font faire les ongles, comme une simples mortelles, et peigner avec un gros peigne de buis.

Les sujets de cette nature sont chose si importante, qu'il n'est point d'artiste, petit ou grand, qui ne s'y soit appliqué, secrètement ou publiquement, depuis Jules Romain jusqu'à Devéria et Gavarni.

Leur grand défaut, en général, est de manquer de naïveté et de sincérité. Je me rappelle pourtant une lithographie qui exprime, — sans trop de délicatesse malheureusement, — une des grandes vérités de l'amour libertin. Un jeune homme déguisé en femme et sa maîtresse habillée en homme sont assis à côté l'un de l'autre, sur un *sopha*, — le sopha que vous savez, le sopha de l'hôtel garni et du cabinet particulier. La jeune femme veut relever les jupes de son amant***. — Cette page luxurieuse serait, dans le musée idéal dont je parlais, compensée par bien d'autres où l'amour n'apparaîtrait que sous sa forme la plus délicate.

Ces réflexions me sont revenues à propos de deux tableaux de M. Tassaert, *Érigone* et *Le Marchand d'esclaves*.

M. Tassaert, dont j'ai eu le tort grave de ne pas assez parler l'an passé, est un peintre du plus grand mérite, et dont le talent s'appliquerait le plus heureusement aux sujets amoureux.

Érigone est à moitié couchée sur un tertre ombragé de vignes, — dans une pose provocante, une jambe presque repliée, l'autre tendue et le corps chassé en avant; le dessin est fin, les lignes onduleuses et combinées d'une manière savante. Je reprocherai cependant à M. Tassaert, qui est coloriste, d'avoir peint ce torse avec un ton trop uniforme.

* On m'a dit que Delacroix avait fait autrefois pour son *Sardanapale* une foule d'études merveilleuses de femmes, dans les attitudes les plus voluptueuses.
** Deux tableaux essentiellement amoureux, et admirables du reste, composés dans ce temps-ci, sont la *grande Odalisque* et la *petite Odalisque* de M. Ingres.
*** Sedebant in fornicibus pueri puellaeve sub titulis et lychnis, illi femineo compti mundo sub stola, hae parum comptae sub puerorum veste, ore ad puerilem formam composito. Alter venibat sexus sub altero sexu. *Corruperat omnis caro viam suam.* — Meursius[1].

L'autre tableau représente un marché de femmes qui attendent des acheteurs. Ce sont de vraies femmes, des femmes civilisées, aux pieds rougis par la chaussure, un peu communes, un peu trop roses, qu'un Turc bête et sensuel va acheter pour des beautés superfines. Celle qui est vue de dos, et dont les fesses sont enveloppées dans une gaze transparente, a encore sur la tête un bonnet de modiste, un bonnet acheté rue Vivienne ou au Temple. La pauvre fille a sans doute été enlevée par les pirates.

La couleur de ce tableau est extrèmement remarquable par la finesse et par la transparence des tons. On dirait que M. Tassaert s'est préoccupé de la manière de Delacroix ; néanmoins il a su garder une couleur originale.

C'est un artiste éminent que les flâneurs seuls apprécient et que le public ne connaît pas assez ; son talent a toujours été grandissant, et quand on songe d'où il est parti et où il est arrivé, il y a lieu d'attendre de lui de ravissantes compositions.

VI

DE QUELQUES COLORISTES

Il y a au Salon deux curiosités assez importantes ; ce sont les portraits de *Petit Loup* et de *Graisse du dos de buffle,* peints par M. CATLIN, le cornac des sauvages. Quand M. Catlin vint à Paris, avec ses Ioways et son musée, le bruit se répandit que c'était un brave homme qui ne savait ni peindre ni dessiner, et que s'il avait fait quelques ébauches passables, c'était grâce à son courage et à sa patience. Était-ce ruse innocente de M. Catlin ou bêtise des journalistes ? — Il est aujourd'hui avéré que M. Catlin sait fort bien peindre et fort bien dessiner. Ces deux portraits suffiraient pour me le prouver, si ma mémoire ne me rappelait beaucoup d'autres morceaux également beaux. Ses ciels surtout m'avaient frappé à cause de leur transparence et de leur légèreté.

M. Catlin a supérieurement rendu le caractère fier et libre, et l'expression noble de ces braves gens ; la construction de leur tête est parfaitement bien comprise. Par leurs belles attitudes et l'aisance de leurs mouvements, ces sauvages font comprendre la sculpture antique. Quant à la couleur, elle a quelque chose de mystérieux qui me plaît plus que je ne saurais dire. Le rouge, la couleur du sang, la couleur de la vie, abondait tellement dans ce sombre musée, que c'était une ivresse ; quant aux paysages, — montagnes boisées, savanes immenses, rivières désertes, — ils étaient monotonement, éternellement verts ; le rouge, cette couleur si obscure, si épaisse, plus difficile à pénétrer que les yeux d'un serpent, — le vert, cette couleur calme et gaie et souriante de la nature, je les retrouve chantant leur antithèse mélodique jusque sur le visage de ces deux héros. — Ce qu'il y a de certain, c'est que tous leurs tatouages et coloriages étaient faits selon les gammes naturelles et harmoniques.

Je crois que ce qui a induit en erreur le public et les journalistes à l'endroit de M. Catlin, c'est qu'il ne fait pas de peinture *crâne,* à laquelle tous nos jeunes gens les ont si bien accoutumés, que c'est maintenant la peinture *classique.*

L'an passé j'ai déjà protesté contre le *De profundis* unanime, contre la conspiration des ingrats, à propos de MM. Devéria. Cette année-ci m'a donné raison. Bien des réputations précoces qui leur ont été substituées ne valent pas encore la leur. M. ACHILLE DEVÉRIA surtout s'est fait remarquer au Salon de 1846 par un tableau, *Le Repos de la sainte famille,* qui non seulement

conserve toute la grâce particulière à ces charmants et fraternels génies, mais encore rappelle les sérieuses qualités des anciennes écoles ; — des écoles secondaires peut-être, qui ne l'emportent précisément ni par le dessin ni par la couleur, mais que l'ordonnance et la belle tradition placent néanmoins bien au-dessus des dévergondages propres aux époques de transition. Dans la grande bataille romantique, MM. DEVÉRIA firent partie du bataillon sacré des coloristes ; leur place était donc marquée ici. — Le tableau de M. Achille Devéria, dont la composition est excellente, frappe en outre l'esprit par un aspect doux et harmonieux.

M. BOISSARD, dont les débuts furent brillants aussi et pleins de promesses, est un de ces esprits excellents nourris des anciens maîtres ; sa *Madeleine au désert* est une peinture d'une bonne et saine couleur, — sauf les tons des chairs un peu tristes. La pose est heureusement trouvée.

Dans cet interminable Salon, où plus que jamais les différences sont effacées, où chacun dessine et peint un peu, mais pas assez pour mériter même d'être classé, — c'est une grande joie de rencontrer un franc et vrai peintre, comme M. DEBON. Peut-être son *Concert dans l'atelier* est-il un tableau un peu trop *artistique*, Valentin, Jordaens et quelques autres y faisant leur partie ; mais au moins c'est de la belle et bien portante peinture, et qui indique dans l'auteur un homme parfaitement sûr de lui-même.

M. DUVEAU a fait *Le Lendemain d'une tempête*. J'ignore s'il peut devenir un franc coloriste, mais quelques parties de son tableau le font espérer. — Au premier aspect, l'on cherche dans sa mémoire quelle scène historique il peut représenter. En effet, il n'y a guère que les Anglais qui osent donner de si vastes proportions au tableau de genre. — Du reste, il est bien ordonné, et paraît généralement bien dessiné. — Le ton un peu trop uniforme, qui choque d'abord l'œil, est sans doute un effet de la nature, dont toutes les parties paraissent singulièrement crues, après qu'elles ont été lavées par les pluies.

La Charité de M. LAEMLEIN est une charmante femme qui tient par la main, et porte suspendus à son sein, des marmots de tous les climats, blancs, jaunes, noirs, etc. Certainement, M. Laemlein a le sentiment de la bonne couleur ; mais il y a dans ce tableau un grand défaut, c'est que le petit Chinois est si joli, et sa robe d'un effet si agréable, qu'il occupe presque uniquement l'œil du spectateur. Ce petit mandarin trotte toujours dans la mémoire, et fera oublier le reste à beaucoup de gens.

M. DECAMPS est un de ceux qui, depuis de nombreuses années, ont occupé despotiquement la curiosité du public, et rien n'était plus légitime.

Cet artiste, doué d'une merveilleuse faculté d'analyse, arrivait souvent, par une heureuse concurrence de petits moyens, à des résultats d'un effet puissant. — S'il esquivait trop le détail de la ligne, et se contentait souvent du mouvement ou du contour général, si parfois ce dessin frisait le chic, — le goût minutieux de la nature, étudiée surtout dans ses effets lumineux, l'avait toujours sauvé et maintenu dans une région supérieure.

Si M. Decamps n'était pas précisément un dessinateur, dans le sens du mot généralement accepté, néanmoins il l'était à sa manière et d'une façon particulière. Personne n'a vu de grandes figures dessinées par lui ; mais certainement le dessin, c'est-à-dire la tournure de ses petits bonshommes, était accusé et trouvé avec une hardiesse et un bonheur remarquables. Le caractère et les habitudes de leurs corps étaient toujours visibles ; car M. Decamps sait faire comprendre un personnage avec quelques lignes. Ses croquis étaient

amusants et profondément plaisants. C'était un dessin d'homme d'esprit, presque de caricaturiste ; car il possédait je ne sais quelle bonne humeur ou fantaisie moqueuse, qui s'attaquait parfaitement aux ironies de la nature : aussi ses personnages étaient-ils toujours posés, drapés ou habillés selon la vérité et les convenances et coutumes éternelles de leur individu. Seulement il y avait dans ce dessin une certaine immobilité, mais qui n'était pas déplaisante et complétait son orientalisme. Il prenait d'habitude ses modèles au repos, mais quand ils couraient, ils ressemblaient souvent à des ombres suspendues ou à des silhouettes arrêtées subitement dans leur course ; ils couraient comme dans un bas-relief. — Mais la couleur était son beau côté, sa grande et unique affaire. Sans doute M. Delacroix est un grand coloriste, mais non pas enragé. Il a bien d'autres préoccupations, et la dimension de ses toiles le veut ; pour M. Decamps, la couleur était la grande chose, c'était pour ainsi dire sa pensée favorite. Sa couleur splendide et rayonnante avait de plus un style très particulier. Elle était, pour me servir de mots empruntés à l'ordre moral, sanguinaire et mordante. Les mets les plus appétissants, les drôleries cuisinées avec le plus de réflexion, les produits culinaires les plus âprement assaisonnés avaient moins de ragoût et de montant, exhalaient moins de volupté sauvage pour le nez et le palais d'un gourmand, que les tableaux de M. Decamps pour un amateur de peinture. L'étrangeté de leur aspect vous arrêtait, vous enchainait et vous inspirait une invincible curiosité. Cela tenait peut-être aux procédés singuliers et minutieux dont use souvent l'artiste, qui élucubre, dit-on, sa peinture avec la volonté infatigable d'un alchimiste. L'impression qu'elle produisait alors sur l'âme du spectateur était si soudaine et si nouvelle, qu'il était difficile de se figurer de qui elle est fille, quel avait été le parrain de ce singulier artiste, et de quel atelier était sorti ce talent solitaire et original. — Certes, dans cent ans, les historiens auront du mal à découvrir le maître de M. Decamps. — Tantôt il relevait des anciens maitres les plus hardiment colorés de l'École flamande ; mais il avait plus de style qu'eux et il groupait ses figures avec plus d'harmonie ; tantôt la pompe et la trivialité de Rembrandt le préoccupaient vivement ; d'autres fois on retrouvait dans ses ciels un souvenir amoureux des ciels du Lorrain. Car M. Decamps était paysagiste aussi, et paysagiste du plus grand mérite : ses paysages et ses figures ne faisaient qu'un et se servaient réciproquement. Les uns n'avaient pas plus d'importance que les autres, et rien chez lui n'était accessoire ; tant chaque partie de la toile était travaillée avec curiosité, tant chaque détail destiné à concourir à l'effet de l'ensemble ! — Rien n'était inutile, ni le rat qui traversait un bassin à la nage dans je ne sais quel tableau turc, plein de paresse et de fatalisme, ni les oiseaux de proie qui planaient dans le fond de ce chef-d'œuvre intitulé : *Le Supplice des crochets*.

Le soleil et la lumière jouaient alors un grand rôle dans la peinture de M. Decamps. Nul n'étudiait avec autant de soin les effets de l'atmosphère. Les jeux les plus bizarres et les plus invraisemblables de l'ombre et de la lumière lui plaisaient avant tout. Dans un tableau de M. Decamps, le soleil brûlait véritablement les murs blancs et les sables crayeux ; tous les objets colorés avaient une transparence vive et animée. Les eaux étaient d'une profondeur inouïe ; les grandes ombres qui coupent les pans des maisons et dorment étirées sur le sol ou sur l'eau avaient une indolence et un farniente d'ombres indéfinissables. Au milieu de cette nature saisissante, s'agitaient ou rêvaient de petites gens, tout un petit monde avec sa vérité native et comique.

Les tableaux de M. Decamps étaient donc pleins de poésie, et souvent de rêverie; mais là où d'autres, comme Delacroix, arriveraient par un grand dessin, un choix de modèle original ou une large et facile couleur, M. Decamps arrivait par l'intimité du détail. Le seul reproche, en effet, qu'on lui pouvait faire, était de trop s'occuper de l'exécution matérielle des objets; ses maisons étaient en vrai plâtre, en vrai bois, ses murs en vrai mortier de chaux; et devant ces chefs-d'œuvre l'esprit était souvent attristé par l'idée douloureuse du temps et de la peine consacrés à les faire. Combien n'eussent-ils pas été plus beaux, exécutés avec plus de bonhomie !

L'an passé, quand M. Decamps, armé d'un crayon, voulut lutter avec Raphaël et Poussin, — les flâneurs enthousiastes de la plaine et de la montagne, ceux-là qui ont un cœur grand comme le monde, mais qui ne veulent pas pendre les citrouilles aux branches des chênes, et qui adoraient tous M. Decamps comme un des produits les plus curieux de la création, se dirent entre eux : « Si Raphaël empêche Decamps de dormir, adieu nos Decamps ! Qui les fera désormais ? — Hélas ! MM. GUIGNET et CHACATON. »

Et cependant M. Decamps a reparu cette année avec des choses turques, des paysages, des tableaux de genre et un *Effet de pluie;* mais il a fallu les chercher : ils ne sautaient plus aux yeux.

M. Decamps, qui sait si bien faire le soleil, n'a pas su faire la pluie; puis il a fait nager des canards dans de la pierre, etc. *L'École turque*, néanmoins, ressemble à ses bons tableaux; ce sont bien là ces beaux enfants que nous connaissons, et cette atmosphère lumineuse et poussiéreuse d'une chambre où le soleil veut entrer tout entier.

Il me parait si facile de nous consoler avec les magnifiques Decamps qui ornent nos galeries, que je ne veux pas analyser les défauts de ceux-ci. Ce serait une besogne puérile, que tout le monde fera du reste très bien.

Parmi les tableaux de M. PENGUILLY-L'HARIDON, qui sont tous d'une bonne facture, — petits tableaux largements peints, et néanmoins avec finesse, — un surtout se fait voir et attire les yeux : *Pierrot présente à l'assemblée ses compagnons Arlequin et Polichinelle.*

Pierrot, un œil ouvert et l'autre fermé, avec cet air matois qui est de tradition, montre au public Arlequin qui s'avance en faisant les ronds de bras obligés, une jambe crânement posée en avant. Polichinelle le suit, — tête un peu avinée, œil plein de fatuité, pauvres petites jambes dans de grands sabots. Une figure ridicule, grand nez, grandes lunettes, grandes moustaches en croc, apparait entre deux rideaux. — Tout cela est d'une jolie couleur, fine et simple, et ces trois personnages se détachent parfaitement sur un fond gris. Ce qu'il y a de saisissant dans ce tableau vient moins encore de l'aspect que de la composition, qui est d'une simplicité excessive. — Le Polichinelle, qui est essentiellement comique, rappelle celui du *Charivari* anglais, qui pose l'index sur le bout de son nez, pour exprimer combien il en est fier ou combien il en est gêné. Je reprocherai à M. Penguilly de n'avoir pas pris le type de Deburau, qui est le vrai pierrot actuel, le pierrot de l'histoire moderne, et qui doit avoir sa place dans tous les tableaux de parade.

Voici maintenant une autre fantaisie beaucoup moins habile et moins savante, et qui est d'autant plus belle qu'elle est peut-être involontaire : *La Rixe des mendiants*, par M. MANZONI. Je n'ai jamais rien vu d'aussi poétiquement brutal, même dans les orgies les plus flamandes. — Voici en six points les différentes impressions du passant devant ce tableau : 1° vive

curiosité ; 2⁰ quelle horreur ! 3⁰ c'est mal peint, mais c'est une composition singulière et qui ne manque pas de charme ; 4⁰ ce n'est pas aussi mal peint qu'on le croirait d'abord ; 5⁰ revoyons donc ce tableau ; 6⁰ souvenir durable. Il y a là-dedans une férocité et une brutalité de manière assez bien appropriées au sujet, et qui rappellent les violentes ébauches de Goya. — Ce sont bien du reste les faces les plus patibulaires qui se puissent voir ; c'est un mélange singulier de chapeaux défoncés, de jambes de bois, de verres cassés, de buveurs vaincus ; la luxure, la férocité et l'ivrognerie agitant leurs haillons. La beauté rougeaude qui allume les désirs de ces messieurs est d'une *bonne touche*, et bien faite pour plaire aux connaisseurs. J'ai rarement vu quelque chose d'aussi comique que ce malheureux collé sur le mur, et que son voisin a victorieusement cloué avec une fourche.

Quant au second tableau, *L'Assassinat nocturne*, il est d'un aspect moins étrange. La couleur en est terne et vulgaire, et le fantastique ne git que dans la manière dont la scène est représentée. Un mendiant tient un couteau levé sur un malheureux qu'on fouille et qui se meurt de peur. Ces demi-masques blancs, qui consistent en des nez gigantesques, sont fort drôles, et donnent à cette scène d'épouvante un cachet des plus singuliers.

M. VILLA-AMIL a peint la *Salle du trône* à Madrid. On dirait au premier abord que c'est fait avec une grande bonhomie ; mais en regardant plus attentivement, on reconnait une grande habileté dans l'ordonnance et la couleur générale de cette peinture décorative. C'est d'un ton moins fin peut-être, mais d'une couleur plus ferme que les tableaux du même genre qu'affectionne M. ROBERTS. Il y a cependant ce défaut que le plafond a moins l'air d'un plafond que d'un ciel véritable.

MM. WATTIER et PÉRÈSE traitent d'habitude des sujets presque semblables, de belles dames en costumes anciens dans des parcs, sous de vieux ombrages ; mais M. Pérèse a cela pour lui qu'il peint avec beaucoup plus de bonhomie, et que son nom ne lui commande pas la singerie de Watteau. Malgré la finesse étudiée des figures de M. Wattier, M. Pérèse lui est supérieur par l'invention. Il y a du reste entre leurs compositions la même différence qu'entre la galanterie sucrée du temps de Louis XV et la galanterie loyale du siècle de Louis XIII.

L'école Couture, — puisqu'il faut l'appeler par son nom, — a beaucoup trop donné cette année.

M. DIAZ DE LA PEÑA, qui est en petit l'expression hyperbolique de cette petite école, part de ce principe qu'une palette est un tableau. Quant à l'harmonie générale, M. Diaz pense qu'on la rencontre toujours. Pour le dessin, — le dessin du mouvement, le dessin des coloristes, — il n'en est pas question ; les membres de toutes ces petites figures se tiennent à peu près comme des paquets de chiffons ou comme des bras et des jambes dispersés par l'explosion d'une locomotive. — Je préfère le kaléidoscope, parce qu'il ne fait pas *Les Délaissées* ou *Le Jardin des Amours ;* il fournit des dessins de châle ou de tapis, et son rôle est modeste. — M. DIAZ est coloriste, il est vrai ; mais élargissez le cadre d'un pied, et les forces lui manquent, parce qu'il ne connait pas la nécessité d'une couleur générale. C'est pourquoi ses tableaux ne laissent pas de souvenir.

Chacun a son rôle, dites-vous. La grande peinture n'est point faite pour tout le monde. Un beau dîner contient des pièces de résistance et des hors-d'œuvre. Oserez-vous être ingrat envers les saucissons d'Arles, les piments, les anchois,

l'aïoli, etc. ? — Hors-d'œuvre appétissants, dites-vous ? — Non pas, mais bonbons et sucreries écœurantes. — Qui voudrait se nourrir de dessert ? C'est à peine si on l'effleure, quand on est content de son dîner.

M. CÉLESTIN NANTEUIL sait poser une touche, mais ne sait pas établir les proportions et l'harmonie d'un tableau.

M. VERDIER peint raisonnablement, mais je le crois foncièrement ennemi de la pensée.

M. MÜLLER, l'homme aux *Sylphes*, le grand amateur des sujets poétiques, — des sujets ruisselants de poésie, — a fait un tableau qui s'appelle *Primavera*. Les gens qui ne savent pas l'italien croiront que cela veut dire *Décaméron*.

La couleur de M. FAUSTIN BESSON perd beaucoup à n'être plus troublée et miroitée par les vitres de la boutique Deforge.

Quant à M. FONTAINE, c'est évidemment un homme sérieux ; il nous a fait M. de Béranger entouré de marmots des deux sexes, et initiant la jeunesse aux mystères de la peinture Couture.

Grands mystères, ma foi ! — Une lumière rose ou couleur de pêche et une ombre verte, c'est là que gît toute la difficulté. — Ce qu'il y a de terrible dans cette peinture, c'est qu'elle se fait voir ; on l'aperçoit de très loin.

De tous ces messieurs, le plus malheureux sans doute est M. COUTURE, qui joue en tout ceci le rôle intéressant d'une victime. — Un imitateur est un indiscret qui vend une surprise.

Dans les différentes spécialités des sujets bas-bretons, catalans, suisses, normands, etc., MM. ARMAND et ADOLPHE LELEUX sont dépassés par M. GUILLEMIN, qui est inférieur à M. HÉDOUIN, qui lui-même le cède à M. HAFFNER.

J'ai entendu plusieurs fois faire à MM. Leleux ce singulier reproche, que, Suisses, Espagnols ou Bretons, tous leurs personnages avaient l'air breton.

M. Hédouin est certainement un peintre de mérite, qui possède une touche ferme et qui entend la couleur ; il parviendra sans doute à se constituer une originalité particulière.

Quant à M. Haffner, je lui en veux d'avoir fait une fois un portrait dans une manière romantique et superbe, et de n'en avoir point fait d'autres ; je croyais que c'était un grand artiste plein de poésie et surtout d'invention, un portraitiste de premier ordre, qui lâchait quelques *rapinades* à ses heures perdues ; mais il paraît que ce n'est qu'un peintre.

VII

DE L'IDÉAL ET DU MODÈLE

La couleur étant la chose la plus naturelle et la plus visible, le parti des coloristes est le plus nombreux et le plus important. L'analyse, qui facilite les moyens d'exécution, a dédoublé la nature en couleur et ligne, et avant de procéder à l'examen des hommes qui composent le second parti, je crois utile d'expliquer ici quelques-uns des principes qui les dirigent, parfois même à leur insu.

Le titre de ce chapitre est une contradiction, ou plutôt un accord de contraires ; car le dessin du grand dessinateur doit résumer l'idéal et le modèle.

La couleur est composée de masses colorées qui sont faites d'une infinité de tons, dont l'harmonie fait l'unité : ainsi la ligne, qui a ses masses et ses généralités, se subdivise en une foule de lignes particulières, dont chacune est un caractère du modèle.

La circonférence, idéal de la ligne courbe, est comparable à une figure analogue composée d'une infinité de lignes droites, qui doit se confondre avec elle, les angles intérieurs s'obtusant de plus en plus.

Mais comme il n'y a pas de circonférence parfaite, l'idéal absolu est une bêtise. Le goût exclusif du simple conduit l'artiste nigaud à l'imitation du même type. Les poètes, les artistes et toute la race humaine seraient bien malheureux, si l'idéal, cette absurdité, cette impossibilité, était trouvé. Qu'est-ce que chacun ferait désormais de son pauvre *moi*, — de sa ligne brisée ?

J'ai déjà remarqué que le souvenir était le grand criterium de l'art ; l'art est une mnémotechnie du beau : or, l'imitation exacte gâte le souvenir. Il y a de ces misérables peintres, pour qui la moindre verrue est une bonne fortune ; non seulement ils n'ont garde de l'oublier, mais il est nécessaire qu'ils la fassent quatre fois plus grosse : aussi font-ils le désespoir des amants, et un peuple qui fait faire le portrait de son roi est un amant.

Trop particulariser ou trop généraliser empêchent également le souvenir ; à l'Apollon du Belvédère et au Gladiateur je préfère l'Antinoüs, car l'Antinoüs est l'idéal du charmant Antinoüs.

Quoique le principe universel soit un, la nature ne donne rien d'absolu, ni même de complet*; je ne vois que des individus. Tout animal, dans une espèce semblable, diffère en quelque chose de son voisin, et parmi les milliers de fruits que peut donner un même arbre, il est impossible d'en trouver deux identiques, car ils seraient le même ; et la dualité, qui est la contradiction de l'unité, en est aussi la conséquence**. C'est surtout dans la race humaine que l'infini de la variété se manifeste d'une manière effrayante. Sans compter les grands types que la nature a distribués sous les différents climats, je vois chaque jour passer sous ma fenêtre un certain nombre de Kalmouks, d'Osages, d'Indiens, de Chinois et de Grecs antiques, tous plus ou moins parisianisés. Chaque individu est une harmonie ; car il vous est maintes fois arrivé de vous retourner à un son de voix connu, et d'être frappé d'étonnement devant une créature inconnue, souvenir vivant d'une autre créature douée de gestes et d'une voix analogues. Cela est si vrai que Lavater a dressé une nomenclature des nez et des bouches qui jurent de *figurer* ensemble, et constaté plusieurs erreurs de ce genre dans les anciens artistes, qui ont revêtu quelquefois des personnages religieux ou historiques de formes contraires à leur caractère. Que Lavater se soit trompé dans le détail, c'est possible ; mais il avait l'idée du principe. Telle main veut tel pied ; chaque épiderme engendre son poil. Chaque individu a donc son idéal.

Je n'affirme pas qu'il y ait autant d'idéals primitifs que d'individus, car un moule donne plusieurs épreuves ; mais il y a dans l'âme du peintre autant d'idéals que d'individus, parce qu'un portrait est un modèle compliqué d'un artiste.

Ainsi l'idéal n'est pas cette chose vague, ce rêve ennuyeux et impalpable qui nage au plafond des académies ; un idéal, c'est l'individu redressé par

* Rien d'absolu : — ainsi, l'idéal du compas est la pire des sottises ; — ni de complet : — ainsi il faut tout compléter, et retrouver chaque idéal.

** Je dis la contradiction, et non pas le contraire ; car la contradiction est une invention humaine.

l'individu, reconstruit et rendu par le pinceau ou le ciseau à l'éclatante vérité de son harmonie native.

La première qualité d'un dessinateur est donc l'étude lente et sincère de son modèle. Il faut non seulement que l'artiste ait une intuition profonde du caractère du modèle, mais encore qu'il le généralise quelque peu, qu'il exagère volontairement quelques détails, pour augmenter la physionomie et rendre son expression plus claire.

Il est curieux de remarquer que, guidé par ce principe, — que le sublime doit fuir les détails, — l'art pour se perfectionner revient vers son enfance. — Les premiers artistes aussi n'exprimaient pas les détails. Toute la différence, c'est qu'en faisant tout d'une venue les bras et les jambes de leurs figures, ce n'étaient pas eux qui fuyaient les détails, mais les détails qui les fuyaient ; car pour choisir il faut posséder.

Le dessin est une lutte entre la nature et l'artiste, où l'artiste triomphera d'autant plus facilement qu'il comprendra mieux les intentions de la nature. Il ne s'agit pas pour lui de copier, mais d'interpréter dans une langue plus simple et plus lumineuse.

L'introduction du portrait, c'est-à-dire du modèle idéalisé, dans les sujets d'histoire, de religion, ou de fantaisie, nécessite d'abord un choix exquis du modèle, et peut certainement rajeunir et revivifier la peinture moderne, trop encline, comme tous nos arts, à se contenter de l'imitation des anciens.

Tout ce que je pourrais dire de plus sur les idéals me paraît inclus dans un chapitre de Stendhal, dont le titre est aussi clair qu'insolent :

« COMMENT L'EMPORTER SUR RAPHAËL ? »

« Dans les scènes touchantes produites par les passions, le grand peintre des temps modernes, si jamais il paraît, donnera à chacune de ses personnes *la beauté idéale tirée du tempérament* fait pour sentir le plus vivement l'effet de cette passion.

« Werther ne sera pas indifféremment sanguin ou mélancolique ; Lovelace, flegmatique ou bilieux. Le bon curé Primerose, l'aimable Cassio n'auront pas le tempérament bilieux ; mais le juif Shylock, mais le sombre Iago, mais lady Macbeth, mais Richard III ; l'aimable et pure Imogène sera un peu flegmatique.

« D'après ses premières observations, l'artiste a fait l'Apollon du Belvédère. Mais se réduira-t-il à donner froidement des copies de l'Apollon toutes les fois qu'il voudra présenter un dieu jeune et beau ? Non, il mettra un rapport entre l'action et le genre de beauté. Apollon, délivrant la terre du serpent Python, sera plus fort ; Apollon, cherchant à plaire à Daphné, aura des traits plus délicats*. »

VIII

DE QUELQUES DESSINATEURS

Dans le chapitre précédent, je n'ai point parlé du dessin imaginatif ou de création, parce qu'il est en général le privilège des coloristes. Michel-Ange, qui

* *Histoire de la peinture en Italie*, chap. CI. Cela s'imprimait en 1817 !

est à un certain point de vue l'inventeur de l'idéal chez les modernes, seul a possédé au suprême degré l'imagination du dessin sans être coloriste. Les purs dessinateurs sont des naturalistes doués d'un sens excellent ; mais ils dessinent par raison, tandis que les coloristes, les grands coloristes, dessinent par tempérament, presque à leur insu. Leur méthode est analogue à la nature : ils dessinent parce qu'ils colorent, et les purs dessinateurs, s'ils voulaient être logiques et fidèles à leur profession de foi, se contenteraient du crayon noir. Néanmoins ils s'appliquent à la couleur avec une ardeur inconcevable, et ne s'aperçoivent point de leurs contradictions. Ils commencent par délimiter les formes d'une manière cruelle et absolue, et veulent ensuite remplir ces espaces. Cette méthode double contrarie sans cesse leurs efforts, et donne à toutes leurs productions je ne sais quoi d'amer, de pénible et de contentieux. Elles sont un procès éternel, une dualité fatigante. Un dessinateur est un coloriste manqué.

Cela est si vrai, que M. INGRES, le représentant le plus illustre de l'école naturaliste dans le dessin, est toujours au pourchas de la couleur. Admirable et malheureuse opiniâtreté ! C'est l'éternelle histoire des gens qui vendraient la réputation qu'ils méritent pour celle qu'ils ne peuvent obtenir. M. Ingres adore la couleur, comme une marchande de modes. C'est peine et plaisir à la fois que de contempler les efforts qu'il fait pour choisir et accoupler ses tons. Le résultat, non pas toujours discordant, mais amer et violent, plaît souvent aux poètes corrompus ; encore quand leur esprit fatigué s'est longtemps réjoui dans ces luttes dangereuses, il veut absolument se reposer sur un Velasquez ou un Lawrence.

Si M. Ingres occupe après E. Delacroix la place la plus importante, c'est à cause de ce dessin tout particulier, dont j'analysais tout à l'heure les mystères, et qui résume le mieux jusqu'à présent l'idéal et le modèle. M. Ingres dessine admirablement bien, et il dessine vite. Dans ses croquis il fait naturellement de l'idéal ; son dessin, souvent peu chargé, ne contient pas beaucoup de traits ; mais chacun rend un contour important. Voyez à côté les dessins de tous ces ouvriers en peinture, — souvent ses élèves ; — ils rendent d'abord les minuties, et c'est pour cela qu'ils enchantent le vulgaire, dont l'œil dans tous les genres ne s'ouvre que pour ce qui est petit.

Dans un certain sens, M. Ingres dessine mieux que Raphaël, le roi populaire des dessinateurs. Raphaël a décoré des murs immenses ; mais il n'eût pas fait si bien que lui le portrait de votre mère, de votre ami, de votre maîtresse. L'audace de celui-ci est toute particulière, et combinée avec une telle ruse, qu'il ne recule devant aucune laideur et aucune bizarrerie : il a fait la redingote de M. Molé ; il a fait le carrick de Cherubini ; il a mis dans le plafond d'Homère, — œuvre qui vise à l'idéal plus qu'aucune autre, — un aveugle, un borgne, un manchot et un bossu. La nature le récompense largement de cette adoration païenne. Il pourrait faire de Mayeux une chose sublime.

La belle Muse de Cherubini est encore un portrait. Il est juste de dire que si M. Ingres, privé de l'imagination du dessin, ne sait pas faire de tableaux, au moins dans de grandes proportions, ses portraits sont presque des tableaux, c'est-à-dire des poèmes intimes.

Talent avare, cruel, coléreux et souffrant, mélange singulier de qualités contraires, toutes mises au profit de la nature, et dont l'étrangeté n'est pas un des moindres charmes ; — flamand dans l'exécution, individualiste et naturaliste dans le dessin, antique par ses sympathies et idéaliste par raison.

Accorder tant de contraires n'est pas une mince besogne : aussi n'est-ce pas sans raison qu'il a choisi pour étaler les mystères religieux de son dessin un jour artificiel et qui sert à rendre sa pensée plus claire, — semblable à ce crépuscule où la nature mal éveillée nous apparait blafarde et crue, où la campagne se révèle sous un aspect fantastique et saisissant.

Un fait assez particulier et que je crois inobservé dans le talent de M. Ingres, c'est qu'il s'applique plus volontiers aux femmes ; il les fait telles qu'il les voit, car on dirait qu'il les aime trop pour les vouloir changer ; il s'attache à leurs moindres beautés avec une âpreté de chirurgien ; il suit les plus légères ondulations de leurs lignes avec une servilité d'amoureux. L'*Angélique*, les deux *Odalisques*, le portrait de Mme d'Haussonville, sont des œuvres d'une volupté profonde. Mais toutes ces choses ne nous apparaissent que dans un jour presque effrayant ; car ce n'est ni l'atmosphère dorée qui baigne les champs de l'idéal, ni la lumière tranquille et mesurée des régions sublunaires.

Les œuvres de M. Ingres, qui sont le résultat d'une attention excessive, veulent une attention égale pour être comprises. Filles de la douleur, elles engendrent la douleur. Cela tient, comme je l'ai expliqué plus haut, à ce que sa méthode n'est pas une et simple, mais bien plutôt l'emploi de méthodes successives.

Autour de M. Ingres, dont l'enseignement a je ne sais quelle austérité fanatisante, se sont groupés quelques hommes dont les plus connus sont MM. FLANDRIN, LEHMANN et AMAURY-DUVAL.

Mais quelle distance immense du maitre aux élèves ! M. Ingres est encore seul du son école. Sa méthode est le résultat de sa nature, et, quelque bizarre et obstinée qu'elle soit, elle est franche et pour ainsi dire involontaire. Amoureux passionné de l'antique et de son modèle, respectueux serviteur de la nature, il fait des portraits qui rivalisent avec les meilleures sculptures romaines. Ces messieurs ont traduit en système, froidement, de parti pris, pédantesquement, la partie déplaisante et impopulaire de son génie ; car ce qui les distingue avant tout, c'est la pédanterie. Ce qu'ils ont vu et étudié dans le maitre, c'est la curiosité et l'érudition. De là, ces recherches de maigreur, de pâleur et toutes ces conventions ridicules, adoptées sans examen et sans bonne foi. Ils sont allés dans le passé, loin, bien loin, copier avec une puérilité servile de déplorables erreurs, et se sont volontairement privés de tous les moyens d'exécution et de succès que leur avait préparés l'expérience des siècles. On se rappelle encore *La Fille de Jephté pleurant sa virginité ; —* ces longueurs excessives de mains et de pieds, ces ovales de têtes exagérés, ces afféteries ridicules, — conventions et habitudes du pinceau qui ressemblent passablement à du chic, sont des défauts singuliers chez un adorateur fervent de la forme. Depuis le portrait de la princesse Belgiojoso, M. Lehmann ne fait plus que des yeux trop grands, où la prunelle nage comme une huitre dans une soupière. — Cette année, il a envoyé des portraits et des tableaux. Les tableaux sont *Les Océanides, Hamlet* et *Ophélie. Les Océanides* sont une espèce de Flaxman, dont l'aspect est si laid, qu'il ôte l'envie d'examiner le dessin. Dans les portraits d'*Hamlet* et d'*Ophélie,* il y a une prétention visible à la couleur, — le grand *dada* de l'école ! Cette malheureuse imitation de la couleur m'attriste et me désole comme un Véronèse ou un Rubens copiés par un habitant de la lune. Quant à leur tournure et à leur esprit, ces deux figures me rappellent l'emphase des acteurs de l'ancien Bobino, du temps qu'on y jouait des mélodrames. Sans doute la main d'Hamlet est belle ; mais une main bien

exécutée ne fait pas un dessinateur, et c'est vraiment trop abuser du morceau, même pour un ingriste.

Je crois que Mme CALAMATTA est aussi du parti des ennemis du soleil ; mais elle compose parfois ses tableaux assez heureusement, et ils ont un peu de cet air magistral que les femmes, même les plus littéraires et les plus *artistes*, empruntent aux hommes moins facilement que leurs ridicules.

M. JANMOT a fait une *Station*, — *Le Christ portant sa croix*, — dont la composition a du caractère et du sérieux, mais dont la couleur, non plus mystérieuse ou plutôt mystique, comme dans ses dernières œuvres, rappelle malheureusement la couleur de toutes les *stations* possibles. On devine trop, en regardant ce tableau cru et luisant, que M. Janmot est de Lyon. En effet, c'est bien là la peinture qui convient à cette ville de comptoirs, ville bigote et méticuleuse, où tout, jusqu'à la religion, doit avoir la netteté calligraphique d'un registre.

L'esprit du public a déjà associé souvent les noms de M. CURZON et de M. BRILLOUIN : seulement, leurs débuts promettaient plus d'originalité. Cette année, M. Brillouin, — *A quoi rêvent les jeunes filles*, — a été différent de lui-même, et M. Curzon s'est contenté de faire des Brillouin. Leur façon rappelle l'école de Metz, école littéraire, mystique et allemande. M. Curzon, qui fait souvent de beaux paysages d'une généreuse couleur, pourrait exprimer Hoffmann d'une manière moins érudite, — moins convenue. Bien qu'il soit évidemment un homme d'esprit, — le choix de ses sujets suffit pour le prouver, — on sent que le souffle hoffmannesque n'a point passé par là. L'ancienne façon des artistes allemands ne ressemble nullement à la façon de ce grand poète, dont les compositions ont un caractère bien plus moderne et bien plus romantique. C'est en vain que l'artiste, pour obvier à ce défaut capital, a choisi parmi les contes le moins fantastique de tous, *Maître Martin et ses apprentis*, dont Hoffmann lui-même disait : « C'est le plus médiocre de mes ouvrages ; il n'y a ni terrible ni grotesque, qui sont les deux choses par où je vaux le plus ! » Et malgré cela, jusque dans *Maître Martin*, les lignes sont plus flottantes et l'atmosphère plus chargée d'esprits que ne les a faites M.Curzon.

A proprement parler, la place de M. VIDAL n'est point ici, car ce n'est pas un vrai dessinateur. Cependant elle n'est pas trop mal choisie, car il a quelques-uns des travers et des ridicules de MM. les ingristes, c'est-à-dire le fanatisme du petit et du joli, et l'enthousiasme du beau papier et des toiles fines. Ce n'est point là l'ordre qui règne et circule autour d'un esprit fort et vigoureux, ni la propreté suffisante d'un homme de bon sens ; c'est la folie de la propreté. Le préjugé Vidal a commencé, je crois, il y a trois ou quatre ans. A cette époque toutefois ses dessins étaient moins pédants et moins maniérés qu'aujourd'hui.

Je lisais ce matin un feuilleton de M. Théophile Gautier, où il fait à M. Vidal un grand éloge de savoir rendre la beauté moderne. — Je ne sais pourquoi M. Théophile Gautier a endossé cette année le carrick et la pèlerine de l'*homme bienfaisant* ; car il a loué tout le monde, et il n'est si malheureux barbouilleur dont il n'ait catalogué les tableaux. Est-ce que par hasard l'heure de l'Académie, heure solennelle et soporifique, aurait sonné pour lui, qu'il est déjà si bon homme ? et la prospérité littéraire a-t-elle de si funestes conséquences qu'elle contraigne le public à nous rappeler à l'ordre et à nous remettre sous les yeux nos anciens certificats de romantisme ? La nature a doué M. Gautier d'un esprit excellent, large et poétique. Tout le monde sait

quelle sauvage admiration il a toujours témoignée pour les œuvres franches et abondantes. Quel breuvage MM. les peintres ont-ils versé cette année dans son vin, ou quelle lorgnette a-t-il choisie pour aller à sa tâche ? M. Vidal connaît la beauté moderne ! Allons donc ! Grâce à la nature, nos femmes n'ont pas tant d'esprit et ne sont pas si précieuses ; mais elles sont bien autrement romantiques. — Regardez la nature, monsieur ; ce n'est pas avec de l'esprit et des crayons minutieusement appointés qu'on fait de la peinture ; car quelques-uns vous rangent, je ne sais trop pourquoi, dans la noble famille des peintres. Vous avez beau appeler vos femmes Fatinitza, Stella, Vanessa, Saison des roses, — un tas de noms de pommades ! — tout cela ne fait pas des femmes poétiques. Une fois vous avez voulu faire *L'Amour de soi-même*, — une grande et belle idée, une idée souverainement féminine, — vous n'avez pas su rendre cette âpreté gourmande et ce magnifique égoïsme. Vous n'avez été que puéril et obscur.

Du reste, toutes ces affèteries passeront comme des onguents rancis. Il suffit d'un rayon de soleil pour en développer toute la puanteur. J'aime mieux laisser le temps faire son affaire que de perdre le mien à vous expliquer toutes les mesquineries de ce pauvre genre.

IX

DU PORTRAIT

Il y a deux manières de comprendre le portrait, — l'histoire et le roman.

L'une est de rendre fidèlement, sévèrement, minutieusement, le contour et le modelé du modèle, ce qui n'exclut pas l'idéalisation, qui consistera pour les naturalistes éclairés à choisir l'attitude la plus caractéristique, celle qui exprime le mieux les habitudes de l'esprit ; en outre, de savoir donner à chaque détail important une exagération raisonnable, de mettre en lumière tout ce qui est naturellement saillant, accentué et principal, et de négliger ou de fondre dans l'ensemble tout ce qui est insignifiant, ou qui est l'effet d'une dégradation accidentelle.

Les chefs de l'école historique sont David et Ingres ; les meilleurs exemples sont les portraits de David qu'on a pu voir à l'exposition Bonne-Nouvelle, et ceux de M. Ingres, comme M. Bertin et Cherubini.

La seconde méthode, celle particulière aux coloristes, est de faire du portrait un tableau, un poème avec ses accessoires, plein d'espace et de rêverie. Ici l'art est plus difficile, parce qu'il est plus ambitieux. Il faut savoir baigner une tête dans les molles vapeurs d'une chaude atmosphère, ou la faire sortir des profondeurs d'un crépuscule. Ici, l'imagination a une plus grande part, et cependant, comme il arrive souvent que le roman est plus vrai que l'histoire, il arrive aussi qu'un modèle est plus clairement exprimé par le pinceau abondant et facile d'un coloriste que par le crayon d'un dessinateur.

Les chefs de l'école romantique sont Rembrandt, Reynolds, Lawrence. Les exemples connus sont *La Dame au chapeau de paille* et le jeune *Lambton*.

En général, MM. FLANDRIN, AMAURY-DUVAL et LEHMANN ont cette excellente qualité, que leur modelé est vrai et fin. Le morceau y est bien conçu, exécuté facilement et tout d'une haleine ; mais leurs portraits sont souvent entachés d'une affèterie prétentieuse et maladroite. Leur goût immodéré pour la distinction leur joue à chaque instant de mauvais tours. On sait avec quelle

admirable bonhomie ils recherchent les tons *distingués,* c'est-à-dire des tons qui, s'ils étaient intenses, hurleraient comme le diable et l'eau bénite, comme le marbre et le vinaigre; mais comme ils sont excessivement pâlis et pris à une dose homéopathique, l'effet en est plutôt surprenant que douloureux : c'est là le grand triomphe !

La *distinction* dans le dessin consiste à partager les préjugés de certaines mijaurées, frottées de littératures malsaines, qui ont en horreur les petits yeux, les grands pieds, les grandes mains, les petits fronts et les joues allumées par la joie et la santé, — toutes choses qui peuvent être fort belles.

Cette pédanterie dans la couleur et le dessin nuit toujours aux œuvres de ces messieurs, quelque recommandables qu'elles soient d'ailleurs. Ainsi, devant le portrait *bleu* de M. Amaury-Duval et bien d'autres portraits de femmes ingristes ou ingrisées, j'ai senti passer dans mon esprit, amenées par je ne sais quelle association d'idées, ces sages paroles du chien Berganza, qui fuyait les bas-*bleus* aussi ardemment que ces messieurs les recherchent : « Corinne ne t'a-t-elle jamais paru insupportable ? À l'idée de la voir s'approcher de moi, animée d'une vie véritable, je me sentais comme oppressé par une sensation pénible, et incapable de conserver auprès d'elle ma sérénité et ma liberté d'esprit. Quelque beaux que pussent être son bras ou sa main, jamais je n'aurais pu supporter ses caresses sans une certaine répugnance, un certain frémissement intérieur qui m'ôte ordinairement l'appétit. — Je ne parle ici qu'en ma qualité de chien ! »

J'ai éprouvé la même sensation que le spirituel Berganza devant presque tous les portraits de femmes, anciens ou présents, de MM. Flandrin, Lehmann et Amaury-Duval, malgré les belles mains, réellement bien peintes, qu'ils savent leur faire, et la galanterie de certains détails. Dulcinée de Toboso elle-même, en passant par l'atelier de ces messieurs, en sortirait diaphane et bégueule comme une élégie, et amaigrie par le thé et le beurre esthétiques.

Ce n'est pourtant pas ainsi, — il faut le répéter sans cesse, — que M. Ingres comprend les choses, le grand maître !

Dans le portrait compris suivant la seconde méthode, MM. DUBUFE père, WINTERHALTER, LÉPAULLE et Mme FRÉDÉRIQUE O'CONNELL, avec un goût plus sincère de la nature et une couleur plus sérieuse, auraient pu acquérir une gloire légitime.

M. Dubufe aura longtemps encore le privilège des portraits élégants; son goût naturel et quasi poétique sert à cacher ses innombrables défauts.

Il est à remarquer que les gens qui crient tant haro sur le *bourgeois,* à propos de M. Dubufe, sont les mêmes qui se sont laissé charmer par les têtes de bois de M. PÉRIGNON. Qu'on aurait pardonné de choses à M. Delaroche, si l'on avait pu prévoir la fabrique Pérignon !

M. Winterhalter est réellement en décadence. — M. Lépaulle est toujours le même, un excellent peintre parfois, toujours dénué de goût et de bon sens. — Des yeux et des bouches charmantes, des bras réussis, — avec des toilettes à faire fuir les honnêtes gens !

Mme O'Connell sait peindre librement et vivement; mais sa couleur manque de consistance. C'est le malheureux défaut de la peinture anglaise, transparente à l'excès, et toujours douée d'une trop grande fluidité.

Un excellent exemple du genre de portraits dont je voulais tout à l'heure caractériser l'esprit est ce portrait de femme, par M. HAFFNER, — noyé dans le

gris et resplendissant de mystère, — qui, au Salon dernier, avait fait concevoir de si hautes espérances à tous les connaisseurs. Mais M. Haffner n'était pas encore un peintre de genre, cherchant à réunir et à fondre Diaz, Decamps et Troyon.

On dirait que Mme E. GAUTIER cherche à amollir un peu sa manière. Elle a tort.

MM. TISSIER et J. GUIGNET ont conservé leur touche et leur couleur sûres et solides. En général, leurs portraits ont cela d'excellent qu'ils plaisent surtout par l'aspect, qui est la première impression et la plus importante.

M. VICTOR ROBERT, l'auteur d'une immense allégorie de l'Europe, est certainement un bon peintre, doué d'une main ferme; mais l'artiste qui fait le portrait d'un homme célèbre ne doit pas se contenter d'une pâte heureuse et superficielle; car il fait aussi le portrait d'un esprit. M. Granier de Cassagnac est beaucoup plus laid, ou, si l'on veut, beaucoup plus beau. D'abord le nez est plus large, et la bouche, mobile et irritable, est d'une malice et d'une finesse que le peintre a oubliées. M. Granier de Cassagnac a l'air plus petit et plus athlétique, — jusque dans le front. Cette pose est plutôt emphatique que respirant la force véritable, qui est son caractère. Ce n'est point là cette tournure martiale et provocante avec laquelle il aborde la vie et toutes ses questions. Il suffit de l'avoir vu fulminer à la hâte ses colères, avec des soubresauts de plume et de chaise, ou simplement de les avoir lues, pour comprendre qu'il n'est pas là tout entier. *Le Globe*, qui fuit dans la demi-teinte, est un enfantillage, — ou bien il fallait qu'il fût en pleine lumière !

J'ai toujours eu l'idée que M. L. BOULANGER eût fait un excellent graveur; c'est un ouvrier naïf et dénué d'invention qui gagne beaucoup à travailler sur autrui. Ses tableaux romantiques sont mauvais, ses portraits sont bons, — clairs, solides, facilement et simplement peints; et, chose singulière, ils ont souvent l'aspect des bonnes gravures faites d'après les portraits de Van Dyck. Ils ont ces ombres denses et ces lumières blanches des eaux-fortes vigoureuses. Chaque fois que M. L. Boulanger a voulu s'élever plus haut, il a fait du pathos. Je crois que c'est une intelligence honnête, calme et ferme, que les louanges exagérées des poètes ont seules pu égarer.

Que dirai-je de M. L. COGNIET, cet aimable éclectique, ce peintre de tant de bonne volonté et d'une intelligence si inquiète que, pour bien rendre le portrait de M. Granet, il a imaginé d'employer la couleur propre aux tableaux de M. Granet, — laquelle est généralement noire, comme chacun sait depuis longtemps.

Mme DE MIRBEL est le seul artiste qui sache se tirer d'affaire dans ce difficile problème du goût et de la vérité. C'est à cause de cette sincérité particulière, et aussi de leur aspect séduisant, que ses miniatures ont toute l'importance de la peinture.

X

DU CHIC ET DU PONCIF

Le *chic*, mot affreux et bizarre et de moderne fabrique, dont j'ignore même l'orthographe*, mais que je suis obligé d'employer, parce qu'il est consacré par

* H. de Balzac a écrit quelque part : *le chique.*

les artistes pour exprimer une monstruosité moderne, signifie : absence de
modèle et de nature. Le *chic* est l'abus de la mémoire ; encore le *chic* est-il
plutôt une mémoire de la main qu'une mémoire du cerveau ; car il est des
artistes doués d'une mémoire profonde des caractères et des formes, —
Delacroix ou Daumier, — et qui n'ont rien à démêler avec le *chic*.

Le *chic* peut se comparer au travail de ces maîtres d'écriture, doués d'une
belle main et d'une bonne plume taillée pour l'anglaise ou la coulée, et qui
savent tracer hardiment, les yeux fermés, en manière de paraphe, une tête de
Christ ou le chapeau de l'empereur.

La signification du mot *poncif* a beaucoup d'analogie avec celle du mot *chic*.
Néanmoins, il s'applique plus particulièrement aux expressions de tête et aux
attitudes.

Il y a des colères *poncif*, des étonnements *poncif*, par exemple l'étonnement
exprimé par un bras horizontal avec le pouce écarquillé.

Il y a dans la vie et dans la nature des choses et des êtres *poncif*, c'est-à-dire
qui sont le résumé des idées vulgaires et banales qu'on se fait de ces choses et
de ces êtres : aussi les grands artistes en ont horreur.

Tout ce qui est conventionnel et traditionnel relève du *chic* et du *poncif*.

Quand un chanteur met la main sur son cœur, cela veut dire d'ordinaire : je
l'aimerai toujours ! — Serre-t-il les poings en regardant le souffleur ou les
planches, cela signifie : il mourra, le traître ! — Voilà le *poncif*.

<center>XI</center>

<center>DE M. HORACE VERNET</center>

Tels sont les principes sévères qui conduisent dans la recherche du beau cet
artiste éminemment national, dont les compositions décorent la chaumière du
pauvre villageois et la mansarde du joyeux étudiant, le salon des maisons de
tolérance les plus misérables et les palais de nos rois. Je sais bien que cet
homme est un Français, et qu'un Français en France est une chose sainte et
sacrée, — et même à l'étranger, à ce qu'on dit ; mais c'est pour cela même que
je le hais.

Dans le sens le plus généralement adopté, Français veut dire vaudevilliste,
et vaudevilliste un homme à qui Michel-Ange donne le vertige et que Delacroix
remplit d'une stupeur bestiale, comme le tonnerre certains animaux. Tout ce
qui est abîme, soit en haut, soit en bas, le fait fuir prudemment. Le sublime lui
fait toujours l'effet d'une émeute, et il n'aborde même son Molière qu'en
tremblant et parce qu'on lui a persuadé que c'était un auteur gai.

Aussi tous les honnêtes gens de France, excepté M. HORACE VERNET,
haïssent le Français. Ce ne sont pas des idées qu'il faut à ce peuple remuant,
mais des faits, des récits historiques, des couplets et *Le Moniteur !* Voilà tout :
jamais d'abstractions. Il a fait de grandes choses, mais il n'y pensait pas. On les
lui a fait faire.

M. Horace Vernet est un militaire qui fait de la peinture. — Je hais cet art
improvisé au roulement du tambour, ces toiles badigeonnées au galop, cette
peinture fabriquée à coups de pistolet, comme je hais l'armée, la force armée, et
tout ce qui traîne des armes bruyantes dans un lieu pacifique. Cette immense
popularité, qui ne durera d'ailleurs pas plus longtemps que la guerre, et qui

diminuera à mesure que les peuples se feront d'autres joies, — cette popularité, dis-je, cette *vox populi, vox Dei*, est pour moi une oppression.

Je hais cet homme parce que ses tableaux ne sont point de la peinture, mais une masturbation agile et fréquente, une irritation de l'épiderme français ; — comme je hais tel autre grand homme dont l'austère hypocrisie a rêvé le consulat et qui n'a récompensé le peuple de son amour que par de mauvais vers, — des vers qui ne sont pas de la poésie, des vers bistournés et mal construits, pleins de barbarismes et de solécismes, mais aussi de civisme et de patriotisme.

Je le hais parce qu'il est né *coiffé**, et que l'art est pour lui chose claire et facile. — Mais il vous raconte votre gloire, et c'est la grande affaire. — Eh ! qu'importe au voyageur enthousiaste, à l'esprit cosmopolite qui préfère le beau à la gloire ?

Pour définir M. Horace Vernet d'une manière claire, il est l'antithèse absolue de l'artiste ; il substitue le *chic* au dessin, le charivari à la couleur et les épisodes à l'unité ; il fait des Meissonier grands comme le monde.

Du reste, pour remplir sa mission officielle, M. Horace Vernet est doué de deux qualités éminentes, l'une en moins, l'autre en plus : nulle passion et une mémoire d'almanach** ! Qui sait mieux que lui combien il y a de boutons dans chaque uniforme, quelle tournure prend une guêtre ou une chaussure avachie par des étapes nombreuses ; à quel endroit des buffleteries le cuivre des armes dépose son ton vert-de-gris ? Aussi, quel immense public et quelle joie ! Autant de publics qu'il faut de métiers différents pour fabriquer des habits, des shakos, des sabres, des fusils et des canons ! Et toutes ces corporations réunies devant un Horace Vernet par l'amour commun de la gloire ! Quel spectacle !

Comme je reprochais un jour à quelques Allemands leur goût pour Scribe et Horace Vernet, ils me répondirent : « Nous admirons profondément Horace Vernet comme le représentant le plus complet de son siècle. » — À la bonne heure !

On dit qu'un jour M. Horace Vernet alla voir Pierre de Cornélius, et qu'il l'accabla de compliments. Mais il attendit longtemps la réciprocité ; car Pierre de Cornélius ne le félicita qu'une seule fois pendant toute l'entrevue, — sur la quantité de champagne qu'il pouvait absorber sans en être incommodé. — Vraie ou fausse, l'histoire a toute la vraisemblance poétique.

Qu'on dise encore que les Allemands sont un peuple naïf !

Bien des gens, partisans de la ligne courbe en matière d'éreintage, et qui n'aiment pas mieux que moi M. Horace Vernet, me reprocheront d'être maladroit. Cependant il n'est pas imprudent d'être brutal et d'aller droit au fait, quand à chaque phrase le *je* couvre un *nous, nous* immense, *nous* silencieux et invisible, — *nous,* toute une génération nouvelle, ennemie de la guerre et des

* Expression de M. Marc Fournier, qui peut s'appliquer à presque tous les romanciers et les historiens en vogue, qui ne sont guère que des feuilletonistes, comme M. Horace Vernet.
** La véritable mémoire, considérée sous un point de vue philosophique, ne consiste, je pense, que dans une imagination très vive facile à émouvoir, et par conséquent susceptible d'évoquer à l'appui de chaque sensation les scènes du passé, en les douant, comme par enchantement, de la vie et du caractère propres à chacune d'elles ; du moins j'ai entendu soutenir cette thèse par l'un de mes anciens maîtres, qui avait une mémoire prodigieuse, quoiqu'il ne pût retenir une date, ni un nom propre. — Le maître avait raison, et il en est sans doute autrement des paroles et des discours qui ont pénétré profondément dans l'âme et dont on a pu saisir le sens intime et mystérieux, que les mots appris par cœur. — HOFFMANN.

sottises nationales ; une génération pleine de santé, parce qu'elle est jeune, et qui pousse déjà à la queue, coudoie et fait ses trous, — sérieuse, railleuse et menaçante* !

★

Deux autres faiseurs de vignettes et grands adorateurs du *chic* sont MM. GRANET et ALFRED DEDREUX ; mais ils appliquent leur faculté d'improvisateur à des genres bien différents : M. Granet à la religion, M. Dedreux à la vie fashionable. L'un fait le moine, l'autre le cheval ; mais l'un est noir, l'autre clair et brillant. M. Alfred Dedreux a cela pour lui qu'il sait peindre, et que ses peintures ont l'aspect vif et frais des décorations de théâtre. Il faut supposer qu'il s'occupe davantage de la nature dans les sujets qui font sa spécialité ; car ses études de chiens courants sont plus réelles et plus solides. Quant à ses *Chasses,* elles ont cela de comique que les chiens y jouent le grand rôle et pourraient manger chacun quatre chevaux. Ils rappellent les célèbres moutons dans *Les Vendeurs du Temple,* de Jouvenet, qui absorbent Jésus-Christ.

XII
DE L'ÉCLECTISME ET DU DOUTE

Nous sommes, comme on le voit, dans l'hôpital de la peinture. Nous touchons aux plaies et aux maladies ; et celle-ci n'est pas une des moins étranges et des moins contagieuses.

Dans le siècle présent comme dans les anciens, aujourd'hui comme autrefois, les hommes forts et bien portants se partagent, chacun suivant son goût et son tempérament, les divers territoires de l'art, et s'y exercent en pleine liberté suivant la loi fatale du travail attrayant. Les uns vendangent facilement et à pleines mains dans les vignes dorées et automnales de la couleur ; les autres labourent avec patience et creusent péniblement le sillon profond du dessin. Chacun de ces hommes a compris que sa royauté était un sacrifice, et qu'à cette condition seule il pouvait régner avec sécurité jusqu'aux frontières qui la limitent. Chacun d'eux a une enseigne à sa couronne ; et les mots écrits sur l'enseigne sont lisibles pour tout le monde. Nul d'entre eux ne doute de sa royauté, et c'est dans cette imperturbable conviction qu'est leur gloire et leur sérénité.

M. Horace Vernet lui-même, cet odieux représentant du *chic,* a le mérite de n'être pas un douteur. C'est un homme d'une humeur heureuse et folâtre, qui habite un pays artificiel dont les acteurs et les coulisses sont faits du même carton ; mais il règne en maître dans son royaume de parade et de divertissements.

Le doute, qui est aujourd'hui dans le monde moral la cause principale de toutes les affections morbides, et dont les ravages sont plus grands que jamais, dépend de causes majeures que j'analyserai dans l'avant-dernier chapitre,

* Ainsi l'on peut chanter devant toutes les toiles de M. Horace Vernet :

Vous n'avez qu'un temps à vivre,
Amis, passez-le gaiement.

Gaieté essentiellement française.

intitulé : *Des écoles et des ouvriers*. Le doute a engendré l'éclectisme, car les douteurs avaient la bonne volonté du salut.

L'éclectisme, aux différentes époques, s'est toujours cru plus grand que les doctrines anciennes, parce qu'arrivé le dernier il pouvait parcourir les horizons les plus reculés. Mais cette impartialité prouve l'impuissance des éclectiques. Des gens qui se donnent si largement le temps de la réflexion ne sont pas des hommes complets; il leur manque une passion.

Les éclectiques n'ont pas songé que l'attention humaine est d'autant plus intense qu'elle est bornée et qu'elle limite elle-même son champ d'observations. Qui trop embrasse mal étreint.

C'est surtout dans les arts que l'éclectisme a eu les conséquences les plus visibles et les plus palpables, parce que l'art, pour être profond, veut une idéalisation perpétuelle qui ne s'obtient qu'en vertu du sacrifice, — sacrifice involontaire.

Quelque habile que soit un éclectique, c'est un homme faible; car c'est un homme sans amour. Il n'a donc pas d'idéal, il n'a pas de parti pris; — ni étoile ni boussole.

Il mêle quatre procédés différents qui ne produisent qu'un effet noir, une négation.

Un éclectique est un navire qui voudrait marcher avec quatre vents.

Une œuvre faite à un point de vue exclusif, quelque grands que soient ses défauts, a toujours un grand charme pour les tempéraments analogues à celui de l'artiste.

L'œuvre d'un éclectique ne laisse pas de souvenir.

Un éclectique ignore que la première affaire d'un artiste est de substituer l'homme à la nature et de protester contre elle. Cette protestation ne se fait pas de parti pris, froidement, comme un code ou une rhétorique; elle est emportée et naïve, comme le vice, comme la passion, comme l'appétit. Un éclectique n'est donc pas un homme.

Le doute a conduit certains artistes à implorer le secours de tous les autres arts. Les essais de moyens contradictoires, l'empiètement d'un art sur un autre, l'importation de la poésie, de l'esprit et du sentiment dans la peinture, toutes ces misères modernes sont des vices particuliers aux éclectiques.

XIII

DE M. ARY SCHEFFER
ET DES SINGES DU SENTIMENT

Un exemple désastreux de cette méthode, si l'on peut appeler ainsi l'absence de méthode, est M. ARY SCHEFFER.

Après avoir imité Delacroix, après avoir singé les coloristes, les dessinateurs français et l'école néo-chrétienne d'Overbeck, M. Ary Scheffer s'est aperçu, — un peu tard sans doute, — qu'il n'était pas né peintre. Dès lors il fallut recourir à d'autres moyens; et il demanda aide et protection à la poésie.

Faute ridicule pour deux raisons : d'abord la poésie n'est pas le but immédiat du peintre; quand elle se trouve mêlée à la peinture, l'œuvre n'en vaut que mieux, mais elle ne peut pas en déguiser les faiblesses. Chercher la poésie de parti pris dans la conception d'un tableau est le plus sûr moyen de ne

pas la trouver. Elle doit venir à l'insu de l'artiste. Elle est le résultat de la peinture elle-même ; car elle gît dans l'âme du spectateur, et le génie consiste à l'y réveiller. La peinture n'est intéressante que par la couleur et par la forme ; elle ne ressemble à la poésie qu'autant que celle-ci éveille dans le lecteur des idées de peinture.

En second lieu, et ceci est une conséquence de ces dernières lignes, il est à remarquer que les grands artistes, que leur instinct conduit toujours bien, n'ont pris dans les poètes que des sujets très colorés et très visibles. Ainsi ils préfèrent Shakespeare à Arioste.

Or, pour choisir un exemple éclatant de la sottise de M. Ary Scheffer, examinons le sujet du tableau intitulé *Saint Augustin et sainte Monique*. Un brave peintre espagnol eût naïvement, avec la double piété de l'art et de la religion, peint de son mieux l'idée générale qu'il se faisait de saint Augustin et de sainte Monique. Mais il ne s'agit pas de cela ; il faut surtout exprimer le passage suivant, — avec des pinceaux et de la couleur : — « Nous cherchions entre nous quelle sera cette vie éternelle *que l'œil n'a pas vue, que l'oreille n'a pas entendue, et où n'atteint pas le cœur de l'homme !* » C'est le comble de l'absurdité. Il me semble voir un danseur exécutant un pas de mathématiques !

Autrefois le public était bienveillant pour M. Ary Scheffer ; il retrouvait devant ces tableaux *poétiques* les plus chers souvenirs des grands poètes, et cela lui suffisait. La vogue passagère de M. Ary Scheffer fut un hommage à la mémoire de Gœthe. Mais les artistes, même ceux qui n'ont qu'une originalité médiocre, ont montré depuis longtemps au public de la vraie peinture, exécutée avec une main sûre et d'après les règles les plus simples de l'art : aussi s'est-il dégoûté peu à peu de la peinture invisible, et il est aujourd'hui, à l'endroit de M. Ary Scheffer, cruel et ingrat, comme tous les publics. Ma foi ! il fait bien.

Du reste, cette peinture est si malheureuse, si triste, si indécise et si sale, que beaucoup de gens ont pris les tableaux de M. Ary Scheffer pour ceux de M. HENRY SCHEFFER, un autre Girondin de l'art. Pour moi, ils me font l'effet de tableaux de M. Delaroche, lavés par les grandes pluies.

Une méthode simple pour connaître la portée d'un artiste est d'examiner son public. E. Delacroix a pour lui les peintres et les poètes ; M. Decamps, les peintres ; M. Horace Vernet, les garnisons, et M. Ary Scheffer, les femmes esthétiques qui se vengent de leurs flueurs blanches en faisant de la musique religieuse*.

★

Les singes du sentiment sont, en général, de mauvais artistes. S'il en était autrement, ils feraient autre chose que du sentiment.

Les plus forts d'entre eux sont ceux qui ne comprennent que le joli.

Comme le sentiment est une chose infiniment variable et multiple, comme la mode, il y a des singes de sentiment de différents ordres.

Le singe du sentiment compte surtout sur le livret. Il est à remarquer que le titre du tableau n'en dit jamais le sujet, surtout chez ceux qui, par un agréable mélange d'horreurs, mêlent le sentiment à l'esprit. On pourra ainsi, en élargissant la méthode, arriver au rébus sentimental.

* Je recommande à ceux que mes pieuses colères ont dû parfois scandaliser la lecture des *Salons* de Diderot. Entre autres exemples de charité bien entendue, ils y verront que ce grand philosophe, à propos d'un peintre qu'on lui avait recommandé, parce qu'il avait du monde à nourrir, dit qu'il faut abolir les tableaux ou la famille.

Par exemple, vous trouvez dans le livret : *Pauvre fileuse !* Eh bien, il se peut que le tableau représente un ver à soie femelle ou une chenille écrasée par un enfant. Cet âge est sans pitié.

Aujourd'hui et demain. — Qu'est-ce que cela ? Peut-être le drapeau blanc et le drapeau tricolore ; peut-être aussi un député triomphant, et le même dégommé. Non, — c'est une jeune vierge promue à la dignité de lorette, jouant avec les bijoux et les roses, et maintenant, flétrie et creusée, subissant sur la paille les conséquences de sa légèreté.

L'Indiscret. — Cherchez, je vous prie. — Cela représente un monsieur surprenant un album libertin dans les mains de deux jeunes filles rougissantes. Celui-ci rentre dans la classe des tableaux de sentiment Louis XV, qui se sont, je crois, glissés au Salon à la suite de *La Permission de dix heures.* C'est, comme on le voit, un tout autre ordre de sentiments : ceux-ci sont moins mystiques.

En général, les tableaux de sentiment sont tirés des dernières poésies d'un bas-bleu quelconque, genre mélancolique et voilé ; ou bien ils sont une traduction picturale des criailleries du pauvre contre le riche, genre protestant ; ou bien empruntés à la sagesse des nations, genre spirituel ; quelquefois aux œuvres de M. Bouilly, ou de Bernardin de Saint-Pierre, genre moraliste.

Voici encore quelques exemples de tableaux de sentiment : *L'Amour à la campagne,* bonheur, calme, repos, et *L'Amour à la ville,* cris, désordre, chaises et livres renversés : c'est une métaphysique à la portée des simples.

La Vie d'une jeune fille en quatre compartiments. — Avis à celles qui ont du penchant à la maternité.

L'Aumône d'une vierge folle. — Elle donne un sou gagné à la sueur de son front à l'éternel Savoyard qui monte la garde à la porte de Félix. Au-dedans, les riches du jour se gorgent de friandises. — Celui-là nous vient évidemment de la littérature *Marion de Lorme,* qui consiste à prêcher les vertus des assassins et des filles publiques.

Que les Français ont d'esprit et qu'ils se donnent de mal pour se tromper ! Livres, tableaux, romances, rien n'est inutile, aucun moyen n'est négligé par ce peuple charmant, quand il s'agit pour lui de *se monter un coup.*

XIV

DE QUELQUES DOUTEURS

Le doute revêt une foule de formes : c'est un Protée qui souvent s'ignore lui-même. Ainsi les douteurs varient à l'infini, et je suis obligé de mettre en paquet plusieurs individus qui n'ont de commun que l'absence d'une individualité bien constituée.

Il y en a de sérieux et pleins d'une grande bonne volonté ; ceux-là, plaignons-les.

Ainsi M. PAPETY, que quelques-uns, ses amis surtout, avaient pris pour un coloriste lors de son retour de Rome, a fait un tableau d'un aspect affreusement désagréable, — *Solon dictant ses lois ;* — et qui rappelle, — peut-être parce qu'il est placé trop haut pour qu'on en puisse étudier les détails, — la queue ridicule de l'école impériale.

Voilà deux ans de suite que M. Papety donne, dans le même Salon, des tableaux d'un aspect tout différent.

M. GLAIZE compromet ses débuts par des œuvres d'un style commun et d'une composition embrouillée. Toutes les fois qu'il lui faut faire autre chose qu'une étude de femme, il se perd. M. Glaize croit qu'on devient coloriste par le choix exclusif de certains tons. Les commis étalagistes et les habilleurs de théâtre ont aussi le goût des tons riches; mais cela ne fait pas le goût de l'harmonie.

Dans *Le Sang de Vénus,* la Vénus est jolie, délicate et dans un bon mouvement; mais la nymphe accroupie en face d'elle est d'un *poncif* affreux. On peut faire à M. MATOUT les mêmes reproches à l'endroit de la couleur. De plus, un artiste qui s'est présenté autrefois comme dessinateur, et dont l'esprit s'appliquait surtout à l'harmonie combinée des lignes, doit éviter de donner à une figure des mouvements de cou et de bras improbables. Si la nature le veut, l'artiste idéaliste, qui veut être fidèle à ses principes, n'y doit pas consentir.

M. CHENAVARD est un artiste éminemment savant et piocheur, dont on a remarqué, il y a quelques années, *Le Martyre de saint Polycarpe,* fait en collaboration avec M. COMAIRAS. Ce tableau dénotait une science réelle de composition, et une connaissance approfondie de tous les maîtres italiens. Cette année, M. Chenavard a encore fait preuve de goût dans le choix du son sujet et d'habileté dans son dessin; mais quand on lutte contre Michel-Ange, ne serait-il pas convenable de l'emporter au moins par la couleur?

M. A. GUIGNET porte toujours deux hommes dans son cerveau, Salvator et M. Decamps. M. Salvator Guignet peint avec de la sépia. M. Guignet Decamps est une entité diminuée par la dualité. — *Les Condottières après un pillage* sont faits dans la première manière; *Xerxès* se rapproche de la seconde. — Du reste, ce tableau est assez bien composé, n'était le goût de l'érudition et de la curiosité, qui intrigue et amuse le spectateur et le détourne de la pensée principale; c'était aussi le défaut des *Pharaons.*

MM. BRUNE et GIGOUX sont déjà de vieilles réputations. Même dans son bon temps, M. Gigoux n'a guère fait que de vastes vignettes. Après de nombreux échecs, il nous a montré enfin un tableau qui, s'il n'est pas très original, a du moins une assez belle tournure. *Le Mariage de la sainte Vierge* semble être l'œuvre d'un de ces maîtres nombreux de la décadence florentine, que la couleur aurait subitement préoccupé.

M. Brune rappelle les Carrache et les peintres éclectiques de la seconde époque : manière solide, mais d'âme peu ou point : — nulle grande faute, mais nulle grande qualité.

S'il est des douteurs qui inspirent de l'intérêt, il en est de grotesques que le public revoit tous les ans avec cette joie méchante, particulière aux flâneurs ennuyés à qui la laideur excessive procure quelques instants de distraction.

M. BARD, l'homme aux folies froides, semble décidément succomber sous le fardeau qu'il s'était imposé. Il revient de temps à autre à sa manière naturelle, qui est celle de tout le monde. On m'a dit que l'auteur de *La Barque de Caron* était élève de M. Horace Vernet.

M. BIARD est un homme universel. Cela semblerait indiquer qu'il ne doute pas le moins du monde, et que nul plus que lui n'est sûr de son fait; mais remarquez bien que parmi cet effroyable bagage, — tableaux d'histoire, tableaux de voyages, tableaux de sentiment, tableaux spirituels, — il est un

genre négligé. M. Biard a reculé devant le tableau de religion. Il n'est pas encore assez convaincu de son mérite.

XV

DU PAYSAGE

Dans le paysage, comme dans le portrait et le tableau d'histoire, on peut établir des classifications basées sur les méthodes différentes : ainsi il y a des paysagistes coloristes, des paysagistes dessinateurs et des imaginatifs ; des naturalistes idéalisant à leur insu, et des sectaires du *poncif*, qui s'adonnent à un genre particulier et étrange, qui s'appelle le Paysage *historique*.

Lors de la révolution romantique, les paysagistes, à l'exemple des plus célèbres Flamands, s'adonnèrent exclusivement à l'étude de la nature ; ce fut ce qui les sauva et donna un éclat particulier à l'école du paysage moderne. Leur talent consista surtout dans une adoration éternelle de l'œuvre visible, sous tous ses aspects et dans tous ses détails.

D'autres, plus philosophes et plus raisonneurs, s'occupèrent surtout du style, c'est-à-dire de l'harmonie des lignes principales, de l'architecture de la nature.

Quant au paysage de fantaisie, qui est l'expression de la rêverie humaine, l'égoïsme humain substitué à la nature, il fut peu cultivé. Ce genre singulier, dont Rembrandt, Rubens, Watteau, et quelques livres d'étrennes anglais offrent les meilleurs exemples, et qui est en petit l'analogue des belles décorations de l'Opéra, représente le besoin naturel du merveilleux. C'est l'imagination du dessin importée dans le paysage : jardins fabuleux, horizons immenses, cours d'eau plus limpides qu'il n'est naturel, et coulant en dépit des lois de la topographie, rochers gigantesques construits dans des proportions idéales, brumes flottantes comme un rêve. Le paysage de fantaisie a eu chez nous peu d'enthousiastes, soit qu'il fût un fruit peu français, soit que l'école eût avant tout besoin de se retremper dans les sources purement naturelles.

Quant au paysage historique, dont je veux dire quelques mots en manière d'office pour les morts, il n'est ni la libre fantaisie, ni l'admirable servilisme des naturalistes : c'est la morale appliquée à la nature.

Quelle contradiction et quelle monstruosité ! La nature n'a d'autre morale que le fait, parce qu'elle est la morale elle-même ; et néanmoins il s'agit de la reconstruire et de l'ordonner d'après des règles plus saines et plus pures, règles qui ne se trouvent pas dans le pur enthousiasme de l'idéal, mais dans des codes bizarres que les adeptes ne montrent à personne.

Ainsi la tragédie, — ce genre oublié des hommes, et dont on ne retrouve quelques échantillons qu'à la Comédie-Française, le théâtre le plus désert de l'univers, — la tragédie consiste à découper certains patrons éternels, qui sont l'amour, la haine, l'amour filial, l'ambition, etc., et, suspendus à des fils, à les faire marcher, saluer, s'asseoir et parler d'après une étiquette mystérieuse et sacrée. Jamais, même à grand renfort de coins et de maillets, vous ne ferez entrer dans la cervelle d'un poète tragique l'idée de l'infinie variété, et même en le frappant ou en le tuant, vous ne lui persuaderez pas qu'il faut différentes morales. Avez-vous jamais vu boire et manger des personnes tragiques ? Il est évident que ces gens-là se sont fait la morale à l'endroit des besoins naturels et

qu'ils ont créé leur tempérament, au lieu que la plupart des hommes subissent le leur. J'ai entendu dire à un poète ordinaire de la Comédie-Française que les romans de Balzac lui serraient le cœur et lui inspiraient du dégoût ; que, pour son compte, il ne concevait pas que des amoureux vécussent d'autre chose que du parfum des fleurs et des pleurs de l'aurore. Il serait temps, ce me semble, que le gouvernement s'en mêlât ; car si les hommes de lettres, qui ont chacun leur rêve et leur labeur, et pour qui le dimanche n'existe pas, échappent naturellement à la tragédie, il est un certain nombre de gens à qui l'on a persuadé que la Comédie-Française était le sanctuaire de l'art, et dont l'admirable bonne volonté est filoutée un jour sur sept. Est-il raisonnable de permettre à quelques citoyens de s'abrutir et de contracter des idées fausses ? Mais il paraît que la tragédie et le paysage historique sont plus forts que les Dieux.

Vous comprenez maintenant ce que c'est qu'un bon paysage tragique. C'est un arrangement de patrons d'arbres, de fontaines, de tombeaux et d'urnes cinéraires. Les chiens sont taillés sur un certain patron de chien historique ; un berger historique ne peut pas, sous peine du déshonneur, s'en permettre d'autres. Tout arbre immoral qui s'est permis de pousser tout seul et à sa manière est nécessairement abattu ; toute mare à crapauds ou à têtards est impitoyablement enterrée. Les paysagistes historiques qui ont des remords par suite de quelques peccadilles naturelles, se figurent l'enfer sous l'aspect d'un vrai paysage, d'un ciel pur et d'une nature libre et riche : par exemple une savane ou une forêt vierge.

MM. PAUL FLANDRIN, DESGOFFE, CHEVANDIER, et TEYTAUD sont les hommes qui se sont imposé la gloire de lutter contre le goût d'une nation. J'ignore quelle est l'origine du paysage historique. À coup sûr, ce n'est pas dans Poussin qu'il a pris naissance ; car auprès de ces messieurs, c'est un esprit perverti et débauché.

MM. ALIGNY, COROT et CABAT se préoccupent beaucoup du style. Mais ce qui, chez M. Aligny, est un parti pris violent et philosophique, est chez M. Corot une habitude naïve et une tournure d'esprit naturel. Il n'a malheureusement donné cette année qu'un seul paysage : ce sont des vaches qui viennent boire à une mare dans la forêt de Fontainebleau. M. Corot est plutôt un harmoniste qu'un coloriste ; et ses compositions, toujours dénuées de pédanterie, ont un aspect séduisant par la simplicité même de la couleur. Presque toutes ses œuvres ont le don particulier de l'unité, qui est un des besoins de la mémoire.

M. Aligny a fait à l'eau-forte de très belles vues de Corinthe et d'Athènes ; elles expriment parfaitement bien l'idée préconçue de ces choses. Du reste, ces harmonieux poèmes de pierre allaient très bien au talent sérieux et idéaliste de M. Aligny, ainsi que la méthode employée pour les traduire.

M. CABAT a complètement abandonné la voie dans laquelle il s'était fait une si grande réputation. Sans être complice des fanfaronnades particulières à certains paysagistes naturalistes, il était autrefois bien plus brillant et bien plus naïf. Il a véritablement tort de ne plus se fier à la nature, comme jadis. C'est un homme d'un trop grand talent pour que toutes ses compositions n'aient pas un caractère spécial ; mais ce jansénisme de nouvelle date, cette diminution de moyens, cette privation volontaire, ne peuvent pas ajouter à sa gloire.

En général, l'influence ingriste ne peut pas produire de résultats satisfaisants dans le paysage. La ligne et le style ne remplacent pas la lumière, l'ombre, les

reflets et l'atmosphère colorante, — toutes choses qui jouent un trop grand rôle dans la poésie de la nature pour qu'elle se soumette à cette méthode. Les partisans contraires, les naturalistes et les coloristes, sont bien plus populaires et ont jeté bien plus d'éclat. Une couleur riche et abondante, des ciels transparents et lumineux, une sincérité particulière qui leur fait accepter tout ce que donne la nature, sont leurs principales qualités : seulement, quelques-uns d'entre eux, comme M. TROYON, se réjouissent trop dans les jeux et les voltiges de leur pinceau. Ces moyens, sus d'avance, appris à grand-peine et monotonement triomphants, intéressent le spectateur quelquefois plus que le paysage lui-même. Il arrive même, en ces cas-là, qu'un élève inattendu, comme M. CHARLES LE ROUX, pousse encore plus loin la sécurité et l'audace ; car il n'est qu'une chose inimitable, qui est la bonhomie.

M. COIGNARD a fait un grand paysage d'une assez belle tournure, et qui a fort attiré les yeux du public ; — au premier plan, des vaches nombreuses, et dans le fond, la lisière d'une forêt. Les vaches sont belles et bien peintes, l'ensemble du tableau a un bon aspect ; mais je ne crois pas que ces arbres soient assez vigoureux pour supporter un pareil ciel. Cela fait supposer que si on enlevait les vaches, le paysage deviendrait fort laid.

M. FRANÇAIS est un des paysagistes les plus distingués. Il sait étudier la nature et y mêler un parfum romantique de bon aloi. Son *Étude de Saint-Cloud* est une chose charmante et pleine de goût, sauf les puces de M. Meissonier qui sont une faute de goût. Elles attirent trop l'attention et elles amusent les nigauds. Du reste elles sont faites avec la perfection particulière que cet artiste met dans toutes ces petites choses*.

M. FLERS n'a malheureusement envoyé que des pastels. Le public et lui y perdent également.

M. HÉROULT est de ceux que préoccupent surtout la lumière et l'atmosphère. Il sait fort bien exprimer les ciels clairs et souriants et les brumes flottantes, traversées par un rayon de soleil. Il connaît toute cette poésie particulière aux pays du Nord. Mais sa couleur, un peu molle et fluide, sent les habitudes de l'aquarelle, et, s'il a su éviter les crâneries des autres paysagistes, il ne possède pas toujours une fermeté de touche suffisante.

MM. JOYANT, CHACATON, LOTTIER et BORGET vont, en général, chercher leurs sujets dans les pays lointains, et leurs tableaux ont le charme des lectures de voyages.

Je ne désapprouve pas les spécialités ; mais je ne voudrais pourtant pas qu'on en abusât autant que M. Joyant, qui n'est jamais sorti de la place Saint-Marc et n'a jamais franchi le Lido. Si la spécialité de M. Joyant attire les yeux plus qu'une autre, c'est sans doute à cause de la perfection monotone qu'il y met, et qui est toujours due aux mêmes moyens. Il me semble que M. Joyant n'a jamais pu faire de progrès.

M. Borget a franchi les frontières de la Chine, et nous a montré des paysages mexicains, péruviens et indiens. Sans être un peintre de premier ordre, il a une

* J'ai enfin trouvé un homme qui a su exprimer son admiration pour les Meissonier de la façon la plus judicieuse, et avec un enthousiasme qui ressemble tout à fait au mien. C'est M. Hippolyte Babou. Je pense comme lui qu'il faudrait les pendre tous dans les frises du Gymnase. — « *Geneviève* ou *la Jalousie paternelle* est un ravissant petit Meissonier que M. Scribe a accroché dans les frises du Gymnase. » — *Courrier français*, feuilleton du 6 avril. — Cela m'a paru tellement sublime, que j'ai présumé que MM. Scribe, Meissonier et Babou ne pouvaient que gagner également à cette citation.

couleur brillante et facile. Ses tons sont frais et purs. Avec moins d'art, en se préoccupant moins des paysagistes et en peignant plus en voyageur, M. Borget obtiendrait peut-être des résultats plus intéressants.

M. Chacaton, qui s'est voué exclusivement à l'Orient, est depuis longtemps un peintre des plus habiles ; ses tableaux sont gais et souriants. Malheureusement on dirait presque toujours des Decamps et des Marilhat diminués et pâlis.

M. Lottier, au lieu de chercher le gris et la brume des climats chauds, aime à en accuser la crudité et le papillotage ardent. Ces panoramas inondés de soleil sont d'une vérité merveilleusement cruelle. On les dirait faits avec le daguerréotype de la couleur.

Il est un homme qui, plus que tous ceux-là, et même que les plus célèbres absents, remplit, à mon sens, les conditions du beau dans le paysage, un homme peu connu de la foule, et que d'anciens échecs et de sourdes tracasseries ont éloigné du Salon. Il serait temps, ce me semble, que M. ROUSSEAU, — on a déjà deviné que c'était de lui que je voulais parler, — se présentât de nouveau devant le public, que d'autres paysagistes ont habitué peu à peu à des aspects nouveaux.

Il est aussi difficile de faire comprendre avec des mots le talent de M. Rousseau que celui de Delacroix, avec lequel il a, du reste, quelques rapports. M. Rousseau est un paysagiste du Nord. Sa peinture respire une grande mélancolie. Il aime les natures bleuâtres, les crépuscules, les couchers de soleil singuliers et trempés d'eau, les gros ombrages où circulent les brises, les grands jeux d'ombres et de lumière. Sa couleur est magnifique, mais non pas éclatante. Ses ciels sont incomparables pour leur mollesse floconneuse. Qu'on se rappelle quelques paysages de Rubens et de Rembrandt, qu'on y mêle quelques souvenirs de peinture anglaise, et qu'on suppose, dominant et réglant tout cela, un amour profond et sérieux de la nature, on pourra peut-être se faire une idée de la magie de ses tableaux. Il y mêle beaucoup de son âme, comme Delacroix ; c'est un naturaliste entraîné sans cesse vers l'idéal.

★

M. GUDIN compromet de plus en plus sa réputation. À mesure que le public voit de la bonne peinture, il se détache des artistes les plus populaires, s'ils ne peuvent plus lui donner la même quantité de plaisir. M. Gudin rentre pour moi dans la classe des gens qui bouchent leurs plaies avec une chair artificielle, des mauvais chanteurs dont on dit qu'ils sont de grands acteurs, et des peintres poétiques.

M. JULES NOËL a fait une fort belle marine, d'une belle et claire couleur, rayonnante et gaie. Une grande felouque, aux couleurs et aux formes singulières, se repose dans un grand port, où circule et nage toute la lumière de l'Orient. — Peut-être un peu trop de coloriage et pas assez d'unité. — Mais M. Jules Noël a certainement trop de talent pour n'en pas avoir davantage, et il est sans doute de ceux qui s'imposent le progrès journalier. — Du reste, le succès qu'obtient cette toile prouve que, dans tous les genres, le public aujourd'hui est prêt à faire un aimable accueil à tous les noms nouveaux.

★

M. KIORBOË est un de ces anciens et fastueux peintres qui savaient si bien décorer ces nobles salles à manger, qu'on se figure pleines de chasseurs

affamés et glorieux. La peinture de M. Kiorboë est joyeuse et puissante, sa couleur facile et harmonieuse. — Le drame du *Piège à loup* ne se comprend pas assez facilement, peut-être parce que le piège n'est pas tout à fait dans la lumière. Le derrière du chien qui recule en aboyant n'est pas assez vigoureusement peint.

M. SAINT-JEAN, qui fait, dit-on, les délices et la gloire de la ville de Lyon, n'obtiendra jamais qu'un médiocre succès dans un pays de peintres. Cette minutie excessive est d'une pédanterie insupportable. — Toutes les fois qu'on vous parlera de la naïveté d'un peintre de Lyon, n'y croyez pas. — Depuis longtemps la couleur générale des tableaux de M. Saint-Jean est jaune et pisseuse. On dirait que M. Saint-Jean n'a jamais vu de fruits véritables, et qu'il ne s'en soucie pas, parce qu'il les fait très bien à la mécanique : non seulement les fruits de la nature ont un autre aspect, mais encore ils sont moins finis et moins travaillés que ceux-là.

Il n'en est pas de même de M. ARONDEL, dont le mérite principal est une bonhomie réelle. Aussi sa peinture contient-elle quelques défauts évident ; mais les parties heureuses sont tout à fait bien réussies ; quelques autres sont trop noires, et l'on dirait que l'auteur ne se rend pas compte en peignant de tous les accidents nécessaires du Salon, de la peinture environnante, de l'éloignement du spectateur, et de la modification dans l'effet réciproque des tons causée par la distance. En outre, il ne suffit pas de bien peindre. Tous ces Flamands si célèbres savaient disposer le gibier et le tourmenter longtemps comme on tourmente un modèle ; il fallait trouver des lignes heureuses et des harmonies de tons riches et claires.

M. P. ROUSSEAU, dont chacun a souvent remarqué les tableaux pleins de couleur et d'éclat, est dans un progrès sérieux. C'était un excellent peintre, il est vrai ; mais maintenant il regarde la nature avec plus d'attention, et il s'applique à rendre les physionomies. J'ai vu dernièrement, chez Durand-Ruel, des canards de M. Rousseau qui étaient d'une beauté merveilleuse, et qui avaient bien les mœurs et les gestes des canards.

XVI

POURQUOI
LA SCULPTURE EST ENNUYEUSE

L'origine de la sculpture se perd dans la nuit des temps ; c'est donc un art de Caraïbes.

En effet, nous voyons tous les peuples tailler fort adroitement des fétiches longtemps avant d'aborder la peinture, qui est un art de raisonnement profond, et dont la jouissance même demande une initiation particulière.

La sculpture se rapproche bien plus de la nature, et c'est pourquoi nos paysans eux-mêmes, que réjouit la vue d'un morceau de bois ou de pierre industrieusement tourné, restent stupides à l'aspect de la plus belle peinture. Il y a là un mystère singulier qui ne se touche pas avec les doigts.

La sculpture a plusieurs inconvénients qui sont la conséquence nécessaire de ses moyens. Brutale et positive comme la nature, elle est en même temps vague et insaisissable, parce qu'elle montre trop de faces à la fois. C'est en vain que le sculpteur s'efforce de se mettre à un point de vue unique ; le spectateur,

qui tourne autour de la figure, peut choisir cent points de vue différents, excepté le bon, et il arrive souvent, ce qui est humiliant pour l'artiste, qu'un hasard de lumière, un effet de lampe, découvrent une beauté qui n'est pas celle à laquelle il avait songé. Un tableau n'est que ce qu'il veut ; il n'y a pas moyen de le regarder autrement que dans son jour. La peinture n'a qu'un point de vue ; elle est exclusive et despotique : aussi l'expression du peintre est-elle bien plus forte.

C'est pourquoi il est aussi difficile de se connaître en sculpture que d'en faire de mauvaise. J'ai entendu dire au sculpteur PRÉAULT : « Je me connais en Michel-Ange, en Jean Goujon, en Germain Pilon ; mais en sculpture je ne m'y connais pas. » — Il est évident qu'il voulait parler de la sculpture des *sculptiers,* autrement dite des Caraïbes.

Sortie de l'époque sauvage, la sculpture, dans son plus magnifique développement, n'est autre chose qu'un art complémentaire. Il ne s'agit plus de tailler industrieusement des figures portatives, mais de s'associer humblement à la peinture et à l'architecture, et de servir leurs intentions. Les cathédrales montent vers le ciel, et comblent les mille profondeurs de leurs abimes avec des sculptures qui ne font qu'une chair et qu'un corps avec le monument ; — sculptures peintes, — notez bien ceci, — et dont les couleurs pures et simples, mais disposées dans une gamme particulière, s'harmonisent avec le reste et complètent l'effet poétique de la grande œuvre. Versailles abrite son peuple de statues sous des ombrages qui leur servent de fond, ou sous des bosquets d'eaux vives qui déversent sur elles les mille diamants de la lumière. À toutes les grandes époques, la sculpture est un complément ; au commencement et à la fin, c'est un art isolé.

Sitôt que la sculpture consent à être vue de près, il n'est pas de minuties et de puérilités que n'ose le sculpteur, et qui dépassent victorieusement tous les calumets et les fétiches. Quand elle est devenue un art de salon ou de chambre à coucher, on voit apparaitre les Caraïbes de la dentelle, comme M. GAYRARD, et les Caraïbes de la ride, du poil et de la verrue, comme M. DAVID.

Puis les Caraïbes du chenet, de la pendule, de l'écritoire, etc., comme M. CUMBERWORTH, dont la *Marie* est une femme *à tout faire,* au Louvre et chez Susse, statue ou candélabre ; — comme M. FEUCHÈRE, qui possède le don d'une universalité désespérante : figures colossales, porte-allumettes, motifs d'orfèvrerie, bustes et bas-reliefs, il est capable de tout. — Le buste qu'il a fait cette année d'après un comédien fort connu n'est pas plus ressemblant que celui de l'an passé : ce ne sont jamais que des à-peu-près. Celui-là ressemblait à Jésus-Christ, et celui-ci, sec et mesquin, ne rend pas du tout la physionomie originale, anguleuse, moqueuse et flottante du modèle. — Du reste, il ne faut pas croire que ces gens-là manquent de science. Ils sont érudits comme des vaudevillistes et des académiciens : ils mettent à contribution toutes les époques et tous les genres ; ils ont approfondi toutes les écoles. Ils transformeraient volontiers les tombeaux de Saint-Denis en boites à cigares ou à cachemires, et tous les bronzes florentins en pièces de deux sous. Pour avoir de plus amples renseignements sur les principes de cette école folâtre et papillonnante, il faudrait s'adresser à M. KLAGMANN, qui est, je crois, le maitre de cet immense atelier.

Ce qui prouve bien l'état pitoyable de la sculpture, c'est que M. PRADIER en est le roi. Au moins celui-ci sait faire de la chair, et il a des délicatesses particulières de ciseau ; mais il ne possède ni l'imagination nécessaire aux

grandes compositions, ni l'imagination du dessin. C'est un talent froid et académique. Il a passé sa vie à engraisser quelques torses antiques, et à ajuster sur leurs cous des coiffures de filles entretenues. *La Poésie légère* parait d'autant plus froide qu'elle est plus maniérée ; l'exécution n'en est pas aussi grasse que dans les anciennes œuvres de M. Pradier, et, vue de dos, l'aspect en est affreux. Il a de plus fait deux figures de bronze, — *Anacréon* et la *Sagesse*, — qui sont des imitations impudentes de l'antique, et qui prouvent bien que sans cette noble béquille M. Pradier chancellerait à chaque pas.

Le buste est un genre qui demande moins d'imagination et des facultés moins hautes que la grande sculpture, mais non moins délicates. C'est un art plus intime et plus resserré dont les succès sont moins publics. Il faut, comme dans le portrait fait à la manière des naturalistes, parfaitement bien comprendre le caractère principal du modèle et en exprimer la poésie ; car il est peu de modèles complètement dénués de poésie. Presque tous les bustes de M. DANTAN sont faits selon les meilleures doctrines. Ils ont tous un cachet particulier, et le détail n'en exclut pas une exécution large et facile.

Le défaut principal de M. LENGLET, au contraire, est une certaine timidité, puérilité, sincérité excessive dans le travail, qui donne à son œuvre une apparence de sécheresse ; mais, en revanche, il est impossible de donner un caractère plus vrai et plus authentique à une figure humaine. Ce petit buste, ramassé, sérieux et froncé, a le magnifique caractère des bonnes œuvres romaines, qui est l'idéalisation trouvée dans la nature elle-même. Je remarque, en outre, dans le buste de M. Lenglet un autre signe particulier aux figures antiques, qui est une attention profonde.

XVII
DES ÉCOLES ET DES OUVRIERS

Avez-vous éprouvé, vous tous que la curiosité du flâneur a souvent fourrés dans une émeute, la même joie que moi à voir un gardien du sommeil public, — sergent de ville ou municipal, la véritable armée, — crosser un républicain ? Et comme moi, vous avez dit dans votre cœur : « Crosse, crosse un peu plus fort, crosse encore, municipal de mon cœur ; car en ce crossement suprême, je t'adore, et te juge semblable à Jupiter, le grand justicier. L'homme que tu crosses est un ennemi des roses et des parfums, un fanatique des ustensiles ; c'est un ennemi de Watteau, un ennemi de Raphaël, un ennemi acharné du luxe, des beaux-arts et des belles-lettres, iconoclaste juré, bourreau de Vénus et d'Apollon ! Il ne veut plus travailler, humble et anonyme ouvrier, aux roses et aux parfums publics ; il veut être libre, l'ignorant, et il est incapable de fonder un atelier de fleurs et de parfumeries nouvelles. Crosse religieusement les omoplates de l'anarchiste*! »

Ainsi, les philosophes et les critiques doivent-ils impitoyablement crosser les singes *artistiques,* ouvriers émancipés, qui haïssent la force et la souveraineté du génie.

* J'entends souvent les gens se plaindre du théâtre moderne ; il manque d'originalité, dit-on, parce qu'il n'y a plus de types. Et le républicain ! qu'en faites-vous donc ? N'est-ce pas une chose nécessaire à toute comédie qui veut être gaie, et n'est-ce pas là un personnage passé à l'état de marquis ?

Comparez l'époque présente aux époques passées ; au sortir du salon ou d'une église nouvellement décorée, allez reposer vos yeux dans un musée ancien, et analysez les différences.

Dans l'un, turbulence, tohu-bohu de styles et de couleurs, cacophonie de tons, trivialités énormes, prosaïsme de gestes et d'attitudes, noblesse de convention, *poncifs* de toutes sortes, et tout cela visible et clair, non seulement dans les tableaux juxtaposés, mais encore dans le même tableau : bref, — absence complète d'unité, dont le résultat est une fatigue effroyable pour l'esprit et pour les yeux.

Dans l'autre, ce respect qui fait ôter leurs chapeaux aux enfants, et vous saisit l'âme, comme la poussière des tombes et des caveaux saisit la gorge, est l'effet, non point du vernis jaune et de la crasse des temps, mais de l'unité, de l'unité profonde. Car une grande peinture vénitienne jure moins à côté d'un Jules Romain, que quelques-uns de nos tableaux, non pas des plus mauvais, à côté les uns des autres.

Cette magnificence de costumes, cette noblesse de mouvements, noblesse souvent maniérée, mais grande et hautaine, cette absence des petits moyens et des procédés contradictoires, sont des qualités toutes impliquées dans ce mot : la grande tradition.

Là des écoles, et ici des ouvriers émancipés.

Il y avait encore des écoles sous Louis XV, il y en avait une sous l'Empire, —une école, c'est-à-dire une foi, c'est-à-dire l'impossibilité du doute. Il y avait des élèves unis par des principes communs, obéissant à la règle d'un chef puissant, et l'aidant dans tous ses travaux.

Le doute, ou l'absence de foi et de naïveté, est un vice particulier à ce siècle, car personne n'obéit ; et la naïveté, qui est la domination du tempérament dans la manière, est un privilège divin dont presque tous sont privés.

Peu d'hommes ont le droit de régner, car peu d'hommes ont une grande passion.

Et comme aujourd'hui chacun veut régner, personne ne sait se gouverner.

Un maître, aujourd'hui que chacun est abandonné à soi-même, a beaucoup d'élèves inconnus dont il n'est pas responsable, et sa domination, sourde et involontaire, s'étend bien au-delà de son atelier, jusqu'en des régions où sa pensée ne peut être comprise.

Ceux qui sont plus près de la parole et du verbe magistral gardent la pureté de la doctrine, et font, par obéissance et par tradition, ce que le maître fait par la fatalité de son organisation.

Mais, en dehors de ce cercle de famille, il est une vaste population de médiocrités, singes de races diverses et croisées, nation flottante de métis qui passent chaque jour d'un pays dans un autre, emportent de chacun les usages qui leur conviennent, et cherchent à se faire un caractère par un système d'emprunts contradictoires.

Il y a des gens qui voleront un morceau dans un tableau de Rembrandt, le mêleront à une œuvre composée dans un sens différent sans le modifier, sans le digérer et sans trouver la colle pour le coller.

Il y en a qui changent en un jour du blanc au noir : hier, coloristes de *chic*, coloristes sans amour ni originalité ; demain, imitateurs sacrilèges de M. Ingres, sans y trouver plus de goût ni de foi.

Tel qui rentre aujourd'hui dans la classe des singes, même des plus habiles, n'est et ne sera jamais qu'un peintre médiocre ; autrefois, il eût fait un excellent ouvrier. Il est donc perdu pour lui et pour tous.

C'est pourquoi il eût mieux valu dans l'intérêt de leur salut, et même de leur bonheur, que les tièdes eussent été soumis à la férule d'une foi vigoureuse ; car les forts sont rares, et il faut être aujourd'hui Delacroix ou Ingres pour surnager et paraître dans le chaos d'une liberté épuisante et stérile.

Les singes sont les républicains de l'art, et l'état actuel de la peinture est le résultat d'une liberté anarchique qui glorifie l'individu, quelque faible qu'il soit, au détriment des associations, c'est-à-dire des écoles.

Dans les écoles, qui ne sont autre chose que la force d'invention organisée, les individus vraiment dignes de ce nom absorbent les faibles ; et c'est justice, car une large production n'est qu'une pensée à mille bras.

Cette glorification de l'individu a nécessité la division infinie du territoire de l'art. La liberté absolue et divergente de chacun, la division des efforts et le fractionnement de la volonté humaine ont amené cette faiblesse, ce doute et cette pauvreté d'invention ; quelques excentriques, sublimes et souffrants, compensent mal ce désordre fourmillant de médiocrités. L'individualité, — cette petite propriété, — a mangé l'originalité collective ; et, comme il a été démontré dans un chapitre fameux d'un roman romantique, que le livre a tué le monument, on peut dire que pour le présent c'est le peintre qui a tué la peinture.

XVIII
DE L'HÉROÏSME DE LA VIE MODERNE

Beaucoup de gens attribueront la décadence de la peinture à la décadence des mœurs*. Ce préjugé d'atelier, qui a circulé dans le public, est une mauvaise excuse des artistes. Car ils étaient intéressés à représenter sans cesse le passé ; la tâche est plus facile, et la paresse y trouverait son compte.

Il est vrai que la grande tradition s'est perdue, et que la nouvelle n'est pas faite.

Qu'était-ce que cette grande tradition, si ce n'est l'idéalisation ordinaire et accoutumée de la vie ancienne ; vie robuste et guerrière, état de défensive de chaque individu qui lui donnait l'habitude des mouvements sérieux, des attitudes majestueuses ou violentes. Ajoutez à cela la pompe publique qui se réfléchissait dans la vie privée. La vie ancienne *représentait* beaucoup ; elle était faite surtout pour le plaisir des yeux, et ce paganisme journalier a merveilleusement servi les arts.

Avant de rechercher quel peut être le côté épique de la vie moderne, et de prouver par des exemples que notre époque n'est pas moins féconde que les anciennes en motifs sublimes, on peut affirmer que puisque tous les siècles et tous les peuples ont eu leur beauté, nous avons inévitablement la nôtre. Cela est dans l'ordre.

Toutes les beautés contiennent, comme tous les phénomènes possibles, quelque chose d'éternel et quelque chose de transitoire, — d'absolu et de particulier. La beauté absolue et éternelle n'existe pas, ou plutôt elle n'est qu'une abstraction écrémée à la surface générale des beautés diverses. L'élément particulier de chaque beauté vient des passions, et comme nous avons nos passions particulières, nous avons notre beauté.

* Il ne faut pas confondre cette décadence avec la précédente : l'une concerne le public et ses sentiments, et l'autre ne regarde que les ateliers.

Excepté Hercule au mont Œta, Caton d'Utique et Cléopâtre, dont les suicides ne sont pas des suicides *modernes* *, quels suicides voyez-vous dans les tableaux anciens ? Dans toutes les existences païennes, vouées à l'appétit, vous ne trouverez pas le suicide de Jean-Jacques, ou même le suicide étrange et merveilleux de Raphaël de Valentin.

Quant à l'habit, la pelure du héros moderne, — bien que le temps soit passé où les rapins s'habillaient en mamamouchis et fumaient dans des canardières, — les ateliers et le monde sont encore pleins de gens qui voudraient poétiser Antony avec un manteau grec ou un vêtement mi-parti.

Et cependant, n'a-t-il pas sa beauté et son charme indigène, cet habit tant victimé ? N'est-il pas l'habit nécessaire de notre époque, souffrante et portant jusque sur ses épaules noires et maigres le symbole d'un deuil perpétuel ? Remarquez bien que l'habit noir et la redingote ont non seulement leur beauté politique, qui est l'expression de l'égalité universelle, mais encore leur beauté poétique qui est l'expression de l'âme publique ; — une immense défilade de croque-morts, croque-morts politiques, croque-morts amoureux, croque-morts bourgeois. Nous célébrons tous quelque enterrement.

Une livrée uniforme de désolation témoigne de l'égalité ; et quant aux excentriques que les couleurs tranchées et violentes dénonçaient facilement aux yeux, ils se contentent aujourd'hui des nuances dans le dessin, dans la coupe, plus encore que dans la couleur. Ces plis grimaçants, et jouant comme des serpents autour d'une chair mortifiée, n'ont-ils pas leur grâce mystérieuse ?

M. EUGÈNE LAMI et M. GAVARNI, qui ne sont pourtant pas des génies supérieurs, l'ont bien compris : — celui-ci, le poète du dandysme officiel ; celui-là, le poète du dandysme hasardeux et d'occasion ! En relisant le livre *du Dandysme*, par M. Jules Barbey d'Aurevilly, le lecteur verra clairement que le dandysme est une chose moderne et qui tient à des causes tout à fait nouvelles.

Que le peuple des coloristes ne se révolte pas trop ; car, pour être plus difficile, la tâche n'en est que plus glorieuse. Les grands coloristes savent faire de la couleur avec un habit noir, une cravate blanche et un fond gris.

Pour rentrer dans la question principale et essentielle, qui est de savoir si nous possédons une beauté particulière, inhérente à des passions nouvelles, je remarque que la plupart des artistes qui ont abordé les sujets modernes se sont contentés des sujets publics et officiels, de nos victoires et de notre héroïsme politique. Encore les font-ils en rechignant, et parce qu'ils sont commandés par le gouvernement qui les paye. Cependant il y a des sujets privés, qui sont bien autrement héroïques.

Le spectacle de la vie élégante et des milliers d'existences flottantes qui circulent dans les souterrains d'une grande ville, — criminels et filles entretenues, — la *Gazette des tribunaux* et le *Moniteur* nous prouvent que nous n'avons qu'à ouvrir les yeux pour connaître notre héroïsme.

Un ministre, harcelé par la curiosité impertinente de l'opposition, a-t-il, avec cette hautaine et souveraine éloquence qui lui est propre, témoigné, — une fois pour toutes, — de son mépris et de son dégoût pour toutes les oppositions ignorantes et tracassières, — vous entendez le soir, sur le boulevard des Italiens, circuler autour de vous ces paroles : « Étais-tu à la Chambre

* Celui-ci se tue parce que les brûlures de sa robe deviennent intolérables ; celui-là parce qu'il ne peut plus rien faire pour la liberté, et cette reine voluptueuse parce qu'elle perd son trône et son amant ; mais aucun ne se détruit pour changer de peau en vue de la métempsycose.

aujourd'hui ? as-tu vu le ministre ? N... de D... ! qu'il était beau ! je n'ai jamais
rien vu de si fier ! »
 Il y a donc une beauté et un héroïsme modernes !
 Et plus loin : « C'est K. — ou F. — qui est chargé de faire une médaille à ce
sujet ; mais il ne saura pas la faire ; il ne peut pas comprendre c'est choses-là ! »
 Il y a donc des artistes plus ou moins propres à comprendre la beauté
moderne.
 Ou bien : « Le sublime B... ! Les pirates de Byron sont moins grands et moins
dédaigneux. Croirais-tu qu'il a bousculé l'abbé Montès, et qu'il a couru sus à la
guillotine en s'écriant : « Laissez-moi tout mon courage ! »
 Cette phrase fait allusion à la funèbre fanfaronnade d'un criminel, d'un
grand protestant, bien portant, bien organisé, et dont la féroce vaillance n'a pas
baissé la tête devant la suprême machine !
 Toutes ces paroles, qui échappent à votre langue, témoignent que vous
croyez à une beauté nouvelle et particulière, qui n'est celle, ni d'Achille, ni
d'Agamemnon.
 La vie parisienne est féconde en sujets poétiques et merveilleux. Le
merveilleux nous enveloppe et nous abreuve comme l'atmosphère ; mais nous
ne le voyons pas.
 Le *nu*, cette chose si chère aux artistes, cet élément nécessaire de succès, est
aussi fréquent et aussi nécessaire que dans la vie ancienne : — au lit, au bain, à
l'amphithéâtre. Les moyens et les motifs de la peinture sont également
abondants et variés ; mais il y a un élément nouveau, qui est la beauté moderne.
 Car les héros de l'*Iliade* ne vont qu'à votre cheville, ô Vautrin, ô Rastignac,
ô Birotteau, — et vous, ô Fontanarès, qui n'avez pas osé raconter au public vos
douleurs sous le frac funèbre et convulsionné que nous endossons tous ; — et
vous, ô Honoré de Balzac, vous le plus héroïque, le plus singulier, le plus
romantique et le plus poétique parmi tous les personnages que vous avez tirés
de votre sein !

De l'essence du rire [1]

et généralement
Du comique dans les arts plastiques

I

Je ne veux pas écrire un traité de la caricature ; je veux simplement faire part au lecteur de quelques réflexions qui me sont venues souvent au sujet de ce genre singulier. Ces réflexions étaient devenues pour moi une espèce d'obsession ; j'ai voulu me soulager. J'ai fait, du reste, tous mes efforts pour y mettre un certain ordre et en rendre ainsi la digestion plus facile. Ceci est donc purement un article de philosophe et d'artiste. Sans doute une histoire générale de la caricature dans ses rapports avec tous les faits politiques et religieux, graves ou frivoles, relatifs à l'esprit national ou à la mode, qui ont agité l'humanité, est une œuvre glorieuse et importante. Le travail est encore à faire, car les essais publiés jusqu'à présent ne sont guère que matériaux ; mais j'ai pensé qu'il fallait diviser le travail. Il est clair qu'un ouvrage sur la caricature, ainsi compris, est une histoire de faits, une immense galerie anecdotique. Dans la caricature, bien plus que dans les autres branches de l'art, il existe deux sortes d'œuvres précieuses et recommandables à des titres différents et presque contraires. Celles-ci ne valent que par le fait qu'elles représentent. Elles ont droit sans doute à l'attention de l'historien, de l'archéologue et même du philosophe ; elles doivent prendre leur rang dans les archives nationales, dans les registres biographiques de la pensée humaine. Comme les feuilles volantes du journalisme, elles disparaissent emportées par le souffle incessant qui en amène de nouvelles ; mais les autres, et ce sont celles dont je veux spécialement m'occuper, contiennent un élément mystérieux, durable, éternel, qui les recommande à l'attention des artistes. Chose curieuse et vraiment digne d'attention que l'introduction de cet élément insaisissable du beau jusque dans les œuvres destinées à représenter à l'homme sa propre laideur morale et physique ! Et, chose non moins mystérieuse, ce spectacle lamentable excite en lui une hilarité immortelle et incorrigible. Voilà donc le véritable sujet de cet article.

Un scrupule me prend. Faut-il répondre par une démonstration en règle à une espèce de question préalable que voudraient sans doute malicieusement soulever certains professeurs jurés de sérieux, charlatans de la gravité, cadavres pédantesques sortis des froids hypogées de l'Institut, et revenus sur la terre des vivants, comme certains fantômes avares, pour arracher quelques sous à de complaisants ministères ? D'abord, diraient-ils, la caricature est-elle un genre ? Non, répondraient leurs compères, la caricature n'est pas un genre.

J'ai entendu résonner à mes oreilles de pareilles hérésies dans des dîners d'académiciens. Ces braves gens laissaient passer à côté d'eux la comédie de Robert Macaire sans y apercevoir de grands symptômes moraux et littéraires. Contemporains de Rabelais, ils l'eussent traité de vil et de grossier bouffon. En vérité, faut-il donc démontrer que rien de ce qui sort de l'homme n'est frivole aux yeux du philosophe ? À coup sûr ce sera, moins que tout autre, cet élément profond et mystérieux qu'aucune philsophie n'a jusqu'ici analysé à fond.

Nous allons donc nous occuper de l'essence du rire et des éléments constitutifs de la caricature. Plus tard, nous examinerons peut-être quelques-unes des œuvres les plus remarquables produites en ce genre.

II

Le Sage ne rit qu'en tremblant. De quelles lèvres pleines d'autorité, de quelle plume parfaitement orthodoxe est tombée cette étrange et saisissante maxime ? Nous vient-elle du roi philosophe de la Judée ? Faut-il l'attribuer à Joseph de Maistre, ce soldat animé de l'Esprit-Saint ? J'ai un vague souvenir de l'avoir lue dans un de ses livres, mais donnée comme citation, sans doute. Cette sévérité de pensée et de style va bien à la sainteté majestueuse de Bossuet ; mais la tournure elliptique de la pensée et la finesse quintessenciée me porteraient plutôt à en attribuer l'honneur à Bourdaloue, l'impitoyable psychologue chrétien. Cette singulière maxime me revient sans cesse à l'esprit depuis que j'ai conçu le projet de cet article, et j'ai voulu m'en débarrasser tout d'abord.

Analysons, en effet, cette curieuse proposition :

Le Sage, c'est-à-dire celui qui est animé de l'esprit du Seigneur, celui qui possède la pratique du formulaire divin, ne rit, ne s'abandonne au rire qu'en tremblant. Le Sage tremble d'avoir ri ; le Sage craint le rire, comme il craint les spectacles mondains, la concupiscence. Il s'arrête au bord du rire comme au bord de la tentation. Il y a donc, suivant le Sage, une certaine contradiction secrète entre son caractère de sage et le caractère primordial du rire. En effet, pour n'effleurer qu'en passant des souvenirs plus que solennels, je ferai remarquer, — ce qui corrobore parfaitement le caractère officiellement chrétien de cette maxime, — que le Sage par excellence, le Verbe Incarné, n'a jamais ri. Aux yeux de Celui qui sait tout et qui peut tout, le comique n'est pas. Et pourtant le Verbe Incarné a connu la colère, il a même connu les pleurs.

Ainsi, notons bien ceci : en premier lieu, voici un auteur, — un chrétien, sans doute, — qui considère comme certain que le Sage y regarde de bien près avant de se permettre de rire, comme s'il devait lui en rester je ne sais quel malaise et quelle inquiétude, et, en second lieu, le comique disparaît au point de vue de la science et de la puissance absolues. Or, en inversant les deux propositions, il en résulterait que le rire est généralement l'apanage des fous, et qu'il implique toujours plus ou moins d'ignorance et de faiblesse. Je ne veux point m'embarquer aventureusement sur une mer théologique, pour laquelle je ne serais sans doute pas muni de boussole ni de voiles suffisantes ; je me contente d'indiquer au lecteur et de lui montrer du doigt ces singuliers horizons.

Il est certain, si l'on veut se mettre au point de vue de l'esprit orthodoxe, que le rire humain est intimement lié à l'accident d'une chute ancienne, d'une dégradation physique et morale. Le rire et la douleur s'expriment par les organes où résident le commandement et la science du bien ou du mal : les yeux et la bouche. Dans le paradis terrestre (qu'on le suppose passé ou à venir,

souvenir ou prophétie, comme les théologiens ou comme les socialistes), dans le paradis terrestre, c'est-à-dire dans le milieu où il semblait à l'homme que toutes les choses créées étaient bonnes, la joie n'était pas dans le rire. Aucune peine ne l'affligeant, son visage était simple et uni, et le rire qui agite maintenant les nations ne déformait point les traits de sa face. Le rire et les larmes ne peuvent pas se faire voir dans le paradis de délices. Ils sont également les enfants de la peine, et ils sont venus parce que le corps de l'homme énervé manquait de force pour les contraindre*. Au point de vue de mon philosophe chrétien, le rire de ses lèvres est signe d'une aussi grande misère que les larmes de ses yeux. L'Être qui voulut multiplier son image n'a point mis dans la bouche de l'homme les dents du lion, mais l'homme mord avec le rire ; ni dans ses yeux toute la ruse fascinatrice du serpent, mais il séduit avec les larmes. Et remarquez que c'est aussi avec les larmes que l'homme lave les peines de l'homme, que c'est avec le rire qu'il adoucit quelquefois son cœur et l'attire ; car les phénomènes engendrés par la chute deviendront les moyens du rachat.

Qu'on me permette une supposition poétique qui me servira à vérifier la justesse de ces assertions, que beaucoup de personnes trouveront sans doute entachées de l'*a priori* du mysticisme. Essayons, puisque le comique est un élément damnable et d'origine diabolique, de mettre en face une âme absolument primitive et sortant, pour ainsi dire, des mains de la nature. Prenons pour exemple la grande et typique figure de Virginie, qui symbolise parfaitement la pureté et la naïveté absolues. Virginie arrive à Paris encore toute trempée des brumes de la mer et dorée par le soleil des tropiques, les yeux pleins des grandes images primitives des vagues, des montagnes et des forêts. Elle tombe ici en pleine civilisation turbulente, débordante et méphitique, elle, tout imprégnée des pures et riches senteurs de l'Inde ; elle se rattache à l'humanité par la famille et par l'amour, par sa mère et par son amant, son Paul, angélique comme elle, et dont le sexe ne se distingue pour ainsi dire pas du sien dans les ardeurs inassouvies d'un amour qui s'ignore. Dieu, elle l'a connu dans l'église des Pamplemousses, une petite église toute modeste et toute chétive, et dans l'immensité de l'indescriptible azur tropical, et dans la musique immortelle des forêts et des torrents. Certes, Virginie est une grande intelligence ; mais peu d'images et peu de souvenirs lui suffisent, comme au Sage peu de livres. Or, un jour, Virginie rencontre par hasard, innocemment, au Palais-Royal, aux carreaux d'un vitrier, sur une table, dans un lieu public, une caricature ! une caricature bien appétissante pour nous, grosse de fiel et de rancune, comme sait les faire une civilisation perspicace et ennuyée. Supposons quelque bonne farce de boxeurs, quelque énormité britannique, pleine de sang caillé et assaisonnée de quelques monstrueux *goddam ;* ou, si cela sourit davantage à votre imagination curieuse, supposons devant l'œil de notre virginale Virginie quelque charmante et agaçante impureté, un Gavarni de ce temps-là, et des meilleurs, quelque satire insultante comme des folies royales, quelque diatribe plastique contre le Parc-aux-Cerfs, ou les précédents fangeux d'une grande favorite, ou les escapades nocturnes de la proverbiale Autrichienne. La caricature est double : le dessin et l'idée : le dessin violent, l'idée mordante et voilée ; complication d'éléments pénibles pour un esprit naïf, accoutumé à comprendre d'intuition des choses simples comme lui.

* Philippe de Chennevières.

Virginie a vu ; maintenant elle regarde. Pourquoi ? Elle regarde l'inconnu. Du reste, elle ne comprend guère ni ce que cela veut dire ni à quoi cela sert. Et pourtant, voyez-vous ce reploiement d'ailes subit, ce frémissement d'une âme qui se voile et veut se retirer ? L'ange a senti que le scandale était là. Et, en vérité, je vous le dis, qu'elle ait compris ou qu'elle n'ait pas compris, il lui restera de cette impression je ne sais quel malaise, quelque chose qui ressemble à la peur. Sans doute, que Virginie reste à Paris et que la science lui vienne, le rire lui viendra ; nous verrons pourquoi. Mais, pour le moment, nous, analyste et critique, qui n'oserions certes pas affirmer que notre intelligence est supérieure à celle de Virginie, constatons la crainte et la souffrance de l'ange immaculé devant la caricature.

III

Ce qui suffirait pour démontrer que le comique est un des plus clairs signes sataniques de l'homme et un des nombreux pépins contenus dans la pomme symbolique, est l'accord unanime des physiologistes du rire sur la raison première de ce monstrueux phénomène. Du reste, leur découverte n'est pas très profonde et ne va guère loin. Le rire, disent-ils, vient de la supériorité. Je ne serais pas étonné que devant cette découverte le physiologiste se fût mis à rire en pensant à sa propre supériorité. Aussi, il fallait dire : Le rire vient de l'idée de sa propre supériorité. Idée satanique s'il en fut jamais ! Orgueil et aberration ! Or, il est notoire que tous les fous des hôpitaux ont l'idée de leur propre supériorité développée outre mesure. Je ne connais guère de fous d'humilité. Remarquez que le rire est une des expressions les plus fréquentes et les plus nombreuses de la folie. Et voyez comme tout s'accorde : quand Virginie, déchue, aura baissé d'un degré en pureté, elle commencera à avoir l'idée de sa propre supériorité, elle sera plus savante au point de vue du monde, et elle rira.

J'ai dit qu'il y avait symptôme de faiblesse dans le rire ; et, en effet, quel signe plus marquant de débilité qu'une convulsion nerveuse, un spasme involontaire comparable à l'éternuement, et causé par la vue du malheur d'autrui ? Ce malheur est presque toujours une faiblesse d'esprit. Est-il un phénomène plus déplorable que la faiblesse se réjouissant de la faiblesse ? Mais il y a pis. Ce malheur est quelquefois d'une espèce très inférieure, une infirmité dans l'ordre physique. Pour prendre un des exemples les plus vulgaires de la vie, qu'y a-t-il de si réjouissant dans le spectacle d'un homme qui tombe sur la glace ou sur le pavé, qui trébuche au bout d'un trottoir, pour que la face de son frère en Jésus-Christ se contracte d'une façon désordonnée, pour que les muscles de son visage se mettent à jouer subitement comme une horloge à midi ou un joujou à ressorts ? Ce pauvre diable s'est au moins défiguré, peut-être s'est-il fracturé un membre essentiel. Cependant, le rire est parti, irrésistible et subit. Il est certain que si l'on veut creuser cette situation, on trouvera au fond de la pensée du rieur un certain orgueil inconscient. C'est là le point de départ : *moi,* je ne tombe pas ; *moi,* je marche droit ; *moi,* mon pied est ferme et assuré. Ce n'est pas *moi* qui commettrais la sottise de ne pas voir un trottoir interrompu ou un pavé qui barre le chemin.

L'école romantique, ou, pour mieux dire, une des subdivisions de l'école romantique, l'école satanique, a bien compris cette loi primordiale du rire ; ou du moins, si tous ne l'ont pas comprise, tous, même dans leurs plus grossières extravagances et exagérations, l'ont sentie et appliquée juste. Tous les

mécréants de mélodrame, maudits, damnés, fatalement marqués d'un ric-
tus qui court jusqu'aux oreilles, sont dans l'orthodoxie pure du rire. Du
reste, ils sont presque tous des petits-fils légitimes ou illégitimes du célèbre
voyageur Melmoth, la grande création satanique du révérend Maturin.
Quoi de plus grand, quoi de plus puissant relativement à la pauvre huma-
nité que ce pâle et ennuyé Melmoth ? Et pourtant, il y a en lui un côté
faible, abject, antidivin et antilumineux. Aussi comme il rit, comme il rit,
se comparant sans cesse aux chenilles humaines, lui si fort, si intelligent,
lui pour qui une partie des lois conditionnelles de l'humanité, physiques et
intellectuelles, n'existent plus ! Et ce rire est l'explosion perpétuelle de sa
colère et de sa souffrance. Il est, qu'on me comprenne bien, la résultante
nécessaire de sa double nature contradictoire, qui est infiniment grande
relativement à l'homme, infiniment vile et basse relativement au Vrai et au
Juste absolus. Melmoth est une contradiction vivante. Il est sorti des
conditions fondamentales de la vie ; ses organes ne supportent plus sa
pensée. C'est pourquoi ce rire glace et tord les entrailles. C'est un rire qui
ne dort jamais, comme une maladie qui va toujours son chemin et exécute
un ordre providentiel. Et ainsi le rire de Melmoth, qui est l'expression la
plus haute de l'orgueil, accomplit perpétuellement sa fonction, en déchirant
et en brûlant les lèvres du rieur irrémissible.

IV

Maintenant, résumons un peu, et établissons plus visiblement les propo-
sitions principales, qui sont comme une espèce de théorie du rire. Le rire est
satanique, il est donc profondément humain. Il est dans l'homme la consé-
quence de l'idée de sa propre supériorité ; et, en effet, comme le rire est
essentiellement humain, il est essentiellement contradictoire, c'est-à-dire qu'il
est à la fois signe d'une grandeur infinie et d'une misère infinie, misère infinie
relativement à l'Être absolu dont il possède la conception, grandeur infinie
relativement aux animaux. C'est du choc perpétuel de ces deux infinis que se
dégage le rire. Le comique, la puissance du rire est dans le rieur et nullement
dans l'objet du rire. Ce n'est point l'homme qui tombe qui rit de sa propre chute,
à moins qu'il ne soit un philosophe, un homme qui ait acquis, par habitude, la
force de se dédoubler rapidement et d'assister comme spectateur désintéressé
aux phénomènes de son *moi*. Mais le cas est rare. Les animaux les plus
comiques sont les plus sérieux ; ainsi les singes et les perroquets. D'ailleurs,
supposez l'homme ôté de la création, il n'y aura plus de comique, car les
animaux ne se croient pas supérieurs aux végétaux, ni les végétaux aux
minéraux. Signe de supériorité relativement aux bêtes, et je comprends sous
cette dénomination les parias nombreux de l'intelligence, le rire est signe
d'infériorité relativement aux sages, qui par l'innocence contemplative de leur
esprit se rapprochent de l'enfance. Comparant, ainsi que nous en avons le
droit, l'humanité à l'homme, nous voyons que les nations primitives, ainsi que
Virginie, ne conçoivent pas la caricature et n'ont pas de comédies (les livres
sacrés, à quelques nations qu'ils appartiennent, ne rient jamais), et que,
s'avançant peu à peu vers les pics nébuleux de l'intelligence, ou se penchant sur
les fournaises ténébreuses de la métaphysique, les nations se mettent à rire
diaboliquement du rire de Melmoth ; et, enfin, que si dans ces mêmes nations
ultra-civilisées, une intelligence, poussée par une ambition supérieure, veut
franchir les limites de l'orgueil mondain et s'élancer hardiment vers la poésie

pure, dans cette poésie, limpide et profonde comme la nature, le rire fera défaut comme dans l'âme du Sage.

Comme le comique est signe de supériorité ou de croyance à sa propre supériorité, il est naturel de croire qu'avant qu'elles aient atteint la purification absolue promise par certains prophètes mystiques, les nations verront s'augmenter en elles les motifs de comique à mesure que s'accroîtra leur supériorité. Mais aussi le comique change de nature. Ainsi l'élément angélique et l'élément diabolique fonctionnent parallèlement. L'humanité s'élève, et elle gagne pour le mal et l'intelligence du mal une force proportionnelle à celle qu'elle a gagnée pour le bien. C'est pourquoi je ne trouve pas étonnant que nous, enfants d'une loi meilleure que les lois religieuses antiques, nous, disciples favorisés de Jésus, nous possédions plus d'éléments comiques que la païenne Antiquité. Cela même est une condition de notre force intellectuelle générale. Permis aux contradicteurs jurés de citer la classique historiette du philosophe qui mourut de rire en voyant un âne qui mangeait des figues, et même les comédies d'Aristophane et celles de Plaute. Je répondrai qu'outre que ces époques sont essentiellement civilisées, et que la croyance s'était déjà bien retirée, ce comique n'est pas tout à fait le nôtre. Il a même quelque chose de sauvage, et nous ne pouvons guère nous l'approprier que par un effort d'esprit à reculons, dont le résultat s'appelle pastiche. Quant aux figures grotesques que nous a laissées l'Antiquité, les masques, les figurines de bronze, les Hercules tout en muscles, les petits Priapes à la langue recourbée en l'air, aux oreilles pointues, tout en cervelet et en phallus, — quant à ces phallus prodigieux sur lesquels les blanches filles de Romulus montent innocemment à cheval, ces monstrueux appareils de la génération armés de sonnettes et d'ailes, je crois que toutes ces choses sont pleines de sérieux. Vénus, Pan, Hercule, n'étaient pas des personnages risibles. On en a ri après la venue de Jésus, Platon et Sénèque aidant. Je crois que l'Antiquité était pleine de respect pour les tambours-majors et les faiseurs de tours de force en tout genre, et que tous les fétiches extravagants que je citais ne sont que des signes d'adoration, ou tout au plus des symboles de force, et nullement des émanations de l'esprit intentionnellement comiques. Les idoles indiennes et chinoises ignorent qu'elles sont ridicules ; c'est en nous, chrétiens, qu'est le comique.

v

Il ne faut pas croire que nous soyons débarrassés de toute difficulté. L'esprit le moins accoutumé à ces subtilités esthétiques saurait bien vite m'opposer cette objection insidieuse : Le rire est divers. On ne se réjouit pas toujours d'un malheur, d'une faiblesse, d'une infériorité. Bien des spectacles qui excitent en nous le rire sont fort innocents, et non seulement les amusements de l'enfance mais encore bien des choses qui servent au divertissement des artistes, n'ont rien à démêler avec l'esprit de Satan.

Il y a bien là quelque apparence de vérité. Mais il faut d'abord bien distinguer la joie d'avec le rire. La joie existe par elle-même, mais elle a des manifestations diverses. Quelquefois elle est presque invisible ; d'autres fois, elle s'exprime par les pleurs. Le rire n'est qu'une expression, un symptôme, un diagnostic. Symptôme de quoi ? Voilà la question. La joie est *une*. Le rire est l'expression d'un sentiment double, ou contradictoire ; et c'est pour cela qu'il y a convulsion. Aussi le rire des enfants, qu'on voudrait en vain m'objecter, est-il tout à fait différent, même comme expression physique, comme forme, du rire

de l'homme qui assiste à une comédie, regarde une caricature, ou du rire terrible de Melmoth ; de Melmoth, l'être déclassé, l'individu situé entre les dernières limites de la patrie humaine et les frontières de la vie supérieure ; de Melmoth se croyant toujours près de se débarrasser de son pacte infernal, espérant sans cesse troquer ce pouvoir surhumain, qui fait son malheur, contre la conscience pure d'un ignorant qui lui fait envie. — Le rire des enfants est comme un épanouissement de fleur. C'est la joie de recevoir, la joie de respirer, la joie de s'ouvrir, la joie de contempler, de vivre, de grandir. C'est une joie de plante. Aussi, généralement, est-ce plutôt le sourire, quelque chose d'analogue au balancement de queue des chiens ou au ronron des chats. Et pourtant, remarquez bien que si le rire des enfants diffère encore des expressions du contentement animal, c'est que ce rire n'est pas tout à fait exempt d'ambition, ainsi qu'il convient à des bouts d'hommes, c'est-à-dire à des Satans en herbe.

Il y a un cas où la question est plus compliquée. C'est le rire de l'homme, mais rire vrai, rire violent, à l'aspect d'objets qui ne sont pas un signe de faiblesse ou de malheur chez ses semblables. Il est facile de deviner que je veux parler du rire causé par le grotesque. Les créations fabuleuses, les êtres dont la raison, la légitimation ne peut pas être tirée du code du sens commun, excitent souvent en nous une hilarité folle, excessive, et qui se traduit en des déchirements et des pâmoisons interminables. Il est évident qu'il faut distinguer, et qu'il y a là un degré de plus. Le comique est, au point de vue artistique, une imitation ; le grotesque, une création. Le comique est une imitation mêlée d'une certaine faculté créatrice, c'est-à-dire d'une idéalité artistique. Or, l'orgueil humain, qui prend toujours le dessus, et qui est la cause naturelle du rire dans le cas du comique, devient aussi cause naturelle du rire dans le cas du grotesque, qui est une création mêlée d'une certaine faculté imitatrice d'éléments préexistants dans la nature. Je veux dire que dans ce cas-là le rire est l'expression de l'idée de supériorité, non plus de l'homme sur l'homme, mais de l'homme sur la nature. Il ne faut pas trouver cette idée trop subtile ; ce ne serait pas une raison suffisante pour la repousser. Il s'agit de trouver une autre explication plausible. Si celle-ci paraît tirée de loin et quelque peu difficile à admettre, c'est que le rire causé par le grotesque a en soi quelque chose de profond, d'axiomatique et de primitif qui se rapproche beaucoup plus de la vie innocente et de la joie absolue que le rire causé par le comique de mœurs. Il y a entre ces deux rires, abstraction faite de la question d'utilité, la même différence qu'entre l'école littéraire intéressée et l'école de l'art pour l'art. Ainsi le grotesque domine le comique d'une hauteur proportionnelle.

J'appellerai désormais le grotesque comique absolu, comme antithèse au comique ordinaire, que j'appellerai comique significatif. Le comique significatif est un langage plus clair, plus facile à comprendre pour le vulgaire, et surtout plus facile à analyser, son élément étant visiblement double : l'art et l'idée morale ; mais le comique absolu, se rapprochant beaucoup plus de la nature, se présente sous une espèce *une*, et qui veut être saisie par intuition. Il n'y a qu'une vérification du grotesque, c'est le rire, et le rire subit ; en face du comique significatif, il n'est pas défendu de rire après coup ; cela n'argue pas contre sa valeur ; c'est une question de rapidité d'analyse.

J'ai dit : comique et absolu ; il faut toutefois prendre garde. Au point de vue de l'absolu définitif, il n'y a plus que la joie. Le comique ne peut être absolu que relativement à l'humanité déchue, et c'est ainsi que je l'entends.

VI

L'essence très relevée du comique absolu en fait l'apanage des artistes supérieurs qui ont en eux la réceptibilité suffisante de toute idée absolue. Ainsi l'homme qui a jusqu'à présent le mieux senti ces idées, et qui en a mis en œuvre une partie dans des travaux de pure esthétique et aussi de création, est Théodore Hoffmann. Il a toujours bien distingué le comique ordinaire du comique qu'il appelle *comique innocent*. Il a cherché souvent à résoudre en œuvres artistiques les théories savantes qu'il avait émises didactiquement, ou jetées sous la forme de conversations inspirées et de dialogues critiques ; et c'est dans ces mêmes œuvres que je puiserai tout à l'heure les exemples les plus éclatants, quand j'en viendrai à donner une série d'applications des principes ci-dessus énoncés et à coller un échantillon sous chaque titre de catégorie.

D'ailleurs, nous trouvons dans le comique absolu et le comique significatif des genres, des sous-genres et des familles. La division peut avoir lieu sur différentes bases. On peut la construire d'abord d'après une loi philosophique pure, ainsi que j'ai commencé à le faire, puis d'après la loi artistique de création. La première est créée par la séparation primitive du comique absolu d'avec le comique significatif ; la seconde est basée sur le genre de facultés spéciales de chaque artiste. Et, enfin, on peut aussi établir une classification de comiques suivant les climats et les diverses aptitudes nationales. Il faut remarquer que chaque terme de chaque classification peut se compéter et se nuancer par l'adjonction d'un terme d'une autre, comme la loi grammaticale nous enseigne à modifier le substantif par l'adjectif. Ainsi, tel artiste allemand ou anglais est plus ou moins propre au comique absolu, et en même temps il est plus ou moins idéalisateur. Je vais essayer de donner des exemples choisis de comique absolu et significatif, et de caractériser brièvement l'esprit comique propre à quelques nations principalement artistes, avant d'arriver à la partie où je veux discuter et analyser plus longuement le talent des hommes qui en ont fait leur étude et leur existence.

En exagérant et poussant aux dernières limites les conséquences du comique significatif, on obtient le comique féroce, de même que l'expression synony-mique du comique innocent, avec un degré de plus, est le comique absolu.

En France, pays de pensée et de démonstration claires, où l'art vise naturellement et directement à l'utilité, le comique est généralement signifi-catif. Molière fut dans ce genre la meilleure expression française ; mais comme le fond de notre caractère est un éloignement de toute chose extrême, comme un des diagnostics particuliers de toute passion française, de toute science, de tout art français est de fuir l'excessif, l'absolu et le profond, il y a conséquemment ici peu de comique féroce ; de même notre grotesque s'élève rarement à l'absolu.

Rabelais, qui est le grand maître français en grotesque, garde au milieu de ses plus énormes fantaisies quelque chose d'utile et de raisonnable. Il est directement symbolique. Son comique a presque toujours la transparence d'un apologue. Dans la caricature française, dans l'expression plastique du comique, nous retrouverons cet esprit dominant. Il faut l'avouer, la prodigieuse bonne humeur poétique nécessaire au vrai grotesque se trouve rarement chez nous à une dose égale et continue. De loin en loin, on voit réapparaître le filon : mais il n'est pas essentiellement national. Il faut mentionner dans ce genre quelques intermèdes de Molière, malheureusement trop peu lus et trop peu joués, entre autres ceux du *Malade imaginaire* et du *Bourgeois gentilhomme*,

et les figures carnavalesques de Callot. Quant au comique des *Contes* de Voltaire, essentiellement français, il tire toujours sa raison d'être de l'idée de supériorité ; il est tout à fait significatif. La rêveuse Germanie nous donnera d'excellents échantillons de comique absolu. Là tout est grave, profond, excessif. Pour trouver du comique féroce et très féroce, il faut passer la Manche et visiter les royaumes brumeux du spleen. La joyeuse, bruyante et oublieuse Italie abonde en comique innocent. C'est en pleine Italie, au cœur du carnaval méridional, au milieu du turbulent Corso, que Théodore Hoffmann a judicieusement placé le drame excentrique de *La Princesse Brambilla*. Les Espagnols sont très bien doués en fait de comique. Ils arrivent vite au cruel, et leurs fantaisies les plus grotesques contiennent souvent quelque chose de sombre.

Je garderai longtemps le souvenir de la première pantomime anglaise que j'aie vu jouer. C'était au théâtre des Variétés, il y a quelques années. Peu de gens s'en souviendront sans doute, car bien peu ont paru goûter ce genre de divertissement, et ces pauvres mimes anglais reçurent chez nous un triste accueil. Le public français n'aime guère être dépaysé. Il n'a pas le goût très cosmopolite, et les déplacements d'horizon lui troublent la vue. Pour mon compte, je fus excessivement frappé de cette manière de comprendre le comique. On disait, et c'étaient les indulgents, pour expliquer l'insuccès, que c'étaient des artistes vulgaires et médiocres, des doublures ; mais ce n'était pas là la question. Ils étaient Anglais, c'est là l'important.

Il m'a semblé que le signe distinctif de ce genre de comique était la violence. Je vais en donner la preuve par quelques échantillons de mes souvenirs.

D'abord, le Pierrot n'était pas ce personnage pâle comme la lune, mystérieux comme le silence, souple et muet comme le serpent, droit et long comme une potence, cet homme artificiel, mû par des ressorts singuliers, auquel nous avait accoutumés le regrettable Deburau. Le Pierrot anglais arrivait comme la tempête, tombait comme un ballot, et quand il riait, son rire faisait trembler la salle ; ce rire ressemblait à un joyeux tonnerre. C'était un homme court et gros, ayant augmenté sa prestance par un costume chargé de rubans, qui faisaient autour de sa jubilante personne l'office des plumes et du duvet autour des oiseaux, ou de la fourrure autour des angoras. Par-dessus la farine de son visage, il avait collé crûment, sans gradation, sans transition, deux énormes plaques de rouge pur. La bouche était agrandie par un prolongement simulée des lèvres au moyen de deux bandes de carmin, de sorte que, quand il riait, la gueule avait l'air de courir jusqu'aux oreilles.

Quant au moral, le fond était le même que celui du Pierrot que tout le monde connaît : insouciance et neutralité, et partant accomplissement de toutes les fantaisies gourmandes et rapaces, au détriment, tantôt de Harlequin, tantôt de Cassandre ou de Léandre. Seulement, là où Deburau eût trempé le bout du doigt pour le lécher, il y plongeait les deux poings et les deux pieds.

Et toutes choses s'exprimaient ainsi dans cette singulière pièce, avec emportement ; c'était le vertige de l'hyperbole.

Pierrot passe devant une femme qui lave le carreau de sa porte : après lui avoir dévalisé les poches, il veut faire passer dans les siennes l'éponge, le balai, le baquet et l'eau elle-même. — Quant à la manière dont il essayait de lui exprimer son amour, chacun peut se le figurer par les souvenirs qu'il a gardés de la contemplation des mœurs phanérogamiques des singes, dans la célèbre cage du Jardin des Plantes. Il faut ajouter que le rôle de la femme était rempli

par un homme très long et très maigre, dont la pudeur violée jetait les hauts cris. C'était vraiment une ivresse de rire, quelque chose de terrible et d'irrésistible. Pour je ne sais quel méfait, Pierrot devait être finalement guillotiné. Pourquoi la guillotine au lieu de la pendaison, en pays anglais ?... Je l'ignore ; sans doute pour amener ce qu'on va voir. L'instrument funèbre était donc là dressé sur des planches françaises, fort étonnées de cette romantique nouveauté. Après avoir lutté et beuglé comme un bœuf qui flaire l'abattoir, Pierrot subissait enfin son destin. La tête se détachait du cou, une grosse tête blanche et rouge, et roulait avec bruit devant le trou du souffleur, montrant le disque saignant du cou, la vertèbre scindée, et tous les détails d'une viande de boucherie récemment taillée pour l'étalage. Mais voilà que, subitement, le torse raccourci, mû par la monomanie irrésistible du vol, se dressait, escamotait victorieusement sa propre tête comme un jambon ou une bouteille de vin, et, bien plus avisé que le grand saint Denis, la fourrait dans sa poche !

Avec une plume tout cela est pâle et glacé. Comment la plume pourrait-elle rivaliser avec la pantomime ? La pantomime est l'épuration de la comédie ; c'en est la quintessence ; c'est l'élément comique pur, dégagé et concentré. Aussi, avec le talent spécial des acteurs anglais pour l'hyperbole, toutes ces monstrueuses farces prenaient-elles une réalité singulièrement saisissante.

Une des choses les plus remarquables comme comique absolu, et, pour ainsi dire, comme métaphysique du comique absolu, était certainement le début de cette belle pièce, un prologue plein d'une haute esthétique. Les principaux personnages de la pièce, Pierrot, Cassandre, Harlequin, Colombine, Léandre, sont devant le public, bien doux et bien tranquilles. Ils sont à peu près raisonnables et ne diffèrent pas beaucoup des braves gens qui sont dans la salle. Le souffle merveilleux qui va les faire se mouvoir extraordinairement n'a pas encore soufflé sur leurs cervelles. Quelques jovialités de Pierrot ne peuvent donner qu'une pâle idée de ce qu'il fera tout à l'heure. La rivalité de Harlequin et de Léandre vient de se déclarer. Une fée s'intéresse à Harlequin : c'est l'éternelle protectrice des mortels amoureux et pauvres. Elle lui promet sa protection, et, pour lui en donner une preuve immédiate, elle promène avec un geste mystérieux et plein d'autorité sa baguette dans les airs.

Aussitôt le vertige est entré, le vertige circule dans l'air ; on respire le vertige ; c'est le vertige qui remplit les poumons et renouvelle le sang dans le ventricule.

Qu'est-ce que ce vertige ? C'est le comique absolu ; il s'est emparé de chaque être. Léandre, Pierrot, Cassandre, font des gestes extraordinaires, qui démontrent clairement qu'ils se sentent introduits de force dans une existence nouvelle. Ils n'en ont pas l'air fâché. Ils s'exercent aux grands désastres et à la destinée tumultueuse qui les attend, comme quelqu'un qui crache dans ses mains et les frotte l'une contre l'autre avant de faire une action d'éclat. Ils font le moulinet avec leurs bras, ils ressemblent à des moulins à vent tourmentés par la tempête. C'est sans doute pour assouplir leurs jointures, ils en auront besoin. Tout cela s'opère avec de gros éclats de rire, pleins d'un vaste contentement ; puis ils sautent les uns par-dessus les autres, et leur agilité et leur aptitude étant bien dûment constatées, suit un éblouissant bouquet de coups de pied, de coups de poing et de soufflets qui font le tapage et la lumière d'une artillerie ; mais tout cela est sans rancune. Tous leurs gestes, tous leurs cris, toutes leurs mines disent : La fée l'a voulu, la destinée nous précipite, je ne m'en afflige pas ; allons ! courons ! élançons-nous ! Et ils s'élancent à travers l'œuvre fantas-

tique, qui, à proprement parler, ne commence que là, c'est-à-dire sur la frontière du merveilleux.

Harlequin et Colombine, à la faveur de ce délire, se sont enfuis en dansant, et d'un pied léger ils vont courir les aventures.

Encore un exemple : celui-là est tiré d'un auteur singulier, esprit très général, quoi qu'on en dise, et qui unit à la raillerie significative française la gaieté folle, mousseuse et légère des pays du soleil, en même temps que le profond comique germanique. Je veux encore parler d'Hoffmann.

Dans le conte intitulé : *Daucus Carota, Le Roi des Carottes*, et par quelques traducteurs *La Fiancée du roi*, quand la grande troupe des Carottes arrive dans la cour de la ferme où demeure la fiancée, rien n'est plus beau à voir. Tous ces petits personnages d'un rouge écarlate comme un régiment anglais, avec un vaste plumet vert sur la tête comme les chasseurs de carrosse, exécutent des cabrioles et des voltiges merveilleuses sur de petits chevaux. Tout cela se meut avec une agilité surprenante. Ils sont d'autant plus adroits et il leur est d'autant plus facile de retomber sur la tête, qu'elle est plus grosse et plus lourde que le reste du corps, comme les soldats en moelle de sureau qui ont un peu de plomb dans leur shako.

La malheureuse jeune fille, entichée de rêves de grandeur, est fascinée par ce déploiement de forces militaires. Mais qu'une armée à la parade est différente d'une armée dans ses casernes, fourbissant ses armes, astiquant son fourniment, ou, pis encore, ronflant ignoblement sur ses lits de camp puants et sales ! Voilà le revers de la médaille ; car tout ceci n'était que sortilège, appareil de séduction. Son père, homme prudent et bien instruit dans la sorcellerie, veut lui montrer l'envers de toutes ces splendeurs. Ainsi, à l'heure où les légumes dorment d'un sommeil brutal, ne soupçonnant pas qu'ils peuvent être surpris par l'œil d'un espion, le père entrouvre une des tentes de cette magnifique armée ; et alors la pauvre rêveuse voit cette masse de soldats rouges et verts dans leur épouvantable déshabillé, nageant et dormant dans la fange terreuse d'où elle est sortie. Toute cette splendeur militaire en bonnet de nuit n'est plus qu'un marécage infect.

Je pourrais tirer de l'admirable Hoffmann bien d'autres exemples de comique absolu. Si l'on veut bien comprendre mon idée, il faut lire avec soin *Daucus Carota, Peregrinus Tyss, Le Pot d'or*, et surtout, avant tout, *La Princesse Brambilla*, qui est comme un catéchisme de haute esthétique.

Ce qui distingue très particulièrement Hoffmann est le mélange involontaire, et quelquefois très volontaire, d'une certaine dose de comique significatif avec le comique le plus absolu. Ses conceptions comiques les plus supra-naturelles, les plus fugitives, et qui ressemblent souvent à des visions de l'ivresse, ont un sens moral très visible : c'est à croire qu'on a affaire à un physiologiste ou à un médecin de fous des plus profonds, et qui s'amuserait à revêtir cette profonde science de formes poétiques, comme un savant qui parlerait par apologues et paraboles.

Prenez, si vous voulez, pour exemple, le personnage de Giglio Fava, le comédien atteint de dualisme chronique, dans *La Princesse Brambilla*. Ce personnage *un* change de temps en temps de personnalité, et, sous le nom de Giglio Fava, il se déclare l'ennemi du prince assyrien Cornelio Chiapperi ; et quand il est prince assyrien, il déverse le plus profond et le plus royal mépris sur son rival auprès de la princesse, sur un misérable histrion qui s'appelle, à ce qu'on dit, Giglio Fava.

Il faut ajouter qu'un des signes très particuliers du comique absolu est de s'ignorer lui-même. Cela est visible, non seulement dans certains animaux du comique desquels la gravité fait partie essentielle, comme les singes, et dans certaines caricatures sculpturales antiques dont j'ai déjà parlé, mais encore dans les monstruosités chinoises qui nous réjouissent si fort, et qui ont beaucoup moins d'intentions comiques qu'on le croit généralement. Une idole chinoise, quoiqu'elle soit un objet de vénération, ne diffère guère d'un poussah ou d'un magot de cheminée.

Ainsi, pour en finir avec toutes ces subtilités et toutes ces définitions, et pour conclure, je ferai remarquer une dernière fois qu'on retrouve l'idée dominante de supériorité dans le comique absolu comme dans le comique significatif, ainsi que je l'ai, trop longuement peut-être, expliqué ; — que, pour qu'il y ait comique, c'est-à-dire émanation, explosion, dégagement de comique, il faut qu'il y ait deux êtres en présence ; —que c'est spécialement dans le rieur, dans le spectateur, que gît le comique ; —que cependant, relativement à cette loi d'ignorance, il faut faire une exception pour les hommes qui ont fait métier de développer en eux le sentiment du comique et de le tirer d'eux-mêmes pour le divertissement de leurs semblables, lequel phénomène rentre dans la classe de tous les phénomènes artistiques qui dénotent dans l'être humain l'existence d'une dualité permanente, la puissance d'être à la fois soi et un autre.

Et pour en revenir à mes primitives définitions et m'exprimer plus clairement, je dis que quand Hoffmann engendre le comique absolu, il est bien vrai qu'il le sait ; mais il sait aussi que l'essence de ce comique est de paraître s'ignorer lui-même et de développer chez le spectateur, ou plutôt chez le lecteur, la joie de sa propre supériorité et la joie de la supériorité de l'homme sur la nature. Les artistes créent le comique ; ayant étudié et rassemblé les éléments du comique, ils savent que tel être est comique, et qu'il ne l'est qu'à la condition d'ignorer sa nature ; de même que, par une loi inverse, l'artiste n'est artiste qu'à la condition d'être double et de n'ignorer aucun phénomène de sa double nature.

Quelques caricaturistes français

CARLE VERNET - PIGAL - CHARLET - DAUMIER - MONNIER - GRANDVILLE -
GAVARNI - TRIMOLET - TRAVIÈS - JACQUE

Un homme étonnant fut ce Carle Vernet. Son œuvre est un monde, une petite *Comédie humaine;* car les images triviales, les croquis de la foule et de la rue, les caricatures, sont souvent le miroir le plus fidèle de la vie. Souvent même les caricatures, comme les gravures de modes, deviennent plus caricaturales à mesure qu'elles sont plus démodées. Ainsi le roide, le dégingandé des figures de ce temps-là nous surprend et nous blesse étrangement ; cependant tout ce monde est beaucoup moins volontairement étrange qu'on ne le croit d'ordinaire. Telle était la mode, tel était l'être humain : les hommes ressemblaient aux peintures : le monde s'était moulé dans l'art. Chacun était roide, droit, et avec son frac étriqué, ses bottes à revers et ses cheveux pleurant sur le front, chaque citoyen avait l'air d'une *académie* qui aurait passé chez le fripier. Ce n'est pas seulement pour avoir gardé profondément l'empreinte sculpturale et la prétention au style de cette époque, ce n'est pas seulement, dis-je, au point de vue historique que les caricatures de Carle Vernet ont une grande valeur, elles ont aussi un prix artistique certain. Les poses, les gestes ont un accent véridique ; les têtes et les physionomies sont d'un style que beaucoup d'entre nous peuvent vérifier en pensant aux gens qui fréquentaient le salon paternel aux années de notre enfance. Ses caricatures de modes sont superbes. Chacun se rappelle cette grande planche qui représente une maison de jeu. Autour d'une vaste table ovale sont réunis des joueurs de différents caractères et de différents âges. Il n'y manque pas les filles indispensables, avides et épiant les chances, courtisanes éternelles des joueurs en veine. Il y a là des joies et des désespoirs violents : de jeunes joueurs fougueux et brûlant la chance : des joueurs froids, sérieux et tenaces : des vieillards qui ont perdu leurs rares cheveux au vent furieux des anciens équinoxes. Sans doute, cette composition, comme tout ce qui sort de Carle Vernet et de l'école, manque de liberté ; mais en revanche, elle a beaucoup de sérieux, une dureté qui plait, une sécheresse de manière qui convient assez bien au sujet, le jeu étant une passion à la fois violente et contenue.

Un de ceux qui, plus tard, marquèrent le plus, fut Pigal. Les premières œuvres de Pigal remontent assez haut, et Carle Vernet vécut très longtemps. Mais l'on peut dire souvent que deux contemporains représentent deux époques distinctes, fussent-ils même assez rapprochés par l'âge. Cet amusant et doux caricaturiste n'envoie-t-il pas encore à nos expositions annuelles de

petits tableaux d'un comique innocent que M. Biard doit trouver bien faible ? C'est le caractère et non l'âge qui décide. Ainsi Pigal est-il tout autre chose que Carle Vernet. Sa manière sert de transition entre la caricature telle que la concevait celui-ci et la caricature plus moderne de Charlet, par exemple, dont j'aurai à parler tout à l'heure. Charlet, qui est de la même époque que Pigal, est l'objet d'une observation analogue : le mot moderne s'applique à la manière et non au temps. Les scènes populaires de Pigal sont bonnes. Ce n'est pas que l'originalité en soit très vive, ni même le dessin très comique. Pigal est un comique modéré, mais le sentiment de ses compositions est bon et juste. Ce sont des vérités vulgaires, mais des vérités. La plupart de ses tableaux ont été pris sur nature. Il s'est servi d'un procédé simple et modeste : il a regardé, il a écouté, puis il a raconté. Généralement il y a une grande bonhomie et une certaine innocence dans toutes ses compositions : presque toujours des hommes du peuple, des dictons populaires, des ivrognes, des scènes de ménage, et particulièrement une prédilection involontaire pour les types vieux. Aussi, ressemblant en cela à beaucoup d'autres caricaturistes, Pigal ne sait pas très bien exprimer la jeunesse ; il arrive souvent que ses jeunes gens ont l'air grimé. Le dessin, généralement facile, est plus riche et plus *bonhomme* que celui de Carle Vernet. Presque tout le mérite de Pigal se résume donc dans une habitude d'observation sûre, une bonne mémoire et une certitude suffisante d'exécution ; peu ou pas d'imagination, mais du bon sens. Ce n'est ni l'emportement carnavalesque de la gaieté italienne, ni l'âpreté forcenée des Anglais. Pigal est un caricaturiste essentiellement raisonnable.

Je suis assez embarrassé pour exprimer d'une manière convenable mon opinion sur Charlet. C'est une grande réputation, une réputation essentiellement française, une des gloires de la France. Il a réjoui, amusé, attendri aussi, dit-on, toute une génération d'hommes vivant encore. J'ai connu des gens qui s'indignaient de bonne foi de ne pas voir Charlet à l'Institut. C'était pour eux un scandale aussi grand que l'absence de Molière à l'Académie. Je sais que c'est jouer un assez vilain rôle que de venir déclarer aux gens qu'ils ont eu tort de s'amuser ou de s'attendrir d'une certain façon ; il est bien douloureux d'avoir maille à partir avec le suffrage universel. Cependant il faut avoir le courage de dire que Charlet n'appartient pas à la classe des hommes éternels et des génies cosmopolites. Ce n'est pas un caricaturiste citoyen de l'univers ; et, si l'on me répond qu'un caricaturiste ne peut jamais être cela, je dirai qu'il peut l'être plus ou moins. C'est un artiste de circonstance et un patriote exclusif, deux empêchements au génie. Il a cela de commun avec un autre homme célèbre, que je ne veux pas nommer parce que les temps ne sont pas encore mûrs*, qu'il a tiré sa gloire exclusivement de la France et surtout de l'aristocratie du soldat. Je dis que cela est mauvais et dénote un petit esprit. Comme l'autre grand homme, il a beaucoup insulté les calotins : cela est mauvais, dis-je, mauvais symptôme ; ces gens-là sont inintelligibles au-delà du détroit, au-delà du Rhin et des Pyrénées. Tout à l'heure nous parlerons de l'artiste, c'est-à-dire du talent, de l'exécution, du dessin, du style ; nous viderons la question. À présent je ne parle que de l'esprit.

Charlet a toujours fait sa cour au peuple. Ce n'est pas un homme libre, c'est un esclave : ne cherchez pas en lui un artiste désintéressé. Un dessin de Charlet est rarement une vérité ; c'est presque toujours une câlinerie adressée à la caste

* Ce fragment est tiré d'un livre resté inachevé et commencé il y a plusieurs années. M. de Béranger vivait encore.

préférée. Il n'y a de beau, de bon, de noble, d'aimable, de spirituel, que le soldat. Les quelques milliards d'animalcules qui broutent cette planète n'ont été créés par Dieu et doués d'organes et de sens, que pour contempler le soldat et les dessins de Charlet dans toute leur gloire. Charlet affirme que le tourlourou et le grenadier sont la cause finale de la création. À coup sûr, ce ne sont pas là des caricatures, mais des dithyrambes et des panégyriques, tant cet homme prenait singulièrement son métier à rebours. Les grossières naïvetés que Charlet prête à ses conscrits sont tournées avec une certaine gentillesse qui leur fait honneur et les rend intéressants. Cela sent les vaudevilles où les paysans font les *pataqu'est-ce* les plus touchants et les plus spirituels. Ce sont des cœurs d'ange avec l'esprit d'une académie, sauf les liaisons. Montrer le paysan tel qu'il est, c'est une fantaisie inutile de Balzac ; peindre rigoureusement les abominations du cœur de l'homme, cela est bon pour Hogarth, esprit taquin et hypocondriaque ; montrer au naturel les vices du soldat, ah ! quelle cruauté ! cela pourrait le décourager. C'est ainsi que le célèbre Charlet entend la caricature.

Relativement au *calotin,* c'est le même sentiment qui dirige notre partial artiste. Il ne s'agit pas de peindre, de dessiner d'une manière originale les laideurs morales de la sacristie ; il faut plaire au soldat-laboureur : le soldat-laboureur mangeait du jésuite. Dans les arts, *il ne s'agit que de plaire,* comme disent les bourgeois.

Goya, lui aussi, s'est attaqué à la gent monastique. Je présume qu'il n'aimait pas les moines, car il les a faits bien laids ; mais qu'ils sont beaux dans leur laideur et triomphants dans leur crasse et leur crapule monacales ! Ici l'art domine, l'art purificateur comme le feu ; là, la servilité qui corrompt l'art. Comparez maintenant l'artiste avec le courtisan : ici de superbes dessins, là un prêche voltairien.

On a beaucoup parlé des gamins de Charlet, ces chers petits anges qui feront de si jolis soldats, qui aiment tant les vieux militaires, et qui jouent à la guerre avec des sabres de bois. Toujours ronds et frais comme des pommes d'api, le cœur sur la main, l'œil clair et souriant à la nature. Mais les *enfants terribles,* mais le *pâle voyou* du grand poète, *à la voix rauque, au teint jaune comme un vieux sou,* Charlet a le cœur trop pur pour voir ces choses-là.

Il avait quelquefois, il faut l'avouer, de bonnes intentions. — Dans une forêt, des brigands et leurs femmes mangent et se reposent auprès d'un chêne, où un pendu, déjà long et maigre, prend le frais de haut et respire la rosée, le nez incliné vers la terre et les pointes des pieds correctement alignées comme celles d'un danseur. Un des brigands dit en le montrant du doigt : *Voilà peut-être comme nous serons dimanche !*

Hélas ! il nous fournit peu de croquis de cette espèce. Encore si l'idée est bonne, le dessin est insuffisant ; les têtes n'ont pas un caractère bien écrit. Cela pourrait être beaucoup plus beau, et, à coup sûr, ne vaut pas les vers de Villon soupant avec ses camarades sous le gibet, dans la plaine ténébreuse.

Le dessin de Charlet n'est guère que du chic, toujours des ronds et des ovales. Les sentiments, il les prenait tout faits dans les vaudevilles. C'est un homme très artificiel qui s'est mis à imiter les idées du temps. Il a décalqué l'opinion, il a découpé son intelligence sur la mode. Le public était vraiment son *patron.*

Il avait cependant fait une fois une assez bonne chose. C'est une galerie de costumes de la jeune et de la vieille garde, qu'il ne faut pas confondre avec une

œuvre analogue publiée dans ces derniers temps, et qui, je crois, est même une œuvre posthume. Les personnages ont un caractère réel. Ils doivent être très ressemblants. L'allure, le geste, les airs de tête sont excellents. Alors Charlet était jeune, il ne se croyait pas un grand homme, et sa popularité ne le dispensait pas encore de dessiner ses figures correctement et de les poser d'aplomb. Il a toujours été se négligeant de plus en plus, et il a fini par faire et recommencer sans cesse un vulgaire crayonnage que ne voudrait pas avouer le plus jeune des rapins, s'il avait un peu d'orgueil. Il est bon de faire remarquer que l'œuvre dont je parle est d'un genre simple et sérieux, et qu'elle ne demande aucune des qualités qu'on a attribuées plus tard gratuitement à un artiste incomplet dans le comique. Si j'avais suivi ma pensée droite, ayant à m'occuper des caricaturistes, je n'aurais pas introduit Charlet dans le catalogue, non plus que Pinelli ; mais on m'aurait accusé de commettre des oublis graves.

En résumé : fabricant de niaiseries nationales, commerçant patenté de proverbes politiques, idole qui n'a pas, en somme, la vie plus dure que toute autre idole, il connaîtra prochainement la force de l'oubli, et il ira, avec le *grand* peintre et le *grand* poète, ses cousins germains en ignorance et en sottise, dormir dans le panier de l'indifférence, comme ce papier inutilement profané qui n'est plus bon qu'à faire du papier neuf.

Je veux parler maintenant de l'un des hommes les plus importants, je ne dirai pas seulement de la caricature, mais encore de l'art moderne, d'un homme qui, tous les matins, divertit la population parisienne, qui, chaque jour, satisfait au besoins de la gaieté publique et lui donne sa pâture. Le bourgeois, l'homme d'affaires, le gamin, la femme, rient et passent souvent, les ingrats ! sans regarder le nom. Jusqu'à présent les artistes seuls ont compris tout ce qu'il y a de sérieux là-dedans, et que c'est vraiment matière à une étude. On devine qu'il s'agit de Daumier.

Les commencements d'Honoré Daumier ne furent pas très éclatants ; il dessina, parce qu'il avait besoin de dessiner, vocation inéluctable. Il mit d'abord quelques croquis dans un petit journal créé par William Duckett ; puis Achille Ricourt, qui faisait alors le commerce des estampes, lui en acheta quelques autres. La révolution de 1830 causa, comme toutes les révolutions, une fièvre caricaturale. Ce fut vraiment pour les caricaturistes une belle époque. Dans cette guerre archarnée contre le gouvernement, et particulièrement contre le roi, on était tout cœur, tout feu. C'est véritablement une œuvre curieuse à contempler aujourd'hui que cette vaste série de bouffonneries historiques qu'on appelait *La Caricature*, grandes archives comiques, où tous les artistes de quelque valeur apportèrent leur contingent. C'est un tohu-bohu, un capharnaüm, une prodigieuse comédie satanique, tantôt bouffonne, tantôt sanglante, où défilent, affublées de costumes variés et grotesques, toutes les honorabilités politiques. Parmi tous ces grands hommes de la monarchie naissante, que de noms déjà oubliés ! Cette fantastique épopée est dominée, couronnée par la pyramidale et olympienne *Poire* de processive mémoire. On se rappelle que Philipon, qui avait à chaque instant maille à partir avec la justice royale, voulant une fois prouver au tribunal que rien n'était plus innocent que cette irritante et malencontreuse poire, dessina à l'audience même une série de croquis dont le premier représentait exactement la figure royale, et dont chacun, s'éloignant de plus en plus du type primitif, se rapprochait davantage du terme fatal : la poire. « Voyez, disait-il, quel rapport

trouvez-vous entre ce dernier croquis et le premier ? » On a fait des expériences analogues sur la tête de Jésus et sur celle de l'Apollon, et je crois qu'on est parvenu à ramener l'une des deux à la ressemblance d'un crapaud. Cela ne prouvait absolument rien. Le symbole avait été trouvé par une analogie complaisante. Le symbole dès lors suffisait. Avec cette espèce d'argot plastique, on était le maître de dire et de faire comprendre au peuple tout ce qu'on voulait. Ce fut donc autour de cette poire tyrannique et maudite que se rassembla la grande bande des hurleurs patriotes. Le fait est qu'on y mettait un acharnement et un ensemble merveilleux, et avec quelque opiniâtreté que rispostât la justice, c'est aujourd'hui un sujet d'énorme étonnement, quand on feuillette ces bouffonnes archives, qu'une guerre si furieuse ait pu se continuer pendant des années.

Tout à l'heure, je crois, j'ai dit : bouffonnerie sanglante. En effet, ces dessins sont souvent pleins de sang et de fureur. Massacres, emprisonnements, arrestations, perquisitions, procès, assommades de la police, tous ces épisodes des premiers temps du gouvernement de 1830 reparaissent à chaque instant ; qu'on en juge :

La Liberté, jeune et belle, assoupie dans un dangereux sommeil, coiffée de son bonnet phrygien, ne pense guère au danger qui la menace. *Un homme* s'avance vers elle avec précaution, plein d'un mauvais dessein. Il a l'encolure épaisse des hommes de la halle ou des gros propriétaires. Sa tête piriforme est surmontée d'un toupet très proéminent et flanquée de larges favoris. Le monstre est vu de dos, et le plaisir de deviner son nom n'ajoutait pas peu de prix à l'estampe. Il s'avance vers la jeune personne. Il s'apprête à la violer.

— *Avez-vous fait vos prières ce soir, Madame ?* — C'est Othello-Philippe qui étouffe l'innocente Liberté, malgré ses cris et sa résistance.

Le long d'une maison plus que suspecte passe une toute jeune fille, coiffée de son petit bonnet phrygien ; elle le porte avec l'innocente coquetterie d'une grisette démocrate. MM. un tel et un tel (visages connus, — des ministres, à coup sûr, des plus honorables) font ici un singulier métier. Ils circonviennent la pauvre enfant, lui disent à l'oreille des câlineries ou des saletés, et la poussent doucement vers l'étroit corridor. Derrière une porte, l'*Homme* se devine. Son profil est perdu, mais c'est bien lui ! Voilà le toupet et les favoris. Il attend, il est impatient !

Voici la Liberté traînée devant une cour prévôtale ou tout autre tribunal gothique : grande galerie de portraits actuels avec costumes anciens.

Voici la Liberté amenée dans la chambre des tourmenteurs. On va lui broyer ses chevilles délicates, on va lui ballonner le ventre avec des torrents d'eau, ou accomplir sur elle toute autre abomination. Ces athlètes aux bras nus, aux formes robustes, affamés de tortures, sont faciles à reconnaître. C'est M. un tel, M. un tel et M. un tel, — les bêtes noires de l'opinion*.

Dans tous ces dessins, dont la plupart sont faits avec un sérieux et une conscience remarquables, le roi joue toujours un rôle d'ogre, d'assassin, de Gargantua inassouvi, pis encore quelquefois. Depuis la révolution de février, je n'ai vu qu'une seule caricature dont la férocité me rappelât le temps des grandes fureurs politiques ; car tous les plaidoyers politiques étalés aux carreaux, lors de la grande élection présidentielle, n'offraient que des choses

* Je n'ai plus les pièces sous les yeux, il se pourrait que l'une de ces dernières fût de Traviès.

pâles au prix des produits de l'époque dont je viens de parler. C'était peu après les malheureux massacres de Rouen. — Sur le premier plan, un cadavre, troué de balles, couché sur une civière ; derrière lui tous les gros bonnets de la ville, en uniforme, bien frisés, bien sanglés, bien attifés, les moustaches en croc et gonflés d'orgueil ; il doit y avoir là-dedans des dandys bourgeois qui vont monter leur garde ou réprimer l'émeute avec un bouquet de violettes à la boutonnière de leur tunique ; enfin, un idéal de *garde bourgeoise*, comme disait le plus célèbre de nos démagogues. À genoux devant la civière, enveloppé dans sa robe de juge, la bouche ouverte et montrant comme un requin la double rangée de ses dents taillées en scie, F. C. promène lentement sa griffe sur la chair du cadavre qu'il égratigne avec délices. — Ah ! le Normand ! dit-il, il fait le mort pour ne pas répondre à la Justice !

C'était avec cette même fureur que *La Caricature* faisait la guerre au gouvernement. Daumier joua un rôle important dans cette escarmouche permanente. On avait inventé un moyen de subvenir aux amendes dont *Le Charivari* était accablé ; c'était de publier dans *La Caricature* des dessins supplémentaires dont la vente était affectée au payement des amendes. A propos du lamentable massacre de la rue Transnonain, Daumier se montra vraiment grand artiste ; le dessin est devenu assez rare, car il fut saisi et détruit. Ce n'est pas précisément de la caricature, c'est de l'histoire, de la triviale et terrible réalité. — Dans une chambre pauvre et triste, la chambre tradition-nelle du prolétaire, aux meubles banals et indispensables, le corps d'un ouvrier nu, en chemise et en bonnet de coton, gît sur le dos, tout de son long, les jambes et les bras écartés. Il y a eu sans doute dans la chambre une grande lutte et un grand tapage, car les chaises sont renversées, ainsi que la table de nuit et le pot de chambre. Sous le poids de son cadavre, le père écrase entre son dos et le carreau le cadavre de son petit enfant. Dans cette mansarde froide il n'y a rien que le silence et la mort.

Ce fut aussi à cette époque que Daumier entreprit une galerie satirique de portraits de personnages politiques. Il y en eut deux, l'une en pied, l'autre en buste. Celle-ci, je crois, est postérieure et ne contenait que des pairs de France. L'artiste y révéla une intelligence merveilleuse du portrait ; tout en chargeant et en exagérant les traits originaux, il est si sincèrement resté dans la nature, que ces morceaux peuvent servir de modèle à tous les portraitistes. Toutes les pauvretés de l'esprit, tous les ridicules, toutes les manies de l'intelligence, tous les vices du cœur se lisent et se font voir clairement sur ces visages animalisés ; et en même temps, tout est dessiné et accentué largement. Daumier fut à la fois souple comme un artiste et exact comme Lavater. Du reste, celles de ses œuvres datées de ce temps-là diffèrent beaucoup de ce qu'il fait aujourd'hui. Ce n'est pas la même facilité d'improvisation, le lâché et la légèreté de crayon qu'il a acquis plus tard. C'est quelquefois un peu lourd, rarement cependant, mais toujours très fini, très consciencieux et très sévère.

Je me rappelle encore un fort beau dessin qui appartient à la même classe : *La Liberté de la presse*. Au milieu des instruments émancipateurs, de son matériel d'imprimerie, un ouvrier typographe, coiffé sur l'oreille du sacra-mentel bonnet de papier, les manches de chemise retroussées, carrément campé, établi solidement sur ses grands pieds, ferme les deux poings et fronce les sourcils. Tout cet homme est musclé et charpenté comme les figures des grands maîtres. Dans le fond, l'éternel *Philippe* et ses sergents de ville. Ils n'osent pas venir s'y frotter.

Mais notre grand artiste a fait des choses bien diverses. Je vais décrire quelques-unes des planches les plus frappantes, empruntées à des genres différents. J'analyserai ensuite la valeur philosophique et artistique de ce singulier homme, et à la fin, avant de me séparer de lui, je donnerai la liste des différentes séries et catégories de son œuvre ou du moins je ferai pour le mieux, car actuellement son œuvre est un labyrinthe, une forêt d'une abondance inextricable.

Le Dernier Bain, caricature sérieuse et lamentable. — Sur le parapet d'un quai, debout et déjà penché, faisant un angle aigu avec la base d'où il se détache comme une statue qui perd son équilibre, un homme se laisse tomber roide dans la rivière. Il faut qu'il soit bien décidé ; ses bras sont tranquillement croisés ; un fort gros pavé est attaché à son cou avec une corde. Il a bien juré de n'en pas réchapper. Ce n'est pas un suicide de poète qui veut être repêché et faire parler de lui. C'est la redingote chétive et grimaçante qu'il faut voir, sous laquelle tous les os font saillie ! Et la cravate maladive et tortillée comme un serpent, et la pomme d'Adam, osseuse et pointue ! Décidément, on n'a pas le courage d'en vouloir à ce pauvre diable d'aller fuir sous l'eau le spectacle de la civilisation. Dans le fond, de l'autre côté de la rivière, un bourgeois contemplatif, au ventre rondelet, se livre aux délices innocentes de la pêche.

Figurez-vous un coin très retiré d'une barrière inconnue et peu passante, accablée d'un soleil de plomb. Un homme d'une tournure assez funèbre, un croque-mort ou un médecin, trinque et boit chopine sous un bosquet sans feuilles, un treillis de lattes poussiéreuses, en tête à tête avec un hideux squelette. À côté est posé le sablier et la faux. Je ne me rappelle pas le titre de cette planche. Ces deux vaniteux personnages font sans doute un pari homicide ou une savante dissertation sur la mortalité.

Daumier a éparpillé son talent en mille endroits différents. Chargé d'illustrer une assez mauvaise publication médico-poétique, la *Némésis médicale,* il fit des dessins merveilleux. L'un d'eux, qui a trait au choléra, représente une place publique inondée, criblée de lumière et de chaleur. Le ciel parisien, fidèle à son habitude ironique dans les grands fléaux et les grands remue-ménage politiques, le ciel est splendide ; il est blanc, incandescent d'ardeur. Les ombres sont noires et nettes. Un cadavre est posé en travers d'une porte. Une femme rentre précipitamment en se bouchant le nez et la bouche. La place est déserte et brûlante, plus désolée qu'une place populeuse dont l'émeute a fait une solitude. Dans le fond, se profilent tristement deux ou trois petits corbillards attelés de haridelles comiques, et au milieu de ce forum de la désolation, un pauvre chien désorienté, sans but et sans pensée, maigre jusqu'aux os, flaire le pavé desséché, la queue serrée entre les jambes.

Voici maintenant le bagne. Un monsieur très docte, habit noir et cravate blanche, un philanthrope, un redresseur de torts, est assis extatiquement entre deux forçats d'une figure épouvantable, stupides comme des crétins, féroces comme des bouledogues, usés comme des loques. L'un d'eux lui raconte qu'il a assassiné son père, violé sa sœur, ou fait toute autre action d'éclat. — Ah ! mon ami, quelle riche organisation vous possédiez ! s'écrie le savant extasié.

Ces échantillons suffisent pour montrer combien sérieuse est souvent la pensée de Daumier, et comme il attaque vivement son sujet. Feuilletez son œuvre, et vous verrez défiler devant vos yeux, dans sa réalité fantastique et saisissante, tout ce qu'une grande ville contient de vivantes monstruosités. Tout ce qu'elle renferme de trésors effrayants, grotesques, sinistres et

bouffons, Daumier le connait. Le cadavre vivant et affamé, le cadavre gras et repu, les misères ridicules du ménage, toutes les sottises, tous les orgueils, tous les enthousiasmes, tous les désespoirs du bourgeois, rien n'y manque. Nul comme celui-là n'a connu et aimé (à la manière des artistes) le bourgeois, ce dernier vestige du Moyen Âge, cette ruine gothique qui a la vie si dure, ce type à la fois si banal et si excentrique. Daumier à vécu intimement avec lui, il l'a épié le jour et la nuit, il a appris les mystères de son alcôve, il s'est lié avec sa femme et ses enfants, il sait la forme de son nez et la construction de sa tête, il sait quel esprit fait vivre la maison du haut en bas.

Faire une analyse complète de l'œuvre de Daumier serait chose impossible ; je vais donner les titres de ses principales séries, sans trop d'appréciations ni de commentaires. Il y a dans toutes des fragments merveilleux.

Robert Macaire, Mœurs conjugales, Types parisiens, Profils et silhouettes, Les Baigneurs, Les Baigneuses, Les Canotiers parisiens, Les Bas-bleus, Pastorales, Histoire ancienne, Les Bons Bourgeois, Les Gens de Justice, La Journée de M. Coquelet, Les Philanthropes du jour, Actualités, Tout ce qu'on voudra, Les Représentants représentés. Ajoutez à cela les deux galeries de portraits dont j'ai parlé*.

J'ai deux remarques importantes à faire à propos de deux de ces séries, *Robert Macaire* et l'*Histoire ancienne*. — *Robert Macaire* fut l'inauguration décisive de la caricature de mœurs. La grande guerre politique s'était un peu calmée. L'opiniâtreté des poursuites, l'attitude du gouvernement qui s'était affermi, et une certaine lassitude naturelle à l'esprit humain avaient jeté beaucoup d'eau sur tout ce feu. Il fallait trouver du nouveau. Le pamphlet fit place à la comédie. La *Satire Ménippée* céda le terrain à Molière, et la grande épopée de Robert Macaire, racontée par Daumier d'une manière *flambante,* succéda aux colères révolutionnaires et aux dessins allusionnels. La caricature, dès lors, prit une allure nouvelle, elle ne fut plus spécialement politique. Elle fut la satire générale des citoyens. Elle entra dans le domaine du roman.

L'*Histoire ancienne* me parait une chose importante, parce c'est pour ainsi dire la meilleure paraphrase du vers célèbre : *Qui nous délivrera des Grecs et des Romains ?* Daumier s'est abattu brutalement sur l'Antiquité, sur la fausse Antiquité, — car nul ne sent mieux que lui les grandeurs anciennes, — il a craché dessus ; et le bouillant Achille, et le prudent Ulysse, et la sage Pénélope, et Télémaque, ce grand dadais, et la belle Hélène qui perdit Troie, et tous enfin nous apparaissent dans une laideur bouffonne qui rappelle ces vieilles carcasses d'acteurs tragiques prenant une prise de tabac dans les coulisses. Ce fut un blasphème très amusant, et qui eut son utilité. Je me rappelle qu'un poète lyrique et païen de mes amis en était fort indigné. Il appelait cela une impiété et parlait de la belle Hélène comme d'autres parlent de la Vierge Marie. Mais ceux-là qui n'ont pas un grand respect pour l'Olympe et pour la tragédie furent naturellement portés à s'en réjouir

Pour conclure, Daumier a poussé son art très loin, il en a fait un art sérieux ; c'est un *grand* caricaturiste. Pour l'apprécier dignement, il faut l'analyser au point de vue de l'artiste et au point de vue moral. — Comme artiste, ce qui distingue Daumier, c'est la certitude. Il dessine comme les grands maitres. Son dessin est abondant, facile, c'est une improvisation suivie ; et pourtant ce n'est

* Une production incessante et régulière a rendu cette liste plus qu'incomplète. Une fois j'ai voulu, avec Daumier, faire le catalogue complet de son œuvre. A nous deux, nous n'avons pu y réussir.

jamais du *chic*. Il a une mémoire merveilleuse et quasi divine qui lui tient lieu de modèle. Toutes ses figures sont bien d'aplomb, toujours dans un mouvement vrai. Il a un talent d'observation tellement sûr qu'on ne trouve pas chez lui une seule tête qui jure avec le corps qui la supporte. Tel nez, tel front, tel œil, tel pied, telle main. C'est la logique du savant transportée dans un art léger, fugace, qui a contre lui la mobilité même de la vie.

Quant au moral, Daumier a quelques rapports avec Molière. Comme lui, il va droit au but. L'idée se dégage d'emblée. On regarde, on a compris. Les légendes qu'on écrit au bas de ses dessins ne servent pas à grand-chose, car ils pourraient généralement s'en passer. Son comique est, pour ainsi dire, involontaire. L'artiste ne cherche pas, on dirait plutôt que l'idée lui échappe. Sa caricature est formidable d'ampleur, mais sans rancune et sans fiel. Il y a dans toute son œuvre un fonds d'honnêteté et de bonhomie. Il a, remarquez bien ce trait, souvent refusé de traiter certains motifs satiriques très beaux et très violents, parce que cela, disait-il, dépassait les limites du comique et pouvait blesser la conscience du genre humain. Aussi quand il est navrant ou terrible, c'est presque sans l'avoir voulu. Il a dépeint ce qu'il a vu, et le résultat s'est produit. Comme il aime très passionnément et très naturellement la nature, il s'élèverait difficilement au comique absolu. Il évite même avec soin tout ce qui ne serait pas pour un public français l'objet d'une perception claire et immédiate.

Encore un mot. Ce qui complète le caractère remarquable de Daumier, et en fait un artiste spécial appartenant à l'illustre famille des maîtres, c'est que son dessin est naturellement coloré. Ses lithographies et ses dessins sur bois éveillent des idées de couleur. Son crayon contient autre chose que du noir bon à délimiter des contours. Il fait deviner la couleur comme la pensée ; or c'est le signe d'un art supérieur, et que tous les artistes intelligents ont clairement vu dans ses ouvrages.

Henri Monnier a fait beaucoup de bruit il y a quelques années ; il a eu un grand succès dans le monde bourgeois et dans le monde des ateliers, deux espèces de villages. Deux raisons à cela. La première est qu'il remplissait trois fonctions à la fois, comme Jules César : comédien, écrivain, caricaturiste. La seconde est qu'il a un talent essentiellement bourgeois. Comédien, il était exact et froid ; écrivain, vétilleux ; artiste, il avait trouvé le moyen de faire du chic d'après nature.

Il est juste la contrepartie de l'homme dont nous venons de parler. Au lieu de saisir entièrement et d'emblée tout l'ensemble d'une figure ou d'un sujet, Henri Monnier procédait par un lent et successif examen des détails. Il n'a jamais connu le grand art. Ainsi Monsieur Prudhomme, ce type monstrueusement vrai, Monsieur Prudhomme n'a pas été conçu en grand. Henri Monnier l'a étudié, le Prudhomme vivant, réel ; il l'a étudié jour à jour, pendant un très long espace de temps. Combien de tasses de café a dû avaler Henri Monnier, combien de parties de dominos, pour arriver à ce prodigieux résultat, je l'ignore. Après l'avoir étudié, il l'a traduit ; je me trompe, il l'a décalqué. A première vue, le produit apparaît comme extraordinaire ; mais quand tout Monsieur Prudhomme a été dit, Henri Monnier n'avait plus rien à dire. Plusieurs de ses *Scènes populaires* sont certainement agréables ; autrement il faudrait nier le charme cruel et surprenant du daguerréotype ; mais Monnier ne sait rien créer, rien idéaliser, rien arranger. Pour en revenir à ses dessins, qui sont ici l'objet important, ils sont généralement froids et durs, et, chose

singulière ! il reste une chose vague dans la pensée, malgré la précision pointue du crayon. Monnier a une faculté étrange, mais il n'en a qu'une. C'est la froideur, la limpidité du miroir, d'un miroir qui ne pense pas et qui se contente de réfléchir les passants.

Quant à Grandville, c'est tout autre chose. Grandville est un esprit maladivement littéraire, toujours en quête de moyens bâtards pour faire entrer sa pensée dans le domaine des arts plastiques ; aussi l'avons-nous vu souvent user du vieux procédé qui consiste à attacher aux bouches de ses personnages des banderoles parlantes. Un philosophe ou un médecin aurait à faire une belle étude psychologique et physiologique sur Grandville. Il a passé sa vie à chercher des idées, les trouvant quelquefois. Mais comme il était artiste par métier et homme de lettres par la tête, il n'a jamais pu les bien exprimer. Il a touché naturellement à plusieurs grandes questions, et il a fini par tomber dans le vide, n'étant tout à fait ni philosophe ni artiste. Grandville a roulé pendant une grande partie de son existence sur l'idée générale de l'Analogie. C'est même par là qu'il a commencé : *Métamorphoses du jour*. Mais il ne savait pas en tirer des conséquences justes ; il cahotait comme une locomotive déraillée. Cet homme, avec un courage surhumain, a passé sa vie à refaire la création. Il la prenait dans ses mains, la tordait, la rarrangeait, l'expliquait, la commentait ; et la nature se transformait en apocalypse. Il a mis le monde sens dessus dessous. Au fait, n'a-t-il pas composé un livre d'images qui s'appelle *Le Monde à l'envers ?* Il y a des gens superficiels que Grandville divertit ; quant à moi, il m'effraye. Car c'est à l'artiste malheureusement que je m'intéresse et non à ses dessins. Quand j'entre dans l'œuvre de Grandville, j'éprouve un certain malaise, comme dans un appartement où le désordre serait systématiquement organisé, où des corniches saugrenues s'appuieraient sur le plancher, où les tableaux se présenteraient déformés par des procédés d'opticien, où les objets se blesseraient obliquement par les angles, où les meubles se tiendraient les pieds en l'air, et où les tiroirs s'enfonceraient au lieu de sortir.

Sans doute Grandville a fait de belles et bonnes choses, ses habitudes têtues et minutieuses le servant beaucoup ; mais il n'avait pas de souplesse, et aussi n'a-t-il jamais su dessiner une femme. Or c'est par le côté fou de son talent que Grandville est important. Avant de mourir, il appliquait sa volonté, toujours opiniâtre, à noter sous une forme plastique la succession des rêves et des cauchemars, avec la précision d'un sténographe qui écrit le discours d'un orateur. L'artiste-Grandville voulait, oui, il voulait que le crayon expliquât la loi d'association des idées. Grandville est très comique ; mais il est souvent un comique sans le savoir.

Voici maintenant un artiste, bizarre dans sa grâce, mais bien autrement important. Gavarni commença cependant par faire des dessins de machines, puis des dessins de modes, et il me semble qu'il lui en est resté longtemps un stigmate ; cependant il est juste de dire que Gavarni a toujours été en progrès. Il n'est pas tout à fait un caricaturiste, ni même uniquement un artiste, il est aussi un littérateur. Il effleure, il fait deviner. Le caractère particulier de son comique est une grande finesse d'observation, qui va quelquefois jusqu'à la ténuité. Il connaît, comme Marivaux, toute la puissance de la réticence, qui est à la fois une amorce et une flatterie à l'intelligence du public. Il fait lui-même les légendes de ses dessins, et quelquefois très entortillées. Beaucoup de gens préfèrent Gavarni à Daumier, et cela n'a rien d'étonnant. Comme Gavarni est moins artiste, il est plus facile à comprendre pour eux. Daumier est un génie

franc et direct. Ôtez-lui la légende, le dessin reste une belle et claire chose. Il n'en est pas ainsi de Gavarni ; celui-ci est double : il y a le dessin, plus la légende. En second lieu, Gavarni n'est pas essentiellement satirique ; il flatte souvent au lieu de mordre ; il ne blâme pas, il encourage. Comme tous les hommes de lettres, homme de lettres lui-même, il est légèrement teinté de corruption. Grâce à l'hypocrisie charmante de sa pensée et à la puissante tactique des demi-mots, il ose tout. D'autres fois, quand sa pensée cynique se dévoile franchement, elle endosse un vêtement gracieux, elle caresse les préjugés et fait du monde son complice. Que de raisons de popularité ! Un échantillon entre mille : vous rappelez-vous cette grande et belle fille qui regarde avec une moue dédaigneuse un jeune homme joignant devant elle les mains dans une attitude suppliante ? « Un petit baiser, ma bonne dame charitable, pour l'amour de Dieu ! s'il vous plaît. — Repassez ce soir, on a déjà donné à votre père ce matin. » On dirait vraiment que la dame est un portrait. Ces coquins-là sont si jolis que la jeunesse aura fatalement envie de les imiter. Remarquez, en outre, que le plus beau est dans la légende, le dessin étant impuissant à dire tant de choses.

Gavarni a créé la Lorette. Elle existait bien un peu avant lui, mais il l'a complétée. Je crois même que c'est lui qui a inventé le mot. La Lorette, on l'a déjà dit, n'est pas la fille entretenue, cette chose de l'Empire, condamnée à vivre en tête à tête funèbre avec le cadavre métallique dont elle vivait, général ou banquier. La Lorette est une personne libre. Elle va et elle vient. Elle tient maison ouverte. Elle n'a pas de maitre ; elle fréquente les artistes et les journalistes. Elle fait ce qu'elle peut pour avoir de l'esprit. J'ai dit que Gavarni l'avait complétée ; et, en effet, entrainé par son imagination littéraire, il invente au moins autant qu'il voit, et, pour cette raison, il a beaucoup agi sur les mœurs. Paul de Kock a créé la Grisette, et Gavarni la Lorette ; et quelques-unes de ces filles se sont perfectionnées en se l'assimilant, comme la jeunesse du quartier Latin avait subi l'influence de ses *étudiants*, comme beaucoup de gens s'efforcent de ressembler aux gravures de mode.

Tel qu'il est, Gavarni est un artiste plus qu'intéressant, dont il restera beaucoup. Il faudra feuilleter ces œuvres-là pour comprendre l'histoire des dernières années de la monarchie. La république a un peu effacé Gavarni ; loi cruelle, mais naturelle. Il était né avec l'apaisement, il s'éclipse avec la tempête. — La véritable gloire et la vraie mission de Gavarni et de Daumier ont été de compléter Balzac, qui d'ailleurs le savait bien, et les estimait comme des auxiliaires et des commentateurs.

Les principales créations de Gavarni sont : *La Boîte aux lettres, Les Étudiants, Les Lorettes, Les Actrices, Les Coulisses, Les Enfants terribles, Hommes et femmes de plume*, et une immense série de sujets détachés.

Il me reste à parler de Trimolet, de Traviès et de Jacque. — Trimolet fut une destinée mélancolique ; on ne se douterait guère, à voir la bouffonnerie gracieuse et enfantine qui souffle à travers ses compositions, que tant de douleurs graves et de chagrins cuisants aient assailli sa pauvre vie. Il a gravé lui-même à l'eau-forte, pour la collection des *Chansons populaires de la France* et pour les almanachs comiques d'Aubert, de fort beaux dessins, ou plutôt des croquis, où règne la plus folle et la plus innocente gaieté. Trimolet dessinait librement sur la planche, sans dessin préparatoire, des compositions très compliquées, procédé dont il résulte bien, il faut l'avouer, un peu de fouillis. Évidemment l'artiste avait été très frappé par les œuvres de Cruik-

shank ; mais, malgré tout, il garde son originalité ; c'est un humoriste qui mérite une place à part ; il y a là une saveur *sui generis*, un goût fin qui se distingue de tous autres pour les gens qui ont le palais fin.

Un jour, Trimolet fit un tableau ; c'était bien conçu et c'était un grande pensée : dans une nuit sombre et mouillée, un de ces vieux hommes qui ont l'air d'une ruine ambulante et d'un paquet de guenilles vivantes s'est étendu au pied d'un mur décrépi. Il lève ses yeux reconnaissants vers le ciel sans étoiles, et s'écrie : « Je vous bénis, mon Dieu, qui m'avez donné ce mur pour m'abriter et cette natte pour me couvrir ! » Comme tous les déshérités harcelés par la douleur, ce brave homme n'est pas difficile, et il fait volontiers crédit du reste au Tout-Puissant. Quoi qu'en dise la race des optimistes qui, selon Désaugiers, se laissent quelquefois choir après boire, au risque d'écraser *un pauvre homme qui n'a pas dîné,* il y a des génies qui ont passé de ces nuits-là ! Trimolet est mort ; il est mort au moment où l'aurore éclaircissait son horizon, et où la fortune plus clémente avait envie de lui sourire. Son talent grandissait, sa machine intellectuelle était bonne et fonctionnait activement ; mais sa machine physique était gravement avariée et endommagée par des tempêtes anciennes.

Traviès, lui aussi, fut une fortune malencontreuse. Selon moi, c'est un artiste éminent et qui ne fut pas dans son temps délicatement apprécié. Il a beaucoup produit, mais il manque de certitude. Il veut être plaisant, et il ne l'est pas, à coup sûr. D'autres fois, il trouve une belle chose et il l'ignore. Il s'amende, il se corrige sans cesse ; il se tourne, il se retourne et poursuit un idéal intangible. Il est le prince du guignon. Sa muse est une nymphe de faubourg, pâlotte et mélancolique. À travers toutes ses tergiversations, on suit partout un filon souterrain aux couleurs et au caractère assez notables. Traviès a un profond sentiment des joies et des douleurs du peuple ; il connaît la canaille à fond, et nous pouvons dire qu'il l'a aimée avec une tendre charité. C'est la raison pour laquelle ses *Scènes bachiques* resteront une œuvre remarquable ; ses chiffonniers d'ailleurs sont généralement très ressemblants, et toutes ces guenilles ont l'ampleur et la noblesse presque insaisissable du style tout fait, tel que l'offre la nature dans ses caprices. Il ne faut pas oublier que Traviès est le créateur de *Mayeux*, ce type excentrique et vrai qui a tant amusé Paris. Mayeux est à lui comme *Robert Macaire* est à Daumier, comme *M. Prudhomme* est à Monnier. — En ce temps déjà lointain, il y avait à Paris une espèce de bouffon physionomane, nommé Léclaire, qui courait les guinguettes, les caveaux et les petits théâtres. Il faisait des *têtes d'expression,* et entre deux bougies il illuminait successivement sa figure de toutes les passions. C'était le cahier des *Caractères des passions de M. Lebrun, peintre du roi.* Cet homme, accident bouffon plus commun qu'on ne le suppose dans les castes excentriques, était très mélancolique et possédé de la rage de l'amitié. En dehors de ses études et de ses représentations grotesques, il passait son temps à chercher un ami, et quand il avait bu, ses yeux pleuvaient abondamment les larmes de la solitude. Cet infortuné possédait une telle puissance objective et une si grande aptitude à se grimer, qu'il imitait à s'y méprendre la bosse, le front plissé d'un bossu, ses grandes pattes simiesques et son parler criard et baveux. Traviès le vit ; on était encore en plein dans la grande ardeur patriotique de Juillet ; une idée lumineuse s'abattit dans son cerveau ; Mayeux fut créé, et pendant longtemps le turbulent Mayeux parla, cria, pérora, gesticula dans la mémoire du peuple parisien. Depuis lors on a reconnu que Mayeux existait, et l'on a cru que

Traviès l'avait connu et copié. Il en a été ainsi de plusieurs autres créations populaires.

Depuis quelque temps Traviès a disparu de la scène, on ne sait trop pourquoi, car il y a aujourd'hui, comme toujours, de solides entreprises d'albums et de journaux comiques. C'est un malheur réel, car il est très observateur, et, malgré ses hésitations et ses défaillances, son talent a quelque chose de sérieux et de tendre qui le rend singulièrement attachant.

Il est bon d'avertir les collectionneurs que, dans les caricatures relatives à Mayeux, les femmes qui, comme on sait, ont joué un grand rôle dans l'épopée de ce Ragotin galant et patriotique, ne sont pas de Traviès : elles sont de Philipon, qui avait l'idée excessivement *comique* et qui dessinait les femmes d'une manière séduisante, de sorte qu'il se réservait le plaisir de faire les femmes dans les *Mayeux* de Traviès, et qu'ainsi chaque dessin se trouvait doublé d'un style qui ne *doublait* vraiment pas l'intention comique.

Jacque, l'excellent artiste, à l'intelligence multiple, a été aussi occasionnellement un recommandable caricaturiste. En dehors de ses peintures et de ses gravures à l'eau-forte, où il s'est montré toujours grave et poétique, il a fait de fort bons dessins grotesques, où l'idée d'ordinaire se projette bien et d'emblée. Voir *Militairiana* et *Malades et Médecins*. Il dessine richement et spirituellement, et sa caricature a, comme tout ce qu'il fait, le mordant et la soudaineté du poète observateur.

Quelques caricaturistes étrangers

HOGARTH - CRUIKSHANK - GOYA - PINELLI - BRUEGHEL

I

Un nom tout à fait populaire, non seulement chez les artistes, mais aussi chez les gens du monde, un artiste des plus éminents en matière de comique, et qui remplit la mémoire comme un proverbe, est Hogarth. J'ai souvent entendu dire de Hogarth : « C'est l'enterrement du comique. » Je le veux bien ; le mot peut être pris pour spirituel, mais je désire qu'il soit entendu comme éloge ; je tire de cette formule malveillante le symptôme, le diagnostic d'un mérite tout particulier. En effet, qu'on y fasse attention, le talent de Hogarth comporte en soi quelque chose de froid, d'astringent, de funèbre. Cela serre le cœur. Brutal et violent, mais toujours préoccupé du sens moral de ses compositions, moraliste avant tout, il les charge, comme notre Grandville, de détails allégoriques et allusionnels, dont la fonction, selon lui, est de compléter et d'élucider sa pensée. Pour le spectateur, j'allais, je crois, dire pour le lecteur, il arrive quelquefois, au rebours de son désir, qu'elles retardent l'intelligence et l'embrouillent.

D'ailleurs Hogarth a, comme tous les artistes très chercheurs, des manières et des morceaux assez variés. Son procédé n'est pas toujours aussi dur, aussi écrit, aussi tatillon. Par exemple, que l'on compare les planches du *Mariage à la mode* avec celles qui représentent *Les Dangers et les suites de l'incontinence*, *le Palais du Gin*, *Le Supplice du Musicien*, *Le Poète dans son ménage*, on reconnaîtra dans ces dernières beaucoup plus d'aisance et d'abandon. Une des plus curieuses est certainement celle qui nous montre un cadavre aplati, roide et allongé sur la table de dissection. Sur une poulie ou toute autre mécanique scellée au plafond se dévident les intestins du mort débauché. Ce mort est horrible, et rien ne peut faire un contraste plus singulier avec ce cadavre, cadavérique entre tous, que les hautes, longues, maigres ou rotondes figures, grotesquement graves, de tous ces docteurs britanniques, chargées de monstrueuses perruques à rouleaux. Dans un coin, un chien plonge goulûment son museau dans un seau et y pille quelques débris humains. Hogarth, l'enterrement du comique ! j'aimerais mieux dire que c'est le comique dans l'enterrement. Ce chien anthropophage m'a toujours fait rêver au cochon historique qui se soûlait impudemment du sang de l'infortuné Fualdès, pendant qu'un orgue de Barbarie exécutait, pour ainsi dire, le service funèbre de l'agonisant.

J'affirmais tout à l'heure que le bon mot d'atelier devait être pris comme un éloge. En effet, je retrouve bien dans Hogarth ce je ne sais quoi de sinistre, de violent et de résolu, qui respire dans presque toutes les œuvres du pays du spleen. Dans *Le Palais du Gin,* à côté des mésaventures innombrables et des accidents grotesques dont est semée la vie et la route des ivrognes, on trouve des cas terribles qui sont peu comiques à notre point de vue français : presque toujours des cas de mort violente. Je ne veux pas faire ici une analyse détaillée des œuvres de Hogarth ; de nombreuses appréciations ont déjà été faites du singulier et minutieux moraliste, et je veux me borner à constater le caractère général qui domine les œuvres de chaque artiste important.

Il serait injuste, en parlant de l'Angleterre, de ne pas mentionner Seymour, dont tout le monde a vu les admirables charges sur la pêche et la chasse, double épopée de maniaques. C'est à lui que primitivement fut empruntée cette merveilleuse allégorie de l'araignée qui a filé sa toile entre la ligne et le bras de ce pêcheur que l'impatience ne fait jamais trembler.

Dans Seymour, comme dans les autres Anglais, violence et amour de l'excessif ; manière simple, archibrutale et directe, de poser le sujet. En matière de caricature, les Anglais sont des ultra. — *Oh ! the deep, deep sea !* s'écrie dans une béate contemplation, tranquillement assis sur le banc d'un canot, un gros Londonien, à un quart de lieue du port. Je crois même qu'on aperçoit encore quelques toitures dans le fond. L'extase de cet imbécile est extrême ; aussi il ne voit pas les deux grosses jambes de sa chère épouse, qui dépassent l'eau et se tiennent droites, les pointes en l'air. Il paraît que cette grasse personne s'est laissée choir, la tête la première, dans le liquide élément dont l'aspect enthousiasme cet épais cerveau. De cette malheureuse créature les jambes sont tout ce qu'on voit. Tout à l'heure ce puissant amant de la nature cherchera flegmatiquement sa femme et ne la trouvera plus.

Le mérite spécial de George Cruikshank (je fais abstraction de tous ses autres mérites, finesse d'expression, intelligence du fantastique, etc.) est une abondance inépuisable dans le grotesque. Cette verve est inconcevable, et elle serait réputée impossible, si les preuves n'étaient pas là, sous forme d'une œuvre immense, collection innombrable de vignettes, longue série d'albums comiques, enfin d'une telle quantité de personnages, de situations, de physionomies, de tableaux grotesques, que la mémoire de l'observateur s'y perd ; le grotesque coule incessamment et inévitablement de la pointe de Cruikshank, comme les rimes riches de la plume des poètes naturels. Le grotesque est son habitude.

Si l'on pouvait analyser sûrement une chose aussi fugitive et impalpable que le sentiment en art, ce je ne sais quoi qui distingue toujours un artiste d'un autre, quelque intime que soit en apparence leur parenté, je dirais que ce qui constitue surtout le grotesque de Cruikshank, c'est la violence extravagante du geste et du mouvement, et l'explosion dans l'expression. Tous ses petits personnages miment avec fureur et turbulence comme des acteurs de pantomime. Le seul défaut qu'on puisse lui reprocher est d'être souvent plus homme d'esprit, plus crayonneur qu'artiste, enfin de ne pas toujours dessiner d'une manière assez consciencieuse. On dirait que, dans le plaisir qu'il éprouve à s'abandonner à sa prodigieuse verve, l'auteur oublie de douer ses personnages d'une vitalité suffisante. Il dessine un peu trop comme les hommes de lettres qui s'amusent à barbouiller des croquis. Ces prestigieuses petites créatures ne sont pas toujours nées viables. Tout ce monde minuscule se culbute, s'agite et se mêle avec une

pétulance indicible, sans trop s'inquiéter si tous ses membres sont bien à leur place naturelle. Ce ne sont trop souvent que des hypothèses humaines qui se démènent comme elles peuvent. Enfin, tel qu'il est, Cruikshank est un artiste doué de riches facultés comiques, et qui restera dans toutes les collections. Mais que dire de ces plagiaires français modernes, impertinents jusqu'à prendre non seulement des sujets et des canevas, mais même la manière et le style ? Heureusement la naïveté ne se vole pas. Ils ont réussi à être de glace dans leur enfantillage affecté, et ils dessinent d'une façon encore plus insuffisante.

II

En Espagne, un homme singulier a ouvert dans le comique de nouveaux horizons. A propos de Goya, je dois d'abord renvoyer mes lecteurs à l'excellent article que Théophile Gautier a écrit sur lui dans *Le Cabinet de l'Amateur*, et qui fut depuis reproduit dans un volume de mélanges. Théophile Gautier est parfaitement doué pour comprendre de semblables natures. D'ailleurs, relativement aux procédés de Goya, — aqua-tinte et eau-forte mêlées, avec retouches à la pointe sèche, — l'article en question contient tout ce qu'il faut. Je veux seulement ajouter quelques mots sur l'élément très rare que Goya a introduit dans le comique : je veux parler du fantastique. Goya n'est précisément rien de spécial, de particulier, ni comique absolu, ni comique purement significatif, à la manière française. Sans doute il plonge souvent dans le comique féroce et s'élève jusqu'au comique absolu ; mais l'aspect général sous lequel il voit les choses est surtout fantastique, ou plutôt le regard qu'il jette sur les choses est un traducteur naturellement fantastique. *Los Caprichos* sont une œuvre merveilleuse, non seulement par l'originalité des conceptions, mais encore par l'exécution. J'imagine devant *Les Caprices* un homme, un curieux, un amateur, n'ayant aucune notion des faits historiques auxquels plusieurs de ces planches font allusion, un simple esprit d'artiste qui ne sache ce que c'est ni que Godoï, ni le roi Charles, ni la reine ; il éprouvera toutefois au fond de son cerveau une commotion vive, à cause de la manière originale, de la plénitude et de la certitude des moyens de l'artiste, et aussi de cette atmosphère fantastique qui baigne tous ses sujets. Du reste, il y a dans les œuvres issues des profondes individualités quelque chose qui ressemble à ces rêves périodiques ou chroniques qui assiègent régulièrement notre sommeil. C'est là ce qui marque le véritable artiste, toujours durable et vivace même dans ces œuvres fugitives, pour ainsi dire suspendues aux événements, qu'on appelle *caricatures ;* c'est là, dis-je, ce qui distingue les caricaturistes historiques d'avec les caricaturistes artistiques, le comique fugitif d'avec le comique éternel.

Goya est toujours un grand artiste, souvent effrayant. Il unit à la gaieté, à la jovialité, à la satire espagnole du bon temps de Cervantes, un esprit beaucoup plus moderne, ou du moins qui a été beaucoup plus cherché dans les temps modernes, l'amour de l'insaisissable, le sentiment des contrastes violents, des épouvantements de la nature et des physionomies humaines étrangement animalisées par les circonstances. C'est chose curieuse à remarquer que cet esprit qui vient après le grand mouvement satirique et démolisseur du XVIIIe siècle, et auquel Voltaire aurait su gré, pour l'idée seulement (car le pauvre grand homme ne s'y connaissait guère quant au reste), de toutes ces caricatures monacales, — moines bâillants, moines goinfrants, têtes carrées d'assassins se préparant à matines, têtes rusées, hypocrites, fines et méchantes comme des

profils d'oiseaux de proie ; — il est curieux, dis-je, que ce haïsseur de moines ait tant rêvé sorcières, sabbat, diableries, enfants qu'on fait cuire à la broche, que sais-je ? toutes les débauches du rêve, toutes les hyperboles de l'hallucination, et puis toutes ces blanches et sveltes Espagnoles que de vieilles sempiternelles lavent et préparent soit pour le sabbat, soit pour la prostitution du soir, sabbat de la civilisation ! La lumière et les ténèbres se jouent à travers toutes ces grotesques horreurs. Quelle singulière jovialité ! Je me rappelle surtout deux planches extraordinaires : — l'une représente un paysage fantastique, un mélange de nuées et de rochers. Est-ce un coin de Sierra inconnue et infréquentée ? un échantillon du chaos ? Là, au sein de ce théâtre abominable, a lieu une bataille acharnée entre deux sorcières suspendues au milieu des airs. L'une est à cheval sur l'autre ; elle la rosse, elle la dompte. Ces deux monstres roulent à travers l'air ténébreux. Toute la hideur, toutes les saletés morales, tous les vices que l'esprit humain peut concevoir sont écrits sur ces deux faces, qui, suivant une habitude fréquente et un procédé inexplicable de l'artiste, tiennent le milieu entre l'homme et la bête.

L'autre planche représente un être, un malheureux, une monade solitaire et désespérée, qui veut à toute force sortir de son tombeau. Des démons malfaisants, une myriade de vilains gnomes lilliputiens pèsent de tous leurs efforts réunis sur le couvercle de la tombe entrebâillée. Ces gardiens vigilants de la mort se sont coalisés contre l'âme récalcitrante qui se consume dans une lutte impossible. Ce cauchemar s'agite dans l'horreur du vague et de l'indéfini.

À la fin de sa carrière, les yeux de Goya étaient affaiblis au point qu'il fallait, dit-on, lui tailler ses crayons. Pourtant il a, même à cette époque, fait de grandes lithographies très importantes, entre autres des courses de taureaux pleines de foule et de fourmillement, planches admirables, vastes tableaux en miniature, — preuves nouvelles à l'appui de cette loi singulière qui préside à la destinée des grands artistes, qui veut que, la vie se gouvernant à l'inverse de l'intelligence, ils gagnent d'un côté ce qu'ils perdent de l'autre, et qu'ils aillent ainsi, suivant une jeunesse progressive, se renforçant, se ragaillardissant, et croissant en audace jusqu'au bord de la tombe.

Au premier plan d'une de ces images, où règnent un tumulte et un tohu-bohu admirables, un taureau furieux, un de ces rancuniers qui s'acharnent sur les morts, a déculotté la partie postérieure d'un des combattants. Celui-ci, qui n'est que blessé, se traîne lourdement sur ses genoux. La formidable bête a soulevé avec ses cornes la chemise lacérée et mis à l'air les deux fesses du malheureux, et elle abaisse de nouveau son mufle menaçant ; mais cette indécence dans le carnage n'émeut guère l'assemblée.

Le grand mérite de Goya consiste à créer le monstrueux vraisemblable. Ses monstres sont nés viables, harmoniques. Nul n'a osé plus que lui dans le sens de l'absurde possible. Toutes ces contorsions, ces faces bestiales, ces grimaces diaboliques sont pénétrées d'*humanité*. Même au point de vue particulier de l'histoire naturelle, il serait difficile de les condamner, tant il y a analogie et harmonie dans toutes les parties de leur être ; en un mot, la ligne de suture, le point de jonction entre le réel et le fantastique est impossible à saisir ; c'est une frontière vague que l'analyste le plus subtil ne saurait pas tracer, tant l'art est à la fois transcendant et naturel*.

* Nous possédions, il y a quelques années, plusieurs précieuses peintures de Goya, reléguées malheureusement dans des coins obscurs de la galerie ; elles ont disparu avec le Musée espagnol.

III

Le climat de l'Italie, pour méridional qu'il soit, n'est pas celui de l'Espagne, et la fermentation du comique n'y donne pas les mêmes résultats. Le pédantisme italien (je me sers de ce terme à défaut d'un terme absent) a trouvé son expression dans les caricatures de Léonard de Vinci et dans les scènes de mœurs de Pinelli. Tous les artistes connaissent les caricatures de Léonard de Vinci, véritables portraits. Hideuses et froides, ces caricatures ne manquent pas de cruauté, mais elles manquent de comique ; pas d'expansion, pas d'abandon ; le grand artiste ne s'amusait pas en les dessinant, il les a faites en savant, en géomètre, en professeur d'histoire naturelle. Il n'a eu garde d'omettre la moindre verrue, le plus petit poil. Peut-être,en somme, n'avait-il pas la prétention de faire des caricatures. Il a cherché autour de lui des types de laideur excentriques, et il les a copiés.

Cependant, tel n'est pas, en général, le caractère italien. La plaisanterie en est basse, mais elle est franche. Les tableaux de Bassan qui représentent le carnaval de Venise nous en donnent une juste idée. Cette gaieté regorge de saucissons, de jambons et de macaroni. Une fois par an, le comique italien fait explosion au Corso et il y atteint les limites de la fureur. Tout le monde a de l'esprit, chacun devient artiste comique ; Marseille et Bordeaux pourraient peut-être nous donner des échantillons de ces tempéraments. — Il faut voir, dans *La Princesse Brambilla*, comme Hoffmann a bien compris le caractère italien, et comme les artistes allemands qui boivent au café Greco en parlent délicatement. Les artistes italiens sont plutôt bouffons que comiques. Ils manquent de profondeur, mais ils subissent tous la franche ivresse de la gaieté nationale. Matérialiste, comme est généralement le Midi, leur plaisanterie sent toujours la cuisine et le mauvais lieu. Au total, c'est un artiste français, c'est Callot, qui, par la concentration d'esprit et la fermeté de volonté propres à notre pays, a donné à ce genre de comique sa plus belle expression. C'est un Français qui est resté le meilleur bouffon italien.

J'ai parlé tout à l'heure de Pinelli, du classique Pinelli, qui est maintenant une gloire bien diminuée. Nous ne dirons pas de lui qu'il est précisément un caricaturiste ; c'est plutôt un *croqueur* de scènes pittoresques. Je ne le mentionne que parce que ma jeunesse a été fatiguée de l'entendre louer comme le type du *caricaturiste noble*. En vérité, le comique n'entre là-dedans que pour une quantité infinitésimale. Dans toutes les études de cet artiste nous trouvons une préoccupation constante de la ligne et des compositions antiques, une aspiration systématique au style.

Mais Pinelli, — ce qui sans doute n'a pas peu contribué à sa réputation, — eut une existence beaucoup plus romantique que son talent. Son originalité se manifesta bien plus dans son caractère que dans ses ouvrages ; car il fut un des types les plus complets de l'*artiste*, tel que se le figurent les bons bourgeois, c'est-à-dire du désordre classique, de l'inspiration s'exprimant par l'inconduite et les habitudes violentes. Pinelli possédait tout le charlatanisme de certains artistes : ses deux énormes chiens qui le suivaient partout comme des confidents et des camarades, son gros bâton noueux, ses cheveux en cadenette qui coulaient le long de ses joues, le cabaret, la mauvaise compagnie, le parti pris de détruire fastueusement les œuvres dont on ne lui offrait pas un prix satisfaisant, tout cela faisait partie de sa réputation. Le ménage de Pinelli n'était guère mieux ordonné que la conduite du chef de la maison. Quelquefois, en rentrant chez lui, il trouvait sa femme et sa fille se prenant aux cheveux, les

yeux hors de la tête, dans toute l'excitation et la furie italiennes. Pinelli trouvait cela superbe : « Arrêtez ! leur criait-il, — ne bougez pas, restez ainsi ! » Et le drame se métamorphosait en un dessin. On voit que Pinelli était de la race des artistes qui se promènent à travers la nature matérielle pour qu'elle vienne en aide à la paresse de leur esprit, toujours prêts *à saisir leurs pinceaux.* Il se rapproche ainsi par un côté du malheureux Léopold Robert qui prétendait, lui aussi, trouver dans la nature, et seulement dans la nature, de ces sujets tout faits, qui, pour des artistes plus imaginatifs, n'ont qu'une valeur de notes. Encore ces sujets, même les plus nationalement comiques et pittoresques, sont-ils toujours par Pinelli, comme par Léopold Robert, passés au crible, au tamis implacable du goût.

Pinelli a-t-il été calomnié ? Je l'ignore, mais telle est sa légende. Or tout cela me paraît signe de faiblesse. Je voudrais que l'on créât un néologisme, que l'on fabriquât un mot destiné à flétrir ce genre de poncif, le poncif dans l'allure et la conduite, qui s'introduit dans la vie des artistes comme dans leurs œuvres. D'ailleurs, je remarque que le contraire se présente fréquemment dans l'histoire, et que les artistes les plus inventifs, les plus étonnants, les plus excentriques dans leurs conceptions, sont souvent des hommes dont la vie est calme et minutieusement rangée. Plusieurs d'entre ceux-là ont eu les vertus de ménage très développées. N'avez-vous pas remarqué souvent que rien ne ressemble plus au parfait bourgeois que l'artiste de génie concentré ?

IV

Les Flamands et les Hollandais ont, dès le principe, fait de très belles choses, d'un caractère vraiment spécial et indigène. Tout le monde connaît les anciennes et singulières productions de Brueghel le Drôle, qu'il ne faut pas confondre, ainsi que l'ont fait plusieurs écrivains, avec Brueghel d'Enfer. Qu'il y ait là-dedans une certaine systématisation, un parti pris d'excentricité, une méthode dans le bizarre, cela n'est pas douteux. Mais il est bien certain aussi que cet étrange talent a une origine plus haute qu'une espèce de gageure artistique. Dans les tableaux fantastiques de Brueghel le Drôle se montre toute la puissance de l'hallucination. Quel artiste pourrait composer des œuvres aussi monstrueusement paradoxales, s'il n'y était poussé dès le principe par quelque force inconnue ? En art, c'est une chose qui n'est pas assez remarquée, la part laissée à la volonté de l'homme est bien moins grande qu'on ne le croit. Il y a dans l'idéal baroque que Brueghel paraît avoir poursuivi, beaucoup de rapports avec celui de Grandville, surtout si l'on veut bien examiner les tendances que l'artiste français a manifestées dans les dernières années de sa vie : visions d'un cerveau malade, hallucinations de la fièvre, changements à vue du rêve, associations bizarres d'idées, combinaisons de formes fortuites et hétéroclites.

Les œuvres de Brueghel le Drôle peuvent se diviser en deux classes : l'une contient des allégories politiques presque indéchiffrables aujourd'hui ; c'est dans cette série qu'on trouve des maisons dont les fenêtres sont des yeux, des moulins dont les ailes sont des bras, et mille compositions effrayantes où la nature est incessamment transformée en logogriphe. Encore, bien souvent, est-il impossible de démêler si ce genre de composition appartient à la classe des dessins politiques et allégoriques, ou à la seconde classe, qui est évidemment la plus curieuse. Celle-ci, que notre siècle, pour qui rien n'est difficile à expliquer, grâce à son double caractère d'incrédulité et d'ignorance, qualifierait simple-

ment de fantaisies et de caprices, contient, ce me semble, une espèce de *mystère*. Les derniers travaux de quelques médecins, qui ont enfin entrevu la nécessité d'expliquer une foule de faits historiques et miraculeux autrement que par les moyens commodes de l'école voltairienne, laquelle ne voyait partout que l'habileté dans l'imposture, n'ont pas encore débrouillé tous les arcanes psychiques. Or, je défie qu'on explique le capharnaüm diabolique et drolatique de Brueghel le Drôle autrement que par une espèce de grâce spéciale et satanique. Au mot grâce spéciale substituez, si vous voulez, le mot folie, ou hallucination ; mais le mystère restera presque aussi noir. La collection de toutes ces pièces répand une contagion ; les cocasseries de Brueghel le Drôle donnent le vertige. Comment une intelligence humaine a-t-elle pu contenir tant de diableries et de merveilles, engendrer et décrire tant d'effrayantes absurdités ? Je ne puis le comprendre ni en déterminer positivement la raison ; mais souvent nous trouvons dans l'histoire, et même dans plus d'une partie moderne de l'histoire, la preuve de l'immense puissance des contagions, de l'empoisonnement par l'atmosphère morale, et je ne puis m'empêcher de remarquer (mais sans affectation, sans pédantisme, sans visée positive, comme de prouver que Brueghel a pu voir le diable en personne) que cette prodigieuse floraison de monstruosités coïncide de la manière la plus singulière avec la fameuse et historique *épidémie des sorciers*.

Exposition universelle 1855

Beaux-Arts

I

MÉTHODE DE CRITIQUE.
DE L'IDÉE MODERNE DU PROGRÈS
APPLIQUÉE AUX BEAUX-ARTS.
DÉPLACEMENT DE LA VITALITÉ

Il est peu d'occupations aussi intéressantes, aussi attachantes, aussi pleines de surprises et de révélations pour un critique, pour un rêveur dont l'esprit est tourné à la généralisation aussi bien qu'à l'étude des détails, et, pour mieux dire encore, à l'idée d'ordre et de hiérarchie universelle, que la comparaison des nations et de leurs produits respectifs. Quand je dis hiérarchie, je ne veux pas affirmer la suprématie de telle nation sur telle autre. Quoiqu'il y ait dans la nature des plantes plus ou moins saintes, des formes plus ou moins spirituelles, des animaux plus ou moins sacrés, et qu'il soit légitime de conclure, d'après les instigations de l'immense analogie universelle, que certaines nations — vastes animaux dont l'organisme est adéquat à leur milieu, — aient été préparées et éduquées par la Providence pour un but déterminé, but plus ou moins élevé, plus ou moins rapproché du ciel, — je ne veux pas faire ici autre chose qu'affirmer leur *égale* utilité aux yeux de CELUI qui est indéfinissable, et le miraculeux secours qu'elles se prêtent dans l'harmonie de l'univers.

Un lecteur, quelque peu familiarisé par la solitude (bien mieux que par les livres) à ces vastes contemplations, peut déjà deviner où j'en veux venir ; — et, pour trancher court aux ambages et aux hésitations du style par une question presque équivalente à une formule, — je le demande à tout homme de bonne foi, pourvu qu'il ait un peu pensé et un peu voyagé, — que ferait, que dirait un Winckelmann moderne (nous en sommes pleins, la nation en regorge, les paresseux en raffolent), que dirait-il en face d'un produit chinois, produit étrange, bizarre, contourné dans sa forme, intense par sa couleur, et quelquefois délicat jusqu'à l'évanouissement ? Cependant c'est un échantillon de la beauté universelle ; mais il faut, pour qu'il soit compris, que le critique, le spectateur opère en lui-même une transformation qui tient du mystère, et que, par un phénomène de la volonté agissant sur l'imagination, il apprenne de lui-même à participer au milieu qui a donné naissance à cette floraison insolite. Peu d'hommes ont, — au complet, — cette grâce divine du cosmopolitisme ; mais tous peuvent l'acquérir à des degrés divers. Les mieux doués à cet égard sont ces voyageurs solitaires qui ont vécu pendant des années au fond des bois, au milieu des vertigineuses prairies, sans autre compagnon que leur fusil, contemplant, disséquant, écrivant. Aucun voile scolaire, aucun paradoxe universitaire, aucune utopie pédagogique, ne se sont interposés entre eux et la complexe vérité. Ils savent l'admirable, l'immortel, l'inévitable rapport entre la forme et la fonction. Ils ne critiquent pas, ceux-là : ils contemplent, ils étudient.

Si, au lieu d'un pédagogue, je prends un homme du monde, un intelligent, et si je le transporte dans une contrée lointaine, je suis sûr que, si les étonnements du débarquement sont grands, si l'accoutumance est plus ou moins longue, plus ou moins laborieuse, la sympathie sera tôt ou tard si vive, si pénétrante, qu'elle créera en lui un monde nouveau d'idées, monde qui fera partie intégrante de lui-même, et qui l'accompagnera, sous la forme de souvenirs, jusqu'à la mort. Ces formes de bâtiments, qui contrariaient d'abord son œil académique (tout peuple est académique en jugeant les autres, tout peuple est barbare quand il est jugé), ces végétaux inquiétants pour sa mémoire chargée des souvenirs natals, ces femmes et ces hommes dont les muscles ne vibrent pas suivant l'allure classique de son pays, dont la démarche n'est pas cadencée selon le rythme accoutumé, dont le regard n'est pas projeté avec le même magnétisme, ces odeurs qui ne sont plus celles du boudoir maternel, ces fleurs mystérieuses dont la couleur profonde entre dans l'œil despotiquement, pendant que leur forme taquine le regard, ces fruits dont le goût trompe et déplace les sens, et révèle au palais des idées qui appartiennent à l'odorat, tout ce monde d'harmonies nouvelles entrera lentement en lui, le pénétrera patiemment, comme la vapeur d'une étuve aromatisée ; toute cette vitalité inconnue sera ajoutée à sa vitalité propre ; quelques milliers d'idées et de sensations enrichiront son dictionnaire de mortel, et même il est possible que, dépassant la mesure et transformant la justice en révolte, il fasse comme le Sicambre converti, qu'il brûle ce qu'il avait adoré, et qu'il adore ce qu'il avait brûlé.

Que dirait, qu'écrirait, — je le répète, — en face de phénomènes insolites, un de ces *modernes professeurs-jurés* d'esthétique, comme les appelle Henri Heine, ce charmant esprit, qui serait un génie s'il se tournait plus souvent vers le divin ? L'insensé doctrinaire du Beau déraisonnerait, sans doute ; enfermé dans l'aveuglante forteresse de son système, il blasphémerait la vie et la nature, et son fanatisme grec, italien ou parisien, lui persuaderait de défendre à ce peuple insolent de jouir, de rêver ou de penser par d'autres procédés que les siens propres ; — science barbouillée d'encre, goût bâtard, plus barbares que les barbares, qui a oublié la couleur du ciel, la forme du végétal, le mouvement et l'odeur de l'animalité, et dont les doigts crispés, paralysés par la plume, ne peuvent plus courir avec agilité sur l'immense clavier des *correspondances !*

J'ai essayé plus d'une fois, comme tous mes amis, de m'enfermer dans un système pour y prêcher à mon aise. Mais un système est une espèce de damnation qui nous pousse à une abjuration perpétuelle ; il en faut toujours inventer un autre, et cette fatigue est un cruel châtiment. Et toujours mon système était beau, vaste, spacieux, commode, propre et lisse surtout ; du moins il me paraissait tel. Et toujours un produit spontané, inattendu, de la vitalité universelle venait donner un démenti à ma science enfantine et vieillotte, fille déplorable de l'utopie. J'avais beau déplacer ou étendre le criterium, il était toujours en retard sur l'homme universel, et courait sans cesse après le beau multiforme et versicolore, qui se meut dans les spirales infinies de la vie. Condamné sans cesse à l'humiliation d'une conversion nouvelle, j'ai pris un grand parti. Pour échapper à l'horreur de ces apostasies philosophiques, je me suis orgueilleusement résigné à la modestie : je me suis contenté de sentir ; je suis revenu chercher un asile dans l'impeccable naïveté. J'en demande humblement pardon aux esprits académiques de tout genre qui habitent les différents ateliers de notre fabrique artistique. C'est là que ma conscience philosophique a trouvé le repos ; et, au moins, je puis affirmer, autant qu'un

homme peut répondre de ses vertus, que mon esprit jouit maintenant d'une plus abondante impartialité.

Tout le monde conçoit sans peine que, si les hommes chargés d'exprimer le beau se conformaient aux règles des professeurs-jurés, le beau lui-même disparaîtrait de la terre, puisque tous les types, toutes les idées, toutes les sensations se confondraient dans une vaste unité, monotone et impersonnelle, immense comme l'ennui et le néant. La variété, condition *sine qua non* de la vie, serait effacée de la vie. Tant il est vrai qu'il y a dans les productions multiples de l'art quelque chose de toujours nouveau qui échappera éternellement à la règle et aux analyses de l'école ! L'étonnement, qui est une des grandes jouissances causées par l'art et la littérature, tient à cette variété même des types et des sensations. — Le *professeur-juré,* espèce de tyran-mandarin, me fait toujours l'effet d'un impie qui se substitue à Dieu.

J'irai encore plus loin, n'en déplaise aux sophistes trop fiers qui ont pris leur science dans les livres, et, quelque délicate et difficile à exprimer que soit mon idée, je ne désespère pas d'y réussir. *Le beau est toujours bizarre.* Je ne veux pas dire qu'il soit volontairement, froidement bizarre, car dans ce cas il serait un monstre sorti des rails de la vie. Je dis qu'il contient toujours un peu de bizarrerie, de bizarrerie naïve, non voulue, inconsciente, et que c'est cette bizarrerie qui le fait être particulièrement le Beau. C'est son immatriculation, sa caractéristique. Renversez la proposition, et tâchez de concevoir un *beau banal !* Or, comment cette bizarrerie, nécessaire, incompressible, variée à l'infini, dépendante des milieux, des climats, des mœurs, de la race, de la religion et du tempérament de l'artiste, pourra-t-elle jamais être gouvernée, amendée, redressée, par les règles utopiques conçues dans un petit temple scientifique quelconque de la planète, sans danger de mort pour l'art lui-même ? Cette dose de bizarrerie qui constitue et définit l'individualité, sans laquelle il n'y a pas de beau, joue dans l'art (que l'exactitude de cette comparaison en fasse pardonner la trivialité) le rôle du goût ou de l'assaisonnement dans les mets, les mets ne différant les uns des autres, abstraction faite de leur utilité ou de la quantité de substance nutritive qu'ils contiennent, que par l'*idée* qu'ils révèlent à la langue.

Je m'appliquerai donc, dans la glorieuse analyse de cette belle Exposition, si variée dans ses éléments, si inquiétante par sa variété, si déroutante pour la pédagogie, à me dégager de toute espèce de pédanterie. Assez d'autres parleront le jargon de l'atelier et se feront valoir au détriment des artistes. L'érudition me paraît dans beaucoup de cas puérile et peu démonstrative de sa nature. Il me serait trop facile de disserter subtilement sur la composition symétrique ou équilibrée, sur la pondération des tons, sur le ton chaud et le ton froid, etc. Ô vanité ! je préfère parler au nom du sentiment, de la morale et du plaisir. J'espère que quelques personnes, savantes sans pédantisme, trouveront mon *ignorance* de bon goût.

On raconte que Balzac (qui n'écouterait avec respect toutes les anecdotes, si petites qu'elles soient, qui se rapportent à ce grand génie ?), se trouvant un jour en face d'un beau tableau, un tableau d'hiver, tout mélancolique et chargé de frimas, clairsemé de cabanes et de paysans chétifs, — après avoir contemplé une maisonnette d'où montait une maigre fumée, s'écria : « Que c'est beau ! Mais que font-ils dans cette cabane ? à quoi pensent-ils, quels sont leurs chagrins ? les récoltes ont-elles été bonnes ? *ils ont sans doute des échéances à payer ?* »

Rira qui voudra de M. de Balzac. J'ignore quel est le peintre qui a eu

l'honneur de faire vibrer, conjecturer et s'inquiéter l'âme du grand romancier, mais je pense qu'il nous a donné ainsi, avec son adorable naïveté, une excellente leçon de critique. Il m'arrivera souvent d'apprécier un tableau uniquement par la somme d'idées ou de rêveries qu'il apportera dans mon esprit. La peinture est une évocation, une opération magique (si nous pouvions consulter là-dessus l'âme des enfants !), et quand le personnage évoqué, quand l'idée ressuscitée, se sont dressés et nous ont regardés face à face, nous n'avons pas le droit, — du moins ce serait le comble de la puérilité, — de discuter les formules évocatoires du sorcier. Je ne connais pas de problème plus confondant pour le pédantisme et le philosophisme, que de savoir en vertu de quelle loi les artistes les plus opposés par leur méthode évoquent les mêmes idées et agitent en nous des sentiments analogues.

Il est encore une erreur fort à la mode, de laquelle je veux me garder comme de l'enfer. — Je veux parler de l'idée du progrès. Ce fanal obscur, invention du philosophisme actuel, breveté sans garantie de la Nature ou de la Divinité, cette lanterne moderne jette des ténèbres sur tous les objets de la connaissance ; la liberté s'évanouit, le châtiment disparaît. Qui veut y voir clair dans l'histoire doit avant tout éteindre ce fanal perfide. Cette idée grotesque, qui a fleuri sur le terrain pourri de la fatuité moderne, a déchargé chacun de son devoir, délivré toute âme de sa responsabilité, dégagé la volonté de tous les liens que lui imposait l'amour du beau : et les races amoindries, si cette navrante folie dure longtemps, s'endormiront sur l'oreiller de la fatalité dans le sommeil radoteur de la décrépitude. Cette infatuation est le diagnostic d'une décadence déjà trop visible.

Demandez à tout bon Français qui lit tous les jours *son* journal dans son estaminet, ce qu'il entend par progrès, il répondra que c'est la vapeur, l'électricité et l'éclairage au gaz, miracles inconnus aux Romains, et que ces découvertes témoignent pleinement de notre supériorité sur les anciens : tant il s'est fait de ténèbres dans ce malheureux cerveau et tant les choses de l'ordre matériel et de l'ordre spirituel s'y sont si bizarrement confondues ! Le pauvre homme est tellement américanisé par ses philosophes zoocrates et industriels, qu'il a perdu la notion des différences qui caractérisent les phénomènes du monde physique et du monde moral, du naturel et du surnaturel.

Si une nation entend aujourd'hui la question morale dans un sens plus délicat qu'on ne l'entendait dans le siècle précédent, il y a progrès : cela est clair. Si un artiste produit cette année une œuvre qui témoigne de plus de savoir ou de force imaginative qu'il n'en a montré l'année dernière, il est certain qu'il a progressé. Si les denrées sont aujourd'hui de meilleure qualité et à meilleur marché qu'elles n'étaient hier, c'est dans l'ordre matériel un progrès incontestable. Mais où est, je vous prie, la garantie du progrès pour le lendemain ? Car les disciples des philosophes de la vapeur et des allumettes chimiques l'entendent ainsi : le progrès ne leur apparaît que sous la forme d'une série indéfinie. Où est cette garantie ? Elle n'existe, dis-je, que dans votre crédulité et votre fatuité.

Je laisse de côté la question de savoir si, délicatisant l'humanité en proportion des jouissances nouvelles qu'il lui apporte, le progrès indéfini ne serait pas sa plus ingénieuse et sa plus cruelle torture ; si, procédant par une opiniâtre négation de lui-même, il ne serait pas un mode de suicide incessamment renouvelé, et si, enfermé dans le cercle de feu de la logique divine, il ne ressemblerait pas au scorpion qui se perce lui-même avec sa terrible queue, cet éternel *desideratum* qui fait son éternel désespoir ?

Transportée dans l'ordre de l'imagination, l'idée du progrès (il y a eu des audacieux et des enragés de logique qui ont tenté de le faire) se dresse avec une absurdité gigantesque, une grotesquerie qui monte jusqu'à l'épouvantable. La thèse n'est plus soutenable. Les faits sont trop palpables, trop connus. Ils se raillent du sophisme et l'affrontent avec imperturbabilité. Dans l'ordre poétique et artistique, tout révélateur a rarement un précurseur. Toute floraison est spontanée, individuelle. Signorelli était-il vraiment le générateur de Michel-Ange ? Est-ce que Pérugin contenait Raphaël ? L'artiste ne relève que de lui-même. Il ne promet aux siècles à venir que ses propres œuvres. Il ne cautionne que lui-même. Il meurt sans enfants. Il a été *son roi, son prêtre et son Dieu*. C'est dans de tels phénomènes que la célèbre et orageuse formule de Pierre Leroux trouve sa véritable application.

Il en est de même des nations qui cultivent les arts de l'imagination avec joie et succès. La prospérité actuelle n'est garantie que pour un temps, hélas ! bien court. L'aurore fut jadis à l'orient, la lumière a marché vers le sud, et maintenant elle jaillit de l'occident. La France, il est vrai, par sa situation centrale dans le monde civilisé, semble être appelée à recueillir toutes les notions et toutes les poésies environnantes, et à les rendre aux autres peuples merveilleusement ouvrées et façonnées. Mais il ne faut jamais oublier que les nations, vastes êtres collectifs, sont soumises aux mêmes lois que les individus. Comme l'enfance, elles vagissent, balbutient, grossissent, grandissent. Comme la jeunesse et la maturité, elles produisent des œuvres sages et hardies. Comme la vieillesse, elles s'endorment sur une richesse acquise. Souvent il arrive que c'est le principe même qui a fait leur force et leur développement qui amène leur décadence, surtout quand ce principe, vivifié jadis par une ardeur conquérante, est devenu pour la majorité une espèce de routine. Alors, comme je le faisais entrevoir tout à l'heure, la vitalité se déplace, elle va visiter d'autres territoires et d'autres races ; et il ne faut pas croire que les nouveaux venus héritent intégralement des anciens, et qu'ils reçoivent d'eux une doctrine toute faite. Il arrive souvent (cela est arrivé au Moyen Age) que, tout étant perdu, tout est à refaire.

Celui qui visiterait l'Exposition universelle avec l'idée préconcue de trouver en Italie les enfants de Vinci, de Raphaël et de Michel-Ange, en Allemagne l'esprit d'Albert Dürer, en Espagne l'âme de Zurbaran et de Velasquez, se préparerait un inutile étonnement. Je n'ai ni le temps, ni la science suffisante peut-être, pour rechercher quelles sont les lois qui déplacent la vitalité artistique, et pourquoi Dieu dépouille les nations quelquefois pour un temps, quelquefois pour toujours ; je me contente de constater un fait très fréquent dans l'histoire. Nous vivons dans un siècle où il faut répéter certaines banalités, dans un siècle orgueilleux qui se croit au-dessus des mésaventures de la Grèce et de Rome.

L'Exposition des peintres anglais est très belle, très singulièrement belle, et digne d'une longue et patiente étude. Je voulais commencer par la glorification de nos voisins, de ce peuple si admirablement riche en poètes et en romanciers, du peuple de Shakespeare, de Crabbe et de Byron, de Maturin et de Godwin; des concitoyens de Reynolds, de Hogarth et de Gainsborough. Mais je veux les étudier encore ; mon excuse est excellente ; c'est par une politesse extrême que je renvoie cette besogne si agréable. Je retarde pour mieux faire.

Je commence donc par une tâche plus facile : je vais étudier rapidement les principaux maitres de l'école française, et analyser les éléments de progrès ou les ferments de ruine qu'elle contient, en elle.

II

INGRES

Cette Exposition française est à la fois si vaste et généralement composée de morceaux si connus, déjà suffisamment déflorés par la curiosité parisienne, que la critique doit chercher plutôt à pénétrer intimement le tempérament de chaque artiste et les mobiles qui le font agir qu'à analyser, à raconter chaque œuvre minutieusement.

Quand David, cet astre froid, et Guérin et Girodet, ses satellites historiques, espèces d'abstracteurs de quintessence dans leur genre, se levèrent sur l'horizon de l'art, il se fit une grande révolution. Sans analyser ici le but qu'ils poursuivirent, sans en vérifier la légitimité, sans examiner s'ils ne l'ont pas outrepassé, constatons simplement qu'ils avaient un but, un grand but de réaction contre de trop vives et de trop aimables frivolités que je ne veux pas non plus apprécier ni caractériser : — que ce but ils le visèrent avec persévérance, et qu'ils marchèrent à la lumière de leur soleil artificiel avec une franchise, une décision et un ensemble dignes de véritables hommes de parti. Quand l'âpre idée s'adoucit et se fit caressante sous le pinceau de Gros, elle était déjà perdue.

Je me rappelle fort distinctement le respect prodigieux qui environnait au temps de notre enfance toutes ces figures, fantastiques sans le vouloir, tous ces spectres académiques ; et moi-même je ne pouvais contempler sans une espèce de terreur religieuse tous ces grands flandrins hétéroclites, tous ces *beaux hommes* minces et solennels, toutes ces femmes bégueulement chastes, classiquement voluptueuses, les uns sauvant leur pudeur sous des sabres antiques, les autres derrière des draperies pédantesquement transparentes. Tout ce monde, véritablement hors nature, s'agitait, ou plutôt posait sous une lumière verdâtre, traduction bizarre du vrai soleil. Mais ces maitres, trop célébrés jadis, trop méprisés aujourd'hui, eurent le grand mérite, si l'on ne veut pas trop se préoccuper de leurs procédés et de leurs systèmes bizarres, de ramener le caractère français vers le goût de l'héroïsme. Cette contemplation perpétuelle de l'histoire grecque et romaine ne pouvait, après tout, qu'avoir une influence stoïcienne salutaire : mais ils ne furent pas toujours aussi Grecs et Romains qu'ils voulurent le paraitre. David, il est vrai, ne cessa jamais d'être l'héroïque, l'inflexible David, le révélateur despote. Quant à Guérin et Girodet, il ne serait pas difficile de découvrir en eux, d'ailleurs très préoccupés, comme le prophète, de l'esprit de mélodrame, quelques légers grains corrupteurs, quelques sinistres et amusants symptômes du futur Romantisme. Ne vous semble-t-il pas que cette Didon, avec sa toilette si précieuse et si théâtrale, langoureusement étalée au soleil couchant, comme une créole aux nerfs détendus, a plus de parenté avec les premières visions de Chateaubriand qu'avec les conceptions de Virgile, et que son œil humide, noyé dans les vapeurs du keepsake, annonce presque certaines Parisiennes de Balzac ? L'*Atala* de Girodet est, quoi qu'en pensent certains farceurs qui seront tout à

l'heure bien vieux, un drame de beaucoup supérieur à une foule de fadaises modernes innommables.

Mais aujourd'hui nous sommes en face d'un homme d'une immense, d'une incontestable renommée, et dont l'œuvre est bien autrement difficile à comprendre et à expliquer. J'ai osé tout à l'heure, à propos de ces malheureux peintres illustres, prononcer irrespectueusement le mot : *hétéroclites*. On ne peut donc pas trouver mauvais que, pour expliquer la sensation de certains tempéraments artistiques mis en contact avec les œuvres de M. Ingres, je dise qu'ils se sentent en face d'un *hétéroclitisme* bien plus mystérieux et complexe que celui des maîtres de l'école républicaine et impériale, où cependant il a pris son point de départ.

Avant d'entrer plus décidément en matière, je tiens à constater une impression première sentie par beaucoup de personnes, et qu'elles se rappelleront inévitablement, sitôt qu'elles seront entrées dans le sanctuaire attribué aux œuvres de M. Ingres. Cette impression, difficile à caractériser, qui tient, dans des proportions inconnues, du malaise, de l'ennui et de la peur, fait penser vaguement, involontairement, aux défaillances causées par l'air raréfié, par l'atmosphère d'un laboratoire de chimie, ou par la conscience d'un milieu fantasmatique, je dirai plutôt d'un milieu qui imite le fantasmatique ; d'une population automatique et qui troublerait nos sens par sa trop visible et palpable extranéité. Ce n'est plus là ce respect enfantin dont je parlais tout à l'heure, qui nous saisit devant les *Sabines*, devant le *Marat* dans sa baignoire, devant *Le Déluge*, devant le mélodramatique *Brutus*. C'est une sensation puissante, il est vrai, — pourquoi nier la puissance de M. Ingres ? — mais d'un ordre inférieur, d'un ordre quasi maladif. C'est presque une sensation négative, si cela pouvait se dire. En effet, il faut l'avouer tout de suite, le célèbre peintre, révolutionnaire à sa manière, a des mérites, des charmes même tellement incontestables et dont j'analyserai tout à l'heure la source, qu'il serait puéril de ne pas constater ici une lacune, une privation, un amoindrissement dans le jeu des facultés spirituelles. L'imagination qui soutenait ces grands maîtres, dévoyés dans leur gymnastique académique, l'imagination, cette reine des facultés, a disparu.

Plus d'imagination, partant plus de mouvement. Je ne pousserai pas l'irrévérence et la mauvaise volonté jusqu'à dire que c'est chez M. Ingres une résignation ; je devine assez son caractère pour croire plutôt que c'est de sa part une immolation héroïque, un sacrifice sur l'autel des facultés qu'il considère sincèrement comme plus grandioses et plus importantes.

C'est en quoi il se rapproche, quelque énorme que paraisse ce paradoxe, d'un jeune peintre dont les débuts remarquables se sont produits récemment avec l'allure d'une insurrection. M. Courbet, lui aussi, est un puissant ouvrier, une sauvage et patiente volonté : et les résultats qu'il a obtenus, résultats qui ont déjà pour quelques esprits plus de charme que ceux du grand maître de la tradition raphaélesque, à cause sans doute de leur solidité positive et de leur amoureux cynisme, ont, comme ces derniers, ceci de singulier qu'ils manifestent un esprit de sectaire, un massacreur de facultés. La politique, la littérature produisent, elles aussi, de ces vigoureux tempéraments, de ces protestants, de ces anti-surnaturalistes, dont la seule légitimation est un esprit de réaction quelquefois salutaire. La providence qui préside aux affaires de la peinture leur donne pour complices tous ceux que l'idée adverse prédominante avait lassés ou opprimés. Mais la différence est que le sacrifice héroïque que

M. Ingres fait en l'honneur de la tradition et de l'idée du beau raphaélesque,
M. Courbet l'accomplit au profit de la nature extérieure, positive, immédiate.
Dans leur guerre à l'imagination, ils obéissent à des mobiles différents ; et deux
fanatismes inverses les conduisent à la même immolation.

Maintenant, pour reprendre le cours régulier de notre analyse, quel est le but
de M. Ingres ? Ce n'est pas, à coup sûr, la traduction des sentiments, des
passions, des variantes de ces passions et de ces sentiments ; ce n'est pas non
plus la représentation de grandes scènes historiques (malgré ses beautés
italiennes, trop italiennes, le tableau du *Saint Symphorien*, italianisé jusqu'à
l'empilement des figures, ne révèle certainement pas la sublimité d'une victime
chrétienne, ni la bestialité féroce et indifférente à la fois des païens
conservateurs). Que cherche donc, que rêve donc M. Ingres ? Qu'est-il venu
dire en ce monde ? Quel appendice nouveau apporte-t-il à l'évangile de la
peinture ?

Je croirais volontiers que son idéal est une espèce d'idéal fait moitié de santé,
moitié de calme, presque d'indifférence, quelque chose d'analogue à l'idéal
antique, auquel il a ajouté les curiosités et les minuties de l'art moderne. Ç'est
cet accouplement qui donne souvent à ses œuvres leur charme bizarre. Epris
ainsi d'un idéal qui mêle dans un adultère agaçant la solidité calme de Raphaël
avec les recherches de la petite-maîtresse, M. Ingres devait surtout réussir
dans les portraits ; et c'est en effet dans ce genre qu'il a trouvé ses plus grands,
ses plus légitimes succès. Mais il n'est point un de ces peintres à l'heure, un de
ces fabricants banals de portraits auxquels un homme vulgaire peut aller, la
bourse à la main, demander la reproduction de sa malséante personne.
M. Ingres choisit ses modèles, et il choisit, il faut le reconnaitre, avec un tact
merveilleux, les modèles les plus propres à faire valoir son genre de talent. Les
belles femmes, les natures riches, les santés calmes et florissantes, voilà son
triomphe et sa joie !

Ici cependant se présente une question discutée cent fois, et sur laquelle il est
toujours bon de revenir. Quelle est la qualité du dessin de M. Ingres ? Est-il
d'une qualité supérieure ? Est-il absolument intelligent ? Je serai compris de
tous les gens qui ont comparé entre elles les manières de dessiner des
principaux maitres en disant que le dessin de M. Ingres est le dessin d'un
homme à système. Il croit que la nature doit être corrigée, amendée ; que la
tricherie heureuse, agréable, faite en vue du plaisir des yeux, est non seulement
un droit, mais un devoir. On avait dit jusqu'ici que la nature devait être
interprétée, traduite dans son ensemble et avec toute sa logique ; mais dans les
œuvres du maitre en question il y a souvent dol, ruse, violence, quelquefois
tricherie et croc-en-jambe. Voici une armée de doigts trop uniformément
allongés en fuseaux et dont les extrémités étroites oppriment les ongles, que
Lavater, à l'inspection de cette poitrine large, de cet avant-bras musculeux, de
cet ensemble un peu viril, aurait jugés devoir être carrés, symptôme d'un esprit
porté aux occupations masculines, à la symétrie et aux ordonnances de l'art.
Voici des figures délicates et des épaules simplement élégantes associées à des
bras trop robustes, trop pleins d'une succulence raphaélique. Mais Raphaël
aimait les gros bras, il fallait avant tout obéir et plaire au maitre. Ici nous
trouverons un nombril qui s'égare vers les côtes, là un sein qui pointe trop vers
l'aisselle ; ici, — chose moins excusable (car généralement ces différentes
tricheries ont une excuse plus ou moins plausible et toujours facilement
devinable dans le goût immodéré du *style*), — ici, dis-je, nous sommes tout à

fait déconcertés par une jambe sans nom, toute maigre, sans muscles, sans formes, et sans pli au jarret *(Jupiter et Antiope).*

Remarquons aussi qu'emporté par cette préoccupation presque maladive du style, le peintre supprime souvent le modelé ou l'amoindrit jusqu'à l'invisible, espérant ainsi donner plus de valeur au contour, si bien que ses figures ont l'air de patrons d'une forme très correcte, gonflés d'une matière molle et non vivante, étrangère à l'organisme humain. Il arrive quelquefois que l'œil tombe sur des morceaux charmants, irréprochablement vivants ; mais cette méchante pensée traverse alors l'esprit, que ce n'est pas M. Ingres qui a cherché la nature, mais la nature qui a violé le peintre, et que cette haute et puissante dame l'a dompté par son ascendant irrésistible.

D'après tout ce qui précède, on comprendra facilement que M. Ingres peut être considéré comme un homme doué de hautes qualités, un amateur éloquent de la beauté, mais dénué de ce tempérament énergique qui fait la fatalité du génie. Ses préoccupations dominantes sont le goût de l'antique et le respect de l'école. Il a, en somme, l'admiration assez facile, le caractère assez éclectique, comme tous les hommes qui manquent de fatalité. Aussi le voyons-nous errer d'archaïsme en archaïsme ; Titien *(Pie VII tenant chapelle),* les émailleurs de la Renaissance *(Vénus Anadyomène),* Poussin et Carrache *(Vénus et Antiope),* Raphaël *(Saint Symphorien),* les primitifs Allemands (tous les petits tableaux du genre imagier et anecdotique), les curiosités et le bariolage persan et chinois (la petite *Odalisque),* se disputent ses préférences. L'amour et l'influence de l'Antiquité se sentent partout ; mais M. Ingres me paraît souvent être à l'Antiquité ce que le bon ton, dans ses caprices transitoires, est aux bonnes manières naturelles qui viennent de la dignité et de la charité de l'individu.

C'est surtout dans l'*Apothéose de l'Empereur Napoléon Ier,* tableau venu de l'Hôtel de Ville, que M. Ingres a laissé voir son goût pour les Étrusques. Cependant les Étrusques, grands simplificateurs, n'ont pas poussé la simplification jusqu'à ne pas atteler les chevaux aux chariots. Ces chevaux surnaturels (en quoi sont-ils, ces chevaux qui semblent d'une matière polie, solide, comme le cheval de bois qui prit la ville de Troie ?) possèdent-ils donc la force de l'aimant pour entraîner le char derrière eux sans traits et sans harnais ? De l'empereur Napoléon j'aurais bien envie de dire que je n'ai point retrouvé en lui cette beauté épique et destinale dont le dotent généralement ses contemporains et ses historiens ; qu'il m'est pénible de ne pas voir conserver le caractère extérieur et légendaire des grands hommes, et que le peuple, d'accord avec moi en ceci, ne conçoit guère son héros de prédilection que dans les costumes officiels des cérémonies ou sous cette historique capote gris de fer, qui, n'en déplaise aux amateurs forcenés du style, ne déparerait nullement une apothéose moderne.

Mais on pourrait faire à cette œuvre un reproche plus grave. Le caractère principal d'une apothéose doit être le sentiment surnaturel, la puissance d'ascension vers les régions supérieures, un entraînement, un vol irrésistible vers le ciel, but de toutes les aspirations humaines et habitacle classique de tous les grands hommes. Or, cette apothéose ou plutôt cet attelage tombe, tombe avec une vitesse proportionnée à sa pesanteur. Les chevaux entraînent le char vers la terre. Le tout, comme un ballon sans gaz, qui aurait gardé tout son lest, va inévitablement se briser sur la surface de la planète.

Quant à la *Jeanne d'Arc* qui se dénonce par une pédanterie outrée de moyens, je n'ose en parler. Quelque peu de sympathie que j'aie montré pour

M. Ingres au gré de ses fanatiques, je préfère croire que le talent le plus élevé conserve toujours des droits à l'erreur. Ici, comme dans l'*Apothéose,* absence totale de sentiment et de surnaturalisme. Où donc est-elle, cette noble pucelle, qui, selon la promesse de ce bon M. Delécluze, devait se venger et nous venger des polissonneries de Voltaire ? Pour me résumer, je crois qu'abstraction faite de son érudition, de son goût intolérant et presque libertin de la beauté, la faculté qui a fait de M. Ingres ce qu'il est, le puissant, l'indiscutable, l'incontrôlable dominateur, c'est la volonté, ou plutôt un immense abus de la volonté. En somme, ce qu'il est, il le fut dès le principe. Grâce à cette énergie qui est en lui, il restera tel jusqu'à la fin. Comme il n'a pas progressé, il ne vieillira pas. Ses admirateurs trop passionnés seront toujours ce qu'ils furent, amoureux jusqu'à l'aveuglement ; et rien ne sera changé en France, pas même la manie de prendre à un grand artiste des qualités bizarres qui ne peuvent être qu'à lui, et d'imiter l'inimitable.

Mille circonstances, heureuses d'ailleurs, ont concouru à la solidification de cette puissante renommée. Aux gens du monde M. Ingres s'imposait par un emphatique amour de l'Antiquité et de la tradition. Aux excentriques, aux blasés, à mille esprits délicats toujours en quête de nouveautés, même de nouveautés amères, il plaisait par la bizarrerie. Mais ce qui fut bon, ou tout au moins séduisant, en lui eut un effet déplorable dans la foule des imitateurs ; c'est ce que j'aurai plus d'une fois l'occasion de démontrer.

III

EUGÈNE DELACROIX

MM. Eugène Delacroix et Ingres se partagent la faveur et la haine publiques. Depuis longtemps l'opinion a fait un cercle autour d'eux comme autour de deux lutteurs. Sans donner notre acquiescement à cet amour commun et puéril de l'antithèse, il nous faut commencer par l'examen de ces deux maîtres français, puisque autour d'eux, au-dessous d'eux, se sont groupées et échelonnées presque toutes les individualités qui composent notre personnel artistique.

En face des trente-cinq tableaux de M. Delacroix, la première idée qui s'empare du spectateur est l'idée d'une vie bien remplie, d'un amour opiniâtre, incessant de l'art. Quel est le meilleur tableau ? on ne saurait le trouver ; le plus intéressant ? on hésite. On croit découvrir par-ci par-là des échantillons de progrès ; mais si de certains tableaux plus récents témoignent que certaines importantes qualités ont été poussés à outrance, l'esprit impartial perçoit avec confusion que dès ses premières productions, dès sa jeunesse *(Dante et Virgile aux enfers* est de 1822), M. Delacroix fut grand. Quelquefois il a été plus délicat, quelquefois plus singulier, quelquefois plus peintre, mais toujours il a été grand.

Devant une destinée si noblement, si heureusement remplie, une destinée bénie par la nature et menée à bonne fin par la plus admirable volonté, je sens flotter incessamment dans mon esprit les vers du grand poète :

> Il naît sous le soleil de nobles créatures
> Unissant ici-bas tout ce qu'on peut rêver :
> Corps de fer, cœurs de flamme ; admirables natures !

Dieu semble les produire afin de se prouver ;
Il prend pour les pétrir une argile plus douce,
Et souvent passe un siècle à les parachever.

Il met, comme un sculpteur, l'empreinte de son pouce
Sur leurs fronts rayonnants de la gloire des cieux,
Et l'ardente auréole en gerbes d'or y pousse.

Ces hommes-là s'en vont, calmes et radieux,
Sans quitter un instant leur pose solennelle,
Avec l'œil immobile et le maintien des dieux.
..
Ne leur donnez qu'un jour, ou donnez-leur cent ans,
L'orage ou le repos, la palette ou le glaive :
Ils mèneront à bout leurs dessins éclatants.

Leur existence étrange est le réel du rêve !
Ils exécuteront votre plan idéal,
Comme un maitre savant le croquis d'un élève.

Vos désirs inconnus sous l'arceau triomphal,
Dont votre esprit en songe arrondissait la voûte,
Passent assis en croupe au dos de leur cheval.
..
De ceux-là chaque peuple en compte cinq ou six,
Cinq ou six tout au plus, dans les siècles prospères,
Types toujours vivants dont on fait des récits.

Théophile Gautier appelle cela une *Compensation*. M. Delacroix ne pouvait-il pas, à lui seul, combler les vides d'un siècle ?

Jamais artiste ne fut plus attaqué, plus ridiculisé, plus entravé. Mais que nous font les hésitations des gouvernements (je parle d'autrefois), les criailleries de quelques salons bourgeois, les dissertations haineuses de quelques académies d'estaminet et le pédantisme des joueurs de dominos ? La preuve est faite, la question est à jamais vidée, le résultat est là, visible, immense, flamboyant.

M. Delacroix a traité tous les genres : son imagination et son savoir se sont promenés dans toutes les parties du domaine pittoresque. Il a fait (avec quel amour, avec quelle délicatesse !) de charmants petits tableaux, pleins d'intimité et de profondeur ; il a *illustré* les murailles de nos palais, il a rempli nos musées de vastes compositions.

Cette année, il a profité très légitimement de l'occasion de montrer une partie assez considérable du travail de sa vie, et de nous faire, pour ainsi dire, reviser les pièces du procès. Cette collection a été choisie avec beaucoup de tact, de manière à nous fournir des échantillons concluants et variés de son esprit et de son talent.

Voici *Dante et Virgile,* ce tableau d'un jeune homme, qui fut une révolution, et dont on a longtemps attribué faussement une figure à Géricault (le torse de l'homme renversé). Parmi les grands tableaux, il est permis d'hésiter entre *La Justice de Trajan* et la *Prise de Constantinople par les Croisés. La Justice de Trajan* est un tableau si prodigieusement lumineux, si aéré, si rempli de tumulte et de pompe ! L'empereur est si beau, la foule, tortillée autour des colonnes ou circulant avec le cortège, si tumultueuse, la veuve éplorée, si dramatique ! Ce tableau est celui qui fut *illustré* jadis par les petites plaisanteries de M. Karr, l'homme au bon sens de travers, sur le cheval rose ; comme s'il n'existait pas des chevaux légèrement rosés, et comme si, en tout cas, le peintre n'avait pas le droit d'en faire.

Mais le tableau des *Croisés* est si profondément pénétrant, abstraction faite du sujet, par son harmonie orageuse et lugubre ! Quel ciel et quelle mer ! Tout y est tumultueux et tranquille, comme la suite d'un grand événement. La ville, échelonnée derrière les *Croisés* qui viennent de la traverser, s'allonge avec une prestigieuse vérité. Et toujours ces drapeaux miroitants, ondoyants, faisant se dérouler et claquer leurs plis lumineux dans l'atmosphère transparente ! Toujours la foule agissante, inquiète, le tumulte des armes, la pompe des vêtements, la vérité emphatique du geste dans les grandes circonstances de la vie ! Ces deux tableaux sont d'une beauté essentiellement shakespearienne. Car nul, après Shakespeare, n'excelle comme Delacroix à fondre dans une unité mystérieuse le drame et la rêverie.

Le public retrouvera tous ces tableaux d'orageuse mémoire qui furent des insurrections, des luttes et des triomphes : le *Doge Marino Faliero* (Salon de 1827. — Il est curieux de remarquer que *Justinien composant ses lois* et *Le Christ au jardin des Oliviers* sont de la même année), l'*Évêque de Liège,* cette admirable traduction de Walter Scott, pleine de foule, d'agitation et de lumière, les *Massacres de Scio, Le Prisonnier de Chillon, Le Tasse en prison, La Noce juive,* les *Convulsionnaires de Tanger,* etc., etc. Mais comment définir cet ordre de tableaux charmants, tels que *Hamlet,* dans la scène du crâne, et les *Adieux de Roméo et Juliette,* si profondément pénétrants et attachants, que l'œil qui a trempé son regard dans leurs petits mondes mélancoliques ne peut plus les fuir, que l'esprit ne peut plus les éviter ?

> Et le tableau quitté *nous* tourmente et *nous* suit.

Ce n'est pas là le *Hamlet* tel que nous l'a fait voir Rouvière, tout récemment encore et avec tant d'éclat, âcre, malheureux et violent, poussant l'inquiétude jusqu'à la turbulence. C'est bien la bizarrerie romantique du grand tragédien ; mais Delacroix, plus fidèle peut-être, nous a montré un *Hamlet* tout délicat et pâlot, aux mains blanches et féminines, une nature exquise, mais molle, légèrement indécise, avec un œil presque atone.

Voici la fameuse tête de la *Madeleine* renversée, au sourire bizarre et mystérieux, et si surnaturellement belle qu'on ne sait si elle est auréolée par la mort, ou embellie par les pâmoisons de l'amour divin.

À propos des *Adieux de Roméo et Juliette,* j'ai une remarque à faire que je crois fort importante. J'ai tant entendu plaisanter de la laideur des femmes de Delacroix, sans pouvoir comprendre ce genre de plaisanterie, que je saisis l'occasion pour protester contre ce préjugé. M. Victor Hugo le partageait, à ce qu'on m'a dit. Il déplorait, — c'était dans les beaux temps du Romantisme, — que celui à qui l'opinion publique faisait une gloire parallèle à la sienne commit de si monstrueuses erreurs à l'endroit de la beauté. Il lui est arrivé d'appeler les femmes de Delacroix des grenouilles. Mais M. Victor Hugo est un grand poète sculptural qui a l'œil fermé à la spiritualité.

Je suis fâché que le *Sardanapale* n'ait pas reparu cette année. On y aurait vu de très belles femmes, claires, lumineuses, roses, autant qu'il m'en souvient du moins. Sardanapale lui-même était beau comme une femme. Généralement les femmes de Delacroix peuvent se diviser en deux classes : les unes, faciles à comprendre, souvent mythologiques, sont nécessairement belles (la Nymphe couchée et vue de dos, dans le plafond de la galerie d'Apollon). Elles sont riches, très fortes, plantureuses, abondantes, et jouissent d'une transparence de chair merveilleuse et de chevelures admirables.

Quant aux autres, quelquefois des femmes historiques (la *Cléopâtre* regardant l'aspic), plus souvent des femmes de caprice, de tableaux de genre, tantôt des Marguerite, tantôt des Ophélia, des Desdémone, des Sainte Vierge même, des Madeleine, je les appellerais volontiers des femmes d'intimité. On dirait qu'elles portent dans les yeux un secret douloureux, impossible à enfouir dans les profondeurs de la dissimulation. Leur pâleur est comme une révélation des batailles intérieures. Qu'elles se distinguent par le charme du crime ou par l'odeur de la sainteté, que leurs gestes soient alanguis ou violents, ces femmes malades du cœur ou de l'esprit ont dans les yeux le plombé de la fièvre ou la nitescence anormale et bizarre de leur mal, dans le regard, l'intensité du surnaturalisme.

Mais toujours, et quand même, ce sont des femmes *distinguées*, essentiellement *distinguées* ; et enfin, pour tout dire en un seul mot, M. Delacroix me parait être l'artiste le mieux doué pour exprimer la femme moderne, surtout la femme moderne dans sa manifestation héroïque, dans le sens infernal ou divin. Ces femmes ont même la beauté physique moderne, l'air de rêverie, mais la gorge abondante, avec une poitrine un peu étroite, le bassin ample, et des bras et des jambes charmants.

Les tableaux nouveaux et inconnus du public sont *Les Deux Foscari,* la *Famille arabe,* la *Chasse aux lions,* une *Tête de vieille femme* (un portrait par M. Delacroix est une rareté). Ces différentes peintures servent à constater la prodigieuse certitude à laquelle le maitre est arrivé. La *Chasse aux lions* est une véritable explosion de couleur (que ce mot soit pris dans le bon sens). Jamais couleurs plus belles, plus intenses, ne pénétrèrent jusqu'à l'âme par le canal des yeux.

Par le premier et rapide coup d'œil jeté sur l'ensemble de ces tableaux, et par leur examen minutieux et attentif, sont constatées plusieurs vérités irréfutables. D'abord il faut remarquer, et c'est très important, que, vu à une distance trop grande pour analyser ou même comprendre le sujet, un tableau de Delacroix a déjà produit sur l'âme une impression riche, heureuse ou mélancolique. On dirait que cette peinture, comme les sorciers et les magnétiseurs, projette sa pensée à distance. Ce singulier phénomène tient à la puissance du coloriste, à l'accord parfait des tons, et à l'harmonie (préétablie dans le cerveau du peintre) entre la couleur et le sujet. Il semble que cette couleur, qu'on me pardonne ces subterfuges de langage pour exprimer des idées fort délicates, pense par elle-même, indépendamment des objets qu'elle habille. Puis ces admirables accords de sa couleur font souvent rêver d'harmonie et de mélodie, et l'impression qu'on emporte de ses tableaux est souvent quasi musicale. Un poète a essayé d'exprimer ces sensations subtiles dans des vers dont la sincérité peut faire passer la bizarrerie :

> Delacroix, lac de sang, hanté des mauvais anges,
> Ombragé par un bois de sapins toujours vert,
> Où, sous un ciel chagrin, des fanfares étranges
> Passent comme un soupir étouffé de Weber.

Lac de sang : le rouge ; — *hanté des mauvais anges :* surnaturalisme ; — *un bois toujours vert :* le vert, complémentaire du rouge ; — *un ciel chagrin :* les fonds tumultueux et orageux de ses tableaux ; — *les fanfares* et *Weber :* idées de musique romantique que réveillent les harmonies de sa couleur.

Du dessin de Delacroix, si absurdement, si niaisement critiqué, que faut-il dire, si ce n'est qu'il est des vérités élémentaires complètement méconnues ;

qu'un bon dessin n'est pas une ligne dure, cruelle, despotique, immobile, enfermant une figure comme une camisole de force ; que le dessin doit être comme la nature, vivant et agité ; que la simplification dans le dessin est une monstruosité, comme la tragédie dans le monde dramatique ; que la nature nous présente une série infinie de lignes courbes, fuyantes, brisées, suivant une loi de génération impeccable, où le parallélisme est toujours indécis et sinueux, où les concavités et les convexités se correspondent et se poursuivent ; que M. Delacroix satisfait admirablement à toutes ces conditions et que, quand même son dessin laisserait percer quelquefois des défaillances ou des outrances, il a au moins cet immense mérite d'être une protestation perpétuelle et efficace contre la barbare invasion de la ligne droite, cette ligne tragique et systématique, dont actuellement les ravages sont déjà immenses dans la peinture et dans la sculpture ?

Une autre qualité, très grande, très vaste, du talent de M. Delacroix, et qui fait de lui le peintre aimé des poètes, c'est qu'il est essentiellement littéraire. Non seulement sa peinture a parcouru, toujours avec succès, le champ des hautes littératures, non seulement elle a traduit, elle a fréquenté Arioste, Byron, Dante, Walter Scott, Shakespeare, mais elle sait révéler des idées d'un ordre plus élevé, plus fines, plus profondes que la plupart des peintures modernes. Et remarquez bien que ce n'est jamais par la grimace, par la minutie, par la tricherie de moyens, que M. Delacroix arrive à ce prodigieux résultat ; mais par l'ensemble, par l'accord profond, complet, entre sa couleur, son sujet, son dessin, et par la dramatique gesticulation de ses figures.

Edgar Poe dit, je ne sais plus où, que le résultat de l'opium pour les sens est de revêtir la nature entière d'un intérêt surnaturel qui donne à chaque objet un sens plus profond, plus volontaire, plus despotique. Sans avoir recours à l'opium, qui n'a connu ces admirables heures, véritables fêtes du cerveau, où les sens plus attentifs perçoivent des sensations plus retentissantes, où le ciel d'un azur plus transparent s'enfonce comme un abime plus infini, où les sons tintent musicalement, où les couleurs parlent, où les parfums racontent des mondes d'idées ? Eh bien, la peinture de Delacroix me parait la traduction de ces beaux jours de l'esprit. Elle est revêtue d'intensité et sa splendeur est privilégiée. Comme la nature perçue par des nerfs ultra-sensibles, elle révèle le surnaturalisme.

Que sera M. Delacroix pour la postérité ? Que dira de lui cette redresseuse de torts ? Il est déjà facile, au point de sa carrière où il est parvenu, de l'affirmer sans trouver trop de contradicteurs. Elle dira, comme nous, qu'il fut un accord unique des facultés les plus étonnantes ; qu'il eut comme Rembrandt le sens de l'intimité et la magie profonde, l'esprit de combinaison et de décoration comme Rubens et Lebrun, la couleur féerique comme Véronèse, etc. ; mais qu'il eut aussi une qualité *sui generis,* indéfinissable et définissant la partie mélancolique et ardente du siècle, quelque chose de tout à fait nouveau, qui a fait de lui un artiste unique, sans générateur, sans précédent, probablement sans successeur, un anneau si précieux qu'il n'en est point de rechange, et qu'en le supprimant, si une pareille chose était possible, on supprimerait un monde d'idées et de sensations, on ferait une lacune trop grande dans la chaine historique.

L'Art philosophique [1]

Qu'est-ce que l'art pur suivant la conception moderne ? C'est créer une magie suggestive contenant à la fois l'objet et le sujet, le monde extérieur à l'artiste et l'artiste lui-même.

Qu'est-ce que l'art philosophique suivant la conception de Chenavard et de l'école allemande ? C'est un art plastique qui a la prétention de remplacer le livre, c'est-à-dire de rivaliser avec l'imprimerie pour enseigner l'histoire, la morale et la philosophie.

Il y a en effet des époques de l'histoire où l'art plastique est destiné à peindre les archives historiques d'un peuple et ses croyances religieuses.

Mais, depuis plusieurs siècles, il s'est fait dans l'histoire de l'art comme une séparation de plus en plus marquée des pouvoirs, il y a des sujets qui appartiennent à la peinture, d'autres à la musique, d'autres à la littérature.

Est-ce par une fatalité des décadences qu'aujourd'hui chaque art manifeste l'envie d'empiéter sur l'art voisin, et que les peintres introduisent des gammes musicales dans la peinture, les sculpteurs, de la couleur dans la sculpture, les littérateurs, des moyens plastiques dans la littérature, et d'autres artistes, ceux dont nous avons à nous occuper aujourd'hui, une sorte de philosophie encyclopédique dans l'art plastique lui-même ?

Toute bonne sculpture, toute bonne peinture, toute bonne musique, suggère les sentiments et les rêveries qu'elle veut suggérer.

Mais le raisonnement, la déduction, appartiennent au livre.

Ainsi l'art philosophique est un retour vers l'imagerie nécessaire à l'enfance des peuples, et s'il était rigoureusement fidèle à lui-même, il s'astreindrait à juxtaposer autant d'images successives qu'il en est contenu dans une phrase quelconque qu'il voudrait exprimer.

Encore avons-nous le droit de douter que la phrase hiéroglyphique fût plus claire que la phrase typographiée.

Nous étudierons donc l'art philosophique comme une monstruosité où se sont montrés de beaux talents.

Remarquons encore que l'art philosophique suppose une absurdité pour légitimer sa raison d'existence, à savoir l'intelligence du peuple relativement aux beaux-arts.

Plus l'art voudra être philosophiquement clair, plus il se dégradera et remontera vers l'hiéroglyphe enfantin ; plus au contraire l'art se détachera de l'enseignement et plus il montera vers la beauté pure et désintéressée.

L'Allemagne, comme on le sait et comme il serait facile de le deviner si on ne le savait pas, est le pays qui a le plus donné dans l'erreur de l'art philosophique.

Nous laisserons de côté des sujets bien connus, et par exemple, Overbeck n'étudiant la beauté dans le passé que pour mieux enseigner la religion ; Cornelius et Kaulbach, pour enseigner l'histoire et la philosophie (encore remarquerons-nous que Kaulbach ayant à traiter un sujet purement pittoresque, la *Maison des fous*, n'a pas pu s'empêcher de le traiter par catégories et, pour ansi dire, d'une manière aristotélique, tant est indestructible l'antinomie de l'esprit poétique pur et de l'esprit didactique).

Nous nous occuperons aujourd'hui, comme premier échantillon de l'art philosophique, d'un artiste allemand beaucoup moins connu, mais qui, selon nous, était infiniment mieux doué au point de vue de l'art pur, je veux parler de M. Alfred Rethel, mort fou, il y a peu de temps, après avoir illustré une chapelle sur les bords du Rhin, et qui n'est connu à Paris que par huit estampes gravées sur bois dont les deux dernières ont paru à l'Exposition universelle.

Le premier de ses poèmes (nous sommes obligé de nous servir de cette expression en parlant d'une école qui assimile l'art plastique à la pensée écrite), le premier de ses poèmes date de 1848 et est intitulé *La Danse des morts en 1848*.

C'est un poème réactionnaire dont le sujet est l'usurpation de tous les pouvoirs et la séduction opérée sur le peuple par la déesse fatale de la mort.

(Description minutieuse de chacune des six planches qui composent le poème et la traduction exacte des légendes en vers qui les accompagnent. — Analyse du mérite artistique de M. Alfred Rethel, ce qu'il y a d'original en lui (génie de l'allégorie épique à la manière allemande), ce qu'il y a de postiche en lui (imitations des différents maitres du passé, d'Albert Dürer, d'Holbein, et même de maitres plus modernes) — de la valeur morale du poème, caractère satanique et byronien, caractère de désolation.) Ce que je trouve de vraiment original dans le poème, c'est qu'il se produisit dans un instant où presque toute l'humanité européenne s'était engouée avec bonne foi des sottises de la révolution.

Deux planches se faisant antithèse. La première : *Première invasion du choléra à Paris, au bal de l'Opéra*. Les masques roides, étendus par terre, caractère hideux d'une pierrette dont les pointes sont en l'air et le masque dénoué ; les musiciens qui se sauvent avec leurs instruments ; allégorie du fléau impassible sur son banc ; caractère généralement macabre de la composition. La seconde, une espèce de *bonne mort* faisant contraste ; un homme vertueux et paisible est surpris par la Mort dans son sommeil ; il est situé dans un lieu haut, un lieu sans doute où il a vécu de longues années ; c'est une chambre dans un clocher d'où l'on aperçoit les champs et un vaste horizon, un lieu fait pour pacifier l'esprit ; le vieux bonhomme est endormi dans un fauteuil grossier, la Mort joue un air enchanteur sur le violon. Un grand soleil coupé en deux par la ligne de l'horizon, darde en haut ses rayons géométriques. — *C'est la fin d'un beau jour.*

Un petit oiseau s'est perché sur le bord de la fenêtre et regarde dans la chambre ; vient-il écouter le violon de la Mort, ou est-ce une allégorie de l'âme prête à s'envoler ?

Il faut, dans la traduction des œuvres d'art philosophiques, apporter une grande minutie et une grande attention ; là les lieux, le décor, les meubles, les ustensiles (voir Hogarth), tout est allégorie, allusion, hiéroglyphes, rébus.

M. Michelet a tenté d'interpréter minutieusement la *Melancholia* d'Albert Dürer ; son interprétation est suspecte, relativement à la seringue, particulièrement.

D'ailleurs, même à l'esprit d'un artiste philosophe, les accessoires s'offrent, non pas avec un caractère littéral et précis, mais avec un caractère poétique, vague et confus, et souvent c'est le traducteur qui invente *les intentions*.

★

L'art philosophique n'est pas aussi étranger à la nature française qu'on le croirait. La France aime le mythe, la morale, le rébus ; ou, pour mieux dire, pays de raisonnement, elle aime l'effort de l'esprit.

C'est surtout l'école romantique qui a réagi contre ces tendances raisonnables et qui a fait prévaloir la gloire de l'art pur ; et de certaines tendances, particulièrement celles de M. Chenavard, réhabilitation de l'art hiéroglyphique, sont une réaction contre l'école de l'art pour l'art.

Y a-t-il des climats philosophiques comme il y a des climats amoureux ? Venise a pratiqué l'amour de l'art pour l'art ; Lyon est une ville philosophique. Il y a une philosophie lyonnaise, une école de poésie lyonnaise, une école de peinture lyonnaise, et enfin une école de peinture philosophique lyonnaise.

Ville singulière, bigote et marchande, catholique et protestante, pleine de brumes et de charbons, les idées s'y débrouillent difficilement. Tout ce qui vient de Lyon est minutieux, lentement élaboré et craintif ; l'abbé Noirot, Laprade, Soulary, Chenavard, Janmot. On dirait que les cerveaux y sont enchifrenés. Même dans Soulary je trouve cet esprit de catégorie qui brille surtout dans les travaux de Chenavard et qui se manifeste aussi dans les chansons de Pierre Dupont.

Le cerveau de Chenavard ressemble à la ville de Lyon ; il est brumeux, fuligineux, hérissé de pointes, comme la ville de clochers et de fourneaux. Dans ce cerveau les choses ne se mirent pas clairement, elles ne se réfléchissent qu'à travers un milieu de vapeurs.

Chenavard n'est pas peintre ; il méprise ce que nous entendons par peinture. Il serait injuste de lui appliquer la fable de La Fontaine (ils sont trop verts pour des goujats) ; car je crois que, quand bien même Chenavard pourrait peindre avec autant de dextérité que qui que ce soit, il n'en mépriserait pas moins le ragoût et l'agrément de l'art.

Disons tout de suite que Chenavard a une énorme supériorité sur tous les artistes : s'il n'est pas assez animal, ils sont beaucoup trop peu spirituels.

Chenavard sait lire et raisonner, et il est devenu ainsi l'ami de tous les gens qui aiment le raisonnement ; il est remarquablement instruit et possède la pratique de la méditation.

L'amour des bibliothèques s'est manifesté en lui dès sa jeunesse ; accoutumé tout jeune à associer une idée à chaque forme plastique, il n'a jamais fouillé des cartons de gravures ou contemplé des musées de tableaux que comme des répertoires de la pensée humaine générale. Curieux de religions et doué d'un esprit encyclopédique, il devait naturellement aboutir à la conception impartiale d'un système syncrétique.

Quoique lourd et difficile à manœuvrer, son esprit a des séductions dont il sait tirer grand profit, et s'il a longtemps attendu avant de jouer un rôle, croyez bien que ses ambitions, malgré son apparente bonhomie, n'ont jamais été petites.

(Premiers tableaux de Chenavard : — *M. de Dreux-Brézé et Mirabeau*. — *La Convention votant la mort de Louis XVI*. Chenavard a bien choisi son moment pour exhiber son système de philosophie historique, exprimé par le crayon.)

Divisons ici notre travail en deux parties, dans l'une nous analyserons le mérite intrinsèque de l'artiste doué d'une habileté étonnante de composition et bien plus grande qu'on ne le soupçonnerait, si l'on prenait trop au sérieux le dédain qu'il professe pour les ressources de son art — habileté à dessiner les femmes ; — dans l'autre nous examinerons le mérite que j'appelle extrinsèque, c'est-à-dire le système philosophique.

Nous avons dit qu'il avait bien choisi son moment, c'est-à-dire le lendemain d'une révolution.

(M. Ledru-Rollin — trouble général des esprits, et vive préoccupation publique relativement à la philosophie de l'histoire.)

L'humanité est analogue à l'homme.

Elle a ses âges et ses plaisirs, ses travaux, ses conceptions analogues à ses âges.

(Analyse du calendrier emblématique de Chenavard. — Que tel art appartient à tel âge de l'humanité comme telle passion à tel âge de l'homme.

L'âge de l'homme se divise en *enfance*, laquelle correspond dans l'humanité à la période historique depuis Adam jusqu'à Babel ; en *virilité*, laquelle correspond à la période depuis Babel jusqu'à Jésus-Christ, lequel sera considéré comme le zénith de la vie humaine ; en *âge moyen*, qui correspond depuis Jésus-Christ jusqu'à Napoléon ; et enfin en *vieillesse*, qui correspond à la période dans laquelle nous entrerons prochainement et dont le commencement est marqué par la suprématie de l'Amérique et de l'industrie.

L'âge total de l'humanité sera de huit mille quatre cents ans.

De quelques opinions particulières de Chenavard. De la supériorité absolue de Périclès.

Bassesse du paysage, — signe de décadence.

La suprématie simultanée de la musique et de l'industrie, — signe de décadence.

Analyse au point de vue de l'art pur de quelques-uns de ses cartons exposés en 1855.)

Ce qui sert à parachever le caractère utopique et de décadence de Chenavard lui-même, c'est qu'il voulait embrigader sous sa direction les artistes comme des ouvriers pour exécuter en grand ses cartons et les colorier d'une manière barbare.

Chenavard est un grand esprit de décadence et il restera comme signe monstrueux du temps.

★

M. Janmot, lui aussi, est de Lyon.

C'est un esprit religieux et élégiaque, il a dû être marqué jeune par la bigoterie lyonnaise.

Les poèmes de Rethel sont bien charpentés comme poèmes.

Le Calendrier historique de Chenavard est une fantaisie d'une symétrie irréfutable, mais l'*Histoire d'une âme* est trouble et confuse.

La religiosité qui y est empreinte avait donné à cette série de compositions une grande valeur pour le journalisme clérical, alors qu'elles furent exposées

au passage du Saumon ; plus tard nous les avons revues à l'Exposition universelle, où elles furent l'objet d'un auguste dédain.

Une explication en vers a été faite par l'artiste, qui n'a servi qu'à mieux montrer l'indécision de sa conception et qu'à mieux embarrasser l'esprit des spectateurs philosophes auxquels elle s'adressait.

Tout ce que j'ai compris, c'est que ces tableaux représentaient les états successifs de l'âme à différents âges ; cependant, comme il y avait toujours deux êtres en scène, un garçon et une fille, mon esprit s'est fatigué à chercher si la pensée intime du poème n'était pas l'histoire parallèle de deux jeunes âmes ou l'histoire du double élément mâle et femelle d'une même âme.

Tous ces reproches mis de côté, qui prouvent simplement que M. Janmot n'est pas un cerveau philosophiquement solide, il faut reconnaître qu'au point de vue de l'art pur il y avait dans la composition de ces scènes, et même dans la couleur amère dont elles étaient revêtues, un charme infini et difficile à décrire, quelque chose des douceurs de la solitude, de la sacristie, de l'église et du cloître ; une mysticité inconsciente et enfantine. J'ai senti quelque chose d'analogue devant quelques tableaux de Lesueur et quelques toiles espagnoles.

(Analyse de quelques-uns des sujets, particulièrement la *Mauvaise Instruction,* le *Cauchemar,* où brillait une remarquable entente du fantastique. Une espèce de *promenade mystique* des deux jeunes gens sur la montagne, etc., etc.).

★

Tout esprit profondément sensible et bien doué pour les arts (il ne faut pas confondre la sensibilité de l'imagination avec celle du cœur) sentira comme moi que tout art doit se suffire à lui-même et en même temps rester dans les limites providentielles ; cependant l'homme garde ce privilège de pouvoir toujours développer de grands talents dans un genre faux ou en violant la constitution naturelle de l'art.

Quoique je considère les artistes philosophes comme des hérétiques, je suis arrivé à admirer souvent leurs efforts par un effet de ma raison propre.

Ce qui me paraît surtout constater leur caractère d'hérétique, c'est leur inconséquence ; car ils dessinent très bien, très spirituellement, et s'ils étaient logiques dans leur mise en œuvre de l'art assimilé à tout moyen d'enseignement, ils devraient courageusement remonter vers toutes les innombrables et barbares conventions de l'art hiératique.

[Les peintres qui pensent]

Peinture didactique.

Note sur l'utopie de Chenavard.

Deux hommes dans Chenavard, *l'utopiste* et *l'artiste*. Il veut être loué pour ses utopies, et il est quelquefois artiste *malgré* ses utopies.

La peinture est née dans le Temple. Elle dérive de la Sainteté. Le Temple moderne, la Sainteté moderne, c'est la Révolution. Donc *faisons le Temple de la Révolution,* et la peinture de la Révolution. C'est-à-dire que le Panthéon moderne contiendra *l'histoire de l'humanité.*

Pan doit tuer Dieu. Pan, c'est le peuple.

Esthétique chimérique, c'est-à-dire *a posteriori,* individuelle, artificielle, substituée à l'esthétique involontaire, spontanée, fatale, vitale, du peuple.

Ainsi Wagner *refait* la Tragédie grecque qui fut créée spontanément par la Grèce.

La Révolution n'est pas une religion, puisqu'elle n'a ni prophètes, ni saints, ni miracles, et qu'elle a pour but de nier tout cela.

Il y a quelque chose de bon dans la thèse de Chenavard, c'est simplement le mépris de la babiole et la conviction que la grande peinture s'appuie sur les grandes idées.

Grande naïveté d'ailleurs, comme chez tous les utopistes. Il suppose chez tous les hommes un égal amour de la *Justice* (sainteté) et une égale humilité. Honnête homme, excellent homme !

———

Orgueilleux solitaire, étranger à la vie. —

Chenavard est une caricature de la Sagesse antique dessinée par la Fantaisie moderne.

Les peintres qui pensent.

Rhétorique de la mer.

Fausse rhétorique.
Vraie rhétorique.

Le vertige senti dans les grandes villes est analogue au vertige éprouvé au sein de la nature. — Délices du chaos et de l'immensité. — Sensations d'un homme sensible en visitant une grande ville inconnue.

L'Homme au scorpion.

Supplice par la prestidigitation.

Le Paradoxe de l'aumône.

LYONNAIS

Artistes : *Littérateurs :*

Chenavard. Laprade.
Janmot. Ballanche (pour la fumée).
Révoil. A. Pommier.
Bonnefond. Soulary.
Orsel. Blanc Saint-Bonnet.
Perin. Noirot.
Compte-Calix. Pierre Dupont.
Flandrin. De Gérando.
Saint-Jean. J.-B. Say.
Jacquand. Terrasson.
Boissieu.

Bureaucrates, professeurs d'écriture, Amédée Pommier délire artificiel et boutiquier. *Ah ! pourquoi suis-je né dans un siècle de prose !* Catalogue de produits. Carte de restaurant. Magister. Didactisme en poésie et en peinture.

Anecdote de *l'orgie* (Laprade à Paris).

Salon de 1859

Lettres à M. le directeur de la « Revue Française »

I
L'ARTISTE MODERNE

Mon cher M***, quand vous m'avez fait l'honneur de me demander l'analyse du *Salon*, vous m'avez dit : « Soyez bref : ne faites pas un catalogue, mais un aperçu général, quelque chose comme le récit d'une rapide promenade philosophique à travers les peintures. » Eh bien, vous serez servi à souhait : non pas parce que votre programme s'accorde (et il s'accorde en effet) avec ma manière de concevoir ce genre d'article si ennuyeux qu'on appelle le *Salon ;* non pas que cette méthode soit plus facile que l'autre, la brièveté réclamant toujours plus d'efforts que la prolixité ; mais simplement parce que, surtout dans le cas présent, il n'y en a pas d'autre possible. Certes, mon embarras eût été plus grave si je m'étais trouvé perdu dans une forêt d'originalités, si le tempérament français moderne, soudainement modifié, purifié et rajeuni, avait donné des fleurs si vigoureuses et d'un parfum si varié qu'elles eussent créé des étonnements irrépressibles, provoqué des éloges abondants, une admiration bavarde, et nécessité dans la langue critique des catégories nouvelles. Mais rien de tout cela, heureusement (pour moi). Nulle explosion ; pas de génies inconnus. Les pensées suggérées par l'aspect de ce Salon sont d'un ordre si simple, si ancien, si classique, que peu de pages me suffiront sans doute pour les développer. Ne vous étonnez donc pas que la banalité dans le peintre ait engendré le *lieu commun* dans l'écrivain. D'ailleurs, vous n'y perdrez rien ; car existe-t-il (je me plais à constater que vous êtes en cela de mon avis) quelque chose de plus charmant, de plus fertile et d'une nature plus positivement *excitante* que le lieu commun ?

Avant de commencer, permettez-moi d'exprimer un regret, qui ne sera, je le crois, que rarement exprimé. On nous avait annoncé que nous aurions des hôtes à recevoir, non pas précisément des hôtes inconnus : car l'exposition de l'avenue Montaigne a déjà fait connaître au public parisien quelques-uns de ces charmants artistes qu'il avait trop longtemps ignorés. Je m'étais donc fait une fête de renouer connaissance avec Leslie, ce riche, naïf et noble *humourist,* expression des plus accentuées de l'esprit britannique ; avec les deux Hunt, l'un naturaliste opiniâtre, l'autre ardent et volontaire créateur du préraphaélisme ; avec Maclise, l'audacieux compositeur, aussi fougueux que sûr de lui-même ; avec Millais, ce poète si minutieux ; avec J. Chalon, ce Claude mêlé de Watteau, historien des belles fêtes d'après-midi dans les grands parcs italiens ; avec Grant, cet héritier naturel de Reynolds ; avec Hook, qui sait inonder

d'une lumière magique ses *Rêves vénitiens;* avec cet étrange Paton, qui ramène l'esprit vers Fuseli et brode avec une patience d'un autre âge de gracieux chaos panthéistiques ; avec Cattermole, l'aquarelliste *peintre d'histoire,* et avec cet autre, si étonnant, dont le nom m'échappe, un architecte songeur, qui bâtit sur le papier des villes dont les ponts ont des éléphants pour piliers, et laissent passer entre leurs nombreuses jambes de colosses, toutes voiles dehors, des trois-mâts gigantesques ! On avait même préparé le logement pour ces amis de l'imagination et de la couleur singulière, pour ces favoris de la muse bizarre ; mais, hélas ! pour des raisons que j'ignore, et dont l'exposé ne peut pas, je crois, prendre place dans votre journal, mon espérance a été déçue. Ainsi, ardeurs tragiques, gesticulations à la Kean et à la Macready, intimes gentillesses du *home,* splendeurs orientales réfléchies dans le poétique miroir de l'esprit anglais, verdures écossaises, fraîcheurs enchanteresses, profondeurs fuyantes des aquarelles grandes comme des décors, quoique si petites, nous ne vous contemplerons pas, cette fois du moins. Représentants enthousiastes de l'imagination et des facultés les plus précieuses de l'âme, fûtes-vous donc si mal reçus la première fois, et nous jugez-vous indignes de vous comprendre ?

Ainsi, mon cher M***, nous nous en tiendrons à la France, forcément ; et croyez que j'éprouverais une immense jouissance à prendre le ton lyrique pour parler des artistes de mon pays ; mais malheureusement, dans un esprit critique tant soit peu exercé, le patriotisme ne joue pas un rôle absolument tyrannique, et nous avons à faire quelques aveux humiliants. La première fois que je mis les pieds au Salon, je fis, dans l'escalier même, la rencontre d'un de nos critiques les plus subtils et les plus estimés, et, à la première question, à la question naturelle que je devais lui adresser, il répondit : « Plat, médiocre ; j'ai rarement vu un *Salon* aussi maussade. » Il avait à la fois tort et raison. Une exposition qui possède de nombreux ouvrages de Delacroix, de Penguilly, de Fromentin, ne peut pas être maussade ; mais, par un examen général, je vis qu'il était dans le vrai. Que dans tous les temps, la médiocrité ait dominé, cela est indubitable ; mais qu'elle règne plus que jamais, qu'elle devienne absolument triomphante et encombrante, c'est ce qui est aussi vrai qu'affligeant. Après avoir quelque temps promené mes yeux sur tant de platitudes menées à bonne fin, tant de niaiseries soigneusement léchées, tant de bêtises ou de faussetés habilement construites, je fus naturellement conduit par le cours de mes réflexions à considérer l'artiste dans le passé, et à le mettre en regard avec l'artiste dans le présent ; et puis le terrible, l'éternel pourquoi se dressa, comme d'habitude, inévitablement au bout de ces décourageantes réflexions. On dirait que la petitesse, la puérilité, l'incuriosité, le calme plat de la fatuité ont succédé à l'ardeur, à la noblesse et à la turbulente ambition, aussi bien dans les beaux-arts que dans la littérature ; et que rien, pour le moment, ne nous donne lieu d'espérer des floraisons spirituelles aussi abondantes que celles de la Restauration. Et je ne suis pas le seul qu'oppriment ces amères réflexions, croyez-le bien ; et je vous le prouverai tout à l'heure. Je me disais donc : Jadis, qu'était l'artiste (Lebrun ou David, par exemple) ? Lebrun, érudition, imagination, connaissance du passé, amour du grand. David, ce colosse injurié par des mirmidons, n'était-il pas aussi l'amour du passé, l'amour du grand uni à l'érudition ? Et aujourd'hui, qu'est-il, l'artiste ce frère antique du poète ? Pour bien répondre à cette question, mon cher M***, il ne faut pas craindre d'être trop dur. Un scandaleux favoritisme appelle quelquefois une réaction équivalente.

L'artiste, aujourd'hui et depuis de nombreuses années, est, malgré son absence de mérite, un simple *enfant gâté*. Que d'honneurs, que d'argent prodigués à des hommes sans âme et sans instruction ! Certes, je ne suis pas partisan de l'introduction dans un art de moyens qui lui sont étrangers ; cependant, pour citer un exemple, je ne puis pas m'empêcher d'éprouver de la sympathie pour un artiste tel que Chenavard, toujours aimable, aimable comme les livres, et gracieux jusque dans ses lourdeurs. Au moins avec celui-là (qu'il soit la cible des plaisanteries du rapin, que m'importe ?) je suis sûr de pouvoir causer de Virgile ou de Platon. Préault a un don charmant, c'est un goût instinctif qui le jette sur le beau comme l'animal chasseur sur sa proie naturelle. Daumier est doué d'un bon sens lumineux qui colore toute sa conversation. Ricard, malgré le papillotage et le bondissement de son discours, laisse voir à chaque instant qu'il sait beaucoup et qu'il a beaucoup comparé. Il est inutile, je pense, de parler de la conversation d'Eugène Delacroix, qui est un mélange admirable de solidité philosophique, de légèreté spirituelle et d'enthousiasme brûlant. Et après ceux-là, je ne me rappelle plus personne qui soit digne de converser avec un philosophe ou un poète. En dehors, vous ne trouverez guère que *l'enfant gâté*. Je vous en supplie, je vous en conjure, dites-moi dans quel salon, dans quel cabaret, dans quelle réunion mondaine ou intime vous avez entendu un mot spirituel prononcé par *l'enfant gâté*, un mot profond, brillant, concentré, qui fasse penser ou rêver, un mot suggestif enfin ! Si un tel mot a été lancé, ce n'a peut-être pas été par un politique ou un philosophe, mais bien par quelque homme de profession bizarre, un chasseur, un marin, un empailleur ; par un artiste, un *enfant gâté*, jamais.

L'*enfant gâté* a hérité du privilège, légitime alors, de ses devanciers. L'enthousiasme qui a salué David, Guérin, Girodet, Gros, Delacroix, Bonington, illumine encore d'une lumière charitable sa chétive personne ; et, pendant que de bons poètes, de vigoureux historiens gagnent laborieusement leur vie, le financier abêti paye magnifiquement les indécentes petites sottises de *l'enfant gâté*. Remarquez bien que, si cette faveur s'appliquait à des hommes méritants, je ne me plaindrais pas. Je ne suis pas de ceux qui envient à une chanteuse ou à une danseuse, parvenue au sommet de son art, une fortune acquise par un labeur et un danger quotidiens. Je craindrais de tomber dans le vice de feu Girardin, de sophistique mémoire, qui reprochait un jour à Théophile Gautier de faire payer son imagination beaucoup plus cher que les services d'un sous-préfet. C'était, si vous vous en souvenez bien, dans ces jours néfastes où le public épouvanté l'entendit parler latin ; *pecudesque locutœ !* Non, je ne suis pas injuste à ce point ; mais il est bon de hausser la voix et de crier haro sur la bêtise contemporaine, quand, à la même époque où un ravissant tableau de Delacroix trouvait difficilement acheteur à mille francs, les figures imperceptibles de Meissonier se faisaient payer dix et vingt fois plus. Mais ces *beaux* temps sont passés ; nous sommes tombés plus bas, et M. Meissonier, qui, malgré tous ses mérites, eut le malheur d'introduire et de populariser le goût du petit, est un véritable géant auprès des faiseurs de babioles actuelles.

Discrédit de l'imagination, mépris du grand, amour (non, ce mot est trop beau), pratique exclusive du métier, telles sont, je crois, quant à l'artiste, les raisons principales de son abaissement. Plus on possède d'imagination, mieux il faut posséder le métier pour accompagner celle-ci dans ses aventures et surmonter les difficultés qu'elle recherche avidement. Et mieux on possède son

métier, moins il faut s'en prévaloir et le montrer, pour laisser l'imagination briller de tout son éclat. Voilà ce que dit la sagesse ; et la sagesse dit encore : Celui qui ne possède que de l'habileté est une bête, et l'imagination qui veut s'en passer est une folle. Mais si simples que soient ces choses, elles sont au-dessus ou au-dessous de l'artiste moderne. Une fille de concierge se dit : « J'irai au Conservatoire, je débuterai à la Comédie-Française, et je réciterai les vers de Corneille jusqu'à ce que j'obtienne les droits de ceux qui les ont récités très longtemps. » Et elle le fait comme elle l'a dit. Elle est très classiquement monotone et très classiquement ennuyeuse et ignorante ; mais elle a réussi à ce qui était très facile, c'est-à-dire à obtenir par sa patience les privilèges de sociétaire. Et l'*enfant gâté*, le peintre moderne se dit : « Qu'est-ce que l'imagination ? Un danger et une fatigue. Qu'est-ce que la lecture et la contemplation du passé ? Du temps perdu. Je serai classique, non pas comme Bertin (car le classique change de place et de nom), mais comme... Troyon, par exemple. » Et il le fait comme il l'a dit. Il peint, il peint ; et il bouche son âme, et il peint encore, jusqu'à ce qu'il ressemble enfin à l'artiste à la mode, et que par sa bêtise et son habileté il mérite le suffrage et l'argent du public. L'imitateur de l'imitateur trouve ses imitateurs, et chacun poursuit ainsi son rêve de grandeur, bouchant de mieux en mieux son âme, et surtout ne *lisant rien,* pas même *Le Parfait Cuisinier,* qui pourtant aurait pu lui ouvrir une carrière moins lucrative, mais plus glorieuse. Quand il possède bien l'art des sauces, des patines, des glacis, des frottis, des jus, des ragoûts (je parle peinture), l'*enfant gâté* prend de fières attitudes, et se répète avec plus de conviction que jamais que tout le reste est inutile.

Il y avait un paysan allemand qui vint trouver un peintre et qui lui dit : « — Monsieur le peintre, je veux que vous fassiez *mon portrait.* Vous me représenterez assis à l'entrée principale de ma ferme, dans le grand fauteuil qui me vient de mon père. À côté de moi, vous peindrez ma femme avec sa quenouille ; derrière nous, allant et venant, mes filles qui préparent notre souper de famille. Par la grande avenue à gauche débouchent ceux de mes fils qui reviennent des champs, après avoir ramené les bœufs à l'étable ; d'autres, avec mes petits-fils, font rentrer les charrettes remplies de foin. Pendant que je contemple ce spectacle, n'oubliez pas, je vous prie, les bouffées de ma pipe qui sont nuancées par le soleil couchant. Je veux aussi *qu'on entende* les sons de l'Angelus qui sonne au clocher voisin. C'est là que nous nous sommes tous mariés, les pères et les fils. Il est important que vous peigniez *l'air de satisfaction* dont je jouis à cet instant de la journée, en contemplant à la fois *ma famille et ma richesse augmentée du labeur d'une journée ! »*

Vive ce paysan ! Sans s'en douter, il comprenait la peinture. L'amour de sa profession avait élevé son *imagination.* Quel est celui de nos artistes à la mode qui serait digne d'exécuter ce portrait, et dont l'imagination peut se dire au niveau de celle-là ?

II

LE PUBLIC MODERNE ET LA PHOTOGRAPHIE

Mon cher M ***, si j'avais le temps de vous égayer, j'y réussirais facilement en feuilletant le catalogue et en faisant un extrait de tous les titres ridicules et de

tous les sujets cocasses qui ont l'ambition d'attirer les yeux. C'est là l'esprit français. Chercher à étonner par des moyens d'étonnement étrangers à l'art en question est la grande ressource des gens qui ne sont pas *naturellement* peintres. Quelquefois même, mais toujours en France, ce vice entre dans des hommes qui ne sont pas dénués de talent et qui le déshonorent ainsi par un mélange adultère. Je pourrais faire défiler sous vos yeux le titre comique à la manière des vaudevillistes, le titre sentimental auquel il ne manque que le point d'exclamation, le titre-calembour, le titre profond et philosophique, le titre trompeur, ou titre à piège, dans le genre de *Brutus, lâche César !* « Ô race incrédule et dépravée ! dit Notre-Seigneur, jusques à quand serai-je avec vous ? jusques à quand souffrirai-je ?» Cette race, en effet, artistes et public, a si peu foi dans la peinture, qu'elle cherche sans cesse à la déguiser et à l'envelopper comme une médecine désagréable dans des capsules de sucre ; et quel sucre, grand Dieu ! Je vous signalerai deux titres de tableaux que d'ailleurs je n'ai pas vus : *Amour et Gibelotte !* Comme la curiosité se trouve tout de suite en *appétit*, n'est-ce pas ? Je cherche à combiner intimement ces deux idées, l'idée de l'amour et l'idée d'un lapin dépouillé et arrangé en ragoût. Je ne puis vraiment pas supposer que l'imagination du peintre soit allée jusqu'à adapter un carquois, des ailes et un bandeau sur le cadavre d'un animal domestique ; l'allégorie serait vraiment trop obscure. Je crois plutôt que le titre a été composé suivant la recette de *Misanthropie et Repentir.* Le vrai titre serait donc : *Personnes amoureuses mangeant une gibelotte.* Maintenant, sont-ils jeunes ou vieux, un ouvrier et une grisette, ou bien un invalide et une vagabonde sous une tonnelle poudreuse ? Il faudrait avoir vu le tableau. — *Monarchique, catholique et soldat !* Celui-ci est dans le genre noble, le genre *paladin, Itinéraire de Paris à Jérusalem* (Chateaubriand, pardon ! les choses les plus nobles peuvent devenir des moyens de caricature, et les paroles politiques d'un chef d'empire des pétards de rapin). Ce tableau ne peut représenter qu'un personnage qui fait trois choses *à la fois*, se bat, communie et assiste au petit lever de Louis XIV. Peut-être est-ce un guerrier tatoué de fleurs de lys et d'images de dévotion. Mais à quoi bon s'égarer ? Disons simplement que c'est un moyen, perfide et stérile, d'étonnement. Ce qu'il y a de plus déplorable, c'est que le tableau, si singulier que cela puisse paraître, est peut-être bon. *Amour et Gibelotte* aussi. N'ai-je pas remarqué un excellent petit groupe de sculpture dont malheureusement je n'avais pas noté le numéro, et quand j'ai voulu connaître le sujet, j'ai, à quatre reprises et infructueusement, relu le catalogue. Enfin vous m'avez charitablement instruit que cela s'appelait *Toujours et Jamais.* Je me suis senti sincèrement affligé de voir qu'un homme d'un vrai talent cultivât inutilement le rébus.

Je vous demande pardon de m'être diverti quelques instants à la manière des petits journaux. Mais, quelque frivole que vous paraisse la matière, vous y trouverez cependant, en l'examinant bien, un symptôme déplorable. Pour me résumer d'une manière paradoxale, je vous demanderai, à vous et à ceux de mes amis qui sont plus instruits que moi dans l'histoire de l'art, si le goût du bête, le goût du spirituel (qui est la même chose) ont existé de tout temps, si *Appartement à louer* et autres conceptions alambiquées ont paru dans tous les âges pour soulever le même enthousiasme, si la Venise de Véronèse et de Bassan a été affligée par ces logogriphes, si les yeux de Jules Romain, de Michel-Ange, de Bandinelli, ont été effarés par de semblables monstruosités ; je demande, en un mot, si M. Biard est éternel et omniprésent, comme Dieu. Je

ne le crois pas, et je considère ces horreurs comme une grâce spéciale attribuée à la race française. Que ses artistes lui en inoculent le goût, cela est vrai ; qu'elle exige d'eux qu'ils satisfassent à ce besoin, cela est non moins vrai ; car si l'artiste abêtit le public, celui-ci le lui rend bien. Ils sont deux termes corrélatifs qui agissent l'un sur l'autre avec une égale puissance. Aussi admirons avec quelle rapidité nous nous enfonçons dans la voie du progrès (j'entends par progrès la domination progressive de la matière), et quelle diffusion merveilleuse se fait tous les jours de l'habileté commune, de celle qui peut s'acquérir par la patience.

Chez nous le peintre naturel, comme le poète naturel, est presque un monstre. Le goût exclusif du Vrai (si noble quand il est limité à ses véritables applications) opprime ici et étouffe le goût du Beau. Où il faudrait ne voir que le Beau (je suppose une belle peinture, et l'on peut aisément deviner celle que je me figure), notre public ne cherche que le Vrai. Il n'est pas artiste, naturellement artiste ; philosophe peut-être, moraliste, ingénieur, amateur d'anecdotes instructives, tout ce qu'on voudra, mais jamais spontanément artiste. Il sent ou plutôt il juge successivement, analytiquement. D'autres peuples, plus favorisés, sentent tout de suite, tout à la fois, synthétiquement.

Je parlais tout à l'heure des artistes qui cherchent à étonner le public. Le désir d'étonner et d'être étonné est très légitime. *It is a happiness to wonder,* « c'est un bonheur d'être étonné » ; mais aussi, *it is a happiness to dream,* « c'est un bonheur de rêver ». Toute la question, si vous exigez que je vous confère le titre d'artiste ou d'amateur des beaux-arts, est donc de savoir par quels procédés vous voulez créer ou sentir l'étonnement. Parce que le Beau est *toujours* étonnant, il serait absurde de supposer que ce qui est étonnant est *toujours* beau. Or notre public, qui est singulièrement impuissant à sentir le bonheur de la rêverie ou de l'admiration (signe des petites âmes), veut être étonné par des moyens étrangers à l'art, et ses artistes obéissants se conforment à son goût ; ils veulent le frapper, le surprendre, le stupéfier par des stratagèmes indignes, parce qu'ils le savent incapable de s'extasier devant la tactique naturelle de l'art véritable.

Dans ces jours déplorables, une industrie nouvelle se produisit, qui ne contribua pas peu à confirmer la sottise dans sa foi et à ruiner ce qui pouvait rester de divin dans l'esprit français. Cette foule idolâtre postulait un idéal digne d'elle et approprié à sa nature, cela est bien entendu. En matière de peinture et de statuaire, le *Credo* actuel des gens du monde, surtout en France (et je ne crois pas que qui que ce soit ose affirmer le contraire), est celui-ci : « Je crois à la nature et je ne crois qu'à la nature (il y a de bonnes raisons pour cela). Je crois que l'art est et ne peut être que la reproduction exacte de la nature (une secte timide et dissidente veut que les objets de nature répugnante soient écartés, ainsi un pot de chambre ou un squelette). Ainsi l'industrie qui nous donnerait un résultat identique à la nature serait l'art absolu. » Un Dieu vengeur a exaucé les vœux de cette multitude. Daguerre fut son messie. Et alors elle se dit : « Puisque la photographie nous donne toutes les garanties désirables d'exactitude (ils croient cela, les insensés !), l'art, c'est la photographie. » À partir de ce moment, la société immonde se rua, comme un seul Narcisse, pour contempler sa triviale image sur le métal. Une folie, un fanatisme extraordinaire s'empara de tous ces nouveaux adorateurs du soleil. D'étranges abominations se produisirent. En associant et en groupant des drôles et des drôlesses, attifés comme les bouchers et les blanchisseuses dans le

carnaval, en priant ces *héros* de vouloir bien continuer, pour le temps nécessaire à l'opération, leur grimace de circonstance, on se flatta de rendre les scènes, tragiques ou gracieuses, de l'histoire ancienne. Quelque écrivain démocrate a dû voir là le moyen, à bon marché, de répandre dans le peuple le dégoût de l'histoire et de la peinture, commettant ainsi un double sacrilège et insultant à la fois la divine peinture et l'art sublime du comédien. Peu de temps après, des milliers d'yeux avides se penchaient sur les trous du stéréoscope comme sur les lucarnes de l'infini. L'amour de l'obscénité, qui est aussi vivace dans le cœur naturel de l'homme que l'amour de soi-même, ne laissa pas échapper une si belle occasion de se satisfaire. Et qu'on ne dise pas que les enfants qui reviennent de l'école prenaient seuls plaisir à ces sottises ; elles furent l'engouement du monde. J'ai entendu une belle dame, une dame du beau monde, non pas du mien, répondre à ceux qui lui cachaient discrètement de pareilles images, se chargeant ainsi d'avoir de la pudeur pour elle : « Donnez toujours ; il n'y a rien de trop fort pour moi. » Je jure que j'ai entendu cela ; mais qui me croira ? « Vous voyez bien que ce sont de grandes dames ! » dit Alexandre Dumas. « Il y en a de plus grandes encore ! » dit Cazotte.

Comme l'industrie photographique était le refuge de tous les peintres manqués, trop mal doués ou trop paresseux pour achever leurs études, cet universel engouement portait non seulement le caractère de l'aveuglement et de l'imbécillité, mais avait aussi la couleur d'une vengeance. Qu'une si stupide conspiration, dans laquelle on trouve, comme dans toutes les autres, les méchants et les dupes, puisse réussir d'une manière absolue, je ne le crois pas, ou du moins je ne veux pas le croire ; mais je suis convaincu que les progrès mal appliqués de la photographie ont beaucoup contribué, comme d'ailleurs tous les progrès purement matériels, à l'appauvrissement du génie artistique français, déjà si rare. La Fatuité moderne aura beau rugir, éructer tous les borborygmes de sa ronde personnalité, vomir tous les sophismes indigestes dont une philosophie récente l'a bourrée à gueule-que-veux-tu, cela tombe sous le sens que l'industrie, faisant irruption dans l'art, en devient la plus mortelle ennemie, et que la confusion des fonctions empêche qu'aucune soit bien remplie. La poésie et le progrès sont deux ambitieux qui se haïssent d'une haine instinctive, et, quand ils se rencontrent dans le même chemin, il faut que l'un des deux serve l'autre. S'il est permis à la photographie de suppléer l'art dans quelques-unes de ses fonctions, elle l'aura bientôt supplanté ou corrompu tout à fait, grâce à l'alliance naturelle qu'elle trouvera dans la sottise de la multitude. Il faut donc qu'elle rentre dans son véritable devoir, qui est d'être la servante des sciences et des arts, mais la très humble servante, comme l'imprimerie et la sténographie, qui n'ont ni créé ni suppléé la littérature. Qu'elle enrichisse rapidement l'album du voyageur et rende à ses yeux la précision qui manquerait à sa mémoire, qu'elle orne la bibliothèque du naturaliste, exagère les animaux microscopiques, fortifie même de quelques renseignements les hypothèses de l'astronome ; qu'elle soit enfin le secrétaire et le garde-note de quiconque a besoin dans sa profession d'une absolue exactitude matérielle, jusque-là rien de mieux. Qu'elle sauve de l'oubli les ruines pendantes, les livres, les estampes et les manuscrits que le temps dévore, les choses précieuses dont la forme va disparaître et qui demandent une place dans les archives de notre mémoire, elle sera remerciée et applaudie. Mais s'il lui est permis d'empiéter sur le domaine de l'impalpable et de l'imaginaire, sur tout ce qui ne vaut que parce que l'homme y ajoute de son âme, alors malheur à nous !

Je sais bien que plusieurs me diront : « La maladie que vous venez d'expliquer est celle des imbéciles. Quel homme, digne du nom d'artiste, et quel amateur véritable a jamais confondu l'art avec l'industrie ? » Je le sais, et cependant je leur demanderai à mon tour s'ils croient à la contagion du bien et du mal, à l'action des foules sur les individus et à l'obéissance involontaire, forcée, de l'individu à la foule. Que l'artiste agisse sur le public, et que le public réagisse sur l'artiste, c'est une loi incontestable et irrésistible ; d'ailleurs les faits, terribles témoins, sont faciles à étudier ; on peut constater le désastre. De jour en jour l'art diminue le respect de lui-même, se prosterne devant la réalité extérieure, et le peintre devient de plus en plus enclin à peindre, non pas ce qu'il rêve, mais ce qu'il voit. Cependant *c'est un bonheur de rêver*, et c'était une gloire d'exprimer ce qu'on rêvait ; mais, que dis-je ! connaît-il encore ce bonheur ?

L'observateur de bonne foi affirmera-t-il que l'invasion de la photographie et la grande folie industrielle sont tout à fait étrangères à ce résultat déplorable ? Est-il permis de supposer qu'un peuple dont les yeux s'accoutument à considérer les résultats d'une science matérielle comme les produits du beau n'a pas singulièrement, au bout d'un certain temps, diminué la faculté de juger et de sentir, ce qu'il y a de plus éthéré et de plus immatériel ?

III

LA REINE DES FACULTÉS

Dans ces derniers temps nous avons entendu dire de mille manières différentes : « Copiez la nature ; ne copiez que la nature. Il n'y a pas de plus grande jouissance ni de plus beau triomphe qu'une copie excellente de la nature. » Et cette doctrine, ennemie de l'art, prétendait être appliquée non seulement à la peinture, mais à tous les arts, même au roman, même à la poésie. À ces doctrinaires si satisfaits de la nature un homme imaginatif aurait certainement eu le droit de répondre : « Je trouve inutile et fastidieux de représenter ce qui est, parce que rien de ce qui est ne me satisfait. La nature est laide, et je préfère les monstres de ma fantaisie à la trivialité positive. » Cependant il eût été plus philosophique de demander aux doctrinaires en question, d'abord s'ils sont bien certains de l'existence de la nature extérieure, ou, si cette question eût paru trop bien faite pour réjouir leur causticité, s'ils sont bien sûrs de connaître *toute la nature,* tout ce qui est contenu dans la nature. Un oui eût été la plus fanfaronne et la plus extravagante des réponses. Autant que j'ai pu comprendre ces singulières et avilissantes divagations, la doctrine voulait dire, je lui fais l'honneur de croire qu'elle voulait dire : L'artiste, le vrai artiste, le vrai poète, ne doit peindre que selon qu'il voit et qu'il sent. Il doit être *réellement* fidèle à sa propre nature. Il doit éviter comme la mort d'emprunter les yeux et les sentiments d'un autre homme, si grand qu'il soit ; car alors les productions qu'il nous donnerait seraient, relativement à lui, des mensonges, et non des *réalités*. Or, si les pédants dont je parle (il y a de la pédanterie même dans la bassesse), et qui ont des représentants partout, cette théorie flattant également l'impuissance et la paresse, ne voulaient pas que la chose fût entendue ainsi, croyons simplement qu'ils voulaient dire : « Nous n'avons pas d'imagination, et nous décrétons que personne n'en aura. »

Mystérieuse faculté que cette reine des facultés ! Elle touche à toutes les autres ; elle les excite, elle les envoie au combat. Elle leur ressemble quelquefois au point de se confondre avec elles, et cependant elle est toujours bien elle-même, et les hommes qu'elle n'agite pas sont facilement reconnaissables à je ne sais quelle malédiction qui dessèche leurs productions comme le figuier de l'Évangile.

Elle est l'analyse, elle est la synthèse ; et cependant des hommes habiles dans l'analyse et suffisamment aptes à faire un résumé peuvent être privés d'imagination. Elle est cela, et elle n'est pas tout à fait cela. Elle est la sensibilité, et pourtant il y a des personnes très sensibles, trop sensibles peut-être, qui en sont privées. C'est l'imagination qui a enseigné à l'homme le sens moral de la couleur, du contour, du son et du parfum. Elle a créé, au commencement du monde, l'analogie et la métaphore. Elle décompose toute la création, et, avec les matériaux amassés et disposés suivant des règles dont on ne peut trouver l'origine que dans le plus profond de l'âme, elle crée un monde nouveau, elle produit la sensation du neuf. Comme elle a créé le monde (on peut bien dire cela, je crois, même dans un sens religieux), il est juste qu'elle le gouverne. Que dit-on d'un guerrier sans imagination ? Qu'il peut faire un excellent soldat, mais que, s'il commande des armées, il ne fera pas de conquêtes. Le cas peut se comparer à celui d'un poète ou d'un romancier qui enlèverait à l'imagination le commandement des facultés pour le donner, par exemple, à la connaissance de la langue ou à l'observation des faits. Que dit-on d'un diplomate sans imagination ? Qu'il peut très bien connaître l'histoire des traités et des alliances dans le passé, mais qu'il ne devinera pas les traités et les alliances contenus dans l'avenir. D'un savant sans imagination ? Qu'il a appris tout ce qui, ayant été enseigné, pouvait être appris, mais qu'il ne trouvera pas les lois non encore devinées. L'imagination est la reine du vrai, et le *possible* est une des provinces du vrai. Elle est positivement apparentée avec l'infini.

Sans elle, toutes les facultés, si solides ou si aiguisées qu'elles soient, sont comme si elles n'étaient pas, tandis que la faiblesse de quelques facultés secondaires, excitées par une imagination vigoureuse, est un malheur secondaire. Aucune ne peut se passer d'elle, et elle peut suppléer quelques-unes. Souvent ce que celles-ci cherchent et ne trouvent qu'après les essais successifs de plusieurs méthodes non adaptées à la nature des choses, fièrement et simplement elle le devine. Enfin elle joue un rôle puissant même dans la morale ; car, permettez-moi d'aller jusque-là, qu'est-ce que la vertu sans imagination ? Autant dire la vertu sans la pitié, la vertu sans le ciel ; quelque chose de dur, de cruel, de stérilisant, qui, dans certains pays, est devenu la bigoterie, et dans certains autres le protestantisme.

Malgré tous les magnifiques privilèges que j'attribue à l'imagination, je ne ferai pas à vos lecteurs l'injure de leur expliquer que mieux elle est secourue et plus elle est puissante, et que ce qu'il y a de plus fort dans les batailles avec l'idéal, c'est une belle imagination disposant d'un immense magasin d'observations. Cependant, pour revenir à ce que je disais tout à l'heure relativement à cette permission de suppléer que doit l'imagination à son origine divine, je veux vous citer un exemple, un tout petit exemple, dont vous ne ferez pas mépris, je l'espère. Croyez-vous que l'auteur d'*Antony*, du *Comte Hermann*, de *Monte-Cristo*, soit un savant ? Non, n'est-ce pas ? Croyez-vous qu'il soit versé dans la pratique des arts, qu'il en ait fait une étude patiente ? Pas davantage. Cela serait même, je crois, antipathique à sa nature. Eh bien, il est un exemple qui

prouve que l'imagination, quoique non servie par la pratique et la connaissance des termes techniques, ne peut pas proférer de sottises hérétiques en une matière qui est, pour la plus grande partie, de son ressort. Récemment je me trouvais dans un wagon, et je rêvais à l'article que j'écris présentement ; je rêvais surtout à ce singulier renversement des choses qui a permis, dans un siècle, il est vrai, où, pour le châtiment de l'homme, tout lui a été permis, de mépriser la plus honorable et la plus utile des facultés morales, quand je vis, trainant sur un coussin voisin, un numéro égaré de *L'Indépendance belge*. Alexandre Dumas s'était chargé d'y faire le compte rendu des ouvrages du Salon. La circonstance me commandait la curiosité. Vous pouvez deviner quelle fut ma joie quand je vis mes rêveries pleinement vérifiées par un exemple que me fournissait le hasard. Que cet homme, qui a l'air de représenter la vitalité universelle, louât magnifiquement une époque qui fut pleine de vie, que le créateur du drame romantique chantât, sur un ton qui ne manquait pas de grandeur, je vous assure, le temps heureux où, à côté de la nouvelle école littéraire, florissait la nouvelle école de peinture : Delacroix, les Devéria, Boulanger, Poterlet, Bonington, etc., le beau sujet d'étonnement ! direz-vous. C'est bien là son affaire ! *Laudator temporis acti !* Mais qu'il louât spirituel- lement Delacroix, qu'il expliquât nettement le genre de folie de ses adversai- res, et qu'il allât plus loin même, jusqu'à montrer en quoi péchaient les plus forts parmi les peintres de plus récente célébrité ; que lui, Alexandre Dumas, si abandonné, si coulant, montrât si bien, par exemple, que Troyon n'a pas de génie et ce qui lui manque même pour simuler le génie, dites-moi, mon cher ami, trouvez-vous cela aussi simple ? Tout cela, sans doute, était écrit avec ce *lâché* dramatique dont il a pris l'habitude en causant avec son innombrable auditoire ; mais cependant que de grâce et de soudaineté dans l'expression du vrai ! Vous avez fait déjà ma conclusion : Si Alexandre Dumas, qui n'est pas un savant, ne possédait pas heureusement une riche imagination, il n'aurait dit que des sottises ; il a dit des choses sensées et bien dites, parce que... (il faut bien achever) parce que l'imagination, grâce à sa nature suppléante, contient l'esprit critique.

Il reste, cependant, à mes contradicteurs une ressource, c'est d'affirmer qu'Alexandre Dumas n'est pas l'auteur de son *Salon*. Mais cette insulte est si vieille et cette ressource si banale, qu'il faut l'abandonner aux amateurs de friperie, aux faiseurs de *courriers* et de *chroniques*. S'ils ne l'ont pas déjà ramassée, ils la ramasseront.

Nous allons entrer plus intimement dans l'examen des fonctions de cette faculté *cardinale* (sa richesse ne rappelle-t-elle pas des idées de pourpre ?). Je vous raconterai simplement ce que j'ai appris de la bouche d'un maître homme, et, de même qu'à cette époque je vérifiais, avec la joie d'un homme qui s'instruit, ses préceptes si simples sur toutes les peintures qui tombaient sous mon regard, nous pourrons les appliquer successivement, comme une pierre de touche, sur quelques-uns de nos peintres.

IV

LE GOUVERNEMENT DE L'IMAGINATION

Hier soir, après vous avoir envoyé les dernières pages de ma lettre, où j'avais écrit, mais non sans une certaine timidité : *Comme l'imagination a créé le monde, elle le gouverne,* je feuilletais *La Face nocturne de la Nature* et je tombai sur ces lignes, que je cite uniquement parce qu'elles sont la paraphrase justificative de la ligne qui m'inquiétait : « *By imagination, I do not simply mean to convey the common notion implied by that much abused word, which is only* fancy, *but the* constructive *imagination, which is a much higher function, and which, in as much as man is made in the likeness of God, bears a distant relation to that sublime power by which the Creator projects, creates, and upholds his universe.*» — « Par imagination, je ne veux pas seulement exprimer l'idée commune impliquée dans ce mot dont on fait si grand abus, laquelle est simplement *fantaisie,* mais bien l'imagination *créatrice,* qui est une fonction beaucoup plus élevée, et qui, en tant que l'homme est fait à la ressemblance de Dieu, garde un rapport éloigné avec cette puissance sublime par laquelle le Créateur conçoit, crée et entretient son univers. » Je ne suis pas du tout honteux, mais au contraire très heureux de m'être rencontré avec cette excellente Mme Crowe, de qui j'ai toujours admiré et envié la faculté de croire, aussi développée en elle que chez d'autres la défiance.

Je disais que j'avais entendu, il y a longtemps déjà, un homme vraiment savant et profond dans son art exprimer sur ce sujet les idées les plus vastes et cependant les plus simples. Quand je le vis pour la première fois, je n'avais pas d'autre expérience que celle que donne un amour excessif ni d'autre raisonnement que l'instinct. Il est vrai que cet amour et cet instinct étaient passablement vifs ; car, très jeunes, mes yeux remplis d'images peintes ou gravées n'avaient jamais pu se rassasier, et je crois que les mondes pourraient finir, *impavidum ferient,* avant que je devienne iconoclaste. Évidemment il voulut être plein d'indulgence et de complaisance ; car nous causâmes tout d'abord de lieux communs, c'est-à-dire des questions les plus vastes et les plus profondes. Ainsi, de la nature, par exemple. « La nature n'est qu'un dictionnaire », répétait-il fréquemment. Pour bien comprendre l'étendue du sens impliqué dans cette phrase, il faut se figurer les usages nombreux et ordinaires du dictionnaire. On y cherche le sens des mots, la génération des mots, l'étymologie des mots ; enfin on en extrait tous les éléments qui composent une phrase et un récit ; mais personne n'a jamais considéré le dictionnaire comme une composition dans le sens poétique du mot. Les peintres qui obéissent à l'imagination cherchent dans leur dictionnaire les éléments qui s'accordent à leur conception ; encore, en les ajustant avec un certain art, leur donnent-ils une physionomie toute nouvelle. Ceux qui n'ont pas d'imagination copient le dictionnaire. Il en résulte un très grand vice, le vice de la banalité, qui est plus particulièrement propre à ceux d'entre les peintres que leur spécialité rapproche davantage de la nature extérieure, par exemple les paysagistes, qui généralement considèrent comme un triomphe de ne pas montrer leur personnalité. À force de contempler, ils oublient de sentir et de penser. Pour ce grand peintre, toutes les parties de l'art, dont l'un prend celle-ci et l'autre celle-là pour la principale, n'étaient, ne sont, veux-je dire, que les très humbles servantes d'une faculté unique et supérieure.

Si une exécution très nette est nécessaire, c'est pour que le langage du rêve soit très nettement traduit; qu'elle soit très rapide, c'est pour que rien ne se perde de l'impression extraordinaire qui accompagnait la conception; que l'attention de l'artiste se porte même sur la propreté matérielle des outils, cela se conçoit sans peine, toutes les précautions devant être prises pour rendre l'exécution agile et décisive.

Dans une pareille méthode, qui est essentiellement logique, tous les personnages, leur disposition relative, le paysage ou l'intérieur qui leur sert de fond ou d'horizon, leurs vêtements, tout enfin doit servir à illuminer l'idée génératrice et porter encore sa couleur originelle, sa livrée, pour ainsi dire. Comme un rêve est placé dans une atmosphère qui lui est propre, de même une conception, devenue composition, a besoin de se mouvoir dans un milieu coloré qui lui soit particulier. Il y a évidemment un ton particulier attribué à une partie quelconque du tableau qui devient clef et qui gouverne les autres. Tout le monde sait que le jaune, l'orangé, le rouge, inspirent et représentent des idées de joie, de richesse, de gloire et d'amour; mais il y a des milliers d'atmosphères jaunes ou rouges, et toutes les autres couleurs seront affectées logiquement et dans une quantité proportionnelle par l'atmosphère dominante. L'art du coloriste tient évidemment par de certains côtés aux mathématiques et à la musique. Cependant ses opérations les plus délicates se font par un sentiment auquel un long exercice a donné une sûreté inqualifiable. On voit que cette grande loi d'harmonie générale condamne bien des papillotages et bien des crudités, même chez les peintres les plus illustres. Il y a des tableaux de Rubens qui non seulement font penser à un feu d'artifice coloré, mais même à plusieurs feux d'artifice tirés sur le même emplacement. Plus un tableau est grand, plus la touche doit être large, cela va sans dire; mais il est bon que les touches ne soient pas matériellement fondues; elles se fondent naturellement à une distance voulue par la loi sympathique qui les a associées. La couleur obtient ainsi plus d'énergie et de fraicheur.

Un bon tableau, fidèle et égal au rêve qui l'a enfanté, doit être produit comme un monde. De même que la création, telle que nous la voyons, est le résultat de plusieurs créations dont les précédentes sont toujours complétées par la suivante; ainsi un tableau conduit harmoniquement consiste en une série de tableaux superposés, chaque nouvelle couche donnant au rêve plus de réalité et le faisant monter d'un degré vers la perfection. Tout au contraire, je me rappelle avoir vu dans les ateliers de Paul Delaroche et d'Horace Vernet de vastes tableaux, non pas ébauchés, mais commencés, c'est-à-dire absolument finis dans de certaines parties, pendant que certaines autres n'étaient encore indiquées que par un contour noir ou blanc. On pourrait comparer ce genre d'ouvrage à un travail purement manuel qui doit couvrir une certaine quantité d'espace en un temps déterminé, ou à une longue route divisée en un grand nombre d'étapes. Quand une étape est faite, elle n'est plus à faire, et quand toute la route est parcourue, l'artiste est délivré de son tableau.

Tous ces préceptes sont évidemment modifiés plus ou moins par le tempérament varié des artistes. Cependant je suis convaincu que c'est là la méthode la plus sûre pour les imaginations riches. Conséquemment, de trop grands écarts faits hors de la méthode en question témoignent d'une importance anormale et injuste donnée à quelque partie secondaire de l'art.

Je ne crains pas qu'on dise qu'il y a absurdité à supposer une même éducation appliquée à une foule d'individus différents. Car il est évident que les

rhétoriques et les prosodies ne sont pas des tyrannies inventées arbitrairement, mais une collection de règles réclamées par l'organisation même de l'être spirituel. Et jamais les prosodies et les rhétoriques n'ont empêché l'originalité de se produire distinctement. Le contraire, à savoir qu'elles ont aidé l'éclosion de l'originalité, serait infiniment plus vrai.

Pour être bref, je suis obligé d'omettre une foule de corollaires résultant de la formule principale, où est, pour ainsi dire, contenu tout le formulaire de la véritable esthétique, et qui peut être exprimée ainsi : Tout l'univers visible n'est qu'un magasin d'images et de signes auxquels l'imagination donnera une place et une valeur relative; c'est une espèce de pâture que l'imagination doit digérer et transformer. Toutes les facultés de l'âme humaine doivent être subordonnées à l'imagination, qui les met en réquisition toutes à la fois. De même que bien connaître le dictionnaire n'implique pas nécessairement la connaissance de l'art de la composition, et que l'art de la composition lui-même n'implique pas l'imagination universelle, ainsi un bon peintre peut n'être pas un grand peintre. Mais un grand peintre est forcément un bon peintre, parce que l'imagination universelle renferme l'intelligence de tous les moyens et le désir de les acquérir.

Il est évident que, d'après les notions que je viens d'élucider tant bien que mal (il y aurait encore tant de choses à dire, particulièrement sur les parties concordantes de tous les arts et les ressemblances dans leurs méthodes !), l'immense classe des artistes, c'est-à-dire des hommes qui se sont voués à l'expression de l'art, peut se diviser en deux camps bien distincts : celui-ci, qui s'appelle lui-même *réaliste*, mot à double entente et dont le sens n'est pas bien déterminé, et que nous appellerons, pour mieux caractériser son erreur, un *positiviste,* dit : « Je veux représenter les choses telles qu'elles sont, ou bien qu'elles seraient, en supposant que je n'existe pas. » L'univers sans l'homme. Et celui-là, l'imaginatif, dit : « Je veux illuminer les choses avec mon esprit et en projeter le reflet sur les autres esprits. » Bien que ces deux méthodes absolument contraires puissent agrandir ou amoindrir tous les sujets, depuis la scène religieuse jusqu'au plus modeste paysage, toutefois l'homme d'imagination a dû généralement se produire dans la peinture religieuse et dans la fantaisie, tandis que la peinture dite de genre et le paysage devaient offrir en apparence de vastes ressources aux esprits paresseux et difficilement excitables.

Outre les imaginatifs et les soi-disant réalistes, il y a encore une classe d'hommes, timides et obéissants, qui mettent tout leur orgueil à obéir à un code de fausse dignité. Pendant que ceux-ci croient représenter la nature et que ceux-là veulent peindre leur âme, d'autres se conforment à des règles de pure convention, tout à fait arbitraires, non tirées de l'âme humaine, et simplement imposées par la routine d'un atelier célèbre. Dans cette classe très nombreuse, mais si peu intéressante, sont compris les faux amateurs de l'antique, les faux amateurs du style, et en un mot tous les hommes qui par leur impuissance ont élevé le poncif aux honneurs du style.

V

RELIGION. HISTOIRE. FANTAISIE

À chaque nouvelle exposition, les critiques remarquent que les peintures religieuses font de plus en plus défaut. Je ne sais s'ils ont raison quant au nombre ; mais certainement ils ne se trompent pas quant à la qualité. Plus d'un écrivain religieux, naturellement enclin, comme les écrivains démocrates, à suspendre le beau à la croyance, n'a pas manqué d'attribuer à l'absence de foi cette difficulté d'exprimer les choses de la foi. Erreur qui pourrait être philosophiquement démontrée, si les faits ne nous prouvaient pas suffisamment le contraire, et si l'histoire de la peinture ne nous offrait pas des artistes impies et athées produisant d'excellentes œuvres religieuses. Disons donc simplement que la religion étant la plus haute *fiction* de l'esprit humain (je parle exprès comme parlerait un athée professeur de beaux-arts, et rien n'en doit être conclu contre ma foi), elle réclame de ceux qui se vouent à l'expression de ses actes et de ses sentiments l'imagination la plus vigoureuse et les efforts les plus tendus. Ainsi le personnage de Polyeucte exige du poète et du comédien une ascension spirituelle et un enthousiasme beaucoup plus vif que tel personnage vulgaire épris d'une vulgaire créature de la terre, ou même qu'un héros purement politique. La seule concession qu'on puisse raisonnablement faire aux partisans de la théorie qui considère la foi comme l'unique source d'inspiration religieuse, est que le poète, le comédien et l'artiste, au moment où ils exécutent l'ouvrage en question, croient à la réalité de ce qu'ils représentent, échauffés qu'ils sont par la nécessité. Ainsi l'art est le seul domaine spirituel où l'homme puisse dire : « Je croirai si je veux, et si je ne veux pas, je ne croirai pas. » La cruelle et humiliante maxime : *Spiritus flat ubi vult*, perd ses droits en matière d'art.

J'ignore si MM. Legros et Amand Gautier possèdent la foi comme l'entend l'Église, mais très certainement ils ont eu, en composant chacun un excellent ouvrage de piété, la foi suffisante pour l'objet en vue. Ils ont prouvé que, même au XIXᵉ siècle, l'artiste peut produire un bon tableau de religion, pourvu que son imagination soit apte à s'élever jusque-là. Bien que les peintures plus importantes d'Eugène Delacroix nous attirent et nous réclament, j'ai trouvé bon, mon cher M ***, de citer tout d'abord deux noms inconnus ou peu connus. La fleur oubliée ou ignorée ajoute à son parfum naturel le parfum paradoxal de son obscurité, et sa valeur positive est augmentée par la joie de l'avoir découverte. J'ai peut-être tort d'ignorer entièrement M. Legros, mais j'avouerai que je n'avais encore vu aucune production signée de son nom. La première fois que j'aperçus son tableau, j'étais avec notre ami commun, M. C..., dont j'attirai les yeux sur cette production si humble et si pénétrante. Il n'en pouvait pas nier les singuliers mérites ; mais cet aspect *villageois,* tout ce petit monde vêtu de velours, de coton, d'indienne et de cotonnade que l'*Angelus* rassemble le soir sous la voûte de l'église de nos grandes villes, avec ses sabots et ses parapluies, tout voûté par le travail, tout ridé par l'âge, tout parcheminé par la brûlure du chagrin, troublait un peu ses yeux, amoureux, comme ceux d'un bon connaisseur, des beautés élégantes et mondaines. Il obéissait évidemment à cette humeur française qui craint surtout d'être dupe, et qu'a si cruellement raillée l'écrivain français qui en était le plus singulièrement obsédé. Cependant l'esprit du vrai critique, comme l'esprit du vrai poète, doit être ouvert à toutes

les beautés ; avec la même facilité il jouit de la grandeur éblouissante de César triomphant et de la grandeur du pauvre habitant des faubourgs incliné sous le regard de son Dieu. Comme les voilà bien *revenues* et retrouvées les sensations de rafraîchissement qui habitent les voûtes de l'église catholique, et l'humilité qui jouit d'elle-même, et la confiance du pauvre dans le Dieu juste, et l'espérance du secours, si ce n'est l'oubli des infortunes présentes ! Ce qui prouve que M. Legros est un esprit vigoureux, c'est que l'accoutrement vulgaire de son sujet ne nuit pas du tout à la grandeur morale du même sujet, mais qu'au contraire la trivialité est ici comme un assaisonnement dans la charité et la tendresse. Par une association mystérieuse que les esprits délicats comprendront, l'enfant grotesquement habillé qui tortille avec gaucherie sa casquette dans le temple de Dieu, m'a fait penser à l'âne de Sterne et à ses macarons. Que l'âne soit comique en mangeant un gâteau, cela ne diminue rien de la sensation d'attendrissement qu'on éprouve en voyant le misérable esclave de la ferme cueillir quelques douceurs dans la main d'un philosophe. Ainsi l'enfant du pauvre, tout embarrassé de sa contenance, goûte, en tremblant, aux confitures célestes. J'oubliais de dire que l'exécution de cette œuvre pieuse est d'une remarquable solidité : la couleur un peu triste et la minutie des détails s'harmonisent avec le caractère éternellement *précieux* de la dévotion. M. C... me fit remarquer que les fonds ne fuyaient pas assez loin et que les personnages semblaient un peu plaqués sur la décoration qui les entoure. Mais ce défaut, je l'avoue, en me rappelant l'ardente naïveté des vieux tableaux, fut pour moi comme un charme de plus. Dans une œuvre moins intime et moins pénétrante, il n'eût pas été tolérable.

M. Amand Gautier est l'auteur d'un ouvrage qui avait déjà, il y a quelques années, frappé les yeux de la critique, ouvrage remarquable à bien des égards, refusé, je crois, par le jury, mais qu'on put étudier aux vitres d'un des principaux marchands du boulevard : je veux parler d'une cour d'un *Hôpital de folles ;* sujet qu'il avait traité, non pas selon la méthode philosophique et germanique, celle de Kaulbach, par exemple, qui fait penser aux catégories d'Aristote, mais avec le sentiment dramatique fraçais, uni à une observation fidèle et intelligente. Les amis de l'auteur disent que *tout* dans l'ouvrage était minutieusement exact : têtes, gestes, physionomies, et copié d'après la nature. Je ne le crois pas, d'abord parce que j'ai surpris dans l'arrangement du tableau des symptômes du contraire, et ensuite parce que ce qui est positivement et universellement exact n'est jamais admirable. Cette année-ci, M. Amand Gautier a exposé un unique ouvrage qui porte simplement pour titre les *Sœurs de charité.* Il faut une véritable puissance pour dégager la poésie sensible contenue dans ces longs vêtements uniformes, dans ces coiffures rigides et dans ces attitudes modestes et sérieuses comme la vie des personnes de religion. Tout dans le tableau de M. Gautier concourt au développement de la pensée principale : ces longs murs blancs, ces arbres correctement alignés, cette façade simple jusqu'à la pauvreté, les attitudes droites et sans coquetterie féminine, tout ce sexe réduit à la discipline comme le soldat, et dont le visage brille tristement des pâleurs rosées de la virginité consacrée, donnent la sensation de l'éternel, de l'invariable, du devoir agréable dans sa monotonie. J'ai éprouvé, en étudiant cette toile peinte avec une touche large et simple comme le sujet, ce je ne sais quoi que jettent dans l'âme certains Lesueur et les meilleurs Philippe de Champagne, ceux qui expriment les habitudes monastiques. Si, parmi les personnes qui me lisent, quelques-unes voulaient chercher

ces tableaux, je crois bon de les avertir qu'elles les trouveront au bout de la galerie, dans la partie gauche du bâtiment, au fond d'un vaste salon carré où l'on a interné une multitude de toiles innommables, soi-disant religieuses pour la plupart. L'aspect de ce salon est si froid, que les promeneurs y sont plus rares, comme dans un coin de jardin que le soleil ne visite pas. C'est dans ce capharnaüm de faux *ex-voto*, dans cette immense voie lactée de plâtreuses sottises, qu'ont été reléguées ces deux modestes toiles.

L'imagination de Delacroix ! Celle-là n'a jamais craint d'escalader les hauteurs difficiles de la religion ; le ciel lui appartient, comme l'enfer, comme la guerre, comme l'Olympe, comme la volupté. Voilà bien le type du peintre-poète ! Il est bien un des rares élus, et l'étendue de son esprit comprend la religion dans son domaine. Son imagination, ardente comme les chapelles ardentes, brille de toutes les flammes et de toutes les pourpres. Tout ce qu'il y a de douleur dans la *passion* le passionne ; tout ce qu'il y a de splendeur dans l'Église l'illumine. Il verse tour à tour sur ses toiles inspirées le sang, la lumière et les ténèbres. Je crois qu'il ajouterait volontiers, comme surcroît, son faste naturel aux majestés de l'Évangile. J'ai vu une petite *Annonciation*, de Delacroix, où l'ange visitant Marie n'était pas seul, mais conduit en cérémonie par deux autres anges, et l'effet de cette cour céleste était puissant et charmant. Un de ses tableaux de jeunesse, le *Christ aux Oliviers* (« Seigneur, détournez de moi ce calice », à Saint-Paul, rue Saint-Antoine), ruisselle de tendresse féminine et d'onction poétique. La douleur et la pompe, qui éclatent si haut dans la religion, font toujours écho dans son esprit.

Eh bien, mon cher ami, cet homme extraordinaire qui a lutté avec Scott, Byron, Gœthe, Shakespeare, Arioste, Tasse, Dante et l'Évangile, qui a illuminé l'histoire des rayons de sa palette et versé sa fantaisie à flots dans nos yeux éblouis, cet homme, avancé dans le nombre de ses jours, mais marqué d'une opiniâtre jeunesse, qui depuis l'adolescence a consacré tout son temps à exercer sa main, sa mémoire et ses yeux pour préparer des armes plus sûres à son imagination, ce génie a trouvé récemment un professeur pour lui enseigner son art, dans un jeune *chroniqueur* dont le sacerdoce s'était jusque-là borné à rendre compte de la robe de madame une telle au dernier bal de l'Hôtel de Ville. Ah ! les chevaux *roses*, ah ! les paysans *lilas*, ah ! les fumées *rouges* (quelle audace, une fumée rouge !), ont été traités d'une *verte* façon. L'œuvre de Delacroix a été mis en poudre et jeté aux quatre vents du ciel. Ce genre d'articles, parlé d'ailleurs dans tous les salons bourgeois, commence invariablement par ces mots : « Je dois dire que je n'ai pas la prétention d'être un connaisseur, les mystères de la peinture me sont lettre close, *mais cependant*, etc. » (en ce cas, pourquoi en parler ?) et finit généralement par une phrase pleine d'aigreur qui équivaut à un regard d'envie jeté sur les bienheureux qui comprennent l'incompréhensible.

Qu'importe, me direz-vous, qu'importe la sottise si le génie triomphe ? Mais, mon cher, il n'est pas superflu de mesurer la force de résistance à laquelle se heurte le génie, et toute l'importance de ce jeune chroniqueur se réduit, mais c'est bien suffisant, à représenter l'esprit moyen de la bourgeoisie. Songez donc que cette comédie se joue contre Delacroix depuis 1822, et que depuis cette époque, toujours exact au rendez-vous, notre peintre nous a donné à chaque exposition plusieurs tableaux parmi lesquels il y avait au moins un chef-d'œuvre, montrant infatigablement, pour me servir de l'expression polie et indulgente de M. Thiers, « cet élan de la supériorité qui ranime les espérances

un peu découragées *par le mérite trop modéré de tout le reste* ». Et il ajoutait plus loin : « Je ne sais quel souvenir des grands artistes me *saisit* à l'aspect de ce tableau *(Dante et Virgile)*. Je retrouve cette puissance sauvage, ardente, mais naturelle, qui cède sans effort à son propre entrainement... Je ne crois pas m'y tromper, M. Delacroix *a reçu le génie;* qu'il avance avec assurance, qu'il se livre aux *immenses* travaux, condition *indispensable* du talent... » Je ne sais pas combien de fois dans sa vie M. Thiers a été prophète, mais il le fut ce jour-là. Delacroix s'est livré aux *immenses travaux*, et il n'a pas désarmé l'opinion.

À voir cet épanchement majestueux, intarissable, de peinture, il serait facile de deviner l'homme à qui j'entendais dire un soir : « Comme tous ceux de mon âge, j'ai connu plusieurs passions ; mais ce n'est que dans le travail que je me suis senti parfaitement heureux. » Pascal dit que les toges, la pourpre et les panaches ont été très heureusement inventés pour imposer au vulgaire, pour marquer d'une étiquette ce qui est vraiment respectable ; et cependant les distinctions officielles dont Delacroix a été l'objet n'ont pas fait taire l'ignorance. Mais à bien regarder la chose, pour les gens qui, comme moi, veulent que les affaires d'art ne se traitent qu'entre aristocrates et qui croient que c'est la rareté des élus qui fait le paradis, tout est ainsi pour le mieux. Homme privilégié ! la Providence lui garde des ennemis en réserve. Homme heureux parmi les heureux ! non seulement son talent triomphe des obstacles, mais il en fait naître de nouveaux pour en triompher encore ! Il est aussi grand que les anciens, dans un siècle et dans un pays où les anciens n'auraient pas pu vivre. Car, lorsque j'entends porter jusqu'aux étoiles des hommes comme Raphaël et Véronèse, avec une intention visible de diminuer le mérite qui s'est produit après eux, tout en accordant mon enthousiasme à ces grandes ombres qui n'en ont pas besoin, je me demande si un mérite, qui est *au moins* l'égal du leur (admettons un instant, par pure complaisance, qu'il lui soit inférieur), n'est pas infiniment plus *méritant,* puisqu'il s'est victorieusement développé dans une atmosphère et un terroir hostiles ? Les nobles artistes de la Renaissance eussent été bien coupables de n'être pas grands, féconds et sublimes, encouragés et excités qu'ils étaient par une compagnie illustre de seigneurs et de prélats, que dis-je ? par la multitude elle-même qui était artiste en ces âges d'or ! Mais l'artiste moderne qui s'est élevé très haut *malgré* son siècle, qu'en dirons-nous, si ce n'est de certaines choses que ce siècle n'acceptera pas, et qu'il faut laisser dire aux âges futurs ?

Pour revenir aux peintures religieuses, dites-moi si vous vîtes jamais mieux exprimée la solennité nécessaire de la *Mise au tombeau.* Croyez-vous sincèrement que Titien eût inventé cela ? Il eût conçu, il a conçu la chose autrement ; mais je préfère cette manière-ci. Le décor, c'est le caveau lui-même, emblème de la vie souterraine que doit mener longtemps la religion nouvelle ! Au dehors, l'air et la lumière qui glisse en rampant dans la spirale. La *Mère* va s'évanouir, elle se soutient à peine ! Remarquons en passant qu'Eugène Delacroix, au lieu de faire de la très sainte Mère une femmelette d'album, lui donne toujours un geste et une ampleur tragiques qui conviennent parfaitement à cette reine des mères. Il est impossible qu'un amateur un peu poète ne sente pas son imagination frappée, non pas d'une impression historique, mais d'une impression poétique, religieuse, universelle, en contemplant ces quelques hommes qui descendent soigneusement le cadavre de leur Dieu au fond d'une crypte, dans ce sépulcre que le monde adorera, « le seul, dit superbement René, qui n'aura rien à rendre à la fin des siècles ! »

Le *Saint Sébastien* est une merveille non pas seulement comme peinture,
c'est aussi un délice de tristesse. *La Montée au Calvaire* est une composition
compliquée, ardente et savante. « *Elle devait*, nous dit l'artiste qui connaît son
monde, *être exécutée dans de grandes proportions* à Saint-Sulpice, dans la
chapelle des fonts baptismaux, dont la destination a été changée. » Bien qu'il
eût pris toutes ses précautions, disant clairement au public : « Je veux vous
montrer le projet, en petit, d'un très grand travail qui m'avait été confié », les
critiques n'ont pas manqué, comme à l'ordinaire, pour lui reprocher de ne
savoir peindre que des esquisses !

Le voilà couché sur des verdures sauvages, avec une mollesse et une tristesse
féminines, le poète illustre qui enseigna l'*art d'aimer*. Ses grands amis de
Rome sauront-ils vaincre la rancune impériale ? Retrouvera-t-il un jour les
somptueuses voluptés de la prodigieuse cité ? Non, de ces pays sans gloire
s'épanchera vainement le long et mélancolique fleuve des *Tristes ;* ici il vivra,
ici il mourra. « Un jour, ayant passé l'Ister vers son embouchure et étant un peu
écarté de la troupe des chasseurs, je me trouvai à la vue des flots du Pont-
Euxin. Je découvris un tombeau de pierre, sur lequel croissait un laurier.
J'arrachai les herbes qui couvraient quelques lettres latines, et bientôt je
parvins à lire ce premier vers des élégies d'un poète infortuné :
"Mon livre, vous irez à Rome, et vous irez à Rome sans moi."

« Je ne saurais vous peindre ce que j'éprouvai en retrouvant au fond de ce
désert le tombeau d'Ovide. Quelles tristes réflexions ne fis-je point sur les
peines de l'exil, qui étaient aussi les miennes, et sur l'inutilité des talents pour le
bonheur ! Rome, qui jouit aujourd'hui des tableaux du plus ingénieux de ses
poètes, Rome a vu couler vingt ans, d'un œil sec, les larmes d'Ovide. Ah !
moins ingrats que les peuples d'Ausonie, les sauvages habitants des bords de
l'Ister se souviennent encore de l'Orphée qui parut dans leurs forêts ! Ils
viennent danser autour de ses cendres ; ils ont même retenu quelque chose de
son langage : tant leur est douce la mémoire de ce Romain qui s'accusait d'être
le barbare, parce qu'il n'était pas entendu du Sarmate ! »

Ce n'est pas sans motif que j'ai cité, à propos d'Ovide, ces réflexions
d'Eudore. Le ton mélancolique du poète des *Martyrs* s'adapte à ce tableau, et
la tristesse languissante du prisonnier chrétien s'y réfléchit heureusement. Il y
a là l'ampleur de touche et de sentiments qui caractérisait la plume qui a écrit
Les Natchez ; et je reconnais, dans la sauvage idylle d'Eugène Delacroix, une
histoire parfaitement belle parce qu'il y a mis la *fleur du désert, la grâce de la
cabane et une simplicité à conter la douleur que je ne me flatte pas d'avoir
conservées.* Certes je n'essayerai pas de traduire avec ma plume la volupté si
triste qui s'exhale de ce verdoyant *exil.* Le catalogue, parlant ici la langue si
nette et si brève des notices de Delacroix, nous dit simplement, et cela vaut
mieux : « Les uns l'examinent avec curiosité, les autres lui font accueil à leur
manière, et lui offrent des fruits sauvages et du lait de jument. » Si triste qu'il
soit, le poète des élégances n'est pas insensible à cette grâce barbare, au
charme de cette hospitalité rustique. Tout ce qu'il y a dans Ovide de délicatesse
et de fertilité a passé dans la peinture de Delacroix ; et, comme l'exil a donné au
brillant poète la tristesse qui lui manquait, la mélancolie a revêtu de son vernis
enchanteur le plantureux paysage du peintre. Il m'est impossible de dire : Tel
tableau de Delacroix est le meilleur de ses tableaux ; car c'est toujours le vin du
même tonneau, capiteux, exquis, *sui generis ;* mais on peut dire qu'*Ovide chez
les Scythes* est une de ces étonnantes œuvres comme Delacroix seul sait les

concevoir et les peindre. L'artiste qui a produit cela peut se dire un homme heureux, et heureux aussi se dira celui qui pourra tous les jours en rassasier son regard. L'esprit s'y enfonce avec une lente et gourmande volupté, comme dans le ciel, dans l'horizon de la mer, dans des yeux pleins de pensée, dans une tendance féconde et grosse de rêverie. Je suis convaincu que ce tableau a un charme tout particulier pour les esprits délicats ; je jurerais presque qu'il a dû plaire plus que d'autres, peut-être, aux tempéraments nerveux et poétiques, à M. Fromentin, par exemple, dont j'aurai le plaisir de vous entretenir tout à l'heure.

Je tourmente mon esprit pour en arracher quelque formule qui exprime bien la *spécialité* d'Eugène Delacroix. Excellent dessinateur, prodigieux coloriste, compositeur ardent et fécond, tout cela est évident, tout cela a été dit. Mais d'où vient qu'il produit la sensation de nouveauté ? Que nous donne-t-il de plus que le passé ? Aussi grand que les grands, aussi habile que les habiles, pourquoi nous plait-il davantage ? On pourrait dire que, doué d'une plus riche imagination, il exprime surtout l'intime du cerveau, l'aspect étonnant des choses, tant son ouvrage garde fidèlement la marque et l'humeur de sa conception. C'est l'infini dans le fini. C'est le rêve ! et je n'entends pas par ce mot les capharnaüms de la nuit, mais la vision produite par une intense méditation, ou, dans les cerveaux moins fertiles, par un excitant artificiel. En un mot, Eugène Delacroix peint surtout l'*âme* dans ses belles heures. Ah ! mon cher ami, cet homme me donne quelquefois l'envie de durer autant qu'un patriarche, ou, malgré tout ce qu'il faudrait de courage à un mort pour consentir à revivre (« Rendez-moi aux enfers ! » disait l'infortuné ressuscité par la sorcière thessalienne), d'être ranimé à temps pour assister aux enchantements et aux louanges qu'il excitera dans l'âge futur. Mais à quoi bon ? Et quand ce vœu puéril serait exaucé, de voir une prophétie réalisée, quel bénéfice en tirerai-je si ce n'est la honte de reconnaître que j'étais une âme faible et possédée du besoin de voir approuver ses convictions ?

L'esprit français épigrammatique, combiné avec un élément de pédanterie, destiné à relever d'un peu de sérieux sa légèreté naturelle, devait engendrer une école que Théophile Gautier, dans sa bénignité, appelle poliment l'école néo-grecque, et que je nommerai, si vous le voulez bien, l'école des *pointus*. Ici l'érudition a pour but de déguiser l'absence d'imagination. La plupart du temps, il ne s'agit dès lors que de transporter la vie commune et vulgaire dans un cadre grec ou romain. Dezobry et Barthélemy seront ici d'un grand secours, et des pastiches des fresques d'Herculanum, avec leurs teintes pâles obtenues par des frottis impalpables, permettront au peintre d'esquiver toutes les difficultés d'une peinture riche et solide. Ainsi d'un côté le bric-à-brac (élément sérieux), de l'autre la transposition des vulgarités de la vie dans le régime antique (élément de surprise et de succès), suppléeront désormais à toutes les conditions requises pour la bonne peinture. Nous verrons donc des moutards antiques jouer à la balle antique et au cerceau antique, avec d'antiques poupées et d'antiques joujoux ; des bambins idylliques jouer à la madame et au monsieur *(Ma sœur n'y est pas) ;* des amours enfourchant des bêtes aquatiques *(Décoration pour une salle de bains)* et des *Marchandes d'amour* à foison, qui offriront leur marchandise suspendue par les ailes, comme un lapin par les oreilles, et qu'on devrait renvoyer à la place de la Morgue, qui est le lieu où se

fait un abondant commerce d'oiseaux plus naturels. L'Amour, l'inévitable Amour, l'immortel Cupidon des confiseurs, joue dans cette école un rôle dominateur et universel. Il est le président de cette république galante et minaudière. C'est un poisson qui s'accommode à toutes les sauces. Ne sommes-nous pas cependant bien las de voir la couleur et le marbre prodigués en faveur de ce vieux polisson, ailé comme un insecte, ou comme un canard, que Thomas Hood nous montre accroupi, et, comme un impotent, écrasant de sa molle obésité le nuage qui lui sert de coussin ? De sa main gauche il tient en manière de sabre son arc appuyé contre sa cuisse ; de la droite il exécute avec sa flèche le commandement : Portez armes ! sa chevelure est frisée dru comme une perruque de cocher ; ses joues rebondissantes oppriment ses narines et ses yeux ; sa chair, ou plutôt sa viande, capitonnée, tubuleuse et soufflée, comme les graisses suspendues aux crochets des bouchers, est sans doute distendue par les soupirs de l'idylle universelle ; à son dos montagneux sont accrochées deux ailes de papillon.

« Est-ce bien là l'incube qui oppresse le sein des belles ?..... Ce personnage est-il le partenaire disproportionné pour lequel soupire Pastorella, dans la plus étroite des couchettes virginales ? La platonique Amanda (qui est tout âme), fait-elle donc, quand elle disserte sur l'Amour, allusion à cet être trop palpable, qui est tout corps ? Et Bélinda croit-elle, en vérité, que ce Sagittaire ultra-substantiel puisse être embusqué dans son dangereux œil bleu ?

« La légende raconte qu'une fille de Provence s'amouracha de la statue d'Apollon et en mourut. Mais demoiselle passionnée délira-t-elle jamais et se déssécha-t-elle devant le piédestal de cette monstrueuse figure ? ou plutôt ne serait-ce pas un emblème indécent qui servirait à expliquer la timidité et la résistance proverbiale des filles à l'approche de l'Amour ?

« Je crois facilement qu'il lui faut *tout un cœur* pour lui tout seul ; car il doit le bourrer jusqu'à la réplétion. Je crois à sa *confiance ;* car il a l'air sédentaire et peu propre à la marche. Qu'il soit prompt à *fondre,* cela tient à sa graisse, et s'il brûle avec *flamme,* il en est de même de tous les corps gras. Il a des *langueurs* comme tous les corps d'un pareil tonnage, et il est naturel qu'un si gros soufflet *soupire.*

« Je ne nie pas qu'il s'*agenouille* aux pieds des dames, puisque c'est la posture des éléphants ; qu'il *jure* que cet hommage sera *éternel ;* certes il serait malaisé de concevoir qu'il en fût autrement. Qu'il *meure,* je n'en fais aucun doute, avec une pareille corpulence et un cou si court ! S'il est *aveugle,* c'est l'enflure de sa joue de cochon qui lui bouche la vue. Mais qu'il loge dans l'œil bleu de Bélinda, ah ! je me sens hérétique, je ne le croirai jamais : car elle n'a jamais eu une étable* dans l'œil ! »

Cela est doux à lire, n'est-ce pas ? et cela nous venge un peu de ce gros poupard troué de fossettes qui représente l'idée populaire de l'Amour. Pour moi, si j'étais invité à représenter l'Amour, il me semble que je le peindrais sous la forme d'un cheval enragé qui dévore son maître, ou bien d'un démon aux yeux cernés par la débauche et l'insomnie, trainant, comme un spectre ou un galérien, des chaines bruyantes à ses chevilles, et secouant d'une main une fiole de poison, de l'autre le poignard sanglant du crime.

L'école en question, dont le principal caractère (à mes yeux) est un perpétuel agacement, touche à la fois au proverbe, au rébus et au vieux-neuf. Comme

* Une étable contient *plusieurs* cochons, et, de plus, il y a calembour ; on peut deviner quel est le sens du mot *sty* au figuré.

rébus, elle est, jusqu'à présent, restée inférieure à *L'Amour fait passer le Temps* et *Le Temps fait passer l'Amour,* qui ont le mérite d'un rébus sans pudeur, exact et irréprochable. Par sa manière d'habiller à l'antique la vie triviale moderne, elle commet sans cesse ce que j'appellerais volontiers une caricature à l'inverse. Je crois lui rendre un grand service en lui indiquant, si elle veut devenir plus agaçante encore, le petit livre de M. Édouard Fournier comme une source inépuisable de sujets. Revêtir des costumes du passé toute l'histoire, toutes les professions et toutes les industries modernes, voilà, je pense, pour la peinture, un infaillible et infini moyen d'étonnement. L'honorable érudit y prendra lui-même quelque plaisir.

Il est impossible de méconnaître chez M. Gérome de nobles qualités, dont les premières sont la recherche du nouveau et le goût des grands sujets ; mais son originalité (si toutefois il y a originalité) est souvent d'une nature laborieuse et à peine visible. Froidement il réchauffe les sujets par de petits ingrédients et par des expédients puérils. L'idée d'un combat de coqs appelle naturellement le souvenir de Manille ou de l'Angleterre. M. Gérome essayera de surprendre notre curiosité en transportant ce jeu dans une espèce de pastorale antique. Malgré de grands et nobles efforts, *Le Siècle d'Auguste,* par exemple, — qui est encore une preuve de cette tendance française de M. Gérome à chercher le succès ailleurs que dans la seule peinture, — il n'a été jusqu'à présent, et ne sera, ou du moins cela est fort à craindre, que le premier des esprits pointus. Que ces jeux romains soient exactement représentés, que la couleur locale soit scrupuleusement observée, je n'en veux point douter ; je n'élèverai pas à ce sujet le moindre soupçon (cependant, puisque voici le rétiaire, où est le mirmillon ?) ; mais baser un succès sur de pareils éléments, n'est-ce pas jouer un jeu, sinon déloyal, au moins dangereux, et susciter une résistance méfiante chez beaucoup de gens qui s'iront hochant la tête et se demandant s'il est bien certain que les choses se passassent absolument ainsi ? En supposant même qu'une pareille critique soit injuste (car on reconnaît généralement chez M. Gérome un esprit curieux du passé et avide d'instruction), elle est la punition méritée d'un artiste qui substitue l'amusement d'une page érudite aux jouissances de la pure peinture. La facture de M. Gérome, il faut bien le dire, n'a jamais été forte ni originale. Indécise, au contraire, et faiblement caractérisée, elle a toujours oscillé entre Ingres et Delaroche. J'ai d'ailleurs à faire un reproche plus vif au tableau en question. Même pour montrer l'endurcissement dans le crime et dans la débauche, même pour nous faire soupçonner les bassesses secrètes de la goinfrerie, il n'est pas nécessaire de faire alliance avec la caricature, et je crois que l'habitude du commandement, surtout quand il s'agit de commander au monde, donne, à défaut de vertus, une certaine noblesse d'attitude dont s'éloigne beaucoup trop ce soi-disant César, ce boucher, ce marchand de vins obèse, qui tout au plus pourrait, comme le suggère sa pose satisfaite et provocante, aspirer au rôle de directeur du journal des *Ventrus* et des satisfaits.

Le Roi Candaule est encore un piège et une distraction. Beaucoup de gens s'extasient devant le mobilier et la décoration du lit royal ; voilà donc une chambre à coucher asiatique ! quel triomphe ! Mais est-il bien vrai que la terrible reine, si jalouse d'elle-même, qui se sentait autant souillée par le regard que par la main, ressemblât à cette plate marionnette ? Il y a, d'ailleurs, un grand danger dans un tel sujet, situé à égale distance du tragique et du comique. Si l'anecdote asiatique n'est pas traitée d'une manière asiatique, funeste,

sanglante, elle suscitera toujours le comique ; elle appellera invariablement dans l'esprit les polissonneries de Baudouin et des Biard du XVIII^e siècle, où une porte entrebâillée permet à deux yeux écarquillés de surveiller le jeu d'une seringue entre les appas exagérés d'une marquise.

Jules César ! quelle splendeur de soleil couché le nom de cet homme jette dans l'imagination ! Si jamais homme sur la terre a ressemblé à la Divinité, ce fut César. Puissant et séduisant ! brave, savant et généreux ! Toutes les forces, toutes les gloires et toutes les élégances ! Celui dont la grandeur dépassait toujours la victoire, et qui a grandi jusque dans la mort ; celui dont la poitrine, traversée par le couteau, ne donnait passage qu'au cri de l'amour paternel, et qui trouvait la blessure du fer moins cruelle que la blessure de l'ingratitude ! Certainement, cette fois, l'imagination de M. Gérome a été enlevée ; elle subissait une crise heureuse quand elle a conçu son César *seul,* étendu devant son trône culbuté, et ce cadavre de Romain qui fut pontife, guerrier, orateur, historien et maître du monde, remplissant une salle immense et déserte. On a critiqué cette manière de montrer le sujet ; on ne saurait trop la louer. L'effet en est vraiment grand. Ce terrible résumé suffit. Nous savons tous assez l'histoire romaine pour nous figurer tout ce qui est sous-entendu, le désordre qui a précédé et le tumulte qui a suivi. Nous devinons Rome derrière cette muraille, et nous entendons les cris de ce peuple stupide et délivré, à la fois ingrat envers la victime et envers l'assassin : « Faisons Brutus César ! » Reste à expliquer, relativement à la peinture elle-même, quelque chose d'inexplicable. César ne peut pas être un maugrabin ; il avait la peau très blanche ; il n'est pas puéril, d'ailleurs, de rappeler que le dictateur avait autant de soin de sa personne qu'un dandy raffiné. Pourquoi donc cette couleur terreuse dont la face et le bras sont revêtus ? J'ai entendu alléguer le ton cadavéreux dont la mort frappe les visages. Depuis combien de temps, en ce cas, faut-il supposer que le vivant est devenu cadavre ? Les promoteurs d'une pareille excuse doivent regretter la putréfaction. D'autres se contentent de faire remarquer que le bras et la tête sont enveloppés par l'ombre. Mais cette excuse impliquerait que M. Gérome est incapable de représenter une chair blanche dans une pénombre, et cela n'est pas croyable. J'abandonne donc forcément la recherche de ce mystère. Telle qu'elle est, et avec tous ses défauts, cette toile est la meilleure et incontestablement la plus frappante qu'il nous ait montrée depuis longtemps.

Les victoires françaises engendrèrent sans cesse un grand nombre de peintures militaires. J'ignore ce que vous pensez, mon cher M***, de la peinture militaire considérée comme métier et spécialité. Pour moi, je ne crois pas que le patriotisme commande le goût du faux ou de l'insignifiant. Ce genre de peinture, si l'on y veut bien réfléchir, exige la fausseté ou la nullité. Une bataille *vraie* n'est pas un tableau ; car, pour être intelligible et conséquemment intéressante comme *bataille,* elle ne peut être représentée que par des lignes blanches, bleues ou noires, simulant les bataillons en ligne. Le terrain devient, dans une composition de ce genre comme dans la réalité, plus important que les hommes. Mais, dans de pareilles conditions, il n'y a plus de tableau, ou du moins il n'y a qu'un tableau de tactique et de topographie. M. Horace Vernet crut une fois, plusieurs fois même, résoudre la difficulté par une série d'épisodes accumulés et juxtaposés. Dès lors, le tableau, privé d'unité, ressemble à ces mauvais drames où une surcharge d'incidents parasites empêche d'apercevoir l'idée mère, la conception génératrice. Donc, en dehors du tableau fait pour les tacticiens et les topographes, que nous devons exclure

de l'art pur, un tableau militaire n'est intelligible et intéressant qu'à la condition d'être *un simple épisode de la vie militaire*. Ainsi l'a très bien compris M. Pils, par exemple, dont nous avons souvent admiré les spirituelles et solides compositions ; ainsi, autrefois, Charlet et Raffet. Mais même dans le simple épisode, dans la simple représentation d'une mêlée d'hommes sur un petit espace déterminé, que de faussetés, que d'exagérations et quelle monotonie l'œil du spectateur a souvent à souffrir ! J'avoue que ce qui m'afflige le plus en ces sortes de spectacles, ce n'est pas cette abondance de blessures, cette prodigalité hideuse de membres écharpés, mais bien l'immobilité dans la violence et l'épouvantable et froide grimace d'une fureur stationnaire. Que de justes critiques ne pourrait-on pas faire encore ! D'abord ces longues bandes de troupes monochromes, telles que les habillent les gouvernements modernes, supportent difficilement le pittoresque, et les artistes, à leurs heures belliqueuses, cherchent plutôt dans le passé, comme l'a fait M. Penguilly dans le *Combat des Trente,* un prétexte plausible pour développer une belle variété d'armes et de costumes. Il y a ensuite dans le cœur de l'homme un certain amour de la victoire exagéré jusqu'au mensonge, qui donne souvent à ces toiles un faux air de plaidoiries. Cela n'est pas peu propre à refroidir, dans un esprit raisonnable, un enthousiasme d'ailleurs tout prêt à éclore. Alexandre Dumas, pour avoir à ce sujet rappelé récemment la fable : *Ah ! si les lions savaient peindre !* s'est attiré une verte remontrance d'un de ses confrères. Il est juste de dire que le moment n'était pas très bien choisi, et qu'il aurait dû ajouter que tous les peuples étalent naïvement le même défaut sur leurs théâtres et dans leurs musées. Voyez, mon cher, jusqu'à quelle folie une passion exclusive et étrangère aux arts peut entraîner un écrivain patriote : je feuilletais un jour un recueil célèbre représentant les victoires françaises accompagnées d'un texte. Une de ces estampes figurait la conclusion d'un traité de paix. Les personnages français, bottés, éperonnés, hautains, insultaient presque du regard des diplomates humbles et embarrassés ; et le texte louait l'artiste d'avoir su exprimer chez les uns la vigueur morale par l'énergie des muscles, et chez les autres la lâcheté et la faiblesse par une rondeur de formes toute féminine ! Mais laissons de côté ces puérilités, dont l'analyse trop longue est un hors-d'œuvre, et n'en tirons que cette morale, à savoir, qu'on peut manquer de pudeur même dans l'expression des sentiments les plus nobles et les plus magnifiques.

Il y a un tableau militaire que nous devons louer, et avec tout notre zèle ; mais ce n'est point une bataille ; au contraire, c'est presque une pastorale. Vous avez déjà deviné que je veux parler du tableau de M. Tabar. Le livret dit simplement : *Guerre de Crimée, Fourrageurs.* Que de verdure, et quelle belle verdure, doucement ondulée suivant le mouvement des collines ! L'âme respire ici un parfum compliqué ; c'est la fraîcheur végétale, c'est la beauté tranquille d'une nature qui fait rêver plutôt que penser, et en même temps c'est la contemplation de cette vie ardente, aventureuse, où chaque journée appelle un labeur différent. C'est une idylle traversée par la guerre. Les gerbes sont empilées ; la moisson nécessaire est faite et l'ouvrage est sans doute fini, car le clairon jette au milieu des airs un rappel retentissant. Les soldats reviennent par bandes, montant et descendant les ondulations du terrain avec une désinvolture nonchalante et régulière. Il est difficile de tirer un meilleur parti d'un sujet aussi simple : tout y est poétique, la nature et l'homme ; tout y est vrai et pittoresque, jusqu'à la ficelle ou à la bretelle unique qui soutient çà et là le pantalon rouge. L'uniforme égaye ici, avec l'ardeur du coquelicot ou du pavot,

un vaste océan de verdure. Le sujet, d'ailleurs, est d'une nature suggestive ; et, bien que la scène se passe en Crimée, avant d'avoir ouvert le catalogue, ma pensée, devant cette armée de moissonneurs, se porta d'abord vers nos troupes d'Afrique, que l'imagination se figure toujours si prêtes à tout, si industrieuses, si véritablement *romaines*.

Ne vous étonnez pas de voir un désordre apparent succéder pendant quelques pages à la méthodique allure de mon compte rendu. J'ai dans le triple titre de ce chapitre adopté le mot *fantaisie* non sans quelque raison. *Peinture de genre* implique un certain prosaïsme, et *peinture romanesque*, qui remplissait un peu mieux mon idée, exclut l'idée du fantastique. C'est dans ce genre surtout qu'il faut choisir avec sévérité ; car la fantaisie est d'autant plus dangereuse qu'elle est plus facile et plus ouverte ; dangereuse comme la poésie en prose, comme le roman, elle ressemble à l'amour qu'inspire une prostituée et qui tombe bien vite dans la puérilité ou dans la bassesse ; dangereuse comme toute liberté absolue. Mais la fantaisie est vaste comme l'univers multiplié par tous les êtres pensants qui l'habitent. Elle est la première chose venue interprétée par le premier venu ; et, si celui-là n'a pas l'âme qui jette une lumière magique et surnaturelle sur l'obscurité naturelle des choses, elle est une inutilité horrible, elle est la première venue souillée par le premier venu. Ici donc, plus d'analogie, sinon de hasard ; mais au contraire trouble et contraste, un champ bariolé par l'absence d'une culture régulière.

En passant, nous pouvons jeter un regard d'admiration et presque de regret sur les charmantes productions de quelques hommes qui, dans l'époque de noble renaissance dont j'ai parlé au début de ce travail, représentaient le joli, le précieux, le délicieux. Eugène Lami qui, à travers ses paradoxaux petits personnages, nous fait voir un monde et un goût disparus, et Wattier, ce savant qui a tant aimé Watteau. Cette époque était si belle et si féconde, que les artistes en ce temps-là n'oubliaient aucun besoin de l'esprit. Pendant qu'Eugène Delacroix et Devéria créaient le grand et le pittoresque, d'autres, spirituels et nobles dans la petitesse, peintres du boudoir et de la beauté légère, augmentaient incessamment l'album actuel de l'élégance idéale. Cette renaissance était grande en tout, dans l'héroïque et dans la vignette. Dans de plus fortes proportions aujourd'hui, M. Chaplin, excellent peintre d'ailleurs, continue quelquefois, mais avec un peu de lourdeur, ce culte du joli ; cela sent moins le monde et un peu plus l'atelier. M. Nanteuil est un des plus nobles, des plus assidus producteurs qui honorent la seconde phase de cette époque. Il a mis un doigt d'eau dans son vin ; mais il peint et il compose toujours avec énergie et imagination. Il y a une fatalité dans les enfants de cette école victorieuse. Le romantisme est une grâce, céleste ou infernale, à qui nous devons des stigmates éternels. Je ne puis jamais contempler la collection des ténébreuses et blanches vignettes dont Nanteuil illustrait les ouvrages des auteurs, ses amis, sans sentir comme un petit vent frais qui fait se hérisser le souvenir. Et M. Baron, n'est-ce pas là aussi un homme curieusement doué, et, sans exagérer son mérite outre mesure, n'est-il pas délicieux de voir tant de facultés employées dans de capricieux et modestes ouvrages ? Il compose admirablement, groupe avec esprit, colore avec ardeur, et jette une flamme amusante dans tous ses drames ; drames, car il a la composition dramatique et quelque chose qui ressemble au génie de l'opéra. Si j'oubliais de le remercier, je serais bien ingrat ; je lui dois une sensation délicieuse. Quand, au sortir d'un taudis, sale et mal éclairé, un homme se trouve tout d'un coup transporté dans un appartement propre, orné

de meubles ingénieux et revêtu de couleurs caressantes, il sent son esprit s'illuminer et ses fibres s'apprêter aux choses du bonheur. Tel le plaisir physique que m'a causé l'*Hôtellerie de Saint-Luc*. Je venais de considérer avec tristesse tout un chaos, plâtreux et terreux, d'horreur et de vulgarité, et, quand je m'approchai de cette riche et lumineuse peinture, je sentis mes entrailles crier : Enfin, nous voici dans la belle société ! Comme elles sont fraîches, ces eaux qui amènent par troupes ces convives distingués sous ce portique ruisselant de lierre et de roses ! Comme elles sont splendides, toutes ces femmes avec leurs compagnons, ces maîtres peintres qui se connaissent en beauté, s'engouffrant dans ce repaire de la joie pour célébrer leur patron ! Cette composition, si riche, si gaie, et en même temps si noble et si élégante d'attitude, est un des meilleurs rêves de bonheur parmi ceux que la peinture a jusqu'à présent essayé d'exprimer.

Par ses dimensions, l'*Ève* de M. Clésinger fait une antithèse naturelle avec toutes les charmantes et mignonnes créatures dont nous venons de parler. Avant l'ouverture du Salon, j'avais entendu beaucoup jaser de cette *Ève* prodigieuse, et, quand j'ai pu la voir, j'étais si prévenu contre elle, que j'ai trouvé tout d'abord qu'on en avait beaucoup trop ri. Réaction toute naturelle, mais qui était, de plus, favorisée par mon amour incorrigible du *grand*. Car il faut, mon cher, que je vous fasse un aveu qui vous fera peut-être sourire : dans la nature et dans l'art, je préfère, en supposant l'égalité de mérite, les choses *grandes* à toutes les autres, les grands animaux, les grands paysages, les grands navires, les grands hommes, les grandes femmes, les grandes églises, et, transformant, comme tant d'autres, mes goûts en principes, je crois que la dimension n'est pas une considération sans importance aux yeux de la Muse. D'ailleurs, pour revenir à l'*Ève* de M. Clésinger, cette figure possède d'autres mérites : un mouvement heureux, l'élégance tourmentée du goût florentin, un modelé soigné, surtout dans les parties inférieures du corps, les genoux, les cuisses et le ventre, tel enfin qu'on devait l'attendre d'un sculpteur, un fort bon ouvrage qui méritait mieux que ce qui en a été dit.

Vous rappelez-vous les débuts de M. Hébert, des débuts heureux et presque tapageurs ? Son second tableau attira surtout les yeux ; c'était, si je ne me trompe, le portrait d'une femme onduleuse et plus qu'opaline, presque douée de transparence, et se tordant, maniérée, mais exquise, dans une atmosphère d'enchantement. Certainement le succès était mérité, et M. Hébert s'annonçait de manière à être toujours le bienvenu, comme un homme plein de distinction. Malheureusement ce qui fit sa juste notoriété fera peut-être un jour sa décadence. Cette *distinction* se limite trop volontiers aux charmes de la morbidesse et aux langueurs monotones de l'album et du keepsake. Il est incontestable qu'il peint fort bien, mais non pas avec assez d'autorité et d'énergie pour cacher une faiblesse de conception. Je cherche à creuser sous tout ce que je vois d'aimable en lui, et j'y trouve je ne sais quelle ambition mondaine, le parti pris de plaire par des moyens acceptés d'avance par le public, et enfin un certain défaut, horriblement difficile à définir, que j'appellerai, faute de mieux, le défaut de tous les *littératisants*. Je désire qu'un artiste soit lettré, mais je souffre quand je le vois cherchant à capter l'imagination par des ressources situées aux extrêmes limites, sinon même au-delà de son art.

M. Baudry, bien que sa peinture ne soit pas toujours suffisamment solide, est plus naturellement artiste. Dans ses ouvrages on devine les bonnes et

amoureuses études italiennes, et cette figure de petite fille, qui s'appelle, je crois, *Guillemette*, a eu l'honneur de faire penser plus d'un critique aux spirituels et vivants portraits de Velasquez. Mais enfin il est à craindre que M. Baudry ne reste qu'un homme distingué. Sa *Madeleine pénitente* est bien un peu frivole et lestement peinte, et, somme toute, à ses toiles de cette année je préfère son ambitieux, son compliqué et courageux tableau de la *Vestale*.

M. Diaz est un exemple curieux d'une fortune facile obtenue par une faculté unique. Les temps ne sont pas encore loin de nous où il était un engouement. La gaieté de sa couleur, plutôt scintillante que riche, rappelait les heureux bariolages des étoffes orientales. Les yeux s'y amusaient si sincèrement, qu'ils oubliaient volontiers d'y chercher le contour et le modelé. Après avoir usé en vrai prodigue de cette faculté unique dont la nature l'avait prodigalement doué, M. Diaz a senti s'éveiller en lui une ambition plus difficile. Ces premières velléités s'exprimèrent par des tableaux d'une dimension plus grande que ceux où nous avions généralement pris tant de plaisir. Ambition qui fut sa perte. Tout le monde a remarqué l'époque où son esprit fut travaillé de jalousie à l'endroit de Corrège et de Prud'hon. Mais on eût dit que son œil, accoutumé à noter le scintillement d'un petit monde, ne voyait plus de couleurs vives dans un grand espace. Son coloris pétillant tournait au plâtre et à la craie ; ou peut-être, ambitieux désormais de modeler avec soin, oubliait-il volontairement les qualités qui jusque-là avaient fait sa gloire. Il est difficile de déterminer les causes qui ont si rapidement diminué la vive personnalité de M. Diaz ; mais il est permis de supposer que ces louables désirs lui sont venus trop tard. Il y a de certaines réformes impossibles à un certain âge, et rien n'est plus dangereux, dans la pratique des arts, que de renvoyer toujours au lendemain les études indispensables. Pendant de longues années on se fie à un instinct généralement heureux, et quand on veut enfin corriger une éducation de hasard et acquérir les principes négligés jusqu'alors, il n'est plus temps. Le cerveau a pris des habitudes incorrigibles, et la main, réfractaire et troublée, ne sait pas plus exprimer ce qu'elle exprimait si bien autrefois que les *nouveautés* dont maintenant on la charge. Il est vraiment bien désagréable de dire de pareilles choses à propos d'un homme d'une aussi notoire valeur que M. Diaz. Mais je ne suis qu'un écho ; tout haut ou tout bas, avec malice ou avec tristesse, chacun a déjà prononcé ce que j'écris aujourd'hui.

Tel n'est pas M. Bida : on dirait, au contraire, qu'il a stoïquement répudié la couleur et toutes ses pompes pour donner plus de valeur et de lumière aux caractères que son crayon se charge d'exprimer. Et il les exprime avec une intensité et une profondeur remarquables. Quelquefois une teinte légère et transparente appliquée dans une partie lumineuse, rehausse agréablement le dessin sans en rompre la sévère unité. Ce qui marque surtout les ouvrages de M. Bida, c'est l'intime expression des figures. Il est impossible de les attribuer indifféremment à telle ou telle race, ou de supposer que ces personnages sont d'une religion qui n'est pas la leur. À défaut des explications du livret (*Prédication maronite dans le Liban*, *Corps de garde d'Arnautes au Caire*), tout esprit exercé devinerait aisément les différences.

M. Chifflart est un grand prix de Rome, et, miracle ! il a une originalité. Le séjour dans la Ville éternelle n'a pas éteint les forces de son esprit ; ce qui, après tout, ne prouve qu'une chose, c'est que ceux-là seuls y meurent qui sont trop faibles pour y vivre, et que l'école n'humilie que ceux qui sont voués à l'humilité. Tout le monde, avec raison, reproche aux deux dessins de

M. Chifflart *(Faust au combat, Faust au sabbat)* trop de noirceur et de ténèbres. surtout pour des dessins aussi compliqués. Mais le style en est vraiment beau et grandiose. Quel rêve chaotique ! Méphisto et son ami Faust, invincibles et invulnérables, traversent au galop, l'épée haute, tout l'orage de la guerre. Ici la Marguerite, longue, sinistre, inoubliable, est suspendue et se détache comme un remords sur le disque de la lune, immense et pâle. Je sais le plus grand gré à M. Chifflart d'avoir traité ces poétiques sujets héroïquement et dramatiquement. et d'avoir rejeté bien loin toutes les fadaises de la mélancolie apprise. Le bon Ary Scheffer, qui refaisait sans cesse un Christ semblable à son Faust et un Faust semblable à son Christ, tous deux semblables à un pianiste prêt à épancher sur les touches d'ivoire ses tristesses incomprises, aurait eu besoin de voir ces deux vigoureux dessins pour comprendre qu'il n'est permis de traduire les poètes que quand on sent en soi une énergie égale à la leur. Je ne crois pas que le solide crayon qui a dessiné ce sabbat et cette tuerie s'abandonne jamais à la niaise mélancolie des demoiselles.

Parmi les jeunes célébrités. l'une des plus solidement établie est celle de M. Fromentin. Il n'est précisément ni un paysagiste ni un peintre de genre. Ces deux terrains sont trop restreints pour contenir sa large et souple fantaisie. Si je disais de lui qu'il est un conteur de voyages, je ne dirais pas assez : car il y a beaucoup de voyageurs sans poésie et sans âme. et son âme est une des plus poétiques et des plus précieuses que je connaisse. Sa peinture proprement dite. sage. puissante, bien gouvernée, procède évidemment d'Eugène Delacroix. Chez lui aussi on retrouve cette savante et naturelle intelligence de la couleur, si rare parmi nous. Mais la lumière et la chaleur, qui jettent dans quelques cerveaux une espèce de folie tropicale, les agitent d'une fureur inapaisable et les poussent à des danses inconnues, ne versent dans son âme qu'une contemplation douce et reposée. C'est l'extase plutôt que le fanatisme. Il est présumable que je suis moi-même atteint quelque peu d'une nostalgie qui m'entraîne vers le soleil : car de ces toiles lumineuses s'élève pour moi une vapeur enivrante. qui se condense bientôt en désirs et en regrets. Je me surprends à envier le sort de ces hommes étendus sous ces ombres bleues, et dont les yeux, qui ne sont ni éveillés ni endormis, n'expriment, si toutefois ils expriment quelque chose, que l'amour du repos et le sentiment du bonheur qu'inspire une immense lumière. L'esprit de M. Fromentin tient un peu de la femme, juste autant qu'il faut pour ajouter une grâce à la force. Mais une faculté qui n'est certes pas féminine. et qu'il possède à un degré éminent, est de saisir les parcelles du beau égarées sur la terre, de suivre le beau à la piste partout où il a pu se glisser à travers les trivialités de la nature déchue. Aussi il n'est pas difficile de comprendre de quel amour il aime les noblesses de la vie patriarcale, et avec quel intérêt il contemple ces hommes en qui subsiste encore quelque chose de l'antique héroïsme. Ce n'est pas seulement des étoffes éclatantes et des armes curieusement ouvragées que ses yeux sont épris, mais surtout de cette gravité et de ce dandysme patricien qui caractérisent les chefs des tribus puissantes. Tels nous apparurent, il y a quatorze ans à peu près, ces sauvages du Nord-Amérique, conduits par le peintre Catlin, qui, même dans leur état de déchéance. nous faisaient rêver à l'art de Phidias et aux grandeurs homériques. Mais à quoi bon m'étendre sur ce sujet ? Pourquoi expliquer ce que M. Fromentin a si bien expliqué lui-même dans ses deux charmants livres : *Un été dans le Sahara* et le *Sahel ?* Tout le monde sait que M. Fromentin raconte ses voyages d'une manière double. et qu'il les écrit aussi

bien qu'il les peint, avec un style qui n'est pas celui d'un autre. Les peintres anciens aimaient aussi à avoir le pied dans deux domaines et à se servir de deux outils pour exprimer leur pensée. M. Fromentin a réussi comme écrivain et comme artiste, et ses œuvres écrites ou peintes sont si charmantes, que s'il était permis d'abattre et de couper l'une des tiges pour donner à l'autre plus de solidité, plus de *robur,* il serait vraiment bien difficile de choisir. Car pour gagner peut-être, il faudrait se résigner à perdre beaucoup.

On se souvient d'avoir vu, à l'Exposition de 1855, d'excellents petits tableaux, d'une couleur riche et intense, mais d'un fini précieux, où dans les costumes et les figures se reflétait un curieux amour du passé ; ces charmantes toiles étaient signées du nom de Liès. Non loin d'eux, des tableaux exquis, non moins précieusement travaillés, marqués des mêmes qualités et de la même passion rétrospective, portaient le nom de Leys. Presque le même peintre, presque le même nom. Cette lettre déplacée ressemble à un de ces jeux intelligents du hasard, qui a quelquefois l'esprit pointu comme un homme. L'un est élève de l'autre ; on dit qu'une vive amitié les unit. Mais MM. Leys et Liès sont-ils donc élevés à la dignité de Dioscures ? Faut-il, pour jouir de l'un, que nous soyons privés de l'autre ? M. Liès s'est présenté, cette année, sans son Pollux ; M. Leys nous refera-t-il visite sans Castor ? Cette comparaison est d'autant plus légitime, que M. Leys a été, je crois, le maître de son ami, et que c'est aussi Pollux qui voulut céder à son frère la moitié de son immortalité. *Les Maux de la guerre !* quel titre ! Le prisonnier vaincu, lanciné par le brutal vainqueur qui le suit, les paquets de butin en désordre, les filles insultées, tout un monde ensanglanté, malheureux et abattu, le reitre puissant, roux et velu, la gouge qui, je crois, n'est pas là, mais qui pouvait y être, cette *fille peinte* du Moyen Âge, qui suivait les soldats avec l'autorisation du prince et de l'Église, comme la courtisane du Canada accompagnait les guerriers au manteau de castor, les charrettes qui cahotent durement les faibles, les petits et les infirmes, tout cela devait nécessairement produire un tableau saisissant, vraiment poétique. L'esprit se porte tout d'abord vers Callot ; mais je crois n'avoir rien vu, dans la longue série de ses œuvres, qui soit plus dramatiquement composé. J'ai cependant deux reproches à faire à M. Liès : la lumière est trop généralement répandue, ou plutôt éparpillée ; la couleur, monotonement claire, papillote. En second lieu, la première impression que l'œil reçoit fatalement en tombant sur ce tableau est l'impression désagréable, inquiétante d'un treillage. M. Liès a cerclé de noir, non seulement le contour général de ses figures, mais encore toutes les parties de leur accoutrement, si bien que chacun des personnages apparaît comme un morceau de vitrail monté sur une armature de plomb. Notez que cette apparence contrariante est encore renforcée par la clarté générale des tons.

M. Penguilly est aussi un amoureux du passé. Esprit ingénieux, curieux, laborieux. Ajoutez, si vous voulez, toutes les épithètes les plus honorables et les plus gracieuses qui peuvent s'appliquer à la poésie de second ordre, à ce qui n'est pas absolument le grand, nu et simple. Il a la minutie, la patience ardente et la propreté d'un bibliomane. Ses ouvrages sont travaillés comme les armes et les meubles des temps anciens. Sa peinture a le poli du métal et le tranchant du rasoir. Pour son imagination, je ne dirai pas qu'elle est positivement grande, mais elle est singulièrement active, impressionnable et curieuse. J'ai été ravi par cette *Petite Danse macabre,* qui ressemble à une bande d'ivrognes attardés, qui va moitié se trainant et moitié dansant et qu'entraine son capitaine

décharné. Examinez, je vous prie, toutes les petites grisailles qui servent de cadre et de commentaire à la composition principale. Il n'y en a pas une qui ne soit un excellent petit tableau. Les artistes modernes négligent beaucoup trop ces magnifiques allégories du Moyen Âge, où l'immortel grotesque s'enlaçait en folâtrant, comme il fait encore, à l'immortel horrible. Peut-être nos nerfs trop délicats ne peuvent-ils plus supporter un symbole trop clairement redoutable. Peut-être aussi, mais c'est bien douteux, est-ce la charité qui nous conseille d'éviter tout ce qui peut affliger nos semblables. Dans les derniers jours de l'an passé, un éditeur de la rue Royale mit en vente un paroissien d'un style très recherché, et les annonces publiées par les journaux nous instruisirent que toutes les vignettes qui encadraient le texte avaient été copiées sur d'anciens ouvrages de la même époque, de manière à donner à l'ensemble une précieuse unité de style, mais qu'une exception unique avait été faite relativement aux figures macabres, qu'on avait soigneusement évité de reproduire, disait la note rédigée sans doute par l'éditeur, *comme n'étant plus du goût de ce siècle,* si éclairé, aurait-il dû ajouter, pour se conformer tout à fait au goût dudit siècle.

Le mauvais goût du siècle en cela me fait peur.

Il y a un brave journal où chacun sait tout et parle de tout, où chaque rédacteur, universel et encyclopédique comme les citoyens de la vieille Rome, peut enseigner tour à tour politique, religion, économie, beaux-arts, philosophie, littérature. Dans ce vaste monument de la niaiserie, penché vers l'avenir comme la tour de Pise, et où s'élabore le bonheur du genre humain, il y a un très honnête homme qui ne veut pas qu'on admire M. Penguilly. Mais la raison, mon cher M***, la raison ? — Parce qu'il y a dans son œuvre une *monotonie fatigante.* — Ce mot n'a sans doute pas trait à l'imagination de M. Penguilly, qui est excessivement pittoresque et variée. Ce penseur a voulu dire qu'il n'aimait pas un peintre qui traitait tous les sujets avec le même style. Parbleu ! c'est le *sien !* Vous voulez donc qu'il en change ?

Je ne veux pas quitter cet aimable artiste, dont tous les tableaux, cette année, sont également intéressants, sans vous faire remarquer plus particulièrement les *Petites Mouettes :* l'azur intense du ciel et de l'eau, deux quartiers de roche qui font une porte ouverte sur l'infini (vous savez que l'infini paraît plus profond quand il est plus resserré), une nuée, une multitude, une avalanche, une *plaie* d'oiseaux blancs, et la solitude ! Considérez cela, mon cher ami, et dites-moi ensuite si vous croyez que M. Penguilly soit dénué d'esprit poétique.

Avant de terminer ce chapitre j'attirerai aussi vos yeux sur le tableau de M. Leighton, le seul artiste anglais, je présume, qui ait été exact au rendez-vous : *Le comte Pâris se rend à la maison des Capulets pour chercher sa fiancée Juliette, et la trouve inanimée.* Peinture riche et minutieuse, avec des tons violents et un fini précieux, ouvrage plein d'opiniâtreté, mais dramatique, emphatique même ; car nos amis d'outre-Manche ne représentent pas les sujets tirés du théâtre comme des scènes *vraies,* mais comme des scènes *jouées* avec l'exagération nécessaire, et ce défaut, si c'en est un, prête à ces ouvrages je ne sais quelle beauté étrange et paradoxale.

Enfin, si vous avez le temps de retourner au Salon, n'oubliez pas d'examiner les peintures sur émail de M. Marc Baud. Cet artiste, dans un genre ingrat et mal apprécié, déploie des qualités surprenantes, celles d'un vrai peintre. Pour tout dire, en un mot, il peint grassement là où tant d'autres étalent platement des couleurs pauvres ; il sait *faire grand* dans le petit.

VI

LE PORTRAIT

Je ne crois pas que les oiseaux du ciel se chargent jamais de pourvoir aux frais de ma table, ni qu'un lion me fasse l'honneur de me servir de fossoyeur et de croque-mort ; cependant, dans la Thébaïde que mon cerveau s'est faite, semblable aux solitaires agenouillés qui ergotaient contre cette incorrigible tête de mort encore farcie de toutes les mauvaises raisons de la chair périssable et mortelle, je dispute parfois avec des monstres grotesques, des hantises du plein jour, des spectres de la rue, du salon, de l'omnibus. En face de moi, je vois l'Ame de la Bourgeoisie, et croyez bien que si je ne craignais pas de maculer à jamais la tenture de ma cellule, je lui jetterais volontiers, et avec une vigueur qu'elle ne soupçonne pas, mon écritoire à la face. Voilà ce qu'elle me dit aujourd'hui, cette vilaine Ame, qui n'est pas une hallucination : « En vérité, les poètes sont de singuliers fous de prétendre que l'imagination soit nécessaire dans toutes les fonctions de l'art. Qu'est-il besoin d'imagination, par exemple, pour faire un portrait ? Pour peindre mon âme, mon âme si visible, si claire, si notoire ? Je pose, et en réalité c'est moi, le modèle, qui consens à faire le gros de la besogne. Je suis le véritable fournisseur de l'artiste. Je suis, à moi tout seul, toute la matière. » Mais je lui réponds : « *Caput mortuum,* tais-toi ! Brute hyperboréenne des anciens jours, éternel Esquimau porte-lunettes, ou plutôt porte-écailles, que toutes les visions de Damas, tous les tonnerres et les éclairs ne sauraient éclairer ! plus la matière est, en apparence, positive et solide, et plus la besogne de l'imagination est subtile et laborieuse. Un portrait ! Quoi de plus simple et de plus compliqué, de plus évident et de plus profond ? Si La Bruyère eût été privé d'imagination, aurait-il pu composer ses *Caractères,* dont cependant la matière est si évidente, s'offrait si complaisamment à lui ? Et si restreint qu'on suppose un sujet historique quelconque, quel historien peut se flatter de le peindre et de l'*illuminer* sans imagination ? »

Le portrait, ce genre en apparence si modeste, nécessite une immense intelligence. Il faut sans doute que l'obéissance de l'artiste y soit grande, mais sa divination doit être égale. Quand je vois un bon portrait, je devine tous les efforts de l'artiste, qui a dû voir d'abord ce qui se faisait voir, mais aussi deviner ce qui se cachait. Je le comparais tout à l'heure à l'historien, je pourrais aussi le comparer au comédien, qui par devoir adopte tous les caractères et tous les costumes. Rien, si l'on veut bien examiner la chose, n'est indifférent dans un portrait. Le geste, la grimace, le vêtement, le décor même, tout doit servir à représenter un *caractère*. De grands peintres, et d'excellents peintres, David, quand il n'était qu'un artiste du XVIIIe siècle et après qu'il fut devenu un chef d'école, Holbein, dans tous ses portraits. ont visé à exprimer avec sobriété mais avec intensité le caractère qu'ils se chargeaient de peindre. D'autres ont cherché à faire davantage ou à faire autrement. Reynolds et Gérard ont ajouté l'élément romanesque, toujours en accord avec le naturel du personnage ; ainsi un ciel orageux et tourmenté, des fonds légers et aériens, un mobilier poétique, une attitude alanguie, une démarche aventureuse, etc. C'est là un procédé dangereux, mais non pas condamnable, qui malheureusement réclame du génie. Enfin, quel que soit le moyen le plus visiblement employé par l'artiste, que cet artiste soit Holbein, David, Vélasquez ou Lawrence, un bon portrait m'apparait toujours comme une biographie dramatisée, ou plutôt comme le

drame naturel inhérent à tout homme. D'autres ont voulu restreindre les moyens. Était-ce par impuissance de les employer tous ? était-ce dans l'espérance d'obtenir une plus grande intensité d'expression ? Je ne sais ; ou plutôt je serais incliné à croire qu'en ceci, comme en bien d'autres choses humaines, les deux raisons sont également acceptables. Ici, mon cher ami, je suis obligé, je le crains fort, de toucher à une de vos admirations. Je veux parler de l'école d'Ingres en général, et en particulier de sa méthode appliquée au portrait. Tous les élèves n'ont pas strictement et humblement suivi les préceptes du maître. Tandis que M. Amaury-Duval outrait courageusement l'ascétisme de l'école. M. Lehmann essayait quelquefois de faire pardonner la genèse de ses tableaux par quelques mixtures adultères. En somme on peut dire que l'enseignement a été despotique, et qu'il a laissé dans la peinture française une trace douloureuse. Un homme plein d'entêtement, doué de quelques facultés précieuses, mais décidé à nier l'utilité de celles qu'il ne possède pas, s'est attribué cette gloire extraordinaire, exceptionnelle, d'éteindre le soleil. Quant à quelques tisons fumeux, encore égarés dans l'espace, les disciples de l'homme se sont chargés de piétiner dessus. Exprimée par ces simplificateurs, la nature a paru plus intelligible ; cela est incontestable ; mais combien elle est devenue moins belle et moins excitante, cela est évident. Je suis obligé de confesser que j'ai vu quelques portraits peints par MM. Flandrin et Amaury-Duval, qui, sous l'apparence fallacieuse de peinture, offraient d'admirables échantillons de modelé. J'avouerai même que le caractère visible de ces portraits, moins tout ce qui est relatif à la couleur et à la lumière, était vigoureusement et soigneusement exprimé, d'une manière pénétrante. Mais je demande s'il y a loyauté à abréger les difficultés d'un art par la suppression de quelques-unes de ses parties. Je trouve que M. Chenavard est plus courageux et plus franc. Il a simplement répudié la couleur comme une pompe dangereuse, comme un élément passionnel et damnable, et s'est fié au simple crayon pour exprimer toute la valeur de l'idée. M. Chenavard est incapable de nier tout le bénéfice que la paresse tire du procédé qui consiste à exprimer la forme d'un objet sans la lumière diversement colorée qui s'attache à chacune de ses molécules ; seulement il prétend que ce sacrifice est glorieux et utile, et que la forme et l'idée y gagnent également. Mais les élèves de M. Ingres ont très inutilement conservé un semblant de couleur. Ils croient ou feignent de croire qu'ils font de la peinture.

Voici un autre reproche, un éloge peut-être aux yeux de quelques-uns, qui les atteint plus vivement : leurs portraits ne sont pas vraiment ressemblants. Parce que je réclame sans cesse l'application de l'imagination, l'introduction de la poésie dans toutes les fonctions de l'art, personne ne supposera que je désire, dans le portrait surtout, une altération consciencieuse du modèle. Holbein connaît Érasme ; il l'a si bien connu et si bien étudié qu'il le crée de nouveau et qu'il l'évoque, visible, immortel, superlatif. M. Ingres trouve un modèle grand, pittoresque, séduisant. « Voilà sans doute, se dit-il, un curieux caractère ; beauté ou grandeur, j'exprimerai cela soigneusement ; je n'en omettrai rien, mais *j'y ajouterai quelque chose qui est indispensable :* le style. » Et nous savons ce qu'il entend par le style ; ce n'est pas la qualité naturellement poétique du sujet qu'il en faut extraire pour la rendre plus visible. C'est une poésie étrangère, empruntée généralement au passé. J'aurais le droit de conclure que si M. Ingres ajoute quelque chose à son modèle, c'est par impuissance de le faire à la fois grand et vrai. De quel droit ajouter ?

N'empruntez à la tradition que l'art de peindre et non pas les moyens de sophistiquer. Cette dame parisienne, ravissant échantillon des grâces évaporées d'un salon français, il la dotera malgré elle d'une certaine lourdeur, d'une bonhomie romaine. Raphaël l'exige. Ces bras sont d'un galbe très pur et d'un contour bien séduisant, sans aucun doute ; mais, un peu graciles, il leur manque, pour arriver au style *préconçu*, une certaine dose d'embonpoint et de suc matronal. M. Ingres est victime d'une obsession qui le contraint sans cesse à déplacer, à transposer et à altérer le beau. Ainsi font tous ses élèves, dont chacun, en se mettant à l'ouvrage, se prépare toujours, selon son goût dominant, à *déformer* son modèle. Trouvez-vous que ce défaut soit léger et ce reproche immérité ?

Parmi les artistes qui se contentent du pittoresque naturel de l'original se font surtout remarquer M. Bonvin, qui donne à ses portraits une vigoureuse et surprenante vitalité, et M. Heim, dont quelques esprits superficiels se sont autrefois moqués, et qui cette année encore, comme en 1855, nous a révélé, dans une procession de croquis, une merveilleuse intelligence de la grimace humaine. On n'entendra pas, je présume, le mot dans un sens désagréable. Je veux parler de la grimace naturelle et professionnelle qui appartient à chacun. M. Chaplin et M. Besson savent faire des portraits. Le premier ne nous a rien montré en ce genre cette année ; mais les amateurs qui suivent attentivement les expositions et qui savent à quelles œuvres antécédentes de cet artiste je fais allusion, en ont comme moi éprouvé du regret. Le second, qui est un fort bon peintre, a de plus toutes les qualités littéraires et tout l'esprit nécessaire pour représenter *dignement* des comédiennes. Plus d'une fois, en considérant les portraits vivants et lumineux de M. Besson, je me suis pris à songer à toute la grâce et à toute l'application que les artistes du XVIIIe siècle mettaient dans les images qu'ils nous ont léguées de leurs *étoiles* préférées.

À différentes époques, divers portraitistes ont obtenu la vogue, les uns par leurs qualités et d'autres par leurs défauts. Le public, qui aime passionnément sa propre image, n'aime pas à demi l'artiste auquel il donne plus volontiers commission de le représenter. Parmi tous ceux qui ont su arracher cette faveur, celui qui m'a paru la mériter le mieux, parce qu'il est toujours resté un franc et véritable artiste, est M. Ricard. On a vu quelquefois dans sa peinture un manque de solidité ; on lui a reproché, avec exagération, son goût pour Van Dyck, Rembrandt et Titien, sa grâce quelquefois anglaise, quelquefois italienne. Il y a là tant soit peu d'injustice. Car l'imitation est le vertige des esprits souples et brillants, et souvent même une preuve de supériorité. A des instincts de peintre tout à fait remarquables M. Ricard unit une connaissance très vaste de l'histoire de son art, un esprit critique plein de finesse, et il n'y a pas un seul ouvrage de lui où toutes ces qualités ne se fassent deviner. Autrefois il faisait peut-être ses modèles trop jolis ; encore dois-je dire que dans les portraits dont je parle le défaut en question a pu être *exigé* par le modèle ; mais la partie virile et noble de son esprit a bien vite prévalu. Il a vraiment une intelligence toujours apte à peindre l'*âme* qui pose devant lui. Ainsi le portrait de cette vieille dame, où l'âge n'est pas lâchement dissimulé, révèle tout de suite un caractère reposé, une douceur et une charité qui appellent la confiance. La simplicité de regard et d'attitude s'accorde heureusement avec cette couleur chaude et mollement dorée qui me semble faite pour traduire les douces pensées du soir. Voulez-vous reconnaître l'énergie dans la jeunesse, la grâce dans la santé, la candeur dans une physionomie frémissante de vie, considérez

le portrait de Mlle L. J. Voilà certes un vrai et grand portrait. Il est certain qu'un beau modèle, s'il ne donne pas du talent, ajoute du moins un charme au talent. Mais combien peu de peintres pourraient rendre, par une exécution mieux appropriée, la solidité d'une nature opulente et pure, et le ciel si profond de cet œil avec sa large étoile de velours ! Le contour du visage, les ondulations de ce large front adolescent casqué de lourds cheveux, la richesse des lèvres, le grain de cette peau éclatante, tout y est soigneusement exprimé, et surtout ce qui est le plus charmant et le plus difficile à peindre, je ne sais quoi de malicieux qui est toujours mêlé à l'innocence, et cet air noblement extatique et curieux qui, dans l'espèce humaine comme chez les animaux, donne aux jeunes physionomies une si mystérieuse gentillesse. Le nombre des portraits produits par M. Ricard est actuellement très considérable ; mais celui-ci est un bon parmi les bons, et l'activité de ce remarquable esprit, toujours en éveil et en recherche, nous en promet bien d'autres.

D'une manière sommaire, mais suffisante, je crois avoir expliqué pourquoi le portrait, le vrai portrait, ce genre si modeste en apparence, est en fait si difficile à produire. Il est donc naturel que j'aie peu d'échantillons à citer. Bien d'autres artistes, Mme O'Connell par exemple, savent peindre une tête humaine ; mais je serais obligé, à propos de telle qualité ou de tel défaut, de tomber dans des rabâchages, et nous sommes convenus, au commencement, que je me contenterais, autant que possible, d'expliquer, à propos de chaque genre, ce qui peut être considéré comme l'idéal.

VII

LE PAYSAGE

Si tel assemblage d'arbres, de montagnes, d'eaux et de maisons, que nous appelons un paysage, est beau, ce n'est pas par lui-même, mais par moi, par ma grâce propre, par l'idée ou le sentiment que j'y attache. C'est dire suffisamment, je pense, que tout paysagiste qui ne sait pas traduire un sentiment par un assemblage de matière végétale ou minérale n'est pas un artiste. Je sais bien que l'imagination humaine peut, par un effort singulier, concevoir un instant la nature sans l'homme, et toute la masse suggestive éparpillée dans l'espace, sans un contemplateur pour en extraire la comparaison, la métaphore et l'allégorie. Il est certain que tout cet ordre et toute cette harmonie n'en gardent pas moins la qualité inspiratrice qui y est providentiellement déposée ; mais, dans ce cas, faute d'une intelligence qu'elle pût inspirer, cette qualité serait comme si elle n'était pas. Les artistes qui veulent exprimer la nature, moins les sentiments qu'elle inspire, se soumettent à une opération bizarre qui consiste à tuer en eux l'homme pensant et sentant, et malheureusement, croyez que, pour la plupart, cette opération n'a rien de bizarre ni de douloureux. Telle est l'école qui, aujourd'hui et depuis longtemps, a prévalu. J'avouerai, avec tout le monde, que l'école moderne des paysagistes est singulièrement forte et habile ; mais dans ce triomphe et cette prédominance d'un genre inférieur, dans ce culte niais de la nature, non épurée, non expliquée par l'imagination, je vois un signe évident d'abaissement général. Nous saisirons sans doute quelques différences d'habileté pratique entre tel et tel paysagiste ; mais ces différences sont bien petites. Élèves de maîtres divers, ils peignent tous fort bien, et presque tous

oublient qu'un site naturel n'a de valeur que le sentiment actuel que l'artiste y sait mettre. La plupart tombent dans le défaut que je signalais au commencement de cette étude : ils prennent le dictionnaire de l'art pour l'art lui-même ; ils copient un mot du dictionnaire, croyant copier un poème. Or un poème ne se copie jamais : il veut être composé. Ainsi ils ouvrent une fenêtre, et tout l'espace compris dans le carré de la fenêtre, arbres, ciel et maison, prend pour eux la valeur d'un poème tout fait. Quelques-uns vont plus loin encore. À leurs yeux, une étude est un tableau. M. Français nous montre un arbre, un arbre antique, énorme, il est vrai, et il nous dit : voilà un paysage. La supériorité de pratique que montrent MM. Anastasi, Leroux, Breton, Belly, Chintreuil, etc., ne sert qu'à rendre plus désolante et visible la lacune universelle. Je sais que M. Daubigny veut et sait faire davantage. Ses paysages ont une grâce et une fraîcheur qui fascinent tout d'abord. Ils transmettent tout de suite à l'âme du spectateur le sentiment originel dont ils sont pénétrés. Mais on dirait que cette qualité n'est obtenue par M. Daubigny qu'aux dépens du fini et de la perfection dans le détail. Mainte peinture de lui, spirituelle d'ailleurs et charmante, manque de solidité. Elle a la grâce, mais aussi la mollesse et l'inconsistance d'une improvisation. Avant tout, cependant, il faut rendre à M. Daubigny cette justice que ses œuvres sont généralement poétiques, et je les préfère avec leurs défauts à beaucoup d'autres plus parfaites, mais privées de la qualité qui le distingue.

M. Millet cherche particulièrement le style ; il ne s'en cache pas, il en fait montre et gloire. Mais une partie du ridicule que j'attribuais aux élèves de M. Ingres s'attache à lui. Le style lui porte malheur. Ses paysans sont des pédants qui ont d'eux-mêmes une trop haute opinion. Ils étalent une manière d'abrutissement sombre et fatal qui me donne l'envie de les haïr. Qu'ils moissonnent, qu'ils sèment, qu'ils fassent paître des vaches, qu'ils tondent des animaux, ils ont toujours l'air de dire : « Pauvres déshérités de ce monde, c'est pourtant nous qui le fécondons ! Nous accomplissons une mission, nous exerçons un sacerdoce ! » Au lieu d'extraire simplement la poésie naturelle de son sujet, M. Millet veut à tout prix y ajouter quelque chose. Dans leur monotone laideur, tous ces petits parias ont une prétention philosophique, mélancolique et raphaélesque. Ce malheur, dans la peinture de M. Millet, gâte toutes les belles qualités qui attirent tout d'abord le regard vers lui.

M. Troyon est le plus bel exemple de l'habileté sans âme. Aussi quelle popularité ! Chez un public sans âme, il la méritait. Tout jeune, M. Troyon a peint avec la même certitude, la même habileté, la même insensibilité. Il y a de longues années, il nous étonnait déjà par l'aplomb de sa fabrication, par la *rondeur* de son jeu, comme on dit au théâtre, par son mérite infaillible, modéré et continu. C'est une âme, je le veux bien, mais trop à la portée de toutes les âmes. L'usurpation de ces talents de second ordre ne peut pas avoir lieu sans créer des injustices. Quand un autre animal que le lion se fait la part du lion, il y a infailliblement de modestes créatures dont la modeste part se trouve beaucoup trop diminuée. Je veux dire que dans les talents de second ordre cultivant avec succès un genre inférieur, il y en a plusieurs qui valent bien M. Troyon, et qui peuvent trouver singulier de ne pas obtenir tout ce qui leur est dû, quand celui-ci prend beaucoup plus que ce qui lui appartient. Je me garderai bien de citer ces noms ; la victime se sentirait peut-être aussi offensée que l'usurpateur.

Les deux hommes que l'opinion publique a toujours marqués comme les plus importants dans la spécialité du paysage sont MM. Rousseau et Corot. Avec

de pareils artistes, il faut être plein de réserve et de respect. M. Rousseau a le travail compliqué, plein de ruses et de repentirs. Peu d'hommes ont plus sincèrement aimé la lumière et l'ont mieux rendue. Mais la silhouette générale des formes est souvent difficile à saisir. La vapeur lumineuse, pétillante et ballottée, trouble la carcasse des êtres. M. Rousseau m'a toujours ébloui ; mais il m'a quelquefois fatigué. Et puis il tombe dans le fameux défaut moderne, qui naît d'un amour aveugle de la nature, de rien que la nature ; il prend une simple étude pour une composition. Un marécage miroitant, fourmillant d'herbes humides et marqueté de plaques lumineuses, un tronc d'arbre rugueux, une chaumière à la toiture fleurie, un petit bout de nature enfin, deviennent à ses yeux amoureux un tableau suffisant et parfait. Tout le charme qu'il sait mettre dans ce lambeau arraché à la planète ne suffit pas toujours pour faire oublier l'absence de construction.

Si M. Rousseau, souvent incomplet, mais sans cesse inquiet et palpitant, a l'air d'un homme qui, tourmenté de plusieurs diables, ne sait auquel entendre, M. Corot, qui est son antithèse absolue, n'a pas assez souvent le diable au corps. Si défectueuse et même injuste que soit cette expression, je la choisis comme rendant approximativement la raison qui empêche ce savant artiste d'éblouir et d'étonner. Il étonne lentement, je le veux bien, il enchante peu à peu ; mais il faut savoir pénétrer dans sa science, car, chez lui, il n'y a pas de papillotage, mais partout une infaillible rigueur d'harmonie. De plus, il est un des rares, le seul peut-être, qui ait gardé un profond sentiment de la construction, qui observe la valeur proportionnelle de chaque détail dans l'ensemble, et, s'il est permis de comparer la composition d'un paysage à la structure humaine, qui sache toujours où placer les ossements et quelle dimension il leur faut donner. On sent, on devine que M. Corot dessine abréviativement et largement, ce qui est la seule méthode pour amasser avec célérité une grande quantité de matériaux précieux. Si un seul homme avait pu retenir l'école française moderne dans son amour impertinent et fastidieux du détail, certes c'était lui. Nous avons entendu reprocher à cet éminent artiste sa couleur un peu trop douce et sa lumière presque crépusculaire. On dirait que pour lui toute la lumière qui inonde le monde est partout baissée d'un ou de plusieurs tons. Son regard, fin et judicieux, comprend plutôt tout ce qui confirme l'harmonie que ce qui accuse le contraste. Mais, en supposant qu'il n'y ait pas trop d'injustice dans ce reproche, il faut remarquer que nos expositions de peinture ne sont pas propices à l'effet des bons tableaux, surtout de ceux qui sont conçus et exécutés avec sagesse et modération. Un son de voix clair, mais modeste et harmonieux, se perd dans une réunion de cris étourdissants ou ronflants, et les Véronèse les plus lumineux paraîtraient souvent gris et pâles s'ils étaient entourés de certaines peintures modernes plus criardes que des foulards de village.

Il ne faut pas oublier, parmi les mérites de M. Corot, son excellent enseignement, solide, lumineux, méthodique. Des nombreux élèves qu'il a formés, soutenus ou retenus loin des entraînements de l'époque, M. Lavieille est celui que j'ai le plus agréablement remarqué. Il y a de lui un paysage fort simple : une chaumière sur une lisière de bois, avec une route qui s'y enfonce. La blancheur de la neige fait un contraste agréable avec l'incendie du soir qui s'éteint lentement derrière les innombrables mâtures de la forêt sans feuilles. Depuis quelques années, les paysagistes ont plus fréquemment appliqué leur esprit aux beautés pittoresques de la saison triste. Mais personne, je crois, ne

les sent mieux que M. Lavieille. Quelques-uns des effets qu'il a souvent rendus me semblent des extraits du bonheur de l'hiver. Dans la tristesse de ce paysage, qui porte la livrée obscurément blanche et rose des beaux jours d'hiver à leur déclin, il y a une volupté élégiaque irrésistible que connaissent tous les amateurs de promenades solitaires.

Permettez-moi, mon cher, de revenir encore à ma manie, je veux dire aux regrets que j'éprouve de voir la part de l'imagination dans le paysage de plus en plus réduite. Çà et là, de loin en loin, apparaît la trace d'une protestation, un talent libre et grand qui n'est plus dans le goût du siècle. M. Paul Huet, par exemple, *un vieux de la vieille,* celui-là ! (je puis appliquer aux débris d'une grandeur militante comme le *Romantisme,* déjà si lointaine, cette expression familière et grandiose) ; M. Paul Huet reste fidèle aux goûts de sa jeunesse. Les huit peintures, maritimes ou rustiques, qui doivent servir à la décoration d'un salon, sont de véritables poèmes pleins de légèreté, de richesse et de fraîcheur. Il me paraît superflu de détailler les talents d'un artiste aussi élevé et qui a autant produit ; mais ce qui me paraît en lui de plus louable et de plus remarquable, c'est que pendant que le goût de la minutie va gagnant tous les esprits de proche en proche, lui, constant dans son caractère et sa méthode, il donne à toutes ses compositions un caractère amoureusement poétique.

Cependant il m'est venu cette année un peu de consolation, par deux artistes de qui je ne l'aurais pas attendue. M. Jadin, qui jusqu'ici avait trop modestement, cela est évident maintenant, limité sa gloire au chenil et à l'écurie, a envoyé une splendide vue de Rome prise de l'*Arco di Parma.* Il y a là, d'abord les qualités habituelles de M. Jadin, l'énergie et la solidité, mais de plus une impression poétique parfaitement bien saisie et rendue. C'est l'impression glorieuse et mélancolique du soir descendant sur la cité sainte, un soir solennel, traversé de bandes pourprées, pompeux et ardent comme la religion romaine. M. Clésinger, à qui la sculpture ne suffit plus, ressemble à ces enfants d'un sang turbulent et d'une ardeur capricante, qui veulent escalader toutes les hauteurs pour y inscrire leur nom. Ses deux paysages, *Isola Farnese* et *Castel Fusana,* sont d'un aspect pénétrant, d'une native et sévère mélancolie. Les eaux y sont plus lourdes et plus solennelles qu'ailleurs, la solitude plus silencieuse, les arbres eux-mêmes plus monumentaux. On a souvent ri de l'emphase de M. Clésinger ; mais ce n'est pas par la petitesse qu'il prêtera jamais à rire. Vice pour vice, je pense comme lui que l'excès en tout vaut mieux que la mesquinerie.

Oui, l'imagination fait le paysage. Je comprends qu'un esprit appliqué à prendre des notes ne puisse pas s'abandonner aux prodigieuses rêveries contenues dans les spectacles de la nature présente ; mais pourquoi l'imagination fuit-elle l'atelier du paysagiste ? Peut-être les artistes qui cultivent ce genre se défient-ils beaucoup trop de leur mémoire et adoptent-ils une méthode de copie immédiate, qui s'accommode parfaitement à la paresse de leur esprit. S'ils avaient vu comme j'ai vu récemment, chez M. Boudin qui, soit dit en passant, a exposé un fort bon et fort sage tableau (le *Pardon de sainte Anne Palud*), plusieurs centaines d'études au pastel improvisées en face de la mer et du ciel, ils comprendraient ce qu'ils n'ont pas l'air de comprendre, c'est-à-dire la différence qui sépare une étude d'un tableau. Mais M. Boudin, qui pourrait s'enorgueillir de son dévouement à son art, montre très modestement sa curieuse collection. Il sait bien qu'il faut que tout cela devienne tableau par le moyen de l'impression poétique rappelée à volonté ; et il n'a pas la prétention

de donner ses notes pour des tableaux. Plus tard, sans aucun doute, il nous étalera dans des peintures achevées les prodigieuses magies de l'air et de l'eau. Ces études si rapidement et si fidèlement croquées d'après ce qu'il y a de plus inconstant, de plus insaisissable dans sa forme et dans sa couleur, d'après des vagues et des nuages, portent toujours, écrits en marge, la date, l'heure et le vent; ainsi, par exemple : *8 octobre, midi, vent de nord-ouest.* Si vous avez eu quelquefois le loisir de faire connaissance avec ces beautés météorologiques, vous pourriez vérifier par mémoire l'exactitude des observations de M. Boudin. La légende cachée avec la main, vous devineriez la saison, l'heure et le vent. Je n'exagère rien. J'ai vu. À la fin tous ces nuages aux formes fantastiques et lumineuses, ces ténèbres chaotiques, ces immensités vertes et roses, suspendues et ajoutées les unes aux autres, ces fournaises béantes, ces firmaments de satin noir ou violet, fripé, roulé ou déchiré, ces horizons en deuil ou ruisselants de métal fondu, toutes ces profondeurs, toutes ces splendeurs, me montèrent au cerveau comme une boisson capiteuse ou comme l'éloquence de l'opium. Chose assez curieuse, il ne m'arriva pas une seule fois, devant ces magies liquides ou aériennes, de me plaindre de l'absence de l'homme. Mais je me garde bien de tirer de la plénitude de ma jouissance un conseil pour qui que ce soit, non plus que pour M. Boudin. Le conseil serait trop dangereux. Qu'il se rappelle que l'homme, comme dit Robespierre, qui avait soigneusement fait ses *humanités,* ne voit jamais l'homme sans plaisir; et, s'il veut gagner un peu de popularité, qu'il se garde bien de croire que le public soit arrivé à un égal enthousiasme pour la solitude.

Ce n'est pas seulement les peintures de marine qui font défaut, un genre pourtant si poétique ! (je ne prends pas pour marines des drames militaires qui se jouent sur l'eau), mais aussi un genre que j'appellerais volontiers le paysage des grandes villes, c'est-à-dire la collection des grandeurs et des beautés qui résultent d'une puissante agglomération d'hommes et de monuments, le charme profond et compliqué d'une capitale âgée et vieillie dans les gloires et les tribulations de la vie.

Il y a quelques années, un homme puissant et singulier, un officier de marine, dit-on, avait commencé une série d'études à l'eau-forte d'après les points de vue les plus pittoresques de Paris. Par l'âpreté, la finesse et la certitude de son dessin, M. Méryon rappelait les vieux et excellents aquafortistes. J'ai rarement vu représentée avec plus de poésie la solennité naturelle d'une ville immense. Les majestés de la pierre accumulée, les clochers *montrant du doigt le ciel,* les obélisques de l'industrie vomissant contre le firmament leurs coalitions de fumée, les prodigieux échafaudages des monuments en réparation, appliquant sur le corps solide de l'architecture leur architecture à jour d'une beauté si paradoxale, le ciel tumultueux, chargé de colère et de rancune, la profondeur des perspectives augmentée par la pensée de tous les drames qui y sont contenus, aucun des éléments complexes dont se compose le douloureux et glorieux décor de la civilisation n'était oublié.

Si Victor Hugo a vu ces excellentes estampes, il a dû être content; il a retrouvé, dignement représentée, sa

> Morne Isis, couverte d'un voile !
> Araignée à l'immense toile,
> Où se prennent les nations !
> Fontaine d'urnes obsédée !
> Mamelle sans cesse inondée,

> Où, pour se nourrir de l'idée.
> Viennent les générations !
>
> Ville qu'un orage enveloppe !

Mais un démon cruel a touché le cerveau de M. Méryon ; un délire mystérieux a brouillé ces facultés qui semblaient aussi solides que brillantes. Sa gloire naissante et ses travaux ont été soudainement interrompus. Et depuis lors nous attendons toujours avec anxiété des nouvelles consolantes de ce singulier officier, qui était devenu en un jour un puissant artiste, et qui avait dit adieu aux solennelles aventures de l'Océan pour peindre la noire majesté de la plus inquiétante des capitales.

Je regrette encore, et j'obéis peut-être à mon insu aux accoutumances de ma jeunesse, le paysage romantique, et même le paysage romanesque qui existait déjà au XVIIIe siècle. Nos paysagistes sont des animaux beaucoup trop herbivores. Ils ne se nourrissent pas volontiers des ruines, et, sauf un petit nombre d'hommes tels que Fromentin, le ciel et le désert les épouvantent. Je regrette ces grands lacs qui représentent l'immobilité dans le désespoir, les immenses montagnes, escaliers de la planète vers le ciel, d'où tout ce qui paraissait grand parait petit, les châteaux forts (oui, mon cynisme ira jusque-là), les abbayes crénelées qui se mirent dans les mornes étangs, les ponts gigantesques, les constructions ninivites, habitées par le vertige, et enfin tout ce qu'il faudrait inventer, si tout cela n'existait pas !

Je dois confesser en passant que, bien qu'il ne soit pas doué d'une originalité de manière bien décidée, M. Hildebrandt, par son énorme exposition d'aquarelles, m'a causé un vif plaisir. En parcourant ces amusants albums de voyage, il me semble toujours que je *revois,* que je reconnais ce que je n'ai jamais vu. Grâce à lui, mon imagination fouettée s'est promenée à travers trente-huit paysages romantiques, depuis les remparts sonores de la Scandinavie jusqu'aux pays lumineux des ibis et des cigognes, depuis le Fiord de Séraphîtus jusqu'au pic de Ténériffe. La lune et le soleil ont tour à tour illuminé ces décors, l'un versant sa tapageuse lumière, l'autre ses patients enchantements.

Vous voyez, mon cher ami, que je ne puis jamais considérer le choix du sujet comme indifférent, et que, malgré l'amour nécessaire qui doit féconder le plus humble morceau, je crois que le sujet fait pour l'artiste une partie du génie, et pour moi, barbare malgré tout, une partie du plaisir. En somme, je n'ai trouvé parmi les paysagistes que des talents sages ou petits, avec une très grande paresse d'imagination. Je n'ai pas vu chez eux, chez tous, du moins, le charme naturel, si simplement exprimé, des savanes et des prairies de Catlin (je parie qu'ils ne savent même pas ce que c'est que Catlin), non plus que la beauté surnaturelle des paysages de Delacroix, non plus que la magnifique imagination qui coule dans les dessins de Victor Hugo, comme le mystère dans le ciel. Je parle de ses dessins à l'encre de Chine, car il est trop évident qu'en poésie notre poète est le roi des paysagistes.

Je désire être ramené vers les dioramas dont la magie brutale et énorme sait m'imposer une utile illusion. Je préfère contempler quelques décors de théâtre, où je trouve artistement exprimés et tragiquement concentrés mes rêves les plus chers. Ces choses, parce qu'elles sont fausses, sont infiniment plus près du vrai ; tandis que la plupart de nos paysagistes sont des menteurs, justement parce qu'ils ont négligé de mentir.

VIII

SCULPTURE

Au fond d'une bibliothèque antique, dans le demi-jour propice qui caresse et suggère les longues pensées, Harpocrate, debout et solennel, un doigt posé sur sa bouche, vous commande le silence, et, comme un pédagogue pythagoricien, vous dit : Chut ! avec un geste plein d'autorité. Apollon et les Muses, fantômes impérieux, dont les formes divines éclatent dans la pénombre, surveillent vos pensées, assistent à vos travaux, et vous encouragent au sublime.

Au détour d'un bosquet, abritée sous de lourds ombrages, l'éternelle Mélancolie mire son visage auguste dans les eaux d'un bassin, immobiles comme elle. Et le rêveur qui passe, attristé et charmé, contemplant cette grande figure aux membres robustes, mais alanguis par une peine secrète, dit : Voilà ma sœur !

Avant de vous jeter dans le confessionnal, au fond de cette petite chapelle ébranlée par le trot des omnibus, vous êtes arrêté par un fantôme décharné et magnifique, qui soulève discrètement l'énorme couvercle de son sépulcre pour vous supplier, créature passagère, de penser à l'éternité ! Et au coin de cette allée fleurie qui mène à la sépulture de ceux qui vous sont encore chers, la figure prodigieuse du Deuil, prostrée, échevelée, noyée dans le ruisseau de ses larmes, écrasant de sa lourde désolation les restes poudreux d'un homme illustre, vous enseigne que richesse, gloire, patrie même, sont de pures frivolités, devant ce je ne sais quoi que personne n'a nommé ni défini, que l'homme n'exprime que par des adverbes mystérieux, tels que : peut-être, jamais, toujours ! et qui contient, quelques-uns l'espèrent, la béatitude infinie, tant désirée, ou l'angoisse sans trêve dont la raison moderne repousse l'image avec le geste convulsif de l'agonie.

L'esprit charmé par la musique des eaux jaillissantes, plus douce que la voix des nourrice , vous tombez dans un boudoir de verdure, où Vénus et Hébé, déesses badines qui présidèrent quelquefois à votre vie, étalent sous des alcôves de feuillage les rondeurs de leurs membres charmants qui ont puisé dans la fournaise le rose éclat de la vie. Mais ce n'est guère que dans les jardins du temps passé que vous trouverez ces délicieuses surprises ; car des trois matières excellentes qui s'offrent à l'imagination pour remplir le rêve sculptural, bronze, terre cuite et marbre, la dernière seule, dans notre âge, jouit fort injustement, selon nous, d'une popularité presque exclusive.

Vous traversez une grande ville vieillie dans la civilisation, une de celles qui contiennent les archives les plus importantes de la vie universelle, et vos yeux sont tirés en haut, *sursum, ad sidera ;* car sur les places publiques, aux angles des carrefours, des personnages immobiles, plus grands que ceux qui passent à leurs pieds, vous racontent dans un langage muet les pompeuses légendes de la gloire, de la guerre, de la science et du martyre. Les uns montrent le ciel, où ils ont sans cesse aspiré ; les autres désignent le sol d'où ils se sont élancés. Ils agitent ou contemplent ce qui fut la passion de leur vie et qui en est devenu l'emblème : un outil, une épée, un livre, une torche, *vitaï lampada !* Fussiez-vous le plus insouciant des hommes, le plus malheureux ou le plus vil, mendiant ou banquier, le fantôme de pierre s'empare de vous pendant quelques minutes, et vous commande, au nom du passé, de penser aux choses qui ne sont pas de la terre.

Tel est le rôle divin de la sculpture.

Qui peut douter qu'une puissante imagination ne soit nécessaire pour remplir un si magnifique programme ? Singulier art qui s'enfonce dans les ténèbres du temps, et qui déjà, dans les âges primitifs, produisait des œuvres dont s'étonne l'esprit civilisé ! Art, où ce qui doit être compté comme qualité en peinture peut devenir vice ou défaut, où la perfection est d'autant plus nécessaire que le moyen, plus complet en apparence, mais plus barbare et plus enfantin, donne toujours, même aux plus médiocres œuvres, un semblant de fini et de perfection. Devant un objet tiré de la nature et représenté par la sculpture, c'est-à-dire rond, fuyant, autour duquel on peut tourner librement, et, comme l'objet naturel lui-même, environné d'atmosphère, le paysan, le sauvage, l'homme primitif, n'éprouvent aucune indécision ; tandis qu'une peinture, par ses prétentions immenses, par sa nature paradoxale et abstractive, les inquiète et les trouble. Il nous faut remarquer ici que le bas-relief est déjà un mensonge, c'est-à-dire un pas fait vers un art plus civilisé, s'éloignant d'autant de l'idée pure de sculpture. On se souvient que Catlin faillit être mêlé à une querelle fort dangereuse entre des chefs sauvages, ceux-ci plaisantant celui-là dont il avait peint le portrait de profil, et lui reprochant de s'être laissé voler la moitié de son visage. Le singe, quelquefois surpris par une magique peinture de nature, tourne derrière l'image pour en trouver l'envers. Il résulte des conditions barbares dans lesquelles la sculpture est enfermée, qu'elle réclame, en même temps qu'une exécution très parfaite, une spiritualité très élevée. Autrement elle ne produira que l'objet étonnant dont peuvent s'ébahir le singe et le sauvage. Il en résulte aussi que l'œil de l'amateur lui-même, quelquefois fatigué par la monotone blancheur de toutes ces grandes poupées, exactes dans toutes leurs proportions de longueur et d'épaisseur, abdique son autorité. Le médiocre ne lui semble pas toujours méprisable, et, à moins qu'une statue ne soit outrageusement détestable, il peut la prendre pour bonne ; mais une sublime pour mauvaise, jamais ! Ici, plus qu'en toute autre matière, le beau s'imprime dans la mémoire d'une manière indélébile. Quelle force prodigieuse l'Égypte, la Grèce, Michel-Ange, Coustou et quelques autres ont mise dans ces fantômes immobiles ! Quel regard dans ces yeux sans prunelle ! De même que la poésie lyrique ennoblit tout, même la passion, la sculpture, la vraie, solennise tout, même le mouvement ; elle donne à tout ce qui est humain quelque chose d'éternel et qui participe de la dureté de la matière employée. La colère devient calme, la tendresse sévère, le rêve ondoyant et brillanté de la peinture se transforme en méditation solide et obstinée. Mais si l'on veut songer combien de perfections il faut réunir pour obtenir cet austère enchantement, on ne s'étonnera pas de la fatigue et du découragement qui s'emparent souvent de notre esprit en parcourant les galeries des sculptures modernes, où le but divin est presque toujours méconnu, et le joli, le minutieux, complaisamment substitués au grand.

Nous avons le goût de facile composition, et notre dilettantisme peut s'accommoder tour à tour de toutes les grandeurs et de toutes les coquetteries. Nous savons aimer l'art mystérieux et sacerdotal de l'Égypte et de Ninive, l'art de la Grèce, charmant et raisonnable à la fois, l'art de Michel-Ange, précis comme une science, prodigieux comme le rêve, l'habileté du XVIIIe siècle, qui est la fougue dans la vérité ; mais dans ces différents modes de la sculpture, il y a la puissance d'expression et la richesse de sentiment, résultat inévitable d'une imagination profonde qui chez nous maintenant fait trop souvent défaut. On ne

trouvera donc pas surprenant que je sois bref dans l'examen des œuvres de cette année. Rien n'est plus doux que d'admirer, rien n'est plus désagréable que de critiquer. La grande faculté, la principale, ne brille que comme les images des patriotes romains, par son absence. C'est donc ici le cas de remercier M. Franceschi pour son *Andromède*. Cette figure, généralement remarquée, a suscité quelques critiques selon nous trop faciles. Elle a cet immense mérite d'être poétique, excitante et noble. On a dit que c'était un plagiat, et que M. Franceschi avait simplement mis debout une figure couchée de Michel-Ange. Cela n'est pas vrai. La langueur de ces formes menues quoique grandes, l'élégance paradoxale de ces membres est bien le fait d'un auteur moderne. Mais quand même il aurait emprunté son inspiration au passé, j'y verrais un motif d'éloge plutôt que de critique ; il n'est pas donné à tout le monde d'imiter ce qui est grand, et quand ces imitations sont le fait d'un jeune homme, qui a naturellement un grand espace de vie ouvert devant lui, c'est bien plutôt pour la critique une raison d'espérance que de défiance.

Quel diable d'homme que M. Clésinger ! Tout ce qu'on peut dire de plus beau sur son compte, c'est qu'à voir cette facile production d'œuvres si diverses, on devine une intelligence ou plutôt un tempérament toujours en éveil, un homme qui a l'amour de la sculpture dans le ventre. Vous admirez un morceau merveilleusement réussi ; mais tel autre morceau dépare complètement la statue. Voilà une figure d'un jet élancé et enthousiasmant ; mais voici des draperies qui, voulant paraître légères, sont tubulées et tortillées comme du macaroni. M. Clésinger attrape quelquefois le mouvement, il n'obtient jamais l'élégance complète. La beauté de style et de caractère qu'on a tant louée dans ses bustes de dames romaines n'est pas décidée ni parfaite. On dirait que souvent, dans son ardeur précipitée du travail, il oublie des muscles et néglige le mouvement si précieux du modelé. Je ne veux pas parler de ses malheureuses *Saphos,* je sais que maintes fois il a fait beaucoup mieux ; mais même dans ses statues les mieux réussies, un œil exercé est affligé par cette méthode abréviative qui donne aux membres et au visage humain ce fini et ce poli banal de la cire coulée dans un moule. Si Canova fut quelquefois charmant, ce ne fut certes pas grâce à ce défaut. Tout le monde a loué fort justement son *Taureau romain ;* c'est vraiment un fort bel ouvrage ; mais, si j'étais M. Clésinger, je n'aimerais pas être loué si magnifiquement pour avoir fait l'image d'une bête, si noble et superbe qu'elle fût. Un sculpteur tel que lui doit avoir d'autres ambitions et caresser d'autres images que celles des taureaux.

Il y a un *Saint Sébastien* d'un élève de Rude, M. Just Becquet, qui est une patiente et vigoureuse sculpture. Elle fait à la fois penser à la peinture de Ribera et à l'âpre statuaire espagnole. Mais si l'enseignement de M. Rude, qui eut une si grande action sur l'école de notre temps, a profité à quelques-uns, à ceux sans doute qui savaient commenter cet enseignement par leur esprit naturel, il a précipité les autres, trop dociles, dans les plus étonnantes erreurs. Voyez, par exemple, cette *Gaule !* La première forme que la Gaule revêt dans votre esprit est celle d'une personne de grande allure, libre, puissante, de forme robuste et dégagée, la fille bien découpée des forêts, la femme sauvage et guerrière, dont la voix était écoutée dans les conseils de la patrie. Or, dans la malheureuse figure dont je parle, tout ce qui constitue la force et la beauté est absent. Poitrine, hanches, cuisses, jambes, tout ce qui doit faire relief est creux. J'ai vu sur les tables de dissection de ces cadavres ravagés par la maladie et par une

misère continue de quarante ans. L'auteur a-t-il voulu représenter l'affaiblissement, l'épuisement d'une femme qui n'a pas connu d'autre nourriture que le gland des chênes, et a-t-il pris l'antique et forte Gaule pour la femelle décrépite d'un Papou ? Cherchons une explication moins ambitieuse, et croyons simplement qu'ayant entendu répéter fréquemment qu'il fallait copier fidèlement le modèle, et n'étant pas doué de la clairvoyance nécessaire pour en choisir un beau, il a copié le plus laid de tous avec une parfaite dévotion. Cette statue a trouvé des éloges, sans doute pour son œil de Velléda d'album lancé à l'horizon. Cela ne m'étonne pas.

Voulez-vous contempler encore une fois, mais sous une autre forme, le contraire de la sculpture ? Regardez ces deux petits mondes dramatiques inventés par M. Butté et qui représentent, je crois, la *Tour de Babel* et le *Déluge*. Mais le sujet importe peu, d'ailleurs, quand par sa nature ou par la manière dont il est traité, l'essence même de l'art se trouve détruite. Ce monde lilliputien, ces processions en miniature, ces petites foules serpentant dans des quartiers de roche, font penser à la fois aux plans en relief du musée de marine, aux pendules-tableaux à musique et aux paysages avec forteresse, pont-levis et garde montante, qui se font voir chez les pâtissiers et les marchands de joujoux. Il m'est extrêmement désagréable d'écrire de pareilles choses, surtout quand il s'agit d'œuvres où d'ailleurs on trouve de l'imagination et de l'ingéniosité, et si j'en parle, c'est parce qu'elles servent à constater, importantes en cela seulement, l'un des plus grands vices de l'esprit, qui est la désobéissance opiniâtre aux règles constitutives de l'art. Quelles sont les qualités, si belles qu'on les suppose, qui pourraient contrebalancer une si défectueuse énormité ? Quel cerveau bien portant peut concevoir sans horreur une peinture en relief, une sculpture agitée par la mécanique, une ode sans rimes, un roman versifié, etc. ? Quand le but naturel d'un art est méconnu, il est naturel d'appeler à son secours tous les moyens étrangers à cet art. Et à propos de M. Butté, qui a voulu représenter dans de petits proportions de vastes scènes exigeant une quantité innombrable de personnages, nous pouvons remarquer que les anciens reléguaient toujours ces tentatives dans le bas-relief, et que, parmi les modernes, de très grands et très habiles sculpteurs ne les ont jamais osées sans détriment et sans danger. Les deux conditions essentielles, l'unité d'impression et la totalité d'effet, se trouvent douloureusement offensées, et, si grand que soit le talent du *metteur en scène*, l'esprit inquiet se demande s'il n'a pas déjà senti une impression analogue chez Curtius. Les vastes et magnifiques groupes qui ornent les jardins de Versailles ne sont pas une réfutation complète de mon opinion ; car, outre qu'ils ne sont pas toujours également réussis, et que quelques-uns, par leur caractère de débandade, surtout parmi ceux où presque toutes les figures sont verticales, ne serviraient au contraire qu'à confirmer ladite opinion, je ferai de plus remarquer que c'est là une sculpture toute spéciale où les défauts, quelquefois très voulus, disparaissent sous un feu d'artifice liquide, sous une pluie lumineuse ; enfin c'est un art complété par l'hydraulique, un art inférieur en somme. Cependant les plus parfaits parmi ces groupes ne sont tels que parce qu'ils se rapprochent davantage de la vraie sculpture et que, par leurs attitudes penchées et leurs entrelacements, les figures créent cette arabesque générale de la composition, immobile et fixe dans la peinture, mobile et variable dans la sculpture comme dans les pays de montagnes.

Nous avons déjà, mon cher M***, parlé des *esprits pointus*, et nous avons reconnu que parmi ces esprits pointus, tous plus ou moins entachés de désobéissance à l'idée de l'art pur, il y en avait cependant un ou deux intéressants. Dans la sculpture, nous retrouvons les mêmes malheurs. Certes M. Frémiet est un bon sculpteur; il est habile, audacieux, subtil, cherchant l'effet étonnant, le trouvant quelquefois; mais, c'est là son malheur, le cherchant souvent à côté de la voie naturelle. L'*Orang-outang entraînant une femme au fond des bois* (ouvrage refusé, que naturellement je n'ai pas vu), est bien l'idée d'un esprit pointu. Pourquoi pas un crocodile, un tigre, ou toute autre bête susceptible de manger une femme? Non pas! songez bien qu'il ne s'agit pas de manger, mais de violer. Or le singe seul, le singe gigantesque, à la fois plus et moins qu'un homme, a manifesté quelquefois un appétit humain pour la femme. Voilà donc le moyen d'étonnement trouvé! « *Il* l'entraîne; saura-t-*elle* résister? » telle est la question que se fera tout le public féminin. Un sentiment bizarre, compliqué, fait en partie de terreur et en partie de curiosité priapique, enlèvera le succès. Cependant, comme M. Frémiet est un excellent ouvrier, l'animal et la femme seront également bien imités et modelés. En vérité, de tels sujets ne sont pas dignes d'un talent aussi mûr, et le jury s'est bien conduit en repoussant ce vilain drame.

Si M. Frémiet me dit que je n'ai pas le droit de scruter les intentions et de parler de ce que je n'ai pas vu, je me rabattrai humblement sur son *Cheval de saltimbanque*. Pris en lui-même, le petit cheval est charmant; son épaisse crinière, son mufle carré, son air spirituel, sa croupe avalée, ses petites jambes solides et grêles à la fois, tout le désigne comme un de ces humbles animaux qui ont de la race. Ce hibou, perché sur son dos, m'inquiète (car je suppose que je n'ai pas lu le livret), et je me demande pourquoi l'oiseau de Minerve est posé sur la création de Neptune? Mais j'aperçois les marionnettes accrochées à la selle: L'idée de sagesse représentée par le hibou m'entraîne à croire que les marionnettes figurent les frivolités du monde. Reste à expliquer l'utilité du cheval, qui, dans le langage apocalyptique, peut fort bien symboliser l'intelligence, la volonté, la vie. Enfin, j'ai positivement et patiemment découvert que l'ouvrage de M. Frémiet représente l'intelligence humaine portant partout avec elle l'idée de la sagesse et le goût de la folie. Voilà bien l'immortelle antithèse philosophique, la contradiction essentiellement humaine sur laquelle pivote depuis le commencement des âges toute philosophie et toute littérature, depuis les règnes tumultueux d'Ormuz et d'Ahrimane jusqu'au révérend Maturin, depuis Manès jusqu'à Shakespeare!..... Mais un voisin que j'irrite veut bien m'avertir que je cherche midi à quatorze heures, et que cela représente simplement le cheval d'un saltimbanque..... Ce hibou solennel, ces marionnettes mystérieuses n'ajoutaient donc aucun sens nouveau à l'idée *cheval*? En tant que simple cheval, en quoi augmentent-elles son mérite? Il fallait évidemment intituler cet ouvrage: *Cheval de saltimbanque, en l'absence du saltimbanque, qui est allé tirer les cartes et boire un coup dans un cabaret supposé du voisinage!* Voilà le vrai titre!

MM. Carrier, Oliva et Prouha sont plus modestes que M. Frémiet et moi; ils se contentent d'étonner par la souplesse et l'habileté de leur art. Tous les trois, avec des facultés plus ou moins tendues, ont une visible sympathie pour la sculpture vivante du XVIII^e et du XVII^e siècle. Ils ont aimé et étudié Caffieri, Puget, Coustou, Houdon, Pigalle, Francin. Depuis longtemps les vrais amateurs ont admiré les bustes de M. Oliva, vigoureusement modelés, où la vie

respire, où le regard même étincelle. Celui qui représente le *Général Bizot* est un des bustes les plus *militaires* que j'aie vus. *M. de Mercey* est un chef-d'œuvre de finesse. Tout le monde a remarqué récemment dans la cour du Louvre une charmante figure de M. Prouha qui rappelait les grâces nobles et mignardes de la Renaissance. M. Carrier peut se féliciter et se dire content de lui. Comme les maîtres qu'il affectionne, il possède l'énergie et l'esprit. Un peu trop de décolleté et de débraillé dans le costume contraste peut-être malheureusement avec le fini vigoureux et patient des visages. Je ne trouve pas que ce soit un défaut de chiffonner une chemise ou une cravate et de tourmenter agréablement les revers d'un habit, je parle seulement d'un manque d'accord relativement à l'idée d'ensemble ; et encore avouerai-je volontiers que je crains d'attribuer trop d'importance à cette observation, et les bustes de M. Carrier m'ont causé un assez vif plaisir pour me faire oublier cette petite impression toute fugitive.

Vous vous rappelez, mon cher, que nous avons déjà parlé de *Jamais et Toujours ;* je n'ai pas encore pu trouver l'explication de ce titre logographique. Peut-être est-ce un coup de désespoir, ou un caprice sans motif, comme *Rouge et Noir.* Peut-être M. Hébert a-t-il cédé à ce goût de MM. Commerson et Paul de Kock, qui les pousse à voir une pensée dans le choc fortuit de toute antithèse. Quoi qu'il en soit, il a fait une charmante sculpture de chambre, dira-t-on (quoiqu'il soit douteux que le bourgeois et la bourgeoise en veuillent décorer leur boudoir), espèce de vignette en sculpture, mais qui cependant pourrait peut-être, exécutée dans de plus grandes proportions, faire une excellente décoration funèbre dans un cimetière ou dans une chapelle. La jeune fille, d'une forme riche et souple, est enlevée et balancée avec une légèreté harmonieuse ; et son corps, convulsé dans une extase ou dans une agonie, reçoit avec résignation le baiser de l'immense squelette. On croit généralement, peut-être parce que l'Antiquité ne le connaissait pas ou le connaissait peu, que le squelette doit être exclu du domaine de la sculpture. C'est une grande erreur. Nous le voyons apparaître au Moyen Âge, se comportant et s'étalant avec toute la maladresse cynique et toute la superbe de l'idée sans art. Mais, depuis lors jusqu'au XVIIIᵉ siècle, climat historique de l'amour et des roses, nous voyons le squelette fleurir avec bonheur dans tous les sujets où il lui est permis de s'introduire. Le sculpteur comprit bien vite tout ce qu'il y a de beauté mystérieuse et abstraite dans cette maigre carcasse, à qui la chair sert d'habit, et qui est comme le plan du poème humain. Et cette grâce, caressante, mordante, presque scientifique, se dresse à son tour, claire et purifiée des souillures de l'humus, parmi les grâces innombrables que l'Art avait déjà extraites de l'ignorante Nature. Le squelette de M. Hébert n'est pas, à proprement parler, un squelette. Je ne crois pas cependant que l'artiste ait voulu esquiver, comme on dit, la difficulté. Si ce puissant personnage porte ici le caractère vague des fantômes, des larves et des lamies, s'il est encore, en de certaines parties, revêtu d'une peau parcheminée qui se colle aux jointures comme les membranes d'un palmipède, s'il s'enveloppe et se drape à moitié d'un immense suaire soulevé çà et là par les saillies des articulations, c'est que sans doute l'auteur voulait surtout exprimer l'idée vaste et flottante du néant. Il a réussi, et son fantôme est *plein de vide.*

L'agréable occurrence de ce sujet macabre m'a fait regretter que M. Christophe n'ait pas exposé deux morceaux de sa composition, l'un d'une nature tout à fait analogue, l'autre plus gracieusement allégorique. Ce dernier repré-

sente une femme nue, d'une grande et vigoureuse tournure florentine (car
M. Christophe n'est pas de ces artistes faibles, en qui l'enseignement positif et
minutieux de Rude a détruit l'imagination), et qui, vue en face, présente au
spectateur un visage souriant et mignard, un visage de théâtre. Une légère
draperie, habilement tortillée, sert de suture entre cette jolie tête de convention
et la robuste poitrine sur laquelle elle a l'air de s'appuyer. Mais, en faisant un
pas de plus à gauche ou à droite, vous découvrez le secret de l'allégorie, la
morale de la fable, je veux dire la véritable tête révulsée, se pâmant dans les
larmes et l'agonie. Ce qui avait d'abord enchanté vos yeux, c'était un masque,
c'était le masque universel, votre masque, mon masque, joli éventail dont une
main habile se sert pour voiler aux yeux du monde la douleur ou le remords.
Dans cet ouvrage, tout est charmant et robuste. Le caractère vigoureux du
corps fait un contraste pittoresque avec l'expression mystique d'une idée toute
mondaine, et la surprise n'y joue pas un rôle plus important qu'il n'est permis.
Si jamais l'auteur consent à jeter cette conception dans le commerce, sous la
forme d'un bronze de petite dimension, je puis, sans imprudence, lui prédire un
immense succès.

Quant à l'autre idée, si charmante qu'elle soit, ma foi, je n'en répondrais pas ;
d'autant moins que, pour être pleinement exprimée, elle a besoin de deux
matières, l'une claire et terne pour exprimer le squelette, l'autre sombre et
brillante pour rendre le vêtement, ce qui augmenterait naturellement l'horreur
de l'idée et son impopularité. Hélas !

> Les charmes de l'horreur n'enivrent que les forts !

Figurez-vous un grand squelette féminin tout prêt à partir pour une fête.
Avec sa face aplatie de négresse, son sourire sans lèvre et sans gencive, et son
regard qui n'est qu'un trou plein d'ombre, l'horrible chose qui fut une belle
femme a l'air de chercher vaguement dans l'espace l'heure délicieuse du
rendez-vous ou l'heure solennelle du sabbat inscrite au cadran invisible des
siècles. Son buste, disséqué par le temps, s'élance coquettement de son
corsage, comme de son cornet un bouquet desséché, et toute cette pensée
funèbre se dresse sur le piédestal d'une fastueuse crinoline. Qu'il me soit
permis, pour abréger, de citer un lambeau rimé dans lequel j'ai essayé non pas
d'*illustrer*, mais d'expliquer le plaisir subtil contenu dans cette figurine, à peu
près comme un lecteur soigneux barbouille de crayon les marges de son livre :

> Fière, autant qu'un vivant, de sa noble stature,
> Avec son gros bouquet, son mouchoir et ses gants
> Elle a la nonchalance et la désinvolture
> D'une coquette maigre aux airs extravagants.
>
> Vit-on jamais au bal une taille plus mince ?
> Sa robe, exagérée en sa royale ampleur,
> S'écroule abondamment sur un pied sec que pince
> Un soulier pomponné joli comme une fleur.
>
> La ruche qui se joue au bord des clavicules,
> Comme un ruisseau lascif qui se frotte au rocher,
> Défend pudiquement des lazzi ridicules
> Les funèbres appas qu'elle tient à cacher.
>
> Ses yeux profonds sont faits de vide et de ténèbres,
> Et son crâne, de fleurs artistement coiffé,
> Oscille mollement sur ses frêles vertèbres.
> Ô charme du néant follement attifé !

Aucuns t'appelleront une caricature,
Qui ne comprennent pas, amants ivres de chair,
L'élégance sans nom de l'humaine armature !
Tu réponds, grand squelette, à mon goût le plus cher !

Viens-tu troubler, avec ta puissante grimace,
La fête de la vie ?

Je crois, mon cher, que nous pouvons nous arrêter ici ; je citerais de nouveaux échantillons que je n'y pourrais trouver que de nouvelles preuves superflues à l'appui de l'idée principale qui a gouverné mon travail depuis le commencement, à savoir que les talents les plus ingénieux et les plus patients ne sauraient suppléer le goût du grand et la sainte fureur de l'imagination. On s'est amusé, depuis quelques années, à critiquer, plus qu'il n'est permis, un de nos amis les plus chers ; eh bien ! je suis de ceux qui confessent, et sans rougir, que, quelle que soit l'habileté développée annuellement par nos sculpteurs, je ne retrouve pas dans leurs œuvres (depuis la disparition de David) le plaisir immatériel que m'ont donné si souvent les rêves tumultueux, même incomplets, d'Auguste Préault.

IX

ENVOI

Enfin, il m'est permis de proférer l'irrésistible *ouf !* que lâche avec tant de bonheur tout simple mortel, non privé de sa rate et condamné à une course forcée, quand il peut se jeter dans l'oasis de repos tant espérée depuis longtemps. Dès le commencement, je l'avouerai volontiers, les caractères béatifiques qui composent le mot FIN apparaissaient à mon cerveau, revêtus de leur peau noire, comme de petits baladins éthiopiens qui exécuteraient la plus aimable des danses de *caractère*. MM. les artistes, je parle des vrais artistes, de ceux-là qui pensent comme moi que tout ce qui n'est pas la perfection devrait se cacher, et que tout ce qui n'est pas sublime est inutile et coupable, de ceux-là qui savent qu'il y a une épouvantable profondeur dans la première idée venue, et que, parmi les manières innombrables de l'exprimer, il n'y en a tout au plus que deux ou trois d'excellentes (je suis moins sévère que La Bruyère) ; ces artistes-là, dis-je, toujours mécontents et non rassasiés, comme des âmes enfermées, ne prendront pas de travers certains badinages et certaines humeurs quinteuses dont ils souffrent aussi souvent que le critique. Eux aussi, ils savent que rien n'est plus fatigant que d'expliquer ce que tout le monde devrait savoir. Si l'ennui et le mépris peuvent être considérés comme des passions, pour eux aussi le mépris et l'ennui ont été les passions les plus difficilement rejetables, les plus fatales, les plus sous la main. Je m'impose à moi-même les dures conditions que je voudrais voir chacun s'imposer ; je me dis sans cesse : *à quoi bon ?* et je me demande, en supposant que j'aie exposé quelques bonnes raisons : à qui et à quoi peuvent-elles servir ? Parmi les nombreuses omissions que j'ai commises, il y en a de volontaires ; j'ai fait exprès de négliger une foule de talents évidents, trop reconnus pour être loués, pas assez singuliers, en bien ou en mal, pour servir de thème à la critique. Je m'étais imposé de chercher l'Imagination à travers le Salon, et, l'ayant rarement trouvée, je n'ai dû parler que d'un petit nombre d'hommes. Quant aux omissions ou erreurs involon-

taires que j'ai pu commettre, la Peinture me les pardonnera, comme à un homme qui, à défaut de connaissances étendues, a l'amour de la Peinture jusque dans les nerfs. D'ailleurs, ceux qui peuvent avoir quelque raison de se plaindre trouveront des vengeurs ou des consolateurs bien nombreux, sans compter celui de nos amis que vous chargerez de l'analyse de la prochaine exposition, et à qui vous donnerez les mêmes libertés que vous avez bien voulu m'accorder. Je souhaite de tout mon cœur qu'il rencontre plus de motifs d'étonnement ou d'éblouissement que je n'en ai consciencieusement trouvé. Les nobles et excellents artistes que j'invoquais tout à l'heure diront comme moi : en résumé, beaucoup de pratique et d'habileté, mais très peu de génie ! C'est ce que tout le monde dit. Hélas ! je suis d'accord avec tout le monde. Vous voyez, mon cher M***, qu'il était bien inutile d'expliquer ce que chacun d'eux pense comme nous. Ma seule consolation est d'avoir peut-être su plaire, dans l'étalage de ces lieux communs, à deux ou trois personnes qui me devinent quand je pense à elles, et au nombre desquelles je vous prie de vouloir bien vous compter.

Votre très dévoué collaborateur et ami.

Le Peintre de la vie moderne

I

LE BEAU. LA MODE ET LE BONHEUR

Il y a dans le monde, et même dans le monde des artistes, des gens qui vont au musée du Louvre, passent rapidement, et sans leur accorder un regard, devant une foule de tableaux très intéressants quoique de *second ordre*, et se plantent rêveurs devant un Titien ou un Raphaël, un de ceux que la gravure a le plus popularisés ; puis sortent satisfaits, plus d'un se disant : « Je connais mon musée. » Il existe aussi des gens qui, ayant lu jadis Bossuet et Racine, croient posséder l'histoire de la littérature.

Par bonheur se présentent de temps en temps des redresseurs de torts, des critiques, des amateurs, des curieux qui affirment que tout n'est pas dans Raphaël, que tout n'est pas dans Racine, que les *poetae minores* ont du bon, du solide et du délicieux ; et, enfin, que pour tant aimer la beauté générale, qui est exprimée par les poètes et les artistes classiques, on n'en a pas moins tort de négliger la beauté particulière, la beauté de circonstance et le trait de mœurs.

Je dois dire que le monde, depuis plusieurs années, s'est un peu corrigé. Le prix que les amateurs attachent aujourd'hui aux gentillesses gravées et coloriées du dernier siècle prouve qu'une réaction a eu lieu dans le sens où le public en avait besoin ; Debucourt, les Saint-Aubin et bien d'autres, sont entrés dans le dictionnaire des artistes dignes d'êtres étudiés. Mais ceux-là représentent le passé ; or, c'est à la peinture des mœurs du présent que je veux m'attacher aujourd'hui. Le passé est intéressant non seulement par la beauté qu'ont su en extraire les artistes pour qui il était le présent, mais aussi comme passé, pour sa valeur historique. Il en est de même du présent. Le plaisir que nous retirons de la représentation du présent tient non seulement à la beauté dont il peut être revêtu, mais aussi à sa qualité essentielle de présent.

J'ai sous les yeux une série de gravures de modes commençant avec la Révolution et finissant à peu près au Consulat. Ces costumes, qui font rire bien des gens irréfléchis, de ces gens graves sans vraie gravité, présentent un charme d'une nature double, artistique et historique. Ils sont très souvent beaux et spirituellement dessinés ; mais ce qui m'importe au moins autant, et ce que je suis heureux de retrouver dans tous ou presque tous, c'est la morale et l'esthétique du temps. L'idée que l'homme se fait du beau s'imprime dans tout son ajustement, chiffonne ou raidit son habit, arrondit ou aligne son geste, et même pénètre subtilement, à la longue, les traits de son visage. L'homme finit par ressembler à ce qu'il voudrait être. Ces gravures peuvent être traduites en

beau et en laid; en laid, elles deviennent des caricatures; en beau, des statues antiques.

Les femmes qui étaient revêtues de ces costumes ressemblaient plus ou moins aux unes ou aux autres, selon le degré de poésie ou de vulgarité dont elles étaient marquées. La matière vivante rendait ondoyant ce qui nous semble trop rigide. L'imagination du spectateur peut encore aujourd'hui faire marcher et frémir cette *tunique* et ce *schall*. Un de ces jours, peut-être, un drame paraîtra sur un théâtre quelconque, où nous verrons la résurrection de ces costumes sous lesquels nos pères se trouvaient tout aussi enchanteurs que nous-mêmes dans nos pauvres vêtements (lesquels ont aussi leur grâce, il est vrai, mais d'une nature plutôt morale et spirituelle), et s'ils sont portés et animés par des comédiennes et des comédiens intelligents, nous nous étonnerons d'en avoir pu rire si étourdiment. Le passé, tout en gardant le piquant du fantôme, reprendra la lumière et le mouvement de la vie, et se fera présent.

Si un homme impartial feuilletait une à une *toutes* les modes françaises depuis l'origine de la France jusqu'au jour présent, il n'y trouverait rien de choquant ni même de surprenant. Les transitions y seraient aussi abondamment ménagées que dans l'échelle du monde animal. Point de lacune, donc, point de surprise. Et s'il ajoutait à la vignette qui représente chaque époque la pensée philosophique dont celle-ci était le plus occupée ou agitée, pensée dont la vignette suggère inévitablement le souvenir, il verrait quelle profonde harmonie régit tous les membres de l'histoire, et que, même dans les siècles qui nous paraissent les plus monstrueux et les plus fous, l'immortel appétit du beau a toujours trouvé sa satisfaction.

C'est ici une belle occasion, en vérité, pour établir une théorie rationnelle et historique du beau, en opposition avec la théorie du beau unique et absolu; pour montrer que le beau est toujours, inévitablement, d'une composition double, bien que l'impression qu'il produit soit une; car la difficulté de discerner les éléments variables du beau dans l'unité de l'impression n'infirme en rien la nécessité de la variété dans sa composition. Le beau est fait d'un élément éternel, invariable, dont la quantité est excessivement difficile à déterminer, et d'un élément relatif, circonstanciel, qui sera, si l'on veut, tour à tour ou tout ensemble, l'époque, la mode, la morale, la passion. Sans ce second élément, qui est comme l'enveloppe amusante, titillante, apéritive, du divin gâteau, le premier élément serait indigestible, inappréciable, non adapté et non approprié à la nature humaine. Je défie qu'on découvre un échantillon quelconque de beauté qui ne contienne pas ces deux éléments.

Je choisis, si l'on veut, les deux échelons extrêmes de l'histoire. Dans l'art hiératique, la dualité se fait voir au premier coup d'œil; la partie de beauté éternelle ne se manifeste qu'avec la permission et sous la règle de la religion à laquelle appartient l'artiste. Dans l'œuvre la plus frivole d'un artiste raffiné appartenant à une de ces époques que nous qualifions trop vaniteusement de civilisées, la dualité se montre également; la portion éternelle de beauté sera en même temps voilée et exprimée, sinon par la mode, au moins par le tempérament particulier de l'auteur. La dualité de l'art est une conséquence fatale de la dualité de l'homme. Considérez, si cela vous plaît, la partie éternellement subsistante comme l'âme de l'art, et l'élément variable comme son corps. C'est pourquoi Stendhal, esprit impertinent, taquin, répugnant même, mais dont les impertinences provoquent utilement la méditation, s'est rapproché de la vérité plus que beaucoup d'autres, en disant que *le Beau n'est*

que la promesse du bonheur. Sans doute cette définition dépasse le but ; elle soumet beaucoup trop le beau à l'idéal infiniment variable du bonheur ; elle dépouille trop lestement le beau de son caractère aristocratique ; mais elle a le grand mérite de s'éloigner décidément de l'erreur des académiciens.

J'ai plus d'une fois déjà expliqué ces choses ; ces lignes en disent assez pour ceux qui aiment ces jeux de la pensée abstraite ; mais je sais que les lecteurs français, pour la plupart, ne s'y complaisent guère, et j'ai hâte moi-même d'entrer dans la partie positive et réelle de mon sujet.

II

LE CROQUIS DE MŒURS

Pour le croquis de mœurs, la représentation de la vie bourgeoise et les spectacles de la mode, le moyen le plus expéditif et le moins coûteux est évidemment le meilleur. Plus l'artiste y mettra de beauté, plus l'œuvre sera précieuse ; mais il y a dans la vie triviale, dans la métamorphose journalière des choses extérieures, un mouvement rapide qui commande à l'artiste une égale vélocité d'exécution. Les gravures à plusieurs teintes du XVIIIᵉ siècle ont obtenu de nouveau les faveurs de la mode, comme je le disais tout à l'heure ; le pastel, l'eau-forte, l'aquatinte ont fourni tour à tour leurs contigents à cet immense dictionnaire de la vie moderne disséminé dans les bibliothèques, dans les cartons des amateurs et derrière les vitres des plus vulgaires boutiques. Dès que la lithographie parut, elle se montra tout de suite très apte à cette énorme tâche, si frivole en apparence. Nous avons dans ce genre de véritables monuments. On a justement appelé les œuvres de Gavarni et de Daumier des compléments de *La Comédie humaine.* Balzac lui-même, j'en suis très convaincu, n'eût pas été éloigné d'adopter cette idée, laquelle est d'autant plus juste que le génie de l'artiste peintre de mœurs est un génie d'une nature mixte, c'est-à-dire où il entre une bonne partie d'esprit littéraire. Observateur, flâneur, philosophe, appelez-le comme vous voudrez ; mais vous serez certainement amené, pour caractériser cet artiste, à le gratifier d'une épithète que vous ne sauriez appliquer au peintre des choses éternelles, ou du moins plus durables, des choses héroïques ou religieuses. Quelquefois il est poète ; plus souvent il se rapproche du romancier ou du moraliste ; il est le peintre de la circonstance et de tout ce qu'elle suggère d'éternel. Chaque pays, pour son plaisir et pour sa gloire, a possédé quelques-uns de ces hommes-là. Dans notre époque actuelle, à Daumier et à Gavarni, les premiers noms qui se présentent à la mémoire, on peut ajouter Devéria, Maurin, Numa, historiens des grâces interlopes de la Restauration, Wattier, Tassaert, Eugène Lami, celui-là presque Anglais à force d'amour pour les élégances aristocratiques, et même Trimolet et Traviès, ces chroniqueurs de la pauvreté et de la petite vie.

III

L'ARTISTE,
HOMME DU MONDE,
HOMME DES FOULES ET ENFANT

Je veux entretenir aujourd'hui le public d'un homme singulier, originalité si puissante et si décidée, qu'elle se suffit à elle-même et ne recherche même pas l'approbation. Aucun de ses dessins n'est signé, si l'on appelle signature ces quelques lettres, faciles à contrefaire, qui figurent un nom, et que tant d'autres apposent fastueusement au bas de leurs plus insouciants croquis. Mais tous ses ouvrages sont signés de son âme éclatante, et les amateurs qui les ont vus et appréciés les reconnaitront facilement à la description que j'en veux faire. Grand amoureux de la foule et de l'incognito, M. C. G. pousse l'originalité jusqu'à la modestie. M. Thackeray, qui, comme on sait, est très curieux des choses d'art, et qui dessine lui-même les *illustrations* de ses romans, parla un jour de M. G. dans un petit journal de Londres. Celui-ci s'en fâcha comme d'un outrage à sa pudeur. Récemment encore, quand il apprit que je me proposais de faire une appréciation de son esprit et de son talent, il me supplia, d'une manière très impérieuse, de supprimer son nom et de ne parler de ses ouvrages que comme des ouvrages d'un anonyme. J'obéirai humblement à ce bizarre désir. Nous feindrons de croire, le lecteur et moi, que M. G. n'existe pas, et nous nous occuperons de ses dessins et de ses aquarelles, pour lesquels il professe un dédain de patricien, comme feraient des savants qui auraient à juger de précieux documents historiques, fournis par le hasard, et dont l'auteur doit rester éternellement inconnu. Et même, pour rassurer complètement ma conscience, on supposera que tout ce que j'ai à dire de sa nature, si curieusement et si mystérieusement éclatante, est plus ou moins justement suggéré par les œuvres en question ; pure hypothèse poétique, conjecture, travail d'imagination.

M. G. est vieux. Jean-Jacques commença, dit-on, à écrire à quarante-deux ans. Ce fut peut-être vers cet âge que M. G., obsédé par toutes les images qui remplissaient son cerveau, eut l'audace de jeter sur une feuille blanche de l'encre et des couleurs. Pour dire la vérité, il dessinait comme un barbare, comme un enfant, se fâchant contre la maladresse de ses doigts et la désobéissance de son outil. J'ai vu un grand nombre de ces barbouillages primitifs, et j'avoue que la plupart des gens qui s'y connaissent ou prétendent s'y connaitre auraient pu, sans déshonneur, ne pas deviner le génie latent qui habitait dans ces ténébreuses ébauches. Aujourd'hui, M. G., qui a trouvé, à lui tout seul, toutes les petites ruses du métier, et qui a fait, sans conseils, sa propre éducation, est devenu un puissant maitre à sa manière, et n'a gardé de sa première ingénuité que ce qu'il en faut pour ajouter à ses riches facultés un assaisonnement inattendu. Quand il rencontre un de ces essais de son *jeune âge,* il le déchire ou le brûle avec une honte des plus amusantes.

Pendant dix ans, j'ai désiré faire la connaissance de M. G., qui est, par nature, très voyageur et très cosmopolite. Je savais qu'il avait été longtemps attaché à un journal anglais illustré, et qu'on y avait publié des gravures d'après ses croquis de voyage (Espagne, Turquie, Crimée). J'ai vu depuis lors une masse considérable de ces dessins improvisés sur les lieux mêmes, et j'ai pu *lire* ainsi un compte rendu minutieux et journalier de la campagne de Crimée, bien

préférable à tout autre. Le même journal avait aussi publié, toujours sans signature, de nombreuses compositions du même auteur, d'après les ballets et les opéras nouveaux. Lorsque enfin je le trouvai, je vis tout d'abord que je n'avais pas affaire précisément à un *artiste*, mais plutôt à un *homme du monde*. Entendez ici, je vous prie, le mot *artiste* dans un sens très restreint, et le mot *homme du monde* dans un sens très étendu. *Homme du monde*, c'est-à-dire homme du monde entier, homme qui comprend le monde et les raisons mystérieuses et légitimes de tous ses usages; *artiste*, c'est-à-dire spécialiste, homme attaché à sa palette comme le serf à la glèbe. M. G. n'aime pas être appelé artiste. N'a-t-il pas un peu raison? Il s'intéresse au monde entier; il veut savoir, comprendre, apprécier tout ce qui se passe à la surface de notre sphéroïde. L'artiste vit très peu, ou même pas du tout, dans le monde moral et politique. Celui qui habite dans le quartier Bréda ignore ce qui se passe dans le faubourg Saint-Germain. Sauf deux ou trois exceptions qu'il est inutile de nommer, la plupart des artistes sont, il faut bien le dire, des brutes très adroites, de purs manœuvres, des intelligences de village, des cervelles de hameau. Leur conversation, forcément bornée à un cercle très étroit, devient très vite insupportable à l'*homme du monde*, au citoyen spirituel de l'univers.

Ainsi, pour entrer dans la compréhension de M. G., prenez note tout de suite de ceci : c'est que la *curiosité* peut être considérée comme le point de départ de son génie.

Vous souvenez-vous d'un tableau (en vérité, c'est un tableau!) écrit par la plus puissante plume de cette époque, et qui a pour titre *L'Homme des foules*? Derrière la vitre d'un café, un convalescent, contemplant la foule avec jouissance, se mêle, par la pensée, à toutes les pensées qui s'agitent autour de lui. Revenu récemment des ombres de la mort, il aspire avec délices tous les germes et tous les effluves de la vie ; comme il a été sur le point de tout oublier, il se souvient et veut avec ardeur se souvenir de tout. Finalement, il se précipite à travers cette foule à la recherche d'un inconnu dont la physionomie entrevue l'a, en un clin d'œil, fasciné. La curiosité est devenue une passion fatale, irrésistible !

Supposez un artiste qui serait toujours, spirituellement, à l'état du convalescent, et vous aurez la clef du caractère de M. G.

Or, la convalescence est comme un retour vers l'enfance. Le convalescent jouit au plus haut degré, comme l'enfant, de la faculté de s'intéresser vivement aux choses, même les plus triviales en apparence. Remontons, s'il se peut, par un effort rétrospectif de l'imagination, vers nos plus jeunes, nos plus matinales impressions, et nous reconnaîtrons qu'elles avaient une singulière parenté avec les impressions, si vivement colorées, que nous reçûmes plus tard à la suite d'une maladie physique, pourvu que cette maladie ait laissé pures et intactes nos facultés spirituelles. L'enfant voit tout en *nouveauté*; il est toujours *ivre*. Rien ne ressemble plus à ce qu'on appelle l'inspiration, que la joie avec laquelle l'enfant absorbe la forme et la couleur. J'oserai pousser plus loin; j'affirme que l'inspiration a quelque rapport avec la *congestion*, et que toute pensée sublime est accompagnée d'une secousse nerveuse, plus ou moins forte, qui retentit jusque dans le cervelet. L'homme de génie a les nerfs solides; l'enfant les a faibles. Chez l'un, la raison a pris une place considérable; chez l'autre, la sensibilité occupe presque tout l'être. Mais le génie n'est que l'*enfance retrouvée* à volonté, l'enfance douée maintenant, pour s'exprimer, d'organes virils et de l'esprit analytique qui lui permet d'ordonner la somme de matériaux

involontairement amassée. C'est à cette curiosité profonde et joyeuse qu'il faut attribuer l'œil fixe et animalement extatique des enfants devant le *nouveau*, quel qu'il soit, visage ou paysage, lumière, dorure, couleurs, étoffes chatoyantes, enchantement de la beauté embellie par la toilette. Un de mes amis me disait un jour qu'étant fort petit, il assistait à la toilette de son père, et qu'alors il contemplait, avec une stupeur mêlée de délices, les muscles des bras, les dégradations de couleurs de la peau nuancée de rose et de jaune, et le réseau bleuâtre des veines. Le tableau de la vie extérieure le pénétrait déjà de respect et s'emparait de son cerveau. Déjà la forme l'obsédait et le possédait. La prédestination montrait précocement le bout de son nez. La *damnation* était faite. Ai-je besoin de dire que cet enfant est aujourd'hui un peintre célèbre ?

Je vous priais tout à l'heure de considérer M. G. comme un éternel convalescent ; pour compléter votre conception, prenez-le aussi pour un homme-enfant, pour un homme possédant à chaque minute le génie de l'enfance, c'est-à-dire un génie pour lequel aucun aspect de la vie n'est *émoussé*.

Je vous ai dit que je répugnais à l'appeler un pur artiste, et qu'il se défendait lui-même de ce titre avec une modestie nuancée de pudeur aristocratique. Je le nommerais volontiers un *dandy*, et j'aurais pour cela quelques bonnes raisons ; car le mot *dandy* implique une quintessence de caractère et une intelligence subtile de tout le mécanisme moral de ce monde ; mais, d'un autre côté, le dandy aspire à l'insensibilité, et c'est par là que M. G., qui est dominé, lui, par une passion insatiable, celle de voir et de sentir, se détache violemment du dandysme. *Amabam amare*, disait saint Augustin. « J'aime passionnément la passion », dirait volontiers M. G. Le dandy est blasé, ou il feint de l'être, par politique et raison de caste. M. G. a horreur des gens blasés. Il possède l'art si difficile (les esprits raffinés me comprendront) d'être *sincère sans ridicule*. Je le décorerais bien du nom de philosophe, auquel il a droit à plus d'un titre, si son amour excessif des choses visibles, tangibles, condensées à l'état plastique, ne lui inspirait une certaine répugnance de celles qui forment le royaume impalpable du métaphysicien. Réduisons-le donc à la condition de pur moraliste pittoresque, comme La Bruyère.

La foule est son domaine, comme l'air est celui de l'oiseau, comme l'eau celui du poisson. Sa passion et sa profession, c'est d'*épouser la foule*. Pour le parfait flâneur, pour l'observateur passionné, c'est une immense jouissance que d'élire domicile dans le nombre, dans l'ondoyant, dans le mouvement, dans le fugitif et l'infini. Être hors de chez soi, et pourtant se sentir partout chez soi ; voir le monde, être au centre du monde et rester caché au monde, tels sont quelques-uns des moindres plaisirs de ces esprits indépendants, passionnés, impartiaux, que la langue ne peut que maladroitement définir. L'observateur est un *prince* qui jouit partout de son incognito. L'amateur de la vie fait du monde sa famille, comme l'amateur du beau sexe compose sa famille de toutes les beautés trouvées, trouvables et introuvables ; comme l'amateur de tableaux vit dans une société enchantée de rêves peints sur toile. Ainsi l'amoureux de la vie universelle entre dans la foule comme dans un immense réservoir d'électricité. On peut aussi le comparer, lui, à un miroir aussi immense que cette foule ; à un kaléidoscope doué de conscience, qui, à chacun de ses mouvements, représente la vie multiple et la grâce mouvante de tous les éléments de la vie. C'est un *moi* insatiable du *non-moi*, qui, à chaque instant, le rend et l'exprime en images plus vivantes que la vie elle-même, toujours

instable et fugitive. « Tout homme, disait un jour M. G. dans une de ces conversations qu'il illumine d'un regard intense et d'un geste évocateur, tout homme qui n'est pas accablé par un de ces chagrins d'une nature trop positive pour ne pas absorber toutes les facultés, et *qui s'ennuie au sein de la multitude*, est un sot ! un sot ! et je le méprise ! »

Quand M. G., à son réveil, ouvre les yeux et qu'il voit le soleil tapageur donnant l'assaut aux carreaux des fenêtres, il se dit avec remords, avec regrets : « Quel ordre impérieux ! quelle fanfare de lumière ! Depuis plusieurs heures déjà, de la lumière partout ! de la lumière perdue par mon sommeil ! Que de choses *éclairées* j'aurais pu voir et que je n'ai pas vues ! » Et il part ! et il regarde couler le fleuve de la vitalité, si majestueux et si brillant. Il admire l'éternelle beauté et l'étonnante harmonie de la vie dans les capitales, harmonie si providentiellement maintenue dans le tumulte de la liberté humaine. Il contemple les paysages de la grande ville, paysages de pierre caressés par la brume ou frappés par les soufflets du soleil. Il jouit des beaux équipages, des fiers chevaux, de la propreté éclatante des grooms, de la dextérité des valets, de la démarche des femmes onduleuses, des beaux enfants, heureux de vivre et d'être bien habillés ; en un mot, de la vie universelle. Si une mode, une coupe de vêtement a été légèrement transformée, si les nœuds de rubans, les boucles ont été détrônés par les cocardes, si le bavolet s'est élargi et si le chignon est descendu d'un cran sur la nuque, si la ceinture a été exhaussée et la jupe amplifiée, croyez qu'à une distance énorme *son œil d'aigle* l'a déjà deviné. Un régiment passe, qui va peut-être au bout du monde, jetant dans l'air des boulevards ses fanfares entraînantes et légères comme l'espérance ; et voilà que l'œil de M. G. a déjà vu, inspecté, analysé les armes, l'allure et la physionomie de cette troupe. Harnachements, scintillements, musique, regards décidés, moustaches lourdes et sérieuses, tout cela entre pêle-mêle en lui ; et dans quelques minutes, le poème qui en résulte sera virtuellement composé. Et voilà que son âme vit avec l'âme de ce régiment qui marche comme un seul animal, fière image de la joie dans l'obéissance !

Mais le soir est venu. C'est l'heure bizarre et douteuse où les rideaux du ciel se ferment, où les cités s'allument. Le gaz fait tache sur la pourpre du couchant. Honnêtes ou déshonnêtes, raisonnables ou fous, les hommes se disent : « Enfin la journée est finie ! » Les sages et les mauvais sujets pensent au plaisir, et chacun court dans l'endroit de son choix boire la coupe de l'oubli. M. G. restera le dernier partout où peut resplendir la lumière, retentir la poésie, fourmiller la vie, vibrer la musique ; partout où une passion peut *poser* pour son œil, partout où l'homme naturel et l'homme de convention se montrent dans une beauté bizarre, partout où le soleil éclaire les joies rapides de l'*animal dépravé* ! « Voilà, certes, une journée bien employée », se dit certain lecteur que nous avons tous connu, « chacun de nous a bien assez de génie pour la remplir de la même façon. » Non ! peu d'hommes sont doués de la faculté de voir ; il y en a moins encore qui possèdent la puissance d'exprimer. Maintenant, à l'heure où les autres dorment, celui-ci est penché sur sa table, dardant sur une feuille de papier le même regard qu'il attachait tout à l'heure sur les choses, s'escrimant avec son crayon, sa plume, son pinceau, faisant jaillir l'eau du verre au plafond, essuyant sa plume sur sa chemise, pressé, violent, actif, comme s'il craignait que les images ne lui échappent, querelleur quoique seul, et se bousculant lui-même. Et les choses renaissent sur le papier, naturelles et plus que naturelles, belles et plus que belles, singulières et douées

d'une vie enthousiaste comme l'âme de l'auteur. La fantasmagorie a été extraite de la nature. Tous les matériaux dont la mémoire s'est encombrée se classent, se rangent, s'harmonisent et subissent cette idéalisation forcée qui est le résultat d'une perception *enfantine*, c'est-à-dire d'une perception aiguë, magique à force d'ingénuité !

IV
LA MODERNITÉ

Ainsi il va, il court, il cherche. Que cherche-t-il ? À coup sûr, cet homme, tel que je l'ai dépeint, ce solitaire doué d'une imagination active, toujours voyageant à travers *le grand désert d'hommes,* a un but plus élevé que celui d'un pur flâneur, un but plus général, autre que le plaisir fugitif de la circonstance. Il cherche ce quelque chose qu'on nous permettra d'appeler la *modernité;* car il ne se présente pas de meilleur mot pour exprimer l'idée en question. Il s'agit, pour lui, de dégager de la mode ce qu'elle peut contenir de poétique dans l'historique, de tirer l'éternel du transitoire. Si nous jetons un coup d'œil sur nos expositions de tableaux modernes, nous sommes frappés de la tendance générale des artistes à habiller tous les sujets de costumes anciens. Presque tous se servent des modes et des meubles de la Renaissance, comme David se servait des modes et des meubles romains. Il y a cependant cette différence, que David, ayant choisi des sujets particulièrement grecs ou romains, ne pouvait pas faire autrement que de les habiller à l'antique, tandis que les peintres actuels, choisissant des sujets d'une nature générale applicable à toutes les époques, s'obstinent à les affubler des costumes du Moyen Âge, de la Renaissance ou de l'Orient. C'est évidemment le signe d'une grande paresse ; car il est beaucoup plus commode de déclarer que tout est absolument laid dans l'habit d'une époque, que de s'appliquer à en extraire la beauté mystérieuse qui y peut être contenue, si minime ou si légère qu'elle soit. La modernité, c'est le transitoire, le fugitif, le contingent, la moitié de l'art, dont l'autre moitié est l'éternel et l'immuable. Il y a eu une modernité pour chaque peintre ancien ; la plupart des beaux portraits qui nous restent des temps antérieurs sont revêtus des costumes de leur époque. Ils sont parfaitement harmonieux, parce que le costume, la coiffure et même le geste, le regard et le sourire (chaque époque a son port, son regard et son sourire) forment un tout d'une complète vitalité. Cet élément transitoire, fugitif, dont les métamorphoses sont si fréquentes, vous n'avez pas le droit de le mépriser ou de vous en passer. En le supprimant, vous tombez forcément dans le vide d'une beauté abstraite et indéfinissable, comme celle de l'unique femme avant le premier péché. Si au costume de l'époque, qui s'impose nécessairement, vous en substituez un autre, vous faites un contresens qui ne peut avoir d'excuse que dans le cas d'une mascarade voulue par la mode. Ainsi, les déesses, les nymphes et les sultanes du XVIIIe siècle sont des portraits *moralement* ressemblants.

Il est sans doute excellent d'étudier les anciens maîtres pour apprendre à peindre, mais cela ne peut être qu'un exercice superflu si votre but est de comprendre le caractère de la beauté présente. Les draperies de Rubens ou de Véronèse ne vous enseigneront pas à faire de la *moire antique,* du *satin à la*

reine, ou toute autre étoffe de nos fabriques, soulevée, balancée par la crinoline ou les jupons de mousseline empesée. Le tissu et le grain ne sont pas les mêmes que dans les étoffes de l'ancienne Venise ou dans celles portées à la cour de Catherine. Ajoutons aussi que la coupe de la jupe et du corsage est absolument différente, que les plis sont disposés dans un système nouveau, et enfin que le geste et le port de la femme actuelle donnent à sa robe une vie et une physionomie qui ne sont pas celles de la femme ancienne. En un mot, pour que toute *modernité* soit digne de devenir antiquité, il faut que la beauté mystérieuse que la vie humaine y met involontairement en ait été extraite. C'est à cette tâche que s'applique particulièrement M. G.

J'ai dit que chaque époque avait son port, son regard et son geste. C'est surtout dans une vaste galerie de portraits (celle de Versailles, par exemple) que cette proposition devient facile à vérifier. Mais elle peut s'étendre plus loin encore. Dans l'unité qui s'appelle nation, les professions, les castes, les siècles introduisent la variété, non seulement dans les gestes et les manières, mais aussi dans la forme positive du visage. Tel nez, telle bouche, tel front remplissent l'intervalle d'une durée que je ne prétends pas déterminer ici, mais qui certainement peut être soumise à un calcul. De telles considérations ne sont pas assez familières aux portraitistes; et le grand défaut de M. Ingres, en particulier, est de vouloir imposer à chaque type qui pose sous son œil un perfectionnement plus ou moins complet, emprunté au répertoire des idées classiques.

En pareille matière, il serait facile et même légitime de raisonner *a priori*. La corrélation perpétuelle de ce qu'on appelle *l'âme* avec ce qu'on appelle *le corps* explique très bien comment tout ce qui est matériel ou effluve du spirituel représente et représentera toujours le spirituel d'où il dérive. Si un peintre patient et minutieux, mais d'une imagination médiocre, ayant à peindre une courtisane du temps présent, *s'inspire* (c'est le mot consacré) d'une courtisane de Titien ou de Raphaël, il est infiniment probable qu'il fera une œuvre fausse, ambiguë et obscure. L'étude d'un chef-d'œuvre de ce temps et de ce genre ne lui enseignera ni l'attitude, ni le regard, ni la grimace, ni l'aspect vital d'une de ces créatures que le dictionnaire de la mode a successivement classées sous les titres grossiers ou badins d'*impures*, de *filles entretenues*, de *lorettes* et de *biches*.

La même critique s'applique rigoureusement à l'étude du militaire, du dandy, de l'animal même, chien ou cheval, et de tout ce qui compose la vie extérieure d'un siècle. Malheur à celui qui étudie dans l'antique autre chose que l'art pur, la logique, la méthode générale ! Pour s'y trop plonger, il perd la mémoire du présent; il abdique la valeur et les privilèges fournis par la circonstance; car presque toute notre originalité vient de l'estampille que le *temps* imprime à nos sensations. Le lecteur comprend d'avance que je pourrais vérifier facilement mes assertions sur de nombreux objets autres que la femme. Que diriez-vous, par exemple, d'un peintre de marines (je pousse l'hypothèse à l'extrême) qui, ayant à reproduire la *beauté* sobre et élégante du navire moderne, fatiguerait ses yeux à étudier les formes surchargées, contournées, l'arrière monumental du navire ancien et les voilures compliquées du XVIᵉ siècle ? Et que penseriez-vous d'un artiste que vous auriez chargé de faire le portrait d'un pur-sang, célèbre dans les solennités du turf, s'il allait confiner ses contemplations dans les musées, s'il se contentait d'observer le cheval dans les galeries du passé, dans Van Dyck, Bourguignon ou Van der Meulen ?

M. G., dirigé par la nature, tyrannisé par la circonstance, a suivi une voie toute différente. Il a commencé par contempler la vie, et ne s'est ingénié que tard à apprendre les moyens d'exprimer la vie. Il en est résulté une originalité saisissante, dans laquelle ce qui peut rester de barbare et d'ingénu apparaît comme une preuve nouvelle d'obéissance à l'impression, comme une flatterie à la vérité. Pour la plupart d'entre nous, surtout pour les gens d'affaires, aux yeux de qui la nature n'existe pas, si ce n'est dans ses rapports d'utilité avec leurs affaires, le fantastique réel de la vie est singulièrement émoussé. M. G. l'absorbe sans cesse ; il en a la mémoire et les yeux pleins.

V

L'ART MNÉMONIQUE

Ce mot *barbarie*, qui est venu peut-être trop souvent sous ma plume, pourrait induire quelques personnes à croire qu'il s'agit ici de quelques dessins informes que l'imagination seule du spectateur sait transformer en choses parfaites. Ce serait mal me comprendre. Je veux parler d'une barbarie inévitable, synthétique, enfantine, qui reste souvent visible dans un art parfait (mexicaine, égyptienne ou ninivite), et qui dérive du besoin de voir les choses grandement, de les considérer surtout dans l'effet de leur ensemble. Il n'est pas superflu d'observer ici que beaucoup de gens ont accusé de barbarie tous les peintres dont le regard est synthétique et abréviateur, par exemple M. Corot, qui s'applique tout d'abord à tracer les lignes principales d'un paysage, son ossature et sa physionomie. Ainsi, M. G., traduisant fidèlement ses propres impressions, marque avec une énergie instinctive les points culminants ou lumineux d'un objet (ils peuvent être culminants ou lumineux au point de vue dramatique), ou ses principales caractéristiques, quelquefois même avec une exagération utile pour la mémoire humaine ; et l'imagination du spectateur, subissant à son tour cette mnémonique si despotique, voit avec netteté l'impression produite par les choses sur l'esprit de M. G. Le spectateur est ici le traducteur d'une traduction toujours claire et enivrante.

Il est une condition qui ajoute beaucoup à la force vitale de cette traduction *légendaire* de la vie extérieure. Je veux parler de la méthode de dessiner de M. G. Il dessine de mémoire, et non d'après le modèle, sauf dans les cas (la guerre de Crimée, par exemple) où il y a nécessité urgente de prendre des notes immédiates, précipitées, et d'arrêter les lignes principales d'un sujet. En fait, tous les bons et vrais dessinateurs dessinent d'après l'image écrite dans leur cerveau, et non d'après la nature. Si l'on nous objecte les admirables croquis de Raphaël, de Watteau et de beaucoup d'autres, nous dirons que ce sont là des notes très minutieuses, il est vrai, mais de pures notes. Quand un véritable artiste en est venu à l'exécution définitive de son œuvre, le modèle lui serait plutôt un *embarras* qu'un secours. Il arrive même que des hommes tels que Daumier et M. G., accoutumés dès longtemps à exercer leur mémoire et à la remplir d'images, trouvent devant le modèle et la multiplicité de détails qu'il comporte leur faculté principale troublée et comme paralysée.

Il s'établit alors un duel entre la volonté de tout voir, de ne rien oublier, et la faculté de la mémoire qui a pris l'habitude d'absorber vivement la couleur générale et la silhouette, l'arabesque du contour. Un artiste ayant le sentiment

parfait de la forme, mais accoutumé à exercer surtout sa mémoire et son imagination, se trouve alors comme assailli par une émeute de détails, qui tous demandent justice avec la furie d'une foule amoureuse d'égalité absolue. Toute justice se trouve forcément violée ; toute harmonie détruite, sacrifiée ; mainte trivialité devient énorme ; mainte petitesse, usurpatrice. Plus l'artiste se penche avec impartialité vers le détail, plus l'anarchie augmente. Qu'il soit myope ou presbyte, toute hiérarchie et toute subordination disparaissent. C'est un accident qui se présente souvent dans les œuvres d'un de nos peintres les plus en vogue, dont les défauts d'ailleurs sont si bien appropriés aux défauts de la foule, qu'ils ont singulièrement servi sa popularité. La même analogie se fait deviner dans la pratique de l'art du comédien, art si mystérieux, si profond, tombé aujourd'hui dans la confusion des décadences. M. Frédérick Lemaître compose un rôle avec l'ampleur et la largeur du génie. Si étoilé que soit son jeu de détails lumineux, il reste toujours synthétique et sculptural. M. Bouffé compose les siens avec une minutie de myope et de bureaucrate. En lui tout éclate, mais rien ne se fait voir, rien ne veut être gardé par la mémoire.

Ainsi, dans l'exécution de M. G. se montrent deux choses : l'une, une contention de mémoire résurrectionniste, évocatrice, une mémoire qui dit à chaque chose : « Lazare, lève-toi ! » ; l'autre, un feu, une ivresse de crayon, de pinceau, ressemblant presque à une fureur. C'est la peur de n'aller pas assez vite, de laisser échapper le fantôme avant que la synthèse n'en soit extraite et saisie ; c'est cette terrible peur qui possède tous les grands artistes et qui leur fait désirer si ardemment de s'approprier tous les moyens d'expression, pour que jamais les ordres de l'esprit ne soient altérés par les hésitations de la main ; pour que finalement l'exécution, l'exécution idéale, devienne aussi inconsciente, aussi *coulante* que l'est la digestion pour le cerveau de l'homme bien portant qui a dîné. M. G. commence par de légères indications au crayon, qui ne marquent guère que la place que les objets doivent tenir dans l'espace. Les plans principaux sont indiqués ensuite par des teintes au lavis, des masses vaguement, légèrement colorées d'abord, mais reprises plus tard et chargées successivement de couleurs plus intenses. Au dernier moment, le contour des objets est définitivement cerné par de l'encre. A moins de les avoir vus, on ne se douterait pas des effets surprenants qu'il peut obtenir par cette méthode si simple et presque élémentaire. Elle a cet incomparable avantage, qu'à n'importe quel point de son progrès, chaque dessin a l'air suffisamment fini ; vous nommerez cela une ébauche si vous voulez, mais ébauche parfaite. Toutes les valeurs y sont en pleine harmonie, et s'il les veut pousser plus loin, elles marcheront toujours de front vers le perfectionnement désiré. Il prépare ainsi vingt dessins à la fois avec une pétulance et une joie charmantes, amusantes même pour lui : les croquis s'empilent et se superposent par dizaines, par centaines, par milliers. De temps à autre il les parcourt, les feuillette, les examine, et puis il en choisit quelques-uns dont il augmente plus ou moins l'intensité, dont il charge les ombres et allume progressivement les lumières.

Il attache une immense importance aux fonds, qui, vigoureux ou légers, sont toujours d'une qualité et d'une nature appropriées aux figures. La gamme des tons et l'harmonie générale sont strictement observées, avec un génie qui dérive plutôt de l'instinct que de l'étude. Car M. G. possède naturellement ce talent mystérieux du coloriste, véritable don que l'étude peut accroitre, mais qu'elle est, par elle-même, je crois, impuissante à créer. Pour tout dire en un

mot, notre singulier artiste exprime à la fois le geste et l'attitude solennelle ou grotesque des êtres et leur explosion lumineuse dans l'espace.

VI

LES ANNALES DE LA GUERRE

La Bulgarie, la Turquie, la Crimée, l'Espagne ont été de grandes fêtes pour les yeux de M. G., ou plutôt de l'artiste imaginaire que nous sommes convenus d'appeler M. G.; car je me souviens de temps en temps que je me suis promis, pour mieux rassurer sa modestie, de supposer qu'il n'existait pas. J'ai compulsé ces archives de la guerre d'Orient (champs de bataille jonchés de débris funèbres, charrois de matériaux, embarquements de bestiaux et de chevaux), tableaux vivants et surprenants, décalqués sur la vie elle-même, éléments d'un pittoresque précieux que beaucoup de peintres en renom, placés dans les mêmes circonstances, auraient étourdiment négligés ; cependant, de ceux-là, j'excepterai volontiers M. Horace Vernet, véritable gazetier plutôt que peintre essentiel, avec lequel M. G., artiste plus délicat, a des rapports visibles, si on veut ne le considérer que comme archiviste de la vie. Je puis affirmer que nul journal, nul récit écrit, nul livre, n'exprime aussi bien, dans tous ses détails douloureux et dans sa sinistre ampleur, cette grande épopée de la guerre de Crimée. L'œil se promène tour à tour aux bords du Danube, aux rives du Bosphore, au cap Kerson, dans la plaine de Balaklava, dans les champs d'Inkermann, dans les campements anglais, français, turcs et piémontais, dans les rues de Constantinople, dans les hôpitaux et dans toutes les solennités religieuses et militaires.

Une des compositions qui se sont le mieux gravées dans mon esprit est la *Consécration d'un terrain funèbre à Scutari par l'évêque de Gibraltar*. Le caractère pittoresque de la scène, qui consiste dans le contraste de la nature orientale environnante avec les attitudes et les uniformes occidentaux des assistants, est rendu d'une manière saisissante, suggestive et grosse de rêveries. Les soldats et les officiers ont ces airs ineffaçables de *gentlemen*, résolus et discrets, qu'ils portent au bout du monde, jusque dans les garnisons de la colonie du Cap et les établissements de l'Inde : les prêtres anglais font vaguement songer à des huissiers ou à des agents de change qui seraient revêtus de toques et de rabats.

Ici nous sommes à Schumla, chez Omer-Pacha : hospitalité turque, pipes et café ; tous les visiteurs sont rangés sur des divans, ajustant à leurs lèvres des pipes, longues comme des sarbacanes, dont le foyer repose à leurs pieds. Voici les *Kurdes à Scutari*, troupes étranges dont l'aspect fait rêver à une invasion de hordes barbares ; voici les bachi-bouzoucks, non moins singuliers avec leurs officiers européens, hongrois ou polonais, dont la physionomie de dandies tranche bizarrement sur le caractère baroquement oriental de leurs soldats.

Je rencontre un dessin magnifique où se dresse un seul personnage, gros, robuste, l'air à la fois pensif, insouciant et audacieux ; de grandes bottes lui montent au-delà des genoux ; son habit militaire est caché par un lourd et vaste paletot strictement boutonné ; à travers la fumée de son cigare, il regarde l'horizon sinistre et brumeux ; l'un de ses bras blessé est appuyé sur une cravate en sautoir. Au bas, je lis ces mots griffonnés au crayon : *Canrobert on the battle field of Inkermann. Taken on the spot.*

Quel est ce cavalier, aux moustaches blanches, d'une physionomie si vivement dessinée, qui, la tête relevée, a l'air de humer la terrible poésie d'un champ de bataille, pendant que son cheval, flairant la terre, cherche son chemin entre les cadavres amoncelés, pieds en l'air, faces crispées, dans des attitudes étranges ? Au bas du dessin, dans un coin, se font lire ces mots : *Myself at Inkermann.*

J'aperçois M. Baraguay-d'Hilliers, avec le Séraskier, passant en revue l'artillerie à Béchichtash. J'ai rarement vu un portrait militaire plus ressemblant, buriné d'une main plus hardie et plus spirituelle.

Un nom, sinistrement illustre depuis les désastres de Syrie, s'offre à ma vue : *Achmet-Pacha, général en chef à Kalafat, debout devant sa hutte avec son état-major, se fait présenter deux officiers européens.* Malgré l'ampleur de sa bedaine turque, Achmet-Pacha a, dans l'attitude et le visage, le grand air aristocratique qui appartient généralement aux races dominatrices.

La bataille de Balaklava se présente plusieurs fois dans ce curieux recueil, et sous différents aspects. Parmi les plus frappants, voici l'historique charge de cavalerie chantée par la trompette héroïque d'Alfred Tennyson, poète de la reine : une foule de cavaliers roulent avec une vitesse prodigieuse jusqu'à l'horizon entre les lourds nuages de l'artillerie. Au fond, le paysage est barré par une ligne de collines verdoyantes.

De temps en temps, des tableaux religieux reposent l'œil attristé par tous ces chaos de poudre et ces turbulences meurtrières. Au milieu de soldats anglais de différentes armes, parmi lesquels éclate le pittoresque uniforme des Écossais enjuponnés, un prêtre anglican lit l'office du dimanche : trois tambours, dont le premier est supporté par les deux autres, lui servent de pupitre.

En vérité, il est difficile à la simple plume de traduire ce poème fait de mille croquis, si vaste et si compliqué, et d'exprimer l'ivresse qui se dégage de tout ce pittoresque, douloureux souvent, mais jamais larmoyant, amassé sur quelques centaines de pages, dont les maculatures et les déchirures disent, à leur manière, le trouble et le tumulte au milieu desquels l'artiste y déposait ses souvenirs de la journée. Vers le soir, le courrier emportait vers Londres les notes et les dessins de M. G., et souvent celui-ci confiait ainsi à la poste plus de dix croquis improvisés sur papier pelure, que les graveurs et les abonnés du journal attendaient impatiemment.

Tantôt apparaissent des ambulances où l'atmosphère elle-même semble malade, triste et lourde ; chaque lit y contient une douleur ; tantôt c'est l'hôpital de Péra, où je vois, causant avec deux sœurs de charité, longues, pâles et droites comme des figures de Lesueur, un visiteur au costume négligé, désigné par cette bizarre légende : *My humble self.* Maintenant, sur des sentiers âpres et sinueux, jonchés de quelques débris d'un combat déjà ancien, cheminent lentement des animaux, mulets, ânes ou chevaux, qui portent sur leurs flancs, dans deux grossiers fauteuils, des blessés livides et inertes. Sur de vastes neiges, des chameaux au poitrail majestueux, la tête haute, conduits par des Tartares, traînent des provisions ou des munitions de toute sorte : c'est tout un monde guerrier, vivant, affairé et silencieux ; c'est des campements, des bazars où s'étalent des échantillons de toutes les fournitures, espèces de villes barbares improvisées pour la circonstance. À travers ces baraques, sur ces routes pierreuses ou neigeuses, dans ces défilés, circulent des uniformes de plusieurs nations, plus ou moins endommagés par la guerre ou altérés par l'adjonction de grosses pelisses et de lourdes chaussures.

Il est malheureux que cet album, disséminé maintenant en plusieurs lieux, et dont les pages précieuses ont été retenues par les graveurs chargés de les traduire ou par les rédacteurs de l'*Illustrated London News*, n'ait pas passé sous les yeux de l'Empereur. J'imagine qu'il aurait complaisamment, et non sans attendrissement, examiné les faits et gestes de ses soldats, tous exprimés minutieusement, au jour le jour, depuis les actions les plus éclatantes jusqu'aux occupations les plus triviales de la vie, par cette main de soldat artiste, si ferme et si intelligente.

VII

POMPES ET SOLENNITÉS

La Turquie a fourni aussi à notre cher G. d'admirables motifs de compositions : les fêtes du Baïram, splendeurs profondes et ruisselantes, au fond desquelles apparaît, comme un soleil pâle, l'ennui permanent du sultan défunt ; rangés à la gauche du souverain, tous les officiers de l'ordre civil ; à sa droite, tous ceux de l'ordre militaire, dont le premier est Saïd-Pacha, sultan d'Égypte, alors présent à Constantinople : des cortèges et des pompes solennelles défilant vers la petite mosquée voisine du palais, et, parmi ces foules, des fonctionnaires turcs, véritables caricatures de décadence, écrasant leurs magnifiques chevaux sous le poids d'une obésité fantastique ; les lourdes voitures massives, espèces de carrosses à la Louis XIV, dorés et agrémentés par le caprice oriental, d'où jaillissent quelquefois des regards curieusement féminins, dans le strict intervalle que laissent aux yeux les bandes de mousseline collées sur le visage ; les danses frénétiques des baladins du *troisième sexe* (jamais l'expression bouffonne de Balzac ne fut plus applicable que dans le cas présent, car, sous la palpitation de ces lueurs tremblantes, sous l'agitation de ces amples vêtements, sous cet ardent maquillage des joues, des yeux et des sourcils, dans ces gestes hystériques et convulsifs, dans ces longues chevelures flottant sur les reins, il vous serait difficile, pour ne pas dire impossible, de deviner la virilité) ; enfin, les femmes galantes (si toutefois l'on peut prononcer le mot de galanterie à propos de l'Orient), généralement composées de Hongroises, de Valaques, de Juives, de Polonaises, de Grecques et d'Arméniennes ; car, sous un gouvernement despotique, ce sont les races opprimées, et, parmi elles, celles surtout qui ont le plus à souffrir, qui fournissent le plus de sujets à la prostitution. De ces femmes, les unes ont conservé le costume national, les vestes brodées, à manches courtes, l'écharpe tombante, les vastes pantalons, les babouches retroussées, les mousselines rayées ou lamées et tout le clinquant du pays natal ; les autres, et ce sont les plus nombreuses, ont adopté le signe principal de la civilisation, qui, pour une femme, est invariablement la crinoline, en gardant toutefois, dans un coin de leur ajustement, un léger souvenir caractéristique de l'Orient, si bien qu'elles ont l'air de Parisiennes qui auraient voulu se déguiser.

M. G. excelle à peindre le faste des scènes officielles, les pompes et les solennités nationales, non pas froidement, didactiquement, comme les peintres qui ne voient dans ces ouvrages que des corvées lucratives, mais avec toute l'ardeur d'un homme épris d'espace, de perspective, de lumière faisant nappe ou explosion, et s'accrochant en gouttes ou en étincelles aux aspérités des

uniformes et des toilettes de cour. *La fête commémorative de l'indépendance dans la cathédrale d'Athènes* fournit un curieux exemple de ce talent. Tous ces petits personnages, dont chacun est si bien à sa place, rendent plus profond l'espace qui les contient. La cathédrale est immense et décorée de tentures solennelles. Le roi Othon et la reine, debout sur une estrade, sont revêtus du costume traditionnel, qu'ils portent avec une aisance merveilleuse, comme pour témoigner de la sincérité de leur adoption et du patriotisme hellénique le plus raffiné. La taille du roi est sanglée comme celle du plus coquet palikare, et sa jupe s'évase avec toute l'exagération du dandysme national. En face d'eux s'avance le patriarche, vieillard aux épaules voûtées, à la grande barbe blanche, dont les petits yeux sont protégés par des lunettes vertes, et portant dans tout son être les signes d'un flegme oriental consommé. Tous les personnages qui peuplent cette composition sont des portraits, et l'un des plus curieux, par la bizarrerie de sa physionomie aussi peu hellénique que possible, est celui d'une dame allemande, placée à côté de la reine et attachée à son service.

Dans les collections de M. G., on rencontre souvent l'Empereur des Français, dont il a su réduire la figure, sans nuire à la ressemblance, à un croquis infaillible, et qu'il exécute avec la certitude d'un paraphe. Tantôt l'Empereur passe des revues, lancé au galop de son cheval et accompagné d'officiers dont les traits sont facilement reconnaissables, ou de princes étrangers, européens, asiatiques ou africains, à qui il fait, pour ainsi dire, les honneurs de Paris. Quelquefois il est immobile sur un cheval dont les pieds sont aussi assurés que les quatre pieds d'une table, ayant à sa gauche l'Impératrice en costume d'amazone, et, à sa droite, le petit Prince impérial, chargé d'un bonnet à poils et se tenant militairement sur un petit cheval hérissé comme les poneys que les artistes anglais lancent volontiers dans leurs paysages; quelquefois disparaissant au milieu d'un tourbillon de lumière et de poussière dans les allées du bois de Boulogne; d'autres fois se promenant lentement à travers les acclamations du faubourg Saint-Antoine. Une surtout de ces aquarelles m'a ébloui par son caractère magique. Sur le bord d'une loge d'une richesse lourde et princière, l'Impératrice apparaît dans une attitude tranquille et reposée; l'Empereur se penche légèrement comme pour mieux voir le théâtre; au-dessous, deux cent-gardes, debout, dans une immobilité militaire et presque hiératique, reçoivent sur leur brillant uniforme les éclaboussures de la rampe. Derrière la bande de feu, dans l'atmosphère idéale de la scène, les comédiens chantent, déclament, gesticulent harmonieusement; de l'autre côté s'étend un abîme de lumière vague, un espace circulaire encombré de figures humaines à tous les étages : c'est le lustre et le public.

Les mouvements populaires, les clubs et les solennités de 1848 avaient également fourni à M. G. une série de compositions pittoresques dont la plupart ont été gravées par l'*Illustrated London News*. Il y a quelques années, après un séjour en Espagne, très fructueux pour son génie, il composa aussi un album de même nature, dont je n'ai vu que des lambeaux. L'insouciance avec laquelle il donne ou prête ses dessins l'expose souvent à des pertes irréparables.

VIII

LE MILITAIRE

Pour définir une fois de plus le genre de sujets préférés par l'artiste, nous dirons que c'est *la pompe de la vie,* telle qu'elle s'offre dans les capitales du monde civilisé, la pompe de la vie militaire, de la vie élégante, de la vie galante. Notre observateur est toujours exact à son poste, partout où coulent les désirs profonds et impétueux, les Orénoques du cœur humain, la guerre, l'amour, le jeu ; partout où s'agitent les fêtes et les fictions qui représentent ces grands éléments de bonheur et d'infortune. Mais il montre une prédilection très marquée pour le militaire, pour le soldat, et je crois que cette affection dérive non seulement des vertus et des qualités qui passent forcément de l'âme du guerrier dans son attitude et sur son visage, mais aussi de la parure voyante dont sa profession le revêt. M. Paul de Molènes a écrit quelques pages aussi charmantes que sensées, sur la coquetterie militaire et sur le sens moral de ces costumes étincelants dont tous les gouvernements se plaisent à habiller leurs troupes. M. G. signerait volontiers ces lignes-là.

Nous avons parlé déjà de l'idiotisme de beauté particulier à chaque époque, et nous avons observé que chaque siècle avait, pour ainsi dire, sa grâce personnelle. La même remarque peut s'appliquer aux professions ; chacune tire sa beauté extérieure des lois morales auxquelles elle est soumise. Dans les unes, cette beauté sera marquée d'énergie, et, dans les autres, elle portera les signes visibles de l'oisiveté. C'est comme l'emblème du caractère, c'est l'estampille de la fatalité. Le militaire, pris en général, a sa beauté, comme le dandy et la femme galante ont la leur, d'un goût essentiellement différent. On trouvera naturel que je néglige les professions où un exercice exclusif et violent déforme les muscles et marque le visage de servitude. Accoutumé aux surprises, le militaire est difficilement étonné. Le signe particulier de la beauté sera donc, ici, une insouciance martiale, un mélange singulier de placidité et d'audace ; c'est une beauté qui dérive de la nécessité d'être prêt à mourir à chaque minute. Mais le visage du militaire idéal devra être marqué d'une grande simplicité ; car, vivant en commun comme les moines et les écoliers, accoutumés à se décharger des soucis journaliers de la vie sur une paternité abstraite, les soldats sont, en beaucoup de choses, aussi simples que les enfants ; et, comme les enfants, le devoir étant accompli, ils sont faciles à amuser et portés aux divertissements violents. Je ne crois pas exagérer en affirmant que toutes ces considérations morales jaillissent naturellement des croquis et des aquarelles de M. G. Aucun type militaire n'y manque, et tous sont saisis avec une espèce de joie enthousiaste : le vieil officier d'infanterie, sérieux et triste, affligeant son cheval de son obésité ; le joli officier d'état-major, pincé dans sa taille, se dandinant des épaules, se penchant sans timidité sur le fauteuil des dames, et qui, vu de dos, fait penser aux insectes les plus sveltes et les plus élégants ; le zouave et le tirailleur, qui portent dans leur allure un caractère excessif d'audace et d'indépendance, et comme un sentiment plus vif de responsabilité personnelle ; la désinvolture agile et gaie de la cavalerie légère ; la physionomie vaguement professorale et académique des corps spéciaux, comme l'artillerie et le génie, souvent confirmée par l'appareil peu guerrier des lunettes : aucun de ces modèles, aucune de ces nuances ne sont négligés, et tous sont résumés, définis avec le même amour et le même esprit.

J'ai actuellement sous les yeux une de ces compositions d'une physionomie générale vraiment héroïque, qui représente une tête de colonne d'infanterie ; peut-être ces hommes reviennent-ils d'Italie et font-ils une halte sur les boulevards devant l'enthousiasme de la multitude ; peut-être viennent-ils d'accomplir une longue étape sur les routes de la Lombardie ; je ne sais. Ce qui est visible, pleinement intelligible, c'est le caractère ferme, audacieux, même dans sa tranquillité, de tous ces visages hâlés par le soleil, la pluie et le vent. Voilà bien l'uniformité d'expression créée par l'obéissance et les douleurs supportées en commun, l'air résigné du courage éprouvé par les longues fatigues. Les pantalons retroussés et emprisonnés dans les guêtres, les capotes flétries par la poussière, vaguement décolorées, tout l'équipement enfin a pris lui-même l'indestructible physionomie des êtres qui reviennent de loin et qui ont couru d'étranges aventures. On dirait que tous ces hommes sont plus solidement appuyés sur leurs reins, plus carrément installés sur leurs pieds, plus d'aplomb que ne peuvent l'être les autres hommes. Si Charlet, qui fut toujours à la recherche de ce genre de beauté et qui l'a si souvent trouvé, avait vu ce dessin, il en eût été singulièrement frappé.

IX

LE DANDY

L'homme riche, oisif, et qui, même blasé, n'a pas d'autre occupation que de courir à la piste du bonheur ; l'homme élevé dans le luxe et accoutumé dès sa jeunesse à l'obéissance des autres hommes, celui enfin qui n'a pas d'autre profession que l'élégance, jouira toujours, dans tous les temps, d'une physionomie distincte, tout à fait à part. Le dandysme est une institution vague, aussi bizarre que le duel ; très ancienne, puisque César, Catilina, Alcibiade nous en fournissent des types éclatants ; très générale, puisque Chateaubriand l'a trouvée dans les forêts et au bord des lacs du Nouveau Monde. Le dandysme, qui est une institution en dehors des lois, a des lois rigoureuses auxquelles sont strictement soumis tous ses sujets, quelles que soient d'ailleurs la fougue et l'indépendance de leur caractère.

Les romanciers anglais ont, plus que les autres, cultivé le roman de *high life*, et les Français qui, comme M. de Custine, ont voulu spécialement écrire des romans d'amour, ont d'abord pris soin, et très judicieusement, de doter leurs personnages de fortunes assez vastes pour payer sans hésitation toutes leurs fantaisies ; ensuite ils les ont dispensés de toute profession. Ces êtres n'ont pas d'autre état que de cultiver l'idée du beau dans leur personne, de satisfaire leurs passions, de sentir et de penser. Ils possèdent ainsi, à leur gré et dans une vaste mesure, le temps et l'argent, sans lesquels la fantaisie, réduite à l'état de rêverie passagère, ne peut guère se traduire en action. Il est malheureusement bien vrai que, sans le loisir et l'argent, l'amour ne peut être qu'une orgie de roturier ou l'accomplissement d'un devoir conjugal. Au lieu du caprice brûlant ou rêveur, il devient une répugnante *utilité*.

Si je parle de l'amour à propos du dandysme, c'est que l'amour est l'occupation naturelle des oisifs. Mais le dandy ne vise pas à l'amour comme but spécial. Si j'ai parlé d'argent, c'est parce que l'argent est indispensable aux gens qui se font un culte de leurs passions ; mais le dandy n'aspire pas à l'argent

comme à une chose essentielle ; un crédit indéfini pourrait lui suffire ; il abandonne cette grossière passion aux mortels vulgaires. Le dandysme n'est même pas, comme beaucoup de personnes peu réfléchies paraissent le croire, un goût immodéré de la toilette et de l'élégance matérielle. Ces choses ne sont pour le parfait dandy qu'un symbole de la supériorité aristocratique de son esprit. Aussi, à ses yeux, épris avant tout de *distinction*, la perfection de la toilette consiste-t-elle dans la simplicité absolue, qui est, en effet, la meilleure manière de se distinguer. Qu'est-ce donc que cette passion qui, devenue doctrine, a fait des adeptes dominateurs, cette institution non écrite qui a formé une caste si hautaine ? C'est avant tout le besoin ardent de se faire une originalité, contenu dans les limites extérieures des convenances. C'est une espèce de culte de soi-même, qui peut survivre à la recherche du bonheur à trouver dans autrui, dans la femme, par exemple ; qui peut survivre même à tout ce qu'on appelle les illusions. C'est le plaisir d'étonner et la satisfaction orgueilleuse de ne jamais être étonné. Un dandy peut être un homme blasé, peut être un homme souffrant ; mais, dans ce dernier cas, il sourira comme le Lacédémonien sous la morsure du renard.

On voit que, par de certains côtés, le dandysme confine au spiritualisme et au stoïcisme. Mais un dandy ne peut jamais être un homme vulgaire. S'il commettait un crime, il ne serait pas déchu peut-être ; mais si ce crime naissait d'une source triviale, le déshonneur serait irréparable. Que le lecteur ne se scandalise pas de cette gravité dans le frivole, et qu'il se souvienne qu'il y a une grandeur dans toutes les folies, une force dans tous les excès. Étrange spiritualisme ! Pour ceux qui en sont à la fois les prêtres et les victimes, toutes les conditions matérielles compliquées auxquelles ils se soumettent, depuis la toilette irréprochable à toute heure du jour et de la nuit jusqu'aux tours les plus périlleux du sport, ne sont qu'une gymnastique propre à fortifier la volonté et à discipliner l'âme. En vérité, je n'avais pas tout à fait tort de considérer le dandysme comme une espèce de religion. La règle monastique la plus rigoureuse, l'ordre irrésistible du *Vieux de la Montagne*, qui commandait le suicide à ses disciples enivrés, n'étaient pas plus despotiques ni plus obéis que cette doctrine de l'élégance et de l'originalité, qui impose, elle aussi, à ses ambitieux et humbles sectaires, hommes souvent pleins de fougue, de passion, de courage, d'énergie contenue, la terrible formule : *Perinde ac cadaver !*

Que ces hommes se fassent nommer raffinés, incroyables, beaux, lions ou dandys, tous sont issus d'une même origine ; tous participent du même caractère d'opposition et de révolte ; tous sont des représentants de ce qu'il y a de meilleur dans l'orgueil humain, de ce besoin, trop rare chez ceux d'aujourd'hui, de combattre et de détruire la trivialité. De là naît, chez les dandys, cette attitude hautaine de caste provocante, même dans sa froideur. Le dandysme apparaît surtout aux époques transitoires où la démocratie n'est pas encore toute-puissante, où l'aristocratie n'est que partiellement chancelante et avilie. Dans le trouble de ces époques quelques hommes déclassés, dégoûtés, désœuvrés, mais tous riches de force native, peuvent concevoir le projet de fonder une espèce nouvelle d'aristocratie, d'autant plus difficile à rompre qu'elle sera basée sur les facultés les plus précieuses, les plus indestructibles, et sur les dons célestes que le travail et l'argent ne peuvent conférer. Le dandysme est le dernier éclat d'héroïsme dans les décadences ; et le type du dandy retrouvé par le voyageur dans l'Amérique du Nord n'infirme en aucune façon cette idée : car rien n'empêche de supposer que les tribus que nous nommons

sauvages soient les débris de grandes civilisations disparues. Le dandysme est
un soleil couchant ; comme l'astre qui décline, il est superbe, sans chaleur et
plein de mélancolie. Mais, hélas ! la marée montante de la démocratie, qui
envahit tout et qui nivelle tout, noie jour à jour ces derniers représentants de
l'orgueil humain et verse des flots d'oubli sur les traces de ces prodigieux
myrmidons. Les dandys se font chez nous de plus en plus rares, tandis que chez
nos voisins, en Angleterre, l'état social et la constitution (la vraie constitution,
celle qui s'exprime par les mœurs) laisseront longtemps encore une place aux
héritiers de Sheridan, de Brummel et de Byron, si toutefois il s'en présente qui
en soient dignes.

Ce qui a pu paraître au lecteur une digression n'en est pas une, en vérité. Les
considérations et les rêveries morales qui surgissent des dessins d'un artiste
sont, dans beaucoup de cas, la meilleur traduction que le critique en puisse
faire ; les suggestions font partie d'une idée mère, et, en les montrant
successivement, on peut la faire deviner. Ai-je besoin de dire que M. G., quand
il crayonne un de ses dandys sur le papier, lui donne toujours son caractère
historique, légendaire même, oserais-je dire, s'il n'était pas question du temps
présent et de choses considérées généralement comme folâtres ? C'est bien là
cette légèreté d'allures, cette certitude de manières, cette simplicité dans l'air
de domination, cette façon de porter un habit et de diriger un cheval, ces
attitudes toujours calmes mais révélant la force, qui nous font penser, quand
notre regard découvre un de ces êtres privilégiés en qui le joli et le redoutable se
confondent si mystérieusement : « Voilà peut-être un homme riche, mais plus
certainement un Hercule sans emploi. »

Le caractère de beauté du dandy consiste surtout dans l'air froid qui vient de
l'inébranlable résolution de ne pas être ému ; on dirait un feu latent qui se fait
deviner, qui pourrait mais qui ne veut pas rayonner. C'est ce qui est, dans ces
images, parfaitement exprimé.

X

LA FEMME

L'être qui est, pour la plupart des hommes, la source des plus vives, et même,
disons-le à la honte des voluptés philosophiques, des plus durables jouissan-
ces ; l'être vers qui ou au profit de qui tendent tous leurs efforts ; cet être terrible
et incommunicable comme Dieu (avec cette différence que l'infini ne se
communique pas parce qu'il aveuglerait et écraserait le fini, tandis que l'être
dont nous parlons n'est peut-être incompréhensible que parce qu'il n'a rien à
communiquer) ; cet être en qui Joseph de Maistre voyait *un bel animal* dont les
grâces égayaient et rendaient plus facile le jeu sérieux de la politique ; pour qui
et par qui se font et se défont les fortunes ; pour qui, mais surtout *par qui* les
artistes et les poètes composent leurs plus délicats bijoux ; de qui dérivent les
plaisirs les plus énervants et les douleurs les plus fécondantes, la femme, en un
mot, n'est pas seulement pour l'artiste en général, et pour M. G. en particulier,
la femelle de l'homme. C'est plutôt une divinité, un astre, qui préside à toutes
les conceptions du cerveau mâle ; c'est un miroitement de toutes les grâces de la
nature condensées dans un seul être ; c'est l'objet de l'admiration et de la
curiosité la plus vive que le tableau de la vie puisse offrir au contemplateur.

C'est une espèce d'idole, stupide peut-être, mais éblouissante, enchanteresse, qui tient les destinées et les volontés suspendues à ses regards. Ce n'est pas, dis-je, un animal dont les membres, correctement assemblés, fournissent un parfait exemple d'harmonie ; ce n'est même pas le type de beauté pure, tel que peut le rêver le sculpteur dans ses plus sévères méditations ; non, ce ne serait pas encore suffisant pour en expliquer le mystérieux et complexe enchantement. Nous n'avons que faire ici de Winckelmann et de Raphaël ; et je suis bien sûr que M. G., malgré toute l'étendue de son intelligence (cela soit dit sans lui faire injure), négligerait un morceau de la statuaire antique, s'il lui fallait perdre ainsi l'occasion de savourer un portrait de Reynolds ou de Lawrence. Tout ce qui orne la femme, tout ce qui sert à illustrer sa beauté, fait partie d'elle-même ; et les artistes qui se sont particulièrement appliqués à l'étude de cet être énigmatique raffolent autant de tout le *mundus muliebris* que de la femme elle-même. La femme est sans doute une lumière, un regard, une invitation au bonheur, une parole quelquefois ; mais elle est surtout une harmonie générale, non seulement dans son allure et le mouvement de ses membres, mais aussi dans les mousselines, les gazes, les vastes et chatoyantes nuées d'étoffes dont elle s'enveloppe, et qui sont comme les attributs et le piédestal de sa divinité ; dans le métal et le minéral qui serpentent autour de ses bras et de son cou, qui ajoutent leurs étincelles au feu de ses regards, ou qui jasent doucement à ses oreilles. Quel poète oserait, dans la peinture du plaisir causé par l'apparition d'une beauté, séparer la femme de son costume ? Quel est l'homme qui, dans la rue, au théâtre, au bois, n'a pas joui, de la manière la plus désintéressée, d'une toilette savamment composée, et n'en a pas emporté une image inséparable de la beauté de celle à qui elle appartenait, faisant ainsi des deux, de la femme et de la robe, une totalité indivisible ? C'est ici le lieu, ce me semble, de revenir sur certaines questions relatives à la mode et à la parure, que je n'ai fait qu'effleurer au commencement de cette étude, et de venger l'art de la toilette des ineptes calomnies dont l'accablent certains amants très équivoques de la nature.

XI

ÉLOGE DU MAQUILLAGE

Il est une chanson, tellement triviale et inepte qu'on ne peut guère la citer dans un travail qui a quelques prétentions au sérieux, mais qui traduit fort bien, en style de vaudevilliste, l'esthétique des gens qui ne pensent pas. *La nature embellit la beauté !* Il est présumable que le *poète*, s'il avait pu parler en français, aurait dit : *La simplicité embellit la beauté !* ce qui équivaut à cette *vérité*, d'un genre tout à fait inattendu : Le *rien* embellit ce qui est.

La plupart des erreurs relatives au beau naissent de la fausse conception du XVIIIᵉ siècle relative à la morale. La nature fut prise dans ce temps-là comme base, source et type de tout bien et de tout beau possibles. La négation du péché originel ne fut pas pour peu de chose dans l'aveuglement général de cette époque. Si toutefois nous consentons à en référer simplement au fait visible, à l'expérience de tous les âges et à la *Gazette des tribunaux*, nous verrons que la nature n'enseigne rien, ou presque rien, c'est-à-dire qu'elle *contraint* l'homme à dormir, à boire, à manger, et à se garantir, tant bien que mal, contre les hostilités de l'atmosphère. C'est elle aussi qui pousse l'homme à tuer son

semblable, à le manger, à le séquestrer, à le torturer ; car, sitôt que nous sortons de l'ordre des nécessités et des besoins pour entrer dans celui du luxe et des plaisirs, nous voyons que la nature ne peut conseiller que le crime. C'est cette infaillible nature qui a créé le parricide et l'anthropophagie, et mille autres abominations que la pudeur et la délicatesse nous empêchent de nommer. C'est la philosophie (je parle de la bonne), c'est la religion qui nous ordonne de nourrir des parents pauvres et infirmes. La nature (qui n'est pas autre chose que la voix de notre intérêt) nous commande de les assommer. Passez en revue, analysez tout ce qui est naturel, toutes les actions et les désirs du pur homme naturel, vous ne trouverez rien que d'affreux. Tout ce qui est beau et noble est le résultat de la raison et du calcul. Le crime, dont l'animal humain a puisé le goût dans le ventre de sa mère, est originellement naturel. La vertu, au contraire, est *artificielle*, surnaturelle, puisqu'il a fallu, dans tous les temps et chez toutes les nations, des dieux et des prophètes pour l'enseigner à l'humanité animalisée, et que l'homme, *seul*, eût été impuissant à la découvrir. Le mal se fait sans effort, *naturellement*, par fatalité ; le bien est toujours le produit d'un art. Tout ce que je dis de la nature comme mauvaise conseillère en matière de morale, et de la raison comme véritable rédemptrice et réformatrice, peut être transporté dans l'ordre du beau. Je suis ainsi conduit à regarder la parure comme un des signes de la noblesse primitive de l'âme humaine. Les races que notre civilisation, confuse et pervertie, traite volontiers de sauvages, avec un orgueil et une fatuité tout à fait risibles, comprennent, aussi bien que l'enfant, la haute spiritualité de la toilette. Le sauvage et le baby témoignent, par leur aspiration naïve vers le brillant, vers les plumages bariolés, les étoffes chatoyantes, vers la majesté superlative des formes artificielles, de leur dégoût pour le réel, et prouvent ainsi, à leur insu, l'immatérialité de leur âme. Malheur à celui qui, comme Louis XV (qui fut non le produit d'une vraie civilisation, mais d'une récurrence de barbarie), pousse la dépravation jusqu'à ne plus goûter que la *simple nature* * !

La mode doit donc être considérée comme un symptôme du goût de l'idéal surnageant dans le cerveau humain au-dessus de tout ce que la vie naturelle y accumule de grossier, de terrestre et d'immonde, comme une déformation sublime de la nature, ou plutôt comme un essai permanent et successif de réformation de la nature. Aussi a-t-on sensément fait observer (sans en découvrir la raison) que toutes les modes sont charmantes, c'est-à-dire relativement charmantes, chacune étant un effort nouveau, plus ou moins heureux, vers le beau, une approximation quelconque d'un idéal dont le désir titille sans cesse l'esprit humain non satisfait. Mais les modes ne doivent pas être, si l'on veut bien les goûter, considérées comme choses mortes ; autant vaudrait admirer les défroques suspendues, lâches et inertes comme la peau de saint Barthélemy, dans l'armoire d'un fripier. Il faut se les figurer vitalisées, vivifiées par les belles femmes qui les portèrent. Seulement ainsi on en comprendra le sens et l'esprit. Si donc l'aphorisme : *Toutes les modes sont charmantes*, vous choque comme trop absolu, dites, et vous serez sûr de ne pas vous tromper : Toutes furent légitimement charmantes.

* On sait que Mme Dubarry, quand elle voulait éviter de recevoir le roi, avait soin de mettre du rouge. C'était un signe suffisant. Elle fermait ainsi sa porte. C'était en s'embellissant qu'elle faisait fuir ce royal disciple de la nature.

La femme est bien dans son droit, et même elle accomplit une espèce de devoir en s'appliquant à paraître magique et surnaturelle ; il faut qu'elle étonne, qu'elle charme ; idole, elle doit se dorer pour être adorée. Elle doit donc emprunter à tous les arts les moyens de s'élever au-dessus de la nature pour mieux subjuguer les cœurs et frapper les esprits. Il importe fort peu que la ruse et l'artifice soient connus de tous, si le succès en est certain et l'effet toujours irrésistible. C'est dans ces considérations que l'artiste philosophe trouvera facilement la légitimation de toutes les pratiques employées dans tous les temps par les femmes pour consolider et diviniser, pour ainsi dire, leur fragile beauté. L'énumération en serait innombrable ; mais, pour nous restreindre à ce que notre temps appelle vulgairement *maquillage*, qui ne voit que l'usage de la poudre de riz, si niaisement anathématisé par les philosophes candides, a pour but et pour résultat de faire disparaître du teint toutes les taches que la nature y a outrageusement semées, et de créer une unité abstraite dans le grain et la couleur de la peau, laquelle unité, comme celle produite par le maillot, rapproche immédiatement l'être humain de la statue, c'est-à-dire d'un être divin et supérieur ? Quant au noir artificiel qui cerne l'œil et au rouge qui marque la partie supérieure de la joue, bien que l'usage en soit tiré du même principe, du besoin de surpasser la nature, le résultat est fait pour satisfaire à un besoin tout opposé. Le rouge et le noir représentent la vie, une vie surnaturelle et excessive ; ce cadre noir rend le regard plus profond et plus singulier, donne à l'œil une apparence plus décidée de fenêtre ouverte sur l'infini ; le rouge, qui enflamme la pommette, augmente encore la clarté de la prunelle et ajoute à un beau visage féminin la passion mystérieuse de la prêtresse.

Ainsi, si je suis bien compris, la peinture du visage ne doit pas être employée dans le but vulgaire, inavouable, d'imiter la belle nature et de rivaliser avec la jeunesse. On a d'ailleurs observé que l'artifice n'embellissait pas la laideur et ne pouvait servir que la beauté. Qui oserait assigner à l'art la fonction stérile d'imiter la nature ? Le maquillage n'a pas à se cacher, à éviter de se laisser deviner ; il peut, au contraire, s'étaler, sinon avec affectation, au moins avec une espèce de candeur.

Je permets volontiers à ceux-là que leur lourde gravité empêche de chercher le beau jusque dans ses plus minutieuses manifestations, de rire de mes réflexions et d'en accuser la puérile solennité ; leur jugement austère n'a rien qui me touche ; je me contenterai d'en appeler auprès des véritables artistes, ainsi que des femmes qui ont reçu en naissant une étincelle de ce feu sacré dont elles voudraient s'illuminer tout entières.

XII

LES FEMMES ET LES FILLES

Ainsi M. G., s'étant imposé la tâche de chercher et d'expliquer la beauté dans la *modernité*, représente volontiers des femmes très parées et embellies par toutes les pompes artificielles, à quelque ordre de la société qu'elles appartiennent. D'ailleurs, dans la collection de ses œuvres comme dans le fourmillement de la vie humaine, les différences de caste et de race, sous quelque appareil de luxe que les sujets se présentent, sautent immédiatement à l'œil du spectateur.

Tantôt, frappées par la clarté diffuse d'une salle de spectacle, recevant et renvoyant la lumière avec leurs yeux, avec leurs bijoux, avec leurs épaules, apparaissent, resplendissantes comme des portraits dans la loge qui leur sert de cadre, des jeunes filles du meilleur monde. Les unes, graves et sérieuses, les autres, blondes et évaporées. Les unes étalent avec une insouciance aristocratique une gorge précoce, les autres montrent avec candeur une poitrine garçonnière. Elles ont l'éventail aux dents, l'œil vague ou fixe; elles sont théâtrales et solennelles comme le drame ou l'opéra qu'elles font semblant d'écouter.

Tantôt, nous voyons se promener nonchalamment dans les allées des jardins publics, d'élégantes familles, les femmes se trainant avec un air tranquille au bras de leurs maris, dont l'air solide et satisfait révèle une fortune faite et le contentement de soi-même. Ici l'apparence cossue remplace la distinction sublime. De petites filles maigrelettes, avec d'amples jupons, et ressemblant par leurs gestes et leur tournure à de petites femmes, sautent à la corde, jouent au cerceau ou se rendent des visites en plein air, répétant ainsi la comédie donnée à domicile par leurs parents.

Émergeant d'un monde inférieur, fières d'apparaître enfin au soleil de la rampe, des filles de petits théâtres, minces, fragiles, adolescentes encore, secouent sur leurs formes virginales et maladives des travestissements absurdes, qui ne sont d'aucun temps et qui font leur joie.

À la porte d'un café, s'appuyant aux vitres illuminées par-devant et par-derrière, s'étale un de ces imbéciles, dont l'élégance est faite par son tailleur et la tête par son coiffeur. À côté de lui, les pieds soutenus par l'indispensable tabouret, est assise sa maîtresse, grande drôlesse à qui il ne manque presque rien (ce presque rien, c'est presque tout, c'est la distinction) pour ressembler à une grande dame. Comme son joli compagnon, elle a tout l'orifice de sa petite bouche occupé par un cigare disproportionné. Ces deux êtres ne pensent pas. Est-il bien sûr même qu'ils regardent ? à moins que, Narcisses de l'imbécillité, ils ne contemplent la foule comme un fleuve qui leur rend leur image. En réalité, ils existent bien plutôt pour le plaisir de l'observateur que pour leur plaisir propre.

Voici, maintenant, ouvrant leurs galeries pleines de lumière et de mouvement, ces Valentinos, ces Casinos, ces Prados (autrefois des Tivolis, des Idalies, des Folies, des Paphos), ces capharnaüms où l'exubérance de la jeunesse fainéante se donne carrière. Des femmes qui ont exagéré la mode jusqu'à en altérer la grâce et en détruire l'intention, balayent fastueusement les parquets avec la queue de leurs robes et la pointe de leurs châles; elles vont, elles viennent, passent et repassent, ouvrant un œil étonné comme celui des animaux, ayant l'air de ne rien voir, mais examinant tout.

Sur un fond d'une lumière infernale ou sur un fond d'aurore boréale, rouge, orangé, sulfureux, rose (le rose révélant une idée d'extase dans la frivolité), quelquefois violet (couleur affectionnée des chanoinesses, braise qui s'éteint derrière un rideau d'azur), sur ces fonds magiques, imitant diversement les feux de Bengale, s'enlève l'image variée de la beauté interlope. Ici majestueuse, là légère, tantôt svelte, grêle même, tantôt cyclopéenne; tantôt petite et pétillante, tantôt lourde et monumentale. Elle a inventé une élégance provocante et barbare, ou bien elle vise, avec plus ou moins de bonheur, à la simplicité usitée dans un meilleur monde. Elle s'avance, glisse, danse, roule avec son poids de jupons brodés qui lui sert à la fois de piédestal et de

balancier; elle darde son regard sous son chapeau, comme un portrait dans son cadre. Elle représente bien la sauvagerie dans la civilisation. Elle a sa beauté qui lui vient du Mal, toujours dénuée de spiritualité, mais quelquefois teintée d'une fatigue qui joue la mélancolie. Elle porte le regard à l'horizon, comme la bête de proie; même égarement, même distraction indolente, et aussi, parfois, même fixité d'attention. Type de bohème errant sur les confins d'une société régulière, la trivialité de sa vie, qui est une vie de ruse et de combat, se fait fatalement jour à travers son enveloppe d'apparat. On peut lui appliquer justement ces paroles du maître inimitable, de La Bruyère : « Il y a dans quelques femmes une grandeur artificielle attachée au mouvement des yeux, à un air de tête, aux façons de marcher, et qui ne va pas plus loin. »

Les considérations relatives à la courtisane peuvent, jusqu'à un certain point, s'appliquer à la comédienne; car, elle aussi, elle est une créature d'apparat, un objet de plaisir public. Mais ici la conquête, la proie, est d'une nature plus noble, plus spirituelle. Il s'agit d'obtenir la faveur générale, non pas seulement par la pure beauté physique, mais aussi par des talents de l'ordre le plus rare. Si par un côté la comédienne touche à la courtisane, par l'autre elle confine au poète. N'oublions pas qu'en dehors de la beauté naturelle, et même de l'artificielle, il y a dans tous les êtres un idiotisme de métier, une caractéristique qui peut se traduire physiquement en laideur, mais aussi en une sorte de beauté professionnelle.

Dans cette galerie immense de la vie de Londres et de la vie de Paris, nous rencontrons les différents types de la femme errante, de la femme révoltée à tous les étages : d'abord la femme galante, dans sa première fleur, visant aux airs patriciens, fière à la fois de sa jeunesse et de son luxe, où elle met tout son génie et toute son âme, retroussant délicatement avec deux doigts un large pan du satin, de la soie ou du velours qui flotte autour d'elle, et posant en avant son pied pointu dont la chaussure trop ornée suffirait à la dénoncer, à défaut de l'emphase un peu vive de toute sa toilette; en suivant l'échelle, nous descendons jusqu'à ces esclaves qui sont confinées dans ces bouges, souvent décorés comme des cafés; malheureuses placées sous la plus avare tutelle, et qui ne possèdent rien en propre, pas même l'excentrique parure qui sert de condiment à leur beauté.

Parmi celles-là, les unes, exemples d'une fatuité innocente et monstrueuse, portent dans leurs têtes et dans leurs regards, audacieusement levés, le bonheur évident d'exister (en vérité pourquoi ?). Parfois elles trouvent, sans les chercher, des poses d'une audace et d'une noblesse qui enchanteraient le statuaire le plus délicat, si le statuaire moderne avait le courage et l'esprit de ramasser la noblesse partout, même dans la fange; d'autres fois elles se montrent prostrées dans des attitudes désespérées d'ennui, dans des indolences d'estaminet, d'un cynisme masculin, fumant des cigarettes pour tuer le temps, avec la résignation du fatalisme oriental; étalées, vautrées sur des canapés, la jupe arrondie par-derrière et par-devant en un double éventail, ou accrochées en équilibre sur des tabourets et des chaises; lourdes, mornes, stupides, extravagantes, avec des yeux vernis par l'eau-de-vie et des fronts bombés par l'entêtement. Nous sommes descendus jusqu'au dernier degré de la spirale, jusqu'à la *fœmina simplex* du satirique latin. Tantôt nous voyons se dessiner, sur le fond d'une atmosphère où l'alcool et le tabac ont mêlé leurs vapeurs, la maigreur enflammée de la phtisie ou les rondeurs de l'adiposité, cette hideuse santé de la fainéantise. Dans un chaos brumeux et doré, non

soupçonné par les chastetés indigentes, s'agitent et se convulsent des nymphes macabres et des poupées vivantes dont l'œil enfantin laisse échapper une clarté sinistre ; cependant que derrière un comptoir chargé de bouteilles de liqueurs se prélasse une grosse mégère dont la tête, serrée dans un sale foulard qui dessine sur le mur l'ombre de ses pointes sataniques, fait penser que tout ce qui est voué au Mal est condamné à porter des cornes.

En vérité, ce n'est pas plus pour complaire au lecteur que pour le scandaliser que j'ai étalé devant ses yeux de pareilles images ; dans l'un ou l'autre cas, c'eût été lui manquer de respect. Ce qui les rend précieuses et les consacre, c'est les innombrables pensées qu'elles font naître, généralement sévères et noires. Mais si, par hasard, quelqu'un malavisé cherchait dans ces compositions de M. G., disséminées un peu partout, l'occasion de satisfaire une malsaine curiosité, je le préviens charitablement qu'il n'y trouvera rien de ce qui peut exciter une imagination malade. Il ne rencontrera rien que le vice inévitable, c'est-à-dire le regard du démon embusqué dans les ténèbres, ou l'épaule de Messaline miroitant sous le gaz ; rien que l'art pur, c'est-à-dire la beauté particulière du mal, le beau dans l'horrible. Et même, pour le redire en passant, la sensation générale qui émane de tout ce capharnaüm contient plus de tristesse que de drôlerie. Ce qui fait la beauté particulière de ces images, c'est leur fécondité morale. Elles sont grosses de suggestions, mais de suggestions cruelles, âpres, que ma plume, bien qu'accoutumée à lutter contre les représentations plastiques, n'a peut-être traduites qu'insuffisamment.

XIII

LES VOITURES

Ainsi se continuent, coupées par d'innombrables embranchements, ces longues galeries du *high life* et du *low life*. Émigrons pour quelques instants vers un monde, sinon pur, au moins plus raffiné ; respirons des parfums, non pas plus salutaires peut-être, mais plus délicats. J'ai déjà dit que le pinceau de M. G., comme celui d'Eugène Lami, était merveilleusement propre à représenter les pompes du dandysme et l'élégance de la lionnerie. Les attitudes du riche lui sont familières ; il sait, d'un trait de plume léger, avec une certitude qui n'est jamais en défaut, représenter la certitude de regard, de geste et de pose qui, chez les êtres privilégiés, est le résultat de la monotonie dans le bonheur. Dans cette série particulière de dessins se reproduisent sous mille aspects les incidents du sport, des courses, des chasses, des promenades dans les bois, les *ladies* orgueilleuses, les frêles *misses*, conduisant d'une main sûre des coursiers d'une pureté de galbe admirable, coquets, brillants, capricieux eux-mêmes comme des femmes. Car M. G. connaît non seulement le cheval général, mais s'applique aussi heureusement à exprimer la beauté personnelle des chevaux. Tantôt ce sont des haltes et, pour ainsi dire, des campements de voitures nombreuses, d'où, hissés sur les coussins, sur les sièges, sur les impériales, des jeunes gens sveltes et des femmes accoutrées des costumes excentriques autorisés par la saison assistent à quelque solennité du turf qui file dans le lointain ; tantôt un cavalier galope gracieusement à côté d'une calèche découverte, et son cheval a l'air, par ses courbettes, de saluer à sa manière. La voiture emporte au grand trot, dans une allée zébrée d'ombre et de lumière, les

beautés couchées comme dans une nacelle, indolentes, écoutant vaguement les galanteries qui tombent dans leur oreille et se livrant avec paresse au vent de la promenade.

La fourrure ou la mousseline leur monte jusqu'au menton et déborde comme une vague par-dessus la portière. Les domestiques sont roides et perpendiculaires, inertes et se ressemblant tous : c'est toujours l'effigie monotone et sans relief de la servilité, ponctuelle, disciplinée ; leur caractéristique est de n'en point avoir. Au fond, le bois verdoie ou roussit, poudroie ou s'assombrit, suivant l'heure et la saison. Ses retraites se remplissent de brumes automnales, d'ombres bleues, de rayons jaunes, d'effulgences rosées, ou de minces éclairs qui hachent l'obscurité comme des coups de sabre.

Si les innombrables aquarelles relatives à la guerre d'Orient ne nous avaient pas montré la puissance de M. G. comme paysagiste, celles-ci suffiraient à coup sûr. Mais ici, il ne s'agit plus des terrains déchirés de Crimée, ni des rives théâtrales du Bosphore ; nous retrouvons ces paysages familiers et intimes qui font la parure circulaire d'une grande ville, et où la lumière jette des effets qu'un artiste vraiment romantique ne peut pas dédaigner.

Un autre mérite qu'il n'est pas inutile d'observer en ce lieu, c'est la connaissance remarquable du harnais et de la carrosserie. M. G. dessine et peint une voiture, et toutes les espèces de voitures, avec le même soin et la même aisance qu'un peintre de marines consommé tous les genres de navires. Toute sa carrosserie est parfaitement orthodoxe : chaque partie est à sa place et rien n'est à reprendre. Dans quelque attitude qu'elle soit jetée, avec quelque allure qu'elle soit lancée, une voiture, comme un vaisseau, emprunte au mouvement une grâce mystérieuse et complexe très difficile à sténographier. Le plaisir que l'œil de l'artiste en reçoit est tiré, ce semble, de la série de figures géométriques que cet objet, déjà si compliqué, navire ou carrosse, engendre successivement et rapidement dans l'espace.

Nous pouvons parier à coup sûr que, dans peu d'années, les dessins de M. G. deviendrons des archives précieuses de la vie civilisée. Ses œuvres seront recherchées par les curieux autant que celles des Debucourt, des Moreau, des Saint-Aubin, des Carle Vernet, des Lami, des Devéria, des Gavarni, et de tous ces artistes exquis qui, pour n'avoir peint que le familier et le joli, n'en sont pas moins, à leur manière, de sérieux historiens. Plusieurs d'entre eux ont même trop sacrifié au joli, et introduit quelquefois dans leurs compositions un *style* classique étranger au sujet ; plusieurs ont arrondi volontairement des angles, aplani les rudesses de la vie, amorti ces fulgurants éclats. Moins adroit qu'eux, M. G. garde un mérite profond qui est bien à lui : il a rempli volontairement une fonction que d'autres artistes dédaignent et qu'il appartenait surtout à un homme du monde de remplir. Il a cherché partout la beauté passagère, fugace, de la vie présente, le caractère de ce que le lecteur nous a permis d'appeler la *modernité*. Souvent bizarre, violent, excessif, mais toujours poétique, il a su concentrer dans ses dessins la saveur amère ou capiteuse du vin de la Vie.

Peintures murales d'Eugène Delacroix à Saint-Sulpice [1]

Le sujet de la peinture qui couvre la face gauche de la chapelle décorée par M. Delacroix est contenu dans ces versets de la Genèse :

« Après avoir fait passer tout ce qui était à lui,

« Il demeura seul en ce lieu-là. Et il parut en même temps un homme qui lutta contre lui jusqu'au matin.

« Cet homme, voyant qu'il ne pouvait le surmonter, lui toucha le nerf de la cuisse, qui se sécha aussitôt ;

« Et il lui dit : Laissez-moi aller ; car l'aurore commence déjà à paraître. Jacob lui répondit : Je ne vous laisserai point aller que vous ne m'ayez béni.

« Cet homme lui demanda : Comment vous appelez-vous ? Il lui répondit : Je m'appelle Jacob.

« Et le même ajouta : On ne vous nommera plus à l'avenir Jacob, mais Israël ; car, si vous avez été fort contre Dieu, combien le serez-vous davantage contre les hommes ?

« Jacob lui fit ensuite cette demande : Dites-moi, je vous prie, comment vous vous appelez ? Il lui répondit : Pourquoi me demandez-vous mon nom ? Et il le bénit en ce même lieu.

« Jacob donna le nom de Phanuel à ce lieu-là en disant : J'ai vu Dieu face à face et mon âme a été sauvée.

« Aussitôt qu'il eut passé ce lieu qu'il venait de nommer Phanuel, il vit le soleil qui se levait ; mais il se trouva boiteux d'une jambe.

« C'est pour cette raison que, jusqu'aujourd'hui, les enfants d'Israël ne mangent point du nerf des bêtes, se souvenant de celui qui fut touché en la cuisse de Jacob, et qui demeura sans mouvement. »

De cette bizarre légende, que beaucoup de gens interprètent allégoriquement, et que ceux de la Kabbale et de la Nouvelle Jérusalem traduisent sans doute dans des sens différents, Delacroix, s'attachant au sens matériel, comme il devait faire, a tiré tout le parti qu'un peintre de son tempérament en pouvait tirer. La scène est au gué de Jaboc ; les lueurs riantes et dorées du matin traversent la plus riche et la plus robuste végétation qui se puisse imaginer, une végétation qu'on pourrait appeler patriarcale. A gauche, un ruisseau limpide s'échappe en cascades ; à droite, dans le fond, s'éloignent les derniers rangs de la caravane qui conduit vers Ésaü les riches présents de Jacob : « deux cents chèvres, vingt boucs, deux cents brebis et vingt béliers.

trente femelles de chameaux avec leurs petits, quarante vaches, vingt taureaux, vingt ânesses et vingt ânons. » Au premier plan, gisent, sur le terrain, les vêtements et les armes dont Jacob s'est débarrassé pour lutter corps à corps avec l'*homme* mystérieux envoyé par le Seigneur. L'homme naturel et l'homme surnaturel luttent chacun selon sa nature, Jacob incliné en avant comme un bélier et bandant toute sa musculature, l'ange se prêtant complaisamment au combat, calme, doux, comme un être qui peut vaincre sans effort des muscles et ne permettant pas à la colère d'altérer la forme divine de ses membres.

Le plafond est occupé par une peinture de forme circulaire représentant Lucifer terrassé sous les pieds de l'archange Michel. C'est là un de ces sujets légendaires qu'on trouve répercutés dans plusieurs religions et qui occupent une place même dans la mémoire des enfants, bien qu'il soit difficile d'en suivre les traces positives dans les saintes Écritures. Je ne me souviens, pour le présent, que d'un verset d'Isaïe, qui toutefois n'attribue pas clairement au nom *Lucifer* le sens légendaire ; d'un verset de saint Jude, où il est simplement question d'une contestation que l'archange Michel eut avec le Diable touchant le corps de Moïse, et enfin de l'unique et célèbre verset 7 du chapitre XII de l'Apocalypse. Quoi qu'il en soit, la légende est indestructiblement établie ; elle a fourni à Milton l'une de ses plus épiques descriptions ; elle s'étale dans tous les musées, célébrée par les plus illustres pinceaux. Ici, elle se présente avec une magnificence des plus dramatiques ; mais la lumière frisante, dégorgée par la fenêtre qui occupe la partie haute du mur extérieur, impose au spectateur un effort pénible pour en jouir convenablement.

Le mur de droite présente la célèbre histoire d'Héliodore chassé du Temple par les Anges, alors qu'il vint pour forcer la trésorerie. Tout le peuple était en prières ; les femmes se lamentaient ; chacun croyait que tout était perdu et que le trésor sacré allait être violé par le ministre de Séleucus.

« L'esprit de Dieu tout-puissant se fit voir alors par des marques bien sensibles, en sorte que tous ceux qui avaient osé obéir à Héliodore, étant renversés par une vertu divine, furent tout d'un coup frappés d'une frayeur qui les mit tout hors d'eux-mêmes.

« Car ils virent paraître un cheval, sur lequel était un homme terrible, habillé magnifiquement, et qui, fondant avec impétuosité sur Héliodore, le frappa en lui donnant plusieurs coups de pied de devant ; et celui qui était monté dessus semblait avoir des armes d'or.

« Deux autres jeunes hommes parurent en même temps, pleins de force et de beauté, brillants de gloire et richement vêtus, qui, se tenant aux deux côtés d'Héliodore, le fouettaient chacun de son côté, et le frappaient sans relâche. »

Dans un temple magnifique, d'architecture polychrome, sur les premières marches de l'escalier conduisant à la trésorerie, Héliodore est renversé sous un cheval qui le maintient de son sabot divin pour le livrer plus commodément aux verges des deux Anges ; ceux-ci le fouettent avec vigueur, mais aussi avec l'opiniâtre tranquillité qui convient à des êtres investis d'une puissance céleste. Le cavalier, qui est vraiment d'une beauté angélique, garde dans son attitude toute la solennité et tout le calme des Cieux. Du haut de la rampe, à un étage supérieur, plusieurs personnages contemplent avec horreur et ravissement le travail des divins bourreaux.

Le temps n'est pas éloigné où on déclarait impossibles les expositions permanentes de peinture. M. Martinet a démontré que cet impossible était chose facile. Tous les jours l'exposition du boulevard des Italiens reçoit des visiteurs, artistes, littérateurs, gens du monde, dont le nombre va s'accroissant. Il est maintenant permis de prédire à cet établissement une sérieuse prospérité. Mais une des conditions indispensables de cette faveur publique était évidemment un choix très sévère des objets à exposer. Cette condition a été accompli rigoureusement, et c'est à cette rigueur que le public doit le plaisir de promener ses yeux sur une série d'œuvres dont pas une seule, à quelque école qu'elle appartienne, ne peut être classée dans l'ordre du mauvais ou même du médiocre. Le comité qui préside au choix des tableaux a prouvé qu'on pouvait aimer tous les genres et ne prendre de chacun que la meilleure part ; unir l'impartialité la plus large à la sévérité la plus minutieuse. Bonne leçon pour les jurys de nos grandes expositions qui ont toujours trouvé le moyen d'être à la fois scandaleusement indulgents et inutilement injustes.

★

Un excellent petit journal est annexé à l'Exposition, qui rend compte du mouvement régulier des tableaux entrants et sortants, comme ces feuilles maritimes qui instruisent les intéressés de tout le mouvement quotidien d'un port de mer.

Dans cette gazette, où quelquefois des articles traitant de matières générales se rencontrent à côté des articles de circonstance, nous avons remarqué de curieuses pages signées de M. Saint-François, qui est aussi l'auteur de quelques dessins saisissants au crayon noir. M. Saint-François a un style embrouillé et compliqué comme celui d'un homme qui change son outil habituel contre un qui lui est moins familier ; mais il a des idées, de vraies idées. Chose rare chez un artiste, il sait penser.

★

M. Legros, toujours épris des voluptés âpres de la religion, a fourni deux magnifiques tableaux, l'un, qu'on a pu admirer à l'Exposition dernière, aux Champs-Élysées (les Femmes agenouillées devant une croix dans un paysage concentré et lumineux) ; l'autre, une production plus récente, représentant des

moines d'âges différents, prosternés devant un livre saint dont ils s'appliquent humblement à interpréter certains passages. Ces deux tableaux, dont le dernier fait penser aux plus solides compositions espagnoles, sont tout voisins d'une célèbre toile de Delacroix, et cependant, là même, dans ce lieu dangereux, ils vivent de leur vie propre. C'est tout dire.

★

Nous avons également observé une *Inondation,* de M. Eugène Lavieille, qui témoigne, chez cet artiste, d'un progrès assidu, même après ses excellents paysages d'hiver. M. Lavieille a accompli une tâche fort difficile et qui effrayerait même un poète ; il a su exprimer le charme infini, inconscient, et l'immortelle gaieté de la nature dans ses jeux les plus horribles. Sous ce ciel plombé et gonflé d'eau comme un ventre de noyé, une lumière bizarre se joue avec délices, et les maisons, les fermes, les villas, enfoncées dans le lac jusqu'à moitié, ont l'air de se regarder complaisamment dans le miroir immobile qui les environne.

★

Mais la grande fête dont il faut, après M. Delacroix toutefois, remercier M. Martinet, c'est le *Sardanapale.* Bien des fois, mes rêves se sont remplis des formes magnifiques qui s'agitent dans ce vaste tableau, merveilleux lui-même comme un rêve. Le *Sardanapale* revu, c'est la jeunesse retrouvée. A quelle distance en arrière nous rejette la contemplation de cette toile ! Époque merveilleuse où régnaient en commun des artistes tels que Devéria, Gros, Delacroix, Boulanger, Bonington, etc., la grande école romantique, le beau, le joli, le charmant, le sublime !

Une figure peinte donna-t-elle jamais une idée plus vaste du despote asiatique que ce Sardanapale à la barbe noire et tressée, qui meurt sur son bûcher, drapé dans ses mousselines, avec une attitude de femme ? Et tout ce harem de beautés si éclatantes, qui pourrait le peindre aujourd'hui avec ce feu, avec cette fraîcheur, avec cet enthousiasme poétique ? Et tout ce luxe *sardanapalesque* qui scintille dans l'ameublement, dans le vêtement, dans les harnais, dans la vaisselle et la bijouterie, qui ? qui ?

L'Eau-forte est à la mode [1]

Décidément, l'eau-forte devient à la mode. Certes nous n'espérons pas que ce genre obtienne autant de faveur qu'il en a obtenu à Londres il y a quelques années, quand un club fut fondé pour la glorification de l'eau-forte et quand les femmes du monde elles-mêmes faisaient vanité de dessiner avec la pointe sur le vernis. En vérité, ce serait trop d'engouement.

Tout récemment, un jeune artiste américain, M. Whistler, exposait à la galerie Martinet une série d'eaux-fortes, subtiles, éveillées comme l'improvisation et l'inspiration, représentant les bords de la Tamise ; merveilleux fouillis d'agrès, de vergues, de cordages ; chaos de brumes, de fourneaux et de fumées tirebouchonnées ; poésie profonde et compliquée d'une vaste capitale.

Il y a peu de temps, deux fois de suite, à peu de jours de distance, la collection de M. Méryon se vendait en vente publique trois fois le prix de sa valeur primitive.

Il y a évidemment dans ces faits un symptôme de valeur croissante. Mais nous ne voudrions pas affirmer toutefois que l'eau-forte soit destinée prochainement à une totale popularité. C'est un genre trop personnel, et conséquemment trop aristocratique, pour enchanter d'autres personnes que les hommes de lettres et les artistes, gens très amoureux de toute personnalité vive. Non seulement l'eau-forte est faite pour glorifier l'individualité de l'artiste, mais il est même impossible à l'artiste de ne pas inscrire sur la planche son individualité la plus intime. Aussi peut-on affirmer que, depuis la découverte de ce genre de gravure, il y a eu autant de manières de le cultiver qu'il y a eu d'artistes *aquafortistes*. Il n'en est pas de même du burin, ou du moins la proportion dans l'expression de la personnalité est-elle infiniment moindre.

On connaît les audacieuses et vastes eaux-fortes de M. Legros : cérémonies de l'Église, processions, offices nocturnes, grandeurs sacerdotales, austérités du cloître, etc.

M. Bonvin, il y a peu de temps, mettait en vente, chez M. Cadart (l'éditeur des œuvres de Bracquemond, de Flameng, de Chifflart), un cahier d'eaux-fortes, laborieuses, fermes et minutieuses comme sa peinture.

C'est chez le même éditeur que M. Jongkind, le charmant et candide peintre hollandais, a déposé quelques planches auxquelles il a confié le secret de ses rêveries, singulières abréviations de sa peinture, croquis que sauront lire tous les amateurs habitués à déchiffrer l'âme d'un peintre dans ses plus rapides

gribouillages (gribouillage est le terme dont [se] servait, un peu légèrement, le brave Diderot pour caractériser les eaux-fortes de Rembrandt).

MM. André Jeanron, Ribot, Manet viennent de faire aussi quelques essais d'eau-forte, auxquels M. Cadart a donné l'hospitalité de sa devanture de la rue Richelieu.

Enfin nous apprenons que M. John-Lewis Brown veut aussi *entrer en danse*. M. Brown, notre compatriote malgré son origine anglaise, en qui tous les connaisseurs devinent déjà un successeur, plus audacieux et plus fin, d'Alfred de Dreux, et peut-être un rival d'Eugène Lami, saura évidemment jeter dans les ténèbres de la planche toutes les lumières et toutes les élégances de sa peinture anglo-française.

Parmi les différentes expressions de l'art plastique, l'eau-forte est celle qui se rapproche le plus de l'expression littéraire et qui est le mieux faite pour trahir l'homme spontané. Donc, vive l'eau-forte !

Depuis l'époque climatérique où les arts et la littérature ont fait en France une explosion simultanée, le sens du beau, du fort et même du pittoresque a toujours été diminuant et se dégradant. Toute la gloire de l'École française, pendant plusieurs années, a paru se concentrer dans un seul homme (ce n'est certes pas de M. Ingres que je veux parler) dont la fécondité et l'énergie, si grandes qu'elles soient, ne suffisaient pas à nous consoler de la pauvreté du reste. Il y a peu de temps encore, on peut s'en souvenir, régnaient sans contestation la peinture proprette, le joli, le niais, l'entortillé, et aussi les prétentieuses rapinades, qui, pour représenter un excès contraire, n'en sont pas moins odieuses pour l'œil d'un vrai amateur. Cette pauvreté d'idées, ce tatillonnage dans l'expression, et enfin tous les ridicules connus de la peinture française, suffisent à expliquer l'immense succès des tableaux de Courbet dès leur première apparition. Cette réaction, faite avec les turbulences fanfaronnes de toute réaction, était positivement nécessaire. Il faut rendre à Courbet cette justice, qu'il n'a pas peu contribué à rétablir le goût de la simplicité et de la franchise, et l'amour désintéressé, absolu, de la peinture.

Plus récemment encore, deux autres artistes, jeunes encore, se sont manifestés avec une vigueur peu commune.

Je veux parler de M. Legros et de M. Manet. On se souvient des vigoureuses productions de M. Legros, *L'Angélus* (1859), qui exprimait si bien la dévotion triste et résignée des paroisses pauvres; *L'Ex-voto,* qu'on a admiré dans un Salon plus récent et dans la galerie Martinet, et dont M. de Balleroy a fait l'acquisition; un tableau de moines agenouillés devant un livre saint comme s'ils en discutaient humblement et pieusement l'interprétation, une assemblée de professeurs, vêtus de leur costume officiel, se livrant à une discussion scientifique, et qu'on peut admirer maintenant chez M. Ricord.

M. Manet est l'auteur du *Guitariste,* qui a produit une vive sensation au Salon dernier. On verra au prochain Salon plusieurs tableaux de lui empreints de la saveur espagnole la plus forte, et qui donnent à croire que le génie espagnol s'est réfugié en France. MM. Manet et Legros unissent à un goût décidé pour la réalité, la réalité moderne, — ce qui est déjà un bon symptôme, — cette imagination vive et ample, sensible, audacieuse, sans laquelle, il faut bien le dire, toutes les meilleures facultés ne sont que des serviteurs sans maîtres, des agents sans gouvernement.

Il était naturel que, dans ce mouvement actif de rénovation, une part fût faite à la gravure. Dans quel discrédit et dans quelle indifférence est tombé ce noble art de la gravure, hélas ! on ne le voit que trop bien. Autrefois, quand était annoncée une planche reproduisant un tableau célèbre, les amateurs venaient s'inscrire à l'avance pour obtenir les premières épreuves. Ce n'est qu'en feuilletant les œuvres du passé que nous pouvons comprendre les splendeurs du burin. Mais il était un genre plus mort encore que le burin ; je veux parler de l'eau-forte. Pour dire vrai, ce genre, si subtil et si superbe, si naïf et si profond, si gai et si sévère, qui peut réunir paradoxalement les qualités les plus diverses, et qui exprime si bien le caractère personnel de l'artiste, n'a jamais joui d'une bien grande popularité parmi le vulgaire. Sauf les estampes de Rembrandt, qui s'imposent avec une autorité classique même aux ignorants, et qui sont chose indiscutable, qui se soucie réellement de l'eau-forte ? qui connaît, excepté les collectionneurs, les différentes formes de perfection dans ce genre que nous ont laissées les âges précédents ? Le XVIIIᵉ siècle abonde en charmantes eaux-fortes ; on les trouve pour dix sous dans des cartons poudreux, où souvent elles attendent bien longtemps une main familière. Existe-t-il aujourd'hui, même parmi les artistes, beaucoup de personnes qui connaissent les si spirituelles, si légères et si mordantes planches dont Trimolet, de mélancolique mémoire, dotait, il y a quelques années, les almanachs comiques d'Aubert ?

On dirait cependant qu'il va se faire un retour vers l'eau-forte, ou, du moins, des efforts se font voir qui nous permettent de l'espérer. Les jeunes artistes dont je parlais tout à l'heure, ceux-là et plusieurs autres, se sont groupés autour d'un éditeur actif, M. Cadart, et ont appelé à leur tour leurs confrères, pour fonder une publication régulière d'eaux-fortes originales, — dont la première livraison, d'ailleurs, a déjà paru.

Il était naturel que ces artistes se tournassent surtout vers un genre et une méthode d'expression qui sont, dans leur pleine réussite, la traduction la plus nette possible du caractère de l'artiste, — une méthode expéditive, d'ailleurs, et peu coûteuse : chose importante dans un temps où chacun considère le bon marché comme la qualité dominante, et ne voudrait pas payer à leur prix les lentes opérations du burin. Seulement, il y a un danger dans lequel tombera plus d'un ; je veux dire : le lâché, l'incorrection, l'indécision, l'exécution insuffisante. C'est si commode de promener une aiguille sur cette planche noire qui reproduira trop fidèlement toutes les arabesques de la fantaisie, toutes les hachures du caprice ! Plusieurs même, je le devine, tireront vanité de leur audace (est-ce bien le mot ?), comme les gens débraillés qui croient faire preuve d'indépendance. Que des hommes d'un talent mûr et profond (M. Legros, M. Manet, M. Jongkind, par exemple), fassent au public confidence de leurs esquisses et de leurs croquis gravés, c'est fort bien, ils en ont le droit. Mais la foule des imitateurs peut devenir trop nombreuse, et il faut craindre d'exciter les dédains, légitimes alors, du public pour un genre si charmant, qui a déjà le tort d'être loin de sa portée. En somme, il ne faut pas oublier que l'eau-forte est un art profond et dangereux, plein de traîtrises, et qui dévoile les défauts d'un esprit aussi clairement que ses qualités. Et, comme tout grand art, très compliqué sous sa simplicité apparente, il a besoin d'un long dévouement pour être mené à perfection.

Nous désirons croire que, grâce aux efforts d'artistes aussi intelligents que MM. Seymour-Haden, Manet, Legros, Bracquemond, Jongkind, Méryon, Millet, Daubigny, Saint-Marcel, Jacquemart, et d'autres dont je n'ai pas la

liste sous les yeux, l'eau-forte retrouvera sa vitalité ancienne ; mais n'espérons pas, quoi qu'on en dise, qu'elle obtienne autant de faveur qu'à Londres, aux beaux temps de l'*Etching-Club,* quand les ladies elles-mêmes faisaient vanité de promener une pointe inexpérimentée sur le vernis. Engouement britannique, fureur passagère, qui serait plutôt de mauvais augure.

Tout récemment, un jeune artiste américain, M. Whistler, exposait à la galerie Martinet une série d'eaux-fortes, subtiles, éveillées comme l'improvisation et l'inspiration, représentant les bords de la Tamise ; merveilleux fouillis d'agrès, de vergues, de cordages ; chaos de brumes, de fourneaux et de fumées tirebouchonnées ; poésie profonde et compliquée d'une vaste capitale.

On connaît les audacieuses et vastes eaux-fortes de M. Legros, qu'il vient de rassembler en un album : cérémonies de l'Église, magnifiques comme des rêves ou plutôt comme la réalité ; processions, offices nocturnes, grandeurs sacerdotales, austérités du cloître ; et ces quelques pages où Edgar Poe se trouve traduit avec une âpre et simple majesté.

C'est chez M. Cadart que M. Bonvin mettait récemment en vente un cahier d'eaux-fortes, laborieuses, fermes et minutieuses comme sa peinture.

Chez le même éditeur, M. Jongkind, le charmant et candide peintre hollandais, a déposé quelques planches auxquelles il a confié le secret de ses souvenirs et de ses rêveries, calmes comme les berges des grands fleuves et les horizons de sa noble patrie, — singulières abréviations de sa peinture, croquis que sauront lire tous les amateurs habitués à déchiffrer l'âme d'un artiste dans ses plus rapides *gribouillages.* Gribouillages est le terme dont se servait un peu légèrement le brave Diderot pour caractériser les eaux-fortes de Rembrandt, légèreté digne d'un moraliste qui veut disserter d'une chose tout autre que la morale.

M. Méryon, le vrai type de l'aquafortiste achevé, ne pouvait manquer à l'appel. Il donnera prochainement des œuvres nouvelles. M. Cadart possède encore quelques-unes des anciennes. Elles se font rares ; car, dans une crise de mauvaise humeur, bien légitime d'ailleurs, M. Méryon a récemment détruit les planches de son album *Paris.* Et tout de suite, à peu de distance, deux fois de suite, la collection Méryon se vendait en vente publique quatre et cinq fois plus cher que sa valeur primitive.

Par l'âpreté, la finesse et la certitude de son dessin, M. Méryon rappelle ce qu'il y a de meilleur dans les anciens aquafortistes. Nous avons rarement vu, représentée avec plus de poésie, la solennité naturelle d'une grande capitale. Les majestés de la pierre accumulée, les *clochers montrant du doigt le ciel,* les obélisques de l'industrie vomissant contre le firmament leurs coalitions de fumées, les prodigieux échafaudages des monuments en réparation, appliquant sur le corps solide de l'architecture leur architecture à jour d'une beauté arachnéenne et paradoxale, le ciel brumeux, chargé de colère et de rancune, la profondeur des perspectives augmentée par la pensée des drames qui y sont contenus, aucun des éléments complexes dont se compose le douloureux et glorieux décor de la civilisation n'y est oublié.

Nous avons vu aussi chez le même éditeur la fameuse perspective de San Francisco, que M. Méryon peut, à bon droit, appeler son dessin de maitrise. M. Niel, propriétaire de la planche, ferait vraiment acte de charité en en faisant tirer de temps en temps quelques épreuves. Le placement en est sûr.

Je reconnais bien dans tous ces faits un symptôme heureux. Mais je ne voudrais pas affirmer toutefois que l'eau-forte soit destinée prochainement à

une totale popularité. Pensons-y : un peu d'impopularité, c'est consécration. C'est vraiment un genre trop *personnel*, et conséquemment trop *aristocratique*, pour enchanter d'autres personnes que celles qui sont naturellement artistes, très amoureuses dès lors de toute personnalité vive. Non seulement l'eau-forte sert à glorifier l'individualité de l'artiste, mais il serait même difficile à l'artiste de ne pas décrire sur la planche sa personnalité la plus intime. Aussi peut-on affirmer que, depuis la découverte de ce genre de gravure, il y a eu autant de manières de le cultiver qu'il y a eu d'aquafortistes. Il n'en est pas de même du burin, ou du moins la proportion dans l'expression de la personnalité est-elle infiniment moindre.

Somme toute, nous serions enchanté d'être mauvais prophète, et un grand public mordrait au même fruit que nous que cela ne nous en dégoûterait pas. Nous souhaitons à ces messieurs et à leur publication un bon et solide avenir.

L'Œuvre et la vie d'Eugène Delacroix [1]

AU RÉDACTEUR DE « L'OPINION NATIONALE »

Monsieur,

Je voudrais, une fois encore, une fois suprême, rendre hommage au génie d'Eugène Delacroix, et je vous prie de vouloir bien accueillir dans votre journal ces quelques pages où j'essaierai d'enfermer, aussi brièvement que possible, l'histoire de son talent, la raison de sa supériorité, qui n'est pas encore, selon moi, suffisamment reconnue, et enfin quelques anecdotes et quelques observations sur sa vie et son caractère.

J'ai eu le bonheur d'être lié très jeune (dès 1845, autant que je peux me souvenir) avec l'illustre défunt, et dans cette liaison, d'où le respect de ma part et l'indulgence de la sienne n'excluaient pas la confiance et la familiarité réciproques, j'ai pu à loisir puiser les notions les plus exactes, non seulement sur sa méthode, mais aussi sur les qualités les plus intimes de sa grande âme.

Vous n'attendez pas, monsieur, que je fasse ici une analyse détaillée des œuvres de Delacroix. Outre que chacun de nous l'a faite, selon ses forces et au fur et à mesure que le grand peintre montrait au public les travaux successifs de sa pensée, le compte en est si long, qu'en accordant seulement quelques lignes à chacun de ses principaux ouvrages, une pareille analyse remplirait presque un volume. Qu'il nous suffise d'en exposer ici un vif résumé.

Ses peintures monumentales s'étalent dans le *Salon du Roi* à la Chambre des députés, à la bibliothèque de la Chambre des députés, à la bibliothèque du palais du Luxembourg, à la galerie d'Apollon au Louvre, et au salon de la Paix à l'Hôtel de Ville. Ces décorations comprennent une masse énorme de sujets allégoriques, religieux et historiques, appartenant tous au domaine le plus noble de l'intelligence. Quant à ses tableaux dits de chevalet, ses esquisses, ses grisailles, ses aquarelles, etc., le compte monte à un chiffre approximatif de deux cent trente-six.

Les grands sujets exposés à divers *Salons* sont au nombre de soixante-dix-sept. Je tire ces notes du catalogue que M. Théophile Silvestre a placé à la suite de son excellente notice sur Eugène Delacroix, dans son livre intitulé : *Histoire des peintres vivants.*

J'ai essayé plus d'une fois, moi-même, de dresser cet énorme catalogue ; mais ma patience a été brisée par cette incroyable fécondité, et, de guerre lasse, j'y ai renoncé. Si M. Théophile Silvestre s'est trompé, il n'a pu se tromper qu'en moins.

Je crois, monsieur, que l'important ici est simplement de chercher la qualité caractéristique du génie de Delacroix et d'essayer de la définir ; de chercher en

quoi il diffère de ses plus illustres devanciers, tout en les égalant ; de montrer enfin, autant que la parole écrite le permet, l'art magique grâce auquel il a pu traduire la *parole* par des images plastiques plus vives et plus approximantes que celles d'aucun créateur de même profession, — en un mot, de quelle *spécialité* la Providence avait chargé Eugène Delacroix dans le développement historique de la Peinture.

I

Qu'est-ce que Delacroix ? Quels furent son rôle et son devoir en ce monde, telle est la première question à examiner. Je serai bref et j'aspire à des conclusions immédiates. La Flandre a Rubens ; l'Italie a Raphaël et Véronèse ; la France a Lebrun, David et Delacroix.

Un esprit superficiel pourra être choqué, au premier aspect, par l'accouplement de ces noms, qui représentent des qualités et des méthodes si différentes. Mais un œil spirituel plus attentif verra tout de suite qu'il y a entre tous une parenté commune, une espèce de fraternité ou de cousinage dérivant de leur amour du grand, du national, de l'immense et de l'universel, amour qui s'est toujours exprimé dans la peinture dite décorative ou dans les grandes *machines*.

Beaucoup d'autres, sans doute, ont fait de grandes *machines*, mais ceux-là que j'ai nommés les ont faites de la manière la plus propre à laisser une trace éternelle dans la mémoire humaine. Quel est le plus grand de ces grands hommes si divers ? Chacun peut décider la chose à son gré, suivant que son tempérament le pousse à préférer l'abondance prolifique, rayonnante, joviale presque, de Rubens, la douce majesté et l'ordre eurythmique de Raphaël, la couleur paradisiaque et comme d'après-midi de Véronèse, la sévérité austère et tendue de David, ou la faconde dramatique et quasi littéraire de Lebrun.

Aucun de ces hommes ne peut être remplacé : visant tous à un but semblable, ils ont employé des moyens différents tirés de leur nature personnelle. Delacroix, le dernier venu, a exprimé avec une véhémence et une ferveur admirables, ce que les autres n'avaient traduit que d'une manière forcément incomplète. Au détriment de quelque autre chose peut-être, comme eux-mêmes avaient fait d'ailleurs ? C'est possible ; mais ce n'est pas la question à examiner.

Bien d'autres que moi ont pris soin de s'appesantir sur les conséquences fatales d'un génie essentiellement personnel ; et il serait bien possible aussi, après tout, que les plus belles expressions du génie, ailleurs que dans le ciel pur, c'est-à-dire sur cette pauvre terre, où la perfection elle-même est imparfaite, ne pussent être obtenues qu'au prix d'un inévitable sacrifice.

Mais enfin, monsieur, direz-vous sans doute, quel est donc ce je ne sais quoi de mystérieux que Delacroix, pour la gloire de notre siècle, a mieux traduit qu'aucun autre ? C'est l'invisible, c'est l'impalpable, c'est le rêve, c'est les nerfs, c'est l'*âme ;* et il a fait cela, — observez-le bien, — monsieur, sans autres moyens que le contour et la couleur ; il l'a fait mieux que pas un ; il l'a fait avec la perfection d'un peintre consommé, avec la rigueur d'un littérateur subtil, avec l'éloquence d'un musicien passionné. C'est, du reste, un des diagnostics de l'état spirituel de notre siècle que les arts aspirent, sinon à se suppléer l'un l'autre, du moins à se prêter réciproquement des forces nouvelles.

Delacroix est le plus *suggestif* de tous les peintres, celui dont les œuvres, choisies même parmi les secondaires et les inférieures, font le plus penser, et

rappellent à la mémoire le plus de sentiments et de pensées poétiques déjà connus, mais qu'on croyait enfouis pour toujours dans la nuit du passé.

L'œuvre de Delacroix m'apparaît quelquefois comme une espèce de mnémotechnie de la grandeur et de la passion native de l'homme universel. Ce mérite très particulier et tout nouveau de M. Delacroix, qui lui a permis d'exprimer, simplement avec le contour, le geste de l'homme, si violent qu'il soit, et avec la couleur ce qu'on pourrait appeler l'atmosphère du drame humain, ou l'état de l'âme du créateur, — ce mérite tout original a toujours rallié autour de lui les sympathies des poètes; et si, d'une pure manifestation matérielle il était permis de tirer une vérification philosophique, je vous prierais d'observer, monsieur, que, parmi la foule accourue pour lui rendre les suprêmes honneurs, on pouvait compter beaucoup plus de littérateurs que de peintres. Pour dire la vérité crue, ces derniers ne l'ont jamais parfaitement compris.

II

Et en cela, quoi de bien étonnant, après tout? Ne savons-nous pas que la saison des Michel-Ange, des Raphaël, des Léonard de Vinci, disons même des Reynolds, est depuis longtemps passée, et que le niveau intellectuel général des artistes a singulièrement baissé? Il serait sans doute injuste de chercher parmi les artistes du jour des philosophes, des poètes et des savants; mais il serait légitime d'exiger d'eux qu'ils s'intéressassent, un peu plus qu'ils ne font, à la religion, à la poésie et à la science.

Hors de leurs ateliers que savent-ils? qu'aiment-ils? qu'expriment-ils? Or, Eugène Delacroix était, en même temps qu'un peintre épris de son métier, un homme d'éducation générale, au contraire des autres artistes modernes qui, pour la plupart, ne sont guère que d'illustres ou d'obscurs rapins, de tristes spécialistes, vieux ou jeunes; de purs ouvriers, les uns sachant fabriquer des figures académiques, les autres des fruits, les autres des bestiaux.

Eugène Delacroix aimait tout, savait tout peindre, et savait goûter tous les genres de talents. C'était l'esprit le plus ouvert à toutes les notions et à toutes les impressions, le jouisseur le plus éclectique et le plus impartial.

Grand liseur, cela va sans dire. La lecture des poètes laissait en lui des images grandioses et rapidement définies, des tableaux tout faits, pour ainsi dire. Quelque différent qu'il soit de son maître Guérin par la méthode et la couleur, il a hérité de la grande école républicaine et impériale l'amour des poètes et je ne sais quel esprit endiablé de rivalité avec la parole écrite. David, Guérin et Girodet enflammaient leur esprit au contact d'Homère, de Virgile, de Racine et d'Ossian. Delacroix fut le traducteur émouvant de Shakespeare, de Dante, de Byron et d'Arioste. Ressemblance importante et différence légère.

Mais entrons un peu plus avant, je vous prie, dans ce qu'on pourrait appeler l'enseignement du maître, enseignement qui, pour moi, résulte non seulement de la contemplation successive de toutes ses œuvres et de la contemplation simultanée de quelques-unes, comme vous avez pu en jouir à l'Exposition universelle de 1855, mais aussi de maintes conversations que j'ai eues avec lui.

III

Delacroix était passionnément amoureux de la passion, et froidement déterminé à chercher les moyens d'exprimer la passion de la manière la plus visible. Dans ce double caractère, nous trouvons, disons-le en passant, les deux signes qui marquent les plus solides génies, génies extrêmes qui ne sont guère faits pour plaire aux âmes timorées, faciles à satisfaire, et qui trouvent une nourriture suffisante dans les œuvres lâches, molles, imparfaites. Une passion immense, doublée d'une volonté formidable, tel était l'homme.

Or, il disait sans cesse :

« Puisque je considère l'impression transmise à l'artiste par la nature comme la chose la plus importante à traduire, n'est-il pas nécessaire que celui-ci soit armé à l'avance de tous les moyens de traduction les plus rapides ? »

Il est évident qu'à ses yeux l'imagination était le don le plus précieux, la faculté la plus importante, mais que cette faculté restait impuissante et stérile, si elle n'avait pas à son service une habileté rapide, qui pût suivre la grande faculté despotique dans ses caprices impatients. Il n'avait pas besoin, certes, d'activer le feu de son imagination, toujours incandescente ; mais il trouvait toujours la journée trop courte pour étudier les moyens d'expression.

C'est à cette préoccupation incessante qu'il faut attribuer ses recherches perpétuelles relatives à la couleur, à la qualité des couleurs, sa curiosité des choses de chimie et ses conversations avec les fabricants de couleurs. Par là il se rapproche de Léonard de Vinci, qui, lui aussi, fut envahi par les mêmes obsessions.

Jamais Eugène Delacroix, malgré son admiration pour les phénomènes ardents de la vie, ne sera confondu parmi cette tourbe d'artistes et de littérateurs vulgaires dont l'intelligence myope s'abrite derrière le mot vague et obscur de *réalisme*. La première fois que je vis M. Delacroix, en 1845, je crois (comme les années s'écoulent, rapides et voraces !), nous causâmes beaucoup de lieux communs, c'est-à-dire des questions les plus vastes et cependant les plus simples : ainsi, de la nature, par exemple. Ici, monsieur, je vous demanderai la permission de me citer moi-même, car une paraphrase ne vaudrait pas les mots que j'ai écrits autrefois, presque sous la dictée du maître :

« La nature n'est qu'un dictionnaire, répétait-il fréquemment. Pour bien comprendre l'étendue du sens impliqué dans cette phrase, il faut se figurer les usages ordinaires et nombreux du dictionnaire. On y cherche le sens des mots, la génération des mots, l'étymologie des mots ; enfin on en extrait tous les éléments qui composent une phrase ou un récit ; mais personne n'a jamais considéré le dictionnaire comme une *composition,* dans le sens poétique du mot. Les peintres qui obéissent à l'imagination cherchent dans leur dictionnaire les éléments qui s'accommodent à leur conception ; encore, en les ajustant avec un certain art, leur donnent-ils une physionomie toute nouvelle. Ceux qui n'ont pas d'imagination copient le dictionnaire. Il en résulte un très grand vice, le vice de la banalité, qui est plus particulièrement propre à ceux d'entre les peintres que leur spécialité rapproche davantage de la nature dite inanimée, par exemple les paysagistes, qui considèrent généralement comme un triomphe de ne pas montrer leur personnalité. À force de contempler et de copier, ils oublient de sentir et de penser.

« Pour ce grand peintre, toutes les parties de l'art, dont l'un prend celle-ci, et l'autre celle-là pour la principale, n'étaient, ne sont, veux-je dire, que les très humbles servantes d'une faculté unique et supérieure. Si une exécution très

nette est nécessaire, c'est pour que le rêve soit très nettement traduit ; qu'elle soit très rapide, c'est pour que rien ne se perde de l'impression extraordinaire qui accompagnait la conception ; que l'attention de l'artiste se porte même sur la propreté matérielle des outils, cela se conçoit sans peine, toutes les précautions devant être prises pour rendre l'exécution agile et décisive. »

Pour le dire en passant, je n'ai jamais vu de palette aussi minutieusement et aussi délicatement préparée que celle de Delacroix. Cela ressemblait à un bouquet de fleurs, savamment assorties.

« Dans une pareille méthode, qui est essentiellement logique, tous les personnages, leur disposition relative, le paysage ou l'intérieur qui leur sert de fond ou d'horizon, leurs vêtements, tout enfin doit servir à illuminer l'idée générale et porter sa couleur originelle, sa livrée, pour ainsi dire. Comme un rêve est placé dans une atmosphère colorée qui lui est propre, de même une conception, devenue composition, a besoin de se mouvoir dans un milieu coloré qui lui soit particulier. Il y a évidemment un ton particulier attribué à une partie quelconque du tableau qui devient clef et qui gouverne les autres. Tout le monde sait que le jaune, l'orangé, le rouge, inspirent et représentent des idées de joie, de richesse, de gloire et d'amour ; mais il y a des milliers d'atmosphères jaunes ou rouges, et toutes les autres couleurs seront affectées logiquement dans une quantité proportionnelle par l'atmosphère dominante. L'art du coloriste tient évidemment par certains côtés aux mathématiques et à la musique.

« Cependant ses opérations les plus délicates se font par un sentiment auquel un long exercice a donné une sûreté inqualifiable. On voit que cette grande loi d'harmonie générale condamne bien des papillotages et bien des crudités, même chez les peintres les plus illustres. Il y a des tableaux de Rubens qui non seulement font penser à un feu d'artifice coloré, mais même à plusieurs feux d'artifice tirés sur le même emplacement. Plus un tableau est grand, plus la touche doit être large, cela va sans dire ; mais il est bon que les touches ne soient pas matériellement fondues ; elles se fondent naturellement à une distance voulue par la loi sympathique qui les a associées. La couleur obtient ainsi plus d'énergie et de fraîcheur.

« Un bon tableau, fidèle et égal au rêve qui l'a enfanté, doit être produit comme un monde. De même que la création, telle que nous la voyons, est le résultat de plusieurs créations dont les précédentes sont toujours complétées par la suivante, ainsi un tableau, conduit harmoniquement, consiste en une série de tableaux superposés, chaque nouvelle couche donnant au rêve plus de réalité et le faisant monter d'un degré vers la perfection. Tout au contraire, je me rappelle avoir vu dans les ateliers de Paul Delaroche et d'Horace Vernet de vastes tableaux, non pas ébauchés, mais commencés, c'est-à-dire absolument finis dans de certaines parties, pendant que certaines autres n'étaient encore indiquées que par un contour noir ou blanc. On pourrait comparer ce genre d'ouvrage à un travail purement manuel qui doit couvrir une certaine quantité d'espace en un temps déterminé, ou à une longue route divisée en un grand nombre d'étapes. Quand une étape est faite, elle n'est plus à faire ; et quand toute la route est parcourue, l'artiste est délivré de son tableau.

« Tous ces préceptes sont évidemment modifiés plus ou moins par le tempérament varié des artistes. Cependant je suis convaincu que c'est là la méthode la plus sûre pour les imaginations riches. Conséquemment, de trop

grands écarts faits hors la méthode en question témoignent d'une importance anormale et injuste donnée à quelque partie secondaire de l'art.

« Je ne crains pas qu'on dise qu'il y a absurdité à supposer une même méthode appliquée par une foule d'individus différents. Car il est évident que les rhétoriques et les prosodies ne sont pas des tyrannies inventées arbitrairement, mais une collection de règles réclamées par l'organisation même de l'être spirituel; et jamais les prosodies et les rhétoriques n'ont empêché l'originalité de se produire distinctement. Le contraire, à savoir qu'elles ont aidé l'éclosion de l'originalité, serait infiniment plus vrai.

« Pour être bref, je suis obligé d'omettre une foule de corollaires résultant de la formule principale, où est, pour ainsi dire, contenu tout le formulaire de la véritable esthétique, et qui peut être exprimée ainsi : Tout l'univers visible n'est qu'un magasin d'images et de signes auxquels l'imagination donnera une place et une valeur relative; c'est une espèce de pâture que l'imagination doit digérer et transformer. Toutes les facultés de l'âme humaine doivent être subordonnées à l'imagination qui les met en réquisition toutes à la fois. De même que bien connaître le dictionnaire n'implique pas nécessairement la connaissance de l'art de la composition, et que l'art de la composition lui-même n'implique pas l'imagination universelle, ainsi un *bon* peintre peut n'être pas *grand* peintre. Mais un grand peintre est forcément un bon peintre, parce que l'imagination universelle renferme l'intelligence de tous les moyens et le désir de les acquérir.

« Il est évident que, d'après les notions que je viens d'élucider tant bien que mal (il y aurait encore tant de choses à dire, particulièrement sur les parties concordantes de tous les arts et les ressemblances dans leurs méthodes !), l'immense classe des artistes, c'est-à-dire des hommes qui sont voués à l'expression du beau, peut se diviser en deux camps bien distincts. Celui-ci qui s'appelle lui-même *réaliste,* mot à double entente et dont le sens n'est pas bien déterminé, et que nous appellerons, pour mieux caractériser son erreur, un *positiviste,* dit : « Je veux représenter les choses telles qu'elles sont, ou telles qu'elles seraient, en supposant que je n'existe pas. » L'univers sans l'homme. Et celui-là, l'imaginatif, dit : « Je veux illuminer les choses avec mon esprit et en projeter le reflet sur les autres esprits. » Bien que ces deux méthodes absolument contraires puissent agrandir ou amoindrir tous les sujets, depuis la scène religieuse jusqu'au plus modeste paysage, toutefois l'homme d'imagination a dû généralement se produire dans la peinture religieuse et dans la fantaisie, tandis que la peinture dite de genre et le paysage devaient offrir en apparence de vastes ressources aux esprits paresseux et difficilement excitables...

« L'imagination de Delacroix ! Celle-là n'a jamais craint d'escalader les hauteurs difficiles de la religion; le ciel lui appartient, comme l'enfer, comme la guerre, comme l'Olympe, comme la volupté. Voilà bien le type du peintre-poète ! Il est bien un des rares élus, et l'étendue de son esprit comprend la religion dans son domaine. Son imagination, ardente comme les chapelles ardentes, brille de toutes les flammes et de toutes les pourpres. Tout ce qu'il y a de douleur dans la passion le passionne; tout ce qu'il y a de splendeur dans l'Église l'illumine. Il verse tour à tour sur ses toiles inspirées le sang, la lumière et les ténèbres. Je crois qu'il ajouterait volontiers, comme surcroît, son faste naturel aux majestés de l'Évangile.

« J'ai vu une petite *Annonciation,* de Delacroix, où l'ange visitant Marie n'était pas seul, mais conduit en cérémonie par deux autres anges, et l'effet de cette cour céleste était puissant et charmant. Un de ses tableaux de jeunesse, le *Christ aux Oliviers* (« Seigneur, détournez de moi ce calice »), ruisselle de tendresse féminine et d'onction poétique. La douleur et la pompe, qui éclatent si haut dans la religion, font toujours écho dans son esprit. »

Et plus récemment encore, à propos de cette chapelle des Saints-Anges, à Saint-Sulpice *(Héliodore chassé du Temple* et *La Lutte de Jacob avec l'Ange),* son dernier grand travail, si niaisement critiqué, je disais :

« Jamais, même dans la *Clémence de Trajan,* même dans l'*Entrée des Croisés à Constantinople,* Delacroix n'a étalé un coloris plus splendidement et plus savamment surnaturel : jamais un dessin plus *volontairement* épique. Je sais bien que quelques personnes, des maçons sans doute, des architectes peut-être, ont, à propos de cette dernière œuvre, prononcé le mot *décadence.* C'est ici le lieu de rappeler que les grands maitres, poètes ou peintres, Hugo ou Delacroix, sont toujours en avance de plusieurs années sur leurs timides admirateurs.

« Le public est, relativement au génie, une horloge qui retarde. Qui, parmi les gens clairvoyants, ne comprend que le premier tableau du maitre contenait tous les autres en germe ? Mais qu'il perfectionne sans cesse ses dons naturels, qu'il les aiguise avec soin, qu'il en tire des effets nouveaux, qu'il pousse lui-même sa nature à outrance, cela est inévitable, fatal et louable. Ce qui est justement la marque principale du génie de Delacroix, c'est qu'il ne connait pas la décadence : il ne montre que le progrès. Seulement ses qualités primitives étaient si véhémentes et si riches, et elles ont si vigoureusement frappé les esprits, même les plus vulgaires, que le progrès journalier est pour eux insensible ; les raisonneurs seuls le perçoivent clairement.

« Je parlais tout à l'heure des propos de quelques *maçons.* Je veux caractériser par ce mot cette classe d'esprits grossiers et matériels (le nombre en est infiniment grand), qui n'apprécient les objets que par le contour, ou, pis encore, par leurs trois dimensions : largeur, longueur et profondeur, exacte-ment comme les sauvages et les paysans. J'ai souvent entendu des personnes de cette espèce établir une hiérarchie des qualités, absolument inintelligible pour moi ; affirmer, par exemple, que la faculté qui permet à celui-ci de créer un contour exact, ou à celui-là un contour d'une beauté surnaturelle, est supérieure à la faculté qui sait assembler des couleurs d'une manière enchanteresse. Selon ces gens-là, la couleur ne rêve pas, ne pense pas, ne parle pas. Il paraitrait que, quand je contemple les œuvres d'un de ces hommes appelés spécialement coloristes, je me livre à un plaisir qui n'est pas d'une nature noble ; volontiers m'appelleraient-ils matérialiste, réservant pour eux-mêmes l'aristocratique épithète de spiritualistes.

« Ces esprits superficiels ne songent pas que les deux facultés ne peuvent jamais être tout à fait séparées, et qu'elles sont toutes deux le résultat d'un germe primitif soigneusement cultivé. La nature extérieure ne fournit à l'artiste qu'une occasion sans cesse renaissante de cultiver ce germe ; elle n'est qu'un amas incohérent de matériaux que l'artiste est invité à associer et à mettre en ordre, un *incitamentum,* un réveil pour les facultés sommeillantes. Pour parler exactement, il n'y a dans la nature ni ligne ni couleur. C'est l'homme qui crée la ligne et la couleur. Ce sont deux abstractions qui tirent leur égale noblesse d'une même origine.

« Un dessinateur-né (je le suppose enfant) observe dans la nature immobile ou mouvante de certaines sinuosités, d'où il tire une certaine volupté, et qu'il s'amuse à fixer par des lignes sur le papier, exagérant ou diminuant à plaisir leurs inflexions ; il apprend ainsi à créer le galbe, l'élégance, le caractère dans le dessin. Supposons un enfant destiné à perfectionner la partie de l'art qui s'appelle couleur : c'est du choc ou de l'accord heureux de deux tons et du plaisir qui en résulte pour lui, qu'il tirera la science infinie des combinaisons de tons. La nature a été, dans les deux cas, une pure excitation.

« La ligne et la couleur font penser et rêver toutes les deux ; les plaisirs qui en dérivent sont d'une nature différente, mais parfaitement égale et absolument indépendante du sujet du tableau.

« Un tableau de Delacroix, placé à une trop grande distance pour que vous puissiez juger de l'agrément des contours ou de la qualité plus ou moins dramatique du sujet, vous pénètre déjà d'une volupté surnaturelle. Il vous semble qu'une atmosphère magique a marché vers vous et vous enveloppe. Sombre, délicieuse pourtant, lumineuse, mais tranquille, cette impression, qui prend pour toujours sa place dans votre mémoire, prouve le vrai, le parfait coloriste. Et l'analyse du sujet, quand vous vous approchez, n'enlèvera rien et n'ajoutera rien à ce plaisir primitif, dont la source est ailleurs et loin de toute pensée concrète.

« Je puis inverser l'exemple. Une figure bien dessinée vous pénètre d'un plaisir tout à fait étranger au sujet. Voluptueuse ou terrible, cette figure ne doit son charme qu'à l'arabesque qu'elle découpe dans l'espace. Les membres d'un martyr qu'on écorche, le corps d'une nymphe pâmée, s'ils sont savamment dessinés, comportent un genre de plaisir dans les éléments duquel le sujet n'entre pour rien ; si pour vous il en est autrement, je serai forcé de croire que vous êtes un bourreau ou un libertin.

« Mais, hélas ! à quoi bon, à quoi bon toujours répéter ces inutiles vérités ? »

Mais peut-être, monsieur, vos lecteurs priseront-ils beaucoup moins toute cette rhétorique que les détails que je suis impatient moi-même de leur donner sur la personne et sur les mœurs de notre regrettable grand peintre.

IV

C'est surtout dans les écrits d'Eugène Delacroix qu'apparaît cette dualité de nature dont j'ai parlé. Beaucoup de gens, vous le savez, monsieur, s'étonnaient de la sagesse de ses opinions écrites et de la modération de son style ; les uns regrettant, les autres approuvant. Les Variations du beau, les études sur Poussin, Prud'hon, Charlet, et les autres morceaux publiés soit dans L'Artiste, dont le propriétaire était alors M. Ricourt, soit dans la Revue des Deux Mondes, ne font que confirmer ce caractère double des grands artistes, qui les pousse, comme critiques, à louer et à analyser plus voluptueusement les qualités dont ils ont le plus besoin, en tant que créateurs, et qui font antithèse à celles qu'ils possèdent surabondamment. Si Eugène Delacroix avait loué, préconisé ce que nous admirons surtout en lui, la violence, la soudaineté dans le geste, la turbulence de la composition, la magie de la couleur, en vérité, c'eût été le cas de s'étonner. Pourquoi chercher ce qu'on possède en quantité presque superflue, et comment ne pas vanter ce qui nous semble plus rare et plus difficile à acquérir ? Nous verrons toujours, monsieur, le même phénomène se produire chez les créateurs de génie, peintres ou littérateurs, toutes les fois qu'ils appliqueront leurs facultés à la critique. À l'époque de la grande lutte

des deux écoles, la classique et la romantique, les esprits simples s'ébahissaient d'entendre Eugène Delacroix vanter sans cesse Racine, La Fontaine et Boileau. Je connais un poète, d'une nature toujours orageuse et vibrante, qu'un vers de Malherbe, symétrique et carré de mélodie, jette dans de longues extases.

D'ailleurs, si sages, si sensés et si nets de tour et d'intention que nous apparaissent les fragments littéraires du grand peintre, il serait absurde de croire qu'ils furent écrits facilement et avec la certitude d'allure de son pinceau. Autant il était sûr d'*écrire* ce qu'il pensait sur une toile, autant il était préoccupé de ne pouvoir *peindre* sa pensée sur le papier. « La plume, — disait-il souvent, — n'est pas mon *outil*; je sens que je pense juste, mais le besoin de l'ordre, auquel je suis contraint d'obéir, m'effraye. Croiriez-vous que la nécessité d'écrire une page me donne la migraine ? » C'est par cette gêne, résultat du manque d'habitude, que peuvent être expliquées certaines locutions un peu usées, un peu *poncif, empire* même, qui échappent trop souvent à cette plume naturellement distinguée.

Ce qui marque le plus visiblement le style de Delacroix, c'est la concision et une espèce d'intensité sans ostentation, résultat habituel de la concentration de toutes les forces spirituelles vers un point donné. « *The hero is he who is immovably centred* », dit le moraliste d'outre-mer Emerson, qui, bien qu'il passe pour le chef de l'ennuyeuse école bostonienne, n'en a pas moins une certaine pointe à la Sénèque, propre à aiguillonner la méditation. « *Le héros est celui-là qui est immuablement concentré.* » — La maxime que le chef du *Transcendantalisme* américain applique à la conduite de la vie et au domaine des affaires peut également s'appliquer au domaine de la poésie et de l'art. On pourrait dire aussi bien : « Le héros littéraire, c'est-à-dire le véritable écrivain, est celui qui est immuablement concentré. » Il ne vous paraîtra donc pas surprenant, monsieur, que Delacroix eût une sympathie très prononcée pour les écrivains concis et concentrés, ceux dont la prose peu chargée d'ornements a l'air d'imiter les mouvements rapides de la pensée, et dont la phrase ressemble à un geste, Montesquieu, par exemple. Je puis vous fournir un curieux exemple de cette brièveté féconde et poétique. Vous avez comme moi, sans doute, lu ces jours derniers, dans *La Presse,* une très curieuse et très belle étude de M. Paul de Saint-Victor sur le plafond de la galerie d'Apollon. Les diverses conceptions du déluge, la manière dont les légendes relatives au déluge doivent être interprétées, le sens moral des épisodes et des actions qui composent l'ensemble de ce merveilleux tableau, rien n'est oublié ; et le tableau lui-même est minutieusement décrit avec ce style charmant, aussi spirituel que coloré, dont l'auteur nous a montré tant d'exemples. Cependant le tout ne laissera dans la mémoire qu'un spectre diffus, quelque chose comme la très vague lumière d'une amplification. Comparez ce vaste morceau aux quelques lignes suivantes, bien plus énergiques, selon moi, et bien plus aptes à *faire tableau,* en supposant même que le tableau qu'elles résument n'existe pas. Je copie simplement le programme distribué par M. Delacroix à ses amis, quand il les invita à visiter l'œuvre en question :

APOLLON VAINQUEUR DU SERPENT PYTHON

« Le dieu, monté sur son char, a déjà lancé une partie de ses traits : Diane sa sœur, volant à sa suite, lui présente son carquois. Déjà percé par les flèches du dieu de la chaleur et de la vie, le monstre sanglant se tord en exhalant dans une

vapeur enflammée les restes de sa vie et de sa rage impuissante. Les eaux du déluge commencent à tarir, et déposent sur les sommets des montagnes ou entraînent avec elles les cadavres des hommes et des animaux. Les dieux se sont indignés de voir la terre abandonnée à des monstres difformes, produits impurs du limon. Ils se sont armés comme Apollon : Minerve, Mercure s'élancent pour les exterminer en attendant que la Sagesse éternelle repeuple la solitude de l'univers. Hercule les écrase de sa massue ; Vulcain, le dieu du feu, chasse devant lui la nuit et les vapeurs impures, tandis que Borée et les Zéphyrs sèchent les eaux de leur souffle et achèvent de dissiper les nuages. Les nymphes des fleuves et des rivières ont retrouvé leur lit de roseaux et leur urne encore souillée par la fange et par les débris. Des divinités plus timides contemplent à l'écart ce combat des dieux et des éléments. Cependant du haut des cieux la Victoire descend pour couronner Apollon vainqueur, et Iris, la messagère des dieux, déploie dans les airs son écharpe, symbole du triomphe de la lumière sur les ténèbres et sur la révolte des eaux. »

Je sais que le lecteur sera obligé de deviner beaucoup, de collaborer, pour ainsi dire, avec le rédacteur de la note ; mais croyez-vous réellement, monsieur, que l'admiration pour le peintre me rende visionnaire en ce cas, et que je me trompe absolument en prétendant découvrir ici la trace des habitudes aristocratiques prises dans les bonnes lectures, et de cette rectitude de pensée qui a permis à des hommes du monde, à des militaires, à des aventuriers, ou même à de simples courtisans, d'écrire, quelquefois à la diable, de fort beaux livres que nous autres, gens du métier, nous sommes contraints d'admirer ?

<p style="text-align:center">V</p>

Eugène Delacroix était un curieux mélange de scepticisme, de politesse, de dandysme, de volonté ardente, de ruse, de despotisme, et enfin d'une espèce de bonté particulière et de tendresse modérée qui accompagne toujours le génie. Son père appartenait à cette race d'hommes forts dont nous avons connu les derniers dans notre enfance ; les uns fervents apôtres de Jean-Jacques, les autres disciples déterminés de Voltaire, qui ont tous collaboré, avec une égale obstination, à la Révolution française, et dont les survivants, jacobins ou cordeliers, se sont ralliés avec une parfaite bonne foi (c'est important à noter) aux intentions de Bonaparte.

Eugène Delacroix a toujours gardé les traces de cette origine révolutionnaire. On peut dire de lui, comme de Stendhal, qu'il avait grande frayeur d'être dupe. Sceptique et aristocrate, il ne connaissait la passion et le surnaturel que par sa fréquentation forcée avec le rêve. Haïsseur des multitudes, il ne les considérait guère que comme des briseuses d'images, et les violences commises en 1848 sur quelques-uns de ses ouvrages n'étaient pas faites pour le convertir au sentimentalisme politique de nos temps. Il y avait même en lui quelque chose, comme style, manières et opinions, de Victor Jacquemont. Je sais que la comparaison est quelque peu injurieuse ; aussi je désire qu'elle ne soit entendue qu'avec une extrême modération. Il y a dans Jacquemont du bel esprit bourgeois révolté et une gouaillerie aussi encline à mystifier les ministres de Brahma que ceux de Jésus-Christ. Delacroix, averti par le goût toujours inhérent au génie, ne pouvait jamais tomber dans ces vilenies. Ma comparaison n'a donc trait qu'à l'esprit de prudence et à la sobriété dont ils sont tous deux marqués. De même, les signes héréditaires que le XVIIIᵉ siècle avait laissés sur sa nature avaient l'air empruntés surtout à cette classe aussi éloignée des

utopistes que des furibonds, à la classe des sceptiques polis, les vainqueurs et les survivants, qui, généralement, relevaient plus de Voltaire que de Jean-Jacques. Aussi, au premier coup d'œil, Eugène Delacroix apparaissait simplement comme un homme *éclairé*, dans le sens honorable du mot, comme un parfait *gentleman* sans préjugés et sans passions. Ce n'était que par une fréquentation plus assidue qu'on pouvait pénétrer sous le vernis et deviner les parties abstruses de son âme. Un homme à qui on pourrait plus légitimement le comparer pour la tenue extérieure et pour les manières serait M. Mérimée. C'était la même froideur apparente, légèrement affectée, le même manteau de glace recouvrant une pudique sensibilité et une ardente passion pour le bien et pour le beau ; c'était, sous la même hypocrisie d'égoïsme, le même dévouement aux amis secrets et aux idées de prédilection.

Il y avait dans Eugène Delacroix beaucoup du *sauvage ;* c'était là la plus précieuse partie de son âme, la partie vouée tout entière à la peinture de ses rêves et au culte de son art. Il y avait en lui beaucoup de l'homme du monde ; cette partie-là était destinée à voiler la première et à la faire pardonner. Ç'a été, je crois, une des grandes préoccupations de sa vie de dissimuler les colères de son cœur et de n'avoir pas l'air d'un homme de génie. Son esprit de domination, esprit bien légitime, fatal d'ailleurs, avait presque entièrement disparu sous mille gentillesses. On eût dit un cratère de volcan artistement caché par des bouquets de fleurs.

Un autre trait de ressemblance avec Stendhal était sa propension aux formules simples, aux maximes brèves, pour la bonne conduite de la vie. Comme tous les gens d'autant plus épris de méthode que leur tempérament ardent et sensible semble les en détourner davantage, Delacroix aimait façonner de ces petits catéchismes de morale pratique que les étourdis et les fainéants qui ne pratiquent rien attribueraient dédaigneusement à M. de La Palisse, mais que le génie ne méprise pas, parce qu'il est apparenté avec la simplicité ; maximes saines, fortes, simples et dures, qui servent de cuirasse et de bouclier à celui que la fatalité de son génie jette dans une bataille perpétuelle.

Ai-je besoin de vous dire que le même esprit de sagesse ferme et méprisante inspirait les opinions d'E. Delacroix en matière politique ? Il croyait que rien ne change, bien tout ait l'air de changer, et que certaines époques climatériques, dans l'histoire des peuples, ramènent invariablement des phénomènes analogues. En somme, sa pensée, en ces sortes de choses, approximait beaucoup, surtout par ses côtés de froide et désolante résignation, la pensée d'un historien dont je fais pour ma part un cas tout particulier, et que vous-même, monsieur, si parfaitement rompu à ces thèses, et qui savez estimer le talent, même quand il vous contredit, vous avez été, j'en suis sûr, contraint d'admirer plus d'une fois. Je veux parler de M. Ferrari, le subtil et savant auteur de l'*Histoire de la raison d'État*. Aussi, le causeur qui, devant M. Delacroix, s'abandonnait aux enthousiasmes enfantins de l'utopie, avait bientôt à subir l'effet de son rire amer, imprégné d'une pitié sarcastique, et si, imprudemment, on lançait devant lui la grande chimère des temps modernes, le ballon-monstre de la perfectibilité et du progrès indéfinis, volontiers il vous demandait : « Où sont donc vos Phidias ? où sont vos Raphaël ? »

Croyez bien cependant que ce dur bon sens n'enlevait aucune grâce à M. Delacroix. Cette verve d'incrédulité et ce refus d'être dupe assaisonnaient, comme un sel byronien, sa conversation si poétique et si colorée. Il tirait aussi

de lui-même, bien plus qu'il ne les empruntait à sa longue fréquentation du monde, — de lui-même, c'est-à-dire de son génie et de la conscience de son génie, — une certitude, une aisance de manières merveilleuse, avec une politesse qui admettait, comme un prisme, toutes les nuances, depuis la bonhomie la plus cordiale jusqu'à l'impertinence la plus irréprochable. Il possédait bien vingt manières différentes de prononcer « *mon cher monsieur* », qui représentaient, pour une oreille exercée, une curieuse gamme de sentiments. Car enfin, il faut bien que je le dise, puisque je trouve en ceci un nouveau motif d'éloge. E. Delacroix, quoiqu'il fût un homme de génie, ou parce qu'il était un homme de génie complet, participait beaucoup du dandy. Lui-même avouait que dans sa jeunesse il s'était livré avec plaisir aux vanités les plus matérielles du dandysme et racontait en riant, mais non sans une certaine gloriole, qu'il avait, avec le concours de son ami Bonington, fortement travaillé à introduire parmi la jeunesse élégante le goût des coupes anglaises dans la chaussure et dans le vêtement. Ce détail, je présume, ne vous paraîtra pas inutile : car il n'y a pas de souvenir superflu quand on a à peindre la nature de certains hommes.

Je vous ai dit que c'était surtout la partie naturelle de l'âme de Delacroix qui, malgré le voile amortissant d'une civilisation raffinée, frappait l'observateur attentif. Tout en lui était énergie, mais énergie dérivant des nerfs et de la volonté : car, physiquement, il était frêle et délicat. Le tigre, attentif à sa proie, a moins de lumière dans les yeux et de frémissements impatients dans les muscles que n'en laissait voir notre grand peintre, quand toute son âme était dardée sur une idée ou voulait s'emparer d'un rêve. Le caractère physique même de sa physionomie, son teint de Péruvien ou de Malais, ses yeux grands et noirs, mais rapetissés par les clignotements de l'attention, et qui semblaient déguster la lumière, ses cheveux abondants et lustrés, son front entêté, ses lèvres serrées, auxquelles une tension perpétuelle de volonté communiquait une expression cruelle, toute sa personne enfin suggérait l'idée d'une origine exotique. Il m'est arrivé plus d'une fois, en le regardant, de rêver des anciens souverains du Mexique, de ce Moctézuma dont la main habile aux sacrifices pouvait immoler en un seul jour trois mille créatures humaines sur l'autel pyramidal du Soleil, ou bien de quelqu'un de ces princes hindous qui, dans les splendeurs des plus glorieuses fêtes, portent au fond de leurs yeux une sorte d'avidité insatisfaite et une nostalgie inexplicable, quelque chose comme le souvenir et le regret de choses non connues. Observez, je vous prie, que la couleur générale des tableaux de Delacroix participe aussi de la couleur propre aux paysages et aux intérieurs orientaux, et qu'elle produit une impression analogue à celle ressentie dans ces pays intertropicaux, où une immense diffusion de lumière crée pour un œil sensible, malgré l'intensité des tons locaux, un résultat général quasi crépusculaire. La moralité de ses œuvres, si toutefois il est permis de parler de la morale en peinture, porte aussi un caractère molochiste visible. Tout, dans son œuvre, n'est que désolation, massacres, incendies ; tout porte témoignage contre l'éternelle et incorrigible barbarie de l'homme. Les villes incendiées et fumantes, les victimes égorgées, les femmes violées, les enfants eux-mêmes jetés sous les pieds des chevaux ou sous le poignard des mères délirantes ; tout cet œuvre, dis-je, ressemble à un hymne terrible composé en l'honneur de la fatalité et de l'irrémédiable douleur. Il a pu quelquefois, car il ne manquait certes pas de tendresse, consacrer son pinceau à l'expression de sentiments tendres et voluptueux ; mais là encore l'inguérissable amertume était répandue à forte dose, et l'insouciance et la joie

(qui sont les compagnes ordinaires de la volupté naïve) en étaient absentes. Une seule fois, je crois, il a fait une tentative dans le drôle et le bouffon, et comme s'il avait deviné que cela était au-delà ou au-dessous de sa nature, il n'y est plus revenu.

<p style="text-align:center">VI</p>

Je connais plusieurs personnes qui ont le droit de dire : « *Odi profanum vulgus* » ; mais laquelle peut ajouter victorieusement : « *et arceo* »? La poignée de main trop fréquente avilit le caractère. Si jamais homme eut une *tour d'ivoire* bien défendue par les barreaux et les serrures, ce fut Eugène Delacroix. Qui a plus aimé sa *tour d'ivoire*, c'est-à-dire le secret ? Il l'eût, je crois, volontiers armée de canons et transportée dans une forêt ou sur un roc inaccessible. Qui a plus aimé le *home*, sanctuaire et tanière ? Comme d'autres cherchent le secret pour la débauche, il cherche le secret pour l'inspiration, et il s'y livrait à de véritables ribotes de travail. « *The one prudence in life is concentration ; the one evil is dissipation* », dit le philosophe américain que nous avons déjà cité.

M. Delacroix aurait pu écrire cette maxime ; mais, certes, il l'a austèrement pratiquée. Il était trop *homme du monde* pour ne pas mépriser le monde ; et les efforts qu'il y dépensait pour n'être pas trop visiblement *lui-même* le poussaient naturellement à préférer notre société. *Notre* ne veut pas seulement impliquer l'humble auteur qui écrit ces lignes, mais aussi quelques autres, jeunes ou vieux, journalistes, poètes, musiciens, auprès desquels il pouvait librement se détendre et s'abandonner.

Dans sa délicieuse étude sur Chopin, Liszt met Delacroix au nombre des plus assidus visiteurs du musicien-poète, et dit qu'il aimait à tomber en profonde rêverie aux sons de cette musique légère et passionnée qui ressemble à un brillant oiseau voltigeant sur les horreurs d'un gouffre.

C'est ainsi que, grâce à la sincérité de notre admiration, nous pûmes, quoique très jeune alors, pénétrer dans cet atelier si bien gardé, où régnait, en dépit de notre rigide climat, une température équatoriale, et où l'œil était tout d'abord frappé par une solennité sobre et par l'austérité particulière de la vieille école. Tels, dans notre enfance, nous avions vu les ateliers des anciens rivaux de David, héros touchants depuis longtemps disparus. On sentait bien que cette retraite ne pouvait pas être habitée par un esprit frivole, titillé par mille caprices incohérents.

Là, pas de panoplies rouillées, pas de kriss malais, pas de vieilles ferrailles gothiques, pas de bijouterie, pas de friperie, pas de bric-à-brac, rien de ce qui accuse dans le propriétaire le goût de l'amusette et le vagabondage rhapsodique d'une rêverie enfantine. Un merveilleux portrait par Jordaens, qu'il avait déniché je ne sais où, quelques études et quelques copies faites par le maître lui-même, suffisaient à la décoration de ce vaste atelier, dont une lumière adoucie et apaisée éclairait le recueillement.

On verra probablement ces copies à la vente des dessins et des tableaux de Delacroix qui est, m'a-t-on dit, fixée au mois de janvier prochain. Il avait deux manières très distinctes de copier. L'une, libre et large, faite moitié de fidélité, moitié de trahison, et où il mettait beaucoup de lui-même. De cette méthode résultait un composé bâtard et charmant, jetant l'esprit dans une incertitude agréable. C'est sous cet aspect paradoxal que m'apparut une grande copie des *Miracles de saint Benoît*, de Rubens. Dans l'autre manière, Delacroix se

faisait l'esclave le plus obéissant et le plus humble de son modèle, et il arrivait à une exactitude d'imitation dont peuvent douter ceux qui n'ont pas vu ces miracles. Telles, par exemple, sont celles faites d'après deux têtes de Raphaël qui sont au Louvre, et où l'expression, le style et la manière sont imités avec une si parfaite naïveté, qu'on pourrait prendre alternativement et réciproquement les originaux pour les traductions.

Après un déjeuner plus léger que celui d'un Arabe, et sa palette minutieusement composée avec le soin d'une bouquetière ou d'un étalagiste d'étoffes, Delacroix cherchait à aborder l'idée interrompue ; mais avant de se lancer dans son travail orageux, il éprouvait souvent de ces langueurs, de ces peurs, de ces énervements qui font penser à la pythonisse fuyant le dieu, ou qui rappellent Jean-Jacques Rousseau baguenaudant, paperassant et remuant ses livres pendant une heure avant d'attaquer le papier avec la plume. Mais une fois la fascination de l'artiste opérée, il ne s'arrêtait plus que vaincu par la fatigue physique.

Un jour, comme nous causions de cette question toujours si intéressante pour les artistes et les écrivains, à savoir, de l'hygiène du travail et de la conduite de la vie, il me dit :

« Autrefois, dans ma jeunesse, je ne pouvais me mettre au travail que quand j'avais la promesse d'un plaisir pour le soir, musique, bal, ou n'importe quel autre divertissement. Mais aujourd'hui, je ne suis plus semblable aux écoliers, je puis travailler sans cesse et sans aucun espoir de récompense. Et puis, — ajoutait-il, — si vous saviez comme un travail assidu rend indulgent et peu difficile en matière de plaisirs ! L'homme qui a bien rempli sa journée sera disposé à trouver suffisamment d'esprit au commissionnaire du coin et à jouer aux cartes avec lui. »

Ce propos me faisait penser à Machiavel jouant aux dés avec les paysans. Or, un jour, un dimanche, j'ai aperçu Delacroix au Louvre, en compagnie de sa vieille servante, celle qui l'a si dévotement soigné et servi pendant trente ans, et lui, l'élégant, le raffiné, l'érudit, ne dédaignait pas de montrer et d'expliquer les mystères de la sculpture assyrienne à cette excellente femme, qui l'écoutait d'ailleurs avec une naïve application. Le souvenir de Machiavel et de notre ancienne conversation rentra immédiatement dans mon esprit.

La vérité est que, dans les dernières années de sa vie, tout ce qu'on appelle plaisir en avait disparu, un seul, âpre, exigeant, terrible, les ayant tous remplacés, le travail, qui alors n'était plus seulement une passion, mais aurait pu s'appeler une fureur.

Delacroix, après avoir consacré les heures de la journée à peindre, soit dans son atelier, soit sur les échafaudages où l'appelaient ses grands travaux décoratifs, trouvait encore dans son amour de l'art, et il aurait jugé cette journée mal remplie si les heures du soir n'avaient pas été employées au coin du feu, à la clarté de la lampe, à dessiner, à couvrir le papier de rêves, de projets, de figures entrevues dans les hasards de la vie, quelquefois à copier des dessins d'autres artistes dont le tempérament était le plus éloigné du sien ; car il avait la passion des notes, des croquis, et il s'y livrait en quelque lieu qu'il fût. Pendant un assez long temps, il eut pour habitude de dessiner chez les amis auprès desquels il allait passer ses soirées. C'est ainsi que M. Villot possède une quantité considérable d'excellents dessins de cette plume féconde.

Il disait une fois à un jeune homme de ma connaissance : « Si vous n'êtes pas assez habile pour faire le croquis d'un homme qui se jette par la fenêtre,

pendant le temps qu'il met à tomber du quatrième étage sur le sol, vous ne pourrez jamais produire de grandes machines. » Je retrouve dans cette énorme hyperbole la préoccupation de toute sa vie, qui était, comme on le sait, d'exécuter assez vite et avec assez de certitude pour ne rien laisser s'évaporer de l'intensité de l'action ou de l'idée.

Delacroix était, comme beaucoup d'autres ont pu l'observer, un homme de conversation. Mais le plaisant est qu'il avait peur de la conversation comme d'une débauche, d'une dissipation où il risquait de perdre ses forces. Il commençait par vous dire, quand vous entriez chez lui :

« Nous ne causerons pas ce matin, n'est-ce pas ? ou que très peu, très peu. »

Et puis il bavardait pendant trois heures. Sa causerie était brillante, subtile, mais pleine de faits, de souvenirs et d'anecdotes ; en somme, une parole nourrissante.

Quand il était excité par la contradiction, il se repliait momentanément, et au lieu de se jeter sur son adversaire de front, ce qui a le danger d'introduire les brutalités de la tribune dans les escarmouches de salon, il jouait pendant quelque temps avec son adversaire, puis revenait à l'attaque avec des arguments ou des faits imprévus. C'était bien la conversation d'un homme amoureux de luttes, mais esclave de la courtoisie, retorse, fléchissante à dessein, pleine de fuites et d'attaques soudaines.

Dans l'intimité de l'atelier, il s'abandonnait volontiers jusqu'à livrer son opinion sur les peintres ses contemporains, et c'est dans ces occasions-là que nous eûmes souvent à admirer cette indulgence du génie qui dérive peut-être d'une sorte particulière de naïveté ou de facilité à la jouissance.

Il avait des faiblesses étonnantes pour Decamps, aujourd'hui bien tombé, mais qui, sans doute, régnait encore dans son esprit par la puissance du souvenir. De même pour Charlet. Il m'a fait venir une fois chez lui, exprès pour me *tancer*, d'une façon véhémente, à propos d'un article irrespectueux que j'avais commis à l'endroit de cet enfant gâté du chauvinisme. En vain essayai-je de lui expliquer que ce n'était pas le Charlet des premiers temps que je blâmais, mais le Charlet de la décadence ; non pas le noble historien des grognards, mais le bel esprit de l'estaminet. Je n'ai jamais pu me faire pardonner.

Il admirait Ingres en de certaines parties, et certes il lui fallait une grande force critique pour admirer par raison ce qu'il devait repousser par tempérament. Il a même copié soigneusement des photographies faites d'après quelques-uns de ces minutieux portraits à la mine de plomb, où se fait le mieux apprécier le dur et pénétrant talent de M. Ingres, d'autant plus agile qu'il est plus à l'étroit.

La détestable couleur d'Horace Vernet ne l'empêchait pas de sentir la virtualité personnelle qui anime la plupart de ses tableaux, et il trouvait des expressions étonnantes pour louer ce pétillement et cette infatigable ardeur. Son admiration pour Meissonier allait un peu trop loin. Il s'était approprié, presque par violence, les dessins qui avaient servi à préparer la composition de *La Barricade,* le meilleur tableau de M. Meissonier, dont le talent, d'ailleurs, s'exprime bien plus énergiquement par le simple crayon que par le pinceau. De celui-ci il disait souvent, comme rêvant avec inquiétude de l'avenir : « Après tout, de nous tous, c'est lui qui est le plus sûr de vivre ! » N'est-il pas curieux de voir l'auteur de si grandes choses jalouser presque celui qui n'excelle que dans les petites ?

Le seul homme dont le nom eût puissance pour arracher quelques gros mots à cette bouche aristocratique était Paul Delaroche. Dans les œuvres de celui-là il ne trouvait sans doute aucune excuse, et il gardait indélébile le souvenir des souffrances que lui avait causées cette peinture sale et amère, faite avec de l'encre comme a dit, je crois, Théophile Gautier, dans une crise d'indépendance. Mais celui qu'il choisissait plus volontiers pour s'expatrier dans d'immenses causeries était l'homme qui lui ressemblait le moins par le talent comme par les idées, son véritable antipode, un homme à qui on n'a pas encore rendu toute la justice qui lui est due, et dont le cerveau, quoique embrumé comme le ciel charbonné de sa ville natale, contient une foule d'admirables choses. J'ai nommé M. Paul Chenavard.

Les théories abstruses du peintre philosophe lyonnais faisaient sourire Delacroix, et le pédagogue abstracteur considérait les voluptés de la pure peinture comme choses frivoles, sinon coupables. Mais si éloignés qu'ils fussent l'un de l'autre, et à cause même de cet éloignement, ils aimaient à se rapprocher, et comme deux navires attachés par les grappins d'abordage, ils ne pouvaient plus se quitter. Tous deux, d'ailleurs, étant fort lettrés et doués d'un remarquable esprit de sociabilité, ils se rencontraient sur le terrain commun de l'érudition. On sait qu'en général ce n'est pas la qualité par laquelle brillent les artistes.

Chenavard était donc pour Delacroix une rare ressource. C'était vraiment plaisir de les voir s'agiter dans une lutte innocente, la parole de l'un marchant pesamment comme un éléphant en grand appareil de guerre, la parole de l'autre vibrant comme un fleuret, également aiguë et flexible. Dans les dernières heures de sa vie, notre grand peintre témoigna le désir de serrer la main de son amical contradicteur. Mais celui-ci était alors loin de Paris.

<center>VII</center>

Les femmes sentimentales et précieuses seront peut-être choquées d'apprendre que, semblable à Michel-Ange (souvenez-vous [de] la fin d'un de ses sonnets : « Sculpture ! divine Sculpture, tu es ma seule amante ! »), Delacroix avait fait de la Peinture son unique muse, son unique maîtresse, sa seule et suffisante volupté.

Sans doute il avait beaucoup aimé la femme aux heures agitées de sa jeunesse. Qui n'a pas trop sacrifié à cette idole redoutable ? Et qui ne sait que ce sont justement ceux qui l'ont le mieux servie qui s'en plaignent le plus ? Mais longtemps déjà avant sa fin, il avait exclu la femme de sa vie. Musulman, il ne l'eût peut-être pas chassée de sa mosquée, mais il se fût étonné de l'y voir entrer, ne comprenant pas bien quelle sorte de conversation elle peut tenir avec Allah.

En cette question, comme en beaucoup d'autres, l'idée orientale prenait en lui vivement et despotiquement le dessus. Il considérait la femme comme un objet d'art, délicieux et propre à exciter l'esprit, mais un objet d'art désobéissant et troublant, si on lui livre le seuil du cœur, et dévorant gloutonnement le temps et les forces.

Je me souviens qu'une fois, dans un lieu public, comme je lui montrais le visage d'une femme d'une originale beauté et d'un caractère mélancolique, il voulut bien en goûter la beauté, mais me dit, avec son petit rire, pour répondre au reste : « Comment voulez-vous qu'une femme puisse être mélancolique ? »

insinuant sans doute par là que, pour connaitre le sentiment de la mélancolie, il manque à la femme une *certaine chose* essentielle.

C'est là, malheureusement, une théorie bien injurieuse, et je ne voudrais pas préconiser des opinions diffamatoires sur un sexe qui a si souvent montré d'ardentes vertus. Mais on m'accordera bien que c'est une théorie de prudence ; que le talent ne saurait trop s'armer de prudence dans un monde plein d'embûches, et que l'homme de génie possède le privilège de certaines doctrines (pourvu qu'elles ne troublent pas l'ordre) qui nous scandaliseraient justement chez le pur citoyen ou le simple père de famille.

Je dois ajouter, au risque de jeter une ombre sur sa mémoire, au jugement des âmes élégiaques, qu'il ne montrait pas non plus de tendres faiblesses pour l'enfance. L'enfance n'apparaissait à son esprit que les mains barbouillées de confitures (ce qui salit la toile et le papier), ou battant le tambour (ce qui trouble la méditation), ou incendiaire et animalement dangereuse comme le singe. « Je me souviens fort bien, — disait-il parfois, — que quand j'étais enfant, *j'étais un monstre*. La connaissance du devoir ne s'acquiert que très lentement, et ce n'est que par la douleur, le châtiment, et par l'exercice progressif de la raison que l'homme diminue peu à peu sa méchanceté naturelle. »

Ainsi, par le simple bon sens, il faisait un retour vers l'idée catholique. Car on peut dire que l'enfant, en général, est, relativement à l'homme, en général, beaucoup plus rapproché du péché originel.

VIII

On eût dit que Delacroix avait réservé toute sa sensibilité, qui était virile et profonde, pour l'austère sentiment de l'amitié. Il y a des gens qui s'éprennent facilement du premier venu : d'autres réservent l'usage de la faculté divine pour les grandes occasions. L'homme célèbre, dont je vous entretiens avec tant de plaisir, s'il n'aimait pas qu'on le dérangeât pour de petites choses, savait devenir serviable, courageux, ardent, s'il s'agissait des importantes. Ceux qui l'ont bien connu ont pu apprécier, en maintes occasions, sa fidélité, son exactitude et sa solidité tout anglaises dans les rapports sociaux. S'il était exigeant pour les autres, il n'était pas moins sévère pour lui-même.

Ce n'est qu'avec tristesse et mauvaise humeur que je veux dire quelques mots de certaines accusations portées contre Eugène Delacroix. J'ai entendu des gens le taxer d'égoïsme et même d'avarice. Observez, monsieur, que ce reproche est toujours adressé par l'innombrable classe des âmes banales à celles qui s'appliquent à placer leur générosité aussi bien que leur amitié.

Delacroix était fort économe ; c'était pour lui le seul moyen d'être, à l'occasion, fort généreux : je pourrais le prouver par quelques exemples, mais je craindrais de le faire sans y avoir été autorisé par lui, non plus que par ceux qui ont eu à se louer de lui.

Observez aussi que pendant de nombreuses années ses peintures se sont vendues fort mal, et que ses travaux de décoration absorbaient presque la totalité de son salaire, quand il n'y mettait pas de sa bourse. Il a prouvé un grand nombre de fois son mépris de l'argent, quand des artistes pauvres laissaient voir le désir de posséder quelqu'une de ses œuvres. Alors, semblable aux médecins d'un esprit libéral et généreux, qui tantôt font payer leurs soins et tantôt les donnent, il donnait ses tableaux ou les cédait à n'importe quel prix.

Enfin, monsieur, notons bien que l'homme supérieur est obligé, plus que tout autre, de veiller à sa défense personnelle. On peut dire que toute la société est

en guerre contre lui. Nous avons pu vérifier le cas plus d'une fois. Sa politesse, on l'appelle froideur; son ironie, si mitigée qu'elle soit, méchanceté; son économie, avarice. Mais si, au contraire, le malheureux se montre imprévoyant, bien loin de le plaindre, la société dira : « C'est bien fait ; sa pénurie est la punition de sa prodigalité. »

Je puis affirmer que Delacroix, en matière d'argent et d'économie, partageait complètement l'opinion de Stendhal, opinion qui concilie la grandeur et la prudence.

« L'homme d'esprit, disait ce dernier, doit s'appliquer à acquérir ce qui lui est strictement nécessaire pour ne dépendre de personne (du temps de Stendhal, c'était 6 000 francs de revenu); mais si, cette sûreté obtenue, il perd son temps à augmenter sa fortune, c'est un misérable. »

Recherche du nécessaire, et mépris du superflu, c'est une conduite d'homme sage et de stoïcien.

Une des grandes préoccupations de notre peintre dans ses dernières années, était le jugement de la postérité et la solidité incertaine de ses œuvres. Tantôt son imagination si sensible s'enflammait à l'idée d'une gloire immortelle, tantôt il parlait amèrement de la fragilité des toiles et des couleurs. D'autres fois il citait avec envie les anciens maîtres, qui ont eu presque tous le bonheur d'être traduits par des graveurs habiles, dont la pointe ou le burin a su s'adapter à la nature de leur talent, et il regrettait ardemment de n'avoir pas trouvé son traducteur. Cette friabilité de l'œuvre peinte, comparée avec la solidité de l'œuvre imprimée, était un de ses thèmes habituels de conversation.

Quand cet homme si frêle et si opiniâtre, si nerveux et si vaillant, cet homme unique dans l'histoire de l'art européen, l'artiste maladif et frileux, qui rêvait sans cesse de couvrir des murailles de ses grandioses conceptions, a été emporté par une de ces fluxions de poitrine dont il avait, ce semble, le convulsif pressentiment, nous avons tous senti quelque chose d'analogue à cette dépression d'âme, à cette sensation de solitude croissante que nous avaient fait déjà connaitre la mort de Chateaubriand et celle de Balzac, sensation renouvelée tout récemment par la disparition d'Alfred de Vigny. Il y a dans un grand deuil national un affaissement de vitalité générale, un obscurcissement de l'intellect qui ressemble à une éclipse solaire, imitation momentanée de la fin du monde.

Je crois cependant que cette impression affecte surtout ces hautains solitaires qui ne peuvent se faire une famille que par les relations intellectuelles. Quant aux autres citoyens, pour la plupart, ils n'apprennent que peu à peu à connaitre tout ce qu'a perdu la patrie en perdant le grand homme, et quel vide il fait en la quittant. Encore faut-il les avertir.

Je vous remercie de tout mon cœur, monsieur, d'avoir bien voulu me laisser dire librement tout ce que me suggérait le souvenir d'un des rares génies de notre malheureux siècle, — si pauvre et si riche à la fois, tantôt trop exigeant, tantôt trop indulgent, et trop souvent injuste.

Vente de la collection de M. Eugène Piot

Il m'a toujours été difficile de comprendre que les collectionneurs pussent se séparer de leurs collections autrement que par la mort. Je ne parle pas, bien entendu, de ces spéculateurs-amateurs dont le goût ostentatoire recouvre simplement la passion du lucre. Je parle de ceux qui, lentement, passion-nément, ont amassé des objets d'art bien appropriés à leur nature personnelle. À chacun de ceux-là, sa collection doit apparaitre comme une famille et une famille de son choix. Mais il y a malheureusement en ce monde d'autres nécessités que la mort, presque aussi exigeantes qu'elle, et qui seules peuvent expliquer la tragédie de la séparation et des adieux éternels. Cependant il faut ajouter que qui a bien vu, bien regardé, bien analysé pendant plusieurs années les objets de beauté ou de curiosité, en conserve dans sa mémoire une espèce d'image consolatrice.

C'est samedi 23 avril, et dimanche 24, qu'a lieu l'exposition de la collection de M. Eugène Piot, fondateur du journal *Le Cabinet de l'amateur*. Les collections très bien faites, portant un caractère de sérieux et de sincérité, sont rares. Celle-ci, bien connue de tous les vrais amateurs, est le résultat de l'écrémage, le résidu suprême de plusieurs collections formées déjà par M. Piot lui-même. J'ai rarement vu un choix de bronzes aussi intéressant au double point de vue de l'art et de l'histoire. Bronzes italiens de la Renaissance ; sculptures en terre cuite ; terres émaillées ; Michel-Ange, Donatello, Jean de Bologne, Luca della Robbia ; faïences de différentes fabriques, toutes de premier ordre, particulièrement les hispano-arabes ; vases orientaux de bronze, ciselés, gravés et repoussés ; tapis et étoffes de style asiatique ; quelques tableaux, parmi lesquels une tête de sainte Élisabeth, par Raphaël, peinte sur toile à la détrempe ; deux délicieux portraits par Rosalba ; un dessin de Michel-Ange, et de curieux dessins de M. Meissonier, d'après les plus précieuses armures du Musée d'artillerie ; miniatures vénitiennes, miniatures de manuscrits ; marbres antiques, marbres grecs, marbres de la Renaissance, poterie et verrerie antiques ; enfin, trois cent soixante médailles de la Renaissance, de différents pays, formant tout un dictionnaire historique en bronze ; tel est, à peu près, le sommaire de ce merveilleux catalogue ; telles étaient les richesses analysées ou plutôt empilées modestement, comme les trésors de feu Sauvageot, dans quatre ou cinq mansardes, et qui vont être livrées dans deux jours à l'avidité de ceux qui ont la noble passion de

l'antiquité. Mais ce qu'il y a certainement de plus beau et de plus curieux dans cette collection, c'est les trois bronzes de Michel-Ange. M. Piot, dans la notice consacrée à ces bronzes, a, avec une discrétion plus que rare chez les amateurs, évité de se prononcer d'une manière absolument affirmative, voulant probablement laisser aux connaisseurs le mérite d'y reconnaitre la visible et incontestable griffe du maitre. Et parmi ces trois bronzes, également beaux, celui qui laisse le souvenir le plus vif est le masque de Michel-Ange lui-même, où est si profondément exprimée la tristesse de ce glorieux génie.

CRITIQUE MUSICALE

Richard Wagner et Tannhäuser *à Paris*

I

Remontons, s'il vous plaît, à treize mois en arrière, au commencement de la question, et qu'il me soit permis, dans cette appréciation, de parler souvent en mon nom personnel. Ce *Je,* accusé justement d'impertinence dans beaucoup de cas, implique cependant une grande modestie ; il enferme l'écrivain dans les limites les plus strictes de la sincérité. En réduisant sa tâche, il la rend plus facile. Enfin, il n'est pas nécessaire d'être un probabiliste bien consommé pour acquérir la certitude que cette sincérité trouvera des amis parmi les lecteurs impartiaux ; il y a évidemment quelques chances pour que le critique ingénu, en ne racontant que ses propres impressions, raconte aussi celles de quelques partisans inconnus.

Donc, il y a treize mois, ce fut une grande rumeur dans Paris. Un compositeur allemand, qui avait vécu longtemps chez nous, à notre insu, pauvre, inconnu, par de misérables besognes, mais que, depuis quinze ans déjà, le public allemand célébrait comme un homme de génie, revenait dans la ville, jadis témoin de ses jeunes misères, soumettre ses œuvres à notre jugement. Paris avait jusque-là peu entendu parler de Wagner ; on savait vaguement qu'au-delà du Rhin s'agitait la question d'une réforme dans le drame lyrique, et que Liszt avait adopté avec ardeur les opinions du réformateur. M. Fétis avait lancé contre lui une espèce de réquisitoire, et les personnes curieuses de feuilleter les numéros de la *Revue et Gazette musicale de Paris* pourront vérifier une fois de plus que les écrivains qui se vantent de professer les opinions les plus sages, les plus classiques, ne se piquent guère de sagesse ni de mesure, ni même de vulgaire politesse, dans la critique des opinions qui leur sont contraires. Les articles de M. Fétis ne sont guère qu'une diatribe affligeante ; mais l'exaspération du vieux dilettantiste servait seulement à prouver l'importance des œuvres qu'il vouait à l'anathème et au ridicule. D'ailleurs, depuis treize mois, pendant lesquels la curiosité publique ne s'est pas ralentie, Richard Wagner a essuyé bien d'autres injures. Il y a quelques années, au retour d'un voyage en Allemagne, Théophile Gautier, très ému par une représentation de *Tannhäuser,* avait cependant, dans le *Moniteur,* traduit ses impressions avec cette certitude plastique qui donne un charme irrésistible à tous ses écrits. Mais ces documents divers, tombant à de lointains intervalles, avaient glissé sur l'esprit de la foule.

Aussitôt que les affiches annoncèrent que Richard Wagner ferait entendre dans la salle des Italiens des fragments de ses compositions, un fait amusant se produisit, que nous avons déjà vu, et qui prouve le besoin instinctif, précipité, des Français, de prendre sur toute chose leur parti avant d'avoir délibéré ou examiné. Les uns annoncèrent des merveilles, et les autres se mirent à dénigrer à outrance des œuvres qu'ils n'avaient pas encore entendues. Encore aujourd'hui dure cette situation bouffonne, et l'on peut dire que jamais sujet inconnu ne fut tant discuté. Bref, les concerts de Wagner s'annonçaient comme une véritable bataille de doctrines, comme une de ces solennelles crises de l'art, une de ces mêlées où critiques, artistes et public ont coutume de jeter confusément toutes leurs passions ; crises heureuses qui dénotent la santé et la richesse dans la vie intellectuelle d'une nation, et que nous avions, pour ainsi dire, désapprises depuis les grands jours de Victor Hugo. J'emprunte les lignes suivantes au feuilleton de M. Berlioz (9 février 1860) : « Le foyer du Théâtre-Italien était curieux à observer le soir du premier concert. C'étaient des fureurs, des cris, des discussions qui semblaient toujours sur le point de dégénérer en voies de fait. » Sans la présence du souverain, le même scandale aurait pu se produire, il y a quelques jours, à l'Opéra, surtout avec un public *plus vrai*. Je me souviens d'avoir vu, à la fin d'une des répétitions générales, un des critiques parisiens accrédités, planté prétentieusement devant le bureau du contrôle, faisant face à la foule au point d'en gêner l'issue, et s'exerçant à rire comme un maniaque, comme un de ces infortunés qui, dans les maisons de santé, sont appelés des *agités*. Ce pauvre homme, croyant son visage connu de toute la foule, avait l'air de dire : « Voyez comme je ris, moi, le célèbre S... ! Ainsi ayez soin de conformer votre jugement au mien. » Dans le feuilleton auquel je faisais tout à l'heure allusion, M. Berlioz, qui montra cependant beaucoup moins de chaleur qu'on aurait pu en attendre de sa part, ajoutait : « Ce qui se débite alors de non-sens, d'absurdités et même de mensonges est vraiment prodigieux, et prouve avec évidence que, chez nous au moins, lorsqu'il s'agit d'apprécier une musique différente de celle qui court les rues, la passion, le parti pris prennent seuls la parole et empêchent le bon sens et le bon goût de parler. »

Wagner avait été audacieux : le programme de son concert ne comprenait ni solos d'instruments, ni chansons, ni aucune des exhibitions si chères à un public amoureux des virtuoses et de leurs tours de force. Rien que des morceaux d'ensemble, chœurs ou symphonies. La lutte fut violente, il est vrai ; mais le public, étant abandonné à lui-même, prit feu à quelques-uns de ces irrésistibles morceaux dont la pensée était pour lui plus nettement exprimée, et la musique de Wagner triompha par sa propre force. L'ouverture de *Tannhäuser,* la marche pompeuse du deuxième acte, l'ouverture de *Lohengrin* particulièrement, la *musique de noces* et l'*épithalame* furent magnifiquement acclamés. Beaucoup de choses restaient obscures sans doute, mais les esprits impartiaux se disaient : « Puisque ces compositions sont faites pour la scène, il faut attendre ; les choses non suffisamment définies seront expliquées par la plastique. » En attendant, il restait avéré que, comme symphoniste, comme artiste traduisant par les mille combinaisons du son les tumultes de l'âme humaine, Richard Wagner était à la hauteur de ce qu'il y a de plus élevé, aussi grand, certes, que les plus grands.

J'ai souvent entendu dire que la musique ne pouvait pas se vanter de traduire quoi que ce soit avec certitude, comme fait la parole ou la peinture. Cela est vrai dans une certaine proportion, mais n'est pas tout à fait vrai. Elle traduit à

sa manière, et par les moyens qui lui sont propres. Dans la musique, comme dans la peinture et même dans la parole écrite, qui est cependant le plus positif des arts, il y a toujours une lacune complétée par l'imagination de l'auditeur.

Ce sont sans doute ces considérations qui ont poussé Wagner à considérer l'art dramatique, c'est-à-dire la réunion, la *coïncidence* de plusieurs arts, comme l'art par excellence, le plus synthétique et le plus parfait. Or, si nous écartons un instant le secours de la plastique, du décor, de l'incorporation des types rêvés dans des comédiens vivants et même de la parole chantée, il reste encore incontestable que plus la musique est éloquente, plus la suggestion est rapide et juste, et plus il y a de chances pour que les hommes sensibles conçoivent des idées en rapport avec celles qui inspiraient l'artiste. Je prends tout de suite un exemple, la fameuse ouverture de *Lohengrin*, dont M. Berlioz a écrit un magnifique éloge en style technique ; mais je veux me contenter ici d'en vérifier la valeur par les suggestions qu'elle procure.

Je lis dans le programme distribué à cette époque au Théâtre-Italien : « Dès les premières mesures, l'âme du pieux solitaire qui attend le vase sacré *plonge dans les espaces infinis.* Il voit se former peu à peu une apparition étrange qui prend un corps, une figure. Cette apparition se précise davantage, et *la troupe miraculeuse des anges,* portant au milieu d'eux la coupe sacrée, passe devant lui. Le saint cortège approche ; le cœur de l'élu de Dieu s'exalte peu à peu ; il s'élargit, il se dilate ; d'ineffables aspirations s'éveillent en lui ; *il cède à une béatitude croissante,* en se trouvant toujours rapproché de *la lumineuse apparition,* et quand enfin le Saint-Graal lui-même apparaît au milieu du cortège sacré, *il s'abîme dans une adoration extatique, comme si le monde entier eût soudainement disparu.*

« Cependant le Saint-Graal répand ses bénédictions sur le saint en prière et le consacre son chevalier. Puis *les flammes brûlantes adoucissent progressivement leur éclat ;* dans sa sainte allégresse, la troupe des anges, souriant à la terre qu'elle abandonne, regagne les célestes hauteurs. Elle a laissé le Saint-Graal à la garde des hommes purs, *dans le cœur desquels la divine liqueur s'est répandue,* et l'auguste troupe s'évanouit *dans les profondeurs de l'espace,* de la même manière qu'elle en était sortie. »

Le lecteur comprendra tout à l'heure pourquoi je souligne ces passages. Je prends maintenant le livre de Liszt et je l'ouvre à la page où l'imagination de l'illustre pianiste (qui est un artiste et un philosophe) traduit à sa manière le même morceau :

« Cette introduction renferme et révèle *l'élément mystique,* toujours présent et toujours caché dans la pièce... Pour nous apprendre l'inénarrable puissance de ce secret, Wagner nous montre d'abord *la beauté ineffable du sanctuaire,* habité par un Dieu qui venge les opprimés et ne demande qu'*amour et foi* à ses fidèles. Il nous initie au Saint-Graal ; il fait miroiter à nos yeux le temple de bois incorruptible, aux murs odorants, aux portes d'*or*, aux solives d'*asbeste*, aux colonnes d'*opale*, aux parois de *cymophane*, dont les splendides portiques ne sont approchés que de ceux qui ont le cœur élevé et les mains pures. Il ne nous le fait point apercevoir dans son imposante et réelle structure, mais, comme ménageant nos faibles sens, il nous le montre d'abord reflété dans *quelque onde azurée* ou reproduit *par quelque nuage irisé.*

« C'est au commencement une *large nappe dormante* de mélodie, *un éther vaporeux qui s'étend,* pour que le tableau sacré s'y dessine à nos yeux profanes ; effet exclusivement confié aux violons, divisés en huit pupitres

différents, qui, après plusieurs mesures de sons harmoniques, continuent dans les plus hautes notes de leurs registres. Le motif est ensuite repris par les instruments à vent les plus doux ; les cors et les bassons, en s'y joignant, préparent l'entrée des trompettes et des trombones, qui répètent la mélodie pour la quatrième fois, *avec un éclat éblouissant de coloris*, comme si dans cet instant unique l'édifice saint *avait brillé* devant *nos regards aveuglés, dans toute sa magnificence lumineuse et radiante*. Mais *le vif étincellement*, amené par degrés à *cette intensité de rayonnement solaire*, s'éteint avec rapidité, comme une *lueur céleste*. La *transparente vapeur* des nuées se referme, la vision disparaît peu à peu dans le même encens *diapré* au milieu duquel elle est apparue, et le morceau se termine par les premières six mesures, devenues *plus éthérées encore*. Son caractère d'*idéale mysticité* est surtout rendu sensible par le *pianissimo* toujours conservé dans l'orchestre, et qu'interrompt à peine le court moment où les *cuivres* font *resplendir* les merveilleuses lignes du seul motif de cette introduction. Telle est l'image qui, à l'audition de ce sublime *adagio*, se présente d'abord à nos sens émus. »

M'est-il permis à moi-même de raconter, de rendre avec des paroles la traduction inévitable que mon imagination fit du même morceau, lorsque je l'entendis pour la première fois, les yeux fermés, et que je me sentis pour ainsi dire enlevé de terre ? Je n'oserais certes pas parler avec complaisance de mes *rêveries*, s'il n'était pas utile de les joindre ici aux *rêveries* précédentes. Le lecteur sait quel but nous poursuivons : démontrer que la véritable musique suggère des idées analogues dans des cerveaux différents. D'ailleurs, il ne serait pas ridicule ici de raisonner *a priori*, sans analyse et sans comparaisons ; car ce qui serait vraiment surprenant, c'est que le son *ne pût pas* suggérer la couleur, que les couleurs *ne pussent pas* donner l'idée d'une mélodie, et que le son et la couleur fussent impropres à traduire des idées ; les choses s'étant toujours exprimées par une analogie réciproque, depuis le jour où Dieu a proféré le monde comme une complexe et indivisible totalité.

> La nature est un temple où de vivants piliers
> Laissent parfois sortir de confuses paroles ;
> L'homme y passe à travers des forêts de symboles
> Qui l'observent avec des regards familiers.
>
> Comme de longs échos qui de loin se confondent
> Dans une ténébreuse et profonde unité,
> Vaste comme la nuit et comme la clarté,
> Les parfums, les couleurs et les sons se répondent.

Je poursuis donc. Je me souviens que, dès les premières mesures, je subis une de ces impressions heureuses que presque tous les hommes imaginatifs ont connues, par le rêve, dans le sommeil. Je me sentis délivré *des liens de la pesanteur*, et je retrouvai par le souvenir l'extraordinaire *volupté* qui circule dans *les lieux hauts* (notons en passant que je ne connaissais pas le programme cité tout à l'heure). Ensuite je me peignis involontairement l'état délicieux d'un homme en proie à une grande rêverie dans une solitude absolue, mais une solitude avec *un immense horizon* et une *large lumière diffuse ; l'immensité* sans autre décor qu'elle-même. Bientôt j'éprouvai la sensation d'une *clarté* plus vive, *d'une intensité de lumière* croissant avec une telle rapidité, que les nuances fournies par le dictionnaire ne suffiraient pas à exprimer *ce surcroît toujours renaissant d'ardeur et de blancheur*. Alors je conçus pleinement l'idée d'une âme se mouvant dans un milieu lumineux, d'une extase *faite de volupté et de connaissance*, et planant au-dessus et bien loin du monde naturel.

De ces trois traductions, vous pourriez noter facilement les différences. Wagner indique *une troupe d'anges qui apportent un vase sacré;* Liszt voit *un monument miraculeusement beau,* qui se reflète dans un mirage vaporeux. Ma rêverie est beaucoup moins illustrée d'objets matériels : elle est plus vague et plus abstraite. Mais l'important est ici de s'attacher aux ressemblances. Peu nombreuses, elles constitueraient encore une preuve suffisante; mais, par bonheur, elles sont nombreuses et saisissantes jusqu'au superflu. Dans les trois traductions nous trouvons la sensation de la *béatitude spirituelle et physique; de l'isolement;* de la contemplation de *quelque chose infiniment grand et infiniment beau;* d'*une lumière intense* qui réjouit *les yeux et l'âme jusqu'à la pâmoison;* et enfin la sensation de *l'espace étendu jusqu'aux dernières limites concevables.*

Aucun musicien n'excelle, comme Wagner, à *peindre* l'espace et la profondeur, matériels et spirituels. C'est une remarque que plusieurs esprits, et des meilleurs, n'ont pu s'empêcher de faire en plusieurs occasions. Il possède l'art de traduire, par des gradations subtiles, tout ce qu'il y a d'excessif, d'immense, d'ambitieux, dans l'homme spirituel et naturel. Il semble parfois, en écoutant cette musique ardente et despotique, qu'on retrouve peintes sur le fond des ténèbres, déchiré par la rêverie, les vertigineuses conceptions de l'opium.

A partir de ce moment, c'est-à-dire du premier concert, je fus possédé du désir d'entrer plus avant dans l'intelligence de ces œuvres singulières. J'avais subi (du moins cela m'apparaissait ainsi) une opération spirituelle, une révélation. Ma volupté avait été si forte et si terrible, que je ne pouvais m'empêcher d'y vouloir retourner sans cesse. Dans ce que j'avais éprouvé, il entrait sans doute beaucoup de ce que Weber et Beethoven m'avaient déjà fait connaître, mais aussi quelque chose de nouveau que j'étais impuissant à définir, et cette impuissance me causait une colère et une curiosité mêlées d'un bizarre délice. Pendant plusieurs jours, pendant longtemps, je me dis : « Où pourrai-je bien entendre ce soir de la musique de Wagner ? » Ceux de mes amis qui possédaient un piano furent plus d'une fois mes martyrs. Bientôt, comme il en est de toute nouveauté, des morceaux symphoniques de Wagner retentirent dans les casinos ouverts tous les soirs à une foule amoureuse de voluptés triviales. La majesté fulgurante de cette musique tombait là comme le tonnerre dans un mauvais lieu. Le bruit s'en répandit vite, et nous eûmes souvent le spectacle comique d'hommes graves et délicats subissant le contact des cohues malsaines, pour jouir, en attendant mieux, de la marche solennelle des *Invités au Wartburg* ou des majestueuses noces de *Lohengrin.*

Cependant, des répétitions fréquentes des mêmes phrases mélodiques, dans des morceaux tirés du même opéra, impliquaient des intentions mystérieuses et une méthode qui m'étaient inconnues. Je résolus de m'informer du pourquoi, et de transformer ma volupté en connaissance avant qu'une représentation scénique vint me fournir une élucidation parfaite. J'interrogeai les amis et les ennemis. Je mâchai l'indigeste et abominable pamphlet de M. Fétis. Je lus le livre de Liszt, et enfin je me procurai, à défaut de *L'Art et la Révolution* et de *L'Œuvre d'art de l'avenir,* ouvrages non traduits, celui intitulé : *Opéra et Drame,* traduit en anglais.

II

Les plaisanteries françaises allaient toujours leur train, et le journalisme vulgaire opérait sans trêve ses gamineries professionnelles. Comme Wagner n'avait jamais cessé de répéter que la musique (dramatique) devait *parler* le sentiment, s'adapter au sentiment avec la même exactitude que la parole, mais évidemment d'une autre manière, c'est-à-dire exprimer la partie indéfinie du sentiment que la parole, trop positive, ne peut pas rendre (en quoi il ne disait rien qui ne fût accepté par tous les esprits sensés), une foule de gens, persuadés par les plaisants du feuilleton, s'imaginèrent que le maitre attribuait à la musique la puissance d'exprimer la forme positive des choses, c'est-à-dire qu'il intervertissait les rôles et les fonctions. Il serait aussi inutile qu'ennuyeux de dénombrer tous les quolibets fondés sur cette fausseté, qui venant, tantôt de la malveillance, tantôt de l'ignorance, avaient pour résultat d'égarer à l'avance l'opinion du public. Mais, à Paris plus qu'ailleurs, il est impossible d'arrêter une plume qui se croit amusante. La curiosité générale étant attirée vers Wagner, engendra des articles et des brochures qui nous initièrent à sa vie, à ses longs efforts et à tous ses tourments. Parmi ces documents fort connus aujourd'hui, je ne veux extraire que ceux qui me paraissent plus propres à éclairer et à définir la nature et le caractère du maitre. Celui qui a écrit que *l'homme qui n'a pas été, dès son berceau, doté par une fée de l'esprit de mécontentement de tout ce qui existe, n'arrivera jamais à la découverte du nouveau*, devait indubitablement trouver dans les conflits de la vie plus de douleurs que tout autre. C'est de cette facilité à souffrir, commune à tous les artistes et d'autant plus grande que leur instinct du juste et du beau est plus prononcé, que je tire l'explication des opinions révolutionnaires de Wagner. Aigri par tant de mécomptes, déçu par tant de rêves, il dut, à un certain moment, par suite d'une erreur excusable dans un esprit sensible et nerveux à l'excès, établir une complicité idéale entre la mauvaise musique et les mauvais gouvernements. Possédé du désir suprême de voir l'idéal dans l'art dominer définitivement la routine, il a pu (c'est une illusion essentiellement humaine) espérer que des révolutions dans l'ordre politique favoriseraient la cause de la révolution dans l'art. Le succès de Wagner lui-même a donné tort à ses prévisions et à ses espérances ; car il a fallu en France l'ordre d'un *despote* pour faire exécuter l'œuvre d'un révolutionnaire. Ainsi nous avons déjà vu à Paris l'évolution romantique favorisée par la monarchie, pendant que les libéraux et les républicains restaient opiniâtrement attachés aux routines de la littérature dite classique.

Je vois par les notes que lui-même il a fournies sur sa jeunesse, que, tout enfant, il vivait au sein du théâtre, fréquentait les coulisses et composait des comédies. La musique de Weber et, plus tard, celle de Beethoven, agirent sur son esprit avec une force irrésistible, et bientôt, les années et les études s'accumulant, il lui fut impossible de ne pas penser d'une manière double, poétiquement et musicalement, de ne pas entrevoir toute idée sous deux formes simultanées, l'un des deux arts commençant sa fonction là où s'arrêtent les limites de l'autre. L'instinct dramatique, qui occupait une si grande place dans ses facultés, devait le pousser à se révolter contre toutes les frivolités, les platitudes et les absurdités des pièces faites pour la musique. Ainsi la Providence, qui préside aux révolutions de l'art, mûrissait dans un jeune cerveau allemand le problème qui avait tant agité le XVIIIe siècle. Quiconque a lu avec attention la *Lettre sur la musique*, qui sert de préface à *Quatre poèmes*

d'opéra traduits en prose française, ne peut conserver à cet égard aucun doute. Les noms de Gluck et de Méhul y sont cités souvent avec une sympathie passionnée. N'en déplaise à M. Fétis, qui veut absolument établir pour l'éternité la prédominance de la musique dans le drame lyrique, l'opinion d'esprits tels que Gluck, Diderot, Voltaire et Gœthe n'est pas à dédaigner. Si ces deux derniers ont démenti plus tard leurs théories de prédilection, ce n'a été chez eux qu'un acte de découragement et de désespoir. En feuilletant la *Lettre sur la musique,* je sentais revivre dans mon esprit, comme par un phénomène d'écho mnémonique, différents passages de Diderot qui affirment que la vraie musique dramatique ne peut pas être autre chose que le cri ou le soupir de la passion noté et rythmé. Les mêmes problèmes scientifiques, poétiques, artistiques, se reproduisent sans cesse à travers les âges, et Wagner ne se donne pas pour un inventeur, mais simplement pour le confirmateur d'une ancienne idée qui sera sans doute, plus d'une fois encore, alternativement vaincue et victorieuse. Toutes ces questions sont en vérité extrêmement simples, et il n'est pas peu surprenant de voir se révolter contre les théories de *la musique de l'avenir* (pour me servir d'une locution aussi inexacte qu'accréditée) ceux-là mêmes que nous avons entendus si souvent se plaindre des tortures infligées à tout esprit raisonnable par la routine du livret ordinaire d'opéra.

Dans cette même *Lettre sur la musique,* où l'auteur donne une analyse très brève et très limpide de ses trois anciens ouvrages, *L'Art et la Révolution, L'Œuvre d'art de l'avenir* et *Opéra et Drame,* nous trouvons une préoccupation très vive du théâtre grec, tout à fait naturelle, inévitable même chez un dramaturge musicien qui devait chercher dans le passé la légitimation de son dégoût du présent et des conseils secourables pour l'établissement des conditions nouvelles du drame lyrique. Dans sa lettre à Berlioz, il disait déjà, il y a plus d'un an : « Je me demandai quelles devaient être les conditions de l'art pour qu'il pût inspirer au public un inviolable respect, et, afin de ne point m'aventurer trop dans l'examen de cette question, je fus chercher mon point de départ dans la Grèce ancienne. J'y rencontrai tout d'abord l'œuvre artistique par excellence, le *drame,* dans lequel l'idée, quelque profonde qu'elle soit, peut se manifester avec le plus de clarté et de la manière la plus universellement intelligible. Nous nous étonnons à bon droit aujourd'hui que trente mille Grecs aient pu suivre avec un intérêt soutenu la représentation des tragédies d'Eschyle ; mais si nous recherchons le moyen par lequel on obtenait de pareils résultats, nous trouvons que c'est par l'alliance de tous les arts concourant ensemble au même but, c'est-à-dire à la production de l'œuvre artistique la plus parfaite et la seule vraie. Ceci me conduisit à étudier les rapports des diverses branches de l'art entre elles, et, après avoir saisi la relation qui existe entre la *plastique* et la *mimique,* j'examinai celle qui se trouve entre la musique et la poésie : de cet examen jaillirent soudain des clartés qui dissipèrent complètement l'obscurité qui m'avait jusqu'alors inquiété.

« Je reconnus, en effet, que précisément là où l'un de ces arts atteignait à des limites infranchissables commençait aussitôt, avec la plus rigoureuse exactitude, la sphère d'action de l'autre ; que, conséquemment, par l'union intime de ces deux arts, on exprimerait avec la clarté la plus satisfaisante ce que ne pouvait exprimer chacun d'eux isolément ; que, au contraire, toute tentative de rendre avec les moyens de l'un d'eux ce qui ne saurait être rendu que par les deux ensemble, devait fatalement conduire à l'obscurité, à la confusion

d'abord, et ensuite à la dégénérescence et à la corruption de chaque art en particulier. »

Et dans la préface de son dernier livre, il revient en ces termes sur le même sujet : « J'avais trouvé dans quelques rares créations d'artistes une base réelle où asseoir mon idéal dramatique et musical ; maintenant l'histoire m'offrait à son tour le modèle et le type des relations idéales du théâtre et de la vie publique telles que je les concevais. Je le trouvais, ce modèle, dans le théâtre de l'ancienne Athènes : là, le théâtre n'ouvrait son enceinte qu'à de certaines solennités où s'accomplissait une fête religieuse qu'accompagnaient les jouissances de l'art. Les hommes les plus distingués de l'État prenaient à ces solennités une part directe comme poètes ou directeurs ; ils paraissaient comme les prêtres aux yeux de la population assemblée de la cité et du pays, et cette population était remplie d'une si haute attente de la sublimité des œuvres qui allaient être représentées devant elle, que les poèmes les plus profonds, ceux d'un Eschyle et d'un Sophocle, pouvaient être proposés au peuple et assurés d'être parfaitement entendus. »

Ce goût absolu, despotique, d'un idéal dramatique, où tout, depuis une déclamation notée et soulignée par la musique avec tant de soin qu'il est impossible au chanteur de s'en écarter en aucune syllabe, véritable arabesque de sons dessinée par la passion, jusqu'aux soins les plus minutieux relatifs aux décors et à la mise en scène, où tous les détails, dis-je, doivent sans cesse concourir à une totalité d'effet, a fait la destinée de Wagner. C'était en lui comme une postulation perpétuelle. Depuis le jour où il s'est dégagé des vieilles routines du livret et où il a courageusement renié son *Rienzi,* opéra de jeunesse qui avait été honoré d'un grand succès, il a marché, sans dévier d'une ligne, vers cet impérieux idéal. C'est donc sans étonnement que j'ai trouvé dans ceux de ses ouvrages qui sont traduits, particulièrement dans *Tannhäuser, Lohengrin* et *Le Vaisseau fantôme,* une méthode de construction excellente, un esprit d'ordre et de division qui rappelle l'architecture des tragédies antiques. Mais les phénomènes et les idées que se produisent périodiquement à travers les âges empruntent toujours à chaque résurrection le caractère complémentaire de la variante et de la circonstance. La radieuse Vénus antique, l'Aphrodite née de la blanche écume, n'a pas impunément traversé les horrifiques ténèbres du Moyen Âge. Elle n'habite plus l'Olympe ni les rives d'un archipel parfumé. Elle est retirée au fond d'une caverne magnifique, il est vrai, mais illuminée par des feux qui ne sont pas ceux du bienveillant Phœbus. En descendant sous terre, Vénus s'est rapprochée de l'enfer, et elle va sans doute, à de certaines solennités abominables, rendre régulièrement hommage à l'Archidémon, prince de la chair et seigneur du péché. De même, les poèmes de Wagner, bien qu'ils révèlent une goût sincère et une parfaite intelligence de la beauté classique, participent aussi, dans une forte dose, de l'esprit romantique. S'ils font rêver à la majesté de Sophocle et d'Eschyle, ils contraignent en même temps l'esprit à se souvenir des *Mystères* de l'époque la plus plastiquement catholique. Ils ressemblent à ces grandes visions que le Moyen Âge étalait sur les murs de ses églises ou tissait dans ses magnifiques tapisseries. Ils ont un aspect général décidément légendaire : le *Tannhäuser,* légende ; le *Lohengrin,* légende ; légende, *Le Vaisseau fantôme.* Et ce n'est pas seulement une propension naturelle à tout esprit poétique qui a conduit Wagner vers cette apparente spécialité ; c'est un parti pris formel puisé dans l'étude des conditions les plus favorables du drame lyrique.

Lui-même, il a pris soin d'élucider la question dans ses livres. Tous les sujets, en effet, ne sont pas également propres à fournir un vaste drame doué d'un caractère d'universalité. Il y aurait évidemment un immense danger à traduire en fresque le délicieux et le plus parfait tableau de genre. C'est surtout dans le cœur universel de l'homme et dans l'histoire de ce cœur que le poète dramatique trouvera des tableaux universellement intelligibles. Pour construire en pleine liberté le drame idéal, il sera prudent d'éliminer toutes les difficultés qui pourraient naître de détails techniques, politiques ou même trop positivement historiques. Je laisse la parole au maitre lui-même : « Le seul tableau de la vie humaine qui soit appelé poétique est celui où les motifs qui n'ont de sens que pour l'intelligence abstraite font place aux mobiles purement humains qui gouvernent le cœur. Cette tendance (celle relative à l'invention du sujet poétique) est la loi souveraine qui préside à la forme et à la représentation poétique... L'arrangement rythmique et l'ornement (presque musical) de la rime sont pour le poète des moyens d'assurer au vers, à la phrase, une puissance qui captive comme par un charme et gouverne à son gré le sentiment. Essentielle au poète, cette tendance le conduit jusqu'à la limite de son art, limite que touche immédiatement la musique, et, par conséquent, l'œuvre la plus complète du poète devrait être celle qui, dans son dernier achèvement, serait une parfaite musique.

« De là, je me voyais nécessairement amené à désigner le *mythe* comme matière idéale du poète. Le mythe est le poème primitif et anonyme du peuple, et nous le retrouvons à toutes les époques repris, remanié sans cesse à nouveau par les grands poètes des périodes cultivées. Dans le mythe, en effet, les relations humaines dépouillent presque complètement leur forme conventionnelle et intelligible seulement à la raison abstraite ; elles montrent ce que la vie a de vraiment humain, d'éternellement compréhensible, et le montrent sous cette forme concrète, exclusive de toute imitation, laquelle donne à tous les vrais mythes leur caractère individuel que vous reconnaissez au premier coup d'œil. »

Et ailleurs, reprenant le même thème, il dit : « Je quittai une fois pour toutes le terrain de l'histoire et m'établis sur celui de la légende... Tout le détail nécessaire pour décrire et représenter le fait historique et ses accidents, tout le détail qu'exige, pour être parfaitement comprise, une époque spéciale et reculée de l'histoire, et que les auteurs contemporains de drames et de romans historiques déduisent, par cette raison, d'une manière si circonstanciée, je pouvais le laisser de côté... La légende, à quelque époque et à quelque nation qu'elle appartienne, a l'avantage de comprendre exclusivement ce que cette époque et cette nation ont de purement humain, et de le présenter sous une forme originale très saillante, et dès lors intelligible au premier coup d'œil. Une ballade, un refrain populaire, suffisent pour vous représenter en un instant ce caractère sous les traits les plus arrêtés et les plus frappants... Le caractère de la scène et le ton de la légende contribuent ensemble à jeter l'esprit dans cet état de *rêve* qui le porte bientôt jusqu'à la pleine *clairvoyance*, et l'esprit découvre alors un nouvel enchainement des phénomènes du monde, que ses yeux ne pouvaient apercevoir dans l'état de veille ordinaire... »

Comment Wagner ne comprendrait-il pas admirablement le caractère sacré, divin du mythe, lui qui est à la fois poète et critique ? J'ai entendu beaucoup de personnes tirer de l'étendue même de ses facultés et de sa haute intelligence critique une raison de défiance relativement à son génie musical, et je crois que

l'occasion est ici propice pour réfuter une erreur très commune, dont la principale racine est peut-être le plus laid des sentiments humains, l'envie. « Un homme qui raisonne tant de son art ne peut pas produire naturellement de belles œuvres », disent quelques-uns qui dépouillent ainsi le génie de sa rationalité, et lui assignent une fonction purement instinctive et pour ainsi dire végétale. D'autres veulent considérer Wagner comme un théoricien qui n'aurait produit des opéras que pour vérifier *a posteriori* la valeur de ses propres théories. Non seulement ceci est parfaitement faux, puisque le maitre a commencé tout jeune, comme on le sait, par produire des essais poétiques et musicaux d'une nature variée, et qu'il n'est arrivé que progressivement à se faire un idéal de drame lyrique, mais c'est même une chose absolument impossible. Ce serait un événement tout nouveau dans l'histoire des arts qu'un critique se faisant poète, un renversement de toutes les lois psychiques, une monstruosité ; au contraire, tous les grands poètes deviennent naturellement, fatalement, critiques. Je plains les poètes que guide le seul instinct ; je les crois incomplets. Dans la vie spirituelle des premiers, une crise se fait infaillible-ment, où ils veulent raisonner leur art, découvrir les lois obscures en vertu desquelles ils ont produit, et tirer de cette étude une série de préceptes dont le but divin est l'infaillibilité dans la production poétique. Il serait prodigieux qu'un critique devint poète, et il est impossible qu'un poète ne contienne pas un critique. Le lecteur ne sera donc pas étonné que je considère le poète comme le meilleur de tous les critiques. Les gens qui reprochent au musicien Wagner d'avoir écrit des livres sur la philosophie de son art et qui en tirent le soupçon que sa musique n'est pas un produit naturel, spontané, devraient aussi nier également que Vinci, Hogarth, Reynolds, aient pu faire de bonnes peintures, simplement parce qu'ils ont déduit et analysé les principes de leur art. Qui parle mieux de la peinture que notre grand Delacroix ? Diderot, Gœthe, Shakespeare, autant de producteurs, autant d'admirables critiques. La poésie a existé, s'est affirmée la première, et elle a engendré l'étude des règles. Telle est l'histoire incontestée du travail humain. Or, comme chacun est le diminutif de tout le monde, comme l'histoire d'un cerveau individuel représente en petit l'histoire du cerveau universel, il serait juste et naturel de supposer (à défaut des preuves qui existent) que l'élaboration des pensées de Wagner a été analogue au travail de l'humanité.

<div align="center">III</div>

Tannhäuser représente la lutte des deux principes qui ont choisi le cœur humain pour principal champ de bataille, c'est-à-dire de la chair avec l'esprit, de l'enfer avec le ciel, de Satan avec Dieu. Et cette dualité est représentée tout de suite, par l'ouverture, avec une incomparable habileté. Que n'a-t-on pas déjà écrit sur ce morceau ? Cependant il est présumable qu'il fournira encore matière à bien des thèses et des commentaires éloquents ; car c'est le propre des œuvres vraiment artistiques d'être une source inépuisable de suggestions. L'ouverture, dis-je, résume donc la pensée du drame par deux chants, le chant religieux et le chant voluptueux, qui, pour me servir de l'expression de Liszt, « sont ici posés comme deux termes, et qui, dans le finale, trouvent leur équation ». Le *Chant des pèlerins* apparait le premier, avec l'autorité de la loi suprême, comme marquant tout de suite le véritable sens de la vie, le but de l'universel pèlerinage, c'est-à-dire Dieu. Mais comme le sens intime de Dieu est bientôt noyé dans toute conscience par les concupiscences de la chair, le

chant représentatif de la sainteté est peu à peu submergé par les soupirs de la volupté. La vraie, la terrible, l'universelle Vénus se dresse déjà dans toutes les imaginations.

Et que celui qui n'a pas encore entendu la merveilleuse ouverture de *Tannhäuser* ne se figure pas ici un chant d'amoureux vulgaires, essayant de tuer le temps sous les tonnelles, les accents d'une troupe enivrée jetant à Dieu son défi dans la langue d'Horace. Il s'agit d'autre chose, à la fois plus vrai et plus sinistre. Langueurs, délices mêlées de fièvre et coupées d'angoisses, retours incessants vers une volupté qui promet d'éteindre, mais n'éteint jamais la soif; palpitations furieuses du cœur et des sens, ordres impérieux de la chair, tout le dictionnaire des onomatopées de l'amour se fait entendre ici. Enfin le thème religieux reprend peu à peu son empire, lentement, par gradations, et absorbe l'autre dans une victoire paisible, glorieuse comme celle de l'être irrésistible sur l'être maladif et désordonné, de saint Michel sur Lucifer.

Au commencement de cette étude, j'ai noté la puissance avec laquelle Wagner, dans l'ouverture de *Lohengrin*, avait exprimé les ardeurs de la mysticité, les appétitions de l'esprit vers le Dieu incommunicable. Dans l'ouverture de *Tannhäuser*, dans la lutte des deux principes contraires, il ne s'est pas montré moins subtil ni moins puissant. Où donc le maître a-t-il puisé ce chant furieux de la chair, cette connaissance absolue de la partie diabolique de l'homme ? Dès les premières mesures, les nerfs vivent à l'unisson de la mélodie; toute chair qui se souvient se met à trembler. Tout cerveau bien conformé porte en lui deux infinis, le ciel et l'enfer, et dans toute image de l'un de ces infinis il reconnaît subitement la moitié de lui-même. Aux titillations sataniques d'un vague amour succèdent bientôt des entraînements, des éblouissements, des cris de victoire, des gémissements de gratitude, et puis des hurlements de férocité, des reproches de victimes et des hosanna impies de sacrificateurs, comme si la barbarie devait toujours prendre sa place dans le drame de l'amour, et la jouissance charnelle conduire, par une logique satanique inéluctable, aux délices du crime. Quand le thème religieux, faisant invasion à travers le mal déchaîné, vient peu à peu rétablir l'ordre et reprendre l'ascendant, quand il se dresse de nouveau, avec toute sa solide beauté, au-dessus de ce chaos de voluptés agonisantes, toute l'âme éprouve comme un rafraîchissement, une béatitude de rédemption; sentiment ineffable qui se reproduira au commencement du deuxième tableau, quand Tannhäuser, échappé de la grotte de Vénus, se retrouvera dans la vie véritable, entre le son religieux des cloches natales, la chanson naïve du pâtre, l'hymne des pèlerins et la croix plantée sur la route, emblème de toutes ces croix qu'il faut traîner sur toutes les routes. Dans ce dernier cas, il y a une puissance de contraste qui agit irrésistiblement sur l'esprit et qui fait penser à la manière large et aisée de Shakespeare. Tout à l'heure nous étions dans les profondeurs de la terre (Vénus, comme nous l'avons dit, habite auprès de l'enfer), respirant une atmosphère parfumée, mais étouffante, éclairée par une lumière rose qui ne venait pas du soleil; nous étions semblables au chevalier Tannhäuser lui-même, qui, saturé de délices énervantes, *aspire à la douleur !* cri sublime que tous les critiques jurés admireraient dans Corneille, mais qu'aucun ne voudra peut-être voir dans Wagner. Enfin nous sommes replacés sur la terre; nous en aspirons l'air frais, nous en acceptons les joies avec reconnaissance, les douleurs avec humilité. La pauvre humanité est rendue à sa patrie.

Tout à l'heure, en essayant de décrire la partie voluptueuse de l'ouverture, je priais le lecteur de détourner sa pensée des hymnes vulgaires de l'amour, tels que les peut concevoir un galant en belle humeur; en effet, il n'y a ici rien de trivial; c'est plutôt le débordement d'une nature énergique, qui verse dans le mal toutes les forces dues à la culture du bien; c'est l'amour effréné, immense, chaotique, élevé jusqu'à la hauteur d'une contre-religion, d'une religion satanique. Ainsi, le compositeur, dans la traduction musicale, a échappé à cette vulgarité qui accompagne trop souvent la peinture du sentiment le plus *populaire,* — j'allais dire populacier, — et pour cela il lui a suffi de peindre l'excès dans le désir et dans l'énergie, l'ambition indomptable, immodérée, d'une âme sensible qui s'est trompée de voie. De même dans la représentation plastique de l'idée, il s'est dégagé heureusement de la fastidieuse foule des victimes, des Elvires innombrables. L'idée pure, incarnée dans l'unique Vénus, parle bien plus haut et avec bien plus d'éloquence. Nous ne voyons pas ici un libertin ordinaire, *voltigeant de belle en belle,* mais l'homme général, universel, vivant morganatiquement avec l'idéal absolu de la volupté, avec la reine de toutes les diablesses, de toutes les faunesses et de toutes les satyresses, reléguées sous terre depuis la mort du grand Pan, c'est-à-dire avec l'indestructible et irrésistible Vénus.

Une main mieux exercée que la mienne dans l'analyse des ouvrages lyriques présentera, ici même, au lecteur, un compte rendu technique et complet de cet étrange et méconnu *Tannhäuser*;* je dois donc me borner à des vues générales qui, pour rapides qu'elles soient, n'en sont pas moins utiles. D'ailleurs, n'est-il pas plus commode, pour certains esprits, de juger de la beauté d'un paysage en se plaçant sur une hauteur, qu'en parcourant successivement tous les sentiers qui le sillonnent ?

Je tiens seulement à faire observer, à la grande louange de Wagner, que, malgré l'importance très juste qu'il donne au poème dramatique, l'ouverture de *Tannhäuser,* comme celle de *Lohengrin,* est parfaitement intelligible, même à celui qui ne connaîtrait pas le livret; et ensuite, que cette ouverture contient non seulement l'idée mère, la dualité psychique constituant le drame, mais encore les formules principales, nettement accentuées, destinées à peindre les sentiments généraux exprimés dans la suite de l'œuvre, ainsi que le démontrent les retours forcés de la mélodie diaboliquement voluptueuse et du motif religieux ou *Chant des pèlerins,* toutes les fois que l'action le demande. Quant à la grande marche du second acte, elle a conquis depuis longtemps le suffrage des esprits les plus rebelles, et l'on peut lui appliquer le même éloge qu'aux deux ouvertures dont j'ai parlé, à savoir d'exprimer de la manière la plus visible, la plus colorée, la plus représentative, ce qu'elle veut exprimer. Qui donc, en entendant ces accents si riches et si fiers, ce rythme pompeux élégamment cadencé, ces fanfares royales, pourrait se figurer autre chose qu'une pompe féodale, une défilade d'hommes héroïques, dans des vêtements éclatants, tous de haute stature, tous de grande volonté et de foi naïve, aussi magnifiques dans leurs plaisirs que terribles dans leurs guerres ?

Que dirons-nous du récit de Tannhäuser, de son voyage à Rome, où la beauté littéraire est si admirablement complétée et soutenue par la mélopée, que les deux éléments ne font plus qu'un inséparable tout ? On craignait la

* La première partie de cette étude a paru à la *Revue européenne,* où M. Perrin, ancien directeur de l'Opéra-Comique, dont les sympathies pour Wagner sont bien connues, est chargé de la critique musicale.

longueur de ce morceau, et cependant le récit contient, comme on l'a vu, une puissance dramatique invincible. La tristesse, l'accablement du pécheur pendant son rude voyage, son allégresse en voyant le suprême pontife qui délie les péchés, son désespoir quand celui-ci lui montre le caractère irréparable de son crime, et enfin le sentiment presque ineffable, tant il est terrible, de la joie dans la damnation ; tout est dit, exprimé, traduit, par la parole et la musique, d'une manière si positive, qu'il est presque impossible de concevoir une autre manière de le dire. On comprend bien alors qu'un pareil malheur ne puisse être réparé que par un miracle, et on excuse l'infortuné chevalier de chercher encore le sentier mystérieux qui conduit à la grotte, pour retrouver au moins les grâces de l'enfer auprès de sa diabolique épouse.

Le drame de *Lohengrin* porte, comme celui de *Tannhäuser*, le caractère sacré, mystérieux et pourtant universellement intelligible de la légende. Une jeune princesse, accusée d'un crime abominable, du meurtre de son frère, ne possède aucun moyen de prouver son innocence. Sa cause sera jugée par le jugement de Dieu. Aucun chevalier présent ne descend pour elle sur le terrain ; mais elle a confiance dans une vision singulière ; un guerrier inconnu est venu la visiter en rêve. C'est ce chevalier-là qui prendra sa défense. En effet, au moment suprême et comme chacun la juge coupable, une nacelle approche du rivage, tirée par un cygne attelé d'une chaîne d'or. Lohengrin, chevalier du Saint-Graal, protecteur des innocents, défenseur des faibles, a entendu l'invocation du fond de la retraite merveilleuse où est précieusement conservée cette coupe divine, deux fois consacrée par la sainte Cène et par le sang de Notre-Seigneur, que Joseph d'Arimathie y recueillit tout ruisselant de sa plaie. Lohengrin, fils de Parcival, descend de la nacelle, revêtu d'une armure d'argent, le casque en tête, le bouclier sur l'épaule, une petite trompe d'or au côté, appuyé sur son épée. « Si je remporte pour toi la victoire, dit Lohengrin à Elsa, veux-tu que je sois ton époux ?... Elsa, si tu veux que je m'appelle ton époux..., il faut que tu me fasses une promesse : jamais tu ne m'interrogeras, jamais tu ne chercheras à savoir ni de quelles contrées j'arrive, ni quel est mon nom et ma nature. » Et Elsa : « Jamais, seigneur, tu n'entendras de moi cette question. » Et, comme Lohengrin répète solennellement la formule de la promesse, Elsa répond : « Mon bouclier, mon ange, mon sauveur ! toi qui crois fermement à mon innocence, pourrait-il y avoir un doute plus criminel que de n'avoir pas foi en toi ? Comme tu me défends dans ma détresse, de même je garderai fidèlement la loi que tu m'imposes. » Et Lohengrin, la serrant dans ses bras, s'écrie : « Elsa, je t'aime ! » Il y a là une beauté de dialogue comme il s'en trouve fréquemment dans les drames de Wagner, toute trempée de magie primitive, toute grandie par le sentiment idéal, et dont la solennité ne diminue en rien la grâce naturelle.

L'innocence d'Elsa est proclamée par la victoire de Lohengrin ; la magicienne Ortrude et Frédéric, deux méchants intéressés à la condamnation d'Elsa, parviennent à exciter en elle la curiosité féminine, à flétrir sa joie par le doute, et l'obsèdent maintenant jusqu'à ce qu'elle viole son serment et exige de son époux l'aveu de son origine. Le doute a tué la foi et la foi disparue emporte avec elle le bonheur. Lohengrin punit par la mort Frédéric d'un guet-apens que celui-ci lui a tendu, et devant le roi, les guerriers et le peuple assemblés, déclare enfin sa véritable origine : « ... Quiconque est choisi pour servir le Graal est aussitôt revêtu d'une puissance surnaturelle ; même celui qui est envoyé par lui dans une terre lointaine, chargé de la mission de défendre le droit de la vertu,

n'est pas dépouillé de sa force sacrée autant que reste inconnue sa qualité de chevalier du Graal ; mais telle est la nature de cette vertu du Saint-Graal, que, dévoilée, elle fuit aussitôt les regards profanes ; c'est pourquoi vous ne devez concevoir nul doute sur son chevalier ; s'il est reconnu par vous, il lui faut vous quitter sur-le-champ. Écoutez maintenant comment il récompense la question interdite ! Je vous ai été envoyé par le Graal ; mon père, Parcival, porte sa couronne ; moi, son chevalier, j'ai nom Lohengrin. » Le cygne reparaît sur la rive pour remmener le chevalier vers sa miraculeuse patrie. La magicienne, dans l'infatuation de sa haine, dévoile que le cygne n'est autre que le frère d'Elsa, emprisonné par elle dans un enchantement. Lohengrin monte dans la nacelle après avoir adressé au Saint-Graal une fervente prière. Une colombe prend la place du cygne, et Godefroi, duc de Brabant, reparaît. Le chevalier est retourné vers le mont Salvat. Elsa qui a douté, Elsa qui a voulu savoir, examiner, contrôler, Elsa a perdu son bonheur. L'idéal s'est envolé.

Le lecteur a sans doute remarqué dans cette légende une frappante analogie avec le mythe de la Psyché antique, qui, elle aussi, fut victime de la démoniaque curiosité, et, ne voulant pas respecter l'incognito de son divin époux, perdit, en pénétrant le mystère, toute sa félicité. Elsa prête l'oreille à Ortrude, comme Ève au serpent. L'Ève éternelle tombe dans l'éternel piège. Les nations et les races se transmettent-elles des fables, comme les hommes se lèguent des héritages, des patrimoines ou des secrets scientifiques ? On serait tenté de le croire, tant est frappante l'analogie morale qui marque les mythes et les légendes éclos dans différentes contrées. Mais cette explication est trop simple pour séduire longtemps un esprit philosophique. L'allégorie créée par le peuple ne peut pas être comparée à ces semences qu'un cultivateur communique fraternellement à un autre qui les veut acclimater dans son pays. Rien de ce qui est éternel et universel n'a besoin d'être acclimaté. Cette analogie morale dont je parlais est comme l'estampille divine de toutes les fables populaires. Ce sera bien, si l'on veut, le signe d'une origine unique, la preuve d'une parenté irréfragable, mais à la condition que l'on ne cherche cette origine que dans le principe absolu et l'origine commune de tous les êtres. Tel mythe peut être considéré comme frère d'un autre, de la même façon que le nègre est dit le frère du Blanc. Je ne nie pas, en de certains cas, la fraternité ni la filiation ; je crois seulement que dans beaucoup d'autres l'esprit pourrait être induit en erreur par la ressemblance des surfaces ou même par l'analogie morale et, que, pour reprendre notre métaphore végétale, le mythe est un arbre qui croît partout, en tout climat, sous tout soleil, spontanément et sans boutures. Les religions et les poésies des quatre parties du monde nous fournissent sur ce sujet des preuves surabondantes. Comme le péché est partout, la rédemption est partout, le mythe partout. Rien de plus cosmopolite que l'Éternel. Qu'on veuille bien me pardonner cette digression qui s'est ouverte devant moi avec une attraction irrésistible. Je reviens à l'auteur de *Lohengrin*.

On dirait que Wagner aime d'un amour de prédilection les pompes féodales, les assemblées homériques où gît une accumulation de force vitale, les foules enthousiasmées, réservoir d'électricité humaine, d'où le style héroïque jaillit avec une impétuosité naturelle. La musique de noces et l'épithalame de *Lohengrin* font un digne pendant à l'introduction des invités au Wartburg dans *Tannhäuser*, plus majestueux encore peut-être et plus véhément. Cependant le maître, toujours plein de goût et attentif aux nuances, n'a pas représenté ici la turbulence qu'en pareil cas manifesterait une foule roturière. Même à l'apogée

de son plus violent tumulte, la musique n'exprime qu'un délire de gens accoutumés aux règles de l'étiquette ; c'est une cour qui s'amuse, et son ivresse la plus vive garde encore le rythme de la décence. La joie clapoteuse de la foule alterne avec l'épithalame, doux, tendre et solennel ; la tourmente de l'allégresse publique contraste à plusieurs reprises avec l'hymne discret et attendri qui célèbre l'union d'Elsa et de Lohengrin.

J'ai déjà parlé de certaines phrases mélodiques dont le retour assidu, dans différents morceaux tirés de la même œuvre, avait vivement intrigué mon oreille, lors du premier concert offert par Wagner dans la salle des Italiens. Nous avons observé que dans *Tannhäuser* la récurrence des deux thèmes principaux, le motif religieux et le chant de volupté, servait à réveiller l'attention du public et à le replacer dans un état analogue à la situation actuelle. Dans *Lohengrin,* ce système mnémonique est appliqué beaucoup plus minutieusement. Chaque personnage est, pour ainsi dire, blasonné par la mélodie qui représente son caractère moral et le rôle qu'il est appelé à jouer dans la fable. Ici je laisse humblement la parole à Liszt, dont, par occasion, je recommande le livre *(Lohengrin et Tannhäuser)* à tous les amateurs de l'art profond et raffiné, et qui sait, malgré cette langue un peu bizarre qu'il affecte, espèce d'idiome composé d'extraits de plusieurs langues, traduire avec un charme infini toute la rhétorique du maître :

« Le spectateur, préparé et résigné à ne chercher *aucun de ces morceaux détachés qui, engrenés l'un après l'autre sur le fil de quelque intrigue, composent la substance de nos opéras habituels,* pourra trouver un singulier intérêt à suivre durant trois actes la combinaison profondément réfléchie, étonnamment habile et poétiquement intelligente, avec laquelle Wagner, *au moyen de plusieurs phrases principales,* a serré *un nœud mélodique* qui constitue tout son drame. Les replis que font ces phrases, en se liant et s'entrelaçant autour des paroles du poème, sont d'un effet émouvant au dernier point. Mai i, après en avoir été frappé et impressionné à la représentation, on veut encore se rendre mieux compte de ce qui a si vivement affecté, et étudier la partition de cette œuvre d'un genre si neuf, on reste étonné de toutes les intentions et nuances qu'elle renferme et qu'on ne saurait immédiatement saisir. Quels sont les drames et les épopées de grands poètes qu'il ne faille pas longtemps étudier pour se rendre maître de toute leur signification ?

« Wagner, par un procédé qu'il applique d'une manière tout à fait imprévue, réussit à étendre l'empire et les prétentions de la musique. Peu content du pouvoir qu'elle exerce sur les cœurs en y réveillant toute la gamme des sentiments humains, il lui rend possible d'inciter nos idées, de s'adresser à notre pensée, de faire appel à notre réflexion, et la dote d'un sens moral et intellectuel... Il dessine mélodiquement le caractère de ses personnages et de leurs passions principales, et ces mélodies se font jour, *dans le chant ou dans l'accompagnement,* chaque fois que les passions et les sentiments qu'elles expriment sont mis en jeu. Cette persistance systématique est jointe à un art de distribution qui offrirait, par la finesse des aperçus psychologiques, poétiques et philosophiques dont il fait preuve, un intérêt de haute curiosité à ceux aussi pour qui les croches et doubles croches sont lettres mortes et purs hiéroglyphes. Wagner, forçant notre méditation et notre mémoire à un si constant exercice, arrache, par cela seul, l'action de la musique au domaine des vagues attendrissements et ajoute à ses charmes quelques-uns des plaisirs de l'esprit. Par cette méthode qui complique les faciles jouissances procurées par *une série*

de chants rarement apparentés entre eux, il demande une singulière attention du public ; mais en même temps il prépare de plus parfaites émotions à ceux qui savent les goûter. Ses mélodies sont en quelque sorte *des personnifications d'idées* ; leur retour annonce celui des sentiments que les paroles qu'on prononce n'indiquent point explicitement ; c'est à elles que Wagner confie de nous révéler tous les secrets des cœurs. Il est des phrases, celle, par exemple, de la première scène du second acte, qui traversent l'opéra comme un serpent venimeux, s'enroulant autour des victimes et fuyant devant leurs saints défenseurs ; il en est, comme celle de l'introduction, qui ne reviennent que rarement, avec les suprêmes et divines révélations. Les situations ou les personnages de quelque importance sont tous musicalement exprimés par une mélodie qui en devient le constant symbole. Or, comme ces mélodies sont d'une rare beauté, nous dirons à ceux qui, dans l'examen d'une partition, se bornent à juger des rapports de croches et doubles croches entre elles, que même si la musique de cet opéra devait être privée de son beau texte, elle serait encore une production de premier ordre. »

En effet, sans poésie, la musique de Wagner serait encore une œuvre poétique, étant douée de toutes les qualités qui constituent une poésie bien faite ; explicative par elle-même, tant toutes choses y sont bien unies, conjointes, réciproquement adaptées, et, s'il est permis de faire un barbarisme pour exprimer le superlatif d'une qualité, prudemment *concaténées.*

Le Vaisseau fantôme, ou *Le Hollandais volant,* est l'histoire si populaire de ce Juif errant de l'Océan, pour qui cependant une condition de rédemption a été obtenue par un ange secourable : *Si le capitaine qui mettra pied à terre tous les sept ans y rencontre une femme fidèle, il sera sauvé.* L'infortuné, repoussé par la tempête à chaque fois qu'il voulait doubler un cap dangereux, s'était écrié une fois : « Je passerai cette infranchissable barrière, dussé-je lutter toute l'éternité ! » Et l'éternité avait accepté le défi de l'audacieux navigateur. Depuis lors, le fatal navire s'était montré çà et là, dans différentes plages, courant sus à la tempête avec le désespoir d'un guerrier qui cherche la mort ; mais toujours la tempête l'épargnait, et le pirate lui-même se sauvait devant lui en faisant le signe de la croix. Les premières paroles du Hollandais, après que son vaisseau est arrivé au mouillage, sont sinistres et solennelles : « Le terme est passé ; il s'est encore écoulé sept années ! La mer me jette à terre avec dégoût... Ah ! orgueilleux Océan ! dans peu de jours il te faudra me porter encore !... Nulle part une tombe ! nulle part la mort ! telle est ma terrible sentence de damnation... Jour du jugement, jour suprême, quand luiras-tu dans ma nuit ?... » À côté du terrible vaisseau un navire norvégien a jeté l'ancre ; les deux capitaines lient connaissance, et le Hollandais demande au Norvégien « de lui accorder pour quelques jours l'abri de sa maison... de lui donner une nouvelle patrie ». Il lui offre des richesses énormes dont celui-ci s'éblouit, et enfin lui dit brusquement : « As-tu une fille ?... Qu'elle soit ma femme ! Jamais je n'atteindrai ma patrie. A quoi me sert donc d'amasser des richesses ? Laisse-toi convaincre, consens à cette alliance et prends tous mes trésors. » — « J'ai une fille, belle, pleine de fidélité, de tendresse, de dévouement pour moi. » — « Qu'elle conserve toujours à son père cette tendresse filiale, qu'elle lui soit fidèle ; elle sera aussi fidèle à son époux. » — « Tu me donnes des joyaux, des perles inestimables ; mais le joyau le plus précieux, c'est une femme fidèle. » — C'est toi qui me le donnes ?... Verrai-je ta fille dès aujourd'hui ? »

Dans la chambre du Norvégien, plusieurs jeunes filles s'entretiennent du *Hollandais volant*, et Senta, possédée d'une idée fixe, les yeux toujours tendus vers un portrait mystérieux, chante la ballade qui retrace la damnation du navigateur : « Avez-vous rencontré en mer le navire à la voile rouge de sang, au mât noir ? À bord, l'homme pâle, le maître du vaisseau, veille sans relâche. Il vole et fuit, sans terme, sans relâche, sans repos. Un jour pourtant l'homme peut rencontrer la délivrance, s'il trouve sur terre une femme qui lui soit fidèle jusque dans la mort... Priez le ciel que bientôt une femme lui garde sa foi ! — Par un vent contraire, dans une tempête furieuse, il voulut autrefois doubler un cap ; il blasphéma dans sa folle audace : Je n'y renoncerais pas de l'éternité ! Satan l'a entendu, il l'a pris au mot ! Et maintenant son arrêt est d'errer à travers la mer, sans relâche, sans repos !... Mais pour que l'infortuné puisse rencontrer encore la délivrance sur terre, un ange de Dieu lui annonce d'où peut lui venir le salut. Ah ! puisses-tu le trouver, pâle navigateur ! Priez le ciel que bientôt une femme lui garde cette foi ! — Tous les sept ans, il jette l'ancre, et, pour chercher une femme, il descend à terre. Il a courtisé tous les sept ans, et jamais encore il n'a trouvé une femme fidèle... Les voiles au vent ! levez l'ancre ! Faux amour, faux serments ! Alerte ! en mer ! sans relâche, sans repos ! » Et tout d'un coup, sortant d'un abîme de rêverie, Senta inspirée s'écrie : « Que je sois celle qui te délivrera par sa fidélité ! Puisse l'ange de Dieu me montrer à toi ! C'est par moi que tu obtiendras ton salut ! » L'esprit de la jeune fille est attiré magnétiquement par le malheur ; son vrai fiancé, c'est le capitaine damné que l'amour seul peut racheter.

Enfin le Hollandais paraît, présenté par le père de Senta : il est bien l'homme du portrait, la figure légendaire suspendue au mur. Quand le Hollandais, semblable au terrible Melmoth qu'attendrit la destinée d'Immalée, sa victime, veut la détourner d'un dévouement trop périlleux, quand le damné plein de pitié repousse l'instrument du salut, quand, remontant en toute hâte sur son navire, il la veut laisser au bonheur de la famille et de l'amour vulgaire, celle-ci résiste et s'obstine à le suivre : « Je te connais bien ! je connais ta destinée ! Je te connaissais lorsque je t'ai vu pour la première fois ! » Et lui, espérant l'épouvanter : « Interroge les mers de toutes les zones, interroge le navigateur qui a sillonné l'Océan dans tous les sens ; il connaît ce vaisseau, l'effroi des hommes pieux : on me nomme le *Hollandais volant !* » Elle répond, poursuivant de son dévouement et de ses cris le navire qui s'éloigne : « Gloire à ton ange libérateur ! gloire à sa loi ! Regarde et vois si je te suis fidèle jusqu'à la mort ! » Et elle se précipite à la mer. Le navire s'engloutit. Deux formes aériennes s'élèvent au-dessus des flots : c'est le Hollandais et Senta transfigurés. Aimer le malheureux pour son malheur est une idée trop grande pour tomber ailleurs que dans un cœur ingénu, et c'est certainement une très belle pensée que d'avoir suspendu le rachat d'un maudit à l'imagination passionnée d'une jeune fille. Tout le drame est traité d'une main sûre, avec une manière directe ; chaque situation, abordée franchement ; et le type de Senta porte en lui une grandeur surnaturelle et romanesque qui enchante et fait peur. La simplicité extrême du poème augmente l'intensité de l'effet. Chaque chose est à sa place, tout est bien ordonné et de juste dimension. L'ouverture, que nous avons entendue au concert du Théâtre-Italien, est lugubre et profonde comme l'Océan, le vent et les ténèbres.

Je suis contraint de resserrer les bornes de cette étude, et je crois que j'en ai dit assez (aujourd'hui du moins) pour faire comprendre à un lecteur non

prévenu les tendances et la forme dramatique de Wagner. Outre *Rienzi*, *Le Hollandais volant*, *Tannhäuser* et *Lohengrin*, il a composé *Tristan et Isolde*, et quatre autres opéras formant une tétralogie, dont le sujet est tiré des *Nibelungen*, sans compter ses nombreuses œuvres critiques. Tels sont les travaux de cet homme dont la personne et les ambitions idéales ont défrayé si longtemps la badauderie parisienne et dont la plaisanterie facile a fait journellement sa proie pendant un an.

IV

On peut toujours faire momentanément abstraction de la partie systématique que tout grand artiste volontaire introduit fatalement dans ses œuvres ; il reste, dans ce cas, à chercher et à vérifier par quelle qualité propre, personnelle, il se distingue des autres. Un artiste, un homme vraiment digne de ce grand nom, doit posséder quelque chose d'essentiellement *sui generis,* par la grâce de quoi il est *lui* et non un autre. À ce point de vue, les artistes peuvent être comparés à des saveurs variées, et le répertoire des métaphores humaines n'est peut-être pas assez vaste pour fournir la définition approximative de tous les artistes connus et de tous les artistes *possibles.* Nous avons déjà, je crois, noté deux hommes dans Richard Wagner, l'homme d'ordre et l'homme passionné. C'est de l'homme passionné, de l'homme de sentiment qu'il est ici question. Dans le moindre de ses morceaux il inscrit si ardemment sa personnalité, que cette recherche de sa qualité principale ne sera pas très difficile à faire. Dès le principe, une considération m'avait vivement frappé : c'est que dans la partie voluptueuse et orgiaque de l'ouverture de *Tannhäuser,* l'artiste avait mis autant de force, développé autant d'énergie que dans la peinture de la mysticité qui caractérise l'ouverture de *Lohengrin.* Même ambition dans l'une que dans l'autre, même escalade titanique et aussi mêmes raffinements et même subtilité. Ce qui me paraît donc avant tout marquer d'une manière inoubliable la musique de ce maître, c'est l'intensité nerveuse, la violence dans la passion et dans la volonté. Cette musique-là exprime avec la voix la plus suave ou la plus stridente tout ce qu'il y a de plus caché dans le cœur de l'homme. Une ambition idéale préside, il est vrai, à toutes ses compositions ; mais si, par le choix de ses sujets et sa méthode dramatique, Wagner se rapproche de l'Antiquité, par l'énergie passionnée de son expression il est actuellement le représentant le plus vrai de la nature moderne. Et toute la science, tous les efforts, toutes les combinaisons de ce riche esprit ne sont, à vrai dire, que les serviteurs très humbles et très zélés de cette irrésistible passion. Il en résulte, dans quelque sujet qu'il traite, une solennité d'accent superlative. Par cette passion il ajoute à chaque chose je ne sais quoi de surhumain ; par cette passion il comprend tout et fait tout comprendre. Tout ce qu'impliquent les mots : *volonté, désir, concentration, intensité nerveuse, explosion,* se sent et se fait deviner dans ses œuvres. Je ne crois pas me faire illusion ni tromper personne en affirmant que je vois là les principales caractéristiques du phénomène que nous appelons *génie ;* ou du moins, que dans l'analyse de tout ce que nous avons jusqu'ici légitimement appelé *génie,* on retrouve lesdites caractéristiques. En matière d'art, j'avoue que je ne hais pas l'outrance ; la modération ne m'a jamais semblé le signe d'une nature artistique vigoureuse. J'aime ces excès de santé, ces débordements de volonté qui s'inscrivent dans les œuvres comme le bitume enflammé dans le sol d'un volcan, et qui, dans la vie ordinaire, marquent

souvent la phase, pleine de délices, succédant à une grande crise morale ou physique. Quant à la réforme que le maître veut introduire dans l'application de la musique au drame, qu'en arrivera-t-il ? Là-dessus, il est impossible de rien prophétiser de précis. D'une manière vague et générale, on peut dire, avec le Psalmiste, que, tôt ou tard, ceux qui ont été abaissés seront élevés, que ceux qui ont été élevés seront humiliés, mais rien de plus que ce qui est également applicable au train connu de toutes les affaires humaines. Nous avons vu bien des choses déclarées jadis absurdes, qui sont devenues plus tard des modèles adoptés par la foule. Tout le public actuel se souvient de l'énergique résistance où se heurtèrent, dans le commencement, les drames de Victor Hugo et les peintures d'Eugène Delacroix. D'ailleurs nous avons déjà fait observer que la querelle qui divise maintenant le public était une querelle oubliée et soudainement ravivée, et que Wagner lui-même avait trouvé dans le passé les premiers éléments de *la base pour asseoir son idéal*. Ce qui est bien certain, c'est que sa doctrine est faite pour rallier tous les gens d'esprit fatigués depuis longtemps des erreurs de l'Opéra, et il n'est pas étonnant que les hommes de lettres, en particulier, se soient montrés sympathiques pour un musicien qui se fait gloire d'être poète et dramaturge. De même les écrivains du XVIIIe siècle avaient acclamé les ouvrages de Gluck, et je ne puis m'empêcher de voir que les personnes qui manifestent le plus de répulsion pour les ouvrages de Wagner montrent aussi une antipathie décidée à l'égard de son précurseur.

Enfin le succès ou l'insuccès de *Tannhäuser* ne peut absolument rien prouver, ni même déterminer une quantité quelconque de chances favorables ou défavorables dans l'avenir. *Tannhäuser*, en supposant qu'il fût un ouvrage détestable, aurait pu *monter aux nues*. En le supposant parfait, il pourrait révolter. La question, dans le fait, la question de la réformation de l'opéra n'est pas vidée, et la bataille continuera ; apaisée, elle recommencera. J'entendais dire récemment que si Wagner obtenait par son drame un éclatant succès, ce serait un accident purement individuel, et que sa méthode n'aurait aucune influence ultérieure sur les destinées et les transformations du drame lyrique. Je me crois autorisé, par l'étude du passé, c'est-à-dire de l'éternel, à préjuger l'absolu contraire, à savoir qu'un échec complet ne détruit en aucune façon la possibilité de tentatives nouvelles dans le même sens, et que dans un avenir très rapproché on pourrait bien voir non pas seulement des auteurs nouveaux, mais même des hommes anciennement accrédités, profiter, dans une mesure quelconque, des idées émises par Wagner, et passer heureusement à travers la brèche ouverte par lui. Dans quelle histoire a-t-on jamais lu que les grandes causes se perdaient en une seule partie ?

<div align="right">18 mars 1861</div>

ENCORE QUELQUES MOTS

« L'épreuve est faite ! La *musique de l'avenir* est enterrée ! » s'écrient avec joie tous les siffleurs et cabaleurs. « L'épreuve est faite ! » répètent tous les niais du feuilleton. Et tous les badauds leur répondent en chœur, et très innocemment : « L'épreuve est faite ! »

En effet, une épreuve a été faite, qui se renouvellera encore bien des milliers de fois avant la fin du monde ; c'est que, d'abord, toute œuvre grande et

sérieuse ne peut pas se loger dans la mémoire humaine ni prendre sa place dans l'histoire sans de vives contestations ; ensuite, que dix personnes opiniâtres peuvent, à l'aide de sifflets aigus, dérouter des comédiens, vaincre la bienveillance du public, et pénétrer même de leurs protestations discordantes la voix immense d'un orchestre, cette voix fût-elle égale en puissance à celle de l'Océan. Enfin, un inconvénient des plus intéressants a été vérifié, c'est qu'un système de location qui permet de s'abonner à l'année crée une sorte d'aristocratie, laquelle peut, à un moment donné, pour un motif ou un intérêt quelconque, exclure le vaste public de toute participation au jugement d'une œuvre. Qu'on adopte dans d'autres théâtres, à la Comédie-Française, par exemple, ce même système de location, et nous verrons bientôt, là aussi, se produire les mêmes dangers et les mêmes scandales. Une société restreinte pourra enlever au public immense de Paris le droit d'apprécier un ouvrage dont le jugement appartient à tous.

Les gens qui se croient débarrassés de Wagner se sont réjouis beaucoup trop vite ; nous pouvons le leur affirmer. Je les engage vivement à célébrer moins haut un triomphe qui n'est pas des plus honorables d'ailleurs, et même à se munir de résignation pour l'avenir. En vérité, ils ne comprennent guère le jeu de bascule des affaires humaines, le flux et le reflux des passions. Ils ignorent aussi de quelle patience et de quelle opiniâtreté la Providence a toujours doué ceux qu'elle investit d'une fonction. Aujourd'hui la réaction est commencée ; elle a pris naissance le jour même où la malveillance, la sottise, la routine et l'envie coalisées ont essayé d'enterrer l'ouvrage. L'immensité de l'injustice a engendré mille sympathies, qui maintenant se montrent de tous côtés.

★

Aux personnes éloignées de Paris, que fascine et intimide cet amas monstrueux d'hommes et de pierres, l'aventure inattendue du drame de *Tannhäuser* doit apparaitre comme une énigme. Il serait facile de l'expliquer par la coïncidence malheureuse de plusieurs causes, dont quelques-unes sont étrangères à l'art. Avouons tout de suite la raison principale, dominante : l'opéra de Wagner *est un ouvrage sérieux,* demandant une attention soutenue ; on conçoit tout ce que cette condition implique de chances défavorables dans un pays où l'ancienne tragédie réussissait surtout par les facilités qu'elle offrait à la distraction. En Italie, on prend des sorbets et l'on fait des cancans dans les intervalles du drame où la mode ne commande pas les applaudissements ; en France, on joue aux cartes. « Vous êtes un impertinent, vous qui voulez me contraindre à prêter à votre œuvre une attention continue, s'écrie l'abonné récalcitrant, je veux que vous me fournissiez un plaisir digestif plutôt qu'une occasion d'exercer mon intelligence. » À cette cause principale, il faut en ajouter d'autres qui sont aujourd'hui connues de tout le monde, à Paris du moins. L'ordre impérial, qui fait tant d'honneur au prince, et dont on peut le remercier sincèrement, je crois, sans être accusé de courtisanerie, a ameuté contre l'artiste beaucoup d'envieux et beaucoup de ces badauds qui croient toujours faire acte d'indépendance en aboyant à l'unisson. Le décret qui venait de rendre quelques libertés au journal et à la parole ouvrait carrière à une turbulence naturelle, longtemps comprimée, qui s'est jetée, comme un animal fou, sur le premier passant venu. Ce passant, c'était le *Tannhäuser*, autorisé par le chef de l'État et protégé ouvertement par la femme d'un ambassadeur étranger. Quelle admirable occasion ! Toute une salle française s'est amusée

pendant plusieurs heures de la douleur de cette femme, et, chose moins connue, Mme Wagner elle-même a été insultée pendant une des représentations. Prodigieux triomphe !

Une mise en scène plus qu'insuffisante, faite par un ancien vaudevilliste (vous figurez-vous *Les Burgraves* mis en scène par M. Clairville ?) ; une exécution molle et incorrecte de la part de l'orchestre ; un ténor allemand, sur qui on fondait les principales espérances, et qui se met à chanter faux avec une assiduité déplorable ; une Vénus endormie, habillée d'un paquet de chiffons blancs, et qui n'avait pas plus l'air de descendre de l'Olympe que d'être née de l'imagination chatoyante d'un artiste du Moyen Âge ; toutes les places livrées, pour deux représentations, à une foule de personnes hostiles ou, du moins, indifférentes à toute aspiration idéale, toutes ces choses doivent être également prises en considération. Seuls (et l'occasion naturelle s'offre ici de les remercier), Mlle Sax et Morelli ont fait tête à l'orage. Il ne serait pas convenable de ne louer que leur talent ; il faut aussi vanter leur bravoure. Ils ont résisté à la déroute ; ils sont restés, sans broncher un instant, fidèles au compositeur. Morelli, avec l'admirable souplesse italienne, s'est conformé humblement au style et au goût de l'auteur, et les personnes qui ont eu souvent le loisir de l'étudier disent que cette docilité lui a profité, et qu'il n'a jamais paru dans un aussi beau jour que sous le personnage de Wolfram. Mais que dirons-nous de M. Niemann, de ses faiblesses, de ses pâmoisons, de ses mauvaises humeurs d'enfant gâté, nous qui avons assisté à des tempêtes théâtrales où des hommes tels que Frédérick et Rouvière, et Bignon lui-même, quoique moins autorisé par la célébrité, bravaient ouvertement l'erreur du public, jouaient avec d'autant plus de zèle qu'il se montrait plus injuste, et faisaient constamment cause commune avec l'auteur ? — Enfin, la question du ballet, élevée à la hauteur d'une question vitale et agitée pendant plusieurs mois, n'a pas peu contribué à l'émeute. « Un opéra sans ballet ! qu'est-ce que cela ? » disait la routine. « Qu'est-ce que cela ? » disaient les entreteneurs de filles. « Prenez garde ! » disait lui-même à l'auteur le ministre alarmé. On a fait manœuvrer sur la scène, en manière de consolation, des régiments prussiens en jupes courtes, avec les gestes mécaniques d'une école militaire ; et une partie du public disait, voyant toutes ces jambes et illusionné par une mauvaise mise en scène : « Voilà un mauvais ballet et une musique qui n'est pas faite pour la danse. » Le bon sens répondait : « Ce n'est pas un ballet ; mais ce devrait être une bacchanale, une orgie, comme l'indique la musique, et comme ont su quelquefois en représenter la Porte-Saint-Martin, l'Ambigu, l'Odéon, et même des théâtres inférieurs, mais comme n'en peut pas figurer l'Opéra, qui ne sait rien faire du tout. » Ainsi, ce n'est pas une raison littéraire, mais simplement l'inhabileté des machinistes, qui a nécessité la suppression de tout un tableau (la nouvelle apparition de Vénus).

Que les hommes qui peuvent se donner le luxe d'une maîtresse parmi les danseuses de l'Opéra désirent qu'on mette le plus souvent possible en lumière les talents et les beautés de leur emplette, c'est là certes un sentiment presque paternel que tout le monde comprend et excuse facilement ; mais que ces mêmes hommes, sans se soucier de la curiosité publique et des plaisirs d'autrui, rendent impossible l'exécution d'un ouvrage qui leur déplaît parce qu'il ne satisfait pas aux exigences de leur protectorat, voilà ce qui est intolérable. Gardez votre harem et conservez-en religieusement les traditions ; mais faites-nous donner un théâtre où ceux qui ne pensent pas comme vous pourront

trouver d'autres plaisirs mieux accommodés à leur goût. Ainsi nous serons débarrassés de vous et vous de nous, et chacun sera content.

<p style="text-align:center">★</p>

On espérait arracher à ces enragés leur victime en la présentant au public un dimanche, c'est-à-dire un jour où les abonnés et le Jockey-Club abandonnent volontiers la salle à une foule qui profite de la place libre et du loisir. Mais ils avaient fait ce raisonnement assez juste : « Si nous permettons que le succès ait lieu aujourd'hui, l'administration en tirera un prétexte suffisant pour nous imposer l'ouvrage pendant trente jours. » Et ils sont revenus à la charge, armés de toutes pièces, c'est-à-dire des instruments homicides confectionnés à l'avance. Le public, le public entier, a lutté pendant deux actes, et dans sa bienveillance, doublée par l'indignation, il applaudissait non seulement les beautés irrésistibles, mais même les passages qui l'étonnaient et le déroutaient, soit qu'ils fussent obscurcis par une exécution trouble, soit qu'ils eussent besoin, pour être appréciés, d'un impossible recueillement. Mais ces tempêtes de colère ou d'enthousiasme amenaient immédiatement une réaction non moins violente et beaucoup moins fatigante pour les opposants. Alors ce même public, espérant que l'émeute lui saurait gré de sa mansuétude, se taisait, voulant avant toute chose connaitre et juger. Mais les *quelques* sifflets ont *courageusement* persisté, *sans motif et sans interruption;* l'admirable récit du voyage à Rome n'a pas été entendu (chanté même ? je n'en sais rien) et tout le troisième acte a été submergé dans le tumulte.

Dans la presse, aucune résistance, aucune protestation, excepté celle de M. Franck Marie, dans *La Patrie*. M. Berlioz a évité de dire son avis ; courage négatif. Remercions-le de n'avoir pas ajouté à l'injure universelle. Et puis alors, un immense tourbillon d'imitation a entrainé toutes les plumes, a fait délirer toutes les langues, semblable à ce singulier esprit qui fait dans les foules des miracles alternatifs de bravoure et de couardise ; le courage collectif et la lâcheté collective ; l'enthousiasme français et la panique gauloise.

Le *Tannhäuser* n'avait même pas été entendu.

<p style="text-align:center">★</p>

Aussi, de tous côtés, abondent maintenant les plaintes ; chacun voudrait voir l'ouvrage de Wagner, et chacun crie à la tyrannie. Mais l'administration a baissé la tête devant quelques conspirateurs, et on rend l'argent déjà déposé pour les représentations suivantes. Ainsi, spectacle inouï, s'il en peut exister toutefois de plus scandaleux que celui auquel nous avons assisté, nous voyons aujourd'hui une direction vaincue, qui, malgré les encouragements du public, renonce à continuer des représentations des plus fructueuses.

Il parait d'ailleurs que l'accident se propage, et que le public n'est plus considéré comme le juge suprême en fait de représentations scéniques. Au moment même où j'écris ces lignes, j'apprends qu'un beau drame, admirablement construit et écrit dans un excellent style, va disparaître, au bout de quelques jours, d'une autre scène où il s'était produit avec éclat et malgré les efforts d'une certaine caste impuissante qui s'appelait jadis la classe lettrée, et qui est aujourd'hui inférieure en esprit et en délicatesse à un public de port de mer. En vérité, l'auteur est bien fou qui a pu croire que ces gens prendraient feu pour une chose aussi impalpable, aussi gazéiforme que l'*honneur*. Tout au plus sont-ils bons à l'*enterrer*.

Quelles sont les raisons mystérieuses de cette expulsion ? Le succès gênerait-il les opérations futures du directeur ? D'inintelligibles considérations officielles auraient-elles forcé sa bonne volonté, violenté ses intérêts ? Ou bien faut-il supposer quelque chose de monstrueux, c'est-à-dire qu'un directeur peut feindre, pour se faire valoir, de désirer de bons drames, et, ayant enfin atteint son but, retourne bien vite à son véritable goût, qui est celui des imbéciles, évidemment le plus productif ? Ce qui est encore plus inexplicable, c'est la faiblesse des critiques (dont quelques-uns sont poètes), qui caressent leur principal ennemi, et qui, si parfois, dans un accès de bravoure passagère, ils blâment son mercantilisme, n'en persistent pas moins, en une foule de cas, à encourager son commerce par toutes les complaisances.

<p align="center">★</p>

Pendant tout ce tumulte et devant les déplorables facéties du feuilleton, dont je rougissais, comme un homme délicat d'une saleté commise devant lui, une idée cruelle m'obsédait. Je me souviens que, malgré que j'aie toujours soigneusement étouffé dans mon cœur ce patriotisme exagéré dont les fumées peuvent obscurcir le cerveau, il m'est arrivé, sur des plages lointaines, à des tables d'hôte composées des éléments humains les plus divers, de souffrir horriblement quand j'entendais des voix (équitables ou injustes, qu'importe ?) ridiculiser la France. Tout le sentiment filial, philosophiquement comprimé, faisait alors explosion. Quand un déplorable académicien s'est avisé d'introduire, il y a quelques années, dans son discours de réception, une appréciation du génie de Shakespeare, qu'il appelait familièrement le vieux *Williams,* ou le bon *Williams,* — appréciation digne en vérité d'un concierge de la Comédie-Française, — j'ai senti en frissonnant le dommage que ce pédant sans orthographe allait faire à mon pays. En effet, pendant plusieurs jours, tous les journaux anglais se sont amusés de nous, et de la manière la plus navrante. Les littérateurs français, à les entendre, ne savaient pas même l'orthographe du nom de Shakespeare ; ils ne comprenaient rien à son génie, et la France abêtie ne connaissait que deux auteurs, Ponsard et Alexandre Dumas fils, *les poètes favoris du nouvel Empire,* ajoutait l'*Illustrated London News.* Notez que la haine politique combinait son élément avec le patriotisme littéraire outragé.

Or, pendant les scandales soulevés par l'ouvrage de Wagner, je me disais : « Qu'est-ce que l'Europe va penser de nous, et en Allemagne que dira-t-on de Paris ? Voilà une poignée de tapageurs qui nous déshonorent collectivement ! » Mais non, cela ne sera pas. Je crois, je sais, je jure que parmi les littérateurs, les artistes et même parmi les gens du monde, il y a encore bon nombre de personnes bien élevées, douées de justice, et dont l'esprit est toujours libéralement ouvert aux nouveautés qui leur sont offertes. L'Allemagne aurait tort de croire que Paris n'est peuplé que de polissons qui se mouchent avec les doigts, à cette fin de les essuyer sur le dos d'un grand homme qui passe. Une pareille supposition ne serait pas d'une totale impartialité. De tous les côtés, comme je l'ai dit, la réaction s'éveille ; des témoignages de sympathie des plus inattendus sont venus encourager l'auteur à persister dans sa destinée. Si les choses continuent ainsi, il est présumable que beaucoup de regrets pourront être prochainement consolés, et que *Tannhäuser* reparaîtra, mais dans un lieu où les abonnés de l'Opéra ne seront pas intéressés à le poursuivre.

<p align="center">★</p>

Enfin l'idée est lancée, la trouée est faite, c'est l'important. Plus d'un compositeur français voudra profiter des idées salutaires émises par Wagner. Si peu de temps que l'ouvrage ait paru devant le public, l'ordre de l'Empereur, auquel nous devons de l'avoir entendu, a apporté un grand secours à l'esprit français, esprit logique, amoureux d'ordre, qui reprendra facilement la suite de ses évolutions. Sous la République et le premier Empire, la musique s'était élevée à une hauteur qui en fit, à défaut de la littérature découragée, une des gloires de ces temps. Le chef du second Empire n'a-t-il été que curieux d'entendre l'œuvre d'un homme dont on parlait chez nos voisins, ou une pensée plus patriotique et plus compréhensive l'excitait-elle ? En tout cas, sa simple curiosité nous aura été profitable à tous.

8 avril 1861

SUR LA BELGIQUE

SUR LA BELGIQUE

Pauvre Belgique![1]

Argument du livre sur la Belgique

Choix de titres :

La vraie Belgique. La Belgique toute nue. La Belgique déshabillée. Une capitale pour rire, une capitale de singes.

?

I. PRÉLIMINAIRES

Qu'il faut, quoi que dise Danton, toujours « emporter sa patrie à la semelle de ses souliers ».

La France a l'air bien barbare, vue de près. Mais allez en Belgique, et vous deviendrez moins sévère pour votre pays.

Comme Joubert remerciait Dieu de l'avoir fait homme et non femme, vous le remercierez de vous avoir fait, non pas Belge, mais Français.

Grand mérite à faire un livre sur la Belgique. Il s'agit d'être amusant en parlant de l'ennui, instructif en parlant du rien.

A faire un croquis de la Belgique, il y a, par compensation, cet avantage qu'on fait, en même temps, une caricature des sottises françaises.

Conspiration de la flatterie européenne contre la Belgique. La Belgique, amoureuse de compliments, les prend toujours au sérieux.

Comme on chantait chez nous, il y a vingt ans, la liberté, la gloire et le bonheur des États-Unis d'Amérique ! Sottise analogue à propos de la Belgique.

Pourquoi les Français qui ont habité la Belgique ne disent pas la vérité sur ce pays. Parce que, en leur qualité de Français, ils ne peuvent pas avouer qu'ils ont été dupes.

Vers de Voltaire sur la Belgique.

II. BRUXELLES. *Physionomie de la Rue.*

Premières impressions. On dit que chaque ville, chaque pays a son odeur. Paris, dit-on, sent ou sentait le chou aigre. Le Cap sent le mouton. Il y a des îles tropicales qui sentent la rose, le musc ou l'huile de coco. La Russie sent le cuir. Lyon sent le charbon. L'Orient, en général, sent le musc et la charogne.

Bruxelles sent le savon noir. Les chambres d'hôtel sentent le savon noir. Les lits sentent le savon noir. Les serviettes sentent le savon noir. Les trottoirs sentent le savon noir. Lavage des façades et des trottoirs, même quand il pleut à flots. Manie nationale, universelle.

Fadeur *générale de la vie. Cigares, légumes, fleurs, fruits, cuisine, yeux, cheveux, tout est* fade, *tout est triste, insipide, endormi. La physionomie humaine, vague, sombre, endormie. Horrible peur, de la part du Français, de* cette *contagion soporeuse.*

Les chiens seuls sont vivants; ils sont les nègres de la Belgique.

Bruxelles, beaucoup plus bruyant que Paris; le pourquoi. Le pavé, irrégulier; la fragilité et la sonorité des maisons; l'étroitesse des rues; l'accent sauvage et immodéré du peuple; la maladresse universelle : le sifflement national *(ce que c'est), et les aboiements des chiens.*

Peu de trottoirs, ou trottoirs interrompus (conséquence de la liberté individuelle, poussée à l'extrême). Affreux pavé. Pas de vie dans la rue. — Beaucoup de balcons, personne aux balcons. Les espions, signe d'ennui, de curiosité et d'inhospitalité.

Tristesse d'une ville sans fleuve.

Pas d'étalages aux boutiques. La flânerie, si chère aux peuples doués d'imagination, impossible à Bruxelles. Rien à voir, et des chemins impossibles.

Innombrables lorgnons. Le pourquoi. Remarque d'un opticien. Étonnante abondance de bossus.

Le visage belge ou plutôt bruxellois, obscur, informe, blafard ou vineux, bizarre construction des mâchoires, stupidité menaçante.

La démarche des Belges, folle et lourde. Ils marchent en regardant derrière eux, et se cognent sans cesse.

III. *La vie, tabac, cuisine, vins.*

La question du Tabac. Inconvénients de la liberté.

La question de la Cuisine. Pas de viandes rôties. Tout est cuit à l'étuvée. Tout est accommodé au beurre rance (par économie ou par goût). Légumes exécrables (soit naturellement, soit par le beurre). Jamais de ragoûts. (Les cuisiniers belges croient qu'une cuisine très assaisonnée est une cuisine pleine de sel.)

La suppression du dessert et de l'entremets est un fait signalétique. Pas de fruits (ceux de Tournai — d'ailleurs sont-ils bons ? — sont exportés en Angleterre). Il faut donc en faire venir de France ou d'Algérie.

Enfin, le pain est exécrable, humide, mou, brûlé.

A côté du fameux mensonge de la liberté belge *et de la* propreté belge, mettons *le mensonge de la vie à bon marché* en Belgique.

Tout est quatre fois *plus cher qu'à Paris, où il n'y a de cher que le loyer. Ici, tout est cher, excepté le loyer.*

Vous pouvez, si vous en avez la force, vivre à la belge. Peinture du régime et de l'hygiène belges.

— La question des vins. — Le vin, objet de curiosité et de bric-à-brac. Merveilleuses caves, très riches, toutes semblables. *Vins chers et capiteux.* Les Belges *montrent* leurs vins. *Ils ne les boivent pas par goût, mais par vanité, et pour faire acte de* conformité, *pour ressembler aux Français.*

— La Belgique, paradis des commis voyageurs en vins.
Boissons du peuple. Le faro et le genièvre.

IV. MŒURS. LES FEMMES ET L'AMOUR
Pas de femmes, pas d'amour.
Pourquoi ?
Pas de galanterie chez l'homme, pas de pudeur chez la femme. La pudeur, objet prohibé, ou dont on ne sent pas le besoin. Portrait général de la Flamande, ou du moins de la Brabançonne. (La Wallonne, mise de côté, provisoirement.)
Type général de physionomie, analogue à celui du mouton et du bélier. — Le sourire, impossible, à cause de la récalcitrance des muscles et de la structure des dents et des mâchoires.
Le teint, en général, blafard, quelquefois vineux. Les cheveux, jaunes. Les jambes, les gorges, énormes, pleines de suif. Les pieds, horreur ! ! !
En général, une précocité d'embonpoint monstrueux, un gonflement marécageux, conséquence de l'humidité de l'atmosphère et de la goinfrerie des femmes.
La puanteur des femmes. Anecdotes.
Obscénité des dames belges. Anecdotes de latrines et de coins de rue.
Quant à l'amour, en référer aux ordures des anciens peintres flamands. Amours de sexagénaires. Ce peuple n'a pas changé, et les peintres flamands sont encore vrais.

Ici, il y a des femelles. *Il n'y a pas de* femmes.

— Prostitution belge, haute et basse prostitution. Contrefaçons de biches françaises. Prostitution française à Bruxelles.
— Extraits du règlement sur la prostitution.

V. MŒURS (suite)

Grossièreté belge (même parmi les officiers).
Aménités de confrères, dans les journaux.
Ton de la critique et du journalisme belges.
Vanité belge blessée.
Vanité belge au Mexique.
Bassesse et domesticité.
Moralité belge. Monstruosité dans le crime.
Orphelins et vieillards en adjudication.
(Le parti flamand. Victor Joly. Ses accusations légitimes contre l'esprit de singerie, — à placer ailleurs, peut-être.)

VI. MŒURS (suite)

Le Cerveau belge. La Conversation belge.
Il est aussi difficile de définir le caractère belge que de classer le Belge dans l'échelle des êtres.
Il est singe, *mais il est* mollusque.
Une prodigieuse étourderie, une étonnante lourdeur. Il est facile de l'opprimer, comme l'histoire le constate; il est presque impossible de l'écraser.

*Ne sortons pas pour le juger, de certaines idées : Singerie, Contrefaçon,
Conformité, Impuissance haineuse, — et nous pourrons classer tous les faits
sous ces différents titres.*
Leurs vices sont des contrefaçons.
Le gandin belge.
Le patriote belge.
Le massacreur belge.
Le libre penseur belge dont la principale caractéristique est de croire que
vous ne croyez pas ce *que vous dites, puisqu'il ne le comprend pas.*
*Contrefaçon de l'impiété française. L'obscénité belge, contrefaçon de la
gaudriole française.*
Présomption et fatuité. — Familiarité. — Portrait d'un Wallon fruit-sec.
*Horreur générale et absolue de l'esprit. Mésaventures de M. de Valbezen,
consul français à Anvers.*
*Horreur du rire. — Éclats de rire sans motifs. — On conte une histoire
touchante; le Belge éclate de rire, pour faire croire qu'il a compris. — Les
Belges sont des ruminants qui ne digèrent rien.*
Et cependant, qui le croirait ? La Belgique a son Carpentras, *sa* Béotie,
dont Bruxelles plaisante. C'est Poperinghe.
Il peut donc y avoir des gens plus bêtes que tous ceux que j'ai vu.

VII. MŒURS DE BRUXELLES

Esprit de petite ville. Jalousies. Calomnies. Diffamations.
Curiosité des affaires d'autrui. Jouissance du malheur d'autrui.
Résultats de l'oisiveté et de l'incapacité.

VIII.

Esprit d'obéissance et de CONFORMITÉ.
Esprit d'association.
Innombrables sociétés (restes des corporations).
Dans l'individu, paresse de penser.
En s'associant, les individus se dispensent de penser individuellement.
La société des Joyeux.
*Un Belge ne se croirait pas heureux s'il ne voyait pas d'autres gens heureux
par les mêmes procédés. Donc, il ne peut pas être heureux* par lui-même.

IX.

Les Espions.
La cordialité belge.
Incomplaisance.
Encore la grossièreté belge. Le sel gaulois des Belges.
Le pisseur et le vomisseur, *statues nationales que je trouve symboliques. —
Plaisanteries excrémentielles.*

X.

*Lenteur et paresse des Belges ; dans l'homme du monde, dans les employés
et dans les ouvriers.*
Torpeur et complications des Administrations.

La Poste, le Télégraphe, l'Entrepôt.
Anecdotes administratives.

XI.

Moralité belge. Les Marchands. Glorification du succès. L'Argent. —
Histoire d'un peintre qui aurait voulu livrer Jefferson Davis pour gagner la
prime.
Défiance universelle et réciproque, signe d'immoralité générale. À aucune
action, même à une belle, un Belge ne suppose un bon motif.
Improbité commerciale (anecdotes).
Le Belge est toujours porté à se réjouir du malheur d'autrui. D'ailleurs cela
fait un motif de conversation, et il s'ennuie tant !
Passion générale de la Calomnie. J'en ai été victime plusieurs fois.
Avarice générale. Grandes fortunes. Pas de charité. On dirait qu'il y a
conspiration pour maintenir le peuple dans la misère et l'abrutissement.
Tout le monde est commerçant, même les riches. Tout le monde est
brocanteur.
Haine de la beauté, *pour faire pendant à la* haine de l'esprit.
N'être pas conforme, c'est le grand crime.

XII.

Le préjugé de la propreté belge. *En quoi elle consiste. — Choses propres et*
choses sales en Belgique. Métiers fructueux : les blanchisseurs-plafonneurs.
Mauvais métiers : Maisons de Bains.
Quartiers pauvres. Mœurs populaires. Nudité. Ivrognerie. Mendicité.

XIII. DIVERTISSEMENTS BELGES

Caractère sinistre et glacé.
Silence lugubre.
Toujours l'esprit de Conformité. *On ne s'amuse qu'en bande.*
Le Vaux Hall.
Le Casino.
Le Théâtre Lyrique.
Le Théâtre de la Monnaie.
Les Vaudevilles français.
Mozart au Théâtre du Cirque.
La troupe de Julius Langenbach (aucun succès parce qu'elle avait du
talent).
Comment j'ai fait applaudir par une salle entière un vieux danseur
ridicule.
Les vaudevilles français.

Bals populaires.
Les jeux de balle.
Le tir à l'arc.

Le Carnaval à Bruxelles. Jamais on n'offre à boire à sa danseuse. Chacun
saute sur place et en silence.
Barbarie des jeux des Enfants.

XIV. ENSEIGNEMENT

Universités de l'État, ou de la Commune. Universités libres, Athénées.
Pas de latin, pas de grec. Études professionnelles. Haine de la poésie.
Éducation pour faire des ingénieurs ou des banquiers.
Pas de métaphysique.
Le positivisme *en Belgique. M. Hannon et M. Altmeyer, celui que*
Proudhon appelait : cette vieille chouette ! *son portrait, son style.*
Haine générale de la littérature.

XV. LA LANGUE FRANÇAISE EN BELGIQUE

— *Style des rares livres qu'on écrit ici.*
— *Quelques échantillons du vocabulaire belge.*

On ne sait pas le français, personne *ne le sait, mais tout le monde* affecte *de*
ne pas savoir le flamand. C'est de bon goût. La preuve qu'ils le savent très
bien, c'est qu'ils engueulent *leurs domestiques en flamand.*

BRUXELLES
<center>Locutions belges.</center>
Maladies *confidentielles.*
Mon âme a beaucoup travaillé sur ce mot belge.

Confidentielles me parait absurde : car bien qu'il soit vrai que ces maladies
ne se communiquent que dans le secret et le privé, il est bien certain que, chez
les Français du moins, on n'annonce pas à l'avance, même quand on la sait,
soi-même, la *confidence* en question à l'être à qui on *désire* la communiquer.
Joie et triomphe ! *Eureka !* Cette locution dérive probablement du caractère
excessivement prude, bégueule et délicat de ce subtil peuple belge ! — Ainsi je
suppose que dans le grand monde de Bruxelles, une jeune fille ne dit pas :
Ce jeune homme m'a foutu la vérole,
— et qu'un jeune homme ne dit pas, en parlant d'une fille bien élevée :
Elle m'a poivré !
Ils préfèrent dire, l'une : — *Ce jeune homme m'a fait une confidence bien*
cruelle ! ou bien : *Ce jeune homme m'a fait une confidence si horrible, que les*
cheveux m'en sont tombés !
Et l'autre : *Elle m'a fait une confidence dont je me souviendrai longtemps !*
ou bien : *Je lui ai fait ma confidence ! sa postérité s'en souviendra jusqu'à la*
troisième génération !
Ô bons pharmaciens belges ! J'aime passionnément votre dictionnaire, et
l'euphémisme domine, dans vos réclames !

XVI. JOURNALISTES ET LITTÉRATEURS

En général, ici, le littérateur (?) exerce un autre métier. Employé, le plus
souvent.
Du reste, pas de littérature, française, du moins. Un ou deux chansonniers,
singes dégoûtants des polissonneries de Béranger. Un romancier, imitateur
des copistes des singes de Champfleury. Des savants, des annalistes ou
chroniqueurs, — c'est-à-dire des gens qui ramassent et d'autres qui achètent
à vil prix un tas de papiers (comptes de frais pour bâtiments et autres choses,
entrées de princes, comptes rendus des séances des conseils communaux,

copies d'archives) et puis revendent tout cela en bloc comme un livre d'histoire.

À proprement parler, tout le monde ici est annaliste *(à Anvers, tout le monde est marchand de tableaux; à Bruxelles, il y a aussi de riches collectionneurs qui sont brocanteurs de curiosités).*

XVII. IMPIÉTÉ BELGE. *Un fameux chapitre, celui-là! ainsi que le suivant.*

Insultes contre le pape. — Propagande d'impiété. — Récit de la mort de l'archevêque de Paris (1848). — Représentation du Jésuite, *de Pixérécourt, au* Théâtre Lyrique. — *Le* Jésuite-marionnette. — *Une procession. — Souscription royale pour les enterrements. — Contre une institutrice catholique. — À propos de la loi sur les* Cimetières. — *Enterrements civils — Cadavres disputés ou volés. — Un enterrement de* Solidaire. — *Enterrement civil d'une femme. — Analyse des règlements de la* Libre *pensée. — Formule testamentaire. — Un pari de mangeurs de Bon Dieu!*

XVIII. IMPIÉTÉ ET PRÊTROPHOBIE

Encore la libre pensée! *Encore les* Solidaires *et les* Affranchis! *Encore une formule testamentaire, pour dérober le cadavre à l'église. Un article de M. Sauvestre, de* L'Opinion nationale *sur la* libre pensée. — *Encore les cadavres volés. — Funérailles d'un abbé mort en* libre penseur. — *Jésuitophobie. — Ce que c'est que* Notre brave De Buck, *ancien forçat, persécuté par les jésuites. — Une assemblée de la* Libre *pensée, à mon hôtel, au* Grand Miroir. — *Propos philosophiques belges. — Encore un enterrement de* Solidaire *sur l'air :* « Ah! zut! alors! si Nadar est malade! »

Le parti clérical et le parti libéral. Également bêtes. — Le célèbre Boniface, ou Defré (Paul-Louis Courier belge), a peur des revenants, déterre les cadavres des enfants morts sans sacrement pour les remettre en terre sainte, croit qu'il mourra tragiquement comme Courrier et se fait accompagner le soir pour n'être pas assassiné par les Jésuites. — Ma première entrevue avec cet imbécile. Il était ivre. — Il a interrompu le piano, en revenant du Jardin où il était allé vomir, pour faire un discours en faveur du Progrès, et contre Rubens, en tant que peintre catholique.

— Les Abolisseurs de la peine de Mort, — très intéressés sans doute dans la question, en Belgique, comme en France.

— L'impiété belge est une contrefaçon de l'impiété française, mais élevée à la puissance cubique.

— Le coin des chiens ou des réprouvés.

— Bigoterie belge.

— Laideur, crapule, méchanceté et bêtise du clergé flamand. — Voir la lithographie de L'Enterrement *par Rops.*

— Les dévots belges font penser aux chrétiens anthropophages de l'Amérique du sud.

— Le seul programme religieux qui puisse s'imposer aux libres penseurs *de Belgique est le programme de M. de Caston, prestidigitateur français.*

— Curieuse opinion d'un Compagnon de Dumouriez sur les partis en Belgique : « Il n'y a que deux partis, les ivrognes et les catholiques. » — *Ce pays n'a pas changé.*

XIX. POLITIQUE

Mœurs électorales. Vénalité. On connaît le coût d'une élection dans chaque localité. Scandales électoraux.
Politesse parlementaire. (Très nombreux échantillons.)
Éloquence belge.
Grotesque discussion sur les précautions électorales.
Le Meeting républicain. Contrefaçon du Jacobinisme.
La Belgique, toujours en retard, à l'horloge des siècles.

XX. POLITIQUE

Il n'y a pas de peuple belge, proprement dit. Il y a des races flamandes et wallonnes, et il y a des villes ennemies. Voyez Anvers. La Belgique, Arlequin diplomatique.
Histoire baroque de la Révolution brabançonne, faite contre un Roi philosophique, et se trouvant en face de la Révolution française, révolution philosophique.
Un Roi constitutionnel est un automate en hôtel garni. — La Belgique est la victime du cens électoral. Pourquoi personne ne veut ici du suffrage universel. La constitution n'est qu'un chiffon.
Les constitutions sont du papier. *Les mœurs sont* tout. —
La liberté belge est un mot. Elle est sur le papier; mais elle n'existe pas, parce que personne n'en a besoin.
Situation comique de la Chambre à un certain moment. Les deux partis égaux, moins une voix. — *Magnifique spectacle des élections, comme disent les journaux français.*
Peinture d'une assemblée électorale. — Parleries politiques. Éloquence politique. Emphase. Disproportion entre la parole et l'objet.

XXI. L'ANNEXION

L'annexion est un thème de conversation belge. C'est le premier mot que j'aie entendu ici, il y a deux ans. A force d'en parler, ils ont contraint nos perroquets du journalisme français à répéter le mot. — Une grande partie de la Belgique la désire. Mais c'est une mauvaise raison. Il faudrait d'abord que la France y consentît. La Belgique est un enfant déguenillé et morveux qui saute au cou d'un beau monsieur, et qui lui dit : « Adoptez-moi, soyez mon père ! » — il faut que le monsieur y consente.
Je suis contre l'annexion. Il y a déjà bien assez de sots en France, sans compter tous nos anciens annexés, Bordelais, Alsaciens, ou autres.
Mais je ne serais pas ennemi d'une invasion et d'une razzia, à la manière antique, à la manière d'Attila. Tout ce qui est beau pourrait être porté au Louvre. Tout cela nous appartient plus légitimement qu'à la Belgique, puisqu'elle n'y comprend plus rien. — Et puis, les dames belges feraient connaissance avec les Turcos, qui ne sont pas difficiles.
La Belgique est un bâton merdeux; *c'est là surtout ce qui crée son inviolabilité. Ne touchez pas à la Belgique !*
De la tyrannie des faibles. Les femmes et les animaux. C'est ce qui constitue la tyrannie de la Belgique dans l'opinion européenne.
La Belgique est gardée par un équilibre de rivalités, oui; mais si les rivaux s'entendaient entre eux ! Dans ce cas-là, qu'arriverait-il ?

(Le reste, à renvoyer à l'épilogue, avec les conjectures sur l'avenir et les conseils aux Français.)

XXII. L'ARMÉE

Est plus considérable, comparativement, que les autres armées euro-péennes; mais ne fait jamais la guerre. Singulier emploi du budget!

Cette armée, entrant en campagne, serait peu propre à la marche, à cause de la conformation du pied belge. Mais il y a des hommes nombreux qui se formeraient bien vite.

Tous ces soldats imberbes (l'enrôlement est pour un temps très court) ont des visages d'enfants.

Dans cette armée, un officier ne peut guère espérer d'avancement que par la mort naturelle ou par le suicide de l'officier supérieur.

Grande tristesse chez beaucoup de jeunes officiers, qui ont d'ailleurs de l'instruction et feraient d'excellents militaires, à l'occasion.

Exercices de Rhétorique à l'école militaire, rapports de batailles imagi-naires, — tristes consolations dans l'inaction, pour des esprits éduqués pour la guerre.

Plus de politesse dans l'armée que dans le reste de la nation. À cela, rien de surprenant. Partout l'épée anoblit, ennoblit et civilise.

XXIII. LE ROI LÉOPOLD Iᵉʳ. Son portrait. Anecdotes. Sa mort. Le deuil.

Léopold Iᵉʳ, misérable petit principicule allemand, a su faire, comme on dit, son petit bonhomme de chemin. Il n'est pas parti en fiacre pour l'exil. Venu en sabots, il est mort, riche de plus de cent millions, au milieu d'une apothéose européenne. Ces jours derniers, on l'a déclaré immortel. (Ridicule panégyrique. Léopold et Vapereau.)

Type de médiocrité, mais de ruse et de persévérance paysanesque, ce cadet des Saxe-Cobourg a joué tout le monde, a fait son magot, et a volé, à la fin, les louanges qu'on ne donne qu'aux héros.

Opinion de Napoléon Iᵉʳ sur lui.

Son avarice, sa rapacité. — Ses idées stupides de prince allemand sur l'étiquette. Ses rapports avec sa famille. — Ses pensions. La pension qu'il recevait de Napoléon III.

Anecdote sur le jardinier.

Ses idées sur les parcs et les jardins qui l'ont fait prendre pour un amant de la simple nature, *mais qui dérivaient simplement de son avarice.*

On falsifie les journaux pour que le Roi ne lise rien d'alarmant sur sa maladie.

Ce que dit derrière moi un matin le ministre de l'Intérieur. Ridicule répugnance du Roi à mourir. — Son incrédulité à ce sujet. — Il chasse les médecins. — Il vole sa maîtresse.

Invasion de la duchesse de Brabant et de ses enfants. Elle lui fourre de force un crucifix sur la bouche, et lui demande s'il n'a à se repentir de rien.

Traits de conformité entre la mort du Roi et toutes les morts belges. — Ses trois chapelains se disputent son cadavre. — M. Becker l'emporte comme parlant mieux le français (!).

— Commence la grande comédie du Deuil. — Banderoles noires, panégy-riques, apothéoses, — boissonneries, pisseries, vomissements de toute la

population. — *Tous les Belges sont* |*dans*| *la rue, le nez en l'air, serrés et silencieux comme au bal masqué.* — *Ils s'amusent ainsi.* — *Jamais Bruxelles,* en réalité, *n'avait vu pareille* fête. — *C'était* son premier roi *qui venait de mourir.* — *Le nouveau Roi fait son entrée sur l'air du* Roi barbu qui s'avance (positif). — *Personne ne rit.* — *Il y a des Belges qui chantent :* Soyons soldats, *belle risposte à ces misérables* fransquillons *annexeurs.*

XXIV. BEAUX-ARTS

En Belgique, pas d'Art; l'Art s'est retiré du pays.

Pas d'artistes, excepté Rops.

La composition, chose inconnue. Philosophie de ces brutes, philosophie à la Courbet.

Ne peindre que ce qu'on voit (Donc vous ne peindrez pas ce que je ne vois pas). *Spécialistes.* — *Un peintre pour le soleil, un pour la lune, un pour les meubles, un pour les étoffes, un pour les fleurs,* — *et subdivisions de spécialités, à l'infini, comme dans l'industrie.* — *La collaboration devient chose nécessaire.*

Goût national de l'ignoble. Les anciens peintres sont donc des historiens véridiques de l'esprit flamand. — *Ici, l'emphase n'exclut pas la bêtise,* — *ce qui explique le fameux Rubens, goujat habillé de satin.*

De quelques peintres modernes, tous pasticheurs, tous, des doublures de talents français. — *Les goûts des amateurs.* — *M. Prosper Crabbe.* — *La bassesse du célèbre M. Van Praet, ministre de la maison du Roi.* — *Mon unique entrevue avec lui.* — *Comment on fait une collection.* — *Les Belges mesurent la valeur des artistes aux prix de leurs tableaux.* — *Quelques pages sur cet infâme* puffiste *qu'on nomme Wiertz, passion des touristes anglais.* — *Analyse du* Musée de Bruxelles. — *Contrairement à l'opinion reçue, les Rubens bien inférieurs à ceux de Paris.*

Sculpture, néant.

XXV. ARCHITECTURE, ÉGLISES, CULTE.

Architecture civile moderne. Camelote. Fragilité des maisons. Pas d'harmonie. Incongruités architecturales. — *Bons matériaux.* — *La pierre bleue.* — *Pastiches du passé.* — *Dans les monuments, contrefaçons de la France.* — *Pour les Églises, contrefaçons du passé.*

Le passé. — *Le Gothique.* — *Le 17e siècle.*

— *Description de la Grand-Place de Bruxelles (très soignée.)*

— *Dans la Belgique, toujours en retard, les styles s'attardent et durent plus longtemps.*

— *Éloge du style du 17e siècle, style méconnu, et dont il y a en Belgique des échantillons magnifiques.*

— *Renaissance en Belgique.* — *Transition.* — *Style Jésuite.* — *Styles du 17e siècle.* — *Style Rubens.*

— *L'Église du* Béguinage *à Bruxelles,* Saint-Pierre *à Malines,* Église des Jésuites *à Anvers,* Saint-Loup *à Namur, etc.*

— *(La Réaction de V. Hugo en faveur du Gothique nuit beaucoup à notre intelligence de l'architecture. Nous nous y sommes trop attardés.* — *Philosophie de l'histoire de l'architecture, selon moi.* — *Analogies avec les coraux, les madrépores, la formation des continents, et finalement avec la vie*

*universelle.— Jamais de lacunes.— État permanent de transition. — On peut
dire que le Rococo est la dernière floraison du Gothique.)*
 — *Coebergher, Faïdherbe et Franquaert.*
 — *Opinion de Victor Joly sur Coebergher, dérivant toujours de Victor
Hugo.*
 — *Richesse générale des Églises. — Un peu boutiques de curiosités, un peu
camelote.*
 Description de ce genre de richesse.
 Quelques églises soit gothiques, soit du 17ᵉ siècle.
 *Statues coloriées. Confessionnaux, très décorés; — confessionnaux au
Béguinage, à Malines, à Anvers, à Namur, etc.*
 — *Les Chaires de Vérité. — Très variées. — La vraie sculpture flamande
est en bois et éclate surtout dans les églises. — Sculpture non sculpturale,
non monumentale; sculpture joujou et bijou, sculpture de patience. — Du
reste, cet art est mort comme les autres, même à Malines, où il a si bien
fleuri.*
 — *Description de quelques processions. Traces du passé, subsistant
encore dans les mœurs religieuses. — Grand luxe. — Étonnante naïveté dans
la dramatisation des idées religieuses.*
 *(Observer, en passant, l'innombrable quantité des fêtes belges. C'est
toujours fête. — Grand signe de fainéantise populaire.)*
 — *La dévotion belge, stupide. — Superstition. Le Dieu chrétien n'est pas à
la portée du cerveau belge.*
 — *Le Clergé, lourd, grossier, cynique, lubrique, rapace. En un mot, il est
belge. C'est lui qui a fait la révolution de 1831, et il croit que toute la vie belge
lui appartient.*
 — *Revenons un peu aux Jésuites et au style jésuitique. Style de génie.
Caractère ambigu et complexe de ce style. — (Coquet et terrible.) — Grandes
ouvertures, grandes baies, grande lumière — mélange de figures, de styles,
d'ornements et de symboles. — Quelques exemples. — J'ai vu des pattes de
tigre servant d'enroulements. — En général, églises pauvres à l'extérieur,
excepté sur la façade.*

XXVI. LE PAYSAGE AUX ENVIRONS DE BRUXELLES.

 *Gras, plantureux, humide, comme la femme flamande, — sombre comme
l'homme flamand. — Verdure très noire. — Climat humide, froid, chaud et
humide, quatre saisons en un jour. — La vie animale peu abondante. Pas
d'insectes, pas d'oiseaux. L'animal lui-même fuit ces contrées maudites.
Béguinage. Plusieurs Églises. — Saint-Rombaut. Notre-Dame. Saint-
Pierre. — Peintures de deux frères Jésuites sur les Missions. Confessionnal
continu. Merveilleux symbole de la Chaire, promettant aux Jésuites la
domination du monde, — unique sculpture sculpturale que j'aie vue. —
Odeur de cire et d'encens. — Rubens et Van Dyck. — Jardin Botanique.
Ruisseau rapide et clair. — Bon vin de Moselle à l'hôtel de la Levrette. — Ce
que c'est qu'une Société particulière.*

XXVII. PROMENADE À MALINES

 *Malines est une bonne petite béguine encapuchonnée. — Musique
mécanique dans l'air. — La Marseillaise en carillon. — Tout les jours*

ressemblent à Dimanche. — Foule dans les Églises. Herbe dans les rues. Vieux relent espagnol. Le Béguinage. Plusieurs Églises. — Saint-Rombant. Notre-Dame. Saint-Pierre. — Peintures de deux frères Jésuites sur les Missions. Confessionnal continu. Merveilleux symbole de la Chaire, promettant aux Jésuites la domination du monde, — unique sculpture sculpturale que j'aie vue. — Odeur de cire et d'encens. — Rubens et Van Dyck. — Jardin Botanique. Ruisseau rapide et clair. — Bon vin de Moselle à l'hôtel de la Levrette. — Ce que c'est qu'une Société particulière.

XXVIII. PROMENADE À ANVERS

Rencontre de l'archevêque de Malines. — Pays plat, verdure noire. — Fortifications nouvelles (!) et anciennes, avec jardins à l'anglaise. Enfin, voilà donc une ville qui a un air de capitale ! — La place de Meir. La maison de Rubens. La maison du Roi. — Renaissance flamande. L'Hôtel de Ville. — L'Église des Jésuites, chef-d'œuvre. — Encore le style jésuitique (salmigondis, jeu d'échecs, chandeliers, boudoir mystique et terrible, deuil en marbre, confessionnaux théâtraux, théâtre et boudoir, gloires et transparents, anges et amours, apothéoses et béatifications). — Ce que je pense des fameux Rubens, des Églises fermées et des sacristains. — Calvaires et madones. — Style moderne pompeux de certaines maisons. — Majesté d'Anvers. Beauté d'un grand fleuve. D'où il faut voir Anvers. — Les bassins de Napoléon Ier. — M. Leys. — La maison Plantin. — Le Rydeck, bals et prostitution. Le Rydeck est une blague. *C'est à peu près un long bordel de banlieue parisienne.*

Mœurs anversoises, atrocement grossières. Air funèbre des garçons de restaurant. — Politique anversoise (sera déjà traitée dans le chapitre des mœurs politiques).

XXIX. PROMENADE À NAMUR

On va peu à Namur. Ville négligée par les voyageurs, naturellement puisque les Guide-ânes *n'en parlent pas. — Ville de Vauban, de Boileau, de van der Meulen, de Bossuet, de Fénelon, de Jouvenet, de Rigaud, de Restout, etc. Souvenirs du* Lutrin. — Saint-Loup, *le chef-d'œuvre des chefs-d'œuvre des Jésuites. Impression générale. Quelques détails. Jésuites architectes, Jésuites peintres, Jésuites sculpteurs, Jésuites ornemanistes. —* Les Récollets. *— Saint-Aubin, un petit Saint-Pierre de Rome, en briques et en pierre bleue, à l'extérieur, blanc à l'intérieur, et à portail convexe. — Nicolaï, faux Rubens. — La Rue des pinsons aveugles. (Le duc de Brabant, actuellement Léopold II, président d'une académie pinsonnière.)*

— Bizarreries de la prostitution namuroise.
— Population wallonne. — Plus de politesse.
— Portraits de Félicien Rops et de son beau-père, magistrat sévère, et cependant jovial, grand chasseur, et grand citateur. Il a fait un livre sur la chasse et m'a cité des vers d'Horace, des vers des Fleurs du mal *et des phrases de d'Aurevilly. — M'a paru charmant. — Le seul Belge connaissant le latin et sachant causer en français.*
— Je vais à Luxembourg, sans le savoir.
— Le paysage, noir. La Meuse, *escarpée et brumeuse.*
— Le vin de Namur.

XXX. PROMENADE À LIÈGE

Le palais des Princes-Évêques. — Caves. — Ivrognerie. — Grandes prétentions à l'esprit français.

XXXI. PROMENADE À GAND

Saint-Bavon. Quelques belles choses. Mausolées. — Population sauvage. — Vieille ville de manants en révolte, fait un peu bande à part, et prend de petits airs de Capitale. Triste ville.

XXXII. PROMENADE À BRUGES

Ville fantôme, ville momie, à peu près conservée. Cela sent la mort, le Moyen Âge, Venise, en noir, les spectres routiniers et les tombeaux. — Grand Béguinage; carillons. Quelques monuments. Une œuvre attribuée à Michel-Ange. Cependant, Bruges s'en va, elle aussi.

XXXIII. ÉPILOGUE

L'avenir. Conseils aux Français.
La Belgique est ce que serait peut-être devenue la France, si elle était restée sous la main de la Bourgeoisie. La Belgique est sans vie, mais non sans corruption. — Coupé en tronçons, partagé, envahi, vaincu, rossé, pillé, le Belge végète encore, pure merveille de mollusque. — Noli me tangere, une belle devise pour elle. — Qui donc voudrait toucher au bâton merdeux ? — La Belgique est un monstre. Qui voudrait l'adopter ? — Cependant elle a en elle plusieurs *éléments de dissolution. L'Arlequin diplomatique peut être disloqué d'un moment à l'autre. — Une partie peut s'en aller à la Prusse, la partie flamande à la Hollande, et les provinces wallonnes à la France. — Grand malheur pour nous. — Portrait du Wallon. — Races ingouvernables, non pas par trop de vitalité mais à cause de l'absence totale d'idées et de sentiments. C'est le néant. (Citation de Maturin et du Compagnon de Dumouriez.) — Intérêts commerciaux en jeu, dont je ne veux pas m'occuper. — Anvers voudrait être* ville libre. *— La question de l'annexion, encore une fois. — Petites villes (Bruxelles, Genève), villes méchantes. Petits peuples, peuples méchants.*

Petits conseils aux Français condamnés à vivre en Belgique, pour qu'ils ne soient ni trop volés, ni trop insultés, ni trop empoisonnés.

COLLECTIONS MODERNES

Collection Goethals (?)
Collection Crabbe.
Collection Van Praet.
De la peinture française, toujours de la peinture française ! Je n'avais que faire des gens que je connais trop bien.
Sauf Leys, Madou (Charlet — Johannot), Willems et les deux Stevens, tout le reste : peintures françaises.
En somme les artistes français modernes doivent une belle chandelle à celui qui a formé ces collections.
Ce qu'est Arthur Stevens, — frère aîné des deux peintres. —
Caractère onduleux, à la française, féminin. Instruction attrapée plutôt dans la vie que dans les livres. Peu de passions, mais *la passion de la passion.* Dégustation de la vie sous toutes ses formes. En somme, un *dilettante.* — En peinture, esprit *cosmopolite.* — Rapprocher ce caractère du type de *gentleman-amateur,* tel que le conçoit Guys, peintre de la modernité.
Arthur me lit un catalogue de vente, avec *prix exagérés,* il conclut en disant : *Tout cela sert l'art et les artistes !* — J'éclate de rire.
L'intermédiaire : le cicerone : le traducteur : le commentateur. (?)
— Je suis riche et j'aime la peinture. Je vais chez l'artiste, et je dis : « Combien ? »
Mais les amateurs ne s'y connaissent pas. Ils ne choisiront pas eux-mêmes.
— Donc, l'intermédiaire sert de commentateur : à peu près comme le publiciste, qui, en politique, mâche l'opinion pour l'abonné.
(Tout cela, légèrement, à la façon d'About, mais avec plus de sérieux.)
Portrait de l'amateur, en général. Pas d'âme.
Beaucoup de vanité. (Je possède ! *donc* je comprends ! ! !)
Bizarreries de M. A. Stevens.
Candeur.
Les femmes et les enfants.
Amour de l'illusion.
(Ce qui peut être comparé à mon amour des femmes peintes.)
(En général, les deux collections en question, Crabbe et Van Praet, ont le défaut de donner une idée trop haute des peintres dont elles contiennent des spécimens. Pourquoi ?)

CATALOGUE DE LA COLLECTION
DE M. CRABBE

Diaz. Papillotages de lumière tracassée à travers des ombrages énormes.
Dupré. Mirages magiques du soir.
Leys. Manière archaïque.
première manière, plus naïve.
Rosa Bonheur. Le meilleur que j'aie vu, une bonhomie qui tient lieu de distinction.
Decamps. — Un des meilleurs. Grand ciel mamelonné, profondeur d'espace.
— Paysage énorme en petite dimension. L'âne de Balaan. A précédé les Doré.
— Trois soldats ayant coopéré à la Passion. Terribles bandits à la Salvator. La couronne d'épines et le sceptre de roseau expliquent la profession de ces malandrins.
Madou. Charlet flamand.
Cabat. Très beau, très rare, très ombragé, très herbu, *prodigieusement fini,* un peu dur, donne la plus haute idée de Cabat, aujourd'hui un peu oublié.
Ricard. Un faux Rembrandt. Très réussi.
Paul Delaroche. Donne une idée meilleure de Delaroche que l'idée habituelle. Étude simple et sentimentale.
Meissonier — Un petit fumeur méditatif. Vrai Meissonier sans grandes prétentions. Excellent spécimen.
Troyon. 1860. Excellents spécimens. Un chien se dresse contre un tertre avec une souplesse nerveuse et regarde à l'horizon.
— Vaches. Grand horizon. Un fleuve. Un pont.
— Bœuf dans un sentier.
Robert-Fleury. Deux scènes historiques. Toujours le meilleur spécimen. Belle entente du Théâtre.
Jules Breton. Deux.
Alfred Stevens. Une jeune fille examinant les plis de sa robe devant une psyché.
Une jeune fille, type de virginité et de spiritualité, ôte ses gants pour se mettre au piano.
Un peu sec, un peu vitreux.
Très spirituel, plus précieux que tout Stevens.
Une jeune femme regardant un bouquet sur une console.
On n'a pas assez loué chez Stevens l'harmonie distinguée et bizarre des tons.
Joseph Stevens. Misérable logis de saltimbanques.
Tableau suggestif. Chiens habillés. Le saltimbanque est sorti et a coiffé un de ses chiens d'un bonnet de houzard pour le contraindre à rester immobile devant le miroton qui chauffe sur le poêle. Trop d'esprit.
Jacque. Plus fini que tous les Jacque. Une basse-cour à regarder à la loupe.
Knyff. Effet de soleil gazé. Éblouissement, blancheur. Un peu lâché. À la Daubigny.
Verboeckhoven. Étonnant, vitreux, désolant à rendre envieux Meissonier, Landseer, H. Vernet. Ton à la Demarne.

Koekkoek. Fer-blanc, zinc, tableau dit d'amateur. Encore est-ce un des meilleurs spécimens.

Verwée. Solide.

Corot. Deux. Dans l'un, transparence, demi-deuil délicat, crépuscule de l'âme.

Th. Rousseau. Merveilleux, agatisé. Trop d'amour pour le détail, pas assez pour les architectures de la nature.

Millet. La bête de somme de La Bruyère, sa tête courbée vers la terre.

Bonington. Intérieur de chapelle. Un merveilleux Diorama, grand comme la main.

Willems. Deux. — Préciosité flamande. La lettre, Le lavage des mains.

Gustave de Jongh. Une jeune fille en toilette de bal, lisant de la musique.

Eugène Delacroix. Chasse au tigre. Delacroix alchimiste de la Couleur. Miraculeux, profond, mystérieux, sensuel, terrible ; couleur éclatante et obscure, harmonie pénétrante. Le geste de l'homme, et le geste de la bête. La grimace de la bête, les reniflements de l'animalité.

Vert, lilas, vert sombre, lilas tendre, vermillon, rouge sombre, bouquet sinistre.

VENUS BELGA
(Montagne de la Cour)

Ces mollets sur ces pieds montés,
Qui vont sous ces cottes peu blanches,
Ressemblent à des troncs plantés
 Dans des planches.

Les seins des moindres femmelettes,
Ici, pèsent plusieurs quintaux,
Et leurs membres sont des poteaux
Qui donnent le goût des squelettes.

Il ne me suffit pas qu'un sein soit gros et doux ;
Il le faut un peu ferme, ou je tourne casaque.
Car, sacré nom de Dieu ! je ne suis pas Cosaque
Pour me soûler avec du suif et du saindoux.

LA PROPRETÉ DES DEMOISELLES BELGES

Elle puait comme une fleur moisie.
Moi, je lui dis (mais avec courtoisie) :
« Vous devriez prendre un bain régulier
Pour dissiper ce parfum de bélier. »

Que me répond cette jeune hébétée ?
« Je ne suis pas, moi, de vous dégoûtée ! »
— Ici pourtant on lave le trottoir
Et le parquet avec du savon noir !

LA PROPRETÉ BELGE

« *Bains.* » — J'entre et je demande un bain. Alors le maitre
Me regarde avec l'œil d'un bœuf qui vient de paitre,
Et me dit : « Ça n'est pas possible, ça, sais-tu,
Monsieur ! » — Et puis, d'un air plus abattu :
« Nous avons au grenier porté nos trois baignoires. »

J'ai lu, je m'en souviens, dans les vieilles histoires
Que le Romain mettait son vin au grenier; mais,
Si barbare qu'il fût, ses baignoires, jamais !
Aussi, je m'écriai : « Quelle idée, ô mon Dieu ! »

Mais l'ingénu : « Monsieur, c'est qu'on venait si peu ! »

L'AMATEUR DES BEAUX-ARTS EN BELGIQUE

Un ministre, qu'on dit le Mecenas flamand,
Me promenait un jour dans son appartement,
Interrogeant mes yeux devant chaque peinture,
Parlant un peu de *l'art*, beaucoup de la *nature*,
Vantant le *paysage*, expliquant le *sujet*,
Et surtout me marquant *le prix* de chaque objet.
— Mais voilà qu'arrivé devant un portrait d'Ingres,
(Pédant dont j'aime peu les facultés malingres)
Je fus pris tout à coup d'une sainte fureur
De célébrer David, le grand peintre empereur !
— Lui, se tourne vers son fournisseur ordinaire,
Qui se tenait debout comme un factionnaire,
Ou comme un chambellan qui savoure avec foi
Les sottises tombant des lèvres de son roi,
Et lui dit, avec l'œil d'un marchand de la Beauce :
« Je crois, mon cher, je crois que David est en hausse ! »

UNE EAU SALUTAIRE

Joseph Delorme a découvert
Un ruisseau si clair et si vert
Qu'il donne aux malheureux l'envie
D'y terminer leur triste vie.
— Je sais un moyen de guérir
De cette passion malsaine
Ceux qui veulent ainsi périr :
Menez-les aux bords de la Senne.

« Voyez — dit ce Belge badin
Qui n'est certes pas un ondin —

La *contrefaçon* de la Seine. »
— « Oui — lui dis-je — une Seine obscène ! »

Car cette Senne, à proprement
Parler, où de tout mur et de tout fondement*
L'indescriptible tombe en foule,
Ce n'est guère qu'un excrément
Qui coule.

LES BELGES ET LA LUNE

On n'a jamais connu de race si baroque
Que ces Belges. Devant le joli, le charmant,
Ils roulent de gros yeux et grognent sourdement.
Tout ce qui réjouit nos cœurs mortels les choque.

Dites un mot plaisant, et leur œil devient gris
Et terne comme l'œil d'un poisson qu'on fait frire ;
Une histoire touchante : ils éclatent de rire,
Pour faire voir qu'ils ont parfaitement compris.

Comme l'esprit, ils ont en horreur les lumières :
Parfois sous la clarté calme du firmament,
J'en ai vu, qui rongés d'un bizarre tourment,

Dans l'horreur de la fange et du vomissement,
Et gorgés jusqu'aux dents de genièvre et de bières,
Aboyaient à la Lune, assis sur leurs derrières.

ÉPIGRAPHE

POUR L'ATELIER DE M. ROPS,
FABRICANT DE CERCUEILS,
À BRUXELLES

Je rêvais, contemplant ces bières,
De palissandre ou d'acajou,
Qu'un habile ébéniste orne de cent manières :
« Quel écrin ! et pour quel bijou !
Les morts, ici, sont sans vergognes !
Un jour, des cadavres flamands
Souilleront ces cercueils charmants.
Faire de tels étuis pour de telles charognes ! »

* Les bords de la Senne, dans Bruxelles, sont occupés par des maisons qui trempent leurs fondations dans le liquide.

LA NYMPHE DE LA SENNE

Je voudrais bien — me dit un ami singulier,
Dont souvent la pensée alterne avec la mienne, —
 Voir la Naïade de la Senne;
Elle doit ressembler à quelque charbonnier
 Dont la face est toute souillée. »

 — « Mon ami, vous êtes bien bon.
 Non, non ! Ce n'est pas de charbon
 Que cette nymphe est barbouillée ! »

OPINION DE M. HETZEL SUR LE FARO

« Buvez-vous du faro ? » — dis-je à monsieur Hetzel;
Je vis un peu d'horreur sur sa mine barbue.
— « Non, jamais ! le faro (je dis cela sans fiel !)
 C'est de la bière deux fois bue. »

Hetzel parlait ainsi, dans un Café flamand,
Par prudence sans doute, énigmatiquement;
Je compris que c'était une manière fine
De me dire : « Faro, synonyme d'urine ! »

 « Observez bien que le faro
 Se fait avec de l'eau de Senne. »
— « Je comprends d'où lui vient sa saveur citoyenne.
Après tout, c'est selon ce qu'on entend par eau ! »

UN NOM DE BON AUGURE

Sur la porte je lus : « *Lise Van Swieten* [1] »,
(C'était dans un quartier qui n'est pas un Éden)
— Heureux l'époux, heureux l'amant qui la possède,
Cette Ève qui contient en elle son remède !
 Cet homme enviable a trouvé,
 Ce que nul n'a jamais rêvé,
Depuis le pôle Nord jusqu'au pôle antarctique :
 Une épouse prophylactique !

LE RÊVE BELGE

 La Belgique se croit toute pleine d'appas;
 Elle dort. Voyageur, ne la réveillez pas.

L'INVIOLABILITÉ DE LA BELGIQUE

« Qu'on ne me touche pas ! Je suis inviolable ! »
Dit la Belgique. — C'est, hélas ! incontestable.
Y toucher ? Ce serait, en effet, hasardeux,
Puisqu'elle est un bâton merdeux.

ÉPITAPHE POUR LÉOPOLD I[er]

Ci-git un roi constitutionnel,
(Ce qui veut dire : Automate en hôtel
Garni),
Qui se croyait sempiternel,
Heureusement, c'est bien fini !

ÉPITAPHE POUR LA BELGIQUE

On me demande une épitaphe
Pour la Belgique morte. En vain
Je creuse, et je rue et je piaffe :
Je ne trouve qu'un mot : « Enfin ! »

L'ESPRIT CONFORME

I

Cet imbécile de Tournai
Me dit : « J'ai l'esprit mieux tourné
Que vous, Monsieur. Ma jouissance
Dérive de l'obéissance :

J'ai mis toute ma volupté
Dans l'esprit de Conformité :
Mon cœur craint toute façon neuve
En fait de plaisir ou d'ennui,
Et veut que le bonheur d'autrui
Toujours au sien serve de preuve. »

Ce que dit l'homme de Tournai,
(Dont vous devinez bien, je pense,
Que j'ai retouché l'éloquence)
N'était pas aussi bien tourné.

L'ESPRIT CONFORME

II

Les Belges poussent, ma parole !
L'imitation à l'excès,
Et s'ils attrapent la vérole,
C'est pour ressembler aux Français.

LES PANÉGYRIQUES DU ROI

Tout le monde, ici, parle un français ridicule :
On proclame immortel ce vieux principicule.
Je veux bien qu'immortalité
Soit le synonyme
De longévité,
La différence est si minime !

Bruxelles, ces jours-ci, déclarait (c'est grotesque !)
Léopold immortel. — Au fait, il le fut presque.

LE MOT DE CUVIER

« En quel genre, en quel coin de l'animalité
Classerons-nous le Belge ? » Une Société
Scientifique avait posé ce dur problème.
Alors le grand Cuvier se leva, tremblant, blême,
Et pour toutes raisons criant : « Je jette aux chiens
Ma langue ! Car, messieurs les Académiciens,
L'espace est un peu grand depuis les singes jusques
Jusques aux mollusques ! »

AU CONCERT, À BRUXELLES

On venait de jouer de ces airs ravissants
Qui font rêver l'esprit et transporter les sens ;
Mais un peu lâchement ; hélas ! à la flamande.
« Tiens ! l'on n'applaudit pas ici ? » fis-je. — Un voisin,
Amoureux, comme moi de musique allemande,
Me dit : « Vous êtes neuf dans ce pays malsain,
Monsieur ? Sans ça, vous sauriez qu'en musique,
Comme en peinture et comme en politique,
Le Belge croit qu'on le veut attraper,
— Et puis qu'il craint surtout de se tromper. »

UNE BÉOTIE BELGE

La Belgique a sa Béotie !
C'est une légende, une scie,
Un proverbe ! — Un comparatif
Dans un état superlatif !
Bruxelles, ô mon Dieu ! méprise Poperinghe !
Un vendeur de trois-six blaguant un mannezingue !
Un clysoir, ô terreur ! raillant une seringue !
Bruxelles n'a pas droit de railler Poperinghe !
Comprend-on le comparatif
(C'est une épouvantable scie !)
A côté du superlatif ?
La Belgique a sa Béotie !

LA CIVILISATION BELGE

Le Belge est très civilisé ;
Il est voleur, il est rusé ;
Il est parfois syphilisé ;
Il est donc très civilisé.
Il ne déchire pas sa proie
Avec ses ongles ; met sa joie
À montrer qu'il sait employer
À table fourchette et cuiller ;
Il néglige de s'essuyer,
Mais porte paletot, culottes,
Chapeau, chemise même et bottes ;
Fait de dégoûtantes ribotes ;
Dégueule aussi bien que l'Anglais ;
Met sur le trottoir des engrais ;
Rit du Ciel et croit au progrès
Tout comme un journaliste d'Outre-
Quiévrain* ; — de plus, il peut foutre
Debout comme un singe avisé.

Il est donc très civilisé.

LA MORT DE LÉOPOLD Ier

[1]

Le grand juge de paix d'Europe**
A donc dévissé son billard !

* *Les gens d'outre-Quiévrain,* c'est sous ce nom qu'en Belgique on désigne communément les Francais.
** Surnom donné à Léopold par la niaiserie politique française. Rengaine.

(Je vous expliquerai ce trope*).
Ce Roi n'était pas un fuyard
Comme notre Louis-Philippe.
Il pensait, l'obstiné vieillard,
Qu'il n'était jamais assez tard
Pour *casser* son ignoble *pipe***.

LA MORT DE LÉOPOLD Ier

[II]

Léopold voulait sur la Mort
Gagner sa première victoire.
Il n'a pas été plus fort;
Mais dans l'impartiale histoire
Sa résistance méritoire
Lui vaudra ce nom fulgurant:
« Le cadavre récalcitrant. »

* Ce vers est adressé aux Belges. Voir la note de M. Proudhon sur l'ignorance des Belges
relativement aux figures de Rhétorique.
** Autre figure empruntée à l'argot parisien.

Poésies de circonstance

VERS LAISSÉS CHEZ UN AMI ABSENT

5 heures, à l'Hermitage

Mon cher, je suis venu chez vous
Pour entendre une langue humaine :
Comme un, qui, parmi les Papous,
Chercherait son ancienne Athène.

Puisque chez les Topinambous
Dieu me fait faire quarantaine,
Aux sots je préfère les fous
— Dont je suis, chose, hélas ! certaine.

Offrez à Mam'selle Fanny
(Qui ne répondra pas : Nenny,
Le salut n'étant pas d'un âne),

L'hommage d'un bon écrivain,
— Ainsi qu'à l'ami Lécrivain
Et qu'à Mam'selle Jeanne.

SONNET POUR S'EXCUSER
DE NE PAS ACCOMPAGNER UN AMI À NAMUR

Puisque vous allez vers la ville
Qui, bien qu'un fort mur l'encastrât,
Défraya la verve servile
Du fameux poète castrat :

Puisque vous allez en vacances
Goûter un plaisir recherché,
Usez toutes vos éloquences,
Mon bien cher Coco-Malperché,

(Comme je le ferais moi-même)
A dire là-bas combien j'aime
Ce tant folâtre monsieur Rops.

Qui n'est pas un grand prix de Rome,
Mais dont le talent est haut comme
La pyramide de Chéops !

[SUSCRIPTION RIMÉE]

Monsieur Auguste Malassis
Rue de Mercélis
Numéro trente-cinq *bis*
*Dans le faubourg d'*Ixelles,
Bruxelles.
(Recommandée à l'Arioste
De la poste,
C'est-à-dire à quelque facteur
Versificateur.)

JOURNALISME POLITIQUE

JOURNALISME POLITIQUE

Le Salut public [1]

1er NUMÉRO
[27 février 1848]

VIVE LA RÉPUBLIQUE !

AU PEUPLE

On disait au Peuple : défie-toi.

Aujourd'hui il faut dire au Peuple : aie confiance dans le gouvernement.

Peuple ! Tu es là, toujours présent, et ton gouvernement ne peut pas commettre de faute. Surveille-le, mais enveloppe-le de ton amour. Ton gouvernement est ton fils.

On dit au Peuple : gare les conspirateurs, les modérés, les rétrogrades ! Sans doute il faut veiller, les temps sont chargés de nuages, quoique l'aurore ait été resplendissante. Mais que le Peuple sache bien ceci, que le meilleur remède aux conspirations de tout genre est LA FOI ABSOLUE dans la République, et que toute intention hostile est inévitablement étouffée dans une atmosphère d'amour universel.

AUX CHEFS DU GOUVERNEMENT PROVISOIRE

Honneur à vous qui avez pris l'initiative et l'embarras des premiers jours.

Le peuple a confiance en vous. Ayez confiance en lui !

La confiance réciproque sauvera tout. Honte à qui n'est pas bon républicain ! Il n'est pas de ce siècle ! Honte à qui se défie. Il est donc faible !

Soyez grands, soyez forts dans le gouvernement, et ne doutez jamais de l'intelligence du peuple qui vous suit.

Il aime ceux qui l'aiment. Ne craignez donc rien.

Ne faites jamais un pas en arrière. Marchez plutôt comme le vent. Nous savons maintenant que les heures sont des années.

Honneur donc à vous qui avez pris sur vos épaules le rude poids des premières journées ! Vous tenez l'Europe entre vos mains. Nous savons que vous serez dignes de votre tâche. Car une commune expérience qui nous a été léguée par nos pères, nous enseigne que HORS DE L'ASSEMBLÉE NATIONALE, IL N'Y A POINT DE SALUT !

Et enfin, ce grand remède une fois appliqué par vos soins sur nos longues souffrances, déposant votre haute magistrature, vous emporterez le souvenir d'une grande action et la pieuse reconnaissance de tous, qui est l'unique *décoration* et l'unique récompense digne des grands citoyens.

LES ÉTOILES FILENT, ET LES RÉPUTATIONS AUSSI

Deux hommes sont bien bas à cette heure, les sieurs Thiers et Odilon Barrot.

Le premier a toujours été un singe plein de malice, riant, criant, gesticulant, sautant, ne croyant à rien, écrivant sur tout.

Ne croyant pas à la Révolution, il a écrit la Révolution.

Ne croyant pas à l'Empire, il a écrit l'Empire.

Savez-vous ce qu'il aimait ?

Les singes. Il leur a fait bâtir un palais.

Le second était son compère, un homme sérieux, une contrefaçon de tribun : il avait toute la gravité d'un montreur d'ours, le sieur Barrot : toute sa vie il l'a passée à montrer un singe. Pendant dix ans la France a cru à un grand orateur, au sieur Barrot.

Il est vrai qu'il entrait à l'ex-Chambre des députés avec une provision de mots plein ses poches.

Dans la poche droite il mettait : *Mon pays, mon patriotisme.* Dans la poche gauche, *honneur* et *vertu.* (Sa famille touchait *cent trente mille francs* de places.)

La Garde nationale est ivre de joie ; elle accueille partout avec enthousiasme les cris de : Vive la République ! C'est un fait accompli ; il n'y a plus que des républicains en France.

LE 24 FÉVRIER

Le 24 février est le plus grand jour de l'humanité ! C'est du 24 février que les générations futures dateront l'avènement définitif, irrévocable, du droit de la souveraineté populaire. Après trois mille ans d'esclavage, le droit vient enfin de faire son entrée dans le monde, et la rage des tyrans ne prévaudra pas contre lui. Peuple français, sois fier de toi-même ; tu es le rédempteur de l'humanité.

Ayez à vos ordres quatre-vingt mille baïonnettes et des caissons par milliers, et des canons mèche allumée, si vous avez contre vous le droit et la volonté du Peuple, vous êtes un gouvernement perdu, et je ne vous donne pas vingt-quatre heures pour décamper. Voilà ce que le 24 février vient d'enseigner au monde. Désormais toute nation qui demeurera esclave, c'est qu'elle ne sera pas digne d'être libre : avis aux Peuples opprimés !

LES PRESSES MÉCANIQUES

Quelques frères égarés ont brisé des presses mécaniques. Vous cassez les outils de la Révolution. Avec la liberté de la presse, il y aurait vingt fois plus de presses mécaniques qu'il n'y aurait pas encore assez de bras pour les faire fonctionner.

Toute mécanique est sacrée comme un objet d'art.

L'intelligence nous a été donnée pour nous sauver.

Toute mécanique ou tout produit de l'intelligence ne fait du mal qu'administré par un gouvernement infâme.

Les autres ouvriers ont protesté, entre autres les rédacteurs du journal *L'Atelier.* Nous attendions cela d'eux.

LA REINE D'ESPAGNE A LA COLIQUE

On dit même qu'à cette heure elle ne l'a plus.

Si quelques soupçons disaient juste, ce ne serait qu'une preuve nouvelle que le crime lui-même sert les bonnes causes.

Allons, Espagne ! vite à l'œuvre !

TROIS MOTS SUR TROIS GOUVERNEMENTS

Depuis soixante ans, la France allait en fait de gouvernements de mal en pis. Napoléon lui avait donné un despotisme oint de suie de poudre, mais scintillant de gloire ; la France lui pardonna. La Restauration lui avait ramené le privilège et les coups de cravache des gentilshommes ; mais elle était franche d'allures et sans hypocrisie ; quelques domestiques fidèles la suivirent sur la terre d'exil. L'infâme gouvernement qui vient de tomber voulut tenter sur la nation l'astuce, l'hypocrisie, la cupidité et toutes les basses passions ; un croc-en-jambe du Peuple a suffi pour le jeter dans la boue.

UN MOT DE L'EX-ROI

Quand ça commençait à chauffer, l'ex-roi riait en sournois et disait en se frottant les mains : « Moi aussi j'aurai ma journée des dupes ! » Quand on démolissait Charles X, il chassait gaiement à Saint-Cloud. Toujours le même esprit de vertige et d'erreur ! Sont-ils si décrépits, ces pauvres rois, que l'aveuglement soit chez eux une maladie héréditaire ?

LA RÉPUBLIQUE FRANÇAISE ET L'EUROPE

Les traités de 1815 viennent pour la seconde fois depuis dix-sept ans d'être lacérés par l'épée du Peuple français. Proclamons haut, bien haut, ces trois grands principes de politique républicaine.

Plus de conquêtes ! Les conquêtes sont un attentat contre les droits des peuples ; et tôt ou tard

les nations soumises réagissent contre leurs conquérants.

La République française s'assimilera dans la limite de ses frontières naturelles les provinces qui se donneront à elle LIBREMENT ET SPONTANEMENT. En dehors de ses frontières naturelles, qui sont le Rhin et les Alpes, elle renonce solennellement à posséder jamais un pouce de terrain.

La France prend sous sa protection tous les peuples opprimés par un gouvernement tyrannique, étranger ou indigène, mais elle ne tirera son épée que pour défendre les principes et les institutions révolutionnaires.

Au-dedans, la devise de la République française est : Tout par le peuple ! Tout pour le peuple ! Au-dehors : Tout par les peuples ! Tout pour les peuples !

BON SENS DU PEUPLE

Il y a des hommes qui sont pleins de phrases toutes faites, de mots convenus et d'épithètes creuses comme leur tête. — Le sieur Odilon Barrot, par exemple.

Quand on leur parle de 89, ces gens vous disent, c'est Voltaire qui a fait la Révolution ; ou bien c'est Rousseau qui a fait la Révolution ; ou bien c'est Beaumarchais qui a fait la Révolution. Imbéciles ! Niais ! Doubles sots !

Michelet l'a dit : « La Révolution de 89 a été faite par le peuple. » Là, Michelet avait raison. Le peuple n'aime pas les gens d'esprit ! Et il donnerait tous les Voltaire et les Beaumarchais du monde pour une vieille culotte.

Ce qui le prouve, aux Tuileries rien n'a été saccagé comme sculpture et peinture que l'image de l'ex-roi et celle de Bugeaud ; un seul buste a été jeté par les fenêtres !... Le buste de Voltaire !

RESPECT AUX ARTS ET A L'INDUSTRIE

Un brave citoyen s'est porté hier à Meudon pour avertir le commandant de la garde nationale Amanton de protéger les objets d'art contre les envahissements de la garde qui devait, dit-on, se porter sur le château de l'ex-roi. Le gouvernement provisoire a dû délivrer une sauvegarde.

Ne cessons pas de le répéter ; respect aux objets d'art et d'industrie, et à tous les produits de l'intelligence !

LA BEAUTÉ DU PEUPLE

Depuis trois jours la population de Paris est admirable de beauté physique. Les veilles et la fatigue affaissent les corps ; mais le sentiment des droits reconquis les redresse et fait porter haut toutes les têtes. Les physionomies sont illuminées d'enthousiasme et de fierté républicaine. Ils voulaient, les infâmes, faire la bourgeoisie à leur image. — tout estomac et tout ventre, — pendant que le Peuple geignait la faim. Peuple et bourgeoisie ont secoué du corps de la France ! cette vermine de corruption et d'immoralité ! Qui veut voir des hommes beaux, des hommes de six pieds, qu'il vienne en France ! Un homme libre, quel qu'il soit, est plus beau que le marbre, et il n'y a pas de nain qui ne vaille un géant quand il porte le front haut et qu'il a le sentiment de ses droits de citoyen dans le cœur.

« LE CONSTITUTIONNEL » EST SCANDALISÉ !

Le Constitutionnel se résigne ; c'est bien de sa part ; c'est généreux. *Le Constitutionnel* promet d'être bon citoyen.

Odilon Barrot, la grosse poupée de carton, et Thiers, ce singe de foire, pardonnent au Peuple de n'avoir pas voulu se laisser voler. Que pense le Peuple de leur pardon ?

LES ARTISTES RÉPUBLICAINS

Les peintres se sont bravement jetés dans la Révolution ; ils ont combattu dans les rangs du Peuple.

A l'Hôtel-de-Ville des artistes portaient sur leurs chapeaux, écrit en lettres de sang, le titre d'ARTISTES RÉPUBLICAINS ; deux d'entre eux sont montés sur une table et ont harangué le Peuple.

On parlait d'une manifestation qui devait se produire au Louvre contre l'Académie de peinture qui, depuis dix-huit ans, a bu tant de larmes, a tué tant de jeunes talents par la faim et la misère. Mais les sots vieillards, architectes, musiciens, arpenteurs et géomètres sont à bas aujourd'hui.

Ne leur donnons pas le coup de pied de l'âne.

REOUVERTURE DES THEATRES

Les théâtres rouvrent.

Nous avons assez des tragédies : il ne faut pas croire que des vers de douze pieds constituent le patriotisme : ce qui convenait à la première révolution ne nous suffit plus.

Les intelligences ont grandi. Plus de tragédies, plus d'histoire romaine. Ne sommes-nous pas plus grands aujourd'hui que *Brutus*, etc. ?

BONNES NOUVELLES !

L'ex-roi et sa famille voguent vers l'Angleterre. Ils y sont sans doute arrivés. Que le Peuple n'ait pas peur, l'Angleterre n'osera rien pour *le dernier des Bourbons*

— Pour de bon, les rois s'en vont ! Leopold est en fuite. La Belgique s'est proclamée française.

— On voulait intimider le citoyen Rothschild et le faire fuir : comme si le Peuple souverain volait des écus. Il ne prend que ses droits. Rothschild a répondu : « J'ai confiance dans le nouveau Gouvernement et je reste. » Bravo !

— Une Assemblée nationale sera convoquée aussitôt que le Gouvernement provisoire aura réglé les mesures d'ordre et de police nécessaire POUR LE VOTE DE TOUS LES CITOYENS

— La République française est proclamée à Dijon.

— Honneur à Pie IX ! Voici de grandes paroles qu'il a prononcées récemment : « Ce sont les édifices anciens qui ont besoin de fondements nouveaux. »

— Hier, deux prêtres enjambaient une barricade : des hommes du Peuple les insultent, un plus grand nombre les défend. Cette haute raison du Peuple est merveilleuse.

— Plus beau encore. On trouve dans la chapelle des Tuileries un remarquable Christ en bois. Quelqu'un s'écrie : « C'est notre maitre ! chapeau bas ! » Tout le monde se découvre et on porte le Christ en triomphe à Saint-Roch.

Décidément la Révolution de 1848 sera plus grande que celle de 1789 : d'ailleurs elle commence où l'autre a fini.

VIVE LA REPUBLIQUE

Les redacteurs : CHAMPFLEURY
BAUDELAIRE et TOUBIN
Imp. Ed. Bautruche, r. de la Harpe, 90.

2e NUMÉRO
[1er mars 1848 ?]

VIVE LA RÉPUBLIQUE !

Les rédacteurs-propriétaires du Salut public, CHAMPFLEURY BAUDELAIRE et TOUBIN *ont retardé à dessein l'envoi du journal a leurs abonnes afin de faire graver une vignette qui servira a distinguer leur feuille d'une autre qui s'est emparée du même titre*

LES CHÂTIMENTS DE DIEU

L'ex-roi se promène.

Il va de peuple en peuple, de ville en ville.

Il passe la mer ; — au-delà de la mer, le peuple bouillonne, la République fermente sourdement.

Plus loin, plus loin, au-delà de l'Océan, la République !

Il rabat sur l'Espagne. — la République circule dans l'air, et enivre les poumons, comme un parfum.

Où reposer cette tête maudite ?

À Rome ?... Le Saint-Père ne bénit plus les tyrans

Tout au plus pourrait-il lui donner l'absolution. Mais l'ex-roi s'en moque Il ne croit ni à Dieu ni à Diable.

Un verre de Johannisberg pour rafraichir le gosier altéré du Juif errant de la Royauté !

Metternich n'a pas le temps. Il a bien assez d'affaires sur les bras ; il faut intercepter toutes les lettres, tous les journaux, toutes les dépêches. Et d'ailleurs, entre despotes, il y a peu de fraternité. Qu'est-ce qu'un despote sans couronne ?

L'ex-roi va toujours de peuple en peuple, de ville en ville.

Toujours et toujours, vive la République ! vive la Liberté ! des hymnes ! des cris ! des pleurs de joie !

Il court de toutes ses forces pour arriver à temps quelque part avant la République, pour y reposer sa tête, c'est là son rêve. Car la terre entière n'est plus pour lui qu'un cauchemar qui l'enveloppe. Mais à peine touche-t-il aux barrières, que les cloches se mettent gaiement en branle, et sonnent la République à ses oreilles éperdues.

La tête de Louis-Philippe attire la République comme les paratonnerres servent à décharger le Ciel.

Il marchera longtemps encore, c'est là son châtiment. Il faut qu'il visite le monde, le monde républicain, qui n'a pas le temps de penser à lui.

AUX PRÊTRES¹

Au dernier siècle, la royauté et l'Église dormaient fraternellement dans la même fange, quand la révolution fondit sur elles et les mit en lambeaux.

« Inconvénient des mauvaises compagnies, se dit l'Église : on ne m'y reprendra plus. »

L'Église a eu raison. Les rois, quoi qu'ils fassent, sont toujours rois, et le meilleur ne vaut pas mieux que ses ministres.

Prêtres, n'hésitez pas : jetez-vous hardiment dans les bras du peuple. Vous vous régénérerez à son contact : il vous respecte ; il vous aimera. Jésus-Christ, votre maitre, est aussi le nôtre ; il était avec nous aux barricades, et c'est par lui, par lui seul que nous avons vaincu. Jésus-Christ est le fondateur de toutes les républiques modernes ; quiconque en doute n'a pas lu l'Évangile. Prêtres, ralliez-vous hardiment à nous ; Affre et Lacordaire vous en ont donné l'exemple. Nous avons le même Dieu : pourquoi deux autels ?

CE PAUVRE METTERNICH !

La France est République.

La Suisse est République, vraie République depuis quatre mois.

L'Angleterre, l'Espagne et la Belgique sont à la veille d'être Républiques.

L'Autriche, monstre à trois têtes, disparaitra de la carte. La République Allemande prendra sa tête allemande ; la République Italienne prendra sa tête italienne, la République Polonaise — une bonne celle-là ! — prendra sa tête slave. Qui de trois ôte trois, reste ce pauvre M. Metternich, qui ne mourra pas dans son lit.

Il y a donc une justice divine !

DES MŒURS OU TOUT EST PERDU !

Des mœurs, des mœurs, il nous faut des mœurs ! Régénérer les institutions, très bien, mais régénérons aussi les mœurs, sans lesquelles il n'y a pas d'institutions. Le nom de Républicain est beau et glorieux, mais plus il est glorieux, plus il est difficile à porter. Effaçons donc de nos cœurs tous les instincts avilissants, toutes les passions abjectes que l'impur gouvernement de Louis-Philippe a cherché à y faire germer. La vertu est le principe vivifiant, la force conservatrice des républiques.

La Convention avait mis la vertu à l'ordre du jour.

« L'AMI DU PEUPLE » DE 1848

Le citoyen Raspail, médecin comme Marat, et comme lui médecin malheureux et plein de disputes, fait comme lui L'Ami du Peuple. Les deux premiers numéros sentent le Marat d'une lieue. Même défiance, même talent, même ferveur ! — Mais est-il bien temps ? Ces défiances accusées déjà si nettement ont leur danger. Toutes les nominations seront révisées, et il ne faut pas semer la peur.

Le citoyen Raspail, comme son illustre chef de file, est un parfait honnête homme, et il a le droit d'être très sévère ; nous adjurons seulement le citoyen Raspail de ne pas encore user de son droit.

De grâce, de grâce, ne préjugeons rien contre le gouvernement. Surveillons-le sévèrement et que les millions d'yeux de la Nation soient nuit et jour braqués sur lui ; mais ne troublons pas son

action par des défiances prématurées. S'il ne va pas droit, haro ! s'il va droit, bravo ! dans un cas comme dans l'autre, ne le jugeons que sur ses actes, il y va du salut public. Les accusations de tendances, laissons-les à l'immoral gouvernement que nous venons de jeter à bas ; elles sont indignes de Républicains. Des hommes de 93, ne prenons que leur foi ardente à la République et leur admirable dévouement à la patrie ; surtout ne recommençons ni Marat, ni Chabot, ni aucun de ces infatigables flaireurs de mauvaises intentions. C'est ainsi seulement que nous préserverons notre jeune République des mille périls qui menacent son berceau.

LE JOURNAL CONSERVATEUR DE LA RÉPUBLIQUE

Il faut rendre justice à qui de droit, maintenant que nous avons le temps.

Le citoyen Girardin se conduit admirablement. Au milieu du trouble, du désordre qui envahissent momentanément toutes choses publiques et particulières, le journal du citoyen Girardin est mieux fait que jamais. Cette habileté connue, cette aptitude rapide et universelle, cette énergie excessive, tout cela tourne au profit de la République.

Tous les jours les questions importantes et actuelles sont mâchées dans *La Presse*.

Le citoyen Girardin prend pour devise : UNE IDÉE PAR JOUR !

Son journal, jusqu'à présent, dit ce que tout le monde pense.

Lundi le citoyen Girardin a été le premier au rendez-vous sur la tombe d'Armand Carrel.

LA CURÉE

Indignation ! Nous venons des ministères, de l'Hôtel-de-Ville et de la préfecture de police : les corridors sont remplis de mendiants de place. On les reconnaît à la bassesse de leurs figures empreintes de servilisme.

Non, ce ne sont pas là des Républicains ; un Républicain s'attache à mériter les emplois et ne s'inquiète pas de les obtenir. Les pavés de nos rues sont encore rouges du sang de nos pères morts pour la liberté ; laissons, laissons au moins à leurs ombres généreuses un instant d'illusion sur nos vertus. Encore si ces insatiables dévoreurs de la République avaient combattu avec nous pour son triomphe ; mais celui qui gravit si lestement l'escalier d'un ministre, celui-là, soyez-en sûrs, n'était pas aux barricades.

Patience ! nous vous arracherons le masque, hommes infâmes ; vous ne jouirez pas longtemps du prix de vos bassesses.

LA PREMIÈRE ET LA DERNIÈRE

En 89, l'éducation morale du peuple était nulle ou à peu près. — Aujourd'hui le peuple connaît et pratique ses devoirs à faire honte à bien des ex-nobles et à bien des bourgeois.

En 89, la noblesse et le clergé combattirent avec fureur la révolution. — Aujourd'hui, jusqu'à fait contraire, il n'y a que des républicains en France.

En 89, une fraction de la nation émigra et prit les armes contre la République. — Aujourd'hui personne n'émigre, pas même le sieur Thiers, dont la République se passerait cependant bien volontiers.

En 89, la société était rationaliste et matérialiste. — Aujourd'hui elle est foncièrement spiritualiste et chrétienne.

Voilà pourquoi 93 fut sanglant. — Voilà pourquoi 1848 sera moral, humain et miséricordieux.

Il y avait en Allemagne un duché de quatre sous, grand comme la main, qui s'appelait le duché de Cobourg-Gotha. C'était pour ainsi dire un haras royal, une écurie de *beaux* hommes, tous taillés en tambours-majors qui étaient destinés aux princesses de l'Europe.

Maintenant qu'il n'y a plus de princesses, à quoi vont s'occuper ces hommes entiers ?

SIFFLONS SUR LE RESTE

Sous l'ex-roi, il y avait une *pairie,* c'est-à-dire des vieillards impotents pleins de serments, et de rhumatismes.

Il n'y a plus de pairie : sifflons sur le reste !

Sous l'ex-roi, il y avait des soldats barbares, ivres de sang, les *municipaux* dont la joie était de *descendre* un homme du peuple.

Il n'y a plus de municipaux : sifflons sur le reste !

Sous l'ex-roi, il y avait un *cens électoral* ; moyennant 500 francs un imbécile avait le droit de

parler à la Chambre; moyennant 200 francs un bourgeois avait le droit de se faire représenter par un imbécile.

Il n'y a plus de cens : sifflons sur le reste !

Sous l'ex-roi, il y avait un *timbre*; une petite gravure large comme un sou qui empêchait les citoyens intelligents d'éclairer leurs frères.

Il n'y a plus de timbre : sifflons sur le reste !

Sous l'ex-roi, il y avait un *impôt sur le sel* qui empêchait la fertilisation des terres, qui enrayait les socs de charrues.

Il n'y a plus d'impôt sur le sel : sifflons sur le reste !

Sous l'ex-roi, il y avait des tas de *foutriquets*, une légion de *ventrus*, des armées de *bornes;* tous puisaient à pleines mains dans le coffre des fonds secrets et s'enrichissaient aux dépens du peuple.

Il n'y a plus de foutriquets, il n'y a plus de ventrus, il n'y a plus de bornes que celles des rues. Sifflons sur le reste !

———

— L'Odéon représenta quelque temps avant la Révolution *Le Dernier Figaro,* du sieur Lesguillon. Cet auteur de bas étage fit une pièce contre-révolutionnaire; sous l'ex-roi il en avait le droit; d'ailleurs la censure n'eût pas permis de montrer les hommes de 89 à 93 sous leur vrai jour. Mais aujourd'hui il est question de remonter cette misérable pièce avec des replâtrages républicains.

Les Écoles qui ont sifflé et resifflé le Figaro révolutionnaire ne doivent pas davantage laisser revenir Figaro avec ses bandages, ses compresses, ses béquilles républicaines.

Le peuple saurait bien se conduire si le citoyen Alexandre Dumas tentait de *républicaniser* son immorale pièce des *Girondins*.

— Le sieur Châtel a fait four. Personne ne veut entendre parler de son Église *française.* Voyez-vous, du reste, le lendemain de la prise des Tuileries, le religionnaire idiot qui croit qu'on a le temps de penser à ses messes en mauvais français !

Le peuple a lui-même déchiré toutes les proclamations et placards de ce nigaud de primat des Gaules.

— Quelqu'un court dans le quartier Latin pour récolter des signatures au bas d'une pétititon à cette fin de garder le sieur Orfila à la Faculté.

Ce vendeur de perlimpinpin, ce chanteur bouffon se sent donc destitué ; il est donc coupable.

En toute manière de ce genre, prenons garde à l'indulgence !

— A bientôt la reprise, au Théâtre de la République, du *Roi s'amuse*, une des grandes œuvres du citoyen Victor Hugo. Il faut que le théâtre de la Porte-Saint-Martin reprenne au plus vite et *L'Auberge des Adrets,* et *Robert Macaire*, et surtout cette belle pièce de *Vautrin* de notre grand romancier, le citoyen Balzac.

On parle de jouer *Pinto.* A quoi bon s'ennuyer pendant trois heures pour entendre crier : *à bas Philippe !* Allusion très significative sous l'ex-roi, mais sans portée aujourd'hui.

— Que les citoyens ne croient pas aux dames Hermance Lesguillon, aux sieurs Barthélemy, Jean Journet et autres qui chantent la République en vers exécrables.

L'Empereur Néron avait la louable habitude de faire rassembler dans un cirque tous les mauvais poètes et de les faire fouetter cruellement.

Les rédacteurs : CHAMPFLEURY,
BAUDELAIRE et TOUBIN.
Imp. Ed Bautruche, r. de la Harpe, 90.

CHOIX DE LETTRES[1]

CHOIX DE LETTRES

Ma chère mère, ma bonne maman, je ne sais que te dire, et j'ai toutes sortes de choses à te dire. D'abord je sens un grand besoin de te voir. Comme c'est différent d'être chez des étrangers — et ce ne sont pas précisément tes caresses et nos rires que je regrette, c'est je ne sais quoi qui fait que notre mère nous paraît toujours la meilleure des femmes, que ses qualités nous conviennent mieux que les qualités des autres femmes; il y a un tel accord entre une mère et son fils; ils vivent si bien l'un à côté de l'autre — de sorte que, ma foi, depuis que je suis chez M. Lasègue, je suis mal à mon aise. Je ne veux pas que tu croies que c'est amour-propre vexé, parce que M. Lasègue m'a constamment persécuté, et que M^{me} Lasègue s'en est aussi un peu mêlée. Quant à cela, je l'en remercie de tout mon cœur; c'est bien une preuve de sa bienveillance; cela me forme, j'en suis content; aussi n'est point là ce qui me fatigue. C'est qu'il me manque là ce que j'aime, un esprit, fait comme je l'aime, celui de ma mère ou celui de mon ami. Certes M. Lasègue, certes sa mère aussi sont ornés de toutes sortes de belles qualités. Sagesse, amour, bon sens, eh bien tout cela se développe sous une forme que je n'aime pas. Il y a là des trivialités qui me repoussent un peu; j'aime mieux que cela se développe capricieusement et plus vivement comme chez toi et mon ami. C'est dans cette maison-ci une gaîté perpétuelle, cela m'ennuie.

Certes ils sont plus heureux que nous. Chez toi j'ai vu des pleurs, des tracasseries pour mon père, des attaques de nerfs pour toi, eh bien, je *nous aime* mieux ainsi.

Et quand je sens en moi quelque chose qui me soulève, que sais-je? un violent désir de tout embrasser, une peur de ne pas savoir acquérir de l'instruction, des craintes de la vie, ou bien simplement un beau couchant à la fenêtre, à qui le dire? Tu n'es pas là, et mon ami de cœur non plus.

Aussi qu'est-il arrivé? C'est que je suis pire que je n'étais au collège. Au collège je m'occupais peu de la classe, mais enfin je m'occupais — quand j'ai été renvoyé, cela m'a secoué, je me suis encore un peu occupé chez toi — maintenant *rien, rien* et ce n'est pas une indolence agréable, poétique, non pas; c'est une indolence maussade et niaise. Je n'ai pas osé le dire complètement à

mon ami, ni me montrer à lui dans tout mon laid; car il m'eût trouvé trop changé — il m'avait vu en beau — au collège je travaillais de temps en temps, je lisais, je pleurais, je me mettais quelquefois en colère; mais au moins je vivais — maintenant point — aussi bas qu'on peut l'être — des défauts à foison, et ce ne sont plus des défauts agréables. Si au moins cette vue pénible me poussait à changer violemment — mais non, de cet esprit d'activité qui me poussait tantôt vers le bon, tantôt vers le mauvais, il ne reste rien, rien qu'indolence, maussaderie, ennui.

J'ai mécontenté M. Lasègue — je suis descendu d'un cran dans ma propre opinion — si j'étais seul, je me fusse peut-être mal occupé, mais je me serais occupé — avec toi ou avec un ami de cœur, j'eusse été droit — dans un milieu étranger, j'ai été tout changé, désorganisé, mis de travers. J'ai l'air, n'est-ce pas ? d'employer de grands mots et des subtilités pour voiler des défauts fort ordinaires. Toutes ces tracasseries se compliquent encore par le baccalauréat. J'ai la prétention d'en finir tout d'un coup, et de passer mon examen le plus tôt possible. Je vais, et j'ai déjà commencé, faire tout mon possible pour revoir toutes les matières en quinze jours, et être prêt pour les premiers jours d'août. Pour cela il faut que je voie vingt-quatre questions par jour — pour le concours je n'y vais que comme remplaçant, c'est-à-dire que je serai appelé à composer s'il y a un absent. On m'a néanmoins demandé un acte de naissance en cas de besoin.

Après tout, c'est peut-être un bien que j'aie vu des étrangers, j'aimerai mieux ma mère. C'est peut-être un bien d'avoir été dénudé et dépoétisé, je comprends mieux ce qui me manquait — c'est peut-être, comme on dit, un état de transition — pendant tout ce temps, tes lettres me faisaient de la peine, me mettaient encore plus mal à mon aise. — Néanmoins écris toujours; j'aime tes lettres. Dans mes tristesses, je suis content de sentir l'amour de ma bonne mère se développer en moi; c'est toujours ça. Dans ta réponse parle-moi de mon père, longtemps. Je t'en prie, ne dis pas un mot de tout cela à M. Lasègue; il est si bon que ça l'affligerait.

A MADAME AUPICK

Sans date : juillet 1844[1].

Je te prie de lire ceci très attentivement parce que c'est très sérieux, et que c'est un appel suprême à ton bon sens et à la tendresse si vive que tu dis avoir pour moi. — Je te donne d'abord cette lettre sous le sceau du secret, et te prie de ne la montrer à personne.

Ensuite, je te prie en grâce de n'y voir aucune intention de viser au pathétique, ni de te toucher autrement que par quelques raisonnements. L'habitude bizarre qu'ont prise nos discussions de se tourner en aigreurs, dont souvent il n'y a rien de vrai chez moi, l'état d'agitation dans lequel je suis, le parti pris chez toi de ne plus m'écouter, m'ont obligé à prendre la forme d'une lettre où je veux te persuader combien tu peux avoir tort malgré toute cette tendresse.

J'écris tout ceci à tête reposée, et quand je songe à l'état de maladie, dans lequel je suis depuis plusieurs jours, causé par la colère et l'étonnement, je me demande comment, par quel moyen, je pourrai supporter la chose accomplie ! — Vous ne cessez, pour me faire avaler la pilule, de me répéter que cela n'a rien

que de tout naturel et nullement déshonorant. C'est possible, et je le crois ; mais en vérité qu'importe ce que c'est réellement pour la plupart des gens, si c'est *tout autre chose* pour moi — Tu regardes, m'as-tu dit, ma colère et mon chagrin comme tout passagers ; tu présumes que tu ne me fais un bobo d'enfant que pour mon bien. Mais persuade-toi donc bien une chose, que tu sembles toujours ignorer ; c'est que vraiment pour mon malheur, je ne suis pas fait comme les autres hommes. — Ce que tu regardes comme une nécessité et une douleur de circonstance, je ne peux pas, je ne peux pas le supporter. — Cela s'explique très bien. Tu peux, quand nous sommes seuls, me traiter de telle façon qu'il te plaît — mais je repousse avec fureur tout ce qui est attentatoire à ma liberté. — N'y a-t-il pas une cruauté incroyable à me soumettre à l'arbitrage de quelques hommes que cela ennuie, et qui ne me connaissent pas ? — Entre nous, qui peut se vanter de me connaître, et de savoir où je veux aller, ce que je veux faire, et de quelle dose de patience je suis capable ? Je crois sincèrement que tu tombes dans une grave erreur. — Je te le dis froidement, parce que je me regarde comme condamné par toi, et je suis sûr que tu ne m'écouteras pas : mais remarque bien ceci tout d'abord, c'est que tu me fais sciemment et volontairement une peine infinie, dont tu ne sais pas tout le poignant.

Tu as manqué à ta parole de deux manières. — Quand tu as bien voulu me prêter huit mille francs, il a été convenu entre nous qu'au bout d'un certain temps tu aurais le droit de prendre une certaine quantité sur tous les travaux que je pourrais faire. — J'ai refait quelques dettes et quand je t'ai dit qu'elles étaient minimes, tu m'as promis d'attendre encore un peu. En effet, quelques médiocres avances d'argent, combinées avec de l'argent gagné pouvaient les éteindre rapidement. Maintenant ton parti est pris d'une manière furieuse ; tu as été si vite en besogne, que je ne sais plus moi-même que faire — et que je suis obligé de renoncer à mon plan. J'avais imaginé que mon premier travail, étant presque une chose de science, et tombant sous les yeux de plusieurs personnes, il te serait fait quelques compliments, que toi voyant de l'argent venir, tu ne m'aurais pas refusé quelques nouvelles avances, et qu'ainsi au bout de quelques mois, j'aurais pu revenir à un débarras complet, c'est-à-dire au point où j'en étais après tes huit mille francs. — Point ; tu n'as pas voulu attendre — pas voulu attendre quinze jours.

Vois donc quel faux raisonnement tu fais, et quelle conduite illogique. — Tu me fais une peine infinie, et tu fais une démarche tout offensante, la veille peut-être d'un commencement de succès, la veille de ce jour que je t'ai tant promis. — C'est juste le moment que tu choisis pour me casser bras et jambes, — car, comme je te l'ai dit, je ne veux pas du tout accepter un *conseil* comme quelque chose d'anodin et d'inoffensif. — Je sens déjà l'effet qui se produit, — et à ce sujet tu es tombée dans une erreur bien plus grave encore — qui consiste à croire que ce sera un stimulant. — Tu ne peux pas te faire une idée de ce que j'ai senti hier, de ce qui m'est tombé de découragement dans les jambes, quand j'ai vu que la chose devenait sérieuse — quelque chose comme une envie subite d'envoyer tout promener, de ne plus m'occuper de rien, de ne pas même aller chez M. Ed. Blanc chercher ma lettre, en me disant tranquillement : à quoi bon, je n'en ai plus besoin — je n'ai plus qu'à me contenter de manger comme un idiot ce qu'elle voudra bien me donner.

C'est de ta part une erreur si grave, que M. Ancelle me disait à Neuilly : « J'ai dit à votre mère que si vous laisser manger le tout vous conduisait au travail et à un état, je lui conseillais de vous laisser faire ; mais que cela ne serait

jamais. » Je ne crois pas qu'il soit possible de dire quelque chose de plus insolent et de plus bête. — Je n'ai jamais osé aller jusque-là, et me dire froidement que je mangerais tout. Je présume bien que tu n'es pas aussi indulgente que lui, et pour moi, j'aime trop ma liberté pour faire une pareille sottise. — Maintenant, quoique je ne sois que ton fils, tu dois avoir assez de respect pour ma personne pour ne pas me soumettre à un arbitrage d'étrangers, quand tu sais la valeur de ces douleurs pour moi. — Et avoir égard aux difficultés de ce que j'ai entrepris. — A coup sûr, et je t'assure, ma chère mère, que ce n'est point une menace pour te faire reculer, mais l'expression de ce que je sens — le résultat sera juste contraire à ce que tu attends — c'est-à-dire un abattement complet.

Maintenant j'en viens à autre chose qui pour toi sans doute aura plus de valeur que toutes sortes de promesses et que toutes mes espérances.

Tu es, m'as-tu dit, conduite par une tendresse inquiète et persistante. Tu veux me conserver ce que j'ai malgré moi, — je le veux bien, je n'ai jamais eu l'intention de la [sic] dévorer en entier — je suis prêt à te livrer tous les moyens de me le garder. — Excepté un pourtant, celui que tu as choisi. — Que t'importe le moyen, pourvu que tu arrives à ton résultat. Pourquoi veux-tu employer uniquement celui que me fait une si affreuse peine ? — Celui qui répugne le plus odieusement à ma nature — des arbitres, des juges, des étrangers. — A quoi bon ?

Dernièrement, ne sachant pas un mot de droit, je t'ai parlé en l'air d'une donation combinée de telle sorte qu'elle me revint en cas de mort. Je ne sais pas si cela est possible ; mais à coup sûr, tu ne me feras pas croire que dans toutes les tricheries du notariat, il n'y ait pas d'autres moyens qui puissent te satisfaire que celui que tu veux employer. — Et pourquoi ? — Voyons — peut-on être plus loyal et plus sincère que je le suis — puis-je te donner une preuve plus éclatante de ma bonne foi, et de l'accord de ma volonté avec la tienne — j'aime mieux n'avoir plus de fortune, et m'abandonner entièrement à toi, que de subir un jugement quelconque — l'un est encore un acte de liberté, l'autre est attentatoire à ma liberté.

Pour en finir, je te supplie en grâce, le plus humblement du monde, de t'épargner une grande peine, et une humiliation affreuse pour moi. — Mais pour Dieu, point d'arbitres, point d'étrangers — point de confidences, je désire que toutes choses soient suspendues, jusqu'à ce que j'aie eu avec toi et M. Ancelle, une longue conférence. — Je vais le voir ce soir ; j'espère te l'amener. — Mais je suis sûr, formellement sûr qu'après un premier succès, il me sera facile moyennant que tu m'aides un peu — d'arriver *rapidement* à une bonne position.

Je te renouvelle mes prières avec instance — je suis sûr que tu te trompes — après cela — si je ne t'ai pas dûment expliqué combien il serait plus doux et plus raisonnable de nous arranger à l'amiable, fais ce que tu voudras, et arrive que pourra.

M. Edmond Blanc m'a donné une fort bonne lettre avec laquelle je vais tâcher de me débrouiller à la *Revue* [2] ce matin. — Une dernière fois, songe bien que je ne te demande d'autre faveur que celle d'une commutation des moyens.

CHARLES.

A NARCISSE-DÉSIRÉ ANCELLE [1]

Le 30 juin 1845.

Quand Mademoiselle Jeanne Lemer vous remettra cette lettre, je serai mort [2]. Elle l'ignore. Vous connaissez mon testament. Sauf la portion réservée à ma mère, Mademoiselle *Lemer* doit hériter de tout ce que je laisserai, après paiment fait par vous de certaines dettes dont la liste accompagne cette lettre. Je meurs dans une affreuse inquiétude. Rappelez-vous notre conversation d'hier. Je désire, je veux que mes dernières intentions soient strictement exécutées. Deux personnes peuvent attaquer mon testament, ma mère et mon frère — et ne peuvent l'attaquer que sous prétexte d'aliénation mentale. Mon suicide ajouté aux désordres divers de ma vie ne peut que les servir pour frustrer Mademoiselle Lemer de ce que je veux lui laisser. Il faut donc que je vous explique mon *suicide* et ma conduite à l'égard de Mademoiselle *Lemer*, — de telle sorte que cette lettre adressée à vous, et que vous aurez soin de lui lire, puisse servir à sa défense, en cas que mon testament soit attaqué par les personnes ci-dessus nommées.

Je me *tue* — sans *chagrin*. — Je n'éprouve aucune de ces perturbations que les hommes appellent *chagrin*. — Mes dettes n'ont jamais été un *chagrin*. Rien n'est plus facile que de dominer ces choses-là. Je me tue parce que je ne puis plus vivre, que la fatigue de m'endormir et la fatigue de me réveiller me sont insupportables. Je me tue parce que je suis inutile aux autres — *et dangereux à moi-même*. Je me *tue* parce que je me crois immortel, et que *j'espère*. — Au moment où j'écris ces lignes, je suis tellement bien doué de lucidité, que je rédige encore quelques notes pour M. *Théodore de Banville,* et que j'ai toute la force néce.saire pour m'occuper de mes manuscrits.

Je donne et lègue tout ce que je possède à Mademoiselle Lemer, même mon petit mobilier et mon portrait — parce qu'elle est le seul être en qui j'aie trouvé quelque repos. Quelqu'un peut-il me blâmer de vouloir payer les rares jouissances que j'ai trouvées sur cette affreuse terre ?

Je connais *peu* mon frère — il n'a pas vécu *en moi ni avec moi* — il n'a pas besoin de moi.

Ma mère, qui si souvent et toujours involontairement a empoisonné ma vie, n'a pas non plus besoin de cet argent. Elle a son *mari*, elle possède un *être humain,* une affection, *une amitié.* Moi, je n'ai que *Jeanne Lemer.* Je n'ai trouvé de repos qu'en elle, et je ne veux pas, je ne peux souffrir la pensée qu'on veuille la déposséder de ce que je lui donne, sous prétexte que ma raison n'est pas saine. Vous m'avez entendu ces jours-ci causer avec vous. — Étais-je fou ?

Si je savais qu'en priant ma mère elle-même, et en lui exposant la profonde humiliation de mon esprit, je puisse obtenir d'elle de ne pas troubler mes dernières volontés. je le ferais immédiatement, — tant je suis sûr qu'étant femme, elle me comprendra mieux que tout autre — et pourra peut-être à elle seule détourner mon frère d'une opposition ININTELLIGENTE.

Jeanne Lemer est la seule femme que j'aie aimée, — elle n'a rien. Et c'est vous, M. Ancelle, un des rares hommes que j'ai trouvés doués d'un esprit doux et élevé, que je charge de mes dernières instructions auprès d'elle.

Lisez-lui ceci ; qu'elle connaisse les motifs de ce legs, et sa défense, en cas que mes dispositions dernières soient contrecarrées. Faites-lui, vous, homme prudent, comprendre la valeur et l'importance d'une somme d'argent quelconque. Essayez de trouver quelque idée raisonnable dont elle puisse tirer profit, et

qui rende utiles mes suprêmes intentions. Guidez-la, conseillez-la ; oserai-je vous dire : aimez-la — pour moi du moins. Montrez-lui mon épouvantable exemple — et comment le désordre d'esprit et de vie mène à un désespoir sombre ou à un anéantissement complet. — *Raison et utilité ! Je vous en supplie !*

Croyez-vous réellement que ce testament puisse être contesté, et m'enlèvera-t-on le droit de faire une action vraiment bonne et raisonnable avant de mourir ?

Vous voyez bien maintenant que ce testament n'est plus une fanfaronnade ni un défi contre les idées sociales et de famille, mais simplement l'expression de ce qui reste en moi d'humain, — l'amour, et le sincère désir de servir une créature qui a été quelquefois ma joie et mon repos.

Adieu !

Lisez-lui ceci. — *Je crois en votre loyauté, et sais que vous ne le détruirez pas.*

Donnez-lui *immédiatement* de l'argent*. Elle ne connaît rien de mes *suprêmes* intentions, — et s'attend à me revoir venir la tirer de quelques embarras.

Dans le cas même où ses dernières volontés seraient discutées, un mort a bien le droit de faire une libéralité.

L'autre lettre qu'elle vous remettra, et qui n'est faite que pour vous, contient la liste de ce qu'il faudra payer pour moi, afin que ma mémoire soit intacte.

C. BAUDELAIRE.

A ALPHONSE TOUSSENEL

Lundi 21 janvier 1856.

Mon cher Toussenel, je veux absolument vous remercier du cadeau que vous m'avez fait. Je ne connaissais pas le prix de votre livre[1], je vous l'avoue ingénument et grossièrement.

Il m'est arrivé avant-hier un chagrin, une secousse assez grave, — assez grave pour m'empêcher de penser, — au point que j'ai interrompu un travail important. — Ne sachant comment me distraire, j'ai pris ce matin votre livre, — de fort grand matin. Il a rivé mon attention, il m'a rendu mon assiette et ma tranquillité, — comme fera toujours toute bonne lecture.

Il y a bien longtemps que je rejette presque tous les livres avec dégoût. — Il y a bien longtemps aussi que je n'ai lu quelque chose d'aussi *absolument instructif et amusant.* — Le chapitre du faucon et des oiseaux qui chassent pour l'homme est une œuvre, — à lui tout seul. — Il y a des mots qui ressemblent aux mots des grands maîtres, des cris de vérité, — des accents philosophiques irrésistibles, tels que : *Chaque animal est un sphinx,* et à propos de l'analogie : *comme l'esprit se repose dans une douce quiétude à l'abri d'une doctrine si féconde et si simple, pour qui rien n'est mystère dans les œuvres de Dieu !*

* 500. [Note de Baudelaire.]

Il y a encore bien d'autres choses philosophiquement émouvantes, et l'amour de la vie en plein air, et l'honneur rendu à la chevalerie et aux dames, etc.

Ce qui est positif, c'est que vous êtes poëte. Il y a bien longtemps que je dis que le poëte est *souverainement* intelligent, qu'il est *l'intelligence* par excellence, — et que *l'imagination* est la plus *scientifique* des facultés, parce que seule elle comprend *l'analogie universelle,* ou ce qu'une religion mystique appelle *la correspondance.* Mais quand je veux faire imprimer ces choses-là, on me dit que je suis fou, — et surtout fou de moi-même, — et que je ne hais les pédants que parce que mon éducation est manquée. — Ce qu'il y a de bien certain cependant, c'est que j'ai un esprit philosophique qui me fait voir clairement ce qui est vrai, même en zoologie, bien que je ne sois ni chasseur, ni naturaliste. — Telle est du moins ma prétention ; — ne faites pas comme mes mauvais amis, et n'en riez pas.

Maintenant, puisque je me suis avancé avec vous dans des discours plus grands et une familiarité plus grande que je me le serais permis, si votre livre ne m'inspirait d'ailleurs tant de sympathie, — laissez-moi tout dire. Qu'est-ce que le *Progrès indéfini ?* qu'est-ce qu'une *société* qui n'est pas *aristocratique !* ce n'est pas une société, ce me semble. Qu'est-ce que c'est que l'homme *naturellement* bon ? où l'a-t-on connu ? L'homme naturellement bon serait un *monstre,* je veux dire un *Dieu.* — Enfin, vous devinez quel est l'ordre d'idées qui me scandalise, je veux dire qui scandalise la raison écrite depuis le commencement sur la surface même de la terre. — Pur *quichottisme* d'une belle âme. —

Et un homme comme vous ! lâcher en passant, comme un simple rédacteur du *Siècle,* des injures à *de Maistre,* le grand génie de notre temps, — *un voyant !* — Et enfin des allures de conversation et des mots d'argot qui abiment toujours un beau livre.

Une idée me préoccupe depuis le commencement de ce livre, — c'est que vous êtes un vrai esprit égaré dans une secte. En somme, — qu'est-ce que vous devez à *Fourier ?* Rien, ou bien peu de choses. — Sans Fourier, vous eussiez été ce que vous êtes. *L'homme raisonnable* n'a pas attendu que Fourier vint sur la terre pour comprendre que la Nature est un *verbe,* une allégorie, un moule, un *repoussé,* si vous voulez. Nous savons cela, et ce n'est pas par Fourier que nous le savons ; — nous le savons par nous-mêmes, et par les poëtes.

Toutes les hérésies auxquelles je faisais allusion tout à l'heure ne sont, après tout, que la conséquence de la grande hérésie moderne, de la doctrine *artificielle,* substituée à la doctrine naturelle, — je veux dire la suppression de l'idée du *péché originel.*

Votre livre réveille en moi bien des idées dormantes, — et à propos de *péché originel,* et de *forme moulée sur l'idée,* j'ai pensé bien souvent que les bêtes malfaisantes et dégoûtantes n'étaient peut-être que la vivification, corporification, éclosion à la vie matérielle, des *mauvaises pensées* de l'homme. — Aussi la *nature* entière participe du péché originel.

Ne m'en veuillez pas de mon audace et de mon sans-façon, et croyez-moi votre bien dévoué.

CH. BAUDELAIRE.

A MADAME SABATIER

31 août 1857.[1]

J'ai détruit ce torrent d'enfantillages amassé sur ma table. Je ne l'ai pas trouvé assez grave pour vous, chère bien aimée. — Je reprends vos deux lettres, et j'y fais une nouvelle réponse.

Il me faut pour cela un peu de courage ; car j'ai abominablement mal aux nerfs, à en crier, et je me suis réveillé avec l'inexplicable malaise moral que j'ai emporté hier soir de chez vous.

...manque absolu de pudeur.

C'est pour cela que tu m'es encore plus chère.

Il me semble que je suis à toi depuis le premier jour où je t'ai vu. Tu en feras ce que tu voudras, mais je suis à toi, de corps, d'esprit et de cœur.

Je t'engage à bien cacher cette lettre, malheureuse ! — *Sais-tu réellement ce que tu dis ?* Il y a des gens pour mettre en prison ceux qui ne paient pas leurs lettres de change, mais les serments de l'amitié et de l'amour, personne n'en punit la violation.

Aussi je t'ai dit hier : Vous m'oublierez ; vous me trahirez ; celui qui vous amuse vous ennuiera. — Et j'ajoute aujourd'hui : celui-là seul souffrira qui comme un imbécile prend au sérieux les choses de l'âme. — Vous voyez, ma bien belle chérie, que j'ai d'*odieux* préjugés à l'endroit des femmes. — Bref, je n'ai pas *la foi*. — Vous avez l'âme belle, mais en somme, c'est une âme féminine.

Voyez comme en peu de jours notre situation a été bouleversée. D'abord nous sommes tous les deux possédés de la peur d'affliger un honnête homme qui a le bonheur d'être toujours amoureux.

Ensuite nous avons peur de notre propre orage, parce que nous savons (moi, surtout) qu'il y a des nœuds difficiles à délier.

Et enfin, enfin, il y a quelques jours, tu étais une divinité, ce qui est si commode, ce qui est si beau, si inviolable. Te voilà femme maintenant. — Et si par malheur pour moi j'acquiers le droit d'être jaloux ! ah ! quelle horreur seulement d'y penser ! mais avec une personne telle que vous, dont les yeux sont pleins de sourires et de grâces pour tout le monde, on doit souffrir le martyre.

La seconde lettre porte un cachet d'une solennité qui me plairait si j'étais bien sûr que vous la comprenez. *Never meet or never part !* Cela veut dire positivement qu'il vaudrait bien mieux ne s'être jamais connu, mais que quand on s'est connu, on ne doit pas se quitter. Sur une lettre d'adieux, ce cachet serait très plaisant.

Enfin, arrive ce que pourra. Je suis un peu fataliste. Mais ce que je sais bien, c'est que j'ai horreur de la passion, — parce que je la connais, avec toutes ses ignominies ; — et voilà que l'image bien aimée qui dominait toutes les aventures de la vie devient trop séduisante.

Je n'ose pas trop relire cette lettre ; je serais peut-être obligé de la modifier ; car je crains bien de vous affliger ; il me semble que j'ai dû laisser percer quelque chose de la vilaine partie de mon caractère.

Il me paraît impossible de vous faire aller ainsi dans cette sale rue J.-J.-Rousseau. Car j'ai bien d'autres choses à vous dire. Il faut donc que vous m'écriviez pour m'indiquer un moyen.

Quant à notre petit projet, s'il devient possible, avertissez-moi quelques jours d'avance.

Adieu, chère bien aimée ; je vous en veux un peu d'être trop charmante. Songez donc que quand j'emporte le parfum de vos bras et de vos cheveux, j'emporte aussi le désir d'y revenir. Et alors, quelle insupportable obsession !

<div align="right">CHARLES.</div>

Décidément, je porte ceci moi-même rue J.-J.-Rousseau, dans la crainte que vous n'y alliez aujourd'hui. — Cela y sera plus tôt.

A RICHARD WAGNER

<div align="right">Vendredi 17 février 1860.</div>

Monsieur,

Je me suis toujours figuré que si accoutumé à la gloire que fût un grand artiste, il n'était pas insensible à un compliment sincère, quand ce compliment était comme un cri de reconnaissance, et enfin que ce cri pouvait avoir une valeur d'un genre *singulier* quand il venait d'un Français, c'est-à-dire d'un homme peu fait pour l'enthousiasme et né dans un pays où l'on s'entend guère plus à la poésie et à la peinture qu'à la musique. Avant tout, je veux vous dire que je vous dois *la plus grande jouissance musicale que j'aie jamais éprouvée*. Je suis d'un âge où on ne s'amuse plus guère à écrire aux hommes célèbres, et j'aurais hésité longtemps encore à vous témoigner par lettre mon admiration, si tous les jours mes yeux ne tombaient sur des articles indignes, ridicules, où l'on fait tous les efforts possibles pour diffamer votre génie. Vous n'êtes pas le premier homme, monsieur, à l'occasion duquel j'ai eu à souffrir et à rougir de mon pays. Enfin l'indignation m'a poussé à vous témoigner ma reconnaisance ; je me suis dit : je veux être distingué de tous ces imbéciles.

La première fois que je suis allé aux Italiens pour entendre vos ouvrages, j'étais assez mal disposé, et même, je l'avouerai, plein de mauvais préjugés ; mais je suis excusable ; j'ai été si souvent dupe ; j'ai entendu tant de musique de charlatans à grandes prétentions. Par vous j'ai été vaincu tout de suite. Ce que j'ai éprouvé est indescriptible, et si vous daignez ne pas rire, j'essaierai de vous le traduire. D'abord il m'a semblé que je connaissais cette musique, et plus tard en y réfléchissant, j'ai compris d'où venait ce mirage ; il me semblait que cette musique était *la mienne*, et je la reconnaissais comme tout homme reconnait les choses qu'il est destiné à aimer. Pour tout autre que pour un homme d'esprit, cette phrase serait immensément ridicule, surtout écrite par quelqu'un qui, comme moi, *ne sait pas la musique,* et dont toute l'éducation se borne à avoir entendu (avec grand plaisir, il est vrai) quelques beaux morceaux de Weber et de Beethoven.

Ensuite le caractère qui m'a principalement frappé, ç'a été la grandeur. Cela représente le grand, et cela pousse au grand. J'ai retrouvé partout dans vos ouvrages la solennité des grands bruits, des grands aspects de la Nature, et la solennité des grandes passions de l'homme. On se sent tout de suite enlevé et subjugué. L'un des morceaux les plus étranges et qui m'ont apporté une sensation musicale nouvelle est celui qui est destiné à peindre une extase

religieuse. L'effet produit par l'*Introduction des invités* et par la *Fête nuptiale* est immense. J'ai senti toute la majesté d'une vie plus large que la nôtre. Autre chose encore : j'ai éprouvé souvent un sentiment d'une nature assez bizarre, c'est l'orgueil et la jouissance de comprendre, de me laisser pénétrer, envahir, volupté vraiment sensuelle, et qui ressemble à celle de monter dans l'air ou de rouler sur la mer. Et la musique en même temps respirait quelquefois l'orgueil de la vie. Généralement ces profondes harmonies me paraissaient ressembler à ces excitants qui accélèrent le pouls de l'imagination. Enfin, j'ai éprouvé aussi, et je vous supplie de ne pas rire, des sensations qui dérivent probablement de la tournure de mon esprit et de mes préoccupations fréquentes. Il y a partout quelque chose d'enlevé et d'enlevant, quelque chose aspirant à monter plus haut, quelque chose d'excessif et de superlatif. Par exemple, pour me servir de comparaisons empruntées à la peinture, je suppose devant mes yeux une vaste étendue d'un rouge sombre. Si ce rouge représente la passion, je le vois arriver graduellement, par toutes les transitions de rouge et de rose, à l'incandescence de la fournaise. Il semblerait difficile, impossible même d'arriver à quelque chose de plus ardent ; et cependant une dernière fusée vient tracer un sillon plus blanc sur le blanc qui lui sert de fond. Ce sera, si vous voulez, le cri suprême de l'âme montée à son paroxysme.

J'avais commencé à écrire quelques méditations sur les morceaux de *Tannhäuser* et de *Lohengrin* que nous avons entendus ; mais j'ai reconnu l'impossibilité de tout dire.

Ainsi je pourrais continuer cette lettre interminablement. Si vous avez pu me lire, je vous en remercie. Il ne me reste plus à ajouter que quelques mots. Depuis le jour où j'ai entendu votre musique, je me dis sans cesse, surtout dans les mauvaises heures : *Si, au moins, je pouvais entendre ce soir un peu de Wagner.* Il y a sans doute d'autres hommes faits comme moi. En somme vous avez dû être satisfait du public dont l'instinct a été bien supérieur à la mauvaise science des journalistes. Pourquoi ne donneriez-vous pas quelques concerts encore en y ajoutant des morceaux nouveaux ? Vous nous avez fait connaître un avant-goût de jouissances nouvelles ; avez-vous le droit de nous priver du reste ?

— Une fois encore, Monsieur, je vous remercie ; vous m'avez rappelé à moi-même et au grand, dans de mauvaises heures.

CH. BAUDELAIRE.

Je n'ajoute pas mon adresse, parce que vous croiriez peut-être que j'ai quelque chose à vous demander.

A MADAME AUPICK

6 mai 1861.

Ma chère mère, si tu possèdes vraiment le génie maternel et si tu n'es pas encore lasse, viens à Paris, viens me voir, et même me chercher. Moi, pour mille raisons terribles, je ne puis aller à Honfleur chercher ce que je voudrais tant, un peu de courage et de caresses. A la fin de mars je t'écrivais : *Nous reverrons-nous jamais ?* J'étais dans une des ces crises où on voit la terrible vérité. Je donnerais je ne sais quoi pour passer quelques jours auprès de toi, toi, le seul être à qui ma vie est suspendue, huit jours, trois jours, quelques heures.

Tu ne lis pas assez attentivement mes lettres, tu crois que je mens, ou au moins que j'exagère quand je parle de mes désespoirs, de ma santé, de mon horreur de la vie. Je te dis que je voudrais te voir, et que je ne puis pas courir à Honfleur. Tes lettres contiennent de nombreuses erreurs et des idées fausses que la conversation pourrait rectifier et que des volumes d'écriture ne suffiraient pas à détruire.

Toutes les fois que je prends la plume pour t'exposer ma situation, j'ai peur; j'ai peur de te tuer, de détruire ton faible corps. Et moi, je suis sans cesse, sans que tu t'en doutes, au bord du suicide. Je crois que tu m'aimes passionnément; avec un esprit aveugle, tu as le caractère si grand! Moi, je t'ai aimée passionnément dans mon enfance; plus tard, sous la pression de tes injustices, je t'ai manqué de respect filial; je m'en suis repenti souvent, quoique, selon mon habitude, je n'en aie rien dit. Je ne suis plus l'enfant ingrat et violent. De longues méditations sur ma destinée et sur ton caractère m'ont aidé à comprendre toutes mes fautes et toute ta générosité. Mais, en somme le mal est fait, fait par tes imprudences et par mes fautes. Nous sommes évidemment destinés à nous aimer, à vivre l'un pour l'autre, à finir notre vie le plus honnêtement et le plus doucement qu'il sera possible. Et cependant, dans les circonstances terribles où je suis placé, je suis convaincu que l'un de nous deux tuera l'autre, et que finalement nous nous tuerons réciproquement. Après ma mort, tu ne vivras plus, c'est clair. Je suis le seul objet qui te fasse vivre. Après ta mort, surtout si tu mourais par une secousse causée par moi, je me tuerais, cela est indubitable. Ta mort, dont tu parles souvent avec trop de résignation, ne corrigerait rien dans ma situation; le Conseil judiciaire serait maintenu (pourquoi ne le serait-il pas?) rien ne serait payé, et j'aurais par surcroît de douleurs, *l'horrible sensation d'un isolement absolu*. Moi, me tuer, c'est absurde, n'est-ce pas? « Tu vas donc laisser ta vieille mère toute seule », diras-tu. Ma foi! si je n'en ai pas strictement le droit, je crois que la quantité de douleurs que je subis depuis *près de trente ans* me rendrait excusable. « *Et Dieu!* » diras-tu. Je désire de tout mon cœur (avec quelle sincérité, personne ne peut le savoir que moi!) croire qu'un être extérieur et invisible s'intéresse à ma destinée; mais comment faire pour le croire?

(L'idée de Dieu me fait penser à ce maudit curé¹. Dans les douloureuses sensations que ma lettre va te causer, je ne veux pas que tu le consultes. Ce curé est mon ennemi, par pure bêtise peut-être.)

Pour en revenir au suicide, une idée non pas fixe, mais qui revient à des époques périodiques, il y a une chose qui doit te rassurer. Je ne puis pas me tuer sans avoir mis mes affaires en ordre. Tous mes papiers sont à Honfleur, dans une grande confusion. Il faudrait donc, à Honfleur, faire un grand travail, et une fois là-bas, je ne pourrais plus m'arracher d'auprès de toi. Car tu dois supposer que je ne voudrais pas souiller ta maison d'une détestable action. D'ailleurs tu deviendrais folle. Pourquoi le suicide? Est-ce à cause des dettes? Oui, et cependant les dettes peuvent être dominées. C'est surtout à cause d'une fatigue épouvantable qui résulte d'une situation impossible *trop prolongée*. Chaque minute me démontre que je n'ai plus de goût à la vie. Une grande imprudence a été commise par toi dans ma jeunesse. Ton imprudence et *mes fautes anciennes* pèsent sur moi, et m'enveloppent. Ma situation est atroce. Il y a des gens qui me saluent, il y a des gens qui me font la cour, il y en a peut-être qui m'envient. Ma situation littéraire est plus que bonne. Je puis faire ce que je voudrai. Tout sera imprimé. Comme j'ai un genre d'esprit impopulaire, je

gagnerai peu d'argent, mais je laisserai une grande célébrité, je le sais, —
pourvu que j'aie le courage de vivre. Mais ma santé spirituelle, détestable ; —
perdue peut-être. J'ai encore des projets : *Mon cœur mis à nu*, deux *drames*,
dont un pour le Théâtre-Français, tout cela sera-t-il jamais fait ? *Je ne le crois
plus*. Ma situation relative à l'honorabilité, épouvantable, — c'est là le grand
mal. Jamais de repos. Des insultes, des outrages, des avanies dont tu ne peux
pas avoir l'idée, et qui corrompent l'imagination, la paralysent. Je gagne un peu
d'argent, c'est vrai ; si je n'avais pas de dettes, et *si je n'avais plus de fortune*, JE
SERAIS RICHE, médite bien cette parole. Je pourrais te donner de l'argent, je
pourrais sans danger exercer ma charité envers Jeanne. Nous reparlerons
d'elle tout à l'heure. C'est toi qui as provoqué ces explications. — Tout cet
argent fuit dans une existence dépensière et malsaine (car je vis très mal) et
dans le paiement ou plutôt l'amortissement insuffisant de vieilles dettes, dans
des frais d'huissiers, de papier timbré, etc...

Tout à l'heure j'en viendrai aux choses positives, c'est-à-dire actuelles. Car
en vérité, j'ai besoin d'être sauvé, et toi seule tu peux me sauver.

Je veux tout dire aujourd'hui. Je suis seul, sans amis, sans maitresse, sans
chien et sans chat, à qui me plaindre. Je n'ai que le portrait de mon père, qui est
toujours muet.

Je suis dans cet état horrible que j'ai éprouvé dans l'automne de 1844 [2]. Une
résignation pire que la fureur.

Mais ma santé physique, dont j'ai besoin pour toi, pour moi, pour mes
devoirs, voilà encore une question ! Il faut que je t'en parle, bien que tu y
fasses [3] bien peu attention. Je ne veux pas parler de ces affections nerveuses qui
me détruisent jour à jour, et qui annulent le courage, vomissements, insomnies,
cauchemars, défaillances. Je t'en ai trop souvent parlé. Mais il est inutile
d'avoir de la pudeur avec toi. Tu sais qu'étant très jeune j'ai eu une affection
vérolique, que plus tard j'ai crue totalement guérie. A Dijon, après 1848, elle a
fait une nouvelle explosion. Elle a été de nouveau palliée. Maintenant elle
revient et elle prend une nouvelle forme, des taches sur la peau, et une
lassitude extraordinaire dans toutes les articulations. Tu peux me croire : *je
m'y connais*. Peut-être, dans la tristesse où je suis plongé, ma terreur grossit-elle
le mal. Mais il me faut un régime sévère, et ce n'est pas dans la vie que je mène
que je pourrai m'y livrer.

Je laisse tout cela de côté, et je veux reprendre mes rêveries ; avant d'en venir
au projet que je veux t'ouvrir, j'y prends un vrai plaisir. Qui sait si je pourrai une
fois encore t'ouvrir toute mon âme, *que tu n'as jamais appréciée ni connue !*
J'écris cela sans hésitation, tant je sais que c'est vrai.

Il y a eu dans mon enfance une époque d'amour passionné pour toi ; écoute et
lis sans peur. Je ne t'en ai jamais tant dit. Je me souviens d'une promenade en
fiacre ; tu sortais d'une maison de santé où tu avais été reléguée, et tu me
montras, pour me prouver que tu avais pensé à ton fils, des dessins à la plume
que tu avais faits pour moi. Crois-tu que j'aie une mémoire terrible ? Plus tard,
la place Saint-André-des-Arts et Neuilly. De longues promenades, des
tendresses perpétuelles. Je me souviens des quais, qui étaient si tristes le soir.
Ah ! ç'a été pour moi le bon temps des tendresses maternelles. Je te demande
pardon d'appeler *bon temps* celui qui a été sans doute mauvais pour toi. Mais
j'étais toujours vivant en toi ; tu étais uniquement à moi. Tu étais à la fois une
idole et un camarade. Tu seras peut-être étonnée que je puisse parler avec
passion d'un temps si reculé. Moi-même j'en suis étonné. C'est peut-être parce

que j'ai conçu, une fois encore, le désir de la mort, que les choses anciennes se peignent si vivement dans mon esprit.

Plus tard tu sais quelle atroce éducation ton mari a voulu me faire ; j'ai 40 ans et je ne pense pas aux collèges sans douleur, non plus qu'à la crainte que mon beau-père m'inspirait. Je l'ai cependant aimé, et d'ailleurs j'ai aujourd'hui assez de sagesse pour lui rendre justice. Mais enfin il fut opiniâtrément maladroit. Je veux glisser rapidement, parce que je vois des larmes dans tes yeux.

Enfin je me suis sauvé, et j'ai été dès lors tout à fait abandonné. Je me suis épris uniquement du plaisir, d'une excitation perpétuelle ; les voyages, les beaux meubles, les tableaux, les filles, etc... J'en porte trop cruellement la peine aujourd'hui. Quant au Conseil judiciaire, je n'ai qu'un mot à dire : je sais aujourd'hui l'immense valeur de l'argent, et je comprends la gravité de toutes les choses qui ont trait à l'argent ; je conçois que tu aies pu croire que tu étais habile, que tu travaillais pour mon bien ; mais une question pourtant, une question qui m'a toujours obsédé : comment se fait-il que cette idée ne se soit pas présentée à ton esprit : « Il est possible que mon fils n'ait jamais, au même degré que moi, l'esprit de conduite ; mais il serait possible aussi qu'il devînt un homme remarquable à d'autres égards. Dans ce cas-là, que ferai-je ? Le condamnerai-je à une double existence, contradictoire, une existence honorée, d'un côté, odieuse et méprisée de l'autre ? Le condamnerai-je à traîner jusqu'à sa vieillesse une marque déplorable, une marque qui nuit, une raison d'impuissance et de tristesse ? » Il est évident que si ce Conseil judiciaire n'avait pas eu lieu, tout eût été mangé[4]. Il eût bien fallu conquérir le goût du travail. Le Conseil judiciaire a eu lieu, *tout est mangé*, et je suis vieux et *malheureux*.

Le rajeunissement est-il possible ? Toute la question est là.

Tout ce retour vers le passé n'avait pas d'autre but que de montrer que j'ai quelques excuses à faire valoir, sinon une justification complète. Si tu sens des reproches dans ce que j'écris, sache bien au moins que cela n'altère en rien mon admiration pour ton grand cœur, ma reconnaissance pour ton dévouement. Tu t'es toujours sacrifiée. Tu n'as que le génie du sacrifice. Moins de raison que de charité. Je te demande plus. Je te demande à la fois conseil, appui, entente complète entre toi et moi, pour me tirer d'affaire. Je t'en supplie, viens, viens, je suis à bout de force nerveuse, à bout de courage, à bout d'espérance. Je vois une continuité d'horreur. Je vois ma vie littéraire à tout jamais entravée. Je vois une catastrophe. Tu peux bien, pour huit jours, demander l'hospitalité à des amis, à Ancelle, par exemple. Je donnerais je ne sais quoi pour te voir, pour t'embrasser. Je pressens une catastrophe, et je ne peux pas aller chez toi maintenant. Paris m'est mauvais. Déjà deux fois j'ai commis une imprudence grave que tu qualifieras plus sévèrement ; je finirai par perdre la tête.

Je te demande ton bonheur, et je te demande le tien[5], en tant que nous puissions encore connaître *cela*.

Tu m'as permis de t'ouvrir un projet, le voici : je demande une demi-mesure. Aliénation d'une forte somme limitée à 10.000 par exemple, 2.000 pour me délivrer tout de suite ; 2.000 entre tes mains pour parer à des nécessités imprévues ou prévues, nécessités de vie, de vêtements, etc..., pour un an (Jeanne ira dans une maison où le strict nécessaire sera payé). D'ailleurs je te parlerai d'elle tout à l'heure. C'est encore toi qui m'y as provoqué. Enfin 6.000 entre les mains d'Ancelle ou de Marin, lesquels seront dépensés lentement,

successivement, prudemment, de manière à payer peut-être plus de 10.000, et à empêcher toute secousse, et tout scandale à Honfleur.

Voilà un an de tranquillité. Je serais un bien grand sot et un bien grand coquin, si je n'en profitais pas pour rajeunir. Tout l'argent gagné pendant ce temps-là (10.000, 5.000 peut-être seulement) *sera versé entre tes mains*. Je ne te cacherai aucune de mes affaires, aucun de mes bénéfices. Au lieu de combler la lacune, cet argent sera encore appliqué aux dettes. — Et ainsi de suite, dans les années suivantes. Ainsi je pourrai *peut-être,* par le rajeunissement opéré sous tes yeux, *tout payer,* sans que mon capital soit diminué de plus de 10.000, sans compter il est vrai, les 4.600 des années précédentes. Et la maison sera sauvée. Car c'est une des considérations qui sont toujours devant mes yeux.

Si tu adoptais ce projet de béatitude, je voudrais être réinstallé à la fin du mois, tout de suite peut-être. Je t'autorise à venir me chercher. Tu comprends bien qu'il y a une foule de détails qu'une lettre ne comporte pas. Je voudrais en un mot, que toute somme ne fût payée qu'après ton consentement, après mûr débat entre toi et moi, en un mot, que tu devinsses *mon vrai Conseil judiciaire*. Peut-on être obligé d'associer une idée aussi horrible à l'idée si douce d'une mère !

Dans ce cas-là, malheureusement, il faut dire adieu aux petites sommes, aux petits gains, 100, 200 par-ci, par-là, qu'amène le train-train de la vie parisienne. Ce seraient alors de grosses spéculations et de gros livres, dont le paiement se ferait attendre plus longtemps. — Ne consulte que toi, ta conscience et ton Dieu, puisque tu as le bonheur de croire. Ne livre tes pensées à Ancelle qu'avec mesure. Il est bon ; mais il a le cerveau étroit. Il ne peut pas croire qu'un mauvais sujet volontaire qu'il a eu à morigéner soit un homme important. Il me laissera *crever* par entêtement. Au lieu de penser uniquement à l'argent, pense un peu à la gloire, au repos, et *à ma vie*.

Dans ce cas, dis-je, je ne ferais pas des séjours de 15 jours et d'un mois ou de deux mois. Je ferais un séjour perpétuel, sauf le cas où nous viendrions ensemble à Paris.

Le travail des épreuves peut se faire par la poste.

Encore une idée fausse de toi à rectifier, qui revient sans cesse sous ta plume. *Je ne m'ennuie jamais dans la solitude, je ne m'ennuie jamais auprès de toi.* Je sais seulement que je souffrirai par tes amis. J'y consens.

Quelquefois l'idée m'est venue de convoquer un conseil de famille ou de me présenter devant un tribunal. Sais-tu bien que j'aurais eu de bonnes choses à dire, ne fût-ce que ceci : *J'ai produit huit volumes dans des conditions horribles. Je puis gagner ma vie. Je suis assassiné par les dettes de ma jeunesse ?*

Je ne l'ai pas fait, par respect pour toi, par égard pour ton horrible sensibilité. Daigne m'en savoir gré. Je te le répète, je me suis imposé de n'avoir recours qu'à toi.

A partir de l'année prochaine, je consacrerai à Jeanne le revenu du capital restant. Elle se retirera quelque part, pour n'être pas dans une absolue solitude. Voici ce qui lui est arrivé. Son frère l'a fourrée à l'hôpital, pour se débarrasser d'elle, et quand elle est sortie, elle a découvert qu'il avait vendu une partie de son mobilier et de ses vêtements. Depuis 4 mois, depuis ma fuite de Neuilly, je lui ai donné 7 francs.

Je t'en supplie, le repos, donne-moi le repos, le travail, et un peu de tendresse.

Il est évident que dans mes affaires actuelles, il y a des choses horriblement pressées ; ainsi, j'ai commis de nouveau la faute, dans ces tripotages de banque inévitables, de détourner pour mes dettes personnelles plusieurs centaines de francs qui ne m'appartenaient pas. *J'y ai été absolument contraint.* Il va sans dire que je croyais réparer le mal tout de suite. Une personne, à Londres, me refuse 400 fr. qu'elle me doit[6]. Une autre, qui devait me remettre 300 fr. est en voyage. Toujours l'imprévu. — J'ai eu aujourd'hui *le terrible courage* d'écrire à la personne intéressée l'aveu de ma faute. Quelle scène va avoir lieu ? Je n'en sais rien. Mais j'ai voulu décharger ma conscience. J'espère que par égard pour mon nom et mon talent on ne fera pas de scandale, et qu'on voudra bien attendre.

Adieu. Je suis exténué. Pour rentrer dans les détails de santé, je n'ai ni dormi, ni mangé depuis presque trois jours ; ma gorge est serrée. — Et il faut travailler.

Non, je ne te dis pas adieu ; car j'espère te revoir.

Oh ! lis-moi bien attentivement, tâche de bien comprendre.

Je sais que cette lettre t'affectera douloureusement, mais tu y trouveras certainement un accent de douceur, de tendresse, et même encore d'espérance, que tu as trop rarement entendus [*sic*].

Et je t'aime.

C. B.

A SAINTE-BEUVE

[Paris, vers le 25 janvier 1862.]

Encore un service que je vous dois ! Quand cela finira-t-il ? — Et comment vous remercier

L'article m'avait échappé[1]. Cela vous explique le retard que j'ai mis à vous écrire.

Quelques mots, mon cher ami, pour vous peindre le genre particulier de plaisir que vous m'avez procuré. — J'étais très blessé (mais je n'en disais rien) de m'entendre, depuis plusieurs années, traiter de loup-garou, d'homme impossible et rébarbatif. Une fois, dans un journal méchant, j'avais lu quelques lignes sur ma répulsive laideur, bien faite pour éloigner toute sympathie (c'était dur pour un homme qui a tant aimé le parfum de la femme). Un jour une femme me dit : « C'est singulier, vous êtes fort convenable ; je croyais que vous étiez toujours ivre et que vous sentiez mauvais. » Elle parlait d'après la légende.

Enfin, mon cher ami, vous avez mis bon ordre à tout cela, et je vous en sais bien du gré, — moi qui ai toujours dit qu'il ne suffisait pas d'être savant, mais qu'il fallait surtout être aimable.

Quant à ce que vous appelez *mon Kamschatka,* si je recevais souvent des encouragements aussi vigoureux que celui-ci, je crois que j'aurais la force d'en faire une immense *Sibérie,* mais une chaude et peuplée. Quand je vois votre activité, votre vitalité, je suis tout honteux ; heureusement j'ai des soubresauts et des crises dans le caractère qui remplacent, quoique très insuffisamment, l'action d'une volonté continue.

Faut-il maintenant que moi, l'amoureux incorrigible des *Rayons jaunes* et de *Volupté,* du Sainte-Beuve poëte et romancier, je complimente le journaliste ?

Comment faites-vous pour arriver à cette certitude de plume qui vous permet de tout dire et de vous faire un jeu de toute difficulté ? Cet article n'est pas un pamphlet, puisque c'est une justice. Une chose m'a frappé, c'est que j'ai retrouvé là toute votre éloquence de conversation avec son bon sens et ses pétulances.

(Vraiment, j'aurais voulu y collaborer un peu (pardonnez cet orgueil); j'aurais pu vous faire don de deux ou trois énormités que vous avez omises par ignorance. Dans une bonne causerie, je vous conterai cela.)

Ah ! et votre utopie ! le grand moyen de chasser des élections *le vague, si cher aux grands seigneurs !* Votre utopie m'a donné un nouvel orgueil. Moi aussi, je l'avais faite, l'utopie, la réforme ; — est-ce un vieux fond d'esprit révolutionnaire qui m'y poussait, comme aussi, il y a longtemps, à faire des projets de constitution ? Il y a cette grande différence que la vôtre est tout à fait viable, et que peut-être le jour n'est pas loin où elle sera adoptée.

P. Malassis brûle de faire une brochure avec votre admirable article, mais il n'ose pas vous aller voir ; il croit que vous lui en voulez.

Promettez-moi, je vous prie, de trouver quelques minutes pour répondre à ce qui suit :

Un grand chagrin, la nécessité de travailler, des douleurs physiques, dont une vieille blessure, ont interrompu mes opérations.

J'ai enfin 15 exemplaires de mes principaux bouquins. Ma liste de distribution, très restreinte, est faite.

Je crois de bonne politique d'opter pour le fauteuil Lacordaire. Là, il n'y a pas de littérateurs. C'était primitivement mon dessein, et, si je ne l'ai fait, c'était *pour ne pas vous désobéir,* et pour ne pas paraître trop excentrique. Si vous croyez mon idée bonne, j'écrirai avant mercredi prochain une lettre à M. Villemain, où je dirai brièvement qu'il me semble que l'option d'un candidat ne doit pas être seulement dirigée par le désir du succès, mais aussi doit être un hommage sympathique à la mémoire du défunt. Aussi bien Lacordaire est un prêtre *romantique,* et je l'aime. Peut-être glisserai-je dans la lettre le mot *romantisme,* mais non sans vous consulter.

Il faudra bien que ce terrible rhéteur, cet homme si grave et si peu aimable, lise ma lettre ; cet homme qui prêche en causant, avec la physionomie et la solennité (mais non pas avec la bonne foi) de Mlle Lenormant[2]. J'ai vu cette demoiselle en robe de professeur, ramassée dans son fauteuil comme un Quasimodo, et elle avait sur M. Villemain l'avantage d'une voix très sympathique.

Si, par hasard, M. Villemain vous est cher, je retire immédiatement tout ce que je viens de dire ; et, pour l'amour de vous, je m'appliquerai à le trouver aimable.

Cependant, je ne puis pas m'empêcher de penser que, comme papiste, je vaux mieux que lui..., et cependant je suis un catholique bien suspect.

Je veux, malgré ma tonsure et mes cheveux blancs, vous parler en petit garçon. Ma mère, qui s'ennuie beaucoup, me demande sans cesse les *nouveautés.* Je lui ai envoyé votre article. Je sais quel plaisir maternel elle en tirera. Merci pour moi et pour Elle.

Votre bien dévoué.

<div align="right">CH. BAUDELAIRE.</div>

22, rue d'Amsterdam.

A ANCELLE

Hôtel
du Grand Miroir
Bruxelles.

Dimanche 18 février 1866.

[. ¹|

Et vous avez été assez ENFANT pour aller écouter ce petit bêtat |*sic*| de Deschanel² professeur pour demoiselles ! démocrate qui ne croit pas aux miracles et ne croit QU'AU BON SENS (!), parfait représentant de la petite littérature, petit vulgarisateur de choses vulgaires, etc. !

Hier samedi 17, il était joliment traité à propos de cette conférence, dans la *Chronique* du *Temps* signée *de la Madelène.* — Et cette leçon lui était donnée d'une main vraiment badine et légère.

Et vous avez été assez ENFANT pour oublier que *la France* a HORREUR de la poësie, de la *vraie* poësie; qu'elle n'aime que les saligauds, comme Béranger et de Musset; que *quiconque s'applique à mettre l'orthographe passe pour un homme sans cœur* (ce qui est d'ailleurs assez logique, puisque la passion s'exprime toujours mal); enfin, qu'une poësie profonde, mais compliquée, amère, froidement diabolique (en apparence), était moins faite que toute autre pour la frivolité éternelle !

Faut-il vous dire, à vous qui ne l'avez pas plus deviné que les autres, que dans ce livre *atroce,* j'ai mis tout *mon cœur,* toute *ma tendresse,* toute *ma religion* (travesti), toute *ma haine* ? Il est vrai que j'écrirai le contraire, que je jurerai mes grands dieux que c'est un livre *d'art pur,* de *singerie,* de *jonglerie;* et je mentirai comme un arracheur de dents.

Et, à propos ! Qu'est-ce que c'est donc que la poësie *fantaisiste ?* Je ne pourrai jamais le deviner. Je défie Deschanels de l'expliquer, comme je défie un journaliste ou un professeur quelconque *d'expliquer le sens d'un seul des mots dont il se sert.* — Il y a donc une poësie *fantaisiste,* et une poësie *qui ne l'est pas.* Qu'est-ce que c'est que celle-là qui n'est pas basée sur la fantaisie de l'artiste, du poëte, c'est à dire *sur sa manière* de sentir ?

A propos du *sentiment,* du *cœur,* et autres saloperies féminines, souvenez-vous du mot profond de Leconte de Lisle : *Tous les élégiaques sont des canailles !*

Assez, n'est-ce pas ? Et vous me pardonnez ma diatribe. Ne me privez pas du seul ami à qui je puisse dire des injures ! Mais comprend-on une pareille idée ? aller à une conférence de Deschanels !

L'hygiène que vous m'indiquez est adoptée et mise en pratique par moi depuis deux mois.

L'offre que vous m'avez faite d'intervenir pour me débarasser de Bruxelles me répugne souverainement, à moins que nous n'ayons derrière nous la garantie de traités littéraires avec échéances marquées pour les paiements. Je vous parlerai de cela un autre jour.

Vos lignes sur ce joli pédant m'ont mis en fureur. Songez donc qu'en général l'erreur me cause des crises nerveuses, excepté quand je cultive volontairement la sottise, comme j'ai fait pendant 20 ans pour le *Siècle,* pour en extraire la quintessence.

Excepté Chateaubriand, Balzac, Stendhal, Mérimée, de Vigny, Flaubert, Banville, Gautier, Leconte de Lisle, toute la racaille moderne me fait horreur. Vos académiciens, horreur. Vos libéraux, horreur. La vertu, horreur. Le vice, horreur. Le style coulant, horreur. Le progrès, horreur. Ne me parlez plus jamais des diseurs de riens.

Tout à vous.

C. B.

VIE DE CHARLES BAUDELAIRE

CHRONOLOGIE

1821. *9 avril :* Naissance de Charles Pierre Baudelaire, à Paris, 13, rue Hautefeuille, dans une maison que devait faire disparaître, vers la fin du Second Empire, le percement du boulevard Saint-Germain.
7 juin : Baptême à l'église Saint-Sulpice.

1827. *10 février :* Mort de François Baudelaire, père de Charles, ancien chef des bureaux du Sénat. Il était âgé de soixante-sept ans. Peintre amateur, il était selon son fils « un détestable artiste ».
Veuve à trente-trois ans, Mme Baudelaire, née Caroline Archimbaut-Dufaÿs, quitte la rue Hautefeuille pour aller habiter rue Saint-André-des-Arts.
En été : Séjour à Neuilly, près du Bois de Boulogne, dans une petite maison champêtre située rue du Débarcadère.

1828. *8 novembre :* Mme Baudelaire convole avec le commandant Jacques Aupick, né en 1789.

1832. Départ pour Lyon, où Aupick vient d'être nommé chef d'état-major. Charles est mis à la pension Delorme.

1833. *Octobre :* Charles entre comme interne, en cinquième, au collège royal de Lyon.

1836. Retour à Paris, où le colonel Aupick est affecté à la 1re division militaire.
1er mars : Entrée de Charles comme interne au collège Louis-le-Grand.

1837. Deuxième prix de vers latins au concours général.

1838. Voyage dans les Pyrénées, pendant les vacances, en compagnie du colonel Aupick.

1839. *18 avril :* Renvoyé du collège pour insubordination. Va compléter sa préparation au bachot à la pension Lévêque et Bailly, place de l'Estrapade, où il se lie avec deux jeunes provinciaux, poètes comme lui : Gustave Le Vavasseur et Ernest Prarond.
12 août : Reçu bachelier.

1840. Liaison, au Quartier Latin, avec une prostituée, Sarah, que ses familiers ont surnommée Louchette.

1841. Premières relations dans le monde des lettres : Édouard Ourliac, Gérard de Nerval, Balzac.
9 juin : Départ à Bordeaux, sur le *Paquebot des Mers du Sud*, pour un long voyage en mer. Ce départ a été décidé par un conseil de famille, réuni à la demande des époux

Aupick qu'alarmaient la vie désordonnée de Baudelaire et sa volonté de ne se consacrer qu'aux lettres.

1er-19 septembre : Séjour à l'île Maurice. Le poète est reçu chez M. Adolphe Autard de Bragard.

Octobre : Séjour à l'île Bourbon.

20 octobre : Envoi à M. Autard de Bragard d'un sonnet *(A une dame créole),* inspiré à Baudelaire par l'épouse de son hôte mauricien.

1842. *Février ou mars :* Retour à Bordeaux, sur le voilier l'*Alcide,* qui a fait escale au Cap. A Paris, nouvelles liaisons littéraires : Théophile Gautier, Théodore de Banville. Le poète s'attache à Jeanne Duval, jeune mulâtresse, figurante dans un petit théâtre de quartier.

9 avril : Baudelaire atteint sa majorité légale. Sur la succession de son père doivent lui revenir des biens représentant environ 7 000 francs-or.

Juin : Loue une chambre dans l'île Saint-Louis, 10 (aujourd'hui 22) quai de Béthune.

1843. Collabore avec Ernest Prarond à un drame en vers, *Idéolus,* qui ne sera jamais terminé.

Avril : Nouveau domicile, rue Vaneau.

Octobre : Retour dans l'île Saint-Louis, 17, quai d'Anjou, dans un des appartements de l'hôtel Pimodan, ancienne résidence de Lauzun. Un des locataires de l'immeuble est le peintre Fernand Boissard, dans l'atelier duquel Baudelaire retrouve Gautier, et peut-être rencontre pour la première fois M^{lle} Savatier, la future « présidente ». Faute d'avoir obtenu l'entrée en possession de l'héritage paternel, Baudelaire s'endette et signe des billets à un certain Arondel, qui semble avoir largement abusé de son inexpérience.

Novembre-décembre : Le Tintamarre et *La Démocratie pacifique* refusent à Baudelaire des articles qu'ils estiment trop audacieux. Une quinzaine de poèmes qui prendront place dans *Les Fleurs du Mal* sont déjà écrits.

1844. *Mars :* Publication, sous la firme du libraire Cazel, d'un petit ouvrage anonyme, *Mystères galans des Théâtres de Paris,* recueil d'historiettes et d'échos malicieux, à la confection duquel a participé Baudelaire.

Juillet : Son fils accumulant les dettes, Mme Aupick engage une procédure tendant à lui imposer un conseil judiciaire.

21 septembre : Le tribunal civil dote Baudelaire du conseil judiciaire demandé par sa famille : maitre Ancelle, notaire à Neuilly.

1er décembre : L'Artiste insère, sous la signature de Privat d'Anglemont, un sonnet *(A Madame du Barry)* dont Baudelaire est peut-être le véritable auteur.

1845. *Janvier, mai, août :* Publication dans *L'Artiste* de trois sonnets, deux signés Privat d'Anglemont *(A Yvonne Pen-Moor, Avril),* l'autre anonyme *(A une belle dévote)* qui sont probablement de Baudelaire. Arsène Houssaye, qui dirigeait alors *L'Artiste,* raconte dans ses *Confessions* que Privat signa devant lui et devant Baudelaire des sonnets écrits de la main de ce dernier.

Avril : L'éditeur Jules Labitte publie, sous le nom de Baudelaire-Dufaÿs, le *Salon de 1845,* brochure de 72 pages, sous couverture jaune.

25 mai : Dans *L'Artiste,* un sonnet signé Baudelaire-Dufaÿs *(A une dame créole).*

30 juin : Tentative de suicide (coup de couteau) après rédaction d'un testament par lequel le poète lègue tous ses biens à sa maitresse, M^{lle} Jeanne Lemer (autre nom de Jeanne Duval).

Juillet : Séjour de Baudelaire auprès de sa mère, au siège à la place de Paris, que commande alors le général Aupick (7, place Vendôme). Nouveaux différends et nouvelle rupture de Baudelaire avec son beau-père. Le poète va loger à l'hôtel de Dunkerque, 32, rue Laffitte.

24 novembre : Publication sans signature, dans *Le Corsaire-Satan,* d'une fantaisie sur Balzac : *Comment on paie ses dettes quand on a du génie.* Baudelaire avouera cette pièce en la faisant reparaitre quelques mois plus tard, accompagnée de son nom, dans un autre journal.

1846. *Janvier-avril :* Collaboration au *Corsaire-Satan* et à *L'Esprit public.* Donne au second de ces deux journaux, comme un texte original, *Le Jeune Enchanteur,* qui n'est en

réalité que la traduction défectueuse d'une nouvelle anglaise, publiée en 1836 dans un keepsake. Fréquents changements de domicile : au printemps, 33, rue Coquenard (aujourd'hui rue Lamartine), puis 24, rue de Provence.

Mai : Publie, chez Michel Lévy, une brochure à couverture rose, *Salon de 1846*. Au second plat de la couverture sont annoncés comme devant paraître prochainement deux ouvrages du même auteur : un recueil de poésies, *Les Lesbiennes* (ce seront onze ans plus tard *Les Fleurs du Mal*) et *Le Catéchisme de la femme aimée*, qui ne devait jamais être imprimé et n'a peut-être jamais été achevé.

6 septembre : Dans *L'Artiste* un poème : *L'Impénitent*, qui deviendra, dans *Les Fleurs du Mal, Don Juan aux enfers.*

Septembre : Début, au *Tintamarre*, d'une collaboration anonyme qui ne prendra fin qu'en mars 1847.

13 décembre : Dans *L'Artiste* le poème *A une Indienne*, repris dans *Les Fleurs du Mal* sous le titre *A une Malabaraise.*

1847. *Janvier :* Le *Bulletin de la Société des Gens de lettres* insère *La Fanfarlo*, où Baudelaire s'est plus ou moins représenté lui-même sous l'aspect de Samuel Cramer.
Au cours de l'année, les rapports du poète avec sa mère s'altèrent sensiblement. Baudelaire loge par moments chez Jeanne Duval, 6, rue de la Femme-sans-tête (c'est maintenant, dans l'île Saint-Louis, la partie de la rue Le Regrattier comprise entre la rue Saint-Louis-en-l'Ile et le quai Bourbon). Il s'éprend de Marie Daubrun, petite comédienne d'à peine vingt ans.
Le Salon refuse le portrait que Courbet a fait de Baudelaire : *L'Homme à la pipe* (maintenant au musée de Montpellier).
14 novembre : Champfleury, dans un feuilleton du *Corsaire-Satan*, reproduit un sonnet de Baudelaire (le fameux sonnet sur *Les Chats*, alors inédit).
Décembre : Baudelaire emménage 36, rue de Babylone, tandis que le général Aupick, passant du commandement de la place de Paris au commandement de l'Ecole polytechnique, vient s'installer 66, rue de Clichy.

1848. *Janvier :* Collaboration au *Corsaire-Satan.*
Fin février : Baudelaire prend part aux émeutes : le 24 février, un fusil à la main, il crie comme un refrain au carrefour de Buci : « Il faut aller fusiller le général Aupick ! » Il adhère à la Société républicaine centrale, fondée par Blanqui, et publie avec deux amis, Champfleury et Toubin, une feuille socialisante, *Le Salut public*, qui disparait après son second numéro.
Avril-mai : Secrétaire de rédaction du journal *La Tribune nationale* dont il ne semble pas avoir épousé les vues conservatrices. Mme Aupick et son mari partent pour Constantinople, où le général est envoyé comme ministre plénipotentiaire. Quelques jours avant ce départ, Aupick reproche à son beau-fils sa liaison avec Jeanne Duval, qui le gruge et le trompe. Brouille complète entre Baudelaire et sa mère.
22-25 juin : Le poète participe à l'insurrection ouvrière.
15 juillet : Publie dans *La Liberté de penser* sa première traduction de Poe : *Révélation magnétique.*
Octobre : Se rend à Châteauroux pour y être le rédacteur en chef d'une nouvelle feuille bi-hebdomadaire, *Le Représentant de l'Indre*, de tendances conservatrices. Au bout d'une semaine, il repart pour Paris, après avoir épouvanté les propriétaires du journal par des pétitions de principe inattendues et des épiphonèmes déconcertants.
Novembre : Publie son poème *Le Vin de l'assassin* dans *L'Écho des Marchands de vin.*
On annonce la parution, chez Michel Lévy, en février 1849, d'un recueil de vers de Baudelaire : *Les Limbes* (il s'agit toujours des futures *Fleurs du Mal*, dont le premier titre, *Les Lesbiennes*, a été abandonné).

1849. Période mal connue de la vie de Baudelaire.
Il s'engoue de la musique de Wagner, dont les Parisiens n'entendront pourtant *Tannhäuser* qu'en 1850. Il fait relier un recueil de ses poèmes, calligraphiés par un écrivain public. Il lie connaissance avec Poulet-Malassis, fils d'un imprimeur d'Alençon et ancien élève de l'École des Chartes, récemment libéré des pontons de Brest où l'avait conduit sa participation à l'insurrection de juin 1848.
3 décembre : Il part pour Dijon. On ignore ce qu'il comptait faire dans cette ville où il

prévoyait un séjour d'une assez longue durée, puisque, descendu à l'hôtel en arrivant, il envisage de louer un petit appartement et des meubles.

1850. *9 janvier :* Jeanne Duval le rejoint à Dijon.
Au printemps, retour à Paris, après des ennuis de santé (accidents secondaires d'une syphilis contractée quelques années auparavant). Le poète loue un logement près du boulevard Poissonnière.
Mai-juillet : Demeure à Neuilly, 95, avenue de la République.
Juin : Publie dans *Le Magasin des Familles* deux poèmes : *Châtiment de l'orgueil* et *Le Vin des honnêtes gens* (plus tard *L'Ame du vin*).

1851. *Mars :* Publie dans *Le Messager de l'Assemblée* son étude *Du vin et du haschisch comparés comme moyens de multiplication de l'individualité,* première ébauche des *Paradis artificiels.*
9 avril : Sous le titre général *Les Limbes, Le Messager de l'Assemblée* insère onze poèmes qui prendront place plus tard dans *Les Fleurs du Mal.*
Début de juin : Revenant de Constantinople, le général et Mme Aupick passent quelques jours à l'hôtel du Danube, rue Richepanse, avant d'aller prendre possession de l'ambassade de Madrid. Mme Aupick retrouve son fils dans un dénuement presque complet.
Juillet : Baudelaire quitte Neuilly pour aller habiter 25, rue des Marais-du-Temple.
Collaboration de Baudelaire à *La République du Peuple,* « almanach démocratique ».
Le poète propose sans succès au journal *Le Pays* une série d'articles sur la caricature.
Août : Publie son étude sur Pierre Dupont (20e livraison des *Chants et Chansons* de Dupont).
15 octobre : Fait demander à Londres les œuvres complètes d'Edgar Poe.
27 novembre : Publie dans *La Semaine théâtrale* un article sur *Les Drames et les Romans honnêtes.*
2 décembre : Coup d'État. Baudelaire, se rappelant cette journée, notera plus tard : « Ma fureur au coup d'État. Combien j'ai essuyé de coups de fusil. Encore un Bonaparte ! quelle honte ! »

1852. *22 janvier :* Publie, dans *La Semaine théâtrale,* un article sur l'*École païenne.*
1er février : Dans son dernier numéro, *La Semaine théâtrale* donne deux poèmes de Baudelaire. Avec quelques amis, et notamment avec Monselet et Champfleury, Baudelaire envisage la publication d'un hebdomadaire, *Le Hibou philosophe,* mais ce projet doit être bientôt abandonné, le commanditaire sur lequel on comptait s'étant dérobé.
Mars-avril : *La Revue de Paris* publie une étude de Baudelaire sur Edgar Poe. C'est le premier texte important consacré en France au poète américain.
7 avril : Baudelaire quitte son logement de la rue des Marais-du-Temple et se sépare de Jeanne Duval, se promettant de lui venir encore en aide, mais sans la revoir.
Mai : Il demeure 11, boulevard Bonne-Nouvelle.
Octobre : Loge à l'hôtel, 60, rue Pigalle, où des notes accumulées le retiendront plus d'un an et demi. Publie dans *La Revue de Paris* deux de ses poèmes et une traduction de Poe, et une autre traduction de Poe dans *Le Magasin des Familles.*
9 décembre : Il dédie et envoie anonymement à la belle Apollonie Sabatier, en contrefaisant son écriture, un poème intitulé *A une femme trop gaie.* Ce sera, sous le titre *A celle qui est trop gaie,* une des six pièces des *Fleurs du Mal* condamnées par un tribunal correctionnel.

1853. *10 janvier :* Conformément à un contrat passé depuis quelques mois, Baudelaire remet à l'éditeur Victor Lecou le manuscrit d'une traduction des *Histoires extraordinaires* de Poe et touche le prix convenu. Mais il est lui-même si peu satisfait de son travail qu'il ne tarde pas à demander qu'on interrompe la composition de l'ouvrage, acceptant pour cela de se reconnaître débiteur des frais déjà engagés.
4 février : Publie une traduction de Poe dans le journal *Paris.*
1er mars : Autre traduction de Poe (*Le Corbeau*) dans *L'Artiste.* Son dénuement et l'état de dépression où il se trouve empêchent Baudelaire de répondre aux sollicitations de Roqueplan, directeur de l'Opéra, qui lui demande un livret, et aux offres du directeur

d'un théâtre du Boulevard, disposé à lui prendre un drame. Jeanne Duval, malade, est sans ressources.

8 mars : Le général Aupick est nommé sénateur. Avec Mme Aupick, il emménage peu après 91, rue du Cherche-Midi.

27 mars : Traductions de Poe dans *Le Monde littéraire.*

17 avril : Publication dans la même revue d'un important essai : *Morale du joujou.*

Mai : Séjour à Versailles et nouveaux envois anonymes de poèmes à Apollonie Sabatier.

13 et 15 novembre : Traductions de Poe dans le journal *Paris.*

16 novembre : Jeanne Duval perd sa mère. Malgré les difficultés où il se débat, Baudelaire prend à sa charge les frais de l'inhumation.

1854. *Janvier :* Il dresse le plan d'un drame en cinq actes. *L'Ivrogne,* auquel il voudrait intéresser l'acteur Tisserant (ce drame ne sera jamais écrit).

Février : Nouveaux envois anonymes de poèmes à Mme Sabatier. Pour échapper à ses créanciers, se réfugie durant dix ou quinze jours à l'hôtel d'York, 61, rue Sainte-Anne.

Mai : Envoi d'un poème, toujours sans signature, à Mme Sabatier. La chambre d'hôtel de la rue Pigalle est enfin abandonnée. Le poète change de quartier et s'installe à l'hôtel du Maroc, 57, rue de Seine.

25 juillet : Le *Pays* commence la publication des *Histoires extraordinaires* de Poe. Interrompue plusieurs fois, cette publication ne prendra fin qu'en avril 1855.

Fin juillet : Baudelaire revoit Marie Daubrun, qui joue alors au théâtre de la Gaité.

Décembre : Harcelé par ses logeurs qu'il ne règle qu'avec retard et par petits acomptes, il déclare à sa mère qu'il compte « rentrer bientôt dans le concubinage », soit en allant retrouver Jeanne Duval, soit en s'installant « chez l'autre » : Marie Daubrun ou la mystérieuse J. G. F. à qui seront dédiés *Les Paradis artificiels ?* Se lie, vers la même époque, avec Barbey d'Aurevilly.

1855. *Mars-avril :* Six changements d'hôtel en un mois. Le général Aupick achète une petite maison à Honfleur, devant la mer.

26 mai : Le *Pays* commence la publication d'une étude de Baudelaire sur l'Exposition universelle récemment ouverte au nouveau Palais des Beaux-Arts, avenue Montaigne.

1er juin : La *Revue des Deux Mondes* insère dix-huit poèmes de Baudelaire, sous le titre *Les Fleurs du Mal,* qui apparaît pour la première fois. Le poète loge alors à l'hôtel de Normandie, 13, rue Neuve-des-Bons-Enfants.

8 juillet : Le *Portefeuille* publie l'étude *De l'essence du rire.*

Juillet-décembre : Baudelaire loge en meublé, 27, rue de Seine.

3 août : Il traite avec Michel Lévy pour l'édition en deux volumes de sa traduction des *Histoires extraordinaires* et des *Nouvelles Histoires extraordinaires* d'Edgar Poe.

12 août : Le *Portefeuille* accueille la dernière partie (sur Ingres) de l'étude consacrée à l'Exposition universelle et que Le *Pays* avait renoncé à publier complètement.

14 et 19 août : Baudelaire écrit à George Sand pour lui recommander Marie Daubrun qui cherche un engagement au théâtre de la Porte Saint-Martin. Première publication de petits poèmes en prose, dans un recueil collectif intitulé *Fontainebleau, Hommage à C.-F. Denecourt.*

4 novembre : Le *Figaro,* commentant les poèmes des *Fleurs du Mal* parus en juin dans *La Revue des Deux Mondes,* écrit que ces poèmes ont détruit la « renommée de surprise » que Baudelaire s'était faite et relèguent leur auteur « parmi les fruits secs de la poésie contemporaine ».

Décembre : Dans la *Nouvelle Galerie des Artistes dramatiques vivants,* notice élogieuse de Baudelaire sur le comédien Rouvière.

Fin décembre : Baudelaire s'installe 18, rue d'Angoulême-du-Temple (aujourd'hui rue Jean-Pierre-Timbaud), dans un logement nu qu'il s'efforce de meubler.

1856. *Mars :* Mise en vente des *Histoires extraordinaires* de Poe dans la collection Michel Lévy à un franc.

Mai : Baudelaire quitte son logement de la rue d'Angoulême pour retourner à l'hôtel. Il loue une chambre à l'hôtel Voltaire, 19, quai Voltaire, où il restera plus de deux ans.

Août ou début de septembre : Nouvelle rupture avec Jeanne Duval.

21 octobre : Conclusion d'un traité avec Michel Lévy pour la publication ultérieure d'une traduction des *Aventures d'Arthur Gordon Pym.*

30 décembre : Conclusion d'un traité avec Poulet-Malassis pour l'édition des *Fleurs du Mal* et de *Bric-à-Brac esthétique* (premier titre des *Curiosités esthétiques,* qui ne seront publiées que douze ans plus tard, après la mort de l'auteur, et par Michel Lévy).

1857. *4 février :* Le manuscrit des *Fleurs du Mal* est remis à Poulet-Malassis, ou plutôt à son correspondant parisien, Malassis résidant à Alençon où il dirige l'imprimerie familiale, en association avec de Broise, son beau-frère.

25 février : Le *Moniteur* commence la publication de la *Relation d'Arthur Gordon Pym.*

Mars : Mise en vente des *Nouvelles Histoires extraordinaires* dans la collection Michel Lévy à un franc.

20 avril : La *Revue française* insère plusieurs poèmes qui paraîtront dans *Les Fleurs du Mal.*

28 avril : Le général Aupick meurt à son domicile, 91, rue du Cherche-Midi. Le nom de Baudelaire ne figure ni dans le testament du général ni dans les lettres de faire-part envoyées pour les obsèques.

10 mai : *L'Artiste* insère des poèmes extraits des *Fleurs du Mal,* dont la sortie est proche.

Fin mai : Mme Aupick se retire à Honfleur.

16 juin : Gustave Rouland, Ministre de l'Instruction publique, fait octroyer à Baudelaire, qui avait sollicité son assistance, une « indemnité » de 200 francs pour sa traduction des *Histoires extraordinaires.*

25 juin : Mise en vente des *Fleurs du Mal.* L'ouvrage, tiré à 1 300 exemplaires, est vendu 3 francs.

5 juillet : Le *Figaro* reprend ses attaques contre Baudelaire et suggère des poursuites contre son recueil de poèmes : « Rien, écrit-il, ne peut justifier un homme de plus de trente ans d'avoir donné la publicité du livre à de semblables monstruosités. »

14 juillet : Dans Le *Moniteur,* Edouard Thierry consacre aux *Fleurs du Mal* un article très élogieux.

16 juillet : Influencé par les sottises du *Figaro,* le parquet fait saisir *Les Fleurs du Mal.* Des poursuites sont engagées contre le poète et ses éditeurs, Poulet-Malassis et de Broise.

18 août : Pour la première fois Baudelaire écrit à Mme Sabatier sans déguiser son écriture et en signant sa lettre : « Tous les vers compris entre la page 84 et la page 105 [du recueil poursuivi] vous appartiennent. »

20 août : Après réquisitoire d'Ernest Pinard (qui avait déjà requis la même année contre *Madame Bovary*) et plaidoirie de maître Chaix d'Est-Ange, le tribunal correctionnel condamne Baudelaire à 300 francs d'amende, Poulet-Malassis et de Broise à 100 francs d'amende chacun, et ordonne la suppression de six poèmes.

24 août : Sous le titre de *Poèmes nocturnes,* Le *Présent* publie six « petits poèmes en prose » de Baudelaire.

30 août : De Guernesey, Hugo écrit à Baudelaire : « Vos *Fleurs du Mal* rayonnent et éblouissent comme les étoiles [...] Une des rares décorations que le régime actuel peut vous accorder, vous venez de la recevoir. La justice vous a condamné au nom de ce qu'il appelle sa morale ; c'est là une couronne de plus. »

31 août : Au lendemain du jour où Mme Sabatier venait de s'offrir à lui, Baudelaire, par une lettre où voisinent le *tu* et le *vous,* renonce à la liaison dont il avait rêvé durant plusieurs années. Ses relations avec la « présidente » resteront néanmoins amicales.

1er et 15 octobre : Le *Présent* publie les essais de Baudelaire sur *Quelques caricaturistes français et étrangers.*

18 octobre : Dans *L'Artiste,* étude de Baudelaire sur Flaubert et *Madame Bovary.*

6 novembre : Baudelaire écrit à l'Impératrice pour solliciter la remise de l'amende à laquelle son livre l'a fait condamner.

15 novembre : Dans Le *Présent,* nouveaux poèmes de Baudelaire que reprendront les deuxième et troisième éditions des *Fleurs du Mal.*

31 décembre : Baudelaire sollicite un nouveau secours du ministre de l'Instruction publique.

1858. *Janvier :* Douleur aux jambes, marche difficile, étouffements, troubles digestifs : éther, opium. Baudelaire envisage de se retirer à Honfleur, auprès de sa mère qui l'y incite.
18 janvier : Le ministre de l'Instruction publique lui accorde une indemnité de 100 francs, au titre de traducteur des *Nouvelles Histoires extraordinaires.*
20 janvier : De Royer, garde des Sceaux, réduit à 50 francs l'amende infligée à l'auteur des *Fleurs du Mal,* par la 6ᵉ chambre correctionnelle.
Fin février : Baudelaire s'emporte contre son conseil judiciaire, maître Ancelle, dont la surveillance un peu maladroite froisse cruellement son amour-propre. Il fait part à sa mère de son intention d'aller souffleter maître Ancelle chez lui.
3 mars : Mme Aupick, en excellents termes avec Ancelle, s'émeut de l'irritation de son fils et fait intervenir auprès de lui un M. Jacquotot, qui apaise un peu le poète.
20 mars-4 ou 5 avril : Séjour de Baudelaire à Corbeil pour la correction des épreuves de son troisième volume de Poe, que Michel Lévy fait imprimer dans cette ville.
Fin avril : Mise en vente des *Aventures d'Arthur Gordon Pym.*
19 septembre : L'*Artiste* publie le sonnet *Duellum.*
30 septembre : Dans la *Revue contemporaine,* étude sur le haschich (première partie des *Paradis artificiels*).
21 octobre : Courte visite à Mme Aupick à Honfleur.
Fin octobre : Baudelaire quitte l'hôtel Voltaire ; projetant de partir pour Honfleur, il ne se réinstalle nulle part et réside provisoirement 22, rue Beautreillis, chez Jeanne Duval, dont il ne s'est jamais complètement détaché, malgré de nombreuses décisions de rupture.
Décembre : Il passe douze jours à Alençon, chez son ami Poulet-Malassis.
31 décembre : Il retourne pour quarante-huit heures à Alençon auprès de Malassis. Endettés l'un et l'autre, l'éditeur et le poète se rendent mutuellement service en échangeant des traites de complaisance.

1859. *9 janvier :* L'*Artiste* publie un article de Baudelaire sur un recueil de nouvelles de Charles Asselineau.
20 janvier : Dans *La Revue française,* deux poèmes de Baudelaire (*Le Possédé* et *Le Goût du Néant*).
Janvier-février : Séjour à Honfleur, chez Mme Aupick. Le ministre de l'Instruction publique accorde à Baudelaire une nouvelle « indemnité » de 300 francs pour sa traduction des *Nouvelles Histoires extraordinaires.*
23 février : De Honfleur, le poète envoit à Maxime Du Camp *Le Voyage,* qu'il lui dédie et qui figurera dans la seconde édition des *Fleurs du Mal.*
Début de mars : De retour à Paris, Baudelaire loge chez Jeanne Duval.
10 et 20 mars : Traductions de Poe dans *La Revue française.*
13 mars : L'*Artiste* publie l'étude de Baudelaire sur Théophile Gautier.
15 mars : La *Revue contemporaine* publie le poème intitulé *Danse macabre.*
5 avril : Jeanne Duval, frappée de paralysie, est transportée à la maison de santé Dubois, 200, faubourg Saint-Denis.
10 avril : Trois poèmes dans *La Revue française (Sisina, Le Voyage, L'Albatros).* — Baudelaire retourne à Honfleur.
20 avril : Traductions de Poe dans *La Revue française.*
19 mai : Jeanne Duval sort de la maison Dubois.
20 mai : La *Revue française* publie le poème *La Chevelure.*
10 juin-20 juillet : Dans la même revue, publication de la *Lettre sur le Salon de 1859.*
Seconde quinzaine de juin : Baudelaire revient à Paris.
Début d'août (au plus tard) : Il prend une chambre à l'hôtel de Dieppe, 22, rue d'Amsterdam. (Cet hôtel existe encore. La tradition veut que le poète y ait eu sa chambre au cinquième étage.)
15 septembre : La *Revue contemporaine* publie deux poèmes (*Les Sept Vieillards* et *Les Petites Vieilles*).
Octobre : La *Revue internationale,* paraissant tous les mois à Genève, commence la publication d'une nouvelle traduction de Poe par Baudelaire : celle d'*Eureka.* Cette publication se poursuivra jusqu'en janvier 1860 seulement.
Novembre : Poulet-Malassis édite en plaquette (prix : un franc) l'étude de Baudelaire sur Théophile Gautier, précédée d'une lettre de Victor Hugo qui fait honneur au poète des *Fleurs du Mal* d'avoir créé « un frisson nouveau ».

30 novembre · Trois poèmes dans *La Revue contemporaine (Le Masque. Chant d'automne et Sonnet d'automne)*.
Début de décembre · Si court d'argent qu'il soit. Baudelaire ne résiste pas au plaisir d'acheter quelques dessins à Constantin Guys.
17 décembre — Brève visite à Mme Aupick, à Honfleur.

1860 *1er janvier :* Baudelaire et Poulet Malassis passent un contrat pour quatre ouvrages (une nouvelle édition des *Fleurs du Mal. Les Paradis artificiels. Curiosités esthétiques* et un recueil de notices littéraires). Le contrat prévoit pour chacun de ces ouvrages un tirage de 1 500 exemplaires et 300 francs de droits d'auteur, payables moitié à la remise du manuscrit, moitié à la signature du bon à tirer.
13 janvier · Crise cérébrale fugace, sans perte de connaissance.
15 et 31 janvier · *La Revue contemporaine* publie l'essai sur *Un Mangeur d'Opium* (seconde partie des *Paradis artificiels*).
22 janvier : Trois poèmes dans *La Causerie (4 une Madone. Le Cygne* et *Le Squelette laboureur)*.
Fin janvier et début de février : Baudelaire éprouve un vif plaisir aux concerts wagnériens donnés à la salle des Italiens.
7 février : Une nouvelle indemnité de 300 francs lui est accordée par le ministre de l'Instruction publique pour ses articles sur l'art.
17 février : Dans *La Presse* traduction de Poe *(L'Ange du Bizarre)* Baudelaire écrit à Wagner pour lui dire son admiration.
Mai : Mise en vente des *Paradis artificiels* Poulet Malassis n'a tiré l'édition qu'à 1 200 exemplaires, au lieu des 1 500 prévus par contrat.
15 mai : *La Revue contemporaine* publie cinq poèmes *Rêve parisien. L'Amour du mensonge. Le Rêve d'un curieux. Semper eadem* et *Obsession)*.
Juillet : Baudelaire loue un logement 4, rue Louis Philippe, à Neuilly, et y transporte ses « débris » : c'est à dire les rares meubles et objets qu'il possède encore. Il compte habiter tantôt là et tantôt chez sa mère, à Honfleur En fait, il gardera jusqu'en décembre la chambre qu'il a à l'hôtel de Dieppe, rue d'Amsterdam, tandis que Jeanne Duval. hémiplègique, viendra loger à Neuilly avant la fin de l'été.
15 octobre : *L'Artiste* insère huit poèmes *(Alchimie de la Douleur. Horreur sympathique. L'Horloge. Les Aveugles. A une passante. Un Fantôme Chanson d'après-midi* et *Hymne a la Beauté)*
15-20 octobre · Séjour à Honfleur, chez Mme Aupick.
15 novembre : Le ministre de l'Instruction publique accorde à Baudelaire une « indemnité littéraire » de 200 francs.
15 décembre · Baudelaire s'intalle à Neuilly, où il rejoint Jeanne Duval.

1861. *10 janvier :* Il s'enfuit de Neuilly. exaspéré par la présence constante, dans la chambre de Jeanne, d'un frère auquel on ne connaît point d'occupations, et revient prendre une chambre à l'hôtel de Dieppe, rue d'Amsterdam.
Début de février : Mise en vente de la seconde édition des *Fleurs du Mal* Tiré à 1 500 exemplaires, l'ouvrage, où sont entrés trente-cinq poèmes nouveaux, est vendu 3 francs
28 février : La Revue contemporaine publie deux poèmes *(La Voix* et *Le Calumet de la paix)*.
Mars : Jeanne Duval fait à l'hospice un séjour durant lequel son frère vend une partie de ce que contenait le logement de Neuilly
1er avril · Dans *La Revue européenne*. importante étude de Baudelaire sur Richard Wagner. Baudelaire fait part à sa mère de son intention de tenir un journal intime et de le publier ensuite sous le titre de *Mon cœur mis à nu.*
3 avril · Le comte Walewski. ministre d'État. accorde à Baudelaire une « indemnité » de 300 francs.
Avril-mai : Nouveaux indices d'activité syphilitique : papules, gène articulaire Situation matérielle difficile, état moral atroce, idées de suicide.
Mai : Dentu, éditeur de *La Revue européenne*, publie en plaquette *Richard Wagner et Tannhäuser.*
6 mai : Le poète adresse à sa mère une longue lettre, tendre, douloureuse, déchirante. écrite, dit-il, « la gorge serrée ». La sincérité n'en est pas douteuse.
15 mai : *La Revue fantaisiste* publie le poème *Madrigal triste*

15 juin : La même revue commence la publication sous le titre de *Réflexions sur quelques-uns de mes contemporains,* d'une série de notices de Baudelaire, destinées à une anthologie poétique; la première de ces notices est sur Victor Hugo.

Juillet : Baudelaire forme le projet de poser sa candidature à l'Académie française.

Juillet-août : Dans la *Revue fantaisiste,* notices sur Marceline Desbordes-Valmore, Auguste Barbier, Théophile Gautier, Pétrus Borel, Gustave Le Vavasseur, Théodore de Banville, Pierre Dupont et Leconte de Lisle.

15 septembre : Dans *La Revue européenne,* quatre poèmes (*La Prière d'un païen, Le Rebelle, L'Avertisseur* et *Épigraphe pour un livre condamné*); dans la *Revue fantaisiste,* article sur les peintures murales de Delacroix à Saint-Sulpice.

15 octobre : Dans la *Revue fantaisiste,* étude sur *Les Martyrs ridicules,* de Léon Cladel.

1er novembre : Dans la *Revue européenne,* le sonnet *Recueillement;* dans la *Revue fantaisiste,* neuf *Poèmes en prose.*

11 décembre : Baudelaire informe le secrétaire perpétuel de l'Académie française de sa candidature à l'un des fauteuils vacants (celui de Lacordaire). Il entreprend aussitôt les visites traditionnelles et voit avant la fin de l'année Vigny, Lamartine, Viennet, Villemain et Patin.

1862 *12 janvier :* Dans *Le Boulevard,* sonnets de Baudelaire (dont deux inédits : *Le Coucher de soleil romantique* et *Le Couvercle*).

Seconde quinzaine de janvier : Article anonyme de Baudelaire dans la *Revue anecdotique (Une réforme à l'Académie).* A peu près dans le même temps, le poète éprouve « un grand chagrin » : il a découvert « un fait monstrueux », dont il ne veut rien dire. Jacques Crépet a émis à ce sujet l'hypothèse fort vraisemblable que Baudelaire venait de s'apercevoir que le soi-disant frère par qui Jeanne Duval se laissait gruger était en réalité l'amant de cœur de celle-ci.

23 janvier : Baudelaire note : « J'ai cultivé mon hystérie avec jouissance et terreur. Aujourd'hui, j'ai subi un singulier avertissement, j'ai senti passer sur moi le vent de l'aile de l'imbécillité. »

10 février : Suivant les conseils de Sainte-Beuve, il se désiste de sa candidature à l'Académie.

1er mars : L'Artiste insère plusieurs poèmes de Baudelaire, dont deux sonnets inédits *(Le Gouffre* et *La Lune offensée).*

Seconde quinzaine de mars : Baudelaire donne à la *Revue anecdotique* une notice nécrologique non signée sur son ami le romancier Paul de Molènes, dont il se proposait d'adapter une nouvelle pour la scène *(Les Souffrances d'un Houzard).*

2 avril : Article non signé dans la *Revue anecdotique (L'eau-forte est à la mode).* Le ministère d'État accorde à Baudelaire une indemnité de 300 francs.

14 avril : Claude-Alphonse Baudelaire, frère consanguin du poète et magistrat en retraite, meurt à Fontainebleau, à l'âge de cinquante-sept ans, après une hémorragie cérébrale accompagnée d'hémiplégie. Le poète avait cessé de le voir depuis une vingtaine d'années.

20 avril : Dans *Le Boulevard,* article de Baudelaire sur *Les Misérables.*

12 juillet-2 août : Le *Monde illustré* publie la traduction du *Joueur d'échecs de Maelzel,* de Poe.

Début d'août : Publication du tome IV des *Poètes français,* anthologie établie par Eugène Crépet, et où figurent sept notices de Baudelaire, ainsi que sept poèmes de ce dernier, accompagnés d'une notice de Gautier.

26 août-24 septembre : La *Presse* publie vingt « petits poèmes en prose » (dont quatorze nouveaux).

14 septembre : Dans *Le Boulevard,* article sur les *Peintres et Aquafortistes.* Baudelaire y loue Manet, Jongkind, Méryon et Whistler.

12 novembre : Poulet-Malassis en déconfiture est incarcéré à la prison pour dettes, rue de Clichy, à la requête d'un de ses créanciers.

Décembre : Malassis est transféré à la maison d'arrêt des Madelonnettes, 12, rue des Fontaines-du-Temple (le percement de la rue de Turbigo a fait disparaître cette prison, établie dans un ancien couvent). — Baudelaire rêve de se voir confier la direction d'un théâtre subventionné : il pense à l'Odéon.

28 décembre : Le *Boulevard* publie un de ses poèmes *(Les Plaintes d'un Icare).*

1863.	*13 janvier :* Baudelaire cède à l'éditeur Hetzel le droit exclusif de publication. pendant cinq ans d'un volume de vers (une troisième édition, augmentée encore, des *Fleurs du Mal*) et d'un recueil de poèmes en prose *(Le Spleen de Paris)*. Le contrat stipule que le premier tirage de chacun de ces deux ouvrages sera de 2 000 exemplaires : les droits d'auteur sont fixés. pour chaque ouvrage, à 600 francs, que Baudelaire touche en signant le contrat. (Mais Hetzel ne recevra jamais les textes qu'il vient d'acheter.)
25 janvier : Dans *Le Boulevard,* un poème inédit *(L'Imprévu).*
1er février : Dans *Le Boulevard* encore, autre poème inédit *(l'Examen de minuit.)* La faillite de Poulet-Malassis entraîne le solde de ses éditions : on trouve pour un franc la seconde édition des *Fleurs du Mal* et *Les Paradis artificiels,* pour 50 centimes la brochure sur Gautier.
22 avril : Après cinq mois de prison. Malassis est condamné par la 8e Chambre à une peine afflictive qu'on ne connaît pas exactement. les archives judiciaires de 1863 ayant été brûlées pendant la Commune.
13 mai : Baudelaire s'intéresse aux débuts — sans lendemain — d'une jeune comédienne blonde. Louise Deschamps. qui incarne Andromaque sur la scène de l'Odéon.
10 juin : Dans *La Revue nationale et étrangère,* deux petits poèmes en prose *(Les Tentations* et *La belle Dorothée).*
14 juin : Dans *Le Boulevard,* deux autres poèmes en prose *(Les Bienfaits de la Lune* et *Laquelle est la vraie ?)*
12 juillet : Malassis ayant épuisé les moyens d'appel et vu rejeter son pourvoi en grâce est invité à se constituer prisonnier.
Août : Baudelaire envisage de faire un séjour en Belgique pour y achever les ouvrages qu'il a entrepris sans être importuné par ses créanciers. faire là-bas une tournée de conférences payées et, si possible, céder aux éditeurs bruxellois Lacroix et Verboeckhoven le droit d'éditer ses œuvres critiques et de réimprimer ses *Paradis artificiels.*
2-14 septembre et 22 novembre : Il publie dans *L'Opinion nationale* une importante étude sur l'œuvre d'Eugène Delacroix. mort le 13 août.
10 septembre : Mme Aupick arrive à Paris pour quelques jours.
Mi-septembre : Poulet-Malassis se réfugie à Bruxelles.
10 octobre : Dans *La Revue nationale et étrangère,* nouveaux poèmes en prose *(Une Mort héroïque* et *Le Désir de peindre).*
1er novembre : Michel Lévy acquiert pour 2 000 francs la propriété complète des traductions de Poe par Baudelaire (trois volumes déjà parus. plus deux volumes à paraître : *Eureka* et *Histoires grotesques et sérieuses).*
26-28 novembre et 3 décembre : Le Peintre de la vie moderne, où Baudelaire étudie l'art de Constantin Guys. parait dans *Le Figaro.* Une courte note présente cet essai ; elle est signée G. B.. initiales de Gustave Bourdin. qui, en 1857. avait réclamé et obtenu des poursuites contre l'auteur des *Fleurs du Mal.*
Fin novembre : Michel Lévy met en vente la traduction d'*Eureka.*
10 décembre : Nouveaux poèmes en prose dans *La Revue nationale (Le Thyrse, Les Fenêtres, Déjà).*

1864.	*7 et 14 février : Le Figaro* commence la publication du *Spleen de Paris* (petits poèmes en prose). mais pour l'interrompre après avoir inséré seulement six poèmes. En guise d'excuses. le directeur du journal déclare à Baudelaire que ses poèmes en prose « ennuyaient tout le monde ».
1er mars : La *Revue nouvelle* insère quatre poèmes (en vers) dont trois inédits *(Sur le Tasse en prison. Bien loin d'ici* et *Les Yeux de Berthe).*
Seconde quinzaine de mars : Fantin-Latour expose au Salon un *Hommage à Delacroix,* où Baudelaire figure parmi les personnages du premier plan.
14 avril : Baudelaire se laisse aller à dénigrer Hugo dans une lettre relative à l'anniversaire de la naissance de Shakespeare. Cette lettre paraît sans signature. dans *Le Figaro.*
14 avril : Baudelaire part pour Bruxelles où il descend à l'hôtel du Grand-Miroir. 28. rue de la Montagne.
Du 2 au 23 mai : Il donne au Cercle artistique et littéraire cinq conférences : une sur Delacroix. une sur Gautier et trois sur les excitants. Les deux premières seulement lui sont payées (50 francs belges par conférence). Sauf la première — sur Delacroix —. elles n'obtiennent aucun succès.

Fin mai : Rapide voyage à Namur, pour y rencontrer le graveur Félicien Rops.
13 juin : M. Prosper Crabbe, agent de change bruxellois, ouvre ses salons à Baudelaire pour une nouvelle causerie. Une trentaine d'invitations n'amènent que dix personnes, « très tristes », dans les trois vastes pièces aménagées pour cette soirée.
23 juin : Les éditeurs Lacroix et Verboeckhoven, installés à Bruxelles, refusent de s'intéresser aux ouvrages que Baudelaire leur proposait. Ses échecs répétés exaspèrent Baudelaire, que tourmentent par surcroît des troubles cardiaques et digestifs continuels. Il songe à revenir en France, mais seulement après avoir écrit *Pauvre Belgique !* où il veut s'exprimer sans ménagements sur la Belgique et ses habitants.
2 juillet et 13 août : Dans *La Vie parisienne*, deux poèmes en prose *(Les Yeux des Pauvres* et *Les Projets).*
Août : Il charge un agent littéraire parisien de négocier pour lui la cession à un éditeur de ses *Paradis artificiels*, de ses textes critiques et de *Pauvre Belgique !* Pour se documenter, il visite quelques grandes villes belges.
Octobre : Accès de fièvre toutes les nuits. Il semble que la peur de ses créanciers seule le retienne en Belgique, où tout lui est odieux.
1er novembre : Trois poèmes en prose dans *L'Artiste*, mais un seul inédit *(La Fausse Monnaie).*
Première quinzaine de décembre : Séjour à Namur, chez Rops.
25 décembre : Six poèmes en prose dans *La Revue de Paris*, dont deux inédits *(Le Port* et *Le Miroir).*

1865. *Janvier :* La seule personne que Baudelaire ait plaisir à rencontrer à Bruxelles est Poulet-Malassis, qui demeure dans un des faubourgs de la capitale, rue de Mercélis, à Ixelles. Cependant, il se rend aussi chez Mme Victor Hugo, qui semble avoir entendu volontiers ses éloges de Sainte-Beuve.
7, 14, 21 et 28 janvier : Le *Monde illustré* publie sa traduction du *Système du docteur Goudron et du professeur Plume*, de Poe (mais les droits en reviennent à Michel Lévy qui s'est assuré la propriété de ces textes).
1er février : Un jeune auteur, Stéphane Mallarmé, publie dans *L'Artiste* une *Symphonie littéraire*, en partie consacrée à Baudelaire.
Mi-mars : Michel Lévy met en vente le cinquième volume de Poe traduit par Baudelaire : *Histoires grotesques et sérieuses.*
29 avril : La Petite Revue, dans un articulet non signé mais dû à Poulet-Malassis cite des vers de circonstance écrits par Baudelaire en Belgique.
13 mai : Toujours alimentée par Malassis, la même revue publie le sonnet *Sur les débuts d'Amina Boschetti*
21 juin : Le quotidien bruxellois *L'Independance belge* publie un poème en prose *(Les Bons Chiens).*
24 juin : Traduction de Poe dans *La Vie parisienne.*
4-15 juillet : Voyage à Paris, à Honfleur et retour à Bruxelles. Baudelaire, débiteur de Malassis, craint que celui-ci ne soit obligé de transférer à un tiers la créance qu'il a sur le poète, ce qui pourrait être de nature à empêcher toute cession de ses œuvres à un éditeur. Mme Aupick prête à son fils 2 000 francs pour lui permettre de rembourser en partie Malassis — auquel il devait 5 000 francs — et écarter momentanément la menace qui lui faisait peur.
8 juillet : La *Petite Revue* publie le poème *Le Jet d'eau.*
Octobre · Baudelaire déplore son état « soporeux », qui le fait douter de ses facultés. A vrai dire, celles-ci sont fort affaiblies. Depuis quatorze mois qu'il est en Belgique, il n'a pu achever aucun des travaux qu'il s'était promis d'y mettre au point.
28 octobre : Il donne à *La Petite Revue* une notice nécrologique sur le comédien Rouvière.
16 et 30 novembre et 23 décembre : Dans *L'Art*, Paul Verlaine fait l'éloge de Baudelaire.
Décembre : Violentes névralgies : opium, digitaline, belladone, quinine.

1866. *Janvier :* Vertiges, névralgies, nausées. Les démarches de l'agent littéraire parisien qu'il avait chargé de la négociation de ses œuvres n'ayant abouti à rien, Baudelaire demande à son conseil judiciaire, maître Ancelle, de prendre contact en son nom avec divers éditeurs : les frères Garnier, Dentu, etc.

5 mars : Ayant pris connaisance avec retard des louanges que lui ont décernées de jeunes inconnus nommés Mallarmé et Verlaine, Baudelaire écrit à Jules Troubat, secrétaire de Sainte-Beuve : « Ces jeunes gens me font une peur de chien. Je n'aime rien tant qu'être seul. »

15 mars : Visitant Namur en compagnie de Rops et de Poulet-Malassis, Baudelaire éprouve un étourdissement dans l'église Saint-Loup.

16 mars : Des troubles cérébraux se manifestent. Ses amis ramènent le poète à Bruxelles ; son côté droit se paralyse, sa parole se fait difficile et confuse.

29 et 30 mars : Il peut encore dicter de courtes lettres.

31 mars : Sous le titre de *Nouvelles Fleurs du Mal*, dû à Catulle Mendès, *Le Parnasse contemporain* reproduit seize poèmes de Baudelaire postérieurs à la seconde édition des *Fleurs du Mal* ou écartés de celle-ci par leur auteur.

Du 3 au 19 avril : L'aphasie s'accentue. Baudelaire qui ne profère plus qu'une interjection : « Crénom ! » est hospitalisé dans une maison de santé bruxelloise tenue par des religieuses, l'Institut Saint-Jean et Sainte-Elisabeth, rue des Cendres. Maître Ancelle vient le voir. Mme Aupick, âgée de soixante-douze ans, arrive elle aussi à Bruxelles, accompagnée de sa servante.

Fin avril-mai-juin : Ramené à l'hôtel du Grand-Miroir, le poète reçoit fréquemment la visite de ses amis Poulet-Malassis et du peintre Joseph Stevens. Avec eux et avec sa mère, il fait, muet et à moitié paralysé, quelques promenades en voiture aux environs de Bruxelles. Poulet-Malassis publie à 260 exemplaires, sous le titre *Les Épaves*, une plaquette dont Baudelaire avait encore pu corriger les épreuves et qui contient vingt-trois poèmes, parmi lesquels les six pièces condamnées en 1857. Un frontispice de Rops orne cette plaquette que Baudelaire a « une joie d'enfant à voir paraître ».

1er juin : *La Revue du XIXe Siècle* reproduit deux poèmes en prose sous le titre de *Petits Poèmes lycanthropes*.

27 juin : Informé de l'état de Baudelaire, Hugo écrit à Théophile de Banville : « Je ne consens pas à désespérer de Baudelaire. Qui sait ? *Flamma tenax !* »

2 juillet : Baudelaire quitte Bruxelles pour rentrer à Paris où l'accompagnent sa mère, la servante de Mme Aupick et le peintre Joseph Stevens.

4 juillet : Après deux jours passés à l'hôtel, le poète est transporté à la clinique hydrothérapique du docteur Émile Duval, rue du Dôme, dans le quartier de Chaillot.

Été : Sur une pétition lancée par Asselineau et à laquelle s'associent Banville, Champfleury, Leconte de Lisle, Mérimée, Sainte-Beuve et Sandeau, le ministère de l'Instruction publique accepte de participer aux frais du séjour de Baudelaire à la clinique Duval. Sainte-Beuve, Banville, Nadar, Leconte de Lisle, Maxime Du Camp viennent voir leur ami. Mme Paul Meurice et Mme Édouard Manet jouent pour lui des fragments de *Tannhäuser* sur le piano de la clinique.

27 octobre : *La Petite Revue* reproduit le poème en prose *Les Bons Chiens*.

1867. *31 août* : Baudelaire meurt à onze heures du matin, après une longue agonie. Le même jour, la *Revue nationale* commence à publier la dernière série des *Petits Poèmes en prose*.

2 septembre : Service religieux à Saint-Honoré d'Eylau. Inhumation au cimetière Montparnasse. Banville et Asselineau prennent la parole devant sa tombe.

4 décembre : Baudelaire étant mort intestat et un héritier du côté paternel s'étant manifesté, la propriété des œuvres qu'il n'avait pas aliénées lui-même est mise en vente publique sur ordonnance de référé prise le 22 novembre. Elle est adjugée pour 1 750 francs à Michel Lévy, déjà propriétaire des traductions de Poe.

1868. *6 mai* : Le tribunal correctionnel de Lille condamne par défaut à un an de prison et 500 francs d'amende Poulet-Malassis, éditeur des *Épaves* et ordonne la destruction des exemplaires saisis de cette plaquette publiée en Belgique deux ans plus tôt.

Décembre : Michel Lévy met en vente la première édition de *Curiosités esthétiques* et la troisième édition des *Fleurs du Mal*, préfacée par Théophile Gautier.

1869. Michel Lévy publie les premières éditions de *L'Art romantique* et des *Petits Poèmes en prose*. Charles Asselineau fait paraître chez Lemerre une excellente étude biographique et critique : *Charles Baudelaire, sa vie et son œuvre*.

1870. Pour la dernière fois, Nadar, vieil ami de Baudelaire, aperçoit Jeanne Duval, sur les boulevards. Elle se traîne en s'aidant de béquilles.

1871. *16 août :* Mme Aupick meurt à Honfleur, d'une attaque d'apoplexie.
 Un des juges qui avaient condamné l'auteur des *Fleurs du Mal,* Delesvaux, devenu président de la 9e chambre correctionnelle, est trouvé mort d'une balle dans la tête, à son domicile, rue d'Amsterdam. Il n'avait eu, dit-on, d'indulgence que pour ses propres mœurs.

PASCAL PIA.

1870 — ...

1871 ...

MARCEL RUFF

NOTICE ET NOTES

NOTICE ET NOTES

LES FLEURS DU MAL

Quand *Le Magasin des familles* annonça en juin 1850, la parution prochaine d'un recueil de Baudelaire, *Les Limbes*, livre « destiné à représenter les agitations et les mélancolies de la jeunesse », combien de poèmes des futures *Fleurs du mal* de 1857 étaient alors composés ?

Les estimations sont très variables selon que l'on s'en rapporte aux témoignages directs des amis du poète ou bien aux travaux ultérieurs de la critique baudelairienne. Pour les premiers, Asselineau et Prarond, la majeure partie des cent poèmes de la première édition était déjà écrite ou en cours d'achèvement en 1850. De *L'Albatros* à *Don Juan aux enfers*, de *La Géante* au *Vin de l'assassin*, etc., ils avaient déjà lu ou entendu réciter maintes de ces pièces célèbres. Il faudrait donc ainsi — pour le principal — situer entre 1840 et 1850 la genèse et la composition des *Fleurs* que le poète aurait ensuite retravaillées, façonnées, améliorées durant les sept ans qui resteront à courir jusqu'à leur publication.

La critique unanime (de Jacques Crépet à Claude Pichois, pour nous en tenir aux apports les plus signifiants) a beaucoup rabattu de ces affirmations — souvent légères — avec des arguments quasi irréfutables. De telle sorte que, sans parler même du cycle Sabatier ni des *Phares*, ni de tant d'autres textes majeurs encore à naître, on doit raisonnablement ramener à une cinquantaine le nombre de poèmes existant en 1850. L'ouvrage n'est pas d'avantage fixé dans son plan ou ses perspectives qu'il ne l'est quant à son titre ou à son contenu, c'est encore une œuvre en devenir.

En réalité la préhistoire des *Fleurs* s'étend sur près de douze années car déjà, d'octobre 1845 à janvier 1847, Baudelaire-Dufaÿs fait plusieurs fois annoncer la parution d'« un volume grand in-4° » : *Les Lesbiennes*. Dans une lettre adressée en mars 1857 à son éditeur Poulet-Malassis, il continuera à lui avouer son goût toujours vif pour « les titres mystérieux ou les titres pétards ». Quel autre, relevant de cette dernière catégorie, pouvait mieux « décerveler » le bourgeois et susciter le scandale ? Rien n'atteste cependant qu'il aurait limité le recueil à la seule insertion de *Lesbos* et de *Femmes damnées*.

Avec l'annonce des *Limbes* en 1850, nous passons au « titre mystérieux » et sur le sens duquel on continue de s'interroger. Avec le monde informulé qu'il évoque et qui peut être aube ou crépuscule, avec ses lointaines réminiscences théologiques ou ses nostalgies d'une utopie révolutionnaire brisée sur les barricades de 1848, les possibilités d'interprétation ont été nombreuses sans qu'aucune ne se soit jamais révélée pleinement satisfaisante. Toujours est-il que onze pièces du recueil annoncé paraîtront le 9 avril 1851 dans *Le Messager de l'Assemblée*. C'est la première fois que Baudelaire, jusqu'ici publié dans des revues « au coup par coup », voit enfin rassemblé un maigre bouquet de ses futures fleurs.

On ne sait vraiment quand, ni comment est né le titre définitif. On opte pour une suite d'approches du poète qui a déjà noté les mots de « fleurs », d'« étranges », de « maladives » qui appartiennent bien à ses résonances intérieures, à ses connotations sensibles. Maurice Regard et Antoine Adam font remarquer, chacun de leur côté, à propos d'édition de romans de Balzac, que Baudelaire, lecteur de *La Comédie humaine*, n'a pu ignorer toutes les allusions du romancier à « la poésie du mal ». N'est-il pas dit ainsi, par exemple, dans *Béatrix* qu'« il y a les fleurs du diable et les fleurs de Dieu » ? Claude Pichois enfin, note pertinemment (*Œuvres complètes*, La Pléiade, tome I, p. 797) que dans sa correspondance, Baudelaire emploie presque

toujours *mal* avec un *M* majuscule soulignant ainsi « la dimension métaphysique du recueil ». *Fleurs*, par contre, serait souvent écrit avec *f* minuscule ce qui ne lui conférerait que le sens de miscellanées botaniques, d'anthologie florale. Cette dernière interprétation nous paraît plus difficilement acceptable si l'on s'en tient seulement à la liberté de graphie encore courante au XIXᵉ siècle dans la correspondance.

Le 1ᵉʳ juin 1855, la *Revue des Deux Mondes* publie enfin sous leur titre définitif, dix-huit pièces précédées du poème « Au lecteur », future préface du recueil de 1857. Un avertissement prudent de la direction de la revue précisait : « En publiant les vers qu'on va lire, nous croyons montrer une fois de plus combien l'esprit qui nous anime est favorable aux essais, aux tentatives dans les sens les plus divers. Ce qui nous paraît ici mériter l'intérêt, c'est l'expression vive et curieuse même dans sa violence de quelques défaillances, de quelques douleurs morales que, sans les partager ni les discuter, on doit tenir à connaître comme un des signes de notre temps. Il nous semble d'ailleurs qu'il est des cas où la publicité n'est pas seulement un encouragement, où elle peut avoir l'influence d'un conseil utile, et appeler le vrai talent à se dégager, à se fortifier, en élargissant ses voies, en étendant son horizon. »

En juin 1857, l'ouvrage sort enfin des presses de l'imprimerie Poulet-Malassis et De Broise avec qui le poète a passé contrat le 30 décembre 1856. Quarante-sept pièces avaient déjà paru, ce avant la lettre et le recueil apporte donc cinquante-trois inédits. Tiré à environ 1300 exemplaires, l'ouvrage fut mis en vente le 25 juin 1857 et attirait presque aussitôt sur lui les foudres de la Justice. Le procès devant la sixième Chambre correctionnelle et la condamnation datent en effet du 20 août. Le lecteur trouvera tous les éléments du dossiers : notes de Baudelaire pour son avocat, énoncé du jugement, etc., en pp. 138 du présent ouvrage.

Six pièces sont condamnées et leur disparition entraînera un déséquilibre irrémédiable dans cette « architecture secrète » des *Fleurs du mal* que Barbey d'Aurevilly a été le premier à pressentir et à énoncer. Cette mutilation est certes irréversible mais n'a point tari la veine du poète. En février 1861 paraît donc, toujours chez le même éditeur, une nouvelle édition. Elle est ainsi annoncée : « Seconde édition augmentée de trente cinq poèmes nouveaux et ornée d'un portrait de l'auteur dessiné et gravé par Bracquemond ». Tiré à 1500 exemplaires, cette édition compte six divisions, soit une de plus, *Tableaux Parisiens*, qui s'intercale entre *Spleen et Idéal* et *Le Vin*, que la précédente, et, 126 poèmes ou 129 suivant la manière selon laquelle on compte les sonnets d'*Un Fantôme*. L'ordre adopté en 1861 est le suivant : *Spleen et Idéal, Tableaux Parisiens, Le Vin, Fleurs du Mal, Révolte, La Mort. La Fin de la Journée* était le seul poème réellement inédit, Baudelaire ayant donné les autres à des revues.

En février 1866, publication des *Épaves* à Bruxelles par Poulet-Malassis. Tiré à 260 exemplaires, précédé d'un frontispice de Félicien Rops, l'ouvrage est précédé d'un avertissement de l'éditeur et contient les six pièces condamnées. Les notes sont de la plume de Baudelaire qui demanda à Poulet-Malassis de les endosser. *Les Épaves* furent condamnées le 6 mai 1868 par le tribunal correctionnel de Lille.

Les Nouvelles Fleurs du Mal paraissent à l'instigation de Catulle-Mendès dans *Le Parnasse contemporain* le 31 mars 1866. Elles comprennent : *Épigraphe pour un Livre condamné, L'Examen de Minuit, Madrigal triste, À une Malabaraise, L'Avertisseur, Hymne, La voix, Le Rebelle, Le Jet d'Eau, Les Yeux de Berthe, La Rançon, Bien loin d'ici, Recueillement, Le Gouffre, Les Plaintes d'un Icare.*

Édition posthume ou définitive, la troisième édition des *Fleurs du Mal* est publiée grâce à Théodore de Banville et Charles Asselineau chez Michel Lévy frères. Une notice de Théophile Gautier sur l'œuvre de Baudelaire précède les 151 poèmes répartis en autant de sections qu'il y en avait déjà en 1861. Tous les poèmes de la deuxième édition de 1861, onze pièces des *Épaves*, dix du *Parnasse contemporain*, quatre pièces qui n'avaient pas encore été recueillies (*Le Calumet de Paix, La Prière d'un Païen, La Lune offensée*, le sonnet *À Théodore de Banville*) y figurent. Les pièces condamnées en sont exclues. Un *Appendice* groupe en fin les articles justificatifs que Baudelaire avait fait paraître en 1857.

Quel plan final un Baudelaire rendu à sa lucidité première, libéré de toute censure, aurait-il adopté en vue de la nouvelle édition pour laquelle il avait, en 1863, passé contrat avec l'éditeur Hetzel ? Nous ne le saurons jamais et notre seule certitude se borne à savoir que ses dispositions auraient été très différentes de celles prises par Banville et Asselineau.

Le simple respect de l'œuvre et de l'homme commande donc de s'en tenir à la dernière version voulue et corrigée par l'auteur, celle de 1861. Nous l'avons fait suivre, pour respecter un ordre chronologique de création, des *Épaves* puis des ajouts de l'édition de 1868, à l'exception de la laborieuse traduction de Longfellow *Le Calumet de la Paix* que jamais Baudelaire n'aurait retenu ici.

LES FLEURS DU MAL

Page 1.
1. Théophile Gautier refusa la première version de la dédicace qui, à ses yeux, avait le défaut de mettre trop l'accent « sur le côté scabreux du volume ». En voici le texte :

« À MON TRÈS CHER ET TRÈS VÉNÉRÉ

MAITRE ET AMI

THÉOPHILE GAUTIER

« Bien que je te prie de servir de parrain aux *Fleurs du Mal*, ne crois pas que je sois assez perdu, assez indigne du nom de poète pour m'imaginer que ces fleurs maladives méritent ton noble patronage. Je sais que dans les régions éthérées de la véritable Poésie, le Mal n'est pas, non plus que le Bien, et que ce misérable dictionnaire de mélancolie et de crime peut légitimer les réactions de la morale, comme le blasphémateur [*sic*] confirme la Religion. Mais j'ai voulu, autant qu'il était en moi, en espérant mieux peut-être, rendre un hommage profond à l'auteur d'*Albertus*, de *La Comédie de la Mort* et d'*España*, au poëte impeccable, au magicien ès langue française, dont je me déclare, avec autant d'orgueil que d'humilité, le plus dévoué, le plus respectueux et le plus jaloux des disciples.

« CHARLES BAUDELAIRE. »

Page 3. AU LECTEUR
1. Satan Trismégiste : c'est à Hermès, maitre de la magie, que l'on attribue d'ordinaire ce titre de « trois fois grand ».
2. helminthes : vers intestinaux.
3. lice : chienne de chasse mais aussi, avec le sens figuré que lui attribue Littré : « femme lascive ».
4. houka : sorte de pipe s'apparentant au narghileh.

Page 7. II - L'ALBATROS
1. La date de création de ce poème d'anthologie, qui parut en avril 1859, reste très controversée. Certains le situent vers 1846, donc contemporain du voyage du poète « dans les mers de l'Inde », d'autres, plus vraisemblablement, vers 1857.

Page 8. IV - CORRESPONDANCES
1. Ce sonnet a donné lieu à plus d'exégèses qu'aucun autre poème de Baudelaire. Que l'on date l'œuvre de 1845-46, ce qui semble le plus probable, ou de 1855, une chose demeure certaine : la rencontre avec Hoffmann, consignée dans le *Salon de 1846* : « ... Je trouve une analogie et une réunion intime entre les couleurs, les sons et les parfums. »

Page 9. VI - LES PHARES
1. Sept peintres, pour un seul sculpteur, Puget : ce choix de « phares » par Baudelaire est significatif de ses préférences qui excluent ici, également, musiciens et poètes. Notons, à propos

de Delacroix, le commentaire de la huitième strophe par Baudelaire lui-même : « *Lac de sang* : le rouge ; — *hanté des mauvais anges* : surnaturalisme ; — *un bois toujours vert* : le vert, complémentaire du rouge ; — *un ciel chagrin :* les fonds tumultueux et orageux de ses tableaux ; — *les fanfares et Weber :* idées de musique romantique que réveillent les harmonies de sa couleur. » (cf. *Exposition universelle* (1855) : III - Eugène Delacroix).

Page 11. VII - LA MUSE MALADE
1. succube : sorte de démon qui prend la forme d'une femme pour séduire et damner un homme.
2. Minturnes : marécages où Marius put se réfugier après la prise de Préneste et échapper ainsi aux soldats de Sylla.

VIII - LA MUSE VÉNALE
1. Borées : en poésie, vents du Nord.

Page 12. IX - LE MAUVAIS MOINE
1. Cénobite : moine qui vit dans une communauté religieuse, par opposition à l'anachorète qui vit isolé (Littré).

XI - LE GUIGNON
1. Cette pièce, à l'exception des deux premiers vers, doit tout à Thomas Gray et à Longfellow, mais Baudelaire a su donner à ses emprunts une morale originale.

Page 14. XV - DON JUAN AUX ENFERS
1. Jean Pommier a signalé deux sources possibles d'inspiration pour ce poème : une lithographie de Guérin qui porte le même titre et deux toiles de Delacroix : *Naufrage de Don Juan* et *La Barque de Dante*. Baudelaire, dans le *Choix de maximes consolantes sur l'amour* indique bien la différence entre « le flaneur *artistique* courant après la perfection à travers de mauvais lieux... » tels que le voyaient Musset et Gautier et son dandy flegmatique jetant son défi aux hommes et à Dieu.
2. Antisthène (Vᵉ siècle av. J.-C.) fut le fondateur de l'école des Cyniques qui prônaient le mépris des biens de ce monde pour acquérir le souverain bien. On se souvient du trait de Socrate à son endroit : « Ô Antisthène, j'aperçois ton orgueil à travers les trous de ton manteau. »

Page 15. XVI - CHÂTIMENT DE L'ORGUEIL
1. Albert-Marie Schmidt a retrouvé l'anecdote moyenâgeuse vraisemblablement à la source de ce poème. Elle concerne le chanoine Simon de Tournai qui — au terme d'une leçon publique — manifesta une telle satisfaction d'avoir élucidé les mystères de la Trinité qu'il en perdit la parole et la raison.

Page 16. XVIII - L'IDÉAL
1. Gavarni : dessinateur attitré de la lorette, mais Baudelaire lui préfère Daumier.
2. autan : à prendre dans le sens poétique de « vent violent » selon Littré, bien que ce vent méridional n'ait pas ce caractère tempétueux.
3. Titans : à rigoureusement parler, les Titans sont les fils de la Nuit. Fils d'Uranus et de Gaïa, révoltés contre les dieux, ils tentèrent d'escalader le ciel en entassant montagne sur montagne, mais ils furent foudroyés par Zeus.

XIX - LA GÉANTE
1. Vraisemblablement écrit en 1843, ce poème prolonge le précédent. Il précise à la fois un goût et une esthétique : « Dans la nature et dans l'art, je préfère, en supposant l'égalité de mérite, les choses grandes à toutes les autres, les grands animaux, les grands paysages, les grands navires, les grands hommes, les grandes églises, et, transformant comme tant d'autres mes goûts en principes, je crois que la dimension n'est pas une considération sans importance aux yeux de la beauté » (*Salon de 1859*).

Page 18. XXII - PARFUM EXOTIQUE
1. Poème heureux, *Parfum exotique* ouvre le cycle de Jeanne Duval. La belle créole était à la mode entre 1840 et 1845. Eugène Sue et Théophile Gautier s'étaient appliqués à décrire les ravages qu'elle exerçait.

Page 19. XXIII - LA CHEVELURE
1. Cette pièce en vers est, selon Robert Kopp (cf. également la préface de Claude Roy), très

vraisemblablement antérieure au poème en prose correspondant : « *Un hémisphère dans une chevelure* ».

Page 20. XXV - « TU METTRAIS L'UNIVERS ENTIER DANS TA RUELLE »
1. Cette pièce qui aborde le thème de femme-vampire pourrait avoir été inspirée par Sara, dite Louchette, petite prostituée juive que le poète avait fréquentée avant son départ pour l'île Bourbon.

Page 21. XXVI. - SED NON SATIATA
1. Consacré à Jeanne Duval, ce sonnet a été écrit en 1842 ou 1843. Le titre est extrait de l'un des vers qui composent la VIᵉ satire de Juvénal, spécialement dédiée aux frasques de l'épouse des Césars (*Et lassata viris, sed non satiata recessit :* « Messaline est sortie de leurs bras épuisée, mais non pas rassasiée »).
2. Obi : sorcier ou magicien.
3. Constance : vin de Constance, récolté au Cap.
4. Nuits : Nuits Saint-Georges (vin).
5. Styx : ce fleuve faisait neuf fois le tour des Enfers.
6. Proserpine : épouse de Pluton qui règne aux Enfers.

Page 25. XXXIII - REMORDS POSTHUME
1. Jeanne est vraisemblablement l'inspiratrice de ce sonnet où se trahit l'influence des poètes baroques et renaissants que lisait alors Baudelaire. Courtisane *imparfaite*, Jeanne l'est parce que selon J. Crépet, « elle ne joue pas pleinement le rôle qu'elle a pourtant adopté... »

Page 26. XXXV - DUELLUM
1. Prolongement possible du *Vampire*, ce poème, qui illustre le thème des amants ennemis, s'inspire sans doute d'éléments biographiques, mais reprend comme l'a montré Jean Prévost (*Baudelaire*) les éléments descriptifs de la planche LXII des *Caprices* de Goya à laquelle Baudelaire réserve une mention spéciale dans le *Salon de 1859* (*De quelques caricaturistes étrangers*).

Page 27. XXXVI - LE BALCON
1. « Mère des souvenirs, maitresse des maitresses ! » : ici apparait pour la première fois dans *Les Fleurs du Mal* des *repetends* ou retours de vers qui encadrent les strophes, ou forment des leitmotive à l'intérieur des vers.

Page 28. XXXVIII - UN FANTÔME
1. Ces quatre sonnets, datés de mars 1860, rentrent dans le cycle de Jeanne.

Page 30. XXXIX - « *Je te donne ces vers afin que si mon nom* »
1. Evoquant la « statue aux yeux de jais », « l'ange au front d'airain », ce sonnet reste fidèle à la ligne définie dans *Hymne à la beauté*. Il clôt le cycle de Jeanne en s'inspirant des poètes de la Renaissance.
2. Tympanon : instrument composé de cordes tendues sur une caisse trapézoïdale dont on joue en frappant sur les cordes avec deux petits maillets.

XL - SEMPER EADEM
1. Ce poème inaugure le cycle d'Apollonie Sabatier que Baudelaire rencontra en 1842 à l'hôtel Pimodan chez le peintre Boissard. La Présidente reçut sept poèmes de Baudelaire de décembre 1852 à mai 1854 : *A celle qui est trop gaie, Réversibilité, L'Aube spirituelle, Confession, Le Flambeau vivant,* « *Que diras-tu ce soir...* » et *Hymne*. L'édition de 1857 comprend six des poèmes envoyés entre 1852 et 1854. Jugé trop hardi *Tout entière* n'avait pas été envoyé. *Harmonie du soir* et *Le Flacon* ont été composés en 1855-1856, c'est-à-dire avant la période décisive des relations du poète et de la Présidente. *Hymne* sera enfin publié dans *Les Épaves*.

Page 32. XLIV - RÉVERSIBILITÉ
1. Ainsi que J. Crépet et G. Blin l'ont clairement montré dans leur édition critique des *Fleurs du Mal* (José Corti, 1950) ce poème adressé à Mme Sabatier, le 3 mai 1853, fait allusion à Joseph de Maistre. Dans le huitième Entretien des *Soirées de Saint-Pétersbourg,* Maistre développait sa théorie de la « réversibilité » au terme de laquelle : « le Juste, en souffrant volontairement, ne satisfait pas seulement pour lui, mais pour le coupable, par voie de réversibilité ».

Page 34. XLVI - L'AUBE SPIRITUELLE
1. Envoyé en février 1854 à Mme Sabatier, ce sonnet était accompagné des mots suivants :
« After a night of pleasure and desolation, all my soul belongs to you. »

Page 35. XLVIII - LE FLACON
1. Inspiré par Mme Sabatier, comme en témoigne le post-scriptum de la lettre que le poète lui adressa le 18 août 1857, ce poème est tenu pour clore le cycle consacré à la Présidente. Mais nombre de critiques y voient plutôt un don de Baudelaire qu'un véritable épilogue.

Page 36. XLIX - LE POISON
1. Ce poème ouvre le cycle de Marie Daubrun « la femme aux yeux verts » qui créa en août 1847 à la Porte Saint-Martin *La Belle aux cheveux d'or*. D'abord liée avec Théodore de Banville, l'actrice, qui était née en 1827, semble n'être entrée dans la vie du poète qu'en 1854. Celui-ci la vit en effet en juillet de cette même année jouer au théâtre de la Gaité. Une liaison s'ensuivit, interrompue par le départ de Marie en tournée d'où elle rentra pour mener vie commune avec Théodore de Banville. Elle mourut en 1901 mais disparut de la vie de Baudelaire dès 1860. Les sept poèmes qui suivent lui sont tous consacrés.

Page 40. LIV - L'IRRÉPARABLE
1. Le poème parut le 1er juin 1855 sous le titre : *A la Belle aux cheveux d'or* et désigne ainsi sans doute possible Marie Daubrun comme inspiratrice. Les allusions du poème qui peuvent sembler obscures se réfèrent au scénario de la féerie tirée d'un conte de Mme d'Aulnoy et où l'actrice jouait le rôle de la Belle aux cheveux d'or.

Page 43. LVII - A UNE MADONE
1. J. Pommier (in *Dans les chemins de Baudelaire*, J. Corti, 1945) remarque que ce poème, publié en 1860 mais composé en 1859, est contemporain de la fugue de sa volage maîtresse à Nice avec Th. de Banville. Avec ce poème vengeur se clôt le cycle Marie Daubrun.

Page 45. LIX - SISINA
1. Ce poème a pour inspiratrice Élisa Nieri ou Neri, aventurière connue pour la sympathie qu'elle portait aux révolutionnaires italiens et amie de Mme Sabatier.
2. Théroigne de Méricourt, héroïne de la Révolution française que chanta Michelet.

LX - FRANCISCÆ MEÆ LAUDES
1. Baudelaire semble avoir tenu beaucoup à cette pièce puisqu'elle est la seule à figurer dans toutes les éditions et même dans *Les Épaves* et que, d'autre part, elle était la seule à être assurée de passer à travers toutes les censures. L'édition de 1857 comportait un sous-titre : *Vers composés pour une modiste érudite et dévote* et la note suivante :

« Ne semble-t-il pas au lecteur, comme à moi, que la langue de la dernière décadence latine, — suprême soupir d'une personne robuste, déjà transformée et préparée pour la vie spirituelle, — est singulièrement propre à exprimer la passion telle que l'a comprise et sentie le monde poétique moderne ? La mysticité est l'autre pôle de cet aimant dont Catulle et sa bande, poètes brutaux et purement épidermiques, n'ont connu que le pôle sensualité. Dans cette merveilleuse langue, le solécisme et le barbarisme me paraissent rendre les négligences forcées d'une passion qui s'oublie et se moque des règles. Les mots, pris dans une acception nouvelle, révèlent la maladresse charmante du barbare du Nord, agenouillé devant la beauté romaine. Le calembour lui-même, quand il traverse ces pédantesques bégayements, ne joue-t-il pas la grâce sauvage et baroque de l'enfance ? »
Nous donnons ci-après l'élégante traduction qu'en a procuré Jules Mouquet dans son édition des *Vers latins* de Baudelaire au Mercure de France (1933).

LOUANGES DE MA FRANÇOISE

Je te chanterai sur des cordes nouvelles,
Ô ma bichette qui te joues
Dans la solitude de mon cœur.

Sois parée de guirlandes,
Ô femme délicieuse
Par qui les péchés sont remis !

Comme d'un bienfaisant Léthé,
Je puiserai des baisers de toi
Qui es imprégnée d'aimant.

Quand la tempête des vices
Troublait toutes les routes,
Tu m'es apparue, Déité,

Comme une étoile salutaire
Dans les naufrages amers...
— Je suspendrai mon cœur à tes autels !

Piscine pleine de vertu,
Fontaine d'éternelle jouvence,
Rends la voix à mes lèvres muettes !

Ce qui était vil, tu l'as brûlé :
Rude, tu l'as aplani ;
Débile, tu l'as affermi.

Dans la faim mon auberge,
Dans la nuit ma lampe,
Guide-moi toujours comme il faut.

Ajoute maintenant des forces à mes forces.
Doux bain parfumé
De suaves odeurs !

Brille autour de mes reins,
Ô ceinture de chasteté,
Trempée d'eau séraphique :

Coupe étincelante de pierreries,
Pain relevé de sel, mets délicat,
Vin divin, Françoise.

Page 47. LXII MŒSTA ET ERRABUNDA
1. « Triste et vagabonde » selon le titre latin qu'il faut rapporter à cette Agathe dont on ignore tout.

Page 48. LXIV SONNET D'AUTOMNE
1. On n'a pas pu déterminer avec évidence qui était « la froide Marguerite ».

Page 49. LXVI LES CHATS
1. Ce sonnet qui parut en novembre 1859 était avec *Une charogne* et *Le Vin des chiffonniers* le poème le plus célèbre du vivant de Baudelaire.

Page 50. LXIX LA MUSIQUE
1. Baudelaire développe dans ce poème la conception qu'il expose dans sa lettre du 17 février 1860 à Richard Wagner. Il écrit notamment : « J'ai éprouvé souvent un sentiment d'une nature assez bizarre, c'est l'orgueil et la jouissance de comprendre, de me laisser pénétrer, envahir, volupté vraiment sensuelle et qui ressemble à celle de monter dans l'air ou de rouler sur la mer. »

Page 51. LXXI UNE GRAVURE FANTASTIQUE
1. F.W. Leake a identifié cette gravure qui n'est pas de Mortimer mais de son élève Joseph Haynes (1760-1829) : *Death on a Pale Horse*. Deux versions du poème ont existé antérieurement sous forme de chansons : elles figurent dans l'édition des *Fleurs du Mal* de J. Pommier et Cl. Pichois (Club des Libraires de France, 1959).

Page 57. LXXXIII L'HEAUTONTIMOROUMENOS
1. Seule partie réalisée de l'épilogue par lequel Baudelaire avait l'intention de clore la série des

Fleurs du Mal publiées par *La Revue des Deux Mondes*. Le titre du poème est emprunté à une comédie de Térence. Bourreau de la femme aimée, le poète devient son propre bourreau. La dédicace « A J.G.F. », qui est aussi celle des *Paradis artificiels,* ne permet pas de donner sûrement Jeanne Duval ou Marie Daubrun comme l'inspiratrice de ce poème.

Page 58. LXXXIV - L'IRRÉMÉDIABLE
1. Le poème a été divisé en deux parties dans l'édition de 1861 : La première partie est d'inspiration néo-platonicienne ; la deuxième rend un accent très moderne en montrant combien la réflexivité de la conscience accroit les souffrances morales.

Page 60. TABLEAUX PARISIENS
1. Deuxième partie des *Fleurs du Mal,* les *Tableaux parisiens* n'apparaissent que dans l'édition de 1861. Ils sont constitués par les huit pièces qui figuraient à la rubrique *Spleen et Idéal* dans l'édition de 1857 et de pièces parues en revues entre 1857 et 1861.

Page 63. LXXXIX - LE CYGNE
1. Ce poème fut adressé à Victor Hugo le 7 décembre 1859. De Hauteville House, Hugo répondit : « Comme tout ce que vous faites, Monsieur, votre *Cygne* est une idée. Comme toutes les idées vraies, il a des profondeurs... Ces abimes, on les entrevoit dans vos vers pleins d'ailleurs de frissons et de tressaillements... »
Au troisième chant de l'*Énéide,* Virgile conte l'exil d'Andromaque en Épire où, pour pleurer Hector, elle fit reconstituer le paysage troyen avec une réplique du fleuve Simoïs qui arrosait la ville de Troie.
2. Ovide, dans *Les Métamorphoses,* raconte que Dieu, en créant l'homme, façonna son visage de telle sorte qu'il put contempler les astres.

Page 64. XC - LES SEPT VIEILLARDS
1. Poème adressé à Hugo avec le suivant : *Les Petites Vieilles.* On se souvient de la célèbre réponse du poète exilé : « Vous dotez le ciel de l'art d'on ne sait quel rayon macabre. Vous créez un frisson nouveau. »
2. Gabarre : embarcation souvent plate pour le transport des marchandises.

Page 66. XCI - LES PETITES VIEILLES
1. Dans la lettre accompagnant l'envoi de ses *Fantômes parisiens* à Hugo, Baudelaire écrit à propos des *Petites Vieilles :* « Le second morceau a été fait *en vue de vous imiter* (riez de ma fatuité, j'en ris moi-même) après avoir relu quelques pièces de vos recueils, où une charité si magnifique se mêle à une familiarité si touchante. »
2. Éponine : Femme du Gaulois Sabinus, un des chefs de l'insurrection contre Rome en 69. Elle suivit son mari dans la mort. Laïs : courtisane grecque.
3. Frascati : maison de jeu et de bal disparue en 1836.
4. Tivoli : parc d'attractions à la mode sous la Restauration.

Page 70. XCV - LE CRÉPUSCULE DU SOIR
1. Ce poème fut donné par Baudelaire avec son pendant : *Le Crépuscule du matin,* pour un *Hommage à C.F. Dénecourt.* Il était accompagné de la lettre suivante à Fernand Desnoyers, chargé de la composition du recueil édité en l'honneur du protecteur des sites de la forêt de Fontainebleau :

« Mon cher Desnoyers, vous me demandez des vers pour votre petit volume, des vers sur la *Nature,* n'est-ce pas ? sur les bois, les grands chênes, la verdure, les insectes, — le soleil, sans doute ? Mais vous savez bien que je suis incapable de m'attendrir sur les végétaux, et que mon âme est rebelle à cette singulière Religion nouvelle, qui aura toujours, ce me semble, pour tout être *spirituel,* je ne sais quoi de *shocking.* Je ne croirai jamais que *l'âme des Dieux habite dans les plantes* [vers de Victor de Laprade], et quand même elle y habiterait, je m'en soucierais médiocrement, et considérerais la mienne comme d'un bien plus haut prix que celle des légumes sanctifiés. J'ai même toujours pensé qu'il y avait dans la *Nature,* florissante et rajeunie, quelque chose d'affligeant, de dur, de cruel, — un je ne sais quoi qui frise l'impudence. Dans l'impossibilité de vous satisfaire complètement suivant les termes stricts du programme, je vous envoie deux morceaux poétiques, qui représentent à peu près la tournure de rêveries dont je suis assailli aux heures crépusculaires. Dans le fond des bois, enfermé sous ces voûtes semblables à

celles des sacristies et des cathédrales, je pense à nos étonnantes villes, et la prodigieuse musique qui roule sur les sommets me semble la traduction des lamentations humaines. »

Page 71. XCVII DANSE MACABRE
1. On trouvera, amoureusement décrite à la section VII (Sculpture) du *Salon de 1859* la figurine du sculpteur Ernest Christophe à qui est dédié ce poème.
2. « ...Primitivement, une belle *Gouge* n'est qu'une belle femme : postérieurement, la gouge, c'est la courtisane qui suit l'armée, à l'époque où le soldat, non plus que le prêtre, ne marche pas sans une arrière-garde de courtisanes... Or la mort n'est-elle pas la Gouge qui suit en tous lieux la *Grande-Armée universelle*, et n'est-elle pas une courtisane dont les embrassements sont *positivement irrésistibles*... » (Lettre de Baudelaire à Calonne, directeur de *La Revue contemporaine*, 11 février 1859).

Page 74. XCIX « *Je n'ai pas oublié, voisine de la ville*. »
1. Dans la lettre qu'il adresse à sa mère, le 11 janvier 1858, Baudelaire donne cette pièce et la suivante comme inspirées par la période qui s'écoula entre le veuvage de sa mère et son remariage avec le chef de bataillon Aupick.

« Vous n'avez donc pas remarqué qu'il y avait dans *Les Fleurs du Mal* deux pièces vous concernant, ou du moins allusionnels [*sic*] à des détails intimes de notre ancienne vie, de cette époque de veuvage qui m'a laissé de singuliers et tristes souvenirs, l'une : *Je n'ai pas oublié, voisine de la ville...* (Neuilly), et l'autre qui suit : *La servante au grand cœur dont vous étiez jalouse...* (Mariette) ? J'ai laissé ces pièces sans titres et sans indications claires, parce que j'ai horreur de prostituer les choses intimes de famille. »

Page 78. CV LE VIN DES CHIFFONNIERS
1. Il existe deux manuscrits de cette pièce qui a subi de considérables remaniements, l'un est de 1852, l'autre lui est de quelques années antérieur. Nous en donnons les textes selon l'ordre chronologique.

I

LE VIN DES CHIFFONNIERS

Au fond de ces quartiers sombres et tortueux,
Où vivent par milliers des ménages frileux,
Parfois, la clarté sombre des réverbères,
Que le vent de la nuit tourmente dans leurs verres,
On voit un chiffonnier qui revient de travers,
Se cognant, se heurtant, comme un faiseur de vers,
Et libre, sans souci des patrouilles funèbres,
Seul épanche son âme au milieu des ténèbres.
Un régiment se meut à ses regards trompés,
Et lui, jette aux échos des mots entrecoupés,
Tels que ceux que vaincu par la mort triomphante
L'Empereur exhalait de sa gorge expirante.

Oui, ces gens tout voûtés sous le poids des débris
Et des fumiers infects que rejette Paris,
Harassés et chargés de chagrins de ménage,
Moulus par le travail et tourmentés par l'âge,
Ont une heure nocturne où pleins d'illusions,
Et l'esprit éclairé d'étranges visions,
Ils s'en vont, parfumés d'une odeur de futailles,
Commandant une armée et gagnant des batailles,
Et jurant qu'ils rendront toujours leur peuple heureux,
Mais nul n'a jamais vu les hauts faits glorieux,
Les triomphes bruyants, les fêtes solennelles,
Qui s'allument alors au fond de leurs cervelles,
Plus belles que les Rois n'en rêveront jamais.

C'est ainsi que le Vin règne par ses bienfaits,
Et chante ses exploits par le gosier de l'homme.

Grandeur de la bonté de Celui que tout nomme.
Qui nous avait déjà donné le doux sommeil,
Et voulut ajouter le vin, fils du soleil,
Pour réchauffer le cœur et calmer la souffrance
De tous les malheureux qui meurent en silence.

II

LE VIN DES CHIFFONNIERS

Souvent, à la clarté sombre des réverbères
Que le vent de la nuit tourmente dans leurs verres,
Au fond de ces quartiers sombres et tortueux
Où grouillent par milliers des ménages frileux,

On voit un chiffonnier qui vient, hochant la tête,
Butant et se cognant aux murs comme un poëte,
Et sans prendre souci des mouchards ténébreux,
Épanchant tout son cœur dans l'air silencieux.

Oui, ces gens harcelés de chagrins de ménage,
Moulus par le travail et tourmentés par l'âge,
Le dos bas, et meurtris sous le poids des débris
Et des fumiers infects que rejette Paris,

Reviennent parfumés d'une odeur de futailles,
Commandant une armée et gagnant des batailles.
Ils jurent qu'ils rendront toujours leur peuple heureux
Et suivent à cheval leurs destins glorieux.

C'est ainsi qu'à travers l'humanité frivole
Le vin roule de l'or comme un nouveau Pactole ;
Par le gosier de l'homme il chante ses exploits,
Et par ses bienfaits règne ainsi que les bons Rois.

Pour apaiser le cœur et calmer la souffrance
De tous les innocents qui meurent en silence,
Dieu leur avait déjà donné le doux sommeil ;
Il ajouta le Vin, fils sacré du Soleil.

Page 79. CVI - LE VIN DE L'ASSASSIN
1. Poème de composition ancienne, il fut récité par Baudelaire en public en 1853, au cours d'un dîner. L'acteur Tisserant lui suggéra l'idée d'en faire un drame en deux actes. Projet qui ne fut jamais réalisé. Cf. dans le présent ouvrage : le Plan de « L'Ivrogne » p. 375.

Page 81. CVIII - LE VIN DES AMANTS
1. Calenture : selon Littré, espèce de délire furieux auquel les navigateurs sont soumis sous la zone torride.

Page 84. CXI - FEMMES DAMNÉES
1. Les juges furent indulgents au cours du procès pour cette pièce qui avait pourtant retenu l'attention du Ministère public. Dans son édition si attentive des *Œuvres complètes* (La Pléiade, 1975), Claude Pichois rappelle l'attrait éprouvé par Baudelaire pour les lesbiennes (Jeanne, la mendiante rousse, etc.). Outre une « correspondance » érotique de son imagination, Lesbos répondait aussi à sa morale de la stérilité, à son refus théologique toujours exprimé de la nature.

Page 86. CXV - LA BÉATRICE
1. Thème du poète qui récite ses œuvres et que moque pour son histrionisme l'amie de cœur : Portrait-charge de Baudelaire par lui-même. Le remariage de Mme Aupick autorisait Baudelaire à s'identifier à Hamlet. Le poète possédait à l'hôtel Pimodan la collection des lithographies de Delacroix sur le thème d'Hamlet.

2. Rubriques : il faut redonner à ce mot le sens qu'il avait du temps de Molière, c'est-à-dire celui de *finesses*, de *ruses*.

Page 87. CXVI UN VOYAGE A CYTHÈRE
1. Baudelaire doit au *Voyage à Cythère* de Gérard de Nerval, paru dans *L'Artiste* des 30 juin et 11 août 1844 l'opposition purement nominale de Cythère et de Cérigo, possession anglaise. Le gibet à trois branches est déjà présent dans le texte de Nerval qui rappelle — pour le dénoncer quelques lignes plus bas — le mythe de Cythère.

Page 90. CXVIII LE RENIEMENT DE SAINT PIERRE
1. L'attention du Parquet avait été attirée par cette pièce dès sa parution en 1852 dans *La Revue de Paris*. Encore qu'il n'y eût pas de poursuite, Baudelaire jugea préférable, lors de l'édition de 1857, de placer en tête de la section *Révolte* cette note qu'il a toujours jugée « détestable » :

« Parmi les morceaux suivants, le plus caractérisé a déjà paru dans un des principaux recueils littéraires de Paris, où il n'a été considéré, du moins par les gens d'esprit, que pour ce qu'il est véritablement : le pastiche des raisonnements de l'ignorance et de la fureur. Fidèle à son douloureux programme, l'auteur des *Fleurs du mal* a dû, en parfait comédien, façonner son esprit à tous les sophismes comme à toutes les corruptions. Cette déclaration candide n'empêchera pas sans doute les critiques honnêtes de le ranger parmi les théologiens de la populace et de l'accuser d'avoir regretté pour notre Sauveur Jésus-Christ, pour la Victime éternelle et volontaire, le rôle d'un conquérant, d'un Attila égalitaire et dévastateur. Plus d'un adressera sans doute au ciel les actions de grâces habituelles du Pharisien : « Merci, mon Dieu, qui n'avez pas permis que je fusse semblable à ce poète infâme ! »

Page 91. CXIX ABEL ET CAÏN
1. Antoine Adam (*Les Fleurs du Mal*, Garnier, 1959) après avoir donné du *Reniement de saint Pierre* une explication historique fondée sur les désillusions engendrées par le coup d'État du 2 décembre 1851, dit fort pertinemment à propos du vers 30 : « Puisqu'il fait de Caïn un nomade et d'Abel un sédentaire, c'est-à-dire exactement le contraire de ce qu'enseigne la *Genèse*, le fer est le symbole d'Abel le laboureur, et nous devons l'expliquer : le fer de la charrue. L'épieu est le symbole de Caïn le chasseur. Baudelaire annonce la victoire du prolétaire révolté. »

Page 94. CXXI LA MORT
1. Dernier cycle du recueil, il ne comptait en 1857 que trois sonnets d'allure spiritualiste qui laissaient ouverte la possibilité d'une autre existence. La conclusion des *Fleurs* se modifie radicalement en 1861. *Le Voyage* en témoigne : la prescience du gouffre terminal emplit de désespoir la vie présente qui manque, pour sa part, trop de fondement pour donner un quelconque soutien à la rêverie d'une existence ultérieure.

Page 95. CXXIII LA MORT DES ARTISTES
1. En avril 1851, Baudelaire fit paraître une version si différente des textes de 1857-1861, qu'on ne peut parler de variante. La voici :

> Il faut marcher longtemps et par monts et par vaux,
> Broyer bien des cailloux et crever sa monture,
> Pour trouver un asile où la bonne nature
> Invite enfin le cœur à trouver du repos.
>
> Il faut user son corps en d'étranges travaux,
> Pétrir entre ses mains plus d'une fange impure,
> Avant de rencontrer l'idéale figure
> Dont le sombre désir nous remplit de sanglots.
>
> Il en est qui jamais n'ont connu leur idole,
> Et ces sculpteurs maudits et marqués d'un affront,
> Qui vont se déchirant la poitrine et le front,
>
> N'ont plus qu'un seul espoir qui souvent les console,
> C'est que la mort, planant comme un soleil nouveau,
> Fera s'épanouir les fleurs de leur cerveau.

2. L'armature est le coffrage intérieur d'une sculpture.

Page 96. CXXV LE RÊVE D'UN CURIEUX
1. *F.N.* désigne Félix Nadar. Dans une lettre adressée à Poulet-Malassis le 13 mars 1860, Baudelaire écrit : « J'ai donné hier soir ce sonnet à Nadar ; il m'a dit qu'il n'y comprenait rien du tout, mais que cela tenait sans doute à l'écriture, et que des caractères d'imprimerie le rendraient plus clair. »

CXXVI LE VOYAGE
1. Composé en février 1859 durant le séjour que Baudelaire fit à Honfleur, le long poème qui clôt l'édition de 1861 est dédié à son ami Maxime Du Camp envers qui il avait quelques dettes de reconnaissance. Cette cantate finale qui reprend tous les thèmes majeurs et tous les mots clefs des *Fleurs* semble bien la conclusion voulue par le poète pour l'édition de 1861 en lui conférant une unité rétrospective.
Il y avait cependant quelque malice secrète à placer ce poème sous l'égide de Du Camp, grand voyageur mais surtout connu comme chantre inconditionnel du Progrès, lorsqu'on a écrit dans *Fusées* : « Quoi de plus absurde que le Progrès, puisque l'homme, comme cela est prouvé par le fait journalier, est toujours semblable et égal à l'homme, c'est-à-dire toujours à l'état sauvage. »
Dans la lettre qui accompagnait l'envoi, Baudelaire s'en expliquait d'ailleurs franchement avec son dédicataire : « ... Si le ton systématiquement byronien de ce petit poème vous déplaisait, si, par exemple, vous étiez choqué de mes plaisanteries contre le progrès, ou bien de ce que le Voyageur avoue n'avoir vu que la banalité, ou enfin de n'importe quoi, dites-le moi sans vous gêner... »
2. Icarie : Baudelaire fait ici allusion à une utopie socialiste de Cabet parue en 1840 : *Voyage en Icarie*.

LES ÉPAVES

Page 101.
1. C'est en février ou mars 1866 que Poulet-Malassis fit paraître à Bruxelles, à 260 exemplaires, *Les Épaves de Charles Baudelaire* avec un frontispice de Félicien Rops.
Ce recueil comporte un « Avertissement de l'éditeur » qui est bien de la main de Poulet-Malassis et des notes vengeresses qui sont, elles, de Baudelaire et qu'il fait endosser par son éditeur. Nous avons tenu à respecter scrupuleusement ces dispositions.
Les Épaves rassemblent d'abord les six pièces condamnées auxquelles ont été jointes seize pièces diverses et *Franciscæ meæ laudes*. Certaines, de pure circonstance, n'auraient pas été retenues pour figurer dans une nouvelle édition des *Fleurs du Mal* ainsi que le souligne une note du poète à son éditeur : « J'ai été trop peu sévère dans le choix de ces pièces ; ainsi n'ajoutons rien, si par hasard vous possédiez quelque niaiserie de moi : Je vous le demande expressément. »

Page 107. V A CELLE QUI EST TROP GAIE
1. Envoyé le 9 décembre 1852 à Mme Sabatier dans une lettre non signée dont voici le texte :

« La personne pour qui ces vers ont été faits, qu'ils lui plaisent ou qu'ils lui déplaisent, quand même ils lui paraîtraient tout à fait ridicules, est bien humblement *suppliée* de ne les montrer à *personne*. Les sentiments profonds ont une pudeur qui ne veut pas être violée. L'absence de signature n'est-elle pas un symptôme de cette invincible pudeur ? Celui qui a fait ces vers dans un de ces états de rêverie où le jette souvent l'image de celle qui en est l'objet l'a bien vivement aimée, sans jamais le lui dire, et conservera *toujours* pour elle la plus tendre sympathie. »

Page 111. X HYMNE
1. Manuscrit adressé à Mme Sabatier le 8 mai 1854 dans une lettre où le poète note à l'attention de la Présidente : « Vous êtes pour moi non seulement la plus attrayante des femmes ; — de toutes les femmes, mais encore la plus chère et la plus précieuse des superstitions. — Je suis un égoïste, je me sers de vous. (...) ». Cl. Pichois pense avec juste raison que Baudelaire ne retint pas cette pièce pour les *Fleurs*, craignant un effet de répétition avec *Que diras-tu ce soir, pauvre âme solitaire*...

Page 112. XII LE MONSTRE
1. C'est aux poètes satiriques du XVIIe siècle de l'école de Malherbe : Régnier, Maynard, de

Sigogne, que Baudelaire semble ici revenir en cette année 1866 qui est aussi celle des *Amœnitates Belgicæ*.

2. Le paranymphe était un discours où se mêlait en parts égales éloges et railleries.

3. Giraumont : Baudelaire a interrogé Malassis sur les sens figurés de cette sorte de citrouille : « Le mot peut-il s'appliquer métaphoriquement à toutes les tumeurs comme seins, fesses et généralement l'obésité ? »

4. *Les Clavicules de Salomon* est un livre de magie.

5. Caravanes. Dans une acception familière, Littré indique comme sens à ce mot : « Faire ses caravanes, mener une vie aventureuse et dissipée. »

6. Autre interrogation du poète à son éditeur : « Le mot *Cas* peut-il s'appliquer au *Cul* comme à la pine, ou en est-il l'antipode ? *Il s'agit du Diable* (Trouver, s'il est possible, un exemple). »

Page 114. XIII - FRANCISCÆ MEÆ LAUDES
1. Cf. *Les Fleurs du Mal* LX p. 45

Page 115. XIV - VERS POUR LE PORTRAIT DE M. HONORÉ DAUMIER
1. « J'ai voulu dire, écrit le poète commentant son envoi du 25 mai 1865 à Champfleury, que le génie satirique de Daumier n'avait rien de commun avec le génie satanique ; c'est bon à dire, dans un temps où les portraits de certains personnages, par exemple Jésus-Christ, sont altérés par des sots qui y sont complètement intéressés. »
2. Alecto, fille de Pluton, est une Furie de l'*Enéide*.

Page 116. XVI - SUR *LE TASSE EN PRISON* D'EUGÈNE DELACROIX
1. Goethe a fait du célèbre poète italien attaché à la cour de Ferrare, le personnage central de son drame *Torquato Tasso* ; Byron l'a chanté dans *Les Lamentations du Tasse* comme un précurseur des poètes maudits. On sait que, soupçonné d'avoir courtisé Eléonore d'Este, sœur du duc, le Tasse fut enfermé sept ans parmi les fous.
On connaît trois tableaux et plusieurs esquisses ou études de Delacroix sur ce thème qui l'a obsédé de 1823 à 1827. Baudelaire, familier de l'atelier du peintre, a eu tout le loisir d'en voir les différents états.

Page 117. XVIII - L'IMPRÉVU
1. Parue le 25 janvier 1863 dans *Le Boulevard*, cette pièce est dédicacée « A mon ami J. Barbey d'Aurevilly » qui avait témoigné pour Baudelaire lors du procès.

Page 121. XXI - SUR LES DÉBUTS D'AMINA BOSCHETTI
1. Amina Boschetti avait dansé à Bruxelles en septembre 1864 sans avoir obtenu le succès que lui souhaitait Baudelaire qui note sur un des feuillets de *Pauvre Belgique !* : « ...Elle voltige chez un peuple, où chaque femme pourrait avec une seule de ses pattes éléphantines écraser un million d'œufs. » Le « prâcrit », selon Littré, est le dialecte vulgaire du sanscrit ; quant au « faro », se reporter à l'*Opinion de M. Hetzel sur le faro* dans *Amœnitates Belgicæ*.

XXII - A. M. EUGÈNE FROMENTIN
1. Oppenort (v. 16) fut un décorateur élève de Mansard. Quant à Niboyet, c'est un romancier moralisateur contemporain de Baudelaire.

Page 124. AJOUTS DE LA TROISIÈME ÉDITION
1. Nous avons exposé dans la notice comment Charles Asselineau et Théodore de Banville se sont chargés d'établir cette édition dite « posthume » ou « définitive ». Elle comportait vingt-cinq pièces inédites, onze reprises aux *Épaves*, un nombre égal de poèmes dans divers périodiques et trois autres dont la traduction versifiée du *Calumet de paix* de Longfellow. Il est certain - et la critique est unanime sur ce point - que Baudelaire n'aurait pas davantage retenu cette adaptation que le sonnet de jeunesse à Banville pour l'édition future qu'il envisageait.

Page 125. LA PRIÈRE D'UN PAÏEN
1. « Diva, supplicem exaudi ! » : Déesse, exauce un suppliant !

Page 126. L'AVERTISSEUR
1. Si les *nixes* sont des déesses germaniques des eaux répondant aux ondines ou aux vouivres, *satyresses* est un néologisme si évident qu'on peut s'étonner que Baudelaire en soit le père.

Page 127. LA LUNE OFFENSÉE
1. Faut-il penser avec J. Crépet que ce sonnet avait un caractère autobiographique ou bien qu'il avait été inspiré - comme le suggère J. Prévost - par une planche des *Caprices* de Goya : *Hasta la muerte* (« jusqu'à la mort ») où l'on voit une mégère décrépite se coiffer d'un chapeau devant le miroir de sa toilette ?

Page 128. LE GOUFFRE
1. Sans doute faut-il chercher dans ce sonnet comme un reflet de cette sorte de « nuit pascalienne » que le poète vécut le 23 janvier 1862 et qu'il transcrivit ainsi dans les *Journaux intimes* :
« Au moral comme au physique, j'ai toujours eu la sensation du gouffre, non seulement du gouffre du sommeil, mais du gouffre de l'action, du rêve, du souvenir, du désir, du regret, du remords, du beau, du nombre, etc.
J'ai cultivé mon hystérie avec jouissance et terreur. Maintenant, j'ai toujours le vertige, et aujourd'hui 23 janvier 1862, j'ai subi un singulier avertissement, j'ai senti passer sur moi *le vent de l'imbécillité* ».
Quant aux derniers vers nous inclinons à penser que leur signification est en rapport très étroit avec l'*Eureka* de Poe qu'il traduisait alors.

FRAGMENTS ET DOSSIER DES « FLEURS DU MAL »

Page 131. PROJETS DE PRÉFACES
1. Réunis en recueil par Malassis, les projets de préfaces ont été successivement publiés par Charles Asselineau dans la biographie qu'il consacra à Baudelaire (Lemerre, 1868), par Octave Uzanne (*Le Livre*, 10 mars 1881) et enfin par Eugène Crépet dans les *Œuvres posthumes de 1887.*
Le premier projet est destiné à répondre à Veuillot qui l'avait attaqué avec méchanceté dans un article du *Réveil* (15 mai 1858).

Page 132.
1. Dans le fragment II, le *Caro* de *Et verbum Caro factum est* vise le philosophe scientiste. Elme-Marie Caro (1826-1887) que Pailleron brocardera dans *Le Monde où l'on s'ennuie.*

Page 133.
1. Le projet IV fut rédigé en vue de la troisième édition. Dès 1865, Baudelaire avait imaginé d'ajouter les « témoignages de sympathie » que lui avaient décernés certains écrivains. Ce projet fut réalisé dans l'édition posthume de 1868 qui regroupe les contributions de Sainte-Beuve, d'Astolphe de Custine, d'Émile Deschamps, etc.

Page 136. ÉPILOGUE
1. Dans sa remarquable édition des *Petits Poèmes en prose* (José Corti, 1968), Robert Kopp a montré qu'Asselineau et Banville s'étaient trompés en plaçant ces strophes dans ce recueil, alors qu'elles devaient s'inscrire dans les *Fleurs* selon une intention clairement énoncée par Baudelaire à Poulet-Malassis.

Page 139. LE PROCÈS DES FLEURS DU MAL
1. Après avoir requis contre Flaubert, qui fut cependant acquitté en février 1857, Ernest Pinard demanda qu'au-delà de la personne de Charles Baudelaire un avertissement soit donné à ceux qui s'autorisaient des précédents non condamnés et du relâchement des mœurs pour excuser les licences qu'ils prenaient. Le réquisitoire modéré, mais ferme, qu'il prononça à l'endroit des *Fleurs du mal* invitait les juges à écarter l'accusation d'atteinte à la morale religieuse (dont avaient paru relevables *Le Reniement de saint Pierre, Abel et Cain, Les Litanies de Satan, Le Vin de l'assassin)* pour réserver leurs rigueurs à l'atteinte à la morale publique sous laquelle tombaient *Les Bijoux, Sed non satiata, Le Léthé, A celle qui est trop gaie, Le Beau Navire, A une mendiante rousse, Lesbos, Les Femmes damnées, Les Métamorphoses du vampire.*
« L'affirmation du mal n'en n'est pas la criminelle approbation », répondit faiblement Me Chaix d'Est-Ange aux réquisitions du ministère public qui soutenait que tout dévoiler et révéler de ce qui doit demeurer caché était faire œuvre hasardeuse. L'argumentation de la défense avait le tort

d'enfermer Baudelaire, ennemi des poncifs s'il en fut, dans un procédé utilisé par Tertullien et repris par Bossuet, qui consistait, non sans quelque complaisance, comme l'avait relevé le ministère public, à élargir et aggraver la plaie pour la rendre visible de tous.

Le tribunal suivit cependant les réquisitions du ministère public. Baudelaire fut condamné aux frais et à 300 francs d'amende. Le jugement où il persista à voir un malentendu dont il voudra s'expliquer lui parut d'autant plus rigoureux qu'il pensait être acquitté. Après avoir adressé une lettre à l'impératrice, le poète vit son amende réduite de 300 à 50 francs. Des treize pièces primitivement incriminées, six seulement devaient être jugées indésirables.

Réquisitoire et plaidoiries ont été publiés sans indication de date en 1885 dans la *Revue des grands procès contemporains.*

LE JUGEMENT

Gazette des Tribunaux, 21 août 1857 :

« En ce qui touche le délit d'offense à la Morale religieuse :

« Attendu que la prévention n'est pas établie, renvoie les prévenus des fins des poursuites ;

« En ce qui touche la prévention d'offense à la morale publique et aux bonnes mœurs :

« Attendu que l'erreur du poète, dans le but qu'il voulait atteindre et dans la route qu'il a suivie, quelque effort de style qu'il ait pu faire, quel que soit le blâme qui précède ou qui suit ses peintures, ne saurait détruire *l'effet funeste des tableaux qu'il présente au* lecteur, et qui, dans les pièces incriminées, *conduisent nécessairement à l'excitation des sens par un réalisme grossier* et offensant pour la pudeur ;

« Attendu que Baudelaire, Poulet-Malassis et Debroise ont commis le délit d'outrage à la morale publique et aux bonnes mœurs, savoir : Baudelaire, en publiant ; Poulet-Malassis en publiant, vendant et mettant en vente, à Paris et à Alençon, l'ouvrage intitulé : *Les Fleurs du Mal,* lequel contient des passages ou expressions obscènes et immorales ;

« Que lesdits passages sont contenus dans les pièces portant les numéros 20, 30, 39, 80, 81 et 87 du recueil ;

« Vu l'article 8 de la loi du 17 mai 1819, l'article 26 de la loi du 26 mai 1819 ;

« Vu également l'article 463 du Code pénal ;

« Condamne Baudelaire à 300 fr. d'amende,

« Poulet-Malassis et Debroise chacun à 100 fr. d'amende ;

« Ordonne la suppression des pièces portant les nos 20, 30, 39, 80, 81 et 87 du recueil,

« Et condamne les prévenus solidairement aux frais. »

Il fallut attendre la fin de la Seconde Guerre mondiale pour que la Justice se donne le nouveau ridicule de « réhabiliter » Baudelaire par un arrêt de la Cour de Cassation du 31 mai 1949.

POÉSIES DE JEUNESSE ET RELIQUES

Page 143.

1. Nous avons écarté de cette section les quatre copies de vers latins qui valurent au collégien Baudelaire quelques distinctions au Concours général. Les poésies françaises ont été classées selon l'ordre chronologique de création qui nous a semblé le plus probable.

Page 146.

1. L'inspiratrice de cette pièce est Sarah, dite Louchette ; c'est la seule de l'ensemble qui annonce déjà les *Fleurs du Mal :* on peut la dater aux alentours de 1840.

Page 148. A SAINTE-BEUVE

1. Cette pièce était accompagnée d'une lettre non datée (1843-1845 ?) signée Baudelaire-Dufaÿs où ce dernier avouait au critique :

« ... Ces vers ont été faits *pour vous* — et si naïvement — que lorsqu'ils furent achevés, je me suis demandé s'ils ne ressemblaient pas à une impertinence... »

POÈMES EN COLLABORATION OU ATTRIBUÉS
ET VERS RETROUVÉS

Page 152.
1. En dehors de quelques pièces où les apports de la critique interne conjugués surtout avec ceux de la simple histoire littéraire nous permettent de trancher avec certitude, le problème restera sans doute sans solution de savoir quelle part attribuer à Baudelaire dans la majeure partie de ces poèmes qui appartiennent à sa jeunesse littéraire.
Quant aux « vers retrouvés », la thèse soutenue en 1929 par Jules Mouquet continue encore à soulever des controverses. Il y déclarait qu'il fallait restituer à Baudelaire une quinzaine de poésies publiées sous le double nom d'Ernest Prarond, puis de A. Privat d'Anglemont. L'un et l'autre, poètes médiocres, appartenaient bien au milieu que fréquentait Baudelaire vers les années 1840-1845 ; il a toujours conservé avec le premier que nous retrouverons, avec *Idéolus* des relations d'amitié suivies, le second, bohème excentrique, ne fut que connaissance de passage dans sa vie. Jean Pommier et Claude Pichois ont développé des arguments fort pertinents contre le radicalisme de la thèse de J. Mouquet. Pour notre part, compte tenu d'incertitudes légitimes, nous avons retenu le plus largement possible tous ceux des poèmes où nous avons cru — conforté dans notre appréciation par des lectures concordantes — pressentir déjà, des « correspondances » avec le poète des *Fleurs*.

PETITS POÈMES EN PROSE
(Le Spleen de Paris)

Page 159.
1. On ne saurait mieux définir les *Petits Poèmes en prose* qu'en affirmant qu'ils forment à la fois le pendant des *Fleurs du mal* — parce que les thèmes illustrés y sont sensiblement les mêmes — et une nouveauté véritable quant à la forme. Plusieurs lettres en témoignent dont celle du 9 mars 1865 à Mme Aupick : « J'espère que je réussirai à produire un livre plus singulier, plus volontaire du moins, que *Les Fleurs du Mal*, où j'associerai l'effrayant avec le bouffon, et même la tendresse avec la haine » et, à un autre correspondant : « ... c'est encore *Les Fleurs du Mal* mais avec beaucoup plus de liberté et de détail, et de raillerie ».
La lettre-dédicace et presque lettre-manifeste à Arsène Houssaye expose très clairement les intentions du poète et les domaines nouveaux qu'il se propose d'explorer. S'il demeure exact que ce n'est qu'après 1857 que Baudelaire a pensé à la composition de ce recueil, certaines tentatives de poèmes en prose que nous possédons sont très antérieures. Il faut donc reconnaître - comme le souligne Robert Kopp dans son excellente édition (Corti, 1969) - un chevauchement plutôt qu'une succession entre ces deux genres, le second tentant d'asservir le poème à l'image plutôt qu'à la musique.
Les *Petits Poèmes en prose* restèrent dispersés dans des revues et ne furent réunis en recueil qu'après la mort de Baudelaire grâce aux travaux de Charles Asselineau et de Théodore de Banville. Ceux-ci suivirent le sommaire qu'avait établi le poète vers 1865 et publièrent en 1869 l'édition qui fait toujours autorité à quelques révisions près dont la suppression de *l'Épilogue*.

Page 161. A ARSÈNE HOUSSAYE
1. Directeur littéraire de *La Presse*, A. Houssaye publia en 1862 les vingt premiers poèmes en prose, en trois feuilletons, mais il refusa le quatrième qui devait comprendre les poèmes XXI et XXVI.
2. *Gaspard de la Nuit*, recueil de poèmes en prose d'Aloysius Bertrand, fut publié en 1842, avec une préface de Sainte-Beuve un an après la mort de son auteur. On sait l'admirable parti musical que Ravel tira de trois d'entre eux.
3. « Le cri strident du *Vitrier* » : *La Chanson du Vitrier* d'Arsène Houssaye, consolation morale dans le meilleur style philanthropique.

Page 166. IX - LE MAUVAIS VITRIER
1. Ce poème n'a pas peu contribué à accréditer la légende du dandy sarcastique et cruel que son siècle voulait voir en Baudelaire qui note : « On m'a attribué tous les crimes que je racontais. »

Page 169. XI - LA FEMME SAUVAGE ET LA PETITE-MAÎTRESSE
1. Ce poème traite l'un des sujets (avec *Les Tentations, La Belle Dorothée)* que Baudelaire se proposait de traiter en vers et d'insérer dans la deuxième édition des *Fleurs du Mal.* L'anecdote est tirée ici d'un spectacle de foire, mais sa valeur symbolique est nettement dégagée.

Page 171. XIII - LES VEUVES
Voici le début du texte de Vauvenargues auquel Baudelaire se réfère :

SUR LES MISÈRES CACHÉES

« La terre est couverte d'esprits inquiets que la rigueur de leur condition et le désir de changer leur fortune tourmentent inexorablement jusqu'à la mort. Le tumulte du monde empêche qu'on ne réfléchisse sur ces tentations secrètes qui font franchir aux hommes les barrières de la vertu. Pour moi, je n'entre jamais au Luxembourg, ou dans les autres jardins publics, que je n'y sois environné de toutes les misères sourdes qui accablent les hommes, et que divers objets ne m'avertissent et ne me parlent de calamités que j'ignore. Tandis que, dans la grande allée, se presse et se heurte une foule d'hommes et de femmes sans passions, je rencontre, dans les allées détournées, des misérables qui fuient la vue des heureux, des vieillards qui cachent la honte de leur pauvreté, des jeunes gens que l'erreur de la gloire entretient à l'écart de ses chimères, des femmes que la loi de la nécessité condamne à l'opprobre, des ambitieux qui concertent peut-être des témérités inutiles pour sortir de l'obscurité. »

Page 175. XVII - UN HÉMISPHÈRE DANS UNE CHEVELURE
1. Ce poème est classiquement rapproché des deux poèmes des *Fleurs du Mal : Parfum* et *La Chevelure.* Nous pensons comme R. Kopp (cf. aussi la préface de Claude Roy au présent volume) que les pièces en vers ont précédé le poème en prose.

Page 176. XVIII - L'INVITATION AU VOYAGE
1. Ici encore doublet en prose (août 1857, dans *Le Présent*) mais postérieur au poème des *Fleurs du Mal.*

Page 177.
1. *La Tulipe noire,* roman de Dumas père publié en 1850 ; *Le Dahlia bleu* est une romance-rengaine de Pierre Dupont très populaire sous le Second Empire.

Page 185. XXV - LA BELLE DOROTHÉE
1. Sujet qu'à l'origine Baudelaire voulut traiter en vers. Le poème fut proposé à Charpentier qui le fit paraître en l'édulcorant dans la *Revue nationale et étrangère* du 10 juin 1863. Il s'attira de ce fait la protestation suivante du poète :
« Je vous avais dit : supprimez *tout un morceau, si une virgule* vous déplait dans le morceau, mais ne supprimez par la virgule : elle a sa raison d'être.
J'ai passé ma vie entière à apprendre à construire des phrases, et je dis, sans crainte de faire rire, que ce que je livre à une imprimerie est *parfaitement fini.*
Croyez-vous réellement que *les formes de son corps,* ce soit là une expression équivalente à *son dos creux et sa gorge pointue ?* — Surtout quand il est question de la race noire des côtes orientales.
Et croyez-vous qu'il soit *immoral* de dire qu'une fille est *mûre* à *onze ans,* quand on sait qu'Aïscha (qui n'était pas une négresse née sous le Tropique) était plus jeune encore alors que Mahomet l'épousa ?
Monsieur, je désire sincèrement vous remercier du bon accueil que vous m'avez fait ; *mais je sais ce que j'écris,* et je ne raconte *que ce que j'ai vu.* »

Page 192. XXX - LA CORDE
1. Manet venait, peu avant la publication du poème, de scandaliser avec *Le Déjeuner sur l'herbe.* Baudelaire avait défendu l'artiste attaqué dans *Peintres et aquafortistes.* Il soulignait l'espagnolisme et, non sans une certaine ambiguïté, la « modernité » de Manet. Le héros du conte pourrait bien être le petit Alexandre, modèle du peintre qui posa pour *L'Enfant aux cerises* entre 1858 et 1859, pour *Le Garçon et le chien,* eau-forte (1861), et pour *Le Guitariste.*

Page 200. XXXIX - UN CHEVAL DE RACE
1. Magistère : selon Littré, il faut bien entendre ici par ce terme un élixir pharmaceutique « dont

souvent la préparation était secrète et qu'on nommait ainsi parce que c'était des choses de maitre ».

Page 205. XLV - LE TIR ET LE CIMETIÈRE
1. 11 octobre 1867, *Revue nationale et étrangère*. Écrit à Bruxelles, le présent poème en prose est contemporain d'une pièce des *Épaves : Un cabaret folâtre*.

Page 206. XLVII - MADEMOISELLE BISTOURI
1. Régnier : allusion au poète satirique Mathurin Régnier que Baudelaire avait beaucoup pratiqué durant sa jeunesse.

Page 207.
1. S... s... c... de s... m...! selon le manuscrit : « Sacré Saint Ciboire de Sainte Maquerelle ! »
2. Maurin : sans doute, Antoine Maurin, peintre et graveur mentionné dans le *Salon de 1845*.

Page 208. XLVIII - ANY WHERE OUT OF THE WORLD
1. 28 septembre 1867, *Revue nationale et étrangère*. Edgar Poe avait fait usage de la formule qui forme le titre du présent poème dans *The Poetic Principle*. Elle provient du *Bridge of Sighs* de Thomas Hood que Baudelaire traduisit en avril 1865.
2. Tornéo : Graphie fautive pour Tornea située au fond du golfe de Botnie ?

Page 209. XLIX - ASSOMMONS LES PAUVRES !
1. Refusé en 1865 par la *Revue nationale et étrangère*, publié pour la première fois dans l'édition posthume de 1869. Faut-il voir dans ce poème « une illustration paradoxale » des thèses du révolutionnaire Proudhon, mort en juin 1865 ? Nous inclinerions plutôt à rapprocher le contenu de ce poème de ce qui, dans l'œuvre de Baudelaire, annonce la théorie de l'acte gratuit.
2. « Médecins aliénistes », Baillarger et Lélut avaient conclu à la folie de Socrate, du Tasse, de Pascal, de Rousseau et de Swedenborg.

Page 212. ÉPILOGUE
1. C'est par erreur que Banville et Asselineau ont placé ici un projet d'épilogue conçu en réalité pour les *Fleurs du Mal*. Nous l'avons réintégré avec un second, également inachevé, dans le dossier figurant p. 136.

LISTE DE PROJETS

Baudelaire avait pensé doter les *Petits Poèmes en prose* d'un nombre de pièces égal à celui des *Fleurs du Mal*. Il écrit à son éditeur Hetzel le 8 octobre 1863 : « Dans *Le Spleen de Paris*, il y aura 100 morceaux, — il en manque encore 30. » Il avançait un peu sur ses réalisations, car il en avouera soixante d'achevés en 1865.
Il entendait ainsi se laisser une marge suffisante pour écarter les poèmes qui ne le satisferaient point et dont certains canevas - plus ou moins élaborés - nous sont parvenus.
Nous donnons ci-joint deux listes de projets conçus par le poète. Les astérisques précédant certains numéros ont été soulignés par lui au crayon rouge.

Poëmes à faire

CHOSES PARISIENNES		ONEIROCRITIE			
	FACILES : *biffé*				
Le vieux petit athée	1	Symptômes de Ruine	35		
La Cour des messageries	2	Mes Débuts	36		
L'élégie des chapeaux	3	Retour au Collège	37		
La poule noire	4	Appartements inconnus	38		
La fin du Monde	5	Paysages sans arbres	39		
Du haut des Buttes Chaumont	6	Condamnation à mort	40		
Un mercredi des Cendres	7	La Mort	41		
Le poëte et l'historien	8	La Souricière	42		
Oreste et Pylade	9	Fête dans une ville déserte	43		
Les deux ivrognes	10	Le palais sur la Mer	44		
Les aliénistes	11	Les escaliers	45		
Le philosophe au Carnaval	12	Prisonnier dans un phare	46		

SPLEEN DE PARIS
à faire

DU VIN ET DU HACHISCH

Page 215.
1. Sous le titre de *Paradis artificiels* furent réunis en volume le 2 juin 1860 trois œuvres
d'inspiration similaire : *Du vin et du haschich* paru dans *Le Messager de l'Assemblée* les 7, 8,
11 et 12 mars 1851 ; *Le Poème du haschich* dans la *Revue contemporaine* le 30 septembre
1858 sous le titre *De l'Idéal artificiel*, — *Le Haschisch*; adaptation[a] des *Confessions d'un*

a. — Baudelaire écrivit le 16 février 1860 à Poulet-Malassis : « De Quincey est un auteur
affreusement conversationniste et digressionniste, et ce n'était pas une petite affaire que de
donner à ce résumé une forme dramatique et d'y introduire l'ordre. De plus il s'agissait de fondre
mes sensations personnelles avec les opinions de l'auteur original et d'en faire un amalgame dont
les parties fussent indiscernables. Ai-je réussi ? »

Mangeur d'Opium de Thomas de Quincey, *Enchantement et tortures d'un mangeur d'opium*,
l'essai sur l'opium parut dans la *Revue contemporaine* les 15 et 31 janvier 1860.
Le poète avait goûté successivement du hachisch et de l'opium. S'il n'apprécia guère le premier
qu'il essaya chez Louis Ménard, son condisciple de Louis-le-Grand autour des années 1841-
1842, il fit en revanche de l'opium, sous l'espèce du laudanum, un usage prolongé. Le poème en
prose *La Chambre double* témoigne de l'habitude contractée. Baudelaire s'en servit comme
d'un calmant moral et physique avant d'y renoncer momentanément entre 1859 et son départ
pour la Belgique (où il en reprit cependant) : « J'ai pris tout excitant en horreur, explique le poète
en août 1860 à Armand Fraisse, à cause de l'amplification du temps et du caractère d'énormité
que cet excitant quelconque donne à toute chose. Il est impossible d'être, non pas seulement
homme d'affaires, mais même homme de lettres avec une orgie spirituelle continuée ».
Les *Confessions of an English opium eater* de De Quincey (1785-1859) parurent dans le
London Magazine de septembre et octobre 1821 en volume en 1822. Alfred de Musset
adapta en 1828 les *Confessions*. Baudelaire eut connaissance de ce travail. Les *Suspiria de
profundis* parurent dans le *Blackwood's Magazine* entre mars et juillet 1845.
Le hachisch fut à la mode dans les années 1840 : Moreau de Tours, sous le contrôle duquel
avaient eu lieu les expériences de prise de hachisch à l'hôtel Pimodan, publia en 1854 : « *Du
hachisch et de l'aliénation mentale. Études psychologiques* ».
L'excitant accroît-il, même momentanément, ou déprime-t-il la faculté créatrice, telle est la
question que se posait Baudelaire, en sus des considérations morales qui l'arrêtèrent ?
Le poète refuse d'acheter une manière de paix au prix d'un amoindrissement, sinon d'une
disparition de ses facultés poétiques. S'il insiste sur l'extrême difficulté qu'il y a à les fixer,
Baudelaire ne renonce pas pour autant aux visions que procure l'absorption de la drogue et dont
le vin donne, toutes proportions gardées, une idée. Pour transformer la vision en poème,
l'exercice de la volonté est requis. De là, la nécessité de la préserver en état. A cette condition,
encore que son emploi soit délicat, la drogue peut servir la poésie. La meilleure et la plus
inoffensive des drogues sera en conséquence celle qui permet au poète de continuer son œuvre,
c'est-à-dire nécessairement, la poésie.

LES PARADIS ARTIFICIELS

Page 231. A I G F
1. L'identité de la dédicataire qui est également celle de *l'Héautontimoroumenos* n'a toujours
pas été percée.

Page 233.
1. « L'auteur de *Lazare* » : Auguste Barbier, le poète des *Ïambes*. Cf. *Critique littéraire*, II,
l'article qui lui a consacré Baudelaire.

Page 234.
1. Allusion aux *Confessions d'un mangeur d'opium* de De Quincey.

Page 236.
1. « Le théâtre de Séraphin » était un théâtre d'ombres chinoises très prisé par les enfants vers le
milieu du siècle.

Page 2 2.
1. Ces vers de Milton tirés du *Paradis perdu* sont consacrés à Belzebuth.

Page 293.
1. *Dulce balneum suavibus...* Emprunt aux *Franciscae meae laudes* (cf *Fleurs du mal* LX) :
« Doux bain parfumé
De suaves odeurs. »

Page 302.
1. C'est dans cette île de la Jamaïque que mourut Richard, frère de Thomas De Quincey.

Page 306. LES « LECTURES » DE BRUXELLES
1. Il s'agit de notes prises par Baudelaire pour les trois conférences qu'il donna les 12 mai,
23 mai et 3 juin 1864 au Cercle artistique et littéraire.

ESSAIS ET NOUVELLES

Page 309.
1. Dans cette section, nous avons tenté de suivre le plus fidèlement possible l'ordre chronologique de création qui nous permet ainsi de mieux découvrir le passage du jeune littérateur Baudelaire-Dufaÿs des années 1844-1848 à la maturité du poète des *Fleurs du Mal*.
Nous avons exclu de ce recueil *Le Jeune Enchanteur, histoire tirée d'un palimpseste d'Herculanum*. Longtemps tenue pour une œuvre originale de Baudelaire, cette nouvelle n'est que la traduction d'un texte anglais : *The Young Enchanteur*. C'est à W. T. Bandy, éminent baudelairien que l'on doit cette découverte. Dans un article du *Mercure de France* (février 1950) il attribue au Révérend Croly la paternité de l'œuvre.
Les essais réunis sous cette rubrique nous paraissent se différencier par leur tonalité d'écriture tout comme par leur ambition des textes de critique littéraire sous la rubrique desquels on les inscrit volontiers.

Page. 311 COMMENT ON PAIE SES DETTES...
1. Cette charge contre Balzac parut le 24 novembre 1845 dans *Le Corsaire-Satan*.

Page 312.
1. Il s'agit d'Édouard Ourliac, nouvelliste et essayiste qui ne semble pas avoir mérité le trait dont Baudelaire l'accable.
2. Tout porte à penser que ce nom « bien connu dans la Bohème » est celui de Gérard de Nerval alors amoureux de Jenny Colon.
3. Osages : tribu d'Indiens venue à Paris vers 1827.

Page 314. CHOIX DE MAXIMES CONSOLANTES SUR L'AMOUR
Paru le 3 mars 1846 dans *Le Corsaire-Satan*, cet essai visiblement inspiré de *De l'Amour* (Stendhal), fut adressé à l'épouse de son demi-frère magistrat qui l'a toujours poursuivi de son animosité.
1. Aventurier cruel, le baron François de Trenk vécut au XVIIIe siècle ; il avait été brûlé au cours d'une explosion qu'il avait lui-même déclenchée.

Page 315.
1. Amant : allusion à une situation de *La Nouvelle Héloïse*.
2. Leone Leoni, héros d'un roman de George Sand.
3. Roman de Jules Janin, *L'Âne mort et la femme guillotinée*, édité en 1829, se voulait une parodie du roman noir.

Page 316.
1. Les deux pôles manichéens dans la religion de Zoroastre : Ormuz symbolisant le principe du bien, Arimane celui du mal.
2. Mob : dans *Ahasvérus* d'Edgar Quinet, sorte de saga en prose parue en 1849, la vieille Mob représente la Mort.

Page 317. CONSEILS AUX JEUNES LITTÉRATEURS
1. Publication dans *L'Esprit public* du 15 avril 1846 sous la même signature que le précédent feuilleton.

Page 319.
1. Granier de Cassagnac, journaliste mousquetaire du Gers qui mettait souvent son épée au service de sa plume.

Page 320.
1. *Désordre et génie*, sous-titre du célèbre drame d'Alexandre Dumas père : *Kean* que J. P. Sartre devait réadapter.

Page 321. LA FANFARLO
1. Cette nouvelle parut sous la signature de Charles Defayis dans le premier fascicule de l'année 1847 du *Bulletin de la Société des Gens de lettres*. Composée selon Asselineau, en 1843-44, La

Fanfarlo clôt la période de jeunesse. On peut y reconnaître l'influence du Balzac de *Béatrix*, de *La Fille aux yeux d'or*, des *Illusions perdues* et du Théophile Gautier de *Mademoiselle de Maupin*. Ironie du héros à l'égard de lui-même, éloge de la désinvolture et de l'artificiel, de la comédie que l'amoureux se donne à soi-même, accents autobiographiques, vivacité du ton, font l'originalité de cette nouvelle, unique dans l'œuvre de Baudelaire.

Page 324.
1. Oudinot était le fabricant à la mode de ce dessous qui se portait sous une robe ouverte.

Page 339.
1. Désiré Nisard, relation d'Ancelle. Adversaire des romantiques, il fut élu à l'Académie Française en 1850 contre A. de Musset.

LA MORALE DU JOUJOU
2. Première parution, le 17 avril 1853, dans *Le Monde littéraire*; Baudelaire tira de cet essai *Le Joujou du pauvre*, poème en prose.
3. Ernestine Desormaux (1783-1860) avait épousé Charles Louis-Fleury Panckoucke, descendant d'une famille de libraires-écrivains.

Page 341.
1. Phénakisticope : selon le *Robert*, appareil formé de deux disques et qui donne l'illusion du mouvement par la persistance des images rétiniennes.

Page 343. PLANS, TITRES ET PROJETS DE ROMANS ET NOUVELLES
1. Baudelaire semble avoir conservé ces projets jusqu'à la fin de sa vie, mais aucun d'eux ne fut véritablement poursuivi jusqu'à son terme.

Page 350. FRAGMENTS DIVERS *Clergeon aux enfers*
1. Lettre à Nadar qu'en l'absence d'indication précise on date entre 1857 et 1859. Le photographe avait noté au bas du manuscrit de cette priapée burlesque : « Folie envoyée par mon ami Baudelaire sur notre ami S... » Il s'agit de Songeon qui fut condisciple du poète au Collège de Lyon, retrouvé au Quartier Latin et tête de Turc du petit groupe amical que Nadar animait aussi de ses facéties.

Page 351. *Il aperçoit entre la lune et lui...*
1. Ce petit poème qui semble notation de rêverie insolite a été reproduit par Banville en fac-similé sans autre indication d'origine que la signature du poète.

THÉÂTRE

Page 353.
1. Séduit enfant par le monde du théâtre, dont le lustre était pour lui le vivant symbole, Baudelaire s'intéresse de près à ses réalités. Il fréquente acteurs (Frédérick Lemaître, Bignon, Philibert Rouvière auquel il consacrera deux notices), et actrices (Jeanne, Marie Daubrun et Berthe) et rêve plus qu'il ne le réalise pratiquement de composer pour la scène. Les quatre essais qu'il fit restèrent inachevés. Ce sont *Idéolus*, écrit en 1843 avec Ernest Prarond dans la veine romantique, *La Fin de Don Juan* où le mari d'Elvire prend en 1853 l'allure d'un Faust romantique, *L'Ivrogne*, drame populacier, écrit pour l'acteur Hippolyte Tisserant entre 1853 et 1858, *Le Marquis du Ier housards* que lui inspira en 1859-1861 une nouvelle de Paul de Molènes.

Page 355. IDÉOLUS
1. Nous en connaissons un acte et deux scènes. Il existe une grande similitude entre l'intrigue d'*Idéolus* (1843) et celle qui fait le fond de *La Fanfarlo* (1847) : Idéolus, dont le nom est transparent, hésite entre deux incarnations opposées de la femme, représentées par Nubilis, l'épouse possible, et par Forniquette, la courtisane. De même, Samuel Cramer, attiré par Madame de Cosmelly, qui représente la pureté, s'éprend finalement d'une danseuse, la Fanfarlo qui représente le plaisir et la chair triomphante. Il est de peu d'importance, face à la labilité des

BAUDELAIRE

investissements du poète, qu'Idéolus épouse finalement Nubilis alors que Samuel Cramer bornera ses ambitions au concubinage. Les archives d'Ernest Prarond inventoriées par Jules Mouquet en 1928 indiquent de façon indiscutable que l'idée de la pièce était de Baudelaire, le plan (dont nous donnons ici le second état) fut établi en étroite collaboration entre les deux amis. Nous avons indiqué en italique les corrections apportées par Baudelaire à la mouture que lui soumit Prarond.

Page 356.
1. Chodruc-Duclos : Ce « Diogène moderne » évoqué dans les *Mémoires* de Dumas père défraya la chronique parisienne par ses excentrixités. Il mourut en 1842.

Page 359.
1. Muguet : nom donné par moquerie aux jeunes gens faisant profession d'élégance et de galanterie.

Page 373. LA FIN DE DON JUAN
1. Publié dans les *Œuvres posthumes* de 1887. Ce projet d'opéra où allaient se rencontrer Don Juan et Catilina et que Meyerbeer devait, aux dires du poète, mettre en musique, ne fut pas mené à terme.

Page 375. PLAN DE L'IVROGNE
1. Publié dans *Charles Baudelaire, Souvenirs-Correspondance* (1872), *L'Ivrogne* est un drame à trois personnages : l'ivrogne, sa femme qui vaut mieux que lui, et un deuxième homme, qui s'introduit en tiers et aide le ménage. Cette œuvre représentative de la tournure d'imagination de Baudelaire, entretient plus d'un rapport avec *Le Vin de L'Assassin (Fleurs du Mal)* et *Du vin et du haschich (Paradis artificiels)*.
2. Goguette : « nom que le peuple de Paris donnait à des sociétés chantantes qui tenaient leurs séances dans des cabarets. Les goguettes étaient formées uniquement de joyeux ouvriers amateurs de choses de l'esprit qui se réunissaient toutes les semaines pour chanter » (*Grand Dictionnaire universel du XIXe siècle* de Pierre Larousse). « Lice » a un sens équivalent.

Page 378.
1. Royer : Alphonse Royer (1803-1875), un des directeurs de l'Odéon où Tisserant était employé.

Page 379. LE MARQUIS DU Ier HOUSARDS
1. Publié pour la première fois par Eugène Crépet dans les *Œuvres posthumes* de 1887. La nouvelle de Molènes que Baudelaire adapte parut dans *Caractères et récits du temps* chez Michel Lèvy frères, en 1853.

JOURNAUX INTIMES

Page 389. FUSÉES
1. Depuis l'édition des *Œuvres posthumes* de 1887, *Fusées* et *Mon cœur mis à nu* ont été réunis par les éditeurs sous le titre de *Journaux intimes*. C'est là confondre deux inspirations différentes : le titre de *Journaux intimes* ne peut en effet convenir à des notes prises en vue de servir à constituer deux ouvrages qui se suffisent à eux-mêmes. Baudelaire parle pour la première fois à sa mère le 1er avril 1861 de *Mon cœur mis à nu* comme d'un livre à écrire : « un grand livre auquel je rêve depuis deux ans : *Mon cœur mis à nu,* et où j'entasserai toutes mes colères. Ah ! si jamais celui-là voit le jour, les *Confessions* de J(ean)-J(acques) paraîtrons pâles. Tu vois que je rêve encore. » Le séjour à Honfleur devait dans l'esprit du poète, qui y partait avec d'innombrables projets, permettre de concrétiser à tout le moins celui de *Mon cœur mis à nu*. Mais il n'en fut rien et le projet retrouva toute son actualité lors du séjour en Belgique : il avait dessein d'y entasser colères et rancunes auxquelles le pamphlet *Pauvre Belgique* fournirait un exutoire encore sans équivalent. Entretenant sa mère du livre projeté, Baudelaire écrit en date du 5 juin 1863 : « Eh bien ! oui, ce livre tant rêvé sera un livre de rancunes. A coup sûr ma mère et même mon beau-père y seront respectés. Mais tout en racontant mon éducation, la manière dont se sont façonnés mes idées et mes sentiments, je veux faire sentir sans cesse que je me sens

comme étranger au monde et à ses cultes. Je tournerai contre la *France entière* mon réel talent d'impertinence. J'ai un besoin de vengeance, comme un homme fatigué a besoin d'un bain. » J. Crépet et G. Blin, qui distinguent nettement les deux œuvres, observent de leur côté : « Dans *Mon cœur mis à nu,* les violences, les crudités, les attaques contre les personnes, les cris de haine ou de désespoir, les appétits de vengeance se donnent libre carrière, tandis que dans *Fusées* l'auteur, si désabusé et si las de la vie qu'on l'y devine, reste un psychologue et un artiste, un moraliste et un homme d'esprit, bref prend du recul par rapport à soi et, le plus souvent, s'énonce sur un ton détaché. »
Principal responsable de l'amalgame fautif, Poulet-Malassis avait classé en deux recueils les notes manuscrites que laissait Baudelaire après sa mort, selon qu'elles portaient le titre de *Fusées* (ou de *Fusées et Suggestions*) ou celui de *Mon cœur mis à nu*. Il avait incorporé dans ce dernier recueil les notes de la série *Hygiène* dont Baudelaire n'avait jamais projeté la publication.

Etablissement du texte

Eugène Crépet publia, à quelques suppressions près, l'intégralité de *Fusées* et de *Mon cœur mis à nu* sous le titre de *Journaux intimes* dans les *Œuvres posthumes* de 1887. Jacques Crépet rétablit les passages supprimés par son père et contribua avec G. Blin à procurer à la Librairie José Corti en 1949 l'édition de référence.

Page 390.
1. E. G. ou la Séduisante Aventurière
Il s'agit de la même dédicataire que celle de *Sisina* des *Fleurs du Mal :* Elisa Neri ou Querri, amie de Mme Sabatier.

Page 391.
1. La Comédie à la Silvestre : Théophile Silvestre, critique d'art, sollicita en vain de Delacroix — de même que Baudelaire — l'autorisation de reproduire les articles du peintre auxquels « il n'attache pas une importance excessive ».
2. La pensée de Campbell : « Un homme habitué au travail est capable de mener à bien toute tâche qu'il s'est fixée et quant à lui, la nécessité et non l'inspiration, est l'aiguillon de sa muse ». Nous avons retranché de notre édition la longue citation anglaise d'Emerson où figure cette notation.

Page 393.
1. Brierre de Boismont : psychiatre que Baudelaire a lu en pensant à Jeanne.

Page 396.
1. Alphonse Rabbe, « petit romantique », auteur de l'*Album d'un pessimiste* (1835-1836).

Page 399.
1. Armand de Pontmartin, journaliste moralisateur, « vieille bête vertueuse et polie » selon les mots de Baudelaire dont il s'était attiré l'animosité à la suite d'articles sur la mort de De Quincey et sur Poe.

Page 400.
1. Tristesse [Colère]. Nous avons conservé ces deux mots dans l'état d'indécision où il demeurent sur le manuscrit.

Page 402. HYGIÈNE
1. C'est l'adage de Socrate : « Connais-toi toi-même ».

Page 403.
1. *Age quod agis :* Fais ce que tu as à faire.

Page 404.
1. Suit toute une série de préceptes et de règles morales en anglais, tirés de *The conduct of life* d'Emerson et que nous n'avons pas retranscrits.

Page 405. MON CŒUR MIS À NU
1. Jean Plattard a signalé que l'on trouve dans le prologue du *Quatrième Livre* de Rabelais que

Baudelaire fréquentait beaucoup : « Que t'en semble, diz, grand vietdaze Priapus ? J'ay maintes fois trouvé ton conseil et advis équitable et pertinent : *et habet mentula menten.* » (et ta mentule a de l'esprit). Faut-il donc voir ici un autre « cuir » de Girardin ?

Page 410.
1. Baudelaire notait le titre d'*Histoire des Fleurs du Mal* en février 1865 parmi les projets qui devaient constituer ses œuvres critiques.

Page 412.
1. Tiré de l'*Histoire des animaux* ce passage d'Elien est traduit dans la *Lettre à Jules Janin* : « Pourquoi le poète ne serait-il pas un broyeur de poisons aussi doué qu'un confiseur, un éleveur de serpents pour miracles et spectacles ? »

Page 413.
1. Caricaturistes tous les deux, Emile Durandeau et Alfred Darjou collaborèrent au *Boulevard*.

Page 414.
1. « Le sieur Nacquart père » : médecin de Balzac ;
« Le sieur Nacquart fils » : un des juges de Baudelaire.
2. Jurisconsulte, Henri Bertin dirigeait le périodique *Le Droit*.

Page 421.
1. Paul Pérignon : membre du conseil de famille institué à la mort de Jean-François Baudelaire et qui demanda, en 1844, la nomination d'un conseil judiciaire pour le jeune Charles.

Page 422.
1. A propos du regret exprimé par E. Legouvé que Samson, professeur au Conservatoire n'ait pas été décoré également au titre de comédien, Banville a écrit quelques lignes retrouvées par Cl. Pichois et qui sont le meilleur commentaire à ces notes de Baudelaire sur « la vraie grandeur des parias ».
« Furent comédiens dans le vrai sens du mot, ceux-là seulement qui restaient déclassés sans que personne ni rien au monde pût les empêcher de l'être, et à qui la société n'aurait pas pu rendre leur rang légitime à moins de les asseoir sur les trônes ».

Page 425.
1. Nieuwerkerke : surintendant des Beaux-Arts sous le Second Empire. En plus de son emploi d'amant de la princesse Mathilde, il lui incombait le soin de voiler les nudités.
2. Ce sonnet est en réalité de Théophile de Viau. Saint-Victor à qui Baudelaire avait posé la question en même temps qu'à Sainte-Beuve et à Malassis avait seul trouvé la réponse exacte.

Page 427. EXTRAITS DU CARNET
1. A cet agenda aide-mémoire ou se trouvent consignés pêle-mêle comptes, adresses, projets ou états de travaux en cours, emplois du temps, etc., on pourrait vraiment donner le nom de journal intime au sens le plus strict mais le moins littéraire du mot.
Des quelque cent dix pages qui demeurent de ce « carnet de blanchisseuse », nous n'avons retenu que quelques unes à titre d'échantillons. Nous avons, par contre, reproduit l'intégralité des feuillets où quelques notations (cf 42-44 relatif au canevas de la dédicace à Houssaye pour *Le Spleen de Paris*), quelques éclairs (cf. 32 : « Etre le plus grand des hommes. Se dire cela à chaque instant. ») viennent rompre ces mornes mais souvent pathétiques énumérations de dates, de noms et de chiffres.
Une bonne édition du *Carnet* fut procurée par J. Crépet et G. Blin en 1949 (Corti, édit.), leçon encore améliorée par Cl. Pichois et Jean Ziegler (Pléiade, I, 1975). Les chiffres arabes sont ceux des feuillets du carnet. Les mots ou expressions précédés ou encadrés d'astérisques sont barrés sur le manuscrit.

Page 435. NOTES POUR LES « LETTRES D'UN ATRABILAIRE »
1. Le feuillet 108 du *Carnet* (cf p. 430) fait mention de ces « Lettres » mais n'en mentionne que les seuls points d'appui notés à la hâte. Baudelaire revient ici sur le canevas esquissé.

Page 437. NOTES BIO BIBLIOGRAPHIQUES
1. Baudelaire a composé ces notices à divers moments de sa vie pour répondre à des demandes

émanant de dictionnaires ou de journaux. Leurs dates s'échelonnent entre 1832 pour les deux premières à 1865 pour la [V].

CRITIQUE LITTÉRAIRE

Page 443. LES CONTES NORMANDS... *Le Corsaire-Satan*, novembre 1845.
1. De son vrai nom Philippe de Chennevière, Jean de la Falaise constituait avec Le Vavasseur, Prarond et Buisson « l'École normande ». Il demeura toujours fidèle à Baudelaire tout en déplorant « son génie du mal ».
PROMÉTHÉE DÉLIVRÉ. *Le Corsaire-Satan*, février 1846.
2. De Senneville est le pseudonyme de Louis Ménard, ancien condisciple de Baudelaire et homme aux talents divers. Il apprécia fort peu le compte-rendu de son *Prométhée* et poursuivit son ex-ami d'une malveillance tenace.

Page 444.
1. Capace : qui peut contenir (Littré).

Page 446. LES CONTES DE CHAMPFLEURY. *Le Corsaire-Satan*, janvier 1848.
1. Ami de Courbet, défenseur du réalisme, Champfleury demeura très lié avec Baudelaire.
« Chien-caillou » était le surnom du graveur Rodolphe Bresdin.

Page 448. PIERRE DUPONT.
1. Ce texte qui parut en août 1851 à l'occasion de la 20e livraison des *Chants et Chansons* montre toute l'ardeur révolutionnaire qui l'enflammait encore, sa charité profonde pour les deshérités et les exploités.
On trouvera sur Pierre Dupont dans les *Réflexions sur quelques-uns de mes contemporains* (p. 527), un second article bien moins chaleureux.

Page 455. LES DRAMES ET LES ROMANS HONNÊTES. *La Semaine théâtrale*, novembre 1857.
1. Il n'y a pas que l'irritation légitime contre le théâtre d'Augier dans cet article courageux mais l'affirmation constante de Baudelaire de ne pas mettre l'art au seul service de la morale.

Page 458. L'ÉCOLE PAIENNE. *La Semaine théâtrale*, janvier 1853.
1. J. Crépet incline à penser que Baudelaire dans cet article vise principalement Banville et Victor de Laprade, tenants de la renaissance d'un hellénisme placé sous le signe du dieu Pan.

Page 462. LE HIBOU PHILOSOPHE
1. Il s'agit ici selon toute vraisemblance, de notes envoyées à Champfleury en 1852 en vue de la fondation d'un journal destiné à remplacer la *Semaine théâtrale* disparue après trois mois d'existence. *Le Hibou philosophe* était censé avoir pour collaborateurs : Monselet, Champfleury, Baudelaire, Armand Baschet et André Thomas. Le retrait du commanditaire empêcha le projet d'aboutir.
2. *Le Mariage de Victorine* : Comédie en trois actes de George Sand (novembre 1851).
3. *La Religieuse de Toulouse* : de Jules Janin (Michel Lévy, 1850).
4. « La traduction d'Emerson » : *Essais de philosophie américaine*, traduits et préfacés par Emile Montégut (Charpentier, 1851).

Page 464. *Puisque réalisme il y a.*
1. Ce projet d'article dont le titre est emprunté à Courbet avec quelque moquerie, marque le détachement de Baudelaire à l'égard du socialisme et de l'idéal démocratique. Mais l'amitié pour le peintre demeura malgré le désaccord esthétique, c'est sans doute pour cette raison que l'article ne parut jamais. Ce projet pourrait avoir suivi la parution de « Sur M. Courbet, lettre à Madame Sand » que Champfleury écrivit dans *L'Artiste* du 2 septembre 1855, quelques mois après que le jury eut refusé l'entrée des toiles de Courbet à l'Exposition de 1855 et que celui-ci eut organisé sa propre exposition.

Page 466. PHILIBERT ROUVIÈRE
1. Nous avons réuni les deux articles que Baudelaire consacra à ce comédien qu'il admirait

beaucoup et à qui il demanda d'intervenir en faveur de Marie Daubrun. Le premier est de 1855, le second à l'occasion de la mort de l'acteur (1809-1865).
Rouvière s'adonnait aussi à la peinture et possédait une très belle collection de tableaux qu'il dut vendre.

Page 471. LES LIAISONS DANGEREUSES
1. Ce sont des notes (datées de 1856-1857) pour un projet longuement caressé avec Poulet-Malassis pour une réédition du roman de Choderlos de Laclos. Il convient de se rappeler que le roman appartenait à l'enfer des bibliothèques.

Page 477. MADAME BOVARY
1. Parution le 18 octobre 1857 dans *L'Artiste*. Le 25 août 1857, Baudelaire fait part à Flaubert de la condamnation des *Fleurs du Mal*, regrettant que son « article sur *Madame Bovary* » ait été retardé par son propre procès. Le 21 octobre, Flaubert lui répond : « Votre article m'a fait le plus *grand* plaisir. Vous êtes entré dans les arcanes de l'œuvre, comme si ma cervelle était la vôtre. Cela est compris et senti *à fond*. »

Page 483. LA DOUBLE VIE
1. Article publié le 9 janvier 1859 à propos d'un recueil de nouvelles d'Asselineau qui venait d'être publié.

Page 485.
1. Vers tiré des *Tristes* d'Ovide en exil au bord du Pont-Euxin : « Ici je passe pour un barbare, parce que je ne suis pas compris d'eux (les Sarmates). »

Page 486. ANNOTATIONS A LA PREFACE DE « LA DOUBLE VIE »
1. Asselineau avait soumis à Baudelaire un jeu d'épreuves de sa préface et ce dernier l'avait annotée abondamment témoignant ainsi de son exigence en matière d'écriture.

Page 492. THÉOPHILE GAUTIER
1. Parution dans *L'Artiste* du 13 mars 1859. Théophile Gautier (1811-1872) choisit la littérature après avoir essayé la peinture. Proche de Gérard de Nerval et de Pétrus Borel, il défend avec vigueur Victor Hugo pendant la bataille d'*Hernani*, mais affirme vite, dès *Albertus*, poème fantastique, son originalité face aux romantiques. La préface au roman *Mademoiselle de Maupin* sonne comme un manifeste qui dénonce la confusion qui peut s'établir entre l'utile et le beau. Nul doute que l'esthétique de Baudelaire ne lui doive beaucoup. L'œuvre doit se garder autant des pièges et des contraintes de l'autobiographie que d'un enthousiasme politique ou social qui la placerait à la remorque de ce qui n'est pas elle. « Poète impeccable » selon Baudelaire, Th. Gautier apparait enfin avec *Émaux et Camées* (1852) comme l'annonciateur de la poésie parnassienne. Baudelaire n'en avait pas moins avoué à Hugo toutes ses réserves personnelles quant aux « lacunes » de Gautier, à ses « louanges » du Progrès ici explicitement condamnées.

Page 508. RÉFLEXIONS SUR QUELQUES-UNS DE MES CONTEMPORAINS
1. Composées pour l'anthologie d'Eugène Crépet, *Les Poètes français,* les notices ont d'abord paru dans la *Revue fantaisiste* de Catulle Mendès qui regroupait les futurs parnassiens. On les retrouve sous le titre : « *Réflexions sur quelques-uns de mes contemporains* » dans *L'Art romantique* en 1869.
2. « Je le rencontrais quelquefois en compagnie d'Edouard Ourliac » : Les rapports entre les deux écrivains n'ont, semble-t-il, pas dépassé le stade de rencontres très épisodiques. Demandant à Victor Hugo une lettre-préface pour le *Théophile Gautier,* Baudelaire lui rappellera qu'il l'a vu deux fois.

Page 514.
1. « Malgré tous les honorables efforts d'un philosophe français » : Edgar Quinet (1803-1875) historien, professeur au Collège de France, suspendu par la monarchie de Juillet à cause de son anticléricalisme et proscrit après le coup d'État du 2 décembre 1851.

Page 515.
1. *Revue fantaisiste* du 15 juillet 1861. Auteur d'*Il Pianto* et de *Lazare* (1837) où il décrit la misère du prolétariat anglais, Auguste Barbier (1805-1882) est connu pour ses *Iambes* (1830-1831) qui dénoncent les profiteurs de la révolution de Juillet. Résolu à séparer nettement l'art

de la morale et de l'utilité, Baudelaire revient dans cette notice sur l'appréciation favorable qu'il avait porté en 1851 sur Auguste Barbier.

Page 516.
1. « Facit indignatio versum » Juvénal, *Satires :* « C'est l'indignation qui inspire la poésie. »

Page 518.
1. *Revue fantaisiste* du 1er juillet 1861. Cette poétesse (1786-1861), auteur également de pièces de théâtre et de contes pour enfants, est surtout connue par des poèmes élégiaques.

Page 522.
1. *Revue fantaisiste* du 15 juillet 1861. Cette notice qui a contribué à brouiller Baudelaire et Eugène Crépet ne parut pas dans *Les Poètes français* auxquels elle était primitivement destinée. Fortement républicain et égalitariste, Pétrus Borel (1809-1859) exprime ces tendances dans son roman *Madame Putiphar* (1839) tout en donnant, par ailleurs, la mesure de son humour noir. Pétrus Borel fut l'expression la plus outrecuidante et la plus paradoxale de l'esprit des Bousingots. On appelait ainsi, au lendemain des Trois Glorieuses et jusqu'en 1833 un type de jeune révolutionnaire militant, encore que le mot demeure appliqué aujourd'hui à la génération des « petits romantiques ».

Page 524.
1. Mort jeune (1810-1838), Hégésippe Moreau appartient à la lignée « maudite » des Chatterton ou des Gilbert. La notice de Baudelaire, « antidémocratique », irrita Crépet qui la refusa.

Page 528.
1. *Revue fantaisiste* du 1er août 1861. Disciple de Théophile Gautier, Théodore de Banville (1823-1891) remit en honneur, par réaction contre le lyrisme romantique, les recherches formelles. Il entretint d'étroites relations avec Baudelaire entre 1842 et 1846. Baudelaire le choisit pour exécuteur testamentaire à la veille de sa tentative de suicide, ce que Banville sera légalement en août 1867 après la mort du poète.

Page 532.
1. *Revue fantaisiste* du 15 août 1861. De même que la notice sur Pétrus Borel, les prises de position de Baudelaire ont accentué sa brouille avec Eugène Crépet. L'amitié vouée par Baudelaire au chansonnier-poète l'amena d'ailleurs à modifier quelque peu sa notice dans le sens voulu par Crépet.

Page 536.
1. Le poète des *Poèmes barbares* éprouvait à l'égard de Baudelaire des sentiments assez peu élogieux (Cl. Pichois rappelle dans son édition de la Pléiade cette note du chef de file des Parnassiens : « Baudelaire : très intelligent et original, mais d'une imagination restreinte, manquant de souffle. D'un art trop souvent maladroit. »)

Page 539.
1. *Revue fantaisiste* 1er août 1861. Le Vavasseur (1819-1896) fait partie de l'Ecole normande avec Prarond et Baudelaire s'était lié d'amitié avec lui dès la pension Bailly.

Page 540. LES MARTYRS RIDICULES
1. Ce roman de Léon Cladel (1835-1892) dans la veine de ceux qu'écrira Duranty, trouvera son apogée avec le Flaubert de *L'Education sentimentale*. Baudelaire ne cessa d'aider le romancier de ses conseils et de ses appuis.

Page 543. UNE RÉFORME À L'ACADÉMIE
1. Publié en janvier 1862 par *La Revue anecdotique* cet article demeure lié à la candidature de Baudelaire à l'Académie française déposée le 11 décembre 1861. Seul Sainte-Beuve lui apporta un appui soutenu dans cette aventure dont on sait qu'il se désista le 10 février et que Octave Feuillet, son ancien condisciple à Louis-le-Grand lui fut préféré.

Page 546. L'ESPRIT ET LE STYLE DE M. VILLEMAIN
1. Ce projet d'article vengeur est la conséquence des démarches pré-académiques de Baudelaire.

D'Abel-François Villemain, secrétaire perpétuel de l'Académie, le poète écrit à sa mère le 25 décembre 1861 : « M. Villemain est un cuistre et un sot solennel à qui je ferai peut-être payer fort cher, si Dieu me prête vie, la manière dont il m'a reçu. »

Page 560. PAUL DE MOLÈNES
1. Baudelaire lui doit son projet de drame : *Le Marquis du 1er Housards* et désirait faire figurer cet ami fidèle dans sa galerie de *Dandys*.

Page 561. LES MISÉRABLES
1. Baudelaire n'aimait pas du tout le roman et écrivait à son sujet à sa mère : « Ce livre est immonde et inepte. » Les réticences, pour camouflées qu'elles soient, demeurent sensibles dans l'article (*Le Boulevard*, 20 avril 1862) mais Hugo n'y vit rien qui répondit à Baudelaire : « Écrire une grande page, cela vous est naturel, les choses élevées et fortes sortent de votre esprit comme les étincelles jaillissent du foyer et *Les Misérables* ont été pour vous l'occasion d'une étude profonde et haute. »

Page 566. ANNIVERSAIRE DE LA NAISSANCE DE SHAKESPEARE
1. Cette lettre écrite à la veille du départ pour Bruxelles, parut non signée dans *Le Figaro* du 14 avril 1864. Brûlot anti-Hugo qui s'en prend tout à la fois aux démocrates et à « la canaille élégiaque ». De Villemain aux deux Girardin, le poète y vide quelques querelles et Musset n'est pas épargné non plus.

Page 569. PROJETS DE LETTRE À JULES JANIN
1. Sous le pseudonyme d'Eraste, Jules Janin avait donné le 11 février 1865, dans *L'Indépendance belge*, un article où il s'en prenait à l'ironie amère d'Henri Heine qu'il accusait de manquer de « la charmante ivresse des vingt ans. » Janin tout en faisant, entre autres, l'apologie de Béranger, terminait ainsi son article : « ... [Heine] n'a pas connu, de son vivant, la douce volupté des larmes ; il n'en a pas fait répandre sur son cercueil. » On devine l'indignation de Baudelaire qui pourtant ne donna pas suite à son projet de réponse, écrivant : « Puis la chose faite, content de l'avoir faite, je l'ai gardée ; je ne l'ai envoyée à aucun journal. »

Page 575. EDGAR POE, SA VIE ET SES ŒUVRES
1. A l'occasion de notre édition des *Œuvres* d'Edgar Allan Poe, nous reproduirons l'intégralité des quelques très courtes présentations ou notes accordées par Baudelaire pour certains textes. Des deux longues études que Baudelaire a consacrées à la vie et aux œuvres — la première en 1852, la seconde en 1855 — nous n'avons retenu ici que la dernière. Il n'était pas en effet satisfait de sa préface initiale qu'il juge « plus qu'insuffisante ». Ainsi, le 10 juillet 1855, écrivit-il à son éditeur : « D'abord il y a des erreurs matérielles, et d'ailleurs je sais maintenant beaucoup de documents nouveaux. Dans la seconde préface il n'en restera que quelques pages. » La seconde étude : *Notes nouvelles sur Edgar Poe* paraîtra en 1857 comme préface aux *Nouvelles Histoires extraordinaires*. Consacrée plus particulièrement aux doctrines philosophiques de l'auteur américain, elle lui donna, écrivit-il à sa mère, « ... un mal de tous les diables. Il faut parler *religion* et *science;* tantôt c'est l'instruction suffisante qui me manque, tantôt l'argent, ou le calme, ce qui est presque la même chose. »

CRITIQUE D'ART

Page 601.
1. En mars 1845, *L'Artiste* entreprend la publication du *Salon de 1759* de Diderot. Sa lecture passionne Baudelaire qui écrit tout aussitôt à Champfleury du *Corsaire-Satan :* « ... *si vous voulez me faire plaisir,* faites quelques lignes sérieuses, et PARLEZ des *Salons de Diderot* ... » On a les meilleures raisons de reconnaître dans ce soudain engouement, l'impulsion qui va lancer Baudelaire sur les chemins de la critique d'art. Il ne faut cependant pas oublier un élément tout aussi capital : l'environnement artistique du poète dans sa prime enfance. Son père, François, était certes un peintre académique du dimanche de la plus froide facture, mais il fréquentait assidûment des artistes de renom : Naigeon, J.B. Regnault, Prud'hon et bien d'autres étaient familiers de la maison.

Charles en fut profondément marqué, ce dont témoigne son « goût permanent depuis l'enfance de toutes les représentations plastiques ». Celui-ci ne fera que s'affirmer au fur et à mesure de l'enrichissement de son propre univers esthétique et aboutira à cette exigente profession de foi : « Glorifier le culte des images (ma grande, mon unique, ma primitive passion) ». Ainsi, en 1845, tous les métaux, tous les ingrédients alchimiques étaient réunis pour la naissance du « grand œuvre » : Diderot fournira l'étincelle.

Mais qu'était donc au milieu du xviiie siècle l'« art des salons » ? Sous la plume de Grimm et de Caylus, on n'y trouvait que simples énumérations d'artistes et languissantes descriptions de tableaux. Par la vivacité du trait alliée à une sorte de fraîcheur du regard, qui se veut même « naïveté », Diderot va créer le prototype d'un genre littéraire nouveau, il parvient à rendre sensibles les approches esthétiques des œuvres dont il nous entretient, il nous communique ses enthousiasmes sinon toutes ses réserves entachées souvent d'un parti pris moralisateur. Les débuts de Baudelaire dans un genre qu'il allait porter à sa perfection, témoignent cependant d'une imitation assez scolaire de son modèle. On peut même difficilement croire qu'il aurait retenu son *Salon de 1845* pour figurer dans les *Curiosités esthétiques* qu'Asselineau publiera, après sa mort, en 1868.

Rappelons toutefois qu'en 1845, la peinture demeurait encore soumise à la hiérarchie des genres que le texte du poète suit fidèlement. Il y traite donc en priorité de la peinture d'histoire qui en occupait le sommet, puis du portrait, du paysage et enfin de la peinture de genre.

Delacroix, qui n'expose que quatre tableaux, y est salué comme « le peintre le plus original des temps anciens et des temps modernes ». Horace Vernet, par contre, avec sa *Prise de la Smalah d'Abd-el-Kader* y est le grand perdant. Reprenant à son compte la « naïveté » dont Diderot qualifiait une certaine virginité retrouvée de la rétine, Baudelaire en consacre l'usage à louer *La Fontaine de Jouvence* d'Haussoulier. On lui reprochera longtemps cet « éloge violent » jusqu'à ce que — le tableau enfin retrouvé et récemment exposé — chacun s'accorde à reconnaître, chez cet artiste oublié, l'exemplarité d'une « peinture absolue », mais unique dans sa production. Les élèves d'Ingres sont égratignés au passage mais le talent de coloriste de Corot y est reconnu et salué. Seule la sculpture est traitée à la légère, qui sera même qualifiée d'« art des Caraïbes » dans le *Salon de 1846*[a]. Elle devra attendre celui de 1859 pour retrouver enfin une place de choix parce qu'« elle réclame en même temps qu'une exécution parfaite, une spiritualité élevée ». Au fil des notices percent des aperçus théoriques que P.G. Castex a très heureusement systématisés[b].

Baudelaire refuse son admiration :
— au coloriage ou au bariolage qu'il oppose à la couleur vraie qui est harmonie et non recherche de l'éclat ;
— à l'habileté, triomphe de l'artisan consciencieux, alors qu'il met l'accent sur le tempérament ;
— au « fini » qui s'oppose au « fait » et le dessert. Il plaide, au contraire, pour la manifestation du tempérament et l'avènement d'une peinture qui soit la fille de son temps, comme l'est en littérature, *La Comédie humaine* de Balzac. Dans le compte rendu de l'exposition du Bazar Bonne-Nouvelle qui paraît dans *Le Corsaire-Satan* du 21 janvier 1846, Baudelaire apporte d'intéressantes précisions sur la manière dont il apprécie Ingres et David, son devancier. Il salue dans le premier, « flamand dans l'exécution, individualiste et naturaliste dans le dessin, antique par ses sympathies, et idéaliste par raison », l'artiste qui sait exécuter de « vrais portraits, c'est-à-dire la reconstruction idéale des individus ». Baudelaire considérait *Marat assassiné* comme le chef-d'œuvre de David dont il caractérise ainsi la manière : « Amère et despotique, comme la révolution dont elle est née, la peinture révolutionnaire vit surtout par la pensée et par l'âme ».

Le *Salon de 1846* ne reflète plus le livret de l'exposition, mais se propose de soumettre l'appréciation à porter sur les œuvres aux principes que posent ses dix-huit chapitres. On mesurera combien la pensée esthétique de Baudelaire s'est élargie et approfondie en une seule année.

a. « Sortie de l'époque sauvage, la sculpture, dans son plus magnifique développement n'est autre chose qu'un art complémentaire. Il ne s'agit plus de tailler industrieusement des figures portatives, mais de s'associer humblement à la peinture et à l'architecture, et de servir leurs intentions ». (*Salon de 1846*, XVI — *Pourquoi la Sculpture est ennuyeuse*, p. 683.)
b. Sur Baudelaire et la critique d'art au xixe siècle, on consultera avec profit les études suivantes : P.G. CASTEX, *La Critique d'art en France au xixe siècle* (C.D.U., 1958, 2 fascicules polycopiés) ; Gita MAY : *Diderot et Baudelaire critiques d'art* (Paris, Minard, 1957) et enfin Armand MOSS : *Baudelaire et Delacroix* (Nizet, 1973).

Le dernier chapitre montre quelle inspiration le peintre pourrait tirer du spectacle de la vie moderne : « Le spectacle de la vie élégante et des milliers d'existences flottantes qui circulent dans les souterrains d'une grande ville, criminels et filles entretenues — *La Gazette des Tribunaux* et *Le Moniteur* nous prouvent que nous n'avons qu'à ouvrir les yeux pour connaître notre héroïsme. » Baudelaire qui doute que le progrès moral soit possible à une espèce que condamne son origine pécheresse, loin d'être le chantre du progrès matériel, est bien plutôt l'impitoyable dénonciateur des illusions qui le justifient. On nous pardonnera d'anticiper pour marquer que Baudelaire, qui appelait de ses vœux en peinture l'avènement d'un génie comparable à celui du créateur de la *Comédie humaine*, dut en rabattre puisqu'il se contenta finalement de Constantin Guys, qui avait l'avantage d'illustrer le dandysme, ou du moins de permetttre à Baudelaire d'en faire la théorie. Un peintre qui borne son talent et son ambition à décrire la vie mondaine ne peut en effet être comparé à Balzac. Mais, comme souscrivant à son esthétique qui condamnait la laideur contemporaine, Constantin Guys, qui ne voulut pas être nommé dans l'étude parue sur lui en novembre-décembre 1863, montrait des dessins exécutés de mémoire qui pouvaient prétendre à valoir au-delà de l'actualité qui les avait inspirés et à demeurer une fois que se serait dissipée « la beauté passagère de la vie présente ».

Du *Salon de 1846*, il faut retenir les points suivants : Baudelaire plaide pour une critique de parti pris. Il se refuse à jouer la comédie de la froideur et de la fausse objectivité : le tempérament doit aller au tempérament, le critique tâchera à partir de l'œuvre de s'élever à l'émotion d'où elle procède. Est, d'autre part, véritablement artiste, celui qui joint aux fulgurations de l'inspiration, la qualité du métier. Le chapitre II apporte une définition éloquente, par sa précision, du romantisme : « Le romantisme n'est précisément, ni dans le choix des sujets, ni dans la vérité exacte, mais dans la manière de sentir »

Après ces approches critiques il ne restera pratiquement rien à apprendre sur la théorie de la couleur. Naturelles ou entre arts, le thème des correspondances est aussi abordé dans ce même salon[a]. On doit, pour être tout à fait clair, ajouter qu'il est deux ordres de correspondances, celle que le sensible entretient avec l'intelligible, dont il est, au mieux, une copie dégradée, celle que les arts nouent entre eux sur le fond de cette correspondance primitive : A la grande correspondance verticale répondent ainsi des correspondances horizontales.

Occupé à son œuvre de poète et de traducteur, Baudelaire ne reviendra à la critique d'art que par le bref compte-rendu qu'il fait, en 1855, de la section Beaux-Arts de l'Exposition universelle de 1855. Elle offrait, pour l'essentiel, une rétrospection d'œuvres d'Ingres et de Delacroix, des toiles de Decamps, Vernet.

C'est une nouvelle occasion pour le poète de préciser ses positions sur la critique[b], sur la nature de la peinture[c]. Mention est faite, chemin faisant de Courbet, en des termes qui annoncent la critique du réalisme qui sera l'un des points forts du *Salon de 1859*. 1855 voit, en effet, se déclencher, sous l'impulsion de Champfleury après le refus des toiles de Courbet au Salon, la campagne pour l'esthétique réaliste. Appuyée par la revue *Réalisme* qu'anime, entre autres, le romancier Duranty, la nouvelle école assigne au nom du vrai, à l'art la reproduction du réel, si médiocre ou triviale soit-elle. Bien qu'ami de Champfleury, l'auteur des *Fleurs du Mal* dénonce le danger que fait courir à l'art le nouveau parti pris esthétique : A s'étendre à l'excès et s'éloigner de ses véritables applications, « le goût exclusif du vrai, opprime et étouffe le goût du Beau ».

Œuvre de maturité, le *Salon de 1859* procède en deux temps : il critique d'abord le réalisme et établit l'imagination dans ses droits pour procéder ensuite à l'appréciation des œuvres en fonction du critère exposé.

a. « Cette grande symphonie du jour... cette succession de mélodies, cet hymne compliqué s'appelle la couleur » ; « On trouve dans la couleur l'harmonie, la mélancolie et le contrepoint. »
b. Le nouveau parti pris de la critique est ainsi énoncé : « Il m'arrivera souvent d'apprécier un tableau uniquement par la somme d'idées ou de rêveries qu'il apportera dans mon esprit ».
c. « La peinture est une évocation, une opération magique... » (idem)

Critique du réalisme et éloge de l'imagination dont le concept remplace celui, plus vague, de tempérament se mêlent étroitement : Voyant le peintre singer le photographe, Baudelaire crie à l'abâtardissement du goût. La querelle méritait d'être tranchée à l'intérieur du mot nature, ce que fait le poète. Reproduire celle-ci serait excusable, si la nature n'était pas le plus souvent laide et mauvaise. A la nature, qui ne peut en effet conseiller que le crime, correspond le besoin d'art qui s'exprime relativement aux corps dans la parure, le maquillage et culmine dans l'idéal du dandy élevé au rang d'une morale. Exiger pour le peintre le droit de s'en remettre à sa propre nature, c'est célébrer paradoxalement l'imagination « qui a enseigné à l'homme le sens moral de la couleur, du contour, du son, du parfum ». Au peintre véritable donc, de chercher dans le dictionnaire de la nature les éléments qui conviennent à sa conception[a].

C'est dire nettement ce qui sépare le réaliste, mot auquel pour plus de clarté Baudelaire préfère celui de positiviste, de l'imaginatif : « ... Un positiviste dit : « Je veux représenter les choses telles qu'elles sont ou telles qu'elles seraient en supposant que je n'existe pas. » L'univers sans l'homme. Et celui-là, l'imaginatif, dit : « Je veux illuminer les choses avec mon esprit et en projeter le reflet sur les autres esprits. » Delacroix sera, en conséquence, sacré « le type du peintre-poète »[b]. Baudelaire reconnaitra en lui « l'infini dans le fini ».

Présence ou absence d'imagination définie dans le sens particulier qu'assigne Baudelaire à ce terme, sera le critère auquel seront référées les œuvres. Le critique ne répondra qu'à une question : l'artiste a-t-il de l'imagination, c'est-à-dire, sait-il regarder et faire voir au-delà de l'objet qui est le prétexte de sa création ?

De là une critique quasi générale des portraitistes qui exposent[c], d'importantes réserves à l'endroit des paysagistes Anastasi, Leroux, Breton, Belly, Chintreuil, et même Daubigny, Millet et Troyon, qu'explique la formule : « L'imagination fait le paysage. » Corot est presque épargné, mais Théodore Rousseau que Baudelaire admirait sans réserve lors du *Salon de 1845* est égratigné : « ... Il tombe dans le fameux défaut moderne qui nait d'un amour aveugle de la nature, de rien que la nature : il prend une simple étude pour une composition » (VII - *Le Paysage*)[d]. Privilèges donc de la construction et de la composition bien propres à éloigner Baudelaire des prodromes de l'impressionnisme qu'il eût vraisemblablement rangé dans une autre esthétique que la sienne, décidément romantique. Les « observations » ou « curiosités météorologiques » de Boudin ont, en effet, pour particularité d'exister par elles-mêmes sans que l'esprit puisse y découvrir le drame d'un homme. « Il sait bien (observe Baudelaire à propos des études de Boudin) qu'il faut que tout cela devienne tableau par le moyen de l'impression poétique rappelée à volonté, et il n'a pas la prétention de donner ces notes pour des tableaux. » Par une manière de tour de force — comme le fait très justement remarquer P.G. Castex —, Baudelaire fait rentrer Manet dans son esthétique en célébrant la puissance de son imagination et son sens de la modernité.

Page 656. DES SUJETS AMOUREUX ET DE M. TASSAERT
1. Sous le pseudonyme de Meursius, Nicolas Chorier (1612-1692) fit paraitre en latin : *Les*

a. « Tout l'univers visible n'est qu'un magasin d'images et de signes auxquels l'imagination donnera une place et une valeur relative; c'est une espèce de pâture que l'imagination doit digérer et transformer » (*Le gouvernement de l'imagination*).
b. Baudelaire reprendra pour l'essentiel dans *L'Œuvre et la vie d'Eugène Delacroix* publiée en novembre 1863 ses jugements antérieurs et ajoutera à l'analyse des éléments anecdotiques relatifs à l'esprit et au tempérament d'un peintre en qui il croit reconnaitre une manière de dandy.
c. « Un bon portrait m'apparait toujours comme une biographie dramatisée, ou plutôt comme le drame naturel inhérent à tout homme » (VI - *Le Portrait*).
d. « Tout paysagiste qui ne sait pas traduire un sentiment par un assemblage de matière végétale ou minérale n'est pas un artiste » ; « Les artistes qui veulent exprimer la nature, moins les sentiments qu'elle inspire, se soumettent à une opération bizarre qui consiste à tuer en eux l'homme pensant et sentant » (VII - *Le Paysage*).

Dialogues de Luisa Sigea sur les arcanes de l'Amour et de Vénus. Alcide Bonneau, érudit et humaniste à qui l'on doit de nombreuses traductions de textes tirés de « l'enfer », a donné une excellente traduction de l'ouvrage pour l'imprimeur Liseux, en 1882. Voici celle du passage cité par Baudelaire : « Sous l'écriteau et sous la lampe, dans les lupanars se tenaient assis des garçons et des filles, ceux-là ornés sous la stola |tunique descendant jusqu'aux pieds] d'ajustements féminins, celles-ci habillées en homme sous la tunique, et la chevelure arrangée à la mode des garçons. Sous l'apparence d'un sexe on trouvait l'autre. Toute chair avait corrompu sa voie. »

Page 690. DE L'ESSENCE DU RIRE
1. L'idée de cet essai sur le comique fondu avec les deux suivants sur les caricaturistes français et étrangers a longtemps habité Baudelaire. Le projet date des années 1845 et il a lentement évolué. Le premier texte a paru dans *Le Portefeuille* le 8 juillet 1855, les deux autres sont d'octobre 1857, et parurent dans *Le Présent*.

Page 736. L'ART PHILOSOPHIQUE
1. Il ne nous reste que cette ébauche et *[Les Peintres qui pensent]* (page 741) d'un projet auquel Baudelaire a pensé durant près d'une décennie : dénoncer à propos du peintre Chenavard (auquel se joignent aussi Janmot et le graveur Rethel qui le fascinait) les dangers d'un intellectualisme trop poussé. Chenavard, peintre d'idées, avait reçu de Ledru-Rollin la commande pour la décoration intérieure du Panthéon.

Page 816. PEINTURES MURALES D'EUGÈNE DELACROIX A SAINT SULPICE
1. C'est en 1847 que Delacroix fût pressenti pour une décoration à l'église Saint-Sulpice. Après bien des obstacles, les peintures furent enfin inaugurées en 1861. Delacroix remercia chaleureusement le poète de son article de la *Revue fantaisiste* du 15 septembre.

Page 820. L'EAU FORTE EST A LA MODE
1. Voir note suivante.

Page 822. PEINTRES ET AQUAFORTISTES
1. Le premier article (*Revue anecdotique*, avril 1862) n'est que l'ébauche de celui-ci mais, l'un comme l'autre, sont loin du projet ambitieux échafaudé par Baudelaire passionné d'eaux-fortes et désireux d'aider la société des aquafortistes fondée en 1862. Elle éditera en particulier Meryon (cf le *Salon de 1859*), Whistler, Flameng, Jongkind, etc.

Page 826. L'ŒUVRE ET LA VIE D'EUGÈNE DELACROIX
1. Baudelaire avait été très frappé par la mort du peintre survenue le 13 août 1863. L'hommage du poète parut dans *L'Opinion nationale* de septembre à novembre 1863.

CRITIQUE MUSICALE

Page 849. RICHARD WAGNER ET *TANNHÄUSER* A PARIS
1. Le projet d'écrire sur Wagner s'empara de l'esprit de Baudelaire peu après les concerts que donna l'auteur du *Tannhäuser* au Théâtre Italien, en janvier et en février 1860. Des fragments du *Vaisseau fantôme*, de *Tristan*, de *Lohengrin* y avaient été aussi entendus. La lettre enthousiaste qu'il adressa au compositeur le 17 février 1860 est comme l'ébauche de cet essai. Aussi avons-nous tenu à la reproduire intégralement (voir *infra* p. 921). Elle donne — mieux que tout commentaire — l'esprit dans lequel le poète avait l'intention de faire œuvre de critique musical.
Terminé à la hâte, devenu pièce de circonstance en raison de l'évènement qui force la plume du poète, l'article projeté en avril 1860 parait enfin, peu après l'échec du *Tannhäuser* à Paris, le 1er avril 1861 dans la *Revue européenne*.

SUR LA BELGIQUE

Page 875. PAUVRE BELGIQUE !
1. Bien des raisons militaient en faveur du départ de Baudelaire en Belgique. La nécessité de mettre de la distance entre lui et un monde parisien qui ne lui voulait pas que du bien, l'espoir d'un renouveau de son énergie créatrice à la faveur d'un changement de cadre et d'habitudes, un certain intérêt pour une nation que ses contradictions mettaient à la mode, ainsi que l'espoir très réel de trouver un nouvel éditeur, comptent parmi les plus vraisemblables.

Baudelaire quitta Paris le 24 avril 1864, mais les espoirs qu'il plaçait dans son voyage ne se réalisèrent pas. Les conférences ou « lectures » au Cercle artistique et littéraire de Bruxelles ne furent pas payées le prix escompté ; le poète ne sut pas gagner l'intérêt de Lacroix et Verboeckhoven, éditeurs pressentis, mais retrouva en Belgique, comme agrandis par le recul et la distance, tous les défauts de la société parisienne. Déçu gravement, le poète songea à rendre la médiocrité ambiante dans une série de *Lettres belges* que publierait *Le Figaro*. Le projet s'accrut cependant au point que les *Lettres* se muèrent en un pamphlet *Pauvre Belgique !*. Ébauché rapidement entre juin et septembre 1864, l'ouvrage souffrit de fréquentes interruptions suivies de remises en chantier onéreuses. L'intérêt de Baudelaire pour l'ouvrage projeté ne se démentit pas comme en témoigne la correspondance d'avril à mars 1866. Aucune proposition d'éditeur ne vint cependant encourager l'écrivain à persévérer. Paralysie et mort firent leur œuvre avant que l'ouvrage ait dans son ensemble dépassé le stade des notes. Si celles-ci donnent la mesure de l'impertinence d'esprit que le poète se reconnaissait, elles montrent assez comme le remarque si pertinemment Samuel S. de Sacy (Préface à *Pauvre Belgique* dans *Œuvres complètes*, Club du meilleur livre, 1955, tome II), le prix excessif qu'il a payé, et souvent accepté de payer pour donner à ses écrits la perfection d'une œuvre. « C'est donc plutôt — comme l'ont été les échecs romanesques ou les échecs dramatiques — l'échec d'un échec. »
De l'amas de notes, de feuilles, de coupures de journaux conservé au fonds Lovenjoul (J. Crépet et Cl. Pichois en ont entrepris le classement attentif publié en 1952 dans le tome III des *Œuvres complètes*, Conard, édit.) nous n'avons retenu que la continuité de l'argument et non les ébauches de notes que les constantes répétitions rendent peu lisibles.

Page 888. COLLECTIONS
1. Un des objectifs de Baudelaire en se rendant en Belgique était de visiter un certain nombre de collections particulières dont on a retrouvé la liste.

Page 891. AMŒNITATES BELGICÆ
1. Ces « aménités » sont contemporaines de *Pauvre Belgique !* Ces épigrammes corrosives et assez inégales de réussite ont été publiées de façon définitive par J. Crépet.

Page 894. LISE VAN SWIETEN
1. Van Swieten est l'inventeur d'une liqueur antisyphilitique.

JOURNALISME POLITIQUE

Page 903. LE SALUT PUBLIC
1. Encore que nous ayons écarté de notre édition la majeure partie des œuvres écrites en collaboration, nous ne pouvions laisser dans l'ombre le Baudelaire socialiste de février 1848. Il collabora à trois feuilles éphémères. La première, *Le Salut public*, qui n'eut que deux numéros, fut fondée en compagnie de Champfleury et Charles Toubin. Baudelaire, en blouse bleue et chaussé d'élégants souliers, était socialiste, mais socialiste utopique et franchement hostile à la démocratie, à toute forme de républicanisme. Le contenu de ces concepts politiques ayant fort évolué depuis le milieu du XIXᵉ, il est assez difficile d'en trouver aujourd'hui d'exacts équivalents dans nos formations politiques elles-mêmes fluctuantes.
Baudelaire collabora aussi, mais moins activement, à *La Tribune nationale* où l'on trouve la signature de Lamennais. Enfin *Le Représentant de l'Indre* semble selon J. Mouquet et W. T. Bandy avoir reproduit un article de Baudelaire.
Nous reproduisons les deux numéros du *Salut public*, le seul où l'on soit assuré d'une participation très active du poète.

CHOIX DE LETTRES

Page 911.
1. L'édition la plus récente et la plus complète de la *Correspondance* de Baudelaire, établie et annotée magistralement par Claude Pichois et Jean Ziegler *(La Pléiade,* 2 vol., 1973) rassemble près de mille quatre cent vingt pièces (lettres et fragments ou mentions de lettres envoyées).

Nous ne pouvions songer, ici, qu'à donner un choix très restreint - mais représentatif - d'un ensemble aussi important et dont l'intérêt se situe, d'ailleurs, sur un tout autre plan que celui de l'œuvre proprement dite.

Certes, nous avons utilisé, çà et là, des fragments de cette correspondance pour éclaircir telle ou telle annotation critique, pour préciser un point d'histoire littéraire, mais le Baudelaire qu'elle nous révèle dans sa totalité n'est pas plus le chroniqueur mondain de son temps que fut Mérimée, qu'il n'est l'artiste en perpétuelle effervescence, le Flaubert débridé de Croisset.

C'est un être pathétique, déchiré, bouleversant qui se livre à nous dans ses colères, ses récriminations, comme dans les soudains élans de tendresse qui le poussent vers sa mère. Nous partageons ses angoisses, sa perpétuelle quête d'argent, l'obstination de sa volonté, son constant souci « d'hygiène » morale dans un effort inlassablement poursuivi de création.

Qui veut vraiment connaître Baudelaire se doit de lire les « missives d'enfer » de celui qui écrivait à Madame Aupick, en décembre 1854 : « En somme, je crois que ma vie a été *damnée* dès le commencement, et qu'elle l'est *pour toujours.* »

Page 913. A MADAME AUPICK 16 juillet 1839
1. En avril 1839, renvoyé du collège Louis-le-Grand, Baudelaire entre à la pension Levêque et Bailly puis est confié aux parents de son répétiteur, Charles Lasègue, qui fera une brillante carrière médicale. L'« ami » dont il est question dans cette lettre n'est autre que le colonel Aupick.

Page 914. A MADAME AUPICK. Juillet 1844
1. C'est durant l'été 1844 que fut engagée par les Aupick la procédure qui aboutira, le 21 septembre, à la dation du conseil judiciaire qui mettra Charles sous l'autorité de Me Ancelle. Défense lui sera désormais faite, sans accord préalable, de disposer de ses biens et de contracter valablement des dettes.
2. Ami des Aupick, Edmond Blanc était alors secrétaire général du ministère du Commerce : Baudelaire songe à placer dans l'agonisante *Revue de Paris* dirigée par Buloz, un essai sur la peinture.

Page 917. A NARCISSE DÉSIRÉ ANCELLE. 30 juin 1845
1. C'est Louis Ménard, son ancien condisciple de Louis-le-Grand, qui a raconté cette tentative de suicide où certains voient une habile simulation destinée à placer les Aupick et son notaire devant leurs responsabilités.
2. Chez Jeanne, Baudelaire se remettra d'une égratignure vite guérie.

Page 918. A ALPHONSE TOUVENEL. 21 janvier 1856
1. Ardent fouriériste, A. Touvenel (1803-1885) avait fait paraître en 1855 : *L'Esprit des bêtes - Le Monde des oiseaux, ornithologie passionnelle.* On se souviendra que Baudelaire, avant 48, avait sympathisé avec le socialisme utopique de cette secte dont il ne conservera que l'idée de l'analogie universelle. Il s'était rallié vers 1851 aux idées de J. de Maistre sur le progrès (Cf. Jean Pommier, *La Mystique de Baudelaire,* 1932).

Page 920. A MADAME SABATIER. 31 août 1857
1. Rappelons que le 30 août, Mme Sabatier s'est donnée à Baudelaire qui fait dans cette lettre le constat du « fiasco » moral qui a suivi. A l'amour, va succéder une amitié qui ne se démentira pas. « L'honnête homme... toujours amoureux » dont il est question est Mosselman, l'amant en titre de la Présidente.

Page 922. A MADAME AUPICK. 6 mai 1861
1. Baudelaire évoque ici l'abbé Cardine, directeur de conscience de sa mère et dont il condamnait la mauvaise influence.

2. Allusion à la dation du conseil judiciaire.
3. Baudelaire a biffé *rarement*.
4. En dépit de ce qu'affirme ici Baudelaire tout n'était pas *mangé* de son avoir. Selon J. Crépet il lui resta toujours un peu d'argent et à sa mort, il possédait 40 000 francs. Mais en raison de l'augmentation du coût de la vie à la fin du siècle, il ne put jamais que vivre désormais chichement.
5. Il y a ici un lapsus et il faut évidemment lire, par exemple « je te demande mon bonheur ».
6. Il s'agit du compositeur américain Stoepel qui avait fait un opéra du *Hiawatha* de Longfellow dont Baudelaire avait traduit quelques parties.

Page 927. A SAINTE BEUVE
1. Allusion à l'article paru dans *Le Constitutionnel* du 20 janvier : *Des prochaines élections à l'Académie* où Sainte-Beuve fait état de la candidature de Baudelaire. C'est ici que le critique parle du « gentil garçon » qui s'est édifié « un kiosque bizarre à la pointe extrême du Kamtschatka romantique ». Le poète, flatté, répondit par l'article de la *Revue anecdotique : Une réforme à l'Académie* (cf. supra p. 543).
2. Mlle Lenormant était une cartomancienne célèbre dont le jeu de tarots est toujours réédité.

Page 929. A ANCELLE. 18 février 1866
1. Ces longs post-scriptum rageurs suivent sa réponse à une lettre d'Ancelle l'entretenant de ses démarches en vue de trouver un éditeur pour les œuvres complètes.
2. Emile Deschanel avait été le condisciple de Baudelaire à Louis-le-Grand.

TABLE DES TITRES ET DES INCIPIT
DES FLEURS DU MAL
ET DES AUTRES POÈMES

A.

O.

P.

Q.

R.

V.

Y.

TABLE

LES FLEURS DU MAL

LES FLEURS DU MAL
(Édition de 1861)

TABLE 995

TABLE 997

POÉSIES DE JEUNESSE
ET RELIQUES

PETITS POÈMES EN PROSE
(Le Spleen de Paris)

DU VIN ET DU HACHISCH

LES PARADIS ARTIFICIELS

TABLE 999

ESSAIS ET NOUVELLES

THÉÂTRE

JOURNAUX INTIMES

CRITIQUE LITTÉRAIRE

CRITIQUE D'ART

TABLE 1001

CRITIQUE MUSICALE

SUR LA BELGIQUE

TABLE 1003

JOURNALISME POLITIQUE

CHOIX DE LETTRES

DANS LA MÊME COLLECTION

HISTOIRE ET ESSAIS

AMOUROUX, Henri
La Grande Histoire des Français sous l'Occupation *(4 volumes)* : *Tome 1* : Le Peuple du désastre —
Quarante millions de pétainistes — *Tome 2* : Les Beaux Jours des collabos — Le Peuple réveillé — *Tome 3* :
Les Passions et les Haines — L'Impitoyable Guerre civile — *Tome 4* : Un printemps de mort et d'espoir —
Joies et douleurs du peuple libéré
La Grande Histoire des Français après l'Occupation : Les Règlements de comptes — La page n'est pas
encore tournée *(1 volume)*

ANTHOLOGIE MONDIALE DE LA STRATÉGIE
Des origines au nucléaire, édition établie par Gérard Chaliand *(1 volume)*

BARK, Dennis L. — GRESS David R.
Histoire de l'Allemagne (1945-1991) *(1 volume)*

BENNASSAR, Bartolomé
Histoire des Espagnols (VIᵉ-XXᵉ siècle) *(1 volume)*

BENOIST-MÉCHIN, Jacques
Soixante jours qui ébranlèrent l'Occident (10 mai-10 juillet 1940) *(1 volume)*
Histoire de l'armée allemande *(2 volumes)* : *Tome 1* : 1918-1937 — *Tome 2* : 1937-1939

BETTELHEIM, Bruno
Parents et enfants : Freud et l'âme humaine — Psychanalyse des contes de fées — L'amour ne suffit pas —
Pour être des parents acceptables — Dialogue avec les mères *(1 volume)*

BOORSTIN, Daniel
Les Découvreurs *(1 volume)*
Histoire des Américains *(1 volume)*

CONQUEST, Robert
La Grande Terreur, *précédé de* Sanglantes Moissons *(1 volume)*

**COURTOIS, Stéphane - WERTH, Nicolas - PANNÉ, Jean-Louis - PACZKOWSKI
Andrzej - BARTOSEK, Karel - MARGOLIN Jean-Louis**
Le Livre noir du communisme : Crimes, terreur, répression *(1 volume)*

ELLIOTT, John H.
Olivares (1587-1645) : L'Espagne de Philippe IV *(1 volume)*

EUROPES
De l'Antiquité au XXᵉ siècle. Anthologie critique et commentée, par Yves Hersant et Fabienne Durand-
Bogaert *(1 volume)*

FIERRO, Alfred
Histoire et Dictionnaire de Paris *(1 volume)*

FRANÇAIS VUS PAR EUX-MÊMES (LES)
Le Siècle de Louis XIV : Textes choisis et présentés par Alain Niderst *(1 volume)*
Le XVIII^e siècle : Textes choisis et présentés par Arnaud de Maurepas et Florent Brayard *(1 volume)*
Le Consulat et l'Empire : Textes choisis et présentés par Alfred Fierro *(1 volume)*

FRAZER, James George
Le Rameau d'Or *(4 volumes)* : *Tome 1* : Le Roi magicien dans la société primitive — Tabou ou les Périls
l'âme — *Tome 2* : Le Dieu qui meurt — Adonis — Atys et Osiris — *Tome 3* : Esprits des blés et des bois -
Le Bouc émissaire — *Tome 4* : Balder le Magnifique — Bibliographie générale

GABORY, Émile
Les Guerres de Vendée : La Révolution et la Vendée — Napoléon et la Vendée — Les Bourbons et
Vendée — L'Angleterre et la Vendée *(1 volume)*

GIBBON, Edward
Histoire du déclin et de la chute de l'Empire romain *(2 volumes)* : *Tome 1* : Rome de 96 à 582 — *Tome 2*
Byzance de 455 à 1500

GREEN, Peter
D'Alexandre à Actium : Du partage de l'Empire au triomphe de Rome *(1 volume)*

GUICCIARDINI, Francesco
Histoire d'Italie (1492-1534) *(2 volumes sous coffret)* : *Tome 1* : 1492-1513 — *Tome 2* : 1513-1534

GUILLEMINAULT, Gilbert
Le Roman vrai de la III^e et de la IV^e République (1870-1958) *(2 volumes)* : *Tome 1* : 1870-1918 — *Tome 2*
1919-1958

GUIZOT, François
Histoire de la révolution d'Angleterre *(1 volume)*

HÉRITAGE DE LA GRÈCE ET DE ROME (L')
Textes réunis par Moses I. Finley et Cyril Bailey *(1 volume)*

HISTOIRE AUGUSTE, édition bilingue latin-français établie par André Chastagnol
Les empereurs romains des II^e et III^e siècles *(1 volume)* : Vie d'Hadrien — Vie d'Aelius — Vie d'Antonin
Pieux — Vie de Marc Aurèle — Vie de Vérus — Vie d'Avidius Cassius — Vie de Commode — Vie c
Pertinax — Vie de Didius Julianus — Vie de Septime Sévère — Vie de Pescennius Niger — Vie de Clodi
Albinus — Vie de Caracalla — Vie de Géta — Vie de Macrin — Vie de Diaduménien — Vie d'Élagabal -
Vie d'Alexandre Sévère — Vie des deux Maximins — Vie des trois Gordiens — Vie de Maxime
Balbin — Vie des deux Valériens — Vie des deux Galliens — Vie des trente tyrans — Vie de Claude — V
d'Aurélien — Vie de Tacite — Vie de Probus — Le quadrige des tyrans — Vie de Carus, Carin et Numérie

JOANNÈS, Francis
Dictionnaire de la civilisation mésopotamienne *(1 volume)*

JOUANNA, Arlette - BOUCHER, Jacqueline - BILOGHI, Dominique - LE THIEC, Guy
Histoire et Dictionnaire des guerres de Religion *(1 volume)*

KOESTLER, Arthur
Œuvres autobiographiques : La Corde raide — Hiéroglyphes — Dialogue avec la mort [Un testame
espagnol] — La Lie de la terre — L'Étranger du square *(1 volume)*

KRUTA, Venceslas
Les Celtes, Histoire et Dictionnaire *(1 volume)*

LAVISSE, Ernest
Louis XIV. Histoire d'un grand règne (1643-1715) *(1 volume)*

LEROY-BEAULIEU, Anatole
L'Empire des tsars et les Russes *(1 volume)*

LÉVI, Éliphas
Secrets de la magie : Dogme et Rituel de la haute magie — Histoire de la magie — La Clef des grands mystères *(1 volume)*

LEYS, Simon
Essais sur la Chine *(1 volume)*

MACAULAY, Thomas Babington
Histoire d'Angleterre *(2 volumes sous coffret)*. Depuis l'avènement de Jacques II (1685) jusqu'à la mort de Guillaume III (1702)

McEVEDY, Colin
Atlas historiques *(4 volumes sous rétractable)* : Atlas de l'histoire ancienne (50000 av. J.-C.-362 apr. J.-C.) — Atlas de l'histoire du Moyen Âge (362-1478) — Atlas de l'histoire moderne (1483-1815) — Atlas de l'histoire des XIX^e et XX^e siècles (l'Europe depuis 1815)

MACHIAVEL
Premiers écrits politiques — Le Prince — Discours sur la première décade de Tite-Live — L'Art de la guerre — Vie de Castruccio Castracani — Histoire de Florence — Écrits littéraires — Lettres familières, *précédé d'un* Dictionnaire de Machiavel *(1 volume)*

McPHERSON, James M.
La Guerre de Sécession (1861-1865) *(1 volume)*

MENANT, François - MARTIN, Hervé - MERDRIGNAC, Bernard - CHAUVIN, Monique
Les Capétiens : Histoire et Dictionnaire (987-1328) *(1 volume)*

MICHELET, Jules
Histoire de la Révolution française *(2 volumes)* : *Tome 1* : Livres I à VII — *Tome 2* : Livres VIII à XXI
Le Moyen Âge : Livres I à XVII de l'Histoire de France *(1 volume)*
Renaissance et Réforme : Histoire de France au XVI^e siècle *(1 volume)*

MOMMSEN, Theodor
Histoire romaine *(2 volumes)* : *Tome 1* : Des commencements de Rome jusqu'aux guerres civiles — *Tome 2* : La Monarchie militaire — Les Provinces sous l'Empire

MONDE ET SON HISTOIRE (LE), édition dirigée par Maurice Meuleau *(4 volumes)*
Tome 1 : Le Monde antique et les débuts du Moyen Âge, par Maurice Meuleau et Luce Pietri — *Tome 2* : La Fin du Moyen Âge et les débuts du monde moderne, par Luce Pietri et Marc Venard — *Tome 3* : Les Révolutions européennes et le partage du monde ; Le Monde contemporain de 1914 à 1938, par Marcel Roncayolo — *Tome 4* : Le Monde contemporain de la Seconde Guerre mondiale à nos jours, par Marcel Roncayolo

MOUSNIER, Roland
L'Homme rouge ou la Vie du cardinal de Richelieu (1585-1642) *(1 volume)*

NAPOLÉON À SAINTE-HÉLÈNE
Par les « quatre Évangélistes » : Las Cases, Gourgaud, Montholon, Bertrand. Textes préfacés, choisis et commentés par Jean Tulard *(1 volume)*

PILLORGET, René et Suzanne
France baroque - France classique (1589-1715) *(2 volumes sous coffret)* : *Tome 1* : Récit — *Tome 2* : Dictionnaire

PLUTARQUE

Vies parallèles *(2 volumes)* : *Tome 1* : Thésée et Romulus — Lycurgue et Numa — Solon et Publicola — Thémistocle et Camille — Périclès et Fabius Maximus — Alcibiade et Coriolan — Timoléon et Paul Émile — Pélopidas et Marcellus — Aristide et Caton l'Ancien — Philopœmen et Flamininus — Pyrrhos et Marius — Lysandre et Sylla — Cimon et Lucullus — Nicias et Crassus — Sertorius et Eumène — *Tome 2* Agésilas et Pompée — Alexandre et César — Phocion et Caton le Jeune — Agis et Cléomène. Les Gracques — Démosthène et Cicéron — Démétrios et Antoine — Dion et Brutus — Artaxerxès et Aratos — Galba et Othon

RANKE, Leopold

Histoire de la papauté pendant les XVIe et XVIIe siècles *(1 volume)*

RÉAU, Louis

Histoire du vandalisme : les monuments détruits de l'art français *(1 volume)*

REINACH, Salomon

Cultes, mythes et religions *(1 volume)*

RETOUR DES EXILÉS (LE)

La lutte pour la Palestine de 1869 à 1997, édition établie par Henry Laurens *(1 volume)*

REVEL, Jean-François

Ni Marx ni Jésus — La tentation totalitaire — La grâce de l'État — Comment les démocraties finissent *(1 volume)*
Pourquoi des philosophes — Pour l'Italie — Sur Proust — La cabale des dévots — Contrecensures — Descartes inutile et incertain *(1 volume)*

RIASANOVSKY, Nicholas V.

Histoire de la Russie (des origines à 1996) *(1 volume)*

ROSTOVTSEFF, Michel

Histoire économique et sociale de l'Empire romain *(1 volume)*
Histoire économique et sociale du monde hellénistique *(1 volume)*

SAINTYVES, Pierre

Les Contes de Perrault et les récits parallèles — En marge de la *Légende dorée* — Les Reliques et les Images légendaires *(1 volume)*

TAINE, Hippolyte

Les Origines de la France contemporaine *(2 volumes)* : *Tome 1* : L'Ancien Régime — La Révolution — *Tome 2* : La Révolution — Le Régime moderne

THOMAS, Hugh

La Guerre d'Espagne (juillet 1936-mars 1939) *(1 volume)*

THUCYDIDE

Histoire de la guerre du Péloponnèse, *précédée de* En campagne avec Thucydide, par Albert Thibaudet — Dictionnaire de Thucydide, sous la direction de Jacqueline de Romilly, de l'Académie Française *(1 volume)*

TOCQUEVILLE, Alexis de

De la démocratie en Amérique — Souvenirs — L'Ancien Régime et la Révolution *(1 volume)*

TREVELYAN, George Macaulay

Histoire sociale de l'Angleterre : six siècles d'histoire de Chaucer à la reine Victoria *(1 volume)*

TULARD, Jean - FAYARD, Jean-François - FIERRO, Alfred

Histoire et Dictionnaire de la Révolution française (1789-1799) *(1 volume)*

TULARD, Jean - FIERRO, Alfred - PALLUEL-GUILLARD, André

Histoire et Dictionnaire du Consulat et de l'Empire *(1 volume)*

VAN GENNEP, Arnold

Le Folklore français *(4 volumes sous coffret)* : *Tome 1* : Cérémonies familiales : Du berceau à la tombe — Cérémonies périodiques : Carnaval-Carême, Pâques — *Tome 2* : Cérémonies périodiques (suite) : Cycle de mai, Cycle de la Saint-Jean, Cérémonies agricoles de l'été, Cérémonies agricoles de l'automne — : *Tome 3* : Cérémonies périodiques (fin) : Cycle des Douze Jours : Noël, de Noël aux Rois *(rédigé par Bernadette Guichard)* — Textes inédits sur le folklore français contemporain — Essais divers de folklore — : *Tome 4* : Bibliographies : Questionnaires, provinces et pays — Bibliographie méthodique — Index des auteurs cités, Index des provinces — Bibliographie personnelle de Van Gennep

VENISE ET LA RÉVOLUTION FRANÇAISE

Les 470 dépêches des ambassadeurs de Venise au doge (1786-1795) *(1 volume)*

VIGUERIE, Jean de

Histoire et Dictionnaire du temps des Lumières *(1 volume)*

WALLON, Henri

Histoire de l'esclavage dans l'Antiquité *(1 volume)*

WILSON, Arthur M.

Diderot — Sa vie et son œuvre *(1 volume)*

LITTÉRATURE ET POÉSIE

ALLAIS, Alphonse

Œuvres anthumes : A se tordre — Vive la vie ! — Pas de bile ! — Le Parapluie de l'escouade — Rose et vert pomme — Deux et deux font cinq — On n'est pas des bœufs — Le Bec en l'air — Amours, délices et orgues — Pour cause de fin de bail — Ne nous frappons pas — Le Captain Cap *(1 volume)*
Œuvres posthumes, 1877-1905 : Le Tintamarre — L'Hydropathe — Le Chat-Noir — Gil Blas — Le Journal *(1 volume)*

BALZAC, Honoré de

Premiers romans : 1822-1825 *(2 volumes)* : *Tome 1* : L'Héritière de Birague — Jean Louis, ou la Fille trouvée — Clotilde de Lusignan, ou le Beau Juif — Le Centenaire, ou les Deux Beringheld — *Tome 2* : La Dernière Fée, ou la Nouvelle Lampe merveilleuse — Le Vicaire des Ardennes — Annette et le Criminel — Wann-Chlore
Lettres à Madame Hanska *(2 volumes sous coffret)* : *Tome 1* : 1832-1844 — *Tome 2* : 1844-1850

BARBEY D'AUREVILLY, Jules

Une vieille maîtresse — L'Ensorcelée — Un prêtre marié — Les Diaboliques — Une page d'histoire *(1 volume)*

BARRÈS, Maurice

Romans et voyages *(2 volumes)* : *Tome 1* : Le Culte du moi — L'Ennemi des lois — Du Sang, de la volupté et de la mort — Le Roman de l'énergie nationale — *Tome 2* : Amori et dolori sacrum — Les Amitiés françaises — Les Bastions de l'Est — Le Voyage de Sparte — Greco ou le Secret de Tolède — La Colline inspirée — Un jardin sur l'Oronte — Le Mystère en pleine lumière

BAUDELAIRE, Charles

Œuvres complètes *(1 volume)*

BENOIT, Pierre

Romans : Kœnigsmark — L'Atlantide — Pour Don Carlos — Le Puits de Jacob — Le Roi lépreux — Le Désert de Gobi *(1 volume)*

BIOY CASARES, Adolfo
Romans : L'Invention de Morel — Plan d'évasion — Le Songe des héros — Journal de la guerre au cocho▮ — Dormir au soleil — Un photographe à La Plata — Un champion fragile — Un autre monde *(1 volume)*

BLONDIN, Antoine
L'Europe buissonnière — Les Enfants du bon Dieu — L'Humeur vagabonde — Un singe en hiver – Monsieur Jadis — Quat' saisons — Certificats d'études — Ma vie entre les lignes — L'Ironie du spo▮ *(1 volume)*

BLOY, Léon
Journal *(2 volumes)* : *Tome 1* : 1892-1907 : Le Mendiant Ingrat — Mon Journal — Quatre Ans d▮ captivité à Cochons-sur-Marne — L'Invendable — *Tome 2* : 1907-1917 : Le Vieux de la Montagne – Le Pèlerin de l'Absolu — Au seuil de l'Apocalypse — La Porte des Humbles

BOULGAKOV, Mikhaïl
La Garde blanche — La Vie de monsieur de Molière — Le Roman théâtral — Le Maître et Marguerit▮ *(1 volume)*

BRONTË, Anne, Charlotte, Emily et Patrick Branwell
Œuvres *(3 volumes)* : *Tome 1* : E. Brontë : Wuthering Heights — A. Brontë : Agnès Grey — C. Brontë▮ Villette — *Tome 2* : C. Brontë : Jane Eyre — A. Brontë : La Châtelaine de Wildfell Hall — C. Brontë : L▮ Professeur — *Tome 3* : C. Brontë : Shirley ; Caractères des hommes célèbres du temps présent ; Albion e▮ Marina ; Le Grand Monde à Verdopolis ; Le Sortilège ; Quatre Ans plus tôt — P. B.Brontë : Magazine (juin▮ (juillet) ; L'Histoire des jeunes hommes ; Le Pirate ; The Monthly Intelligencer ; La Mort de Mary Percy ; ▮ Et ceux qui sont las se reposent »

BUZZATI, Dino
Œuvres : Bàrnabo des Montagnes — Le Secret du Bosco Vecchio — Le Désert des Tartares — Petit▮ Promenade — Les Sept Messagers — La Fameuse Invasion de la Sicile par les ours — Panique à l▮ Scala — Un cas intéressant *(1 volume)*

CAMÕES, Luís de
Les Lusiades *(1 volume)*

CARROLL, Lewis
Œuvres *(2 volumes sous coffret)* : *Tome 1* : Les Aventures d'Alice sous terre — Les Aventures d'Alice a▮ pays des merveilles — De l'autre côté du miroir et ce qu'Alice y trouva — Le Frelon à perruque — Alic▮ racontée aux petits enfants — Autour du pays des merveilles — Lettres à ses amies-enfants — Petites Fille▮ en visite — Jeux, casse-tête, inventions — Les Feux de la rampe — Fantasmagorie et poésies diverses — Journaux — *Tome 2* : La Chasse au Snark — Sylvie et Bruno — Tous les contes et nouvelles — Une histoir▮ embrouillée — Le Magazine du presbytère — Le Parapluie du presbytère — Méli-Mélo — Logique san▮ peine — La Vie à Oxford — Essais et Opinions

CASANOVA
Histoire de ma vie *(3 volumes sous coffret)* : *Tome 1* : Volumes 1 à 4 — Annexes : A la recherche de troi▮ femmes — Théologie et religion — Philosophie et morale — Amour du beau — Le pédagogue – *Tome 2* : Volumes 5 à 8 — Annexes : L'évasion des Plombs — L'Icosameron — A propos des œuvres d▮ Bernardin de Saint-Pierre — Sur la loterie — La Kabbale — Casanova économiste — *Tome 3* : Volumes 9 à 12 : Annexes : Casanova après les Mémoires — Derniers textes de Casanova

CESBRON, Gilbert
Notre prison est un royaume — Les saints vont en enfer — Chiens perdus sans collier — Il est plus tard qu▮ tu ne penses *(1 volume)*

COLETTE
Romans, récits, souvenirs *(3 volumes)* : *Tome 1* : (1900-1919), Claudine à l'école — Claudine à Paris — Claudine en ménage — Claudine s'en va — La Retraite sentimentale — Les Vrilles de la vigne — L'Ingénue libertine — La Vagabonde — L'Envers du music-hall — L'Entrave — La Paix chez les bêtes — Les Heures longues — Dans la foule — Mitsou — *Tome 2* : (1920-1940) : Chéri — La Chambre éclairée — Le Voyage égoïste — La Maison de Claudine — Le Blé en herbe — La Femme cachée — Aventure▮

quotidiennes — La Fin de Chéri — La Naissance du jour — La Seconde — Sido — Douze Dialogues de bêtes — Le Pur et l'Impur — Prisons et Paradis — La Chatte — Duo — Mes apprentissages — Bella-Vista — Le Toutounier — Chambre d'hôtel — *Tome 3* : (1941-1949), *suivi de* Critique dramatique (1934-1938) : Journal à rebours — Julie de Carneilhan — De ma fenêtre — Le Képi — Trois... six... neuf... — Gigi — Belles Saisons — L'Étoile Vesper — Pour un herbier — Le Fanal bleu — Autres bêtes — En pays connu — La Jumelle noire

COURTELINE, Georges

Théâtre, contes, romans et nouvelles, philosophie, écrits divers et fragments retrouvés : Théâtre : Boubouroche — La Peur des coups — Un client sérieux — Hortense couche-toi ! — Monsieur Badin — Théodore cherche des allumettes — La Voiture versée — Les Boulingrin — Le gendarme est sans pitié — Le commissaire est bon enfant — L'Article 330 — Les Balances — La Paix chez soi — Mentons bleus — Contes : Le Miroir concave — Lieds de Montmartre — Dindes et grues — Les Miettes de la table — Scènes de la vie de bureau — Les Fourneaux — L'Ami des lois — Romans et nouvelles : Messieurs les ronds de cuir — Les Linottes — Le Train de 8 h 47 — Les Gaîtés de l'escadron — Philosophie — Écrits et fragments retrouvés : Pochades et chroniques — L'Affaire Champignon — Rimes — X..., roman impromptu
(1 volume)

CROISADES ET PÈLERINAGES

Récits, chroniques et voyages en Terre sainte, XIIᵉ-XVIᵉ siècle : Chansons de croisades — La Chanson d'Antioche — La Conquête de Jérusalem — Le Bâtard de Bouillon — Saladin — Chronique de la croisade — La Conquête de Constantinople — La Fleur des histoires de la Terre d'Orient — Traité sur le passage en Terre sainte — Récits de pèlerinages — Récits de voyages hébraïques — Le Livre de Messire Jean de Mandeville *(1 volume)*

DAUDET, Léon

Souvenirs et Polémiques : Souvenirs — Député de Paris — Paris vécu — Le Stupide XIXᵉ Siècle *(1 volume)*

DICKENS, Charles

Les Grandes Espérances — Le Mystère d'Edwin Drood — Récits pour Noël *(1 volume)*

DIDEROT, Denis

Œuvres *(5 volumes)* : *Tome 1 :* Philosophie : Pensées philosophiques — Addition aux Pensées philosophiques — De la suffisance de la religion naturelle — La Promenade du sceptique — Lettre sur les aveugles — Additions à la Lettre sur les aveugles — Encyclopédie — Suite de l'apologie de M. l'abbé de Prades — Pensées sur l'interprétation de la nature — Le Rêve de d'Alembert — Principes philosophiques sur la matière et le mouvement — Observations sur Hemsterhuis — Réfutations d'Helvétius — Entretien d'un philosophe avec la maréchale de *** — Sur les femmes — Essai sur les règnes de Claude et de Néron — Éléments de physiologie — *Tome 2 :* Contes : Les Bijoux indiscrets — L'Oiseau blanc, conte bleu — La Religieuse — Mystification — La Vision de M. de Bignicours — Les Deux Amis de Bourbonne — Entretien d'un père avec ses enfants — Ceci n'est pas un conte — Madame de La Carlière — Supplément au Voyage de Bougainville — Satyre première — Lui et moi — Le Neveu de Rameau — Jacques le Fataliste — *Tome 3 :* Politique : Articles de politique tirés de l'*Encyclopédie* — Lettre sur le commerce de la librairie — Apologie de l'abbé Galiani — L'Anti-Frédéric — Mélanges philosophiques, historiques, etc. pour Catherine II — Plan d'une université — Observations sur le Nakaz — Contributions à l'histoire des deux Indes — Lettre apologétique de l'abbé Raynal à Monsieur Grimm — *Tome 4 :* Esthétique-Théâtre : Esthétique : Lettre sur les sourds et muets — Additions à la Lettre sur les sourds et muets — Traité du beau — Articles d'esthétique tirés de l'*Encyclopédie* — Au petit prophète de Boehmischbroda — Les Trois Chapitres — Éloge de Richardson — Les Salons de 1759, 1761, 1763, 1765, 1767, 1769, 1771, 1775 et 1781 — Pensées détachées sur la peinture, la sculpture et la poésie — Théâtre : Le Fils naturel — Entretiens sur Le Fils naturel — Le Père de famille — De la poésie dramatique — Sur Térence — Paradoxe sur le comédien — Est-il bon ? Est-il Méchant ? — *Tome 5 :* Correspondance

DUMAS, Alexandre

Mes mémoires *(2 volumes sous coffret)* : *Tome 1 :* (1802-1830) — *Tome 2 :* (1830-1833) *suivi d'un* Quid d'Alexandre Dumas

Mémoires d'un médecin *(3 volumes)* : *Tome 1* : Joseph Balsamo, *suivi d'un* Dictionnaire des personnages –
Tome 2 : (1830-1833) Le Collier de la reine, Ange Pitou — *Tome 3* : La Comtesse de Charny — L
Chevalier de Maison-Rouge
Les Mousquetaires *(3 volumes)* : *Tome 1* : Les Trois Mousquetaires — Vingt ans après, *précédé d'u*
Dictionnaire des personnages — *Tomes 2 et 3* : Le Vicomte de Bragelonne
Les Valois *(2 volumes)* : *Tome 1* : La Reine Margot — La Dame de Monsoreau, *précédé d'un* Dictionnair
des personnages — *Tome 2* : Les Quarante-Cinq, *suivi des* Adaptations théâtrales.
Le Comte de Monte-Cristo *(1 volume)*

DU MAURIER, Daphné
Rebecca — Ma cousine Rachel — L'aventure vient de la mer — L'Auberge de la Jamaïque *(1 volume)*

ÉLUARD, Paul
La Poésie du passé : De Chrestien de Troyes à Cyrano de Bergerac *(1 volume)*

ÉRASME
Éloge de la folie — Adages — Colloques — Réflexions sur l'art, l'éducation, la religion, la guerre, l
philosophie — Correspondance, *précédé d'un* Dictionnaire d'Érasme et de l'humanisme

FONTANE, Theodor
Errements et Tourments — Jours disparus — Frau Jenny Treibel — Effi Briest *(1 volume)*

GALLO, Max
Romans : La Baie des Anges — Le Palais des fêtes — La Promenade des Anglais *(1 volume)*

GALSWORTHY, John
Histoire des Forsyte *(2 volumes)* : *Tome 1* : La Saga des Forsyte — *Tome 2* : Comédie moderne — Fin d
chapitre

GAUTIER, Théophile
La Cafetière — Omphale — Les Jeunes-France — Mademoiselle de Maupin — La Morte amoureuse — L
Chaîne d'or — Fortunio — La Pipe d'opium — Une nuit de Cléopâtre — La Toison d'or — Le Pied d
momie — La Mille et Deuxième Nuit — Le Roi Candaule — Le Club des hachichins — Arria Marcella –
Avatar — Jettatura — Le Roman de la momie — Le Capitaine Fracasse — Spirite *(1 volume)*

GONCOURT, Edmond et Jules de
Journal. Mémoires de la vie littéraire, 1851-1896 *(3 volumes sous coffret)*

GRAND-GUIGNOL (LE)
Le théâtre des peurs de la Belle Époque *(1 volume)*

HARRISON, Jim
Wolf, Mémoires fictifs — Un bon jour pour mourir — Nord-Michigan — Légendes d'automne — Sorcie
(1 volume)

HOMÈRE
L'Iliade et l'Odyssée *(1 volume)*

HUGO, Victor
Romans *(3 volumes)* : *Tome 1* : Han d'Islande — Bug-Jargal — Le Dernier Jour d'un condamné — Notre
Dame de Paris — Claude Gueux — *Tome 2* : Les Misérables — *Tome 3* : L'Archipel de la Manche — Le
Travailleurs de la mer — L'homme qui rit — Quatrevingt-treize
Poésie *(4 volumes)* : *Tome 1* : Premières publications — Odes et Ballades — Les Orientales — Les Feuille
d'Automne — Les Chants du Crépuscule — Les Voix intérieures — Les Rayons et les Ombres — *Tome 2*
Châtiments — Les Contemplations — La Légende des Siècles, première série — Les Chansons des rues c
des bois — La Voix de Guernesey — *Tome 3* : L'Année terrible — La Légende des siècles, nouvelle séri
— La Légende des siècles dernière série — L'Art d'être grand-père — Le Pape — La Pitié suprême —
Religions et Religion — L'Âne — Les Quatre Vents de l'esprit — *Tome 4* : La Fin de Satan — Toute la lyr
— Dieu — Les Années funestes — Dernière Gerbe — Océan vers

Théâtre *(2 volumes)* : *Tome 1* : Cromwell — Amy Robsartl — Hernani — Marion de Lorme — Le roi s'amuse — Lucrèce Borgia — Marie Tudor — Angelo, tyran de Padoue — La Esmeralda — *Tome 2* : Ruy Blas — Les Burgraves — Torquemada — Théâtre en liberté — Les Jumeaux — Mille francs de récompense — L'Intervention

Politique : Paris — Mes fils — Actes et paroles I — Actes et paroles II — Actes et paroles III — Actes et paroles IV — Testament littéraire — Préface à l'édition *ne varietur (1 volume)*

Critique : Préface de *Cromwell* — Littérature et philosophie mêlées — William Shakespeare — Proses philosophiques des années 60-65 *(1 volume)*

Histoire : Napoléon le Petit — Histoire d'un crime — Choses vues *(1 volume)*

Voyages : Le Rhin — Fragment d'un voyage aux Alpes — France et Belgique — Alpes et Pyrénées — Voyages et excursions — Carnets 1870-1871 *(1 volume)*

Chantiers : Notre-Dame de Paris — Châtiments — La Fin de Satan (fragment) — Dieu (fragment) — Le Dossier des Misérables — Autour des Chansons des rues et des bois — Fragments critiques — Fragments dramatiques *(1 volume)*

Océan : Océan prose — Philosophie prose — Faits et croyances — Moi, l'amour, la femme — Philosophie vers — Plans et projets *(1 volume)*

Correspondance familiale et écrits intimes, 1802-1839 *(2 volumes)*

JACQ, Christian
Ramsès *(2 volumes)* : *Tome 1* : Le Fils de la lumière — Le Temple des millions d'années — La Bataille de Kadesh — *Tome 2* : La Dame d'Abou Simbelt — Sous l'acacia d'Occident

JAMES, Henry
Daisy Miller — Les Ailes de la colombe — Les Ambassadeurs *(1 volume)*

KIERKEGAARD, Soren
Œuvres : L'Alternative (Ou bien... Ou bien...) — La Répétition (La Reprise) — Stades sur le chemin de la vie — La Maladie à la mort *(1 volume)*

LABICHE, Eugène
Théâtre *(2 volumes)* : *Tome 1* : Rue de l'Homme-Armé n° 8 bis — Embrassons-nous, Folleville ! — Un garçon de chez Véry — La Fille bien gardée — Un chapeau de paille d'Italie — Un monsieur qui prend la mouche — Le Misanthrope et l'Auvergnat — Edgard et sa bonne — Le Chevalier des dames — Mon Isménie — Si jamais je te pince... ! — L'Affaire de la rue de Lourcine — L'Avocat d'un grec — Voyage autour de ma marmite — La Sensitive — Les Deux Timides — Le Voyage de monsieur Perrichon — Les Vivacités du capitaine Tic — Le Mystère de la rue Rousselet — La Poudre aux yeux — *Tome 2* : La Station Champbaudet — Les 37 sous de M. Montaudoin — La Dame au petit chien — Permettez, madame !... — Célimare le bien-aimé — La Cagnotte — Moi — Premier Prix de piano — Un pied dans le crime — La Grammaire — Les Chemins de fer — Le Papa du prix d'honneur — Le Dossier de Rosafol — Le Plus Heureux des trois — Doit-on le dire ? — 29 degrés à l'ombre — Garanti dix ans — Madame est trop belle — Les trente millions de Gladiator — Un mouton à l'entresol — Le Prix Martin — La Cigale chez les fourmis

LAWRENCE, T. E.
Œuvres *(3 volumes)* : *Tome 1* : Dépêches secrètes d'Arabie — Correspondance et autres textes — *Tome 2* : Les Sept Piliers de la sagesse

LE BRAZ, Anatole
Magies de la Bretagne *(2 volumes)* : *Tome 1* : La Bretagne à travers l'Histoire — La Légende de la mort chez les Bretons armoricains — Récits de passants — Vieilles Histoires du pays breton — Pâques d'Islande — Contes du soleil et de la brume — Les Saints bretons — Au pays des pardons — *Tome 2* : Le Gardien du feu — Le Sang de la Sirène — Âmes d'Occident — Chansons populaires de la Basse-Bretagne — Le Théâtre celtique — Cognomerus et sainte Tréfine — Croquis de Bretagne et d'ailleurs — Vieilles Chapelles de Bretagne — Îles bretonnes — La Terre du passé

LÉGENDE ARTHURIENNE (LA)
Le Graal et la Table Ronde : Perceval le Gallois, par Chrétien de Troyes — Perlesvaus — Merlin et Arthur, attribué à Robert de Boron — Le Livre de Caradoc — Le Chevalier à l'épée — Hunbaut — La Demoiselle à la mule, attribué à Païen de Maisières — L'Âtre périlleux — Gliglois — Méraugis de Portlesguez, par

Raoul de Houdenc — Le Roman de Jaufré — Blandin de Cornouaille — Les Merveilles de Rigomer — Méliador, par Jean Froissart — Le Chevalier au Papegau *(1 volume)*

LOTI, Pierre

Voyages (1872-1913) : L'Ile de Pâques — Une relâche de trois heures — Mahé des Indes — Obock (en passant) — Japoneries d'automne — Au Maroc — Constantinople en 1890 — Le Désert — Jérusalem — La Galilée — L'Inde (sans les Anglais) — Les Pagodes d'or — En passant à Mascate — Vers Ispahan — Les Derniers Jours de Pékin — Un pèlerin d'Angkor — La Mort de Philae — Suprêmes visions d'Orient *(1 volume)*

MAUPASSANT, Guy de

Contes et nouvelles. Romans *(2 volumes)* : Tome 1 : Quid de Guy de Maupassant — Contes divers (1875-1880) — La Maison Tellier — Contes divers (1881) — Mademoiselle Fifi — Contes divers (1882) — Contes de la Bécasse — Clair de lune — Contes divers (1883) — Une vie — Miss Harriet — Les Sœurs Rondoli — *Tome 2* : Yvette — Contes divers (1884) — Contes du jour et de la nuit — Bel-Ami — Contes divers (1885) — Toine — Monsieur Parent — La Petite Roque — Contes divers (1886) — Le Horla — Contes divers (1887) — Le Rosier de Mme Husson — La Main gauche — Contes divers (1889) — L'Inutile Beauté

MAUROIS, André

Prométhée ou la Vie de Balzac — Olympio ou la Vie de Victor Hugo — Les Trois Dumas *(1 volume)*

MILLE ET CENT ANS DE POÉSIE FRANÇAISE, anthologie établie par Bernard Delvaille *(1 volume)*

MILLE ET UNE NUITS (LES)

Dans la traduction du Dr J.-C. Mardrus *(2 volumes)*

MONTESQUIEU

Pensées — Le Spicilège *(1 volume)*

MORALISTES DU XVII^e SIÈCLE (LES)

La Rochefoucauld : Maximes et réflexions diverses — Mme de Sablé : Maximes — Abbé d'Ailly : Pensées diverses — Étienne de Vernage : Nouvelles Réflexions — Pascal : Pensées — Jean Domat : Pensées ; Discours sur les passions de l'amour — La Bruyère : Les Caractères — Dufresny : Amusements sérieux et comiques *(1 volume)*

NIETZSCHE, Friedrich

Œuvres *(2 volumes)* : Tome 1 : La Naissance de la tragédie — Considérations inactuelles — Humain, trop humain — Aurore — *Tome 2* : Le Gai Savoir — Ainsi parlait Zarathoustra — Par-delà le bien et le mal — La Généalogie de la morale — Le Cas Wagner — Le Crépuscule des idoles — L'Antéchrist — Ecce homo — Nietzsche contre Wagner — Dithyrambes de Dionysos

PEPYS, Samuel

Journal (1660-1669) *(2 volumes sous coffret)*

PEYRAMAURE, Michel

Henri IV : L'Enfant roi de Navarre — Ralliez-vous à mon panache blanc ! — Les amours, les passions et la gloire *(1 volume)*

POE, Edgar Allan

Contes, essais, poèmes *(1 volume)*

PROUST, Marcel

À la recherche du temps perdu *(3 volumes)* : Tome 1 : Du côté de chez Swann — A l'ombre des jeunes filles en fleurs, *précédé d'un Quid de Marcel Proust* — *Tome 2* : Le Côté de Guermantes — Sodome et Gomorrhe — *Tome 3* : La Prisonnière — La Fugitive — Le Temps retrouvé

RÉCITS D'AMOUR ET DE CHEVALERIE (XIIᵉ-XVᵉ siècle)

Pirame et Tisbé — Narcisse — Ipomédon — Protheselaüs — Floris et Lyriopé — Joufroi de Poitiers — Le Roman de Silence — Durmart le Gallois — Le Roman du comte d'Anjou — Ponthus et Sidoine — Histoire d'Olivier de Castille et Artus d'Algarbe — Histoire de Jason *(1 volume)*

RENAN, Ernest

Histoire et Parole. *Morceaux choisis* de : Correspondance — Lettres intimes — Cahiers de jeunesse — Fragments intimes — L'Avenir de la science — Essais de morale et de critique — Vie de Jésus — Les Apôtres — Saint Paul — L'Antéchrist — L'Église chrétienne — Marc-Aurèle — La Réforme intellectuelle et morale — Dialogues philosophiques — Drames philosophiques — Examen de conscience philosophique — Souvenirs d'enfance et de jeunesse — Feuilles détachées — Histoire du peuple d'Israël — Conférences d'Angleterre *(1 volume)*
Histoires des origines du christianisme *(2 volumes sous coffret)* : Tome 1 : Vie de Jésus — Les Apôtres — Saint Paul, *précédé d'un* Dictionnaire de Renan — Tome 2 : L'Antéchrist — Les Évangiles — L'Église chrétienne — Marc-Aurèle

RENARD, Jules

Journal (1887-1910) *(1 volume)*

RESTIF DE LA BRETONNE et MERCIER, Sébastien

Paris le jour, Paris la nuit : Tableau de Paris — Les Nuits de Paris *(1 volume)*

RIDER HAGGARD, Henry

Elle-qui-doit-être-obéie : Elle ou la Source du feu — Le Retour d'Elle — La Fille de la sagesse — Les Mines du roi Salomon — Elle et Allan Quatermain *(1 volume)*

RIMBAUD, Arthur

Œuvres complètes et correspondance, *précédé d'un* Dictionnaire d'Arthur Rimbaud *(1 volume)*

RIMBAUD — CROS — CORBIÈRE — LAUTRÉAMONT

Œuvres poétiques complètes *(1 volume)*

ROMAINS, Jules

Les Hommes de bonne volonté *(4 volumes)* : Tome 1: Le 6 octobre — Crime de Quinette — Les Amours enfantines — Éros de Paris — Les Superbes — Les Humbles — Recherche d'une Église — Tome 2 : Province — Montée des périls — Les Pouvoirs — Recours à l'abîme — Les Créateurs — Mission à Rome — Le Drapeau noir — Tome 3: Prélude à Verdun — Verdun — Vorge contre Quinette — La Douceur de la vie — Cette grande lueur à l'Est — Le monde est ton aventure — Journées dans la montagne —
Tome 4 : Les Travaux et les Joies — Naissance de la bande — Comparutions — Le Tapis magique — Françoise — Le 7 octobre

ROMANS DE FEMMES DU XVIIIᵉ SIÈCLE

Mme de Tencin : Mémoires du comte de Comminge — Mme de Graffigny : Lettres d'une Péruvienne — Mme Riccoboni : Lettres de mistriss Fanni Butlerd — Mme de Charrière : Lettres de mistriss Henley ; Lettres neuchâteloises ; Lettres écrites de Lausanne — Olympe de Gouges : Mémoire de Mme de Valmont — Mme de Souza : Adèle de Sénanges — Mme Cottin : Claire d'Albe — Mme de Genlis : Mademoiselle de Clermont — Mme de Krüdener : Valérie — Mme de Duras : Ourika ; Édouard *(1 volume)*

ROMANS FIN-DE-SIÈCLE (1890-1900)

Jean Bertheroy : Le Mime Bathylle — Jean Lorrain : Monsieur de Bougrelon — Louis Dumur : Albert — Catulle Mendès : Le Chercheur de tares — Georges Eekhoud : Escal-Vigor — Rachilde : Les Hors Nature — Camille Mauclair : Le Soleil des morts *(1 volume)*

ROMANS LIBERTINS DU XVIIIᵉ SIÈCLE

Crébillon fils : Les Égarements du cœur et de l'esprit — Charles Pinot Duclos : Les Confessions du comte de *** — Godard d'Aucour : Thémidore ou Mon histoire et celle de ma maîtresse — La Morlière : Angola, histoire indienne — Voisenon : Le Sultan Misapouf - Histoire de la félicité — Boyer d'Argens : Thérèse philosophe ou Mémoires pour servir à l'histoire du père Dirrag et de mademoiselle Éradice — Fougeret de Monbron : Margot la ravaudeuse — François-Antoine Chevrier : Le Colporteur — Claude-Joseph Dorat :

Les Malheurs de l'inconstance — Andréa de Nerciat : Félici ou Mes fredaines — Vivant Denon : Point de lendemain *(1 volume)*

SAGAN, Françoise
Bonjour tristesse — Un certain sourire — Dans un mois, dans un an — Château en Suède — Aimez-vous Brahms... — Les Merveilleux Nuages — La Chamade — Le Garde du cœur — Un peu de soleil dans l'eau froide — Des bleus à l'âme — Le Lit défait — Le Chien couchant — La Femme fardée — La Laisse — Les Faux-fuyants *(1 volume)*

SAINTE-BEUVE
Portraits littéraires *(1 volume)*

SCOTT, Walter
Waverley — Rob-Roy — La Fiancée de Lammermoor *(1 volume)*

SEGALEN, Victor
Œuvres complètes *(2 volumes)* : *Tome 1 : Cycle des apprentissages :* Les Cliniciens ès lettres — Les Synesthésies et l'école symboliste — Essai sur soi-même — Journal de voyage — *Cycle Polynésien :* Les Immémoriaux — Gauguin dans son dernier décor — Le Maître-du-Jouir — Hommage à Gauguin — La Marche du feu — Pensers païens — Journal des îles — Le Double Rimbaud — Vers les sinistrés — Hommage à Saint-Pol-Roux — *Cycle musical et orphique :* Voix mortes : Musiques maori — Dans un monde sonore — Siddhârtha — Entretiens avec Debussy — Orphée-Roi — Gustave Moreau, maître imagier de l'orphisme — Quèques musées par le monde — *Cycle des ailleurs et du bord du chemin :* Essai sur l'exotisme — Essai sur le mystérieux — Imaginaires — Un grand fleuve — Briques et Tuiles — Feuilles de routes — *Tome 2 : Cycle chinois :* Stèle — Peintures — Équipée — le Fils du Ciel — René Leys — Odes — Thibet — Le Combat pour le sol — Lettre X — Sites — *Cycle archéologique et sinologique :* Chine. La Grande Statuaire — Les Origines de la statuaire de Chine — Chez le président de la République chinoise — Une conversation avec Yuan-Che-K'ai — Rapport de M. Victor Segalen sur les résultats archéologiques de la mission Voisins, Lartigue et Segalen — Premier exposé des résultats archéologiques obtenus dans la Chine occidentale par la mission Voisins, Lartigue et Segalen — Sépultures des dynasties chinoises du Sud — Le Tombeau du fils du roi de Wou — La Queste à la Licorne

SÉGUR, comtesse de
Œuvres *(3 volumes sous coffret)* : *Tome 1 :* Lettres à son éditeur — Nouveaux Contes de fées — Les Petites Filles modèles — Les Malheurs de Sophie — Les Vacances — Mémoires d'un âne — Pauvre Blaise, *suivi d'un* dictionnaire de la Comtesse de Ségur — *Tome 2 :* La Sœur de Gribouille — Les Bons Enfants — Les Deux Nigauds — L'Auberge de l'Ange Gardien — Le Général Dourakine — François le Bossu — Comédies et Proverbes — Un bon petit diable — *Tome 3 :* Jean qui grogne et Jean qui rit — La Fortune de Gaspard — Quel amour d'enfant ! — Le Mauvais Génie — Diloy le chemineau — Après la pluie le beau temps — La Santé des enfants

SÉNÈQUE
Entretiens et Lettres à Lucilius *(1 volume)*

SHAKESPEARE
Œuvres complètes *(8 volumes)*
Tragédies *(2 volumes sous coffret)* : *Tome 1 :* Titus Andronicus — Roméo et Juliette — Jules César — Hamlet — *Tome 2 :* Othello — Timon d'Athènes — Roi Lear — Macbeth — Antoine et Cléopâtre — Coriolan Histoires *(2 volumes sous coffret)* : *Tome 1 :* Le Roi Jean — Richard II — 1 Henri IV — 2 Henri IV — Henri V — *Tome 2 :* 1 Henri VI — 2 Henri VI — 3 Henri VI — Richard III — Henri VIII — Sir Thomas More Comédies *(2 volumes sous coffret)* : *Tome 1 :* Les Deux Gentilhommes de Vérone — La Mégère apprivoisée — La Comédie des erreurs — Peines d'amour perdues — Songe d'une nuit d'été — *Tome 2 :* Le Marchand de Venise — Les Joyeuses commères de Windsor — Beaucoup de bruit pour rien — Comme il vous plaira — La Nuit des Rois

SPLENDEURS DE LA COUR DE BOURGOGNE
Récits et chroniques : Baudouin de Flandre — La Belle Hélène de Constantinople — Gillion de Trazegnies — Le Cycle de la fille du comte de Ponthieu — Histoire du bon roi Alexandre — Faits du Grand Alexandre — Les Actions et paroles mémorables d'Alphonse, roi d'Aragon et de Naples — La Mort du Téméraire —

Banquets, entremets et cuisine à la cour de Bourgogne — Les Vœux du faisan — Le Pas du Perron fée —
Le Livre des faits du bon chevalier messire Jacques de Lalaing *(1 volume)*

TCHÉKHOV, Anton
Œuvres *(3 volumes)* : *Tome 1 :* Théâtre complet : Platonov — Ivanov — Le Génie des bois — La
Mouette — L'Oncle Vania — Les Trois sœurs — La Cerisaie — Sur la grand-route — Les Méfaits du
tabac — Le Chant du cygne — L'Ours — La Demande en mariage — Tatiana Répina — Le Tragique
malgré lui — Une noce — Le Jubilé, *précédé d'un* Dictionnaire de Tchékhov — *Tomes 2 et 3 à paraître*

TOULET, Paul-Jean
Œuvres complètes *(1 volume)*

TRAGIQUES GRECS (LES)
(2 volumes) : *Tome 1 :* Eschyle : Les Perses; Prométhée enchaîné; Les Sept contre Thèbes;
Les Suppliantes; L'Orestie : L'Agamemnon; Les Choéphores; Les Euménides — Sophocle : Ajax;
Les Trachiniennes; Antigone; Œdipe roi; Électre; Philoctète; Œdipe à Colone — *Tome 2 :* Euripide :
Le Cyclope; Alceste; Médée; Les Héraclides; Hippolyte; Andromaque; Hécube; Les Suppliantes;
Électre; Héraclès; Les Troyennes; Iphigénie en Tauride; Ion; Hélène; Les Phéniciennes; Oreste; Les
Bacchantes; Iphigénie à Aulis; Rhésos

UNE ANTHOLOGIE DE LA POÉSIE FRANÇAISE, édition établie par Jean-François Revel *(1 volume)*

VERLAINE, Paul
Œuvres poétiques complètes, *précédé d'un* Dictionnaire de Paul Verlaine *(1 volume)*

VIALATTE, Alexandre
Chroniques de La Montagne *(2 volumes)* : *Tome 1 :* 1952-1961 — *Tome 2 :* 1962-1971

ZINOVIEV, Alexandre
Les Hauteurs béantes — L'Avenir radieux — Notes d'un veilleur de nuit *(1 volume)*

ZOLA, Émile
Les Rougon-Macquart *(5 volumes)* : *Tome 1 :* La Fortune des Rougon — La Curée — Le Ventre de Paris —
La Conquête de Plassans — *Tome 2 :* La Faute de l'abbé Mouret — Son Excellence Eugène Rougon —
L'Assommoir — Une page d'amour — *Tome 3 :* Nana — Pot-Bouille — Au Bonheur des dames — La Joie
de vivre — *Tome 4 :* Germinal — L'Œuvre — La Terre — Le Rêve — *Tome 5 :* La Bête Humaine —
L'Argent — La Débâcle — le Docteur Pascal
Dictionnaire d'Émile Zola : Sa vie, son œuvre, son époque *(1 volume)*

DICTIONNAIRES ET
OUVRAGES DE RÉFÉRENCE

BIBLE (LA), édition établie par Philippe Sellier *(1 volume sous coffret)*

BOUQUIN DES CITATIONS (LE), par Claude Gagnière *(1 volume)*

CERVEAU, UN INCONNU (LE)
Dictionnaire encyclopédique, par l'université d'Oxford sous la direction de Richard L. Gregory *(1 volume)*

CUISINE SANS SOUCI, par Rose Montigny *(1 volume)*

DE LA TÊTE AUX PIEDS
Toute la chirurgie, rien que la vérité, par le Pr. Herbert Lippert *(1 volume)*

FOLIE (LA)
Histoire et Dictionnaire, par le Dr Jean Thuillier *(1 volume)*

GUIDE DES ÉCHECS (LE),
Traité complet, par Nicolas Giffard et Alain Biénabe *(1 volume)*

GUIDE DES FILMS, par Jean Tulard *(2 volumes sous coffret)*

HISTOIRE UNIVERSELLE DES CHIFFRES
L'intelligence des hommes racontée par les nombres et le calcul, par Georges Ifrah *(2 volumes sous coffret)*

IMPRESSIONNISME ET SON ÉPOQUE (L')
Dictionnaire international, par Sophie Monneret *(2 volumes sous coffret)*

JAPON (LE)
Dictionnaire et Civilisation, par Louis Frédéric *(1 volume)*

JARDINS (LES)
Paysagistes, jardiniers, poètes, par Michel Baridon *(1 volume)*

LANGAGES DE L'HUMANITÉ (LES)
Encyclopédie des 3000 langues parlées dans le monde, par Michel Malherbe avec la collaboration de Serge Rosenberg *(1 volume)*

LIVRE DES SUPERSTITIONS (LE)
Mythes, croyances et légendes, par Éloïse Mozzani *(1 volume)*

MON BOUQUIN DE CUISINE, par Françoise Burgaud *(1 volume)*

NOUVEAU DICTIONNAIRE DES AUTEURS (LE)
De tous les temps et de tous les pays *(3 volumes sous coffret)*

NOUVEAU DICTIONNAIRE DES ŒUVRES (LE)
De tous les temps et de tous les pays *(6 volumes + index sous coffret)*

POUR TOUT L'OR DES MOTS
Au bonheur des mots — Des mots et merveilles, par Claude Gagnière *(1 volume)*

SOUVENIRS ENTOMOLOGIQUES
Études sur l'instinct et les mœurs des insectes, *suivis d'un* Répertoire général analytique, par Jean-Henri Fabre *(2 volumes illustrés)*

SYMPTÔMES ET MALADIES
Encyclopédie médicale de la famille : les règles d'or pour vivre plus longtemps et rester toute sa vie en bonne santé, de Sigmund S. Miller, assisté de vingt spécialistes *(1 volume)*

VOTRE ENFANT
Guide à l'usage des parents, par le Dr Lyonel Rossant avec la collaboration du Dr Jacqueline Rossant-Lumbroso *(1 volume)*

VOTRE SANTÉ
Encyclopédie médicale à l'usage de tous, par les Dr Lyonel Rossant et Jacqueline Rossant-Lumbroso *(1 volume sous coffret)*

MUSIQUE

ANSERMET, Ernest
Les Fondements de la musique dans la conscience humaine et autres écrits *(1 volume)*

DICTIONNAIRE BIOGRAPHIQUE DES MUSICIENS, par Theodore Baker et Nicolas Slonimsky *(3 volumes sous coffret)*

DICTIONNAIRE DES INTERPRÈTES
Et de l'interprétation musicale au xxᵉ siècle, par Alain Pâris *(1 volume)*

DICTIONNAIRE DU JAZZ, par Philippe Carles, André Clergeat et Jean-Louis Comolli *(1 volume)*

DICTIONNAIRE DU ROCK, sous la direction de Michka Assayas *(3 volumes sous coffret)*

DICTIONNAIRE ENCYCLOPÉDIQUE DE LA MUSIQUE, par l'université d'Oxford sous la direction de Denis Arnold *(2 volumes sous coffret)*

DICTIONNAIRE ENCYCLOPÉDIQUE DE LA MUSIQUE DE CHAMBRE, par l'université d'Oxford sous la direction de Walter Willson Cobbett *(2 volumes sous coffret)*

GUIDE DE LA MUSIQUE ANCIENNE ET BAROQUE
Dictionnaire à l'usage des discophiles, sous la direction d'Ivan Alexandre *(1 volume)*

LIVRETS D'OPÉRA (LES), édition bilingue établie par Alain Pâris *(2 volumes)*

MOZART
Sa vie musicale et son œuvre, par T. de Wyzewa et G. de Saint-Foix *(2 volumes sous coffret)* : Tome 1 : 1756-1777 : L'Enfant Prodige — Le Jeune Maître — *Tome 2* : 1777-1791 : Le Grand Voyage — L'Épanouissement — Les Dernières Années

MUSIQUE DE PIANO (LA)
Dictionnaire des compositeurs et des œuvres, par Guy Sacre *(2 volumes)*

REBATET, Lucien
Une histoire de la musique *(1 volume)*

SHAW, G. Bernard
Écrits sur la musique *(1 volume)*

TOUT L'OPÉRA
Dictionnaire. De Monteverdi à nos jours, par Gustave Kobbé *(1 volume)*

VOYAGES

INDES FLORISSANTES (LES), édition établie par Guy Deleury
Anthologie des voyageurs français au xvıııᵉ siècle *(1 volume)*

ITALIES, édition établie par Yves Hersant
Anthologie des voyageurs français aux xvıııᵉ et xıxᵉ siècles *(1 volume)*

VOYAGE EN ASIE CENTRALE ET AU TIBET (LE), édition établie par Michel Jan
Anthologie des voyageurs occidentaux, du Moyen Âge à la première moitié du xxᵉ siècle *(1 volume)*

VOYAGE EN CHINE (LE), édition établie par Ninette Boothroyd et Muriel Détrie
Anthologie des voyageurs occidentaux, du Moyen Âge à la chute de l'Empire chinois *(1 volume)*

VOYAGE EN ESPAGNE (LE), édition établie par Bartolomé et Lucile Bennassar
Anthologie des voyageurs français et francophones du XVIᵉ au XIXᵉ siècle *(1 volume)*

VOYAGE EN FRANCE (LE), édition établie par Jean M. Goulemot, Paul Lidsky et Didier Masseau
Anthologie des voyageurs occidentaux *(2 volumes)* : *Tome 1* : Moyen Âge-fin de l'Empire — *Tome 2* : XIXᵉ siècle-XXᵉ siècle

VOYAGE EN ORIENT (LE), édition établie par Jean-Claude Berchet
Anthologie des voyageurs français dans le Levant au XIXᵉ siècle *(1 volume)*

VOYAGE EN POLYNÉSIE (LE), édition établie par Jean-Jo Scemla
Anthologie des voyageurs occidentaux *(1 volume)*

VOYAGE EN RUSSIE (LE), édition établie par Claude de Grève
Anthologie des voyageurs français en Russie aux XVIIIᵉ et XIXᵉ siècles *(1 volume)*

VOYAGE EN SCANDINAVIE (LE), édition établie par Vincent Fournier
Anthologie de voyageurs (1627-1914)

VOYAGE EN SUISSE (LE), édition établie par Claude Reichler et Roland Ruffieux
Anthologie des voyageurs français et européens de la Renaissance au XXᵉ siècle *(1 volume)*

VOYAGE OUTRE-MANCHE (LE), édition établie par Jacques Gury
Anthologie de voyageurs français, de Voltaire à Mac Orlan, du XVIIIᵉ au XXᵉ siècle *(1 volume)*

VOYAGES DE DÉCOUVERTES EN AFRIQUE, édition établie par Alain Ricard
Anthologie (1790-1890) *(1 volume)*